나운몽 목사 신앙역정기(합본)

내가 체험한 성령과 그 운동 반세기

재단법인 애향숙

韓民族福音化

國土統一祈願

羅雲華

나는 홍안 소년 10대의 어린 시절에 죽어본 일이 있다. 아무것도 없는 암흑세계에 잠겼었다.

아침 9시경부터 오후 4시경까지 약 7시간이나 죽어 있었다. 그 때부터 나는 천당도 지옥도 없다고 당당하게 주장하게 되었다.

그런 일이 있은 후 12년이 지나서였다. 1942년 4월 어느 날 밤, "네 마음을 청결하라 그리하면 나를 보리라"는 영음을 들은 일이 있다. 그러나 나는 마음을 어떻게 청결하게 하느냐고 말도 안 되는 소리라면서 "성결이면 성결이지 청결이 뭐냐"고 부정했다.

실은 그 당시 나는 성결(聖潔)이란 말도 몰랐는데 어떻게 그런 대답을 했는지 모를 일이다.

그런데 또다시 "네 마음을 청결하라, 그리하면 나를 보리라." 똑같은 음성이 크게 들려왔다. 그 때에야 나는 약간 수그러지면서 "마음을 청결한다는 것은 어떤 것입니까?"하고 정중히 물었다. 그 순간 "이와 같으니라"하는 음성과 동시에 천지가 백설이 덮인 듯 하얗게 보였다.

나는 또 한번 놀라면서 "이럴 수가 있습니까?"라고 재차 물었다. 그 때에 "의심스럽거든 마태복음 5장을 보아라, 분명히 맑을 청(淸)자니라"는 이 한마디를 남겨 놓고 아무도 없었다.

아무도 안 나타나고 '말씀'만이 나타난 이 신비로운 사실, 이 일은 나에게 삶의 길을 열어 준 커다란 생명의 열쇠였다.

그 때부터 나는 마태복음 5장에서부터 성경을 읽기 시작했다. 읽고 또 읽었다. 통독을 몇 번이나 했다. 울다 보고 기도하다 보고, 그러는 동안 하나님께서는 나에게 지옥을 보여 주셨다. 나를 살려 주신 '십자가의 도'도 찾게 해주셨다. 그 후 천국과 심판대도 보여 주셨다.

'정반귀일은 고고의 극치(正反歸一, 高高極致)'라는 진리의 근본을 음성으로 들려 주시고 깨닫게도 해주셨다.

이렇게 하나님께서는 말씀을 보내 주시고(시 107:20) 성령으로 역사하게 하셔서, 나로 하여금 땅 끝까지 전하게 하셨다(행 1:8).

그런고로 기도로 호소하며 말로 전하고 글로 써서 3겹줄 전도를 하고 있다(전 4:12).

이처럼 '생명의 도'를 아직 모르고 있는 형제들에게도 전해 주어야 하겠기에 내가 안믿던 그 시절, 죄악 속에서 방황하던 시절의 고백문과 그동안 발표된 '내가 체험한 성령과 그 운동 반세기' 1, 2, 3, 4집과 아직 책으로 출간되지 않았던 부분을 한데 묶어서 한 책으로 발간하여, 용문산 성령운동 50주년을 기념하는 회고록으로 남기고자 한다.

　동시에 이 책을 용문산 성령운동 50주년 세계대회에 보내게 되었음을 감사하며, 부디 이 적은 체험 기록을 읽는 분 들에게 도움이 되기를 바라면서 승리의 건투를 기원하는 바이다.

1990년 77세를 맞으며
필자　나 운 몽

  나운몽 목사님은 이 시대의 가장 활동적인 인물 중의 한 사람이다. 그는 예수 그리스도를 주로서 영접한 뒤에 전국을 수십 차례 돌며 말씀과 기도로 증거했다. 뿐만 아니라 그 틈틈이 문서로써 쉬지 않는 전도를 해온 사람이다. 그리하여 불신자를 믿게 하고, 여린 신앙을 가진 신자들을 뜨겁게 하고, 심지어는 미신에 젖어 사는 많은 토속 신앙자들에게까지 복음의 소식을 듣게 한 분이다.

  한국 땅에서 그를 따르든 아니면 그를 비난하든 간에 그보다 더 많이 영혼을 구한 사람을 찾으라면 아마도 쉽지 않을 것이다. 그처럼 그의 인생은 외골 복음 증거에 매달려 있었다.

  만약, 그가 전도를 하는 만큼 열심히 교회 정치에 끼어들었다면 그는 지금쯤 대단한 명예를 누리고 있을는지도 모른다. 그러나 그가 온 정력을 쏟은 것은 복음 증거와 이 복음에 쓰여 지는 일꾼 양성밖에는 아무것도 없었다. 그 덕분에 그가 받은 것은 핍박의 면류관이었다. 그러나 세상에서 받는 칭찬이 얼마나 헛된 것인지는 살아 본 자만이 아는 것이다. 가장 큰 상급은 '착하고 신실된 종아'라고 불러 주시는 주님의 음성, 그 이외에 무엇이 있겠는가?

  이 책은 복음신보에 연재되고 있는 글을 다시 책으로 묶은 것이라 한다. 이 글이 연재 되고 있는 동안 나는 주의 깊게 읽어 보았다. 그 속에는 일반인들에게 알려지지 않았던 그만의 세계가 재미있게 펼쳐지고 있었다. 때로는 눈물이, 때로는 분노가, 때로는 고소를 자아내는 이 책은 삶 그대로의 잔잔한 흐름 같으면서도 하나님에 대한 그의 사랑과 충정, 뜨거운 애국심, 그리고 교회에 대한 열정이 숨어 있다. 그렇기 때문에 이 책은 그를 따르는 많은 신도들뿐 아니라, 그를 비난하는 사람들도 꼭 보아야 할 필독의 서가 돼야 한다고 생각한다.

  사회에 대한 교회의 책임을 일깨우며, 신령한 것으로써 신령한 것을 밝히는 새로운 신앙관이 이 책을 통하여 하나씩 밝혀져 가고 있다. 때문에 이 책은 불신자에게까지 읽혀져서 한국복음화를 앞당기는 도화선이 돼야 한다고 믿는다.

1986. 1. 27.
예장중경총회장 목사
최 거 덕

┃ 이 책을 권하면서 ┃

이 땅에 복음이 들어온 지 어언 1백 년의 세월이 흘렀다. 그동안 한국 교회를 빛낸 많은 목회자들이 있었고 또 이름 없이 숨겨간 많은 목자들도 있었다. 이들을 통하여 교회는 이 땅에 자리를 잡았고 불과 1세기 만에 기독교는 한국 내의 가장 큰 종교로 성장했다.

그러나 이러한 성장 뒤에는 성령의 역사가 강하게 작용했음을 잊어서는 안 된다. 지금은 모두들 '성령'에 대해 잘 알고 있지만, 초기만 해도 성령을 말하면 곧 이단으로 여기던 시절이 있었다. 그 시절에 그래도 힘차게 성령운동을 펴온 대표적 인물이 나운몽 장로(당시)였고 그 때문에 그는 교회의 환영을 크게 받지는 못 했다. 그러나 그의 독특한 신앙체험과 성경을 토대로 한 굳건한 신앙은 외부의 박해에도 불구하고 조금도 흔들리지 않았음을 우리 모두가 잘 알고 있다.

그러므로 한국복음화를 제일 먼저 주창하고 말로써만이 아니라, 행동으로 실천한 그의 불굴의 신앙정신은 우리가 다시 한 번 본받을 필요가 있다고 생각한다.

나운몽 목사님은 한국 교회의 '아사셀' 양이었다. 희생의 재물이었다.

나는, 나운몽 목사님은 잊혀진 신앙의 거물이라 생각한다. 한국 교회의 어느 곳 어느 구석에서도 그를 통하여 은혜 받지 않은 사람이 없으면서도 그는 지금까지 잊혀져 있었다. 그를 통해 은혜를 체험하고 그 때문에 목사가 된 사람들도 그만은 피해 왔다. 그와 가까우면 곧 교회정치 생명이 끝나는 것으로 인정됐기 때문이다. 그의 인생을 다시 글로 엮은 이 책은 우리가 잊으려 했던 신앙의 인물 나운몽 목사님을 죄스런 맘으로 대하게 하는 책이다. 그러나 한 페이지 두 페이지 넘기는 동안 그와 맺어졌던 하나님의 사랑이 곧 나와 맺어진 사랑처럼 이어지는 귀한 서적임을 깨닫게 한다.

불신자로부터 오랜 신앙의 연륜을 가진 신자에 이르기까지 모두를 은혜의 동산으로 이끌어갈 이 책을 권한다.

1986. 1. 20.
여의도 순복음중앙교회 목사
조 용 기

새해 새 아침… 무엇인가 생기가 감도는 새로운 감정이 앞선다. 묵은해의 한 많은 곡절을 털고 바늘귀만한 소망이라도 이루어 보겠다는 심정이 새해에 거는 인생 삶의 멋이 아닐지? 해가 바뀌면 으레 되풀이 되는 감회다. 물론 인생은 세월에 속아서 산다고 한다. 속았다 손치더라도 숙명적인 자신들의 팔자소관을 자재로 변경시킬 수 있는 초능력의 신통술을 갖지 못한 것 또한 인간일 것이다. 나는 어릴 때부터 어른들에 이끌려 곧잘 교회에 나아갔다. 성서 내용을 옛말로 꾸며서 재미있게 들려주는 주일학교 선생들의 비위에 거스를사 시키는 대로 따랐다. 세례 교인으로 성장해 갔다. 성서는 나의 거울이요. 참된 진리라고 익혀졌고 내 나름대로 그렇게 믿어 왔다. 세월이 흘러 직장을 핑계로 교회 출입이 불성실한 것이 나의 입장이다.

내가 나 장로님(장로 시절)을 익히 알게 된 것은 중앙일보(註 현 중앙일보 전에 있던 중앙일보로 6.25 직후로 기억됨) 시절로 기억된다. 당시에 종교 난 기획 중 용문산 기도원 성회에 수만 명의 신도들이 주야로 침식을 같이하며 전국에서 보기 드문 일대성회를 이루었다고 보도한 적이 있다. 이 같은 운집이 산골짜기에서 일어난 것은 기적이라 아니할 수 없다. 그래서 우리는 현장을 확인하고 보고 느낀 그대로를 보도했다.

이 같은 현실을 시샘하는 일부 성직자들의 험구는 도가 지나칠 정도였다. 새들도 피해 간다는 추풍령 고개에 나 장로가 무슨 기적을 일으켜 사람들을 모았겠느냐고 비난을 가해 물의를 일으킨 일이 있다. 현실을 그대로 보도하고 비난을 받은 일이 떠오른다.

그 후로 나는 나 장로님의 여정을 그대로 주의 깊게 살펴보았다. 없는 일로 박해를 받으면서도 꿋꿋이 진력해 나가시는 모습을 보면서, 이 책은 그동안 덮어두었던 진실을 드러낸 책이라 생각했다.

나 장로님의 믿음의 결정이 말하듯 오랜 성회의 역정이 '산에서 일어난 성령의 불길'이란 간증 록에서 명시하듯이 "네 마음을 청결하라 그리하면 나를 보리라"하는 성령의 예시대로 불굴의 성직자로 다듬어진 그의 진실이 담겨진 '길은 직선이다'라는 저서를 토대로 믿음의 지혜가 얻어지길 권하는 맘 간절하다. 그러므로 나는 이 책을 여러 형제 자매들에게 자신 있게 천거한다. 삶의 길과 삶의 멋을 제시한다고 믿었기 때문이다.

1986년 3월
한국언론인회 고문 김 진 섭

내가 체험한 성령과 그 운동 반세기
차 례

제1권 살기도 싫고 죽기도 싫었다.

제2권 길은 직선이다

제4권 새별산을 찾아서

제 1 권

살기도 싫고 죽기도 싫었다

Ⅰ. 어디서 어떻게 왔나?

1. 모주리라는 맹중리에서

"처음에 어떻게 여기를 들어오셨지요?"라고 묻는 이들을 나는 많이 대하게 된다. 내가 살고 있는 용문산이라면 첩첩산중 막다른 산골짝, 하늘과 맞닿아 있는 하늘 아래 첫 동네 같으니까 그런 질문이 있을 수밖에 없다.

그 대답은 간단히 할 수가 없는 대답이니 나로서는 머뭇거리게 되는 것이 상례였다. 경상도 태생이라면 또 모르지만 경상도와는 저 멀리 떨어져 있는, 북쪽 평안도 출신이니 더구나 의심스럽지 않을 리가 없다.

평안도에서도 평안북도 대령강(大寧江) 강변, 넓은 들판(長坪野)을 앞에 놓고 홍경래(洪景來)가 난을 일으킨 원수봉(元帥峰)이 멀리 바라보이는, 박천군(博川郡) 동남쪽으로 위치한 맹중리(孟中里)에서 출생하고 거기에서 자라난 '나'라는 사람이 어쩌면 경상도 막바지에 와서 살게 된 것인지 나도 모를 일이니, 그 대답이 성큼 나오지를 않는 것도 무리는 아닐 것이다.

맹중리라는 곳은 경의선(京義線) 청천강(淸川江) 철교와 대령강 철교를 앞뒤에 두고 있는 작은 역이기는 하나, 왜정 시대에도 '히까리', '노조미' 급행열차가 정거하던 역이다. 여기서 박천선(博川線) 철도가 연결되었고 또 북진(北鎭) 금광과 대유동(大愉洞) 금광으로 통래되는 도로가 있기 때문에 외국인 출입도 잦았고, 금광 종업원과 영변(寧邊)을 찾는 손님들도 많은 탓이었을 것이다. 일본 말로 맹중리를 모주리라고 하기에 기차가 역에 도착하면 역원들이 나와서 '모-주-리, 모-주-리' 하고 말하기 때문에 모조리 다 내리라는 말인 줄 알고 서두르는 승객들도 있어, 사람들을 종종 웃기는 일이 있었다는 맹중리이기도 하다. 그런 곳에서, 그런 때 태어나서인지 나는 오늘날까지 많은 사람들의 입심에 오르내리는 사람이 되고 말았다.

2. 나기도 전에 지어 놓은 이름

나를 잉태하신 어머님은 '또 딸을 낳으면 어쩌나….' 하고 해산 날이 가까워올수록 전전궁궁 불안감에 싸여, '이번에 또 딸을 낳으면 차라리 깔아뭉개고 자결이라도 해야겠다.'는 생각이 불쑥불쑥 나더라는 것이다. 이미 딸을 넷이나 낳았으니, 그동안의 좌절로 그런 극단을 찾게 된 것이다.

한편, 아버님께서는 아들을 보려고 소실을 물색하던 중, 그 어느 날 영몽을 꾸었다. 우리 집 동편 하늘에서부터 흰 구름이 뭉게뭉게 피어오르면서, 동편 산머리를 넘어 우리 집을 휘익 둘러싸더니 그 구름이 아버님의 품에 안기더라는 것이다. 그 구름에 싸이는 순간 '운몽(雲夢)이다.'라는 음성이 들리는 듯하면서 '구름, 꿈… 운몽'이는 분명히 아들이라면서 행렬 자를 무시하고 독특한 이름 '나운몽(羅雲夢)'이라는 세 글자를 써놓고 출생을 기다리고 있었다. 1914년 음력 정월 초이렛날, 갑인년 병인월 무오일 갑인시에 출생했다. 해산하는 그날 아버님은 아들이냐 딸이냐를 묻지도 않고 장남 운몽이라고 출생신고부터 해놓고 집으로 들어오셨다는 것이다.

어머니는 아들을 낳았다는 기쁨에 마음 놓고 미역국을 먹을 수 있었다는 것이다. 그전에는 미역국도 마음대로 못 먹고, 산모가 아이 낳은 다음 날부터 부엌에 나가야 했고, 자리에 누워 있기가 미안해서 얼굴도 못 들고 나와서 일을 해야 하는 시집살이였는데, 아들을 낳고서야 자리에 누워서 미역국에 쌀밥을 먹을 수 있었다는 말씀을 가끔 들었기에 나면서부터 효도했노라는 말을 이따금씩 하던 나였다. 구름 같고 꿈 같은 이름의 주인공의 첫 출발 역시 산중이었다.

3. 여섯 살 때 천자문 떼고

나는 여섯 살 때부터 서당엘 다녔다. 그때 고무신이 처음 생겼을 때였는데 우리 동네에서는 처음으로 고무신을 신었다. 클 때까지 신어야 한다고 발에 맞지도 않는 큰 고무신을 사 주어서, 신발을 끌며 불편스럽게 다니던 생각부터 난다.

아침 일찍 일어나 아침을 먹고 나면, 종바리에 담은 점심을 조롱대에 넣어 왼쪽 어깨에서 오른팔 밑으로 메고, 왼편 겨드랑이에는 천자문(千字文) 책 한 권을 끼고 재를 둘이나 넘어서 산중 송림이 우거진 숲속에 있는 은송재(隱松齋)라는, 나씨 문중에서 세운 서당엘 매일 다녔다. 해 넘어갈 무렵은 그림자가 문에서 이동되고 있는 그 위치가 한계선까지 이르기를 기다리고, 마음 졸이며 온종일 갇혀서 사는 어린 마음의 위축은 중학교에 갈 때까지 그 영향이 커서인지 사람 많은 데는 감히 나서지 못하는 부끄러움이 많던 못난 둥이었다.

그러나 매일 한 번씩 따로 외워 선생에게 바쳐야 했기 때문에, 불가불 온종일 글을 읽고 쓰고 해야 했다. 만일 못 바치면 종아리를 맞아야 했다. 그래서 집에 돌아오면 저녁을 먹고 나서, 어머님은 물레질을 하시며 딴금으로 다음날 배울 것을 가르쳐 주시곤 했다. 책을 보지도 아니하시고 천자문 한 권을 다 가르쳐 주셨다. 서당에 가서 배우는 것은 복습하는 것에 불과했다. 그런 까닭에 초달도 안 되어 천자문 한 권을 하늘천(天) 따지(地)에서 언어호(乎) 이끼야(也)까지 단숨에 내리읽을 수 있었다. 다 배운 마지막 날에는 한 자 한 자 읽어 바치고 또 천지현황(天地玄黃) 우주홍황(宇宙洪荒)하고 음으로도 읽어 바쳐야 했고 한 자 한 자 써서 바치기도 해야 했다.

다 암송해 바치는 그날은 온 서생들이 기뻐하는 날이다. 서생 전부가 소리를 높여 하늘천 따지에서 언어호 이끼야까지 곡조를 맞추어 노래 부르듯 합창을 하고 마지막 마디 '이끼야'로 끝내는 것이 아니고 "내일모레 떡당즉이 슬금슬금 올라온다."로 끝을 맺으며 으악 하고 환성을 올린다. 사실 첫 권 천자문을 떼는 날에는 훈장, 서생들과 같이 부모들도 기뻐서 떡을 한 광주리 해가지고 서당으로 와서 같이 나누며 기뻐하는 것이 통례였다.

천진난만한 그 어린 시절은 서당에 갇혀서 살면서도 천자문, 무제시, 마상시, 이백시, 진보초권, 명심보감 등을 배우며 아홉 살까지 한문과 글씨 쓰기로 지냈다. 글을 쓰면 장지가 새까맣게 될 때까지 누비고 또 누비며 글씨를 썼다. 붓을 힘껏 붙잡고 뒤에서 잡아채도 붓대를 놓치면 안 된다. 이렇게 지내는 동안 어느 사이 7, 8세 때부터는 온 동리 입춘방을 도맡아 써주게 되었다. 입춘 절기만 되면 며칠 전부터 아버님께서는, 아들의 글씨 자랑을 하고 싶어서 가가호호 다니며 일거리를 맡아 오니까, 어쩔 수 없이 온종일 입춘방만 쓰게 되곤 했다.

4. 머리 없는 백성이란 말을 듣고

아홉 살 나던 해 겨울(10월?)에 맹중리에 보통학교가 개설되었다. 그때 2학년으로 바로 들어가서인지 서당에서보다 오히려 재미를 모르고 6년 졸업을 했다. 그 당시에 명문학교로 알려진, 이승훈 독립투사가 설립했다는 오산고등보통학교로 진학했다. 우리 학교에서는 9명이 갔다가 2명밖에 합격을 못한, 좁은 문으로 들어가기는 했는데도 거기 가서도 역시 공부의 재미를 몰랐다. 그 당시에는 우리 국어를 조선어라고 했고 일본어를 국어라면서 배웠기 때문에 어린 마음에도 그것이 불만이었다. 명문 사립학교, 더구나 독립투사 이승훈의 학교임에도 어쩔 수 없는 처사였다. 당시 일본 국어를 가르치는 홍XX 선생과 대판 싸움을 하고, 선납한 수업료를 반환해 달라고까지 하면서 사무실로 따라 들어가 야단을 쳤다. 그때가 내 나이 15, 16세 되던 때였다.

이런 사고를 일으키고 그 학교를 더 다닐 수 없게 되어 안주로 가서 천도교에서 운영하는 보광학교라는 무명학교에 입학했는데 거기에서는 오히려 공부에 재미를 붙일 수 있었다. 민족사상이 강한 선생들이어서인지 학교가 빈약해서인지 어떻든 학생들을 잘 포섭해 주었고 한국의 앞날을 소망적으로 바라보는 새 시대를 위한 교육이었다. 거기에서 고등과를 졸업하고 일본으로 유학을 갔다.

일본 대분현립일전임공학교(大分縣立日田林工學校) 임과에 입학하여 기숙사에 들어가 있었는데 얼마나 그 규율이 센지 견뎌내기가 어려운 처지였다. 낮에 학교 수업시간에는 그런대로 편안했지만 하교 후 기숙사 생활은 상급생들이 엄하게 볶아대는 통에 견뎌낼 수가 없었다. 잠자리에 들 때까지 마음을 못 놓고 살았다.

저녁을 먹고도 운동이니 무도니 가혹한 훈련이 계속되어 육체적 피곤은 말할 수 없었다. 그러나 그 훈련이 내 일생에 큰 도움이 된 것을 늦게나마 깨달을 수 있었다. 일본인들이 오늘과 같은 발전이 있게 된 것도 그들의 그같이 훈련받은 민족혼이 살아 있기 때문이라는 것을 알 수 있었다. 지금도 그 같은 훈련 생활을 하느냐고, 84년에 그곳에 들러서 물었더니 마찬가지라는 데는 놀라지 않을 수 없었다.

그 같은 가혹한 훈련 생활 속에서는 그래도 얻은 것이 있었지만 한국인을 차별 무시하고 센징이라고 하는 소리가 듣기 싫어, 일본 애들과 몇 번 싸운 뒤 졸업을 일 년 앞두고 또 중퇴했다. 한 번은 검도 선수로 뽑혀 고등학교 대항전에 나갔는데, 내가 선봉장으로 나가서 상대방 일본 선수 몇 사람을 꺾어 놓았다. 그때 패전한 일본 학생들이 '센진노쿠세니…' 하고 불평을 늘어놓는 소리가 들렸다.

그 후에도 어느 날인가 씨름을 하는데 일본식 씨름으로는 도저히 이길 수가 없기에, 한국식으로 안다리를 걸고 뒤집으면 영락없이 이겼다. 그때마다 그들은 또 '센진노쿠세니'라는 말을 한다. 나는 처음 일본에 가서 '센징'이라는 말을 들을 때에는 그리 싫지 않게 들렸다. 센징이라면 고울 선, 깨끗할 선(鮮) 혹은 좋을 선, 착할 선이라고도 하는 선(鮮)자이니 좋은 사람 깨끗한 사람이라는 뜻인데 그게 무엇이 나쁘냐고 차라리 좋다고까지 했던 나였다.

그러던 어느 날, 한방에 있던 히라야먀라는 일본 친구가 하는 말이 "너는 참말로 센징이라는 말이 듣기 좋으냐?"고 묻는다. 나는 서슴지 않고 "그래 나는 좋다. 센징이라면 깨끗하고 착하고 좋은 사람이라는 뜻인데 그것이 나쁠 이유가 뭐냐?"고 했더니, 그는 한참이나 껄껄 웃으며 "그래 글자 뜻으로는 그렇지만 머리가 없지 않느냐?"고 하면서 일본 사람은 일인(日人), 영국 사람은 영인(英人), 미국 사람은 미인(美人), 만주 사람은 만인(滿人), 독일 사람은 독인(獨人), 이태리 사람은 이인(伊人)이라고 머릿자를 붙여서 부르는데 조선 사람도 조인(朝人)이라고 머릿자를 붙여서 불러야 할 터인데, 왜 선인(鮮人)이라고 하겠느냐고 한참 늘어놓는다. 다른 나라는 다 머릿자를 붙이는데 너네 조선 사람은 머릿자를 안 붙이고 밑에 자를 붙이는 것은 머리 없는 백성이란 뜻인데도 좋단 말이냐고 한다. 나는 그때 그 친구의 뺨을 힘껏 쳤다. 이것이 동기가 되어 결국은 일본이 싫어졌다. 불평은 날이 갈수록 더했다.

5. 살기 싫으면 죽으라

그 후 와세다 대학 전문부 정치경제학과 2년에 등록을 해 놓고도 또 그만두었다. 그 이유는 간단하다. 남이 나를 미쳤다고 할 정도로 불평이 지나쳐 염세주의자 같이 되어 버렸다. 하기 싫은 공부는 왜 하는가? 하기 싫은 일은 왜 하고? 공부해서 학박사 학위를 받는다고 죽지 않는가? 고관대작이 된다 해도 죽어야 하고 천하를 호령하던 권세자도, 백만장자 부호도, 선비도 죽어야 한다. 말 잘하는 변사도, 도를 닦던 도인도 죽어야 하는데 죽으면 그만인 것을 무엇 때문에 하기 싫은 공부를 해야 하고 하기 싫은 일을 해야 한다는 것인가?"

죽으면 그만이다. 내가 어렸을 때에 죽어 본 일이 있었기 때문에 죽으면 그만이라는 말을 자신 있게 할 수 있었다. 아무것도 몰랐으니 높은 사람, 낮은 사람, 유식한 사람, 무식한 사람, 권세 있는 사람, 비천한 사람 누구를 막론하고 죽으면 그만인데… 한 줌 흙으로 화하고 마는 그 몸뚱이 하나 위해서 아글타글 살아야 하고, 아글타글 일을 해야 하고, 싸워야 하고, 먹기 위해 힘도 써야 하고, 거짓말도 해야 하는 이 모든 것이 아무리 생각해도 헛되고 헛될 뿐이란 것을 안 이상, 더 일할 필요도 없고 더 공부할 필요도 없고 실상 더 살 필요도 없다고 생각했다.

그러나 정작 죽을 생각도 없었다. 그래도 이왕 세상에 태어났으니 세상을 한번 발칵 뒤흔들어 보고 죽어도 죽어야지 하고 나는 다부지게 마음먹고 나섰다. 나폴레옹의 출생지 불란서로 가야 한다고 마음을 굳혔다. 혁명의 온상지 불란서가 아니던가? 이까짓 시시한 일본놈들 밑에서 센징 소리나 들어야 할 때가 아니다. 당장에 일본 땅을 떠나 고향으로 돌아왔다.

부모님의 걱정은 이만저만이 아니었다. 의사들은 신경쇠약이란 이름을 붙여 주었지만 부모와 친척들은 정신이상이 아닌가 하고 모두 염려했다. 어떤 때는 문을 닫아걸고 먹지도 않고 있지, 어떤 때는 동네 청년들을 모아 놓고 이렇게 살 때가 아니라고 역설하며 큰일이나 낼 것같이 서두르고 있지 않나, 그 행동 하나하나가 남이 이해 못 할 정도의 선동자요, 불평자 노릇을 하고 있었다.

6. 나 아닌 나의 활동

폐인 같았던 사람이 동민들을 놀라게 했다. 새벽으로는 온 동네 소년들을 이끌고 날마다 산으로 올라가서 외치곤 했으니 주목거리였다. 동광조기대(東光早起隊)라고 하여 조기대 노래를 부르고 으악으악 외치고 있으니 온 동네가 떠들썩했다. 산 너머 송림(松林) 한 씨 동네에서는 송림 사람들이 누리는 복을 옮겨 가려고 새벽마다 저런 흉계를 피운다고 야단이 났고, 학교에서는 학교대로 나촌 아이들은 공부시간에 모두 졸고 있으니 큰일이라고 항의 같은 불평을 하는 판이었다.

청년들은 농촌 청년회를 조직하고 매일 새벽마다 기상나팔을 불면 일제히 나와서 퇴비를 베어 퇴비장에 적치하는 등 공동작업을 했다. 한편, 금주 금연 운동을 일으켜 온 동민들이 술을 못 먹고 담배를 피우지 못했다. 노인들을 일일이 찾아다니며 담뱃대를 거두어 불태워 버리는 등 청년회의 당당한 기세 앞에서 아무도 반대를 못 하고 순응했다. 겉으로는 순응이었으나 장날이면 장에 나가서 술을 마셔도 몰래 마셔야 했고, 담배도 변소에 가서 몰래 피워야 했다. 만일 그것이 발견되면 벌금을 물어야 했다. 그래도 못 고치는 경우는 우리 청년, 소년 모두 부모님들 앞에서 매일 술을 마셔 추태를 보일 터이니 그리 알라고 경고에 경고를 해 놓았다.

이것은 우리 동네의 행사였기에 부근 여러 동리를 망라해서 농가조합(農家組合)을 조직하고, 만주속을 직수입하여 조합원들에게 혜택을 주는 등 좋은 일만 하니까 면에서도 면 회의실을 쓰도록 언제든지 협조해 주어 면 회의실에서 연설도 하고 회의를 열기도 하고 마음대로 쓸 수 있었다.

이것이 불과 20세 때의 일인데 어떻게 관민이 그만큼 따라 주었는지 지금 생각해도 기이한 일이었다. 죽으면 그만이라는 허무주의자 같은 사상을 지니고 있으면서도 어쩌면 그런 일을 할 수 있었는지 이상한 일이다.

아무리 생각해 보아도 이것은 내가 한 일이라고 생각하기에는 이율 배반이 아닐 수 없다. 그때 나는 예수를 적극 반대하고 있을 때였는데 그것을 성령의 역사라고 해석할 수도 없는 일이다.

내 사상으로는 그런 일쯤은 비웃고 헛것이라고 주장하면서도 어쩌면 그런 일을 선봉에 나서서 할 수 있었을까? 솔직히 말해서 나는 그러고 싶었다. 물론 하기 싫었으면 안 했을 일이다. 하고 싶어서 한 일이다. 자기가 지닌 사상으로는 용납이 안 되는 일인데 왜 하고 싫었겠느냐 말이다.

후일에 깨달은 일이지만 어머니의 기도의 위력은 급기야 성령을 감동시켜, 내 마음을 움직이게 하여 나를 써주신 것이라고 믿는다. 즉 나 아닌 내가 활동한 것이다. 그리고 여름 방학 기간에는 동아일보사에서 실시하는 계몽운동에 참가하여, 한글 교본을 다량으로 갖다가 청소년들을 수백 명씩 모아 놓고 가르쳤다. 방학 때라고 돌아온 학생들이 있으면 모조리 동원시켜 교사로 무료 봉사케 했다.

그 당시는 일본 말을 가르치고 한글은 못 가르치게 하는 것이 관의 방침이었는데, 떠들썩하게 한글만 가르치는 것이 아니고 매일 계몽 강연을 하면서 민족사상을 고취시키고 있었으니 경찰에서 그냥 둘 리가 없었다. 결국은 중단령이 내렸다. 그래서 '청천벽력'이라고 신문에 기사를 보내 보도했더니, 경찰에서는 더욱 귀찮을 정도로 오라 가라 하여 결국은 이 모든 일들이 귀찮게 되었다. '하기 싫은 것은 하지 마라.'는 자신이 본정신을 찾았다는 듯 툭툭 털고 일어나 박천읍으로 나갔다. 경찰은 경찰대로 계속 따르면서 문제 인물로 경계를 하고 있었다.

7. 파리행 꿈은 좌절되고

외국으로 나가야 할 준비 작업을 한다고 읍으로 나갔다. 우선 신문 지국을 하면서 인쇄소를 경영했다. 그것으로 돈이 생기는 일은 아니었다. 술이 생기는 일이었다. 그때부터 술을 먹기 시작한 것이다.

한날 일을 마치고 퇴근하면 으레 술친구들과 같이 술집으로 가는 것이 매일의 일과였다. 그것도 1차에 끝나는 것도 아니다. 2차, 3차, 밤 12시가 되어야 집으로 돌아오게 된다.

그때가 1934년 21세의 약관으로, 빗나가기 시작한 탕자 생활이 계속되었다. "먹고 싶을 때 먹으라, 놀고 싶을 때 놀아라, 죽고 싶을 때 죽으라, 살고 싶을 때까지 살자. 살기 싫을 때 죽으면 된다. 죽으면 그만이다. 죽으면 그만이야…." 이것이 그 당시 입버릇같이 된 술자리에서의 노래였다. 이것은 내가 발견한 내 인생 철학이었고 내 인생관 전부였다.

2년 후 1936년 23세 때였다. 영어를 전문으로 공부해서 프랑스로 가려고 동경행 여권을 내었다. 영어는 세계의 공통어이기 때문에 앞으로 영어시대가 올 터이니 불어보다 영어를 배워야 한다는 생각에 영어를 전공하려고 한 것이다.

며칠 전부터 송별회 주연이 계속되었다. 같이 갈 반려자도 있어 흐뭇한 마음으로 모든 준비를 갖추고, 하던 사업 정리도 완전히 마무리 짓고 출발하는 날 아침, 맹중리에 계시던 아버님이 오셔서 못 가게 강경히 막았다. 그러실 줄 알고 아버님에게는 전혀 알리지 않고 준비를 했건만, 우리 인쇄소 옆 화물자동차 회사에 근무하던 내 5촌 당숙이 눈치를 채고 급히 아버님께 연락을 했던 것이다.

여권까지 다 빼앗기고 나니 원대했던 큰 꿈은 완전히 박살이 났고 그때부터 절망과 실의에 휩싸여 공연한 불평과 반항 등으로 생활이 몹시 거칠어졌다. 무슨 일에든지 수단 방법을 가릴 여유도 없었고 먹고 마시는 것이 전부였다.

8. 정체불명의 홍길동 시절

우선 답답증이라도 풀어 보려고 서울로 상경했다. 관철동 모 여관에서 며칠을 묵으며 시내로 분주히 왔다 갔다 했다. 누가 보면 무슨 바쁜 일이라도 있는 사람같이 보였을 것이다.

저녁이면 역시 술로 벗을 삼았다. 하루는 동대문 앞을 지나가노라니 '강남월 관상소' 간판이 유독 드러나게 눈에 뜨였다. 일간 신문에서도 매일 볼 수 있는 여자 이름 같은 강남월(姜南月)이었다. 사진과 함께 그 이름이 너무도 유명하게 알려진 터라 구면을 대하듯 들어가 마주 앉았다.

그는 나를 빤히 바라보더니 '소인대담(小人大膽)'이라면서 무릎을 탁 치며 "당신은 두 번 기회를 놓쳤소. 임신(壬申), 계유(癸酉)년이 당신의 운명을 좌우하는 해였는데 나가야 할 사람이 오히려 들어왔고, 병자(丙子)년에 해외로 웅비했어야 하는데 왜 못 갔소? 세계의 인물이 될 수 있는 기회를 놓쳤습니다."하면서 몹시 애석해했다. 병자년이란 곧 23세 되던 1936년이었다. "이제는 안 됩니까?"하고 물었더니 "사람이란 다 때가 있는 법인데 세계 인물이 될 기회를 놓쳤으니 애석한 일입니다. 하지만 조선 인물은 되겠소."하고 붓을 들어 두루마리에 사주 관상 논평을 길게 써주며 사주가 좋기 때문에 돈을 더 받아야겠다면서, 40세가 넘으면서는 명진사해하고 재수도 대통할 것이라고 장담한다.

그 후 나는 평양 설암리 모 여관을 본거지로 삼고 경제리, 창전리, 기생촌으로, 요릿집으로 생활의 바탕을 삼은 듯이 매일 먹고 마시는 것이 생활의 전모였다. 그러다가도 만주로 가서 봉천 신경(장춘) 할우빈, 목단강 등지로 원정 방랑을 하다가는 또 평양으로 돌아왔다.

평양에서는 요릿집 출입이 전무이면서도 백선행 여사의 양자라는 안일성 씨가 경영하는 백광사와도 관련을 갖고 김송오, 한흑구, 곽복산 등 문인과 기자들과 어울리기도 하고, 광산을 한다는 고성학, 김성훈 씨 등 관객들과도 어울려 노장들과 술자리를 같이하는 처지의 20대 소년이었다.

그래서 내 나이는 그 전부터 28세로 행세해 왔다. 30 이상으로는 아무도 속아 주지 않기 때문에 28세로 행세한 것이 10여 년이었다. 입에 오른 28세였던 고로 30이 되었어도 28세라고 할 정도로 그동안 자기의 나이는 몇 살인지 자신도 모르고 지내는 한 시절이었다. 나이도 초월한 생활이었으니 자신의 정체를 자신도 잘 모르고 지내는, 구름 속 꿈나라 사람이라고 자처했다. 내 이름이 그것을 증명하고 있다는 것이었다.

그러나 주변 사람들은 나를 어떤 부잣집 아들이 나와서 돈 쓰러 다니는 줄만 알았다. 궁색한 모습은 전혀 보이지 않고 당당한 위세가 허투루 볼 수는 없을 정도였으니까 그랬을 것이다. 밤이면 일부러 싸움하러 경제리 뒷골목 이문리, 박구리 어두운 골목으로, 또 서평양 기림리 뒷골목 원정을 가기도 했다. 물론 그때에는 그런 곳대로의 똘마니들도 있었으니까 그럴 수 있었다.

이처럼 정체불명의 존재물이라 하여 홍길동이라 불리기도 했다.

9. 조고 뉘 자손이지?

정체 모를 생활을 하는 동안 사업을 정리해 외국으로 가려던 자금은 다 탕진되었고, 돈은 더 써야 하겠는데 없으니 고향으로 돌아왔다. 그때부터 고향에서 미곡상을 시작했다. 역전에 장평호본점(長坪號本店)이란 간판을 큼직하게 걸어 놓고 봉투와 편지지 등 인쇄물들은 모두 고급으로 찍어서 유력한 광산, 기타 공장지대 미곡상들에게 견본 미곡을 보내 놓고, 장평벌에서 나오는 벼를 사들여 정미를 만들어 차편으로 실어 보내는 한편, 만주 사평가(四平街)에 만주속 취급하는 상회에 통신 연락으로 만주속을 수입해 들여다가 국내 곡물상들에게 넘겨 주는 도매상 노릇을 했다.

평안남도 석암역에서 좀 더 동평으로 들어가면 어중광산이라는 곳이 있었다. 거기는 일본 광업주식회사가 있어 그 종업원들을 위해 그 회사 직영 구판장이 있었다. 그 회사에 입찰 경쟁자들이 많았지만 견본 쌀을 넣은 봉투하며 견적서 등이 워낙 고급이니까 실력 있는 큰 곡상인 줄 알고 또 일본 말을 일본식으로 하니까 이들은 내게 다 낙찰해 주곤 했다.

우리 공장이라야 하루 쌀 백 가마도 못 만드는 작은 공장이었기에 거기에 납품하기 위해서는, 맹중에 있는 작은 공장 큰 공장 할 것 없이 그 부근 10여 공장에 모두 맡겨 정미를 해서 검사를 받는 날은 정미소 앞 광장에 쌀가마니가 가득가득 쌓이곤 했다. 하루는 아버님이 나오셨다가 그 광경을 보시고 놀랐다. 이 공장에 가서 물어보아도 저 공장에 가서 물어보아도 "장평호 쌀입니다." "나운몽 씨 쌀입니다."라는 대답이었으니 놀라지 않을 수 없었다. 돈도 없을 터인데, 또 저 많은 쌀은 다 어떻게 처분하는 것인가 모두 의심스러웠다.

아버님의 후광으로 벼는 얼마든지 외상으로 사들일 수 있었고 광산에 납품하면 즉시 대금이 나오는 것도 알고 있는 이상, 벼 사들이는 것은 문제도 아니었다. 이렇게 한참 성황 중이었는데, 조선총독부령이라면서 박천 군수가 곡물 집산지 맹중리로 출장을 나와 면사무소의 곡물상들과 유지급 지주들을 모두 모아 놓고, 국가시책에 의하여 곡물통제조합을 만들어서 국가관리를 받아야 한다는 요지의 연설을 하고 그 즉석에서 조직을 하려고 했다.

그때 나는 절대 반대한다는 발언을 했다. 군수는 나를 설득시키려고 몇 번 시도해 보았으나 나의 질문과 이론은 어디까지나 농민을 위하고 정미업자들을 위하는 발언이었던 고로 모였던 지주들과 곡물상들은 모두 동조하고 군수의 말에는 감히 노골적인 반대는 못하고 묵묵히 있으면서도 내 말에는 은근히 좋아하는 눈치로, 동조하는 모습이 뚜렷이 드러나는 분위기였다. 그때 키가 크고 점잖던 군수는 분노에 싸여 "조고 뉘 자손이지?"하고 벽력 같은 소리를 질렀다. "네, 조선 사람 자손이외다."하고 맞서니까 그 회의는 완전히 무산되고 말았다. 박천군 내 다른 곳은 다 관의 방침대로 곡물통제조합이 되었지만 동남면만은 나 때문에 몇 달이 지연되었다. 그런 동안 경찰에서는 계속 귀찮게 굴었다.

10. 경찰관 세워 놓고 맹중리 탈출

관의 미움을 받으면서 살 수는 없는 왜정 말엽, 그 같은 사건이 있은 이후 경찰은 계속 뒤따르고 있었다. 그때 내 뒤를 밟아야 하는 담당 형사 M 씨는 매일 나와 술자리를 같이 하게 되었으니 가장 가까운 친구가 되었다. 그는 어느 날 나에게, 아무래도 못 견딜 터이니 북지나 가는 것이 어떠냐고 귀띔을 해주었다. 그래서 북지에 가는 여권을 하나 준비해 가지고 있었다. 내가 차마 친구를 어떻게 수갑을 채우겠느냐면서 나를 좀 살려 달라고 사정사정했다.

나는 할 수 없이 남모르게 속으로는 사업을 정리하고, 겉으로는 사무원에게 사무실과 업무 일체 서류를 그냥 맡겨 두고 알맹이만 뽑아 쌀 2천 가마분 현금을 갖고 떠났다. 그 지방에서 외상으로 사들였던 벼 값은 하나도 남김없이 다 청산하고 술값만은 그냥 내버려 뒀다. 그러나 멀리 있고 돈 많은 모곡물조합 것은 청산을 못 해 주고 급히 떠났다.

고향과 사업장을 버리고 맹중리를 탈출하는 순간이다. 아무도 전송해 주는 이가 있을 리 없었다. 오직 내 신변을 감시해야 하는 담당 형사 M씨 한 사람이 있었을 뿐이다.

맹중리 역에서 북행특급 '히까리'와 남행특급 '노조미'가 서로 어기는 시각이다. 나는 M 형사가 지켜보는 앞에서 북행열차에 올랐다. 그러나 M 형사의 눈을 피하여 재빨리 남행열차로 옮겨 탔다. 혹시 M 형사가 자기 손으로 나를 검거하기는 거북하니까 북행열차 안에서 이동경찰의 손에 잡히도록 연락이라도 해놓은 것 같아서였다.

그 예측은 틀림없었다. 다음 날 아침부터 맹중리가 뒤집히는 듯이 떠들썩했다. 이미 수배해 놓고 북행열차를 태워 놓았으니 틀림없이 잡혀 올 것이라고 알았던 경찰의 잔꾀는 빗나가고 말았다. M형사의 입장은 곤란했으나 속으로는 은근히 잘 되었다고 했다는 것이다. M형사는 주재소에 소환되어 오신 내 부친에게 남몰래 귀띔하기를 "안심하십시오. 안 붙들릴 것입니다. 열차 안에서야 독 안에 든 쥐였는데도 그렇게 샅샅이 뒤지는 이동경찰대의 손에서 벗어나는 재주를 가진 그를 누가 잡아요. 못 잡습니다. 그저 부친께서는 모른다고만 하면 그만입니다. 한 가지 염려가 된다면 키가 좀 작아서 그것 하나가 약간 걸립니다."라면서 아버님을 위로하더라는 후문이었다. M형사도 내가 남행열차로 옮겨 탄 것을 모르기 때문에 독 안에 든 쥐로만 알고 있었다가 안 잡힌 것을 신기하게 알고 하는 말이었다.

해방 후 서울에서 M형사를 만났다. 얼마나 반가웠는지 모른다. 그때 그 이야기를 하면서 실컷 웃었다. 그는 서울시 경찰국에 근무했고 나는 이미 장로였으니 옛날의 추억을 술로 달래지는 못 했다.

Ⅱ. 새별산을 찾아가라

1. 심은 대로 거두는 보응

나는 고향에서 망명길을 떠날 때에 쌀 2천 가마를 팔아 갖고 떠났다. 그중에 쌀 한 차 판 값은 돈을 받고도 환을 잡아 보냈으니 그 한 차 판 값은 횡취한 셈이다. 그것을 그날 밤 그 화주를 만나서 해결해 주어야 하는데도 안 해주고 떠났다.

나는 그 보응을 받아 지금도 그 빚을 갚고 있다. 그 본인들은 이미 고인이 되었지만 그 값을 지금 엉뚱한 사람들에게 갚고 있다. 하나님은 공의로우신 하나님이신 고로 행한 대로 갚아 주시는 하나님의 공의 앞에 나는 지금도 머리 숙여 순순히 "이 보응을 받겠나이다."하고 오늘날까지 계속 빚더미 속에서 살고 있다. 그때 꼭 물어주었어야 할 그 돈을 안 갚아 주었기 때문에 그 보응으로 그 원금의 몇 갑절을 갚고도 그 이자를 계속 갚고 있다.

지금 내가 갚고 있다는 빚은 내가 직접 써보지도 못한 돈을 갚아 주어야 하는 함정에 빠져 있다. 20대 청년 시절에 저지른 그 죗값의 저주를 일생동안 받고 있는 셈이다. 즉 왜정 때에 실컷 죄를 심었으니 그 심은 대로 지금은 거두어야 하지 않겠느냐는 하나님의 공의 앞에 누가 항변할 수 있으랴? 한마디의 반항도 못 하고 순응을 해야 하는 처지에서 묵묵히 다윗의 신앙을 배우고 있다.

다윗은 반역하며 달려드는 아들 압살롬에게 쫓겨 도망을 치면서도 자기가 당해야 할 보응인 줄 알고 자기를 저주하면서 따라오는 자를 그 부하가 당장에 쳐 죽이려고 했지만 하나님께서 보내신 자라면서 그를 내버려 두라고 했다. 다윗은 그 저주를 순순히 받으면서 "혹시 여호와께서 나의 원통함을 감찰하시리니 오늘날 그 저주 까닭에 선으로 내게 갚아 주시리라."(삼하 16:12)는 믿음으로 그 저주에서 헤어날 수 있었다.

즉 하나님께서는 이미 다윗의 회개를 들으시고 그 즉시 용서하시고 사랑하셨지만 다윗이 행한 대로 닥쳐온 보응과 저주는 피할 수 없는 처지였다. 하나님의 공의의 실천을 누가 막을 수 있었겠는가? 다윗은 그 점을 알았기 때문에 겸손한 믿음으로 하나님의 처분만을 기다리고 선으로 갚아 주실 것을 믿고 호소했다. 결국은 믿은 대로 그 저주는 물러가고 하나님의 은총 안에서 왕위에 다시 앉을 수 있는 전화위복의 복을 받았다.

믿음으로 구원은 받으나 행함으로 보응을 받게 된다는 것은 하나님의 공의 안에서 실천

되는 원칙이다. 그런고로 이 공의의 원칙에서는 아무도 벗어날 수가 없다. 내가 당하는 경우를 보아도 나는 확실히 구원을 받았다. 그리고 용서하심도 받았다. 그리하여 하나님의 특별하신 사랑과 은총을 힘입어 하나님의 종으로 쓰이고 있음도 사실이다.

그러나 행한 대로 갚아 주신다(마 16:27)는 말씀과 행한 일이 따른다(계 14:13)는 말씀이 살아서 역사하고 있으니 내 과거에 대한 보응은 계속되고 있다. 그래서 내가 걷고 있는 길은 너무 험난하다. 내가 당연히 당해야 할 보응이라고 안다.

하나님을 거역하고 주의 종들을 핍박하고 멸시했으니 그 핍박과 멸시를 당해야 하고 거짓과 궤사로 남을 속였으니 자기가 그렇게 속아야 하고 남의 마음을 아프게 했으니 그 아픔을 당해야 하고, 허랑방탕했으니 그 보응을 받아야 하는 것은 당연한 일이다. 그래서 나는 남달리 고난과 핍박을 받고 멸시 천대를 당하면서 저주와 역경을 헤치고 나가야 하는 고된 삶의 길을 걷고 있다. 그러나 때가 되면 전화위복이 될 날도 머지않아 찾아올 것을 믿는다.

그 당시 쌀 2천 가마를 몽땅 다 써버리고 죽으려던 인간계획은 산산이 무너지고 말았다. 통쾌하게 먹고 마시며 실컷 놀다가 통쾌하게 죽어버린다던 내 생각은 빗나가고 만 것이다.

그 거액이 허랑방탕하게 쓰인 것은 사실이지만 누구에게 맡겼던 것도 떼이고 빌려주었던 것도 떼이고 이리저리 값없이 어느 사이 다 날려 버리고 말았다. 쉽게 입수된 재물이니 쉽게 날아간 것은 당연한 일이다.

2. 술아 깨지 마라, 나 돈 없다

경찰은 수색망을 북쪽으로 폈지만 범인은 남쪽으로 날랐으니 일단 탈출에는 성공했다. 그래서 나는 그때부터 남비연(南飛燕)이라고 이름했다. 평소에 내가 자라나던 고향집 처마 끝에 제비집이 있어 그 제비들의 자유로운 활동과 그 평화로운 모습과 자유로이 지저귀는 모습이 늘 부럽게 보였다. 그런 데다가 아버님은 우리 집은 연소(燕巢) 형국이라면서 집터 자랑을 가끔 하시곤 하셨다.

그리고 그 제비는 인간의 보호 안에서 사랑과 귀여움을 받았고 겨울에는 남쪽으로 갔다가 봄이면 다시 돌아와 반기곤 했다. 그래서 나는 다시 날 수 있다면 제비가 되고 싶다고 윤회설 같은 이야기를 곧잘 했다. 남비연이란 이 같은 의미를 지닌 평화로운 이름이지만 이름대로의 평화와 자유를 누릴 수 있는 남비연은 아니었다.

"동에 갔다 서에 갔다
  십 년 만도 아니련만
  오 척 단신 둘 곳 없어
  언제까지 헤맴이
  이 몸이 할 일이런가."

이 한 토막의 시는 내가 가끔 읊어 보는 자화상이었다.

결국 살기 싫을 때에는 죽으라던 자신이 죽으려고 마지막 술을 평양 모 요정에서 마셨다. 2천 가마 쌀을 철도와 호텔과 요정에서 다 날리고 마지막으로 호주머니를 몽땅 털고 나오면서 "술아 깨지 마라, 나 돈 없다." "술아 깨지 마라, 나 돈 없다."고 외치며 갈 지 자 걸음으로 대로를 휩쓸며 대동강 인도교를 향해서 나가고 있었다. 그때에 마주 올라오면서 누군가가 "술아 깨지 마라, 나도 돈 없다."라고 흉내를 내고 있었다.

나는 다짜고짜 "이게 어떤 놈이야, 남의 흉내를 내다니… 이 새끼 맛 좀 보아라."하고 덤벼드니까 그는 다급해서 두 손 모아 싹싹 빌며 잘못됐다면서도 할 말은 있었다. "나도 돈 없다고 '도'자 하나 더 넣지 않습디까?"라고 '도'자 변명을 하는 데는 내게서도 웃음이 터졌다. "그래 흉내가 아니고 동조를 했단 말이지? 술아 깨지 마라, 나도 돈 없다."

"좋아, 그렇다면 돈 없는 사람끼리 또 먹자."하고 요정으로 또 들어갔다. 불빛에서 보니 그는 약 50은 되어 보이는 함경도 시골 사람이었다. 아들을 찾아왔다가 못 만나고 호주머니 털어 대포 한 잔 먹고 잠자리 없어 역 대합실에라도 나가려고 큰길로 찾아 나오던 길이란다. 큰 요정에 기생까지 불러 놓고 실컷 먹고 슬그머니 빠져나왔다. 그는 어떻게 되었는지 지금까지 궁금한 일이다. 즉 무전취식을 하고 대동강 인도교로 나갔다.

3. 살기도 싫고, 죽기도 싫었다

남이 보는 데서 죽어 'XXX 투신자살'이란 신문에 이름 석 자라도 남기고 죽겠다는 심정으로 사람들이 지나갈 때에 죽는다는 것이 남의 구경거리밖에 되지 못했다. 아무도 붙잡아 주는 사람은 없었다. 앞발을 내디디고 다리 밑 푸른 물을 내려다보는 순간 뒷발이 나오질 않았다. 오히려 앞발이 뒷발이 되고 말았다.

이것을 생의 애착이라 했는가? 생의 애착이 나를 붙잡아 준 것인가? 다른 아무도 나를 붙잡아 주는 사람은 없었다. 투신자살, 장쾌한 장면을 행인들에게 보여 주고 싶었지만 나의 생의 애착이 허락지 않았다. 결국은 죽지 못했다. 왜 강물이 그렇게도 무서웠던지 모르겠다. 죽음이란 그렇게도 무서운 것일까? 나는 평소에 맑은 강물에 들어가 헤엄치기를 좋아했고 또 강변 푸른 물가에서 놀기를 그렇게 좋아했는데 왜 그 시각에는 그렇게도 무서웠는지 모르겠다. 죽음 앞에 강물은 그렇게 무서웠다. 그 당시는 지옥도 없다고 주장하던 나였는데 그 길이 왜 그렇게 무서웠을까? 어떻든 나는 죽기 싫은 사람임을 그때 알았다. "죽기 싫으면 죽지 말라 – 죽기 싫은 것 왜 죽어 – 나는 안 죽는다 – 나는 죽기 싫어 – 나는 안 죽어 –." 혼자 중얼거리며 시내로 다시 들어왔다. 그렇다고 살고 싶은 것도 아니었다.

살겠다고 왔다 갔다 분주히 다니는 사람들, 핏대를 돋우며 큰 소리로 싸우고 있는 사람들까지 모두가 보기 싫었다. 왜 살려고 저렇게 애를 쓰고 있을까? 석탄 배를 타고 내려오는 검둥이 같은 사람들을 보면서 저러고도 살 맛이 있어서 사는 것일까? 누더기를 입고 깡통을 갖고 다니는 거지도 왜 살아야 할까? 내 마음은 착잡해지기만 했다. 갈피를 못 잡고 우왕좌왕하는 심정에서 자기를 살필수록 더욱 조촐했다. 나라는 '나'는 왜 살기도 싫고 죽기도 싫은 사람이 되었을까?

나보다 잘난 모든 사람이 보기 싫어졌다. "보기 싫은 사람은 보지 말라, 듣기 싫은 소리도 듣지 말라." 역시 혼자 중얼거리며 결국은 산으로 산으로 들어갔다. 세상을 피했다. 세상도 싫어졌고 사람도 싫어졌기 때문이다. 그렇다고 죽고 싶었으면 좋으련만 죽기도 싫으니 이를 어떻게 하면 좋단 말인가? 죽기도 싫으면 살고 싶어야 할 터인데 살기도 싫으니 나는 어떻게 해야 할는지 산중으로 들어가서 온종일 바위 등에 누워서 자기도 하고 공상도 했다. '살아지는 대로 살자.' 이 한마디가 나도 모르게 내 입에서 흘러나왔다. 벌떡 일어났을 때에는 이미 해는 저물었고 목은 마르고 배도 고팠다. 목마를 때에는 물이 필요했고, 배고플 때는 밥이 필요했다. 먹고 싶으면 먹어야 할 터인데 그 자유마저 없었다.

4. 자유를 찾아가는 정처 없는 길

사는 것도 죽는 것도 자유가 없었는데 먹는 것도 자유가 없었으니 어디를 가야 자유가 있을 것인가? 자유가 찾아질 때까지 정처 없는 길을 떠났다. 가고 또 가야 하는 길이었다. 어느 길로 가다가 어디서 잤는지, 어디서 먹었는지도 모른다.

말도 하기 싫었다. 말없이 가는 길이어서인지 누가 말하자는 사람도 없었다. 가는 대로 발길이 옮겨지는 대로 이산 저산, 이 절 저 절, 산 이름도 절 이름도 알려고도 하지 않았고 오직 먹고 싶으니 먹을 것이나 찾아 먹고 자고 싶을 때 자고 떠나고 싶을 때에 또 떠날 뿐이었다. 누가 보나 정상적인 온전한 사람으로는 보지 않았을 것이다. 그것이 나에게는 얼마나 편하고 다행이었는지 모른다. 그만했으면 내가 찾는 자유에 가까운 길이었는지도 모른다. 춥지 않은 남쪽으로 남쪽으로 가다 보니 합천 해인사에 도착했다. 참선을 하다 나오는 도승을 만났다. 머리가 반들반들하도록 머리털 하나 없이 밀어 버리고 온종일 눈을 감고 가만히 앉아 깊은 사색 속에 잠겨 있는 것 같던 그대로였다.

"스님, 스님은 무슨 재미로 그러고 있습니까?"라고 물었더니 "재미는 무슨 재미야, 나를 찾느라고 그러지….."

나를 찾는다는 그 말이 내 마음에 섬광(閃光)같이 비쳤다. "나를 찾는다." 그러면 나는 나를 잃어버려서 이렇단 말인가?라는 생각이 들기에 나는 그 즉시 "그러면 나는 나를 잃어버려서 이럴까요?"하고 또 물었다.

"청년 똑똑해 보이는데 뭐가 어찌해서 그러지…?"

"나는 살기도 싫고, 죽기도 싫은 사람입니다."

"그렇다면 나를 찾아야지… 자기 위치는 찾았구먼… 참선을 하지… 그러면 나를 찾을 터이니….."

그때 나는 생기가 나는 듯 새 소망을 갖고 이름도 모르는 그 스님을 은사로 모시기로 하고 머리를 깎았다. 금부처 앞에서 참선을 한다고 "나란 무엇인가?"하고 자기를 찾아보기도 했다. 그러나 나는 나를 못 찾았다. 죽기도 싫고 살기도 싫고 일하기도 싫은 자기라는 것밖에 못 찾았던 나 그대로였다.

해지기 전에 마루도 닦고 방도 쓸어내고 깨끗이 청소를 하라는 스님의 지시였지만 "나는 그런 것 하기 싫은 사람입니다."하고 한마디로 거절했다. "하기 싫다고 안 하면 되나? 처음에는 그런 것부터 하는 거야. 그게 다 수도니까….." "나는 그런 수도는 안 해도 좋습니다. 나는 하기 싫은 것은 안 하는 사람이니까요."하고 그 즉시 파문을 당했다. 그러나 먹고 싶은 밥은 먹어야 했기 때문에 시간 되면 먹으러 갔다. 며칠은 그대로 먹을 수 있었지만 불목하니 중들이 무슨 눈치를 챘는지 나무하러 가자고 하는 중이 있는가 하면 채소 밭 매러 가자는 중도, 서각 푸러 가자는 중도 있었다.

나는 그런 데 응하지 않았다. "나는 그런 것 하기 싫은 사람이요."하니까 "누구는 하고 싶어 하나?"라고 성을 내는 누군가가 있었다. "당신도 하기 싫으면 안 하면 되지 않아…?"했더니 "이 청년이 돌았나? 하기 싫다고 안 하면 밥은 어떻게 먹고?"

"밥은 먹고 싶으니까 먹어야지….."

"이 사람이 돌았네, 돌았어….."하고 모두 나를 주목해 본다.

"내가 돈 것이 아니고 당신들이 돌았소. 하기 싫은 일을 왜 하고, 먹고 싶은 밥을 왜 안 먹어…?"

이것이 동기가 되어서 그들이 나를 사람 같이 보지 않기 때문에 나도 그들이 보기 싫어졌다. 그때부터 나는 생식을 했다. 생식이란 누구처럼 쌀가루, 밀가루, 생고기 등 값나가는 식품이 아니었다. 다래 같은 열매나 칡뿌리, 솔잎 등 짐승 같은 먹이로 연명을 하며 이 산 저 산 왔다 갔다 하며 지냈다. 무, 배추, 미나리 같은 채소가 생기면 그 이상 없는 진미였다.

"이것이 내가 찾으려는 자유였던가? 아직도 내가 찾으려는 자유는 아니다."하고 자문자답을 하며 용문산까지 이르렀다.

5. 그윽한 목단의 향기

용문산에 첫발을 들여놓았을 때에는 목단꽃이 활짝 웃으며 나를 반겨 주었다. 무엇인가 나에게 하고 싶은 이야기라도 있는 듯 나를 가까이 해주기를 바라는 모습이었다. 나는 그 가까이로 가서 꽃송이를 가만히 움켜 받들고 그 향기를 맡아주었다. 외로운 산중에 묻혀 그윽한 향을 풍기는 목단의 향기, 지금은 그 자리가 없어졌지만 그 당시는 관음사라는 간판이 붙어 있는 작은 암자 같은 절이면서도 최 씨네 재실이었다.

내가 용문산 입산 첫발을 디딘 데가 바로 거기였다. 동에 번쩍 서에 번쩍 오늘은 평양이요, 내일은 서울 그리고 부산, 마산, 목포요, 대전이요, 원산이다, 청진이다, 도문으로, 목단강으로, 할빈으로, 장춘, 길림, 봉천(심양), 안동현, 신의주 어디를 가나 나 있을 곳을 못 찾고 "동에 갔다 서에 갔다 십 년만도 아니련만 오 척 단신 둘 곳 없어 언제까지 헤맴이 이 몸의 할 일이런가." 라던 내 입 노래는 그 목단꽃 앞에서 종지부를 찍었다.

이상하게도 그때부터는 내 마음의 안정을 가져왔다. 거기에서 북쪽 골짝으로 도랑을 따라 올라가 보니 큰골(大谷)이라는 널찍한 황무지가 있었다. 그 골 안 초원이 왜 그렇게 내 마음에 들었던지 그곳을 기어이 내 손에 넣고 싶었다. 거기에 내 뿌리를 박고 싶어서였다.

지금의 용문산 구국제단에서부터 중앙촌 전역 약 6정보였다. 도치랑 박 씨 소유였는데 백 원 내라는 것을 간신히 깎아서 92원을 주고 샀다. 내게는 무일푼이었으나 처가에서 얻어 온 돈으로 샀다.

거기에서 집 없이 7년, 집 짓고 7년, 봉화 들고 7년, 말씀 듣고 7년, 천국 반포 7년, 투쟁 7년 기를 지나며 지금까지 한국복음화를 위한 피나는 투쟁을 하고 있다. 하늘의 뜻이 이 땅 위에 이루어질 때까지 복음의 향기를 풍겨야 할 용문산이다.

용문산 입산 첫발을 디딜 때에 그윽한 목단의 향기는 오늘의 복음의 향기를 상징했다. 그래서 지금도 그 목단의 향기는 용문산 기념관 현관 앞에서 그 옛날을 회상케 하고 있다.

해마다 5월 7일이면 반드시 활짝 웃어 주는 목단꽃, 그 날을 잊어버렸다가도 그 날을 일깨워 주는 목단꽃은 지금도 살아 있다.

6. 새별산에서 흐르는 새 술

이렇듯 용문산과는 깊은 연유를 갖게 하신 하나님의 뜻은 이미 55년 전 1931년에 내 아버님을 통해 알려주신 일이다.

그때 내 나이 겨우 17세였다. 일본 유학을 갔던 첫해 여름 방학이었다. 고향에 돌아와 아버님께 큰절을 드리고 머리도 채 들기 전에 "너는 새별산을 찾아가야 하느니라."고 말씀 끝을 흐리시며 눈물을 닦으셨다. 나는 그 말씀의 뜻도 알아들을 수가 없었고 아버님의 눈물의 까닭은 더구나 알 수 없었다. 이 말씀은 그때뿐이 아니었다. 그다음에도 기회만 있으면 하시는 말씀이셨다. 약주를 하시면 반드시 하시곤 하는 말씀이시다.

너무 여러 차례 듣는 말이기에 그 까닭을 어머님께 물어보았더니 "이상한 꿈을 하나 꾸고 너는 중이 될 것이라고 당치도 않은 말을 하고 있으니 그런 꿈 이야기 알 것 없느니라."고 일축해 버리신다. 나는 그럴수록 더욱 궁금증을 느끼게 되었다. 그 후 기회가 생겼기에 아버님께 그 말씀의 연유를 물었더니 그 내용은 말씀하지 않으시고 "네가 갈 곳이 새별산인데 그 산이 어디에 있는지 알 수 없으니 가산(嘉山) 새별령(嶺)이라도 한번 가 보아라. 그리하면 거기에서 그 수수께끼가 풀릴는지도 모른다."는 정도의 말씀만을 해주셨다. 나는 점점 궁금증이 더했을 뿐이다.

한 번은 기회를 내어 대령강(大寧江)을 건너 가산에 있는 새별령을 찾아갔다. 그 산상에까지 올라가서 내려다보니 산들이 그야말로 하늘 아래 보였다. "정녕 이런 높은 산에 오르게 하여 내 의기(義氣)를 키워 주시고 또 넓은 마음으로 천하를 한번 내려다보라는 뜻에서 그 말씀을 하셨는가?"하고 즉흥시 한 수를 지어 갖고 돌아갔다.

"의기 남아 한번 태어났다가
남의 장군 못한 일 내라서 못하리.
눈 아래 뵈는 저 산머리들
내 호령 기다리고 있으메라."

이런 시 한 귀를 아버님께 드렸더니 한참 동안 읽고 나시더니 좋다, 나쁘다 소리도 없이 거의 무표정한 태도로 비로소 꿈의 비밀을 터뜨려 놓으셨다.

즉 아버님이 어느 낯선 산중 길을 가고 있었는데 가도 가도 첩첩 산이었고. 그러다 어느 산골짝에 당도했다. 거기에는 천하에서 모여 왔다는 구름 떼 같은 많은 사람들이 큰길을 닦고 있더란다. 하도 이상하기에 그들에게 물었다는 것이다.

"이런 깊은 산중에 무엇 때문에 이런 큰길을 닦고 있는가?"라고.

그 많은 사람 중에 반쯤은 '공연한 쓸데없는 짓'이라고 반대를 하고 반쯤은 '꼭 닦아야 할 길'이라면서 적극적인 찬성을 하더란다. 이상한 것은 반대하는 사람들도 반대는 하면서도 길은 열심히 닦고 있더란다. 찬성하는 사람들은 물론 다 같이 땀을 흘리며 열심히 길을 닦고 있었다.

"그러면 이 길을 누가 닦으라기에 이처럼 많은 사람들이 동원이 되었습니까?"하고 물었더니 "저 산 위에 있는 이가 시켜서 하는 일입니다."라고 대답을 하더란다.

그리하여 아버님은 도대체 어떤 분이기에 이런 산중에서 많은 사람들로 하여금 순종케 해서 이 같은 큰일을 할 수가 있을까? 또 이것은 왜 닦는 길일까? 어떤 사람인가? 알고 싶고 듣고 싶은 호기심을 갖고 그가 있는 산정으로 골짜기 도랑을 따라 올라가 보았다.

그 물 근원으로 올라가 보니 그 물은 세상에서 보던 물과는 달리 유리같이 맑고 깨끗한 물이었다. 그 물이 산꼭대기 수채 구멍에서 돌돌 흘러내리고 있었다.

그런데 그 큰길을 닦는 주인공이 바로 그 수채 앞에 물이 나오는 거기에 있었다. 그는 인기척도 않고 그냥 그 물 흐르는 것만을 골똘히 들여다보며 앉아 있더란다.

이이가 도대체 어떤 분인가? 하고 좀 더 가까이 가서 자세히 보니 그는 다른 사람이 아닌 아들이더란다. 아버지는 깜짝 놀라서 "야, 운몽이 아니냐? 네가 어떻게 여기 있니?"하고 반겼지만 아들은 반길 줄도 모르는 듯 힐끗 돌아다보는 둥 마는 둥 하더니 "아버지가 어떻게 여기 오셨어요?" 이 한마디를 했을 뿐 일어나지도 않고 마냥 물만 바라보고 앉아 있었다. 아버지는 마음 한구석에 섭섭한 생각이 없지 않았으나 그래도 그 빈틈없는 아들의 자세에 대해서는 더 말할 수 없이 대견하더라는 것이다.

그런데 그곳 사람들이 그 산을 '새별산'이라고 하면서 그 물을 가리켜 '새 술'이라고 하더란다. 새 술이 흐르는 새별산 그 골짝에 새길을 닦는 새사람들이 바로 오늘의 은혜의 새 술에 취하는 새 사람들이 아니고 무엇이랴.

이 꿈을 꾸고 난 아버지는 보통 꿈이 아니라는 생각에서 가슴이 두근거리며 누구에게도 감히 말을 못 하고 오직 어머니에게는 "이 애가 커서 중이 되어 산에 들어가서 도(道)를 닦는 도사가 될 것 같다."면서 "그렇게 도를 안 닦으면 술도가를 하게 될 것이다."라고 예언을 하여 어머니에게는 듣기 싫은 소리가 되었다. 어머님은 독실한 기독교인으로서 아들을 위해서 밤낮 기도하는 처지였기 때문에 그런 시답잖은 꿈 하나 꾸고 나서 소중한 자식을 놓고 중이니 술도가니 한다고 말다툼까지 하는 때도 있었다.

그러나 그 꿈은 과연 영몽이었고 장차 일어날 일을 하나님께서 계시하신 것이었다. 그 후 10년, 이 꿈은 그대로 실현되었다.

그러니까 내 나이 27세, 청년 시절 첩첩산중으로 헤매다가 살아지는 대로, 가는 대로 가다 보니 발걸음이 가 닿은 곳이 용문산이었으니 이곳이 바로 새별산이 아니고 무엇이겠는가? 내가 찾아온 것이 아니고 이끌려 온 곳이다.

여기서 흘러내리는 신령의 새 술이 바로 성령의 생수가 아니고 무엇이랴. 이 생수를 마시는 자마다 기쁨과 소망이 벅차오르고 있다.

미디안 광야에서 이스라엘 일 천만이 므리바 반석에서 터져 나오는 생수를 먹고 살아난 것처럼 오늘의 신앙적 광야의 예수 반석에서 터져 나오는 신령의 생수를 마시고 새로운 피조물이 되고 있는 현실의 놀라우신 성령의 역사를 누가 부인할 수 있으랴(고전 10:3,4, 고후 5:17).

주님께서는 분명히 말씀하셨다. "목마르거든 내게로 와서 마시라 나를 믿는 자는 성경에 이름과 같이 그 배에서 생수의 강이 흘러내리리라 하시니 이는 그를 믿는 자의 받을 성령을 가리켜 말씀하신 것이라."(요 7:37~39)고….

새 시대 새 일꾼으로 인생의 참 도, 생명의 길을 닦아 변화를 받은 새 별들이 숱하게 나와 전국을 뒤덮고 있으니 이 어찌 '새별산'이 아니랴.

새별산 길은 험하고 멀어도 그리스도가 나타나 인도하셨으니 이 어찌 사람이 이루어 놓은 일이라고 하겠는가?

하나님께서 새별산을 택해 놓으시고 어떤 모양으로 역사하셨는지 공개해야 할 사명을 갖고 감추었던 비밀을 공개한다.

Ⅲ. 처음 체험한 성령

1. 그때와 내 처지

성령 운동이 용문산 골짝에서 일어나 우리 한국 전역으로 확대되어 본격화된 것은 1952년 초부터였다.

내가 성령을 체험한 것은 왜정 말엽 1942년 봄이었다. 그러니까 성령을 체험한 것은 40년 전 일이고, 성령 운동이 표면화한 것은 10년 후부터였다.

40년 전이면 왜정 말엽 태평양전쟁이 한창이고 한국교회가 신사참배 문제로 탄압 속에 있던 때였다.

그 10년 후라면 6.25 동란으로 피강산을 이루어 놓았던 직후였다. 이런 막다른 골목에서 부르짖을 때에는 반드시 역사하는 성령임을 재삼 느끼고 깨달았다.

회고컨대 40년 전의 한국은 한마디로 말해 일본의 발악으로 말미암아 그 와중에서 헤어나지 못하고 있던 때였다. 당시 일본은 팔굉일우(八紘一宇)를 주장하며 중국 본토를 거의 다 점령하고 만주에는 만주제국이라는 괴뢰정권을 장춘(長春)에 세우고, 남경에는 왕조명(王兆銘)을 수반으로 하는 괴뢰정권을 세웠다.

진짜 중화민국 총통이었던 장개석(蔣介石)은 밀려서 중경(重慶)으로 쫓겨 들어간 중경정부를 간신히 이끌고 우왕좌왕하고 있었다. 그때 미국에서 가져가는 무기는 공산군에게로 다 빠져나가는 판이었다.

이렇게 되니 장개석의 실패는 미국의 실패이기도 했다. 일본은 미국의 대중국 무기 보급로를 끊기 위한다는 것이 1941년 12월 8일 하와이 진주만 폭격으로 태평양전쟁을 일으켰다.

한편 유럽에서는 독일 히틀러의 발악과 이탈리아 뭇소리니의 망동으로 세계는 발칵 뒤집혔다. 결국 일·독·이 3국 구축 세력과 미국을 중심으로 한 세계 연합군 세력과의 대결은 더욱 심하여 제2차세계대전이 극에 달하고 있었다.

세계 정세가 이렇게 될수록 일본의 발악은 날이 갈수록 더해가고 있었다.

오만불손한 일본은 안하무인일 뿐 아니라 하나님 두려운 줄을 모르고 하나님의 신성을 모독하고 일본의 '아마데라스 오오미까미'(天照大神)라고 하는 일본 우상 신을 여호와의 신 위에 놓으라는 강요로 한국교회는 말할 수 없는 수난기를 당했다. 끝끝내 신앙절개 지키다가 순교를 당한 주기철 목사 같은 주의 종들도 있었거니와 견디다 못해 정처 없는 망명길에 나선 이들도 있었다.

한편 신앙절개를 팔아먹고 어린양 같은 교인들을 이끌고 신사 앞을 찾아가서 꾸벅꾸벅 배례를 할 수밖에 없었던 배도자들도 있었다.

마음은 원이로되 육신이 약하여 울면서 억지로 신사참배에 참여하는 신도들도 있었다. 속으로는 기도하며 겉으로는 신사 앞에 절하는 안타까움의 모습들도 하나님은 보시고 계셨을 것이다.

쇠붙이라고는 기성 시설까지 파괴해서 군수품으로 납품해야 했고 예배당 종을 떼어 바쳐야 하는 등 집집마다 돌면서 놋으로 만든 그릇이라면 무엇이든지 밥그릇, 수저까지 모두 거두어 가는 판국이었다.

그뿐이랴, 조국의 역사와 성명과 언어까지 모두 빼앗겨야 하는 저주의 시절이었다. 굶주리며 기진맥진 피땀 흘려 지어 놓은 농사도 자기 것이라고 하지 못했고, 그 수확물은 강제 공출을 당하고 만주산 대두박(비료용)과 썩어져 가는 만주속으로 연명을 해야 했다. 그나마도 없어 초근목피로 연명을 한다지만 나무껍질을 벗겨 먹으면 그것마저 위법이라고 끌려가서 곤욕을 당해야 했고, 풀 뜯어 먹는 동물 인간이 되고 말았다. 쑥죽은 최고 상이요, 쑥떡은 별식이었다. 영양 부족으로 쓰러진 많은 생명들, 영혼 세계의 구원이 없다면 너무도 억울한 인생이었으리라.

아들딸을 키워 놓고도 자기 자녀라고도 할 수 없던 때였다. 지원병, 학도병, 보국대, 정신대, 위안부 등의 명목으로 전쟁터로, 탄광으로, 공장으로 징용되어 끌려가야 했다.

이런 막다른 골목, 신음 속에서의 부르짖음, 애굽에서의 이스라엘 사람들의 부르짖음과 별다름이 없었을 것이다. 애굽의 부르짖음을 들어 주신 하나님께서는 한민족의 부르짖음도 또한 들어 주시지 않을 리가 없었다.

집 없이 7년을 산중에서 지내는 동안은 하나님께서 나를 찾아주신 기간이었고, 나도 그 하나님을 찾을 수 있는 기간이 되었다.

해인사가 자리 잡고 있는 합천 가야산 산정에 백련암이 있다. 거기에서 김천 최일성 씨를 만나게 된 것이 동기가 되어 용문산 밑에 있는 최 씨네 재실이면서 관음사라는 이름이 붙은 절간으로 오게 되었다.

그때만 하더라도 나는 예수를 믿으려고도 하지 않았다. 이왕 종교를 가질 바에야 불교라야 한다고 주장하던 나였다. 이는 심오한 철학이면서 유아독존의 자기가 살아 있는 종교라고 알았기 때문이었다.

그리고 관세음보살을 만나기만 하면 모든 문제는 다 해결된다니 더욱 그랬다. 관세음이란 세상 소리를 듣는 것보다 세상 소리를 본다고 하니 더욱 매력적이었다.

그를 만나려면 '관세음보살 관세음보살' 하고 늘 그 이름을 부르기만 하면 만난다는 것이다. 길을 걸을 때도, 앉아서도, 누워서도 만 번 십만 번 백만 번이라도 많이 부를수록 만날 수 있다는 것이다. 그래서 나는 늘 관세음보살을 불러서 입에 오르게 되었다. 그러나 만나지는 못 했다.

1940년 5월 7일 혈혈단신으로 용문산에 입산했다. 외로운 객지 생활, 그나마 산중생활, 그 외로움과 그 괴로움이 나로 하여금 부르짖게 했다.

2. 처음 들은 영음

1942년 어느 날 밤이었다. 토실에서 깊이 잠들어 있는데 누가 깨웠는지 후다닥 일어났다. 그때 "네 마음을 청결하게 하라. 그리하면 나를 보리라."는 음성이 들렸다. 음성뿐이고 아무도 없었다. 그때만 해도 나는 몹시 교만했던 모양이다.

"마음을 어떻게 청결하라는 말인가. 방바닥이라도 쓸어내란 말인가, 마룻바닥이라도 닦아내란 말인가. 성결(聖潔)이면 성결이지, 청결(淸潔)이란 말도 안 되는 소리"하고 그냥 자리에 누우려고 했다. 실은 성결이란 용어도 모르던 때였다. 그런데 어떻게 그런 용어가 내 입에서 튀어나왔는지 모른다. 다시 누우려는 순간, 또다시 꼭 같은 음성이 들렸다.

"네 마음을 청결하게 하라. 그리하면 나를 보리라."

그때에야 두려운 마음이 생겼다.

정좌를 하고 "마음을 청결하게 한다는 것은 어떤 것입니까?"하고 물었다. 그때 "이와 같으니라."하고 앞을 보여 주는데 온 천하가 백설에 쌓인 듯 하얀 세계였다.

천하가 눈앞에 보인다. 산에 산으로 연결된 첩첩 산인데도 백 리 밖의 남쪽 가야산이 눈앞이다. 해인사 건물과 뜰, 모든 초목과 돌 하나까지도 다 보인다.

흐르는 냇물도 옹가지 빗자루까지도 한눈에 드러난다. 북쪽 속리산 법주사도 마찬가지다. 먼 곳 가까운 곳 어디든지 한 눈앞의 천지였다.

"이럴 수가 있습니까?"하고 나도 모르게 놀란 음성이 내 입에서 튀어나왔다.

"의심스럽거든 마태복음 5장을 보아라. 분명히 맑을 청(淸)자니라."라는 너무도 명백한 음성을 남겨 놓은 채 천지는 다시 캄캄해졌다.

그때 내 마음은 덜컥했다. 내가 찾던 관세음보살이라면 '금강경'을 보라든지 '화엄경'을 보라든지 불경을 보라고 할 텐데 왜 하필이면 예수쟁이들의 책 '마태복음'을 보라고 했을까? 두근거리는 가슴을 부둥켜안고 어찌할 줄을 몰랐다. 내가 멸시 천대하던 예수쟁이들의 모습이 마음을 뒤흔든다. 붉은 색깔의 성경과 찬송, 너절하게 보이던 걸음걸이와 옷차림 모두가 떨쳐 나와 나를 부끄럽게 조여들고 있었다.

잘 수도 없었던 한 밤을 지새며 날 새기를 기다렸다. 날이 새자마자 용문산 밑의 도치랑 마을 내가 있던 방을 찾았다. 한 모퉁이 깊숙이 내버려져 있던 성경 한 권이 있었다. 아내의 보따리 속에 깊이 감추었던 책인지도 모른다. 아니면 이 성경은 김환계 영수님이 갖다 놓았던 책인지도 모른다.

노끈으로 꿰어 맨 소형 책 표지에는 '간이선한문 신약전서'라고 쓰여 있었다. 두려운 마음으로 책 뚜껑을 들쳤다. 마태복음 5장을 찾아 내리 읽었다. 5장 8절에 "마음이 청결한 자는 복이 있나니 저희가 하나님을 볼 것임이요."라고 있었는데 과연 맑을 청(淸)자가 분명했다.

나를 보리라던 그는 하나님이었음을 알게 되었다. 그 순간 '하나님…' 하고 나도 모르게 눈물이 쏟아져 나왔다. 걷잡을 수 없이 흐르는 눈물을 금할 길 없었다. 눈물 흘리는 것이 남 부끄러워 그 책을 들고 용문산 서쪽 골짜기로 뛰어들어갔다.

왜 슬픈지도 몰랐다. 왜 눈물이 나오는지도 알 수 없었다. 울어지니까 울었고, 눈물이 나오니까 흘렸을 뿐이다.

지금 생각하면 그것이 바로 "우리가 마땅히 빌 바를 알지 못하나 오직 성령이 말할 수 없는 탄식으로 우리를 위하여 친히 간구하시느니라."(롬 8:26)고 한 그 성령이 말할 수 없는 탄식으로 나를 위해 간구해 주는 장면이었다고 해석된다.

3. 성경은 나를 반사시킨 거울

흐르는 눈물을 억지로 닦으며 성경을 내리읽었다. 읽다가도 또 울고, 울다가 또 읽고, 또 읽고 하다가 날이 저물면 그냥 그 자리에서 '주여, 주여…' 하며 울다가는 지쳐서 쓰러지고 자다가는 깨고 또 '하나님, 하나님…' 하며 또 울고 또 울었다.

날이 새면 또 성경을 읽고 또 읽기를 며칠이었다. 무엇을 먹었는지, 며칠을 읽었는지도 알 수 없다. 어떻든 제정신은 아니었다. 신에게 사로잡힌 상태였다. 4, 5회 읽은 것 같기는 하나 그것도 자세하지는 않다.

오직 분명한 것은 성경 속에서 나를 찾았다는 사실이다. 나를 찾는다는 것은 참선을 하면서도 못 찾은 나를 성경 속에서 찾았다. 성경은 나를 반사시켜 주는 거울이었다. 성경은 성경(聖鏡), 거룩한 거울이었다.

내 과거를 보여 주고, 내 현실도 보여 주고, 내 미래도 보여 주는 거룩한 거울이다. 아무리 보아도 나는 '죄인'이다.

과거도 죄에서 살았고, 현재도 죄에서 살고 있는 죄인이었다. 죗값은 사망이니 내 미래는 사망일 수밖에 없었다(롬 6:23).

하나님 앞에서는 호리라도 안 갚을 수 없는 그 죗값, 내 자신으로서는 갚을 길이 없었다(마 5:26). 나에게 그 사망을 보여 주시는데, 사망이란 있다가 없어지는 것인 줄만 알았던 내 생각은 착각이었다.

사망도 영원하다. 사망이 영원하니 생명도 영원할 수 있음을 알게 되었다.

한없이 깊은 무저갱, 죽으려 해도 죽어지지 않는 그곳, 구더기도 타지 않는 그 불, 뜨거워도 피할 수 없고, 목말라도 마실 수 없고, 배고파도 먹지 못하는 그곳, 거기가 영원한 사망의 세계, 저주의 세계, 지옥이었다.

그 절망의 구렁, 내가 갈 곳이 바로 거기임을 직감하는 순간 나는 뒤로 나자빠졌다. 누가 당장에 나를 그곳으로 끌어당기는 것만 같았다.

4. 나를 죽어 주고 나를 살아 준 십자가

정신없이 몸부림을 치고 있었다. 어쩔 줄을 모르고 안타까워하는 동안 뒤에서 "내가 네 죽음을 죽어 주었다."라는 소리 없는 음성이 은근히 들렸다.

"누가 제 죽음을 죽어 주다니요?"하고 머리를 번쩍 드는 순간 눈앞에 십자가가 은빛 같은 빛으로 벙긋 나타난다. 동시에 "내가 너를 살아 주었다."라는 음성이 급하게 들린다. 나는 "주여…"하며 그 십자가를 끌어안으려고 했다.

그러나 그 십자가가 잡히지는 않았다. 그런데도 그 십자가는 내 속에서 나를 죽어 주고 나를 살아 주고 있음을 느꼈다. 지금도 내 겉 사람을 죽어 주고 내 속 사람을 살아 주고 있다.

죽음 속에서 헤매던 내 생명이 구출 받는 감격이 북받쳐 올랐다. 그 감격이 내 마음속에 가득해진다. 성령이 충만한 그 감격, 감당하기조차 어려웠다. 시간이 흐를수록 더 했다. 그 며칠은 미친 듯이 그 은혜가 반가웠다.

영원한 내 죽음을 영원히 죽어 준 그 십자가, 내 생명을 영원히 살아 주는 그 십자가의 주인과 예수 그리스도가 내 생명이 아닐 수 없고 그 십자가가 내 구원 길이 아닐 수 없다.

이 길이 바로 '십자가의 도'임을 알았다. 이 도(道)를 죽어가는 내 이웃, 내 동족에게 어서 속히 전하고 싶은 마음이 북받쳐 올랐다. 십자가의 도는 살아 움직이는 생명이어서인지 나로 하여금 전하지 않고는 견딜 수 없게 했다.

썩은 나무형틀에서 끝을 맺은 십자가가 아니다. 내 속에서 살아 역사하고 있는 십자가였다. 믿는 자의 속에서 역사해 주는 십자가의 도인 고로 "십자가의 도는 멸망을 받는 자에게는 미련한 것이요 구원을 얻는 우리에게는 하나님의 능력이라."(고전 1:18)고 했다.

5. 아멘 없는 기도

그 며칠 후 주일 날, 아침 일찍부터 서둘러 예배당으로 찾아갔다.

용문산에서는 십리 길이다. 능천 마을에 있는 자그마한 초가집 예배당이다.

20명도 안 되어 보이는 교인들이 강단 밑에 모여 앉았다.

그들은 깨끗하고 거룩한 천사들같이 보였고, 나 혼자만 죄인 같았다.

비록 흙담 벽에서 흙냄새가 풍기는 장내이기는 하나 거룩한 위엄이 나를 사로잡는다. 좁은 방이라 바라보는 그들의 시선을 피할 길조차 없이 부끄럽기만 했다. 엎드려 기도한다는 것이 흐느껴 울기만 하고 머리를 들지 못했다. 예배가 시작되기만 기다리며 엎드려 있었던 것이다.

울면서 기도하는 모습이 초신자 같지는 않았던지 개회 기도를 부탁한다. 아무리 처음 나왔다고 말을 해도 막무가내였다. 강권에 못 이겨 할 수 없이 단상에 올라갔다.

웬 눈물이 그리 많았는지 역시 첫마디부터 눈물로 기도가 시작되었다.

"주여, 내 죄를 대신 져주신 주님이시여… 그 대신 제게는 무슨 짐을 지워 주시려나이까…"하고는 목이 메어 울었다. 이 기도의 첫 마디는 지금까지 잊히지 않는다. 그다음은 무슨 말을 했는지 흐느껴 울던 생각밖에 안 난다.

울다가는 몇 마디하고, 또 울다가는 몇 마디씩 무슨 말을 했는지 단 밑의 교인들도 따라서 울고 주여, 주여 소리가 계속 내 기도 소리를 뒷받침하고 있었다.

그러다가 단에서 내려왔다. 내가 내려오고도 얼마 동안 있더니 사회자가 강대상을 툭툭 치니까 그때에야 교인들이 머리를 든다. 아무리 생각해도 마음이 찝찝하기만 하고 부끄러워서 머리를 들 수가 없었다. 예배가 끝날 때까지 머리를 들지 못했다.

폐회 즉시 나는 누구보다 먼저 예배당 밖으로 뛰어나왔다. 아무도 만나지 않으려고 했다. 그러나 그 신 영수님이 따라 나오며 점심 잡수시고 가시라면서 붙잡는다. 모든 교인들이 한결같이 따라 나오면서 사택으로 들어가잔다. 그래도 나는 뿌리치고 올라왔다. 기도 드린 것이 무슨 큰 실수나 한 것 같아 부끄럽기 그지없었기 때문이다.

그때 15, 6세밖에 안 되어 보이는 박만출 집사님의 큰아들 덕법 군이 따라오고 있었다. 나는 그 박 군에게 물었다.

"다른 사람이 기도하고 나면 모두 '응'하면서 일제히 머리를 들던데 내가 기도했을 때는 왜 머리를 안 들고 있었지?"하고 물었더니 박 군은 오히려 반문을 한다.

"선생님이 기도하시고 마지막에 '예수님의 이름으로 기도드리옵나이다.'라고 하셨나요?"

"그래야 하느냐?"

"그래야 아멘, 하지요."하고 그는 이상한 눈초리로 의아스럽게 나를 바라본다.

왜 그것도 몰랐느냐는 눈치 같기도 했다. 도치랑 마을에 오더니 박 군은 기어이 자기 집으로 들어가자고 옷자락을 잡아끈다. 아버지가 꼭 모시고 들어가라고 했다는 것이다.

숨이 차서 뒤따라오던 그 아버지 박 집사도 어느덧 당도했다. 오두막집 아래채 단칸방, 마음 놓고 일어설 수도 없는 낮고 좁은 방이었다. 흙으로 아무렇게나 쌓은 벽에 흙을 발랐을 뿐, 종이 한 장도 바르지 않은 움막집이다.

당시 박 집사는 나환자로서 동리 사람들에게 소외당한 외로운 사람이었다. 그 부인이 정성껏 갱식(나물죽)을 끓여 왔다. 한 상에 마주 앉아 나더러 식사 기도를 하란다.

나는 또 눈물이 앞섰다. 울면서 기도를 드렸다.

그러나 마지막 마무리 말이 생각나지 않았다. 박 군이 일러주던 "예수님의 이름으로 기도드리옵나이다."라는 그 말이 안 나와서 한참이나 머뭇거리다가 "집사님이 마저 하시오."하고 기도를 박 집사님에게 넘겼다.

박 집사님도 답답했던지 얼른 받아 몇 마디 짤막한 기도 끝에 "예수의 이름으로 기도드립니다."하고 박 군보다도 더 짧은 마지막 마디였다.

예수라는 말에 더 힘주어서 하던 그 어조 그대로 나는 몇 번이나 속으로 받아 외웠다.

6. 기뻐 뛰며 부르던 찬송

그때부터 나는 박 집사님과 친구가 되었다. 그는 나를 찾아와서 나와 함께 온종일 찬송을 불렀다. 찬송을 부르다가 기도하고 기도하다가 또 찬송을 불렀다.

"내 주를 가까이하려 함은 십자가 짐 같은 고생이나 내 일생 소원은 늘 찬송하면서 주께 더 나가기 원합니다."

찬송이라고는 이 한 장, 그 당시 149장밖에 몰랐기 때문에 이 찬송만을 또 부르고 또 불렀다. 그때 이 찬송을 '야곱의 찬송'이라고 했다.

온종일 불러도 싫지 않은 찬송이었다. 점점 더 기운이 생겨서 손뼉을 힘껏 치면서 힘껏 불렀다. 손바닥이 부푸는 듯 아픈데도 그냥 손뼉을 치며 어깨춤으로 장단을 맞추어 불렀다. 박 집사는 나병으로 손이 뭉그러져 조막손이 되어 소리도 안 나는 손뼉을 친다. 그 환부에서 피가 나는데도 아랑곳없이 손뼉을 치며 일어나 덩실덩실 춤을 추면서 찬송을 불렀다. 단 둘이기는 하나 그렇게 기쁠 수가 없었다. 이 어찌 성령의 역사가 아니랴(시 47:1, 50:4~6, 149:3).

성령은 이처럼 기쁨과 위로를 주었다. 성령은 자신을 알게 하고 하나님과 주를 알게 해 주었다. 또 십자가를 알게 하고 천국과 지옥을 알게 했다.

이렇게 구원 길과 멸망 길을 알게 하여 구원 길로 인도해 주시는 성령이었다. 그런고로 성령은 진리의 영으로서 모든 것을 가르치시고 모든 것을 생각나게 하시는 보혜사임을 알 수 있었다(요 14:26).

이렇게 귀하신 보혜사를 나에게 주시사 영원토록 나와 함께 있게 하시고 이 진리의 영을 세상은 능히 받지도 못 하고 보지도 못 하고 알지도 못 한다고 하셨으니 더욱 감사하고 황송하기만 했다(요 14:16~17).

"그러나 너희는 저를 아나니 저는 너희와 함께 거하심이요 또 너희 속에 계시겠음이라 내가 너희를 고아와 같이 버려두지 아니하고 너희에게로 오리라."(요 14:17~18)는 주께서 하신 말씀을 실감할 수 있었다.

7. 처음 믿고 둘째 주일에 설교

다음 주일이 몹시 기다려졌다. 일찍부터 서둘러 박 집사님과 함께 십리 길을 걸어 예배당으로 갔다.

그 교회 신 영수님과 김 영수님 모두 반가워했다. 젊은 집사님들도 모두 와서 반갑다고 손을 붙잡았다. 아이들과 부녀들까지 기쁨으로 반겼다. 이것이 예수의 사랑이요, 성령이 하나 되게 한 감격이었음을 잊을 수 없다. 나를 언제 보았기에 이처럼 반가워할 수가 있었을까?

그 날은 기어코 설교를 해달란다. 지난번 기도에 많은 은혜를 받았다고 하면서 기어이 단상으로 끌어올린다.

나는 지난 주일 기도에 큰 잘못을 저지른 줄 알고 부끄럽기 그지없는데 오히려 은혜를 받았다니 알 수 없는 일이었다. 아마 기도 마지막의 "예수님 이름으로 기도드립니다." 소리가 울음소리에 섞여 잘 안 들린 것으로 생각되었던 모양이다. 그렇기에 설교를 해달라고 했지 기도도 할 줄 모르는 사람으로 알았다면야 어찌 설교를 해달라고 했으랴.

끌려서 할 수 없이 단상에 올라가 엎드렸다.

"제가 무엇을 전할 수 있습니까? 하나님 저에게 전할 수 있는 말씀을 주시옵소서."하고 엎드렸을 때는 또 역시 눈물이 앞섰다.

"주여… 주여…"하고 흐느끼고 있을 때 로마서 10장 10절이 떠올랐다. 하나님께서 주시는 말씀인 줄 알고 성경을 들쳐 보았다.

"사람이 마음으로 믿어 의에 이르고 입으로 시인하여 구원에 이르느니라."는 말씀이었다. 보기는 쉬워도 전하기는 어려운 말씀이다.

미지의 기대 속에서 기대하고 있는 교인들 앞에 떨리는 마음으로 나섰다. 로마서 10장 10절, 이 한 구절만을 읽고 울음 섞인 목소리로 설교를 시작했다. 무슨 말을 했기에 교인들이 흐느껴 울었는지 온 장내는 울음바다였다. 이러기를 두 시간이나 지나도록 설교를 했다. 즉 십자가, 나를 죽여 주고 나를 살아 주는 십자가임을 간증했다. 그 십자가를 져주신 주님을 겉으로 믿어 의에 이름이 아니고 마음 진심으로 믿어야 의에 이르고, 의에 이르렀다고 구원이 아니고 믿음의 실천이 있어야 구원이라고 초신자답지 않은 설교를 했다(롬 1:17). 나 자신도 놀랐다. 내가 어떻게 이런 설교를 했을까 하고, 이 어찌 성령의 역사가 아닐 수 있었으랴.

8. 세례도 안 받은 설교자

바울이 은혜의 눈을 뜨게 되면서부터 사울이 바울이 되어 핍박 속에서 전도를 했던 것처럼, 내 어찌 바울에게 비교가 되랴마는 나 역시 도를 받자마자 전하지 않고는 견딜 수 없는 기회가 주어졌던 것이다.

"오직 성령이 너희에게 임하시면 너희가 권능을 받고 예루살렘과 온 유대와 사마리아와 땅끝까지 이르러 내 증인이 되리라."(행 1:8)고 하신 말씀은 사도들에게만 하신 말씀이 아니었다. 예배당에 나가는 즉시 설교를 할 수 있었다는 것은 그동안 그래도 성경을 몇 번 보았던 관계도 있겠지만 그보다도 성령이 역사해 주었음이 분명했다.

실천 있는 믿음이 곧 생명 있는 믿음이요, 생명 있는 믿음이라야 입으로 증거 할 수 있고, 입으로 증거 할 수 있는 믿음이라야 살아 있는 믿음이요, 살아 있는 믿음이라야 영원히 살 수 있는 영생 구원에 이른다는 이것이 내가 받은 믿음이요 내가 받은 은혜였기에 그 은혜의 간증이 그때 설교 요지였다.

내가 받은 그 십자가의 도로 인한 감격과 그 위로와 소망을 눈물 없이는 전할 수가 없었다. 과연 복음은 모든 믿는 자에게 구원을 주시는 하나님의 능력이심을 체험할 수 있었다 (롬 1:6).

복음의 능력은 모든 사람의 마음을 뒤엎는 것을 볼 수 있었다. "복음이 말로만 전달되는 것이 아니고 오직 능력과 성령과 큰 확신으로 된 것"(살전 1:5)임을 확인할 수 있는 좋은 기회였다.

이런 일이 있은 후로는 주일마다 설교 부탁을 받게 되었다. 그러나 세례도 받지 않고 교적도 없는 사람이 외람되게 거룩한 제단에 선다는 것은 아무리 생각해도 개운치 않은 일이었다. 그렇게 고백을 해도 교회에서는 곧이듣지를 않더니 그래도 김천 시찰회에 알렸던지 김천에서 목사님이 들어오셨다.

9. 세례받고 즉시 영수 취임

그때 오신 목사님은 조선출 목사님이셨다. 그 당시는 몹시 젊은 목사님으로서 나와 거의 같은 연배로 보였다. 이것저것 묻더니 세례를 주고 당장에 영수직까지 주었다. 얼른 이해 안 될 처사 같기는 했으나 물세례도 안 받은 고넬료가 성령세례부터 받는 것을 보고 베드로가 물세례를 베푼 전례가 성경에 있어서인지 아무도 탓하는 이는 없었다(행 11:16~17).

나는 그 당시 교회 조직도 직위도 아무것도 모르는 때였다. 영수란 무엇을 하는 직분인지도 몰랐다. 그래서 목사님께 영수라고 무슨 글자를 쓰느냐고 물었더니 거느릴 령(領) 자와 소매 수(袖) 자를 쓴다고 한다.

그렇다면 정계에서의 영수와 같으니 그 단체의 우두머리가 된다는 뜻인데 연소한 소신자에게는 너무 과람한 칭호였다.

교회에 나간 지 몇 달도 안 되었는데, 집사도 안 돼 보고 당장에 영수가 되어 수십 년 믿어온 두 분인 노인 영수님과 같은 반열에 서게 된 것이다. 어떻든 장로 없는 미조직 교회에서 장로를 대리하는 직분이라는 것까지 알았다.

그렇게 알고 보니 매우 무거운 짐을 진 것 같은 두려움이 생겨 안 하겠다고까지 해보았으나 막무가내였다.

그때부터 모두 영수님이라고 불러 주니 부끄럽기만 했다. 20대 청년에게는 어울리지 않는 칭호였다. 더구나 초신자의 입장이었으니 말이다.

교회 행정은 전혀 알지도 못 하거니와 관여할 생각도 없었고, 오직 전도에만 열이 대단했다. 그때부터 단상 설교는 도맡아서 하다시피 했다.

하지만 그것만으로는 족하지 않았다. 내 속에 북받쳐 오르는 뜨거움을 전하지 않고는 견딜 수 없는 사람이 된 것이다.

Ⅳ. 산중 마을에 일어난 성령 역사

1. 도치랑에 세워진 야학당

용문산 밑에 있는 도치랑(道治良) 마을에서 온 동민을 모아 놓고 매일 밤 전도회를 열었다. 도치랑은 능천교회가 있는 마을에서 약 5리쯤 산골짝으로 더 들어와 있는 막다른 동리다. 임진왜란 때 유, 김, 박 3씨가 피난 와서 살게 되었다는 산골짜기이다. 앞뒤가 꽉 막혀 있는 곳이기는 하나 아늑하고 조용한 동리였다.

약 40호에 3백 명 가까이 살고 있는 가난한 동리로서 대개가 관음사라는 절간 주인 최씨네 소작인이었다. 절이라야 최 씨네 재실에 불과했지만 그 세도는 당당하여 경찰을 마음대로 움직일 수 있었다. 그래서인지 온 동리가 그 앞에서는 시녀역이었다. 하필이면 그 동리에서 전도가 시작된 것이다.

그때는 일본 말을 국어라고 하던 시절인 고로 국어를 가르친다는 명분으로 모여야 했다.

일본 '가다가나' 몇 자를 써놓고서 한글로 그 음을 달아준다는 핑계로 실제로는 한글을 가르쳤다. 그나마 잠깐 가르치고는 주로 찬송과 성경 사화로 시간 가는 줄을 모르고 밤을 새우다시피 했다. 아브라함, 이삭, 야곱, 요셉, 모세, 삼손, 사무엘, 다윗 등 유명한 성경 인물 이야기를 했다. 이런 식의 강론을 통해서 기독교는 동민들의 가슴속에 심어지고 있었다.

성령을 알지도 못 했던 시절이기는 하지만 성령은 크게 역사하여 온 동민이 한마음 되어 전촌이 학교화 되고 전촌이 교회화 되었다.

매일 저녁 온 동민이 시간을 기다렸다가 웃는 얼굴로 서로 반기며 모여들었다.

마침 동리 한가운데에 흉가라고 해서 팔리지 않는다는 집이 한 채 있었다. 그 동리에서는 제일 큰 목조 건물이었다. 그 집을 사서 중간 벽을 헐고 야학당을 만들었다. 그 자리가 지금의 능치 교회당이다. 당시 유일한 내 동역자는 아내였다.

아내는 본래 독실한 신자였으나 불신자인 나와 결혼한 후로는 예배당에도 못 나가고 있다가 그렇게 반대하던 남편이 예수를 믿고 열심히 득심하여 전도를 하고 있으니 기쁜 마음으로 동역을 하게 된 것이다.

아내는 매일 찬송 가르치는 일을 전담하고 나는 강설을 전담했다. 그러니까 매일 밤 찬송 소리가 메아리쳤고, 강설 소리와 기도 소리가 야반 정적을 깨쳤다.

노름꾼이 없어지고, 도둑이 없어지고, 동리는 깨끗이 정화되고, 상부상조, 사랑으로 엉킨 애향숙 정신을 살린 사랑의 본향이 건설되고 있었다.

들에서도 산에서도 가는 곳마다 찬송 소리가 들렸고, 두세 사람만 모여도 그 자리가 부흥회였다. 야학당에는 남녀 · 노유 모두가 날마다 기쁨으로 모였다. 사랑으로 모이기를 힘쓰던 초대교회를 방불케 했다.

그 당시 기독교는 미국에서 온 종교라고 탄압이 심했고, 불교는 일본 종교 같이 여겼기 때문에 탄압이 없었다.

그런데 불교 계통으로 그 동리까지 왔던 자가 예수교를 전하고 있으니 문제가 안 될 리가 없었다. 그 당시 그 모임을 도의자수회(道義自修會)라고 했다. 자습한다는 명분으로 매일 기독교 전도회를 하고 있는 셈이었다.

나는 그때 부흥회를 어떻게 하는 것인지도 모르던 시절이었지만, 지금 생각하면 그 당시 모임은 일종의 부흥회였다. 즉 기독교 부흥회를 매일 온 동리가 떠들썩하게 하고 있었으니 아무리 산중 마을이라 할지라도 집회나 신앙의 자유가 없던 그때에 더구나 기독교 집회가 허용될 리가 없었다.

2. 난데없는 쌀가마와 꿈에 본 이상

1943년 쑥죽으로 보릿고개를 넘어야 하는 초여름이었다. 어느 날 아침에 일어나 밖으로 나오니 난데없는 쌀가마가 문 앞에 있었다.

한 가마니에는 좁쌀이 가득했고, 한 가마니에는 백미가 반 가마 정도 담겨 있었다.

온 동리가 쑥죽으로 연명을 하던 때였는데 자기네가 못 먹어도 선생님을 굶게 해서야 되겠느냐고 하면서 나 모르게 가만가만 밤중에 거두어 온 정성 어린 성미였다.

나는 그 사실을 알고 나서 견딜 수 없는 감격이 치밀어 올랐다. 울면서 기도하다가 쓰러져 잠이 들었다. 몽 중에 누군지도 모를 음성이 들리기를 5월 27일에 내정이 되어 6월 1일에는 발령이 날 터인데 그때는 관록을 먹게 된다면서 육군 대장의 관복을 입은 내 모습을 보여 준다. 그나마 많은 사람들이 타고 있는 기차 한복판에 우뚝 드러나게 나를 내세웠다.

그 해석까지 덧붙여 영감이 오는데 5월 27일에 나를 검거하려 내정이 되었다가 6월 1일 경찰에 구속되어 죄수가 입는 관복을 입고 감방 관식을 먹게 되리라는 뜻으로 알려졌다.

가족을 위해서는 염려하지 말라는 뜻으로 이미 쌀가마도 보내 주고 이 일로 인하여 과도히 상심하거나 낙심치 않도록 하나님께서는 소망을 주셨다.

즉 이 일로 인한 하늘에서의 상급은 대장급으로 증진된다는 것을 알려 주는 듯했다. 하나님의 위로와 사랑이 내포된 약속이라고 느껴지면서 마태복음 5장 11절에서 12절 말씀이 떠올랐다.

"나를 인하여 너희를 욕하고 핍박하고 거짓으로 너희를 거슬러 모든 악한 말을 할 때에는 너희에게 복이 있나니 기뻐하고 즐거워하라 하늘에서 너희의 상이 큼이라 너희 전에 있던 선지자들을 이같이 핍박하였느니라"(마 5:11~12).

이 말씀을 보는 순간 나 같은 것도 선지자 반열에 세워 주시려고 이런 시련을 주신 것인가 하고 소망에 벅찬 기쁨이 떠오르기도 했다.

그러나 그것은 잠깐뿐이었다. 그 며칠은 계속 우울해지면서 그 꿈을 부인하기도 하고 무시하기도 하면서 꿈 같은 일을 가지고 내가 왜 이리 마음이 약해질까 하고 자기를 의심도 하고 책망도 해보았다. 그러나 그 꿈은 내 마음에서 사라지지 않았다. 아무리 잊으려고 해도 잊히지 않았다. 솔로몬이 꿈에 지혜를 받은 것 같이 내게도 꿈에 준 직책인 가도 싶었다.

하나님께서는 요셉에게도 바로에게도 꿈으로 앞날 일을 알려 주셨듯이 옛날 모든 선지자들에게도 이상과 꿈으로 알려 주시기도 하고 말도 하셨지만 하나님의 형상만은 보여 주시지 않았다. 오직 모세에게만은 대면하여 말씀도 하시고 여호와의 형상도 보이시겠다고 하셨지만 다른 이에게는 없었다(민 12:6~8).

성경 그대로 하나님의 형상은 전혀 볼 수 없었으나 그 말씀은 명백하게 들리기도 하고 이상이 보이기도, 깨닫게도 했기 때문에 내 뇌리에서 사라지지 않았다.

하루하루 날짜가 다가올수록 내 마음은 몹시 초조해졌다. 그러나 숙생들에게는 내색을 하지 않고 매일 밤 찬송과 강설로 계속되는 부흥회는 여전했다.

6월 1일 아침에 아무도 모르게 산으로 올라갔다. 하나님의 뜻이라면 어디로 도망이라도 칠 심산이었다. 그러나 하나님은 허락하지 않았다.

3. 경찰에 잡혀가던 날

큰골(大谷)이라고 부르는 지금의 용문산 기도원 터, 약초 밭머리에서 호미를 들고 서성거리고 있었다.

그때 나를 찾는 소리가 산 밑에서 들려온다. 동사 사정의 음성이 분명했다. 올 때가 왔구나 하고 가슴이 덜컥했다. 몇 번이나 부르는 소리를 들으면서도 대답하지 않았다. 경찰에서 나를 붙들려고 왔다는 직감이 떠올랐기 때문이다.

쫓기는 마음을 가누지 못하고 뒷산 골짝으로 도망을 치려고도 해보았으나 발걸음이 돌아서지를 않았다. 결국은 "나 여기 있소."하고 대답했다. 군청에서 손님이 오셔서 찾는다는 전갈이었다. 군청이 아니고 경찰인 줄 알면서도 내려왔다.

길가의 나무 그늘 밑에서 두 형사가 나를 기다리고 있었다.

"경찰에서 오셨습니까?"하고 인사를 청했더니 "아니오, 군에서 왔는데요."하고 시치미를 뗀다.

옆에 같이 앉았던 한 사람은 "서에서 온 줄을 어떻게 알았지요?"하고 웃으며 일어난다. 그렇게 짐작된다고 했더니 "도통을 하신 모양이지요? 산중에서 사시면서….."하고 농담 섞인 어조로 수작을 걸며 가까이 다가온다. 나는 그 당시 성령을 몰랐다. 그러나 성령은 내 안에서 역사하고 있었다.

"너를 잡아갈 때 무엇을 말할까 무엇을 대답할까 염려하지 말라 네 속에 있는 하나님의 성령이 대답할 말을 주시리라."(마 10:19~20)는 말씀 그대로 성령은 내 안에서 역사했다. 내 속에 평안을 주었고 지혜로운 대답도 주었다.

그들에게 잡히기 전까지는 그렇게도 초조하던 마음이 어디로 사라지고 정작 잡혔을 때에는 왜 그처럼 마음이 편안해졌는지 알 수가 없었다. 이것이 곧 성령의 역사였음을 지금 와서 깨닫게 된다.

온 가정 살림 전체를 수색하고 편지나 책은 모조리 보따리에 싸고 숙생들에게 작문을 지으라고 하더니 그것도 압수하고 하룻밤을 지내면서 내 신변에 관한 모든 것을 샅샅이 내사했다.

다음 날 아침, 그들에게 끌려 추풍령 역으로 나갔다. 꿈에 보이던 그대로 많은 사람들 앞에서 기차를 타고 부끄러움의 길을 감내해야 했다.

4. 난생처음 당하는 유치장 신세

김천 경찰서 고등계 형사실에 온종일 앉혀 놓고 내버려 둔 채 자기네 일만 하고 있었다. 저녁 때 퇴근할 때에야 간수들에게 유치장으로 끌려갔다.

입고 간 옷을 벗고 죄수복을 입어야 했다. 난생처음 당하는 일이라 생시 같지 않았다.

관복을 입게 된다더니 이것이 관복이구나 하고 그 옷을 받아 입을 때의 마음은 섬뜩했다. 그러나 하나님께서 미리 알려 주신 이유를 그때에야 알 만했다.

당연히 당할 일을 당하는 것으로 알게 하여 옛날 선지자들이 당하던 고난에 나도 참여하게 되었다는 긍지가 생기면서 기뻐하라시던 주님의 말씀이 들리는 듯 마음의 위로가 오는 듯하면서도 마음은 몹시 언짢았다(마 5:11~12).

철창문이 달려 있는 커다란 자물통 여는 소리가 유난히도 덜거덕거렸다. 내 가슴 속에서도 덜거덕거리는 소리가 들리는 듯했다. 컴컴한 철창 안으로 밀쳐 넣고 문 닫는 소리가 철컥했을 때 내 가슴 역시 철컥했다.

그때는 일본 놈들이 망하기 전에는 나갈 것 같지 않았다. 체념하고 있을 수밖에 없는 내 심정은 막연하기만 했다.

감방 첫머리에 뚫려 있는 개구멍 같은 구멍 앞자리에는 머리도 수염도 덥수룩한 험상궂게 생긴 40대 사람이 앉아 있었다. 말없이 빤히 바라보는 그의 눈에는 아무런 악의도 없어 보였다. 그러나 그 옆에는 날총쟁이 같은 중년이 하나 앉아 있으면서 매서운 눈초리로 아래위를 훑어보더니 "죄명이 뭐야?"하고 앉기도 전에 다그쳐 묻는다.

"나도 무슨 죄로 들어왔는지 죄명도 모르오."하고 귀찮게 대답을 하면서 앉을 자리를 찾고 있었다. 그 좁은 감방에는 6, 7명이 좁게 앉았는데 말석 똥통 가까이 그가 앉으라는 대로 앉았다.

앉자마자 신고를 하라는 그들의 명령대로 주소, 성명, 직업, 죄명 등을 아뢰어야 했다. 죄명은 끝끝내 모른다고 할 수밖에 없었다. 그중에는 나이 60쯤 보이는 노인 한 분이 앉아 계시다가 웃으시면서 친절히 대해 준다. 그는 내가 들어앉아 기도하는 것을 보았음인지 기독교인인 줄을 그 즉시 알아보고 어느 교회에서 왔느냐고 묻는다.

직분도 이름도 자세히 묻는다. 지금 장로교는 안 잡는데 왜 잡혀 왔는지 이상하다면서 신사참배를 거부했느냐고 묻기도 하고 이것저것 묻는 말이 연속될수록 귀찮기만 했다.

도치랑에는 신사도 없다고 했더니 그러면 무슨 일로 들어왔느냐고 또 묻는다.

"글쎄 나도 몰라요."하고 귀찮게 대답을 하고 두 손으로 턱을 받치고 졸고 있었다. 지난밤 잠을 못 자서인지 모든 것을 체념해서인지 그냥 졸기만 했다. 그래도 그는 옆으로 다가앉으며 추근추근 묻는다. 알고 보니 그는 신사참배 문제로 잡혀 들어온 성결교 김의용 목사님이셨다.

5. 여호와와 천조대신 어느 신이 큰가?

그다음 날 성결교회 장로가 또 한 사람 잡혀 들어왔다. 김 목사님과는 같은 성결교니까 서로 잘 아는 처지였다. 두 분이 마주 앉아 심문에 응할 대비책을 강구하는 듯 몹시 초조한 눈치였다.

조용조용 조심스럽게 수군거리는 내용인즉 '여호와'나 '아마데라스 오오미까미(天照大神)'나 다 같은 하나님이지만 언어상 차이로 어음이 다를 뿐이지 어의는 같다고 대답해야 한다는 요지였다.

나는 들으면서도 그것이 무슨 말인지 왜 그런 대답을 해야 하는 것인지도 몰랐다.

그날 밤 자다가 한밤중에 고문하는 소리가 들렸다. 누구를 그렇게 조지는지 죽는 듯하는 비명 소리와 때리는 소리가 들렸다. 그 소리가 남의 일 같지 않았다.

그다음 날은 내 차례였다. 구금된 지 3일 만에 끌려나갔다. 고등계 주임 일본 사람이 나를 담당했다. 그 옆에는 형구인 듯한 로프 줄도, 몽둥이도 있고 물이 담긴 물통과 주전자 등 지저분하게 놓여 있었다.

"이거 무엇인지 알지?"하고 먼저 겁을 준다.

주소, 성명 등 인정 심문이 끝나자마자 다짜고짜 묻는 말이 "아마데라스 오오미까미와 너희가 말하는 여호와 신과는 무엇이 다르며 어느 신이 더 크냐?"고 묻는다.

그때 나는 대답할 말을 미리 준비나 해두었다는 듯이 나도 모르는 순간 불쑥 대답이 나오기를 "아마데라스 오오미까미는 일본의 시조신이고, 여호와는 온 우주 만물과 인간을 지으시고 생사화복을 좌우하시며 천지를 주재하시는 하나님이시라고 배웠습니다."라고 나로서는 생각지도 못 했던 말로 자신 있게 대답했다.

"잡혀갈 때에 무엇을 말할까 염려하지 말라, 그때 무슨 말할 것을 주시리라."고 하신 주님의 말씀은 이런 경우에 실감나리만큼 체감할 수 있었다.

대답하는 이는 내가 아니라 내 속에 있는 하나님의 성령이었음을 이제 깨닫게 되었다(마 10:20, 눅 12:11~12).

나는 그렇게 안다고도 하지 않고 왜 그렇게 배웠다고 대답을 하게 되었는지 모른다.

그 말에 책임을 안 지겠다는 생각에서 한 말도 아니다. 나는 아무런 타산 없이 말해지는 대로 대답한 말이다.

그는 두말할 것 없이 "누구에게 그렇게 배웠느냐?"고 물었다.

"아마데라스 오오미까미가 그렇다는 것은 학교 교과서에서 배웠고, 여호와 신이 그렇다는 것은 성경에서 배웠습니다."하고 대답을 했더니 그는 아무 말도 없이 내 얼굴만 빤히 바라본다.

그가 생각했던 것보다는 너무나 의외의 대답이었던 것 같다. 무엇을 생각하는지 펜대를 거꾸로 들고 책상머리만 툭툭 치고 앉았더니 "그러면 여호와 신이 더 크다는 말이 아니냐?"고 묻는다.

"그것은 당신께서 더 잘 압니다."했더니 어이가 없다는 듯이 머리를 절레절레 흔든다.

"기미노 유우고도와 좃도 지가우조(네가 하는 말은 좀 틀리는데…)"하고 못마땅하다는 듯이 쏘아보더니 "어이, 고이쯔 마다 이데(야, 이 녀석 다시 쳐넣어라.)"하고 앞자리에 앉은 경관에게 지시한다.

나는 다시 컴컴한 감방으로 끌려 들어갔다. 차라리 감방이 편안했다. 취조를 받기 전에는 무언가 불안했는데 취조를 받고 나서는 마음이 후련했다. 그리스도로 말미암은 마음에 위로가 넘친다는 성경 말씀 그대로 체감할 수 있었다(고후 1:5~6).

6. 꿈에 알려 준 소식과 은인

그 후 어느 날 밤 꿈속에 은인이 한 분 나타났다. 그는 내가 모르는 이였지만 송(宋) 씨라고 하는 것까지만 알았다.

그는 다정하게 나를 대해 주었다. 나를 데리러 왔노라고 하면서 나더러 기어이 같이 가자는 것이었다. 하지만 나는 따라가고 싶으나 신발이 한 짝 없어져서 못 가겠다고 하며, 신발을 찾느라고 안타까워했다. 그는 더 이상 기다릴 수 없다는 듯이 "그러면 3일 후에 오라."고 한마디를 남기고 자전거를 타고 떠났다.

그 뒤를 그냥 보고 있노라니까 그는 앞에 보이는 고갯길을 넘어 어디론가 사라졌다.

그리고 나서 3일 후였다. 역시 꿈속에서 무엇에게 쫓겨 좁은 골목으로 몰리고 있었다. 막다른 골목에 다다랐을 때 모퉁이에 좁은 구멍 문이 있기에 그리로 박차고 나갔다. 나가고 나니 큰 대로였는데 소나기가 좍좍 내리고 있었다.

두근거리는 가슴을 안고 어디로 가야 할지 몰라서 머뭇거리다가 무슨 소리에 놀라서 화다닥 깨어 일어났다. 나는 깨어나서도 가슴은 그냥 뛰고 있었다. 무슨 일이냐고 겁나게 묻는 김 목사님에게 미안하기만 했다.

"아무것도 아니야요. 꿈이었어요."하고 다시 자리에 누웠다. 그러나 잠은 오지 않았다.

아침에 일어나자마자 김 목사님은 또 묻는다.

"지난밤 무슨 꿈을 꾸었기에 그렇게 놀랐지?"하고 궁금해한다. 나는 꿈 이야기를 그대로 했다. 그 꿈은 못 나갈 꿈이라고 목사님은 해석한다.

며칠 전에 신발이 한 짝 없어진 것도, 이번 어디로 갈지 방향을 찾지 못한 것도 나갈 길이 없다는 뜻이라고 그럴듯한 해석이었다.

목사님의 해석대로 나는 못 나갈 줄만 알았다. 그래서 나는 목사님이 먼저 나가시면 제 아내에게 고향으로 돌아가서 해방될 때까지 기다리도록 일러 달라는 부탁을 했다.

먹이던 양은 신 영수님께 맡기고 약초밭은 박 집사님께 맡기고 야학당은 문을 닫고 내 염려는 조금도 말고 고향으로 돌아가서 어린 통영이나 잘 키우라고 전해 달라는 눈물겨운 마지막 부탁을 유언하듯 했다.

7. 엇갈린 꿈 해석

맥빠진 한숨을 내쉬는 내 거동과 실의에 빠져 있는 내 모습이 감방 친구들에게 가엾게 보였던지 그들은 한결같이 나를 동정하면서도 이상하게 여기는 눈치였다.

"성경 이야기 또 좀 해줘요."하고 성경 사화 듣기를 즐기던 그들에게, 매일 전도하며 당당했던 내 자세가 그렇게도 하루아침 사이에 무너지는 것은 전도자답지 않은 태도임을 경고라도 해주는 듯한 분위기였다.

내 모습을 의아하게 바라보던 개성 사람은 나더러 꿈 이야기를 다시 한번 해보란다. 그래서 나는 꿈 이야기를 다시 했다.

모두 흥미 있게 듣는다. 다 듣고 난 개성 사람은 무릎을 탁 치면서 "그 꿈은 수요일 날 나갈 꿈입니다. 비는 물이니까… 수요일 날 나갈 길이 열린다는 뜻입니다."하고 간단한 해석을 붙이고 나서 자신이 있다는 듯 당당하게 목사님을 향하여 "저 영감은 알지도 못하면서 그따위 소리를 한다네…."하고 버릇없이 목사님을 면박한다.

김 목사님은 퇴박을 맞으면서도 머리를 좌우로 흔들며 "흥, 수요일이라면 오늘이 수요일인걸…?"하고 얼토당토 않은 해석이라고 비웃는 듯 개성 사람을 쏘아본다.

개성 사람도 팽팽히 맞서며 "오늘이 수요일이면 오늘 나가지…."하고 다시 한번 무릎을 친다.

"설마 오늘이야 나갈 수 있으려고?"하며 나도 믿어지지 않았거니와 목사님은 더구나 코웃음 치고 앉아 계셨다.

시덥지 않은 꿈 이야기를 가지고 승강이를 하게 된 것을 생각하니 목사님에게 미안하기 짝이 없었다.

그래도 개성 사람은 또다시 장담을 하며 나섰는데 그 말이 끝나기도 전에 형사가 와서 내 이름을 부른다. 그 순간 옥문이 열렸다. 또 취조를 하려고 불러내려는 줄만 알고 그날 따라 나는 몹시 겁에 질려서 떨며 나왔다.

8. 풀려 나오던 그날

그러나 상상 밖에 나를 붙들어 온 형사의 태도는 부드럽고 친절했다.

간단한 심문을 끝내고 나더러 집으로 돌아가라는 뜻밖의 선언이었다. 어리둥절한 내 태도를 보고 우스웠던지 놀라지 말라면서 위로해 주는 그의 태도는 확실히 동정적이었다.

당부하는 말은 집에 돌아가거든 어디로도 출타하지 말고 있다가 또 찾거든 와야 한다는 것이다. 그리고 돌아가는 길에 송창근 목사님을 꼭 만나라고 한다.

3일 전 꿈속에 만났던 분이 바로 송 목사님이었음을 그 즉시 직감할 수 있었다.

황금동 교회로 송창근 목사님을 찾아갔더니 송 목사님은 그날 내가 나올 줄을 알고 기다리고 계셨다. 목사님은 반가이 대해 줄 뿐 아니라 크게 위로해 주시면서 하시는 말씀이 "글쎄, 어린것을 업고 그 먼 길을 걸어와서 온몸이 땀에 젖어 울기만 하니 그 사정이 너무나 딱했다."하면서 "알고 보니 그 할머니가 나와 같은 송 씨로서 같은 동리에서 살던 한집안이었음을 알게 되었다."고 하신다.

그래서인지 처음 만나는 처지이지만 친족을 대하듯 다정하게 대해 주셨다.

실은 3일 전에 김천 경찰서에 찾아가셔서 신원을 보증하고 3일 후 내보내 주겠다는 약속을 받고 돌아오셨다는 것이다.

돌아오는 길에 황금동에 사는 절간 할아버지의 아들을 만났다. 그가 하는 말을 듣고 나는 또 한 번 놀랐다.

그 아버지가 경찰서 형사들을 청해다가 술자리를 베풀고, 정체불명의 청년 하나가 나타나서 도치랑 동리를 온통 야소쟁이 마을로 만들고 있으니 무언가 수상한 점이 있다고 정보를 제공하여 나를 체포하도록 형사들과 비밀 약속을 하는 것을 보았다는 것이다. 그날이 바로 5월 27일이었다고 한다. 그래서 나에게 알려 준다는 것이 편이 없어서 차일피일 하는 동안 벌써 잡혀갔다는 소리를 듣고 미안했다는 것이다.

나는 그때부터 옛날 선지자에게 꿈으로 계시해 주셨다는 하나님의 계시가 나 같은 것에게도 임하셨구나 하고 하나님을 더 가까이하는 믿음이 생겼다.

멀리 보이지 않는 하늘에만 계신 줄 알았던 그 하나님이 이렇게 내 안에서 꿈속에서와 현실에서 체감할 수 있었다는 그 감격도 성령의 역사였음을 그 후에야 깨닫고 또 한 번 감사했다.

성령의 역사란, 이처럼 범사에 감사하게 된다는 점을 알게 되면서 더욱 감사했다.

9. 잊을 수 없는 성령 역사

옥중에서 풀려 산중 마을을 다시 찾아 들어올 때의 그 감격 또한 잊을 수 없다. 들에서 일하던 분들이 여기저기에서 보는 대로 뛰어나와 붙잡고 운다. 반가움의 눈물, 뜨거운 사랑의 눈물이었다.

남녀노소 구분 없이 모두 기뻐하며 반겨 주던 그 모습, 지금도 도치랑 마을을 지날 때마다 상기되는 그때 그 감격, 성령의 역사였음을 잊을 수 없다.

아직 말도 못 하는 어린것까지도 엄마 품에서 아빠 품으로 오겠다고 두 손 벌리고 달려든다. 웃지도 않고 묵묵히 안기며 목을 껴안던 묵직한 그 모습은 하나님께서 나에게 감명 깊은 사랑의 교훈을 안겨 주는 듯했다.

즉 성령은 마을 인심과 어린것의 마음까지 하나 되게 하여 말없이 정이 통했다.

그날 저녁 아무도 오라고 하지 않았지만, 어른도 어린이도 모두 모여 왔다. 온종일 들에서 일하던 그들, 피곤에 지쳐 쓰러질 지경인데도 찾아와서 위로해 주고 같이 기뻐해 주었다.

"선생님이 무슨 죄가 있습니까? 우리 때문에 그 같은 고생을 했지요….”하고 한 사람이 목멘 소리를 하니까 울음을 터뜨리는 사람도 있었다.

어두움 속에서 흐느끼는 울음소리, 감격에 북받친 울음 섞인 찬송 소리, 인자도 없이 흐르는 은혜의 줄기는 점점 깊어만 갔다.

등에 불을 켜려는 사람도 없는 듯 고요한 밤중의 정적을 깨치는 감격의 찬송 소리와 기도 소리에 섞여서 들리는 흐느낌 소리, 모두가 은혜로웠을 뿐이다.

이것이 어찌 성령의 역사가 아니었으랴.

Ⅴ. 앞길 인도하는 성령 역사

1. 도치랑 마을을 떠나야 했다

그날 밤 성령은 내 마음을 그곳에 안정시켜 주지는 않았다. 필경 그곳을 떠나야 한다는 영감이 세차게 작용했다. 날이 새기를 기다려 여비도 없이 길을 떠났다. 뒤따라온 박 집사님을 추풍령 고갯길에서 만났다. 마주 앉아 실컷 울며 기도했다. 그는 왜 가느냐고 묻지도 않는다. 오직 돈 봉투를 내 호주머니에 넣어 주며 여비에 보태 쓰란다. 그때 돈 60원이면 농촌에서는 큰돈이었다. 그때 그 돈을 어디서 구했는지 박 집사님의 고마움을 언제나 잊을 수 없다.

그 고개턱에서 이별의 눈물을 흘리며 헤어졌다.

"잘 가란 소리도 못 하겠소."하고 돌아서며 눈물 흘리는 박 집사님을 보고 "잘 있으시오." 소리도 못 하고 울며 추풍령 고개를 넘었다. 그때 생각만 하면 지금도 눈물을 금할 길 없다. 그래서 나는 성령의 자취는 눈물에서 찾을 수 있다고 말한다. 눈물은 진정이기 때문에 성령과는 불가분의 관계가 있는 듯하다.

대전 전당포에 가서 만주 가는 여비를 구해 신경행(노조미)을 탔다. 까다로운 이동반 경찰의 차 중 검문을 염려했으나 하나님의 도우심으로 무난히 압록강을 넘었다.

사평가(四平街) 역에 내리니까 동생이 나와서 기다리고 있었다. 대전서 친 전보를 받고 형의 거처도 모르고 있던 동생은 어리둥절해서 행여나 하고 나와 보았다는 것이다.

2. 병고에서 체험한 성령

찻간에서부터 오한증이 생기던 것이 여관으로 들어가서부터는 열이 극도로 올라 인사불성이었다. 의사를 청해 보여도, 약을 써도 소용없었다.

먹지도 못 하고 며칠을 정신을 못 차린 채 대소변을 받아내는 판이다.

동생은 그리웠던 형을 만나면 할 이야기가 너무 많았으나 이야기 한번 못해 보고 이처럼 객지에서 마지막 길을 가는 것 같아 겁에 질려 환자 앞에 엎드려 울기만 한다.

여관 주인도 염려가 되어 들어와 보고 걱정에 싸여 긴 한숨만 쉬다 나간다.

동생은 답답하여 "어머니한테 알려서 들어오시라고 할까요?"한다.

"안 된다, 그건 안돼…."

"그럼 형수님 계신 곳으로 알릴까요?"

"그것도 안 돼."

동생은 이것도 저것도 혼자서는 감당하기가 곤란했다. 더구나 변성명하고 숙박계를 내놓은 형의 입장을 생각하면 이럴 수도 저럴 수도 없었다.

의사도 자신 없는 소리, 자기도 자신 없는 노릇, 울면서 화장터까지 찾아가서 마지막 절차를 알아보고 오는 등 동생은 한없는 눈물에 젖어 있었다.

아직 연소했던 동생의 애쓰는 모습은 한없이 가엾어 보이고 미안할 뿐이었다.

동생을 애태웠던 자신을 생각하면 지금도 부끄러워진다. 그때 동생의 나이는 겨우 22세밖에 안 된 청년으로 지원병을 피해 만주로 가 있는 신세였다. 객지에서 자기 몸 하나 지켜나가기도 힘든 처지였을 터인데 형까지 가서 짐이 되었으니 무엇으로 그 비용을 감당했는지 생각할수록 미안하다기보다 불쌍하기 그지없었다.

어느 날 밤 나는 이상을 보았다.

그 자리를 떠나야지, 안 뜨면 경찰이 쫓고 있음을 성령이 알려 주었다. 나는 다른 곳으로 옮겨 달라고 강요했다. 강요에 못 이겨 동생은 사촌 동생을 데려다가 협조를 구하여 결국 공주령 시립 병원으로 나를 옮겼다.

경찰은 내가 떠난 그날 밤 사평가에 있는 여관이란 여관은 모조리 뒤졌다. 평안도 사투리를 쓰고 일본 말 잘하는 청년을 찾더란다. 평안도 출신 청년들은 모조리 걸려들어 하룻밤씩 고생을 했다고 한다.

공주령(公主嶺) 시립 병원에서 두어 달을 있었다. 그동안 역시 동생이 뒷바라지를 하느라고 몹시 고생했다.

한국 김치가 먹고 싶단다고 동생은 오이 김치를 담아다가 병실에 놓아두면, 한 단지를 이틀이면 몽땅 먹어 치우곤 했다. 같은 병실에 있는 한국 청년이 같이 먹었기 때문이다. 아직 몸도 성치 않아 미음을 먹는 처지에 매운 김치를 이처럼 많이 먹으면 되느냐고 동생은 몹시 걱정이 되어 어쩔 줄 모른다. 의사나 간호원이 보면 더구나 큰일이다.

침대 밑에 감추어 놓고 먹는 김치 맛은 세상 어떤 맛보다도 더했다. 그 미음 맛과 김치 맛은 내 심령을 일깨워 주고 있었다. 먹어야 사는 인생, 내 심령도 먹어야 하는 양식이 있음을 알았다.

3. 심령의 양식

병실 창밖으로 보이는 전원에서 일하는 중국인 농부들의 모습이 한없이 부러웠다. 양배추를 하나하나 옮기며 물을 주고 있는 모습이 왜 그렇게 행복해 보였는지 모른다. 뛰어나가서 같이 일하고 싶은 충동을 걷잡을 수 없었다. 그러나 조롱 속에 갇힌 새같이 자유가 없었다. 한없이 보이는 맑은 하늘 밑에 맞닿은 대지에서 평화스럽게 움직이고 있는 그들의 거동은 가볍고 시원스럽게 보였다. 부부인 듯한 남녀 사이에는 어린 소년이 같이하고 있었다.

에덴을 연상하리만큼 사랑의 동산같이 느껴졌다. 자연 속에 충만한 선하심의 맛을 내 심령에 흡족하게 공급받는 듯 마음껏 창밖의 대기를 만끽했다.

악에서는 완전히 격리된 거룩한 공간 속에 뛰어들어 하나님의 선하심을 맛보는 느낌이었다(시 34:8). 이것이 곧 내 심령이 먹어야 하는 신령의 양식인 것만 같았다.

우리에게 지각을 주사 우리로 참된 자를 알게 하신 것과 보혜사, 곧 성신이 이르면 모든 것을 가르쳐 알게 하리라고 하신 성경 말씀대로 나로 성령의 보혜사에게 무엇을 배우는 것 같았고 무엇을 알게 되는 것 같기도 했다(요일 5:20, 요 4:26).

이역 땅 외로운 나그네의 몸으로 그나마 병실에 갇혀 있는 몸으로서 대자연을 교과서로 삼게 하고 진리의 보혜사는 진리 가운데로 인도하고 계셨다(요 16:13~14).

대자연을 있게 하신 스스로 있는 자 하나님을 알게 하고 참된 자 그의 아들 예수 그리스도 안에 내가 있음을 알게 해주셨으니 그는 참 하나님이시요 영생이라는 성경 말씀이 내 안에 굳게 뿌리박는 그날이었다(요일 5:20).

4. 살 길로 인도하신 성령

그날 밤 또 이상을 보았다. 그 자리에서 속히 떠나라는 지시였다.

바울 사도를 아시아에서도 말고, 바두니아에서도 말고, 오직 마게도냐로 가게 하셨던 예수의 영, 성령은 나를 그곳에 못 있게 하셨다. 아침 일찍부터 갑자기 서둘러 떠난다니까 병원에서도 허락지 않거니와 내 동생은 더구나 몸이 성치 않으니 안 된다고 퇴원 수속을 안 해 주었다. 만일 내가 오늘 떠나지 않으면 반드시 무슨 변이 있을 터이니 내 길을 막지 말고 나를 보내 달라고 동생에게 간청을 했다. 동생은 알아들은 듯이 눈이 동그래지더니 아무 소리 없이 나가서 퇴원 수속을 마치고 사촌 동생을 데리고 병실로 들어왔다. 둘이서 어기어기 나를 업고 역으로 나갔다. 찻간에까지 업어다 앉혀 놓고는 돌아서며 눈물 흘리던 동생의 모습은 두고두고 내 뇌리에서 떠나지 않았다. 확실히 피는 물보다 진했다.

차가 출발하기 직전까지는 그렇게 조급하고 불안하던 내 마음이 차가 출발하면서부터는 마음에 평안과 위로가 임했다.

무사히 할빈 역에 도착하여 플랫폼에 발을 디뎠을 때는 일본 이등박문을 쏘아 넘긴 안중근 의사의 넋이 그 자리를 맴도는 것만 같았다. 안중근 의사의 애국혼을 추모하며 비틀거리는 다리를 간신히 가누며 역 밖으로 나왔다.

덩치가 큼직큼직한 러시아 사람들과 중국인들로 붐비는 역두에서 간신히 정신을 가다듬고 인력거를 잡아타고 할빈 신양가로 처형댁을 찾아갔다. 그곳 동서는 그곳에서 경찰관으로 있었다.

입장을 곤란케 하는 듯해 그곳에서 오래 있을 곳이 못 되어 목단강으로 또 자리를 옮겼다. 그 후에 들은 소식이지만 내가 공주령을 떠나던 그날 밤 공주령은 또 한 번 나운몽을 잡으라는 소란으로 법석였다 한다.

경찰대가 동원, 시립 병원으로 병실마다 샅샅이 뒤졌다. 김천으로 엽서를 보낸 것이 단서가 되었던 것으로 추측된다.

아무리 찾아도 퇴원한 사람이 있을 리가 없었다. 병원에서는 비슷한 사람도 못 찾고 시내의 여관과 한국인 거처를 샅샅이 뒤졌다.

그때 평안도 사투리 쓰는 청년들이 모조리 걸려드는 중 내 사촌 매제가 걸려들어 큰 곤욕을 당했다. 고향과 연령이 비슷했기 때문에 피할 길이 없었으나 키가 약간 컸고 일본 말이 서툴렀기에 풀려났다는 것이다. 만일 그날 내가 그곳을 떠나지 않았다면 나는 그들에게 영락없이 붙들려 살아나지 못했을는지 모른다.

죄명 없는 죄인으로 쫓겨야 하는 신세, 의지할 곳 없는 몸, 하나님께서는 그래도 버려두시지 아니하셨다. 왜 그처럼 피할 길도 열어 주시고 나갈 길도 인도해 주셨는지 생각할수록 눈물겹게 감사했다.

나는 그때 소식을 듣고 "나를 무엇에 쓰시려고 이처럼 살려 놓으시고 살 길도 인도하셨나이까?"하고 한없이 울었다. 그리고 "써 주시옵소서, 쓰여지겠나이다."하고 나도 모르게 힘이 북받쳐 올랐다. 이처럼 성령의 나타남과 그 능력이 나를 사로잡아 주신 것이다.

5. 처 고모의 영혼 남편에게 전도

목단강에서 유하는 동안 내 처는 어린것을 업고 그곳으로 찾아왔다. 처 고모 댁에서 여관을 하고 있었기에 그곳에서 당분간 신세를 지기로 했다. 그때 처 고모가 38세 젊은 나이로 4살 된 딸 하나를 남겨 놓고 세상을 떠났다.

슬퍼하는 처 고모부를 무엇으로 위로할 길이 없었다. 그는 이약신 목사님의 조카였지만 믿지 않는 분이었다. 그러나 죽은 부인은 열심히 믿던 이였다.

그래서 나는 그 부인의 묘 앞에 세우는 묘패에 성경 말씀 한 구절을 써 주었다.

"예수님께서 가라사대 나는 부활이요 생명이니 나를 믿는 자는 죽어도 살리라."(요 11:25)는 주님의 말씀을 설명해 드리면서 위로해 보았다.

그는 울다가 이 성경말씀을 읽고 또 읽더니 "참으로 살아나는가?"하고 묻기도 하고 믿어 보려고도 하고 소망을 가져 보려고도 했다. 그러더니 또 안 믿어지는지 그는 매일 술로 슬픔을 달래려 했으나 달랠 길 없어 묘소로 찾아가 울다가 오는 때가 많았다.

하루는 그 묘소에 가서 엎드려 울다가 지쳐서 쓰러졌을 때 그 부인을 만났다는 것이다.

그 부인은 세상에서 입고 있던 옷 그대로 나타나서 하는 말이 "천당 가는 길이 이렇게 힘든 줄은 몰랐어요…."하고 천당 못 간 것을 부끄러워하는 듯 기운 없이 머리를 숙이더란다. 그래서 고모부는 "아니, 그렇게 예수를 잘 믿었는데도 아직 천당에도 못 갔단 말인가?"하고 대답 대신 반문을 했다는 것이다. 실은 자신이 알기로는 예수를 믿는다 해서 천당 간다고는 믿어 본 일이 없었는데도 왜 그런 대답을 하게 되었는지도 모르겠다는 것이다.

그의 손을 잡으려고 했으나 가까이 있으면서도 잡히지 않더라는 것이다. 그 부인은 다시 정색을 하고 "여보, 예수 잘 믿으세요. 천당 가는 길이 그리 쉬운 일이 아니에요. 꼭 믿으세요. 그리고 나 천당 갈 수 있도록 기도 좀 해줘요…"하고 사라졌다고 한다.

이런 일이 있을 수 있느냐고 나한테 묻는다.

"육신이 죽었으나 영혼은 살아 있으니 그 영혼이 나타나셨구만요. 이제는 예수를 믿어야지요. 그래야 천당 가서 만날 것이 아닙니까?"하고 전도를 했다.

"그러면 봉자 엄마가 천당 갈 수 있을까?"하고 어린애 같은 심정으로 그 부인의 영혼이 떠돌이 귀신이 안 되도록 천당 가게 해달라고 나더러 졸라댄다.

"그 믿음이면 되었으니 이제 예배당에 나가는 일만 남았습니다."하고 주일을 잘 지키라고 권면했다.

"그러면 봉자 어미가 천당 갈 수 있을까? 그렇게만 된다면 예배당에 가고 말고…."하며 결심하는 그의 모습은 과연 어린애 같은 순수함이 엿보였다. 어린애 같아야 천국에 들어간다는 주님의 교훈이 연상되면서 그를 위해 기도할 때 눈물겨웠다(마 18:3).

아내의 구원을 위해서 예수 믿겠다는 그 사랑 또한 진심이었다. 남을 위함이 자기를 위함이 될 것을 생각하고 보니 그 믿음 또한 구원받을 믿음, 거짓 없는 믿음으로 보였다.

타계의 영혼이 현존 계의 남편에게 전도한 그 진정도 또한 하나님께서 알아준 바 된 믿음이 아니겠는가 라고 느껴지면서 나는 그때부터 영혼 세계에서의 믿음과 구원에 관한 관심을 갖게 되었다. 주님께서 죽은 자들에게 복음을 전파한 이유도 알 듯했다(벧전 3:19, 4:6).

"복음에는 하나님의 의가 나타나서 믿음으로 믿음에 이르게 하나니 복음은 모든 믿는 자에게 구원을 주시는 하나님의 능력이 됨이라."(롬 1:16~17)고 한 대로 육신 믿음에서 영혼 믿음에 이르기까지, 아내의 믿음에서 남편의 믿음에 이르기까지, 마음으로 믿어 의에 이르는 믿음에서 입으로 증거 하여 구원에 이르는 믿음에까지 하나님의 은총과 능력이 그 가정 위에 같이해 주시기를 기도하면서 그곳을 떠났다(롬 10:10).

6. 중국 노무자들의 폭동

그때가 1944년 태평양에서의 미·일전이 막바지에 이르렀을 때였다. 일본이 동양 천지를 다 삼켜 버릴 듯 기세가 당당하게 설치고 있었다. 중국 대륙이 일본 손아귀에 다 들어가는 듯 장개석 정권은 중경으로 쫓겨 가 있었다.

그 당시 일본의 정책 기관인 만척(滿拓)에서 만주 일대의 토지를 개발한다면서 그 넓은 만주 광야를 동서로 꿰뚫어 나가는 거대한 수로 공사가 시작되던 때였다.

그때 나는 그 공사장에 측량반으로 들어갔다가 공사장 직영 농장을 개척하고 농장장으로 있었던 일이 있다.

만주 북안성 수화현(綏花縣) 왕성광(王成廣)이라는 데 자리잡은 농장이었다. 거기에는 만주인 노동자를 약 3천 명을 데리고 일하는 니시모도구미(西本組)가 있어 일본 사람들도 몇 집 살고 있었다.

우리 농장에 종사하는 한국인은 불과 8명밖에 없었고, 그 외에는 전부 중국인들이었다. 한국인들은 다 함께 농장 본부에서 합숙하고 있었다.

넓은 들판에는 곡식이 무성했고 특히 수수밭에는 수만 개의 수박이 지면을 덮고 있었다. 더구나 참외밭에서는 그 부근에만 가도 참외 무르익는 냄새가 물씬 풍기는 판이었다.

그 어느 날 밤 깊은 잠에 잠겨 있을 때였다. 갑자기 아우성치는 소리가 요란스럽게 들려왔다. "따바— 따바—"(때려라 때려라)하는 소리와 함께 쇠사슬 소리가 절렁절렁하고 창검 소리 같은 쇳소리도 겁나게 들려왔다. 아무래도 수천 명, 수만 명이 동원되어 습격해 오는 것 같았다. 점점 가까워 오는 그 폭도들의 아우성 소리로는 이미 우리의 거소가 완전히 포위당한 것으로 짐작되었다.

그때 만주 안산(鞍山)공장 지대가 폭격을 당한다는 소문이 퍼지고 있던 비상시국인지라 혹시 만주인들이 폭동이라도 일으키는 것이나 아닐까 하는 기대를 갖고 있던 차에 정작 이 같은 일을 당하고 보니 '올 때가 왔구나!' 하면서도 나갈 길을 찾을 수는 없었다.

그때 합숙하고 있던 청도 출신 아라이(新井)라는 박 씨가 잠자다가 놀라서 일어나자마자 정신 차릴 사이도 없이 일본인들이 살고 있는 숙사로 달려갔다.

당시 일본 예비역 대위였던 오까모도(岡本)의 침실로 뛰어들어갔다. 그 바람에 오까모도 또한 놀람이 이만저만이 아니었다. 게다가 닛뽕군도(日本軍刀)를 내놓으라고 고래고래 소리를 질렀다. 오까모도는 불도 켜지 못한 어두운 방 안에서 벌벌 떨기만 하더란다.

그러지 않아도 밖에서 나는 요란한 소리에 놀라서 떨고 있던 오까모도에게 그 같은 침입자(?)의 강요를 당하니 그의 공포감인들 오죽했으랴. 그러나 그는 억지로 진정을 하고 나더니 하는 말이 "오늘 밤에 칼을 쓴다면 내일 아침에는 당신이 당해야 할 것을 모르느냐?"고 하면서 이런 때일수록 묵묵히 피해 있는 것이 상책이라고 일러주더라는 것이다.

그때서야 박 씨는 정신을 되찾고 문밖으로 나와 숙소로 찾아왔다. 그때는 이미 숙소는 빈방이었다. 합숙자들은 이미 어디로 도망쳐 버렸다. 그는 내 숙소로 찾아오다가 정문 뒤에 낫을 들고 대기하고 있는 나를 보고 놀랐다. 나도 놀랐다. 내가 그때 그를 중국 '쿠리'로 알았다면 당장에 내리쳤을 것이다. 그의 다급한 숨결이 내 뇌리에 부닥칠 때 박 씨임을 직감했기 때문에 살인죄에서 벗어날 수 있었다.

인간적인 내 행실을 막아주고 내 갈 길을 인도하시는 성령의 역사를 그때에도 실감할 수 있었다.

7. 환난 속에서 찾은 하나님의 은혜

방에 있던 아내도 어느새 어린애를 등에 업고 도피할 준비를 갖추고 '주여, 주여' 하면서 방안을 헤매고 있었다.

세 살밖에 안 된 어린 통영이도 무슨 눈치를 챘는지 아무 소리도 못하고 엄마 등에 딱 붙어서 숨도 크게 쉬지 못하고 있었다.

담 밖에는 무리들의 아우성 소리가 점점 드높아 가고 있었다. 그중 몇 놈은 담 너머로 기웃거리며 집안 동정을 살피고 있었다. 아무래도 담을 넘어 들이닥칠 것만 같았다.

이쯤 되니까 우리 한인 숙사에서는 뿔뿔이 헤어져 모두 어디로 사라졌는지 우리 내외와 어린것 외에는 아무도 없었다.

할 수 없이 가족을 데리고 뒷문으로 빠져 전원 한복판에 있는 원두막으로 찾아갔다. 폭도들의 포위망 속에 완전히 들어 있어 더 이상 탈출할 길을 찾을 수 없다고 판단되었기 때문이다.

한편 나는 일본인이 아니고 한국인이란 것을 드러내고 그들과 접근해야 할 처지가 아닐까 하여 억지로 용기를 내어 원두막으로 올라가서 담대한 듯 우뚝 서서 사면을 돌아보았다. 당장에 화살이라도 정면에 날아오는 것 같았다. 어두운 밤중이기는 하나 그들이 점령하고 있는 지역 범위는 대략 짐작할 수 있었다.

아내는 어린것을 업은 채 원두막 밑에서 올라오지도 못하고 엎드러진 채로 신음하듯 '주여, 주여' 하고 벌벌 떨며 기도를 드리고 있었다.

그때 참외밭과 수박밭으로 수를 알 수 없는 수많은 무리가 몰려오고 있었다. 참외, 수박이 발에 밟혀 깨지는 소리가 와작와작 앞으로 다가오고 있었다. 버적버적 먹는 소리도 가까이 들려왔다.

그들의 발소리가 가까워질수록 나는 오히려 마음이 놓이기 시작했다. 정치성을 띤 어떤 폭도라기보다 참외, 수박의 도둑 소동이라고 짐작이 갔기 때문이다. 그래서 일단 괜찮다고 아내에게는 안심하도록 말을 해주었으나 그렇게 홀가분하게 해석할 수만은 없는 당시의 정세였다.

그때의 '주여, 주여…'는 평시의 '주여'와는 비할 수 없었다. 주는 같았어도 부르짖는 진정은 차원이 달랐다. 죽음 앞에 엎드러진 자기 항복이 틀림없었고, 방법도 수단도 완전히 무너진 자기였음을 깨달을만했다. 자기가 무너진 '나' 안에 예수가 내 주가 되었으니 '주여' 소리가 그 전과 같았을 리가 없었다.

예수가 내 주가 되는 순간 마음에 위로와 평강이 오면서 소망마저 떠오르기 시작했다. 이것이 믿는 자에게 주시는 하나님의 은혜요 성령의 감동임을 느낄 수 있었다.

그러는 동안 날은 밝았다. 폭도들은 종적을 감추었다. 어두움은 물러가고 빛은 찾아온 것이다.

8. 돌아오지 않는 한 마리 양

수천 명에게 밟힌 농장 중에도 참외, 수박밭은 말이 아니었다. 밟혀 깨진 조각만 해도 지면에 너저분하게 깔려 있어 환난 후의 파괴상을 미리 보여 주는 듯했다.

어디론지 사라졌던 한국인 종사원들이 하나, 둘 찾아 들어온다. 죽었다가 다시 살아서 돌아오는 것만 같아 그 반가움이란 말할 수 없었다. 잃은 양 한 마리를 찾는 주님의 심정을 만의 하나라도 실감케 해주시는 그 감격 또한 잊을 수 없다.

그러나 온종일 다 돌아오는 중에도 한 사람만은 돌아오지 않았다. 그는 용문산 밑에 있는 도치랑 마을에서 나를 따라갔던 김영호란 소년이었다. 밤이 지나도록 기다렸으나 안 돌아왔다. 그다음 날도 안 돌아왔다. 그 주변을 온종일 찾아보았으나 없었다. 어디서 맞아 죽지나 않았는가 의심이 들기 시작했다. 행여나 풀 속에 시체라도 던져져 있는가 하고 깊숙한 풀 속은 모조리 뒤져 보았다. 한국인 전원이 동원되어 구덩이가 보이는 곳마다 찾아가 보았고, 물 못이 있으면 물속에까지 들어가 두루 찾아보기도 했다. 혹시 어디 암매장이라도 했는가 하여 새 흙이 보이면 그곳을 헤쳐 보기까지 했다.

이렇게 연 3일을 찾아보았으나 찾을 길이 없었다. 고향에 돌아가면 그 부모를 무슨 면목으로 대하게 되는지 생각할수록 앞이 캄캄했다. 하나님은 아시련만….

"하나님 알려 주시옵소서. 영호가 살아 있습니까? 죽었습니까? 살아 있다면 속히 돌아올 수 있도록 인도해 주시옵소서."

"영호야, 영호야 살아 있거든 돌아오라. 아니면 영혼이라도 나타나다오."하고 기도도 아니고 넋두리도 아닌 하소연을 누구에게 하는 것인지 그 넓은 광야, 길이 넘는 풀밭 속에 주저앉아 부르짖던 그때의 심정 그 누가 알 수 있으랴. 오직 하나님만이 아시고 결국 그를 돌아오도록 인도해 주셨다.

9. 돌아온 한 마리 양

며칠 후 영호는 기진맥진 눈만 뼈끔해 가지고 죽을 상이 되어 참외밭에 나타나 참외를 따먹고 있지 않겠는가. 꿈 같은 일이었다. 이게 참인가 의심스러울 정도로 놀랐다. 반갑기보다 놀라움이 먼저였다. 말문이 막힐 정도였다.

"너 영호 아니냐?"하고 물어도 아무 대답도 없이 멍하니 서서 머리를 수그린 채 참외만 버적버적 먹고 있었다. 4, 5일 굶었으니까 배가 몹시 고팠던 모양이다. 쓰러져 가며 찾아온 영호와의 만남, 잃었던 한 마리 양을 찾은 기쁨이었다. 잃어버린 양을 찾은 주님의 심정, 돌아온 양을 기뻐하시는 주님 심정, 어느 정도 알 만했다.

그의 말에 의하면 그는 그동안 아무것도 먹지 못하고 곡식 밭 속으로, 풀밭 속으로 숨어서 사람 소리만 나면 엎드렸다가 가고 또 가서 결국 수화(綏化) 부근까지 갔다는 것이다. 정도로 가도 50킬로가 넘는 곳을 길도 보이지 않고 곡식 밭 속으로 숨어서 가는 길이니 왔다 갔다 백 킬로도 더 넘는 거리를 걸었으리라고 짐작된다.

그때 왕성광에 있는 농장에서는 한국인들은 다 맞아 죽고 자기 혼자만 살아남은 줄 알았다는 것이다.

공포 속에서 좌우를 분별치 못하고 목마름과 굶주림에 쓰러지며 가는 길, 인적을 피해 길 없는 길을 가고 있는 그는 살 길을 찾는다는 것이 점점 더 곤경으로 끌려 들어가고 있었다. 3일이 지나서야 문득 난리가 끝난 것으로 짐작이 되더라는 것이다.

그때에야 제정신을 찾은 듯이 밝은 길로 나섰다. 길을 찾아 나섰을 때에도 공포는 가셔지지 않았다. 멀리 사람만 보이면 우거진 곡식 밭 속에 숨었다가 지나간 다음에야 길에 나서곤 했단다.

기아에 허덕이며 방향 감각을 잃고 길에 나서서 두리번거리는 순간 문득 왕성광으로 되돌아가야 한다는 생각이 강하게 작용하더란다.

그때에야 고국에 돌아가면 같이 왔던 이들의 시체라도 어떻게 되었는지 소식이라도 전해야 하지 않겠는가 하는 생각이 들더라는 것이다.

그를 이렇게 되돌려 보내 주신 이는 주님이시었다. 비록 주님이 보이지 않았다 할지라도 그의 성령으로 역사하였음이 분명했다. 영호를 찾는 안타까운 기도 소리를 들어 주신 하나님의 응답이 아니고 무엇이랴.

이처럼 영호가 가던 착각의 길, 공포의 길, 길 없는 길을 가듯이 오늘의 인생이 착각 속에서 방향 감각을 잃고 있는 것이나 아닐까 싶었다. 이 길에서 돌아서면 천국이요, 돌아서면 지옥인데 이 직선 길을 좌우로 갈려서 가는 인생, 어느 길을 갈 것인가?

잘못 가고 있는 영호에게 문득 깨닫게 해주시는 주님의 그 인도하심이 없다면 그는 올바른 길, 사는 길을 찾지 못했을는지 모른다.

이것이 모두의 길이다. 깨닫게 해주시는 주님께 순종이 곧 사는 길임을 절실히 느끼게 되었다.

10. 울기만 하던 형제의 광야의 밀회

그 며칠 후 동생이 군복을 입고 나를 찾아왔다. 그는 나를 공주령에서 작별하고 고국으로 돌아가서 결국은 강제로 끌려 지원병이란 명분으로 일본군에 입대하게 되었다는 것이다. 훈련을 마치고 정기 휴가를 나온 동안 만주로 달려왔다. 아버지의 간곡한 부탁이 있었다는 것이다.

넓은 광야 들풀이 무성한 무인지경, 깊숙이 숨어 앉아 울기만 하는 형제의 모습은 하나님만이 아셨을 것이다. 어느 길을 택할 것인가에 대하여 심각했던 그때의 일은 지금 생각해도 마음이 졸인다. 맥박 속에 뛰는 한국의 피를 속일 수 없었다.

즉 "원수의 일본군이 되는 것은 겨레의 대적이 되는 길이니 군인이 될 바에는 한국 독립군이 되라."는 아버님의 부탁이었다는 것이다.

"한국 독립군이 만주 통화성 어딘가 있다는데 형을 만나면 그곳을 알 터이니 그곳으로 찾아가라."는 아버지의 밀실 교시, 이 말을 듣고 나는 실컷 울었다. 동생도 목놓아 울었다.

말없이 울기만 하던 형제의 회담, 끝날 줄 모르고 해는 저물었다. 어느 길을 택할 것인지는 나도 말 못 했고 동생도 말을 못 하고 있었다.

동생이 일본군에서 탈영을 하고 독립군으로 간다면 아버지는 놈들에게 잡혀 가서 곤욕을 당해야 할 터이니 그래도 아버지를 버려두고 가야 하는가…?

그때는 "내 혀를 끊고라도 네 간 곳을 말 안 하겠다."고 하셨다니 더욱 안타까웠다.

"나는 이왕 다 산 몸이니 내 염려는 조금도 말고 부디 너희들이나 나라를 찾아내 나라 지키며 마음 놓고 사는 세월이 오기를 바란다."하는 아버지의 심정을 생각하니 한없이 슬프기만 했다.

"아버지를 희생시키고 독립군으로 가야 하는가?"하는 기로에서 하룻밤을 지샜다.

"제사보다 순종이 낫다. 순종은 기도의 실천이다."라는 영감이 오면서 새 힘이 생겼다. 아버지의 뜻에 순종이 하나님의 뜻임을 느꼈다. 하나님의 뜻대로 행하면 하나님께서 책임져 주실 것이 믿어졌다. 아버님도 보호하실 것이고 동생도 인도해 주시리라 믿어졌기 때문에 조금도 염려가 되지 않았다. 담대히 군복을 벗어버리고 사복 차림으로 떠나는 동생의 뒷모습을 바라보며 나도 모르는 순간 나라 없는 설움이 북받쳐 오른다.

"가는 길 험하여도 주님 인도해 주시옵소서. 주님 같이하시면 못 할 일이 어디 있사오리이까. 기드온의 3백 명 역사가 한반도에도 일어나게 하옵소서." 이것이 그때부터의 내 입에 오른 기도였다.

11. 중국 묘지에서 누가 구출해 주었는지 몰라

그해 농장 수확을 모두 거두고 나서 동생의 뒤를 따라가 보았다.

교하(蛟河) 역에 내려서부터 2백 리 길을 걸어 광야를 거쳐 산 아닌 산중으로 가고 또 갔다. 그때는 벌써 백설이 만건곤했을 때다.

집 없는 광야에서 날은 저물었고 갈 길은 막연했다. 앞에 보이는 언덕만 넘으면 그래도 집이 있으려니 했던 기대는 언덕을 넘는 순간 완전히 무너지고 말았다. 앞에는 공동묘지가 있었을 뿐 집 한 채도 보이지 않았다. 길도 없었다.

걸어오던 길이 묘지까지 오는 길인지도 모른다는 느낌이 들면서 기운은 떨어지고 더 이상 걸어 나갈 용기가 없었다.

 어두운 밤길, 묻어 놓지 않고 노천에 그냥 놓아둔 썩어가는 관에서 송장이 벌떡 일어나는 것 같았다. 몸서리치던 그 공포도 몇 개의 관을 통과하는 동안 사라졌는지 겁보다 시장이 더했다.

 플래시를 켜면 무서움이 더했고, 플래시를 끄면 오히려 마음이 편안했다.

 처음에는 관에 부닥칠 때마다 몸서리쳤는데 그것마저 무감각해졌으니 내가 여기서 죽는 것이 아닌가 하고 자기 의식을 의심하기까지 했다.

 막다른 골목은 하나님을 찾는 기회임을 체감할 수 있었다. 막다르니 어쩔 수 없이 '하나님!' 하고 주저앉았다. 기도도 안 되고 오직 '하나님' 뿐이다.

 눈 위에 아무 데나 주저앉은 그 자리가 편안했다. 더 이상 가고 싶지도 않았다. 하나님의 위로가 임해서였는지 내 의식을 잃어버려서인지 어떻든 나는 그 자리에서 한참 자고 싶을 뿐이었다.

 귀신에게 홀려서 들판을 헤매다가 논두렁에 버선을 벗어 놓고 자다가 얼어 죽는 사람들이 있다더니 내가 그 꼴이 될 뻔했다. 귀신에게 홀린 것은 전혀 모르겠는데 그 자리에 편안히 누워서 자고 싶던 생각은 잊히지 않는 수수께끼다.

 만일 내가 그때 그대로 그 자리에서 잤더라면 영락없이 얼어 죽었을 것이다.

 그러나 그때 누군가가 와서 나를 부축해 주었고 언덕 밑 인가로 인도해 주었다. 누가 인도해 주었는지는 몰라도 나로서는 정신없이 인가를 찾아 들어갔다. 꿈 같으나 꿈이 아니었다. 분명히 누군가가 나를 부축해 준 것만은 틀림없다. 그러나 불도 안 켠 캄캄한 방으로 플래시를 비추며 나 혼자 들어갔다.

 문턱 없는 중국집 문 안에 들어서니 군대 막사같이 양편으로 신발을 신은 채 그냥 누워 있다가 모두 놀라는 듯 "스이야(누구냐)?"하며 일제히 일어난다. 등잔에 불을 켜고 어두침침한 불 밑에서 내 얼굴을 보며 "네가 일본인이냐?"하고 묻는다.

 "이 밤 중에 웬일이냐?"고 하면서 "농작 공사에서 왔느냐?"고 한다. 나는 중국 말이 서툴기도 하지만 내 신분을 밝힐 수도 없고 해서 묻는 대로 대답할 수밖에 없었다.

 나는 그곳에서 하룻밤 자고 가겠다고 했더니 그들은 한국 사람이 사는 집이 좀 더 가면 있다면서 길을 안내해 준다.

 거기에서 좀 나오다가 왼편으로 보이는 높은 언덕을 가리키며 보라는 것이다. 멀리 하나의 불빛이 보인다. 거기가 바로 한국 사람의 집이란다. 나는 아픈 다리를 이끌고 그곳까지 또 찾아갔다. 과연 한국 사람의 집임에 틀림없었다.

 그들은 밤늦게까지 노름을 하고 있었다. 깊은 밤 중에 찾아온 불청객을 의심스러운 눈초리로 경계하고 있었다.

내가 찾아간 안XX 씨를 찾으면 동생을 만날 수 있었기 때문에 그 안 씨를 찾았다.

그들은 오히려 그를 아느냐고 되묻는다. 나는 모르지만 그를 만날 일이 있다고만 했더니 그들의 의심은 더해졌다. 왜 알지도 못하는 사람을 만나려 하느냐고 4, 5명이 둘러앉아 한 마디씩 캐 묻는다. 그들에게 둘러싸여 그들의 의심을 풀어 줄 만한 대답을 할 수가 없었다.

어느새 지었는지 하얀 쌀밥을 한 그릇 수북이 담고 한국식 동치미 김치에 시래깃국을 끓여 놓고 한국식 상을 차려 들여왔다. 나는 그 상을 받아 놓고 감사 기도를 드렸다. 그때에야 그들은 나를 예수 믿는 사람인 줄 알고 또 한 번 놀란다. 그이는 예수 믿는 사람이 아닌데 왜 그이를 찾느냐고 이상하게 묻는다.

예수 믿는 사람은 예수 안 믿는 사람을 만나면 안 되느냐고 했더니 그런 것이 아니고 그 안 씨가 살고 있는 동리에서 예수 믿는 사람이 독립군과 연락이 있다고 해서 일본군에게 잡혀갔다는 것이다. 그 후 안 씨도 어디로 갔는지 모른다는 것이다.

이런 말을 듣는 순간 내 가슴은 뛰기 시작했다.

잡혀 간 사람이 누구냐고 물었으나 그들도 이름은 모르고 안 씨와 친분이 있는 동향인인 듯하다는 것만 알고 그 외의 것은 알 수 없다는 것이다. 그 동리에 예배당이 있느냐고 물었더니 예배당도 없다는 것이다. 설레는 마음을 억지로 진정하면서 그들이 노름하는 방 한구석에 누워 있었다. 옆에서 노름하는 그들이 시끄럽기도 하지만 내 마음속 시끄러움이 더했다. 그 시끄러움보다는 피곤이 더했던지 결국은 정신없이 잤다. 한참 자고 나니까 날은 새었다. 아침 전에 안 씨가 살고 있다는 동리로 찾아갔다. 그리 멀지 않은 이웃 동리였다.

12. 잡혀간 독립군 관련자의 빈집

그 동리는 중국 사람들이 토담을 넓게 두르고 백 호 가까이 사는 큰 동리였다. 변두리에 한국인이 몇 집 살고 있었다.

안 씨 집을 간신히 찾기는 했으나 안 씨는 없었고, 그 어머니가 베를 짜다가 베틀에서 내려오면서 공손히 대해 준다. 내 동생이 그곳에 왔다 간 것은 사실이나 어디로 갔는지는 모른다는 것이다. 안 씨와 같이 나간 것도 아니라고 한다. 잡혀간 사람이 예수 믿는 사람이기는 하나 내 동생은 아니었다. 잡혀갔다는 사람의 집을 찾아가 보았으나 그 집 식구들도 다른 곳으로 떠나가고 아무도 간 곳을 모른다는 것이다.

중국집을 한국식 방으로 개조하고 벽은 신문지로 도배를 했는데 아랫목에는 신흥학교가인 듯한 노래를 국문으로 써서 붙인 것이 눈에 띈다

'교가'라고 첫머리에 쓰고 "칼춤 추고 말을 달려 몸을 연마코 새로운 지식, 높은 인격, 정신을 길러 썩어지는 우리 민족 이끌어내어 새 나라 세울 이 뉘뇨…."

한국에서는 볼 수 없는 이런 글을 만주 산골에 와서 볼 수 있었다. 설레는 가슴을 움켜쥐고 "오! 하나님 도우소서. 이들의 이 정신, 이 사상, 살려 주옵소서. 성취시켜 주시옵소서…."

나도 모르는 사이에 흐르는 눈물을 금할 길 없었다. 떨리는 손으로 이 글을 한 절만 수첩에 적어 넣었다.

밥을 지어 놓고 나를 찾던 안 씨 어머니는 그 빈집에서 나를 만나 크게 놀란다. 누가 볼까 두렵다고 사면을 두루 살피면서 빨리 나오라는 손짓을 한다.

이런 깊은 골짝까지 왜놈들의 손길이 미쳤다는 것은 놀라운 일이었다.

내 동생이 그곳까지 찾아간 것은 그곳에 가면 통화현(通化縣) 합니하(哈泥河)에 신흥무관 학교로 갈 수 있는 길이 있다는 소문을 듣고 안 씨를 찾아가게 된 것이다.

'합니하'는 동쪽에 '고뢰자'라는 높은 준령이 하늘을 찌를 듯 솟아 있고 북쪽은 심산유곡이며, 남으로는 장산(長山) 밀림으로 둘러싸여 난공불락의 요지인 동시에 신비경의 분지라고 한다.

그러나 신흥 무관학교 전신인 신흥학교가 그곳에 있었고 무관학교는 유하현(柳河縣) 고산자(孤山子)로 옮겨 교지도 넓게 확보하고 40여 칸의 병영과 연병장을 닦고 독립군 훈련을 하고 있어 독립 의지로 충만한 지사들이 몰려든다는 소문을 듣기는 했으나 내 동생이 그곳으로 찾아갔는지는 알 수 없었다.

한편 청산리(靑山里) 대첩 이후 일본군의 등쌀에 그곳을 유지 못 하고 모두 상해로 떠났다는 소문도 있기는 했으나 일본 육사 출신으로 관동군에 배속돼 있던 이청천(李靑天) 장군도 일군에서 탈출하여 고산자로 가서 신흥 무관학교의 교관으로 있고, 이범석(李範奭) 장군도 거기에서 교관으로 있으면서 민족주의 정신으로 무장한 독립군을 길러내고 있었다는 말을 안 씨의 친구라는 이에게 들었을 뿐, 안 씨의 거취도 동생의 간 곳도 알지 못하고 그냥 그곳을 떠나 교하로 되돌아오고 말았다.

13. 용문산으로 돌아가는 귀국길

그 길로 당장에 고향으로 돌아가고 싶은 마음은 간절했으나 돌아갈 수는 없었다.

멀리 남녘 하늘을 바라보며 "운즙(雲楫) 이는 갈 길로 갔습니다. 우리나라가 독립되기 전에는 고향에 돌아가지 못할 것입니다. 부디 아버지 어머니 안녕히 계십시오. 살아생전에 뵈옵기를 원합니다….""하고 나 혼자 중얼거리며 멍하니 섰다가 기차에 올랐다.

찻간에서도 마냥 흐르는 눈물로 손수건을 적셨다. 나라 없는 설움이 부자간 이별의 슬픔이 되었고, 형제간 슬픔이 되었으니 왜놈들이 한없이 원망스럽기만 했다.

소위 대동아전쟁이라는, 일본 사람들의 최후 발악은 막바지에 이르렀던 그때였다. 아무래도 일본군이 머지않아 패배하리라는 것을 이미 기도 중에 영감을 받아 깨닫고 있던 일이다.

이것은 곧 성령이 내 마음에 주는 위로요 소망이었다.

그때는 눈보라 치는 혹한기였다. 그런 때에 동생을 이역 땅 미지의 산중에 버려두고 떠난다는 것은 마음도 슬프거니와 발걸음이 몹시 무거웠다. 그리고 몽고 땅 가까이 있는 여동생을 버려두고 가는 것 또한 마음이 개운치 않았다.

그래서 마지막 작별이라도 하는 것 같은 기분이 내 마음을 더욱 슬프게 했다.

걷잡을 수 없는 마음의 불안과 서글픔을 달랠 길이 없었다. 오직 '주여, 주여…' 하면서 창밖을 바라볼 뿐이었다. 끝없이 바라보이는 넓은 대지, 묵묵히 백설에 덮여 있을 뿐 말없이 하나님의 뜻을 반사시키고 있는 듯했다. 내 마음도 대지와 같이 백설에 덮인 듯 냉랭하기만 했다. 그때에 문득 "네 마음을 청결하라 그리하면 나를 보리라."던 천래의 음성과 함께 보여 주시던 천하가 눈빛보다 더 희게 보였던 몇 해 전 그때가 회상되면서 내 마음은 뜨거워지기 시작했다.

한없는 자비와 영원한 선하심이 내 온 전신을 품어 주시는 듯 마음의 위로와 평강이 임한다. 마음의 불안과 괴로움은 어디로 사라졌는지 내 마음은 평안하기만 했다. 눈물이 변하여 기쁨이 넘쳤다. 성령은 뜨겁게 역사하신다.

고향에 계시는 부모님도, 객지로 망명길을 더듬는 동생도 하나님께서 보호해 주실 것이라 믿어졌다. 명년에는 해방이 될 것도 분명하게 보였다.

나는 그 길로 도남(桃南)에 있는 여동생 집을 찾아갔다. 고향 소식도 듣고 머지않아 일본이 망할 것도 알려 주고 싶어서였다.

불행하게도 가자마자 동생에게로 웬 전보 한 장이 날아왔다. 그 순간, 아버님이 세상을 떠나셨다는 직감이 떠오른다. 가슴이 몹시 뛰었다.

"아버지가 세상을 떠나신 모양이다."하고 나는 맥없이 주저앉았다. 동생은 내 말을 듣고 겁에 질려 떨리는 손으로 전보를 펴보았다.

'부친 위독 급래'라는 간단한 전문이었다. 그러나 그 전보는 이미 별세 이후의 전보였다. 여동생은 급히 서둘러 고향으로 갔지만, 나는 갈 수 없었다. 한없이 흐르는 눈물은 진했던지 눈물도 없이 정처 없는 길을 떠났다. 발길 닿는 대로 간 곳이 동간도 목단강이었다.

처 고모가 경영하는 여관에서 며칠을 묵었다. 아무것도 않고 그냥 자리에 누워 있었다. 기도도 하기 싫었고, 성경도 보기 싫었다.

그러나 하나님은 나를 그냥 두지는 않으셨다. 한국으로 돌아가라는 새 용기를 주셨다. 소련과의 국경 지대인 훈춘경신향(琿春敬信村) 친정에 가서 있는 아내와 통영이를 데리고 용문산 골짝 동리로 또 찾아왔다.

14. 다시 돌아온 용문산

그때가 1945년 2월인데도 보리밭에 보리가 파랗게 돋아나고 있었다. 만주 들판 눈 위에서 살다가 남쪽 고국 땅을 밟으니 봄날 같은 새해 새 땅이 내 마음에도 새 소망과 새 출발을 안겨 주는 듯했다.

예수의 사랑 안에 안기는 듯 박만출 집사님의 반기는 감격과 온 동민들의 뜨거운 사랑으로 맞아주던 그 온정은 무엇에 비길 수 없었다. 냉랭한 이역 땅 객지 생활에서 시달렸던 심신을 마음 놓고 맡길 만했다.

일본 사람들의 눈총을 피하여 떠나야 했던 그곳인데도 이상하게 성령은 마음에 안도감을 주었다. 그러나 소문 없이 조용히 산중에 숨어 살아야 하는 처지였다.

동민들은 한결같이 나를 보호해 주었다. 하지만 온 동리 모습은 말이 아니었다. 예배당의 종도 없어졌고, 초가집 지붕이 앙상하게 뼈만 남아 있었다.

해마다 이어야 하는 지붕을 그동안 못 이어 그리되었다는 것이다. 해마다 흉년으로 짚도 없었거니와 혹 있다면 가마니를 짜서 공출해야 했기 때문이란다.

방 안이 싸늘하게 식었는데도 불을 못 때는 처지였다. 나무도 없고 쌀도 없어서 나물죽으로 연명하는 형편이니 방 안에 훈기가 있을 리 없었다.

나락이 있다면 다 공출하고 먹을 양식이 없어 비료로 써야 하는 만주산 대두박을 식량으로 깎아 먹어야 하는 비참한 처지에 빠져 있는 동민들이었다.

그나마 넉넉한 것도 아니다. 나물죽에 약간씩 넣어 먹는 정도였다. 그것도 없어 콩잎 팥잎 모두 먹어야 하는 인간 이하의 생활로 전락한 생활이었다. 돈을 주고도 곡식을 구할 수가 없던 때라 그런 정세 속에서 박 집사님은 내 양식을 구해 대느라고 온갖 힘을 다 기울였다.

보리를 심어야 할 밭에는 보리를 심지 않고 감자를 심었다. 보리는 공출을 해야 하고 감자는 공출을 하지 않기 때문이었다. 이로 인하여 면서기가 나와서 야단을 치고 동장 반장에게도 야단을 맞아야 했고 동민들에게도 눈총을 받아야 했다.

그런 수모를 당하면서도 "이 밭은 선생님 것으로 심었으니 마음대로 캐다 잡수시소."하고 묶을 지어 주기도 했다.

그 당시 시국에 대한 이야기는 아무에게도 함부로 못 하던 때였다. 내가 이야기할 수 있는 상대는 오직 그 한 분뿐이었다. 그때 그가 없었다면 나는 사는 재미를 얻지 못했을는지도 모른다.

하루만 못 보아도 그리워지고 기다려졌다. 그가 어디로 출타하면 그렇게 기다려졌고 돌아오면 그렇게 반가울 수가 없었다. 어디서 듣고 온 소식, 갖고 온 신문이 내게는 유일한 소식들이었다.

일본군이 승리에 승리를 거듭한다는 신문 보도가 지면을 채우고 있었으니 그 보도는 오히려 우리의 마음을 상하게 했을 뿐이다. 보도가 허위 보도만 같았고 곧이들리지를 않았다.

그때마다 기도했고 기도하면 눈물이고 찬송하면 기쁨이고 기도와 찬송으로 주 앞에 호소할 때마다 마음이 후련했다. 단둘이 마주 앉아 기도하고 찬송하던 그때의 감격과 위로는 과연 성령의 역사였다.

온종일 찬송하고 기도해도 지루한 줄 몰랐고, 피곤한 줄 몰랐다. 오히려 힘이 점점 더했고 목소리도 더 우렁찼다. 이마에도 등에도 땀이 나고 목에서는 불이 나왔다. 그래서 나는 그때부터 기도는 이마에서 땀이 날 때까지, 눈에서 눈물이 날 때까지, 목에서 불이 나올 때까지 해야 기도의 맛을 알 수 있다고 했다.

이 어찌 사람의 힘이거나 노력이라고 할 수 있으랴. 성령으로 역사해 주었고 능력으로 사로잡아 주셨으니 그럴 수 있었다. 이것이 하루나 이틀이 아니고 한 달 두 달 만도 아니었다. 산중에서 계속되는 생활이었다.

Ⅵ. 잊을 수 없는 성령 역사

1. 성령으로 하나 된 성도의 교제

그때 또 한가지 잊히지 않는 일이 있다. 용문산에서 약 30리 밖에 남산이란 동리가 있다. 그곳에 김환계 영수님이 살고 있었다. 그는 본래 박 집사님과 친한 사이였기에 그 연줄로 나하고도 지극히 가까운 처지였다.

어느 날 밤이었다. 밤도 깊었는데 별안간 문밖에서 인기척 소리가 들렸다. 아무리 들어도 조심스러운 인적이었다. 가만히 문을 열고 내다보니 김 영수님이 아니겠는가?

"영수님 웬일이시오? 이 밤 중에⋯."

"쉬—"하며 말도 못 하게 하고 자전거에서 쌀자루를 끌러 내리고 있었다. 말없이 그 쌀자루를 툇마루에 올려놓고 나서야 한숨을 쉰다.

"이거 방 안에 들여 놓으시지요."

"아니 이거 쌀이 아니오?"

"쉬—아무 말 말고 어서 들여놓으시오. 큰일 납니다."

겁에 질린 그의 낮은 음성이 간신히 들린다. 무슨 죄라도 짓는 듯이 내 가슴도 덩달아 겁에 싸인다.

그때는 쌀을 가지고 다니지 못하던 때였기 때문이다. 발각되는 경우에는 경찰에 끌려가야 한다. 그래서 남의 눈을 피하여 모래가 쌓인 냇가 동뚝 밑으로 숨어서 주재소와 면사무소 앞을 간신히 피해서 왔다는 것이다. 큰길을 피하고 사람 눈을 피하여 길도 아닌 길을 헤치며 그 산중까지 찾아오느라고 얼마나 애를 썼던지 땀에 흠뻑 젖어 있었다. 아무리 들어가자고 이끌었지만 뿌리치고 가 버린다. 자기네는 나물죽으로 연명을 하면서도 어디서 어떻게 구했는지 쌀을 대두 한 말이나 갖다 주고 갔다.

그때의 눈물겹던 감격과 그 우정은 내 머리에서 이날까지 사라지지 않는다. 까마귀를 시켜서도 엘리야에게 먹을 것을 공급해 주시던 하나님께서 나 같은 것도 버리시지 않고 이처럼 돌봐 주신 것을 생각하면 생각할수록 감격스러울 뿐이다.

이것이 다 성령으로 하나 된 성도의 교제였고, 초대교회 시대에 유무 상통하던 그 일면을 보여 주는 미풍임을 깨닫게 한다.

이렇게 쌀이 생기면 손님이 오셔야 한 번씩 해 먹고 어떤 경우에는 손님만 쌀밥을 해드리고 가족은 나물죽을 끓여 부엌에서 따로 먹어야 하는 때도 많았다.

예수 믿는 손님이 찾아오는 것은 천사가 찾아온 것같이 반가웠다. 무엇이든지 귀한 것이 생기면 그냥 간수해 두었다가 손님이 오셔야 개봉을 했다. 우리끼리 먹기는 아까워서였다. 손님 대접하라고 보내 주신 하나님의 선물만 같았다.

그런 선물이 어디서 생긴다면 "어디서 손님이 오실 모양이다."하고 손님이 은근히 기다려지곤 했다. 그렇게 아껴 두었던 것으로 손님을 대접하고 나면 그렇게도 만족스러울 수가 없었다.

이것이 다 하나님께서 주신 마음이었다는 것을 성령이 깨닫게 해 주신다. 그러기에 그 없는 가운데서도 불평 없이 젊은 내외가 한 마음으로 손님 대접하느라고 성의를 다할 수 있었다. 그때야말로 진정 "손님 대접하다가 부지 중에 천사를 대접하게 된다."(히 13:2)는 성경말씀이 그대로 응했다.

그때부터 나도 모르는 사이에 천사는 하나님의 보내심을 받아 '부리는 영'으로서 항상 같이해 주셨음을 체감한다(히 1:14).

2. 차 중에서 만난 또 한 사람

그해 4월 말경 봄빛도 짙어가던 어느 날, 황해도 사리원(沙里院)에 계신 큰 누님 댁에 갔다 오는 길이었다. 차 중에서 차장이 차표 검사를 하고 지나간다. 그때 나는 어렴풋이 잠이 들었는데 차장은 되돌아와서 인사를 한다. 될 수 있는 대로 사람의 눈을 피하려는 그 당시 내 입장이었는데 "나 선생님 아니십니까?"하고 공손히 인사를 하는데 가슴이 덜컥했다.

알고 보니 내가 박천서 인쇄소를 경영하고 있을 때 공장에서 문선공으로 일하던 박정식(朴庭植)이란 청년이었다. 그는 독학으로 그만큼 성장한 노력형이었다. 뚱뚱한 몸에 키도 작지 않고 얼굴도 훤했다. 공장에서 보던 박정식과는 엄청나게 달라졌다.

세월은 그만큼 흘러갔고, 세상도 달라졌고, 인심도 달라진 그때였다. 인간적으로는 반가워야 할 그를 경계해야 할 나의 입장이었다. 그는 내가 경찰의 눈을 피해서 외국으로 망명 간 줄로 알고 있는 공무원이다.

그러나 그는 진심으로 반가워했다. 이것저것 조심스럽게 목소리를 낮추어가면 궁금했던 일들을 묻기도 하고 자기의 심정을 털어놓기도 한다. 그러는 동안 어느덧 종착역인 신막(新幕)에 도착했다.

하차하여 출구로 나갈 때 지켜 섰던 형사는 용하게도 나를 잡아챈다. 역전 파출소로 끌려가서 검색을 받았다. 메고 갔던 배낭을 샅샅이 뒤지는 등 까다로운 검문으로 한참 지체되기는 했으나 다행히 풀려 나왔다. 그 길로 여관에 들어가서 방 안으로 들어가자마자 그 차장도 뒤따라 들어왔다. 차장은 어디서 지켜 보고 있었던지 내가 무사히 풀려 나오는 것을 보고 무척 반가워하는 표정이었다.

"그놈들이 제아무리 냄새를 잘 맡는 것 같아도 선생님만은 못 잡을 거라 했더니 아니나 다를까 그냥 나오시는군요."하고 이제야 마음이 놓인다는 듯이 흐뭇한 표정이었다.

그는 밤이 깊어가는 줄도 모르고 시국에 관한 이야기 듣기를 그렇게도 원했다. 결국은 "언제 일본이 망할 것입니까?"하고 묻는다.

"우리 조선도 독립할 날이 올 수 있겠습니까?" 등 당시 관원들이 들으면 큰일 날 소리만 늘어놓고 있었다.

그는 나를 외국으로 망명 갔다가 때가 가까우니까 고국으로 침투해 들어와서 무슨 준비 공작이라도 하려는 독립투사같이 생각했던 모양이다.

그래서 그는 위험을 무릅쓰고 내 방을 찾아왔던 것이다. 그는 내 방을 떠나기를 싫어했다. 밤새껏 내 말 듣기를 바라고 떠나지 않는 그의 심정도 알 만했다.

"어떻든 8월 중순까지 기다리게. 그때는 모든 문제가 다 해결될 것일세…"하고 나는 장담했다. 그는 이 말을 듣는 순간 너무 반가워서 눈시울을 붉히며 "그러면 그때는 우리도 독립이 되는 거지요?"하고 소망에 벅찬 몸가짐이다. "되고 말고."하는 말에 그는 조심스럽게 문밖을 내다보고 문을 틈도 없이 꼭 닫아 버린다.

이 말은 고향 친지들에게 한마디 한마디 귓속말로 전달되었다.

"나운몽이 조선에 돌아왔다. 그의 말에 의하면 8월 중순에는 일본이 망하고 우리나라가 독립된다더라."

이야말로 그 당시로는 감히 할 수 없는 말이었다. 위험하기 짝이 없는 말이다. 그러나 우리 고향인 박천 땅에는 이 소문이 여기저기 퍼져 들어갔다. 급기야 일본 사람과 경찰에까지 들어갔다. 그들은 부리나케 나를 잡으려고 한반도 13조 전역에 수배했다.

3. 나를 잡으러 온 경찰관

나는 그때 용문산 아래 도치랑 동리에 우거하고 있을 때였다. 하루는 아천 주재소에서 뚱뚱한 정복 경찰관이 땀에 흠뻑 젖은 채 찾아왔다. 나를 잡으려고 온 경관임이 틀림없었다. 그런데도 하필이면 나를 보고 "평안도 말씨 쓰는 청년이 이 동리에 들어와 있다는데 어디 있지요?"하고 묻는다.

"그 청년은 어제 떠났습니다. 왜 그러시지요?"하고 생각할 사이도 없이 그런 대답이 나왔다. 그도 일본 말로 물었고 나도 일본 말로 대답했다. 그 당시는 사용어가 일본 말이었기 때문에 자연스러웠다. 그는 무척 아쉬운 듯이 "실은 어제 올라올 것이었는데 오늘 왔더니 한발 늦었다."면서 한숨짓는다.

그가 찾는 청년의 신상에 대해 하나하나 내용을 들은즉 의심할 여지없이 나를 찾고 있음이 틀림없었다. 그러나 익숙한 일본 말을 쓰고 있으니 평안도 사투리는 한마디도 드러날 리가 없었다.

내 신원을 알고 싶어하면서도 그는 나를 그 평안도 청년이라고는 알지 못 했다. 성령이 그의 눈과 마음을 가려놓았던 모양이다. 일본에서 공부하다가 만주로 가서 만척(滿拓)에서 일하다가 왔다니까 내 신분에 대해서는 더 이상 묻기를 매우 송구스러워하는 표정이다. 오직 그 청년과의 관계를 꼬치꼬치 물을 뿐이다.

그 청년을 본래부터 아느냐, 그가 무엇 때문에 이런 산골짜기까지 와서 있었느냐, 그가 와서 주로 무슨 말을 하더냐, 그가 어디로 간다고 하더냐, 그 사상이 불온하지 않더냐 등 이것저것 여러 가지 말을 물었다. 하지만 나는 아는 바 없다고 딱 잘라 말하면서도 "글쎄, 나도 좀 이상하게 생각은 했으나 절간으로 다니는 한 구도자로 보았다."고만 했다. 더구나 내 말은 일본 유학을 하는 동안 순 일본식 발음으로 화했기 때문에 조선식 발음의 일본 말로는 감당하기 어려웠던지 그 경관은 숱한 말을 물으면서도 송구한 모습을 감추지 못한 채 진땀을 흘리고 있었다. 나는 나대로 태연스럽게 대답을 하면서도 속으로는 무척 초조했다.

'이런 거짓말로 자기를 숨겨도 좋을 것인가, 하나님은 어떻게 보실 것인가?' 걷잡을 수 없는 심정이었다.

그를 보내고 나서도 마음의 초조감을 금할 길이 없었다.

4. 기다렸던 8월 중순

그날 밤 잠을 이룰 수가 없었다.

"이 일이 무사할 것인가, 아니 본서에서 알면 기어이 나를 체포하러 올 터인데…"하고 내 마음은 몹시 착잡해졌다. 몇 해 전 경찰서에서 취조받다가 조사 기간 중에 만주로 도망친 후 만주까지 수배되었던 나로서는 안심할 수가 없었다.

박 집사님은 무조건 나를 산중 암굴 속으로 피하라는 것이었다. 나는 그렇게 피신할 수도 있었지만 가족은 어떻게 할 것인가. 가족이 당할 화는 무엇으로 모면할 것인가가 문제였다. 인간 방법으로는 해결할 길이 도저히 없을 것만 같았다. 할 수 없이 하나님 앞에 엎드러지는 길밖에 없었다.

"주여 어떻게 하오리까?"하고 밤새워 기도했다.

기도하는 중에도 거짓말로 경찰관을 속인 것이 마음에 걸렸다. 그러나 용서해 달라고 하나님께 애원했다. 몸부림치는 안타까운 기도였다. 그러는 중에 "다윗도 피해 다닐 때 거짓으로 미친 짓을 했고, 기생 라합은 거짓말로 정탐군을 숨겨 주고 오히려 구원을 받았는데…"하는 생각이 문득 떠올랐다. 그때부터 이상하게 마음의 위로가 오기 시작했다. 남에게 해독을 주는 사기성을 띤 거짓이 참 거짓이고 그와는 반대로 악이 아닌 거짓도 있다는 것을 깨달았다. 동시에 8월 중순이면 해방이 될 터이니 걱정할 것 없다고 스스로 위로가 됐다. "그때까지 참자, 그때까지 숨어 있자, 하나님께서 보호해 주실 것이다."하고 마음의 위로가 점점 굳어지더니 결국에는 확신이 왔다. "경찰에 붙잡히지 않는다. 하나님께서 보호하신다."하고 소리 없는 음성이 들려오기까지 확실했다.

이 역시 성령이 깨닫게 하고, 성령이 위로하고, 성령이 믿어지게 한 것이다.

"8월 중순에는 일본이 망한다."라는 생각만 해도 모든 근심도 괴로움도 염려도 다 물러가 버렸다. 오직 기쁨에 넘쳐 찬송 소리만 더 높아갔다. 박 집사님과 마주 앉아 온종일 찬송 부르고 기도하는 데서 그 당시 삶의 맛을 찾았다.

그리고 성경을 보다가 깨달음이 오면 박 집사님 한 사람을 앞에 놓고 열심히 설교를 했는지, 강의를 했는지 어떻든 말씀을 증거 할 때마다 자신에게도 은혜롭기만 했다.

8월 중순에는 일본이 망한다는 예언을 하고 나서는 그날이 가까울수록 혹시나 하고 초조해지는 때도 있었다. 그러나 박 집사님은 내 믿음보다는 좋았다. 내 예언을 믿은지라 보리 공출을 끝내 하지 않았다.

온 동리 사람들의 비방을 듣는 것만이 아니었다. 면서기가 와서 동사에 불러다 놓고 몽둥이를 휘둘러가며 면박을 주어 온 동민들에게 핀잔을 당하기도 했다. 그러나 은밀한 곳에서 나하고 단둘이 있을 때에는 언제나 소망에 찬 이야기로 마음이 부풀어 있었다. 소망의 8월은 어떤 고난도 이기게 하는 힘이 되고 있었다.

한 번은 면서기에게 심한 욕을 또 당했던지 박 집사님은 당황한 표정으로 급하게 나를 찾아왔다.

"아니 참말로 8월 중순에는 일본이 망합니까?"

"틀림없을 것입니다, 왜 그러지요?"

"그러면 음력 7월인데 이제는 7월이 다 되지 않았습니까?"

"그렇지요."

"그러면 내 별 욕을 다 당해도 보리 공출은 안 하렵니다."

"나락 공출은 안 하게 되겠지만 보리 공출은 해야 할 걸요."

"그놈들이 꼭 망할 것이 분명하다면 보리 공출인들 할 게 뭐요?"하고 박 집사는 어떤 곤욕을 당하면서도 보리 공출을 안 하겠다는 결심이 확고해졌다.

본시 이른 봄부터 8월 중순에는 해방될 것이라는 내 예언을 처음 들은 때도 다짜고짜 "그러면 보리 공출은 안 해도 되겠지요."하던 박 집사였다. 그만큼 그 당시는 식량에 대한 관심의 비중이 컸던 때였다.

5. 8.15 해방

공출은 안 했어도 식량은 여실히 모자랐다. 풀을 뜯어 식량을 보태가며 간신히 8월 중순까지 왔다. 급기야 8월 15일에 이르렀다. 그러나 그날도 아무런 소식을 듣지 못 한 채 궁금하게 지냈다.

이런 산중에는 라디오도 없는 때였고 신문도 없었다. 나는 그날 용문산 큰 골에 가서 마음에 잡히지도 않는 일을 하는 척하고 서성거리며 하루를 지냈다. 마음은 심히 초조해졌다. 8월 16일도 또 저물어갔다. 동네 사람을 만나는 대로 "무슨 좋은 소식 못 들었습니까?"하고 물어보아도 아무런 반응을 볼 수 없었다. 그날이 옥산 장날이니 혹시 장에 갔던 사람들에게 무슨 소식이라도 있을까 해서 저녁을 먹고 동사로 찾아갔다.

이미 어두워지고 있어 사람들의 얼굴은 분별하기 어려웠다. 여러 사람 모여 앉아 이야기하던 중 창호 아버지의 차랑차랑한 목소리가 유독 드러나게 들렸다.

"무슨 소리인지 조선이 독립이 되었대…."

"그런 소리 함부로 하지 마, 큰일 나지."

"옥산 장터에서는 술집마다 막걸리 단지를 내다 놓고 지나가는 사람들까지 막 퍼서 나누어 주며 야단들이던걸…."

"면서기 한 놈은 몰매를 맞아 꼴이 말이 아니던데…."

"면장 놈은 도망을 쳤다나 봐."

"이 사람들아, 그게 무슨 소린가 하나도 곧이들리지 않는 소리들만 하고 있네…."하고 싶은 두메산골 도치랑 마을에도 해방의 소식이 스며들어 온 것이다.

마음은 설레고 눈시울은 뜨거워졌다. 걷잡을 수 없이 부푼 마음을 억제할 수 없었다. 북받쳐 오르는 설움이 터져 나올 듯 한없이 울고 싶었다. 흐느끼며 집으로 돌아왔다. 들은 말을 두서없이 아내에게 들려주며 목메어 말문이 막히곤 했다. 꿈속에서 말하는 것이나 아닌가 하고 의심할 정도로 정신이 몽롱해지기도 했다.

쫓기던 몸, 쫓기던 마음이 일시에 풀려나는 그 순간이련만 왜 그렇게도 활기를 띠지 못하고 도리어 마음을 졸이며 그 밤을 지새웠는지 모른다. 성령으로 말미암은 겸손이었던지 생명의 성령의 법이 죄와 사망의 법에서 해방시켜 주는 순간을 맛보는 것 같았다(롬 8:2).

잠자리에 누워 있을 수가 없었다. 새벽 2시경 박 집사님 댁으로 달려갔다. 걸려 있는 삽짝 문을 흔들어 열고 안마당으로 들어섰다. 주인을 찾기보다 다짜고짜 "아니 잠이 옵니까?"하고 방문을 향하여 소리쳤다.

"글쎄, 나도 잠이 안 와서….'하며 문을 벌컥 열면서 좌우간 들어오라는 것이다.

"아니 언제 들어가 앉아 있겠소, 어서 나가 봅시다. 김천엘 나가봐야 알지, 이 산중에서는 도무지 알 수가 있어야지요…."

"김천엘 가더라도 날이나 새거든 가지…."

"아, 가노라면 날이 밝겠지. 어서 나오시오, 떠납시다."하고 성급한 재촉에 못 이겨 언제나 지고 다니던 배낭을 메고 나온다. 급한 걸음으로 20리 밖 두원엘 가니까 그때야 날이 훤히 밝아 온다. 이른 아침 벌써 논 머리에 나와서 서성거리고 있는 노인 한 분이 보인다.

"노인장, 혹시 기쁜 소식 못 들었습니까?"하고 기대를 걸고 물었으나 아무런 반응이 없었다. 무감각한 표정에 모른다는 말로 대답을 끝낸다. 그의 표정으로는 해방된 것 같지도 않았다. 이상한 딜레마에 빠진 것만 같았다. 신작로로 나서서 얼마쯤 가노라니까 웬 청년 하나가 자전거를 타고 급히 달려오고 있었다. 손을 들며 큰 목소리로 "기쁜 소식 못 들었소?"하고 물었다.

"예, 조선이 독립됐어요. 서울에 지금 상해에서 임시정부 요인들이 들어왔고 김일성 장군도 지금 원산까지 왔다는데 곧 들어온다고 합니다." 급한 소리에 기쁨이 넘친 어조였다. 해방보다 독립이 되었다니 무슨 소리인지 이해하기는 곤란했으나 어떻든 반가운 소식이었다.

김일성 장군이란 지금의 북괴 김일성이 아니고 한민족이 오래전부터 추앙해 오던 항일 투사, 만주에서 한국 독립군을 영도하고 있던 장군을 말함이었다.

신작로 한복판에서 두 팔을 번쩍 들고 만세를 불렀다. 이것이 꿈은 아니겠지 하고 정신을 가다듬은 때는 벌써 눈물이 앞을 가리었다.

"조선 독립 만세!"

"조선 독립 만세!"

단둘이 새벽길에서 목메어 부르는 만세 소리는 우주 공간을 메아리쳐 하늘 높이 치닫는 것만 같았다.

6. 해방의 감격 속에서 만난 친구

40리 길을 걷는 동안 만나는 사람마다 물어보아도 아무도 시원한 대답을 하는 사람은 없었다. 오직 자전거를 타고 급히 달리던 그 한 청년이 있었을 뿐이다. 어느덧 김천을 10리 앞둔 남산동 김환계 영수님 댁에 다다랐다.

그때는 벌써 아침상이 들어가고 있었다. 반가이 마중 나오는 김 영수님의 손을 잡으면서 말문은 막히고 눈물만이 펑펑 쏟아져 나왔다. 그도 아무 말도 못 하고 머리만 숙인 채 눈물을 닦을 뿐이다. 묵묵히 방 안으로 들어갔다. 앉자마자 흐느끼는 기도 소리가 눈물 섞인 울음소리로 화하여 막혔던 동뚝이라도 터치고 나오는 듯했다. 가슴 한복판에 쌓였던 한이 쏟아져 나오는 것이었다.

억지로 눈물을 닦으며 기도를 끝내고 머리를 들었을 때는 세 친구가 똑같이 발간 얼굴에 광채가 나는 듯했다. 가슴은 뜨거웠다.

"왜 이리 가슴이 뜨거우냐"하며 앞가슴을 헤치는 박 집사님의 한마디가 정적을 깨는 시구였다.

"나도 그래."

"나도 그래."하며 눈길이 모였다. 셋의 가슴 속에는 모두 성령의 불이 역사하고 있었다.

밥 없는 죽 상에 둘러앉았다. 쌀알을 찾아보기 힘든 호박죽이었다. 쌀을 한 말이나 밤중에 갖다 주던 영수님의 진심은 이 호박죽 속에서 또 한 번 찾아볼 수 있었다.

7. 신사를 들부수던 분풀이

식사가 끝나는 대로 우리 셋은 단숨에 동사로 달려갔다. 일본 무운장구 깃발과 군대 입영을 축하한다는 깃발들이 나부끼고 있었기 때문이다.

강제 지원병으로 나가는 청년을 환송한다고 동리 사람들이 와글거리는 속으로 뛰어들어 갔다. 조선이 독립되었다는 말은 무슨 소린지 알 수 없으니 면소까지라도 나가야 한다고 서두르고 있는 판국이다.

나는 참을 수가 없었다. 가슴에서 불이 붙어 오르는 듯했다. 동사 방문 앞 토방에 올라섰다. 일장 연설이 터져 나왔다.

"여러분! 조선이 독립되었습니다. 이것이 설사 거짓말이라 할지라도 믿어 봅시다. 이날까지 일본 놈들에게 희생당한 것도 억울한데 이제 해방이 되었는데도 그놈들을 위해서 생명을 바치러 나가야 한단 말입니까? 여러분의 얼굴이나 내 얼굴에서는 기름기를 찾아볼 수 없습니다. 피골이 상접한 노란 얼굴이 증거 하고 있습니다. 우리의 살과 피가 그놈들에게 착취당했기 때문입니다. 더 이상 견딜 수는 없는 막다른 지경에서 하나님은 우리를 구출하셨습니다. 이제는 우리나라와 우리 민족을 위해서 피 흘리기까지 싸워야 합니다. 우리는 저 깃발을 찢어 버리고 조선 독립 만세를 부릅시다. 힘차게 만세를 부릅시다."하고 "조선 독립 만세!"를 선창했다. 뒤따라 터져 나오는 만세 소리는 우렁찼다. 눈물 어린 얼굴에는 비장한 각오라도 한 듯이 긴장된 모습이 역력히 드러나고 있었다.

삼창만 하려던 만세성은 그칠 줄을 몰랐다. 몇 번이고 또 부르고 또 부르던 만세 소리는 급기야 행동으로 화했다.

괭이와 몽둥이를 잡히는 대로 들고 면 소재지 아천(牙川)으로 달려갔다. 높은 위치에 우뚝 서 있는 신사(神祠)로 몰려가서 마구 때려 부쉈다. 일본 신당은 완전히 훼파되고 말았다. 쌓였던 울분이 폭파되면서 일본 신당으로 달려가 분풀이를 한 것이다. 지금 생각해도 이상한 것은 아무와도 의논 한마디 없이 행동이 이처럼 하나가 될 수 있었을까?

그때는 불신자들이 대부분이었는데 그 분풀이 발걸음이 왜 일본 신당으로 몰렸던 것일까? 이것은 비단 아천에서만 있던 일이 아니고 거의 전국적이었다. 이 역시 성령의 인도함이 아니라고 할 수 없다.

산산조각을 만들어 놓고도 오히려 부족하여 그 파괴물을 밟고 또 밟으며 아우성쳤다.

조선 독립 만세, 만세, 만세 소리는 길거리로 터져 나와 경찰관 주재소로 면사무소로 왔다 갔다 하며 설쳤으나 주재소에서도 면사무소에서도 아무도 나타나지 않았다.

8. 해방 후의 김천에서

나는 그 길로 박 집사님과 함께 김천으로 나갔다. 어떤 청년이 전신주에 "조선 독립 만세!"라고 쓴 벽보를 붙이고 있었다.

"이게 참말이요?"하고 나는 감격스러워서 확인해 본 말이었는데 그의 대답은 지나쳤다.

"당신이 조선 사람이요? 반역자들…"하고 핀잔을 준다. 해방의 기쁨보다는 오히려 살기가 등등했다. 그 용어로 보아 그는 좌익인지도 모른다. 아직 무질서 상태였으니 그럴 수밖에 없으리라고 억지 이해를 하고 지날 수밖에 없었다.

거리에는 일본 군인들의 행렬이 권총과 군도를 휘두르며 설치고 있었다. 그들의 최후 발악인지, 자신들의 신변 위험을 막기 위한 행동이었는지, 어떻든 거리는 몹시 살벌했다.

그러나 해방이 된 것만은 사실이라고 기쁨에 넘친 심정을 감출 수 없이 사람들이 모인 곳마다 참관하며 듣기도 하고 외치기도 했다.

돌고 돌다가 김천 역전에 이르렀다. 일본 여관이 하나 있는데 일본인 주인은 간 곳이 없고 조선 사람들만 바글거리고 있었다. 거기에 들어가서 듣자니 어느 한 사람이 점잖게 앉아서 "그래도 일본 사람들의 공력이 우리 조선 사람들에게 크게 기여한 바가 없지 않다."고 주장하면서 "이 건물 하나를 본다 해도 그 기술 면에서 우리보다 얼마나 앞섰느냐?"고 한다. 그만큼 우리의 수준을 향상해 주었다는 것이다.

그 자리에 모여 앉았던 모든 사람들은 그의 말에 수긍이 가는 듯 머리를 끄덕이며 듣고 있었다. 그러나 나는 참을 수 없었다. 그의 말을 반박하며 나섰다.

"당신 그게 무슨 말이요? 36년, 아니 40년이나 그놈들의 노예 생활을 한 것만도 분하기 짝이 없는데 그놈들이 우리에게 도움을 주었다고요?"하고 벌떡 일어나 외쳤다.

"그놈들의 압박 속에서 우리의 문화는 위축당했고, 모든 발달이 후퇴해서 요꼴이지 그놈들이 아니었다면 20세기 과학 문명을 마음껏 받아들여 우리나라도 서구 문명 못지않게 지금쯤은 동방의 빛을 드러내는 문명국이 되었을 것이오. 그런데 이런 따위 건물이 우리의 흠모 대상이란 말이요? 당장에 이 자리에서 당신의 말을 취소하고 사과하시오."하고 벼락 같은 소리를 쳤다.

그때 어떤 청년 하나가 앉은 자리에서 "옳소!"하고 손뼉을 친다. 앉았던 청중들이 따라서 치는 박수 소리는 와르륵 하고 요란스러웠다. 그는 몸 둘 바를 모르는 듯 좌불안석이었다.

그는 50은 훨씬 넘어 보이는 중년 노인급이었는데 나는 그때 30대 청년이었다.

그의 연세로 보거나 입은 옷매로 보아서 고위층 관원 출신인 듯 얼굴도 맑게 생긴 귀족형이었다. 그런 그는 보잘것없는 젊은 시골 사람에게 당하고 나서 아무 말도 못 하고 머리를 수그린 채 얼굴을 구벽으로 돌리고 있었다.

"사과하시오." 소리가 또 어디서 들렸다. 그때에야 그는 정중히 자세를 갖추고 "나잇살이나 든 것이 말에 실수를 했으니 용서해 주시기 바랍니다. 제가 되지 못한 말을 한 것은 다 취소합니다."하고 정중한 사과를 한다.

그때부터는 좌석 분위기가 확 변하여 친일파 규탄 대회라도 열린 것같이 온 장내는 떠들썩했다.

앞으로 이 민족이 사는 길은 하나님 앞으로 돌아와야 한다는 한마디를 남겨 놓고 나는 그 자리에서 빠져나와 역으로 향했다.

9. 해방된 차 중에서

해지기 전에 산으로 돌아가야 하겠기에 급히 서둘러 기차에 올랐다. 찻간에서도 그냥 얌전히 앉아 있을 수는 없었다. 역시 목이 쉬도록 외쳤다. 아무도 막는 사람은 없었다. 모두 신나게 듣고 있었다.

"우리가 총칼 갖고 일본 놈과 싸워 독립을 전취하지 못했으되 하나님께서는 우리의 억울함을 아시고 이처럼 우리를 일본 놈들에게서 해방시켜 주셨으니 우리는 하나님 앞으로 돌아와야 합니다."하고 힘차게 외쳤다.

어느덧 추풍령 역에 도착했다. 호주머니에 돈이라곤 한 푼도 없었다. 출구로 나오려니까 역부가 표를 내고 나가야 한다고 못 나가게 한다.

나는 "우리 차 내가 타고 왔는데 무슨 표야. 기차도 일본 놈들에게서 해방이 되었어…."하며 그냥 뿌리치고 나왔다. 내가 선봉에 서서 차표 없이 나오는 통에 내 뒤에 나오던 사람들도 모두 그냥 나오고 말았다. 어떻든 자유로웠다. 훨훨 날 것만 같았다.

배고픈 줄도 모르고 추풍령 고개를 넘었다. 새벽부터 잠도 못 자고 돌고 도는 동안 몸은 매우 지쳤을 것이나 잠자는 것도 모르겠고 배고픈 줄도 몰랐다. 추풍령 고개를 넘고 골짝을 돌고 돌아 도치랑 동네에 돌아왔다.

온 동리 동민들을 동사 앞마당에 모아놓고 해방 소식을 김천서 보고 들은 대로 전했다. 내 나름대로 해석을 붙여가며 일장 연설을 한 것이다.

천하의 소식을 다 아는 것처럼 외쳤다. 이미 김천서부터 목이 쉬었기 때문에 쉰 목소리로 힘들여 외쳤다.

쉰 목소리는 동민들에게 더욱 흥분제가 되었던지 동민들도 몹시 흥분된 소리로 외치기 시작한 대한 독립 만세 소리가 밤하늘을 찌르는 듯했다.

10. 서울 강연장에 뛰어들어

나는 다음 날 아침 일찍부터 서둘러 서울로 올라갔다. 그대로 산중에 묻혀 있을 수는 없었다. 서울을 가면 태산이라도 움직일 것만 같았다.

큰일이라도 낼 것 같은 기분으로 서울행 기차를 탔으나 해방된 기차라서 그런지 너무 무질서했다. 퀴퀴한 냄새는 코를 찌르는 듯했고, 승객들은 모두 살기가 등등하여 화평을 찾을 수 없었다.

해방의 기쁨이 넘쳐 화기가 만만할 것 같은 데도 도리어 복잡 속에 살기가 감돌고 있으니 그 이유가 무엇인지 알 수 없었다. 탄압 속에서 시달렸던 심신이 해방을 맞고서도 그 울분이 아직 가셔지지 않은 탓인지도 모른다.

서울에 도착하자마자 여기저기 모이는 곳만 있으면 어디나 뛰어들어가 한마디씩이라도 외쳐야 속이 후련했다. 한번은 종로 YMCA 강당에서 정인소 박사라는 젊은 장발 청년이 외치고 있었다.

지금 김옥균을 만난다면 얼굴을 한번 쓸어주고 싶은 심정이라고 하면서 친일파를 신랄하게 규탄하고 있었다. 그의 열렬한 웅변은 모든 사람에게 감화를 주었다.

그러나 한편에서는 가짜 박사라고 비난하는 자들도 있고, 한편에서는 지지하는 자들도 여기저기 있었다. 연설이 끝나자마자 김각(金角)이라는 남자 하나가 이런 주구들을 몰아내야 한다고 열변을 토하고 있었다. 장내는 옳소, 옳소 하는 아우성치는 소리와 박수 소리로 메워졌다.

나는 그들이 좌파인지도 모르고 그 속에 뛰어들어가 한마디 한다는 것이 그들에게 거슬렀던지 "닥쳐라!"고 야단을 치는 소리와 함께 3, 4명의 청년이 달려들어 끌어내린다. 봉변을 당하면서도 나는 그 김각이란 사람을 만나려고 했으나 만날 필요도 없다고 하면서 어디론지 급히 자취를 감추고 말았다. 그렇게 무안을 당하면서도 모임이 있는 곳은 알기만 하면 찾아가 듣기도 하고 기회를 얻든지 못 얻든지 나서서 한마디씩 외쳤다. 성령이 뜨겁게 내 속에서 역사했기 때문이다.

그 길로 나는 안국동으로 가서 '건국 준비 위원회' 간판이 있는 국민학교로 찾아 들어갔다. 완장 두른 청년들의 제지를 당하면서도 "나도 한국 사람이오."하고 뿌리치고 들어갔다.

방마다 XX부, XX위원회 등 행정 부서 이름들이 붙어 있었고 위원장실도 있었다. 여운형 위원장을 만나려 했으나 부재중이라 만나지 못했다. 왜 만나려느냐고 비서실에서 묻는 말에 대답할 말이 없었다.

"그냥 만나고 싶어서 그런다."고 했더니 용건 없이는 만날 수 없다는 것이다. 그래도 만나면 할 말이 있을 것이라고 우겨댔지만 그가 이해하기는 어려웠던 모양이다. 내일 오전 중으로 와보라는 언질을 받고 문밖으로 나왔다.

부푼 기대를 갖고 찾아갔지만 나올 때는 기운 없이 견지동을 거쳐 종로 화신 앞 로터리 쪽으로 맥없는 발걸음을 옮겼다.

플래카드가 붙은 곳마다 기웃기웃 들여다보면서 며칠을 거리로 헤매었다.

그러던 어느 날 종로 어느 큰 건물에 '전국 농민 총연맹'이란 현수막이 크게 드리워져 있었다. 그 안에 들어가 보니 누군가가 강연을 열심히 하고 있었다. 나도 한번 외치고 싶은 충동을 느끼면서 강당 가까이로 나가 앉았다.

강연이 끝나기를 기다렸다가 끝나는 즉시 강단으로 뛰어 올라갔다.

"나는 농촌 출신으로 산골짝에 있다가 나온 한 농민입니다. 농민으로서 할 말이 있습니다."하고 외치니까 청중들은 이구동성으로 "하시오."하고 외치면서 박수로 환영한다. 요란한 박수 소리가 나는 데도 단상에 있던 몇 사람은 제지하려고도 했다. 그러나 주관자 측에서 결국은 허락이 내렸다. 나는 그때 무슨 말을 했는지 모른다. 어떻든 첫마디부터 열심히 외쳤다.

"옛날부터 농자는 천하의 대본이라고 했으니 농사를 본업으로 삼는 농민이 잘 사는 나라를 만들어야 우리나라는 지상낙원이 될 것이다."는 요지였음은 틀림없었고 거기에 '왜정 당시 압박 속에서 지내던 억울함'을 호소했다. 눈물을 머금고 부르짖는 호소에는 모두 동감이었는지 흐느끼는 소리가 여기저기 들렸다. 그 장면이 부흥회 장면 같았고 정치 강연장답지는 않았다.

마지막 결론은 역시 "하나님께서 우리를 해방시켜 주셨으니 이 민족이 하나님 앞으로 돌아와야 복 받고 잘 사는 나라가 될 것"이라는 요지였다.

연설이 끝나자 우레 같은 박수 소리가 요란스럽게 터져 나왔다. 지금 생각하니 이 역시 성령의 역사였다. 나는 정신없이 외친 것 같은데 성령에게 사로잡혀 외쳤기에 그럴 수 있었을 것이다.

어디서나 외치고 싶었던 것은 성령의 특성이었던가 싶다.

당시 그 장면을 본 사람들이 하는 말에 의하면 얼굴에서 환한 빛이 피어오르는 것 같고 키도 커 보이더라는 것이다.

주최 측에서 잠깐 만나자고 하기에 따라 들어갔더니 채규항(蔡奎恒)이라는 이가 명함을 주면서 다정하게 인사를 나눈 후 나더러 전국 농민 총연맹 부위원장이 되어 달라는 요청을 했다.

11. 내 후임이라는 사람을 만나

그 옆에 서 있던 사람들 가운데 키가 훨씬 큰 이가 내 옆으로 웃으며 다가오더니 반갑게 대하며 악수를 청한다. 나는 까닭도 모르고 피동적으로 악수를 했다.

"선생은 나를 모르지만 나는 선생을 잘 압니다."하고 그는 내 손을 꼭 붙잡은 채로 놓지 않았다.

"제가 선생님의 후임이었습니다."라고 한마디 하고는 또 내 얼굴만 빤히 바라보며 웃는다. 나는 영문을 모르고 "내 후임이라니요?"하고 어리둥절한 표정은 더 굳어지기만 했다.

"만주 만척(滿拓)에서 하던 수화현 수로 공사장에 있는 자급 농장에서 농장장으로 있었지요?"하고 묻는 데는 나도 놀랐다.

"그렇습니다." 대답을 들으려고도 않고 "그 난리가 날 것을 미리 알고 나왔습니까?"하고 물으면서 자기는 거기에서 해방을 맞고 만주에서 빠져 나오느라고 큰 고생을 했다는 말을 늘어놓는다.

그의 말을 듣고 보니 거기에 있다가 나온 사람임이 틀림없었다. 그곳 소식을 전혀 알 길이 없었는데 그에게 그곳 소식을 듣고 보니 한국 사람들은 그래도 이리저리 피하면서도 살 수 있는 길이 있었지만, 일본 사람들은 많이 죽고 살아남았다고 해야 아내는 중국인들에게 빼앗기고 어디로 끌려갔는지 모른다는 것이다.

나더러 앞날을 알아보는 선견지명이 있는 분이라면서 나를 선배님으로 모시겠노라고 한다. 그의 연세로 보나 그 체구로 보나 어울리지 않는 능청이었다. 분명하지는 않으나 50세는 넘었을 것으로 보이는 장대한 체구였다. 그의 명함에는 이평림(李平林)이라는 세 글자뿐이었다.

그는 소망에 벅찬 얼굴로 농민을 위해 힘차게 일해 보자고 또 한 번 내 손을 굳게 잡아 흔든다. 이렇게 다정하게 접근하던 그를 그때 헤어지고는 다시는 만나지 못했다.

나는 그때 키도 작은 데다가 얼굴은 검게 타고 피골이 바짝 말라붙어 보잘것없는 산골짝 무명 청년이었는데 그들이 왜 나를 그렇게 앞세우려고 했는지 모른다.

이리 뛰고 저리 뛰며 해방의 감격을 억제할 수 없던 그 시절이 엊그제 같은데 벌써 70 고비를 넘으면서도 잊히지 않는 일들이다.

12. 농민성보 발행

나는 그때 서울 시내로 이리저리 다니다가 '練成之友'라고 일본 사람이 경영하던 잡지사를 접수하게 되었다.

방산 국민학교 정문 앞에 위치하고 있는 주교동(舟橋洞) 313번지 아담한 이층 양옥이었다. 아래층은 공장이고 위층은 사무실과 뒤에 주택이 붙어 있었다. 거기서 '농민성보'라는 월간잡지를 시작했다. 한문으로 '農民聲報'라고 쓰인 그 제호 글씨는 이승만 박사를 찾아가서 얻어 온 휘호였다.

김구 주석을 비롯해서 김규식 박사 등 상해에서 돌아왔다는 임시정부 요인들과 정계 중진들의 글을 위주로 교계 목사님들의 글과 농민들의 소리를 실으면서 전도를 목적한 문서 전도 기관으로 출발했다.

보급 사원과 광고 사원이 한두 명 있었을 뿐이고 나 혼자 밤을 새워가며 편집도 하고 재정 조달도 해야 했다. 인쇄 공장 관리와 발송 업무에 이르기까지 전부 혼자서 한다는 것은 그리 쉬운 일이 아니었다.

밤늦게까지 원고를 쓰고 나면 잠은 언제 잤는지 새벽에는 새벽 기도하러 나갔다 와야 모든 일이 손에 잡혔다. 내가 나가는 교회는 감리교회, 급히 걸으면 25분 거리의 수표교교회였다.

기도하러 갔다 와서는 편집실에서 글을 써야 했고, 교정도 보아야 했고, 낮에는 손님들 접대와 업무 사무에 골몰한 나날을 보냈다.

성령의 인도가 아니었다면 이 일을 어떻게 감당했을 것인지 그래서 초인간적인 능력을 갖고 있다는 소리를 주변 사람들에게 종종 듣곤 했다.

돈 없이 하는 일이라 곤란에 곤란을 당하는 형편이니 가족 생계는 말이 아니었다.

그러면서도 무엇을 먹을까 무엇을 입을까 염려 없이 살았다. 무엇을 어떻게 먹고 살았는지 지금 생각해도 기적의 생활이었다.

13. 어머님의 기도와 나

해방 후 첫 신정 1946년 1월 1일이었다. 당시 기독교 연합회에서 전국 교회에 금식하라는 금식령이 내렸다.

그때 정계나 교계가 아직 어수선한 것이 질서가 잡히지 않았으니까 그랬으리라고 안다. 특히 신사참배로 신앙 정조를 잃은 교회 정황이 맑지 못했던 것만은 사실이다. 그래서 교회에서는 갑론을박 신사참배 문제로 논란이 컸던 때이므로 교회적인 회개를 위한 금식이었다고 생각된다.

그때 나는 서울 주교동 집 아래층 암실에 들어가서 금식기도를 시작했다. 전국적인 금식은 하루에 불과했지만 내 딴에는 여러 날 해보려고 단단한 마음을 먹고 들어앉았다.

제 3일째 되는 날 배가 몹시 고팠다. 기진맥진하여 기도할 기맥조차 잃어버리고 쓰러진 듯 엎드려 있었다.

"너 안 먹고 못 살겠지?"하는 세미한 영음이 다정스럽게 들렸다. 나는 그가 누구인지 알려고도 않고 의식적인 대답이 내 입에서 절로 나왔다.

"네, 안 먹고는 못 살겠어요."하고 기운 없는 대답을 했다. 그 대답에 이어 음성은 또 들렸다. 분명 소리 없는 음성이기는 하나 처음 소리보다는 좀 더 명확한 어조였다.

"그렇다. 사람은 안 먹고는 못 사느니라. 네 육신이 안 먹고 못 사는 것처럼 네 영혼도 안 먹고는 못 사느니라."라는 친절한 교훈의 말씀이었다(욥 33:20, 시 107:9).

나는 그의 말이 끝나기도 전에 "그러면 제 영혼은 죽었습니까?" 성급하게 물었다. 내 영혼은 아무것도 먹어본 기억이 없기 때문이다.

"주여 내 영혼은 죽었나이까?"하고 정신없이 또 묻고 또 물으며 부르짖었다. 영혼이 죽었다면 모든 것이 이미 끝났다고 생각되었다. 기도도 신앙도 필요 없는 노력에 불과한 일이다. 그러나 계속 부르짖었다.

아무리 부르짖어도 아무런 대답이 없었다. 얼마쯤 몸부림을 치며 부르짖다가 쓰러지는 순간에 또 음성이 들려왔다.

"네 영혼이 병들었을 때 미음과 약을 먹여 준 이가 있느니라. 그래서 네 영혼이 아직 죽지 않았다."라는 인자하신 위로가 임하는 듯했다.

"그러면 누가 그 미음과 약을 먹여 주었습니까? 그이를 제게 알려 주소서…"하고 물었으나 역시 아무런 대답이 없었다. 그때는 웬일인지 눈물만이 볼을 적실 뿐, 아무런 생각도 없이 주여, 주여 하면서 그냥 입버릇같이 "누가 제게 미음을 먹여 주었나이까…? 누가 제게 약을 먹여 주었나이까?…"하며 증언 부언 넋두리를 늘어놓았을 뿐 진지한 기도도 못하고 있었다. 같은 말을 되씹고 있는 동안 자기 의식에서는 떠나 있는 듯했다.

그때 또 음성이 들렸다.

"네게 미음을 먹여 준 이를 보라."하기에 머리를 번쩍 드는 순간, 둥근달 같은 것이 전면 벽에 떠오른다. 그 속에는 흰옷 입은 한 여인이 꿇어앉아 머리를 숙이고 두 손 모아 기도하고 있는 모습이 희미하게 보였다. 그 모습은 점점 가까워지면서 명확하게 드러났고 내 몸 전체는 그 앞으로 끌려가는 듯했다. 가까이 보니 그는 분명히 내 어머니였다.

"어머니…"하고 두 손을 벌리고 달려들었을 때는 벌써 어디로 사라졌는지 없었다. 이는 있다 없어진 환상이었다. 사라진 환상 뒷전에서 "어머니… 어머니…"하며 목놓아 울었다. 터져 나오는 울음을 억제할 수 없었다. 어머님의 기도는 분명코 내 영혼에게 미음을 공급하는 역할을 했다. 어머니는 나를 살리려고 이처럼 몸 바친 기도를 하셨는데 나는 어머니에게 무엇으로 보답할 것인가? 보답은커녕 불효막심했던 과거가 영화 필름 돌 듯 머리에 떠올랐다. 어머니의 가슴을 아프게 했던 과거가 내 뇌리에서 솟아오르는 것만큼 지울 수 없는 아픔이 내 가슴을 에워내는 듯했다.

"어머니, 어머니가 살아 계신다면 이제부터라도 효도 좀 해보겠습니다. 어머니를 만나게 해주시옵소서…"하고 어머니를 불러도 보고 하나님을 불러도 보고 애원도 해보았다.

기도를 하는 것인지 넋두리를 하는 것인지 횡설수설 부르짖는 소리는 눈물 콧물이 섞인 울음소리와 함께 범벅타령으로 한참이었다.

어머니가 계시는 이북 땅으로 당장에 뛰어가서 어머님을 업고라도 오고 싶은 심정이었다. 어머니의 생사조차 알지 못하는 처지에서 38선을 원망하며 목놓아 울었다.

동에 갔다 서에 갔다 이리 뛰고 저리 뛰고 하던 그 시절, 고향 집에 잠깐 들렀을 때 어머니의 하시던 말씀이 번개처럼 머리에 떠올랐다.

"나는 그래도 너를 낳고 아들 낳았다고 기뻐했다. 네가 이럴 줄은 몰랐구나…."하시며 말끝을 흐린 채 눈물을 닦으시던 어머니의 모습이 눈앞에 보이는 듯했다.

동시에 어머니 앞에 대꾸하며 반항하던 내 모습이 떠오르며 나 자신이 한없이 원망스러웠다. 입을 쥐어뜯어도 보고 쥐어 박아도 보았다. 그러나 그것으로 어머니를 위로할 수는 없었다.

"제가 아들 노릇 못한 게 뭐요? 나는 나면서부터 아들 노릇했어요. 나를 낳고서야 마음 놓고 미역국을 잡수셨다고 하지 않았어요?"하고 대들던 생각은 지금도 잊을 수 없다.

어머니는 딸을 넷이나 내리 낳으면서 가문에 대한 무안감을 금치 못하여 항상 큰 죄라도 지은 것 같아 숨도 크게 쉴 수 없었다는 말씀을 가끔 하셨다. 만일 이번에도 또 딸을 낳으면 깔아뭉개고 차라리 죽어버리겠다는 마음을 가져 보기도 하셨다면서 나를 낳고서야 비로소 마음 놓고 미역국을 제대로 잡수셨다는 것이다. 이 모든 생각은 나의 마음을 더욱 아프게 했다.

어찌할 바를 모르는 뼈저린 아픔에 온 전신이 사로잡혔다. 영혼도 육신도 마비된 것 같았다. 아니 영혼은 완전히 죽는 순간 같기도 했다

14. 전도자의 기도와 나

그때 내 입에서는 또 다른 말이 터져 나왔다.

"내 영혼이 죽어갈 그때 나에게 약을 먹여 준 이는 누구입니까?"

그 즉시 인자하신 음성이 소리 없이 들려왔다.

"네게 핍박받고 돌아간 전도자들의 눈물의 기도가 죽어가는 네 영혼에 약이 되었느니라."라고.

이야말로 전혀 상상 밖이었다. 나에게 핍박받은 전도자들이 나를 위해 눈물 흘리기까지 기도해 주었다니 너무도 뜻밖이었다. 그 고마움도 모르고 그 죄스러움도 모르고 지내온 자신을 생각하니 부끄럽기 그지없었다.

차라리 수건을 동이고 나가서 노동을 해 먹고 살 일이지 어린애들의 코춤 묻은 동전 푼

이나 뺏아 먹느라고 천당이니 지옥이니 하면서 공갈, 사기를 치는 자들이라고 젊은 전도자들을 공격하던 생각이 주마등같이 내 머리에 떠올랐다.

"늙은이들은 할 일이 없으니 할머니들의 뒤꽁무니나 따라 다니다가 식은 밥술이나 한술씩 얻어먹느라고 그럴 수도 있겠지만 젊은 놈들이 무슨 할 짓이 없어 그 짓을 하느냐?"고 하던 나였다.

"없는 지옥을 있다고 공포심을 주어 순진한 어린애들을 속여 먹으면서도 죄책감을 느끼지 못하느냐?"고 따지던 과거가 부끄럽기만 했다.

나는 그들에게 욕을 주었지만 그들은 나를 위해 기도를 해주었다니 이 어찌 부끄럽지 않으랴. 전도자들을 조롱하고 핍박하던 죄를 하나하나 회개했다. 그러나 핍박당하던 그 전도자들을 한 사람도 그 이름이나 얼굴을 알 길이 없었다. 알기만 한다면 당장에라도 찾아가서 사과하고 용서를 빌고 싶은 심정이었다. 그리고 그 기도의 고마움을 마음껏 치하하고 싶었다.

어머니의 눈물의 기도는 내 병든 영혼에 미음이 되었고, 전도자의 눈물의 기도는 병든 내 영혼에 약이 되었다는 신비로운 사실은 죽어가던 내 영혼을 살려 준 실증이라도 보여주는 듯한 실감을 느끼게 했다.

이 사실을 알게 된 나는 그때부터 기도는 중요한 전도임을 깨닫고 기도전도 운동을 전개했다. 즉 민족의 구령(救靈)을 위해서는 구국 기도를 해야 한다고 외칠 수 있는 자신을 갖고 나섰다. 그 전에도 나라와 민족을 위한 기도를 안 한 바 아니지만 기도가 죽어가는 영혼을 직접 살리는 역할을 하리라고는 생각지도 못했던 일이다. 이것이 곧 내 살과 피를 먹어야 산다는 주님의 신과 생명이 전달되는 신비였다(요 6:63).

십자가를 통한 예수의 보혈은 이처럼 신비롭게 전달되고 있음을 깨달았다. 그래서 예수님의 이름으로 기도를 해야 한다는 것도 알 만했다.

살과 피를 공급하는 십자가의 도는 기도와 전도를 통하여 역사하고 있음을 깨닫고 그 고마움을 더한층 느끼며 한껏 울었다.

눈물 따라 속에 있던 악독이 다 씻겨 나온 것같이 속이 후련했다.

15. 아들을 위한 14년간의 새벽기도

그 후에 동생에게 듣고 알게 된 일이지만 우리 어머니는 예수를 믿는 날부터 아들을 위해 기도했다고 한다. 하나님을 배반하고 나다니는 아들을 돌아오게 해 달라고 새벽마다 예배당에 나가 울면서 호소했다는 것이다. 새벽 2시경이면 벌써 예배당에 나가서 어두움에 잠긴 문을 더듬어서 열고 들어가 엎드렸다는 정성 어린 기도였다.

날이나 좀 새거든 나가시라고 아무리 만류해도 어찌할 수 없었다는 것이다. 밝으면 남이 볼까 봐서 그러신다면서, "나는 그 애를 위해 기도하면 언제나 눈물이 자꾸 나오니 남 부끄러워서 남이 안 보는 새벽에 나가서 실컷 울며 기도를 드리면 그래도 마음이 후련해진다."고 하시더라는 말을 듣고 눈물을 감출 수 없어 암실로 내려가서 나도 울었다.

은혜에는 반드시 눈물이 수반되고 있다는 이 한 가지 사실도 잊을 수 없는 나의 체험이다. "저녁에는 울음이 기숙할지라도 아침에는 기쁨이 오리로다."(시 30:5)고 한 다윗의 경험과 "새벽에 하나님이 도우시리로다."(시 46:5)라는 고라 자손의 신앙이 우리 어머니에게 입증이 되었다.

어머니 말씀을 미루어 손꼽아 보면 10년이 훨씬 넘어 약 14년 동안 아들을 위한 눈물의 기도가 있은 다음에야 아들이 하나님 앞으로 돌아왔다. 그 눈물을 모았다면 항아리 하나쯤은 채우고 남았으리라고 한다.

눈이 쌓인 한겨울 어느 날 새벽이었다. 한 번은 신발을 단단히 새끼로 동여매고 나서기는 했으나 집 앞 언덕 빙판에 미끄러져 뒤로 넘어지셨다.

꽝 하는 소리와 동시에 '주여!' 하는 소리가 들렸을 뿐 일어나는 인적이 들리지 않았다. 사랑방에서 주무시던 아버님은 안방 식구들을 깨웠다.

모두 놀라서 뛰어나가 보았더니 일어나지도 못 하시고 그 자리에 엎드려 "주여, 주여!" 하시며 기도하고 계시더라는 것이다. 역시 아들을 위한 기도였다.

40일 동안이나 병석에서 일어나지도 못한 채 몸이 움직여질 때마다 "주여, 운몽이를 기억하여 주옵소서."

"주님의 품 안으로 돌아오게 하옵소서." 하고 아들을 위한 일편단심의 기도가 끊어지지 않더라는 것이다.

그 정성 어린 기도를 하나님께서 들으시고 급기야 역천자 역할을 하고 있는 나를 붙잡아 당신의 종으로 써주셨다.

어머니의 기도의 위력, 하나님을 찾은 것이 아니고 하나님이 나를 찾아주신 것을 뼈저리게 느끼게 되었다.

16. 장로가 되다

그렇게 바쁘고 고된 생활 속에서도 부흥 전도차 시골로 종종 나다녔다. 본 교회에 돌아오면 주일날 공과 가르치는 시간에도 열심이었고 더구나 설교를 시키면 더 말할 나위 없었다. 심방을 가자고 권사님들이 찾아오면 거절해 본 일이 없다. 아무리 바빠도 따라나섰다. 어느 가정에 가도 큰 목소리로 연설하듯 설교를 했다. 어떤 가정에서는 좀 작게 해 달라는 요청을 받기도 했다. 하지만 작게 하지 못했다. 설교를 한다 하면 기어이 소리가 높아졌다. 이런 열심은 성령이 역사했기 때문이라고 한다.

내 본성은 부끄러움이 많은 편이었다. 그래서 남의 앞에 나서기를 꺼려하는 편이었는데 예수를 믿은 후(성령을 받은 후)로는 어디서나 사람이 모인 곳을 보면 설교하고 싶은 것이 그때 심정이었다.

그런 열심을 보아서였는지 교회에서는 당장에 장로로 세워 주었다. 1946년 3월에 지방회에서 장로 직책을 받을 때가 불과 33세밖에 안 된 때였다.

예수 믿은 지 5년밖에 안 되었는데 장로가 되었으니 장로라고 하면 부끄럽기만 했다. 그렇지만 그때 법은 5년이면 장로가 될 수 있던 때였다.

어떻든 너무 젊은 나이여서 그랬는지 누가 '장로님!' 하고 부르면 왜 그렇게 부끄러웠는지 모른다. 장로가 안 되려고 완강히 거부했지만 기어이 장로를 시켜 놓았으니 억지로 장로가 된 셈이다.

17. 술과의 송별 주

그때까지만 해도 막걸리를 누가 주면 사양치 않고 마시던 때였다. 지나다가 생비루가 보이면 길가에서도 한 잔씩 마시고 지나가야 했다. 그런데 장로가 되라니 거북스러웠고 부담스럽지 않을 수가 없었다.

하루는 정종 배급표가 나왔다고 반장이 갖다 주는 것을 집사람이 거절했다. 그것을 보고 나는 받아 놓으라고 소리쳤다. 혹시 고향에서 손님이 오실는지 모르니까 필요하다는 구실이었다.

점심시간이 되었기에 방 안으로 들어갔더니 부엌 찬장 위에 누런 정종 한 되가 보인다. 집사람은 어디로 갔는지 보이지 않았다. 부엌에 있는 점단이를 보고 "얘, 그것 가져오너라."하고 손가락으로 가리켰는데도 그 애는 무엇을 가져오라는지를 눈치채지 못했다.

"이거요?"하고 정종병 옆에 있는 그릇을 들어 보인다.

"아니다. 그 옆의 것 말이야."

그래도 그 애는 설마 장로가 술병 가져오라고 하리라고는 생각을 못 했는지 그 옆의 다른 그릇을 또 들먹거린다.

"아니, 그 병에 것 말이야."하니까 마지막에야 이상한 눈초리로 그것을 내 앞에 갖다 놓는다.

"컵 하나 가져온나, 김치도 가져오고." 가져오라는 대로 하나하나 갖다 놓으면서도 점단이는 이상했는지 멍하니 동작이 어리둥절한 표정이었다.

술병을 붙잡고 기도했다.

"하나님, 안 먹어야 하는 줄 알면서도 먹고 싶어 먹습니다. 앞으로는 술 먹기 싫게 해 주시옵소서. 이 술이 술과는 송별 주가 되게 하옵소서."하고 제법 예수의 이름으로 간절히 기도를 했다. 그러고 나서 반 되쯤 마셨다. 남은 반 되는 남겨 놓고 나갔다. 또다시 들어가 남았던 반 되를 마저 마시고 말았다. 그것이 나로서는 술과는 영원한 이별 주였다.

그 후로는 술이 싫어졌고 사실 보기도 싫어졌다. 하나님은 나의 기도를 들어주신 것이다. 성령은 내 몸의 행실을 죽여 주신 것이다(롬 8:13).

그 당시는 이 모든 것이 성령의 역사라고는 생각지 못했다. 주님의 사랑은 이렇게 나도 모르게 나를 위해 주신 것이다. 이렇게 술을 끊은 것도 역시 잊을 수 없는 성령의 역사였던 것이다.

Ⅶ. 시험 이겨주신 성령

1. 술친구를 만나

해방된 다음 해 장로가 된 후 어느 날 종로 네거리 보신각 앞을 지나던 때였다. 갑자기 마주친 박기훈(朴琪勳), 서로 눈이 크게 떠졌고 입은 딱 벌어졌다. 한동안 말도 못 하고 손에 손을 굳게 잡았다.

그는 박천(博川)서 나와 같이 지내던 막역한 친구로서 네 것 내 것 없이 지내던 터였다. 그리고 사상적으로 통하는 동지였다. 기어이 무슨 큰일을 하나 해내고야 말겠다는 굳은 결의를 갖고 있던 처지였다.

10년 전 왜정 압박 속에서 뜻을 이루지 못한 채 미래를 약속하고 그는 북경으로, 나는 동간도로 떠난 후 전혀 소식을 모르고 지냈다.

"이거 얼마 만이냐?"

"십 년도 더 됐지. 그래도 죽지 않고 만났구나."

"너 예수 믿는다는 소문이 참말이냐?"

"그래, 예수 믿는다. 너도 믿자."

"아니 너같이 똑똑한 애도 예수 믿니?"

"나보다 더 똑똑한 미국 대통령도 예수 믿는다."

"그렇지. 너 미국 놈들 천지가 되니까 그놈들 후광으로 출세해 보려고 하는 짓이지? 처세술로 믿는 줄 알았어…."

"아니다. 참으로 믿는다."

"그럼 여기저기 나운몽 장로라고 부흥회 포스터가 붙었던데 그게 바로 너란 말이냐?"

"그렇다. 그게 바로 박기훈의 친구 나운몽이다."

"나는 동성 동명이 있는가 했지, 네가 그렇게까지 미쳤으리라고는 생각지도 못 했다…. 그런데 너 기생 XX 알지?"

"그래, 알지."

"그가 죽었대, 지옥 갔다더라."

"기생이 죽었으면 으레 지옥 갔겠지."

"네가 미워하는 그 이XX 목사도 죽었대, 그런데 그는 천당 갔다더라."

"목사님이니까 으레 천당 갔겠지."

"그런데 거기는 기생도 없고, 술도 없고, 장구도 없고, 춤도 못 추고 할 일 없이 빈방에 혼자 앉아서 쌋고쟁이 뜯어 잇껌이나 쑤시고 앉았다더라. 그런데 그런 곳에 뭐하러 가려고 하니? 더구나 네가 보기 싫어하던 이XX 목사가 있는데… 지옥에는 일류 기생들이 모두 가 있고 술, 장구, 춤 마음껏 먹고 추고 참 좋다더라. 우리 그리로 가자."

내 귀를 붙잡고 무조건 끌고 간다.

"애, 귀는 좀 놓아라. 남 보는데 이게 뭐냐?"

"그럼 지옥 가지? 간다면 놓는다."

"지옥은 안 가도 너 가는 데까지 따라갈게."

"참 예수쟁이라면 거짓말 안 하겠지?"하고 간신히 귀는 놓았지만 팔을 끼고 XX관이란 요릿집으로 들어갔다.

깊숙하고 조용한 방을 하나 달라고 해서 복도로 구불구불 한참 안내자를 따라 들어갔다.

요리상이 푸짐하게 차려졌다. 정종도 여러 병, 비루도 상자로 갖다 놓았다.

"찾기 전에는 아무도 얼씬하지 마라."고 사환들에게 다짐해 놓고 문을 완전히 채워 버렸다. 외부와는 엄히 차단된 곳이다.

"이제 10년 전으로 돌아간다. 이거 다 먹기 전에는 나가지 못한다."하고 만족스러운 웃음을 웃으며 내 옆으로 와서 앉는다.

"거 죽을 '사'(死) 자 붙은 '사' 자(字) 족속들은 한 사람도 없으니 안심하고 마음껏 먹세."하고 다부지게 자세를 갖춘다.

손가락을 한참 꼽으면서 "목사, 전도사, 권사, 집사, 탁사, 유사, 이따위 사자 종류는 하나도 없고 너와 나뿐이다."라며 웃는 그 소리 없는 웃음 속에는 무슨 비밀이나 흉계라도 끼어 있는 거 같은 느낌을 준다. 하지만 그는 내 손을 꼭 붙잡고 내 얼굴을 뚫어지게 바라본다.

"아무도 볼 사람은 없어. 마음 푹 놓고 10년 전, 그때를 그대로 한번 재연해 보는 거야. 그때 그 맛을 찾을 때까지 마음껏 먹자. 이거 다 먹기 전에는 못 나간다."하고 자신만만한 그의 웃음과 어투는 나를 완전히 제압한 듯했고 나는 아무 말도 못 하고 옆에 앉아 있을 뿐이었다.

술을 부어 놓고 건배하자고 졸라댄다. 전혀 응하지 않으니까 입에까지 갖다 대고 억지로 부어 넣으려 한다. 술은 옷에도 가슴 속에서도 흘렀다. 전신을 꼭 껴안고 강제 수단을 쓴다. 그래도 뿌리치고 또 뿌리쳤다. 할 수 없으니까 그때는 자기 혼자 마시고 또 부어 마시고, 마시고 하더니, "그래도 네가 이럴 수 있느냐?"고 하며 원망도 사정도 해본다. 그래도 응하지 않으니까 그때는 화를 벌컥 내면서 또 '죽을 사자' 타령으로 시작하여 예수님에게까지 욕설을 퍼붓기 시작한다.

내 똑똑한 친구를 이렇게까지 만들어 놓았다면서 "내 친구는 예수에게 **빼앗길 수 없단** 말이야⋯."하고 발악을 하면서 천정을 향하여 주먹질을 한다.

"너 왜 천정을 향하여 주먹질이지?"

"예수가 천당에 있다면서?⋯."

"그렇다. 예수님이 천당에 계신 줄 알면서 너 왜 이러지? 하나님 두려운 줄 모르고 이게 무슨 짓이냐? 하나님은 지금 이 자리에도 계신다."

심각한 내 태도에는 그도 머리를 숙인다. 성령은 그때 역사하셨다. 성령은 그의 마음을 완전히 사로잡았다.

2. 믿어진 행복

"너는 그렇게 믿어지냐?"

"믿어지고 말고 믿어지니까 믿지⋯."

"그러면 네가 죽으면 천당엘 간다고 믿어진단 말이지?"

"그렇다."

"뭐가 안 될 때는 하나님께서 도와준다고 믿어지냐?"

"그렇다."

"기도만 하면 다 된다고 믿어진단 말인가?"

"그렇다."

그때 그는 자세를 가다듬으면서 "야, 너는 행복자다. 그렇게 믿어진다면 그 얼마나 좋으냐, 나는 그렇게 안 믿어지는구나⋯. 너는 그렇게 믿어졌다면 참 행복하다. 너는 행복자야."하며 몇 번이고 되씹는다.

"그러면 너는 불행자냐?"

"그렇지, 나는 안 믿어지니까 불행하지⋯."

"그렇다면 믿으면 되지 않니? 이제라도 믿자, 믿으면 행복자가 되는데 안 믿을 이유가 무엇이냐? 믿자⋯."

"안 믿어지는 것을 어떻게 믿느냐 말이다. 나는 안 믿어져, 나는 안 믿어져⋯."하며 또 술만 마신다.

나는 그의 손을 꼭 붙잡고 술보다 내 말을 좀 들어보라고 권면했다. 영원한 내 친구가 되는 길이라면서 내가 영음을 듣고 믿게 되었다는 동기와 '십자가의 도'의 진리를 깨닫게 된 체험담을 들려주었다(제2회 소재). 심각하게 듣고 나서 하는 말이 "네 말을 모두 시인한다. 그러나 나는 믿고 싶은 생각이 없다. 믿을 마음이 생기지 않으니 어떻게 믿느냐….."하고 깨끗이 거부해 버린다.

믿을 마음도 하나님께서 주셔야 믿을 수 있다는 것을 나는 새삼스럽게 깨달을 수 있었다.

그의 어머니도 독실한 신자였다. 그러나 그는 안 믿어지고 나는 믿어졌다. 이 엄연한 사실을 앞에 놓고 나는 하나님께 택함을 받았다는 자신감을 갖게 되었다. 그때부터 나는 행복자라는 자부심을 갖고 하나님 앞에 진심으로 감사한다. 믿고 싶은 마음도, 믿어지게 하는 은사도, 깨닫게 하는 역사도, 시험을 이기게 하는 능력도 성령을 통하여 있어지는 은혜임을 알 만했다.

3. 기독교 공보 운영

그 당시 기독교계의 신문이라고는 '기독교 공보'가 한국 기독교 연합회 기관지로 하나 있었을 뿐이다.

김춘배(金春培) 목사님께서 시작은 했으나 연합회 재정으로는 운영하기 어렵게 되자 연합회 측에서 그 운영권을 나에게 위임했다. 그때 내가 운영하는 농민성보 발행 부수가 3만 부에 달했고 인쇄공장도 활발히 운영되고 있었기 때문이었을 것이다.

그러니까 1946년 초여름인 듯하다. 그때부터 기독교 공보(현 기독공보)를 내가 맡아서 운영을 하게 되었다. 비록 N.C.C의 기관지로서 발행인은 당시의 N.C.C 회장 강태희(姜泰熙) 목사님의 명의였으나 실제 권한은 주간(主幹) 이름을 갖고 있는 내가 행사하고 있었다. 연합회의 보조도 한 푼 없이 그냥 단독 경영을 하고 있었으니 그렇게 될 수밖에 없었다.

그러나 N.C.C에서 파송 받은 집필진은 있었다. 발행인과 주간이 감리교의 목사와 장로였던 까닭에 주필은 성결교의 김유연(金有淵) 목사님이었고, 편집국장에는 장로교의 김양선(金良善) 목사님이셨다.

그렇다고 그들이 매일 출근하는 것은 아니다. 한 주간에 한두 번 정도 기삿거리 원고나 가져다 놓고 가는 형편이었다. 그러니까 편집까지 내 손으로 전부 해야 했다. 그 당시 해방 후 후유증이 아직 가셔지지 않았을 때라 장로교는 장로교대로 싸우고, 감리교는 감리교대로 복흥파니 재건파니 하며 싸우고 있었다. 결국 왜정 때의 교역자 비행 진상조사 위원단까지 구성하기에 이르렀다.

나도 그 조사 위원의 한 사람으로 택함을 받았다. 더구나 내 위치에서는 조사에서 끝남이 아니고, 그 비행 전모를 신문에 폭로해야 하는 책임까지 지고 있었다. 기독교 공보가 기독교 연합회의 기관지로 되어 있으니 하라는 대로 할 수밖에 없는 처지였다.

"죄 없는 자가 있으면 먼저 돌을 들어 쳐라."하신 주의 음성이 내 양심을 찌르고 있었다. 아무리 생각해도 평신도로서 교역자의 비행을 조사한다는 말부터가 양심에서 허락되지 않았다.

몇 번 따라다니는 동안 마음은 점점 더 무거워졌다. 하나님께서 기뻐하실 일은 아니라고 생각되었다. 이야말로 기도해야 할 일이라고 생각되어 1947년 용문산으로 들어가 깊숙이 들어앉게 되었다.

4. 또다시 세상 줄 끊어

하던 일 다 그만두고 산중에 들어간 채 감감무소식이니 교회에서도, 회사에서도, 가정에서도 야단들이었다. 더구나 기독교 공보사와 농민성보사에서 신문 발행도 잡지 발행도 중단이 되고 있으니 조용했을 리가 없었다.

그러나 나는 세월 가는 줄 모르고 기도에만 전념하고 있던 중 기도가 점점 깊은 경지로 들어가고 있었다.

결국 6개월 동안이나 안 나오고 산중에 묻혀 있었으니 회사도 끝장이 났고, 가정도 집까지 다 팔고 남의 집 위층 셋집으로 옮겼다는 소식이 들려왔다.

그때 기독교 공보는 연합회의 지시에 의하여 영락교회 김응락(金凝洛) 장로에게 운영권이 옮겨갔다. 어떤 보상도 없이 장부상 구독료까지 그냥 무상으로 깨끗이 넘겨 주었다. 집도 날아가고 회사도, 신문사도 다 날아갔지만 하나도 후회가 없었고 애석도 미련도 없었다.

성령이 이 모든 시험을 이기게 해주셨기 때문이다.

> 이 세상 권세가 아무리 크단들
> 내 몸과 내 영혼 못 가져가리라
> 날 사랑하시는 내 주님 계셔서
> 날 사랑하시고 날 품어 주신다.

이 세상 재물 힘 강한 것 같아도
만악의 뿌리이니 내 생명 못 구해
십자가 진 예수 약한 것 같아도
세상을 이기고 날 품어 주신다.

이 세상 명예가 아무리 높단들
사망의 그물을 벗을 수 있으랴
산골짝 토막 속 묻힌 몸이라도
내 주님 따르면 나 영생 얻으리.

부귀야 영화야 너 물러가거라
길이요 진리요 생명인 주께서
날 오라 하시니 뉘게로 가리까
죽든지 살든지 주님만 따르리. 아멘

　이 노래로 기도하다가 "내 주여 뜻대로 행하시옵소서."하는 찬송곡(431장)으로 터져나와 혼자서 부르고 또 부르며 힘껏 부르고 힘껏 외쳤다. 이 노래는 내 기도이기도 했지만 내 신앙고백이요, 내 신앙 간증이다.
　부귀영화의 유혹도 명예나 재물의 유혹도 다 물러간 듯 그때는 이미 세상 줄이 완전히 끊어진 것 같았다. 교회에서나, 가정에서나, 친구에게서나, 사업 거래처에서나, 어디서 무슨 편지가 오든지 답장은 단 하나였다. 즉 이 노래 가사를 적어 보내는 것으로 답장을 대신했다. 두 번 세 번 편지가 오고 또 와도 그 내용이야 어떻든 대답은 마찬가지였다.

5. 세 사람의 합심기도

　실상은 내가 산을 다시 찾게 된 동기는 세상적인 유혹도 없지 않지만 그보다도 내 생태 구조가 이 시대에 적응이 안 되고 있었기 때문이다. 무슨 일에든지 반발과 부정적 판단이 앞서고 있었다.
　그 당시의 정계도 그렇고 사회 문제, 교회 문제, 사업 문제, 가정 문제에 이르기까지 모든 문제가 마음속에 갈등을 일으킬 뿐, 세상이 싫어졌다. 다시 말해서 자신을 잃은 것이다. 완전히 실패한 실패자 같은 열등의식이 내 마음을 사로잡았다. 그때의 심정을 열등감이라고 할 것인지, 고독감이라고 할 것인지 어떻든 약자로서의 비애를 감출 수 없어 세상을 피한 것이다.

즉 주님의 품속을 찾아 도피한 것이다. 산으로 들어갔으나 역시 외로웠다. 신앙의 동지 박만출 영수님과 김환계 영수님을 찾았다. 내가 심히 약해졌으니 같이 기도해 줄 수 있겠느냐 했더니 그들은 무슨 영문인지도 모르고 무조건 응해 주었다.

셋이 뜻을 합하여 용문산 첫 집, 초막 작은 방에서 기도를 시작했다. 찬송을 불러도 눈물, 기도를 해도 눈물이었다. 물론 찬송도 셋이 같이 불렀고, 기도도 같이했다. 그러나 내게는 왜 그렇게 눈물이 많았는지 계속 눈물뿐이었다.

밤이 깊도록 "내 주여 뜻대로 행하시옵소서…."하며 찬송을 부르고 또 불렀다. 이 찬송이 기도로 화하여 "내 주여, 뜻대로 행하시옵소서. 온몸과 영혼을 다 주께 드리니 이 세상 고락간 주 인도하시고 날 주관하셔서 뜻대로 하소서. / 내 주여 뜻대로 행하시옵소서. 큰 근심 중에도 낙심케 마소서 주님도 때로는 울기도 하셨네. 날 주관하셔서 뜻대로 하소서. / 내 주여 뜻대로 행하옵소서. 내 모든 일들을 다 주께 맡기고 저 천성 향하여 고요히 가리니 살든지 죽든지 뜻대로 하소서."하고 가사 그대로의 기도를 하고 또 하며 며칠을 지냈다. 기도는 중언부언하지 말라고 하셨지만 나는 밤새껏 기도를 하다 보면 또 같은 기도를 중언부언한 것만 같은 느낌이었다.

이 기도는 그 당시 내 입에 오른 기도문이었다. 지금도 산에 기도하러 올라가면 또 이 기도가 절로 나온다.

6. 주의 품에 안긴 나

어느 날 밤 무슨 주문이라도 외우는 듯 넋두리, 푸념이라도 하는 듯한 어조로 신세타령이라도 하는 것 같은 기도였다. 그렇기는 하나 기도가 눈물에 젖어 나왔고 메마른 기도는 아니었다. 하지만 눈물은 맥없이 흐르고 있어 "내 눈물이 주야로 내 음식이 되었도다." (시 42:3) 하던 고라 자손의 교훈 노래를 연상케 했다.

그러는 동안 두 영수님은 어느덧 잠이 들어 코 고는 소리가 들린다. 처음에는 다 같이 열심히 기도하고 있었으나, 내가 넋두리 같은 기도를 하고 있어서 기도 소리가 어울리지 않아서였던지, 두 영수님은 "주여, 주여…"하고 엎드려 있더니 엎드린 그대로 잠들어버렸다.

그때에 내 기도는 오히려 절정에 이르렀다.

"내 영혼아 네가 어찌하여 낙망하며 어찌하여 내 속에서 불안해하는고 너는 하나님을 바라라 그 얼굴의 도우심을 인하여 내가 오히려 찬송하리로다."(시 42:5)하고 시편 그대로의 심정이 터져 나왔다.

그때에 북쪽 하늘에서부터 뭉게뭉게 엉킨 흰 구름이 평풍성 능선을 넘어오고 있었다. 그 위에 주님이 비스듬히 무엇에 기대앉은 것 같은 자세로 어린아이를 안고 귀엽게 보시면서 사랑하고 있는 모습이 드러나게 보인다.

옷은 자색 옷을 입으시고 소리 없이 웃으시면서 묵묵히 어린애에게만 정을 쏟는 것 같았다. 어린애를 안고 앉으신 그 자세 그대로 둥둥 떠 점점 가까이 오셔서 내 앞에까지 다다랐다. 그런데도 나에게는 전혀 관심도 없는 듯 보시려고도 않으신다. 나는 그때 "주님…"하고 두 팔을 활짝 벌리고 주님을 영접하려 했으나, 그냥 말씀도 안 하시고 동쪽으로 방향을 돌려 사사봉 너머로 점점 사라졌다.

나는 그 주님의 모습을 잃지 않고 따라보느라고 머리를 뒤로 제쳐가며 동쪽 하늘을 향하여 올려다보고 있었다. 사라지는 방향대로 내 머리는 뒤로 자빠지며 동쪽 벽 모서리에까지 가서 틀어박혀 더 가지 못하고 막혀 버렸다.

그때에야 내 정신이 돌아온 듯 "주여, 그 아기는 누구인데 그렇게도 사랑하시면서 저 같은 것은 본 척도 않으십니까?"하고 울었다.

그때에 "그 아이가 바로 너다."하고 부드러운 음성이 들렸다.

'주의 품에 안긴 나'를 보여 주신 주의 그 사랑, 그 감격을 무엇에 비하랴, 이것이 참인가 싶었다. 이런 신기한 경지의 순간은, 야곱에게 "내가 너를 지명하여 불렀나니 너는 내 것이라."하시던 하나님의 음성을 듣는 것과 다를 바 없었다. 다윗이 체험한 그 '기이한 인자'를 내게 보이신 것이다(시 31:21).

"주께 피하는 자를 위하여 베푸신 은혜가 어찌 그리 큰지요. 주께서 저희를 주의 은밀한 곳에 숨기사 사람의 꾀에서 벗어나게 하시고 비밀히 장막에 감추사 구설의 다툼에서 면하게 하시리이다."(시 31:19, 20)는 말씀이 그대로 나에게 응했다.

"주께서 택하시고 가까이 오게 하사 주의 뜰에 거하게 하신 사람은 복이 있나이다. 우리가 주의 집 곧 주의 성전의 아름다움으로 만족하리이다."(시 65:4)라고 한 다윗의 심정에 나는 완전히 동화되었다.

나는 그때부터 그 자리를 떠나지 않고 그곳에서 살기로 결심했다. 그곳이 바로 용문산.

"만일에 하나님의 성전이 산들의 꼭대기에 굳게 서며 작은 산들 위에 뛰어나고 민족들이 그리로 몰려갈 것이라 곧 많은 이방이 가며 이르기를 오라 우리가 여호와의 산에 올라가서 야곱의 하나님의 전에 이르자 그가 그 도(道)로 우리에게 가르치실 것이라 우리가 그 길로 행하리라."(미 4:1~2)고 한 말씀이 그대로 응한 것인지 그 후부터 교인들은 계속 찾아들고 있었다.

7. 성경 속에 들어가

1947년 세상 줄 끊고 들어앉은 그 어느 날이었다. 산중 초옥에서 성경을 보고 있었다. 산 아래 도치랑에서 박만출 영수님이 올라왔다.

"대낮에 불은 왜 켜놓고 앉았소?"하는 말이 꿈속에 들리는 듯했다. 돌아보니 언제 와서 앉았는지 박 영수님은 이마에 땀을 닦고 있었다.

"언제 오셨지요?"

"방금 올라오는 길이요. 그런데 대낮에 불은 왜 켜놓고 앉았지? 에그 저 코 봐, 새까맣구면….."

"코가 어떤데…?"하고 거울을 찾아보았다. 호롱불 불꼬리에 그을려 시커메졌다. 코뿐 아니라 온 얼굴이 까맣게 그을려 있었다. 손으로 닦으니 손까지 까맣게 묻는다.

불꼬리는 그냥 오르고 있었다. 호롱도 따로 있는 것이 아니고 큰 석유병(비루병)에 그냥 심지를 꽂아 놓은 간이 등잔이다. 밤에 켜 놓았지, 낮에 켜 놓지는 않았을 것이다. 어느 날 밤인지도 알 수 없었다. 얼굴이나 좀 닦고 보라는 박 영수님의 말을 들을 때에야 정신이 제대로 돌아왔는지 꿈속에서 깨어난 듯 "지금이 몇 시지?"하고 시계를 보았으나 시계도 멎어 있었다.

박 영수님은 굵은 시곗줄에 매여 있는 시계를 꺼내 보면서 "네 시로구만!"하고 "식사도 안 하신 모양이지? 식상이 그냥 있구만…."하고 문 앞에 있는 밥상을 가리킨다. 언제 갖다 놓은 식상인지도 알 수 없었다.

세수라도 하고 식사를 하려고 일어섰다. 다리가 떨리고 동작이 이상했다. 세수하러 도랑가에 나온 것을 보고 이공 딸은 뛰어와서 식상을 가져가려 한다.

"야, 먹지도 않은 식상을 왜 가져가지?"

"다른 것 바꿔 오려고 그럽니다."

"그거 언제 갖다 놓았는데?"

"아침에 갖다 놓았던 것입니다."

그의 대답은 확실했지만 나는 전혀 생각이 나지 않았다. 그는 다시 말을 이어 "어제도 그제도 안 잡수셨는데요…."하고 이상한 눈초리를 하고 바라본다.

"그러면 며칠 간이냐?"

"사흘 동안이나 아침저녁으로 갖다 놓았다가 안 잡수셨기에 또 가져가고 또 가져오고 한 걸요."하고 빙그레 웃는다.

"밥 잡수라고 말을 할 것이지?"

"잡수라고 했지요, 그래도 대답도 않던 걸요."

"자더냐?"

"아니요. 그냥 책상 앞에 앉아서 성경만 보고 계시던데요."

"그때도 불이 켜져 있더냐?"

"불은 언제나 켜져 있었습니다."

열댓 살밖에 안 된 어린 소녀이면서도 무엇인가 이상하게 생각되어 궁금했던지 내 말을 듣고 싶어한다. 얼른 물러가지도 않고 가라고 할 때까지 머물러 서 있다.

세수를 하고 들어오면서 "오늘이 며칠이오?"하니, "세월 가는 것도 모르고 앉았구먼⋯."하며 대답하고 나서는 "세월이 어떻게 되겠소?"하고 묻는다.

"아니, 세월 가는 줄도 모른다면서 그걸 왜 나더러 묻지?"

"매일 해방만 기다리더니⋯? 답답해서 하는 말이요."하고 입맛을 다신다. 해방만 되면 뭐 그래도 큰일을 할 줄 알았는데 산중에 틀어박혀 있으니까 답답했던 모양이다.

"세상보다 나는 하늘나라가 더 좋거든⋯."하고 성경 보던 이야기가 하고 싶어 영수님과 마주 앉았다. 그동안 배고픈 줄도 몰랐고 변소 출입은 언제 했는지 그것도 기억되지 않았다. 사흘 동안을 그냥 지냈을 수도 없었을 터인데 어떻든 생각은 나지 않았다. 신선놀음에 도낏자루 썩는다더니 그 격이 된 것 같았다.

그동안 서울 집과 공장은 다 달아나고 말았으니 말이다.

그 이후 나는 그 경지를 "성경 속에 들어가 보았다."고 말하게 됐다. 바울 사도가 몸 안에 있었는지 몸 밖에 있었는지 알 수 없는 경지에서 삼층천에까지 가 보았다는 것은 천국 광경을 직접 가서 본 것이라고 할 수 있다면, 나는 겨우 방 안에서 텔레비전 화면에 비춰주는 옛이야기, 세계 구경을 앉아서 하는 정도밖에 안 되는 경지였다고 생각을 해보기도 했다.

침식을 잊고 성경을 본 것만은 사실이지만 글자만 보거나 읽은 것이 아니고 영적 시청각을 통한 독경이었다고 표현하는 것이 적당한 표현일는지도 모르겠다.

그때의 체험을 "창세 과정도, 에덴의 광경도, 인류 역사의 모습도, 노아 당시의 홍수나 역대기에 있는 전쟁 등의 정황까지도, 필름 속 화면을 보는 듯했다."고 나는 설명하곤 한다. 그러나 지금 생각하면 이 모든 말은 다 과장된 거짓말 같고 참말로 그랬던가 싶어서 때로는 두려운 마음마저 생긴다.

지금은 성경을 보아도 그런 경지를 찾을 수 없고 또 그렇지도 않으니 말이다. 그때 그런 경지는 한 번에 한한 특혜였던가 싶다.

8. 말씀의 맛을 알게 돼

"주의 말씀의 맛이 내게 어찌 그리 단지요 내 입에 꿀보다 더하니이다."(시 119:103) 하던 다윗의 시편 말씀이 실감 나리만큼 그 맛을 알 만했다. 이는 곧 주께서 나를 가르치셨으므로 내가 떠나지 않았다면 내 어찌 이런 경지에서 이 맛을 볼 수 있었으랴 생각을 하니 그 감격 더 말할 수 없었다(시 119:102).

과연 "여호와께 부르짖으매 그 고통에서 구원하시되 저가 그 말씀을 보내어 저희를 고치사 위경에서 건지시는도다."(시 107:20)는 말씀이 와서 내 심령을 구출해 주시는 실감을 했다.

이렇게 말씀도 보내시고(시 107:20), 믿음도 보내시고(갈 3:25), 성령도 보내시고(행 2:17), 천사도 보내 주셨으니(히 1:14) 그 은혜의 감격을 무엇에다 비교할꼬? 이 은혜의 감격이 곧 믿음이요, 이 은혜의 보답이 곧 사랑이요, 이 은혜의 실천이 곧 권능임을 깨달았다. 깨닫게 해 주심도 주님이시다(사 50:4).

깨달을 수 있는 지혜도, 총명도, 명철까지도 다 주께서 보내 주신다. 가브리엘 천사를 일부러 다니엘에게 보내시어 지혜와 총명을 갖다 주게 하신 하나님은 지금도 살아 계셔서 여전히 역사하시고 계신다(단 9:21~23).

"여호와께서 내게 주신 모든 은혜를 무엇으로 보답할꼬"(시 116:12) 하던 다윗의 심정을 실감하면서 바울이 느꼈던 기쁨과 감사가 떠올랐다.

"우리가 우리 하나님 앞에서 너희를 인하여 모든 기쁨으로 기뻐하니 어떠한 감사함으로 하나님께 보답할꼬 그러므로 너희가 주 안에서 굳게 선 즉 우리가 이제는 살리라."(살전 3:8~9) 하는 확신이 왔다.

9. 집 판 돈 몽땅 털리고

서울의 호화찬란을 비웃을 만한 마음의 자세가 갖추어져서였는지 6개월 후에야 서울엘 가 볼 생각이 들었다.

집으로 돌아간다는 엽서를 띄우고, 며칠 후 서울역에 도착했다. 마중 나온 아내를 따라 이사 간 원효로로 갔다.

골목으로 돌고 돌아서 목조로 된 적산집 위층 다다미방으로 안내를 받았다. 양옥 주택은 간 곳이 없고 다다미방 셋방살이로 전락한 모습은 비참하기만 했다. 부엌도 없고, 다다미방에서 숯불에 취사를 해야 하는 처지였다.

어느 날인가 숯불 풍로에 국을 끓이다가 국이 쏟아져 통영이는 다리가 데어 있었다. 껍데기가 벗겨졌는데도 별다른 치료도 못한 채 아픈 다리를 이끌고 그래도 아빠가 왔다고 반갑다며 달려들어 흐느껴 운다. 어린 동생 서영이가 끓는 냄비 곁에서 위험스럽게 뛰놀고 있어 그것을 붙잡다가 그리되었다는 것이다.

바짝 말라 있는 두 어린애를 앞에 놓고 눈물 흘리는 엄마의 모습 또한 측은했다.

장부를 내놓고 이것도 못 받았고, 이것도 못 받았고 하며 한참 늘어놓는 원망과 한탄 소리는 무엇으로 위로할 길이 없었다. 그중에 가장 억울한 것은 가장 친하다는 친구의 형에게 당한 수모였다고 한다. 그에게 당한 수모는 말로 형언할 수 없다는 가슴 아픈 눈물의 호소였다. 돈은 못 주나마 남의 가슴을 이렇게 아프게 할 수 있느냐는 원한이 사무쳤다가 쌓였던 울분이 터져 나오는 듯 흐르는 눈물은 그칠 줄 몰랐다.

그 문제의 돈인즉 그동안 갖고 있던 집과 공장을 판 돈이었다. 며칠만 돌려 달라고 애원하기에 용문산 시설에 쓰려던 돈을 몽땅 주었던 일이 그렇게 되고 말았다.

돈을 직접 꾸어간 친구 박 씨는 면목 없다면서 미안해하지만, 그 형이 체면 없이 사람을 마구 대하더라는 것이다. 본래가 내성적인 사람인지라 그 울분을 어디다 터뜨리지 못하고 있다가 나를 만나는 순간 그동안 쌓였던 울분과 원한이 한꺼번에 터져 나왔던 모양이다.

그러고 나서야 마음이 후련했던지 바구니를 들고 시장으로 나간다. 그래도 오래간만에 들어온 남편을 위해서 무엇을 해주려는지 급하게 나가는 뒷모습은 무언지 모르게 애처롭기만 했다.

10. 하나님 기쁘시게 하는 생활신조

나는 그동안 산에서 기도하던 중에 받은 생활신조가 있었기에 그것을 깨끗이 정서해서 들어오는 방문 문지방에 붙여 놓았다.

하나님을 기쁘시게 하는 생활

① 과거를 한탄 말 것

② 현재에 만족할 것

③ 미래를 염려 말 것

아내는 들어오다가 없던 글이 붙었으니까 발걸음을 멈추고 읽어본다. 다 읽고 나서 빙그레 웃으며 방 안으로 들어선다. 이제는 되었다 싶어 그 즉시 "여보, 우리 예배부터 드립시다." 하고 두 아이를 앞에 앉히고 네 식구가 앉아서 예배를 드렸다.

마태복음 6장 31~34절까지의 말씀을 읽었다.

"그러므로 염려하여 이르기를 무엇을 먹을까 무엇을 마실까 무엇을 입을까 하지 말라 이는 다 이방인들이 구하는 것이라 너희 천부께서 이 모든 것이 너희에게 있어야 할 줄을 아시느니라 너희는 먼저 그의 나라와 그의 의를 구하라 그리하면 이 모든 것을 너희에게 더하시리라 그러므로 내일 일을 위하여 염려하지 말라 한날의 괴로움은 그 날에 족하니라."

과거도 하나님의 섭리 안에서 하나님의 뜻대로 처리된 일이니 우리가 후회나 원망할 필요가 없고, 미래도 하나님께서 책임져 주실 것이니 우리가 염려할 필요가 없고, 현실은 하나님께서 우리에게 베푸신 선물이니 우리는 오직 현실을 만족하게 받아들이는 것이 하나님을 기쁘시게 하는 생활이라고 설교를 하고 감사기도를 드렸다.

줄 것은 다 주고 받을 것은 하나도 못 받았으니 한 푼도 없는 처지에서 무엇으로 만족할 수 있겠느냐는 항의 대신에 아내는 빤히 나를 바라보더니,

"또 산에 가실 겁니까?"

"그래…."

"산에 가면 만족할 수 있나요?"

"그렇지."

"그러면 나도 갈 거야요."하고 당장에 떠날 것같이 서둔다. 아이들도 덩달아 "나도 가요, 나도 가요."하고 나선다.

하나님께서 주신 일치한 마음으로 산으로 떠날 준비를 했다.

11. 또 한 가지 시험

차비도 없었으니 불가불 방안에서 아껴 쓰던 살림살이 가구들을 되는 대로 팔았다.

다음날 아침에 떠나려고 보따리까지 다 싸 놓았는데, 또 누가 와서 내일 아침 떠나기 전에 갖다 줄 터이니 돈 있는 대로 돌려 달라는 것이다. 시골서 좋은 쌀이 방금 도착했는데 싼값에 살 수 있는 것을 놓치기가 아깝다면서 오늘 밤 사이에 다 팔아넘길 수 있으니까 염려 놓고 하룻밤 사이만 돌려 달란다. 상심 중에 있는 아내에게 위로가 될까 해서 아내의 형제간 소청이라 안 들어 줄 수 없었다. 다음날 약속 시간이 다 지났는데도 가져오지 않았다. 종일 기다려도 안 왔다.

집세까지 다 계산했었지만 할 수 없이 주인에게 사정을 하고 하룻밤을 더 지냈다. 어딜 가지도 못 하고 짐보따리를 앞에 놓고 온종일 기다렸다. 다음날에야 찾아온 그는 돈을 주러 온 줄 알았더니 오히려 돈을 더 꾸어 달라는 것이다. 차비가 없어 떠나지 못하고 있는

처지였는데 우리의 사정을 너무도 몰라준다. 돈 안 꾸어 준다고 형제답지 않은 욕설까지 퍼붓는다. 인간적인 억울을 누구에게도 하소연할 곳조차 없이 안타깝기만 했다.

눈물밖에 안 나오는 처지에서 하나님께 호소했다.

"하나님께서는 한 푼도 없이 알몸으로 떠나는 것을 더 기뻐하시나이까? 하나님 기뻐하시는 대로 순종하겠나이다. 내 뜻대로 마옵시고 하나님의 뜻대로 하시옵소서."하고 무일푼으로 가족을 이끌고 나갔다.

할 수 없이 안방에서 쓰고 있던 미싱, 가구라고는 그 하나밖에 남은 것이 없었는데 그것마저 팔아서 겨우 채비를 해가지고 산으로 들어왔다.

그야말로 적막강산이었다. 아무것도 먹을 것조차 없는 산중 초막에서의 새 출발이었다. 견디기 어려웠던 시험의 고개턱을 넘고 나서 이어지는 새 앞길인데도 그리 평탄한 길은 아니었다.

VIII. 성령은 진리의 보혜사

1. 산중에서의 새 출발

그때부터 풀을 뜯어 나물죽을 끓여 먹어야 하는 비참한 지경으로 다시 전락한 신형의 생활이었다. 육신적으로는 그때부터 당해야 할 그 시련이 그리 쉬운 일이라고는 생각되지 않았다. 그렇다고 흥볼 사람은 아무도 없었고 부끄러울 대상도 없었다. 오직 산천초목이 반겨주는 듯했다. 하늘에 떠도는 흰 구름은 나를 보호해 주는 것 같아 마음은 평안했다.

살결을 스치고 지나가는 바람은 외롭게 나선 개척자의 긍지를 북돋아 주는 듯 기분이 상쾌하기만 했다. 얽매었던 결박 줄이라도 끊고 나선 것만 같았고, 무엇에 눌렸던 압박감도, 무엇에 쫓기던 공포감도, 어디로 사라졌는지 부담감 같은 것은 하나도 없이 나선 산중처사라도 된 느낌이었다.

한 푼 없이 만족할 수 있는 생활경을 찾은 듯 안하에 보이는 산천과 초장 모두가 내 양식 공급처라는 흐뭇한 감정을 자초해 보기도 했다. 하지만 철없는 어린것들이 눈앞에 보일 때마다 측은한 생각은 가시지 않았다. 그 감정은 나로 하여금 기도하지 않고는 견딜 수 없는 좋은 계기가 되게 했다. 이렇게 좋거나 나쁘거나 기도하지 않을 수 없는 환경으로 화하게 해주시는 것이 하나님의 섭리임을 깨닫고 더욱 감사하게 되었다.

성령은 내 심령을 주관하시고 내 앞길을 인도하시는 하나님의 뜻 가운데서 역사하시며 내 마음을 뜨겁게 사로잡아 새 세계를 맛보게 하셨다. 하나님의 자비하심과 선하심의 맛을 알게 했고, 인생의 삶의 맛을 찾게 해주신 것이다. 지난날 서울에서의 번거롭던 그 생활, 마음의 안정을 못 찾던 그 심정을 완전히 뒤덮어주었다.

호화로운 서울보다 고요한 산중에서의 평안한 마음은 낙원을 찾은 듯 "하나님의 나라는 볼 수 있게 임하는 것이 아니요 여기 있다 저기 있다고도 못 하리니 하나님의 나라는 너희 안에 있느니라."(눅 17:21)는 성경 말씀을 실감케 했다. 이런 경우를 심중천국이라고 하는 것이 아니겠는가 하고 자족하는 마음이 날이 갈수록 더해갔다.

2. 서울서 찾아온 여동생

하루는 서울에서 여동생(지금의 나운실 권사)이 찾아왔다. 오빠가 서울을 버리고 시골로 찾아간 것은 서울보다 더 좋은 곳이기에 갔으리라 알고 보러 온 것이다.

지상낙원이라도 꾸며 놓은 줄 알고 왔다가 산골짝 토막 속, 어처구니없는 생활상을 보고 놀랐다. 아무래도 무엇인가 달라진 비정상 인간으로밖에 보이지 않았다.

남달리 뛰어난 지능을 갖고 세상에 뛰어난 인물이 될 줄로 알고 있던 오빠가 이 지경으로 전락하리라고는 꿈에도 생각 못 했다가, 이 꼴을 보고 나니 어안이 벙벙하여 눈물밖에 안 나더라는 것이다.

그런데 밖에 나가 기도하다 들어왔다면서 둘이 마주 앉아 주거니 받거니 하는 말을 듣고 보니 더욱 놀랐다.

"이제 보기만 하게, 전국 사람들이 이 골짜기 메어져라 하게 밀려 들어올 터이니 그때는 자동차가 이 산상에까지 길이 메어지게 올라올 것이다."하고 입맛을 다시며 신나게 말을 하니까 올케라는 이는 옆에서 "그럼, 그럼"하고 맞장단을 치고 앉았다가 하는 말이 "그때는 이 골짝 길이 신작로로 훤하게 열릴 것이니까 그때에는 누이도 차 타고 올라올 수 있을 터이니, 이렇게 고생 안 하고 오게 될 거예요."하며 예사스럽게 말하고 있었다.

"여길 자동차가 와요?"하고 놀라는 동생의 표정도 또한 심상치 않았다.

정신이 나가지 않고서야 이런 말을 할 수 있을까 하는 생각에서 기가 막히더란다.

둘이 다 이 꼴이니 저 아이들은 어떻게 할 건가 걱정이 되어 "저 어린것이 불쌍하지 않은가요? 저 애라도 내가 서울로 데리고 가서 학교에 보내도록 해볼까요?"하고 동생은 눈시울을 붉힌다.

"안돼, 어미 아비가 다 있는 애를 왜 고아로 만들어, 그건 안 되지…."하고 나는 한마디로 거절했다.

동생은 할 말이 없었던지 멍하니 창밖을 바라보고 앉았다가 돌아앉으며 눈물을 닦는 눈치였다.

두 분 중에 한 사람이라도 온전하면 나가서 보따리 장사라도 해서 먹어야 할 터인데 두 분 다 완전히 돌았으니 이 일을 어떻게 하면 좋단 말인가 하고 두 얼굴을 번갈아 바라보았으나 한심하기만 했고, 아무리 보아도 둘 다 정상이 아니더라는 것이다.

이 꼴을 해 놓고도 부끄러운 줄도 모르고 좋아서 기쁨이 만만하여 서로 맞장단을 치고 있으니 기가 막혀 할 말이 없더란다. 돌아갈 때에는 추풍령 고개턱에서 끝없이 흐르는 눈물을 금할 길 없어 그 자리에 털썩 주저앉아 실컷 울었다고 한다.

이런 험한 두메 산길, 오솔길 중에도 돌짝길, 이 고개턱을 어떻게 자동차가 오리란 말인가? 그리고 무엇하러 자동차가 이런 산중 산골에 찾아올 것이며, 또 사람인들 무엇하러 이런 곳엘 찾아온다는 것일까? 아무리 생각해도 정신이 나가지 않고는 그런 허황된 말을 할 수 없을 것이라고 생각되면서 형제를 또 하나 잃어버렸다는 비애와 외로움을 달랠 길이 없어 터져 나오는 눈물을 억제할 수 없었다.

곁따라 이북 고향 생각이 치밀어 올랐다. 더 견딜 수 없는 설움에 잠겨 한없이 울었다. 눈이 퉁퉁 부어 앞이 안 보일 정도였다.

그전에 듣기로는 산 기도하다가 미친 사람들이 대부분이라더니 참말로 그렇구나 하며 "하나님 이럴 수가 있습니까?"하고 하나님을 원망해 보기도 했지만 마음의 답답증은 면할 길이 없었다.

서울서 누가 오빠 소식을 물으면 대답하기가 난처했다. 시골 가서 무슨 학교를 하고 있다는가 보다고 얼버무려 대답하는 등 딴소리로 화제를 옮겨 이야기를 흐려 놓곤 했다고 한다.

그때 30리 밖 면 소재지 아천(牙川)에 고등공민학교를 세워 놓고 오르내리는 것을 보았기 때문에 그런 대답을 할 수 있었을 것이다.

3. 애향숙 시근과 고등공민학교

나물죽으로 연명을 하면서도 기도와 전도에는 게으르지 않았다. 밤에는 산에 가서 기도하고 낮에는 나가서 활동했다.

용문산을 중심해서 남쪽으로 30리 밖 아천에 고등공민학교와 아천교회를 세웠고(금릉군), 동쪽으로 30리 밖 옥산(玉山)에도 고등공민학교를 세웠고(상주군), 서쪽으로 30리 밖 매곡(梅谷)에도 고등공민학교를 세우고 교회도 세웠다(영동군). 동리마다 노방전도를 하면서 세워진 학교들이다.

용문산은 2도(道) 3군(郡) 경계지가 되어 있는 곳으로서 옛날 신라와 백제의 경계선이기도 하다. 지금의 충청북도와 경상북도의 경계지인 동시에 영동군과 상주군과 금릉군의 3군 경계지가 되어 있는 곳이다.

이 산을 용문산이라고 하기는 하나 용문산 밑에서 사는 동리 사람들까지도 이 산 이름이 용문산인 줄 모르는 정도의 무명산이었다.

이름 없는 무명산이기는 하나 황랑(黃郎)과 도침(道琛) 도사의 유명한 전설을 지니고 있는 비경이기도 하다.

용문산 최고봉인 웅이봉(熊耳峰) 남쪽 계곡, 큰골(大谷)이라는 넓은 골안 무인지경을 개척하여 애향숙(愛鄕塾)이라는 가숙(家塾)이 탄생했다. 고향을 사랑한다는 뜻이 없는 것은 아니지만 '사랑의 본향'이라는 뜻을 지닌 명칭이다.

도치랑 동리에서는 1km 거리의 위치다. 개 소리도 닭 소리도 안 들리는 심산유곡, 글자 그대로의 깊은 산중 막다른 골짜기다.

1947년 4월 5일 때아닌 흰 눈이 푹푹 쌓이고 있는 봄날, 서설이 말없이 축복을 안고 내리듯 산을 백설로 덮어놓은 그날, 그 속에 묻힌 초막 집에서 숙생 5명을 앞에 놓고 애향숙은 엄숙히 개강했다.

애향숙의 유래는 1940년 6월 13일 도치랑 청년들로 도치랑에서 처음 시작하였고, 그다음은 1942년 12월 1일 역시 도치랑에서 또다시 재개했다. 세 번째로 시작한 것은 용문산에서의 개강이다.

토실 3칸 집 옷방이 숙생실이고 아랫방이 숙장실이었다. 한 방은 부엌이었고 교실도 따로 있는 것이 아니고 침실이 교실이고 교실이 사무실이다. 지금도 이 집은 원형 그대로 보존되어 애향숙 설립 당시의 시근을 보여 주고 있다.

초라한 초막집이기는 하나 성령의 운동은 여기에서 일어났다. 불 받은 체험도, 죽어본 체험도 이 방이었고, 새 이름을 받음도, 성경 말씀 속에 들어가 본 체험도, 말씀의 맛을 알게 됨도 역시 이 방이었다. 어떻든 이 초막은 우리 운동의 시근이 된 곳이다.

그 후 이 초막이 본거지 본부로서 3군 3개 면 각각 30리 밖에 있는 면 소재지에 3개 고등공민학교를 개설한 것이다.

세 곳에 교사 한 사람씩을 주재시키고 나는 세 곳을 계속 돌고 있었다.

차가 없기도 하려니와 차가 다닐 수 있는 길도 없었다. 걸어 다녀야 하는 그 길을 어떻게 싫지 않게 돌았는지 모른다.

하루는 아천, 하루는 옥산, 하루는 매곡 모두 산골길, 더구나 옥산은 용문산 동쪽 준령을 넘어야 했고, 매곡은 추풍령 고개를 넘어야 했다.

돌아올 때는 꼭 밤중이었다. 산하에서 올라올 때나 동쪽 준령을 넘게 되는 때나 언제나 큰 소리로 "내 주를 가까이하려 함은 십자가 짐 같은 고생이나 내 일생 소원은 늘 찬송하면서 주께 더 나가기 원합니다."하고 찬송을 부르며 오곤 했다. 그때 그 힘이 어디서 났는지 모른다. 온종일 걷고 또 흑판 앞에 서 있던 다리가 아프기도 할 것이고, 배도 고플 터인데 전혀 피곤을 몰랐다.

성령이 내재하고 천사가 동행했기 때문이라고 안다. 이는 부인할 수 없는 체험이다.

산 능선을 넘으면 창문으로 흘러나오는 호롱불 빛이 보인다. 그 빛이 어찌 그리 반가운지 '으악…' 소리가 절로 나온다. 숙생들이 같이 '으악…'으로 화답하며 등을 들고 마중 나와 주곤 했다.

"네 하나님이 통치하신다 하는 자의 산을 넘는 발이 어찌 그리 아름다운고"(사 52:7) 하는 이사야의 발걸음을 이어받은 것 같은 감격과 기쁨이 넘쳐 흘렀다.

4. 야학당에서 가져온 개고기

농촌은 한가한 농한기, 노름이 심하게 성행되고 있던 한겨울 고등공민학교는 방학하고 있던 그때다. 낮에는 산의 일에 힘쓰고 밤에는 도치랑 동리에 야학을 시작했다.

밤마다 내려가서 동리 청소년들을 가르치고 그 산길을 또 올라와야 했다. 쑥죽을 먹어가 며 낮에는 건설하고 밤에는 야학 지도와 산상 기도를 하는, 그야말로 고된 일과로 몸은 피곤에 지쳐 야윈 얼굴에 피골은 상접해 있었다. 해도 바뀌고 어느덧 봄이 찾아왔다. 바로 6.25 동란이 일어나기 전 해인 1949년 이른 봄이었다.

아랫동네 야학당 학부형들이 겨우내 무보수로 그 먼 산길을 오르내리며 수고가 많았다 고, 하루는 사례를 한다는 뜻으로 개 한 마리를 잡아 왔다. 호의는 감사했지만 목매어 죽 인 짐승의 고기를 먹으면 성경 교훈에 어긋나는 일인데 하는 생각이 나서 "나는 개고기 안 먹는다."고 거절했다.

그래도 정성으로 가져왔으니 그 정성을 저버려서야 되겠느냐면서 주변의 모든 사람들이 받아야 한다고 권면했다. 그때에도 건설에 힘쓰고 있던 숙생들이 10여 명 있었다. 굶주려 있는 그들로서는 들어온 고기를 놓치고 싶지가 않아서인지 한사코 받아야 한다는 것이다.

할 수 없이 받아 놓았다. 숙생들을 위해서는 차마 물리칠 수 없었다. 양념도 갖추어 갖고 왔으니 그 냄새 또한 구미를 끌었다. 숙생들을 위해서 숙장님께서 먼저 드셔야 저희들도 먹을 수 있지 않겠느냐고 강권한다.

신앙과 식욕, 식욕이 이기냐 신앙이 이기냐? 한참이나 망설였다. 급기야 마귀는 내 신앙 을 시험했다. 나는 그 올무에 걸려들었다.

잘 믿는 척하는 이것도 교만이 아니겠는가? 나는 믿음이 부족하오이다. 내 믿음의 부족 을 도와주소서 하던 간질환자의 아버지가 주의 은혜를 입어 자식의 병 고침을 받았거늘, 내 어찌 내 믿음이 좋은 척할 수 있으랴 하는 생각이 내 머리에 번개같이 떠올랐다. 그 순 간 나는 먹기로 결심했다. 결국 마귀의 시험에 넘어간 것이다.

"내 믿음의 부족을 용서하옵소서. 이 고기를 가져온 정성을 받아 주옵소서, 우리 숙생들 을 위하여 특별한 관용을 베푸소서…."하며 식사기도를 한참 하고 나서 내가 먼저 개봉을 했다.

맛있게 먹기는 하면서도 마음 한편으로는 뻑뻑했다.

그 후 나는 속이 좋지 않았다. 처음에는 며칠 지나면 괜찮겠지 하고 지냈으나 날이 갈수록 심해져 드디어 자리에 누웠다. 원래 영양실조에 병이 들었으니 회복이 속하지 않았다.

5. 통영이의 애끓는 기도와 희생

그 당시 여덟 살 난 통영(通暎)이와 다섯 살 난 서영(曙暎)이가 있었다. 작은 애는 아직 어려서 밤이면 고단하게 잠자고 있었지만 큰 애는 엄마가 기도하러 나가면 따라가서 엄마와 같이 기도했다.

그때 우리 용문산에는 우리 가족을 비롯하여 숙생 모두의 기도하는 소리를 들으면 "우리 운동을 통하여 삼천만 민족이 살게 해주옵소서."라는 기도가 반드시 있었다. 이것은 성령이 인도하는 기도였지 누가 제목을 준 것도 아닌데도 기도 제목이었다. 개개인의 기도는 다르다 해도 그 공통된 기도는 어른도 아이까지도 다 같았다.

그런데 어느 날 밤 큰 애 통영이가 기도실에 들어가 기도를 하는데 그 기도 소리를 들으니 "우리 아버지 하루속히 나아서 주의 일 하게 해주시고 차라리 나를 대신 앓게 해주시옵소서…."하면서 눈물로 호소하기를 "우리 운동을 통하여 삼천만 민족이 다 믿게 하려면 아버지가 빨리 일어나셔야 하지 않겠습니까?"하는 뜻이었는데 그 기도 내용이 어린애답지 않더라는 것이다. 성령의 인도였는지 그렇게 슬플 수가 없더란다. 그 기도 소리를 들으며 옆에서 기도하던 엄마 역시 견딜 수 없는 슬픔이 북받쳐 올라 밤새워 울며 기도드렸다.

하나님께서는 어린 것의 기도를 고스란히 몽땅 받아 주셨다. 나의 병은 씻은 듯이 낫고 대신 통영이가 병석에 눕게 되었다.

모녀가 밤새워 기도하고 나온 그날 아침이었다. 웬 낯선 사람 한 분이 흰 두루마기를 입고 그 깊은 산중으로 찾아 올라왔다. 그의 말에 의하면 용문산에 한 번도 와 본 일이 없었지만 이상하게도 누구인지 이끄는 듯 마음도 몸도 이끌려 오게 되었다면서 병석에 누워 있는 내 등에 침을 한 대 놓아준다. 그리고 그는 떠난다. 식사라도 하고 가라고 해도 듣지 않고 그냥 떠나가고 말았다. 그는 어디서 왔다가 어디로 갔는지도 모를 일이었다. 분명한 사람이지 천사 같지도 않았다. 하나님께서 그를 보내신 것인지 어떻든 성령이 인도해 주신 것만은 의심할 수 없는 일이었다.

그 즉시 신기하게 깨끗이 나아서 식사도 할 수 있었지만, 아버지 대신 나를 앓게 해달라던 통영이는 꼼짝 못 하고 앓아누웠다. 아이가 앓고 있는데도 거기에는 관심도 안 두고 나가 일하는 데만 몰두해 있었다.

아직 30대 어린 부모로서 몰라서 그랬는지 무정해서였는지 알 수 없는 일이었다. 여러 날 병석에 그냥 내버려 두고 때마다 나물죽이나 조금씩 주었을 뿐이다. 본래가 영양 부족인데다가 견뎌낼 수가 없었다.

하루는 옥산 가는 길에 약국에라도 가 보여야 한다고 숙생 차영재가 우겨대며 아이를 업고 우리 내외를 따라나섰다. 옥산 역전에 있는 의료소라는 어떤 의원 출장소에 찾아가 보았다.

뼈만 앙상하게 남은 어린애에게 의사도 아닌 조수가 커다란 주사침을 혈관 속으로 쿡 찌르더니 피를 한 대롱 가득히 뽑아내지 않는가. 너무도 애처로웠다. 이럴 수가 있겠는가? 물어도 안 보고 이런 짓을 하다니 하는 생각을 하면서도 말이 안 나와 말도 못 했다. 어린애 얼굴을 보니 본래 앓고 있어 핼쑥한 얼굴인 데다가 맥을 못 추고 있음이 분명했다. 지금도 그때 가엾던 생각이 잊히지 않는다.

뽑은 피를 시험관에 넣어 돌려놓고 나서 그가 하는 말이 3시간 후에 오면 병명을 알 수 있을 터이니 몇 시간 후에 와 달라는 것이다.

6. 만병초

그동안 어느 집사님 댁에서 있노라니까 그 집 할아버지 집사님이 아이의 배가 나온 것을 보고 하시는 말씀인즉, 이 병은 '창증'이란 병인데 아무것도 모르는 양의들의 말을 듣고 공연히 돈만 버리지 말고 '만병초'라는 약초를 구해 달여서 그 즙을 장복시키면 씻은 듯이 낫는다는 것이다. 누구도 낫고 누구도 낫고 여러 사람 그 실례를 들어 만병초의 효험을 말하는데, 우리 내외는 그 말에 흥미를 갖고 이것저것 묻기도 했다.

그 노인 집사님 말을 들을수록 소망이 생기고 우리 아이의 병은 당장에 나은 것만 같은 기분이었다. 큰 소망을 갖고 그 집을 떠났다. 산으로 돌아오는 길에 피를 뽑아 놓은 그 의료소라는 곳에 들렸더니 6천 원을 가져오면 완전히 고칠 수 있다는 것이다. 그러나 나에게는 6천 원은 고사하고 6백 원도 없는 처지였다. 그 당시 6천 원이면 적은 돈도 아니었다. 그런 데다가 돈 없이 고칠 수 있는 약방문을 알고 가는 길이었으니 그의 말에 응해질 리가 없었다.

그 길로 아이를 그냥 업고 산으로 돌아왔다. 그 이야기를 숙생들 듣는 데서 했더니, 어느 숙생이 자기 동리에 만병초가 많다고 하면서 당장에 내려가 적잖게 구해 갖고 왔다.

그 숙생의 성의도 고마웠거니와 그 만병초만 보아도 너무 반가웠다. 하나님께서 인도해 주신 것만 같아서 아이의 병은 금방 나을 것으로 여겨졌다.

그 즉시 씻어서 달여 먹였다. 매일 부지런히 조석으로 먹였다. 그래도 아이의 병은 낫질 않고 점점 더 쇠약해지기만 했다. 아이는 속이 점점 타는 것 같이 답답했던지 탈탈 마른 입술을 다시며 아버지를 찾더니 "아버지, 나 시원한 것 좀 줘요…. 왜 그 서울서 먹던 거 입에 넣으면 슬슬 녹는 것 있잖아요. 그거 나 좀 사다 주면 좋겠어요…."하고 간청을 한다. 애처롭게 들리는 그 소리는 지금도 가끔 생각나서 내 마음에 슬픔을 안겨 주곤 한다.

"아이스크림 말이냐?"

"그래요, 그거… 아이스크림…."

그때는 아이스크림도 그리 없을 때, 그 이름을 아는 애들도 시골에는 없던 그 시절이다.

"그건 서울 같은 데 가야 있지 여기는 없는 거야…."

"그럼 우리 서울 가… 서울 가서 살아요…."

"서울 가면 네가 살 것 같으냐?"

나는 왜 그렇게 물었는지 모른다. 묻고 보니 꼭 죽을 아이인 줄 알고 물은 것만 같았다. 생각 없이 물었는데도 그렇게 묻고 나서 내 마음은 더욱 아팠다. 그런 데다가 통영이의 대답은 또 한 번 나를 울렸다.

"네, 그래요. 서울 가면 나 살 것 같아요."하고 애원하듯 나를 빤히 바라본다.

"그래, 하나님께서 허락하시면 가자…."

나는 겨우 이런 겉대답을 해야 했다. 가지도 못할 서울을 가자는 어린것의 마음에 흡족하게 살아 주지 못하는 안타까움이 마음에 치밀어 올랐다. 부모 구실을 못 하는 것만 같았다.

"아니다. 이건 다 인간 마음이야, 하나님의 뜻은 용문산에 있어. 나는 용문산을 못 떠나. 내 사명은 용문산에 있다."하고 마음에 다짐하며 그 자리를 벌떡 일어서 나왔다.

앓는 아이 옆에 앉아 언제까지 있을 수만은 없었다. 내 사명을 흐려 놓는 시험이라고 생각되었기 때문이다.

7. 꿈에 본 통영이와 할아버지

다음날 추풍령 장에 가는 사람이 있기에, 무엇이든 시원한 것으로 먹을 것 좀 사다 달라고 부탁을 했다. 초여름 철이라 사과 같은 것도 제대로 없더라면서 다 말라 빠진 묵은 사과도 밤알 만한 아주 작은 것 몇 개와 딱딱한 막과자 몇 개를 사갖고 왔다.

사과를 깎아 주었지만 그것 먹었다고 속이 시원해질 리가 없었다. 속은 여전히 답답하면서 숨을 모아 쉬곤 했다.

옆에 앉았던 다섯 살 난 서영이는 먹고 싶어 하면서도 감히 먹을 엄두도 못 낸다.

"이건 앓는 애가 먹는 것이지 너는 안돼."하고 남은 것을 뒤로 돌려놓았다. 너는 밖에 나가서 놀아야 한다니까 할 수 없이 나가기는 했으나 또 생각이 났던지 다시 들어와 그 말라붙은 과자를 보고 또 보고 한다. 앓는 아이는 그래도 동생이 먹고 싶어 하는 눈치를 알았던지 "서영아, 너 먹어, 나 먹기 싫어….."

그래도 서영이는 아버지의 눈치만 보고 먹지 못한다.

"나 먹기 싫어, 나 안 먹을 테야. 서영이 줘요…."하던 그 한마디는 아비의 마음을 푹 찌르는 듯했다.

"그래 먹어…."

아버지의 허락이 떨어지자마자 남은 것은 동생이 다 먹어 치웠다.

그날 밤이었다. 나는 심상치 않은 꿈을 꾸었다. 분명한 꿈이기는 하나 영혼 세계를 본 것만은 확실했다. 앓던 통영이가 웬 깨끗한 예복 같은 신사복을 입었는데 아래 바지는 백색 '세루'였고 윗저고리는 검은 '카시미론' 기지로 꼭 맞게 해 입었는데, 그 자세는 마치 나폴레옹의 사진을 보는 듯 배가 쑥 나온 것이 몸매가 그리 아름다웠다.

통영이는 할아버지를 어떻게 아는지 할아버지의 품으로 확 달려가서 안긴다. 할아버지는 두 팔을 활짝 펴고 통영이를 끌어안았다.

"아이가 이렇게 되도록 그냥 두었단 말이냐?"하시며 철없는 부모를 꾸짖는 모습이 역력했다.

할아버지는 이미 그 애가 두 살 때에 세상을 떠나셨는데 어떻게 할아버지를 알아보고 찾아가서 그 품에 안기는지 영혼 세계의 일은 세상 지능으로서는 알 수 없는 일이었다.

꿈 치고는 너무도 생생했다. 현실같이 느껴졌다. 내가 생각하기에는 꿈같지만 내 영혼은 그 영혼 세계에 가서 그 세계와 생활을 볼 수 있었다. 보기는 보아도 깨달을 수 없는 세계였다. 나는 그때만 해도 사람이 죽으면 천당 아니면 지옥에 가는 것으로 끝마치는 줄만 알았던 때였다.

그런데 분명히 천당도 아니고 지옥도 아닌 현존세계, 우리가 살고 있는 이 세상에 아버지는 그냥 살고 계시는 것을 분명히 보았다. 아버님은 왜정 말엽 67세에 횡사하셨다. 즉 한 명에 돌아가시지 못했다. 그 아버님을 만난 것은 내 일방적인 꿈이니까 그렇겠지 하고 아무리 내 상식과 내 믿음 안에 이 문제를 놓고 소화해 보려 해도 전혀 통하지 않았다. 그곳은 옷이 낡지 않고 신이 헤지지 않는 광야였다.

"그러나 깨닫는 마음과 보는 눈과 듣는 귀는 오늘날까지 여호와께서 너희에게 주지 아니

하셨느니라."(신 29:4)는 말씀대로 그때에는 아직 그 세계를 깨달을 수 있는 마음과 눈과 귀를 받지 못했기 때문이었다.

8. 마지막 남겨 놓은 성경 요절

어느 주일 아침이었다. 눈이 장설로 쌓여 길이 막혀 어른들도 1km가 넘는 산골 길을 갈 수가 없어 교회에 가지 못하고 집에서 예배를 드렸다. 그런데도 통영이는 기어코 주일 학교에 가야 한다면서 자기 혼자 그 눈에 덮인 험한 골짝 길을 헤치며 내려갔다.

그때는 길이라야 겨우 사람 하나 다닐 정도의 오솔길, 헛디디면 벼랑에도 떨어지고 바위 틈에도 미끄러지는 곳이다. 눈이 없어도 위험한 길이었다.

그런데도 어쩌면 그런 길을 그 어린것이 혼자 가는 것을 그냥 내버려 두었는지 모를 일이다. 푹푹 빠지며 다녀오느라고 몇 번이나 넘어지고 구르면서 옷이 흠뻑 젖어서 돌아왔다. 그때는 부근에 학교도 없었으니 학교에도 못 가고 아랫동네 능치교회 주일 학교에 매 주일 내려가서 성경 요절을 배우고 그 요절지를 한 장씩 갖고 왔다.

그 요절지를 모아 놓은 것이 4, 50장 되었는데 글자는 모르면서도 요절지 모양만 보아도 그 내용을 줄줄 내리읽었다. 저 혼자 알고 읽기만 하는 것이 아니고, 겨우 말을 배우고 있는 어린 동생에게도 늘 가르쳐 주고 있었다.

하루는 병석에 누워서 수십 장 되는 그 요절지를 모조리 외우고 있었다. 그렇게 줄줄 외우던 요절이건만 나중에는 더듬기 시작했다. 점점 힘겨워 보였고 기억력이 쇠잔해지는 듯했다.

"자녀들아 너희 부모를 주 안에서 순종하라 이것이 옳으니라"를 외우며 마지막 장절이 생각 안 났던지 동생을 보고 "야 서영아, 그다음 끝이 무엇이지?"하고 물었다. 서영이도 귀에 익고 입에 익은 말이라 냉큼 받아 "에베소, 에베소…"하니까 그때에야 생각이 나서 "옳아, 맞았어. 에베소서 6장 1절이야."하고 이것이 마지막으로 남겨 놓고 간 성경 요절이 될 줄은 몰랐다.

그날도 우리 내외는 앓는 애 옆에 앉아서 그 꿈이 예사 꿈이 아니라면서 꿈 이야기를 하면서도, 하나님께서 이미 통영이가 저 세상으로 갈 것을 꿈으로 알려 주었는데도 그것이 그 예고인 줄을 전혀 모르고 있었다.

9. 통영이의 죽음을 통한 교훈

때마침 도치랑 박 영수님이 올라오셨다. 영수님이 기도를 드리자니까 통영이는 "아버지, 나 누워서 기도해도 돼요?"하고 묻는다. 그때는 벌써 일어날 기력도 없이 기진했을 때다.

"그래, 누워서 기도해도 된다."하고 그 얼굴을 바라보니 눈을 고요히 감는다. 박 영수님은 기도를 마치시고 "괜찮다. 이제 나을 거야, 누워서도 늘 기도해야 한다."고 격려를 해 주시고 내려가셨다.

나는 그 자리에 그냥 머물러 앉았다. 아이는 점점 더 답답해지는 모양이다.

"아버지, 나 눈도 뜨고 기도해도 돼요?"하고 감았던 눈을 오히려 뜨고 눈 감기를 싫어한다.

"그래 눈을 감으면 더 답답하냐? 눈 뜨고라도 늘 혼자 기도해라."

이 말을 마치자마자 아이는 갑자기 '악…' 하고 소스라치게 놀란다. 사선을 넘는 순간이다. 중간에 막힌 담이 헐리는 순간, 원수 된 사망 권세를 십자가로 소멸하는 순간이었다(엡 2:14~16).

그때는 천사와 다투고 있는 지옥의 사자를 물리치는 순간이기도 했다(유 1:9). 그러나 나는 그때만 해도 영혼 세계를 모르고 있던 때이다. 그런 까닭에 당황하여 "왜 그러니? 통영아, 너 왜 그래?"하고 깨워 보았다. 말없이 눈을 고요히 감고 화평한 얼굴로 잠든 것 같은 육체를 남긴 채 그 영혼은 그리스도의 십자가 안에서 영원한 세계로 가고 있었다.

그래도 꿈을 꾸고 있는 것만 같았고 아이가 죽었다고는 생각되지 않았다. 철부지 내외는 그날 밤 밤새워 기도하며, 찬송하며, 아이가 깨어나기만 기다리고 있었다. 하지만 아침에 보니 이미 눈언저리가 푹 꺼져 있었다.

통영이가 마지막으로 동생과 같이 읽어 놓고 간 에베소서 6장 1절은 어린 동생에게 길이 남겨 주고 간 영원한 유언이 되었다. 철없는 동생은 영문도 모르고 있는 줄만 알았는데 여러 사람이 시체를 메고 나갈 때에야 비로소 통곡을 한다.

부모는 하도 어이없이 멍하니 앉아서 슬픔에 잠겨 있었지만, 어린 동생만 몸부림치며 한없는 눈물에 젖어 소리높여 고별의 울음을 울어 주었다.

"통영아, 용서해라. 부모 구실 못한 죄를 용서해라. 천당 가서 만나자. 내가 받아야 할 죄의 보응을 어쩌면 네가 받았단 말이냐?"하고 명상에 잠기는 순간 다윗 생각이 났다. 그는 그 아들 압살롬의 죽음이 자신의 죗값이었음을 알고 그렇게 슬퍼했는데 그 심정을 알 만했다. 나에게도 그 같은 죄의 값을 받아야 마땅한 죄가 있는 죄인임을 자인했기 때문이다.

그 어린것이 아버지를 대신해서 자기를 앓게 해주시라고 애원한 그 기도가 그대로 응답한 것까지는 이해할 수 있었지만 그 애가 설마 자기가 아버지를 대신해서 죽겠다고까지는 기도한 것이 아니겠지 하고 생각하는 그 순간, 마귀는 또 한 번 내 신앙을 시험했다.

그러나 성령, 진리의 보혜사는 내 마음을 지켜 주셨다. 죽음을 대신 죽어 주실 수 있는 이는 오직 예수 그리스도 한 분뿐임을 깨닫게 해 주신 것이다.

다윗은 자기를 반역하던 불효자식 압살롬이 죽었을 때 "내가 너를 대신하여 죽었더라면… 내 아들 압살롬아 내 아들 압살롬아…"하고 애타게 울었다. 하지만 대신 죽을 수는 없었다(삼하 18:33). 같은 죄인이기 때문이다. "같은 죽음 안에 사는 같은 죄인으로서 각각 자기 죽음을 지니고 있으니, 어떻게 남을 대신 죽어 줄 수 있겠는가?"

오직 예수님만은 원죄도 자기 범죄도 없으시기 때문에 우리의 죽음을 죽어 주실 수 있으시다.

이 어린것의 죽음을 통하여 값진 참회를 할 수 있는 기회도 되었거니와 하나님의 값진 교훈도 받을 수 있었다. 성령은 그 뜻을 깨닫게 해주시는 진리의 보혜사이셨다(요 14:16~17).

성령은 인생의 생사와 희비(喜悲)를 통해서도 생명 길을 깨닫게 하시고 찾게도 하신다. 즉 생명 있는 교훈을 하시는 보혜사이시다.

죗값이 사망이거늘 죄 없는 어린 애가 왜 죽겠는가 하던 의문도 풀렸다. 어린애들에게 자범죄는 없을 수 있으나, 원죄는 누구나 갖고 출생했기 때문에 안 죽을 수 없는 것이 인생임을 깨닫게 됐다(전 3:2).

Ⅸ. 깨닫게 하시는 성령 역사

1. 6.25 동란을 알린 노래

용문산 산중에서 가난과 싸우며 개척자의 고된 생활이 계속되고 있던 어느 날, 산상에서 기도하다가 영감을 받고 한없이 울면서 나오는 대로 부른 자작 노래가 나로 하여금 때를 알게 한 일이 있다.

1950년 6.25 동란이 터지기 직전 6월 초순이다. 지금의 구국제단이 있는 삼선봉에서 나라와 민족을 위하여 기도하던 중 큰 환난이 북쪽에서 밀려 나오는 것을 보는 것같이, 당하는 것같이 노래가 불렸다.

"사랑하는 형제여 어디로 가나, 부여잡는 부모의 손을 뿌리치고, 생피 묻은 그 칼을 손에 잡다니 웬 말인가 형제여, 이게 참인가 / 여보시오, 형제여, 누굴 못 죽여 한피 받은 형제를 죽일 것인가, 가슴 깊이 사무친 하소연 하며 사랑 나라 이룰 줄 알았더니만 / 웬일인가, 형제여, 싸움이 웬 말, 형제 죽여 이긴들 무엇하리오. 동족 죽인 개선가 기쁨 있을까? 형제 죽음 내 죽음 될 줄 모르나 / 형제 피로 이 강토를 물들여 놓고, 이 강산에 무슨 낙이 있을까 보냐. 형제 죽일 총칼을 어서 놓고서 형제 살릴 생명탄을 가슴에 품자."

지금의 합동찬송 90장 곡으로 한 구절 한 구절 눈물에 젖어 나오는 노래였다.

아침 예배 시간에 설교를 하다가 이 노래가 또 터져 나왔다. 이 노래를 듣던 권속들은 흐느껴 울다가 대성통곡으로 변했다. 급기야 울음소리는 통성기도로 화하여 온 장내는 뒤엎어졌다. 그 중에도 70 고령에 달하는 성은이 할아버지는 대성통곡을 하며 산으로 올라갔다. 온종일 목이 쉴 때까지 땅을 치며 울었다.

그 후 얼마 안 되어 필경 6.25 동란은 터졌다. 남하하는 피난민들이 이 산중을 통과하고 있었다. 보따리를 지고 이고 아기를 업고 끌고 가는 그들은 오히려 무감각한 듯했다. 그러나 이 광경을 보는 처지에서는 눈물이 앞을 가리어 견딜 수가 없었다.

피난령이 내려 결국 우리도 떠나야 할 운명의 날이 이르렀다. 50리 밖 완동이란 동리로 가족을 옮겨 놓았다.

그러나 매일 조석으로 예배드리던 제단을 버려두고 나간다는 것은 마음 무거운 일이었다. 신앙 양심상 하나님께서 허락하지 않는 것 같은 느낌이었다. 무엇인가 모르게 허전하기 짝이 없었다. 되돌아가서 혼자서라도 제단 앞에 엎드리고 싶었다.

새로운 각오를 하고 산으로 되돌아왔다. 그때 김익원(金益源, 현재 목원대 교수)이란 숙생이 죽어도 같이 죽고 살아도 같이 살겠다고 하며 나를 따라 산으로 같이 들어왔다. 그는 본래 가정 형편이 상급 학교에 진학할 수가 없어서 그렇기도 했겠지만, 신앙으로 사람답게 살아보겠다는 남다른 결심으로 나를 따르기로 마음먹고 나선 숙생이다. 당시에도 의리의 사나이로 알려진 18세밖에 안 된 소년이었다.

그와 같이 산으로 되돌아와서 단 밑에 엎드린 생활이 시작되었다.

하루는 온종일 마주 앉아 이 노래를 부르고 있었다. 그날이다. 산중일수록 사람이 있어서는 안 된다고, 속히 산을 떠나라는 전갈이 산 밑의 동네에서 전해 왔다. 도치랑은 온 동네가 집을 비워 놓고 다 떠났다는 것이다.

2. 성경과 노래 가사가 신분 증명

그때는 라디오도 신문도 없어 소식을 전혀 들을 수가 없었다. 궁금해서 무슨 소식이라도 확인해 볼 수 있을까 해서 동네로 내려오고 있었다. 동네 예배당 앞 골목에까지 왔을 때다. 동네 사람도 볼 수 없었는데 웬 군인들이 길에 꽉 차서 들어오고 있었다. 완전 무장을 하고 왼팔에는 둥그런 붉은 점이 세 개씩 크게 찍혀 있었다. 그 붉은 점을 보는 순간 '이것들이 빨갱이들이로구나' 하는 직감이 들면서 발걸음을 멈추었다.

그들은 우리를 그냥 보아넘기지 않았다. 재빨리 나를 붙든다. 김익원도 붙들려 골목으로 끌려 들어갔다. 나는 붙잡힌 그 자리에서 검문을 당하고 있었다.

그때 꼼짝 못 하고 빨갱이들에게 총상을 당하는 줄만 알았다. 더구나 그때 나는 꼭 성경(다니엘서)을 손에 들고 있었는데 그 책 뒷면에는 그 노래 가사가 적혀 있었다. 빙 둘러서서 이것저것 묻기 시작했다. 한 장교는 내 손에 들린 책부터 뺏는다.

그 노래를 읽고 나면 으레 나를 죽일 줄만 알았다. 그는 그 가사를 다 읽어보더니 의외로 책을 도로 주면서 "당신 예수 믿소?"하더니 그 한마디로 검문은 끝을 내고 지체 말고 빨리 나가라는 것이다. 빨갱이들은 사람을 잘 죽인다는데 이게 웬일일까? 이상했다. 꿈이 아닌가 싶었다. 저 사람(김익원)도 함께 가게 해달라고 하니까 상관인 듯한 그이가 검문하는 부하 장교에게 그냥 속히 내보내라고 명한다. 김익원도 풀려나서 정신 나간 사람같이 멍하니 나를 바라본다.

그때 외국인도 그중에 간혹 섞여 있었는데 그들은 소련 군인들인 줄만 알았다. 그 소련 군인인 줄 알았던 어느 한 사람의 목에는 십자가 목걸이가 보였다. 그 십자가를 보는 순간 반가움이란 이루 헤아릴 수 없었다.

생사의 기로에서 보는 그 십자가는 모형만으로도 주의 사랑이 흘러나는 듯, 마음속에 굳게 막혔던 중간 담이 무너지는 듯 인종도, 국경도, 원수도 없어지는 듯했다.

'그들에게는 종교의 자유가 없다는데 그래도 십자가를 사랑하는 이도 있는가?' 하고 한편 의아스럽기도 했지만 당황했던 내 정신은 그때부터 본정신으로 되돌아왔던지, 알고 보니 그들은 빨갱이가 아니었다. 그들은 한국인으로 구성된 유엔군이었다. 그들은 도리어 우리를 빨갱이로 알고 검문했다. 다행히 성경이 있었기 때문에 신분이 밝혀졌고, 그 노래 가사가 있었기 때문에 사상을 의심치 않게 되었다는 것이다.

3. 가룟 유다에게 들어갔던 마귀

산중에 있지 말고 어서 빨리 나가라는 그들의 지시대로 쪽복음 한 권 속에 든 채 그냥 쫓겨나갔다. 우선 가족들이 먼저 가 있는 완동으로 찾아갔다. 가족들을 만나는 그때부터 짐을 지고 이고 정처 없는 피난길에 나섰다. 밀려가는 피난민 대열에 끼어 계속 남하했다. 길가에 소나무 숲이 있어 그늘 밑에 잠시 머물고 있는 동안, 웬 청년 두어 명이 끼어 앉으면서 하는 말이 "이렇게 가기만 하면 도대체 어디로 가는 것이오? 이미 북한 인민군이 약목(若木)까지 진주해 있는데." 하고 낙동강을 넘을 생각도 말라고 엄포를 놓는다. 가도 그만 있어도 그만 여기나 거기나 타향살이, 어디라고 다름 있겠느냐고 하면서 그 동리 빈집에서 살겠다는 사람들도 있었다. 우리 일행 중에서도 고된 길 가기보다 차라리 그 길을 택하자는 이도 있었다. 우리 일행은 고등공민학교 교사들이 같이했기 때문에 장정들만도 10여 명이 따르던 터였다.

그러나 나는 그런 의견을 들으려고도 않고 단연 뿌리치고 일어섰다. 따라서 모두 출발 준비를 갖추고 나섰다. 그중에 C라는 교사가 보이지 않았다. 그는 아내와 어머니도 동반해 있는 처지였다. 두루 찾아보니 어느 방공호에 들어가 돈 보따리를 머리에 베고 낮잠을 자는지 누워 있었다. 동료들이 가자고 재촉했지만 일어나려고도 않는다. 자는 줄 알고 큰 소리로 깨워 보았으나 역시 반응이 없었다. 또 깨우니까 그때는 "이 새끼들이 왜 이리 귀찮게 굴어 나는 안 가." 하고 그냥 누워서 눈도 뜨려고 하지 않는다. 환난을 당하니 사람의 마음을 알 만했다. 일행은 격분하여 그를 짓밟아 놓고 가자느니, 돈 보따리만이라도 빼앗아 가자느니 말이 있었으나 성령은 내 마음을 사로잡아 주었다. "그냥 내버려 두고 조용히 가자."고 타이를 수 있도록 말이다. 조용히 떠날 수 있도록 인도하신 하나님께 진심으로 감사했다. 그 돈 보따리란 학생들 공납금을 강요해서 징수한 것인데 그 액수는 알 수 없으나 책가방에 가득히 담겨 있었다. 난리가 났다니까 그는 부리나케 공납금 독촉을 했다는 것이다. 이상하게 생각하면서도 순진한 농촌 학부형들은 꾸어서라도 갖다 바쳤다고 한다. 그의 마음속에는 이미 가룟 유다에게 들어가 역사했던 마귀가 들어갔기 때문이다. "돈에는 마귀가 따르고, 환난에는 배반자가 따른다."는 말이 저절로 나왔다. 그는 되돌아가서 공산당의 주구가 되어 나 장로를 중상하는 욕설로써 한몫 보려 했다. 그러나 사회는 그를 용납하지 않았다. 하나님도 그를 영영 버리시고 말았다.

4. 진짜 빨갱이를 만나

우리 일행이 약목 어귀에 도달했을 때에는 이미 진짜 빨갱이들이 길목을 지키고 있었다. 처음으로 보는 북괴군이다.

어깨에 총들을 메기는 했으나 힘겨워 감당을 못 하는 16, 17세 어린 소년들도 있었다. 입은 옷도 맞지 않고 풍성한 것이, 끝을 묶었는데도 바지 자락이 땅에 끌린다. 이것들이 우리 일행을 일렬로 세워 놓고 검문을 한다. 그중에서 가장 어린놈이 유독 서둘러대며 나를 따로 집어낸다. 내가 입은 옷이 하얀 모시 한복 차림에 모자도 깨끗해서 남달리 보였던지, 내 말씨가 이북 말씨여서였던지 이런 놈들은 없애버려야 한다면서 당장에 죽일 것처럼 일행 중에서 나를 끌고 나간다. 그 옆에서 같이 심문하던 또 한 사람이 있다가 말없이 나를 빤히 바라보더니 "그냥 보내지."하고 그 어린 소년병의 등을 툭툭 두드리며 눈짓을 한다.

그는 키도 그 소년보다는 훨씬 크고 나이도 20이 훨씬 넘어 보이는 청년이었다. 무엇인가 깊이 생각하는 것 같은 모습이었는데 나를 알아보는 것 같은 눈치였다. 그 후에도 그 청년이 내 마음 눈에 가끔 떠오른다. 내가 고향에서 10여 년 전에 보던 고종 동생같이 보였기 때문이다. 그는 그 당시 보통학교에 다니던 어린애였지만 장성해서 그런지 그 형과 너무도 흡사하게 닮은 얼굴이었다.

그것이 사실이라 할지라도 살기 위해서는 서로 말을 못 하는 처지, 서로 모른 척해야 하는 처지, 누구를 원망해야 할 것인가, 그 안타까운 심정이 어찌 나쁘랴?

만일 그런 것이 아니었다면 그 청년의 마음이 왜 그렇게 부드러워졌는지 알 수 없는 일이다. 성령이 그를 감동시켰는지도 모른다. 어떻든 그때 죽을 고비를 간신히 넘겼다.

5. 밤새워 험한 비탈을 넘어

이렇게 간신히 풀려나기는 했으나 그때는 이미 낙동강 다리가 끊겼는지 완전히 차단되어 더 이상 길을 갈 수가 없었다. 할 수 없이 그들의 눈을 피해 해가 지기를 기다려, 약목 뒷산을 넘을 작정으로 우선 큼직한 어떤 기와집으로 찾아 들어갔다.

물론 빈집이다. 거기서 보따리를 정리해 그 집 마루 밑에 처박아 넣고 간편한 몸차림으로 산을 넘을 준비를 했다. 그때 우리 일행의 가족으로는 아내와 여섯 살 난 서영이와 네 살 난 조카 조영이와 그 어머니까지 다섯 명이었고 그밖에 7명, 합하여 12명이 비장한 각오로 적의 눈앞에 있는 험산을 넘어야 했다. 더구나 그들이 겨누고 있는 총포를 바로 뒤에 두고, 길도 없는 험산을 넘는다는 것은 극에서나 볼 수 있는 대모험이었다. 그들의 조명 불빛이 산으로 휙 비칠 때는 꼼짝 못 하고 가던 자리에 엎드렸다. 엎드러지고 미끄러지고 부딪치고 하면서 이 사람 저 사람 보따리, 또한 몇 번이나 굴렀는지 모른다. 밟았던 돌이 굴러날 때 놀랐던 일, 그 돌이 산 밑으로 굴러 내려갈 때 와당탕거리던 소리에 가슴 졸이던 생각 또한 잊을 수 없다. 그중에서도 가장 추억에 남는 일은 그 어린것을 이끌고 가파른 비탈길을 넘을 때의 일이다. 네 살짜리 조카는 이 사람 저 사람 교대해서 업고 갔지만, 여섯 살 난 애는 내 손에 이끌려 그 험한 산 중턱 비탈을 돌아가야 했다. 어린것이지만 겁에 질려 숨도 옳게 못 쉬고, 조심스럽게 가다가는 잠깐 쉰다고 앉으면 끄덕끄덕 졸았다. 피곤에 지쳐 쓰러질 정도였으니 어른, 아이 할 것 없이 모두 한잠씩 자고 싶은 심정이었다. 그러나 잘 수는 없었다.

만일에 잠이 든다면 당장 벼랑으로 떨어질 수밖에 없는 비탈이니 말이다. 좀 누울 만한 평지는 한 곳도 없었다. 그런 길을 한잠도 못 자고 밤새워 갔으니 육신적인 피곤이란 말할 수 없었다. 다리는 떨리고 눈은 감기고 했지만 긴장된 정신력이 이를 이기고 나갔다. "야, 또 가자."하면 그 즉시 끙! 하고 힘주는 소리를 내며 무슨 무거운 짐이라도 지고 일어나는 듯 힘을 들였다. 한 손은 아버지 손에 이끌리고 한 손은 무릎을 짚고 힘들게 일어나던 애처롭던 모습 그때 생각이 지금도 생생하다. 아버지 손을 놓칠세라 꼭 붙잡고 비틀거리며 힘겨운 길을 걸었다. "아직도 멀었어요?" "이제 조금만 더 가면 돼."하고 같은 말을 몇 번이고 주고받으며 가고 또 가며 안간힘을 쓰던 추억 또한 가슴을 뜨겁게 한다. "천당 가는 길 험하여도 생명 길 되나니 은혜로다."자면 안 되는 길, 정신 차려 걸어야 하는 길, 가도 가도 험한 길, 돌아설 수도 없는 길, 앞으로 나가기만 해야 하는 길, 이처럼 고된 길은 우리의 신앙 길을 보여 주는 듯 좋은 교훈의 길이었다. 실제로 체득한 신앙의 노정기가 된 것이다.

6. 폭격에 불붙는 고령 거리 통과

그 산을 넘었을 때는 어느덧 동쪽 햇살이 숲속으로 반갑게 스며들었다. 거기는 성주(星州) 땅, 산 뒤쪽과는 대조적으로 소나무 숲이 우거져 있었다. 그 밑에 주인 없는 초가집 한 채가 우리를 기다리는 듯 대문이 활짝 열려 있었다. 깨끗이 치워 놓고 주인은 피난을 나간 듯했다. 하지만 얼핏 보아도 중류급 농가임을 알 만한 알뜰한 집이었다. 우선 그 집으로 들어가서 짐도 마음도 풀어놓았다. 지난밤 지나온 길은 우리 일생에 간직해야 할 신앙의 노정기였다고 간단한 이야기 같은 설교를 하고 나니까 일행은 피곤을 못 이기고 즉시 그 자리에 쓰러져 잠이 들었다. 고단하게 자고 있노라니까 누구인지 대문 안으로 들어와서 이게 웬 사람들이냐고 하며 서두르고 있었다.

알고 보니 그는 그 집 주인으로서 집은 비워 놓고 가족이 모두 동네 밖에 있는 동뚝으로 나가 피난을 하고 있다는 것이다. 온 동민들이 집에는 있지 못하고 전부가 동뚝에 나가서 막을 치고 살고 있다는 그의 설명이다. 공중 폭격이 두려워서 피난 중에 있는 민간인임을 알리기 위한 처사인 듯했다. 그 주인을 따라서 그 골짝을 벗어나 동네와 떨어져 있는 동뚝으로 나가 그 피난 무리 속에 끼었다. 그 이상 더 나가지 못하게 공산군들이 길을 막고 있었다. 그래도 가 보려고 계속 나가다가 또 인민군에게 잡혀 "이것들도 낙동강을 건너려는 것인가?"하고 총대를 휘둘러 위협하더니 두말 말고 고향으로 돌아가라는 것이다. 할 수 없이 돌아가는 척하고 다시 그 동뚝까지 돌아가서 버드나무 그늘 밑에 있다가, 그들의 눈을 피하여 결국은 그곳을 빠져나갔다. 가고 또 가서 급기야 고령(高靈)까지 갔다. 사람 없는 고령 시가지가 폭격을 받아 한참 불이 붙고 있었다. 불붙은 속으로 길 따라 그 위험지를 통과하느라고 억지 용기를 냈다. 이것도 젊음에서 생긴 만용이었는지도 모른다. 불길에 덮인 지붕에서 불타는 토막들이 툭툭 튀어 길가로 떨어지는 것을 보면서도 그 가운데로 어린것들을 업고 끌고 갔으니 말이다. 죽자 하고 주인의 뒤를 따르던 우리 집 개(닷찌)는 그 불이 무서워서였는지 그때 불붙은 거리에서 어디로 갔는지, 죽었는지 영영 잃어버리고 말았다.

7. 예수쟁이 어디 있어?

서뚝 변두리까지 간신히 빠져나가니까 거기에는 빈집 마루에 머리를 붕대로 얼굴까지 싸매고 있는 공산군 부상병 한 사람이 혼자 앉아 있었다. 그런 상태에서도 쉬고 있는 것이 아니고 기관총을 앞에 겨누고 전투 자세를 갖추고 있었다. 그러나 그는 모든 것이 귀찮다는 듯이 아무 말도 없이 지나가는 우리 일행을 그냥 물끄러미 바라보기만 할 뿐이었다.

거기에는 높은 언덕이 있었는데 그 고개턱을 넘어서 얼마쯤 가니까 농가 마을들이 여기저기 멀리 보였다. 그 고개 밑 길가에는 초라한 집이 몇 채 있었다. 거기에서 민간인 청년들이 모여 있다가 우리 일행을 또 붙잡았다. 다른 사람들은 간단한 검문을 마친 후 더 이상 나가지 말고 고향으로 되돌아가라고 돌려세웠지만 나만은 따로 빼놓는다.

내게서는 성경책이 나왔기 때문이었다. 고등 악질 미국 스파이라면서 나를 기어이 끌어다가 임시 유치장에 감금했다. 유치장이라야 어떤 사사집을 쓰고 있었는데 그 방바닥은 아무것도 깔지 않은 맨바닥이었다. 토실 집이라 먼지가 꽉 차 있는 그 방 하나뿐이었는데 방안에는 이미 수십 명이 콩나물시루같이 빽빽하게 앉아 있었다. 그들 사이에 끼어 얼마쯤 있노라니까 "예수쟁이 나와."하고 성난 소리로 부른다. 나 외에 다른 예수쟁이가 있는가 해서 살펴보았으나 아무도 대답하는 사람이 없었다. "예수쟁이 어디 있어?" 내게서 성경책이 발견되지 않았다면 나도 대답을 안 했을는지도 모른다. "나를 찾는 거요?"하고 되물었을 때에는 벌써 짜증부터 내면서 왜 속히 대답 않느냐고 야단이다. 할 수 없이 일어서 나갔다. 자위대 사무실인 듯한 방으로 끌려갔다. 꼴등이 잠방이에 적삼들을 걸치고 왔다 갔다 하는 청년들의 모습은 질서 없는 난장판이었다. 겁에 질린 눈초리로 여기저기 수군거리는 모습 또한 심상치 않은 공포 분위기를 북돋우고 있었다. 이런 혼란 속에서 "자위대장 동무", "인민위원장 동무"하고 부르는 소리가 이상하게도 내 가슴을 설레게 했다. 결국 인민위원장인 듯한 자가 나타나더니 "이 동무는 처치 곤란하니 소대장 동무에게 넘겨야겠어."하고 자위대장인 듯한 청년과 함께 내 좌우 곁에서 팔죽지를 끼고 집 뒤로 돌아갔다. 나는 그때 생각하기를 많은 사람들을 모아놓고 그들 앞에서 인민재판을 하여 나를 총살이라도 시키려는 줄만 알았다. 그래서 나는 속으로 기도하기를 "10분만 전도할 수 있는 기회를 주옵소서."하면서 끌려나갔다. 이왕 죽는 것, 전도하다가 죽을 수 있다면 영광이라고 생각되었기 때문이다. 인민 재판대 위에서 외칠 기회가 된다 해도 잠깐이지 10분이란 가망 없는 일이라 생각이 들면서 "주여, 5분 만이라도 주시옵소서."하고 속으로 또 한 번 기도했다. 어느새 그 집 뒤에 있는 헛간 같은 곳으로 끌려 들어갔다.

8. 어질 예(芮)자 진리 강론

거기에는 까맣게 얼굴이 탄 20대 괴뢰군이 따발총 한 자루를 책상 위에 놓고 기다리고 있었다. 작달막한 키에 뙤약볕에 탄 얼굴에는 빨갛게 핏발 선 눈알만이 드러나게 보였다. 머뭇거리며 들어서는 내 얼굴을 빤히 바라보던 그는 갑자기 "이쪽으로 와 서!"하고 손가락으로 총부리 앞을 가리킨다. 그때 나는 '이제는 죽었다.' 하고 가슴이 덜컥했다. 그 순간 아무런 생각도 없었다. 전도하겠다던 결심도 기도도 어디로 사라졌는지 무감각한 로봇이 되어버리고 말았다. 나도 모르는 사이에 그 명령대로 총부리 앞 정면에 가서 섰다. 벙어리 같이 되었던 내 입에서는 생각지도 않았던 말이 튀어나왔다. "어질 예 자 외다."하고 좌우 팔을 들어 '어질 예'자 형으로 어긋 맞췄다. 그는 약간 놀라면서 "그게 뭐야?"하고 이상한 눈초리를 하고 묻는다. 오른팔을 들고 팔꿈치에서 손끝까지 왼손으로 쭉 훑어 손끝을 가리키며 "여기는 하나님이 있다 하는 사람들이 가는 길이고," 또 왼팔을 가리키며 "이 길은 하나님이 없다 하는 사람들이 가는 길이외다."하고 "하나님이 있다고 믿는 사람들은 하나님 있는 곳으로 가고, 하나님 없다고 하는 사람들은 하나님 없는 곳으로 갑니다. 그러나 양편 길에 교차점이 한 곳 있습니다."하고 두 팔이 어긋 맞춰진 교차점을 보여 주면서 여기는 양편 사람이 다 같이 지상낙원을 이루어 보겠다는 공통된 목적지인데 이는 곧 이상향을 그리는 마음의 초점이라고 설명했다.

"그런데 하나님 없다 하는 사람들은 이 목적을 달성하기 위해서 수단과 방법을 가리지 않는 길을 택하지만, 그와는 반대로 하나님 있다 하는 사람들은 오히려 인간의 수단과 방법을 버리고 하나님께 순종하면 된다는 믿음 길을 택합니다. 결국은 하늘의 뜻이 이루어진 곳이 천국이니 지상에서도 천국이요, 죽어서도 하나님 계신 천국으로 가게 됩니다."하고 오른손 끝을 가리키면서 "여기가 천당이라면 여기는 어딜까요?"하고 왼손 끝을 바꾸어 가리켰다. 그랬더니 그는 성난 어조로 "옳지, 너희들은 천당에 가고 우리는 지옥에 간단 말이지?"하고 이를 악물고 당장에 무슨 변이라도 낼 듯이 바르르 떨며 눈을 똑바로 뜨고 쏘아본다. "지옥이 있기는 있습니까?"하니까 "지옥은 무슨 지옥이 있어 천당 만당이 있거나, 없는 지옥에 간다는 것이 뭐가 그리 화날 것이 있습니까?"하니까 그때는 더 이상 참을 수가 없었던 모양이다. 당장에 쏠 듯이 총을 잡는다. 그 순간 내 마음에는 평안이 왔다. 어떻든 5분 만이라도 달라고 기도한 대로의 5분 전도, 즉 '어질 예'자 진리 강론을 할 수 있었다.

이는 곧 "너희를 넘겨 줄 때에 어떻게 또는 무엇을 말할까 염려치 말라. 그때에 무슨 말할 것을 주시리라 말하는 이는 너희가 아니라 너희 속에서 말씀하시는 자 곧 너희 아버지의 성령이시니라."(마 10:19~20)고 하신 예수님의 말씀이 응한 것이다. 순간적인 의식이기는 하나 그때는 이미 삶을 체념해서인지 성령이 내 마음에 평안을 주어서인지 온 전신이 평화로웠다.

9. 영음으로 들린 어머니의 음성

"주여, 내 영혼을 받아 주시옵소서."하고 눈을 감았다. '땅' 소리가 날 줄 알았는데 총소리가 나지 않는다. 다시 "주여, 내 영혼을 받아 주시옵소서."하고 또 다시 기도를 하고 또하고 했다. 그래도 총소리는 나지 않았다. 이것이 꿈이 아닐까 하고 눈을 떠보았다. 그는 나만 바라보고 멍하니 서 있었다. 내 눈 뜨기만 기다리고 있었던지 "당신을 살리면 좋은 일이요? 나쁜 일이요?"하고 뜻밖의 질문을 했다. 나는 그 대답이 채 끝나기도 전에 얼떨떨한 채로 "우리 어머니가 죽었습니까?"하고 이상한 질문을 하자 "그거야 당신이 알 일이지 제가 어떻게 알아요?"했다. "이자 그 소리가 분명한 제 어머니의 음성입니다. 제 어머니가 죽었기에 그 영혼이 와서 들려주는 소리가 아니겠습니까?"하고 황당한 태도로 자세를 가누지 못했다. 나도 덩달아 얼떨떨해서 "어떤 음성이었는데요?"하고 되물었다.

"방금 '너 좋은 일 하나 해라' 하던 그 소리 말이야요."하고 내 대답을 기다린다. 그는 분명히 나도 자기와 같은 음성을 들은 줄 알고 묻는 말이었다. 틀림없이 그에게는 무슨 영음이 들려온 것으로 짐작이 되기에 "그것은 영음입니다."하고 대답해 주었다. "영음이 무엇입니까?" "영음이란 하나님께서 들려주는 음성입니다. 당신의 어머니나 아버지의 음성같이 들려줄 수도 있고, 또 당신의 사령관이나 부대장 음성같이 들려줄 수도 있습니다."하니까 그는 기운 없이 "하나님이 있기는 있구면요."하고 머리를 수그린다. 나는 재빨리 "영혼은 없을까요?' 하고 물었다. "그러면 영혼도 있겠지요." "그렇다면 천당이나 지옥인들 왜 없겠습니까?"하고 또 전도를 했다. "그러면 지금도 우리 어머니가 살아 있을까요?"하고 애타게 묻는다. "당신의 어머니가 살아 있는지 죽어 있는지는 알 수 없으나 하나님 안에 있다면 살아서는 물론이려니와 만일 죽었다 해도 만날 수 있는 길이 있습니다."

"만날 수 있는 길이라니요?" "하나님을 믿는 것이 그 길입니다. 하나님만 믿는다면 하나님은 당신의 어머니도 보호하시고 당신도 보호해서 영원히 사는 길로 인도하실 것입니다."하고 간단한 전도를 했지만 성령은 그 마음을 감동시켜 그는 그대로 다 받아들였다. 그 '어질 예'자 진리 강론도 특효였지만 영음으로 들린 그의 어머니의 음성이 결정적 변화를 준 것이다.

10. 사경에서의 통행증

그다음부터는 자기의 신세타령을 털어놓는다. 그는 황해도 재령 어느 산골에서 대대로 살았는데 아버지는 일찍이 떠나시고 홀어머니 밑에서 자랐다는 것이다. 3대 독자도 아니고 7대 독자로 간신히 대를 이어 내려오는, 외로운 가문에 태어난 외동아들로서의 책임이 무겁다면서 눈물을 닦는다. 그가 늘어놓은 하소연에는 나도 모르게 동정이 가면서 눈시울이 뜨거워졌다.

자기가 인민군으로 소집되어 나오는 날 새벽에 어머니가 새벽밥을 지어다 주고 밥상머리에 앉아서 흐느껴 울며 하시는 말씀이 "너는 이번에 나가서 좋은 일을 꼭 하나 하고 돌아와야 한다. 너 하나 없어지면 우리 가문은 완전히 대가 끊기고 만다."고 하더라는 것이다. 아직 새벽 미명, 어두운 길을 떠나 올 때에 동리 어귀까지 뒤따라 오던 어머니는 자기 뒷모습이 보이지도 않는 곳에서 "영근아"하고 소리 높여 부르기에 무슨 긴급한 일인가 하고 "예."하며 돌아섰더니 또 "너 좋은 일 하나 해라."하고 목맨 소리로 외치더란다. 그렇게 어머니와의 작별 당시에 남겨놓은 그 음성이 튀어나온 것이다. 나에게 총부리를 겨누는 그 순간, 그때 그대로의 음성이 들렸다는 놀라운 일이다. 그는 그때부터 하나님을 알게 되었고, 또 영혼도 알게 되고, 천당과 지옥도 시인하게 되었다. 마지막으로 나에게 하는 말이 "만일 제가 동무를 찾아가면 '저거 사람 죽이던 놈'하고 보지 않겠습니까?"하고 묻는다. "예수 믿는 사람이 어찌 보지 않은 것을 말할 수 있겠습니까? 나는 본 것을 말할 수 있을 것입니다."하니까 더욱 놀라는 표정으로 "어디서 보셨지요? 제가 사람 죽이는 것을?" "아니오. 나는 당신이 사람 죽이는 것을 본 것이 아니고 당신이 나를 살려 준 것을 보았기 때문에, 저이는 나를 살려 준 사람, 하고 생각할 것입니다."하니까 그때에야 안색이 밝아지면서 나더러 주소를 하나 적어 달란다. 용문산 주소를 적어 주었더니 그 쪽지를 꼭꼭 접어서 허리띠 주머니 같은 쌈지에 넣는다.

그러고 나서는 의젓이 서서 "인민위원장 동무!"하고 찾더니 "이 동무는 내가 조사해 본 결과 죽일 만한 아무런 죄가 없으니 이제 곧 통행증을 써주시오. 내가 사인을 해줄 터이니."하고 엄숙한 명령을 내린다. 통행증이란, 어떤 서식이나 증명 용지가 따로 있는 것은 아니고 16절 갱지에다가 국문으로 뭐라고 썼는지 서너 줄 써왔다. 그는 내용을 읽어 보더니 "좋소!"하고 그 말미에다가 서명을 해주는데 국문으로 겨우 쓰는 글씨였다. 그 이름이 이영근이라고 한 것 같기는 하나 정확하지는 않았다.

11. 넋을 잃은 것 같은 모습들

그 한 장을 받아가지고 구사일생으로 그 자리에서 빠져나왔다. 넋 없이 길가에서 기다리고 있던 가족들과 일행들은 이런 죽음의 고비를 넘은 줄도 모르고 멍하니 앉아 있었다. 그러나 내 아내만이 그때까지 이 사람 저 사람 붙잡고 살려 달라고 애원하고 있었다. 아내는 넋을 잃은 것 같은 모습으로 나를 바라보면서도 몰라보는 듯 빤히 바라볼 뿐이고 반길 줄도 모른다. 나 역시 꿈을 꾸는 것 같았다. 어두움에서 빛 가운데로 환하게 열린 길가에 나와서도 이제는 살았다는 기쁨도 몰랐다. 그 병사도 나를 따라 나와서 길가에 멍하니 서 있었다. 그때까지도 그 어머니의 음성이 사라지지 않고 있었던지 생각 없이 서 있는 사람 같았다. 아내는 나를 죽이려던 그 병사, 멍하니 서 있는 그 병사를 보고 역시 살려 달라고 애원한다. 그 병사는 건성으로 "예, 예"하고 대답할 뿐이고 살려 주었다는 말 한마디도 없이 그이 역시 본정신이 안 돌아온 상태같이 보였다. 이 어찌 성령의 역사가 아니랴. 성령은 이처럼 나도 모르게 내 안에서 같이하셨고, 내 주변에서 함께 해주셨다. 나는 반길 줄 알았던 내 아내의 허둥지둥하는 그 모습에 의아심을 느끼기까지 하면서 "이젠 가도 돼, 통행증까지 받았어."하고 아내에게 통행증을 보이기까지 했지만, 그는 통행증을 보려고도 않고 어리둥절해서 대답이 없었다. 그 병사와 작별 인사를 하고 짐을 지고 일어서 떠날 때에야 일행은 안도의 숨을 쉬는 것 같았다.

그러나 아내만은 아직 겁에 질린 모습이 사라지지 않는 채 당황했던 그 태도 그대로였다.

우리 가족과 일행은 다 같이 동리 밖 숲속으로 나갔다. 그늘 밑에 자리 잡고 모두 모여 앉았다. 나는 일장의 꿈속에서 깨어난 것 같았다. 그들은 내 이야기를 듣고 싶어 했지만 나는 할 말이 없었다. 그 안에서 있었던 일은 어떤 이야기라도 하면 큰 봉변이라도 당할 것만 같은 생각이 들어서였다. 죽을 사람을 살려 준 것은, 그가 나를 봐 주어서 풀려났다고 남이 알게 되면 큰일 날 것 같았다. 살던 고향으로 되돌아가라는 명령을 받고 통행증까지 받아가지고 나왔지만 발길은 여전히 남쪽으로 향하고 있었다.

12. 암소 같은 황소 잡아먹던 날

길가에서 좀 떨어져 있는 어느 냇가 숲속에 앉아 쉬고 있을 때였다. 남쪽에서 되돌아 올라오는 어떤 노인이 있었다. 그는 십오륙 세 되어 보이는 아들을 데리고 정처 없는 피난길에서 헤매는 처지였다. 그들의 말에 의하면 남쪽으로 내려갈수록 더 위험하다는 것이다. 자기들도 마산 가까이까지 갔다가 공산군의 함포사격에 견딜 수가 없더란다. 하마터면 죽을 뻔하고 되돌아 올라오는 길이라고 늘어놓는다. 더구나 올라오는 길목마다 공산군이 지키고 있어 더 이상 갈 수가 없다는 주장이다. 그들의 말을 듣고 나니 더 내려갈 용기가 없어졌다. 또 잡힐 것만 같은 공포감에서 되돌아서야 했다. 하나님께서 그들을 통하여 우리의 길을 막아 주는 것으로 믿어져서 감사기도를 드리고 거기서 돌아섰다. 그 노인 부자도 우리 일행에 끼어 동행했다. 이렇게 우리 일행은 점점 수가 늘어나고 있었다. 그 외에도 또 한 사람 낯모르는 이가 우리 일행에 끼었는데, 그는 암소같이 생긴 비쩍 마른 황소에다 짐을 싣고 그 위에는 서너 살쯤 되어 보이는 어린애를 태워 가지고 따라오고 있었다. 그다음 날인가 그 애는 소 등에서 죽었다. 무슨 병이 있었는지는 모르나 영양실조인 데다가 소 등에 묶인 채 뙤약볕에서 매일 시달리고 있었으니 일사병이라도 걸렸던 것으로 짐작된다. 심히 쇠약한 몸인데도 울지도 않던 그 애였다. 나는 그 애의 죽음이 너무도 애처로웠고 남의 일 같지가 않았다.

그 아버지는 약 50여 세로 보이는 중년 노인이었는데, 그는 부인도 없이 홀아비가 어린 것을 옳게 거두어 주질 못해 그렇게 된 것 같다며 몹시 슬퍼했다. 나는 그이와 같이 그 애를 약 백 미터쯤 떨어져 있는 산턱으로 올라가 묻어 주면서 왜 그렇게 슬펐는지 모른다. 그 무덤 앞에서 눈물을 흘리며 간절한 기도를 드렸다. 그때 그 아버지는 감동이 되었던지 나를 붙잡으면서 "나도 선생님을 따라 예수 믿겠습니다."하면서 즉석에서 예수 믿기로 작정을 했다. 그는 너무 감사해서 무엇으로 이 은혜를 보답해야 할지 모르겠다면서 그날 밤 그 애를 싣고 오던 암소 같은 황소를 잡았다. 그날 우리 일행은 어느 물 없는 냇가 잔솔밭이 있는 모래바닥에서 노숙을 하던 밤이었다. 일행에게는 피난길을 떠난 후 처음 있는 큰 잔치였다. 이스라엘 백성이 유월절 절기를 광야에서 지키는 것 같은 기분이었다. 일행을 한자리에 모아 놓고 하나님 앞에 기도를 드렸다. "우리에게도 하루속히 유월절을 주시라."는 큰 기도였다. 그 기도를 드리고 나서 깨닫기를 우리 한민족의 유월절은 8.15였다. 그때는 그날이 바로 8.15였는지도 몰랐다. 그땐 날짜도 분별치 못하며 다녔지만 어떻든 8월 중순임에는 틀림없었다.

그날 밤은 초승달이 제대로 비치지 못하고 어슴푸레한 밤이었다. 내게는 제사장의 분깃을 주는 듯이 큰 다리 한 각을 선사했다. 그러나 나는 고마운 줄도 모르고 먹었고 그 맛도 몰랐다. 마음이 이상하게 서글프기만 했다. 허전한 마음으로 그날 밤을 지새웠다. 그러던 중 하나님께서 내게 계시하시기를 "8월 추석에는 밝은 빛을 보게 되리라."는 것이었다. 그때가 음력 며칠인지는 모르되 달의 형태를 보아 7월 초순인 듯했다. 그때 일행을 모아 놓고 찬송 없는 예배를 드리며, 저 달이 한 번 커졌다가 죽었다가 또다시 살아나 커져야 수복된다고 하면서 그동안만 참고 견디자고 식구들을 격려하며 위로하던 그 밤은 하나님의 특별하신 뜻이 있는 날 같았다. 그렇게 잡으니 아직도 40일 이상 고생을 해야 수복이 될 것 같았다. 어떻든 그때부터는 공산군이 패하고 국군이 승리하며 들어오는 것이 눈에 보이는 듯 소망이 벅차올랐다.

13. 해인사의 목탁 소리

그때부터 공산군이 후퇴할 때까지 노상에서 자리를 이동하며 되돌아가는 시늉만 할 계획이었다. 그러나 그것도 여의치는 않았다. 어떤 동리에서든지 하루 이상을 더 머물 수가 없었다. 한 동리 한 동리 밀리고 밀리면서 합천 해인사까지 밀려 들어갔다. 절간 경내에 들어서면서부터 들리는 목탁 소리는 처량하기만 했다. 교회는 어디를 가나 문이 닫혔는데 절간에서는 공산군 앞에서도 목탁 소리가 여전했다. 벌써 공산군들이 거기에도 들어와 있었다. "이것들은 또 무어야?"하고 아래위로 훑어본다. 피난길에서 고향으로 되돌아가는 길이라고 설명을 했으나 석연치 않았는지 무슨 증명이라도 있느냐고 묻는다. 고령 땅에서 인민군이 써 준 통행증을 보였더니 "아, 이 동무가 거기 있었구만."하고 발급자 이름을 보고 반가워한다. 다행하게도 무사히 통과되었다. 그러나 대웅전 대청마루에 올라앉아서는 또 한 번 난처한 일을 당했다. 길가에서 시달렸던 어린것들은 넓은 대청마루가 그렇게 좋았는지 멋모르고 뛰기 시작했다. 입에서는 어느덧 찬송이 터져 나왔다. "내 주를 가까이하려 함은 십자가 짐 같은 고생이나 내 일생 소원은 늘 찬송하면서 주께 더 나가기 원합니다."하며 이리 뛰고 저리 뛰고 거침이 없었다. 천진난만한 어린것들의 심정에는 거짓이 없었다. 하나님이 시키시는 찬송인지도 모른다. 그러나 어른들은 큰일 난다며 찬송 소리를 막느라고 야단들이었다. 아니나 다를까 예수쟁이들이 왔다고 공산군도 쫓아오고 중들도 몰려왔다. 예수쟁이라는 죄명으로 그곳에 더 머물 수 없게 되어 그 길로 쫓겨났다. 목탁 소리는 여전히 내 가슴을 울리고 있었다. 기독교에서는 중들을 우상숭배한다고 멸시했지만 그들은 그래도 제단을 지키고 있었다. 공산군이야 오거나 말거나 자기들의 신앙을 지키고 염불만 여전히 하고 있는 그들의 자세 앞에서 자신의 부끄러움을 느꼈다.

찬송도 못 부르는 예수쟁이, 가엾은 존재가 아니런가? 하고 자신이 한심스러웠다.

X. 고난당할 때의 성령 역사

1. 제단 찾아 되돌아온 용문산

"예수 믿는다."는 말 한마디도 못 하고 성경과 찬송가를 불살라버리며 안 믿는 척하는 교인들의 겉모습들이 미워졌다. 목탁 소리가 커질수록 내 마음에 충격도 커졌다. "나도 돌아가 제단을 지켜야겠다."는 결심이 살아 올랐다. 제단을 지키다가 죽는다면 영광인데 한스러운 일이 없겠다는 생각이 불일듯했다. 찬송도 마음껏 부르고 싶었고, 기도도 마음껏 하고 싶었다. 목놓아 부르며 부르짖고 싶었다. 며칠 동안을 왔는지는 모르나 산으로 산으로 고된 길을 걸어왔다. 내남산까지 와서 짐을 내려놓고 앉아서 건너다뵈는 용문산을 바라보니 눈물겹게 반가웠다. 용문산은 묵묵히 제 위치를 지키고 있었다. 주인이 돌아오기를 기다리고 있는 듯했다. 희끗희끗 멀리 보이는 집들은 원망스럽게 내 얼굴을 바라보는 것만 같기도 했다. 해지기를 기다렸다가 그날 밤 용문산에 도착했을 때는 달빛이 제법 환하게 비치는 때였다. 사람들의 눈을 피해서 조심스럽게 입산을 하고 보니 산마저 고요했다. 아침저녁으로 예배하던 제단은 황폐해졌고 쓸쓸했다. 그 앞에 엎드리는 순간 기도 소리는 막히고 눈물밖에 안 나왔다. 다음날 밤, 몇몇 청년이 먹을 것을 구하려고 김익원 숙생을 따라 20리 밖 봉대에 가서 그의 집에 있는 통밀을 두어 말 얻어 갖고 왔다.

어느 날 낮이었다. 그늘 밑에서 밀을 맷돌에 갈면서 한가로이 앉아 환담할 수 있는 여유도 가지게 되었다. "달을 보아서는 아직도 우리의 소망은 한 달 뒤에 있는데 그동안 그것들이 알고 또 찾아오면 어떡하지?"하고 화제를 던졌더니 이런 말 저런 말 하다가 결국에는 "만일 찾아오면 그놈들에게 잡혀갈 것 없이 차라리 그놈들을 잡자."고 의견을 모았다. 가령 두 사람이나 세 사람이 왔다면 우리 수대로 누구누구 짝이 되어 한 사람씩 책임지고 잡으면 문제없을 터이니, 자기 짝과는 언제나 행동을 같이해야 한다고 단단히 다짐했다. 잡으면 꽁꽁 묶어서 뒷골짝 나무에 묶어 놓았다가 아군이 들어오거든 인계시키자고 단단한 계획을 짜고, 자신만만하여 금방이라도 완전 승리를 거둘 것 같은 기세였다. "그다음 또 오면 어떻게 하지?" "또 오면 또 그런 식으로 또 잡고 또 잡고 하지."하고 의기양양했다. 한 달 이내에 국군이 들어오리라는 확신이 있는 한 겁날 것 없었다. 그러나 두세 사람이 찾아와서 연행하리라던 상상은 빗나갔다. 그 며칠 후에 있은 일이다. 밤중에 무장 군인

1개 소대인 듯한 27명이 갑자기 습격해왔다.

2. 팬티바람으로 잡혀가던 날

무더운 어느 여름날, 팬티바람으로 깊이 잠들어 있던 밤이었다. 밖에서 큰 목소리가 들렸다.

"이리 나오너라. 너는 이미 포위되었다."는 호령이었다. 그때는 이미 무장 군인들이 용문산 심복이었던 이 공(李公)을 앞세우고 이 공의 안내를 받으며 우리 집을 완전히 포위하였던 때였다. 빨리 나오라는 재촉에 떨리는 가슴을 움켜쥐고 겨우 잠옷 저고리 하나 만을 걸치고 팬티바람으로 문을 열었다. 나는 문을 열다 말고 흠칫 놀랐다. 총 끝에 꽂힌 칼끝이 내 가슴을 찌를 듯이 겨누고 있었으니 말이다. 집중 사격이라도 할 것 같은 태세였다.

"이름이 뭐야?"

"나운몽이오."

"바로 잡았다. 요놈이 신출귀몰하는 놈이라던데."하더니 대기하고 있던 사복을 입은 자들이 재빨리 달려들어 두 손을 묶었다. 둘러선 무장 군인들의 모습은 어마어마했다. 투구와 배낭에는 생나무 가지를 두루 꽂고 총 끝에는 칼을 꽂아 들고 위세를 보이고 있었다.

밤마다 뒤지며 젊은 청년들을 모조리 잡아냈다. 잡힌 사람들을 문 앞에 쭉 늘어세웠다. 내 가족들도 어린것들을 데리고 거기에 끼어 있었다. 괴뢰군 한 녀석은 밖에 버려둔 등의자에 올라앉아서 가족들을 보고 "여기 척 앉아서 쌀 가져오라우, 고기 가져오라우 하면서 호강했디?"하고 평안도 사투리로 빈정대기도 했다. 사복 입은 자 중에서 검은색 복면을 한, 한 놈이 몽둥이를 갖고 내 앞으로 다가왔다. 묶여 있는 나를 끌고가 이 공 집 잿간 뒤에 처박아 놓고 그 몽둥이로 내 가슴을 마구 쥐어박고 사정없이 차고 때리고 해서, 그때 왼쪽 갈비가 부러졌던지 왼쪽으로 쓰러졌다. 다시 바로잡아 앉히고 그 복면을 벗으면서 "너 내가 누군지 알지? 내가 취직 하나 부탁했는데도 안 들어 줬지?"하며 이를 간다. 복면을 벗은 다음 보니, 그는 평성에 사는 '뼈거댕이'라는 별명이 붙어 있는 빈대 머리 임 씨였다. 나를 빤히 쳐다보더니 "내가 평성 임원식(?)이야, 박만출의 외사촌인데 날 몰라? 박만출 편에 몇 번이나 부탁을 했는데."하고 그 몽둥이로 가슴을 쥐어박는데 갈비가 부러져서인지 갈비 아픈 것만 알겠고 다른 데 아픈 것은 몰랐다. 조금만 더 했으면 죽었을 것이다. 바로 그때였다. 웬 난데없는 비행기 소리가 들렸다. 그때는 이미 날이 밝아 동쪽 햇살이 떠올라 올 무렵이었다. "요놈이 어느새 신호를 날렸네?"하더니 총을 들고 있던 괴뢰군까지 덤벼들어 총을 거꾸로 들고 집중 구타를 한다. "나 죽었다."하는 순간 정찰기 한 대가 가까이 나타났다. 그 즉시 그들은 '항공, 항공' 하면서 모두 뛰어 콩밭 속으로 숨어버렸다. 그 정찰기는 나를 살려 주었다. 그 정찰기 덕분에 간신히 숨을 내쉴 수 있었으니 말이다. 그 정찰기는 지나가는 비행기인 줄 알았는데 웬일인지 용문산 상공을 몇 바퀴 돌더니 남쪽으로 되돌아갔다. 그 정찰기가 어떻게 거기를 왔다가 왜 산을 돌았는지, 왜 왔다가 되돌아갔는지 그때도 알 수 없었거니와 지금도 알 수 없는 일이다. 이 역시 하나님께서 보내준 정찰기였던가 싶었다. 비행기가 사라지자마자 그들은 여기저기서 또 튀어나왔다. "5분 이내에 폭격 온다. 빨리빨리 내려가." 하며 급히 서두른다. 나는 그때 차라리 죽고 싶은 심정이었다. "주여, 어떻게 하시렵니까? 주여, 주여!" 속으로 부르짖으며 죽지도 않는 몸을 이끌고 그들에게 또 끌려가야 했다. 아내와 제수도 어린것을 업고 까닭 없이 끌려 내려갔다. 나를 따르던 차호섭, 최순국, 김익원도 같이 끌려갔다. 그 밖에 고령서 만난 피난 떠돌이 노인의 아들도 같이 끌려가게 되었다. 나를 체포하러 온 공산군 정복군인 27명과 사복 차림 지방자위대원들이 5, 6명이 같이 했고, 우리 일행도 6살, 4살 아이들까지 포함해서 9명이나 되었으니 40여 명, 거창한 행렬이 골짝 길을 메우며 도치랑 동리로 통과하게 되었다. 그중에 우리 일당으로 오인을 받고 우리와 같이 묶여서 끌려가는 소년이 가엾었다. 그는 우리와 상관도 없이 피난길에서 늙은 아버지를 따라다니던 소년이었다. 그래서 그를 돌려 보내 주도록 갖가지로 이해와 설득을 시키며 간청을 하여 간신히 그를 돌려보냈다. 영문도 모르고 잡혀 오던 그 소년은 너무 기뻐서 몇 번이나 절을 하면서 되돌아갔다. 나는 그를 해명해서 돌려보내게 된 것이 장한 일이라도 한 것 같고, 무슨 큰 공이라도 세운 것 같은 기분이었다. 마음이 몹시 경쾌했다. 영육 간에 괴로움을 안고 가는 내 심령에 기쁨을 주기 위한 하나님의 자비가 나를 위로해 주는 것 같았다. 갈비가 부러진 것 같은 아픔도 어디로 사라졌는지 모를 일이었다.

3. 때에 따라 친구가 원수 되고

"이 동리에 있다는 그 최○○이라는 자를 마저 잡아가지고 갑시다." 하고 입맛을 다시는 한 사람이 있었다. 그는 착취배라면서 그 이름까지 자세히 아는 사람도 있었다. 그때 복면하고 내게 횡포하던 뻐거댕이가 하는 말이 "그러나 그 동무는 우리 과업에 열심 분자입니다. 이번 이 일만 해도 그가 와서 연락해 주었기 때문에 된 일입니다." 하고 열심히 그 최씨를 변호해 주었다. 남모르게 가만히 산으로 들어와서 있었기 때문에 2km나 떨어진 동리에서는 아무도 모를 줄 알았다. 그런데 웬일일까 했더니 최 씨가 연락해 주었다는 것은 뜻밖이었다. 왜정 때에는 그 아버지가 나를 고발해서 잡혀가게 했는데 이번에는 그 아들이 대를 이어 원수 노릇을 했다. 그 아버지는 자기가 차려 놓은 절간 앞에서 온 동리가 떠들썩하게 찬송을 부르고 남녀노유 전 촌이 예수화하니까 앙심을 먹고 고발을 했다는 데는 그 이유가 충분했지만, 그 아들 최 씨가 나를 고발했다는 데는 이해가 되지 않았다. 그는 오히려 왜정 때에 그 아버지가 그런 짓을 했다고 몹시 못마땅하게 생각하고 나에게 일러주던 사람이었다. 그리고 그는 나를 용문산에까지 인도해 준 인연 있는 친구였다. 나와는 해인사에서 만난 후 생식도 같이하면서 도치랑에 있는 그의 재실에 와서 한동안 동거하던 그였다. 용문산을 매수할 수 있도록 주선해 준 이도 그였고, 용문산에서 목장을 같이해 보자고까지 했던 친구였다. 그는 일본대학 문과를 졸업하고 왜정에 불만을 갖고 술로 소일하다가, 나를 만나서 재생의 기회를 얻게 된 것을 만행으로 알고 나를 좋아했던 친구였다. 그는 나보다 한 살 아래면서도 한 살 위의 행세를 하기도 했던 노인형이었다. 그의 부모도 아들이 나로 인하여 재생의 길을 찾게 되었다고 무척 기뻐하며 나를 친조카와 같이 사랑하며 좋아하던 때도 있었다. 이렇게까지 인연 있는 친구가 나를 죽여 달라고 그들에게 넘겨 주었다는 것은 믿을 수 없는 일이었다. 하지만 그것은 너무도 명백한 사실이었다. 세상이 변하니 마음도 변한 것이다. 그 아버지는 부근에서 소문난 거부였지만 아들은 한 푼의 재정권도 없었기 때문에 항시 부모에게 불만을 갖고, 자기 아버지를 가리켜 '수전노'(守錢奴)라고까지 하며 아버지에게 대들곤 하였다. 그러니까 사상적으로도 부자지간에 언제나 상극 상태였다.

　그러던 중에 갑자기 공산군이 밀고 들어오니까 그 아들은 그들과는 통하는 점이 있어서 그렇게 되었는지는 알 수 없으나, 나를 그렇게 잡아 주기까지 하리라고는 생각 밖의 일이었다. 그가 자기 신변이 위태로우니까 그런 짓을 했을 수도 있다며 이해를 하려고도 했으나 그래도 그가 이럴 수가 있을까 하고 원망스러웠다. 내가 산에 들어와 있는 줄을 알게 된 것은, 도치랑에 살면서도 집 없는 들개라는 애가 그 엄마와 같이 용문산의 빈집에 와서 살고 있다가 우리가 들어오니까 반가워서 선생님 오셨다고 동리에 내려가서 기쁜 소식을 전한다고 은밀히 이야기한 것이 최 씨에게까지 알려진 것이다. 최 씨는 그 정보를 아는 즉시 자기 신변을 보호하기 위해서는 친구를 팔아야겠다는 얄팍한 생각이 떠올라서 순간적인 과오를 범했는지도 모른다. 성경 말씀대로 말일에는 인심이 고약해지기 때문에 "너희는 이웃을 믿지 말며 친구를 의지하지 말며 네 품에 누운 여인에게라도 네 입의 문을 지키라."(미 7:5)고 한 경고를 명심해야 할 좋은 실물 교훈이었다고 느꼈다. "나를 미워하는 자가 원수가 아니라… 원수일진대 내가 그를 피하며 숨었으리라. 그가 곧 나의 동료, 나의 동무요, 나의 가까운 친우로다."(시 55:12~13)라는 성경 말씀을 실감했다. 고발한 자도 친구였고 내가 자는 방으로 안내해 준 자도 내 심복이었고, 나를 끌고 갈 때에 나를 지키는 자도 나한테 직접 배우던 내 제자였다. 예수께도 가룟 유다가 있었으니 지금도 이런 자들이 있다는 것은 이상한 일이 아니다.

4. 성령은 내 마음을 지키셨다

도치랑 마을을 어서 벗어나고 싶었지만 뼈거댕이는 의기양양하며 온 동민들은 다 나와서 구경하라는 듯이 우리를 동사무소 마당에 끌어다 놓고 관람을 시키고 있었다. 별일도 없이 시간을 지연시키며 온 동리에 떠들어대며 왔다 갔다 하는 뼈거댕이의 모습이 가관이었다. 또 한 작자는 허술한 사복 차림에 격에 맞지 않는 총을 들고 변소에까지 따라와서 마주 앉아 총을 겨누고 지키기도 했다. 변소라야 지붕도 없이 울타리만 있는, 잿더미 옆에 디딤돌을 놓은 정도의 뒷간이었다.

그런데 그 디딤돌에 쭈그리고 앉아 용변하는 사람 앞에 총을 정면으로 겨누고 마주 앉아 수작을 걸고 있었다. 자기는 엿장수를 가장하고 동리마다 다니며 오늘의 승리가 오기까지 공을 세웠다는 것이다. 심각하게 머리를 수그린 채 눈을 치뜨고 한마디 한마디 자기 딴엔 무게 있게 말하느라고 또박또박 힘주어 말하고 있었다. 즉 자기는 나를 잘 알고 있었다는 것이고, 또 자기를 훌륭한 인물로 알아주기를 바라는 것이 그의 말의 요지였다. 냄새 나는 뒷간에까지 따라와서 총의 위세를 보인다는 자세도 우습거니와 그 수작도 너무도 유치했다. 그렇지만 그 앞에서의 내 존재란 더욱 가소로웠다. 뒷간에서까지 파수꾼을 세워야 하는 위대한(?) 존재였는가, 뒷간 자유도 없는 무가치한 폐물이었는가? 슬펐던 지난 일들이 지금 생각하면 우스운 일이기도 하지만, 당시는 죽고 싶은 심정뿐이었다. 내세를 몰랐다면 죽을 수도 있었을 것이다.

내세를 바라보는 소망이 나를 살렸고 또 내세의 두려움이 나를 못 죽게 했다. 이처럼 성령은 은근히 내 안에서 역사하고 있었다. 마귀는 나를 죽는 길로 이끌고 있었지만, 성령은 내 속에서 착한 일을 시작하시고 나를 사는 길로 인도하시려고 내 마음과 생각을 지키고 계셨다(빌 1:6, 4:7).

5. 이 동리 저 동리로 끌려다녀

아무리 구경거리로 동사무소 앞마당에 결박해 놓았지만 이 집 저 집에서 담 너머로 삐금 삐금 넘겨다 볼 뿐이고 정면으로 와서 구경하는 사람들은 전혀 없었다. 왜정 말엽, 온 동민들이 나를 선생님이라고 하면서 야학당에서 글을 배웠기 때문에 그때까지 정들어 있던 처지였으니 그런 꼴을 보면서 기뻐할 사람은 아무도 없었다. 오히려 눈물을 흘리며 오가는 부녀자들이 눈에 뜨일 뿐이었고, 어느새 동민들이 정성을 모아 아침을 준비해 갖고 동사로 왔다. 목멘 소리로 먹으라고 권하던 그들의 눈에서는 거짓 없이 눈물이 흘렀다. 마지막 가는 길에 마지막 식사를 대접하는 것 같은 느낌이 들었던 모양이다. 감출 수 없는 눈물을 닦고 또 닦으며 반찬을 그들에게 옳게 가려놓지 못하고, 떨리는 손으로 반찬 그릇을 뒤적거리다가 그들에게 야단을 맞고 어쩔 줄 몰라 하던 동사 옆집 아주머니의 모습은 지금도 눈앞에 훤히 보이는 듯하다. 온 동리는 죽은 듯이 고요하기만 했다. 뻐거댕이 혼자만이 큰 소리로 지껄이며 왔다 갔다 서두를 뿐이고, 그 일행들도 밤새워 그 산중까지 갔다 오느라고 지쳤는지 기운 없이 조용하게 식사를 마쳤다.

도치랑을 떠날 때는 마지막 가는 길 같이 누구를 만나도 할 말이 없었다. 내려가는 길가에 있는 동리마다 들러서 구경거리 동물 취급을 받으며 이리저리 끌려다녔다. 이런 꼴을 당하며 어찌 살고 싶었으랴. 이렇게 뙤약볕 속으로 끌려다니다 보니 지칠 대로 지쳐서 더 이상 걸을 수가 없을 때쯤 되어서야 도암동 어귀 큰 느티나무 그늘 밑에 이르렀다. 이른 새벽부터 들볶이며 잠도 못 잔 채 끌려다녔으니 그늘 밑에 앉자마자 쓰러져 잠이 들었다.

6. 이별의 설움

지키고 있던 사람 중에는 내 밑에서 배우던 숙생도 하나 있었다. 깨어날 무렵 머리맡에서 저희들끼리 주고받는 말소리가 잠결에 들렸다. "이건 아무래도 가서 당장에 죽일 것이고 아마 그 가족들은 돌려보낼 거야."하고 동정이라도 하는 듯 한숨을 짓는다. 그 말을 듣고 나서는 더 이상 잠을 잘 수가 없었다. 그 말을 가족이 들었을까봐 겁이 났다. 일어나서 가족들의 동정을 살펴보니 그런 소리를 전혀 듣지 못한 눈치였다. 철뚝 너머 길가 집에서 점심을 주는 대로 먹고 또 떠났다. 아내가 신고 오는 신발을 보니 운동화 앞바닥이 떨어져서 철썩거리고 있었다. 내가 신은 신발은 거기에 비하면 당분간 더 신을 수 있는 고무신이었다. 나는 아무래도 죽을 몸이니 좋은 신발이 필요치 않다고 생각이 되기에 바꿔 신자니까 순순히 응했다. 그다음엔 시계를 끌러 주니까 그것도 무의식적으로 받아들더니 무슨 생각이 났던지 안 받겠다고 도로 준다. 당신은 아무래도 다시 돌아가게 될 터이니까 갖고 가라고 아무리 권고해도 듣지 않는다. 그때는 무슨 예감이 달라졌던 모양이었다. 아천까지 가서 간단한 조서를 꾸민 후에 나는 세 청년과 함께 김천으로 끌려갔다. 가족들은 그늘 밑에서 지키던 자들의 말과 같이 되돌려보냈다. 나는 이왕 영원한 세계로 가는 몸이지만 가족들이 어린것들을 데리고 고생할 생각을 하니 앞이 아득했다. "이왕 이렇게 되었으니 일가친척이 있는 고향으로 돌아가시오." 마지막 유언 같은 한마디를 남겨 주고 생이별을 했다. 과연 무거운 발걸음이었다. 이별의 서러운 빛을 안 보이려고 무척 애를 썼다. 뒤돌아보며 "저 천당 가서 만납시다."하고 입속말로 나 혼자 중얼거렸다. 이 한마디는 마지막 일이기도 했으나 내 신앙 안에서 찾는 소망이기도 했다.

7. 김천 감옥에 갇혀

김천 가서는 아무런 조서도 꾸미지 않고 죽은 시체 제거 작업을 어두울 때까지 시켰다. 그때 어디로 도피해 보려고 몇 번이나 망설이다가 결국은 기회를 얻지 못하고 형무소에 갇혀야 했다. 그들은 형무소를 교환소라고 부르고 있었다. 아침저녁으로 통밀을 삶아 한 줌씩 주는 것으로 연명을 할 수밖에 없었다. 어떤 때는 낡은 잡지를 한 장씩 찢어 주면 그 종이에 통밀 삶은 것을 받기도 하고 그것도 없으면 맨손에 한 줌씩 받아야 했다. 수저도 없으니 그냥 입으로 소 먹듯 해야 했고 반찬도 없으니 음식 맛은 찾을 수도 없었다. 그러나 배가 고프니 먹어야 했다. 아무래도 죽을 것, 이런 짐승 취급을 받으면서 살면 무엇하겠다고 이것을 먹겠는가 스스로에게 묻기도 해보았다. 그러나 자살은 살인행위라고 규정지어진 신앙심이 나를 못 죽게 했을 따름이다. 살았다고 할 만한 아무런 체모도 없었다. 열두 자밖에 안 되는 마루방에 20여 명이나 있었으니 무더운 날씨에 견디기 어려웠다. 온종일 좁은 방바닥에서 여러 사람이 맨발로 뭉개다 보니 바닥이 더럽기도 하거니와 발 구린 냄새가 나서 밖에서 들어올 때에는 코를 찌를 듯했지만 그것도 얼마 안 있어 적응이 되어서인지 그 냄새도 모르고 살았다. 그 더러운 바닥에 떨어진 밀알 하나라도 버리는 법은 없다. 다 집어먹는 처지였다. 흑통보리알이나 피알갱이가 더러 섞여 있어도 그것마저 다 발겨 먹는 판이다. 그렇게 배가 고픈 데다가 목이 말라 또한 견딜 수가 없었다. 그리하여 온종일 목말라 죽겠다는 아우성 소리가 그칠 줄 몰랐다. 누군가가 목말라 견디다 못해 파수병을 보고 "동무 물 한 모금만 주세요."하고 간청을 하니까 물은 주지도 않고 "동무?"하고 반문을 한다. 동무라고 하는 것을 못마땅하게 생각하는 줄 알고 "그럼 선생님, 선생님, 물 한 모금만 주세요."하고 몇 번이고 머리를 조아렸지만 역시 물은 안 주고 "선생님?"하고 못마땅하다는 듯이 퇴박을 준다. "그럼 뭐라고 합니까?"하니까 그때서야 "교도님이라고 해." "그럼 교도님, 물 한 모금만 주세요."하고 한결 가벼운 마음으로 구했다. 이번에는 "그럼이 뭐야"하고 또 트집이다. "그럼, 그럼 소리 빼고 교도님, 교도님, 교도님 물 한 모금만…"하고 비위 좋은 친구의 끈덕진 노력으로 그 귀한 물을 한 모금씩 얻어먹게 되었다. 양동이에 물 한 동이를 갖다 놓고 물이 줄줄 새는 양재기에다가 조금씩 떠서 들고 "이거 셋이서 먹어."하고 내밀어 주면 서로 먼저 받으려고 손을 내밀다가 누가 받든지 먼저 받은 사람이 먼저 마시게 된다. 먼저 먹는 사람이 많이 마실까봐 다음 사람들은 그릇을 꽉 붙잡고 "한 모금만 마시지 한 번만 벌컥, 한 번만 한 번만."하고 더 못 마시게 야단인데 마시는 사람은 한 모금이라도 더 마시려고 그릇을 꽉 붙잡고 안 놓는다. 그러다 보니 서로 못 먹고 쏟는 양이 더 많았다. 그렇게라도 한 모금씩 목을 축이고 나서는 "에라, 오늘은 생선 몇 마리 먹었다."하고 물러앉는다. 어느 논 머리에 있는 물구덩이에서 떠왔는지 꼬부랑 벌레가 물에서 꼬부랑 거리는 것을 보면서도 그것을 그냥 마시고 나서 하는 말들이다.

8. 꿈 같은 기적

이렇게 간신히 하루하루를 살아가던 어느 날이었다. "나운몽 나와!"하고 감방 문이 왈가닥 소리를 내며 벌컥 열린다. 동시에 가슴도 덜컥했다. 어쩔 수 없이 문밖으로 나섰다. 나서자마자 올가미에 두 손을 훌키더니 멀리 떨어져 있는 서북쪽 망대로 끌고 갔다. 꽁꽁 결박을 하여 걸터앉는 동상 위에 올려놓고, 번쩍거리는 일본 군도를 휘두르며 뭐라고 욕지거리를 하면서 내리패기 시작했다. 칼등으로 쳤는지 칼집으로 쳤는지 알 수 없으나 난타를 하는데 나는 쓰러지고 말았다. "우리는 조국을 위해서 너희들…" 운운하는 소리가 어렴풋이 들린 것 같기는 했으나 그다음에는 전혀 알 수 없었다. 시간이 얼마나 흘렀는지도 모른다. 시간을 알 수는 없었으나 "조국을 위하거든 하나님 두려운 줄을 알라."하는 큰 소리가 내 입에서 터져 나왔다. 그리고 그 소리에 나도 깨어났다. 그 우렁찬 소리에 무슨 위력이라도 있었는지 나를 후려치던 그자는 뒤로 나자빠졌다. 꿈 같은 일이었다. 나는 그에게 이것이 꿈이 아니냐고 물어보기까지 했다. 꿈이 아니라는 대답을 하면서 그는 일어났다. 나도 내 정신이 아닌 것 같았고, 그도 자기 정신이 아닌 것같이 보였다. 모든 일이 다 희미하고 꿈 같기만 했다. 나도 모르게 날 좀 풀어달라고 그에게 명령하듯 했다. 그는 아무 말도 없이 순순히 와서 풀어 준다. 점점 의식이 돌아오면서 목마른 것도 깨달을 만했다. 물을 좀 달라고 하니까 역시 순순히 물을 갖다 준다. 어느 물구덩이에서 떠왔는지 양동이로 하나 가득히 떠왔다. 푸른 이끼가 둥둥 떠돌고 발간 꼬부랑 벌레가 떠도는 것이 보이는 데도 더럽다는 생각도 없이 양동이 그대로 벌컥벌컥 마셨다. 그때서야 정신이 좀 들었던지 "여기가 어디요?"하고 물었다. "어디긴 어디야 교화소지."하는 것 같기는 하나 뭐라고 하는지 자세하지는 않았다. 꿈이 아니고 생시라는 것을 알 만했는데도 정신은 여전히 몽롱하여 좌우를 분별하기 어려웠다. 그래서 나는 있던 곳으로 좀 데려다 달라고 요청을 했다. 그는 나더러 "좌우 간 얼굴이나 씻어요."하고 물그릇을 옮겨 놓아 준다.

얼굴을 씻고 보니 피 묻은 것을 알 수 있었다. 몸에도 여기저기 피가 묻어 있었다. 별로 아픈 줄은 모르겠으나 등도 뻐근하고 온몸이 굳어져 있는 것 같았다. 데려다주는 대로 가서 보니 그때에야 본정신이 돌아왔는지 갇혀 있던 감방임을 알 만했다. 감방에 앉았던 수감자들은 일제히 그 시선을 내게로 모으며 놀라는 표정이다. 어떤 이들은 고문을 당했느냐고 음성을 낮추며 은근히 묻기도 했다. 나는 모르겠다고 대답을 했을 뿐 모든 것이 귀찮아 한쪽 모퉁이로 가서 앉았다. 팔꿈치를 세워 두 손으로 얼굴을 받치고 구부려 앉아 겪은 일을 생각해 보았으나 꿈을 꾼 것만 같았다. 피가 난 흔적을 보아 꿈이 아니었던 것은 분명하나 어떻게 된 일인지 모두가 희미했다. 기절을 했느냐고 묻는 이가 많았지만 나는 모르겠다는 대답으로 일관했다.

9. 삶의 자유가 없는 인생

그날 밤, 취침 시간에 누우려니까 등이 몹시 아파서 제대로 누울 수가 없었다. 꿇어앉아 엎드려야 제일 편한 편이었다. 기도하라는 특별 기회로 삼을 수밖에 없었다. 온 방 안에는 코 고는 소리만 들리고 사방이 고요한 밤중이다. "주여, 주여."하고 엎드려 있노라니까 갑자기 환하게 빛이 비쳐 화다닥 놀라면서 머리를 들었다. 낮 빛보다 더 밝은 빛이었다. 주님께서 오시는가 착각을 하기까지 했다. 알고 보니 공중에 조명탄이 비치는 빛이었다. 그 빛이 사라지자마자 밖에서 웅성거리는 소리가 심상치 않았다. '한 동무', '백 동무' 부르는 소리랄지 소달구지를 끌고 가는 왈가닥거리는 소리랄지 모두가 다급해진 사태임이 틀림없었다. 어떻든 북쪽으로 이동하는 자취였다. 이것들이 이제는 쫓겨 가는 모양이다 하고 생각만 해도 속에서 생기가 들었다. 귀를 기울이고 들어보고 들어보아도 분명한 후퇴였다. 어서 날이 새기를 기다렸다. 날만 새면 옥문이 당장에 터질 것만 같았다. 당장에 국군이 뛰어들어오는 것이 눈에 보일 듯했다.

아픈 것도 다 사라지고 날뛰고 싶은 충격에 들떠 있었다. 한잠도 못 자고 밖의 동정에만 귀를 기울이고 날이 밝기를 기다릴 뿐이었다. 속히 이 기쁜 소식을 누구에게 전하고 싶었지만 아무리 자리를 둘러보아도 아무도 말할 대상이 없었다. 모두 고단하게 잠에 취해 있는 모습이다. 아침이 되었다. 나를 따라다니다가 나와 함께 갇혀 있는 차호섭 청년이 내 옆에서 자고 있었다. 그에게 나는 귓속말로 "이제는 살았어, 이놈들이 후퇴를 하는 모양이야."하고 일러주었다. 그도 나와 같이 기뻐할 줄 알았는데 그게 아니었다. 도리어 어리둥절해하면서 "큰일 났습니다."하고 근심 빛을 보인다. "큰일이라니? 공산군이 후퇴를 한다는데 그게 무슨 소리야? 이제 곧 국군이 들어올 것 아니야?"하고 나는 자신 있는 소리를 했다. 그러니까 그는 눈을 크게 뜨면서 "그러니까 큰일 났지요." "그러면 공산군이 이겨야 한단 말인가?" "아니지요. 그놈들이 후퇴하면 우리를 그냥 두고 가겠어요? 우리의 목은 이거야요."하면서 손을 들어 목 베는 시늉을 한다. 몸서리치는 소리다. 그 말을 듣고 나서는 밤새껏 기뻐하던 그 기쁨은 어디로 사라지고 기운이 딱 떨어지고 말았다. 이래도 걱정, 저래도 걱정, 이것이 갇혀 있는 사람들의 어쩔 수 없는 고충임을 새삼 느꼈다. 옥 밖에 있은들 시간과 공간 안에 갇혀 있는 인생, 어느 뉘라서 자유롭다고 말할 수 있으랴. 이래도 걱정, 저래도 걱정, 이것이 인생의 전부인데야 어찌하랴. 그런고로 우리 인생은 삶의 근본 문제가 해결되기 전에는 그 부자유의 걱정에서 벗어 날 수 없다. 오직 그리스도의 십자가를 통한 생명의 성령의 법이, 죄와 사망의 법 아래 있는 우리를 해방시켜 주기 전에는 결코 삶의 자유가 해결될 수는 없다(롬 8:2).

10. 주기 싫었던 통보리 세 개

나는 차호섭 청년의 말을 듣고 나서는 넋 없는 사람같이 멍하니 앉아 있었다. 그동안 어느새 식사라고 예의 통밀을 삶아다가 한 줌씩 나눠 주고 있었다. 내 차례가 되었다. 두 손을 움켜 들고 손바닥에 받아들었다. 그렇게라도 먹어야 하는 동물인간 노릇을 해야 했다. 손에 움켜쥔 대로 짐승처럼 입으로 물어 올려 먹어야 하는 인간 이하의 취급을 받는 처지였다. 나는 그 통밀을 먹다가 그 속에서 통보리알 세 개를 가려서 옆에 놓았다. 다 먹고 나서는 그것마저 껍질을 벗겨 먹으려고 아껴 둔 것이다.

그런데 내 옆에는 구성면에서 잡혀 왔다는 뚱뚱하고 장대한 청년이 앉아 있었다. 그 청년이 어느새 자기 것을 다 먹어 치우고 내가 아껴 놓은 통보리 세 개에 눈독을 들이고 있었다. 급기야 "선생님, 이거 저 먹어도 될까요?"하고 통보리 세 개에 손을 대려고 한다. 그래도 나는 대답하지 않았다. 그는 내가 듣지 못한 줄 알고 또다시 같은 말을 한다. 그래도 나는 대답 안 했다. 그때는 옆구리를 꾹꾹 찌르며 또 사정사정한다. 그래도 나는 주기 싫어서 "뭐요?"하고 귀찮게 쏘아붙였다. 그래도 그는 염치불구하고 끈덕지게 졸라댄다. "이거 저 먹어도 좋아요?"하고 나를 빤히 바라본다. 나는 할 수 없이 "예, 먹으시오."하고 고개를 끄덕거렸다. 자신의 가치가 통보리 세 개의 무게도 안 되는 무가치한 인생임을 느끼면서 한없이 슬펐다. 통보리나 돌피 한 알도 남기지 않고 모두 먹어야 하는 굶주림을 견딜 수 없는 그런 처지에서 내 딴에는 큰 구제 사업이라도 한 기분이었다. 나는 아직 내 줌 안에 있는 것도 다 먹지 못하고 우물우물 씹고 있을 때였다. 갑자기 무장병이 철창문 앞에 와서 급하게 호명을 한다. 그 첫머리에 내 이름이 나왔다. 그렇지 않아도 "우리 목은 이거야요."하던 그 말이 아직 내 뇌리에서 사라지지 않고 있는데 이름을 불러대니 "이젠 죽었구나."하는 생각밖에 없었다. 이름을 불린 사람들의 표정은 굳어졌다. 내 이름과 같이 불렸다는 데서 더욱 당황했다. 나는 이미 사형받게 될 사람이라고들 알고 있었기 때문이다. 그 낯빛과 눈빛이 알아볼 만큼 일제히 변색됐다. "우리 목은 이거야요."하던 차 군의 이름도 끼어 있었다. 그 청년은 머리를 푹 수그린 채 일어나려고도 않는다. 문을 열어제치고 '빨리빨리'라는 호통을 치는 소리가 벽력 같은데도 한 사람도 선뜻 나서는 사람이 없었다. 나는 아직 그 통밀을 두 손으로 움켜쥔 채 그것을 먹으며 나갔다. 죽으러 나가는 녀석이 그것을 마저 먹으면 뭣 하겠다고 안타깝게 그것을 먹으려고 했는지 모른다. 통보리 세 개를 간청했던 그 청년이 내 옆에 앉아 있었는데 그에게 먹다 남은 것을 다 주고 나왔으면 그만일 터인데도 그러질 않았다. 복도에 나가서도 그것을 먹으라고 쭈그리고 앉았다가 뒤꽁무니를 발길에 차이면서까지 우물거리고 있었다. 얼혼이 나가서였는지 그만큼 배가 고파서였는지 어떻든 거짓말 같은 사실이기도 했지만 거짓말 같은 울타리 세계임에 틀림없었다.

11. 폭격 직전의 감옥 세계

더구나 죽으러 끌려나가는 녀석들이 허리끈을 좋은 것으로 묶으면 무엇하는지, 자기 것도 아닌 남의 것을 좋은 것으로 가려 묶느라고 법석이었다. 신발도 좋은 것으로 가려 신는 판이었다. 나는 팬티만 입은 채로 갇혔던 사람이라 허리끈은 가릴 필요도 없었거니와 신발은 내 것을 가리느라고 신발 무더기를 들추고 있었다. 바닥이 떨어져 철썩거리던 그 운동화가 밑에 깔렸는지 보이지 않았다. 아무리 뒤적거려도 없었다. 시간이 없다면서 "빨리빨리"하는 재촉 소리와 함께 발길에 몇 번이나 채이면서도 신발을 한 짝밖에 찾지 못했다. 그런데도 철장 안에서는 머리도 내밀 수 없는 창살 틈으로 코만 내민 얼굴들이 겹겹이 창문에 매달려 아우성이다. 그 틈으로 손가락을 내밀고 창문 밑에 있는 신발 무더기를 가리키며 "거 내 신발 바꿔 신지 마, 신발 바꿔 신지 마."하는 소리가 연방 쏟아져 나온다. "나, 내 것 찾느라고 그래 안 바꿔 신어." 그래도 믿어지지 않던지, 뵈지 않는 창문 밑을 향해 끝까지 아우성치고 있었다. 더 이상 가릴 수도 없었다. 할 수 없이 한 짝만 찾아 신고 그냥 끌려나갔다. 복도를 나서니까 웬 운동화 한 짝이 짝을 잃은 채 뒹굴고 있었다. 누군가가 이것이라도 신으라고 하면서 발길로 그 신짝을 밀어준다. 맨발로 가던 나에게는 그것도 고마웠다. 신발도 짝이 있어야 신발 노릇을 할 수 있었다. 한 짝을 주워 신고 15척 담 밑에까지 끌려나갔다. 거기서 포승을 지우려고 그랬는지 무슨 지시를 한다고 머뭇거리고 있을 때였다. 그때에 난데없이 제트기가 날아들어 갑자기 폭격을 시작했다. 담 밑에 모두 엎드려 있었다. 머리에 당장 폭탄이 떨어지는 것만 같았다. 그 요란한 소리와 함께 파편이 주변에 날아든다. 집 무너지는 소리와 함께 불붙는 소리도 요란했다. 정신을 잃고 쓰러져 죽은 듯했다. 미국군 포로병이 있을 때에는 형무소 폭격을 안 했다. 그런데 그날 아침은 미국인 포로병들을 어디로 이동시킨 날이다. 그동안 미국군 포로병 7, 8명이 우리 감방 건너 마주 보이는 방에 수용되어 있었다. 그들에게 통밀 삶은 것을 손에다 주면 받아서 복도에 던져 버리는 배짱 좋은 자들도 가끔 보였다. 정찰기가 와서 저공 정찰을 할 때마다 포로병들을 끌어내다가 지붕 위에 올려놓거나 넓은 광장의 보기 쉬운 곳에 내다 놓곤 했다. 그것은 폭격을 방비하는 유일한 수단이었다.

12. 살 줄 알았던 사람들은 죽고

그날은 미군 포로병들을 이동시켰기 때문에 감옥에는 미국인이 없었다. 미국인이 없는 줄을 알고 내리퍼붓는 폭격이라고 짐작되었다. 미국인은 사람 축에 들지만 한국인은 사람 축에도 들지 못하고 동물 이하의 취급을 받는 것 같아서 한편으로는 불만스러운 마음 또한 감출 수 없었다. 쥐 잡다가 독 깨지는 격이 아닌가 싶었다. 그러나 가라지 뽑다가 곡식까지 뽑힐까 염려하시던 주님의 보살핌이 계셔서 감방에서 구출된 것을 깨달을 수 있었다(마13:29). 만일 그때 감방에서 불러내지 않았다면 감방 건물들이 다 파괴되는 그때에 나도 이미 죽었을는지도 모른다. 그때 나는 담 밑에 꼼짝 않고 죽은 줄 알고 엎드려 있었다. 시간은 얼마나 지났는지는 알 수 없으나 누가 와서 등을 툭툭 치면서 빨리 일어나란다. "동무들 운 좋았고, 저 '들 것' 가지고 빨리 저리로 가요."하고 급하게 서두른다. 어느새 가마니에 장대를 꿰어 만든 들것을 여러 개 갖다 놓고 그것을 갖고 가잔다. 우리를 끌고 나오던 무장 군인이 어디로 갔는지 알 수 없었다. 폭격에 죽었는지 도망을 쳤는지 그들은 전혀 보이지 않고 사복 입은 사람들이 와서 데리고 간다. 둘이서 들것 하나씩을 들고 따라갔다. 따라가서 보니 바로 우리가 있던 감방과 그 옆에 있던 망대에는 죽어가는 사람들이 피투성이가 되어 살겠다고 꿈틀거리며 비명을 지르고 있었다. 폭격 3분 전 끌려나가지 않았다면 나는 어떻게 되었을 것인가? 살 줄 알고 신발 바꿔 신지 말라고 아우성치던 사람들은 죽었고, 죽을 줄 알았던 사람들은 오히려 살았으니 인생의 생사를 뉘가 알 수 있으랴. 팔다리 떨어진 사람, 죽은 사람은 다 버리고 사지가 그냥 남아 있는 사람이라야 그 피투성이 속에서 끌어내어 들것에 싣고 구읍으로 운반했다. 인민 병원으로 옮긴다기에 병원인 줄 알았더니 교실 같은 어느 마루방이었는데 그 마룻바닥에 수십 명 쭉 눕혀 놓았다.

거의 살아날 희망도 보이지 않는 송장 같은 사람들뿐이었다. 그래도 신음소리는 여기저기서 들리고 있었다. 거기를 인민 병원이라고 하는데 의사도 간호부도 보이지 않고 치료해 주는 사람이 한 명도 보이지 않았다.

13. 성령의 이끌림 받아

해는 석양이었다. 나는 감옥으로 다시 가기가 싫었다. 아무도 우리를 관할하는 사람이 없는 것 같아서 어디로 도피할까를 망설이고 있었다. 그때 우리를 인솔해 가던 자가 어디서 분주히 뒤따라왔다. 아무리 보아도 그 사람이 우리를 죄인 취급하는 것 같지는 않았다. 무슨 노무자로 알았든지 지나가는 행인으로 알았든지 우리의 정체를 모르는 인상이었다. 어떻든 우리 이름을 불러대던 무장 군인은 폭격에 죽었는지 보이지도 않으니 어떻게 된 셈인지 도무지 알 수 없는 일이었다. 폭격 바람에 그들도 질서가 전혀 잡히지를 않는 상태였다. 인원이 모자라는 것도 확실했지만 후퇴 지경이니 더구나 정신을 못 차리고 있는 처지였다. 그냥 피해 버려도 아무 일도 없을 것 같았다. 하지만 그가 따라왔으니 넌지시 물어보았다. "이제는 가도 되지요?"

"예, 수고들 많이 했소." 의외로 대답이 순수했다. 무엇인가 사무착오인 것 같기는 하나, 하나님께서 도우셨구나 하고 급하게 발걸음을 돌렸다. 험한 산길, 그 어두운 50리 길을 어떻게 걸어왔는지 기적 같았다. 전날 밤 제대로 눕지도 못하고 엎드려만 있던 몸이 언제 아팠느냐는 듯이 꾀병이라도 한 것같이 아무렇지도 않았다. 훨훨 날 것 같은 기분으로 힘들지 않게 올라왔다. 이처럼 고난 중일수록 성령의 역사는 드러나게 확증을 보였다. 같이 오던 젊은이들은 오다가는 길가에 덥석 주저앉아 더 못 가겠다는 듯이 기운을 못 차린다. 그러나 나에게는 웬 힘이 그렇게 용솟음쳤는지 모른다. 천사가 나를 이끌어 주었는지도 모른다. 어떻든 성령의 이끌림을 받아 힘든 줄 모르고 용문산까지 단숨에 올라갔다는 것이 기적이었다. 청년들은 어디에서 떨어졌는지 나 혼자 산에까지 올라갔다.

그러나 있어야 할 가족이 아무도 없었다. 밤중이기는 하나 알아볼 수 있을 만큼 황폐해 있었다. 집이란 집은 문짝 하나 제대로 없었고 동산은 쓸쓸한 폐허가 되고 말았다. 배는 심히 고팠다. 토마토 밭으로 가서 손에 집히는 대로 따 먹었다. 익은 것은 하나도 없었거니와 큰 것도 하나도 없었다. 그래도 배가 고프니까 먹기는 했지만 시원하기보다는 목이 아렸다. 먹을 만큼 먹고 나서 바위 등에 주저앉았다. 그런데 가족은 어디로 갔는지 전혀 알 길이 없었다. 마음은 심히 서글펐다. 그 자리에 엎드려 기도드렸다.

14. 과거의 나는 죽었고

"주여, 나는 어디로 가오리까? 과거의 나운몽은 이미 죽었나이다. 이제부터의 나는 내 것이 아닙니다. 죽음 속에서 살려 주신 주님의 것이오니 주님 뜻대로 써 주시옵소서. 주님 위해 살고 주님 위해 죽겠나이다."하고 기도드리는 동안 순교자들이 끔찍스럽게 죽는 모습이 눈앞에 보이는 듯했다. 그 같은 죽음을 각오해야 주의 종이 될 수 있다는 주님의 교훈인 듯싶었다. 그래도 주님께서 써 주시겠다는 확답을 영감으로 받았다. 두 손 들고 "날 보내소서, 날 보내소서."하며 부르짖는 동안 마음속에 확신이 점점 생겼다. 확신이 올수록 감격스런 눈물이 북받쳐 올랐다. "하나님 감사합니다. 나 같은 것도 버리지 않으시고 써 주신다니 감사합니다. 감사합니다."하고 감사기도가 절로 나왔다. 기도가 계속되고 있던 중 갑자기 식구들이 도치랑에 있다는 영감이 떠올랐다. 벌떡 일어나서 당장에 발걸음을 도치랑으로 쏜살같이 옮겼다. 예배당 앞의 박 영수님 댁으로 달려갔다. 그때는 벌써 날이 밝아올 때였다. 하늘이 훤하게 비치고 있었다. 뒷마루 밑에 있는 신발을 아무리 보아도 우리 식구들의 신발은 보이지 않았다. 내가 바꿔 주었던 신발도 보이지 않았거니와 어린것들의 신발도, 낯익은 신발이 하나도 없었다. 할 수 없이 되돌아 나오고 있었다. 그때 아래채 문간방에서 어느 아주머니가 나오면서 "거 누구요?"하고 수상쩍게 묻는다. 날도 채 밝기 전 웬 사람이 왔다 가니까 이상했던 모양이다. 그는 추풍령 방면에서 피난 와 있던 분으로 나와는 서로 모르는 처지였다. "나 용문산에 있던 사람이외다."하니까 그때서야 그이도 알았다는 듯이 반기며 "저 큰 방에 계시는데요. 큰방에"하고 말이 미처 나오지 않을 정도로 급하게 서두른다. 죽었는지 살았는지도 모르고 안타깝게 기다리며 부르짖는 기도 소리가 떠날 줄 모르는 안방 동정이 그의 심정을 동화시켰던 모양이다. "신발을 보니 우리 식구가 아닌 것 같은데요." "아니야요. 그 방에 계시어요 그방에!"하고 주고받는 말이 채 끝나기도 전에 큰 방문이 확 열리며 안 사람이 뛰어나온다. 뭐라고 소리를 지르며 덤벼들어 어느새 내 손목을 두 손으로 꽉 붙잡고 땅바닥에 펄썩 주저앉았다. 그때의 그 감격은 무엇에도 비할 데 없었다. 꿈속에서 접하는 장면 같기도 했다. 평생에 그렇게 달려들어 내 손목을 붙잡아 보기는 그때가 처음이었다.

어디로 장기간 여행을 하고 돌아와도 반가워하는 모습을 누구에게도 안 보이던 그가 그때는 그야말로 파격적이었다. 죽었다가 살아온들 그렇게 반가울 수 있었을까? 그때의 그 파격적인 감격적 모습이 나에게는 일평생 잊을 수 없는 추억이었다. 방 안에 들어가니 아직 어두웠다. 흐느껴 우는 기도 소리에 어린것들도 깨어났다. 불을 켜고 가정 예배를 드리고 나니 웬 밥상이 들어왔다. 어제 저녁부터 차려 놓은 밥상이란다. 이미 죽었다는 소문은 퍼졌으나 하나님께서 보호하셨다가 그날 살아나올 것을 아내에게 알려 주셨기 때문에 밥을 지어 놓고 기다리고 있었다는 것이다.

15. 산중 개척자의 억울한 고난

붉은 마수의 손아귀에서 살아나왔다는 것은 꿈 같은 일이었다. 하루속히 광명의 날이 오기를 기다리고 있다가 국군이 수복해 들어온다는 소식을 들었을 때의 그 기쁨은 무엇에도 비할 수 없었다. 그 반가움을 참지 못해 무조건 산 밑으로 뛰어나갔다. 이처럼 국군 수복을 반기다가 국군에게 곤욕을 당하던 때도 있었다. 산에서 산다는 것이 까닭이 되어 몇 번이나 죽을 고비를 넘겼는지 모른다. 산에서 산다는 것부터가 남한테 의심을 받기 좋을 만한 이유가 다분하다는 것도 그때 깨달을 수 있었다. 화전민도 아니고, 절간 승려도 아니고, 금광이나 탄광도 아니고, 무슨 특수한 생산도 없는 곳에서 살고 있으니 남이 이상하게 보는 것도 당연한 일이고 이해 못 하는 것도 당연한 일이었다. 이것이 산중 개척자의 애로랄까, 어떻든 당하는 자밖에는 알지 못한 억울한 고난과 고충이 내재해 있는 것만은 부정할 수 없는 사실이다.

지금은 기도원이라면 으레 산중에 개척한다는 것쯤은 누구나 이해할 정도로 널리 알려져 있지만 그때에는 기도원이라면 기도원이 뭐냐고 이해 못 하는 사람이 거의 전부였다. 설혹 이해를 한다 해도 광산도들이나 미신적 신앙, 이단의 소굴로 아는 정도였다.

6.25 동란 때만 해도 용문산에는 아직 기도원이라는 간판조차 붙이기 이전이었다. 용문산은 뭐하는 곳이냐고 물으면 얼른 무엇이라고 꼬집어 대답하기 곤란한 입장이었다. 그런 산중에 양복바지는 어울리지 않았던 모양이다. 나를 따라 옥고를 같이 당하고 나온 세 사람 중에 두 청년은 나와 같이 동거하고 있었다. 이들은 내가 경영하는 고등공민학교 교사로 있던 얌전한 샌님들이었다.

국군이 이런 산촌에까지 들어온다는 것이 너무 반가워서 나는 두 청년과 같이 용문산 밑 능점 쪽으로 국군을 마중 나가고 있었다. 능점에서 추풍령으로 갈리는 길 어귀에도 채 미치지 못한 언덕진 지점에서 또 한 번 되게 당한 일이 있었다.

16. 아군에게 억울하게 죽을 뻔

군수품을 실은 달구지를 민간인들이 끌고 밀고 길 없는 풀 속을 헤치며 추풍령 방면으로 가고 있었다. 그들을 인솔해 가던 책임자인 듯한 국군 두 사람이 있었다. 그들은 우리 일행을 보자마자 "이리와!"하고 거센 목소리로 호통을 친다. "수고합니다."하고 반기는 우리의 소리는 들은 척도 않고 다짜고짜 "양복바지 입은 놈들이 이 산중에 뭣 때문에 남아 있었지? 빨갱이 부역자들이지?"하고 총대를 거꾸로 잡아 무조건 내리친다. 말 한마디 못하고 까닭 없는 매를 맞았다. 특히 두 청년에게는 사정없이 마구 쳐서 상처를 입힐 정도였다. 우리는 그에게 끌려 내남산 무너진 길로 풀 속을 헤치며 죽음의 길을 가야 했었다.

하나님만이 아실 수 있는 이 딱한 사정을 뉘가 알 수 있었으랴? 묵묵히 기도하면서 끌려가던 중 그들에게 우리의 사정을 말하라는 영감이 번개같이 떠올랐다. 성령이 인도하는 대로 그들에게 말할 수 있는 지혜와 능력이 발했다. 공산군에게 잡혀가서 옥고를 당하다가 폭격 바람에 구사일생으로 살아 나온 사람들로서 우리는 국군의 노고에 감사해서 환영을 나오던 길이었다는 이야기를 늘어 놓았다. 그러나 그들은 들은 척도 않는다. 들든지 안 들든지 그들에게 그때의 실정을 일일이 말했다. 그들을 설득시키는 것만이 사는 길이었기 때문이다. 처음에는 들으려고도 않던 그들이 점점 마음이 누그러지면서 의문점을 묻기도 하고 흥미 있게 듣던 모습이었다. 성령이 그들의 마음을 감동시킨 것이 분명했다. 죽일 만한 사람이 아니라는 것도 알게 되었지만 공연히 생사람을 끌고 가다 그냥 놓아준다는 것도 멋쩍었던 모양이다. 그때 바로 추풍령에서 연락병이 뛰어와서 무엇인가 종이쪽지를 전달한다. 그 종이쪽지를 받아들고 그는 내 얼굴을 빤히 바라보더니 놓아주라는 명령이 왔다면서 놓아줄 터이니 돌아가라는 것이다. 눈물겹도록 고마웠다. 고맙다고 몇 번이나 절하면서 돌아섰다. 뒤를 보고 또 보며 그들의 뒷모습이 안 보일 때까지 돌아보고 걸었다. "하나님, 감사합니다. 하나님, 감사합니다. 무엇에 쓰려고 또 살려 주셨나이까?"하면서 길을 걸었다. 불명예스럽게 아군에게 죽는 줄 알고 끌려가면서 억울함을 금치 못했다가 살아났으니 그 감격이란 이루 말할 수 없이 눈물겨웠다.

17. 총부리 앞에서의 대답

살아서 돌아와 보니 그때에 일개 대대가 도치랑으로 올라왔다. 나는 너무 반가워서 대대장을 찾아가 노고를 치하하면서 환영했다. 그는 대대장다운 아량이 있었다. 민간 협조를 구하는 그의 자세는 백성을 위해 싸우는 국군임을 은연중 나타내고 있어 그 품위 있는 자세에 온 동민들은 모두 협조했다. 그는 이곳 지리를 자세히 묻고 대대본부를 용문산에 설치하고 후퇴하는 공산군들과 총격전을 벌이고 있었다. 그때까지 피난 나갔던 박 영수님 가족은 아직 돌아오지 않았다. 나는 그때에 박 영수님 집에서 가족과 같이 피난하고 있었다. 총소리가 마을 뒷산 숲속에서 계속 들려오던 때였는데, 나는 아래채 문턱에 걸터앉아서 방 안에 있는 두 청년과 아군 승리를 기뻐하며 환담을 하고 있던 어느 날이었다. 난데 없이 공산군 복장을 한 북괴군 한 사람이 중무장을 하고 나타났다. 흰 광목 바지저고리를 입은 민간인 차림의 한 사람과 같이 갑자기 문 앞에 나타나 내 가슴에 총을 겨눈다. 북괴 군은 투구에도 배낭에도 나뭇가지와 풀대궁을 꽂은 모습이 어느 숲속에 숨어 있다가 나타 난 것 같았다. 그 두 사람은 두리번거리며 사면을 돌아보더니 내 앞에 쭈그리고 앉아 총을 면바루 가슴팍에 겨누고 묻는 말이 있었다. "동무, 인민군이 이기는 게 좋소? 괴뢰 국군 이 이기는 게 좋소?"하고 함경도 사투리로 입장 곤란한 질문을 한다. "국군이 이기는 것 이 좋소."하면 당장에 총살을 당할 판이고 "인민군이 이기는 것이 좋소."하면 한국의 반 역자가 되는 판이다. 내 양심에 없는 거짓말로 일시 죽음을 피해 보겠다는 것은 하나님을 거역하는 일이고 민족을 기만하는 일이었다. 두렵고 난처한 이 입장을 무엇으로 모면할지 총부리 앞에서 대답할 말이 막혔다. 그런 막다른 처지였는데도 하나님께서는 대답할 여유 있는 마음과 말을 주셨다. 갑자기 "그건 왜 묻소?"하고 반문하는 말이 튀어나왔다. "이 곳 여론을 조사해서 보고하라는 상부의 명령이오."하고 총 잡은 군인은 순하게 대답을 하 는데 옆에 앉았던 사복을 입은 사람은 내 태도가 못마땅하게 보였던지 "잔소리 말고 묻는 말이나 속히 대답해요."하고 눈을 똑바로 뜨고 대답을 강요한다. "여론이라면 간단하지 요. 국군이 들어오면 '국군 만세' 하고, 인민군이 들어오면 '인민군 만세' 하는 것이 이곳 실정입니다."하고 예사스럽게 대답할수 있었다. 이는 내가 하는 대답은 아니었다. 분명코 성령이 같이한 대답이었다(마 10:19, 20).

18. 인민군 복장의 국군

그들은 다시 할 말이 없었던지 벌떡 일어나면서 "이 동리 인민위원장 동무 집이 어느 집 이요?"하고 은신처를 찾는 듯이 허리를 구부리고 두리번거린다. "저도 교화소에 가서 있 었기 때문에 알 수 없구먼요."하는 대답을 했지만 그 대답은 들으려고도 않고 황급히 앞 의 담을 뛰어 넘어간다. 그들이 떠나가자마자 이번에는 국군 무장을 한 두 군인이 총을 들고 집 뒤에서 튀어나온다. "방금 인민군 왔다 갔지요?"하고 눈을 부릅뜨고 거칠게 묻는 다. 그래도 나는 국군을 보고 이제는 살았다 싶어 너무 반가워서 벌떡 일어서면서 "국군 이군요. 반갑습니다. 인민군이 방금 왔다가 저 담을 넘어갔습니다. 따라가면 넉넉히 잡을 수 있을 것입니다."하고 어서 따라가 놓치지 않기를 바라고 달아난 방향을 손을 들어 급하 게 가리켜주었지만 그들은 그 말은 들으려고도 않고 "괴뢰군이 왔다고? 왜 속히 연락을 안 했소?"하고 생트집을 잡는다. 나는 그들의 태도와 트집에 놀랐다. 당장에 인민군을 추격할 줄 알았는데 도리어 반가워하는 양민을 대적하는 그 태도가 너무도 의외였다. 잠깐이나마 당했던 충격도 긴장도 마비되는 듯 거의 낙심이 되다시피 맥이 풀렸다. 왜 속히 연락을 안 했느냐고 다그쳐 묻는 그들에게 나는 맥없이 대답했다. "그들의 총부리 앞에서 내가 어디로 움직일 수가 있었겠소? 나는 어쩔 수 없었지만 그 대신 내 가족에게 눈짓을 했는데 연락이 갔을 터인데요?"하고 귀찮은 대답을 하고 있노라니까 아내가 정신없이 달려와서 "제가 가서 인민군이 왔다고 빨리 나가 보라고 하지 않았어요? 등을 밀기까지 해도 안 나오고 있다가 이제 와서 왜 그런 말을 하지요?"하고 원망스럽다는 듯이 항거하는 태도였다. "아, 아주머니는 이 사람과 어떻게 되지요?" "우리는 부부간입니다." 이 같은 단마디 문답으로 다행히 급통을 모면한 줄만 알았다. 그런데 웬걸, 방 안에 앉아 있던 최군이 봉변을 당하게 되었다.

19. 낙서하고 죽은 최 군의 최후

그 군인은 방 안에 앉아 있는 두 청년을 보고 "이것들은 또 뭐야?"하더니 책상 위에 버려진 책 한 권을 집어 들고 "인민군 동지? 이거 누가 썼어?"하고 성난 어조로 묻는다. "네, 제가 썼습니다."하고 나서는 최 군의 얼굴은 햇쑥해진다. "이리 나와!"하더니 나오는 최 군을 막받아 뺨을 치더니 멱살을 붙들고 "인민군 동지? 인민군이 네 동지란 말이지?"하고 총살감이라며 엎치락뒤치락 차고 때리고 아무리 말려도 막무가내였다.

인민군 복장을 한 군인이 내 가슴에 총을 겨누고 수작을 걸었을 때 너무 급해서 자기도 모르는 사이에 어느덧 그 같은 낙서를 했던지 낙서를 하는 연필을 그냥 들고 있었다. "네 형제가 몇이지?" "네, 8형제입니다."

"그러면 하나쯤 죽어도 별것 아니겠네."하고 끌고 나갔다. 반공 사상이 철두철미하여 공산군에게 붙들려 가서 죽을 고비를 넘기고 간신히 돌아와서 국군을 기다리고 있던 청년이라고 아무리 해명해 주어도 들으려 하지 않고 그냥 끌고 나가 버렸다.

대대장 앞으로 끌고 가는 줄만 알고 내가 뒤따라 갈 터이니 안심하라고 최 군에게 안심을 주고 뒤따라 갈 준비를 하고 저녁상을 받는 순간 갑자기 문 앞에 군인이 또 나타났다. "나는 인민군이 아니고 대한민국 국군 ○○부대 소속 XX이요."하고 자신의 신분을 밝히고 나를 빨리 나오라는 것이다. 밥도 못 먹고 끌려가야 했다. 그는 공산군 복장을 하고 내 가슴에 총을 겨누었던 군인이었다. 국군처럼 인민군 복장을 하고 왔으리라고는 전혀 생각지도 못했던 일이다. "당신 너무 건방져요. 까치 다리 딱 하고 앉아서 그게 뭐요. 이렇게 생명 내걸고 전투에 골몰해 하는 병사들 보고 인사도 않고 돼먹질 않았어."하며 인사 안

했다는 것으로 한참이나 핀잔을 주더니 용문산 쪽으로 끌고 간다. "나는 인민군인 줄만 알고 그랬지요. 우리 국군인 줄 알았으면야 어찌 그랬을 리가 있겠습니까?"하고 변명했지만 소용이 없었다. 동리를 벗어나 용문산 올라가는 길가에는 수십 명 민간인이 잡혀 와서 모두 쭈그리고 앉아 그들의 심판을 받고 있었다. 공산군 복장을 한 군인들에게 "인민군 동무"하며 악수하던 사람들을 모조리 잡아다 놓은 것이다. 한 사람씩 "이건 왜 잡아 왔나?" "그도 인민군 동무라고 했습니다." "처치해!"하고 단마디 심판이었다. 그런 사람들은 도랑 건너로 끌고 가서 총살을 했다. 최 군도 그 축에 들었다. 총부리 앞에 세우고 "마지막으로 할 말이 없느냐?"고 했을 때 최 군은 찬송가 한 절만 부르게 해 달라고 하여 "내 주를 가까이하려 함은 십자가 짐 같은 고생이나 내 일생 소원은 늘 찬송하면서 주께 더 나아가기 원합니다."하고 찬송 한 절을 부르고 총소리와 함께 영원한 나라로 사라졌다. 그러나 나는 최 군이 그렇게 값없이 죽은 줄도 몰랐다. 그다음에야 안 일이다.

XI. 모르게 역사하는 성령

1. 전쟁은 참혹해

파리채 앞에 앉은 파리 같은 목숨들 뉘가 살았다고 할 자가 있었으랴. 생명 없는 그 자리, 불안에 떨고 있는 그들, 소대장 같기는 하나 장교도 아닌 그 키 큰 청년, 염라 왕도 아닌 그 청년은 누구의 아들인지, 그의 한마디에 목숨이 달려 있는 어처구니없는 생명들, 한 사람 한 사람 '이건 또 뭐야?'로 이름을 대신했을 뿐. 이름도 없이 물거품 사라지듯 하는 군상들, 불러 세우면 단마디 언도 "처치해!"로 끝나는 심판, 파리 목숨보다 더 천한 생명들, 뭐하러 세상에 태어났던고 싶은 심정, 나도 그 자리에 끼어 앉아 있었다. 어느덧 내 차례가 되었다. "이건 또 뭐야?" 예외 없는 심판 자리였다. "그 사람은 인민군 들어오면 인민군 만세하고, 국군이 들어오면 국군 만세 한다는 사람입니다."하고 나를 연행한 인민군 복장을 했던 병사가 대답했다. "왜 그랬지요?"하고 묻는 심판자의 소리는 다른 사람에게보다 비교적 부드러웠다. "여론을 묻기에 이곳 실정이 그렇다고 했지요."하니까 "그 사람 건방진 사람이야요. 까치 다리 딱 하고 문턱에 걸터앉아서 일어서지도 않고 '그건 왜 묻소?' 하기에 여론을 알아서 보고하려고 그런다고 했지요."하고 다행스럽게도 사실 그대로의 가감 없는 설명을 한다. 그 설명을 듣던 그는 "직업이 뭐요?"하고 어깨를 툭 치며 묻는다. "전도하는 교회 장로입니다." "장로님이시오? 장로님이시면 동리 사람들을 그러지 않도록 잘 선도해야지요." "앞으로 그렇게 노력하겠습니다." "네, 가시오." 이것으로 죽을 고비를 또 한 번 넘겼다. 도랑 건너에서는 누가 또 죽는지 총소리가 들렸다. 총소리 나는 골짜기로 죽음을 향하여 말없이 끌려 올라가는 사람도 있었다. 이것이 전쟁이다. 전쟁이란 이렇게 참혹했다. "전쟁 없는 나라 되게 하옵소서."하고 소리 없는 기도가 눈물과 함께 절로 흘러나왔다. 이미 고혼이 된 최 군을 죽은 줄도 모르고 '최 군도 같이 가게 해 달라.'고 했지만 최 군은 그 자리에 보이지 않았다. 어디에 있든지 대대장만 만나면 꼭 데려올 것만 같아서 대대장을 만나러 간다고 나섰다. 어두운 길로 올라가려니까 그 병사들이 한사코 막는다. 그 염라 왕 역을 하고 있는 청년에게는 눈물도 없었던지, 물도 없었던지 내 등을 밀어 내려보내면서도 계속 "이것도 처치해."하고 또 누구인지 밀어낸다. 주소도 성명도 모르게 사라지는 그들의 가족은 그들이 돌아오기를 기다렸으련만….

2. 성령은 모르게 역사했다

그다음 날이었다. 염라 왕 역을 하는 키 큰 청년은 총을 메고 키 작은 두 졸병을 거느리고 동리로 내려왔다. 나는 그를 반갑게 맞이하며 최 군을 속히 보내 달라고 애원했다. 그러나 그는 건성으로 "예, 예."하고 대답했을 뿐 진지한 대답을 하는 것 같지는 않았다. 그 말에는 성의 없이 대답하면서도 은근하게 진심으로 묻는 말이 따로 있었다. "여기 수복 지구에서 피난 온 사람들이 있지요?"하고 묻는다. 나는 왜 묻는지도 모르고 "예, 요 앞집에 있습니다. 어제 왔어요."하고 대답했다. 그들은 당장에 그 집으로 뛰어가더니 십여 명은 더 되어 보이는 사람들을 마당에 내다 세우고 큰소리로 야단을 친다. 전부 총살하겠다는 것이다. 나는 멋모르고 그 집을 대준 것이 죄스러워 견딜 수 없었다. 뛰는 가슴을 억제할 수 없어 집으로 뛰어갔다.

그들을 쭉 일렬로 세워 놓고 그중에서 고등학교 정복을 입은 두 학생을 따로 끌고 그 집 북쪽 모퉁이 외딴곳으로 가서 총대로 마구 때리고 있었다. 얼굴이 피투성이가 되고 이빨이 다 부러지고 입술이 퉁퉁 부어 말도 못 하고 맞고 쓰러지면서도 두 손 모아 싹싹 빌기만 하고 있었다. 그 모습은 눈으로 차마 볼 수 없었다. 나는 달려들어 그 총대를 붙잡고 늘어졌다. 이 학생들은 내가 잘 아는 학생들인데 사상적으로는 의심할 바가 없는 학생들이라고 변명을 했다. 간신히 그 자리를 모면하고 마당으로 다시 끌려 나왔다. 그 일행 대열에 같이 세워 놓고 "국군이 들어왔는데 국군을 피해서 나왔다는 것은 빨갱이기에 그런 것 아닌가 말이야."하면서 십여 명 더 되는 그 대열을 모두 총살한다고 선언을 하고 끌고 삽짝 밖으로 나가려 한다. 나는 또 그 앞을 막고 서서 "안 됩니다. 이들은 빨갱이가 아닙니다. 순수한 농촌 양민인데 아군과 인민군이 서로 겨루는 총소리가 무서워서 뛰어나온 것뿐이지 국군이 싫어서 나온 것이 아닙니다."라고 변명을 한참이나 늘어놓았다. "그러면 장로님이 잘 아는 사람들인가요?"

"이 산 너머 곰둥이 동네 사람들인데 제가 모를 리가 있겠습니까?"하고 본의 아니게 거짓말을 했다. 나는 사실 그 학생도 모르거니와 그 일행 중 한 사람도 아는 사람은 없었다. 하지만 나 때문에 그들이 죽는 것만 같기에 견딜 수 없는 안타까움에서 모르면서도 안다고 증언을 했을 뿐이다. 실은 그 사상도 모른다. 그러면서도 그런 증언을 했으니 이런 거짓도 죄가 되는 거짓일까? 어떻든 나도 모르는 사이에 십여 명도 더 되는 목숨을 살렸다. 성령의 감동이 아니라면 그들을 살려 줄 사병들이 아니었다. 성령은 나도, 그들도 모르게 역사하신 것이다. 이런 일들이 연거푸 있었다. 어느 날인지 미럭댕이에서도, 영오동에서도 청년들이 많이 끌려왔다. 그러나 내가 아는 사람은 한 사람도 없었다. 예수 믿는 사람은 피난 나가고 없었기 때문이다. 하지만 모르면서도 안다고 해야 그들이 들어 주니까 안다고 할 수밖에 없었다. 장로라고 해서 그랬는지 염라 왕 역을 하는 군인도 내 말은 그대로 신임하고 내가 증언하면 다 살려 보내곤 했다. 그 대대가 한 주일 이상 용문산에 있는 동안 내게는 남모르는 큰 권한, 생사권이 부여되어 있었던 셈이었다.

3. 원수를 살려 주게 한 성령

그 어느 하루 북괴군 공비들 중 산중에서 헤매다가 아군의 포위 작전에 몰려 사살당하고 살아남은 장교 한 명과 사병 몇 명이 포로가 되어 도치랑 동리로 끌려왔다. 그날 동네 사람과 함께 나도 그 포로병 구경을 나갔다. 수염이 덥수룩하도록 면도도 못 한 북괴 젊은 장교의 모습은 처절하게만 보였다. 그는 땅바닥에 덥석 주저앉아서 한마디의 거스르는 말도 없이 순순히 묻는 대로 대답할 뿐, 동네 사람들이 무엇을 물어보아도 예사스럽게 이북 소식도 다 말해 준다. 빨갱이 구경한다고 나왔던 동네 할머니들은 "빨갱이라더니 마찬가지네." "글쎄 말이요. 우리와 별다른 게 없는데." "말도 우리 말과 흡사 같구먼 그래." 하면서 빨갱이라고 무엇인가 우리 사람들과는 다른 줄로 알았던지 웃기는 말들이 오가고 있었다. 모두 웃으며 원숭이라도 잡아다 놓은 것처럼 모두의 구경거리가 된 북괴군 장교였다. 그는 부끄러워하는 기색도 없이 주고받는 말이 예사스러웠다. 짙은 평안도 사투리 말씨였다. 그래서인지 도치랑 동네 사람들은 알아듣지 못하는 말도 있어 불가불 통역을 해 주어야 하는 경우도 있었다. 박천 사람이라면 고향 소식이라도 알아보고 싶어서 그의 고향을 물어보았더니 그는 강계 사람이었다.

"강계라면 CXX의 처가 있는 곳이로구먼." 했더니 옆에 섰던 국군인 염라 왕 역을 하고 있던 그 키 큰 청년이 "그 CXX를 잘 압니까?" "잘 알지요." "그가 지금 어디 있습니까? 그를 지금 찾는 중입니다." "나는 모르지요." 하고 주고받는 말을 듣고 있던 마을 청년 한 사람이 재빠르게 "방금 선생님 댁으로 들어가던 걸요." 하고 숨김없이 말한다. 그 말을 듣자마자 군인은 나를 앞세우고 그를 잡으러 내가 유하고 있는 박 영수님 집으로 갔다. 아니나 다를까 C씨는 아래채 방구석에 은신하고 있었다. 나는 그를 보는 순간 깜짝 놀라면서도 태연스럽게 "방금 CXX가 이리로 들어왔다는데 어디로 갔을까?" 하고 C씨에게 눈짓을 하고 문을 닫았다. C씨는 알아챘다는 듯 숨도 못 쉬고 죽은 듯이 방 안에 처박혀 있었다. 큰 채 문들도 모두 열려 있었다.

그 군인은 큰 방과 건넌방을 기웃거려 보아도 아무도 없으니까 큰 방 마루에 걸터앉았다.

"CXX가 새빨간 빨갱이라지요?" "사상은 그렇다지만 부르주아의 아들이라 그들과 어울리기도 어렵지 않을까요?" "하지만 그 CXX가 장로님도 인민군에게 잡아 주었다면서요?" "잡아 준 것은 아니지만 그들을 찾아가서 고자질해 준 것은 사실이지요. 그걸 어떻게 알았지요?" "그런 것들을 잡으려고 탐색 중인데 그걸 왜 모르겠어요?" "잡으면 어쩔 거지요?" "어쩌기는 무엇을 어째요. 당장에 쏘아 버리지." 이런 말을 주고받는 동안 방 안에 숨어 있는 C씨의 간담은 녹아났을 것이다. "이것도 장로님의 원수를 갚아 주는 일도 되는데 협조해야 할 것 아니오?" "고맙습니다. 협조해야지요. 그러나 그 사람이 내 원수인데 어떻게 감히 우리 집엘 들어왔겠어요? 섶을 지고 불로 뛰어드는 격일 텐데." "글쎄, 그렇기도 한데 그러나 금방 그이가 보았다고 하지 않아요?" "이 골목으로 들어오는 것을 보고 그랬겠지요. 이 골목에 이 집만 있는 건 아니니까요. 다른 집을 한번 찾아보시지요."하고 간신히 그들을 돌려보냈다. 국군이 들어와서 공산군 부역자들을 찾고 있을 때부터 피하고 있던 C씨였는데 오늘은 그 이름을 어떻게 알았는지 그 이름을 찾고 다니니까 CXX은 우리 집을 은신처로 택한 것이다. 살겠다고 찾아 들어온 사람을 죽는 데로 차마 내어 줄 수는 없었다. 내게 한 짓을 본다면 백 번 복수하고 싶은 심정이었다. 그러나 성령은 내 마음을 사로잡았다. 도저히 그를 죽는 데로 내어 줄 수 없도록 하신 것이다. 이 일이 지나고서 생각해 보아도 내가 선해서가 아니라 분명히 성령이 그렇게 할 수 있도록 주관해 주신 것을 깨달을 수 있었다. 즉 내 뜻은 무너뜨리고 하나님의 뜻을 이루게 하시는 성령의 역사였다. 만일 그때 그를 내어 주어 죽였다면 나는 내 일평생 그 죄책감에서 벗어나지 못하고 있었을 것이다.

4. 찾아온 미지의 청년과 그 어머니

이렇게 알고 살린 사람은 단 한 사람뿐이고 그 외에는 다 모르는 사람이었다. 그런데 어느 날 웬 할머니와 청년 한 사람이 찾아와서 땅에 엎드려 절을 한다. 살려 준 그 큰 은공을 무엇으로 보답할 길이 있겠느냐고 하면서 갖고 온 보따리를 풀어 놓았다. 삶은 통닭 한 마리와 인절미 한 바구니였다. 나는 알지도 못하는 이들이라 당황했을 뿐이다. "누구지요?"하고 물어도 아무런 대답이 없었다. 그 청년은 아무 말도 없이 머리를 숙이고 있을 뿐. 그 어머니인 듯한 60이 넘은 노인이 흐느껴 울면서 입을 열었다. 노인은 그 청년의 어머니였다. 듣고 보니 그 청년은 산 너머 상주군 공성면 영오동에 사는 윤XX란 청년인데 공산군이 들어와서 설칠 때에 그 동리에서 청년위원장인가 뭔가 좌우간 무슨 청년회 간부로 있었던 청년이다. 그러니까 완전히 빨갱이로 인정되는 신분이었기 때문에 불가불 죽을 수밖에 없었다는 것이다. 더구나 잡혀 오는 그날이 용문산에 진 치고 있던 대대본부가 어디로 이동하는 날이었다고 한다. 그때 탐색대에 의해 붙잡혀 왔으나 심사도 옳게 받아보지 못하고 어느 골짜기로 끌려가서 총상을 당하게 되었단다. 자기뿐 아니라 몇 사람이 같이 끌려갔는데 내가 분주히 뒤따라오더니 이 사람들은 빨갱이가 아니라고 극구 변호를 해서 살려 주더라는 것이다. 그런 말을 들으면서도 나는 언제 어디서 그렇게 했는지 생각이 나지 않았다. 이런 일을 가리켜 '오른손이 한 것을 왼손이 모르는 것'(마 6:3)이라고 할 수 있지 않겠는가. 이런 경우야말로 내가 한 일이라고 할 수는 없는 일이다. 이것이야말로 성령이 하신 일이 아니고 무엇이랴.

오히려 내 기억에 사라지지 않는 일이 있다면 C 씨라든지 곰동이 학생과 그 일행이었다. 그러나 그들 중에는 찾아오기는커녕 도리어 나를 괴롭힌 자도 있었다. 그들 중에는 위증자가 있어 내가 억울한 누명을 쓰고 투옥을 당하게 되었던 일까지 있었으니 말이다. 이 같은 배은망덕 행위는 마귀가 하는 일이었지 그 자신이 어찌 그럴 수가 있었으랴? 이처럼 성령이 하는 일은 화평의 결실이 있었고, 마귀가 하는 일에는 불화가 뒤따르고 있었다.

5. 영오동에서 있는 일

그런 일이 있는 후 나는 까마득히 잊어버리고 있던 그 몇 해 후였다. 용문산에서 주변 각 동리마다 교회 세우기 운동이 일어났다. 그 당시 차복선 권사님이 산 너머 그 윤 씨가 사는 영오동으로 가서 전도하여 교회를 세우게 되었다. 그 동리에는 무당이 살고 있어 귀신 역사가 강해서 처음에는 고된 전도 길이었다. 그러나 성령의 역사가 일어나기 시작하니까 귀신이 항복하고 귀신 역사를 통해서 오히려 전화위복의 전도가 불일 듯하고 있었다.

이렇게 개척 전도를 하는 동안 앞장을 서 준 두 청년이 있어 두 팔 역할을 해주었다. 예배당을 세우는 데도 그 두 청년이 주동이 되어 힘이 되었기 때문에 역경을 이길 수 있었다. 그중 한 사람이 곧 나 장로님이 살려 주었다는 윤XX였다. 그는 말하기를 "나는 나 장로님이 살려 주셨으니 나 장로님이 믿는 그 하나님을 믿어야 해."하면서 6.25 동란 당시 당했던 이야기를 하면서 온 가족을 데리고 나와 교회 세우는 일에 열심을 다했다. 그 어머니는 "그때 애 아비가 죽었더라면 이런 손자도 보지 못하고 우리 집은 영영 대가 끊겼을 것을 나 장로님 은공으로 우리 집은 이렇게 대를 이어 나가게 되었으니 이 고마움을 무엇으로 보답하겠느냐?"고 하면서 그 손자 3형제를 앞에 놓고 눈물을 흘려가며 늘 감사하더라는 것이다. 첫딸 하나 낳고 잡혀가서 죽게 된 것을 나 장로님이 살려 주었기 때문에 그 후 4남매를 더 낳아 5남매가 되었다면서 고마워하더란다.

지금도 그 할머니는 90세의 노령에 누가 그 동리에 가든지 용문산에서 왔다면 "나 목사님 안녕하신가요?"하고 반드시 나 목사님 안부부터 묻는다고 한다. 그 집은 그렇게 벌써 3대째 예수를 잘 믿으며 그때 은공을 잊지 않고 늘 감사 생활을 한다는 흐뭇한 소식이다. 그러나 배은망덕하던 위증자는 문둥병으로 일생을 망쳤고, C씨는 전신불수가 되어 거동을 못 한 채 다리가 썩어들어가고 있어 죽기보다 더 괴로운 나날을 보내고 있다는 소식이다. 행한 대로 갚아 주시는 하나님의 공의 앞에 누구 항변할 자가 있으랴.

6. 김천에서 있은 일

6.25 동란, 생각만 해도 지긋지긋하다. 몇 차례의 죽을 고비를 간신히 넘기고 나서 "앞으로는 실컷 기도하다가 죽음이 없는 하늘나라로 가리라."는 새 각오로 어느 날 김천으로 나갔다. 김천에는 교회를 개척하려고 동란 직전에 사 놓았던 집이 한 채 있었다. 폭격으로 인하여 김천 중심부는 거의 초토화되고 변두리 구석이 약간씩 남아 있는 중 다행히도 성내동 사람들이 금광교(金光敎)로 쓰던 적산 건물이었다. 합판 쪼가리에 '기독교 대한감리회 김천교회'라고 임시 간판을 하나 써 붙여 놓고 나서 동란이 터졌다. 그러니까 실상은 교회도 제대로 못 해본 교인 없는 교회당이었다. 그런데 우리 국군이 수복돼 들어오면서 육군 본부 CIC 파견대가 우리 교회당을 점령하고 거기에서 집무를 보고 있었다. 쓸만한 건물들은 다 파괴되었으니 어쩔 수 없는 형편이었을 것도 이해 못 할 바는 아니었다.

그러나 교회는 교회다. 비록 교인 없는 교회라지만 교회는 엄연히 하나님 앞에 예배하는 제단이다. 나 혼자 제단을 쌓는다 해도 제단은 제단이다. 그런데 그냥 내버려 둘 수는 없었다. 불붙은 가운데서 빼낸 나무 조각같이 된 몸으로서 아직 건강이 회복되지도 못한 처지이긴 했으나 그 건물을 찾으려고 매일 용문산에서 50리 길이 넘는 험한 길을 나갔다가 밤중에야 돌아오곤 했다. 그때가 1950년 12월 초였으나 아직 추위가 닥치지 않은 겨울 같지 않은 겨울이었다. 그러나 어떤 날은 눈 내리는 곳을 고되게 걷던 생각도 난다. 물론 당시는 차도 없어서 매일 걸어서 다녀야 했다. 아침에 나갔다가 밤에 들어와야 하는, 왕복 백 리가 넘는 길이었다. 하지만 싫은 줄 모르고 다녔다. 그것도 성령의 인도였기 때문이었을 것이다. 이미 지나간 일이 돼서 그런지는 몰라도 점심도 못 먹고 다녔으니 배가 고팠으련만 어떻게 견디고 그 험한 길을 다녔는지 모를 일이다. 하나님이 같이해 주셨기에 그럴 수 있었으리라고 생각될 뿐이다. 매일 나가서 "우리 교회당이니 내놓아 달라."고 현관에 앉아서 단독 데모를 계속하고 있었던 셈이다. 현관 출입문에서 갈구(渴求)챌 때마다 그들은 "나라가 있고 나서야 교회도 있을 것 아니냐?."하고 벽력같이 큰소리를 지르곤 했다. 나는 할 말이 없었다. 그런데도 나는 "나라를 위해서 기도해야 나라도 있을 것 아니오?"

하고 제법 응수를 하곤 했다. 내 생각 없이 하는 대답이었다. 이것 역시 성령이 대답하게 한 것이라고 해석된다.

7. 되찾은 교회, 우리 교회

그러나 그들은 좀체 집을 비워 줄 것 같지는 않았다. 그래도 나는 매일 귀찮을 정도로 가서 마주 앉아 있었다. 그러던 중 어느 하루는 그들도 결단을 내린 듯했다. 사복 입은 대원 한 사람이 다가오더니 "이런 건 총살감이야."라고 소리를 버럭 지른다. "저리 가―,"하며 내 어깻죽지를 치켜 끌고 간다. 마침내 총살하겠다고 파견 대장이 있는 그 아랫집으로 데리고 간 것이다. 비어 있는 방 안에 나만을 단독으로 세워 놓고 "이런 난시에는 너 같은 것 하나쯤 없애는 건 아무것도 아니야."하고 대장이라는 30대 청년 장교가 권총을 들고 들어섰다. 권총을 내 가슴팍 바로 앞에 겨눈다. 그때 역시 성령이 역사해 주셨기에 "하나님의 몸 된 교회를 위해서 깨끗이 이 몸 바칩니다."하고 나는 가슴을 활짝 제치고 댈 수 있었다. 그는 방아쇠를 당겼는데도 총알이 나오지 않았던지 "응! 왜 이래?"하고 권총을 이리저리 만지작거리다가 머리를 갸우뚱거리며 그냥 나가버린다. 공연히 위협을 하느라고 그랬는지 참말로 쏘려고 그랬는지 총알이 안 나와서 그랬는지 알 수 없는 일이었다. 나중에 들은 말이지만 그는 당황한 모습으로 사무실로 가더니 대원들을 모아놓고 하는 말인즉 "예수쟁이들은 모두가 그렇게 독해?"라고 묻더란다. 그때 거기에 문관으로 근무하는 교인 한 사람이 있었다. 그는 강릉에서 왔다는 황XX라는 분이었다. 그가 "예수 믿는 사람은 순교를 최고의 영광으로 알기 때문에 그럴 수 있다."고 대답하더라는 것이다. 그때 하나님께서 그 대장에게 성신으로 감동을 시켰던지 하나님 두려운 줄을 알고 그날부터 예배당을 순순히 비워 주었다. 그후 문관 황 씨도 우리 교회에 나오게 되었고 또 한 사람 그 대원 청년이 따라 나오고 있었다. 예배당은 찾았으나 교인은 두 분뿐이었다. 궁극책으로 우리 숙생들 몇 사람을 규합해서 김천교회로 데리고 나가서 숙식을 같이하면서 낮에는 전도하고 밤에는 공부하고 아침저녁으로 예배를 드렸다. 이것이 매일 같은 일과였다. 예배 드릴 때마다 웬 눈물이 그렇게 쏟아졌는지 통성기도 시간이면 우는 시간이 되곤 했다. 그래서 그 부근에서는 '우는 교회'라고 별명을 붙여 불렀다. 그러던 어느 하루 중공군이 밀고 나온다는 소문을 듣게 되었다. 1.4 후퇴, 그 누가 뜻했으랴? 놀라움을 금할 길 없었다. 방 안에 앉아 있을 수만은 없었다. 밖으로 뛰어나가 통곡이라도 하고 싶은 심정이었다.

8. 십자군 백의 전도대

백설은 만건곤했는데 피난 무리가 눈길을 해치며 남하하고 있었다. 트럭에 어린이들을 실고 내려오다가 차 고장인지 기름이 모자라서인지 혹 길이 나빠서인지 더 가지 못하고 머물러 있는 어떤 보육원 주인을 만났다. 나는 그에게 물었다. 그는 "아무래도 틀렸습니다. 또다시 밀려 내려오니 수복이 힘들 것 같습니다."하고 겨우 한마디 대답을 하고는 한숨짓는다. 그는 또다시 묻는 말에는 귀찮다는 듯이 "아이구 모르겠습니다."하고 트럭을 길가에 그냥 내버려둔 채 골목길로 사라진다. 피난민만 만나면 묻고 또 묻고 했다. 세상이 어떻게 되고 있는 것인지 새 소식이 알고 싶어서였다. 그때는 신문도 라디오도 볼 수도 들을 수도 없었기 때문이다. 1951년 1.4 후퇴, 절망과 실의에 젖어 남하하고 있는 피난민들, 정처 없는 발걸음이어서 인지 기운이 하나도 없어 보였다. 6.25 당시의 피난민들은 나 먼저 나간다는 표정으로 그래도 덤비는 모습이라도 생기가 있었는데 그와는 대조적이었다.

나는 그때 9.28 수복 당시 옥중에서 해방을 맞고 하나님께 감사하며 "이제부터의 내 생명은 내 것이 아닙니다. 오직 하나님의 것이오니 하나님의 뜻대로 써주시옵소서."하고 하나님께 맡겼던 몸이었다. 죽은 줄로만 알았던 자신의 구사일생의 험한 고비를 넘고 새 세상에서 새 출발이라도 하는 듯, 달라진 인생관과 달라진 생활관이 완전히 새로운 피조물임을 자각할 수 있었던 그때였다(고후 5:17). 폭격 속에서도 남아 있던 성내동 집, 이는 하나님께서 보호해 주신 하나님의 집이었다. 거기에서 학생들 10여 명을 모아 데리고 합숙하면서 기도와 찬송과 성경으로 전도 훈련을 하고 있었다. 그때에 1.4 후퇴란 우리에게 큰 충격이 아닐 수 없었다. 수복되어 새 시대, 새 역사를 창조하는 새 역군으로서 가슴속에 타오르는 소망과 불길에 찬물이라도 끼얹는 듯했다. 그러나 우리는 "그냥 죽을 수는 없다. 전도하다 죽자."하고 전도 대원들은 일치한 마음을 갖고 용문산으로 기도하러 올라갔다. 그때 대원들 중에는 조병두, 김익원, 김종수, 심재옥 등 12명이 모여서 한 대를 이뤘다. '십자군 백의전도대'라는 명칭을 갖고 흰 광목으로 코드를 만들어 입었다. 허리에는 띠를 묶고 학생모에 흰 커버를 씌워 쓰고 흰 기에 붉은 십자가를 그려 들고 나서니까 제법 십자군 군병다운 모습이었다. 일부러 12수를 채운 것은 아니지만 모이다 보니 12사도 수와 같은 수가 되었다.

1951년 1월 8일 백설이 쌓인 용문산, 발자국도 없는 눈길을 헤치며 올라가 산산초옥, 초라한 방에서 수련은 시작되었다. 엄격한 규율 하에서 싸우며 혹독한 훈련을 했다. 사람 죽이는 훈련보다 사람 살리는 그리스도의 정병다운 십자군 훈련이었다.

9. 불 받았다는 피난 무리

결사 각오를 하고 산으로 올라간 전도 대원들, 몹시 긴장된 분위기 속에서 12명이 둘러 앉아 사도행전 공부를 하고 있었다. 그때 웬 아주머니 한 분이 찾아와서 문을 빼꼼 열어 본다. 자리의 분위기가 함부로 끼어들 만한 자리가 아님을 직감했던지 들어오지는 못하고 문을 닫고 문밖에서 기다리고 있었다. 강의가 끝나면서 통성기도 소리가 장내를 뒤덮었다.

시간을 마치고 문밖으로 나서니까 문 앞에서 섰던 그 부인은 "여기가 나 장로님이 계신 곳입니까?"하고 공손히 묻는다. "네, 그렇습니다."하고 나는 다급하게 화장실로 달려갔다. 그 부인은 "어느 분이 나 장로님이십니까?"하고 숙생들에게 물었다. "네, 이제 나가신 그분이야요."하고 확실히 알려 주었다. 그러나 그는 미심쩍었던지 내가 들어올 때 또 묻는다. 나와 대면하면서도 나 장로라고는 믿어지지 않았던 모양이다. "나 장로님 자제 분이신가요?"하고 머리를 갸우뚱거린다. "아니요, 제가 나 장로입니다."하고 대답을 했더니 "제가 아닙니다."로 들었던지 "예, 나 장로님은 어디 계시지요?"하고 또 묻는다. "제가 나 장로입니다."하고 힘주어 대답을 했다. 그때서야 놀라는 표정으로 "아, 그렇습니까?"하고 당황해한다. 그의 선입관념이 완전히 무산되는 순간이었다. 장로라면 키도 크고 수염도 길게 자라고 뚱뚱하고 풍채 좋은 도인다운 위엄을 갖추고 있으리라고 알았다는 것이다. 그리고 으레 한복을 입고 있는 백발노인으로 생각했었기에 그런 착각을 하게 되었다고 한다.

그는 예천(醴泉) 어느 교회에서 부흥회를 인도하던 중 기도하다가 "피난지는 용문산이다. 그곳으로 가라."라는 하나님의 계시를 받은 명향식이라는 전도사였다. 그는 만주 목단강에서 살다가 서울에 와 있으면서 삼각산에 가서 기도하며 은혜를 받았다는 부흥사였다. 그 후 고려파 장로교회의 전도사로서 무척산 기도원 개척자이시다. 그는 기도하는 산이라기에 토굴이나 있는 줄 알았는데 이렇게 훌륭한 시설까지 있다면서 매우 기뻐했다. "하나님은 과연 내 하나님이야, 이미 이렇게 예비해 놓았으니."하면서 뒤떨어져 올라오고 있는 일행을 향하여 외치며 춤을 추기까지 한다. 좀 경솔해 보이기는 하나 어색하거나 부자연스럽게 보이지는 않았다. 오히려 은혜스러운 편이었다. 이 역시 성령의 역사였기 때문인지 모른다. 마치 피난민과 흡사한 보따리들을 이고 지고 15, 6명의 남녀가 눈길을 헤치며 올라오고 있었다.

그들은 짐보따리를 내려놓자마자 예배당으로 들어가 힘차게 기도하고 힘차게 찬송을 부른다. "나의 기쁨 나의 소망 되시며 나의 생명이 되신 주 밤낮 불러서 찬송을 드려도 늘 아쉬운 마음뿐일세."하고 65장 찬송을 또 부르고 또 부르며 기뻐 뛰며 일어나 춤을 추기 시작한다. 한 사람 두 사람 일어나기 시작하더니 몽땅 일어나 두둥 거리는 발장단 소리가 대단했다. 처녀, 총각, 아주머니, 집사, 장로 할 것 없이 모조리 일어나 춤을 춘다. 우리 전도 대원들까지 일으켜 손을 붙잡고 같이 춤을 추잔다. 어떤 숙생은 이에 응하여 같이 추기도 하고 어떤 숙생은 뿌리치고 응하지 않았다. 이단이라고 완강하게 반대하는 숙생들도 있었다. 어떻든 "기뻐 뛰며 주를 보겠네."하는 221장 찬송 가사 그대로 기뻐 뛰고 있었다. 시편 149편에도 150편에도 춤을 추며 찬양하는 것은 분명히 성서적인데 이것을 어찌 이단이라고 속단할 수 있으랴?(행 3:8) 같이 일어나 춤을 추지 못하는 나 자신이 오히려 비성서적임을 느끼기까지 했다. 그러나 같이 일어나 춤을 출 만한 용기는 없었다. 예배 시간이 되었다. 그들과 함께 예배를 드리게 되었다. 설교를 하고 통성기도를 시켰더니 온 장내가 떠나가는 듯 진동했다. 그중에는 입신을 하는 자도 있었고 방언이 터져 나오는 자도 있었다. 그리고 그들은 "불을 받는다. 불을 받았다."는 말을 많이 한다. 우리는 그때까지 그 불이란 무엇인지도 몰랐던 때였다. 그런데 내가 하는 설교를 듣고 나서는 "나 장로도 불이 있다."고 수군거린다.

10. 불이란 무엇일까?

그들이 말하는 '불'이란 무엇일까 하고 나는 몹시 궁금했다. 그들에게 묻기보다는 차라리 산에 올라가서 하나님께 묻기로 했다. 백설이 꽉 차 있는 삼선봉으로 올라갔다. 밤을 새워 가며 기도했다. 앉아서 뭉개며 기도를 해서인지 아침에 보니 앉은 자리의 눈은 다 녹았고 길게 자랐던 마른 풀대궁으로 깔려 있었다. 부근의 눈은 딴딴하게 자리잡혀 20센티 이상 쌓인 두께였는데 내가 앉은 자리만이 그렇게 눈이 녹아 있었다. 성신의 불이 체내뿐 아니라 몸 밖의 주변에까지 임해서인지 알 수 없는 일이었다. 그날 밤에 나는 성령의 불을 확인할 수 있었다. 소멸의 불, 응답의 불, 능력의 불임을 알았다.

"여호와는 소멸하는 불이심이니라."(히 12:29)고 한 성경 말씀대로 나는 그날 밤 내 체내에 있는 악성을 소멸해 달라는 기도가 저절로 터져 나오기 시작했다. "내 위장이 약하오니 그 안에 있는 악성을 소멸해 주시옵소서."하고 호소했다. 그러자 뱃속이 뜨거워져서 모든 것이 소멸되는 듯했고, "내 발이 왔다 갔다 하며 많은 죄를 지었사오니 그 악성을 소멸해 주시옵소서."했을 때는 다리와 발이 불덩이가 되는 듯 뜨거웠다. "내 머리가 그랬나이다." "손이 그랬나이다." "입이 그랬나이다."하며 각 부분을 들어 구했다. 구하는 대로, 원하는 대로 불은 임했다. 그 불이 임할 때마다 뜨겁기만 한 것이 아니고 무겁기도 했다. 발도 손도 머리도 무거웠지만 입술의 경우는 입술이 길게 늘어지는 듯하게 무거웠다.

혀도 그랬다. 마지막으로 "목소리도 죄짓는 데 쓰였사오니 악성을 소멸해 주시옵소서." 했을 때는 목에서 불이 확확 나왔다. 뜨거운 불을 힘차게 뿜는 듯했다.

이렇듯 성령의 불 체험을 확인하기 그 몇 달 전 온 전신이 단 쇠같이 되어 누워서 일어나질 못하고 손가락 하나 까딱 못 하고 말도 못 하고 있었던 일이 한 번 있었다. 하지만 왜 그런 증상이 일어났는지 알 수 없었다. 그 뜨거움이 40도는 넘었을 것이다. 그러나 병세로 인한 증세와는 달랐다. 몸 안에서부터 화끈해지는 것이 마치 마그네슘 주사라도 맞는 것 같은 느낌이었다. 그것이 잠깐이 아니고 내 경우는 몇 시간이었다. 그때 불맛이 그 전에 체험한 불맛과 꼭 같았으나 전자도 후자도 다 같은 성령의 불이었음을 그때야 비로소 알게 된 것이다.

11. 불 없는 전도는 실탄 없는 공포

그렇다고 누구나 다 그와 같은 체험을 해야 한다고는 생각지 않는다. 대개 부분적으로 가슴에, 혹은 등에 그 같은 불의 체감을 갖는 경우가 많다. 피어오르는 것 같은 불맛은 거의 같은 것으로 안다. 그런 체험을 하고 나서는 확실히 내 신앙에는 크게 변화가 생긴 것이다. 풀무 불에 쇠를 달구어 연장을 다시 만든 것 같은 새로운 피조물이 된 느낌이었다. "그리스도 안에 있으면 새로운 피조물이라 이전 것은 지나갔으니 보라 새 것이 되었도다."라는 성경 말씀을 실감하게 되었다(고후 5:17). 이것은 어디까지나 내 체험이고 내 주장은 아니다. 나 같은 사람은 이렇게 극성스러운 단련이 없이는 변화를 못 받겠으니까 이런 극한 단련을 시킨 것이라고 안다. 누구나 자기 개성이 있고 신앙 정도가 있으니까 이에 따라 변화를 받는 과정도 양상도 각각 다르리라고 해석된다. 성신은 같아도 받는 그 양상은 다를 수밖에 없을 것이다(고전 12:4~11). 나는 그 불이 내 목에서 나온 이후로는 아무리 외쳐도 목이 쉬는 줄을 몰랐다. 1년 365일을 계속 집회를 인도하여 연중 1천여 회의 설교를 했는데도 목이 쉬어 본 일이 없었다. 그때는 설교를 시작하면 2시간이 보통이었고, 용문산 집회의 경우는 매일 8시간 정도의 설교를 했다. 그런데도 목소리를 아껴 본 일은 없었다. 언제나 큰 목소리로 힘껏 외쳤다. 그래도 목은 쉬지 않았다. 성령의 불이 목에서 나오기 때문이었다. 그래서 숙생들은 키우면서 "전도자가 되려면 ① 이마에서 땀이 날 때까지 ② 눈에서 눈물이 나올 때까지 ③ 목에서 불이 나올 때까지 기도하라."고 이른다. 성령의 불이 임해야 체내의 악성이 소멸되고 기도의 응답이 되고 능력있게 역사하는 힘이 되기 때문이다. 그러므로 "기도 없는 전도는 실탄 없는 공포와 같다."라고 나는 단언한다. 그런 영음을 듣기도 하고 체험도 했기 때문이다.

12. 안수기도의 시발

나는 그때 눈 속에서 성령의 불을 체험하고 난 후 산상에서 내려와 예배당으로 들어갔다. 교인들이 몇 사람 조용조용히 강대상 앞에 가서 엎드렸다. 기도를 시작하려는데 누구인지 갑자기 내 등을 내리치며 "날 왜 미워해."하고 큰 소리를 낸다. 나는 깜짝 놀라서 번쩍 들고 뒤돌아보니 웬 젊은 두 여자가 성난 얼굴로 나를 빤히 바라본다. 내 시선이 마주칠 때 그들은 머리를 푹 수그리더니 그들이 똑같이 그 자리에 엎드린다. 나는 엎드린 두 여자의 등에 한 손씩 얹고 기도를 드렸다. 그들은 "아이구 뜨거워."하고 비명을 올리며 엎치락뒤치락하더니 둘 다 입에 거품을 물고 그 자리에 쓰러져 잠이 들었다. 하나는 심한 간질정신환자, 영양실조같이 보이는 처녀였고 하나는 정신이상자, 남의 침실로 갔던 바보스럽게 생긴 젊은 여인이었다.

얼마쯤 자다가 둘이 똑같이 깨어나서 똑같이 일어났다. 정신이 깨끗해진 듯 주변을 두리번거리며 살피더니 어머니와 친지들을 다 알아보고 반가워하며 인사를 주고받는다. 모두 놀랐다. 귀신은 쫓겨나가고 정신은 정상으로 회복되어 모두가 하나님께 영광을 돌리며 기뻐 뛰며 찬양했다. 이런 신기한 일을 본 집사님들은 그때부터 내 앞에 와서 엎드려 기도해 달란다. 내 손을 끌어다 자기들의 머리, 혹은 등에 얹게 하고 기도해 달라고 억지를 쓴다. 그것이 곧 안수기도의 시작이었다. 그 전에는 목사, 장로장립 때나 안수를 하는 것으로만 알았지만 개인 개인에게, 많은 무리에게, 일시에 안수기도를 한다는 것은 그때부터였고 나는 그때 그들에게 안수기도하는 법을 배운 셈이다. 그 후로는 집회 때마다 마지막 날은 반드시 안수를 해주어야 했다. 실상 안수는 성경 그대로였다. 네 속에 있는 은혜를 불일 듯하게 하기 위해서 안수받으라고 했고(딤후 1:6), 또 병든 자에게 손을 얹고 기도하면 나으리라고 했다(막 16:18). 사마리아 사람들이 물세례를 받았으나 성령을 받지 못했을 때 안수하므로 성령을 받았다고 하지 않았는가(행 8:17). 안수기도는 이처럼 성경적임을 안 이상 누가 뭐라고 비난을 해도 그때부터 안수기도를 해주게 된 것이다. 즉 일반 교인이 은혜받게 하기 위해서 안수기도를 하게 된 것은 그때가 시발이었다.

안수를 하려고 손을 들 때에 팔이 묵직해지면서 손에 불이 피어오르는 듯했다. 그 전에는 체험 못 했던 그런 증상이 일어난다는 것은 거룩한 손을 들어 기도하라는 성경 말씀대로 성령의 역사임을 입증해 주는 좋은 표징이었다. 지금은 안수해 주는 사람이 너무 많아져서 오히려 이상할 정도다. 그 당시는 안수가 무엇인지조차 알지 못하던 시절이었으니까 '안수' 자체를 이상하게 여겼다. 그러니까 안수에 대해 비난도 자자했다. 하지만 안수를 경솔히 하는 것도 성서적이 아니다(딤전 5:20). 안수기도 하는 것도 안수받는 것도 삼가야 할 일이다. 회개치 않고 안수기도를 받으면 마귀가 들어가기 쉽다. 구린 냄새 나는 데는 쉬 파리가 날아드는 법이고, 향기로운 데는 봉접이 날아드는 법이다. 성령의 역사가 있는 반면에 마귀의 역사도 꼭 같이 있다. 마귀의 활동 무대는 오히려 크기 때문에 이 세상에서는 마귀 역사가 더 많다는 것은 의심할 여지가 없다. 성령은 진실과 통하는 법이요, 마귀는 거짓과 통하는 법이다. 그러므로 기도도 전도도 진실이 수반될 때에 성령이 역사했고 거 짓이 수반될 때에는 으레 사탄이 역사하는 법이다. 일상생활에서도 그렇거니와 안수할 때도 마찬가지다. 내 체험으로는 부흥회 때에만 성령이 역사하거나 기도할 때에만 역사하는 것은 아니다. 진실된 생활, 곧 거짓 없는 신앙이 지속되는 한 성령은 늘 같이하신다. 회개 할 때에 성령이 크게 역사하는 이유가 그것이다. 회개는 곧 진실이기 때문이다.

13. 절(寺)에서 찾아온 여인

어느 날 '용문산 첫 집' 기도실에서 성경을 보고 있노라니까 어느덧 저녁 밥상이 들어왔 다. 상을 갖고 들어온 집사님의 말을 들으니 웬 여인이 와서 "여기가 용문산이지요?"하고 묻더니 온 동산을 돌며 방마다 문을 열어 보고 "이 방에도 없구면, 이 방에도 없구면"하 고 미친 듯이 헤매며 누구를 찾고 있다는 것이다. 내 방문도 열려는 것을 그 방은 장로님 계시는 방인데 아무도 없다고 못 열게 했다고 한다.

예배시간이 되었다. 성도들은 손뼉을 치며 힘있게 찬송을 부르고 있었다. 그 여인도 그 속에 끼어 앉아 두리번거리며 입을 다물고 있었다. 나는 시간이 되어 설교를 하려고 단 상에 나섰다. 나를 빤히 바라보던 그 여인은 "아니야, 이분도 아니야, 예수가 아니야."하 고 실망한 듯 머리를 흔들며 일어서 나가려고 한다. 옆에 있던 어느 교인이 그를 눌러 앉 혔다. 설교가 시작된 때부터는 조용히 앉아 열심히 듣고 있었다. 설교가 끝나면서 통성기 도 시간에는 그의 우는 소리가 방 안에 드러나게 들렸다. 예배를 마친 후 교우들이 둘러앉 아 그를 위해 특별기도를 드렸다. 나는 그때 그 머리 위에 손을 얹고 기도했다. 그는 온 전 신이 뜨겁다면서 왜 이렇게 뜨거우냐고 묻는다. "당신이 찾고 있는 예수님의 성령이 와서 그렇다."고 했더니 그의 우울했던 표정이 어디로 사라지고 명랑한 표정으로 변했다.

그는 그때부터 기쁨에 넘쳐 교인들과 같이 찬송에 열을 올리기 시작했다. 밤을 새워 가 며 교우들이 부르는 찬송을 따라 부르고 기도하면 기도도 같이했다. 다른 교인들은 지쳐 서 다 자는 데도 그녀는 지칠 줄 모르고 혼자서 방금 배운 찬송을 자기 나름의 서투른 곡 조로 부르고 또 부르며 밤을 새웠다. 새벽기도 시간이 되어서 기도회를 인도하려고 나가 니까 그때까지 그 여인은 찬송가를 들고 타령같이 부르고 있었다. 그 여인은 나를 보더니 반가워하면서 이제는 예수를 찾았노라고 하면서 기뻐했다. "살았습니다. 이제는 살았어요. 예수 찾기 전에는 죽은 목숨이었지요. 이제는 기뻐요."하며 이상하게 볼 정도로 희열에 넘쳐 있었다. 예배를 마치고 나서는 한자리에 둘러앉아 그 여인과의 대화가 시작되었다. 알고보니 그는 단양 어느 동리에서 살다가 혼자의 몸이 되어 상주 옥산(尙州玉山)에 있는 서산(西山)에 가서 절에서 불공을 드리고 있던 이였다. 절에서 불공을 드리고 매일 산상에 올라가서 정성 들여 기도를 드리던 중 하루는 입에서 이상한 소리가 나더라는 것이다. 즉 방언이 터져 나온 것이다. 방언이 한참 나오더니 "너는 예수를 따라야 산다."라는 말이 자기 입에서 방언에 뒤이어 나왔다. "예수가 어디 있습니까?"하고 물으니까 "용문산에 가면 만나리라."는 응답을 하더란다. 그래서 '용문산, 용문산' 하고 입으로 외우며 허둥지둥 산을 내려왔다. 누구에게 이끌려 내려왔는지 모르게 발길 닿는 대로 온 것이 교회당이 있는 오광(五廣) 동리까지 오게 되었다는 것이다. 그 교회에서 용문산이 어디 있느냐고 물었더니 바로 눈앞에 보이는 산이었다는 것이다. 그래서 쏜살같이 왔다면서 누가 이끄는지 이끌리는 대로 왔다는 것이다. 예수를 따르면 산다기에 그 예수가 누군인지도 모르고 예수가 어느 방 안에 있는 줄만 알고 방마다 문을 열어 보았다고 한다.

그는 무슨 곡절이 있어서였는지는 알 수 없었으나 가출한 여인이었다. 집에 돌아가지 않고 산에서 그냥 살겠다면서 매일 산상기도를 열심히 하고 있었다. 매일 사사봉(士師峰)에 올라가는데 발이 땅에 닿지도 않는 것 같은 걸음으로 삽시간에 신상에 올라가곤 했다. 올라가면 매일같이 백발노인이 나타나서 진리를 가르쳐 주신다는 것이다. 그는 백발노인을 하나님이라고 말한다. 그러나 하나님은 보이지 않는 실존으로서 모세에게 대면을 하면서도 등밖에 보이지 않으셨다고 했고, 지금까지 아무도 하나님을 보지 못했다는 것이 성경 말씀인데 그에게 어찌 매일 하나님이 나타나시겠느냐고 모두 뭔가 잘못된 사람이라고들 말했다. 혹시 멜기세덱이나 사무엘이 나타나서 라마 나욧 신학 같은 신학을 가르치는 것이 아니겠느냐고 말하는 이들도 있었다(삼상 19:20~23).

14. 하나님의 조화와 인간 재주

어느 하루는 그 백발 스승이 나타나서 한 손에 빛나는 금시계와 한 손에는 콩 한 알을 들고 그 여인에게 보여 주면서 "이 둘 중에 어느 것을 가지려느냐?"고 묻더란다. 그래서 "저는 이 시계를 가지렵니다."하고 시계를 받아들고 기뻐서 어루만지는데 시계는 제소리를 내며 잘 돌아가더란다. 그런데 그 백발 스승은 그 시계를 땅에 묻으라고 하더란다. 어쩔 수 없이 묻었다는 것이다. 또 콩 한 알도 주면서 묻으라고 하더란다. 또 묻었다는 것이다. 얼마 있더니 콩이 싹이 나고 자라나서 꽃이 피고 열매가 달려 많은 콩이 생산되더라는 것이다. 그러나 묻어 놓은 시계는 잠잠히 묻혀 있었을 뿐이다. 그 백발 스승은 그 시계를 파보라고 하더란다. 그래서 즉시 파보았더니 이미 시계는 녹슬고 캄캄하게 죽어 있더란다.

애석해하는 여인을 보고 백발 스승은 "그것이 곧 진리란다."하고 한마디 교수를 하고 나서 "네가 좋아하던 그 시계는 인간 재주의 산물이지만, 네가 보잘것없게 여기는 그 콩 한 알은 하나님 조화의 하나이다. 그처럼 인간의 재주는 찬란한 것 같아도 썩어 버리고, 하나님의 조화는 영원히 소생하느니라."라고 해설을 해주더란다.

즉 "하나님의 조화에는 삶이 있거니와 사람의 재주에는 죽음이 있느니라."는 교훈을 남기고 어디론가 사라졌다는 것이다. 이렇게 그는 라마 나욧 신학을 하고 나서 지혜와 명철이 열려 영계와의 교통이 잘되고 있었다. 앞날을 보고 예언할 수도 있었고 남의 심령을 뚫어 보기도 하는 영롱한 사람이었다.

그러나 그는 애석하게도 성령으로 시작하였다가 육체로 마치고 말았다(갈 3:3). 큰 종으로 키워 주겠다는 누구의 유혹을 받아 부흥사 양성하는 선생이란 칭호를 받는 어떤 성경 학자라는 대구의 P장로 밑에 가서 성경을 배운다는 것이, 그 육체까지 그에게 완전히 바치고 말았다. 결국은 그집 식모로 전락된 노예 생활에서 간신히 탈출했지만 이미 쏟아버린 물이었다. 즉 은혜받고 많은 사람의 총애를 받은 것이 그 화근이었다.

그러므로 은혜를 받으면 총애보다는 핍박을 받는 것이 은혜를 유지하는 정상적인 과정이라고 해야 할 것이다(마 5:10~12). 핍박 속에는 말씀이 찾아오지만, 총애 속에는 마귀의 유혹이 따라와서 선악과를 먹게 한다. 그러므로 신앙생활이란 항상 부르짖는 생활이어야 한다. 왜냐하면 부르짖는 자에게는 하나님께서 말씀을 보내 주셔서 위경에서 구출해 내시고 주께서 가르치시어, 그 말씀이 우리의 발에 등이 되고 길에 빛이 되시니 말이다(시 107:19~12, 119:102~105).

15. 사사봉의 황소 반 마리

금수강산을 피로 물들여 놓은 6.25 동란, 생각만 해도 지긋지긋한 일이다. 3백 만의 시체를 모았다면 산을 이루고, 그 피가 모였다면 강을 이루었을 것이다. 청상과부와 천애 고아들, 그 울음소리는 하늘에 사무쳤을 그때 조국 강산 어디라서 민족적 비애가 얽히지 않은 곳이 있었으랴마는, 그 속에서도 구사일생으로 살아남은 나, 무엇 때문에 하나님께서 살리셨는지 "이제부터는 나는 내가 아니요, 하나님의 것이로소이다."하고 산상으로 올라가 엎드린 곳이 용문산 동쪽 봉우리 사사봉이었다.

바람에 날렸는지 봉우리가 훌떡 벗겨진 사사봉, 산하를 내려다보니 적막강산 오척 단신 몸들 곳조차 없어 보이는 매정한 강산이었다. 수백 만의 피를 삼키고도 아직도 부족한 듯이 으르렁대는 것만 같았다. 금수강산이 이처럼 저주의 강산이 되리라고는 꿈에도 생각지도 못했던 일이다. "우리 민족은 왜 이래야 하는가? 왜 서로 죽어야 하고, 왜 외국인들의 칼 앞에 서야 하는가? 국토 분단, 민족 분열, 동족 상잔, 그 근본 원인은 무엇일까?"하는 안타까운 숙제를 가슴에 안고 사사봉으로 올라간 것이다. "주여 어떻게 하시렵니까? 이 민족의 앞날을 어찌하시렵니까? 형에게 맞아 죽은 아벨의 피의 호소를 들어 주신 하나님이시어, 이 땅 위에는 수백만 아벨의 절규가 메아리치고 있나이다. 저 아우성 소리를 들어 주시옵소서. 원한의 38선을 어서 속히 무너뜨리고 통일의 새 아침을 주시옵소서, 전쟁 없는 통일 국가, 동방의 한나라를 이루어 주옵소서, 양심에 화인을 맞고 붉은 용을 끌어안고 있는 저 김일성을 어떻게 하시렵니까? 그의 마음을 물로 녹이시든지 전멸을 시키든지 해 주시옵소서. 에서의 마음을 녹여 야곱과 목을 껴안고 울게 하시던 하나님이시여, 한국의 에서와 야곱도 한국 얍복 강을 넘어 만남의 눈물이 있게 하옵소서."하고 밤새워 기도했다. 하루 이틀도 아니었다.

그 어느 날 기도하던 중 깨달음이 왔다. "나라와 민족을 위해 이 생명 다하기까지 힘껏 복음을 증거 해야 한다. 한국이 복음화될 때까지." 이렇게 사명의식이 새롭게 느껴지며 확신이 왔다. 그 총부리 앞에서, 그 불더미 속에서, 그 칼끝에서 건져 주신 하나님의 섭리가 이 일에 쓰고자 하심을 분명히 깨달았다. 그날 밤이었다. 환상 중에 황소 한 마리를 잡아 눕혔는데 그 고기를 나더러 먹으라고 한다. 아무리 먹어도 다 먹을 수는 없었고 그 반 마리를 먹었다. 생시 같으면 한 근도 먹기 힘들 터인데 그것을 어떻게 반 마리나 먹었는지 알 수 없는 일이다. 신령 세계에서 신령의 고기였기에 그럴 수 있었을 것이다. 그 남겨둔 반 마리는 또 누구인가, 여러 사람이 나누어 먹게 되리라는 것이었다. 그런 일이 있은 후 로는 이상하게 딴 힘이 생겨서 일 년 열두 달 365일을 하루도 빠지지 않고 전파했는데도 피곤을 몰랐다. 어떤 핍박도 이기며 나가는 전도의 길을 아무도 막지 못했다. "네 사는 날을 따라서 능력이 있으리로다 네 대적이 네게 복종하라니 네가 그들의 높은 곳을 밟으리로다"(신 32:25, 29)

이것이 그때 받은 능력의 은혜였다.

XII. 성령은 지혜의 신으로 역사

1. 처음 출동한 전도대

밤낮 호된 수련을 받고 있던 십자군 백의전도대는 급기야 1951년 1월 14일, 출동 명령을 받았다. 힘차게 십자군 전도대 노래를 부르며 용문산 계곡을 빠져나갔다. 우리의 무기는 하나님의 말씀이요, 우리의 보급로는 오직 하나님께로 토하는 기도가 있을 뿐이다.

우리의 대장은 예수님이시요, 우리의 대적은 마귀다. 도전해 오는 마귀를 쳐부수고 나가서 마귀에게 사로잡혀 신음하고 있는 우리의 형제를 구출하자는 뚜렷한 목표를 향하여 힘차게 전진했다. 전도 대원들은 자기들이 만들어 입은 흰 코트에 흰 모자를 쓰고 김천으로 나갔다. 그날 밤은 우리 집이 있는 김천교회에서 기도하며 내일을 위한 준비를 하고 있었다. 다음날이 김천 장날인 1월 15일이었다. 십자가를 흔들며 전도대 노래를 힘있게 부르며 시가를 행진했다. 불과 12명밖에 안 되는 대열인데도 원체 기세 있게 전진하니까 마주 오던 미군들이 줄지어 오다가 줄이 흩어지면서까지 그 길을 비켜 주었다. 길을 비켜 주던 미군들은 사진을 찍느라고 앞뒤로 설치며 왔다 갔다 하니 십자군 행진은 더욱 거세기만 했다. 파출소 문전을 지날 때 경찰 검문이 있어도 본 척도 않고 힘차게 행진곡의 십자군 노래만을 부르며 오직 전진을 했을 뿐이다. 십자기를 흔들며 질서정연한 행렬이어서인지 검문을 하던 경찰관도 멍하니 바라볼 뿐이다. 본서에서 연락이 왔다고 따라오면서 검문을 하려던 경관도 있었으나 들은 척도 않고 십자기를 흔들며 발맞추어 행진하는 그 기세와 노랫소리에 눌렸던지 구경만 하다가 돌아가 버렸다. 그 당당한 기세는 시가를 완전히 제압했다. 그때가 아직 전시여서 그랬는지 구세주라도 군림한 것같이 군, 관, 민, 모두의 관심과 이목을 이끌었다. 그 정체를 알 수 없어 궁금증을 느꼈던지 오가던 사람들 모두가 걸음을 멈추고 보았으며, 들으려고 열심히 귀를 기울였다. 장터까지 가서는 한 바퀴 돌면서 십자군 전도대 노래만을 계속 불렀다.

우리는 십자가 군병이로다 나가자
싸움터로 어서 나가자
하나님의 명령받은 병정들이니

용감하게 돌진하자 적진 속으로
십자군 생명의 용사들이여
가슴 속 생명탄 굳게 품고서
힘차게 싸우며 나가세
이 강토에 사랑 나라 이룰 때까지(7절까지 이하 생략).

호기심에 끌린 장꾼들은 모이고 또 모여 우리 전도대를 둘러쌌다. 그렇게 모여든 다음은 한 사람 한 사람 힘차게 외치기 시작했다. 즉 전도대로서는 '생명탄' 제1탄을 던진 것이다. 이것이 전도대의 시발이었고, 지금 부르는 전도대 노래도 그때 지어서 부르던 그 노래다.

2. 묻혔던 구슬 보화

그 후로는 '전도를 위한 공부'를 했다. 그래서 용문산을 '십자군 수련원'이라고 했다. 기도원이라고 이름이 붙은 것은 훨씬 뒤였다. 봄바람이 아직 품속으로 스며들던 어느 날 박만출 영수님이 용문산 첫 집 기도실로 찾아왔다. 나에게는 제일 반가운 친구였다. 읽고 있던 성경도 덮어놓고 그와 대화의 꽃을 피우고 있었다. 무슨 말끝에 내 속에 회충이 성한 것 같으니 이번에 나가면 회충약을 좀 구해 갖고 오라고 부탁을 했다. 그러나 그는 대뜸 "약은 무슨 약이야, 기도하면 되지."하고 이유 불문하고 내 청을 거절한다. "회충쯤이야 약 먹어 해결하는 것이 더 빠를 거요."하고 나는 나대로 할 말이 있었다. "성신 불만 들어가면 폐균도 소멸되는데 회충이 다 뭐야…"하고 박 영수님은 더욱 기세를 올린다. 나는 할 말이 없었다. "성령 불만 받으면 된다."고 단상에서도 외치던 자신이 도리어 부끄러웠다. 하기야 앗수르의 18만 5천 군대도 하룻밤 사이에 전멸시키던 하나님께서 회충쯤이야 일거리도 아니실 것이다. 병든 자에게는 의원이 쓸 데 있다고 하신 예수님의 교훈대로 본다면 약 먹는 것이 신앙의 역행이라고까지 할 수는 없는 일이다. 그러나 나는 굳이 약을 먹어야 한다고 고집할 용기는 없었다. 그의 당당한 신앙 태도에 이론도, 이치도, 주장도, 말살당하는 듯했다. "산에 올라가서 기도나 합시다."하는 그의 말에 웃음으로 대답을 대신하며 담요 한 장을 끼고 삼선봉으로 올라갔다. 삼선봉 꼭대기 산 모래 위에 엎드렸다. 처음에는 회충을 소멸시켜 달라는 기도를 드리기도 했지만 그런 기도는 언제 없어졌는지 기도의 줄기는 다른 데로 뻗치고 있었다. 밤을 새워 가며 부르짖었다. 성령의 불은 맹렬히 붙어 오르는 듯 온 전신이 뜨거워졌다. 나라와 민족이 사는 길은 오직 성령의 역사를 통하여 있을 수 있는 일임을 확신하게 되었다. 새벽녘이었다. 비몽사몽 간에 내 가슴 앞에는 큰 구슬이 하나 안겨졌다. 구슬이 너무 커서 한 아름에 안기가 벅찼다. 아니 반밖에는 안을 수가 없었다. 흰색 투명체였는데 흙 속에 묻혔던 것을 파낸 것 같았다. 표면이 황토에 젖어 아직 마르지도 않은 채 축축하게 습기가 돌고 있었다. 그런데 그 구슬은 검은 보자기에 싸여 있었다. 자기 덩치보다 더 큰 구슬을 품 안에 안고 앉아서 "주여, 감사합니다. 감사합니다."하고 감사하다는 말만을 연발하고 있었다. 이 구슬을 무엇에 쓸 것인지도 모르고 내 입에서는 왜 감사하다는 말만이 연발되고 있는지 알 수 없는 일이었다. 어떻든 내 마음은 한껏 기쁘기만 했다. 나 혼자 기뻐하기는 너무도 아쉬웠다. 엎드려 있는 박 영수 님에게 보라고 깨웠지만 그는 구슬을 보려고도 하지 않고 꽃동산 꿈을 꾸었다면서 머리를 든다. 방금까지 있던 그 구슬은 그가 보기도 전에 말하는 동안 어느새 사라져 버리고 말았다.

그러나 내 뇌리에는 언제나 남아 있다. 어느 때 생각해도 그 모습이 그대로 생생하게 나타난다. 싸맨 보자기의 그 두 귀는 언제나 풀릴 것인지는 알 수 없다. 그것은 곧 감춰진 보화가 발견되었다는 영감을 받고 내려왔다.

3. 세 가지 교안을 통한 성령의 불길

'묻혔던 구슬, 감춰진 보화' 혼잣말로 중얼거리며 방 안으로 들어섰다. 방 안에서 성경을 보고 앉았던 금달연(琴達淵) 장로님이 내 얼굴을 치켜 보며, "좋은 은혜받으셨구먼."하고 대답을 기다린다. 신상에서 있었던 사실을 그대로 말했더니 그는 무릎을 탁 치면서 "이제 감춰진 큰 비밀이 터져 나왔구먼요. 그 구슬은 큰 지혜의 보화이니까 이제부터 장로님은 지혜가 크게 열려 하늘의 비밀이 막 터져 나올 것입니다."하고 입맛을 다시며 흥겹게 기뻐해 준다.

그 해석은 과연 적중했다. 그 후 성경 깨닫는 지혜가 날마다 열리기 시작하여 성신 교안이 3일 만에 3백여 성경 구절을 관주하여 완성되었다.

즉 ① 우리가 받아야 할 성령과 은사
　　② 우리가 가져야 할 사상과 주의
　　③ 우리가 알아야 할 시대와 섭리

이 세 가지 교안은 성경 속에서 찾아낸 진리의 줄기였다. 결국은 이 세 가지 교안을 주축으로 성령 운동이 시발된 것이다. 하루 네 차례의 집회를 갖고 새벽에는 회개와 기도를 강조하여 회개의 기도시간으로 맞게 되고, 오전 시간에는 '우리가 받아야 할 성령과 은사' 교안을 나누어 주고 강의를 했다. 과거에는 듣지도 못했던 성령 강론을 했으니 놀라지 않을 수 없었다. 성령은 이미 믿기 시작할 때 다 받았다고 주장하는 현실 교회를 향하여, 성령을 받아야 한다고 외쳤으니 반발이 없을 리가 없었다. 반대도 컸거니와 성령을 받은 율은 더 컸다. 교역자는 80%가 반대였고, 평신도는 80%가 받아들이는 편이었다. 그러니까 성령 운동은 평신도 운동으로 시작되었다. 강사도 평신도요, 받아들이는 청중도 평신도였다. 오후에는 '우리가 가져야 할 사상과 주의'를 강의했다. 이 또한 반발이 컸다. 복음을 전해야지 왜 사상 운동이고 정치 운동이냐는 교권주의자들의 반박을 받으면서도 성경 속에서 추려내 진리 — 세상사상은 물질 중심이기 때문에 물질 따라 썩지만, 하나님의 말씀 중심 사상은 영원하다는 주장을 들은 자는 누구나 100% 받아들이는 편이었다. 장내가 박수로 화하여 강의가 간간이 중단이 될 정도로 열광적이었다.

밤시간에는 '우리가 알아야 할 시대와 섭리'로 또한 장내를 뒤덮어 놓은 강의였다. 가슴을 치며 울고 땅을 치며 곤두박질을 하면서 온 장내가 수라장이 되는 듯했다. 그래서 반대자들에게, 성령의 역사라면 온유하고 경건해야 할 터인데 왜 저러느냐고 비난을 받기도 했다. 그러나 그 세 가지 교안을 통한 불길은 날이 갈수록 더욱 맹렬하였다. 용문산 10평 강당(현 악대실)에서 일어나기 시작한 것이 대구로, 부산으로, 서울로 번져 전국을 휩쓸었다.

4. 대구에서의 첫 집회와 P목사

세 가지 교안을 들고 제일 처음으로 나간 곳이 대구였다. 대구 A교회 P목사 사모님이 용문산에 와서 수련회에 참석하여 성령의 체험을 하게 된 것이 동기가 되어 그 교회에서 집회를 열게 되었다. 나는 강사로 초청을 받아 가기는 했으나 시험대 위에 선 수험생이었다. P목사님은 그때 예장 경북노회 노회장이었다. 개회 첫날밤부터 강사를 강사답게 여기지도 않고 시험하고 있었다.

강사를 단에 세우고 회중을 향하여 소개하기를 "나는 이 사람이 누구인지도 모릅니다. 그러나 은혜가 있다고 하니 세워 보는 것입니다. 만일 성경과 위배되는 경우가 있다면 그 즉시 중단시킬 것입니다."라는 내용의 선언을 한다. 그러나 그 말이 내게는 듣기 싫지 않았다. 하나님께서 내 마음속에 일을 시작했기 때문일 것이다(빌 1:6). 그러므로 은혜의 역사는 첫날 밤부터 강하게 일기 시작했다. 밤, 새벽, 낮 어느 시간이든지 차고 넘쳤다. 자리가 없어 문밖에까지 몰려들었다. 3일이 지나서였다. 목사님은 사회를 하면서 첫날밤과는 정반대의 선언을 한다. "그 전에는 어떤 유명한 강사가 와도 낮시간에는 자리가 많이 비는 것이 상례였는데, 이번에는 낮시간에도 시간 전부터 급하게 뛰어오는 교인들의 모습을 보고 크게 느낀 바가 있다."면서 "만일 먹을 것이 없다면 교인들이 무엇 때문에 다른 일을 다 제쳐 놓고 시간 전부터 쫓아와서 이렇게 자리를 메우겠느냐."는 해석이다. 그리고 "아무리 검토해 보아도 어디까지나 성서적이었지 성서에서 이탈되는 점이 하나도 없는 까닭에 책잡으려 해도 잡을 수가 없었다."고 한다. "그러니 안심하고 은혜를 받으라."는 선언이었다. 교인들은 '아멘, 아멘!'의 환호성으로 장래를 진동시켰다. 그날 밤 예배를 마치고 나는 급하게 강사실로 들어왔다. 땀에 젖은 옷을 갈아입기도 전에 P목사는 강사실로 뒤따라 들어와서 나에게 안수받기를 청한다. "기도 좀 하시고 내일 받으시지요."하고 나는 쉽게 거절을 했다. 그는 섭섭한 안색을 지으며 돌아갔다. 그다음 날 낮시간이 끝나고 P 목사님은 강사실로 또 찾아오셨다. 자기는 폐병이 있어 박재봉 목사님에게 안수를 받을 일이 있었는데, 그때 나았던 것이 요즘 다시 재발했다는 것이다. 그래서 이번에 장로님께 기도 받기를 원하여 간절히 기도하고 왔다면서 기도해 주기를 간청한다.

"주여, 주님의 능력의 손길을 펴시옵소서."하고 나는 P목사님의 머리 위에 손을 얹고 기도했다. 내 손을 떼는 순간 목사님이 갑자기 뒤로 나자빠졌다. 숨도 못 쉬는 듯했다. 그냥 버려두기를 15분이 지났다. 그는 꼼짝 못 하고 뻗어 있다가 손끝을 약간 움직이는 듯했다. 일어나려고 애를 써보아도 일어설 수가 없었다. "기도해 드릴까요?"했더니 제대로 움직여지지도 않는 머리를 끄덕이려고 애쓴다 "주여, 일으켜 주시옵소서."하고 이마에 손을 얹었더니 그 즉시 얼어나 앉는다. 온 전신에 소멸의 불이 뜨겁게 임했던 것이다.

5. 은혜받고부터는 교회에 충성

P목사는 그 자리에 그대로 꿇어앉아 머리를 들지 못하고 눈물을 흘리며 흐느껴 울고 있었다. 급기야 입을 열었다. 약 30분 동안이나 자기의 지은 죄를 고백했다. 목사로서 지은 죄, 남이 들으면 거짓말 같은 어마어마한 신상 죄를 털어놓았다. 나는 그 죄를 용서해 주시라고 하나님께 간절히 기도를 드렸다. 남의 죄에 참여치 않으려고 나는 그 죄를 기억지 않았다. 하나님께서도 용서하신 죄는 기억지도 않으신다고 하셨으니 그 죄는 다 용서하시고 기억지도 아니하시리라고 믿는다. P목사는 한결 개운한 심정으로 얼굴을 들고 "이제는 눈에 흙이 들어가기까지 용문산과 나 장로님을 잊을 수는 없습니다."하고 다짐했다. "아이들 다 데리고 용문산에 은혜받으러 꼭 가겠습니다."라고 약속도 했다. 그는 그러고 나서 대구 시내 여러 교회에 말하며 집회를 하도록 주선해 주었다. 나는 그때 성경학자 최종철(崔鍾徹) 목사님이 시무하시는 대봉교회를 위시하여 대한 예수교장로회 정통과 교회만 9개 교회를 계속 9주간을 하루도 빠지지 않고 부흥회를 인도했다.

그 당시는 월요일 밤에 시작하여 다음 주 월요일 새벽까지 만 1주일 기간을 갖는 집회였다. 2개월 이상 대구 시내에서만 계속 집회를 하고 있었으니 시내 교계가 발칵 뒤집히는 듯했다. 가는 곳마다 교인들이 입추의 여지가 없어 모여들어 문밖에도 통행로에도 가득했다. 시간이 다 되어 강사가 단상에 오르려면 그 인파를 헤칠 수가 없어 어깨 위로 네 발걸음을 하는 경우도 있었다.

똑같은 교안을 갖고 하는 똑같은 설교 내용인데도 아홉 집회를 다 따라다니는 교인들도 태반이었다. 들을 때마다 새 은혜를 또 받게 된다는 그들의 간증에도 이유가 있었다. 세상 소리라면 두 번 다시 들으면 싫증이 났을 것이지만 성경 말씀은 진리의 말씀이기에, 또 들어도 들을수록 그 진미가 더하다는 것이다. 즉 말씀의 맛을 알기 시작하니까 그 맛을 뗄 수가 없었다는 것이다. 그중에는 장사하던 이들, 살림하던 이들도 "장사고 사람이고 다 모른다."식으로 다 내버리고 부흥회에만 따라다니는 이들도 있었다. 그러니까 가정불화가 생기기도 했고, 장사 거래처와의 불신 현상도 생기고 했으니 광신도라는 소리를 듣게 되는 등 부덕스러운 부작용도 없지 않았다. 그러나 그런 사례는 극히 소수에 불과했다. 하지만 일부에나마 이런 부덕을 끼치는 일이 없기 위해서 집회 마지막에는 꼭 일러주는 말이 있었다. 즉 "본 교회에 돌아가면 교회에 충성하고 가정에 성실해야 참 은혜"라는 것과, 또 겸손하여 은혜의 실천자가 될 때 그 은혜를 지속할 수 있다는 것이었다. 이는 어떤 이론이 아니다. 정말로 그런 생활을 했다. 은혜받은 대부분의 성도들은 과거의 '의식과 교만'이 '겸손과 담대'로 변하여 교회에는 열렬한 충성을 바치고 가정에는 성실한 봉사자가 되어, 모든 사람에게 예수의 향기를 나타내는 은혜의 실천 생활을 하게 되었다.

6. 은혜에는 핍박도 뒤따라

이처럼 성도들의 생활이 달라지는 것만큼 성령 운동은 뿌리 깊게 자리를 잡게 되고, 그 역사는 일대 변혁을 일으키게 되니까 교인들은 열광적이었지만 목사님들은 오히려 겁을 내는 이들이 많았다. 그때 대구 A교회의 이웃에 있는 서부교회에서도 집회를 하게 되었다.

그러나 P목사님이 나에게 하는 말이 집회를 하되 다른 교회는 다해도 좋지만 서부교회만은 가지 말라는 것이다. 만일 가기만 하면 자기가 노회장으로서 취할 조치가 있다는 것이다. 그렇다고 이미 작정하고 집회 준비를 다해 놓고 기다리는 교회에 안 갈 수는 없었다.

급기야 집회가 열려서 며칠을 계속하는 중 노회장으로부터 붉은 글씨로 쓴 경고장이 날아왔다. 물론 집회를 중단하라는 내용이었다. 교회 쪽에도 오고 강사인 나에게도 왔다. 은혜 분위기는 한참 상승하고 있는 그 판국에 만일에 집회를 중단하겠다면 몰려드는 교인들이 용납하지 않을 기세였다. 그대로 집회는 계속했다. 그럴수록 은혜는 더욱 강했다.

이 일로 인하여 서부교회 담임자 N목사님은 6개월간 정직을 당했다. 그러나 교회는 날로 부흥되어 P목사님의 A교회보다 큰 교회당을 건축하기에 이르렀다. 하지만 나에 대한 P 목사님의 방해 공작은 노회에서 끝난 것이 아니었다. 그는 필사적인 노력으로 나를 문제 인물로 등장시켜 총회에까지 비약시켰다. 그때부터 교권주의자들에 의해 교단적인 박해는 본격적으로 가해져 왔다. 그러나 박해가 더할수록 성령의 불길은 맹렬히 타올랐다. 한국 최대의 교단으로 자긍하는 대한 예수교 장로회 총회와 1대 1의 위치에서 싸워나가야 한다는 것은 용이한 일이 아니었다. 파란곡절 속에서 중상모략을 당하면서 고난의 길을 헤치고 나가기에는 산골짝 30대 무명 청년으로서는 벅찬 일이었다. 그러나 통쾌했다. 승리에 승리를 거듭할수록 하나님은 내 편이었다. "내가 고통 중에 여호와께 부르짖었더니 여호와께서 응답하시고 나를 광활한 곳에 세우셨도다."(시 28:5)라는 시편 말씀이 그대로 응하여 내 전도 무대는 점점 더 확대되고 있었다. "여호와는 내 편이시라 내게 두려움이 없나니 사람이 내게 어찌할꼬 미워하는 자에게 응하시는 것을 내가 보리로다."(시 118:6~7)라고 한 성경 말씀은 일 점 일 획도 변함이 없이 내게 적용되어, 사람이 능히 해치지 못했고 해치려던 자신들이 오히려 보응을 받아 쓰러지는 것을 볼 수 있었다.

이처럼 하나님이 같이 해주시는 증거가 확실한 것만큼 더욱 힘있게 박해를 박차고 나갈 수 있었다.

7. 주암산 집회에서

대구에 바브 라이스 선교사가 운영하는 기독교 부흥협회가 있었다. 거기에서 연중 발행하고 있는 '박 군의 심정'이란 전도용 소책자가 있었는데, 거기에는 박 군의 심정을 각종 짐승으로 표현해 놓은 그림이 있다. 그 그림에 성경 구절을 인용하여 만든 '우리가 받아야 할 성령과 은사'라는 교안이 10만 부 이상이 나갔는데도 모자라고 또 모자라고 했다. 그래서 바브 라이스는 자기가 15만 부를 제작해서 무료 제공하겠노라 약속을 해놓고 누군가의 방해로 실행하지 못 했고, 본의 아닌 헛말이 되고 말았다. 하루는 그 바브 라이스가 대구 주암산(舟巖山) 집회를 열기로 했으니 강사로 와 달라는 초청을 해왔다. 물론 기독교 부흥협회 주최로 미국의 짤비스 박사와 한국의 김치선 박사가 강사였는데 나를 특별 강사로 모시기로 했다는 것이다. 다른 데서 집회를 마치고 대구 집회에 가려고 산으로 왔더니 갑자기 대구 집회에 오지 말아 달라는 전갈이 왔다. 그래서 하루 쉬고 있노라니까 또다시 꼭 와 줘야겠다고 용문산 험한 길로 군용 지프차를 갑자기 보내왔다. 경북 노회 목사님들의 압력으로 못 오게 했다가 모여든 청중들의 아우성 소리에 못 이겨 또 와 달라고 했던 것이다. 그 지프차로 대구로 달려갔더니 라이스 선교사는 말하기를 "나 장로님 안 오면 이 많은 사람 다 도로 간다고 해서 또 오라고 했지요. 미안합니다. 그리고 감사합니다."라고 한국말로 인사를 한다. 내가 도착했을 때는 이미 개회한 지 하루가 지나서였다. 집회장에 사람들이 꽉 들어차 있는데 단상으로 나를 인도하여 내세우니 우레 같은 박수 소리가 장내를 뒤덮었다. 그때 라이스 선교사가 나를 소개하기를 "나는 나 장로님 손잡고 세계적으로 일할 것이요, 한국 목사들 아무리 반대해도 나는 하나님 명령 순종할 것이요."하고 확신 있는 선언을 했다. 그때의 박수 소리는 더한층 요란스럽게 장내를 울렸다. 그만큼의 일반 교우들의 호응도에 경북 노회원들도 놀랐을 것이다. 거기에는 경북 노회에서 보낸 조사위원들이 뒤따라 와 있었다. 약 6, 7명 되었을 것으로 짐작된다. 그들은 처음부터 내 설교에서 이단성을 지적해 내려고 둘러앉아 필기하고 있었다. "예수께서 말씀하시기를 내가 곧 길이요 진리요 생명이니 나로 말미암지 않고는 아버지께로 올 자가 없느니라."(요 14:6)고 하셨으니, "과거 예수는 길 노릇을 하시고, 현재 예수는 진리 노릇 하시고, 미래의 예수는 생명되신다."고 하니까 모두 처음 듣는 소리였는지 온 장내가 긴장된 눈초리로 강사를 지켜보고 있었다. 육신으로 오신 예수는 과거 우리를 죽어 주셨고, 성신으로 오신 예수는 현재의 우리를 살려 주시고, 부활로 오시는 미래 우리를 영생케 하신다. 즉 육신으로 오신 예수는 우리의 육신을 죽어 주셨고, 성신으로 오신 예수는 우리의 심령을 살려 주시고, 부활로 오시는 예수는 우리의 생명을 부활케 하시니 예수의 십자가는 우리의 길이요, 예수의 성령은 우리의 진리요, 예수의 부활은 우리의 생명이라고 외쳤다. 결국 이 말이 교계에서 안 하던 소리를 한다고 조사위원들은 이것이 이단성이 내포된 성경 해석이라고 꼬집어 갖고 내려갔다.

8. 장로교 장로 되라는 교섭 받아

그날 저녁 설교도 또 내가 했다. 큰 은혜의 밤이었다. 모두에게 성령이 크게 임하여 회개의 역사가 놀랍게 일어났다. 가슴을 치며 우는 소리와 방언 소리가 여기저기에서 들렸다. 기뻐 뛰는 모습도 군데군데 보였다. 예배가 끝나니까 모두 골짝골짝 숨어들어 부르짖는 소리로 산을 메웠다. 대구에서는 산상 집회로서는 처음 있는 일이라고 취사반까지 용문산에서 데려갔다. 건물은 전혀 없었고 집회장도, 숙소도 모두 천막이었다. 천막 집회, 집회 광경도 용문산을 옮겨다 놓은 것 같은 분위기였다. 평신도들도 많았지만 용문산보다는 교역자들이 많이 참석한 것이 특이했다. 그날 저녁 분위기가 이쯤 되니까 라이스 선교사는 성공했다는 듯이 자신만만했지만 노회에서 찾아온 몇 사람의 공작은 귀찮으리만큼 주최자 라이스를 괴롭혔다. 나 장로를 돌려보내라는 것이다. 그리고 나한테도 나와 가장 친근하다는 목사와 장로를 보내서 돌아가라는 교섭을 했다. 즉 이번만 양보해 주면 다음은 노회에서 전도의 길을 활짝 열어 줄 터이니, 이번에 양보하는 것이 내일을 위하는 초석이 될 터이니 자기 말을 들어 두라는 간곡한 청이었다. 나는 붙잡는 라이스의 손길을 뿌리치고 할 수 없이 그곳을 떠났다. 그러나 그것은 영원한 속임수였다. 그 후로는 오히려 장로교단에는 못 서는 사람이 되고 말았다. 그렇다고 이단이라고 규정을 지은 것은 아니었다. 자기네 정책상 당분간 서지 말아 달라는 요청이었을 뿐이다.

그 후 대구 어느 교회에서 집회를 인도하고 있을 때였다. 주암산 집회 때에 왔던 조사위원 가운데 한 사람인 C목사님이 찾아왔다. 그는 그 당시 유명한 부흥사이기도 했다. 그의 말에 의하면 자기는 진심으로 회개한다면서 그 당시 지적한 이단성이란 예수를 어찌 과거 예수니, 현재 예수니, 미래 예수니 할 수가 있겠느냐는 것이었지만 10여 일 동안을 연구, 토론, 심의한 결과 나 장로님이 해석이 옳다고 판정이 났다는 것이다. 그래서 그것을 옳다고 공식 발표를 할 수도 없고 해서 그냥 묻어 두고 말았다는 것이다.

그 후로는 오히려 나더러 장로교 장로가 되라는 교섭이 들어왔다. 그 당시 노회장의 담임 교회인 A교회 시무장로로 부임해 달라는 요청이었다. 그러나 나는 그럴 수 없다고 단 한마디로 거절을 했다. 그때 P목사는 말하기를, 감리교 감리사에게 물어보았더니 감리교에서도 문제 인물로 지목을 받고 있기 때문에 언젠가는 잘릴 거라고 하더라는 것이다. 잘린 다음에 장로교로 이명하기는 곤란하다면서 현재 시무장로로서 이명해 준다면 용이하게 처리된다고 유리한 조건을 많이 제시했다.

여러 목사님들이 수차례 다녀갔다. "그러나 옮겨가도 감리교인입니다. 왜냐하면 장로교의 택자 구원설보다는 감리교의 만인 구원설이 내 신앙의 뿌리요, 내 전도의 힘이 되었기 때문입니다."라고 잘라 말했다. "그래도 큰 교파에 와서 장로가 되면 전도의 길이 넓어질 터인데 다시 생각해 보라."는 한마디를 남기고 다시는 오지 않았다.

9. 인상에 남은 부산 첫 집회

1950년 6.25 동란 이후 용문산 산속에서 일어난 성령의 역사는 52년부터 본격적으로 외부로 퍼져 나가서 성령 운동으로 화했다.

처음으로 대구 애양교회에서 시작된 부흥회는 시내의 10여 교회로 연속하게 되어 대구 전역을 휩쓸었다. 그 여세가 부산으로 번졌다. 부산역에 내리니까 환영 나온 많은 성도들의 환성도 컸거니와 손을 흔드는 손길이 더욱 인상 깊었다. 거리거리에는 '나운몽 장로 심령대부흥회'라는 붉은 십자가가 드러나게 보이는 포스터가 총총히 나붙었다. 부산 거리를 휩쓸며 도는 택시에 달린 스피커에서 "나운몽 장로-나운몽 장로-13년 동안 산중에서 수도하고 나온 나운몽 장로, 나운몽 장로가 이제 부산에 오셨습니다. 오늘 저녁부터 충무로 광장에서 심령대부흥회가 열립니다. 누구나 와서 성령의 불을 받으라, 불의 사자 나운몽 장로-나운몽 장로 부산에 오시다." 이같이 반복되는 스피커 소리는 누구의 제재도 없이 마음껏 외치며 돌고 있었다. 부산 시내에는 충무로 광장이라고 불리는 공터가 한 곳 있었는데 그 공터에 천막을 치고 부흥회를 열게 된 것이다. 천막을 치기는 했으나 비가 줄줄 새는 낡은 천막이었다. 군대에서 쓰다 버린 천막인 듯한 국방색 천막이었다.

그 광장 넓이는 약 천 평 정도는 될 것으로 보였는데 그 지역을 다 덮을 수는 없었던 것 같다. 그러나 사람은 그 넓은 자리를 여지없이 메웠다. 비가 계속 내리는 장마철, 한번 자리를 뜨면 다시는 그 자리로 되돌아올 수는 없었다. 그러니까 한번 자리를 잡으면 그 자리에 그냥 앉아서 뭉갠다. 가마니를 깐다고 깔았지만 바닥은 온통 물에 젖어 있었다. 강사가 단상에 오르려면 통로가 없어서 교인들의 어깨 위로 벌렁벌렁 기어가야 했다. 죄고 또 죄고 해서 밀집된 자리, 콩나물 시루 이상이었다.

시간이 되기 전부터 장내는 만원이었다. 그 넓은 광장 주변에는 건물들이 있어서 공터이기는 하나 한계 안의 자리였다. 찬송을 부르면 온 장내가 들뜨는 것 같았다. 박수 소리와 어울린 찬송 소리는 점점 빨라지면 빨라질수록 미처 따라갈 수가 없을 정도였다. 그렇게 되면 그때는 찬송 소리가 폭발이라도 되는 듯 큰 고함 소리와 함께 통성기도로 화한다. 와 왁 급한 바람 소리 같기도 한 그 함성은 질서 있게 파상을 이룬다. 물결치듯 바람결 따르듯 고정장단이 조화되고 있음이 신기할 정도였다. 한참 그러고 나면 여기저기 방언도 터져 나오고 소리높여 우는 소리도 들려온다. 감당을 못해 뒤로 나자빠지는 이들도 있다.

오순절 다락방을 방불케 하는 성령의 역사였다. 과거에 보지 못했던 광경을 보게 되는 교인들은 이 모든 것을 다 경이적인 은혜로 받아들이니까 은혜가 되는데, 밖에서 방관하던 목사들은 이것을 이단이라고 비방하는 이들도 많이 생기게 된 것이다.

여기에는 간증자들이 많이 생겨났다. "나는 병원에서 사형선고를 받고 죽는 날만을 기다리고 있다가 이제 은혜를 받고 병이 나았습니다." "나는 하혈증이 나았습니다." "암이 나았습니다." 등등 난치병 환자들의 병이 나았다는 간증이 밤을 새워 가며 은혜 분위기를 더한층 복돋웠다. 복음이 전파되는 데는 반드시 병을 고치는 역사가 뒤따르고 있음을 실지로 체험하게 되었다. 옛날 주님 당시에도, 사도들의 시대에도 있었듯이 지금도 계속되고 있음을 목도하면서 과연 복음은 밑에만 있는 것이 아니고 능력과 성령이 나타남과 확신이라는 성경 말씀 그대로임을 체감하게 되었다(살전 1:5).

10. 잊히지 않는 뼈만 남은 환자

병자들이 일어나는 일은 어디를 가나 있었는데 그 중 잊히지 않는 또 한 가지가 있다. 어느 해인지는 확실치 않으나 55년 전후 될 것으로 생각되는 어느 날이다. 이리 제일교회에서 집회를 하게 되었다. 한신과 장로교 양동조(梁東祚) 목사님이 시무하는 교회였다.

교회당 안에는 사람이 꽉 차서 할 수 없이 교회당 앞 광장 노천에서 집회를 하고 있었다. 동서 사방에서 모여온 청중들 가운데는 병자들도 많았거니와 안 믿는 불신자들도 많았다.

집회 마지막 날 안수를 하게 되니까 더 많은 무리가 모여들었는데 그중에는 죽어가는 환자들도 있어서 안수하기가 겁이 날 정도였다. 그런데 한 바퀴 다 돌면서 안수기도를 하던 중 마지막으로 몇 사람을 남겨 놓았을 때, 뼈대만 앙상하게 남은 16, 17세로 보이는 소년이 자기 어머니인 듯한 노인의 무릎을 베고 누워 있었다. 게다가 눈도 입도 비틀어지며, 손도 발도 비틀어지고 있어 몸이 꼬여 돌아가는 불구형 중풍병 환자였다.

피골이 상접한 데다 먹지도 못 하고 열기가 대단하여, 숨도 옳게 쉬지 못하고 헐떡거리고 있었다. 숨이 당장에 넘어갈 것 같은 상태였다. 그 몸에 손을 대려니까 겁이 앞섰다. 손을 대는 순간 숨이 넘어간다며 기도하다가 사람 죽였다는 누명을 쓸 것만 같은 직감이 떠올라서 손도 채 안 대고 "주여 살려 주옵소서."하고 급히 옆 사람에게로 옮겨 가는데 그 어머니가 내 손을 끌어다 그 환자 가슴에 억지로 손을 얹는다. 나는 억지 안수를 하고 그 손을 뿌리치고 그 자리를 피했다. 성전 안에도 사람들이 꽉 차 있었기에 성전으로 뛰어들어가 안수기도를 하고 있었다. 강단 위에까지 입추의 여지가 없이 앉아 있는 그들에게 안수를 거의 마쳤을 무렵 양 목사님이 쫓아와서 "장로님, 기적이 일어났습니다. 저 다 죽어가는 뼈만 남았던 환자가 자기 발로 걸어 나와 단상에서 간증을 하고 있습니다."하고 기쁨에 넘쳤다.

과연 그는 마이크를 붙잡고 서서 또렷또렷한 말로 "나는 살았습니다."하고 하나님께 감사하다는 간증을 하는 동안 박수 소리는 우렁차게 들려오고 있었다. 나는 그때 깨달았다. 내 믿음은 아무것도 아니라는 것을. 그가 죽으리라는 것이 내 믿음이었는데 그는 살아났다. 이것이 어찌 내 믿음이나 내 능력으로 고쳤다고 볼 수 있겠는가? 성령은 내 믿음 밖에서 역사하고 있었다.

11. 상상을 초월한 성령 역사

1956년인 듯하다. 전도 대원들을 앞세우고 그 뒤를 따라 집회를 하면서 전국을 순회하고 있던 때였다. 인천에서는 인천 화도교회(花島敎會) 이응균(李應均) 목사가 시무하는 감리교회에서도 집회를 하게 되었다. 위층 예배당은 교인들이 밀려들어 강단까지 차고 넘쳐 입추의 여지가 없었다. 할 수 없이 예배당 밖의 광장에도 사람을 앉게 했다. 거기에 스피커를 달고 의자들도 놓여 있었고 가마니도 깔려 있었다.

그 뒤에 놓여 있는 의자에 미국 군인 두 사람이 와서 앉아 있더란다. 그다음 날은 몇 사람이 더 와서 앉아 있었다. 그런데 그들은 강사의 얼굴도 못 보면서 스피커에 귀를 기울이고 열심히 듣고 있더란다. 그중 몇 사람은 눈물을 흘리기까지 하며 듣고 있더라는 것이다. 매일 한 사람 두 사람 더 오고 더 오고 하여 마지막 날에는 십여 명도 더 되는 군인들이 와서 앉아 들으면서 울고 있더란다. 매일같이 오는 그들의 모습을 눈여겨보던 어느 장로님이 그들에게 물어보았다는 것이다. 당신들은 한국 말을 언제 배웠기에 그 폭포수같이 쏟아지는 설교를 그처럼 잘 알아듣느냐고 물었다는 것이다. 그들은 머리를 설레설레 흔들면서 말은 전혀 알아듣지 못하더란다. 묻는 말도 알아듣지 못하면서 어떻게 설교는 알아듣는지 이상한 일이었다. 미국 말 아는 사람이 그들과 대화를 해보았다. 그들의 말에 의하면 설교하는 말의 내용은 모르나 그 음성이 가슴을 찌르는 듯 주의 사랑을 안겨 주고 있어 벅찬 충격을 받는 심정이라면서 눈물을 흘리며 감격에 넘친 간증을 하더란다. 이것이 성령의 역사가 아니고 무엇이랴. 하나님께서는 그 말씀을 보내어 저희를 고치사 위경에서 건지기도 하시고 말씀을 보내사 그들을 녹이기도 하신다고 하셨으니, 그들은 사람의 말은 못 알아들었어도 그 음성 속에는 성경 말씀대로 하나님이 말씀을 보내시어 속히 달려왔던 것이 분명하다(시 147:15, 18, 107:20).

성령은 이처럼 다양하게 각방으로 역사하여 전도자들과 동행하고 있음이 분명했다. "제자들이 나가 두루 전파할새 주께서 함께 역사하사 그 따르는 표적으로 말씀을 확실히 증거 하시니라."(막 16:20)고 한 성경 말씀은 사도 시대 때만 적용됨이 아니고 지금도 주께서 동행하고 계시다는 감격을 느낀다.

12. 술주정뱅이에게 역사한 말씀

정통이라고 자처하는 예장 파에서 쫓겨난 한신파는 계속 신신학파라고 몰리고 있어 교인들을 많이 뺏기고 있던 때였다. 전주에서 연합집회를 할 터이니 강사로 와달라는 한신파 총회장 김세열 목사의 초청을 받고 전주엘 갔다.

전주 공원에다 수백 장 되어 보이는 천막을 쳐 놓은 거창한 시설이었다. 그 부근에는 큰 솥을 걸어 놓고 취사 규모도 대대적이었다. 전라남북도, 충청남북도 교인들은 다 모인 듯 수많은 사람들로 붐볐다. 경건만을 부르짖던 장로교였지만 모든 격식은 완전히 철폐되고 마음껏 찬송부르고, 마음껏 기도드리고, 마음껏 전할 수 있도록 완전히 개방된 집회였다. 제재 없는 자유스러운 분위기 속에서 부르는 찬송 소리, 손뼉과 아울러 찬송 소리가 점점 빨라져 마지막의 가사는 전혀 분별할 수 없고 와와 소리만 나다가는 기도 소리가 터져 나와 온 장내가 뒤집히곤 한다.

찬송은 제자리에 일어서서 뛰고, 기도는 제자리에 앉아서 뛰고 생명이 약동하는 장관이 펼쳐지곤 한다. 이렇게 집회는 무르익어 성령의 불도가니로 화했을 때의 설교는 더욱 권위 있게 전달되었다. "그래도 안 믿을 것이냐?" "천당이냐, 지옥이냐?" "지옥 갈 사람 손들어 보라."면 아무도 손드는 사람은 없다. "천당 가기를 원하는 사람 손 들어 보라."하면 모두 손을 든다. "그렇다면 예수 믿으라."고 외쳤을 때 술에 취해서 지나가던 사람들도 손을 들었다. 술 취한 사람이 손을 든 것을 나는 알지도 못 하고 있었다.

그런데 그 몇 해 후 전주 어느 개교회 집회를 하고 있을 때였다. 예배를 마치고 단에서 내려오는데 단 밑에 기다리고 있던 두 분이 달려들며 내 손을 꼭 붙잡는다. 나는 전혀 모르는 사람들인데 몹시 반가워한다. 이산가족이라도 만난 듯이 기쁨에 넘쳐 있었다. 나는 누구인지를 몰라 얼떨떨해 있노라니까 "장로님은 저희를 모르시지만 저희들은 장로님의 믿음의 아들들입니다. 공원 집회 때 술 먹고 그 앞을 지나가다가 '그래도 예수 안 믿겠느냐?'고 외치며 천당 가고 싶은 사람들 손 들라고 해서 그때 손들고서부터 예수를 믿게 되었습니다."고 고백한다. 그때 세 친구가 지나가다가 같이 손들고 같이 믿었는데 한 사람은 너무 열심히 믿다가 박태선 전도관의 유혹을 받아 소사에 있는 신앙촌으로 가버렸다는 것이다. 시골에 있는 가산을 전부 정리해 가지고 갔는데 아무리 만류해도 별수가 없었다면서 아쉬워했다.

그들 중 한 사람은 집사요, 한 사람은 그때 벌써 장로 피택이 되었다고 들었다. 성령은 이처럼 인간 상상을 초월해서 역사하고 있다. 안 믿는 술꾼의 심령 속에도 찾아 들어간 말씀의 역사, 또 한 번 하나님께 감사했다. "저가 그 말씀을 보내어 저희를 고치사 위경에서 건지시는도다 여호와의 인자하심과 인생에게 행하신 기이한 일을 인하여 그를 찬송할지로다 그 행사를 선포할지로다."(시 107:20~22)고 한 성경 말씀 그대로임을 목도할 수 있었다.

13. 양 7주년 기념 성회

1954년 5월 7일, 입산한 지도 이미 14년이 되던 해였다. 7년, 7년 두 7주년을 기념하는 성회를 8.15 광복절을 기하여 열기로 작정했다. 대구 라이스 선교사는 이 일을 협조한다면서 자기가 발행하는 '승리의 생활'지에 광고를 무료로 한 번 내주었다. 지상 광고란 그것이 고작이었는데 전국 각지에서 모여들기 시작하여 며칠을 계속 줄이어 들어왔다. 추풍령에서 산에까지 길이 미어지게 남부여대하여 피난 행렬과 같은 모습이 이어지고 있었다. 산상에서 그렇게 많이 모이기는 한국 역사상 처음 있는 일이라고들 이구동성으로 말하면서 입산자 자신들이 놀라는 기색이었다.

길가에 있는 바위에는 "천당 가는 길 험하여도 생명 길 되다니 은혜로다."가 페인트로 쓰여 있었다. 오는 사람마다 한번씩은 모두 읽어보며 걸어왔다. 지금은 차로 다니기 때문에 그때와는 다르지만 그때는 그 한마디에서 얻은 은혜와 위로가 컸다고 한다. "어디서 오십니까?"가 서로의 인사였으며, 만나면서부터 친구가 되는 길동무의 정은 십자가를 찾는 입문에서의 정서였다. 도시도 아닌 이런 험산 준령 추풍령 고개를 넘는 무리들, 무엇을 찾아오는 것인지 아무도 이해하기 어려운 일이었다. 세계적으로도 이런 일이 있겠느냐고들 말하면서 길르앗 산상에 모여든 기드온 3만2천 명의 기세와 같은 느낌이라고들 말했다.

성령 운동의 가호는 그때에 용문산 신상에 높이 세워진 것이다. 3만을 헤아릴 정도로 많은 인파가 모여들어 용문산은 문자 그대로 인산인해를 이뤘다. 집회는 새벽, 오전, 오후, 밤 하루 4회에 걸쳐 열렸다. 4회를 모두 혼자서 인도했다. 확실히 인력은 아니었다. 새벽은 회개를 강조하는 회개 위주의 기도회였고, 낮에는 '우리가 받아야 할 성령과 은사'라는 교안을 배부해 놓고 증거 하였다. 그때의 성령 역사는 강사 자신도 자기 말이 아닌 것 같았다. 말이 폭포수같이 터져 나오는데 숨도 안 쉬고 말한다고들 했다. 두 시간 이상 세 시간을 내리 퍼붓는 데도 힘든 줄을 몰랐다. 교인들은 숨을 죽이고 기침 한마디 없이 무아지경 같은 경지에서 듣고 있었다. 통성기도 시간에는 수만의 아우성치는 기도 소리가 큰 파도 소리 같기도 했고 급하고 강한 바람 소리 같기도 했다. 그런데도 그 소리가 무질서하지 않고 질서정연하게 파상을 이루고 있었다. 오후에는 '우리가 가져야 할 사상과 주의'라는 교안에 준하여 성경을 토대로 한 민족사상을 고취하는 시간이었다.

애굽 사람들은 종살이를 하면서도 이스라엘 사람들의 맥박 속에는 아브라함의 피가 뛰고 있었기 때문에 "모세는 바로의 공주의 아들이라 칭함을 거절하고 도리어 하나님의 백성과 함께 고난받기를 잠시 죄악의 낙을 누리는 것보다 더 좋아했다."(히 11:24~25)는 성경 말씀대로 민족을 사랑하는 마음이 불일듯했다. 그리고 그리스도를 위하여 받는 능욕을 애굽의 모든 보좌보다 더 큰 재물로 여겼다는 성경 말씀이 모두의 맥박 속에 주입되고 있는 느낌이었다.

"나라와 민족을 위해서라면 나도 이 몸 바치겠습니다."하고 외치며 뛰어나오는 사람들도 부지기수였다. 설교를 하다가도 박수 소리에 중단되곤 하는 때가 한 번의 설교에도 몇 차례씩 있곤 했다. 밤시간에는 '우리가 알아야 할 시대와 섭리'라는 교안을 중심으로 말세론 설교를 했다. 그 시간에는 당장에 하늘이라도 무너지는 것 같았다. 설교를 듣고 있던 자신들이 혼비백산이라도 하는 것 같다고들 했다. 통성기도 시간에는 통곡 소리에 장내가 떠나갈 듯했다. 눈물, 콧물을 닦으려고도 하지 않고 땅을 치며 그치라고 해도 막무가내였다. "내 주를 가까이하려 함은 십자가 짐 같은 고생이나…" 찬송을 부르기 시작하면 그때서야 따라서 부르는 사람들이 생겨나면서 울음소리가 찬송 소리로 변한다. 울음소리와 섞여 나오는 찬송 소리는 은혜의 분위기를 한층 더 복돋워주는 듯했다. 그런 속에서 박수 소리가 박자를 맞추어 장내를 감격의 도가니로 몰아넣었다. 그러다가 하나둘 일어서자 차츰차츰 모두가 일어서서 힘차게 찬송을 부르며 기쁨에 넘쳐 춤을 덩실덩실 추며 발장단을 맞추어 뛰곤 하니까 깔았던 가마니와 잡초가 다 부스러져 먼지가 뽀얗게 떠올라 목이 막힐 정도였다. 그래도 아랑곳없이 소리소리 지르며 뛰니까 마지막에는 목이 안 쉬는 사람이 거의 없었다. 사도시대에 오순절 다락방 역사가 그랬으리라고 짐작이 갈 정도로 사방에서 방언이 터져 나오고, 폐회를 해도 길가에서 술 취한 사람 모양으로 비틀거리며 외치는 사람들도 있는가 하면, 산으로 뛰어 올라가서 두 팔을 벌리고 아우성치며 부르짖는 사람들도 있었고, 그냥 장내에서 울고 있는 사람들도 있었다. 그야말로 술에 취한 듯한 오순절 역사가 그대로 재연되는 듯했다.

14. 처음 당하는 교계 신문의 화살

이렇게 성령의 강한 역사가 일어나기 시작하니까 그때부터 바리새인들의 핍박이 닥쳐오기 시작했다. 집회 도중에 예장 경북노회에서 왔다면서 김삼대 목사가 선봉이 되어 몇 목사들이 달려 들어왔다. 교역자들을 따로 불러내어 별별 악담으로 사람을 생매장하려는 중상모략을 하여 먼저 교역자들의 여론을 환기시켰다. 나운몽은 장로가 아니라느니, 이북에서 난봉꾼으로서 처첩을 40명을 거느렸다느니, 사기꾼이라느니 하며 온갖 비방과 모략으로 선동했다. 조사단이라는 명칭으로 강사실로 몰려와서 터무니없는 소리로 강사를 괴롭혔다.

이렇게 각방으로 은혜 분위기를 해치고 있었지만 성령의 역사는 가라앉지 않았다. 오히려 성령의 불길은 더욱 치올랐다. 성령 역사는 핍박이 오면 올수록 더 강하게 일어나는 것이 정상인가 싶었다. 초대교회 시대에도 그랬듯이 지금도 핍박이 있어야 성령 역사가 일어나니 말이다. 그때부터 기독 공보에는 '愛鄕塾에 斷'이라는 제하에 첫 면 중톱으로 악랄한 악담을 퍼뜨리기 시작했다. 그것이 용문산 성령 운동을 항거하는 교계신문으로서는 첫 포문이었다. 자기 먹인 개가 발뒤축을 문다는 격으로 기독공보가 나를 친다는 것이 그 격이었다.

기독공보는 내 개인의 가산을 다 털어 키워 놓았던 신문이었는데 그 신문이 나를 돌려치는 데는 어안이 벙벙했다. 이렇게 내 손때 묻혀 키웠던 기독공보를 앞세워 나를 치리라는 것은 상상도 못 했던 일이다. 아무리 내가 그 신문에서 손을 떼었다 할지라도 그 제호만 보아도 반가웠던 그때의 그 심정으로서 당하는 일이라 마음에 충격이 컸다. 그러나 기도하는 동안 그 타격은 도리어 나에게 큰 힘이 되었다. 이쯤은 이겨 낼 만한 힘을 내게 주셨기에 이런 시험이 닥쳐왔다고 생각을 하니 오히려 대견하기만 했다.

산중에 묻혀서 세상에 구애받지 않고 자유롭게 '사랑향'에서 살아보겠다는 이상을 실현해 본다고 애향숙을 세우고, 숙생들을 키우고 있던 나로서는 이 불의의 침입자를 무엇으로 물리칠 수 있을 것인가가 문제였다. 하지만 주 안에서는 이것도 문제가 아니었다. 기도하는 가운데 "개는 짖어도 너는 네 갈 길 가거라."는 응답을 받고 나서 얼마나 경쾌한지 총회와 1대 1이 되었다는 우월감마저 생기며 하나님께 감사가 절로 나왔다. 산중 기드온을 여룹바알이라 부르게 하여 기드온을 유명케 하셨던 하나님의 섭리가 있었던 것 같이 나를 한국의 기드온으로 불러 주시는 것만 같아서 감사하기만 했다.

XIII. 핍박이 같이 하는 성령 역사

1. 이 세대의 청지기 지혜

그 후로는 각 교파 노회와 총회에서 본격적으로 철추를 가했다. "내가 벌써 이처럼 컸는가?"하고 놀랄 정도였다. 어떻든 총회와 1대 1의 인물로 급성장한 셈이다. 집회 때마다 책잡으러 오는 조사단들이 몰려왔고 지방 순회를 나가도 역시 각 교단에서 파견한 조사원들이 귀찮게 구는 데다가 경찰관들까지 따라다니며 괴롭히고 있었다.

한번은 지방 순회를 하는 도중 마산 중앙감리교회(당시 김창호 목사 시무)에서 집회를 인도하고 있을 때였다. 역시 입추의 여지가 없이 교회당 안팎이 빽빽이 차 있었다. 설교를 마치고 뒷문으로 간신히 빠져 급히 숙소로 돌아와 땀을 닦고 있었다. 그때 그 숙소 호텔 옆에 있는 문창교회(文昌敎會) 담임 목사인 김석찬 목사님이 찾아오셨기에 급하게 자리에 앉았다.

목사님의 저서인 설교집 한 권을 가지고 오셔서 선사하시기에 고맙게 받고 급하게 이야기가 시작되었다. 성령 역사에 대한 이야기는 은혜롭게만 번지고 있었다. 그때 김창호 목사님과 정복현 장로님과 찬송 인도하던 박태선 집사와 양도천 목사도 같이 있었다. 그때까지만 해도 박태선 집사나 양도천 목사가 이단 소리를 안 듣고 전도 잘하던 때였다. 그 자리에서 김석찬 목사님이 하시던 말 중에 잊히지 않는 말씀이 하나 있다.

그는 용문산 집회에 참석하여 은혜를 크게 받고 다른 여러 목사들과 뜻을 같이하여 부산에 있는 김인서 목사님을 찾아갔다는 것이다. 그때 가장 악랄하게 붓끝으로 나운몽 타도 운동을 펴고 있는 목사였기 때문이다. 그에게 가서 용문산 성령 운동은 성경에 이탈한 점이 하나도 없고 성경대로 증거되고 있으니 그 운동을 반대한다는 것은 하나님을 거역하는 일이 될까 두렵다고, 반대하지 않는 것이 좋겠다고 권면했다는 것이다. 그러나 그는 "그것이 큰일"이라고 하더란다. 성경에 이탈이 없으면 무너뜨리기가 힘드니까 큰일이라는 논리였다고 한다.

"그렇지만 내가 이용도도 거꾸러뜨렸고, 박재봉도 거꾸러뜨렸는데 나운몽을 못 거꾸러뜨릴 줄 아느냐?"고 장담하면서 "내가 나운몽을 거꾸러뜨리려는 것은 모두 당신들을 위함이야…."고 생색을 내더라는 것이다. 그러면서 하는 말이 "나운몽 한 사람 살리면 많은 목사들이 죽어. 그것도 모르는가? 많은 목사들을 살리기 위해서 그 사람을 잡아야 해….”라고 가야바 대제사장 말 같은 큰소리를 치더란다(요 11:50, 요 18:14).

“그래서 목사들은 말문이 막혔지요.”하고 머리를 흔든다. 그래도 찾아갔던 목사들은 그를 설득시켜 보려고 애써 보았으나 오히려 목사들을 어리석게 보더란다.

백문이 불여일견인데 우리가 사실을 그대로 듣고 보고 와서 하는 말이니 당신도 가서 들어보면 알 것 아니냐고 하면서 한마디로 성경 그대로이고 성경에 탈선을 전혀 보지 못했다고 아무리 강조해도 통하지 않았다는 것이다.

“그러면 나운몽 한 사람 살리고 많은 목사를 죽이는 것이 옳단 말인가?”하고 성난 소리를 벌컥 내더라는 것이다. 하도 기막힌 소리만 하기에 모두 유구무언이었다고 한다. 또 하는 말이 “그 사람을 살려 놓으면 목사 7백 명이 밥 바가지 들고 나서야 해…. 그래도 나운몽을 놔둬야 한단 말이야?”하고 막가는 말을 하고 있으니 더 이상 권면할 수가 없었다는 이야기였다.

그 당시 장로교 목사님이 7백 명이었는지는 알 수 없으나 그런 말을 듣고 나서는 누가복음 16장 말씀이 떠올랐다. “내가 무엇을 할꼬. 땅을 파자니 힘이 없고 빌어먹자니 부끄럽구나. 내가 할 일을 알았도다.”(3~4) 하고 청지기는 먹기 위해서 불의의 지혜를 쓸 수밖에 없었다. 그래서 주님께서 “이 시대의 아들들이 자기 시대에 있어서는 빛의 아들들보다 더 지혜로움이로다.”(8)라고 하셨다. 성경 말씀 그대로 그는 이 세대의 청지기 지혜를 갖고 있었던 것 같다.

2. 성령이 외치는 광야의 소리

가는 곳마다 인산인해를 이루던 집회율이 점점 고조되고 있던 그때는 자유당 정권의 횡포도 더욱 심해 가던 때였다. 이기붕, 박 마리아 천하가 되어 있던 그 시절 누가 감히 탓할 수 있었으랴? 한국 전역은 공포 분위기에 꽉 차 있었다. 그러나 하나님의 말씀은 살아 있었다.

“7부짜리 작은 도둑놈은 결박 줄을 지고 철창 속으로 들어가야 하고 12부짜리 큰 도둑놈은 세종로를 달려야 한단 말인가? 작은 도둑놈은 꽁보리밥을 먹여 굶주려 쓰러져야 하고 큰 도둑놈들은 거루고각에서 진수성찬으로 배를 채우고도 남겨 버려야 한단 말인가?”

“금준미주는 천인혈(金樽美酒千人血)이요, 옥반가효는 만성고(玉盤佳肴萬姓膏)로다.”

“금단지에 아름다운 술은 천만인의 피가 모였고, 은쟁반에 담긴 기름진 안주는 만백성의 기름으로 쌓였구나.”하고 관원들의 부정부패를 때려부셨다. 어서 속히 회개하고 돌아와야 나라가 산다고 외쳤다. 성령이 외치는 광야의 소리였다. 그것도 하루이틀이 아니다. 365

일 쉬는 날 없이 계속 때려부수며 전국을 돌고 돌았다. 정권도 교권도 모조리 때려부수며, 전국을 돌고 돌며 순회하고 있었다. 권세 자들이 그냥 둘 리가 없었다. 결국은 교권자들의 참소로 잡혀 들어가 영어의 몸이 되었다.

서울 큰 성회를 마치고 부산행 열차에 몸을 싣고 오다가 피곤에 지쳐 김천 역에 내리니 형사들이 주변에 잠복하고 있다가 따라붙는다. "서장께서 잠깐 만나잡니다. 서(署)로 잠깐 가십시다." 아무리 친절하게 대해 주는 것 같아도 내 영감에는 불쾌감이 감돌았다. "내가 너무 피곤하니 잠깐 쉬고 가겠습니다."하고 사정을 해도 막무가내였다. 그때 우리 아이들이 살고 있는 집이 김천 역에서 멀지 않은 평화동에 있었다. 집에까지 따라오면서 애를 먹인다. 안방에까지 따라 들어와서 자리에 눕지도 못 하게 지키고 있었다. 한편 밖에서는 구속영장과 수색영장을 떼어 가지고 왔다.

아무리 가택 수색을 해보아도 경찰이 기대했던 금 바구니도 안 나왔고, 비단옷도 안 나왔다. "아니 금은 다 어떻게 했지? 옷이 이것뿐이야?" 장롱도 하나 없이 옷 두 벌이 없이 사는 살림을 보고 너무 의외였던지 조촐한 살림을 보고 도리어 투덜거리고 있었다.

3. 경북도 경찰국에 구금

용문산 집회 때에는 부흥회 때마다 강대상이 뒤덮일 정도로 헌금 봉투가 많이 나와 쌓인다. 장시간 광고하는 것을 본다면 그 많은 돈이 어디에 쓰이는지 의심이 생길 만도 했다. 의심이 생긴 친구 K씨의 고발에 의해 일어난 사건이었다. 그러나 나는 그 헌금을 한 번도 내 호주머니에 넣거나 그 금붙이를 내 장 안에 넣어 본 일이 없다.

단에서 광고가 끝나면 그 돈이 나오는 상관이 없다. 그 돈이나 금품은 사무실로 옮겨져 처리되고 있다. 사실 봉투 구경은 했어도 돈은 구경도 못 하는 나를 구속한다는 것이다. 어떻든 영장을 갖고 왔으니 끌려갈 수밖에 없었다.

김천 서에 나를 유치해 놓고 용문산까지 가서 발칵 뒤지고 회계장부와 모든 서류를 압수하여 몇 가마니를 싣고 왔다. 그들의 목표물인 금품이나 돈뭉치는 하나도 없었다. 마루를 뜯어보아도 땅을 파 보아도 없었다는 것이다. 아무리 수색영장을 갖고 갔지만 없는 것이야 없을 수밖에 없었다. 그 많은 돈과 금덩어리는 어디에다 은닉했느냐고 하면서 서울 여동생의 집에까지 찾아가서 야단법석을 떨었다.

국내 각 일간신문에는 톱기사로 다루어졌다. 그 당시 돈으로 3천만 원이라면 거액이었다. 그 거액의 행방을 쫓는다고 금방으로, 은행으로 찾아보았으나 찾을 길이 없었다. 그런 거액의 헌금이 없기도 했거니와 헌금이 나오면 나오기가 바쁘게 기도원 건설비와 교회 없는 동리에 교회 세우기 자금으로 그 즉시 지출되고 있었으니 그런 거액이 있을 리가 없었다. 그렇지만 나는 나대로 결박 줄을 지고 가야 했다.

경찰국원들과 기자들이 모여들어 "당신이 참말로 나운몽 장로란 말이요?" "이 사람이 나 장로란 말이야?" "당신 이름이 뭐요?" "당신이 나 장로가 분명해요?" "분명해, 이 사람이야 광장에서 설교하는 것을 내가 봤는걸." 갖가지 산발적 발언 공세에 싸인 나는 아무런 대답도 없이 한 모퉁이에 쭈그리고 앉아 있었다. 그들이 생각했던 것과는 너무나 차이가 컸던 모양이다. 백백교 사건이라도 들추어낸 것 모양으로 세상이 떠들썩하게 신문 보도가 되었으니 큰 거물급 인물을 잡아 온 것으로 기대했다가 실제로 와서 보고 너무 초라하니까 그런 말들이 오간다는 것도 넉넉히 눈치챌 만했다.

산중에 있다니 무슨 도복이라도 입고 뚱뚱한 체격에 풍채 좋은 백발노인으로 알았거나, 우락부락한 험상궂은 산채 두목을 연상했거나, 어떻든 별세계 인물로 알았던 그들에게 너무도 세상적인 초라한 모습이 그들의 상상을 뒤덮었던 모양이다.

4. 27일 후에는 나간다고 예언

어떤 기자들은 "지금 심정이 어떻습니까?" "소감을 좀 말해 줄 수 없습니까?" 등 질문을 하는 이들도 있었다. "없소."하고 한마디 대답을 하는 데도 짓궂게 "할 말이 없습니까?" "왜 구속을 당했습니까?" 등의 질문을 하여 어떻게 하든 내 입을 열도록 애쓰는 모습들이었다. 나는 그때 불쑥 나오는 말로 "나도 내 죄명을 모르오. 그러나 내 몸은 구속해도 내 믿음은 구속 못 할 것이요."라는 뜻 모를 대답을 했다. "그게 무슨 말이지요?"하고 그들은 호기심을 갖고 바짝 달려들었다. "이제 두고 보시오. 삼구 이십 칠, 27일이면 죄명 없이 내가 나갈 것이요." "웃기네. 당신 마음대로 나가요?" "내 마음대로 나가나 하나님 명령으로 나가지." "허허…." 어이없다는 웃음들이 터져 나왔다.

경찰국에서 매일 취조를 했으나 이렇다 할 아무런 단서도 얻지 못했다. 그 당시 경리사무를 관장하던 김규혁 집사님이 연행되어 매일 그들의 사무 장부 검열에 대응 심문을 받았다. 횡령은커녕 도리어 나운몽 구좌에 입금이 되어 있으니 웬일이냐고 장부를 위조라도 한 모양으로 다그쳐 묻곤 했다. 사실 입금이 되었으니 입금인 데야 어떻게 하란 말이냐고 김규혁 집사는 그 솔직한 진심을 뒤집어 보일 길이 없는 안타까움을 어찌할 수 없더란다.

사실 나가서 집회를 하면 가는 곳마다 사례금을 주는 대로 갖다가 사무실에 입금을 시키니 내 구좌에 늘 입금만 있지 내 개인에게로 지출되는 출금은 그리 없으니 입금이 2천만 원이나 있었다. 결국 횡령죄는 성립이 되지 않았다.

구속 당시 죄명과는 달리 국가보안법 위반이란 죄명으로 취조를 계속했다. 취조관도 하는 말이 "사실 3천만 원이 아니라 3억 원을 썼다 한들 당신 돈 당신이 썼는데 무슨 횡령이겠소? 횡령당한 사람이 있어야 횡령이지…. 당신의 죄명은 횡령이 아니라 국가보안법 위반이요."하고 죄명이 바뀐 연유를 말하는데 나 또한 놀랐다.

기독교 전도라는 미명 하에서 김일성과 연락하여 남한 정부를 전복시키고 적화통일을 하기 위한 공작을 하고 있다는 것이다. 남한 전역에 세포 조직을 하고 어마어마한 공작을 획책하고 있다는 증거가 백일하에 드러나게 되었다는 것이다. 이것은 제보자들이 유력하기 때문에 거의 확실한 정보라고 검사에게 전하는 말을 들을 수 있었다. 유력한 제보자란 즉 유력한 목사님들이었다.

5. 교도소 감방에서

경찰국에서 10일 만에 검찰청으로 넘어갔다. 경찰서 유치장에서 교도소로 이관되면서 입고 간 사복을 벗고 푸른 죄수복으로 바꾸어 입을 때의 마음은 섬뜩했다. 그러나 27일이 지나면 나갈 것이라는 영감은 계속 내 마음을 위로하고 있었다.

첫날은 잡범들이 20여 명이나 있는 방에 넣었다가 다음날 다른 감방으로 옮겼는데 그 방에는 살인범 두 사람이 있었다.

한 사람은 친구들과 술을 먹다가 싸움이 일어나 몽둥이로 후려친 것이 잘못 맞아 죽었다는 것이고, 또 한 사람은 병신 딸이 병석에서 후모에게 학대를 받는 것이 너무 불쌍해서 차라리 죽는 것이 편할 것 같아 술을 먹고 범행했다는 것이다. 눈을 딱 감고 딸의 목을 힘껏 눌러 죽이고 경찰에 자수했다는 존속 살인범이었다.

이 두 사람은 기운없이 감옥살이를 하다가 나와 한 방에 같이 있게 된 것을 무척 고맙게 생각하고 있었다. 그들은 면회 오는 사람도 전혀 없었다. 나는 매일 면회 오는 교인들이 많았기 때문에 매일 빵과 과자류가 계속 생기는 대로 갖다가 나눠 먹이니까 그것도 나를 좋아하는 이유의 하나였겠지만, 그보다는 그들은 나에게서 전도를 받아 착실한 신자가 된 것이 무엇보다도 고맙게 여기는 큰 이유였다. 처음에는 나더러 영감, 영감, 하던 그들이 제법 익숙하게 장로님이라고 부르게 되었다. 잘 때도 기도요, 일어날 때도 기도요, 식사 때도 꼭 기도했고 시간 있는 대로 늘 성경 말씀 듣기를 원했다.

나는 매일 그들에게 전도하는 것을 낙으로 삼고 있었다. 그러는 동안 그들과는 어느덧 정이 들었다. 27일이면 내가 나간다는 말을 그들은 처음에는 곧이듣지를 않았으나 그것까지 그들은 그대로 믿게 되었다. 친구를 쳐죽인 청년은 내가 나간다는 날짜를 잊지 않으려고 벽에다 매일 하나씩 금을 그어 놓기까지 했다.

그 어느 날은 출정하게 되었는데 버스 간에서 본 일이다. 세 청년이 머리를 맞대고 앉아서 수군거리고 있었다. 그중에 제일 크기도 하고 나이도 더 들어 보이고 얼굴도 점잖아 보이는 청년이 두 사람을 앞에 놓고 무엇인가 열심히 이야기하고 있었다. 마지막으로 하는 말이 "그러니까 너희들은 모든 것을 전부 내게 다 넘겨씌우고 나가란 말이야….”하고 늘어선다.

나는 그 청년을 다시 보게 되었다. 모든 사람들이 자기 죄를 벗기 위해서는 오히려 남에게 자기 죄를 전가하려 하는데 그 청년은 오히려 자기에게 죄를 다 씌우라고 하니 그 청년의 마음씨가 훌륭하게 보였다. 검찰청 구치소에서 그들과 한방에 있게 되었다. 나는 그 한방에 십여 명과 같이 있으면서 그들에게 전도를 했다. 요셉의 애굽 옥중에 있던 이야기를 해주면서 하나님의 사랑은 옥중에도 있다는 이야기 끝에 한 사람 한 사람에게 예수 믿으라고 권면하면서 한 사람 한 사람에게 그 대답을 받았다. "예수 믿어야지요.” "예, 나도 나가면 믿겠습니다.”

"아니요, 나가면 믿는 것이 아니라 지금부터 믿어야지요.”하고 누구나 다 믿겠다는 대답이었는데, 버스 간에서 죄를 전부 자기에게 넘겨씌우고 나가라던 그 청년만이 대답을 않는다. "당신은 남의 죄까지라도 대신 다 걸머지겠다는 좋은 마음씨, 우리의 죄를 대신 걸머진 예수님을 닮았는데 예수를 믿으면 참 잘 믿을 터인데 왜 대답이 없소?”하고 물었다. 그 옆에 앉은 한 청년이 말하기를 "선생님, 모든 것을 다 잘 아시면서 그것은 모르시는구면요….”하고 웃는다.

나는 무엇을 모른다는 것인지 어리둥절해 있으니까 다시 말을 이어 해주는데 "그가 빨리 그들을 내보내야 그들이 나가서 쓱싹해다가 사바사바를 할 수 있거든요.” "사바사바라니요?” "사바사바를 몰라요? 소경들이 북통을 치며 사바사바 도로도로 마도로 하는 것 몰라요? 눈 좀 감아 달라고 갖다 주는 것을 사바사바라고 하누먼요!”하니까 그들은 웃으면서 "뇌물은 몰라도 사바사바는 다 아는 용어인데 선생님은 그것도 모르셨구면요. 이것 좀 보시지요.”하고 벽을 가리킨다.

그 벽에는 "有錢이면 無罪요, 無錢이면 有罪다.”라고 한자로 낙서가 쓰여 있다. 돈 있으면 무죄요, 돈 없으면 유죄라는 감방의 '죄의 정의'가 그들의 뇌리에는 완전히 못 박히듯 박혀 있었다. 어떻게 해야 그 뿌리를 뽑을 수 있을까? "돈을 사랑함이 일만 악의 뿌리가 된다.”(딤전 6:10)는 성경 말씀이 생각나서 그 말씀으로 전도를 해 보았다. 그러나 좀처럼 그 돈의 뿌리는 뽑힐 것 같지 않았다.

사바사바의 철리라도 웅변하고 있는 듯 낙서는 여기저기 뿌리 박혀 있었고 옥중에까지 돈의 위력은 과시되고 있어 돈의 위력이 완전히 세상을 제압하고 있음을 알 만했다. 이런 감방 속에까지 그 뿌리는 깊이 박혀 있었다. 경찰서에서 사바사바 했더라면 ×원이면 되었을 일이 검찰청엘 왔으니 이제는 ××원이 있어야겠고 그 단위가 점점 높아가고 있음을 숨김없이 말하고 있었다. 이렇게 썩어들어가고 있음이 노골화하고 있었으니 이 어찌 자유당 정권이 무너지지 않을 수 있었으랴!

6. 검사와의 논쟁

오후에야 검사실에 불려 나갔다. 경찰국에서 하던 말을 그대로 요약하여 기독교 전도라는 미명 하에서 김일성과 내통하여 남한 정부를 전복시키고 적화통일을 목적으로 남한 전역에 세포조직을 하고 있다는 것이다. 나는 하도 어이가 없어서 "하나님 두려운 줄을 아는 기독교인이 어찌 역천주의(逆天主義) 공산당과 합작이 될 수 있겠소? 아무리 나를 빨갱이로 몰아도 27일 안으로 나가게 될 터이니 그때는 확실히 알 수 있을 것이요."라고 장담했다. 그러나 검사는 코웃음치고 있었다. "그때 안 놔주는 데도?" "안 놔주면 옥문이 터져⋯." "옥문이 터져?" "옥문이 터지고말고⋯" 국가보안법 위반죄가 그리 쉽게 나갈 수 있는 죄명이 아니라는 데서 검사는 어이없다는 웃음을 짓는다. 그때 담당 검사는 H부장검사였다.

결국 설교 내용이 반정부적이요, 용공 적이었다면서 붙여 놓은 국가보안법 위반이라는 죄명이었다. 그럴수록 취조는 점점 복잡해졌다. 설교 내용을 따지고 보면 애국적이요 반공적이었다는 데서 그 답변 역시 간단하지 않았다.

답변할 때마다 성경 몇 장 몇 절 말씀에 이렇다저렇다 하고 성경 구절을 인용해야 했다. 그 몇 장 몇 절을 기록하기란 그리 쉬운 일이 아니었던 모양이다.

"그 몇 장 몇 절은 좀 빼고 대답하시오."하고 소리를 꽥 지른다. 그래도 나는 성경대로 전한 것이 이 같은 죄명이 붙었으니 성경 구절을 인용하지 않을 수 없었다. 하나님의 말씀이 조서에까지 오른다는 것이 좀 두렵기는 했으나 성경 말씀대로 "하나님께서 말씀을 보내셔서 나를 위경에서 건지시는 것"(시 107:20) 같아 통쾌한 실감을 하기도 했다.

"성경 진리 그대로 나는 간증했으니 성경대로 대답해야지요."하고 나는 성경 구절을 계속 인용하면서 진술했다. 검사는 내 말이 어리석게만 들렸던지 "진리란 시대를 따라 변하는 법이야⋯."하며 짜증을 내다가 "그러니까 종교는 아편이란 말이야⋯."하고 내 얼굴을 쏘아본다.

"그래요? 그렇다면 나는 당신에게 취조를 받지 않겠소."하고 돌아앉았다.

"묵비권 행사요?" "아니오." "그러면 무엇이요? 왜 취조를 안 받겠다는 거요?"하고 다그쳐 묻는다. "나는 한국 사람이요. 한국 사람이 소련 검사에게 취조받을 이유가 없지요…."하고 나도 팽팽히 맞섰다. "소련 검사? 내가 왜 소련 검사야?"

"종교는 아편이란 말이 공산주의자들의 용어가 아닌가요? 아편쟁이들의 자유를 보장해주는 대한민국 헌법이 아닐 터인데…. 소련 용어는 알아도 대한민국 헌법은 모르는 모양이지요?" "대한민국 헌법 제12조를 못 보신 모양이지요. 소련 검사니까 대한민국 헌법을 알 리가 없지요…."하고 빈정댔다. H 검사는 책상 위에 있는 법전을 얼른 들쳐본다.

"그것 보시오, 종교가 아편일 수는 없어요. 신앙의 자유를 보장했지 어디 아편쟁이를 보장했던가요? 당신은 겉모양은 한국 사람이지만 속은 소련 사람임에 틀림없소. 누가 빨갱이인가 공판정에 나가서 봅시다. 어서 기소하시오."하고 벌떡 일어섰다.

7. 때리면 손목이 썩어 떨어진다고

그때 옆에 앉아 있던 고위층 경찰관인 듯한 사복 차림의 한 사람이 있었다. 그는 경찰국에서 취조할 때에도 늘 따라다니던 사람이었다. 취조할 때마다 간섭할 뿐 아니라 그 취조 방향도 제시하곤 한다.

"당신은 누구요?"하고 물으면 "신문사에서 왔소."하고 신문 기자인 척하면서도 취재 기록을 하는 것은 전혀 볼 수 없었다. 취조 받고 있는 내 진술에만 신경을 쓰고 있었다. 그에게도 들으라는 듯이 "공판정에서는 대중이 다 듣도록 마이크를 놓고 답변을 할 터이니 그때 진짜 빨갱이가 드러날 것이요. 내가 빨갱이인가 당신이 빨갱인가 두고 봅시다."하고 검사를 몰아 제꼈다. 그리고 옆에 앉아 있는 그를 향하여 "공산주의자가 대한민국 법관의 자리에 앉아 있으니 이게 될 말이요? 이거야말로 신문에 낼 일이 아니오?"하고 신문사에서 왔다기에 그런 말을 한마디 던졌다. 그리고 나는 다시 자리에 주저앉았다.

후에 안 일이지만 정체불명의 사람은 중앙정보부 요원이었다고 한다. 그는 내 태도와 말이 너무 지나친 것 같으니까 보다 못해 성을 벌컥 내면서 "그러면 우리가 공산주의자란 말이요?"하고 대든다. "주의자? 주의자는 무슨 주의자야? 일본 놈이 오면 일본 놈의 앞잡이고, 소련 놈이 오면 소련 놈의 앞잡이고, 미국이 오면 미국의 앞잡이가 되는 판인데 주의자는 무슨 주의자야. 그저 그렇고 그렇지…"하고 비웃으니까 그는 북받치는 화를 참지 못해서 바르르 떨며 두 주먹을 불끈 쥐고 일어서면서 나를 쥐어박으려고 한다. "때려만 봐라, 손목이 썩어 떨어지리라."하고 고함을 쳤다. 검사도 그를 보고 손은 대지 말라고 만류한다. 그러다보니 장내는 떠들썩했다. 나를 취조하는 이는 H 부장검사였는데 그 한

방에서 다른 검사들도 다른 사건들을 다루고 있었다. 피의자들과 간수들도 여러 사람이 있는 그 방에서 야단을 치고 있었으니 다른 사건 취급하던 이들도 모두 일손을 놓고 나에게로 이목이 끌리고 있었다. 그런 사태 속에서는 더 이상 집무를 할 수 없게 되자 검사는 간수를 시켜 나를 퇴정시켰다. 밖에 나서니까 모여 섰던 교인들이 박수로 환영을 해 주었다. 그러면서 하는 말이, 밖에서는 검사가 나 장로를 취조하는지 나 장로가 검사를 취조하는지 모르겠더라고 하며 웃는다.

나를 끌고 나오던 간수는 말하기를 "당신은 무슨 권한으로 어쩌자고 그러시오? 검사의 동정을 받아야 죄가 가벼워질 것 아니오?"하고 타이르듯 한다. 그러나 나는 할 말을 하고 나오는 듯 마음이 후련했다. 마음속에 담겼던 불안과 원한을 다 쏟아 놓고 나오는 것 같은 시원함을 느꼈다.

성령은 내 안에서 위로와 격려를 주고 있었다. 그때 내 마음속에 떠오르는 하나님의 말씀이 있었다.

"그가 친히 말씀하시기를 내가 과연 너희를 떠나지 아니하리라 하셨으니 그러므로 우리가 담대히 가로되 주는 나를 돕는 자시니 내가 무서워 아니하겠노라 사람이 내게 어찌 하리요"(히 13:5~6). 그 후에 이 성경 말씀은 내게 큰 힘이 되었다. "하나님의 말씀을 너희에게 이르고 너희를 인도하던 자들을 생각하며 저희 행실의 종말을 주의하여 보고 저희 믿음을 본받으라 예수 그리스도는 어제나 오늘이나 영원토록 동일하시니라"(히 13:7~8). 변함없는 주님의 사랑은 늘 같이하여 옥중에서도 주와 더불어 동행하는 감격이 내 가슴속에 떠나지 않았다.

8. 계호 과장의 언약

출정하지 않은 어느 날 교도소 계호 과장이 나를 불렀다. "당신이 27일 만에 나간다고 했다는데 그것이 사실이요?"하고 묻는다. 나는 서슴지 않고 "그렇소!"하고 대답을 했다. 그는 어처구니없다는 듯이 나를 빤히 바라보며 웃는다. "그래, 당신의 하나님이 그러던가요?"하고 또 묻는다. 나도 또 "그렇소!"하고 자신 있는 대답을 했다.

"만일 안 놓아주면 어떻게 하지요?" "안 놔주면 옥문이 터지지요…."하고 시치미를 딱 떼고 대답했다. 그때는 안색마저 달라지면서 나를 정상인이 아닌 것 같이 바라보았다. 멍하니 내 얼굴만 바라보고 앉았던 그는 "그게 참말이지요?"하고 심각하게 묻는다. "참말이지요."하고 나 역시 심각하게 대답했다. "안 놓아주면 옥문이 터진다…? 옥문이 안 터질 때는?" 도망이라도 칠 작정이냐는 듯이 말끝을 채 못 맺고 어물거린다.

"옥문이 터지기 전에 놓아주겠지요. 그리 염려할 필요가 없습니다." 하고 그의 염려를 눌러 놓았다.

"죄명이 그렇게 쉽게 나갈 죄명이 아닌데 그렇게 쉽게 놓아줄까요?"

"글쎄 죄명이야 어떻든 안 놔주면 옥문이 터진다니까요."

"당신 죄명이 국가보안법 위반이라는 것을 알고 하는 말이요?"

"알지요, 역적죄 아니요?"

"그런데도 나가요?"

"나가고말고…."

주고받는 말이 너무도 쉬웠다. 그쯤 되니까 그의 심각했던 태도도 완전히 무너지고 '허허….' 웃는 웃음마저 맥없는 웃음이었다.

"이제 옥문 터지는 구경을 한번 하게 되었구먼…." 하고 흥미를 잃은 듯한 어조로 한마디 하고 일어선다.

나도 멋쩍은 웃음을 웃으며 그 자리에서 나왔다. 문밖에 지키고 있던 간수도 우리의 말을 다 들었던 모양이다.

"참말로 옥문이 터져요?" "터지고말고…."라며 큰소리는 하면서도 철창 속 감방에 갇힌 영어의 몸이었다.

그 후로는 '옥문이 터진다는 사람' 구경을 오는 간수들이 안방 뒤를 이었다.

이런 일이 있은 후 계호 과장은 내가 출정하지 않는 날이면 기어이 나를 불러냈다. 사과도 깎아 주고 우동이나 빵도 사 주면서 친절히 대해 주었다. 옥문이 터진다는 말이 미친소리 같으면서도 호기심이 끌렸던지 흥미를 갖고 묻고 또 묻고 했다.

"만일 옥문이 참말로 터진다면야 나도 예수 믿지요. 다른 사람들도 예수 안 믿을 수 있겠어요? 다 믿지, 다 믿어.'하면서도 아직 안 믿어진다는 듯이 머리를 설레설레 흔든다.

"내가 그날 옥문이 터지기 전에 석방되어 나가면 어떻게 하지요? 그래도 예수는 믿어야지요?"

"예, 예, 그래도 예수 믿겠소. 당신의 하나님이 살아 계신 증거를 보았으니까…." 하고 계호 과장은 진정인지 건성인지 분별이 안 될 정도로 쉽게 대답한다.

9. 28명 목사님들의 연서장

바로 27일이 다 된 날이었다. 벽에 매일 금을 그어 놓던 청년은 "오늘이 바로 그날입니다. 장로님 나가시는 것은 반가운 일이지마는 어떡하지요?" 하고 머리를 숙이고 눈물을 닦는다.

또 한 사람은 그 높은 창구멍 문턱에 매달려 창밖을 내다보고 돌아서며 "하나님도 우리 심정을 아시고 눈물 흘려주시네…." 하고 그도 또 운다. 축축이 가랑비는 그들의 심정을 한층 더 우울케 했다.

그들은 그처럼 내가 그날 나갈 것으로 확신하는데 나는 도리어 당황해지기만 했다. 오늘 못 나가면 망신스러울 뿐 아니라 내보내 준다던 하나님이 어디 있느냐고 조롱을 할 터이니 그때는 전도 길도 막힐 것이고 전도할 용기도 없어질 것만 같았다.

분명히 내 마음은 초조했다. "주여." 하고 또 머리를 숙였다. "주여." 하고 기도를 하고 있었다. 그때 간수가 복도로 지나가면서 출정할 사람들의 번호를 부른다. 그중에 "414!" 하고 내 번호를 부른다. 다른 날 같이 쇠고랑을 찬 채 차에 실려 많은 미결수들과 같이 검찰청으로 나갔다.

그날은 출정을 했어도 매우 초조했다. 그냥 기다리다가 오후에야 검사실로 불려 나갔다. H 검사는 다른 날보다는 퍽 부드러운 어조로 "이제 당신을 놓아주면 어떻게 할 거요?" 하고 묻는다. "놓아주면 어떡하긴요? 전도하지요." 하고 가볍게 대답했다.

"전도는 좋은데 제발 정부는 때리지 마시오." "제가 언제 정부를 때렸나요? 죄를 때렸지…." 하고 몇 마디 주고받는 동안 검사는 몹시 명쾌한 기색으로 오늘은 내보낼 터이니 마지막 한마디만 대답하고 서명해 달라는 것이다.

"참말로 놓아줄 거요?" 하고 한마디 다짐을 해놓고 마지막 대답을 하고 서명하고 지장을 찍었다.

"옥문이 안 터지고 나가게 되었으니 다행입니다." 하고 인사를 했다.

"아, 그 참 오늘이던가요? 내일 놔줘도 되는 것을…." 하고 검사도 놀라는 표정으로 후회스러운 말로 한마디 덧붙인다.

"목사들이 거짓말할 줄이야 알았소? 공연히 고생을 시켜 미안합니다."

"목사들이 왜 거짓말을 해요? 목사들은 거짓말 안 합니다."

"아 이 양반이, 이것 좀 보시오. 이거 목사가 아니고 무어요?" 하며 서랍 속에 있던 서류를 끄집어내어 펼쳐 보인다. 28명이나 연서한 목사님들의 이름이 쭉 보인다. 총회장까지 지낸 C 목사도, 노회 장을 지낸 P목사도, H목사도, J목사도 유명한 이름들이 보인다. 정통을 주장하는 예장 목사님들이었다.

"만일 무고로 고소한다면 이 사건은 내가 맡을 것이요. 소위 목사들이 이럴 수가 있단 말이요?" 하고 H검사는 약간 분개한 어조이면서도 나를 동정해서 하는 말 같았다. 그러나 나는 "개는 짖어도 기차는 달립니다."라고 대답을 했다.

"그게 무슨 말이요? 목사들이 개란 말인가요?"하고 검사는 되묻는다. "목사들이 왜 개예요? 목사는 거룩한 하나님의 기름 부음 받은 거룩한 성직자들이지요." "그러면 나더러 하는 말이요?" "아니지요. 그런 중상모략을 일삼고 있는 무고자들을 놓고 하는 말이지요."하고 주고받는 말을 웃으며 듣고 있던 K변호사는 갑자기 정중한 태도로 자세를 가다듬더니 나더라 하는 말이 "장로님, 장로님은 장로님의 이름으로 고소하기 안 되었으면 법정대리인인 변호사가 대리해도 되니까 고소하라고 한마디 해주시오. 그러면 제가 고소를 하겠습니다. 그런 자들은 법 맛을 좀 보여 줘야 합니다."하고 내 대답도 있기 전에 "그러면 그자들을 장로님 갇혔던 그 감방에 꼭 가두도록 할 터이니 고소를 해 드릴까요?"하고 심각하게 묻는다.

"그렇게 되면 제가 와서 진술을 해야 되지 않습니까? 그럴 시간이 있다면 그 시간에 전도를 해야지요."하고 대답하며 "우리 기도합시다. 나 기도하고 나가렵니다."하고 "주여!"하며 일어서니까 H검사는 질겁하듯이 "안 됩니다. 안 됩니다. 나가서 하시오."하고 한사코 막아서 기도를 못 하고 나왔다.

"이제는 옥문 터지는 구경을 못 하게 되었네요?"하고 나를 데리고 나오는 간수의 얼굴에도 만족스러운 빛이 떠올랐다.

그는 옥문으로 들어서면서부터 "야! 오늘 옥문이 터지기는 틀렸다. 틀렸어….."하며 동료들에게 광고를 하면서 마당으로 들어갔다.

형무소 안에서는 무슨 큰 경사라도 난 듯이 "오늘이 맞아, 오늘이 만 27일이야!" "참말로 오늘 나가?" "옥문 터지는 구경 못 하게 되었네…..'라는 간수들의 오가는 소리를 들으며 결국은 그날 옥문을 나섰다. 그때가 1955년 이른 여름 가랑비 내리는 어느 날이었다고 생각된다.

10. 성경 말씀이 현실에 실현되

축축이 내리는 가랑비를 맞으며 옥문 밖에서 기다리고 있던 교인들이 여기저기 사방에서 달려들었다.

어느덧 누가 선창을 했는지도 모르게 찬송 소리가 우렁차게 울려 퍼졌다.

"내 주는 강한 성이요 방패와 병기되시니 큰 환난에서 우리를 구하여 내시리로다 옛 원수 마귀는 이때에 힘을 써 궤휼과 권세로 제군을 삼으니 천하에 적수 없도다."라는 우렁찬 찬송 소리는 찌푸린 날씨, 흐린 하늘, 안개구름, 가랑비를 완전히 헤쳐 버렸다. 울면서 영접하던 교인들의 얼굴들도 밝아지기 시작했다. 눈물 흘리며 부르던 찬송도 기쁨으로 부르는 찬송으로 화했다.

그날 저녁 대구 향촌동에 있는 제일 감리교회(당시 조윤승 목사 시무)에서 즉석 집회가 열렸다. 아직 새 건물 예배당을 세우기 이전 기와집으로 되어 있는 적산 건물이었다. 어느새 알려졌는지 "나 장로가 옥에서 나왔다."는 소문과 아울러 나오자마자 집회가 열린다는 소문이 퍼져 모여드는 신도들이 너무 많았다. 그 많은 수효의 교인들을 수용할 만한 넓은 교회당은 아니었다. 예배당 안에 차고 넘친 신도들은 마당에도 차고 넘쳤다. 지붕 위에까지 올라가서 마이크 소리에 귀를 기울였다. 그 수가 많아지니까 기와가 깨어지는 소리도 집 무너질까 염려하는 집사님들의 아우성치는 소리도 들렸으니 그런 소리쯤은 아랑곳없이 지붕 위에까지 차고 넘쳤다.

"그러므로 예수께서 자기를 믿은 유대인들에게 이르시되 너희가 내 말에 거하면 참 내 제자가 되고 진리를 알지니 진리가 너희를 자유케 하리라"(요 8:31~32).

"그러므로 이제 그리스도 예수 안에 있는 자에게는 결코 정죄함이 없나니 이는 그리스도 예수 안에 있는 생명의 성령의 법이 죄와 사망의 법에서 너를 해방하였음이니라"(롬 8:1~2).

이 얼마나 통쾌한 말씀이냐? 죄와 사망의 법에서 해방을 받아 생명의 성령의 법 안에서 자유함을 누리게 되었으니 그 기쁨을 측량할 길 없었다. 겉사람도 해방을 받았거니와 속사람도 해방을 받은 실감을 갖고 그 실감을 증거하는 날이다. 그 증거가 곧 설교요, 전도였다.

그런 까닭에 복음은 기쁜 소식이요, 평화를 공포하는 좋은 소식이요, 구원을 공포하는 복된 소식이라고 했다(사 52:7). 이처럼 복된 소식은 인생의 고개턱 산을 넘어야 했고, 그 산을 넘어야 기쁜 소리를 발하게 되고 아름다운 발걸음이 된다는 것도 그때 체험했다.

그때 "그들이 소리를 높여 일제히 노래하니 이는 여호와께서 시온으로 돌아오실 때에 그들의 눈이 마주 봄이로다."(사 52:8)라고 한 성경 말씀대로 여호와를 마주 볼 수 있는 그 심정 감출 길이 없었다.

그 심정으로 외치는 소리 "황폐한 곳들이 기쁜 소리를 발하여 함께 노래할지어다." 그대로의 노랫소리는 살아서 움직이는 모습을 드러내고 있었다.

"이는 여호와께서 그 백성을 위로하셨고 예루살렘을 구속하셨음이라 여호와께서 열방의 목전에서 그 거룩한 팔을 나타내셨으므로 모든 땅끝까지도 우리 하나님의 구원을 보았도다."(사 52:9~10)라는 성경 말씀이 액면 그대로 실현된 현실을 체감할 수 있는 심정이었다. 즉 하나님의 구원이 볼 수 있도록 성취되고 있었다.

그러므로 '성경과 현실'은 분리된 것이 아니다. 현실이 성경화하고 생활이 성경에 적응

될 때 생명은 살아나고 있다. 나뭇잎이 한참 피어오르는 시절 내 심령의 생명도 피어오르는 느낌이었다.

11. 하나님의 사랑과 진노

그 집회를 마치고 나니까 출옥 환영파티가 열렸다. 그 자리에는 사건을 담당했던 K 변호사도 있었고, 당시 고등법원 판사로 있는 ×장로님도 있었다.

그 장로님의 해석으로는 이번 사건은 나 장로님을 죽여 달라는 모함이었다고 단평을 했다. 목사 28명이나 연서를 해서 그 같은 모함을 해놓고도 책임 증언을 하는 사람은 한 사람도 없었다는 무책임한 고발이었다. 세 사람만 들었다고 허위 증언을 했어도 풀려날 길이 없었다는 것이다. 즉 나 장로가 이북 괴뢰를 찬양하고 한국 정부를 반역하는 설교를 했다는 것을 직접 들었느냐는 심문에는 모두 교인들에게 들었다고 했을 뿐 직접 들었다는 목사는 한 사람도 없어서 증거 불충분으로 불기소가 되었다는 것이다. 어느 교인에게 들었느냐고 물어도 어느 교인인지도 모르겠다고 해서 심문하던 검사에게 호된 면박을 당하기도 했다는 것이다.

하나님의 기름 부음을 받았다는 성직자로서는 당할 수 없는 모욕을 당했다. 성직자로서는 할 수 없는 악행, 즉 성령 거역을 했으니 행한 대로 갚아 주시는 하나님의 보응을 그대로 받은 것이다.

"누구든지 말로 인자를 거역하면 사하심을 얻되 누구든지 말로 성령을 거역하면 이 세상과 오는 세상에도 사하심을 얻지 못하리라."(마 12:32)고 하신 말씀은 그대로 응했다. 그 후에 그들이 받은 보응을 낱낱이 기록한다면 모두 놀랄 일이다. 아니 모두 두려워 떨 것이다. 아들에게 맞아 죽은 이, 아들이 화를 받아 죽은 이, 반신불수 된 이, 전신 불수된 이, 교통사고로 처자가 몰살된 이, 파렴치 죄명으로 옥살이하는 이, 부인이 미치광이가 된 이, 누구나 한번은 죽어야 하는 일이기는 하나 정상적인 죽음이 아니고 화를 받아 횡사하는 모습이 드러나게 죽은 이들이 대부분이었다.

성령의 역사는 사랑과 공의가 반드시 겸전한다는 것도 이처럼 드러나게 보여 주었다. 죽어가는 생명들을 살려 주시는 사랑의 선포가 말씀으로 나타나는 반면에, 악을 치는 공의의 날카로움도 우리의 목전에 나타남을 볼 수 있다.

그러므로 하나님을 두려워하는 자는 하나님의 진노를 받는 법이다. 이렇게 우리의 일상생활 속에 하나님의 말씀은 실현되고 있다.

12. 예수 믿고 찾아온 계호 과장

그다음 해 어느 날이었다. 대구 교도소 계호 과장으로 있던 P 씨는 김천 교도소 소장으로 부임했다. 그는 김천으로 오게 되면서 일부러 용문산에 찾아왔다. 과장급 몇 사람과 같이 정복을 입고 왔다. 현관에 들어서면서부터 인사도 하기 전에 그는 같이 온 일행에게 말하기를 "이 분의 하나님은 분명히 살아 계신 것을 나는 보았소."하고 자신만만하게 나를 소개했다. 그러나 나는 그를 얼른 알아보지 못했다. 계호 과장 당시는 늘 사복 차림으로 나를 대했기 때문에 정복을 입은 그가 얼른 식별되지 않았다.

"어디서 오셨지요?"하고 물으면서도 김천 경찰서 서장이 바뀌어 새 서장이 오셨는가 하고 의아해했다.

그는 그때서야 내가 잘 몰라보는 줄을 알아채고 자기소개를 한다. "제가 대구 교도소 계호 과장으로 있다가 이번에 김천 교도소장으로 왔습니다."라고 새삼스럽게 인사를 하고 들어오려고도 않고 그냥 현관에 선 채 말을 계속한다. 즉 "장로님께서 수감되자마자 27일이면 출감한다고 하기에 처음에는 웃어 넘겼지만 아니나 다를까 27일이 되는 날 참말로 출옥하는 것을 보고 놀랐습니다."하는 것이다.

나도 그 말을 듣고 나서야 그를 알아보고 반겼다. 진심으로 반가웠다. 방금 내가 기도하다가 나온 문간방으로 안내를 했다. 그 좁은 방으로 들어와서 앉자마자 그는, 자기뿐 아니라 아내와 아이들까지 교회에 나가게 하여 온 가족이 믿는 가족이 되었다는 것이다.

당신은 혹시 교회에 나갈 시간이 안 맞으면 교도소 안에서라도 꼭 예배를 드리고 있다면서 감격스러워했다. 같이 온 과장들 보고도 예수 믿어야 한다고 권면도 하고 "이 분의 말씀을 좀 들어보라."고 하면서 나더러 좋은 이야기 좀 들려 달라고 요청을 하기도 했다. 결국 그는 성령의 감동을 소멸치 않고 약속을 지킨 것이다. 성령은 이처럼 직접 간접으로 전도 운동을 전개하고 있음을 알 만했다. 성령은 옥중에서도 전도를 했거니와 절간에서도 전도를 해서 용문산으로 사람을 보내온 일도 있었다.

제 2 권

길은 직선이다

Ⅰ. 유혹을 물리쳐 준 예수의 사랑

1. 강사실에서 있은 사람

나는 천성문 밖의 시련이 있기 얼마 전에 당한 시험과 예수님의 가슴 아픈 사랑을 체험한 일이 있다. 즉 세상에서의 초보 시련을 시킨 다음 천성문 전 시련을 시킨 것으로 안다.

1951년 1.4후퇴를 했다가 다시 수복되어 서울 한강을 얼음 위로 간신히 건너던 때였다. 폭격 흔적이 그대로 남아 있어 아직 서울 거리가 살벌했던 그 시절, 교회당 문들이 닫혀 있는 곳이 더 많이 보이는 편이었다.

왕십리 어느 교회로부터 부흥회를 해달라는 요청을 받고 광고할 사이도 없이 그 즉시 집회를 열었다. 광고를 해도 모일 사람도 없었을 때였다. 혼자서라도 기도하고 싶은 심정에서 시작된 기도회였지 부흥회라기에는 너무 조촐한 편이었다.

피난 가셨던 담임 목사님도 아직 안 돌아오시고 장로가 한 분 있었고 열심 있는 청년 집사 한 분이 눈에 드러나게 보였을 뿐, 교인이라야 몇 분 있었는데 그것도 다른 교회 교인들과 합해서 7, 8명에서 10여 명 참석하는 정도였다. 부흥회라고 할 만한 분위기도 아니었다.

교회당 부근 주택들도 피난 갔던 주인들이 돌아오지 않아 대부분 비어 있는 집들이어서 주변이 한산하기만 했다. 안팎이 서글프지만 강사실은 비교적 넓고 깨끗하게 마련되어 있었다.

아침저녁으로 보이는 집회에 늘 같은 사람끼리 모이는 집회라서 은혜를 다정스럽게 받아들이는 편이었다. 낮시간이 없기 때문에 강사로서는 시간 여유가 많아서 자유로웠다. 그랬지만 어떤 여전도사라는 이가 내 자유를 침해했다. 나이는 50이 훨씬 넘어 보이는 이였다. 이웃에 마땅한 방이 없으니 실례를 무릅쓰고 며칠 신세를 져야겠다면서 이불 보따리를 들여놓는다.

나는 당황했다. 그럴 수 있겠느냐는 뜻에서 그의 얼굴을 쏘아 보았다.

그는 예사스럽게 "그래서 난시가 아니요? 젊은 강사님이 늙은 전도자의 처지를 이해하시오…."

"안 되지요."

"안 되기는, 이 넓은 방을 혼자 차지하고 있기보다 윗목에 늙은이가 좀 있기로서니 어떻소. 지금은 난시야요. 난시에는 그런 거야요…"하며 능청스럽게 나를 설득하려 든다.

부흥사가 그만한 아량도 없느냐는 듯이 전도자는 사랑이 있어야 한다는 식으로 이런 난시에 혼자서 이 큰 방을 차지하고 있으면서 양심이 편안하냐고 다그쳐 묻는 것만 같은 압력이 내 얼굴을 붉히게 했다. 두말할 수 없어 아무 소리도 못 하고 앉았다가 밖으로 나갔다. 그이도 따라 나왔다. 나는 그에게 쫓기기라도 하듯 시내로 들어갔다. 내가 장로가 된 모 교회를 찾아갔다.

그때는 버스도 전차도 운행하지 않아 걸어서 십리 길을 가야 했다. 청계천 수표 다리 옆에 있는 수표교 교회였다. 아직 예배당 문이 굳게 잠겨 있었고 주택도 주인 없는 빈집이었다.

'목사님 아직 못 들어 오셨구만요.'하고 나 혼잣말로 빈집을 향하여 담 밖에서 한마디 던지는 순간 웬일인지 눈물이 왈칵 솟아 흘렀다. '주여, 어서 돌아오게 하소서….' 담 밖에서 기도하고 예배당 문 앞까지 돌아와 굳게 잠긴 문손잡이를 잡고 흐느끼며 '주여, 주여…'를 몇 번이고 불러 보았다.

맥없이 발걸음을 돌려 수표교 다리를 건너갔다. 다리를 건너자 오른편으로 첫 집에 '관상'이라는 깃발이 나붙어 있었다.

2. 관상쟁이 시험

관상사에는 신광수(申光守)라는 이름이 똑똑히 쓰여 있었다. 신광수라면 내가 발행하던 '농민성보' 판매원이었다. 60 환갑이 넘은 노인이면서도 원기 왕성하게 부지런히 일하던 그였다.

이름만 보아도 반가웠다. 6.25 난리를 치르고 더구나 황폐한 서울 시내의 한산한 다리목에서 그 이름을 보았으니 말이다. 그가 우리 잡지사의 판매원이라고만 알았지 관상쟁이라고는 전혀 몰랐다. 그래서 이것이 동성 동명이나 아닌가 해서 잠깐 머뭇거렸지만 진위를 알고 싶어 열려 있는 대문 안으로 들어갔다.

"선생님 계세요?"하고 문 앞으로 다가섰다.

"누구세요?"하며 문을 벌컥 열고 내다본다.

"아니 이거 나 장로님 아니세요?"하고 반갑게 뛰어나와 손을 잡는다.

"어떻게 살아났소?"

"하나님의 보살핌이지요."

인사가 오가며 눈시울을 붉혔다.

방 안에 들어가 앉자마자 그는 내 얼굴을 빤히 바라보더니 "대통운이요, 대통운이 틔었소. 50년 대통운이요"하고 입맛을 다시더니 "나하고 동업합시다. 무엇을 하든지 대통운이 터졌으니 명전 사해하고 운수대통입니다."하더니 "손 좀 봅시다."하고 내 손을 잡고 손금을 유심히 보면서 "팔자가 예수 믿어야 하게 생겼구먼… 예수 믿어야 대통운이야."하고 손을 놓지 않고 운수 풀이를 한다.

"그게 무슨 소리요? 예수 믿는 것도 손금에 나타난단 말이요?"

"그럼요. 나타나고 말고요."

"어느 금이 예수 믿는 금이란 말이요?"하고 나는 손바닥을 펴고 물었다.

"이 금이 바로 그 금이요."하고 엄지손 밑부분에 있는 금을 가리킨다. 예수 믿는 금이라기보다 종교성이 강하다는 뜻이란다. "어떻든 보통 운이 아닙니다. 천하에 이름을 떨치고, 천하의 재물이 저절로 모여올 운수입니다. 이런 대통운이 쉽지 않습니다."하고 신나게 말을 시작했는데 관상 보러 오는 귀부인 같은 부인들이 몇 사람 떼를 지어 들어오고 있었다.

나는 모퉁이에 밀려 앉아 있었다. 그들이 다 가면 또 이야기를 하려고 기다리고 있었으나 계속 손님이 들고 있으니 시간을 얻을 것 같지 않아 일어나 나왔다. 조금만 더 기다려 달라고 점심이라도 같이하자는 것을 뿌리치고 나왔다. 무엇보다 나를 아는 교인이라도 들어오는 것만 같아서 앉아 있을 수가 없었다.

'나 장로님 관상 보러 다니더라.'는 소문이 퍼질 것만 같은 기우에서였다. 그러나 대통운이 터졌다는 관상쟁이의 말은 내 뇌리에서 떠나지 않았다. 숙소에 돌아와서도 그이가 하던 말을 되새겨 보면서 그리로 마음을 완전히 뺏기고 말았다. 저녁 집회시간이 되었는데도 설교 준비보다는 그 관상쟁이 생각뿐이었다. 단상에 올라가서도 설교는 건성이었고 관상만이 머리에 꽉 차 있었다. 예배시간도 되는대로 마치고 숙소로 돌아왔다.

3. 아랫목 시험

이미 이부자리가 아래 윗목으로 두 자리가 깔려 있었다. 기분은 안 좋았지만 난시가 되어서 그렇다는 데는 할 말이 없었다. 다과상이 들어왔지만 본 척도 않고 이불 속으로 들어갔다. 윗목에 자리 잡은 여전도사는 나더러 몇 번 먹으라고 권면하는 듯하더니 대답도 않고 드러누워 있는 내 태도에 불만스러운지 뭐라고 혼잣말로 중얼거리며 다과를 혼자 먹다가 윗목에 펴놓았던 자기 자리에 드러누웠다.

나는 이불 속에서도 낮에 만났던 관상쟁이를 생각하고 내일 낮에 또 가서 만나야겠다는 마음에 사로잡혀 이리저리 뒤척이다가 어느새 잠이 들었다. 낮에 그 먼 길을 걸어서 갔다 왔으니 피곤도 했을 것이니 정신없이 잠은 깊이 들었다.

새벽 기도시간이 되어 일어나서 보니 윗목에 있던 이부자리가 언제 옮겨졌는지 내 이불과 연접해 있었다. 이게 무슨 짓이냐고 했더니 윗목은 불이 안 들어 너무 추워서 좀 따뜻한 아랫목으로 내려왔다는 것이다. 더 이상 말하기 싫어 묵묵히 오바를 입고 예배당으로 나갔다. 불과 5, 6명밖에 안 되는 새벽기도회를 마치고 침실로 와서 또 이불 속으로 들어갔다.

그이도 뒤따라 들어오더니 이불을 구석 쪽으로 돌려 깔고 눕는다. 비록 돌려 깔았다 해도 발끝 쪽으로는 이불이 맞닿았다. '이래도 좋은가?' 마음에는 집히면서도 아무 말 않고 그냥 묵과했다. 그는 내 말이 없는 것이 곧 허락이라고 믿었던지 기분 좋게 누워 아랫목으로 바짝 내리밀었다. 나는 할 수 없이 문 앞으로 밀려나고 아랫목 구석은 완전히 빼앗겼다. 그러나 그와는 말하기가 싫어서 이불을 끌고 밀려나면서도 말없이 잠을 청했다. 한잠 자고 어서 관상쟁이 만나러 갈 생각밖에 없었다. 한잠 잤는지 말았는지 하는 동안 어느새 아침상이 들어왔다. 그것마저 전도사와 겸상이었다.

"이래도 되는 거요?"

"뭐가 어때요? 한방에서 잠도 자는데…"라면서 예사스럽게 밥뚜껑까지 열어주면서, "어서 잡수시기나 하세요. 현대 사람이 아니구먼. 젊은이가 왜 그렇게까지 그러지?"하며 시대에 뒤떨어진 사람 취급을 한다.

나는 대강 먹는 척하고 상도 내가기 전에 서둘러서 십리 길을 또 떠났다. 그 전도사는 자기도 나갈 일이 있다면서 같이 나가자고 서두른다. 나는 그가 같이 따라나서기 전에 재빨리 문 밖으로 나가서 빨리 발걸음을 재촉했다. 청계천 수표 다리 앞에까지 가서 관상 간판 밑으로 다가갔으나 차마 대문 안으로 들어갈 수가 없었다.

대문은 열린 문이었으나 관상쟁이 방문 앞에는 여자들의 흰 고무신이 가득했다. 그들이 돌아간 다음에 들어가려고 다른 데로 한 바퀴 다녀와서 보아도 또 신발이 가득했다. 그 앞을 몇 번이나 왔다 갔다 하며 기회를 노렸지만 점심 때가 훨씬 넘도록 손님 끊기는 시간이 없었다. 결국은 못 들어가고 그냥 돌아오고 말았다. 온 하루를 허비한 셈이다. 문제는 그 다음부터였다.

4. 신앙절개 빼앗길 뻔

저녁 집회시간이 되어서야 돌아와서 밤 집회 설교를 마치고 숙소로 돌아왔다. 이부자리가 아랫목에 가지런히 깔려있었다. 나는 그 즉시 전도사의 이불을 윗목으로 밀어 올려 놓았다. 뒤따라 들어온 전도사는 두말없이 이불을 구석 쪽으로 돌려놓고 "이러면 됐지요?"하고 능청맞게 웃는다. 나는 말도 하기 싫다는 듯이 아무 말 없이 자리에 누웠다. 다과상이 또 들어왔다. 그는 또 일어나 다과 좀 들라고 몇 번이나 권한다.

"남의 호의를 무시하는 것도 교만이야요. 교만은 죄인데…, 하나님은 교만한 자를 물리치시고 겸손한 자에게 은혜를 주신다고 하셨는데 강사님부터 좀 겸손해 보시지…"하고 일어나라고 이불을 제친다. 할 수 없이 벌떡 일어나면서 "교만이 아니라 아무것도 먹기 싫습니다. 그냥 놔두세요."하고 또 누우려고 하니까 "교만이 아니라면 하나라도 잡쉈야지요."하며 기어이 사과 한 쪽을 집어 준다. 안 받는다고 버텨 보았으나 강권에 못 이겨 결국은 받았다. 이제 그동안의 냉전은 무너진 셈이다. 그의 웃음 앞에 나도 웃고 말았으니 말이다. 그때부터 그는 신나게 말을 늘어놓는다.

"장로님은 부인한테도 그렇게 냉정합니까?"라는 등 여러 말로 말을 시켜 보려고 애를 쓴다. 그러는 동안 먹기도 하고 마시기도 하다가 "용문산에서는 남녀가 5분 이상의 대화를 안 하는 법이오."하고 다시 자리에 누우려고 했다. 그는 "무슨 법이 그런 법이 있느냐?"고 하면서 소리 높여 웃는다. 어떻든 그의 명랑한 기질과 끈질긴 노력은 내 매정을 무너뜨리고야 말았다. 오가는 대화는 그동안 어색했던 분위기를 완전히 해소시켰다. 나 혼자만 생각하고 있던 관상쟁이 말까지 나오게 되었다. "글세, 손금에도 예수 믿는 금이 있다니 택자 예정설이 맞는 모양이지요."하고 웃었더니 어느 금이 예수 믿는 금이냐고 기어이 보잔다. 내 손금을 보고 나서 자기 손금을 펴 보이면서 "내게도 예수 믿는 금이 있느냐?"고 묻기도 하면서 손금 타령이 무르익어 내일 같이 가보면 어떠냐고까지 그는 졸라댔다. 아는 사람 만날까봐 못 간다고 했더니 "관상쟁이 찾아오기야 마찬가지지 뭐가 두려워요? 그리고 장로님은 본래 아는 친지니까 만나러 왔다면 그만이지 뭐가 어째서 그래요?"라면서 신앙양심에 거리끼는 일인 줄은 알면서도 굳이 합리화시켜 보려는 구구한 변명도 늘어놓았다. 이렇게 이야기하는 동안 마귀는 기뻐했고 성령은 슬퍼했다. 즉 그 여전도사와 막혔던 칸막이가 터진 것은 성경 말씀이 작용한 것 같으나 실상은 성령의 역사는 아니었고 마귀가 역사하여 신앙절개를 빼앗으려는 마귀의 궤계였다.

5. 꿈속에서 찾아온 이와 아내

그날 밤이었다. 누군가가 내 꿈속에 찾아왔다. 그는 나와는 아주 가까운 처지 같은데도 그 얼굴은 얼른 알아보기 어려웠다. 키는 나보다 크고 나이는 그 당시 내 또래밖에 안 되어 보였다. 그가 나를 질시하면서 하는 말이 "당신 아내가 지금 누구하고 좋아하는지나 알고 이러고 있소?"하고 무엇을 탓하듯 빈정댄다. 나는 너무도 뜻밖의 소리를 듣게 된 그 순간 얼른 대답이 나오기를 "내 아내는 그런 사람이 아니요. 어느 남자하고 말도 않거니와 말을 한다 해도 얼굴도 들지 못하는 사람이요."하고 딱 잡아뗐다. 그는 나를 비웃듯 코웃음을 치며 "가보면 알 것 아니요? 그 이웃집 사람하고 좋아하니까 가보면 알 것이요."하고 돌아선다. 나는 두말할 것 없이 가방을 들고 나갔다. 급하게 쫓아갔는데 가서 보니 피난살이 판잣집에 살고 있었다. 단층 연립판잣집이 남향으로 앉은 집인데 따뜻한 햇빛이 비치는 해변가였다. 비록 판잣집이기는 하나 주변도 깨끗한 모래땅이었고 서글프지는 않았다. 많은 단칸방들이 연립되어 있는 그 속에 끼어 있는 한 방이 우리 집이었다.

아내는 방문 앞에 나와 앉아서 방 안에 깔렸던 자리를 털고 있었다. 채찍으로 먼지를 털고 있는 그 앞으로 나는 말없이 반갑게 달려갔다. 아내는 힐끗 바라보는 것 같았는데도 본 척도 않고 하던 일을 그냥 하고 있었다.

"여보 나요, 내가 왔어."하며 가방이라도 받아 줄줄 알고 가방을 내밀었으나 그까짓 것은 보는 척도 않고 "왔으면 왔지 어쩌란 말이요?"하고 그냥 하던 그대로 자리만 털고 있었다. 나는 화가 치밀어 올라왔다.

"아니 이게 참말이로구면….'

"뭐가 참말이란 말이요?"

"이웃집 놈하고 좋아한다면서?"

"이웃을 사랑하라고 했는데 그것이 무엇이 잘못이요?"

"그러면 그놈하고 매일 만난다는 말인가?"

"매일 찾아오니 매일 만나지 어떻게 해요?"

"아니, 못 오게 하면 그만 아니야?"

"사람이 사람 집에 이웃 오는 게 뭐가 안 된단 말이요?"

"아니, 그러면 그놈이 우리 집에 와서 밥도 같이 먹는다는 말인가?"

"찾아온 사람하고 같이 먹어야지, 어떻게 혼자 먹겠어요?"

"한 상에서 먹는다는 말인가?"

"상이 하나밖에 없으니 한 상에서 먹어야지 어떻게 해요,"

"아니, 이거 봐 이럴 수가! 그러면 그놈이 잠도 우리 집에서 잔단 말인가?"

"사람 집에 사람 와서 자는 게 뭐가 어떻단 말이요?"

"한방에서 잔단 말인가?"

"방이 하나밖에 없으니 한방에서 자야지 어떡해요."

"아니, 이게 사실이란 말이야? 그러면 이불은?"

"이불이 하나밖에 없으니 한 이불 속에서 잘 수밖에 없지 어떡해요."하고 아무런 죄책감도 없이 예사스럽게 한마디 한마디 당연한 듯이 대답을 한다. 일어나지도 않고 그냥 앉아서 자리를 털면서 가슴 아프게 말대답을 할 뿐이었다. 나는 참을 수가 없어 부엌에 뛰어들어가 식도를 갖고 나왔다.

"너 죽고 나 죽자!"하고 덤벼드니까 "흥, 전도자가 사람을 죽여?"하고 예사스럽게 퇴박을 놓으며 거들떠보려고도 않는다. 나는 더 이상 참을 수가 없었다. 칼을 내려치려는 순간, "내 가슴이 그렇게 아프다."라면서 내 손을 붙잡는 이가 있었다. 그때 나는 화닥닥 놀라며 깨어났다.

6. 아픔의 실상과 사랑의 실상

비록 내 몸뚱어리는 꿈에서 깨어났지만, 내 심령은 그대로 꿈속 사실이 연속되고 있었다. 즉 현실이 꿈의 연속이었다. 화닥닥 일어나 앉으면서 '주여, 이 죄인을 용서하소서. 주께서는 나를 이렇게까지 사랑하셨나이까? 나는 그것도 모르고 이렇게 영적으로도 육적으로도 범죄 하였나이다. 다시는 이러지 않고 일편단심 주님만을 위해 살겠나이다. 그처럼 가슴 아프기까지의 그 사랑 이제 알았나이다.' 라고 주님 앞에 고백하면서 '물러가거라! 내 심령 속에 스며들었던 관상쟁이도 물러가고, 아랫목으로 스며들던 여인도 물러가거라!'고 외쳤다. 아닌 밤중에 일어나 울면서 부르짖고 외치고 있으니 한방에 자던 여전도사가 놀라지 않을 수 없었다. 이는 아무 말도 못 하고 이불을 안고 사라진다.

주님의 사랑이 그처럼 크신 줄을 나는 모르고 살아왔다. 온 인류의 죄를 대속해 주신 광범위한 십자가의 사랑이라고 알았을 뿐, 개개인에게 대한 그처럼의 가슴 아픈 사랑은 모르고 있었다. 특히 나 같은 것을 그렇게까지 사랑하시는 줄은 몰랐다. 이렇듯 깨달음이 오면서도 내 가슴은 여전히 떨리고 아팠다. 그 아픔이란 보통 아픔이 아니었다. 칼로 에워낸단들 어찌 그렇게까지 아플 수가 있으랴. 중추가 꽉 막히며 가슴을 갈라내지 않고는 견디어낼 수가 없으리만큼 아팠다. 말로는 형용할 수 없는 아픔이었다. 그 '아픔의 실상'을 내 가슴에 안겨 놓고 '내 가슴이 그렇게 아프단다.' 라고 실증교훈을 하신 것이다. 그는 분명히 나를 죽어 주고 나를 살아 주시는 주님이시었다.

칼로 내 아내를 죽이고 나도 죽이려는 그 순간 내 손을 붙잡아 주시던 주님의 선하심과 자비하심이 나를 포옹하시는 듯했다. 그런데도 그 순간 내 손에 들려진 칼은 어느덧 주님의 가슴팍을 겨누고 있었다. 그때에 주께서는 '오냐, 내 가슴을 찔러라. 이렇게 아픈 가슴

차라리 찔러 다오.'라는 소리 없는 음성과 함께 가슴을 내대고 있었다. 그리고 '너는 나를 버리고 관상쟁이를 네 가슴속 깊이 받아들이고, 아랫목으로 스며드는 여인을 용납하였느니라.'고 원망하듯 타일렀다. 이것이 곧 음란죄임을 깨달은 나는 가슴을 치며 눈물의 회개를 했다.

꿈속에서 당한 '아픔의 실상'을 통하여 주님의 그 크신 '사랑의 실상'을 실감할 수 있었다. 성령은 이렇게까지 세밀하게 깨닫게 해주시는 진리의 보혜사이심을 체감할 수 있었다.

"내가 아버지께 구하겠으니 그가 또 다른 보혜사를 너희에게 주사 영원토록 너희와 함께 있게 하시리니 저는 진리의 영이라 세상은 능히 저를 받지 못하나니 이는 죄를 보지도 못하고 알지도 못함이라 그러나 너희는 저를 아나니 저는 너희와 함께 거하심이요 또 너희 속에 계시겠음이라"(요 14:16~17)고 하신 성경 말씀 그대로였다.

그때의 그 꿈과 현실이 연계되면서 주신 실증교훈은 내 가슴 속에 뿌려진 영원한 주님의 사랑의 씨가 된 것이다. 주께서 나를 아내와 같이 사랑하신다는 부부 일신의 사랑을 체감케 하였다. 그때 체감한 깨달음은 주님과 동행하는 감격으로 화했고, 내 신앙을 일깨워 주는 새 힘이 되었다. 그 사랑에 나를 맡기고 나서는 내 발걸음은 가벼웠다.

7. 시험을 이겨 주시는 주님

그 여전도사는 "실은 내 마음에도 찝찝한 것을 공연히 그래 본 것이 이렇게 주님의 노여움을 사게 되었습니다. 용서하세요. 장로님을 주님께서 그렇게까지 사랑하시는 분이심을 알고 보니 두렵기만 합니다."라면서 그 자리를 떠난 이후 다시는 내 앞에 나타나기도 두려워했다. 그리고 그 관상쟁이를 그 후로는 만나지도 않았거니와 완전히 잊어버렸다. 주께서 이처럼 내 육성을 죽이고 과거를 벗어버리게 해주시는 동시에 내가 아는 줄로 알았던 그릇된 지식에까지 새롭게 하심을 받게 하셨다(골 3:5~10).

이것이 나로서는 세상 줄을 끊는 마지막 시험이라고 느꼈다. 이 시험을 내가 이긴 것이 아니고 주님께서 이겨 주신 것이다. 이겨 주시는 그 주님께 나를 맡기고 나가는 그 생활이 곧 신앙생활이요. 승리의 길임을 깨닫게 해주신 것이다. 깨닫는 순간 그 감격 또한 무엇에다 비교할 수 있으랴.

"그런즉 누구든지 그리스도 안에 있으면 새로운 피조물이라 이전 것은 지나갔으니 보라 새것이 되었도다"(고후 5:17)라는 성경 말씀이 내 안에 와서 이루어졌다는 실감을 하며 사실상 집으로 돌아왔다.

김천역에 도착하여 출구로 나가니까 뜻밖에 아내가 나와서 기다리고 있었다.

"아니, 내가 이 차에 오는 것을 어떻게 알고 나왔지?"

"매일 나와서 기다렸는걸요."하고 머리를 푹 수그리며 눈물을 닦는 모습이었다. 반가움의 눈물과는 달랐다.

"왜 이러시오? 반가우면 기뻐해야지…"하고 나는 나대로, 아내를 대하는 순간 주께서 나를 아내 사랑하듯 사랑해 주시는 그 가슴 아팠던 감격이 치밀어 오르면서 감격의 눈물을 글썽거렸다.

"가보시면 알 거에요."하고 앞장서 가는 아내의 뒤를 따라가며 "왜 그러지? 왜 그래, 속 시원히 말 좀 해봐요."하고 아무리 달래도 별수가 없었다. 아천(牙川)에 있는 집에까지 가서 보니 웬 아줌마 한 분이 아랫목을 차지하고 누웠다가 일어난다. 은혜받으러 용문산에도 가끔 오는 낯익은 이였다. "웬일이세요?"하고 나는 그이의 얼굴을 빤히 바라보았다. "웬일인지 모르고 물으세요? 장로님이 더 잘 아실 텐데요?"하고 당돌하게 맞선다.

"무슨 일인데요?"

"어떻든 돈만 내와요. 있으라고 해도 안 있을 터이니…."

"무슨 돈이지요?"

"무슨 돈이기는, 군대에 가 있는 내 아들 XXX를 군종실로 옮겨 주겠다고 받아온 돈 말이오."하고 청천벽력 같은 소리를 한다. 안 내놓으면 당장에 고발한다는 것이다. 알고 보니 아래채에 살고 있던 김XX이라는 청년이 'XX전선'이라는 군산신문을 취급한다면서 기자행세를 하며 내 이름을 팔아 돈을 편취했다는 사연이었다. 그 돈을 받으러 왔다면서 한 달 동안이나 아랫목을 차지하고 진력을 대고 있었다. 아내는 한마디의 변명도 못 하고 없는 쌀로 식사를 해대느라고 몇 푼어치도 안 되는 옷가지 등을 팔아다가 그를 공궤했다는 것이다. 그래서 하루속히 내가 돌아오기를 기다리고 있었다. 기막힌 일이었다. 억울한 변상을 해야 했다.

이런 억울함을 당할 때 다윗은 "여호와께서 저에게 명하신 것이니 저로 저주하게 버려두라 혹시 여호와께서 나의 원통함을 감찰하시리니 오늘날 그 저주 까닭에 선으로 내게 갚아 주시더라."(심하 16:11,12)는 신앙으로 참고 나갈 수 있었다. 다윗은 자기가 당해야 할 보응인 줄 알았기 때문에 여호와께서 저에게 명하신 것이라면서 순순히 당했다. 과연 그의 신앙 그대로 하나님께서는 선으로 갚아 주신 것이다. 그 말씀에 위로를 받았다. 그 위로는 분명히 우리 내외에게 안겨 준 주님의 선물이었다. 그러고 보니 나도 아내도 다 같이 아랫목 시험을 당한 셈이다. 나는 짧은 시험이었지만 아내는 긴 시험을 당한 것이다. 그러는 동안 금식을 하면서 하나님께 부르짖고 있었다는 야윈 얼굴 모습이 불쌍하게만 보였다. 꿈에 보던 이웃 놈과의 관계와는 상관이 없는 아내임을 확인했다.

꿈속에 있었던 괴이한 관계는 내 모습이었음이 분명했다. 주님 앞에 나타난 나의 모습은 주님의 가슴을 그렇게 아프게 했지만, 아내의 모습은 나에게 '사랑의 실상'을 안겨 주는 주님의 교훈으로 나타났음을 알 수 있었다. 성령은 이처럼 세밀하게 실증교훈을 해서 깨닫게 하는, 보혜사 역할을 하는 진리의 영임을 알게 하셨다(요 14:17~18). 그리고 성령은 시험을 이기게 해주시고 이겨 주시는 주님의 영이시다(요 16:12~13, 33). 나는 그때부터 성령의 인도함을 받아 다시 용문산으로 들어가 엎드렸다,

II. 반대세력을 무색케 한 성령 역사

1. 일동 일교회 운동 시발

1951년 1.4 후퇴에서 수복된 지도 얼마 안 된 어느 봄날 아천(牙川)에 예배당을 세우던 때의 일이다. 아천은 용문산 소재 면인 금릉군 어모면(錦陵君 禦侮面) 면 소재지로서 경북선 아천이 있는 곳이다. 용문산에서는 약 15km 거리지만 김천에서는 6km밖에 안 되는 김천에서의 첫 역이다.

김천에서 교회를 시작할 때에도 다른 신을 섬기던 자리가 되어서인지 악령의 역사가 컸지만 아천 역시 일본 신을 섬기던 신사(神社) 터가 되어서 그랬는지 악령의 역사로 말미암은 방해공작이 컸다. 교인도 얼마 없는 곳에서 교회당부터 세운다는 것부터가 좀 무리한 일이기는 했으나 하나님의 일이니 하나님께서 책임져 주시리라 믿고 시작한 일이었다.

교인이라야 K면장 부인과 그 여동생이 있었을 뿐이고 그 밖에 부근에 있는 부인들 몇 사람들이 새로 나오는 정도였다. 그들을 위해서는 주일 오전 예배를 김천에서 인도하고, 오후에는 아천에 와서 예배 인도를 해야 했다. 저녁 예배도 두 곳을 다 인도해야 했고, 수요일도 그래야 했으니 고된 일이었다.

그러나 힘든 줄 모르고 열심히 다녔다. 성령의 역사가 아니었다면 내 힘으로 감당하기 어려웠을 것이다. 그때 그곳만이 아니고 다남(多男), 은기(銀基), 남곡(南谷), 두원(杜院), 능치(能治)에도 교회를 세우고 김천과 아천까지 합하면 일곱 교회를 혼자서 세우고 있었다.

그때에 용문산 소재지인 어모면부터 동네마다 교회를 세워 복음화 면을 이루고 일동 일교회 세우기 운동을 전국적으로 펼쳐 한국을 복음화시켜 보겠다는 데서 시작된 일이었다. 그 모든 교회에 숙생들을 전도자로 보내 놓고 가끔 직접 가서 돌보고 있던 처지였다. 그러나 아천은 김천과 가깝기 때문에 김천교회를 담임하면서 아천까지 직접 겸임을 하고 있었다.

2. 강대상 앞에 자빠진 사나이

그러던 중 어느 주일이었다. 아천서 6, 7명밖에 안 되는 교인들과 함께 예배를 드리면서 열심히 말씀을 증거 하고 있었다. 설교 도중에 느닷없이 키가 9척이나 되는 장대한 장정이 "내 여편네 내놔, 내 여편네!"하며 술이 거나해서 문을 벌컥 열고 방 안으로 들어섰다. "하나님이 어디 있어? 하나님이 있으면 나와 봐. 예수? 예수가 어디 있어. 나운몽 너는 뭐냐?"하고 대들 것같이 강대상 앞으로 달려들더니 갑자기 벌렁 뒤로 자빠진다. '말씀의 방망이'(렘 23:29)가 때린 것인지 자신이 일부러 넘어진 것인지는 분별할 수 없었다. 한복판에 네 활개 활짝 뻗고 나자빠져 있었으니 그 좁은 방이 가득 찼다.

교인들은 겁에 질려 어쩔 줄을 모르고 방 모퉁이로 이리저리 피해 다니니 예배 분위기는 완전히 잡쳤다. 그는 K면장의 매제, 즉 K면장 여동생의 남편이다. 자기 아내가 예배당에 나오는 것이 자기 뜻에 거슬려서 그랬는지도 모른다. 그는 그 면의 길 감독이었다. 본래 나와는 안면이 있는 터였다. 그를 간신히 일으켜서 내보내느라고 갖은 예를 다 썼다.

그런 식의 방해가 한두 번이 아니다. 그 후부터는 상례적으로 있다시피 종종 있었던 일이다. 이런 일이 없게 해주시라고 기도했다. 성령이 역사하여 그의 마음을 감동시키시든지, 그런 행위를 막아 주시든지 온전한 예배를 드릴 수 있도록 주관해 달라고 기도했다.

3. 입술이 북통같이 되었다고

그다음 어느 날 저녁 예배를 무사히 마치고 문밖으로 나오는데 또 역시 그 사람이 술이 거나해서 멀리서부터 욕설을 퍼부으며 집 앞으로 다가왔다. "나운몽이 누구이길래 누구의 빽을 믿고 이러는 거야? 나운몽이 이놈 나와. 나와서 맛 좀 봐…"하고 마당에서 호령을 하더니 어느새 다짜고짜 내 멱살을 와서 붙잡았다. 토방에 나서던 나는 나대로 어느 사이에 그 손을 뿌리치고 그의 면판을 받아넘겼다. 안 믿고 방탕 생활할 때의 버릇이 나왔던 것 같다. 그 크고 육중한 몸뚱어리가 뒤로 반듯이 나자빠졌다. 나는 재빨리 달려가서 그 목을 눌렀다. 이놈이 일어서기만 하면 나를 죽일 듯이 달려들 터이니 아예 꼼짝 못 하도록 해서 항복을 받아야겠다는 심산이었다.

그때는 어두운 밤이었기 때문에 아무도 볼 수 없었다. 방 안에 있던 교인들도 그 사람의 욕설을 들으면서 겁에 질려 방 안에서 나오지도 못하고 나더러 어디로 피하라고 서둘렀을 뿐이었다. 그가 나에게 당하리라고는 전혀 눈치도 못 채고 있다가 '꿍' 소리가 나면서 '악' 소리가 나니까 오히려 내가 그에게 무슨 변을 당하는 줄만 알고 교인들은 놀라서 뛰어나왔다. "이게 무슨 짓이냐?"고 외치며 말리려고 대들었다. 정작 말리려고 대들고 보니 생각과는 달리 내가 그를 덮치고 앉아 목을 조르고 있으니까 모두 멈칫했다. 나는 한마디도 않고 숨을 죽여 가며 그 사람이 못 일어나도록 단단히 목을 조르고 있었을 뿐이다. 그는 몸뚱어리를 비틀며 꿈틀거리고 있었다. 그의 두 손은 자기 목을 조르고 있는 내 손을 힘껏 붙잡고 뒤집어 넘겨 보려고 있는 힘을 다하고 있었다. 그럴수록 나는 나대로의 힘을 더했다. 그는 견디다 못해 결국에는 내 손을 톡톡 치면서 살려 달라는 암시를 한다. "그럼 살려 줄까? 다시는 안 그럴 터이지?"하니까 그때는 두 손 모두 빈다. "그래, 그러면 살려 줄게. 다시는 그러지 말어."하고 놓아주고 나는 피했다. 그는 간신히 일어나서 주위를 살피는 듯 어슬렁거리더니 "애들아, 모두 이리와."하고 큰 목소리로 호령을 했다. "내가 나 운몽이한테 맞아서 내 입술이 북통같이 되었어."하고 같은 소리를 몇 번이나 되씹으며 고래고래 고함을 지르며 "빨리 와, 빨리 와!"하고 자기 부하들을 부르고 있었다.

그는 그 면에서 길 감독으로 부하 인부 30명을 거느리고 그 당시 군용도로를 수축하는 역군으로 당당한 기세를 부리고 있는 처지였다. 그의 호령에 따라 몇 사람이 몰려오기는 했으나 어두운 밤중에 나를 찾을 수는 없었다. 또 그의 말이 곧이들리지도 않았을 것이다. 그 체격으로 보거나 평소의 소행으로 보거나 그리고 전도자로서 사람을 쳤으리라고는 아무도 생각지 못할 일이었다. 모두 그를 권면해서 옆집으로 데리고 들어갔다. 그 집에 가서도 한 시간 이상 계속 욕하는 소리가 들려왔다. '입술이 북통같이 되었다.'는 소리가 가장 두드러지게 들려왔다

4. 어찌할꼬 하고 착잡했던 심정

그다음 날 아침이다. 나는 그가 또 찾아와서 싸우자고 할까봐 내 잘못을 하나님께 고하며 그 사람의 마음을 사로잡아 달라고 기도하고 그 사람 만나기 전에 그를 피해서 급하게 김천으로 나가는 길이었다. 분주히 서둘러 남산리 앞 고개(현 예비군 부대가 있는 곳)를 넘어서니까 그의 일행 약 30명이 마주 오고 있지 않은가, 측량 뽀루대를 메고 깃발을 앞세우고 감독이라는 그가 앞장서서 의기양양하게 행진해 오고 있었다.

나는 아차 싶었다. 어디로 피할 길도 없었다. 바로 고개를 넘으면서 맞서게 된 것이다. 아직 전란 분위기가 가셔지지 않은 사태 속에서 군용도로 수축을 하고 있는 그들을 경시할 수도 없는 때였다. 이를 어떡하면 좋을까 망설이는 동안 그들은 목전에 다다랐다.

그의 얼굴은 시커멓게 멍이 들었고 입이 비뚤어지도록 왼쪽 볼편이 부어서 그의 말대로 입술이 북통같이 부어올랐다. 그의 얼굴이 본형을 찾아볼 수 없을 정도였다. 그 앞에서 내가 무릎을 꿇고 빌어야 할 것인가? 그의 사과를 받아야 할 것인가? 그들에게 무리매를 맞아야 할 것인가? 착잡한 심정을 가라앉힐 길이 없었다. 정작 막다르니까 내 입에서 불쑥 나오는 말이, "이 형, 잘 만났소. 나 잠깐 봅시다."하고 먼저 그 옷소매를 잡아챘다. 뜻밖에도 그는 대항하려 하지 않고 오히려 머리를 수그리며 "지금 군사일이기 때문에 시간을

어길 수 없습니다. 훗날 만나지요."하고 오히려 사정을 하지 않는가? 나는 한숨이 나갔다. "그래요? 군사일이니 어쩔 수 없구먼요. 그러면 훗날 만납시다."하고 생색을 내며 그를 놓아 보냈다. 그때의 내 기분은 경쾌하기 짝이 없었다. 무엇이라고 형용할 수 없으리만큼 경쾌했다. 가벼운 발걸음으로 신작로 한복판을 걸으며 '하나님, 감사합니다. 하나님, 감사합니다.'를 연거푸 주문 외우듯 하면서 김천까지 나갔다. 성령은 이처럼 문제를 간단하게 처리해 주셔서 그다음부터는 예배도 마음 놓고 드릴 수 있게 되었고 그를 만나더라도 의젓하게 인사를 받으며 상대하게 되었다. "여호와의 능력과 그 위엄을 의지하면 그들을 안연히 거하게 할 것이라"(미 5:4)는 성경 말씀대로였다. 즉 권위 있는 목회를 할 수 있도록 성령은 주의 종들의 위신을 세워 주신다는 것을 알 만했다.

5. 면민대회에서 일어난 성령 역사

그러고 나서 얼마 후 김천교회는 조윤승 목사님을 담임 목사님으로 모시고 나는 아천교회를 전담하고 교회당을 건축하기 시작했다. 그 위치가 일본신사를 지었던 자리인 고로 남쪽산 높은 위치였다. 계단 층계가 높이 쌓여 있고 길이 가팔라 오르내리기에는 불편한 편이었다.

그러나 나는 왜 그랬는지 그곳에 꼭 예배당을 세우고 싶었다. 높게 계단을 쌓아 올린 것도 좋아 보였거니와 올라가면 평평하게 광장이 잘 다듬어져 있는 것이 그렇게 좋게 보였다. 그리고 그 부근 산천과 전원이 일목요연하게 드러나 보였기 때문이기도 했다. 그런 좋은 곳에 하나님의 성전을 짓고 하나님의 성호를 마음껏 찬양하여 마음껏 기도할 수 있는 제단을 쌓는다는 것은 속세와는 구별된 거룩한 경지가 된다고 판단했기 때문이기도 하다. 더구나 일본의 바알 신당을 파괴하고 하나님의 성전을 짓게 되었다는 승리감이 그곳에 예배당을 지을 수 있는 용기를 복돋워 주었기 때문에 하나님의 지시라고 믿었다.

본시 그 땅이 면 소유지였던 고로 면 소유지 대여신청을 제출했던 바 이것이 문제가 되어 여론이 분분하게 되자 면에서는 면장 임의로 할 수 없다 하여 면민대회를 열게까지 되었다. 각 동리 대표유지들과 구장들이 대단한 관심을 갖고 모두 모여왔다. 면회실에는 입추의 여지가 없었고 밖에까지 수백 명이 모여들었다. 실은 그곳에 교회당 짓는 것을 반대하기 위해서 그렇게 많이 모여왔다는 것이다. 먼저 면장의 사회로 개회가 시작되었는데 그 모임의 취지를 설명했다. 그 땅을 기독교 교회당 짓기 위해서 부지 대여를 해달라는 청원이 들어왔기에 나 혼자 처리할 수 없는 중대한 문제이므로 여러분을 모셨으니 가부를 결정해 달라는 것이었다.

당시 지서 주임은 자기의 직위를 내걸고 결사반대를 하겠다고 선포하고 나섰다. 그 이유인즉 간단했다. 공공한 면 소유의 공유지에다가 교회당을 세운다는 것은 어불성설이라는 것이다. 핏대를 돋우어 얼굴이 빨개지면서 역설을 해서 청중의 호응도도 높았다. 그 뒤를 이어 나는 나대로 면민들에게 호소하는 연설을 해야 했다. 왜정 40년 동안 간악했던 난폭 정치 하에서 시달림을 받으며 죽지 못해 살아오던 비참했던 정황 속에서 조상의 핏줄로 이어 내려오는 성씨 마저 빼앗기고 민족절개를 유린당하면서도 한마디의 반항조차 못 하고 신사참배를 강요당하며 민족혼까지 빼앗기는 처지에서도 할 말이 없게 된 약소민족의 설움을 무엇으로 달랠 길이 없었지만 이처럼 하나님께서 해방을 시켜 주셨는데 우리가 어찌 하나님을 배반할 수가 있겠느냐는 내용으로 한 시간이나 눈물을 머금고 호소했다.

울상 짓고 듣던 청중들 속에는 눈물을 닦는 이들도 있었다. 박수가 터져 나오면서 연설이 간간이 중단되기까지 했다. 온 장내는 흥분의 도가니였다. 일본 사람들에 대한 적개심이 복받쳐 오르며 잃어버렸던 민족혼이 되살아나는 듯 의기양양하게 '옳소!' 소리가 연거푸 터져 나오기도 했다. 장내의 흐름이 전도의 길 열리는 성령의 역사였음이 분명했다.

6. 만장일치의 가결

"하나님은 살아 계십니다. 하나님 섬기는 제단을 짓지 못하게 한다면 하나님을 거역하는 역천행위가 될 터인데 그래도 교회당 건립을 반대해야 하겠습니까?"

"친애하는 면민 여러분, 하나님 편이 될 것인가요?"하고 나는 청중을 향하여 간곡히 호소하며 물었다.

'일본 신당은 지어도 하나님 성전은 못 짓는다' 라는 이들은 손을 들어 보라고 했더니 손을 드는 사람은 한 사람도 없고 오히려 "아니요, 반대하면 천벌을 받을 것이요."하고 누군가가 외쳤다. '옳소!' 소리가 뒤따라 있었다.

"그러면 교회당을 신사 자리에 짓는 것이 좋은 일이라고 생각하시는 분들은 손을 들어 봅시다."하니까 그때는 일제히 손을 들었다. 이렇게까지 된 분위기에서 면장이 정식으로 가부를 묻겠노라고 선언하고 나섰다.

"면 소유지 신사 터에 교회당을 지을 수 있도록 교회에 대여하는 것이 옳다고 생각하시는 분들은 다시 한번 거수해 주십시오."하고 정중히 가부를 물었다. 모두 서슴없이 손을 들었다. '아니요.'는 한 사람도 없었다. 만장일치의 가결이 된 것이다. 반대하려고 모여 왔던 사람들이 어쩌면 이렇게까지 뒤집혀 한마음이 되었을까? 이것이 곧 '평안의 매는 줄로 하나 되게 한 성령의 역사' 가 아니고 무엇이랴. 누구도 부인할 수 없는 일이었다.

"나의 신은 오히려 너희 중에 머물러 있나니 너희는 두려워하지 마라."(학 2:5)하신 하나님의 말씀대로 성령은 우리 중에 머물러 있어 이렇게 안 믿는 사람들 속에서도 역사하고 있었음을 알 수 있었다.

반대하던 지서 주임은 언제 퇴장을 했는지 없었고 면장은 활짝 웃는 얼굴로 내 손을 힘껏 쥐어 악수를 해주면서 "축하합니다. 승리하셨습니다!"하고 같이 기뻐해 주셨다. 면민 유지들도 와서 모두 웃는 얼굴로 인사하며 같이 기뻐해 주었다. 그 즉시 사무실로 들어가 면 소유지를 예배당 건축 용지로 무료 대여한다는 증서를 써 받았다.

7. 반대세력을 무색케 한 성령 역사

그 얼마 후 교회당을 세우려고 목재를 가득히 실어다 놓고 작업을 시작했다. 그러나 그 당시 지서 주임은 여전히 반대했다. 작업을 하지 못하도록 제지하여 공사가 중단되었다. 할 수 없이 대통령의 비서실을 찾아갔다. 그때는 아직 피난 정부로서 부산에 임시 자리를 하고 있던 시절이었다. 길목마다 총을 든 파수병이 입초를 서고 있어 통과하기 어려운 골목길을 헤치고 들어갔다. 그때의 대통령 비서가 내가 장로로 시무하던 수표교 교회 P 목사님의 자제분이었던 고로 그를 만나러 간다고 그 이름을 부르면 전화로 연락을 해보고서야 통과시켜 주는데 그것이 한 곳만 아니고 여러 곳이었다. 쉬운 길이 아니었지만 P 비서관을 반갑게 만나서 시골 교회 세우는 일이 그렇게 어렵다는 사연을 말했더니 즉시 치안국으로 연락을 해주었다. 돌아가면 지서 주임보다 김천서장을 만나라기에 돌아와서 서장을 만났다.

서장은 그 즉석에서 아천 지서 주임을 전화로 부르더니 교회당 짓는 것 방해하지 말라고 그 목전에서 지시했다. 지서 주임은 무어라고 변명을 늘어놓고 있었으나 서장은 그 변명을 들으려고도 하지 않고 급한 어조로 "여러 소리 말고 교회당 짓는 것 방해하지 말라."고 단마디 엄명을 내리고 전화를 끊어버린다. 나는 안심하고 현지에 와서 또다시 공사를 시작했다.

그 며칠 후 지서 주임은 본서 경비반으로 좌천되어가고 다른 지서 주임이 왔다. 그러나 그이라고 협조하는 것은 아니었지만 반대는 안 했으니 다행이었다. 하지만 협조하던 K면장이 모종의 형사사건으로 입건되어 면장직에서 물러나고 다른 면장이 부임했다.

그 새로 부임한 J면장은 극한 반대를 했다. 교회당 상량이 올라가는 날 면장은 현장으로 직원들을 데리고 나와서 올리고 있는 상량을 도로 내리라고 고래고래 고함을 치며 호령을 하더란다. 실상 그날 나는 상량문만 써주고 급한 일이 있어 김천엘 나갔던 때였다.

그때 그 현장에서 일하던 이들의 말에 의하면 내 아내가 그 광경을 보다가 '하나님 두려운 줄을 아시오.'란 말로 시작하여 권위 있게 몇 마디 호통을 치더라는 것이다. 평시에는 말도 잘 않고 교인들에게도 겨우 인사나 하는 정도였고 누구를 만나든지 얼굴도 들지 못하고 수줍어하는 30대 젊은 나이였다. 그럼에도 불구하고 그때 면장에게 설교하듯 내리퍼붓기 시작하는데 그 말은 보통 수준을 훨씬 넘었더라는 것이다.

　현장의 모든 사람들도 놀랐거니와 면장도 한마디의 대항도 못하고 그 일행을 데리고 기운 없이 내려가더란다. 아내도 어디서 그런 힘이 나와서 그랬는지 자신도 잘 모르겠다는 것이다. 그 한마디 한마디가 권위 있는 설교였다고 한다. "말하는 이는 너희가 아니라 너희 속에서 말씀하시는 자 곧 너희 아버지 성령이시니라."(마 10:20)고 하신 주님의 말씀을 실감할 수 있었던 장면이었다.

　이처럼 상상 밖의 반대세력이 강하게 역사했지만 일보의 양보도 없이 칠전팔기하여 결국은 60평 성전이 완공되었다. 그야말로 "이는 힘으로 되지 아니하며 능으로 되지 아니하고 오직 나의 신으로 되느니라"(슥 4:6)고 한 말씀이 응한 것이었다.

Ⅲ. 교회 밖의 핍박보다 교회 안의 핍박이 더 잔인해

1. 예외 없는 호사다마의 역사

그때의 아천교회는 어모면 내에서는 가장 큰 교회당이었다. 보통 20평 내외의 예배당이었을 뿐, 그마저 장로교회가 한곳이었고 그 외에는 모두 내가 숙생들을 배치해서 일동 일교회 운동으로 세워놓은 감리교회들이었다. 하지만 '기독교회 어모면 연합회'라는 조직을 갖고 매 주일 오후 연합예배를 아천교회에서 구국기도회로 모였다.

즉 매 주일 연합 부흥회가 열리는 셈이었다. 교인들도 기쁜 마음으로 모여 힘차게 찬송을 부르며 기도하고 구국 설교에 새 힘을 얻게 된다고 열심을 내서, 온 면내가 당장에 복음회가 되는 것 같은 분위기였다.

이렇게 날로 부흥하는 면의 모든 교회를 주도해 나가야 할 아천교회였지만, 아천교회는 새로 개척된 교회로서 그럴만한 실력이 없었다. 그래서 교역자 한 분을 모시기로 하고 나는 지방교회 부흥회 인도를 주로 하게 되었다.

교회 주택을 새로 오신 D목사님에게 내어 주고 나는 그 부근에 있는 적산이었던 과수원을 하나 사 갖고 나갔다. 호사다마라더니 그때부터 마귀의 역사는 교회 안에서 일기 시작했다.

교회 밖의 핍박과 반대로 감당하기가 어려웠다. 일난거일난내(一難去一難來)의 고연 속에서 뜻하지 않는 봉변을 당하게 되었다.

2. 김천 감리사란 별명 붙어

장로가 목사 위에서 일을 하게 되었으니 교회가 평안할 리가 없었다. 교인들이 목사보다는 장로를 따랐고 교단본부에서도 목사보다 장로를 더 알아주었으니 그럴 수밖에 없었다. 목사는 목사로서의 권위 의식이 작용하고 있는 한, 장로의 계획과 시책 안에서 고분고분히 순응했을 리가 없는 일이었다.

장로는 일개 교회의 장로로서의 직분에 충성했다면야 그런 부작용이 있었을 이유가 없었겠지만 장로라기보다 그 부근 7개 교회를 통솔해 나가며 계속 교회를 개척하면서 전도

자를 양성하고 있었으니 담임목사로서는 더욱 경계하지 않을 수 없었다. 별개의 세력이 파생되고 있다고 간주했기 때문이다.

그러나 나는 그런 것 저런 것 생각도 없이 오직 전도에만 주력했을 뿐이다. 교단본부 총리원에도 직접 가서 사정을 보고도 하고 교회 보조도 받아 오고 구제품도 받아다 교인들에게도 나누어 주고 했으니까 별명이 김천 감리사라고 할 정도였다. 그때는 총리원이 부산으로 피난 가서 아직 서울로 복구되지 못하고 있을 때였다.

그 당시 감독이 유형기 박사님이었고 전도국 총무가 조신일 목사님이셨는데 내가 가면 '김천 감리사님이 또 오셨군…' 하고 반겨 주곤 했다. 그때에는 감리교가 호남과 영남에는 퍼지지 못하고 있었던 때였다. 그래서 경상북도와 경상남도를 합해서 영남선교지방으로 개척 지방을 설정하고 김창호 목사님이 마산중앙교회를 시무하시면서 선교지방감리사로 임명을 받았다.

그때 피난 나왔던 목사님들이 부산과 밀양에 감리교회를 세우는 정도였고 김천에서는 내가 김천 시내와 어모면 일대 7개 처에 개척을 했다. 그러니까 영남선교지방 안에서는 가장 두드러진 업적을 드러내고 있는 형편이었다. 이 운동을 김천의 조 목사님은 적극 협조하고 있었으나 아천의 D목사는 그렇지가 않았다.

목사 자존심이 상하는 일이 많았던지 반대하고 싸움만 하다가 결국은 그곳을 떠나고 M 목사가 그 후임으로 파송되어 왔다. 그도 역시 전임자의 자취를 그대로 인계를 받았는지 처음부터 경계에 경계를 하면서 비협조적이었다.

3. 기형적 발전 세력이라고

나는 그 당시에도 부흥회 인도 차 지방으로 다녀오면 교회 내에는 목사와 교인들과의 마찰이 생기고 나 장로 지지파라고 지목을 받는 교인들이 어린애가 떨어졌던 엄마를 만나는 듯이 기뻐 뛰며 모여들었다.

나 장로파라는 지목을 안 받는 교인들까지도 다 나 장로를 따르고 있었으니 담임 목사로서는 권위 의식에 손상이 컸던 것 같다.

그는 나 장로 세력을 끊어버려야 한다는 마음을 굳히기 시작하였다. 면이나 지서에서 나 장로를 반대하고 있다는 점을 용하게 이용을 했다. 면장은 교회당 짓는 것을 반대하다가 수모를 당했고 지서 주임은 좌천되기까지 했으니 그 후임 역시 좋은 감정은 아니었다.

관의 협조를 못 얻고 오히려 미움을 받고 민심을 얻지 못하고 있는 나 장로를 앞세우고 서는 도저히 감리교 발전을 기할 수 없다는 것이고 또 하나는 애향숙들을 각 동에 배치해 놓고 교회를 세운다는 것은 나 장로 세력이 따로 파생되어 있는 것이지 감리교의 발전이라고 볼 수 없는 기형체라는 것이다. 그러니까 이 세력이 더 크기 전에 잘라버려야 한다고 M 목사는 감리사에게도 총리원에도 부지런히 다니며 설득하는 데 성공했다.

한번은 경북지방 Y감리사님이 순회차 들렀다면서 당시 내가 거주하고 있는 과수원엘 찾아왔다. 그는 부산 총리원에서 나와는 자주 만나고 한 숙소에서 숙식도 같이하며 가까이 지내던 터였다. 그동안 영남선교지방회가 발전하여 부산지방, 경북지방이 따로 생기면서 대구 제일감리교회를 담임하고 경북지방 감리사가 되어 김천 지역도 관할하고 있었다.

그이가 찾아왔기에 나는 매우 반가워서 반갑게 대했다. 조사차 온 것은 전혀 눈치도 못 채고 묻는 말에 예사스럽게 대답을 했다. 점심도 우리 집에서 같이 사이좋게 담소하며 나누었다. 그는 좋은 마음으로 떠나면서 본부에서 매달 내 생활비 보조비로 2만 원씩 주는 것을 나에게 전해 준다.

과거에는 전란 속에서 피난 생활이었으니 받은 것이지 지금은 그것 안 받고도 살 수 있다면서 다른 데나 돕고 이제부터 끊어 달라고 나는 받기를 거절했다. 하지만 그는 기어이 내 책상에 놓아두고 떠났다. 나는 버스 정류하는 곳까지 배웅을 나가면서 그것을 갖고 나가서 버스를 타고 떠날 때에 그 봉투를 기어이 그에게 넣어 주었다.

그것이 화근이 될 줄은 몰랐다. 그는 그것을 나의 진심으로 받아 주지 않고 내가 감리교와는 절교할 생각을 가진 것이 분명하다고 오해를 하기에 이르렀다. 이미 M목사의 참소로 인한 선입관념이 그의 판단을 그르치게 한 것이다. 나는 절대로 그런 뜻이 아니었고 오히려 감리교를 위해서 나보다 더 약한 교역자들을 도우라는 뜻에서 그랬는데도 그 진의를 이해하려고도 않고 결별의 선언을 하는 증표로 받아 준 것이다.

나 장로가 생활비 보조를 거절하는 것은 우리 감리교와는 절교하겠다는 뜻이 분명하다면서 총리원에 가서 M목사의 주장을 세워 주었다.

4. 문제의 과수원

본부에서도 조사차 재단 관계로 H목사가 아천교회로 출장을 와서 용문산에 있는 나를 불러 내렸다. 주로 과수원에 대한 경위를 자세히 물어본다. 나는 있는 사실대로 답변했다. 그때에 성령의 불이 어떻게 강하게 임하던지 내 얼굴과 가슴이 화끈화끈 뜨거웠다. 이야기의 결론도 좋게 맺고 떠났다. 외모로는 좋았으나 속으로는 안 좋았던지 그 결과는 나로서는 예측하지 못했던 일이 터졌다.

서울에서 집회를 하고 있노라니까 총리원에서 꼭 출두해 달라는 호출이 왔다. 나는 집회 기간이면서도 시간을 내서 총리원으로 찾아갔다. 그때는 총리원이 서울로 수복되어 있었다.

당시 전도국 총무 조선일 목사님은 나에게 과분한 동정을 하면서 근심스러운 표정으로 이 일을 어떡하면 좋겠느냐고 이야기를 털어놓기 시작한다.

결국은 아천에 과수원 살 때에 보조금 60만 원 준 것으로 인해 문제가 되었다. 그 과수원이 교회에 유익을 주지 못하고 오히려 그 과수원으로 인해 교회에 피해가 막심하다는 담임목사의 보고, 감리사의 조사 보고, 재단에서의 조사에 의하면 이 과수원은 나 장로 세력을 파생시키는 온상이 되고 있으니 처분해야 하겠다는 재단이사회의 결의라는 것이었다.

그렇다면 그 보조금 60만 원을 내가 도로 환불하면 어떠냐고 물었더니 그것도 좋은 생각인데 그렇다면 이제 당장에 현금을 가져올 수가 있겠느냐고 한다. 내일까지만 가져와도 간단히 해결될 수 있겠다는 것이다. 그래서 나는 내일까지 가져오겠다고 약속하고 돌아왔다.

그다음 날이 바로 집회를 마치는 날이었는데 그 집회에서 나온 현금을 강사 사례비로 준다기에 하나님의 도우심인 줄 알고 나는 기쁜 마음으로 그 돈 60만 원을 당장에 총리원에 갖다 환납했다. 총무 목사님도 잘 되었다면서 기쁜 마음으로 받아들였다.

아천 과수원 매수 시에 보조해 주었던 60만 원을 돌려받는다는 영수증을 받아 갖고 나오면서 과수원이 이제는 내 것이 되었다고 얼마나 기뻐했는지 모른다. 그 과수원인즉 내가 다니며 부흥회를 인도하고 사례금으로 얼마씩 주는 것을 모아 본부의 보조도 좀 받고, 그 과수원에 속해 있는 두 마지기를 팔고 해서 간신히 잔금을 다 치르고 거기에서 과수원을 관리하면서 가족이 살고 있었다.

5. 청천벽력 같은 소식

나는 안심하고 또 부흥회를 인도하러 지방으로 나가서 순회 중에 있었다. 부산서 집회를 마치고 돌아오려고 역에 나오니까 어느 교인이 "장로님 놀라지 마세요. 아천 집이 경매를 당하고 지금 가족이 용문산으로 이사를 했습니다. 그러니 김천으로 오시지 말고 추풍령으로 오시라는 사모님의 전갈입니다."라고 와서 전한다. 이런 청천벽력 같은 소식이 또 어디 있으랴. 집을 경매당하고 쫓겨났다니 놀라지 않을 수 없었다. 그러나 그 즉시 성령은 내 마음을 안위시켜 주셔서 그런대로 마음의 평안을 찾고 교인들의 환송을 받으며 교인들 앞에서 웃는 얼굴로 부산을 떠날 수 있었다.

추풍령에 하차하니까 학교에 갔어야 할 아이들이 학교에는 가지 아니하고 그 먼 길 준령

을 넘어 추풍령 역에까지 마중 나와서 좋아라 하고 날뛰고 있었다. 15km 밖에 있는 학교
엘 갈 수는 없었다.

집이야 경매를 당했거나 말았거나 학교에 안 나가는 것이 마냥 좋기만 했던지 천진난만
한 얼굴에는 기쁨만이 가득했다. 추풍령에 내리자마자 근심이 기다릴 줄 알았던 내 생각
은 완전히 뒤집히고 오히려 기쁨이 기다리고 있는 셈이었다. 아이들이 그날따라 왜 그렇
게 기뻐했던지 지금도 그때 모습이 눈에 선하게 떠오른다. 아천에서는 그렇게까지 반기며
기뻐하는 모습을 본 일이 없었는데 추풍령은 집을 떠난 타향에서 만나는 것 같아서 그랬
는지도 모른다.

어떻든 나는 하나님께서 나에게 위로해 주시느라고 어린아이들을 그곳까지 보내서 기쁜
얼굴로 기쁘게 맞아 주는 것이라고 해석을 하면서 사실상 기쁜 마음으로 산에까지 들어왔
다. 무엇인가 와전되었으리라 생각하고 편안한 마음으로 용문산까지 들어왔다. 그러나 아
내의 말을 듣고 보니 억울하기 짝이 없었다.

6. 억울하게 당한 치욕적 모독

갑자기 총리원에서 왔다면서 면장과 지서 주임까지 입회를 시켜 놓고 과수원을 경매한
다기에 내 아내는 허둥지둥 교회를 달려갔더니 목사관에 모여 앉아 본부에서 왔다는 R장
로가 문서를 상 위에 놓고 사무처리를 하고 있더라는 것이다. 아래 윗방으로 사람들이 꽉
차 있는 그 속을 헤치고 내 아내는 얼굴도 못 들고 중앙 상석에 앉아 있는 R장로 앞에 나
가서 "이럴 수가 있습니까?"하고 엎드러져 울었다는 것이다.

"나는 총리원의 심부름을 왔을 뿐입니다."하고 R장로는 시치미를 딱 떼고 있었고 그 옆
에 앉았던 M목사는 '나는 모릅니다.'라는 듯이 외면하고 아무 소리도 않고 있더란다. 오
직 목사님 옆에 앉았던 면장만이 경멸의 웃음을 터뜨리며 입을 열더라는 것이다. 예배당
지을 때에 현장에 나와서 방해하다가 젊은 여인에게 수모를 단단히 당하고 돌아간 그때를
생각하며 그 앙갚음의 웃음이었는지도 모른다. 의기양양해서 "이미 이렇게 된 일을 어떡
합니까?"하고 어색한 분위기를 깨뜨리듯 한마디 던지더란다.

"우리 장로님도 안 계시는데 이렇게 하셔도 됩니까? 돌아온 다음에 타협해도 될 일이 아
닐까요?"하고 갖가지로 호소하며 사정을 해보았으나 아무런 소용이 없었다. 시간이 갈수
록 수모를 더 당할 뿐이었고 억울한 눈물이 말문을 막아서 더 이상 있을 수 없어 그냥 돌
아왔다는 것이다.

그날 밤 목사관 옆집에 사는 그 사람이 술에 만취하여 우리 집 문 앞에 와서 집을 비어

달라고 행패를 부리더란다. 똑똑한 정신으로는 감히 그러지 못할 처지였으니 불가불 술의 힘을 빌릴 수밖에 없었던 모양이다. 명분을 경매라고 했을 뿐이었지 실상은 그 사람과 M목사님 사이에는 이미 구두계약이 되어 있었다. Y감리사의 강력한 주장으로 조선일 총무와 나와의 약속은 완전히 꺾여 버렸다. 그리고 제단 결의는 이미 되어 있었기 때문에 그 결의를 강행시킨 것이다. 그러하여 재단 간사로 있는 R장로를 보내서 그 같은 모독 행위를 감행한 것이다.

조 총무는 보조액을 돌려받아 놓았으니 그 과수원은 나 장로에게 돌려주는 것이 마땅하다고 아무리 주장해 보았지만 그것은 이미 재단이사회에서 방매하기로 결정이 난 후의 일이었던 고로 재단 결의대로 한다는 데는 어쩔 수가 없었다는 것이다.

그리고 보니 우리 집의 총 가산을 강도당한 셈이었다. 일부 매각했던 땅까지 이중매매가 되었으니 그 땅을 나에게 매수했던 사람은 그 값을 배상해 달라고 대들고, 과수원을 산 사람은 집 내달라고 매일 행패를 하고 있으니 이런 날벼락이 어디에 또 있었을 것인가?

7. 성령은 마음과 생각을 지켜 주셔

나는 매수한 과수원 잔금도 다 갚았고 본부의 보조받았던 것도 다 되돌려 갚았으니 영수증과 계약서만 갖고 있으면 그만이라고 안심하고 등기는 순회 집회를 마친 다음으로 미루고 있었다.

등기만 안 했을 뿐 완전히 내 것이 된 줄만 알고 하나님의 축복이 물질적으로도 크게 임했다고 가족들과 함께 기뻐하며 감사의 예배를 드리기까지 하고 부흥집회 차 나가서 계속 순회를 하고 있었다.

그러나 Y감리사는 언제 와서 그랬는지 주인도 모르게 그 재산을 잔금 치르기 위해 방매한 땅까지 포함시켜 몽땅 감리교 유지재단 명의로 등기를 해놓았다. 매도인은 잔금까지 다 받았으니까 교회에서 왔다기에 염려 없이 인감을 첨부하여 소유권 서류를 다 넘겨주었다는 것이다.

나는 그런 것도 모르고 나가서 전도에만 열중하다가 날벼락 같은 강도를 당한 셈이었다. 원인 무효 소송을 제기하면 다시 찾을 수 있다고 주장하는 측근자도 있었지만 나는 왜 그랬는지 거기에 대해서는 전혀 말도 하기 싫었다.

마음으로는 '이럴 수가 있을까?' 하고 원망스러운 마음도 없지 않았으나 아무 소리도 않고 나가서 부흥집회 인도에만 전력을 다할 수 있었다. 시간이 갈수록 마음은 더욱 편안해졌다. 이것이 곧 성령이 인도하는 마음이라고만 믿어졌을 뿐이다.

"아무것도 염려하지 말고 오직 모든 일에 기도와 간구로 너희 구할 것을 감사함으로 하나님께 아뢰라 그리하면 모든 지각에 뛰어난 하나님의 평강이 그리스도 예수 안에서 너희 마음과 생각을 지키시리라."(빌 4:6, 7)는 성경 말씀이 나를 인도하고 있었음을 알 수 있었고 내 마음과 생각을 지키시고 내 상황을 주관해 주시는 줄을 알게 되었으니 기쁘기만 했다.

"주 안에서 항상 기뻐하라 내가 다시 말하노니 기뻐하라 너희 관용을 모든 사람에게 알게 하라 주께서 가까우시니라"(빌 4:4, 5)는 성경 말씀을 체감할 수 있었다. 과연 관용이었다. 내 마음으로는 그 같은 관용을 할 수도 없었을 것이고, 그렇게 기뻐할 수도 없었을 일이다. 그러나 성령이 내 마음을 주관해 주셨기 때문에 그럴 수 있었다고 믿게 되었으니 하나님 앞에 더욱 감사하지 않을 수 없었다.

재산을 약탈당하는 일까지는 그처럼 하나님께서 마음을 지켜 주셔서 도리어 감사한 마음으로 지낼 수 있었지만, 순회집회를 마치고 돌아와 보니 나 장로가 세운 교회라고 교회까지 폐쇄해 버렸으니 그때는 견딜 수 없으리만큼 분노가 치밀어 오르기도 했다.

아무리 나 장로가 세운 교회라 할지라도 하나님의 집이요 주의 몸 된 교회이거늘 그럴 수가 있을까? 눈물로 쌓아 올린 제단이었던 아천교회를 헐어버리고 따로 그 밑에 옮겨 짓고 있었다. 그밖에 감리교회 목사나 전도사가 담임하고 있는 교회는 안심이 되었던지 제거하고 감리교 출신 전도사로 교체돼 있었다.

그러나 다남교회와 온기교회는 감리교 전도사가 없어서 애향숙생들이 그냥 담임하고 있었기 때문에 그것이 못마땅하다 하며 M목사는 기어이 그 두 교회를 완전히 폐쇄해 버린 것이다. 하나님 두려운 줄을 모르고 행한 처사였다.

하나님은 행한 대로 갚아 주시는 엄위하신 하나님이시고 억울한 자의 하나님이시요, 약자의 하나님이심을 보여 주었다.

8. 쫓겨난 후 성령 역사 크게 일어나

그런 일이 있은 후로는 성령의 놀라운 역사가 점점 더 크게 일어나면서 용문산으로 모여드는 교인들도 많았거니와 부흥집회를 나가면 가는 곳마다 모여드는 교인들로 장내가 차고 넘치곤 했다.

이사와 기적이 일어나고 병자들도 집회에 참석만 하면 낫고 회개의 역사와 성령을 받는 모습이 드러나게 보였다. 헌금도 내라는 권면 한마디 안 해도 자진해서 시간 전부터 강대상에 가득히 내려놓곤 했다.

그렇게 되니까 사례금도 많았거니와 개인으로 도와주는 이들도 많았다. 그래서 사례금보다는 개인으로 개인 강사에게 직접 선물과 사례 봉투를 주는 이들이 많았다. 도착역에 와서 내리면 선물 꾸러미가 역 운반인의 운반차로는 다 싣지 못하는 경우가 종종 있었다.

아천 재산은 빼앗겼지만 그 대신 김천역전 평화동에 더 큰 집과 대지를 마련할 수 있었다. 하나님께서는 그 이상의 것으로 보충해 주신 것이다.

그래서 산으로 쫓겨 올라가 학교에도 못 가고 있던 아이들이 김천으로 나와서 학교에 다닐 수 있게 되었고, 그 집이 컸기 때문에 한 채는 용문산 연락소로 쓰게 되어 용문산을 찾아오는 이들이 들러서 자유롭게 유숙할 수도 있게 되었다.

지금은 김천서 용문산행 버스가 있어 매일 7회 왕복하기 때문에 용문산 왕래가 편리하지만 그때는 걸어서 가야 하기 때문에 김천 와서 머물게 되는 경우가 많았다. 추풍령이나 두원까지 차를 타고 간다 해도 역시 20리 길을 걸어야 했다. 그래서 추풍령에도 두원에도 연락소가 있었다. 그렇게 불편한 노정을 거쳐야 하는데도 용문산에서 집회가 열린다는 광고만 나붙으면 전국에서 줄을 지어 밀려오곤 했다.

특히 8.15 광복절을 기하여 모이는 한민족 유월절 성회 때는 더했다. 김천의 경우는 미리 트럭으로 운반할 수 있도록 경찰서의 허가를 얻어 역전에 대기시켰다가 용문산으로 오는 교인들을 태우는 등 성의껏 환영했다.

더구나 철도국에서는 용문산 집회에 오는 교인들에게는 전국적으로 교파를 초월해 기차 할인권을 발부해 주어서 교인들이 기쁨에 넘쳐서 모여들었다. 열차가 플랫폼에 도착할 때에는 "여기는 김천입니다. 용문산에 가시는 손님들은 내려 주시기 바랍니다. 출구에서 안내원들이 기다리고 있습니다. 용문산… 용문산…"하고 역부들이 안내하는 스피커 소리가 왜 그렇게 은혜로웠는지 그렇게 반가울 수가 없더란다. 이것은 교인들의 여출일구의 여론이었다. 마치 하늘에서 들려오는 천사의 소리같이 들리더라는 것이다. 성령은 이렇게 노상에서도 역사하고 있었다.

기쁜 마음으로 출구로 나오노라면 어느 사이 완장을 두른 용문산 학생들이 나와 보따리를 받아 주는가 하면 한편에서는 "용문산 가시는 성도님들은 이리로 오십시오. 차가 대기하고 있습니다."라고 외치는 안내원들의 메가폰 소리가 반겨 주고 있어 눈물겹도록 반갑고 은혜롭더라는 것이다.

광장에 나서면 '한민족 유월절 용문산 성회'라는 플래카드가 나붙어 있는 트럭들이 기다리고 있는 모습 또한 반갑고 은혜로웠다는 것이다.

갖고 오던 보따리도 싣고 사람도 타고 나면 교인들은 너무 기뻐서 춤을 덩실덩실 추는 이들도 있었다. 기쁨에 넘쳐 터져 나오는 찬송 소리 또한 은혜로웠다. 그 우렁찬 찬송 소리는 역전에서부터 힘 있게 거리거리로 퍼져 나갔다.

시내로 지나가는 동안 길거리에 있던 사람치고 안 바라보는 사람이 없었다. 지나가던 사람들도 발걸음을 멈추고 차가 안 보일 때까지 바라보곤 했다. 찬송 소리의 위력이 이목을 끈 것이다. 즉 성령이 역사하여 차를 타고 가는 성도들의 가슴을 뜨겁게 하여 찬송을 은혜롭게 부르게 했을 뿐 아니라 바라보는 사람들의 마음까지 뜨겁게 한 것이다.

9. 용문산 기세에 눌린 M목사

아무리 차로 실어 나른다 해도 걸어서 들어오는 사람들도 많았다. 두원이나 추풍령에 하차한 이들은 짐을 이고 지고 피난민 행렬과도 같은 모습으로 꼬리를 이어 들어오곤 했다. 땀에 젖은 몸으로 힘겹게 들어오면서도 지나가는 용문산행 트럭을 만나면 힘 있게 들려오는 찬송 소리에 맞장단을 치듯 '할렐루야'를 외치며 두 손을 들어 흔들며 환영했다. 어떻든 부근 전체가 축제 분위기에 들떠 있음을 누구나 목도할 수 있었다.

이렇게 기세 있게 찬송을 부르며 아천을 통과하게 된다. 차가 한 대나 두 대가 아니고 김천 트럭은 총동원되다시피 하여 월요일과 화요일은 계속 손님을 나르고 있었으니 아천을 통과할 때마다 면장이나 지서장과 교회의 목사님은 양미간을 찌푸리지 않을 수 없었다. 발도 못 붙이도록 최악의 수단을 써서 내쫓기까지 했는데도 그 세력이 날로 번창하고 있는 모습이 눈앞에 드러나고 있었으니 말이다.

특히 지서에서는 지서 앞에서 서원들이 길목을 지키고 있다가 트럭이 지날 때마다 정차를 시키고 타고 오는 교인들을 일일이 조사하며 보따리를 뒤지는 등 귀찮게 했다.

한편 가산을 빼앗고 가족을 쫓아내고 기뻐하던 M목사에게는 아천교회 앞을 통과하고 있는 교인들의 외치는 극성이 더없는 고민거리였던 모양이다. 지나갈 때마다 혀를 차며 꼴 보기 싫다는 등, 교회 망신거리라는 등, 이런 데는 사람 살 곳이 못 된다는 등 머리를 절레절레 흔들더란다.

남이야 비웃거나 말거나 용문산 집회는 전에 보지 못했던 성령의 역사가 예루살렘 오순절 다락방을 방불케 했다. 집회를 마치고 돌아가는 날에는 김천역과 추풍령역에서는 특별열차를 내거나 특별차량을 연결해 용문산에 왔던 교인 전용 차량을 운행해 수송에 적극 협조했다.

추풍령역에서는 수천 명씩 일시에 몰려드는 승객들을 감당할 수 없어 역전 광장에 책상을 많이 내다 놓고 역원을 임시 증원해 차표를 파는 등 분잡하기 짝이 없었다.

그러는 속에서도 찬송을 부르는 교인들이 삼삼오오 떼를 지어 역전 경내를 조용치 않게 했거니와 거리거리에는 전도하는 교인들의 외치는 소리 또한 조용치 않았다. 이것은 추풍령뿐 아니고 김천역에서도 마찬가지였다. 그래서 올 때보다는 돌아갈 때가 더욱 분잡스러웠고 기세 있는 행군이었다.

이렇게 나 장로가 쫓겨난 후 나 장로 운동은 점점 더 기세 있게 성령 운동으로 온 천하에 퍼지고 있었으니 M목사에게는 이것이 더 이상 견뎌 배길 수가 없는 압력이 되었다. 그래서 그는 아천교회에서 떠나고 말았다. 자의에 의해서 떠났거나 교인들에게 쫓겨났거나 어떻든 명예스럽지 못한 면목 없는 좌천 길이었다.

10. 행한 일이 따르고 있어

하나님은 이렇게 약자의 하나님이시요, 억울한 자의 하나님이심을 분명하게 나타내 주셨다.

하나님의 공의는 조금도 편벽이 없기 때문에 누가 잘했거나 못했거나 "저희의 행한 일이 따름이라."(계 14:13)고 한 성경 말씀대로 인생 행적은 금세에서 내세까지 따르고 있다. "각 사람에게 그의 일한 대로 갚아 주리라."(계 22:12)고 하신 하나님의 공의 앞에서 누가 벗어 날 수 있으랴.

기업의 땅에서 무죄한 피를 흘리면 그 피가 자기에게 돌아갈 것이고, 이웃을 억울케 하면 자기가 그 억울을 당할 것이고, 남을 비판하면 자기가 그 비판을 받을 것이라고 하신 하나님의 공의의 보응과 저주를 아무도 피할 수는 없을 것이다(신 19:10~12, 출 21:4).

그런데 이웃을 중상모략해서 재산을 빼앗고 내쫓기까지 했으니 이 어찌 이에 대한 보응이 없으랴. M목사는 그 후 쫓겨 다니면서 간 곳마다 저주를 받아 불안에 싸여 세상을 떠났고, D목사도 역시 저주를 받아 전신불수가 되어 폐인으로 종신했고, Y감리사 역시 감독의 자리에까지 오르더니 교인들의 극성스러운 배척을 받고 쫓겨나 필경에는 반신불수의 폐인이 되고 말았다.

R장로도 그렇게 담당하던 자리에서 쫓겨났다. 그는 그래도 그 어느 집회 때에 용문산으로 찾아와서 내 아내의 발 앞에 구부려 그때의 죄를 용서해 달라고 빌더란다. A지서장도 좌천되었고 J면장도 그 자리에서 물러났다. 어느 날 J면장은 용문산으로 찾아와서 나더러 하는 말이 "장로님은 저를 보기만 해도 '저 고약한 놈!' 하고 원수같이 생각이 되지요?" 하며 능청맞게 묻는다. 나는 "그렇지는 않고 여기까지 찾아와 주는 것만으로도 고맙고 반가울 뿐이요."라고 했더니 "그게 참말이요?"라고 두 번 다시 묻는다. 나는 그렇다면서 진정이라고 확답을 해주었다. 나는 사실상 그를 미워하는 생각은 그때뿐이었고 그가 찾아왔

을 때에는 미운 생각이 전혀 없었다. 이것이 곧 하나님께서 지켜 주신 마음이었다.

그는 내 진심임을 알고 나더니 "그러니까 이 같은 큰 성공을 하셨습니다. 이런 산중에 이 같은 큰 업적을 남겨 놓게 되었으니 큰 성공이지요. 성공입니다."하고 감탄에 감탄을 아끼지 않았다. "그러면 면장님은?"하고 물었더니 "나야 잠깐 동안 면장 해 먹은 것이 고작이니 누가 알아주겠습니까?"라면서 남겨 놓은 것도 없이 헛살았다는 신세타령을 늘어 놓는다.

11. J면장의 고백과 아천교회

"사람은 몰라주어도 하나님께서 알아주시면 그에서 더 큰 행복은 없습니다. 믿음으로 하는 일은 모두 하나님께서 알아주시고 행한 대로 복을 주시는 하나님이십니다. 면장님도 이제 하나님 앞으로 돌아오시지요. 그러면 하나님이 알아주시는 사람이 되는데 그 얼마나 행복스러운 길입니까? 하나님께서 알아주시는 사람이 됩시다."라는 내용으로 J면장에게 한참이나 설명을 하며 전도를 했다.

머리를 끄덕이며 듣고 있던 그는 덩달아 신이 나서 "다른 사람은 몰라도 나 선생에게는 하나님이 같이하시는 줄을 나는 잘 압니다…"라면서 지나친 칭찬과 회고담을 늘어놓는다. 열을 올려 말을 하면서도 그 말 속에는 자책감이 감돌고 있었다.

예배당 못 짓게 하던 일과 아천에서 나를 쫓아내도록 M목사와 공작하던 그 일이 너무했다고 죄책감이 생겨서인지 송구해하는 모습이 역력히 드러나 보였다. 교회가 어찌 그럴 수가 있겠느냐고 하면서 교회란 거룩하고 진실된 줄만 알았다가 그때 교회 내부의 실정을 일부나마 알게 되면서부터 교회를 경멸하게 되었다는 것이다.

그때의 설정과 자기의 속마음을 털어놓으면서 그때 그 일로 인해서 도리어 나 선생의 인품과 위대함을 알았노라고 늘어놓았다. 그러나 그 과찬이 오히려 나로 하여금 잊어버렸던 과거를 되새기게 하였다.

"기어이 예배당을 헐게 하고 그 자리가 명당 터라고 조상의 묘를 쓰더니 얼마나 복을 받고 잘 되었는지 알고 싶다."고 나는 오히려 그의 마음을 찔렀다. 그래도 그는 조금도 그 말에 언짢아하는 기색도 없이 "그게 무슨 소용이 있습니까…? 그것도 다 헛것이지요. 뭐…"하고 웃음으로 넘겨 버린다. 지금 생각하면 다 헛것이라고 되씹으면서 나 선생 보기 면목이 없다는 말을 몇 번이고 되풀이했다.

그는 그 당시 오기로 그래 보았다는 솔직한 고백을 하면서 실은 교회 목사가 그렇게까지 나오리라고는 생각도 못했던 일이었다고 털어놓는다. 이미 지어 놓은 예배당을 굳이 헐어야 할 이유는 없었는데 그랬다면서 M목사를 원망하듯이 아천교회당을 헐어버리던 이야기를 늘어놓았다.

허리끈을 졸라매고 눈물로 쌓아 올린 정성 어린 제단을 그렇게도 값없이 쓸어버릴 줄은 몰랐던 나로서는 J면장의 말을 듣는 순간 그때를 회상하는 순정의 눈물을 금할 길이 없었다.

나 장로의 손길과 눈물로 얼룩진 교회당이라서 그렇게까지 보기도 싫었던지 깨끗이 헐어버리고 그 자리에는 J면장의 조상 묘를 들어앉힌 것이었다. 그리고 예배당은 헐어버린 예배당보다 훨씬 작은 예배당을 지어 놓은 것이다. 그 새 예배당을 지은 좁은 집터는 우리 가족이 살고 있는 것을 쫓아내고 과수원을 빼앗아서 팔은 그 돈의 일부로 그 터도 사고 예배당도 지은 것이다.

그 나머지 돈은 누가 어떻게 썼는지 알 수 없는 일이다. 그 후에 들은 소리로는 총리원에서는 안 가져갔다는 말도 있다. 5천 평도 더 되는 그 큰 재산이 그 작은 건물 속에 다 들어갔다면 누구나 곧이들리지 않을 말이다. 그렇게 원한 맺힌 예배당이어서인지 오늘날까지 30년도 더 된 교회가 전혀 부흥이 되지 않고 빛도 향기도 없는 교회가 되고 말았다.

60평 대성전을 헐어버리고 20평도 못 되는 작은 교회당으로 축소했으니 그만큼 교인도 축소되고 은혜도 축소된 고로 그럴 수밖에 없었을 것이다.

지금도 경부선 철도와 도로가 나란히 깔려 있는 대로 옆 높은 언덕에 외로이 서 있는 교회당, 오가는 길손들에게 지난날에 얽힌 사연이라도 호소하는 듯 우뚝 서 있는 모습이 처량하게만 보인다.

J면장은 그 당시의 추억을 남김없이 털어놓으면서 나를 위로라도 하는 듯 애써 말하고 있었다. 즉 자기가 했다는 일은 모두가 헛것이 되고 나 선생이 한 일은 모두가 성공이었다는 것이다.

그 당시로는 자기가 이긴 것 같았으나 지금 와서 보면 다 헛것이 되었고, 나 선생은 그때에 억울했고 패배한 것 같았으나 지금 와서는 이같이 승리를 거두지 않았느냐고 성경을 알고 하는 말 같은 이야기였다.(유 23:10).

그의 그 같은 고백은 사실상 나에게 큰 위로가 되었다. 나는 그의 헛살았다는 말을 그 즉시 성서적이라고 풀이해 주었다.

솔로몬 왕은 왕위에 있으면서 천하를 호령하는 위엄과 권세를 갖고 세상의 부귀영화를 다 누리면서도 "헛되고 헛되며 헛되고 헛되니 모든 것이 헛되도다. 사람이 해 아래서 수고하는 모든 수고가 자기에게 무엇이 유익한고…"(전 1:3)라고 했다는 성경 말씀을 그에게 소개했다. 즉 J면장의 깨달음이 솔로몬 왕과 같다고 그를 격려하면서 전도를 했다.

그는 성경에도 그런 말이 있느냐면서 흥미 있게 듣더니 결국에는 자기도 하나님을 믿어야겠다고 다짐했다. 자기는 나 선생님에게 큰 빚을 진 것 같아서 나 선생님의 낯을 보아서라도 하나님 앞으로 나와야 하지 않겠느냐는 말을 남기고 돌아갔다. 그 후에 예배당에 나왔다는 말을 들은 것 같기도 하나 자세치는 않다. 하지만 그가 하나님의 존재를 시인한 것만은 확실하다.

12. K면장의 쇠망치 위협

한편 J면장의 전임 면장이었던 K면장은 예수를 믿는 이로서 재직 당시에 우리 사업에 적극적으로 협조했다. 그는 집사직도 갖고 있었기 때문에 나와는 개인적으로 매우 가까이 지내던 터였다.

그런데 어느 하루 자기 집 아랫목에서 이불을 펴 놓은 채 나와 단둘이 마주 앉아 노변정담을 나누던 조용한 기회가 있었다. 그때 그는 느닷없이 "하나님? 하나님이 정말 있단 말이오? 장로님은 참말로 하나님이 있다고 믿습니까?"라고 묻는다.

나는 하도 어이가 없어서 "아니 면장님, 그게 무슨 말씀이요? 집사님이 그런 말을 할 수 있습니까?"하고 나는 놀라운 표정을 감추지 못한 채 그에게 되물었다.

그는 코웃음 치며 하는 말이 "사회의 질서를 유지하기 위한 하나의 방편으로 업보 관념을 갖게 하기 위해서 종교도 필요한 것이지 무슨 천당이니 지옥이니 있다는 말이요? 죽으면 그만이지…"하고 웃어 버린다.

그는 그 당시 군수가 독실한 장로였기 때문에 그 장로 군수의 발령으로 면장이 되었으니 불가불 믿는 척하고 예배당엘 나왔을 뿐이라는 솔직한 심경을 털어놓으면서 너털웃음을 터뜨리던 그였다.

그런데 그가 6.25 사변 후 모종의 사건으로 옥고도 당하고 관직에서 물러나게 되어 할 수 없이 용문산에 와서 매점도 하고 식당도 해본다고 수고가 많았다.

그러나 면장직에 있을 때 용문산에 많이 협조해 주었는데도 이에 대한 별다른 특혜가 없다 하여 은근히 불만을 품고 있었다. 급기야 그 불만은 사람이 많이 모인 집회 때에 폭발되었다.

그때가 1955년 이른 봄 3월 집회인 듯하다. 아직 쌀쌀한 바람이 나부끼고 있어 집회시간만 마치면 어두운 방구석을 찾게 되는 그때였다. 그때 내가 거처하는 방은 수련관 가운데 방이었다. 겨우 7×8 척밖에 안 되는 작은 방이다. 나 혼자 책상 하나 놓고 있는 기도실이면서 침실이었다.

그 방에서 성경을 읽고 있노라니까 갑자기 K면장이 노크도 없이 방문을 벌컥 열고 들어선다. 그의 용건은 식당 밥값을 올려 받아야겠다는 것이다. 평시와 같이 받아야지 집회 때라고 더 받아서야 되겠느냐고 나는 올려 받지 말라고 했다. 그는 불쾌한 얼굴로 나갔다. 얼마 안 되어서 성난 얼굴로 또다시 들어왔다.

"참말로 안 올려 줄거요?"하고 대들기에 나는 냉철하게 "안 되지. 집회 때에는 좀 더 싸게는 못할망정 더 올리다니 말도 안 되는 소리요."하고 강경히 거절했다.

그는 나더러 배은망덕한 놈이라고 욕설을 퍼붓기 시작하더니 분에 넘쳐서 내 멱살을 붙잡고 행패를 부리기 시작했다. 얼마쯤 행패를 부려도 아무런 대답도 않고 당하기만 하니까 별 도리가 없었던지 나를 벽으로 탁 밀어붙이고 발로 콱 차고 밖으로 뛰어나갔다.

그 즉시 그는 쇠망치를 하나 들고 들어오면서 끝장을 낸다고 고래고래 고함을 친다. 나를 쳐 죽일 듯이 발광을 하며 덤벼들었다. 그러나 나는 묵묵히 앉아 있었다. 차마 쳐 죽일 수는 없었던지 내 앞에 성경이 놓인 책상을 내리치고 또 치고 또 치며 때려 부수는 판국이었다.

성경마저 부술까봐 나는 재빨리 성경만은 끄집어내어 붙잡고 '주여, 주여…' 하고 꼼짝 못 하고 엎드려 있었다. 문을 닫아걸고 단둘이 있었으니 뭔가 잘못되는 줄만 알고 있는 교인들은 문밖에서 덜덜 떨고 있었다.

그러는 동안 종소리는 두 번이나 났다. 예배시간이 되었는데도 놔주지 않았다. 예배시간이 되었으니 나가야겠다고 일어서니까 그때에는 내 허리띠를 꼭 붙잡고 늘어졌다. 그냥 붙잡고 있는 것만도 아니다. 이를 부드득 부드득 갈면서 힘들여 붙잡고 있었다. 그가 이를 갈고 있는 그 소리에는 몸에 소름이 안 끼칠 수 없었다. 그의 이 가는 소리는 누구도 흉내를 낼 수 없을 정도로 독특하게 괴이한 소리가 크게 나기 때문에 소름이 끼치게 된다.

할 수 없이 나는 붙잡힌 대로 뭉겨 앉아 지긋지긋한 시간을 보내야 했다. 설교를 다른 이에게 부탁해 달라고 문밖의 사람들에게 소리쳐 일러주고 나는 감금되어 있는 부자유의 신세가 되었다.

경찰관까지 동원되었지만 아무런 소용도 없었다. 도리어 나에게서 비리를 찾으려고 감시하러 와 있는 형사들이었던 고로 좋은 기회를 만났다 하고 나를 검거할 만한 어떤 비밀 비행이라도 터져 나오는가 하여 문밖에서 엿듣고 있었다.

그날 밤 자는 시간에도 내 허리띠를 두 손으로 꼭 붙잡고 이를 부드득 부드득 갈며 누워 자는 판국이었다. 변소에 간다고 해도 그냥 방 안에서 봐야지 못 나간다는 것이다. 그때의 그 추태를 무엇으로 형용할 수 있으랴.

13. 엉터리 무고의 실효

성령의 역사가 크니까 마귀의 역사도 컸다.

몸서리치던 그 밤이 어서 지나고 날 새기를 기다렸지만 다음 날 아침에도 안 놓아준다. 밖에서는 교인들과 형사들 간에 시끄러운 언쟁 소리가 들린다. 즉 "왜 경찰관이 이런 꼴을 보면서도 그냥 두느냐?"고 대드는 누군가의 소리가 들린다.

"글쎄 가만 있어요. 경찰은 경찰대로 생각이 있으니까 당신들은 저리 다 물러가시오. 물러가요."하고 모여온 사람들을 헤치고 있었다. 조금 더 있더니 염애경 집사님의 소리가 들린다. 염 집사는 그 당시 여강사로서 초청을 받아 부흥회도 인도하곤 하던 이였다.

그가 "내 측근에도 검사, 판사도 있고 고위층 경찰관도 있으니 해보려면 해봅시다."라고 경찰관들과 시비하는 소리가 들린다. 경찰관들이 그때 세 사람인가 와서 집회를 보호한다는 명분으로 감시하며 설교 내용을 취재 보고하고 있었던 터였다.

밖에서 엿듣기만 하고 있던 그들은 교인들의 압력에 의해서 결국은 방문을 열었다. K씨를 불러내어 딴 방으로 데리고 가서 비밀 조서를 꾸몄다. 알고 보니 범인으로 취조를 받은 것이 아니고 오히려 고발자의 입장에서 진술을 하고 나온 것이다. 즉 '나 장로에게 어떤 비행이 있느냐? 어떤 비밀이라도 있는가?' 하여 경찰관은 시시콜콜 K씨에게 묻더라는 것이다.

조사를 마치고 나온 K씨는 오히려 의기양양하여 "그동안 헌금 나온 돈을 다 어떻게 했소?"

"그동안 그렇게 많이 나온 금붙이는 다 어떻게 했지요?"라는 등 밥값 올려 달라고 행패하던 때의 말과는 전혀 성질이 다른 행패를 부리기 시작했다. 그것이 바로 형사들에게 영향을 받고 나온 K씨의 면모였다.

불법감금, 사형, 폭행, 기물 파괴, 가택침입 등 중벌로 다스려야 할 현행범인은 그냥 놓아두고 그를 처벌해 달라고 고발을 해도 그것은 오히려 응하지 않았다. 현행범인은 싸고 돌며 그에게서 무슨 비밀자료라도 얻으려고 애쓰는 경찰관들이었다.

경찰관들은 오히려 나더러 고발하면 불합리할 터이니 그런 고발한다는 소리는 하지도 말라고 타이르면서 '만일 고발을 한다면 K면장이 그냥 안 있을 것이고 당신 비리를 낱낱이 드러낼 터인데 왜 그런 화를 자초하려느냐?'고 엄포를 놓는다.

내게 무슨 감춰진 비밀이나 비행이 있다고, 그런 점에서는 염려할 바가 없으니 나는 정식으로 고발할 것이라고 했지만 그따위 호소는 실없는 넋두리 취급을 받았을 뿐이다. 도리어 K씨의 무고에 의하여 결국은 내가 구속을 당해야 하는 판국이었다.

2천만 원을 횡령했다느니, 금은보화를 가마니에 넣어 묻어 놓았다느니, 그 많은 금붙이들을 서울 여동생을 통하여 처분했다느니 어처구니없는 엉터리 무고였다. 이 같은 근거 없는 무고를 근거로 해서 나를 구속하리라고는 전혀 상상도 못하고 있었다.

그런데 서울에서 집회를 마치고 돌아오는 길이었는데 김천역에 하차하자마자 역두에 잠복하고 있던 형사대가 몰려와서 나를 체포했다. 죄명은 횡령이란다.

후에 검사에게 들은 바로는, 목사 28명이 연서하여 나운몽은 기독교란 미명 하에서 지하조직을 갖고 좌익 운동을 하고 있는 국제 공산당원일 공산이 크다는 정보 밀서를 제출한 고로 그 증거를 찾으려고 추적해 오다가 K면장 사건이 터지면서 검거 구실로 횡령죄라는 죄명을 붙인 것뿐이지, 사실 그 돈을 당신이 썼단들 자기 돈 자기가 쓴 것인데 그것이 무슨 횡령죄가 될 수가 있겠소? 사실인즉 당신의 죄명은 '국가보안법 위반죄'라면서 횡령죄는 무혐의로 처리하고 나를 빨갱이로 취조했던 것이다.

제보자들이 워낙 거물급 총회장 노회장급이니 이 문제를 어찌 소홀히 할 수가 있겠느냐고 하면서 마지막에는 제보자들의 명단을 다 보여 주기까지 했다. 목사들이 무고를 하다니 놀랄 일이었다.

14. 투옥 후의 용문산과 K장로의 예언

구속되는 즉시 각 신문에서는 대서특필로 백백교 교주라도 체포한 듯이 보도에 열을 올리고 있었다. 본시 용문산 운동을 질시해 오던 목사님들은 신문을 갖고 다니면서 이것 보았느냐고 활개를 치며 여기저기 왔다 갔다 하는 판국이었다.

따라서 용문산은 완전히 없어진다는 소문이 파다하게 나돌았다. 그때에 용문산에 입산 수도를 한다고 들어와 있던 K라는 장로가 있었다. 그는 자기가 계시를 받았다면서 '이제 나 장로는 한 번 들어간 옥중에서 다시 나오지 못하고 썩은 송장으로 나온다.'고 예언을 했다.

이렇게 안팎에서 불길한 예고가 퍼지고 있어 교인들을 당황케 했다. 더구나 우리 가족들은 얼굴도 못 들고 개파리 같은 신세가 되어 버렸고, K장로는 그때부터 당당한 모습으로 드러나게 기세를 올리고 있었다.

K장로는 본시 용문산에서 멀지 않은 곳의 장로교 장로로서 나와는 가까이 지내는 처지였다. 그러나 그는 장로교 정통주의에 입각하여 용문산을 이단 소굴이라 단정 짓고 이를 박멸하기 위해서 몽둥이를 하나 갖고 들어왔다는 그였다.

이단 요소를 발견하는 즉시 가차 없이 쳐부수겠다고 단단히 각오하고 왔다며 장담하던 그가 그동안은 어느 날 밤 꿈에 '용문산은 사람을 다시 만드는 인간 개조 공장이다.'라는 영음을 듣고, 들었던 몽둥이를 던져 버렸다는 자기 간증을 몇 번이나 하던 그였다. 그는 그 간증을 위주로 집회도 여러 곳에 다니며 인도하던 부흥강사이기도 한 장로였다. 그 같은 권위를 갖고 있는 그의 예언이라니까 모두 신임할 수밖에 없었다.

그런 데다가 원장 부재중에 원장 대리 업무를 자처하고 있던 G장로도 K장로의 예언을 긍정하고 자기도 그 같은 계시를 받았다면서 자기의 위치를 완장 자리로 굳히려는 태세를 갖추고 있었다.

당시 원내 매점을 경영하고 있던 당숙모(현 차권사)와 계수(안권사)까지 사무실로 불러다 놓고 나 장로의 과거를 이실직고하라는 식으로 엄포를 놓으며 용문산 주인공이 완전히 바뀐 것처럼 위세 당당하게 서두르고 있었다.

더구나 그때가 용문산 제19기 수련회(1955년 5월 23일~6월 1일)였는데 원형 강사는 구속되고 G장로가 강사로 나서서 외치고 있었으니 원장 행세를 할 만도 했다. 그 위세에 눌린 가족들은 숨도 크게 못 쉬고 엎드려 그 억울함을 하나님께 호소했을 뿐이다.

주인은 옥중에 들어가 썩어서 나온다지, 기도원은 완전히 주변 침입자들에게 빼앗겼다는 생각을 하니 기가 막힐 일이었다. 그러나 성령은 길가에서도 옥중에서도 역하여 옥문이 터지리라던 27일 만에 석방이 되었다.

죽어 송장으로 나오리라고 예언하던 K장로와 원장자리를 취하려던 G장로는 옥사할 줄 알았던 나 장로가 당당하게 무혐의로 나오면서부터 대구와 김천으로 집회를 하면서 용문산에 들어왔으니 나를 볼 면목이 없었던지 그때 하산하고부터는 다시는 용문산에 들어오지 않았다.

Ⅳ. 도전해 온 귀신 역사

1. 명 선생과 기도원

1.4 후퇴 당시 입신한 명향식 전도사님은 그때부터 용문산에 눌러앉아 아들딸 오누이를 데리고 믿음의 아들 신XX와 같이 한 가정을 이루고 살아왔다.

나는 그때 혼자 산에 있었고 가족은 아천에 있으면서 아이들이 초등학교에 다니고 있었다.

나는 그때 용문산 동산을 애향원(愛鄕園)이라고 불렀다. 즉 '사랑의 본향' 하늘의 뜻이 이 땅 위에 이루어지는 모형을 그려 보려는 이상향 '사랑향동산'을 만들어 보려던 꿈을 갖고 살던 곳이다.

그 꿈을 실현해 보려는 이상은 컸지만 능력이 부족했다. 하지만 하나님의 역사는 적지 않았다. 어떻든 그 당시 산으로 찾아온 사람은 누구를 막론하고 모두 수련생이 되어야 했다.

남녀노소를 막론하고 귀천이나 빈부의 차별도 없이 지식의 고하도 따질 것 없이 일률적으로 규율을 따라 수련을 받아야 하는 것이었다.

그래서 이 모임을 '심령수련회'라고 불렀고 동산 이름은 애향원(園)이고 교육기관명은 애향숙(熟)이었다. 그러니까 애향숙에서 운영하는 수련회(修練會)로서 이것이 한두 번 있다 마는 것이 아니고 계속되고 있으므로 '애향숙 수련회(愛鄕熟 修練會)'라는 상설기관으로 화했다.

한 기간 마치고 나면 1기생, 2기생, 3기생 등으로 불러왔다. 그 기간은 한 주일도 되고 열흘도 되고 장기생들은 일 개월 혹은 3개월도 되고 1년 이상 되는 이들도 있었다.

단기 10일 이내의 수련을 마치는 사람들은 수련생이라 불렀지만 2, 3개월 이상 장기 수련생들은 숙생(塾生)이라고 불렀다. 이것이 점점 제도화되고 세상적으로 발전하면서 성경학교니 신학교니 그 명칭이 달라졌다.

이것이 발전이라기보다는 오히려 신령 면으로는 퇴보 내지 속화된 것이 아닌지 모른다.

하늘의 뜻이 이 땅 위에 이루어지는 데 쓰일 인재양성을 목적한 당시 수련회는 교인들이 '인간개조 도장'이라고들 말했다. 그렇게 말한 만큼이나 엄격한 규율과 신령한 말씀과 기도로 연성을 받았다. 즉 새로운 피조물이 되는 과정을 밟아나가는 것이었다. 이렇게 새 사람이 되는 기적적인 역사는 놀라웠다. 진리의 보혜사가 직접 교수가 되고 있었음을 알

만했다.

그러나 명 선생은 '수련회'라는 용어를 몹시 못마땅하게 어겼다. 일본 사람들이 쓰던 용어 같다면서 반대했다. 더구나 그 수련회에서는 사상교육이 위주였기 때문에 '사상과 주의'라는 강의시간이 따로 있었다. 그 시간을 반대하고 사상이라는 말조차 반대했다.

그래서 그는 수련회라거나 수련원이란 말은 전혀 쓰지 않고 그가 산에서 자리 잡고 살면서부터는 '기도원'이라고 불리기 시작했다. 그리고 그를 명 전도사라고 부르는 이는 아무도 없었다. 그의 이름을 아는 이도 그리 없었다. 명 선생이라고만 불렀다. 교회 소속이 없는 부흥사였기 때문에 그렇게 불렸을 것이라고 생각은 되나 그는 사실상 모든 교인들에게 명 선생 노릇을 했다. 우리 사업에도 큰 도움을 주신 분이다. 그래서 그는 하나님께서 우리 사업의 방향 제시를 위해서 보내 주신 사신이었다고 생각했다.

그는 민족사상이 철두철미했고 설교도 애국애족 설교를 주로 했고 기도도 많이 하고 40일 금식기도도 몇 번을 했는지 모른다. 40일 금식기도는 나와서 다니며 전도하면서도 하던 초인간적인 신앙심이었다. 그래서 그를 따라서 산에 들어오는 이들이 많았다. 그만큼 그의 영향력이 용문산 안에서는 절대적이었다.

그 정도 되니까 주객이 전도되어 그는 주인같이 되었고 나는 손님같이 되었다. 사실상 명 선생은 주인 행세를 하게 된 것이다. 기도원 살림살이를 그가 전부했고 나도 그 집에서 해주는 밥을 먹고 있었으니 사실상 주권은 완전히 그의 것이었고 나는 시간강사로 나가서 설교를 하는 정도였다. 헌금 관리도 식당도 손님 숙소 관리 등 모든 것이 그의 주관 하에서 운영되고 있었다. 그런 것이 내게는 싫지 않았다. 그도 또 나를 무척 좋게 여기고 극진히 위하고 정성껏 만들었다.

2. 명 선생의 예언과 나

명 선생은 나와 오누이 관계를 갖고 이 사업의 동역자가 되자고 의형제의 연을 맺자는 제의를 했다. 그러나 내게는 혈육의 누이가 많으면서도 남북이 갈려서 형제 구실을 못하게 된 한이 맺혔는데 또 다른 누이를 둘 수 없다고 거절했다.

그러나 주 안에서 누구라고 형제가 아니겠느냐고 다른 성도들도 같은 형제이거늘 의형제의 연을 맺지 않았다 할지라도 주 안에서 형제로 지내는 것이 덕스러울 것이라면서 친형제 같이 지냈다.

그는 용문산 사업을 일으키는 데 나에게는 확실히 좋은 반려자였다. 그는 내가 세상으로 흘러갈까봐 조심스럽게 나를 신령 면으로 유도하느라고 애써 주었다.

'성자(聖者)' 소리를 들을 수 있는 위대한 인물을 탄생시키려는 것이 그의 소원이었다. 그래서 그는 나를 위해 진심으로 기도에 주력했다. 그는 기도하던 어느 날 나를 가리켜 '하나님께서 말세에 택해 세우신 큰 종'이라면서 "위대한 신학자가 될 것입니다."라고 예언했다.

그러나 "나는 신학 공부도 안 한 사람이 어찌 신학자가 될 수 있겠습니까?"라고 그 예언을 받아들이지 않았다. 도리어 "나는 본래 불신자들을 상대로 전도할 사명이 있어 가는 곳마다 불신자들이 내 전도를 잘 받아들이곤 합니다."하고 신학자란 꿈도 안 꾼다는 뜻을 밝혔다. 그러나 그는 한사코 "아닙니다. 신자 중에도 신자를 상대로 하는 사명이 있습니다."라면서 이것이 절대로 개인의 주장이거나 의견이 아니고 분명한 하나님의 계시였다는 것이다. 아울러 신앙개혁의 위업을 일으켜야 할 주인공으로서 교권주의자들과 싸워나가야 할 신앙 혁명가가 될 것이라고 강조했다.

나로서는 도저히 감당 못 할 일을 하나님께서 시키실 리가 없으실 터인데 명 선생이 착각을 하거나 나를 너무 과대평가하고 그런 생각까지 된 것이려니 하고 그런 말에는 관심도 갖지 않았다. 그래도 그는 끈질기게 나더러 신학교엘 가라는 것이다. 맡은 사명이 너무도 크니까 아무래도 신학을 해야 한다는 것이다. 그는 다른 신학은 다 세속화되고 신신학으로 기울어졌지만 개혁주의로 나가는 고려진영 신학이라야 한다면서 고려신학 어느 중진 측에서 가서 교섭을 해놓고 왔다는 것이다.

명 선생의 그 성심에는 감사하지만 내 갈 길이 그 길이라면 하나님께서 내게 직접 계시하실 일이지 왜 명 선생님에게 계시하시고 나 본인에게는 계시를 안 하시겠는가? 하며 나는 신학에 가는 것을 거부했다. 명 선생은 나를 설득시키느라고 갖가지로 애를 썼다. 다윗에게도 직접 계시하지 않고 나단 선지자를 통했고 사울 왕에게도 직접 계시하지 않으시고 사무엘을 통하지 않았느냐고 하며 애타게 권면했다. 그래도 나는 끝끝내 듣지 않았다.

하지만 명 선생의 생각으로는 '위대한 신학자가 된다, 신앙개혁의 사명이 있다.'라는 것이 하나님의 계시였기에 신학자가 되려면 신학을 전공해야 될 것 같아서 신학교엘 가라고 했다는 것이다. 그런 위대한 사명을 감당하게 하기 위해서는 실력을 배양시키려는 하나님의 뜻이 반드시 있을 것으로 알았기 때문이었다는 것이다.

3. 박영수의 지시와 나

그때까지 박만출 장로는 아직 영수로 있던 시절이었다. 그는 명 선생의 말이라면 하나님의 명령으로 받아들이는 처지였다. 그런데 '나 장로가 명 선생의 계시에 순종치 않는 것을 명 선생의 계시를 무시하는 행위'라고 박 영수는 못마땅하게 생각되었던 것으로 짐작된다.

그렇기에 그 문제에 대해서는 아무 소리도 않고 묵묵히 지내던 박 영수가 그 어느 날 느닷없이 나더러 하는 말이 "나 장로님은 이 동산에서 떠나야 합니다."라고 단언을 내린다. "그게 무슨 뜻이지요? 이 동산은 어떻게 하고?" "이 동산은 명 선생에게 맡겨야지요. 이 동산 주인은 명 선생입니다."라고 딱 잘라 말하는데 어안이 벙벙했다.

"그러면 어디로 가야 하지요?" 하니까 그는 이미 갈 곳을 예비해 놓은 것 모양으로 "이전에 말하던 거기로 가지요." "거기가 어디지요?" "그 왜 복음학교라든가 농민학교라든가 있다는 거기 말이요."

나는 그때야 생각이 났다. 예산지방 이강산 목사님이 시무하는 감리교회에서 부흥회를 인도한 일이 있었던 그때에 복음 농민학교라는 학교 이름은 자세치 않으나 어떻든 이상촌 건설을 목적으로 하는 인재양성기관으로 세워진 학교이기는 했으나 운영난에 봉착하여 운영주를 구한다는 말을 듣고 그 학교를 유심히 돌아보고 왔던 일이 있었다. 그 이야기를 박 영수님께 하면서 한국이 복음 나라가 되려면 그런 학교들이 많이 생겨야 한다고 주장한 일이 있었던 그 일을 놓고 하는 말이었다.

나는 박 영수의 말이라면 당신의 생각대로 하는 말이 아니고 하나님의 뜻을 따라서 하는 말이라고 믿었다. 명 선생의 말보다는 박 영수님의 말이 타당성 있는 말로 믿어졌기 때문에 '하나님의 뜻이라면 어디든지 가오리다.' 하고 이강산 목사님을 다시 찾아갔다. 학교 내용과 건물과 대지 기타 운영상 요건 등 자세히 알아보고 학교를 인수 운영해 보려는 뜻을 굳히고 돌아왔다.

돌아와서 아천에 있는 가족에게도 그 뜻을 알리고 이사 준비를 시켰다. 산에 있는 내 짐은 내 손으로 다 꾸려 놓고 마지막으로 하직 기도를 올리려고 삼선봉에 올라갔다. 웬일인지 기도가 열리지를 않는 답답한 기도를 드리고 내려왔다.

방 안에 들어서니까 아내가 와서 기다리고 있었다. 아내는 기도하는 중에 아무리 생각해도 이곳을 떠나는 것은 하나님의 뜻이 아닌 것 같아서 박 영수님이 분명히 하나님께 기도하고 하나님의 지시를 받은 것인지 확인을 해보려고 왔다는 것이다.

4. 생명 바친 제단인데

우리 내외는 도치랑 박 영수님 댁을 찾아갔다. 우리가 용문산을 떠나는 것이 하나님의 지시라면 두말할 것 없이 떠나야 하겠기에 짐까지 다 싸놓고 마지막으로 찾아간 것이다.

"영수님, 우리가 용문산을 떠나야 한다는 것은 하나님의 지시임이 틀림없는 일이겠지요? 기도해 보시고 계시를 받으셨습니까?"하고 아내는 심각하게 따져 물었다.

박 영수님은 약간 당황한 듯 머뭇거리더니 "아니요. 기도해서 확실한 계시를 받은 것은 아닙니다. 내 생각에는 그렇게 하는 것이 하나님의 뜻인 것 같아서 한 말입니다…"라고 자신 없는 말을 한다.

나는 그때 놀랐다. 이것은 내 일생 문제를 좌우하는 중대한 문제인데 기도도 안 해보고 그렇게 무책임한 말을 할 수가 있는 것인가 싶어서 나는 박 영수님께 내 심정을 솔직히 말했다.

"내가 여기를 오고 싶어 온 것이 아니고 하나님의 뜻이 있어 나의 청춘을 불사르고 이 산 중에 묻혀 이날까지 온갖 정성을 다해 왔는데 박 영수님의 마음대로 나를 떠나라고 했다는 것은 이해가 안 되는 말이구면요?"하고 섭섭하다는 뜻으로 말을 이으며 눈물까지 흘렸다.

내 있던 재산까지 다 털어 바치면서 눈물로 쌓은 재단, 쑥죽 고비를 넘기면서 피땀으로 쌓은 제단, 어린 자식까지 희생시킨 생명 바친 제단을 떠나라고 하다니 너무도 섭섭한 일이었기에 내 중심에 있는 말을 남김없이 털어놓았다. 박 영수님은 묵묵히 앉아서 내 하소연을 듣고 있다

"내가 언젠가 들은 대로 그 좋은 곳이 있다니까 그곳으로 나가서 좀 더 큰일을 하는 것이 이 산중 골짝에서 썩는 것보다 나으리라고 생각하고 한 말이지 나 장로님을 싫어해서 한 말은 아니지요!"하고 멋쩍은 웃음으로 어색하게 된 장면을 넘기려 했으나 미안해하는 모습은 드러나게 보였다. 옆에 앉았던 아내는 "무엇을 갖고 무엇을 어떻게 큰일을 할 수 있다는 말이지요? 빈손 들고 어디를 가서 무엇을 해요? 하나님은 그렇게 무리한 명령은 아니 하실 것입니다."라고 말끝을 채 못 맺고 눈물을 닦으며 머리를 못 들고 있었다.

"어떻든 기도해 보고 작정합시다. 하나님의 뜻을 따를 것뿐이지요. 가라면 가고 있으라면 있고 기도해서 하나님의 지시를 받도록 합시다. 박 영수님도 이 문제를 놓고 전심으로 기도해서 확실한 응답을 받으시고 우리 내외도 응답을 받을 때까지 기도하겠습니다."하고 그 어색했던 자리를 피해 나왔다.

5. 내 가슴에 안겨 준 사명

나는 산으로 올라와서 명 선생에게도 이런 사정을 다 말했다. 서로 기도하기로 의견을 같이 하고 명 선생은 서쪽 골짜기(현 동원암 짓기 전)로 가서 밤을 새우며 기도했고, 나는

그 당시 성전(현 창고) 옥상에 있는 종각(현재는 없음) 기도실에 올라가서 기도를 드렸다. 밤새워 기도했다. 새벽이 되면서 기도 중에 명 선생의 얼굴이 나타나는데 이상하게도 성난 얼굴로 나를 쏘아보고 있었다.

"명 선생, 왜 그러시지요?"하고 나는 웃으면서 명 선생을 대했다. 그런 환상을 보고 말까지 하면서 나는 계속 기도했다.

"이것이 웬일입니까? 내 주여, 이 뜻을 알게 해주시옵소서. 명 선생이 나에게 성낼 일이 없는데 이게 웬일입니까?"하고 계속 부르짖었다.

그러나 명 선생에 대해서는 아무런 응답도 못 받았다. 성난 얼굴이 더욱 명백하게 드러날 뿐이었다. 그 반면에 내게 대한 응답이 묵시로 내게 임했다.

'네 사명은 이 동산에 있다. 하늘의 뜻이 이 땅 위에 이루어질 때까지 하늘의 모형을 보여 줘야 하는 이 동산임을 너 왜 모르느냐?'는 하나님의 지시가 내 가슴에 안겨지는 듯했다. 이는 곧 하나님께서 내 가슴에 안겨 주신 사명이었다.

아침에 명 선생도 산에서 내려왔고 나도 기도실에서 나왔다. 나는 기쁨이 만면해서 명 선생을 대하게 되었다. 그러나 명 선생은 우울한 표정이었다. 그는 심각한 어조로 "장로님이 이 동산을 지켜야 합니다. 하나님께서 택한 동산에 택한 종을 세우셨습니다. 나는 물러가겠습니다. 하나님의 명령이십니다. 장로님의 활짝 웃는 얼굴을 제게 보여 주시면서 이 동산의 주인공이라고 분명히 계시해 주셨습니다."하고 말끝을 맺으면서 "장로님께도 계시하셨을 터인데요."하고 내 대답을 기다린다. 그러나 대답하기가 좀 거북했지만 나도 받은 대로 말할 수밖에 없었다.

"내 사명이 이 동산에 있다는 응답은 확실히 받았지만 명 선생의 얼굴은 왜 성난 얼굴을 보여 주시는지 알 수 없었습니다."하니까, "글쎄요. 내게 대한 하나님의 진노이신지도 모르지요…"하고 예사스럽게 대답하시던 명 선생은 내가 강의하러 강당에 들어간 사이에 이삿짐을 꾸려 갖고 떠나버렸다. 강의를 마치고 나와 보니 어느새 방 안이 텅 비었고 명 선생 가족은 한 사람도 보이지 않았다.

섭섭하기 짝이 없었다. '이럴 수가, 이럴 수가…'하며 앞을 내다보았으나 아무런 자취도 보이지 않았다. 눈물겨웠다. 어디로 갔는지 모를 일이었다. 박 영수님은 아느냐고 물었더니 그도 모른다는 것이다. '아마 부산 쪽으로 가셨을 것입니다.'라는 교인이 한 분 있었을 뿐이었다.

그 후 소문에 의하면 어느 교회에서 전도사로 있다더니 그다음에는 상주읍교회(당시 고봉유목사 시무)의 전도사로 있었다. 그 후 부산으로 가셔서 어느 큰 교회 전도사로 있다가 삼랑진에서 멀지 않은 무척산 기도원(無尺山 祈禱院)을 개척하시고 원장으로 계시다가 여러 해 후에 작고하셨다. 깎아 세운 듯한 가파른 턱을 올라가서야 평지 같은 산상에 기도원이 우뚝 서 있어 이채로움을 나타내는 곳이란다. 한번 기어이 와 달라는 청을 받으면서도 시간을 내어 본다는 것이 결국은 가보지 못했다. 그의 생전에 가보지 못한 것이 늘 한스러울 뿐이다.

  그는 용문산에서 떠난 이후 용문산에는 몇 번 찾아와서 같이 산상에 올라가서 기도도 했다. 같이 기도하고 싶어서 왔다면서 박 영수님과 같이 셋이 올라가서 특별 기도를 하곤 하던 추억을 남겨 준 명 선생의 얼은 용문산에서 영원히 사라지지 않을 것이다.

V. 용문산에서 체험한 귀신 역사

1. 이공네 집에 들어온 귀신

용문산 초기 1947년인 듯하다. 초가삼간을 짓고 집 옆에는 맑은 물을 끌어내어 수채를 놓았다. 그 앞에는 못을 하나 만들었는데 그 수챗물이 그 못으로 들어가도록 되어 있었다. 그 못 한가운데는 작은 섬 하나를 쌓아 놓았고 그 주변에는 나무도 풀도 적당히 심었다. 그래서 물 흐르는 소리는 밤낮없이 계속 들렸다. 그 물소리가 나에게는 유일한 벗이었다. 밤에 자다가도 물소리가 안 나면 즉시 뛰어나가 물길을 수채로 끌어넣어 물소리가 나게 했다. 그 물소리가 안 나면 내 호흡이 끊어지는 듯 느껴졌다. 왜 그랬는지 모른다. 산중에 외로이 묻혀 있는 나에게 생수 교훈을 주시는 주님의 음성으로 받아들여지는 심령의 작용이었는지도 모른다.

"큰 날에 예수께서 서서 외쳐 가라사대 누구든지 목마르거든 내게로 와서 마시라 나를 믿는 자는 성경에 이름과 같이 그 배에서 생수의 강이 흘러나리다 하시니 이는 그를 믿는 자의 받을 성령을 가리켜 말씀하신 것이라."(요 7:37~39)는 이 진리를 내 심령 속에서 심어주시는 모습을 보여 주는 실물 교육이었는지도 모른다.

이런 나날을 보내며 성경과 기도로 살고 있던 그 시절, 어느 날 밤 옆집에 살고 있던 이공의 딸이 숨 가쁘게 와서 목멘 소리를 한다. 울면서 "선생님, 빨리 와 보세요. 우리 아기가 죽었어요."하고 발을 동동 구르고 있었다. 나는 기도하다가 놀랐다. 영문도 모르고 따라갔다.

부부가 죽은 아이를 앞에 놓고 울고 있었다. 그 눈물이 흘러 명석을 적시는 정도였다. 눈물이 얼마나 많이 흘렀으면 명석이 젖었을까? 말없이 울기만 하는 부부의 아픈 마음을 달랠 길이 없었다. 나인성 과부의 슬픔을 달랜 것은 그 죽은 아들을 살려준 것으로 가능했지만 그것은 주님께서만이 하실 수 있는 일이었거늘 이공의 외동아들을 살려줄 이는 아무도 없었다. 하나님과는 먼 거리에 있는 이였다.

그는 그해 정초 눈이 쌓여 있는 그 산골짝에 찾아 들어와서 먼저 산신령에게 제사를 드렸다는 것이다. 그 추운 겨울 눈 속에서 흘러나오는 샘물에 머리를 감고 수족을 씻고 부부가 한마음이 되어 정성껏 산신령 앞에 절을 몇 번이고 했다는 것이다. 산 밑의 도치랑 동네에서 최 씨 재실의 머슴살이를 하다가 쫓겨나서 갈 곳이 없어 산으로 들어와 움막집 한 칸을 짓고 살다가 그런 변을 당한 것이다.

2. 귀신에게 죽었던 아이

나는 그 죽은 아이의 시체에 손을 얹고 같이 울며 기도를 드렸다. 기도를 드리는 동안 그 싸늘해졌던 시체에 온기가 돌기 시작했다. 급기야 "으악"하고 우는 소리가 터져 나왔다. "주여, 감사합니다."하고 모두 눈을 떴다. 아이는 분명히 살아났다. 슬픔의 눈물은 변하여 감격의 눈물로 화했다. 그 엄마는 어린애를 껴안고 볼을 맞추며 어찌할 줄을 모른다. 그 엄마의 감격스러워하는 표정이나 그 아빠의 허둥지둥 놀라워하는 모습은 눈물겹도록 감격스러웠다.

죽었던 어린애는 완전히 회생하여 엄마의 젖꼭지에 매달릴 수 있었다. 그 엄마는 그때야 입을 열기 시작했다. 산으로 이사해 올라오던 그날 산신령께 산제를 드리고 난 후 그날 밤 산신령이 가보라고 해서 왔다면서 젊은 새신랑이 파란 두루마기를 입고 나타나더라는 것이다. 그 후에도 가끔 나타났다는 것이다. 아이가 죽던 그날 밤에는 그 아내인 듯한 젊은 여인도 어린애를 하나 데리고 같이 왔더란다.

방문을 열고 들어오려다가는 못 들어오고 무엇에 쫓기는 듯 겁에 질려서 들어서려다가는 또 못 들어오고 몇 번이나 그러더란다. 왜 못 들어오느냐고, 늘 오던 집인데 어서 들어오라고 권면을 했다는 것이다. "저 옆집에 큰 사자가 하나 있어서 으르릉 대고 있으니 무서워서 그런다."면서 도로 돌아가려는 것을 "옆집에는 기도하는 장로님이신데 뭐가 무서워, 어서 들어와요."하고 권면했더니 방 안으로 재빨리 화닥닥 들어가면서 하는 말이 "저 사사봉 꼭대기에는 더 큰 사자가 내려다보고 있는데 무서워서 어떻게 이런 데서 살고 있지?" "저 옆집 앞에 못이 좋아 보이기에 가보려 해도 저 사자가 무서워서 나는 그 가까이도 못 간다." 이렇게 그 남자가 늘어놓는 동안 옆에 있던 여자는 어린애만 그냥 보고 있더니 "이 애가 그 애지…"하고 아이 곁으로 오는 순간 갑자기 아이가 "악"소리를 치고 그냥 숨이 가버리더라는 것이다. 그러면서 그 어머니가 하는 말이 "아마 귀신들에게는 선생님이 사자로 보이는 모양이에요. 그리고 저 사사봉 꼭대기에 있다는 더 큰 사자란 누구인가요?"하고 묻는다. "하나님의 사자이지 누구이긴 누구야…"하고 그때 시간을 보니 새벽 2시가 넘었다. 이는 확실히 귀신의 짓임에 틀림없었다. 열두 시에서 두 시까지는 귀신의 시간이어서 귀신들이 발동하는 시간이란다.

미국 산호세에 있는 귀신의 집에서도 밤 12시에 강신실(降神室)에 모였다가 새벽 2시가 되면 급하게 돌아간다는 것이다. 그 귀신의 집은 '총의 왕'이라고 일컫는 윈체스타가 발명한 총을 제작 판매한 재산 2천만 불이나 되는 거금으로 귀신이 지으라는 대로 지은 집이다. 윈체스타가 만든 총에 맞아 죽은 사람들의 혼백들이 몰려들어 윈체스타 씨를 귀신 세계로 끌어가고 그 딸도 그랬고 젊은 부인도 끌어갈 것인데 귀신의 집을 지을 때까지는 안 데려간다는 조건으로 살아남아서 귀신의 지시대로 집을 지었다가 헐고 헐었다가 짓고 하기를 38년, 그래도 1백 80방은 남아 있는데 상공에서 보면 큰 부락이 형성된 여러 집 같으나 실제는 그것이 한 집이다. 집에다 집을 붙여 짓고 또 이어 지었기 때문이다. 귀신들은 굴뚝으로 들어오기도 하고 굴뚝으로 사라지기도 하기 때문에 굴뚝을 50개나 세워서 귀신들의 출입구를 준비해 주었다는 것이다. 그 귀신들이 발동하는 시간은 정확하게 밤 12시부터 새벽 2시까지라고 한다. 한국에서도 조상의 제사를 드릴 때에는 새벽 두 시 닭이 울기 전이라야지 닭이 울면 이미 귀신은 가버린다고 한다. 이렇게 한국의 귀신들도 꼭 같은 시간인 것을 보아서 귀신 시간은 세계적으로 공통된 것으로 해석된다.

3. 십자가에 못 박히는 시늉하던 귀신

1951년 늦은 봄인 듯하다. 1.4 후퇴 후 전쟁은 휴전상태로 휴전선상 판문점에서 휴전협정을 한다는 소문이 퍼져 들고 있을 뿐 아직 전쟁 분위기에서 벗어나지 못하고 있던 때였다. 그러던 어느 날 내 방문 앞에 누가 와서 "장로님 빨리 나와 보세요. 예수님을 십자가에 못 박고 있어요."라고 내뱉듯 한마디 하고는 급하게 달아나 버렸다. 십자가에 못 박는 광경을 놓치지 않고 보려는 심산일 것이다. 나도 이게 무슨 소리인가 싶어서 보던 성경을 그냥 놔두고 급히 그 뒤를 따라 기도실로 갔다. 기도실이라야 당시 '수련관'이란 간판이 걸려 있는 초라한 흙벽돌 기와집 동쪽 한 모퉁이였다(지금의 용문산 기념물 제2호). 그 한 편을 예배실로 쓰고 있던 때였다.

그 기도실 한복판에 뚱뚱한 젊은 여인이 대(大) 자로 반듯이 누워 있었다. 옷도 옳게 가누지 못하고 머리카락이 흐트러진 채 죽은 듯이 누워 있었고 그 주변에는 교인들이 둘러앉아 "주여, 주여…"하고 모두 무릎을 꿇고 엎드려 있었다. 그중에는 이진규 장로님(당시는 집사)도 "주여, 주여…"하고 무엇인가 구하고 있었다. 그리고 누워 있는 여인 옆에는 흰옷 한복 차림의 장대한 여인이 앉아서 땀을 뻘뻘 흘리며 손에 못을 박는 시늉을 힘들여 하고 있었다. 대자로 누워 있는 여인의 좌우 손과 발에 못을 박느라고 한 손에는 못을 잡고 한 손에는 함마를 잡은 듯이 빈주먹이지만 힘껏 친다. 즉 로마 병정 노릇을 하는 장대한 여인이 예수 역을 하고 누워 있는 젊은 여인의 손바닥에 자기 주먹을 놓고 자기 주먹으로 자기 주먹을 힘껏 못 박듯이 여러 차례 치고 또 친다. 칠 때마다 예수 역을 하는 여인은 얼굴을 찌푸리며 심히 괴롭다는 표정을 짓곤 했다. 그럴 때마다 그 주변에 꿇어앉았던 교인들은 모두 같이 괴로운 표정을 지으며 슬픈 음성으로 "주여, 주여…"하고 있었다. 나도 그 속에 끼여 "주여, 주여…"하며 기도했다. '이것이 참입니까? 거짓입니까? 성령의 역사입니까? 사단의 역사입니까? 하나님이여, 분별력을 주시옵소서. 올바로 인도할 수 있게 하옵소서. 사단의 역사라면 물리치게 하옵시고 성령의 역사라면 받아들이게 하옵소서…'하고 계속 그 모습을 바라보면서 속으로 기도하고 있었다. 별다른 진전이 없이 계속 못 박는 시늉이 반복되고 있더니 갑자기 누워 있던 여인에게서 방언이 한마디 터져 나왔다. 모두 긴장했다. 그런데 오히려 "모두 나가 줘야 계시가 있겠다고 합니다. 모두 나가 주시지요."하고 흰옷 입고 못 박던 여인이 통역을 한다. 모두 나갔다. 나는 그냥 자리를 지키고 앉아 있었다. 아무래도 의심스러웠기 때문이다.

'하나님의 지시라면 많은 사람들 앞에서 광포할 것이지 왜 아무도 없어야 할 것인가?' 하고 속으로 생각하는 동안 그는 다시 말한다. "장로님은 계셔도 됩니다."라고 내 속의 생각을 읽는 듯했다.

끝내 아무런 지시나 예언은 없었다. 누웠던 그 여인은 계면쩍다는 얼굴로 감히 머리를 못 들고 일어나 앉는다. 나는 그에게 "왜 아무런 계시가 없었나요?"라고 물었다. "글쎄, 저도 모르겠어요."하고 그 여인은 다소 불만스러운 표정이었다. "그 전에도 이런 일이 종종 있었나요?"하고 물으니까 그때 그 옆에서 로마 병정 역을 하던 여인이 대뜸 받아서 하는 말이 "그럼요. 이런 역사가 일어나면 누구든지 와서 물어보고 다 그 응답을 해주곤 했지요."라고 자랑스럽게 말한다. 결국은 내가 앉았기 때문에 말이 안 나왔다는 식의 말투였다.

4. 설교하고 귀신 그물에 덮치워

나는 그 자리에서 떠났다. 내 방으로 돌아가서 곰곰이 생각하며 하나하나 주님께 아뢰며 기도를 드렸다. 별다른 응답은 없었지만 이것이 성령의 역사가 아니고 마귀의 역사라고만 해석되었다. 정상적인 성령의 역사라고 생각하기에는 너무도 비성서적이었다. 오순절 성령의 역사 속에도 그런 행위는 찾아볼 수 없는 일이다.

나는 그날 저녁 예배시간에 설교를 하면서 그런 역사는 성경에 없는 역사라고 전제하고 이것은 사단의 역사임이 틀림없다고 그 이유를 하나하나 지적했다. 내가 생각해도 보통 설교는 아니었다. 힘 있게 전했는데 내 힘이 아니었다. 땀에 흠뻑 젖으면서 초인간적인 부르짖음이었다고 생각된다. 이는 분명히 성령의 나타남과 그 능력으로 전했다는 바울 사도의 말과 같은 역사였다(고전 2:4).

설교가 끝나면서 통성기도를 시켰더니 태산이라도 무너지는 것 같은 큰 폭음소리와 같은 함성이 터져 나왔다. 그러나 나는 엎드리는 순간 귀신의 그물에 덮쳐웠다. 꼼짝할 수 없도록 거미줄에 걸려든 날벌레같이 되어 버린 것 같았다. 점점 더 온몸이 그물에 얽히는 듯싶었다(욥 18:8~18). 신열은 감당 못 할 정도로 올랐다. 전신을 가눌 수 없어 그 자리에 쓰러졌다. 옆에 앉았던 누군가가 와서 "장로님 왜 이러십니까?"하고 부축을 했으나 일어나지도 못하고 오한증이 극심하여 온 전신이 떨렸다.

"왜 이러십니까? 왜 이러십니까?"하며 한 사람 두 사람 모여들어 그렇게 야단스럽게도 드리던 기도도 중단되고 모두가 나에게 몰려들었다.

설교를 하고 나서 즉석에서 있었던 일인지라 교인들이 놀라지 않을 수가 없었다. 그러나 십자가에 못 박히는 예수의 고난을 재연하는 것은 십자가 앞으로 더 가까이 나가게 하는 성령의 역사라고만 알고 있던 교인들에게 그것은 사탄의 역사라고 때려 부수고 당하는 증세니 누가 놀라지 않을 수 있었으랴?

성신을 훼방하다가 당하는 일이라고 수군거리는 소리가 삽시간에 퍼져 들어 모두 그렇게 단정을 내렸다. 나는 성신 훼방 죄를 짓고 즉 벌을 받은 사람으로 인증을 받으며 어느 교인의 등에 업혀 내 방으로 들어와서 누웠다. 오한증은 점점 더하고 신열은 극도로 올라서 이불을 겹겹이 덮어도 별수가 없었다.

"어서 회개하시오." "장로님 회개해야 해요." "회개해요!" "신을 그렇게 때렸으니 왜 하나님의 진노가 없겠어요?" "어서 회개해요." 집사, 장로 모두 회개하라는 소리뿐이다.

5. 귀신 군대에게 습격당해

그때 내가 거처하고 있는 방은 첫 집(현 용문산 기념물 1호) 동쪽 방이었다. 누가 그 방으로 업어다 눕혔는지 눕힌 대로 거꾸로 누워 있었다. 남쪽 문 앞으로 머리를 두고 자는 것이 상례였는데 북쪽 구석으로 머리를 두고 10일간이나 꼼짝 못 하고 거꾸로 누워 있었다. 먹지도 마시지도 못 하고 변소 출입도 한 것 같지 않다. 어떻든 자의식이 없었던 것 같다. 그렇다고 수종 들어 주는 사람도 없었다. 그때 가족은 아천에 있었고 나 혼자 입산하여 기도 생활을 하던 시절이었다. 정신없이 쓰러져 있으면서도 집사님들이 연거푸 들어와서 회개하라고 책망하듯 다그치는 것이 귀찮기만 했다.

정신은 몽롱했지만 비몽사몽간에 무덤(분묘) 두 장이 눈앞에 나타나면서 '네가 이렇게 두 번 죽어야 할 것이다.'라는 암시 같은 느낌이 왔다. 그 묵시대로 나는 10일 동안에 두 번이나 죽었다가 살아났다. 그렇게 죽었을 때에 귀신들의 세계를 보았는데 그 세계가 어디 다른 곳에 있는 것도 아니고 지금의 현실 이 세상 그대로였다. 사람들도 그대로였고 환경이나 시설 등 모두가 그대로였다. 살아 있는 사람들은 다 알아볼 수 있는데 말이 통하지 않는 것이 다르다. 영혼 세계에서 아무리 말을 해도 세상 사람들은 몰라본다. 그 대신 죽은 사람들끼리는 얼마든지 말이 통한다. 싸움도 하고 때리기도 하고 웃기도 하고 반가워도 한다. 생존세계와 하등 다를 바가 없었다.

용문산에서 마주 바라보이는 내남산에 황폐한 공동묘지가 있었다. 거기에 있던 귀신들이 용문산 시설이 번창하고 있는 것과 기도 소리가 높아가고 있는 것을 몹시 싫어하는 것으로 보였다. 그 어느 날이었다. 내남산 귀신인지도 모를 귀신들이 용문산으로 몰려오고 있었다. 분노에 찬 귀신들이 떼를 지어 습격해 오는 것이다. 골짜기가 꽉 차서 급하게 "악"소리를 지르며 올라오고 있었다.

누가 알려 주어서 알게 된 숫자인지는 몰라도 약 3백 명이나 되는 귀신군대가 용문산을 점령하려고 습격해 온다는 것이다. 용문산에서 내려다보고 있던 성도들은 모두 겁에 질려 어찌할 줄을 몰랐다. 그 귀신군대가 입은 옷은 불그스레한 옷이기는 하나 심히 낡아서 눌눌한 모습이었다. 그런 것들이 기세 당당하게 습격해 올라오는데 급한 속도였다. 용문산에 있던 모든 식구들은 급하게 도망을 치기 시작하더니 어느 사이에 삼선봉 쪽으로 자취를 감추었다. 그중에는 마지막까지 있다가 결국은 도망을 치는 금(琴) 장로가 보였고 그다음은 박민어 장로(당시는 영수)까지 도망을 친다. 그는 도망을 치면서도 지금의 에스더료 옆에 있던 양지바른 무덤 옆에서 나를 돌아보면서 빨리 오라는 눈치였다. 나는 '어떡하지?' 하면서도 나 혼자 외로이 남아 있었다.

6. 마귀 권세 이긴 성령 역사

그때에 주님인 듯한 분이 "혼자서 이겨 내기는 좀 어려울 터인데…"하고 애처롭게 여기는 인자스러운 음성이 들렸다. 그러나 형상은 보이지 않았다. 그때는 벌써 3백 명 귀신 떼가 들이닥쳤다. 들이닥쳤다고 느끼는 그 순간 나는 어느덧 또다시 죽었다. 즉 영혼 세계에서 죽은 것이다. 암흑 속으로 빠지는 것 같았다. 그 순간이 세상으로 다시 살아나는 찰나였다. 나는 벌떡 일어나면서 "사탄아 물러가라!"하고 힘 있게 외치며 "주는 나를 돕는 자시니 내가 무서워 아니 하겠노라 사람이 내게 어찌하리요."(히 13:6)라는 성경 말씀이 내 입에서 터져 나왔다. 그때 주변에 앉았던 집사님들이 질겁을 하여 모두 도망쳐 나갔다. 죽은 것 같았던 사람이 갑자기 일어나면서 큰소리를 치니까 질겁하지 않을 수 없었다.

나는 나대로 정신을 가다듬고 자초지종을 생각하고 있었다. 그때에 내가 가장 신임하고 있던 집사 한 분이 다시 들어왔다. 들어와 앉으면서부터 방언이 터져 나오더니 통변 같은 말이 힘들게 목이 메어 나온다. "너, 너, 와, 와, 와 그래, 와 그래, 와와, 와 그그래…"라고 이중 어구에 더듬는 어조로 듣기 거북한 방언이었다.

나는 가만히 듣고 앉았다가 "사탄아, 물러가라!"고 고함을 쳤다. 그는 그 즉시 그 자리에 엎드러지면서 기운 없이 입을 열었다. 그렇게 당당하게 들어와서 정면으로 마주 앉아 책망하듯 하던 자세는 어디로 사라졌는지 꼼짝도 못 하고 엎드러져 흐느낀다. 마귀가 나가는 순간이었다. 귀신들이 나를 거꾸러뜨리고 온 동산을 마음대로 휘두르려다가 성령께서 내게 강하게 임하여 호령을 하게 되니까 귀신들은 자취를 감추게 된 것이다. 그녀는 얼마쯤 엎드러진 채 흐느끼더니 일어나 머리를 들며 "나는 어떻게 해야 합니까?" "나를 주관하던 신이 성신이 아니고 마귀였다면 이를 어떻게 하지요?" "무엇을 어떻게 해요. 물리치고 다시는 용납을 안 해야지요."

밖에서 듣고 있던 여러 교우들도 모두 방 안으로 들어왔다.

내 주는 강한 성이요, 방패와 병기되시니/큰 환난에서 우리를 구하여 내시리로다/옛 원수 마귀는 이때에 힘을 써 궤휼과 권세로/제군을 삼으니 천하에 적수 없도다.

내 힘만 의지할 터면 패할 수밖에 없도다/힘 있는 장수 나와서 날 대신하여 싸우네/이 장수 누구뇨 주 예수 그리스도 곧 만유 주로다/당할 자 누구뇨 불가불 이기리로다.

이 찬송을 힘 있게 불렀다. 얼마나 실감 나는 찬송이던가? 어디서 그 힘이 났던지 10일 간이나 죽어서 살던 그 몸의 새 생기는 하나님께서 부어 준 생기가 아니고야 어찌 그럴 수 있었으랴. 온 교우들과 같이 박수를 치며 힘 있게 불렀다. 성령은 충만했고 사단은 멀리 물러갔다.

그때부터 성신을 가장하고 어리석은 교우들의 심령을 점령하고 역사하던 사단을 완전히 물리치고 진정한 성령이 온 동산을 점령했다. 그때부터 성경을 기준으로 한 성령 운동이 전국적으로 전개되었다.

7. 길길이 뛰어오르는 귀신

용문산 성령 운동의 초기 50년대에는 귀신 역사도 종종 일어나고 있었다. 성령의 역사가 강하면 강할수록 마귀의 역사도 강했다.

한동안 구 석조본관 앞마당에 천막을 치고 집회를 하던 때가 있었다. 그때의 열심은 보통이 아니었다. 찬송을 부를 때에는 열심히 북받쳐 박수를 안 칠 수 없었고 곡조는 저절로 빨라져서 더 이상 빨리 부를 수가 없게 되면 저절로 "주여…" 소리가 터져 나오면서 통성 기도가 되곤 했다. 찬송할 때에는 앉아서 뛰기도 하거니와 일어나서 뛰는 사람도 많았다.

기도할 때에는 일어나 뛰는 사람은 없어도 앉아서 뛰는 이들도 많았다. 앉아서 뛴다는 것은 자기 스스로는 도저히 안 되는 일이다. 몸뚱어리가 앉은 대로 뛰어오르는데 인력이나 제주로는 도저히 불가능한 일이다. 성신의 역사거나 마귀의 역사거나 신의 역사임에는 틀림이 없다. 그때 뛰는 사람들 중에는 독특하게 높이 뛰는 사람이 한 사람 있었다. 30대의 청년으로서 이는 앉아서도 뛰거니와 찬송을 부를 때에는 일어나서 천막 천정에 닿도록 뛴다. 입은 딱 다물고 찬송도 부르지 않고 전체가 부르는 찬송 곡조에 맞추어 뛴다. 빠르게 부르면 빠르게 뛰고 느리게 부르면 느리게 뛴다.

교인들은 모두 신기하게 볼 뿐 아니라 성신이 충만한 사람이라고 모두 흠모하기에 이르렀다. 교인들이 그 사람에게 완전히 빠지게 된 이유는 그것만이 아니었다. 그보다도 더 신기한 일은 강사가 나오기도 전에 "이 시간에는 누가 나오는데 성경 몇 장 몇 절을 볼 것이다."라고 예언하면 그대로라는 데서 더욱 교인들은 감탄했다.

그때는 순서도 없이 일정한 강사를 정해 놓은 것도 아니고 명 선생, 금 장로, 박 영수, 나 장로, 아무나 하고 싶은 이가 나가서 설교를 하곤 했다. 그런데 그중에 누가 나오리라는 것을 아는 것도 신기했지만 성경 몇 장 몇 절을 보게 된다는 것을 어떻게 알 수 있겠느냐는 것이 모두의 관심이었다. 그러나 한 가지는 몰랐다. 다른 사람들의 성경 장 절은 다 알면서도 나 장로가 나와서 보게 될 성경 장 절은 전혀 몰랐다는 것이다. 이상하다면서도 모두 수군거리기 시작했다.

결국은 그 연유를 나한테 묻는 이가 있었다. "모르는 것이 이상한 것이 아니고 아는 것이 이상한 일이다."라고 나는 대답해 주고 하나님 앞에 기도했다. 마귀의 역사인지 성령의 역사인지를 분별할 수 있게 해달라는 기도였다(고전 12:10). 영 분별의 은사가 오면서 그에게 임한 신은 성신이 아니고 귀신의 역사임을 알 수 있었다. 내가 보게 될 성경 장 절을 모르는 이유도 알 수 있었다. 다른 사람은 증거 할 성경 장 절을 미리 준비하고 나가기 때문에 귀신이 와서 보고 알지만 나는 미리 정하지 않고 기도만 하고 나가기 때문에 아무리 귀신이라도 알 수 없었다. 단에 나가서 기도하는 동안 성령이 인도하는 대로 성경을 봉독했기 때문이었다.

8. 천사를 가장한 귀신

그런고로 그 사람에게 붙은 신은 성령이 아니라고 나는 단정을 내렸다. 그러나 모든 사람은 그 앞에 엎드려 기도 받기를 원하고 그는 당당하게 선지자 행세를 하는 판국이었다.

어느 날 나는 그에게 천사를 가장하고 나타난 귀신이 접했다고 경고를 하고 교인들에게도 조심하라고 일러주고 가족이 살고 있는 아천 과수원으로 내려갔다. 저녁을 먹고 가족들이 모여 앉아 예배를 드리고 있노라니까 밖에서 과수원을 지키고 있던 개가 몹시 짖고 있었다. 보통으로 짖는 것이 아니었다. 먼데도 아니고 집 앞 길목에서 짖는 소리였다. 예배를 급히 마치고 밖으로 나가 보았다. 개는 나무를 쌓아 놓은 나무 더미를 향해 갔다가 주인이 나가니까 기세당당하게 나무 더미 옆으로 다가가면서 짖는다. 나는 조심스럽게 주변을 살피면서 개를 따라갔다. 갑자기 나무 더미 속에서 허수아비 같은 것이 화닥닥 튀어나오면서 길길이 뛰는데 질겁을 하여 "주여…!" 소리가 저절로 터져 나왔다. 점점 앞으로 다가오면서 두 팔을 활짝 벌리고 모둠발로 뛰어오르는데 십자가형으로 나를 덮칠 듯이 달려든다. 내 키를 넘을 듯이 높이 뛰어오르기를 몇 번이나 거듭하면서 모둠발로 다가오는 것이었다. 처음에는 소름이 끼쳤으나 나는 나대로 점점 담대해지면서 "사탄아, 물러가거라!"라고 고함을 쳤다. 상상 밖에 그는 쉽게 내 앞에 엎드리며 무릎을 꿇었다. 그렇게 당당하게 길길이 뛰어오르며 덮칠 듯이 달려들던 그가 갑자기 땅바닥에 엎드러지면서 절을 한다는 것은 이 또한 놀라지 않을 수 없는 일이다. "이게 무어냐?"라고 나는 억지로 고함을 쳤다. 그는 벌떡 또다시 일어서면서 "나는 강원도 금강산에서 10년 동안 수도를 하고 ○○산으로 ××산으로 다녀서 용문산까지 왔다가 이곳까지 찾아왔습니다."라고 자기소개를 한다. "네 이름이 뭐냐?" 하니까 "저를 모르시겠습니까? 상제님께서 보낸 사자이거늘 저를 몰라보다니요?"라고 늘어놓는다. "상제님께서 보냈다고?" "네, 그렇습니다. 하나님께서 보내신 사자 올시다." 그는 천연스럽게 대답을 한다. 얼굴도 알아볼 수 없이 어두움이 짙어지고 있는 밤중이었다.

나는 그를 방 안으로 데리고 들어갔다. 들어가서 보니 그는 용문산 집회에서 길길이 뛰다가 나에게 마귀 역사라고 지적을 받은 그였다. 그는 항거하러 나를 찾아온 것으로 보였다.

여기에 어떻게 알고 이 밤중에 찾아왔느냐고 물었더니 성신이 인도해서 왔다는 것이다. 무엇하러 왔느냐고 물었더니 당신이 성신을 모르고 함부로 말하기에 가르쳐 주라는 명령을 받고 왔다는 것이다. 상제님이라고 하는 것부터가 성령이 아니지 않느냐고 하니까 하나님이 상제님이지 누가 상제님이냐고 대든다.

하기는 한문으로 하나님을 상제라고도 했으니까 그 말을 가지고 탓하기보다는 그 행위가 귀신임이 틀림없었기에 "네 이놈, 하나님 두려운 줄을 모르느냐?"라고 큰 목소리로 호령을 했다. "함부로 날뛰다가는 하나님의 징벌을 면치 못할 것이다."라고 하여 대들고 있는 그 기세를 우선 꺾어 놓았다. 머리는 숙이면서도 귀신은 나가지 않는다. 오히려 점점 더 고착되고 있었다.

9. 귀신은 어떻게 해야 나가나?

"네게 들린 신은 귀신이지 성신이 아니니까 거부하라."고 그 사람에게 일러주니까 머리를 좌우로 흔들기 시작하는데 얼마나 빨리 흔드는지 보기만 해도 어지러웠다. "그러면 네게 붙은 신이 귀신이 아니고 성신이란 말이냐?"하고 물었더니 "이제야 알겠습니까?"하고 반갑게 웃으며 흔들던 머리도 멈추었다.

"사탄아, 물러가거라!"라고 호령을 했지만 역시 나가지는 않고 머리만 또 좌우로 흔들기 시작한다. 멈출 줄도 모르고 그냥 흔드는데 그 속도는 점점 더 빨라질 뿐이다. 머리 두개골 속의 뇌와 신경과 혈관이 모두 범벅이 될 것 같았고 뇌진탕이라도 생겨 쓰러질 것 같기도 했다. 보기만 해도 내 머리가 어지러워서 나는 눈을 꼭 감고 '주여… 불쌍히 여기소서. 귀신에게 사로잡혀 이처럼 헤어나지 못하고 있나이다. 주의 이름으로 당장에 이 귀신을 내쫓고 온전한 정신으로 돌아오게 하소서.' 기도를 드리고 성경을 펴들었다. 그러자 흔들던 짓은 멈췄지만 귀신은 나가지 않았다. 나는 성경을 읽어주면서 따라 읽으라고 했다. 그러나 따라 읽으려고도 않는다. 아무리 따라 읽으라고 호령을 해도 입을 꼭 다물고 응하지 않았다. 그래도 따라 읽으라고 강요하면 또 역시 머리를 좌우로 흔들기 시작한다. "이토록 성경을 싫어하는 것이 곧 성신이 아닌 증거다."라고 하니까 그때에는 좀 더 강하게 머리를 도리도리하며 벌떡 일어서 문밖으로 나가려고 한다. 억지로 붙잡고 앉아 "그럼 네게 붙은 신이 성신이란 말이냐?"하니까, 그때에는 또다시 웃으면서 "이제야 알겠습니까?"하고 입을 열었다. 이러기를 몇 번이나 반복했다.

바울은 점하는 귀신들인 여종을 만나 여러 날 귀찮게 찾아오니까 그 귀신에게 이르기를, "예수 그리스도의 이름으로 내가 네게 명하노니 그에게서 나오라."(행 16:18)하니 그 즉시 귀신이 나왔는데 나는 여기 이르지 못하고 있음을 개탄하고 하나님께 다시 기도했다.

기도 중에 깨달음이 오는데 내 능력으로 그 사람을 상대하며 귀신을 내쫓으려니까 안 되는 것이고 그리스도의 이름으로 귀신에게 직접 명령을 해야 한다는 것이다.

그 즉시 나는 정면으로 그를 바라보며 "예수 그리스도의 이름으로 명하노니, 귀신아, 너는 그에게서 나오라."고 귀신을 상대로 엄하게 명했다. 그 즉시 그는 겁에 질려 울먹이며 앉았던 자리에서 펄썩 거꾸러진다. 거품을 물고 그 자리에서 그냥 잠들고 말았다. 귀신은 나갔다. 분명히 나갔다. 귀신의 기운으로 그 육체가 먹지도 않고 그 시간까지 지탱해 오다가 귀신이 나가니까 기운이 하나도 없이 쓰려지고 말았다.

10. 귀신 역사 더 많아질 터

그때 나로서 확실하게 깨달은 것이 있다면 내가 그 사람을 상대로 했다는 것이 잘못이었다는 것이다. 예수 그리스도의 이름으로 귀신을 상대했을 때에 비로소 귀신이 나가게 된 것이다.

"심지어 사람들이 바울의 몸에서 손수건이나 앞치마를 가져다가 병든 사람에게 얹으면 그 병이 떠나고 악귀도 나가더라."고 했는데 바울의 앞치마만도 못한 자신임을 새삼스럽게 느꼈다(행 19:12). 하지만 그 앞치마가 행한 것이 아니고 하나님께서 바울의 앞치마를 사용해서 그런 희한한 능력을 나타낸 것이지 앞치마 자체의 능력이거나 바울의 자력으로 그렇게 한 것은 아니라고 해석하면서 억지로 자위를 얻었다. 이번에도 하나님께서 나를 써서 귀신을 나가게 하신 것이지 내가 나가게 한 것은 아니었다는 것을 알 만했다. 나 같은 것을 이처럼 써주신 것이 감사했을 뿐이다.

예수의 이름을 빙자하여 귀신을 나가라고 하다가 스게와라는 제사장의 아들이 귀신에게 봉변을 당한 일도 있다.

예수도 내가 알고 바울도 내가 알거니와 너희는 누구냐고 하며 악귀 들린 사람이 뛰어올라 억제하여 이기니 저희가 상하여 벗은 몸으로 그 집에서 도망을 하였다는 사실도 있다(행 19:13~16).

즉 주의 이름을 망령되이 일컬어 시험적으로 악귀 들린 사람을 상대로 하다가 그 같은 봉변을 당한 것이다. 이는 곧 첫째로 제3계명을 어긴 것이고, 둘째는 같은 죄인의 입장에서 명령했다는 것이고, 셋째는 시험적이었다는 거짓으로 대했다는 것 등이 잘못된 점이다.

진실 앞에 거짓이 항복하는 법이지 거짓 앞에 거짓이 항복할 리가 없었다. 더구나 하나님의 계명을 어기는 탈선행위에는 승리가 있을 리 없었다. 나는 이런 점을 깨달으면서 귀신에게 사로잡혀 시달림을 받는 많은 정신환자들과 성신 받는다고 애쓰던 많은 성도들의 잘못되는 경우를 생각하지 않을 수 없었다.

아무래도 앞으로는 점점 더 많아질 수밖에 없는 이 같은 상황에서 귀신 세계와의 직접적 접촉이 항시 있어야 할 처지이므로 이에 대비책이 있어야 할 것이 아니겠는가? 이것이 한국교회의 당면 과제인 동시에 성령 운동을 하는 기도원 당국자들의 책임이 아닐 수 없다고 느껴졌다.

그 역시 귀신이 나간 것은 새벽 두 시였다. 그는 그때부터 실컷 자고 아침에 일어나더니 두리번거리며 몹시 부끄러워하는 태도였다. 실례가 많았다면서 자리를 피해 나가려고 한다. 나는 그를 아무 일도 없었던 것같이 예사스럽게 대해 주면서 식사나 하고 가라고 권면했다. 그는 자기에 관한 이야기를 듣고 싶어 하면서도 듣기를 두려워하는 눈치였다. 예배를 드리는 동안 그는 몹시 송구해하는 태도였다. 그는 찬송도 옳게 못 불렀다. 그 후 그는 산에 올라와서도 나를 만나기가 부끄러워서 피하곤 했다.

VI. 승리의 길로 인도하는 성령

1. 삼겹줄 전도 운동

나는 그때 옥중에서 기도 중에 받은 것이 있었다. 즉 삼겹줄 전도 운동을 전개해야 한다는 것이었다. 전도서 4장 12절에 "한 사람이면 패하거니와 두 사람이면 능히 당하나니 삼겹줄은 쉽게 끊어지지 아니하니라."는 말씀이 있다. 이 말씀을 근거로 하여 부흥전도, 문서전도, 기도전도의 삼겹줄 전도단을 구성하게 된 것이다.

앞으로도 강한 반대세력이 아무리 강하게 몰아친다 해도 이 삼겹줄 전도야말로 끊어지지 않는다는 확신이 왔다. 성령의 감동으로 주어진 확신임에 틀림없다.

옛날 선지자들도 처음에는 기도했고, 기도해서 받은 것을 입으로 증거 했고, 그것을 글로 써서 전했다. 이것은 하나님께서 그렇게 명하셨기 때문이었다.(계 1:11, 19, 사 30:8, 합 2:).

그때에 '기도 없는 전도는 실탄 없는 공포다.'라는 영음을 듣고 먼저 기도로 시작했다.

기도 없는 전도는 실탄 없는 공포라고 알고 나서는 이마에 땀이 흐르기까지 눈에 눈물이 나올 때까지 기도를 하고 나서야 전도를 떠나게 되었다.

선민 이스라엘 백성이 하나님을 떠나서 패역된 길로 나갈 때에 하나님은 에스겔에게 나타나셔서 이르시기를 "인자야 내가 네게 이를 모든 말을 너는 마음으로 받으며 귀로 듣고 사로잡힌 네 민족에게로 가서 그들이 듣든지 아니 듣든지 그들에게 고하여 이르기를 주 여호와의 말씀이 이러하시다 하라."(겔 3:10, 11)고 명하셨다.

이 같은 말씀은 이사야에게도 예레미야에게도 또 다른 선지자들에게도 임하신 말씀이시다. 그때에도 오늘에도 그 누구에게도 임할 수 있는 말씀이시다.

실상 이 명령의 말씀은 한국 땅 용문산 산상에 타오르는 성령의 불길 속에서도 들려오는 말씀이시었다.

그때에 '나를 보내소서, 나를 보내소서.'하며 '내가 여기 있나이다.' 하고 나서는 젊은 이들이 여기저기 일어났다(사 6:9).

2. 하늘에서 들려온 나팔 소리

6.25 전란으로 인해 소돔과 고모라같이 되어버린 땅에서 피비린내가 진동하고 총포 소리가 요란한 가운데서 불붙는 화염이 하늘에 치솟고 있을 때에 그 불더미 속에서 빼어낸 나무 조각같이 된 이 백성이었다(암 4:11).

그러나 이 백성은 하나님 앞으로 돌아올 줄을 모르고 잠들어 있었으니 이들의 잠을 깨우라시는 하나님의 긴급명령이라도 내린 것 같은 긴박감을 느끼며 1955년 저물어가는 12월 16일~25일 특히 크리스마스 절기에 '긴급 기도회'라는 이름으로 제22기 수련회가 용문산에서 열렸다.

교회로서는 가장 바쁜 성탄 절기에 긴급 집회가 열리게 되었으니 뜻 있는 성도들이 긴장된 모습으로 천국에서 모여들었다.

6.25 동란에 시달려 지친 백성들로서 잠에 취한 듯이 정신을 못 차리고 시대를 분별치 못하고 있던 시절이었다(마 16:3). 그러나 치시고도 싸매어 주시는 하나님의 자비가 이 백성에게 임한 것이다(호 6:1).

아직 암흑에서 깨어날 줄을 모르는 백성을 위해 기도할 수 있는 기회를 갖게 하신 하나님의 특별하신 섭리가 내재한 집회였다.

산상에 엎드려 애절하게 부르짖는 성도들의 기도 소리는 땅에 떨어지지 않았다. 성령이 말할 수 없는 탄식으로 우리를 위해 간구해 주신 고로 우리의 기도는 하나님께 상달되었다. 하늘의 천군 천사들이 나팔 소리로 우리의 기도 소리에 화답하고 있었음이 드러나게 들렸다.

집회 마지막 무렵 크리스마스를 며칠 앞두고 그 어느 날 밤하늘에서 나팔 소리가 들려왔다. 이 기이한 하늘의 소리, 천사들의 나팔 소리는 청아하게 들려 정적에 잠긴 밤하늘을 울리고 있었다. 이것이 참인가? 나 혼자만이 내 생각으로 듣는 소리인가? 궁금했다. 잠자던 시간이었던 고로 누구나 다 들을 수 없었던 일이다.

나는 새벽 기도회 시간에 공개 문의를 했다. "지난밤 자정이 지나서 하늘에서 청아하게 들려오던 기이한 소리를 들은 분들이 혹시 있습니까?"라고 물었더니 "나팔 소리를 들었습니다." "나도 들었습니다." "나도 나팔 소리를 들었습니다."라고 수십 명이 손을 들고 나섰다. 이구동성으로 나팔 소리를 들었다는 데야 이 어찌 이것을 헛소리로 들어 넘길 수 있으랴. 이것은 필시 잠에 취해 있는 한민족을 깨워 주는 기상나팔 소리가 아니겠느냐는 풀이에 모두 공명하여 이 백성의 잠을 깨우러 나가는 기드온의 나팔대가 출동해야 한다면서 너도나도 자진해서 나팔을 헌납하기 시작했다. 나팔이 20여 개에 제금도 소고도 대고

도 생겨서 당장에 25인조 관악대가 탄생하게 되었다.

전국을 순회하려면 자동차도 천막도 있어야 한다고 자동차(트럭)도 두 대나 나오고 천막도 나도 한 장, 너도 한 장하고 충분한 양이 생겼다.

이것은 집회가 끝나는 대로 즉시 현금을 가져 왔으므로 악기도 그 즉시 준비할 수 있었고 악대원도 성경 학생들을 중심으로 그 즉시 조직되어 순회 전도를 불과 10여 일 앞두고 나팔 불기 연습을 맹렬히 하였다. 그렇게 해서 1956년 1월 초에 드디어 진리의 봉화를 높이 들고 생명의 나팔을 힘있게 불면서 제1회 전국순회 삼겹줄 전도운동은 전개되었다.

3. 고난 속 승리의 길

두 대의 자동차에는 플래카드를 달고 한 대는 선발대가 천막을 싣고 한 대는 악대원들이 나팔을 불며 산골짝을 빠져나갔다. 이 같은 거창한 차림으로 전도대가 출동하게 되었다는 것은 누가 보아도 그 당시로는 기적적인 역사였다.

"의기양양하여 선발대는,
우리는 십자가 군병이로다.
나아가자 싸움터로 어서 나가자
하나님의 명령받은 정병들이니
용감하게 돌진하자 적진 속으로
십자군 생명의 용사들이여
가슴속 생명탄 굳게 품고서
힘차게 싸우며 나가세
이 강토에 사랑 나라 이룰 때까지."

힘차게 전도대 노래를 부르며 주먹 장단을 치며 나가는 모습도 장했거니와 뒤를 따라 우렁찬 나팔 소리가 울려 퍼지며 달리는 자동차의 모습 또한 자랑스럽기만 했다. 이렇게 나팔 소리는 한반도 금수강산을 누비며 메아리쳤다.

그때부터 "옳다. 예수 자랑이 전도로구나."(갈 6:14, 고전 2:2) 하고 예수 자랑 전국자랑이 우리의 전도였다(시 44:8).

입으로 자랑하고 글로 자랑하며 이것이 곧 부흥전도요 문서전도임을 알고 "누구든지 나와 내 말을 부끄러워하면 인자도 자기와 아버지와 거룩한 천사들의 영광으로 올 때에 그 사람을 부끄러워하리라."(눅 9:26)는 예수님의 말씀을 기억하고 노방에서 장터에서 어디서나 부끄러움 없이 예수 자랑을 마음껏 하고 문서 전도지를 한 장 한 장 돌려주며 전진했다. 가는 곳곳마다 성령은 역사하셨다.

노방에서도 방 안에서도 성령은 역사하여 말씀을 증거할 때마다 바울같이 지혜의 권하는 말로 하지 아니하고 다만 성령의 나타남과 능력으로 하였다(고전 2:4).

"어느 동리에 들어가든지 너희를 영접하거든 너희 앞에 차려놓은 것을 먹고 거기 있는 병자들을 고치고 또 말하기를 하나님의 나라가 너희에게 가까이 왔다 하라."(눅 10:8~9)고 하신 주님의 분부대로 장터나 길가 어디에서나 노방에서라도 전도를 하고 나면 누가 와서 점심을 대접하든지 사양 없이 먹었다. 그리고 기도하면 병자들도 낫고 성경 말씀 그대로 성령이 동반해 주시는 증거가 확실했다.

그래서 이르는 곳곳마다 고난 속에서도 승리에 승리를 거두었다.

4. 천막 치던 대원 떨어져

가장 추운 소한, 대한, 입춘 절기에 순회를 하게 되어 산천에 눈이 쌓이고 눈보라는 몰아치는데 대원들은 꽁꽁 얼어붙은 땅을 파헤치고 거기에 기둥을 세우고 천막을 덮어야 했다.

대구~부산~광주~대전~청주 집회를 은혜롭게 무사히 마치고 춘천에 갔을 때의 일이다.

눈은 쌓였고 땅은 얼어붙어 곡괭이가 튀어나고 도저히 땅을 팔 수가 없었다. 불을 놓아 녹이고 물을 데워 붓기도 하면서 간신히 기둥을 세우고 대마루를 올려 새끼로 묶고 속가래도 걸치고 천막도 덮어야 하는데 바람이 몹시 불어 꼭대기에 올라가 일하던 대원 하나가 바람에 날려 떨어졌다. 7미터도 더 되는 높이였다. 그 얼어붙은 굳은 땅에 떨어졌으니 속절없이 일을 당하는 줄만 알았다.

꼼짝 못 하고 쓰러진 그를 대원들이 모두 붙잡고 울고 있었다. 내가 뛰어나갔어도 별수 없었다. 같이 손을 얹고 기도하며 하나님께 맡길 수밖에 없었다. 하나님께서 불쌍히 보시고 긍휼을 베푸사 곧 일어나서 같이 행동할 수 있는 기적적인 역사가 있었다.

집회 벽두에 이 같은 시험이 컸던 것만큼 그때 그 집회의 은혜 역사가 보통이 아니었다.

그 추운 눈 속의 천막에서 성령의 불이 떨어지니까 온 장내가 뒤집히는 것 같았고 통성 기도 소리에 회개의 울음소리와 방언이 터져 나오는 소리, 급한 바람 소리와 같은 사도 시대의 오순절 다락방을 방불케 했다.

이렇게 말씀을 중심한 회개와 중생을 목적으로 하는 심령부흥운동은 전국적으로 확대되고 있었다.

열흘밖에 연습을 못하고 떠난 악대원들이지만 전국을 순회하고 한국의 수도 서울 중심에까지 도달했으니 다른 데보다는 더 은혜롭게 나팔을 불어야 한다고 해서 입술이 부르트도록 불었다. 시간이 끝나면 엎드려 기도하는 것이 이들의 주 임무였다. 성심성의를 다해 기도하고 거리거리를 누비며 불던 악대원들의 노고 또한 컸다.

전단지를 군데군데 뿌리며 가다가 중요지에서는 차를 멈추고 한참씩 외치고 떠난다. 온 시내에는 붉은 포스터가 안 붙은 곳이 없이 만여 장이 나붙어 있었다. 지금은 포스터도 가두 소음도 제재가 되지만 그 당시는 경찰국 허가만 받으면 얼마든지 할 수 있었다.

집회 장소에는 시간 전부터 성도들이 모여들기 시작하여 입추의 여지가 없이 차고 넘쳐 천막 밖에까지 앉기 때문에 천막 지붕만 덩실 올라 있고 옆의 막이는 걷어 올려야 했다.

5. 기드온 신학교 생겨

그런데 문제는 신비 역사에 수반되는 부작용이었다. 신비 체험도 귀했지만 자칫하면 신비주의에 흐르는 경향이 문제였다. 그리하여 살림하던 가정주부가 가정을 버리는 일이 있는가 하면, 공부하던 학생이 학업을 버리기도 하고, 사업하는 호주가 사업을 버리기까지 하며 산으로 따라와 묻히는 경향이 있기도 했다.

물론 특수한 경우 사명감에 불붙어 주의 종으로 불림을 받아 그럴 수도 있겠지만 일시적인 감정에서 잘 못 되는 경우도 없지 않았다.

은혜를 받았다면서 정상적인 성경 말씀을 토대로 하지 않고 점술 신앙으로 떨어지는 경향이 많았고, 병을 고친다 하여 비비고 때리고 하여 상처를 내기까지 하는 일들이 여기저기서 일어나는 데는 골칫거리였다.

이런 문제를 '나 모른다.'식으로 팽개쳐 버릴 수만은 없는 일이었다. 이에 대한 책임을 안 느낄 수가 없었다.

그래서 1955년 10월에 성경학교를 개설하고 성경으로 정돈해 보려고도 했지만 성경학교만 가지고는 미흡했다.

결국은 올바른 지도자를 양성해야 할 필요성을 느꼈기 때문에 지도자 양성을 목적으로 기드온 신학교를 세우기에 이르렀다. 즉 순회 집회 때에 은혜를 받고 사명감에 불타는 자들이 모여든 고로 이들을 중심으로 하여 1956년 4월 20일 드디어 기드온 신학교가 개설된 것이다. 틀림없이 이들은 하나님께서 보내 주신 사명자들이었다. 사람을 살리기 위해서 그리스도의 정병으로 훈련을 받아야 할 수도자들이었다.

3만 2천 명 중에서 3백 명만을 선택했던 기드온 용사와 같이 한국의 기드온 3백 용사를 뽑아둔 셈이다.

그때 모여든 학생들의 성분은 가지각색이었다. 기성 신학이나 일반 대학에 다니던 사람도 뛰어들었고, 장사하던 사람도, 교회 장로도, 공무원도, 늙은이, 젊은이 할 것 없이 전도사, 목사들까지 입학을 했다.

이들은 상아탑을 노림도 아니고 간판을 따려는 것도 아니다. 오직 성령의 능력을 받아 황폐해 가는 이 강산에 복음의 씨를 심겠다는 사명감이 불붙어 올라 "나를 보내소서." "나를 보내소서."하고 뛰어들어온 용사들이었다.

때마침 입산 기도 중에 있는 장로교의 목사님들과 감리교의 목사님들도 여러분 계셨는데, 이들도 밀려드는 학생들을 보고 "나도 가만히 있을 수 없으니 나도 힘을 합해 보겠소."하고 교편을 잡겠다고 자청해 왔다. 시무하던 교회에 사표를 내고 성령 운동에 가세하려고 들어온 목사님들도 있었다.

그리하여 어디에다 광고 안내문 한 통 안 보내고, 포스터 한 장 안 붙이고도 스스로 모이는 학생과 교수로 하루아침에 신학교가 버젓하게 설립되었다. 성령의 역사는 이처럼 인간 방법을 초월했다.

VII. 성령의 불 떨어져 구경꾼들 나자빠져

1. 머리꼬리 뛰는 처녀 때문에

뛰어오르던 그 청년은 귀신이 나간 후로는 조용하게 앉아서 잠잠했지만 여반 앞쪽에 앉은 처녀 하나가 몹시 뛰고 있었다. 물론 다른 사람들도 어깨춤을 추며 박수를 치고 찬송을 불렀기 때문에 장내가 조용치는 않았다. 통성기도 시간에는 앉은 대로 뛰면서 부르짖는 사람들이 없는 바 아니고 많이 있기는 하지만, 그중에도 유독 높이 뛰는 17, 18세 되어 보이는 처녀가 있었다. 머리를 땋아 내렸기 때문에 학생이 아니라는 것도 분명했지만 입은 옷매를 보아도 시골에서 일하다 온 모습이 분명했다. 그가 꿇어앉은 채로 주여, 주여 하면서 뛰어오르는데 바닥에서 두 자 이상은 뛰어올라서 모두의 이목을 끌었다. 땋아 내린 머리꼬리가 둥둥 떠서 오르락내리락 뛰는 대로의 장단을 맞추고 있었으니 더욱 주목거리가 아닐 수 없었다.

예배시간이 끝나자마자 뒤따라 들어온 노인 한 분이 있었다. 키도 훨씬 크고 점잖게 보이는 한복 차림의 노신사였다. 인사를 하고 보니 그는 안동 권씨로서 고려파 장로교회 장로님이셨다. 그는 몸에 난치병이 들려서 병원에서는 못 고치겠다는 선고를 받고 병 고치려고 마지막 길에 산으로 왔다는 것이다.

아무리 보아도 이해가 안 된다는 것이다. 예배 분위기가 어찌 그럴 수가 있느냐고 불만을 털어놓더니 특히 그 아녀자들의 꼴이 그게 뭐냐고 항의를 한다. "아녀자들의 꼴이란 무엇이지요?"하고 물었더니 성을 벌컥 내면서 "그 머리꼬리가 뛰어오르는 애를 못 보셨나요?"하고 대든다. "그 애가 어떻다는 것이지요?" "그 애가 바로 제가 데리고 온 애요."하더니 집안 사정을 털어놓는다. 그 애는 그 선대 때부터 그 장로님 댁에서 수종살이 하는 내력이란다. 그 애를 손심부름이나 시키려고 데리고 왔는데 그처럼 귀신이 들렸으니 어떡하면 되겠느냐는 걱정이었다.

"귀신이 들리다니요? 귀신이 아닙니다." "그 청년도 귀신이 들려서 그랬다면서요?" "그 청년은 귀신이 들려서 그랬지만 이 처자 애는 귀신이 들려서 그러는 것이 아니고 성령이 충만하여 좀 넘쳐서 그런 것이니까 안심하십시오. 괜찮습니다."하고 설명을 했지만 그래도 미덥지 않았던지, 밖으로 나가서 그 처녀애를 불러다 놓고 꾸짖어도 보고 때려도 보고 왜 그랬느냐고 물어도 보고 다시는 그러지 말라고 타이르기도 했다.

　그러나 그다음 시간 또 그랬다. 어쩌지 못해 그랬다는 것이다. 더 이상 참을 수 없다면서 권 장로님은 당장 데리고 내려가려고 했다. 그래도 이왕 오셨으니 은혜받고 병도 고침을 받고 내려가셔야 하지 않겠느냐고 만류했더니 "이래가지고 병이 나을 수 있을까요?"하고 의문스러운 태도였다. "믿으면 낫지요. 믿고 구하면 주신다고 하시지 않았습니까?" "이런 병도 나은 사람이 있는가요?" 병 고친다는 데는 귀가 쏠려서인지 이것저것 묻기 시작했다.

2. 애기같이 된 불 받은 장로

　"불만 받으면 됩니다." "불이라니요?" "성경에 '성령과 불로 세례를 주실 것이라'(마 3:11)고 하지 않았습니까? 그 불 말입니다." "오순절 다락방에 내렸다는 그 불 말입니까?"(행 2:3) "그렇지요. 성령의 불은 소멸의 불이요(히 12:29), 응답의 불이요(대상 21:26), 능력의 불로 나타납니다."(렘 23:29). 대체로 이 같은 간단한 문답이 오가는 동안 그는 마음이 활짝 풀렸다. 과연 성령의 감동이었다. 그때부터는 그가 성령을 받으려고 애쓰는 모습이 역력했다. 성령은 믿을 때에 이미 다 받은 것이라고 우겨대던 그가 어쩌면 그렇게까지 누그러졌는지 알 수 없는 일이었다.

　그다음 날이었다. 일제히 안수를 받을 때에 그이도 안수를 받았다. 그는 얼굴이 벌개서 강사실로 따라 들어왔다. "나는 사마리아 사람입니다."라면서 앞에 와서 탁 엎드러진다. 그날 '빌립이 사마리아에 가서 전도했을 때에 모두 듣고 믿고 물세례는 받았으되 성령세례 받은 사람은 한 사람도 없었으나, 베드로와 요한이 가서 안수할 때에 비로소 성령을 받았다는 설교를 하고 안수를 했기 때문에 권 장로 당신이 바로 그 사마리아 사람들과 같은 처지였다는 것이다'(행 8:16~17), 안수할 때에 그냥 엎디어 "나같이 교만한 자가 성령의 불을 받다니…"하고 자기는 못 받으리라는 생각이 들었는데 어느덧 자기 차례가 되어서 두렵기만 했다는 것이다. 그런데 머리에 안수를 하지 않고 당신의 등을 탁 치고 나가는데 그 손이 닿았던 자리가 화끈하면서 뜨거워졌다는 것이다. "이것이 불입니까?"하고 어린애 같은 심정으로 묻는다. "그렇습니다."하니까 그는 울먹이며 나를 빤히 바라보더니 눈물을 흘리며 아무 말도 없이 나가버린다. 조금 있더니 등에다 방석을 하나 대고 단단히 묶어 매고 들어온다. "방석은 왜 업고 들어오시지요?"하고 이상한 눈치로 물었다. "예, 혹시 불이 식을까봐 그랬습니다."라고 예사스럽게 대답하는 그의 등엔 꼭 부항을 붙여 놓은 것 같았다. 성령을 받으면 이렇게 어린애같이 되는 것인가? 나 혼자 느꼈다.

"너희가 돌이켜 어린아이들과 같이 되지 아니하면 결단코 천국에 들어가지 못하리라."(마18:3)고 하신 주님의 말씀이 이런 경우를 두고 하신 말씀으로 실감나게 느껴졌다.

그는 어린애 같은 심정으로, 기어코 자기네 교회에 와서 집회를 해달라고 졸라댄다. 어린애가 엄마보고 젖 달라고 졸라대는 듯한 심정이 엿보인다. 거구의 체통에도 어울리지 않는 어리광스러운 애교태가 흘러나오고 있었다. 결국은 집회 날짜를 받아 가지고서야 일어나면서 아멘, 할렐루야! 두 손을 번쩍 들어 올리더니 "고려파가 구원인가? 성령 받아야 구원이지. 노회에서 뭐라고 하거나 집회는 할 것이다."라고 누구보고 하는 말인지 혼자서 다짐하는 선언을 한다.

노회에서는 말썽이 되리라는 것을 예측하고 하는 말인 듯했다. 그는 두루마기 위에다 방석을 업은 대로 잠자리에서도 두루마기를 벗지 못하고 며칠을 더 지냈다. 가기 싫지만 집회 준비 관계로 내려가야겠다면서 박 영수님도 꼭 데리고 와 달라는 부탁을 남겨 놓고 내려갔다. 내려가는 그때에도 불은 식지 않았다.

3. 하늘이 알아주는 어르신네

권 장로님 부탁대로 나는 박 영수님을 데리고 떠났다. 박 영수라면 나환자로서 믿음으로 병이 나았지만, 손마디가 빠지고 아물어서 한 손은 오그라지고 한 손은 보기에 흉해 가까이 오는 것을 싫어하는 이들이 많았다. 권 장로도 역시 가까이 앉기도 싫어했다. 그런데 당신네 교회의 집회에 박 영수님을 꼭 데리고 와 달라는 부탁을 몇 번이나 하고 떠났다. 은혜를 받고 보니 그 손이 그렇게 자랑스럽게 보인다는 것이다. 처음에는 징그러워서 얼굴을 돌릴 정도였는데 은혜를 받은 후로는 그 손이 볼수록 신기해서 누구에게나 보여 주고 싶다는 것이다. 믿음으로 나았다는 것, 문둥병 환자도 하나님께서 고쳐 주셨으니 하나님 계시다는 증거를 보여 주고 싶다는 것이었다. 성령의 불을 받으면 이처럼 문둥병도 다 소멸이 된다는 성령의 불을 입으로 백 번 증거 하기보다는 눈으로 한 번 보게 해주는 것이 더 좋을 것이라고 생각했기 때문이었다. 고향 교인들과 안 믿는 고향의 친지들에게 기어이 보여 주고 싶다는 그의 뜻이었다.

약속된 날짜가 되어 나는 박 장로님과 같이 떠났다. 점촌 부흥회를 마치고 안동으로 가던 길이었다. 어떤 산 고개를 넘어 커브를 돌고 있을 때에 있었던 일이다. 승객을 만재했던 버스가 산정 커브를 돌면서 왼쪽 앞바퀴가 길을 벗어나 낭떠러지로 빠져 들어가고 있었다. 승객들의 '으악' 소리가 터져 나오는 순간, 앞바퀴는 도로변으로 올라서는 듯했는데 뒤쪽으로 기울어지기 시작했다. 전복 위기였다. 그때 내 입에서는 '주여!' 소리가 저절로 터져 나왔다.

　위기일발에서 기적은 일어났다. 낭떠러지에 떨어지는 줄 알았던 버스는 노상에 올라와서 있었다. 모든 승객들도 내려서 한 숨 지으며 웅성거리고 있었다. 그런 속에서 어느 점잖은 승객 한 사람이 말하기를 "이 차에 탔던 우리 속에는 하늘이 알아주는 어르신네가 계십니다. 그렇지 않고야 이런 일이 있을 수 있겠습니까?"하니까 모두 수긍하는 태도였다. 그때에 박 영수님은 "옳습니다. 여기는 하나님의 큰 종이 안동에 부흥회하러 가는 길인데 하늘의 천사가 붙잡아 주셨습니다. 여러분도 하나님을 믿고 구원받으시기를 바랍니다. 오늘 저녁부터 열리는 운산교회 부흥회에 참석하시면 하늘이 알아주는 큰 종의 말씀을 들을 수 있을 것입니다."라고 힘차게 증언했다.

　'그분이 어느 분인가?' 해서인지 모두 두리번거리며 '하늘이 알아주는 어르신네'를 찾는 듯 한 눈치였다. 나는 부끄러워서 오히려 외면하고 있었다. 승객들은 그래도 궁금했던지 '그분이 어느 분이요?' 하고 박 영수님이 말한 그 하나님이 알아주는 하나님의 큰 종이란 사람을 찾고 있었다. 박 장로님은 서슴지 않고 "그분이 바로 여기 계시는 나운몽 장로입니다."라고 나를 소개한다. "글쎄, 그러면 그렇지, 나운몽 장로님이 여기에 계셨구먼"하는 사람도 있었으니, 나는 그럴수록 더욱 부끄럽기만 해서 말없이 먼저 버스에 올라탔다. 모두 뒤따라 차에 오르면서 나만 바라보는 것 같았다. 결국 박 영수님은 차 안에서도 전도를 하는데, 나는 고개도 못 들고 마음졸이며 앉아 있었다. '하늘이 알아주는 어르신네'라고 해서 그런지 나 스스로 내 모습이 너무 왜소하고 초라해 보이기만 했다. 하나님은 외모를 보시지 않고 그 중심을 보신다고 했는데도, 그날은 왜 그렇게 내 외모의 초라함을 스스로 부끄럽게 여겼는지 모른다. 내 겸손을 뿌리박아 주시는 하나님의 뜻이 내재해 있었는지도 모르겠다. 아니면 '하늘이 알아주는 어르신네'는 내가 아니고 박 영수님이신지도 모른다.

　다른 때 같으면 으레 내가 먼저 하나님의 도우심으로 우리가 살게 되었다는 증언을 했을 터인데, 그때는 왜 그렇게 수줍었는지 한마디도 못하고 안동까지 갔다. 그때까지도 부끄러움은 가셔지지 않았다. 차를 바꾸어 타고 운산역에 가서 내렸을 때 마중 나온 목사님과 장로님, 교인들을 만나면서부터는 그 부끄러움은 간 곳이 없고 기쁜 마음으로 의기양양하게 대할 수 있었다.

4. 성령의 불이 떨어져

　숙소는 권 장로님 댁이었다. 등에 업고 다니던 방석은 보이지 않았다. "불이 식지 않았습니까?"라고 물었더니 "그 불이 이제는 속으로 들어와서 내 가슴이 뜨겁습니다."하고 그의 기쁨은 여전했다.

첫날 저녁부터 성령의 불은 떨어지기 시작했다. 온 장내는 불도가니같이 되었다. 찬송 소리에 박수 소리가 곁들이고, 뛰는 소리도 강대상을 치는 소리도 고려파로서는 완전히 파격적이었다.

설교 소리에도 아멘 소리가 장내를 뒤엎는 듯했고 설교 도중에도 간간이 박수 소리가 우레같이 터져 나오기도 했다. 설교를 마치면서 통성기도 시간에는 온 장내가 뒤덮이는 정도였다. 모두 꿇어앉아 드리는 기도이면서 엉덩방아를 안 찧는 사람이 없을 정도로 꾸두둥거리는 소리와 아울러 우는 소리, 가슴을 치는 소리, 이 모든 소리는 아집과 죄악성이 무너지는 소리라고 해야 마땅할 것이다. 이렇게 새벽부터 밤낮으로 부르짖으니 심령은 소생하고 있지만 모두의 목은 말이 안 나올 정도로 쉬었다.

어느 날 새벽이었다. 박 장로님과 한방에서 자고 일어났는데 박 장로님이 먼저 밖에 나갔다가 하는 말이 "저 건너편 산에 불기둥이 섰어요. 빨리 나와 봐요."라고 소리친다. 나는 급하게 나가 보았으나 아무것도 없었다. 이글이글 피어오르는 것을 분명히 보았는데 지금은 없다면서 박 장로님은 혼자만 본 것을 못내 아쉬워했다.

이것은 물론 환상이었다. 하지만 박 장로님은 그 환상을 예삿일로 알지 않았다. "오늘 새벽기도회에는 큰불이 내릴 것입니다. 그 불기둥이 예삿일이 아니었습니다."라고 자신만만하게 예고하면서 예배당으로 나갔다. 과연 그날 새벽기도회는 예사롭지 않았다. 설교를 마치고 통성기도를 시켰더니 온 장내는 떠나가는 듯했다. 그때 단하에서 소리 높여 기도를 열심히 하고 있던 본 교회 담임 이맹의 목사님이 단위로 뛰어 올라와서 "나도 살아야겠습니다."하고 내 옆에 엎드려 안수기도를 청한다.

나는 목사님의 간청에 못 이겨 목사님 머리 위에 손을 얹고 기도하기 시작했다. 장로님도 그 눈치를 채고 따라 올라와서 엎드렸다. 집사님들도 올라오기 시작했다. 남 집사님들도 너도 나도 모두 뛰어 올라와서 겹겹이 엎드려 사람 위에 사람이 쌓이고 쌓였다. 여자 집사님들은 같이 한 축에 못 드는 것이 안타까워서 벌떡 일어서서 "주여, 주여…" 소리만 치고 발을 동동 구르며 단하에서 몸부림을 치고 있었다고 한다.

그러는 동안에 나는 겹겹이 쌓인 가운데 깔려 숨이 막힐 지경이었다. 같이 깔렸던 목사님과 장로님들도 마찬가지였던지 사람 살리라는 비명이 터져 나왔다. 그러자 누가 잡아 젖히기 시작하여 겹겹이 쌓였던 사람 탑을 간신히 무너뜨렸다. 그때에야 비로소 벌떡 일어나면서 숨을 돌릴 수 있었다. 그때까지도 단하에서는 '주여, 주여!' 부르짖는 소리, 우는 소리, 마룻바닥을 치며 몸부림치는 광경 등 걷잡을 수 없는 분위기였다. 그런데 문밖에 벌어진 일은 더욱 놀라웠다.

그날이 운산 장날이었다. 그때는 벌써 해가 떠올랐고 장꾼들이 모여 오기 시작했던 때였다. 예배당 안에서 사람이 죽는 것 같은 비명 소리, 우는 소리, 부르짖는 소리, 분간할 수 없는 소리가 뒤섞여 소란스러운 소리가 길가에까지 들리니까 지나가던 장꾼들이 들여다보다가는 웬일인지 뒤로 나자빠지는 판이었다. 팔려고 이고 가던 고추 광주리가 엎어져 고추가 흩어지고, 어떤 이는 갖고 가던 닭을 놓쳐 끈이 매인 채 푸드덕거리고, 나자빠졌던 사람들이 일어나서 자기 것을 찾느라고 분잡스러웠다. 그들의 말에 의하면 예배당 안에서 하도 이상한 소리가 들리기에 들여다보니까 웬 불덩어리 같은 것이 눈앞으로 확 달려오더니 자기도 모르게 나자빠졌다는 사람도 있었고, 불덩어리가 가슴을 치는 것 같았다는 사람도 있었다. 어떻든 밖에서 출입문으로, 창문으로 들여다보던 사람마다 그 같은 봉변을 당했다는 것은 과연 예사스러운 일이 아니었다. 경찰관까지 뛰어 들어왔지만 별 수가 없었다.

이렇게 '성령의 불'의 역사란 예측할 수 없는 일이다. 단상에서 일어난 성령의 불이 단하로 문밖으로까지 퍼졌으니 이런 일을 누가 감당할 수 있었으랴.

Ⅷ. 성령 같이하면 기도와 전도 안 하지 못해

1. 멸시받은 박믿어 영수

운산집회에서 그처럼 놀라운 역사가 일어났다는 사실을 말할 때마다 곁 따라 잊히지 않는 일이 하나 있다.

점촌집회 다음에 안동 운산집회를 하도록 날짜가 되어 있었기 때문에 XX장로교회(L목사 시무) 집회부터 먼저 하던 때였다. 그때 박 영수님이 당하는 천대는 말로 형언할 수 없었다. 식사는 물론 잠자리도 같이 못 했고, 예배당 한 모퉁이에서 지냈다. 간식도 강사인 나만 따로 데리고 나가서 나 혼자 먹으라고 주면서 박 영수는 곁에 오지도 못하게 한다. 그런 사람을 왜 데리고 다니느냐고 남에게 덕이 안 되니 다른 데는 데리고 가지 말라고 나더러 타이른다. 그 목사님은 용문산에도 잘 오시는 목사님이고 또 박 영수님과도 잘 아시는 처지이기에 그러지 않을 줄 알았는데 너무한다 싶었다. 목사님 자신은 이해를 하지만 남 보기에 안 됐다는 것이다. 권 장로님과 같이 성령의 불을 받으면 문둥이도 낫는다는 증거를 보여 주었으면 좋으련만 L목사님은 그렇지 않았다. 많은 사람 면전에서 핀잔을 당하는 박 영수님을 대하기가 심히 민망스럽고 미안했지만 어쩔 수 없었다.

박 영수님 앞에 와서 엎드러지며 기도해 달라고 애원하는 교인들이 있어서 기도를 해주면, "박 영수, 왜 이라노?"하고 면박을 주면 아무 말도 못 하고 머리도 못 들었다. 왜 그렇게까지 해야 했는지 알 수 없는 일이었다. 평상시에는 그렇지도 않았다. L목사님은 박 영수님에게도 친절했고, 김천역 사찰장으로 계실 때에는 능지교회에 오시면 으레 박 영수님 댁에서 식사 대접을 받았고, 용문산에 오셔도 박 영수님과 간격 없이 지내던 처지였는데 당신이 담임한 교회에서는 왜 그렇게까지 천대 박대를 해야 했는지 상상 밖이었다.

2. L목사의 비참한 여생

그런 일이 있은 지 몇 해 후였다. 대구 수송 다리 밑에서 천막집회를 하고 마지막 날 안수기도를 할 때에 있은 일이다. 수천 명이 엉켜 있는 그 속을 헤치고 안수를 하면서 지나가노라니까 두 손을 간신히 들고 어둔한 말로 "나야… 나"하면서 나를 빤히 올려다보며 살려 달라고 애원하는 듯 안타까워하는 이가 있었다. 그가 바로 L목사일 줄이야 누가 알았으랴. 설마 하고 나는 그의 머리 위에 손을 잠깐 얹고 다른 사람과 다름없이 모른 척하고 지나쳤다. 그렇게 안타깝게 나를 붙잡으려고 하면서도 손이 말을 안 들어 몸부림치는 불구형의 불쌍한 그를 뿌리치고 지나가서 생각하니 그는 분명히 L목사님이었다. 얼굴은 문둥 환자 같았고 몸은 전신 불구 같았다. 건강하고 키도 크신 분이신데 그가 그렇게까지 되었으리라고는 믿어지지 않는 일이었다. 그에게 나는 왜 좀 더 뜨겁게 정성껏 기도를 못 해 드렸을까? 너무도 매정했다는 것이 지금도 후회스럽다. 그와의 정리를 생각한다면 부여안고 울면서 기도했어야 할 처지였는데 그를 그렇게도 냉대했다는 것은 아무리 생각해도 너무한 일이었다. 그가 L목사님인 줄을 몰라서 그랬는지 알고도 그랬는지 자신도 자신을 이해할 수 없었다. 그 목사님만을 유달리 특별 취급한다는 것은 공의롭지 못한 행위라서 성령이 막은 일이라고 해석을 해보기도 하면서 자위를 했다. 그렇게 건장하시던 분이 왜 그렇게까지 폐인이 되었는지, 그는 남달리 모든 교인들에게 숭앙을 받는 독실하신 목사님이시고, 성령 운동에 앞장서서 용문산 운동을 변호하던 그분이 어떻게 그렇게 될 수 있단 말인가? 결국 그가 그렇게 비참한 여생을 마쳤다는 것은 그 후에 들은 소식이다. 그 신앙이 구원을 못 받을 신앙은 절대로 아니었다. 철두철미한 보수적인 신앙으로써 구원을 못 받았을 리가 없다. 그런데도 마지막 여생이 그렇게 불행한 처지에 빠져서 종신했다는 것은, 구원은 믿음으로 받았지만 보응은 행위로 받았다는 것을 입증해 주는 일이 아니었던가 싶다.

3. 박믿어 장로의 여생

박 영수는 그런 핀잔을 받으면서도 조금도 좌절하지 않았다. 오히려 당연한 것으로 생각하고, 원망하거나 불평도 하지 않았다. 묵묵히 순종했을 뿐이다. 나도 처음에는 나 혼자 대우를 받는 것이 박 영수님 보기에 미안스럽기도 했지만 박 영수님의 태도가 그렇게 나오니까 나도 L목사님이 원망스럽지 않았다. 그렇게 대하는 것이 당연하게 보였던지 원망스럽던 생각도 사라지고 은혜 가운데 부흥회도 마쳤다.

교인들의 눈물겨운 전송을 받으며 떠날 때 박 영수님의 태도는 겸손히 허리를 한껏 구부려 인사를 하고 진심으로 감사하면서 떠났다. 그런 핍박을 받고 떠나면서도 조금도 부끄러워하거나 원망스러운 표정은 볼 수 없었다. 오히려 씩씩한 모습으로 용기 있게 노방에서도 차 중에서도 전도하며 다녔다.

손이 오그라지고 버드러지고 해서 가방을 들고 다닐 수는 없고 늘 배낭을 지고 다녔다.

내가 들고 다녀야 할 책가방까지 기어이 빼앗아 당신의 배낭에 지고 다녔다. 그는 진심으로 나를 위해 희생적 봉사를 하는 것이었다.

그 당시 그는 나의 유일무이한 동반자였다. 그렇게 같이 다니기는 권 장로님이 꼭 같이 와달라던 그때부터인가 싶다.

그가 장로가 된 이후로는 용문산에서는 내가 설교를 하면 으레 박 장로님이 사회를 했다. 교인들도 나 장로님 설교에는 박 장로님이 사회를 해야 어울린다면서 박 장로님의 사회를 원했다. 그는 목소리가 남달리 쩌렁쩌렁 울려 나오는 큰 음성이었다. 탁 터진 굵은 목소리, 그 누구의 목소리도 그를 따를 수는 없었을 것이다. 찬송을 한참 부르다가 통성기도를 시킬 때의 그의 기도 소리는 천하를 울리는 것 같았다. 그러나 찬송을 인도할 때에는 목소리를 높이지 않았다. 그냥 단상에서 뛰면서 춤으로 박자를 맞추며 찬송을 인도했다. 더구나 손바닥도 없는 조막손으로 뼈다귀밖에 없는 버드러진 손바닥을 힘껏 치면서 춤을 추었다. 그리고 그 조막손으로 강대상을 얼마나 쳤던지 손에 피가 마를 날이 없었다. 한 가지 찬송을 수십 번씩 계속 부르다가는 고함을 치며 강대상을 힘껏 치기 때문에 강대상이 얼마 안 가서 부서지곤 했다. 설교를 할 때에도 힘껏 소리치며 힘껏 강대상을 치곤 했다.

칠순이 넘어서는 연로한 몸으로 교통도 복잡한데 나가지 말라고 나는 권면했다. 산으로 찾아오는 교인들도 얼마나 많은데 여기서 전하는 것도 전도니까 이제부터 산에서 전하고 도시전도는 그만두라고 아무리 권면해도 별수가 없었다. 그때부터는 나 모르게 가만히 나가서 전도하며 서울, 대구, 부산 등지로 안 가는 곳이 없었다. 그리고 그는 문서전도도 겸했다. 국문으로 겨우 성경을 보는 정도인데도 그는 자신이 발간한 책과 전도지 등을 많이 인쇄해서 보급했다. '말세의 비밀', '세상은 어떻게 되나' 등 말세가 가까이 왔다는 예고와 무서운 경고가 대부분이었다. 자기 손으로는 쓰지도 못하니까 남의 손을 빌려서 쓸 수밖에 없었다. 다른 말은 별로 없고 성경 요절을 뽑아 연결해 편집한 작은 책자를 만들어 그것을 전하기 위해 사람을 얻어 데리고 다니면서 전하기도 했다.

4. 박 장로의 7수 종신

그리고 밤에는 예배당에 엎드려 기도하며 밤을 새우는 것이 대부분이었고, 성경을 보느라고 방 안에 앉아 있었지 그렇지 않고는 나가서 입으로 증거하고 문서로 전하고 기도로 호소하며 그야말로 '삼겹줄 전도'를 계속했다.

그는 성경도 많이 읽었다. 그의 성경을 보면 성경이 누덕누덕 낡아빠져 책 부피가 갑절이나 더했다. 더덕더덕 붙이기도 하고 책 사이에 끼어 놓은 것도 많았다. 누가 새 성경을 사서 주어도 싫다 하고 기어이 그 낡은 성경 한 권으로 일생을 마쳤다. 그 성경은 오랫동안 읽고 또 읽고 했기 때문에 어디든지 찾기가 쉬웠기 때문이다. 그 책머리와 아래 옆에 여백이 있는 곳에는 갖가지 암호가 붙어 있다. 손도 그렇거니와 글자를 옳게 쓸 수도 없고 해서 요절에 붉은 줄 푸른 줄을 긋고 또 그어 책이 추잡해진데다가 그 위에 십자가도 그려 놓고 동그라미, 삼각, 나무, 해, 달, 별 등 글자 대신 그림으로 당신만이 알아볼 수 있는 암호를 그려 놓은 것이다.

그는 이렇게 성경도 많이 읽고 기도도 많이 하고 문서전도도 많이 하면서 다니다가 세상을 떠날 때에도 집에서 평안히 누워서 떠난 것이 아니다. 서울 모 교회에 가서 새벽기도회를 마치고 기도실에 엎드려 기도하다가 영원히 가셨다.

77세인 77년 7월 7일 7시에 하나님 아버지께서 데려가셨다. 이처럼 연령에서 그 해와 그 달과 그 시에 이르기까지 7수로 채워졌다. 이것을 어찌 우연이라고만 할 수 있을까? 우연이라기에는 너무도 신기한 일이다. 7수 따라 영원한 안식에 들어간다는 증표라도 보여 준 것만 같다. "그런즉 안식할 때가 하나님의 백성에게 남아 있도다 이미 그의 안식에 들어간 자는 하나님이 자기 일을 쉬심과 같이 자기 일을 쉬느니라."(히 4:9,10)고 한 성경 말씀대로 그는 이미 안식에 들어갔다. "그러므로 우리가 저 안식에 들어가기를 힘쓸지니 이는 누구든지 저 순종치 아니하는 본에 빠지지 않게 하려 함이라."(히 4:11)는 말씀을 우리에게 남겨 주고 가시느라고 그는 그 같은 7수를 남겨 놓은 것 같았다.

나는 전국순회전도를 하다가 이 소식을 들었다. '결국 가셨구나.' 하고 눈물이 앞을 가리었다. '낮 빛보다 더 밝은 그 천당 혼자 가셨나요? 선하심과 자비하심이 영원하신 하나님의 넓으신 그 품속에 안기실 박 장로님, 기도하면서 천당 가신 박 장로님, 7수를 남기고 가신 박 장로님, 요단강 건너가야 만날 박 장로님, 나 혼자 남았나이다.' 하고 울었다. '저도 박 장로님처럼 세상을 떠나는 순간까지 전도하고 싶은 마음과 기력을 주시옵소서' 하고 기도하면서 '박 장로님, 그 기력 내게 물려주고 가시오.' 라고 부르짖어도 보았으나 대답이 없었다.

'내 주변에서 동반자로 지내던 김환계 장로도 이전규 장로도 손은광 목사도 박믿어 장로도 다 가시고 나 혼자 남았나이다.' 라고 목 놓아 울었다. 그때부터 내게는 청년 같은 새 힘이 왔다. 하나님께서 주시는 새 선물이었다. 박 장로가 주고 간 선물인지도 모른다.

IX. 불신자에게도 역사하는 성령

1. 말씀의 맛을 알면 안 전할 수 없어

성경 말씀을 깨달으면 깨달은 것만큼 전하지 않고는 견딜 수 없게 되는 것을 체험하게 되었다. 즉 사도 요한이 천사가 주는 책을 먹으니 "내 입에서는 꿀같이 다나 먹은 후에 내 배에서는 쓰게 되더라."(계 10:10)고 한 그 말씀에서, 꿀같이 달더라는 것은 곧 그 말씀에 깨달음이 왔다는 것이고 배에서는 쓰더라는 말은 곧 전하지 않으면 속에서는 괴롭더라는 말이었음을 내 심신으로 체감할 수 있었다.

그런고로 "네가 많은 백성과 나라와 방언과 임금에게 다시 예언하여야 하더라."(계 10:11)는 말씀 그대로 전해야 했다.

만일 전하지 않으면 화가 와서 임할 것이기 때문에 부득불 전했노라던 바울 사도의 간증과도 같은 일이다(고전 9:16).

즉 말씀의 맛을 알게 된 후로는 사방의 비방과 수욕을 당하면서도 전해야 했다. 만일 전하지 않으려고 하면 중심이 불붙는 것 같아서 골수에 사무쳐 답답하여 더 견딜 수 없게 되었다는 예레미야의 심정을 이해할 만했다(렘 20:9). 그 심정과 같은 처지에서 한동안은 늘 울면서 전했다. 울어지는 그 울음 역시 성령의 탄식이었다(롬 8:26).

1958년 여름인 듯하다. 전국순회전도를 하려고 전도 대원들을 전국 각지로 파송했다. 나는 전국순회 도시 중심 집회 전도를 떠나려고 산에 올라가 준비 기도를 하고 있었다. 그 때에 어느 날 밤 영감으로 하나님의 명령을 받았다.

'호화스런 도시 전도보다 초라한 골짝 노방전도를 나가라'는 것이었다. 할 수 없이 갑자기 노방전도를 떠나게 되었다. 그러나 집회 준비하고 있던 전국 각지에서 소동이 일어났다.

각 도시마다 집회 준비를 대대적으로 하고 있었는데, 강사는 오지 않고 무명의 전도 대원만 이 초라한 모습으로 당도했으니 당황하지 않을 수 없었다.

악대 동반하고 두 대의 차를 몰고 거창하게 행진하곤 하던 호화판 대열을 기대했던 현지에서의 실망은 너무 컸다.

그런고로 거의 소동이 일다시피 하여 집회가 해산되는 곳도 있었고, 할 수 없이 대원이 강사 노릇을 하는 경우도 있기는 했으나 그 성과는 보잘것없었다. 말씀의 맛을 전하지 못했기 때문일 것이다. 이렇게 될 줄 알면서도 악대원들을 강사로 각지에 파송을 하고 나는 혼자서 성경 한 권만을 들고 나섰다. 단벌옷에 우산을 지팡이 삼고 나선 외로운 나그네였다.

2. 산골 피난지 촌에서

만나는 사람마다 "예수 믿고 복 받으세요."하고 단마디 전도를 하면서 또 가고 또 갔다. 들은 척도 않고 지나가는 사람도 있지만 대개는 "예, 믿지요." "예, 감사합니다."하고 대답하는 사람만도 매일 수백 명이다.

혹 장터를 만나면 그때는 노방에서 외쳤다. 일시에 수백 명의 대답을 얻기도 했다. 그 사람들이 다 믿으리라고는 생각지 않으나 그 말씀의 씨가 그래도 땅에 떨어져 썩지는 않으리라는 소망을 갖고 힘차게 전했다.

길거리에서 무리 지어 노는 애들을 만나거나 학생들을 만나거나 하면 기어이 그때그때에 맞는 성경 사화를 재미있게 들려주기도 하면서 전도했다.

그 어느 날 밤 상주 중무 장터에서 멀지 않은 어느 냇가 산모래가 덮인 강변에서 모기와 싸우며 잔 일이 있다. 그때 이진규 장로님을 어디서 만났는지 알 수 없으나 어떻든 그이를 만나서 그와 같이 그날 저녁을 그곳에서 지냈다.

그 후로는 그와 같이 동행하며 나그네 전도를 했다. 이 동리 저 동리로 돌고 또 가고 가며 전도했다. 소백산맥을 따라 산중 마을로 길 따라 발길 가는 대로 가다 보니 보은 땅 어느 산중 마을에 당도했다.

그리 높지 않은 산이기는 했으나 심히 피곤해 지친 몸으로 그 산을 간신히 넘었는데 날은 저물었다. 어두워 가는 골짝 마을에는 10여 채의 집이 여기저기 보였다.

화전민들이 살고 있는 빈촌임을 한눈에 보고 알 수 있었다. 그러나 그 동리는 피난지로 알려진 유복동이었다. 제일 커 보이는 한 집을 찾아 들어갔다. 어두운데 불도 안 켜 놓고 저녁이 한창이었다.

누구누구인지 남녀를 분간할 수 없을 정도로 어두울 때였다. 누군가가 방 안에서 나오기에 하룻밤 자고 가게 해 달라고 요청을 했다. 그러나 그는 대답도 않고 도로 들어가 버린다. 알고 보니 그는 그 집 새 며느리였다. 부엌에 물을 가지러 나왔다가 괴한들이나 만나는 것 같았는지 놀랐던 모양이었다.

"보아하니 점잖은 양반들 같은데 집주인을 찾아서 말을 하든지 할 것이지 남의 젊은 새 사람을 보고 무슨 말이요?"라고 방 안에서 호통을 친다.

그때는 7월이라 여름이니 문을 다 열어 놓고 있었다. 안팎이 다 통해 있었다. 어둡지만 않으면 서로 대면하여 알 만한 거리였다. 하지만 "몰라서 실수를 했습니다."하고 일단 사과를 했다. 그리고 우리는 전도하는 사람이라고 신분을 밝히고 하룻밤 쉬어 가기를 또 한 번 간청해 보았다.

"우리 집에는 빈대가 너무 많아서 주무실 수가 없습니다. 다른 집으로 가 보시지요."하고 점잖게 거절을 한다. 할 수 없이 사립문 밖으로 나왔다. 다른 집으로 가서 보니 그 집에서도 마찬가지로 빈대가 많으니 다른 집으로 가 보라는 것이다. 밤중 손님이라 의심도 되었겠지만 어떻든 빈대 많다는 것은 한 핑계였다.

가는 집마다 거절을 당하고 길가에서 망설이고 있노라니까, 어느 청년 하나가 나서면서 저기 빈집이 하나 있으니 그 집에 가서 머물면 어떠냐고 묻는다. 그 집인즉 흉가가 되어 팔리지를 않아서 그냥 비어 있는 집이란다. 그 집을 사고 들어가서 사는 가정은 반드시 그 집 호주가 죽는다는 것이다. 그래서 아무도 그 집을 사고 들어갈 사람도 없거니와 그 집에서는 벌써 여러 호주가 죽었기 때문에 거센 귀신들이 득실거린다는 것이다.

하나님의 신이 그 귀신들을 이길만하면 가 보라는 뜻이었다. 밤에는 귀신들이 난동을 치고 있어 그 집 옆을 지나기도 무서워서 가까이도 못 간다는 것이다. 겁을 잔뜩 주면서도 그 집에 가서 하룻밤 쉬고 가라는 권면을 하는 이유가 무엇일까? 그러나 나는 호기심을 갖고 그 집에 가서 하룻밤 유하기로 작정을 했다.

3. 한문에 유식한 한학도를 만나

귀신이 득실거린다고 겁을 주던 그 청년이 불을 켜 들고 조심스럽게 그 집으로 들어갔다. 나는 그 뒤를 따라 들어갔다. 그러나 귀신의 자취는 볼 수 없었고 퀴퀴하게 썩은 냄새만 풍길 뿐이다. 오두막 초가삼간 집이었는데 큰 방에 자리 잡고 들어앉았다.

그 동네 사람 3, 4명이 따라 들어왔기에 그들 보고 온 동네 사람들을 다 모이도록 수고 좀 해달라고 부탁했다. 그들은 이집 저집 뛰어다니며 모두 왔지만 겨우 13명이었다. 한 집에서 한 사람 꼴로 나온 셈이다.

밤 12시가 넘도록 열심히 전도했다. 그들은 시간 가는 줄 모르고 열심히 들었다. 그중에는 머리 깎은 청년도 있기는 하나 머리를 땋아 늘인 소년들도 있었다. 노인들은 전부 상투를 틀었고 깎은 이는 한 분도 보이지 않았다.

마지막 문답식 전도하는 동안에는 피곤에 지친 노인들은 돌아가고 청년들만 4, 5명 남아 있었다. 마지막에는 그들도 다 돌아가는데 두 청년은 가지 않고 그냥 남아 있었다. 하나는 키가 좀 크고 26, 7세가량 되어 보이고 하나는 머리를 땋아 늘인 17, 8세 되어 보이는 소년이었다. 이 소년은 때 묻은 광목옷에 검은 헝겊을 대고 기워 입은 것이 드러나게 눈에 뜨인다.

두툼한 신구약 합부 성경이 그들의 눈에 들었는지 그 성경을 한번 보고 싶어 하는 눈치였으나 감히 보자고 하지는 못하고 서로 눈짓만 한다. 그래서 성경을 주었더니 자기들의 마음을 알아보았다는 고마움의 웃음을 지으며 얼른 받아 든다. 둘이서 머리를 맞대고 성경을 펴 본다. 읽어도 보기 전에 그들은 깜짝 놀란 듯이 머리를 번쩍 든다.

"언문이네요."하고 성경을 무시하는 어조였다. 실은 그때 도보여행에 간편하도록 가장 작은 국문 판 관주성경을 갖고 나갔던 길이었다. 6호 활자 국문이 깨알같이 꽉 차 있고 한자(漢字)는 한 자 안 섞인 성경이다. 그나마 구약이었던 고로 철자법도 무시된 평안도 사투리로 번역된 성경이었다.

이러나저러나 성경을 대하는 그들의 태도가 못마땅하기에 "언문이 아니야, 우리나라 국문이지, 우리 한글이야."하고 무안을 주었다.

그들은 약간 계면쩍은 표정을 지으면서도 "야소교(耶蘇敎)에는 한문책이 없는가요?"하고 묻는다. 한문을 아느냐고 되물었더니 조금은 안다는 대답이다.

같이 있던 이진규 장로님이 목은(牧隱) 선생의 문집에서 요절만 발췌했다는 한문책 한 권을 내놓았다. 이 책은 이 장로님 자신의 신앙을 피력한 독특한 진리연구선집이었다. 장로님 자신이 모필로 기록하고 옛날식으로 뚜껑을 붙여 꿰어 맨 한문책이다.

그들은 머리를 맞대고 한 수 두 수 흥미 있게 내리읽더니 "참 좋으네요."하고 입맛을 다시면서 머리를 든다. 그들의 한문 실력을 알아볼 만했다.

무식한 초동으로만 알았다가 그 글의 맛을 아는 것을 보고 놀랐다. 알고 보니 그들은 이미 사서삼경(四書三經)을 통달한 유식한 한학도들이었다.

그 동리는 이북 출신 정감록 신봉자들이 피난지를 찾아온다고 와서 벌써 3대가 내리 살고 있다는 것이다. 이 세상이 불바다가 되어 다 전멸을 당해도 자기들만이 살아남아서 새 세상에 인종의 씨가 된다고 믿고 있던 할아버지들은 이미 작고했고 그 후손들이 그 사상을 이어받아 그 동리를 유지하고 있었다.

4. 정감록 신봉자 한학도와의 대화

나는 그곳이 정감록 신봉자들이 살고 있는 피난지임을 알게 된 때부터는 전도 수준을 좀 달리했다. 즉 그들에게 참 피난지 '십자가의 도'를 찾아 주기 위해서는 정감록을 인용하는 것이 가장 효과적일 것이라고 생각되었다.

그들은 사는 길을 이재전전(利在田田)이라 알고 있고 그 생문방(生門方)은 궁궁을을처(弓弓乙乙處)라 믿고 있었다.

그러므로 나는 그들에게 화전민 생활을 하는 것은 '이재전전'을 찾은 길이라고 할 수도 있겠지만 '궁궁을을처'는 어디냐고 물었다.

"진인(眞人)이 나와야 찾을 수가 있지 않겠습니까?"하고 머리를 땋아 내린 총각이 대답한다. 평민으로는 찾을 수 없는 미지의 세계가 진인을 통하여 어디선가 펼쳐지리라는 그들의 관념에서 나온 대답이다. 진인이 나와서 도력정치(道力政治)를 하는 지상낙원 시대에 참여할 수 있다는 것이 그들의 소망이었다. 그렇게 될 곳이 '궁궁을을처'라 하여 그곳을 찾아야 한다는 큰 숙제가 그들에게는 가로놓여 있었다.

'욕지궁궁을을처(慾知弓弓乙乙處) 여든 잠명우복대기시(潛名遇伏待基時) 하라고 하였으니 이름도 숨기고 어리석게 엎디어 살면서 그때를 기다리면 된다고 하지 않았는가?' 하고 그 숙제를 풀어 주었다.

즉 "그곳을 찾는 길은 '십자가의 도' 한 길이 있을 뿐이니 그 길을 알고 싶지 않느냐?"고 물었더니 그 말에는 정신 차려 듣고 있었다. "아니, 그렇게 유식하신 선생님들이 어쩌면 그렇게 이단으로 떨어졌습니까?"하고 가엾다는 듯이 노려본다. 그 말에는 나도 어이가 없이 기가 막혔다. 하지만 내 마음에는 큰 충격을 주었다. 오늘까지 잊히지 않는 말이다.

밤을 새워가며 열심히 전도를 했는데도 그 결실이 기껏해야 그런 대답밖에 얻지 못했으니 말이다. 이거야말로 다시 생각해야 할 문제가 아닐 수 없었다.

'나도 믿어야 하겠습니다.' 하는 대답을 받아야 할 터인데 어쩌면 그런 대답을 받게 되었을까? 그러나 나는 낙심치 않았다. 오히려 어느 정도의 매력을 느꼈다.

다른 종교는 다 이단시하고 자기가 믿는 도(道)만이 정도요 참 길이라고 생각하는 그 신념을 무시할 수 없었다. 진인을 기다리는 그 마음, 즉 메시아를 기다리는 신앙심을 어찌 무시할 수 있으랴.

5. 십승지지 피난처

그들은 인(仁), 의(義), 예(禮), 지(智), 삼강오륜(三綱五倫)만을 주장하고 있는 것은 아니었다. 그들은 대를 이어 유교인이면서 '정감록' 신봉자로서의 행동파였다.

정감록의 예언 그대로 믿었기 때문에 가산을 정리해 갖고 소문 없이 남모르게 '十勝之地'라고 일컫는 산간벽지로 찾아가서 화전민으로 전락한 생활을 하고 있는 것이다.

그들은 악의악식을 해 가면서도 한가닥 소망을 갖고 있기 때문에 고난을 극복하며 살아나갈 수 있었다.

그 소망이란 곧 정도령이 오기만 하면 지상낙원이 건설된다는 것이다. 열방이 아무리 뒤끓는다 해도 말 한마디로 진압시킬 수 있는 능력과 권세를 갖고 천하를 통일시킬 것이고, 도력정치(道力政治)를 하기 때문에 전쟁이 필요 없고 천하 만민이 그 도력 앞에 굴복하리라고 믿고 있었다.

그때에는 만방에서 정도령의 통치본부로 조공을 바치게 되기 때문에 모든 물화가 모여든다는 것이다. 그렇게 되면 한국이 낙지화하고 따라서 온 세계가 낙원화하여 신천신지가 이룩될 터인데 그때에 '인류의 씨'가 십승지지 피난처에서 살아남은 자신들이라는 것이다.

이것은 그들의 소망인 동시에 그들의 신앙이다.

그런 지상낙원시대가 오기까지는 큰 환난이 불로 임할 터인데 그때에 온 천하가 불에 소멸해 버리고 온 인류는 전멸 상태에 이르지만 십승지지에 사는 자들만이 살아남을 수 있다는 것이다.

그들이 말하는 피난지 십승지지란 곧 ① 봉화의 춘양(春陽) ② 영월의 정동상류(正東上流) ③ 풍기의 금계촌(金鷄村) ④ 풍기천의 금당촌(金唐村) ⑤ 보은의 속리산 ⑥ 무주의 무풍동(茂豊洞) ⑦ 성주의 만수동(萬壽洞) ⑧ 남원 운봉의 두류산(頭流山) ⑨ 공주의 유구와 마곡(劉球, 麻谷) ⑩ 부안의 변산(邊山) 등 10개 처인데 태백산에서 지리산(智異山)에 이르기까지 소백산맥에 있는 산촌들이고 계룡산과 변산만이 따로 떨어져 있는 곳이다.

어떻든 피난지란 전부 산중이라는데 주목이 된다. 산으로 산으로 둘러싸여 있는 두메산골이라야 피난지로 택정되었다는 이 사실에 관심을 갖게 된다. 성경 말씀에도 구원의 역사는 산으로 말미암았고, 또 예수님도 산으로 도망가려고 하셨으니 말이다(마 24:16).

또 한가지 주목되는 것은 북한 땅에는 피난지가 한 곳도 없고 남한 땅에만 피난지가 있다는 점이다. 그리고 보니 북한에서 남한으로 나와야 살고 도시에서 산으로 들어가야 살게 된다는 결론이다.

그들이 바로 그 테두리 안에서 살고 있다는 것을 간파한 이상 그들을 대하는 전도방향을 탈피할 수밖에 없었다.

6. 정도령을 구세주로 기다려

그들은 아덴사람과 같이 종교성이 풍부한 사람들이다. 그 순수한 종교성을 '미신이다, 이단이다.' 하고 도외시하거나 멸시하고 짓밟기보다 바울 사도처럼 그 종교성을 인정해 주고 아덴사람을 대하듯 유일신 하나님을 찾게 하여 인류의 구세주는 오직 한 분 예수 그리스도임을 알게 해주는 것이 현명한 전도방법이라고 느꼈다.

그래서 나는 그때부터 그들을 향한 차원 다른 전도를 시도했다. 그들의 세계 속으로 들어가서 그들의 용어와 그들의 수준을 따라 그들을 이해시키고 그들의 사상을 전환하느라고 성의를 다했다.

즉 십승지지란 곧 '십자가의 승리한 곳'을 일컫는 '뜻의 곳'으로 해석을 해주었다. 그런고로 예수의 십자가를 떠나서는 사망을 이길 수 없는 영생의 복지를 찾을 수가 없다는 도리를 한참 설명했다. 그 증거는 성령이 그 증표가 된다는 논리까지 펴게 되었다. 신자들에게도 얼른 통하지 않는 말이 불신자들에게는 더구나 통하지 않을 말이었다. 그러나 그들에게는 통할 수 있었다.

그들의 종교성으로는 신령단계에까지 끌고 가지 않고는 통하지 않을 처지였다.

구세주가 정도령이라 믿고 정도령이 나타나기만을 기다리는 그들에게는 예수가 구세주라는 말이 통할 리가 없었다. 이미 지나간 옛 시대 사람이 어떻게 앞으로 있을 새 시대의 구세주가 되겠느냐는 것이다.

그뿐만이 아니고 그들은 예수님을 성자라고 하면서도 공자나 석가보다는 못한 성자로 알고 있다. 그렇게 굳어진 그들의 선입관념을 깨기란 그리 쉬운 일이 아니었다.

예수님이 하나님의 공의 안에서 인류의 죄를 속하기 위해 죽고, 하나님의 사랑 안에서 인류의 새 생명을 위해서 다시 사셨다는 도리가 곧 '십자가의 도'라고 설명하면서 그 도가 성령의 역사를 통해서 인류 구원이 성취된다는 과정설명을 하고 난 다음에야 비로소 수긍이 가는 듯했다. 쉬운 말로는 납득이 되지 않았던 그들이 오히려 어려운 말이라야 납득이 되는 편이었다.

"그러면 우리 동리에 선생님 같은 분 한 분을 보내 주셔서 우리 동리에서도 예수의 '십자가 도'를 배울 수 있게 해줄 수 없습니까?"하고 전도사 파송 요청을 했다. 그러나 그들의 한문 실력에 따른 신앙 정도를 감당할 만한 실력 있는 전도사를 구해야 할 터인데 그리 쉬운 일은 아니었다. 아니면 한문 실력은 없다 해도 영력 있는 영적 실력자가 있으면 하련만 그 역시 쉽게 구할 것 같지는 않았다. 차라리 그들이 용문산으로 와서 성경을 배우고 영력을 키운다면 훌륭한 전도자가 될 것 같아서 그들을 권면했다.

그들도 기꺼이 대답했다. 꼭 용문산으로 와서 성경 공부를 하겠다고 약속했다. 그러나 그들은 오지 않았다. 부모들의 반대가 컸던 것으로 짐작된다.

그 후 그 밑에 구병리라는 동리에 교회가 세워졌다. 정감록 신봉자일수록 피난지인 하나님의 품속으로 찾아 나올 법한 일인데 물 심판 당시 노아의 여덟 식구만이 구원을 받듯이 아직 소수의 권속만이 찾아 나오고 있다.

그때의 그 두 총각은 지금쯤은 50 고개를 넘고 있으련만 '궁궁을을지처'를 앞에 놓고도 아직 못 찾고 있는지 궁금한 일이다.

7. 利在田田, 弓弓乙乙處

궁궁을을(弓弓乙乙)을 분석해 보면 弓은 활이니까 弓弓이 상합하여 원(○)이 되고 乙乙이 상합하면 만(卍)이 된다. 즉 궁궁이 상합하여 ○을 이루고 乙은 ○안에서 음양 상생의 태극(☯)을 이루고 乙乙이 교차하여 에덴(卍)을 이루게 된다는 뜻을 한참 설명을 해주었다.

그런고로 弓弓이 상합된 데가 영원이요, 음양이 상생한 데가 태극이요, 네 강이 동서남북 사방으로 분류한 본원이 에덴이다. 그들은 알 듯 모를 듯 심각하게 듣고 있었다. 원(○)은 절대계의 영원의 근본이요, 태극(☯)은 상대계의 음양 근원이요. 에덴(卍)은 피조계의 만상 본원이다.

그래서 생문방을 '궁궁을을지처'라고 했으니 근본으로 돌아가서 에덴을 찾으면 살 수 있다는 말이라고 설명을 했다.

그 에덴은 곧 하늘과 땅이 하나 된 곳이요. 상대가 합일한 곳으로서 만상이 상생하는 곳이다. 즉 하나님의 뜻이 이룩된 생명의 동산이다. 다시 말해서 하나님의 사랑과 공의가 귀일된 낙원이다.

이렇게 천지가 하나 되고 하나님의 뜻이 성취된 곳에서 건부곤모(乾父坤母) 사이에 생한 인류의 시조 아담이 그곳 주인공이 되어 하나님의 공의의 축복과 사랑의 축복을 누리던 중 하나님의 뜻을 거역하였다.

이로 인하여 신(神), 인(人)이 상극하여 선악이 분리되었고 영육이 분리되어 생사가 걸렸다.

그러므로 인생은 영생에서 분리되어 사망으로 떨어졌다. 인간 자력으로는 그 사망의 법에서 헤어날 길이 없게 된 것이다. 오직 생명의 절대자이신 하나님께서 구원해 주시지 아니한다면 영생 길은 도저히 찾을 수 없는 일이다.

하나님의 사랑 안에서 속죄의 길은 죄와는 상관이 없는 하나님 아들의 피가 요구될 뿐이다. 그런고로 예수님의 십자가를 통하는 길 이외의 다른 길은 없다.

그 길을 利在田田이라고 할 수 있다. 즉 영원 안에 十자가를 밭 전(田) 자로 표시했다고 볼 수 있기 때문이다.

왜냐하면 십자가 지신 예수님의 생명 피를 판 값으로 사 놓은 밭은 피 밭이 되었고, 피 흘린 십자가는 천국 가는 생명 길이 되었으니 말이다. 피는 곧 생명이니 피 밭이란 곧 생명 밭이다(창 9:4).

콩밭에서 콩을 거두고 팥밭에서는 팥을 거두는 것같이 생명 밭에서는 생명을 거두는 것은 당연한 일이다.

"밭은 세상이요, 좋은 씨는 천국의 아들들이요."(마 13:38)라고 한 성경대로 본다면 예수님이 세상에서 생명의 씨 노릇을 하셨다. 그런고로 예수의 십자가를 통한 생명 밭에서 우리의 생명을 거둘 수 있다는 말을 '이재전전'이라고 할 수 있지 않는가?

다시 말해서 우리의 생명 알곡을 거둘 수 있는 곳은 '밭의 밭' 즉 밭 속의 밭 十자에 있다는 말이다.

콩 심은 밭은 콩밭이 되는 것처럼 세상에 생명을 심었다면 생명의 세상이 아닐 수 없다. 밭 전(田) 자 속에는 '十'자가 심어져 있으니 十자의 밭, 즉 十자가의 세상을 의미했다고 본다면 '이재전전'이란 말은 '十자가의 도(道)'가 아니겠느냐고 주장할 수 있었다.

즉 밭 전(田) 자 속의 길을 찾고 보니 十자가임이 틀림없다는 논리였다.

8. 참삶의 길은 '十자가의 도'

십승지지(十勝之地)란 말은 십자가의 승리한 곳이라고 그 '뜬 곳'을 찾을 때 피난지를 옳게 찾은 것이요. 참삶의 길을 찾는 것이라고 일러주었다.

이 말은 십승지라는 곳곳을 찾아다니며 전도를 하는 동안 점점 이론적인 체제가 서면서 성경 말씀에 적응시킬 수가 있었다. 이처럼 성령은 말씀을 통하여 어디든지 뚫고 들어가 그 운동력이 강하게 역사하고 있음을 실감할 수 있었다.

그들의 심지 속에 굳게 뿌리박힌 미지의 신앙 바탕이 생명 길을 찾는 확신의 신앙체계로 전환한다는 것은 그리 쉬운 일이 아니었다. 그렇지만 그들이 당당하게 세우고 있던 사상과 용어와 학문과 문자라 할지라도 성경 말씀 앞에는 굴하고 있었다. 그 이유가 무엇일까? 한학으로는 분명히 내 실력으로 그들을 감당할 수 없는 정도였다. 그런데도 그들의 학문이 성경 말씀 앞에서는 용신을 못했다. 오히려 성령 진리를 뒷받침하는 그들의 학문이었다.

"복음은 말로만이 아니고 능력과 성령과 확신으로 된 것이라."(살전 1:5)는 성경 말씀대로 복음이 생명으로 역사하고 있기 때문이다.

그런고로 성령 역사는 하나님의 말씀을 세상에 실현하고 있는 운동임을 알 만했다. 이렇게 성령이 역사해 주는 고로 그들의 술어와 학문형을 일 획도 손상하지 않고 몽땅 삼켜 버린 셈이 되었다.

그 문제 그대로 소화해 활용하였기 때문에 '십자가의 도'가 구원 길임을 쉽게 입증할 수 있었다. 그들의 글은 어디까지나 뜻글이었기 때문에 그만큼 그들에게 납득이 빨랐다.

십자가로 죽음의 피밭이 생명의 낙원으로 변화하게 된 것은 십자가를 통한 성령의 역사가 있기 때문이다. 즉 십자가는 피 있는 죽음의 사람이 생명 있는 에덴 사람으로 변화를 받을 수 있는 바탕이 된 것이다.

그런고로 '이재전전'은 십자가의 피밭이요, '궁궁을을'은 생명의 낙원이라고 해석해 줄 수 있었다.

이렇게 생문방을 찾는 데는 변화를 받아야 하는데 변화 받는 길은 오직 하나님의 신, 성령을 받아야 한다. 이것이 필수조건이란 말을 한 데서부터 참된 신자가 되는 도리를 설명하게 된 것이다(롬 8:11).

성령은 믿음으로 받는다(갈 3:14, 엡 1:13). 그런고로 믿으면 구원받는다는 말은 독선이 아니다. 생명의 근원을 찾는 과정이다. 하나님은 알파와 오메가요, 처음과 나중이요, 시작과 끝이시다(계 22:13). 만물이 다 주 안에서 나오고 주께로 돌아간다(롬 11:36). 이제 있는 것이 옛적에 있었고 장래에 있을 것도 옛적에 있었던 고로 하나님은 이미 지난 것을 다시 찾으신다. 하나님께서 찾으시는 그 근본으로 돌아가는 것이 사는 길이다.

9. 허공을 치는 사람들

밤을 새워가며 전도하는 동안 어느덧 정이 들었던지 그 동리를 떠나려 하니 "나는 너희들에게 빚진 자"라고 말한 바울 사도의 심정과 같이 그들에게 무슨 빚이라도 진 것 같은 심정이었다.

좀 더 있다 가라고 만류하는 청소년들의 그 진정 앞에 무엇인가 안겨 주고 싶었지만 주지 못하는 아쉬움이 내 발길을 무겁게 했다. "내게 은과 금은 없지만 내게 있는 것으로 네게 주노니 곧 나사렛 예수 그리스도의 이름으로 걸으라."(행 3:6)던 베드로처럼 예수의 이름만을 안겨 주고 떠난다는 자위를 받으며 문밖으로 나섰다.

문 앞에 대기하고 섰던 할머니가 한 분 있었다. 아기를 등에 업고 지루하게 오랫동안 있었던 것 같았다. "나는 덩주(定州)서 와시요."하고 첫인사를 하는 평안도 사투리 그대로의 어조, 고향 땅에라도 온 것 같은 반가움을 느꼈다. 내 고향이 평안도라는 말을 누구에게 듣고 왔는지 고향 소식이라도 듣고 싶어 나를 반겼다.

나 역시 고향 친척이라도 만난 듯이 반가웠다. 그는 물어보기도 전에 자기의 신세타령을 늘어놓기 시작했다. 그의 등에 업혀 있는 어린 아기의 모습이 그 넌더리를 한층 더 북돋워 주는 듯했다. 피골이 상접한 영양실조의 그 어린애 모습이 그들의 곤경을 입증해 주고도 남음이 있었다.

세상이 당장 무너지는 것만 같아서 그 많은 가산을 다 버리다시피 갑작스럽게 정리해 가지고 온다간다 소리 없이 도망치듯 해서 그곳까지 왔다는 것이다. 소문 없이 가만히 떠나야 한다는 것이 정감록 비결이기 때문이다.

그 고생을 감수하면서 그래도 새 시대의 소망을 갖고 있었던 옛 처녀의 시절이 덧없이 흐르고 오늘에는 황천길을 바라보며 살게 된 늙은 몸이 된 것이다. 황천길보다 생명 길을 바라볼 수 있도록 그 사상을 전환해 주는 것이 무엇보다 급선무였고 그것이 참 전도란 것도 직감할 수 있었다. 하나님을 못 찾은 사람들의 일생은 그처럼 허무했다. 허공을 치는 이들이 어찌 그들뿐이랴? 향방 없이 달음질하는 패배자의 쓰라림이 그 일생을 덮어 버리고 있으니 그 향방을 제시해 주어야 할 것 아니겠는가?

어떻게 해야 그들에게 참삶의 길을 갈 수 있도록 해줄 수 있을까? 그들의 헛된 방향을 참된 길로 인도하는 것이 전도자의 할 일이건만 "힘으로도 못 하고 오직 하나님의 신으로 되느니라."(슥 4:6)라는 말씀대로 성령의 역사가 아니고는 불가능한 일이었다.

"형제들아 너희 중에 미혹되어 진리를 떠난 자를 누가 돌아서게 하면 그 사람은 그 죄인의 영혼을 죽음에서 구원할 것이고 또 많은 죄를 용서받게 해줄 것이라."(약 5:19,20)고 한 것도 성령을 통해서 가능한 일이다.

허공을 치고 있는 사람들을 위해 기도하고 그 동리 사람들을 하나님께 맡기고 그 동네를 떠났다.

10. 변론은 전도문 막아

그 산길을 더듬어 내려오다 보니 주막이 있는 큰길 가에 동네가 하나 있었다.

주막집에서 한 잔 술에 흥취를 걸고 흥겹게 한시를 읊고 있는 한학선비들이 있었다. 그들에게 전도를 하려고 술상 머리에 둘러앉았다. 무례한 길손인데도 술 한 잔 같이 하자고 인심을 쓴다. 정감록 신봉자다운 선비들의 술 인심이었다. 썩은 술보다 썩지 않는 신령의 새 술을 대접하러 왔다고 전제하고 "순천자는 존하고 역천자는 망한다."고 증거 했다.

"암, 그렇고말고…" 모두 호응한다. 그렇다면 하나님께 순종해야 하지 않겠느냐고 하면서 하나님께 순종하려면 예수를 믿어야 한다고 주장하게 되었다.

그때부터 "예수쟁이로구먼!"하고 무시하기 시작한다. 무시당하지 않겠다고 서로 유식한 말을 쓴다는 것이 그들이 "공자 왈…"하면 이진규 장로는 "맹자 왈…"하고, 나는 "예수 왈…"하고 유식변론장으로 화하고 말았다. 말에 몰린 그들 중에는 성을 발칵 내면서 나가 더니 더 유식한 한학자를 데려오기도 했다.

검은 수염이 잠긴 신경질 형의 또 다른 깡마른 선비는 그런 이단 소리 듣기 싫다고 가라 는 이도 있었다. 도저히 받아들이지 않았다. 좋은 술 흥을 깨버렸다고 눈을 흘기며 나가버 리는 이들도 있었다.

어떻든 그들의 가슴 속에는 생명의 씨를 심어주지 못한 채 자리는 흐지부지되고 말았다. 변론은 전도의 문을 막고 만 것이다.

"변론은 무익하니 변론은 버리라."는 바울의 말도 마음을 찔렀거니와 "자기 지혜로 하나 님을 알지 못하는 고로 하나님께서 전도의 미련한 것으로 믿는 자들을 구원하시기를 기뻐 하신다."(고전 1:21)는 성경 말씀이 내 마음에 경종을 주었다. "변론과 언쟁을 좋아하는 자는 교만하여 아무것도 알지 못하는 자라고 했고 주의 종은 다투지 아니하고 모든 사람 을 대하여 온유하며 참아야 한다."(딤전 6:4, 5, 딤후 2:23, 24)고 한 성경을 거역한 변론 이었으니 그 변론이 전도가 되었을 리 없었다. 변론은 교만에서 오고, 전도는 온유 겸손을 통한다는 것을 깨닫게 되었다.

내 교만을 꺾고 온유한 겸손으로 십자가의 길을 걷게 하기 위하여 호화판 순회 전도 길 을 막고 걸식 순회의 노방전도 길을 주신 하나님의 뜻을 잠시나마 망각했던 자신을 꾸짖 고 엎드려 기도했다.

11. 단상전도 보다 더 힘든 개인전도

자다 깨어나니 맹물에 삶아 놓은 국수 두 그릇이 풀어지고 있었다. 잠들기 전에 시켜놓 고 있던 국수였다. 이 장로님도 깨어나 마주 앉아 그 한 그릇으로 시장기를 풀었다. 한결 상쾌했다. 기도로 마음을 풀고, 잠으로 피곤을 풀고, 국수로 시장을 풀었으니 심신이 경 쾌하여 발걸음도 가벼웠다. 기울어지는 햇살이 왼쪽으로 몹시 뜨겁게 비치는 산등을 넘기 시작했다.

땀을 흘리며 숨이 막히는 듯 힘들게 고개턱을 오르면서도 어서 빨리 산정에 다다르고 싶 어서 급히 올라갔다. 한껏 올라간 산정인 줄 알았는데 그 능선 서쪽으로 평지가 약간 있었 고 초가집 세 채가 있었다. 별유천지 같은 느낌이었다. 그런 산상에 사람이 살고 있으리라 고는 생각지 못했다가 집을 보니 신기하기만 했다.

그래서 한 집 한 집 다 들어가 보았다. "예수 믿고 복 많이 받으세요."하고 첫 집 문 앞에 들어서니 안방 문이 활짝 열려 있었다. 그 집에는 비쩍 마른 병자가 자리에 누워 있었을 뿐 아무도 없었다. 기도를 해주어도 아무런 반응도 없이 신음소리가 가끔 들릴 뿐이다.

또 한 집은 문이 꼭 닫힌 채 비어 있어 쓸쓸하기만 했다. 또 다른 한 집도 비어 있었는데 그 집 할머니는 아기를 업고 샘가에 나와 앉아 나물을 씻고 있었다. "예수가 무엇이요?"하고 예수의 이름도 모르는 할머니였다. 석가나 공자는 알아도 예수는 몰랐다. 그런 이에게는 예수를 알린다는 것이 그리 쉬운 일이 아니었다. 알거나 모르거나 한참 설명을 해주었다. 예수는 하나님의 아들로서 이 땅에 오셔서 죄인을 구원해 주시기 위해 십자가에 달려 죽으시고 다시 부활하셔서 천국에서 계시면서 지금 성령으로 이 땅 위에 사람들의 심령 속에서 역사하고 있다는 요지를 증거 한 것이다.

그러니까 예수를 믿으면 구원을 얻는다고 예수를 믿으라고 권면했다.

"구원이 무엇이요?"하고 또 묻는 데는 답답하기만 했다. 같이 섰던 이 장로님도 답답했던지 "죽지 않고 사는 것이 구원이요."하고 성난 것 같은 어조로 한마디 내붙인다.

"육신이 죽어도 영혼은 영원히 살아서 천당에 있게 됩니다."하니까 천당이 어디냐고 또 묻는다. 이 장로님은 성급하게 "극락은 알면서 천당을 모른다 말이요?"하고 수하 사람 꾸짖듯 했다.

그래도 그 할머니는 진심이었다. "그러면 극락도 천당이라고 합니까?"하고 묻는다. 묻는 그대로 대답할 수밖에 없었다.

석가는 거기에 가는 길을 가르쳤고, 예수는 그 길 노릇을 했다고 하니까 그 할머니도 묻고 싶지도 듣고 싶지도 않았던지 어떤 말을 하거나 "예, 예…"로 대답이 일관했다. 나 역시 말할 흥미를 잃고 돌아섰다.

수만 사람을 앞에 놓고 단상에서 전도하기보다 더 힘든 개인전도임을 뼈저리게 느꼈다.

그 수확으로 보아도 더 말할 나위 없는 일이었다.

12. 속리산 주변 앞뒤에서

그런데도 왜 하나님께서는 이 길을 가게 했을까? 다시 생각해 보았다.

첫째는 내 교만을 꺾고 겸손을 키워주기 위해서였고, 둘째는 한 사람 생명이 천하보다 더 귀한 줄을 알게 하기 위해서였고, 셋째는 산골 피난지 찾아가 있는 그들에게 참 피난지를 알려 주기 위해서였음을 깨달을 수 있었다.

내속리(內俗離) 외속리(外俗離) 접경 산정에 세 집 있는 마을에서 세 가지를 깨달았으니 '삼가촌삼각처(三家村三覺處)'요 세속을 떠난 '속리도 피난지(俗離道 避難地)'가 예

있으니 이곳에 머물고 싶다면서 앉을 자리를 찾아보았으나 나무 그늘조차 보이지 않았다.

그러나 나는 그곳에 초옥 한 칸만 있으면 그곳에 그냥 머물러 살고 싶었다. 속세와는 격리된 그곳에 내 진심을 심어 놓고 싶은 심정이었다.

하룻밤이라도 그곳에서 자고 갔으면 좋겠지만 잘 방도 없고 노숙할 만한 자리도 없기에 할 수 없이 그곳을 떠나야 했다.

내려가는 길은 올라오던 반대쪽 길인데 약간의 경사진 지대로서 가파른 뒷길보다는 평지 같은 길이다. 그러나 길 좌우로 잡목이 우거져서 답답하기는 저쪽보다 더했다. 또 내려가니 큰길이 나타났다. 큰길을 찾는 순간 마음속 대로가 열리는 듯했다. 날은 이미 저물었고 몸도 지쳤는데 속리산 법주사 경내인 듯한 곳에 어느 초가집이 있었다. 거기에서 마음을 풀고 하룻밤을 지냈다. 아침을 먹고 떠나려고 툇마루에 나섰는데 정복현 장로님이 분주히 그 골목을 찾아 들어오고 있었다. 누구를 찾는 듯 두리번거리는 모습이 어찌나 반가운지 "장로님!"하고 큰 목소리로 불렀다. 천리타향에서 만나는 반가움, 주 안의 한 가족을 만나는 해후의 기쁨 금할 길 없었다.

이제 3인이 일행이 되어 속리산을 넘었다. 우거진 숲속으로 가고 또 가서 문경 땅에 이르렀다. 골짝골짝 논 머리에는 농군들이 점심을 먹는 광경이 여기저기 눈에 띄었다.

지나는 길가 가까이 있는 논 머리에 모여 앉아 점심식사를 하려고 쉬고 있는 이들이 있었다. 남녀 약 20명 정도는 되는 듯했다. "예수 믿고 복 많이 받으세요."하고 정답게 전도를 했다. "여수요, 좋지요…"하고, '예수'라고 발음이 안 되어서인지 아무리 '여수'가 아니고 '예수'라고 일러 주어도 막무가내였다.

여수를 어떻게 믿어야 하는 것인지 알려 달란다. 부근 예배당에 나가면 된다고 했으나 50리 밖 읍엘 나가야 예수당이 있다는 것이다. 논 머리 풀판에 점심을 펼쳐 놓고 같이 먹자고 강권하기에 못 견디는 척하고 밥그릇을 받아 들었다.

그 집과 그 동리와 나라를 위해서 진심의 기도를 드렸다. 그 기도 소리에 감동을 받았는지 모두 기쁜 마음으로 대해 준다. 많이 잡수시라고 권면하는 정성을 하나님께서 받아 주시기를 빌면서 맛있게 먹었다. 반찬 한 가지라도 더 갖다 주려고 애쓰는 아가씨들의 진심, 그때의 그 고마움은 두고두고 잊히지 않는다. 소자 하나에게 물 한 모금을 준 것까지도 잊지 않으시겠다는 주님의 사랑을 먹는 듯했다.

그들이 사는 동리에 예배당을 세워 주었으면 온 동민이 다 믿겠다고 하는데도 교회당을 세워 주지 못하는 아쉬움을 느끼며 그곳을 떠났다.

동리마다 만나는 사람마다 전하고 또 전하며 가고 또 갔다.

13. 노방전도 하다 만난 젊은 아주머니

어떤 시냇가에 이르렀을 때의 일이다. 60세가량으로 보이는 키 큰 노인이 8척가량의 통나무를 하나 메고 그 제방 둑을 지나가고 있었다.

"예수 믿고 복 많이 받으세요."했더니 "예 어디서 왔나요?"하고 발걸음을 멈춘다. "용문산에서 왔습니다." "아, 용문산이요, 나 장로님 안녕하신가요?"하고 안부를 묻는다. "나 장로님을 잘 아십니까?"하니까 "예, 잘 알고 말고요. 가서 안부나 전해 주세요."하고 나 장로를 뻔히 바라보면서도 나 장로를 몰라본다. 나도 그가 누구인지 알 수가 없었다.

"누구라고 할까요?" 되물어 보았으나 그는 이름도 안 대주고 "그리 그쯤 해도… 문경 땅에서 만났다고만 해도 알 것입니다."하고 더 이상 말할 필요도 없다는 듯이 가던 길로 발길을 돌린다.

그 앞에는 큰 산과 그 밑에 큰 동리가 보인다. 가서 전하겠다고 따라갔다. 그는 한사코 따라오지 말라고 막는다. 그 동리에는 교회가 있으니까 일부러 전도하러 들어올 필요가 없다는 것이다.

아무리 보아도 그는 그 동리 교회의 교역자인 듯했다. 나 장로님을 한 번 모셔다 집회를 했으면 좋겠다는 말을 하는 것으로 보아 단상 나 장로는 알면서도 노방 나 장로는 몰라보고 있는 것이 분명했다.

어떻든 나를 안다니 반가웠다. 조금 앞으로 나가면 장터가 있으니 그곳으로 가면 오늘이 장날이니까 전도하기 좋을 것이라고 가 보라기에 장터로 나갔다.

노방전도를 노래로 시작했다. 남이 아는 노래를 하다가 틀리는 것보다 남이 모르는 나의 자작 노래를 불렀다. 탕자를 향한 전도 노래를 한참 부르고 가사 대로의 노방전도를 시작했다.

여보시오 형제여 어디로 가오/부여잡는 부모의 손을 뿌리치고/가는 그곳 참삶이 있을 줄 아나/죄악 세상 무정해 너 괴롭힌다/정처 없이 가는 그 길 편할 줄 아나/가도 태산 와도 태산 험산 준령뿐/답답한 정 그 누가 알아줄 손가/ 가슴치며 운단들 무엇하리요/들어올까 바라는 그대 어머니/등잔불 밑 외로이 기대앉아서/오늘이나 행여나 오는가 하는/마음 졸인 가슴속 너 왜 모르나/

어젯밤 꿈 내 아들 보인다 해서/이집 저집 다니며 자랑하다가/안 온다고 돌아서 눈물 흘리는/아버지의 애달픔 너 왜 모르나/돌아오라 돌아와 네 본향 찾아가/기다리는 부모의 정 든 품속 밑/참사랑과 참 위안 넘쳐흐르니/여기에서 참삶을 누리리로다/사는 길을 찾아서 어서 돌아와/하나님의 영원한 품에 안겨서/평화 낙원 생명수 마시며 살자/돌아오라 돌아와 예수 앞으로….

이 가사는 곧 내 노래요, 내 전도였다. 장꾼들이 몰려들어 열심히 듣다가 눈물을 흘리는 젊은이들도, 눈물을 닦는 어머니 아버지들도 여기저기 보였다. 자리를 옮기면 또 따라와서 듣고 또 듣는 사람들이 많았다.

노방전도를 한참 하고 나니 어떤 젊은 부인이 앞으로 다가오더니 "용문산에서 오시지 않았습니까?"하고 묻는다. 그렇다고 했더니 "나 장로님 아니세요?"하고 다시 물으니 아니라고 할 수도 없었다. 실은 나 장로라고 하지 않고 그냥 전도 대원 중 한 사람으로 행세하고 다니던 중이었다.

그런데 내가 나 장로라니까 그는 너무 의외라는 듯이 어쩔 줄을 모르고 당황해한다.

그는 기어이 가까운 음식점으로 안내를 했다. 시장했던 차에 푸짐한 대접을 받고 나니 피곤에 지친 몸이라 졸음을 이길 수가 없었다. 할 수 없이 그 상 머리에 그냥 쓰러졌다. 거꾸러진 그 자리에서 그냥 실컷 잠을 잤다.

남의 음식점에서, 그나마 장날이었는데 한 방을 독차지하고 자고 나니 그 음식값은 물론이려니와 방세까지 그 미지의 젊은 아주머니가 다 물어 준 모양이었다. 나그네를 대접하라신 하나님의 말씀도 알 만했고 나그네의 하나님이심도 알 만했다(히 13:2).

성령은 이처럼 지나가던 장터에서도 역사하고 있었다. 그 아주머니는 어디에서 사는 누구인지도 알 수 없었고 어디로 사라졌는지도 알 수 없었다.

다른 데서도 늘 얻어먹으면서 다녔는데 왜 거기에서 미지의 아주머니에게 얻어먹은 것은 그렇게 잊히지 않는지 알 수 없는 일이다. 그때도 그 고마움을 잊을 수 없어 하나님 앞에 진심으로 그 사정을 낱낱이 아뢰고 그 얼굴도 모르는 아주머니를 위해 복을 빌어 주었다.

그는 복 받고 살면서 자손들도 잘 되었으리라고 믿는다. 그때에는 약 30세 내외의 젊은이였지만 지금쯤은 환갑을 훨씬 넘은 백발 할머니가 되었을 것이다. 그가 누구인지는 지금도 모른다.

14. 성경 말씀이 큰 힘을 주어

그곳을 떠나 또 다른 곳으로 돌다가도 시골 장터 장날만 만나면 하나님께서 주신 기회라고 믿어졌기 때문에 그 기회를 놓치지 않고 기어이 전하곤 했다.

한번은 문경 땅 용암이란 장터였던 것 같다. 지서 앞에서 전도를 하다가 순경에게 쫓겨서 밀려다니는 것이 다섯 번이나 자리를 옮기게 되었다. 그러는 동안 시골 장터 얼마 안 되는 장꾼들이라 거의 다 들었을 것이다.

땀에 젖은 몸으로 처마 그늘 밑 어느 툇마루에 걸터앉았다. 짐을 벗고 땀을 닦으며 쉬고 있을 때였다. 청년들도, 할머니들도, 아저씨, 아줌마 할 것 없이 수십 명이 따라왔다. 사이다, 계란, 빵, 사과 등 각종 먹을 것을 각각 가지고 왔다. 수고했다면서 치하도 하며 먹으라고 인정스럽게 권한다.

오순절적 성령 역사는 처마 밑에서도 일어났다. 서로 반가웠고 다정스러웠다. 생면부지 서로 모르는 처지였는데도 이처럼 사랑 안에서 삽시간에 하나 되는 모습을 보였다. 이것이 곧 오순절 초대교회 모습임을 절실히 느꼈다. 이들이 사랑으로 얽힌 그 마음으로 모여 하나님께 예배를 드린다면 그곳이 곧 교회가 될 것 아니겠는가?

그들은 서로 자기 동리로 가서 전도해 달라고 요청했다. 생명의 씨가 그들의 마음 밭에 떨어진 증거였다. 그중에는 구장도 있었다. 이렇게 불신자들에게도 성령은 차별 없이 역사하고 있었다.

그들과 언제까지나 같이 있고 싶고 또 따라가고 싶기도 했지만 교회로 나가라고 권면을 하고 그곳을 떠났다.

가는 곳마다 불신자의 환영은 받았지만, 오히려 교회와 교역자들에게는 핀잔을 당하는 경우도 있었다.

교회 망신은 저런 것들이 시킨다면서 남부끄럽다고 노방전도 하는 자리를 피하는 교역자들도 있거니와 그런 광신적인 발광을 한다고 누가 믿겠느냐고 면박을 주는 이도 있었다.

"용문산에 돌아가면 나 장로에게 좀 일러주시오. 남에게 부덕이나 끼치고 돌아다니는 사람들 좀 내보내지 말라고 말이요."하고 타이르는 사람도 있었다. 또 어떤 곳에서는 예배당에 들러서 기도하다가 거기서 하룻밤 쉬고 가겠다고 간청을 해도 들어주지 않았다. 밀어내고 문을 채워버리는 데야 어찌할 수 없이 쫓겨나곤 했다. '내 집은 만민의 기도하는 집'이라신 하나님의 말씀이 무색해질 정도였다(사 56:7, 눅 19:46).

차라리 불신자의 집을 찾아 들어가면 거절당하는 일이 그리 없었다. 불신자들 상대로 전도하라는 하나님의 뜻인 줄 알고 그 후로는 교회 없는 동네를 찾아다니며 전했다.

두메산골을 찾아다니는 노방전도의 길이 편할 리가 없었다. 가도 태산, 와도 험산, 가로막힌 준령뿐 어디를 가나 고난 길이기는 했지만 "좋은 소식 복된 소식을 가져오며 구원을 선포하는 자의 산을 넘는 발이 어찌 그리 아름다운고"(사 52:7) 하는 이 성경 말씀이 나에게 큰 힘을 주었다.

미약한 내 발걸음을 통해서도 하나님의 말씀이 일부나마 성취되고 있다는 것을 생각하니 나는 복된 전도 여행길을 걷고 있다는 자부심과 긍지를 갖고 행복감을 느끼기도 했다.

15. 억지 대접을 받은 일도 있어

어떤 산등을 넘으니 날이 저물어 더 이상 갈 수가 없었다. 거기가 예천 용문산 부근인 듯했다.

산 밑에 마침 동네가 하나 보이기에 그리로 찾아 들어갔다. 초가집은 보이지만 기와집은 보이지 않았다. 그러나 그중 제일 커 보이는 대문 달린 집으로 찾아 들어갔다. 그때까지 보리타작을 마치고 밖에 있는 보리를 간직하느라고 몹시 바쁘게 서두르고 있었다. 장마철이라 날씨도 흐리고 어두움도 짙어가고 있었으니 농가로서 보통 바쁜 일이 아니었다. 그런데다가 낯모를 사람들이 불쑥 산촌에 나타났으니 당황하지 않을 수 없었을 것이다. 몹시 경계를 하는 눈치였다.

아무도 대화의 대상이 되려 하지 않는다. 아무리 전도자라고 신분을 밝히며 안심을 시키려 애써 보았으나 막무가내였다. 할 수 없이 마지막에는 "사람이 사람 집을 찾아왔는데 이럴 수가 있단 말이오?"하고 호통을 쳤다. 그제서야 주인인 듯한 분이 정색을 하고 "총망 중에 결례를 했습니다. 이리 들어오시지요."하고 점잖게 친절을 베푼다.

바쁜 일손을 멈추고 방 안에 호롱불을 켜는 등 공손히 손님 대접을 하느라고 성의를 보이는 데는 도리어 송구스러웠다.

밖의 일은 아랫사람들에게 다 맡겨 버렸는지 방 안에서 떠나지 않고 손님 대접에만 주력하고 있었다. 저녁도 배부르게 대접을 받고 피곤에 지친 주인에게 밤늦도록 전도를 한다고 애써 보았다.

그러나 외면으로 대답할 뿐 중심으로 받아들이는 기색은 아니었다. 억지 순응을 하고 있었다.

"저희가 능히 믿지 못한 것은 이 까닭이니 곧 이사야가 다시 일렀으되 저희 눈을 멀게 하시고 저희 마음을 완고하게 하셨으니 이는 저희로 하여금 눈으로 보고 마음으로 깨닫고 돌이켜 내게 고침을 받지 못하게 하려 함이라 하였음이더라."(요 12:39,40)고 한 성경 말씀이 응하는 장면을 실감했다.

셋이 둘러앉아 한 사람을 설득 못 시킨 아쉬움의 전도였다. 아침까지 대접을 받고 그 집을 떠났다. 개운치 않은 발걸음이었다. 그러나 그 집 주인은 개운했을 것이다. 귀찮은 길손 세 사람이나 치러 보내노라 마음에 없는 접대를 하다가 떠나보냈으니 그 얼마나 시원했으랴.

이런 점을 생각하니 남에게 귀찮은 존재 거추장스러운 인간 노릇을 하는 것 같아 마음이 몹시 부담스러웠다.

장터에서 만난 미지의 아주머니가 대접한 그의 정성과, 부잣집에서 억지 대접을 받은 그의 체면과는 천지 차이임을 느꼈다. 하나는 주 안의 사랑이고, 하나는 주 밖의 인사였다.

이 두 가지 중에서 어느 편을 택할 것인가? 묻는다면 누구나 다 주 안의 사랑 편을 택할 것 아니겠는가? 그것이 곧 하늘의 뜻이 이 땅 위에 이루어지는 표본이다.

그 사랑의 세계가 이루어질 때까지 귀히 쓰이는 그리스도의 정병으로 전진이 있을 뿐이다. 다부지게 마음을 먹고 힘차게 산골길을 걷고 또 걸었다.

16. 비에 막혀 3일을 묵는 동안의 전도

어느 산촌 용문산 절이 멀지 않은 동네였다. 그 동네에서 전도를 하노라니까 소낙비가 내리기 시작했다. 우선 가까운 집으로 뛰어들어갔다. 뜨락으로 툇마루로 의지가 될 만한 곳에는 어디에도 보리단이 꽉 차 있었다.

잠깐 들린다는 것이 비가 계속 내려 그 밤은 그 집에서 묵을 수밖에 없었다. 하룻밤도 아니고 비가 계속 내리고 있어 할 수 없이 사흘이나 묵게 되었다. 답답하기도 했지만 그 집 식구들을 대할 면목이 없었다. 세 사람이 방 하나를 차지하고 매일 세 끼니를 해다주는 밥만 먹고 있었으니 마음의 불안이란 이루 형언할 수 없었다. 잠시도 멎지 않고 내리는 비가 원망스러웠다.

그러나 성경 보다가 기도하고, 기도하다가 찬송 부르고, 밥 주면 밥 먹고, 감자 주면 감자 먹고, 피곤하면 잠자고 하는 동안 하나님께서는 같이 해주셨다. 성령으로 그 집 식구들의 마음을 감동시켜 주셔서 언제든지 같이 와서 예배드리자면 두말없이 있는 식구대로 모두 참석해 주었다. 예수라고는 전혀 모르던 집이었다.

그런데도 싫다 하지 않고 낮이고 밤이고 예배드릴 때마다 참석하여 전도를 잘 받아들였다.

결국 이것이 기회가 되어 그 집 온 식구가 구원을 받게 되었다.

그 집을 구원시키기로 택해 놓으시고 하나님께서 전도자들을 몰아넣었던 것만 같았다. 그 집을 위해서 복을 비는 기도를 드리면 성령의 감동이 어찌 그리 크던지 하나님께서 다 들어 주시는 듯했다.

그 집에는 고등학교에 다니는 학생이 하나 있었다. 그 학생은 키도 크고 태도도 묵직하고 말도 별로 없는 편이었다. 8월 집회에는 용문산에 꼭 오겠다고 약속도 했다.

3일 후에 비는 개는 것 같으면서도 아직 비는 약간씩 내리고 있었다. 더 이상 있을 면목이 없어서 옷을 걷어붙이고 떠났다. 냇물이 많아져서 내를 건널 수가 없다고 온 식구들이 만류했지만….

외식 없는 진심의 만류였다. 냇물은 뻘건 황토물이 가득 차서 흐르고 있었다. 감히 들어설 엄두도 나지 않는다. 망설이다가 그 주인의 부축을 받아 옷을 벗어들고 간신히 내를 건넜다.

그 후 날은 점점 개기 시작하여 길 가는 발걸음을 한결 가볍게 했다. 지금도 그 집을 잊을 수가 없다. 그 집에 행복이 깃들기를 비는 마음 간절하다.

17. 금당촌 거루고각을 찾아 들어가

어느덧 예천 금당촌(金塘村)에 당도했다. 그 동네는 십승지지 중 한 곳으로 꼽히는 피난지로 알려진 곳이다. 기와집이 즐비한 큰 동네였다. 그 당시 6백 호나 된다고 들었다.

그 동네에서 제일 큰집, 대문체가 우뚝 솟아 있는 대궐 같은 집으로 들어갔다. 개들이 무섭게 짖으며 마주 나왔다. 개 짖는 소리가 야단스러우니까 부엌에 있던 부인이 내다본다. 당당하게 문 앞으로 다가서는 우리 일행을 수상스럽게 바라보는 눈치였다.

"예수 믿고 복 많이 받으세요."하고 전도로 인사를 대신했다. 그 부인은 아무런 대답도 없이 머뭇거리며 어찌할 줄은 모르는 몸가짐이었다. 앞으로 다가가면서 주인을 찾았다.

"어디 나가시고 안 계시나 봐요."하고 대답을 하면서 뒤로 물러나고 있었다. 참말로 안 계신 줄만 알았다. 세 사람이 각각 한마디씩 제 나름대로의 전도를 하고 돌아서 사랑방 문 앞을 지나는 때였다. 높이 있는 사랑방 난간에서 갑자기 큰 소리가 났다. 성급히 나서며 호통을 치는 주인이었다. 그는 약 50 정도로 보이는 만만치 않게 생긴 거구의 신사였다.

"어디서 이런 것들이 남의 내정에까지 들어와서 함부로 수작이야…."하고 그다음 말은 무슨 말인지 야단을 치고 있었다.

욕이야 하거나 말거나 "예수 믿고 복 많이 받으십시오."하고 공손히 머리를 숙여 인사를 했다.

"이런 것들이 어디 있어? 예수가 무엇인지나 알구 그래?"하고 인간 이하의 무시를 한다.

"네, 예수는 만민의 구세주가 되시는 하나님의 아들이십니다."했더니 싸움이라도 하려는 듯 손짓을 해가며 "아, 이런 것들이 누구를… 이리 좀 들어와, 이리 좀 들어와요."하고 몹시 서두른다.

장마철이라 비에 젖고 땀에 젖은 단벌옷으로 이리저리 굴러다니던 우리의 모습은 몹시 초라했다. 웅장하게 높이 지어진 사랑방에 들어가자니 방안을 더럽힐까 조심스러웠다.

그는 우리의 말은 들으려고도 않고 다짜고짜 책상에 있는 책들을 끌어내 무더기무더기 쌓아 놓는다.

그중에는 특히 한문책 '사서삼경'(四書−論語, 孟子, 中庸, 大學/三經−詩經, 書經, 周易)도 보라는 듯이 두드러지게 앞에 내놓는다. 그리고 주역 중에도 '내구당주역'을 더 자랑삼아 들춰 보이고 있었다. 그리고 나서 하는 말이 "본래 예수교란 인도에서 불교의 금강경(金剛經)을 알렉산더가 갖고 가서 그 속에서 발췌해 낸 것으로 변조시켜 만든 것이 예수교의 경전인 줄이나 아나요?"하고 자신만만하게 상대를 얕보고 하는 어투였다.

하도 어이없는 말을 하기에 그냥 듣고만 있다가 "알렉산더가 어느 시대 사람입니까?"하고 물으니까 그는 멍하니 딴 곳만 바라보고 있다가 못 들은 척하고 딴소리를 늘어놓기 시작한다.

"우리 성경은 구약은 기원전 1,500년경 모세의 기록으로부터 기원전 430년까지의 많은 선지자들의 기록을 모아 놓은 경전이고, 신약은 예수님 이후 기원 1세기 초에 사도들의 기록을 모아 놓은 경전인데 알렉산더가 그때 사람이었던가요?"하고 반문해 보았다. 그는 대답이 막힐 수밖에 없었다.

영국의 철학자 알렉산더라면 서기 1859~1938년의 근대 사람이고 마게도니아왕 알렉산더 대왕이라면 기원전 356~323년의 사람이니 말이다.

기고만장하여 도서 시위를 벌이던 그는 콧대가 꺾였는지 그때부터 수그러지기 시작했다.

18. '호연지기'로 시작된 전도

말문이 막힌 그의 말문을 열기 위해서였던지 한학자이신 이진규 장로님은 "참 좋은 책 많이 가지고 계십니다."하고 이 책 저 책 뒤지면서 그 표제만 보고도 한 구절씩 신나게 읊으며 실력이라도 과시하는 듯 암송을 하다가 호연지기(浩然之氣)라는 어귀가 나오니까 "선생님, 호연지기라면 어떤 것을 의미하는 것일까요?"하고 물었다.

그 주인은 더듬더듬 자신 없는 듯한 대답을 하고 있더니 결국은 인간 의기(義氣)에 결부시켜 버리고 말았다.

당치 않은 해설이었다. 이 장로님은 못마땅하다는 듯이 "그럴까요?"하고 무엇을 생각하는 듯하더니 "하늘과 땅 사이에 가득 차 있어 만물을 생동케 하는 원기(元氣)가 아닐까요? 즉 모든 사물에서는 완전 해방을 받은 태연한 호기(浩氣), 넓고 풍성한 하나님의 생기가 주는 정기(正氣)가 약동하는 모습 말입니다."하고 그 언사 표현에는 아쉬움을 느끼면서도 하나님과 인간 사이를 연결시켜 설명하느라고 애쓰는 모습이었다.

그 주인은 그대로 진정으로 긍정을 하는 것인지 무조건 "그렇지요, 그렇지요…."로 일관된 대답이었다.

나는 그 말을 듣고 있다가 즉흥적인 생각에서 "천지자연을 생성케 하는 근원이 되는 생명의 원기가 아니겠습니까? 하나님의 생기가 약동하는 그 기운 말입니다."

"에스겔 골짝 마른 뼈에도 생기가 들어가 일으킨 그 생기와 호연지기와는 무엇이 다를까요?"하고 묻기도 했다(겔 37:5∼10).

성경을 누구보다도 잘 아는 척하던 그는 머뭇거릴 뿐 대답이 없었다. 대신 이 장로님이 "그렇지요. 그 생기, 그 힘의 움직임이 곧 호연지기? 그렇기도 하지요."라고 대답했다.

"에스겔 37장 9절에 있는 그 생기가 사방에서 와서 붙어서 죽은 자를 살게 했다는 그 생기의 기운을 호연지기라고 할 수 있지 않을까요?"하고 또다시 나는 일부러 그에게 물었다. 그는 "그렇지요. 그게 다 그런 뜻이 아니겠습니까?"하고 무조건 긍정적이었다.

그이가 그 성경을 다 알아서인지 아는 척하는 것인지는 몰라도 어떻든 다 아는 것으로 인정하고 성경을 아는 사람들 대하듯 했다. 그래서 쉽게 차원 높은 성령을 전하는 전도로부터 '생명의 도'가 먹혀 들어간 셈이다.

영과 육이 구성된 우리 인간으로서는 건부곤모(乾父坤母)의 이치로 본다면 우리 육신보다는 영혼이 주가 되어 있기 때문에 신의 주관에서 벗어날 수 없다는 진리를 증거 했다. 그의 유식과 자존심을 바탕으로 삼고 뿌려진 씨가 되어서인지 너무도 쉽게 받아들이는 듯 했다.

한 마디의 부정적 반발도 없이 한 마디 한 마디에 순응하는 모습은 어린양같이 온순하기만 했다. 그렇게 기고만장하여 기세 당당하던 그이가 그물에 든 고기와 같이 그렇게도 꼼짝 못 하고 순응하리라고는 상상도 못 했던 일이다.

"내가 너희로 사람을 낚는 어부가 되게 하리라."(마 4:19) 하시던 주님의 교훈이 적용되는 순간 같기도 했다.

그때 옆에 앉았던 한의학을 전공한 정복현 장로님은 우리 인체 구조와 그 기능에 대하여 임상의학(臨床醫學)을 근거로 한 해설로 하나님의 존재와 인간 생명을 관련시켜 설명을 하기도 했다. 이렇게 신학, 철학, 한학, 의학까지 모두 동원시킨 전도였다. 그렇게 호랑이 같던 분이 어쩌면 그렇게 양과 같이 순해졌는지 모른다.

대화가 계속되던 중, 방금 삶아 김이 무럭무럭 나는 먹음직스러운 감자가 들어왔다.

"점심을 지어와야지 감자 가지고 됩니까?"고 꾸짖으며 점심을 재촉하는 주인의 모습은 정중했다.

그 진정의 성의로 또 가져오는 점심도 잘 얻어먹고 기도로 만복을 빌어 주었다.

성령은 이처럼 어디서든지 역사하여 그 완악하던 마음도 깨어 부수고 복음의 씨를 그 마음 밭에 심게 하셨다. 부디 돌짝 밭에 뿌려진 씨가 되지 않기를 진심으로 기도하고 그 집을 떠났다.

그 후 하나님은 계속 역사하셔서 필경 그 동리에도 우리의 일동 일교회 운동을 통하여 교회가 이루어졌다.

19. 성령은 대자연 속에서도 오두막집 안에서도

계곡을 따라가며 또다시 산길을 더듬기 시작했다. 산굽이를 돌아가니 맑은 물에 산 모래가 씻겨 밀린 백사장이 눈앞에 펼쳐져 있었다. 그 모랫바닥을 한껏 거닐고 싶었다. 앞이 꽉꽉 막힌 골짝 길에서 심신이 지쳤기 때문일 것이다.

그 맑은 물속에서 날뛰고 싶은 동심, 그 기암 절경 속으로 흐르는 맑은 물, 무엇인가 통하는 듯했다. 언어 없는 말로 나에게 무엇인가 무슨 소식을 전하면서 가는 것 같기도 했다. 더 좋은 낙원으로 쉬지 않고 말없이 가는 그 비밀의 처소라도 어디엔가 감추어 있는 듯했다. 그냥 지나기엔 너무도 아까워서 바위 등에 앉아도 보고 모랫바닥에 네 활개를 활짝 펴고 누워도 보았다.

입에서는 "참 아름다워라 주님의 세계는/저 산에 부는 바람과 잔잔한 시냇물/그 소리 가운데 주 음성 들리며/주 하나님의 큰 뜻을 내 알 듯하도다" 찬송이 절로 터져 나오기도 했다.

성령은 자연을 통해서도 역사하고 있음을 알 만했다.

해는 서쪽으로 기울기 시작했다. 그 아름다운 곳을 떠나서 또 걸어야 했다. 산중이라 한참씩 가고 가야 지나가는 사람을 만나게 된다. 만나는 대로 전도를 하면서도 결실을 거두는 것 같지 않아서 어디든지 가서 외치고 싶었다. 하지만 외칠 만한 곳을 만날 수 없었다. 산기슭을 돌아서니 산중 마을치고는 제법 큰 마을이 하나 있었다.

그 동네로 찾아 들어가는 길가에 오막살이 집 한 채가 있었다. 길보다도 낮은 땅 밭머리였다. 삽짝 문밖에 주인인 듯한 할아버지 한 분이 서 있었다.

"예수 믿고 복 많이 받으세요."하고 전도를 하니까 대답도 하는 둥 마는 둥 어설프게 바라보더니 "어디서들 오셨지요?"하고 묻는다.

"우리는 용문산에서 전도하러 나온 사람들입니다."하니까 "예? 용문산이요? 그런데 어디까지 가시는 길입니까?"하고 또 묻는다.

"별로 정처도 없이 여기저기 다니며 전도하고 있는 중입니다. 오늘 밤은 이 동리에서 하룻밤 지내며 전도했으면 싶은데 혹 유숙할 만한 집이 없을까요?"하고 물었더니 그는 잠깐 기다려 달라고 하면서 집으로 급히 들어갔다가 그 즉시 도로 나왔다.

나와서 하는 말이 "우리 집에는 두 늙은이밖에 없으니 방은 누추하지만 들어와서 주무시고 가시도록 하시지요."하고 뜻밖에 반겨 준다. 아마도 내외분이 합의가 된 모양이었다.

친절한 안내를 받으며 따라 들어갔다. 할머니는 부엌에서 무엇을 하다가 방으로 급히 들어가 방을 치우고 문을 열어준다.

갑자기 길손이 들이닥치는 것을 보고도 놀라지도 않고 침착하게 치울 것을 치우고 방으로 안내하며 기뻐하는 모습은 길손에게 큰 위로가 되었다. 어느덧 밖은 어두워졌다.

주인 할아버지 내외분이 왜 그렇게 친절한지 알 수 없었다. 저녁상도 정성껏 차려다 주어서 잘 먹었다.

예배를 드리자니까 두 분은 공손히 와서 머리 숙이고 앉는다. 예배를 마칠 때까지 송구한 태도와 긴장한 모습으로 듣기만 하고 있었다. 찬송은 모르지만 기도할 때에는 꿇어앉아 머리 숙여 정중한 기도 자세를 갖추고 있었다. 거기에도 성령은 역사하고 있었다.

20. 용문산 사모하는 난치병자 할머니

예배를 마치고 나니 그 집 할머니가 하는 말이 "용문산 소문만 듣고 늘 한번 찾아가 본다는 것이 이날까지 가 보지 못했습니다."하고 말문을 열기 시작하더니 자신의 처지를 고백하며 하소연했다. 실은 그 할머니가 몸에 난치병이 있어 어떤 방법도, 백방 백약도 무효하여 "용문산엘 가기만 하면 내 병이 꼭 나을 것만 같아서 기어이 가려고 했더니 그 정성이 하늘에 닿았는지 이렇게 용문산 손님들을 하나님께서 보내주셨습니다."하면서 그렇게 반가워했다.

그전에 예수를 믿으려고 예배당에 나가 본 일이 있기는 하나 이곳에 이사해 온 후로는 예배당이 없어 예수를 믿고 싶어도 믿지 못하고 있다는 것이다.

예배당을 믿는 것이 아니고 예수를 믿어야 한다고 설명을 해주면서 두 분이 마주 앉아 찬송 부르고 성경도 읽고 기도하면 된다고 일러 주었더니 찬송도 모르고 성경도 없다고 한다. 그리고 기도도 할 줄 모른다는 것이다. 이것이 어찌 이 한 곳뿐이랴?

동리마다 교회를 세우고 전도자가 배치돼야 하겠다는 생각이 들었다. 그래야 이같이 많은 생명을 구원해 내 수 있을 것이라는 확신이 왔다. 이것이 오늘 일동 일교회(一洞一敎會) 운동을 일으키게 된 동기가 되기도 했다.

교회 없는 동리에 사는 그 할머니의 애절한 하소연에는 그 아쉬움이 한두 가지가 아니었다. "용문산 나 장로님이 그리 유명하시다는데 그분을 한 번 뵙기만 해도 병이 곧 나을 것만 같아요."하고 용문산엘 가지 못해 안타깝다는 것이다.

옆에 앉았던 정 장로님은 "이분이 바로 나운몽 장로님이십니다."고 알려 주었다. 하지만 그 할머니는 또 한 번 놀란다. 당황한 표정을 지으며 "지성이면 감천이라더니 앉아서 나운몽 장로님을 뵙게 됩니다. 감사합니다. 이런 황송한 일이…"하면서 어쩔 줄 몰라 좌불안석이다.

급기야 밖으로 나가서 아껴 두었던 종자 닭을 잡았다. 밤새워 가며 전도도 했거니와 그 큰 닭 한 마리를 다 먹느라고 시간이 걸렸다. 찬송하고 기도하니까 어느덧 날이 새어간다. 어두컴컴한 호롱불 밑에서 정든 옛 친척이나 만난 듯 밤 가는 줄 모르고 이야기했다.

날이 다 밝은 다음에야 이리저리 되는 대로 누워서 자고 나니까 어느새 아침 밥상이 들어왔다. 또 먹었다. 그런 산중 초옥에서 푸짐한 대접을 받고 그냥 떠나기에는 무언가 미안한 마음 금할 길 없었다.

그러나 그 두 노부부의 기뻐하는 모습을 보니 큰 위로가 되었다. 그 난치병이 다 나은 것 같다면서 용문산 8월 집회에 꼭 오겠다고 약속했다. 작별 인사가 길가에 나와서까지 꼬리를 물고 잇따랐다. 섭섭한 마음으로 작별하고 그 집을 뒤돌아보며 그 동리를 벗어났다.

21. 평안도 집에서 감자 깎던 밤

가고 또 가서 소백산 밑 풍기 금계촌(金鷄村)에 당도했다. 그곳 역시 십승지지 중 한 곳이다. 동리 어구 길가에 있는 어느 초막집 안으로 들어갔다. 어두워지는 초저녁이었다. 상투를 틀어 올린 중년 노인이 그때까지 밭에서 일하다가 돌아오는 길이다. 흩어진 머리를 쓰다듬으며 낯 모를 길손인데도 반갑게 우리 일행을 맞아 주었다.

평안도 사투리가 한 획도 달라지지 않은 말투였다. 방으로 들어가 앉자마자 "이거 뭐 거더 이렇수다래…"하면서 밥상부터 갖다 놓는다. 좁은 방에 호롱불이 꺼질까 조심스럽게 갖다 놓았다. 사발에 고봉으로 담긴 큰 밥그릇과 훨씬 적게 담긴 밥그릇이 낡아빠져 이가 떨어진 좁은 밥상에 놓여 있었다.

내외분의 식사에 틀림없었다. 반찬은 고추장과 오이냉국이 한 그릇 있었을 뿐이다. 우리 셋과 주인이 함께 둘러앉아 그 두 그릇 밥을 다 먹었다. 마지막 한 술밖에 안 남은 밥을 놓고 서로 먹으라고 권하다가 "그럼 내가 먹어 치우디 뭐…"하고 주인이 그릇에 물을 부었다. 물 붓는 소리가 나니까 "에이구, 다 먹네"하는 부엌에 있던 부인의 목소리가 들린다.

이미 지어놓았던 밥 두 그릇을 다 들여놓고 한 술이라도 남기기를 기다렸던 모양이다.

그렇듯 없는 밥을 가로챘으니 미안하기 짝이 없었다.

미안해하는 우리 거동을 눈치챈 주인은 "그러믄 멜하우? 그거 뭐 괜찮아요. 또 해서 먹으믄 되디요 뭐…"하고 무뚝뚝한 평안도 사투리로 하는 말 속에는 아무런 감정도 없는 듯했다.

"에이구, 남덩내들은 거더 데리타니까, 쌀이 어디에 있소? 밥을 또 하게…"

"없으면 감재나 삶아먹디 뭐"하고 내외간에 안팎 없는 말이 오가고 있었다. 듣기만 하기에는 너무 미안하기에 나도 한마디 곁들여 "고롬, 거 잘 생각했수다. 감재나 좀 삶아 오구래. 우리도 좀 먹게스리…"하고 한마디 평안도 말로 덧붙였더니 "에이구, 이제 감재를 언제 깎을라구…"하더니 감자 한 바구니를 방안에 들여놓는다. 뒤따라 옹가지에 물과 숟가락도 들어왔다.

"옳지, 이걸 깎아야 준다는 말이지요?"하니까 그 대답이 걸작이다.

"그것 깎기 싫으면 먹지 말으구래 뭐…"하고 어느새 맞트고 노는 평안도 친구가 되었다.

그 밤중에 단칸방 호롱불 밑에 둘러앉아 감자를 숟갈로 깎아야 했다. 서툰 솜씨로 더디기는 했으나 여럿이 깎으니까 재미있는 작업이었다. 이런 말 저런 말 평안도 옛이야기로 꽃을 피우며 깎은 감자를 어느덧 맛있게 삶아 갖고 들어 왔다.

정감록 비결을 보고 피난지를 찾아온다고 그곳까지 왔다는 그들에게 참 피난지는 하나님을 찾아야 피난지라고 전도하면서 기도하고 감자도 먹으며 그 밤을 지냈다. 산간초옥 단칸방 호롱불 밑에서 전도하는 맛은 별미 급이었다.

22. 독보 천리 길 떠나

밤늦도록 전도한다는 것이 마지막에는 잡담이 더 많아졌다. 피곤에 지쳤던 몸 잡담하다가 이리저리 쓰러졌다. 이불도 없이 팔굽 베개를 베고 잤다. 모기 들어올까 꼭꼭 닫은 문간방 좁은 방에서 답답하기 짝이 없었다. 새벽에 밖으로 튀어나와 맑은 공기를 값없이 만끽했다. 어스름 달빛 아래서 "주여…" 소리가 절로 나왔다. 하늘을 향하여 "주여, 주여…"를 연발하며 마당을 거닐고 있었다.

그때 문득 '잡담은 도(道)를 흐리고 침묵은 도를 밝힌다.' 라는 소리 없는 음성이 들려왔다.

분명한 영감이었다. 사실상 지난밤은 잡담이 지나쳤다. 일행이 여럿 있으니 불가불 세상 소리들이 뒤따르기 마련이었다.

나는 혼자 떠나기로 하나님 앞에서 결심했다. 침묵은 혼자서라야 지킬 수 있다고 생각했기 때문이다. 글씨도 뵈지 않는 미명 속에서 수첩 한 쪽지를 떼어 글 한 귀를 써서 문틈으로 들이밀었다. '독보천리(獨步天理)하여 득고귀향(得苦歸鄉) 하리라.'고!

즉 나 혼자 천리 길을 걸어서 고생을 얻어 갖고 귀향하겠노라는 알림이었다. 이 외로운 고생길이 곧 하나님의 도 '십자가의 도'의 길을 찾는 길이라고 깨달았다. 이 길이 곧 도의 길을 밝히는 침묵의 길이 되었다. 혈혈단신으로 떠나 앞산을 넘었다. 밤이슬에 젖은 풀밭 속 오솔길을 걷는 동안 바지는 흠뻑 젖었다.

해가 떠올랐을 때는 순흥(順興)이 멀리 바라보였다. 논밭 머리에는 농부들이 여기저기 눈에 띄었다. 도랑가에는 큰 바위가 하나 보인다. 그 바위는 창세 이후 오늘날까지 침묵 속에서 나를 기다리는 것만 같았다.

그 바위 등에 올라앉아 '주여 내 길을 인도해 주시옵소서…'하고 기도를 하는 동안 그 바위를 통해 침묵의 길을 교훈해 주는 듯했다.

낯도 씻고 발도 씻고 양말도 씻었다. 마음도 씻어서인지 영도 맑아졌다.

혼자 간다고 나선 몸이지만 웬일인지 두 장로님들이 뒤따라오는 것만 같아서 몇 번이나 고갯길을 돌려다 보았는지 모른다. 행여나 오는가 기다려지는 마음은 떨칠 수 없었다. 종시 오지 않았다. 그동안 옷도 말랐고 양말도 말랐기에 입고 다시 떠났다.

23. 하나님과 동행 길

순흥을 지날 때는 아침이 한창이었다. 구수한 밥 냄새는 이집 저집에서 풍긴다. 당기는 구미를 억제하면서 순흥 거리를 지났다. 때를 따라 점심이나 저녁은 먹으라는 집은 있어도 아침은 잠을 잔 집이 아니고는 먹으라는 집이 어디서나 없었다. 순흥도 예외는 아니었다. 새벽부터 걸어서 산을 하나 넘었으니 밥 생각이 안 날 리 없었다.

만나는 사람마다 전도하며 지나갔으나 밥 달라고 할 만한 용기가 없었다. 거리를 지나 얼마 안 가서 송림이 우거진 냇가에 백운동서원(白雲洞書院)이 있었다. 이조 중종 때에 풍기군수 주세붕(周世鵬)이 세웠다는 서원이다. 그 길가 노송나무 그늘 밑에 갓 쓴 선비 한 분이 앉아 있었다. 머리도 수염도 흰 가닥은 하나도 보이지 않고 까만 수염이 길게 휘날리고 있었다. 한국의 전형적인 깔끔한 노인 선비였다.

그에게 전도를 했더니 의외로 좋게 받아들인다. 내 말을 다 듣고 난 그는 말하기를 "하기야 이제는 석가시대도 다 지나갔고 공자시대도 다 지나가고 지금은 야소(耶蘇) 시대가 되었으니 야소교를 해야지요."하고 더 이상 말할 필요도 없다는 듯이 옷을 툭툭 털며 일어서더니 그냥 가버린다.

그의 말을 들으니, 과연 모세의 율법과 선지자의 예언이 예수 복음 안에 다 이루어졌다는 말이나 다름없다는 말처럼 들렸다. 공자의 도덕률도 석가의 내세 예언도 예수의 '십자가의 도' 안에 다 이루어진 것이 아닌가 하고 나 혼자 그 자리에 남아 앉아 사색에 사로잡혀 있었다.

그동안 혹시 두 장로님이 오시는가 기다리는 심정이 시간을 더 끌었다. 그러나 오지 않았다. 그 자리를 떠나가다가 길가에 있는 집에다 두 분의 모습을 말해 주면서 그런 분들이 당도하거든 '혼자서 책 한 권만 들고 가는 나그네가 지나갔다'고 전해 달라는 부탁을 남기고 뒤돌아보며 또 갔다.

'독보천리하여 득고귀향하겠다.'고 동행 동지들을 떼어 버리고 독행을 자취한 자신을 생각하니 가엾어 보이기도 했다. 하지만 이것은 분명 내 뜻이 아니었음을 다시 한번 느끼게 되었다. 동행하고 싶은 것은 내 뜻이고 독행하게 한 것은 하나님의 뜻이었다.

내 뜻에는 잡담이 따랐고 하나님의 뜻에는 '침묵의 도'가 따르고 있었다. 그렇게 깨닫고 보니 내가 가는 길은 사람이 동행이 아니고 하나님과의 동행이었다. 생각할수록 엄격했다.

24. 그는 천사였던가?

어느 산촌 길갓집에서 자고 새벽길을 가고 있을 때였다. 아침 안개가 지척을 분간할 수 없을 정도였다. 산길을 따라 세 시간이나 걸었는데도 안개는 사라지지 않는다. 환한 햇빛도 안 나타나고 환한 길도 안 나타난다. 길은 점점 희미해지고 무성한 풀에 덮여 노면 자취를 찾아보기 어려웠다. 아무리 생각해도 사람이 통행하는 인도는 아닌 것 같았다. 아마 벌목을 실어 나르던 산판 길 자취가 풀 속에 남아 있었던 모양이었다.

안개는 점점 짙어지고 앞뒤를 살펴볼수록 진퇴양난이었다. 그때야 별수 없이 하나님을 찾았다. '하나님, 나는 이제 갈 길을 잃었나이다. 이 깊은 산중에서 어디로 가오리까? 안개는 내 길을 막고 있나이다. 길도 없나이다. 하나님 나를 인도하시옵소서.' 하고 그 자리에 서서 하나님께 호소했다.

기도가 채 끝나기도 전에 난데없는 인적소리가 들렸다. 놀랍기도 하고 반갑기도 한 마음에서 어느덧 기도도 끊기고 눈도 떠졌다. 오른편 도랑 건너 높은 언덕 위에 농부 같은 이가 서 있었다. 안개도 사라지고 점차 햇빛이 비쳐오고 있었다.

나는 그에게 길이 어디 있느냐고 물었다. 여기는 길이 없고 저 산 밑으로 한참 도랑을 따라 내려가야 길이 있다면서 산 밑으로 흘러내리는 도랑을 가르쳐 준다. 나는 가던 방향에서 돌아섰다. 도랑을 따라 되돌아 내려가려고 하니 막연하면서도 도랑 물소리가 정다웠다.

나는 그에게 태백산은 어느 쪽으로 가야 하느냐고 물어보면서 머리를 들었다. 그러나 그는 보이지 않았다. 그는 어디로 갔을까? 한참이나 살펴보았으나 보이지 않았다.

그 부근에는 인가라고는 한 채도 없었다. 산전에 밭곡식이 여기저기 보였을 뿐 사람도 하나도 보이지 않았다.

'그가 천사였던가? 하나님께서 내 기도를 들으시고 천사를 보내셨던가? 하기야 그가 사람이었다 할지라도 하나님께서 보내셨다면 하나님의 사자 노릇을 하였으니 천사일 수밖에… 어떻든 나에게는 천사노릇한 분이다.'라고 혼자 중얼거리며 없어진 그의 모습이 어디에 보일까 하고 아무리 둘러보아도 그는 끝내 보이지 않았다.

그가 가리킨 대로 도랑을 따라 한참 내려가니 과연 길이 나타났다. 그 길을 따라 햇빛이 떠오르는 동쪽 방향으로 발길을 돌렸다.

25. 숲속 험로에서 만난 비바람

"주여, 주여…"하면서 길만 따라가다 보니 깊은 숲속에 다다랐다. 장마철이라 잠깐 보이던 햇빛은 간 곳 없고 어느덧 비바람이 몰아치기 시작했다. 지팡이 삼아 짚고 가던 우산을 펼쳐 들고 숲속 길을 걸어가고 있었다. 평로도 아닌 산등을 넘어야 하는 험한 길이다.

빗줄기는 점점 굵게 내리친다, 울창한 숲속 어두컴컴한 숲속 길에서 폭풍우를 만난 것이다. 우산도 쓸 수가 없었다. 더 이상 갈 수도 없었다. 그 모진 비바람은 나의 가는 앞길을 완전히 차단해 버렸다. 가도 오도 못 하고 제자리에 서서 비를 흠뻑 맞았다.

그러나 이상하게도 그 비는 싫지 않았다. "더 힘껏 내려라, 줄기차게 내려라…"하고 외치며 두 팔을 번쩍 들었다.

솟구쳐 오르는 힘 따라 두 팔을 힘껏 들고 외쳤다. 힘차게 내리는 비가 용기를 퍼붓고 있는 듯했다. 사실상 빗줄기가 힘찰수록 용기도 더 힘차게 솟구쳐 올랐다.

"주여, 주시옵소서. 내 속에 용솟음치는 이 용기 더욱더 주시옵소서 빗줄기 못지않게 더 주고 더 주시옵소서."하고 소낙비 속에서 올리는 이 기도를 산천초목까지라도 다 듣고 하나님의 응답을 같이 기뻐해 주는 것만 같았다.

그 지루하던 숲속 길이 나에게는 겟세마네 동산같이 되었다. 태백산맥이라도 정복하고 굶주림도 물리치고 힘차게 전진할 수 있었다. 모자도 옷도 안 적시려던 몸가짐에서 완전히 해방을 받았다.

26. 기도전도의 감화력

어느덧 재를 넘어 '서벽'이란 곳에 다다랐다. 그때는 오후 4시쯤 되어 점심때도 지났고 저녁때는 아직 이른 때였다.

길 맞은편 어떤 초가 툇마루에 할아버지 한 분이 앉아서 짚으로 무언가 엮고 있었다. 그때는 비도 안 오고 햇빛이 그 집 마루를 몹시 내리쬐고 있었다. 마루에서 그 할아버지에게 전도를 하면서 젖은 옷을 짜서 말리고 있었다. 그때 생각지도 않았던 웬 감자 한 그릇을 상에 받쳐 내다 준다. 방금 삶은 감자였다. 너무 감사해서 감사기도를 올렸다.

그 기도 소리를 들은 할아버지는 감동을 받았던지 몹시 기뻐하며 무엇이라도 더 주고 싶어 했다.

"김치는 없느냐? 애, 밥은 없느냐?"하고 방 안을 향해 누구를 부르는지 불러 보았지만 아무도 대답하는 이는 없었다. 감자만 해도 너무 감사한데 그 이상 무엇을 더 바랐으랴! 하지만 그 할아버지는 무엇이라도 더 주고 싶어 하는 성의를 보이고 있었다.

예수는 안 믿으나 하나님은 알고 있기 때문에 하나님께 간절한 기도를 드리는 축복이 감격스러웠던 모양이다. 이렇게 기도를 통해서도 전도가 되고 있었다.

이것이 곧 기도전도로구나 하고 기도를 더 해주고 싶었다. 기도전도는 성령을 통해서 일어나는 일이기 때문에 입설전도보다는 감화력이 확실히 더했다.

그 할아버지와는 초면이지만 기도를 통하여 친근해졌다. 예배당에 꼭 나가라고 몇 번이고 권면하고 또다시 기도해 주고 그 집을 떠났다.

얼마 안 가서 큰 굴이 하나 있었다. 그 굴 입구 머릿돌에 금정(金井)이라는 글자가 쓰여 있던 것으로 생각된다. 좁고 긴 통로 굴이었다.

그 굴을 지나 얼마 안 가서 탄광 같은 지대가 있었다. 농가 집들과는 다른 집들이라서 그런지 굴을 지나서인지 별유천지 같은 느낌이었다. 그렇지만 마음은 붙지 않는다. 그 이유는 알 수 없었다.

어느 집이고 앉을 만한 집도 없거니와 들어갈 기분도 생기지 않았다. 성신이 인도하지 않기 때문일 것이다. 사람도 혹시 보이는 정도였다.

그냥 지나면서 건성으로 입설의 전도를 했을 뿐이다. 태백산 가는 길을 물으면서 계속 걸었다. 옥수수밭이 사방에 뒤덮여 산촌 풍경이 아늑한 냄새를 풍기고 있었다.

저 멀리 한 집 보이는가 하면 또 살펴보아야 또 한 집 보이고 간혹 보이는 초가집들이 세상 고뇌를 모르고 사는 산중 천사들의 안식처같이 보였다.

그중 길가에 새로 지은 집 한 채가 보였다. 그 집에서 하룻밤을 지내게 되었다. 그 집 할

아버지도 이야기를 좋아하는 분이었던 고로 심심찮게 전도를 하면서 지낼 수 있었다. 이 집 할아버지와는 이론전도가 되었지만 마지막에는 역시 기도전도로 그의 이론을 막을 수 있었다.

아침마다 정성껏 차려 주는 밥 한 상이 얻어먹는 밥 같지는 않았다. 밥값을 받으려는 객주 집 밥상 같은 느낌이었다. 그래서인지 밥값을 안 주고 떠나기에는 너무 미안했다. 그는 나를 돈 없는 나그네로 본 것 같지는 않았다.

줄 돈은 없고 어찌할 바를 몰랐다. 덮고 자던 옷 저고리를 아무렇게나 구겨 놓았던 것을 집어 들었을 때에 어느 호주머니에서 떨어졌는지 동전 두 닢이 떨어져 있었다. 10원짜리와 5원 짜리 겨우 15원이었다.

"미안합니다. 이것뿐이니"하고 드리니까 그는 그냥 적다 소리도 없이 무심히 받아 들고 "태백산을 올라가려면 70리는 더 될꺼요."하고 딴소리로 그 거북한 장면을 받아넘긴다.

"옳게 먹지도 못 하고 어떻게 그 높은 산엘 올라가지?"하고 걱정스러운 표정으로 오히려 동정을 해준다. 나는 그 할아버지에게 진심으로 감사하며 그 집을 떠났다.

27. 태백산 산정에 올라

해발 1,549미터 고지를 향해 혼자서 올라가기 시작했다. 혼자 몸으로 정상까지 오른다는 것은 그리 쉬운 일이 아니었다.

더구나 공산 유격대들에게 귀순하라는 권고문이 붙은 페인트 글씨 판이 깊숙한 산중에 보일 때마다 더한층 불안감이 감돌기도 했다. 전도자가 사람 있는 곳으로 찾아가야 할 터인데 내가 왜 이런 험한 인적도 볼 수 없는 불안 속으로 찾아 들고 있는가? 아무리 생각해도 알 수 없는 일이었다.

'주여, 주여!' 하며 오르고 또 올랐다. '주여, 나는 무엇하러 이 산상으로 올라가야 하는지 자신이 모르는 길을 가고 있습니다. 이 길이 헛되지 않도록 나를 인도해 주소서.' 하고 중얼중얼 기도하며 가는 동안 내 입에서는 절로 찬송이 나왔다.

나는 갈길 모르니 주여 인도합소서
어디 가야 좋을지 나를 인도합소서
어디 가야 좋을지 나를 인도합소서

아무것도 모르니 나를 가르치소서
어찌해야 좋을지 나를 가르치소서

어찌해야 좋을지 나를 가르치소서

아기같이 어리니 나를 도와 줍소서
힘도 없고 약하니 나를 도와 줍소서
힘도 없고 약하니 나를 도와 줍소서

맘이 심히 약하니 내게 힘을 줍소서
의지 없이 다니니 나와 함께 합소서
의지 없이 다니니 나와 함께 합소서.

산정에 다다를 때까지 아무도 만난 사람도 없이 단독 보행이었다. 태백산 후면 북쪽 오솔길밖에 없는 곳으로 올라갔으니 그럴 수밖에 없었다. 산정에는 거센 바람이 휘몰아쳤다. 거센 바람에 눌려서인지 높이 자라난 나무는 볼 수 없었다.

땅을 뒤덮고 있는 상수리나무들이 꼭대기를 전지라도 해 놓은 것같이 자라나지 못하고 옆으로만 퍼져 엉켰다. 그 엉켜 있는 나무들 밑으로 갈 수도 없었고 위로 갈 수도 없었다. 허리를 구부려 보아도 안 되고 그렇다고 나무를 헤치고 가지도 못하리만큼 퍼져 엉켜 있었다.

겨우 내 어깨까지밖에 안 되는 높이로 엉켜 있기 때문에 더욱 곤란했다. 늙은 가지로 엉켜 있기 때문에 빠장빠장해서 만만치 않았다. 올라가던 길보다 오히려 산정에 다 올라가서 고역을 치렀다. 그 험난한 지대를 간신히 헤치고 만경대에 이르렀다.

한쪽 편이 무너져 내리는 바람에 밀려 내린 것을 수축할 사람이 없었기에 그냥 내버려 둔 만경대였다. 처량하게 외로이 서 있는 만경대, 말없이 나를 맞아 주었다. 나한테 무엇인가 호소를 하는 것 같기도 했고 나를 동정이라도 하는 것같이도 보였다. 이게 다 외로운 자에게만 느껴질 수 있는 감수일 것이다.

이렇게 외로운 자에게는 산천초목과 암석까지도 서로 통하는 것 같았고 그 뜻을 알 것 같기도 했다. 언어가 없어도 뜻이 통하는 듯 하나님의 말씀이 살아서 움직이고 있는 모습을 보는 것이다. 들을 수는 없어도 볼 수는 있는 하나님의 말씀임을 새삼 느꼈다.

28. 암흑 속 사경에서 빛을 발견

나는 그 무너져가는 만경대 돌단 위에 올라가 엎드렸다. 큰 목소리로 하나님께 부르짖었다. 아무도 없는 산상에서 부르짖는 소리는 아무도 들을 사람이 없었다. 오직 하나님만이 들으실 것으로 알았다.

해 넘어갈 무렵 보슬비가 내리기 시작했다. 빗줄기가 굵어 갈수록 내 목소리도 점점 더 커졌다. 두 팔을 번쩍 들고 마음껏 고래고래 소리를 지르며 하나님 앞에 부르짖는 기도는 당장에 하늘에 상달하는 듯했다. 비 맞으며 하는 기도의 맛을 알 만했을 밤중에 갑자기 큰 바람이 큰비를 몰고 와 만경대를 몰아쳤다. 만경대 돌을 날려 무너뜨리는 판이었다.

나도 불가불 비바람에 밀려 만경대 위에서 밀려 내려와야 했다. 거센 바람과 아울러 벼락 치는 소리와 번갯불이 온 산을 둘러 엎는 것만 같았다. 비 오는 이 밤을 만경대에서 새워 가며 마음껏 부르짖으려고 했다. 그렇지만 내 뜻은 완전히 무너지고 말았다.

정신을 번쩍 차려 안간힘을 다 써 보았으나 내 힘으로는 견뎌내기 힘들었다. 동서지척을 분간할 수가 없었다. 비바람에 밀려 점점 골짜기로 휩쓸렸다.

골짜기를 휩쓸고 있는 물길이 점점 거세게 몰아쳤다. 이 거센 물길을 헤어날 수가 없었다. 물길에 밀려서 펄썩 주저앉아 밀려 내려갔다.

아무래도 골짝 급류 속에서 돌에 부딪혀 죽을 수밖에 없는 줄만 알았다. 그런데 웬 나무 뿌리가 내 손에 잡혔다.

그 나무뿌리는 나를 살렸다. 끊어지지 않는 강인한 나무뿌리였다. 힘을 다해서 붙잡고 헤어 나왔다. 그때 머리를 들고 보니 칠흑 같은 암흑 속에서 웬 불빛이 하나 보였다. 비바람은 계속 몰아치고 있었다. 시간도 좌우도 분간할 수 없는 거기에서 불빛이 하나 있다는 것은 오히려 공포감을 더하게 했다. 그러나 정신을 가다듬고 '주여, 주여 어찌하오리까?' 하고 머리를 들어 보았으나 그 불빛은 여전히 비치고 있었다. 헛불은 아니었다. 분명히 어떤 건물에서 비치는 불빛으로 느껴졌다.

나는 그 빛을 찾아가려고 손으로 더듬어 나무 사이를 헤치며 힘들게 다가갔다.

29. 토막 굴속 도인 만나

거기에는 토굴 같은 통나무집 한 칸이 있었다. 엎드려 기어 들어가야 할 출입구가 있어 그리로 빛이 새어 나오고 있었다. 문 앞으로 다가가서 노크를 했다. 사람이 있는 듯한데도 대답이 없었다. 몇 번이나 문을 두드리니까 비로소 대답을 하는데 "여기는 기도하는 곳이니까 저 건너 절로 가시오. 숙소가 거기에 있소."하고 문도 안 열어 보고 무뚝뚝한 대답을 했다.

그 어두운 길을 간신히 더듬어 절간에까지 찾아갔다. 거기에는 큰 방에 불이 환하게 켜져 있었다. 7, 8명 승려들이 거꾸로 누워 있었는데 방안이 환하게 보이는 유리문이었다.

방이 넓어서 몇 사람이 더 누워도 좁지 않을 방이었다. 아무리 문을 두드려도 대답도 없었다. 자지도 않으면서 잠든 척 누워 있었다.

그 후 들은 말이지만, 비 오기 전 아직 해가 있을 때에 난데없는 큰 소리가 산상에서 들려오기에 모두 산상에 올라가 보았다는 것이었다. 웬 예수쟁이가 언제 어디로 올라갔는지 시끄럽게 군다고 모두 귀찮게 알고 있었다는 것이었다.

비가 억수로 쏟아지니 불가불 내려올 것이라고 알고 있었다는 것이다.

종내 문을 안 열어주기에 밖에 서 있는 동안 문득 생각이 나기를, 이왕이면 기도한다는 그 토막 굴속을 다시 찾아가 보고 싶었다. 되돌아가서 또 문을 두드렸다.

귀찮다는 듯이 "아, 여기는 기도하는 곳이라니까"하고 한마디로 내뱉듯 거절했다.

"여보, 나도 기도하는 사람이요. 기도하는 사람이 기도하는 사람을 몰라봐서야 되겠소?"하니까 그때야 그 잠갔던 구멍 문을 탁 쳐서 열며 하는 말이 "거 예수쟁이들은 왜 그리 독선(獨善)이요?"하고 불쾌하게 한마디를 던진다.

"예수쟁이가 독선이 아니라 당신이 독선이요."하고 응수하며 그 좁은 구멍 문으로 엎드려 들어갔다.

그는 머리도 수염도 깎지 않은 채 삼손 같은 모습을 하고 앉아서 노발대발하여 "예수 믿으면 의인이고 안 믿으면 죄인이라니 그 이상 더 독선이 어디 있단 말이요?"하고 대들 듯이 야단이었다.

"순천(順天) 하면 선(善)이요, 역천(逆天) 하면 악(惡)이지요. 하나님께 순종하면 순천이요 하나님을 거역하면 역천이 아니겠소? 순종하면 의요 불순종하면 죄라는 것이 무엇이 틀린 말이요? 믿으니까 순종하는 것이고 안 믿으니까 거역하는 것이지요. 그러니까 믿으면 선이요 안 믿으면 죄가 아니겠소?"

"그러면 당신들만 순천한단 말이요?"

"그렇소. 당신들은 수단으로 도통한다고 이 꼴이고 자기 방법으로 의인이 다 된 줄 알고 있으니 외식 죄 하나를 더 짓고 있소. 그러니 죄인 중의 죄인이니 역천자가 아니고 무엇이오?"하고 따끔한 침을 주었다. 그는 어이가 없는지 빤히 바라보면서도 아무런 대답도 없었다.

"우리 기독교인은 자기의 수단과 방법을 포기하고 하나님의 뜻에 무조건 순종하는 길을 취했으니 순천이지요. 즉 내 뜻대로 마시고 아버지의 뜻대로 하시옵소서가 우리의 생활이니까요."하고 자신만만한 신앙심의 차이점을 지적했다. 뜻밖에도 그는 심각하게 듣는 것이었다. 듣지 않던 말이니까 호기심에서인지 말에 뼈가 있다면서 정신 차리고 내 말을 한마디라도 더 들으려 했다. 이렇게 시작된 대화는 그칠 줄 몰랐다.

30. 오행(五行)으로 시대를 풀어

젖은 옷을 벗어 널고 그가 던져 주는 낡은 담요 한 조각으로 몸을 가리고 앉았다. 호롱불 밑에서 대화의 밤을 갖게 되었다.

새벽 한 시가 되니까 그는 홀딱 벗고 그 비가 내리는 데도 나가서 목욕재계하고 들어왔다.

옷을 갈아입더니 책상 앞에 꿇어앉아 한참이나 '옥황상제'님을 찾으며 무슨 주문을 외우고 있었다. 마지막에는 나라와 민족을 위한 기도를 올렸다. 옥황상제라고 부르며 주문을 외우던 그가 나라와 민족을 위한 기도를 드릴 때에는 '한울님'이라고 부르고 있었다.

귀한 손님이 오셨으니 기도를 간단히 마쳤다면서 또 이야기를 시작했다.

그는 처음에는 창세 시대로 물 시대였는데 토극수(土剋水)하여 흙 시대 즉 돌을 무기로 삼고 세상을 정복했지만, 다음은 목극토(木剋土)하여 나무로 무기를 삼고 돌무기를 이겼다는 것이고, 다음은 금극목(金剋木)하여 쇠무기로 나무 시대를 이기고, 다음은 화극금(火剋金)하여 불무기가 쇠무기를 이기고 오늘에 이르렀다는 것이었다. 그러니까 앞으로 수극화(水剋火)하는 시대가 다가온다는 이론이었다.

즉 수·토·목·금·화 오행(五行)이 상극하는 이치로 시대를 풀어 설명하는데 그럴듯한 주장이었다. 나는 그의 이론을 반박하지 않았다. 오히려 받아 주면서 전도할 수 있었다. "당신이 주장하는 그대로 현재는 상극시대이기 때문에 싸우지 않고는 살 수 없는 시대이지만 앞으로는 상생시대가 올 터이니 그때는 전쟁 없는 평화의 시대가 올 것 아니겠느냐?"고 되돌려 설명을 했다.

"하늘의 뜻이 이루어지는 지상낙원 시대는 바로 그때지요."하고 신나게 설명을 했다. 그도 당신의 이론과 상합된다는 뜻에서 매우 만족해하며 그때부터 내 말 전부를 긍정적으로 받아들이게 되었다.

그는 성경도 불경도 유경도 다 읽었기 때문에 성경 말씀을 인용하는데 어색하지 않았다. 그래서 나는 앞으로 물 시대가 온다는 그의 주장을 성경으로 물리치지 않았다. 오히려 성경으로 해명을 해줄 수 있었다.

즉 '하나님께서 다시는 물로 심판하지 않겠다고 하셨으니 불로 싸우는 불무기 시대가 마지막 아니겠느냐?'고 설명해 주었다. 그러니까 노아 때에는 물로 심판을 했지만 이제는 불로 심판할 마지막 시대가 왔다는 것을 말한 것이었다. 서로 싸워야 살 수 있는 상극 시대를 하나님께서 심판하여 선악 간 승부를 가려 줄 날이 머지않았다는 말이었다.

"물은 하나님의 공의(公義)를 상징했으니 당신이 말하는 물무기 시대가 펼쳐진다기보다 하나님의 공의로 심판을 하시고 화생토(火生土)하는 시대가 올 것이요. 즉 불심판으로 인하여 땅이 소생하는 역사가 일어날 것이오."하고 상생원리를 내세우니까 그도 생기를 갖고 한국의 소망을 이야기하기 시작했다.

31. 시대관과 천자(天子)론

나는 그가 신나게 주장하는 이론을 뒷받침하듯이 "물 수(水) 자 무기라면 이미 1950년 미국서 발명이 되었습니다. 원자탄의 1천 배 이상의 위력을 가진 수소폭탄(水素爆彈)이 생기지 않았습니까?"하고 그의 주장도 살려가면서 성경의 말씀대로 세상을 분석했다. 불 무기 시대로 이 세상은 마지막이 될 것이라는 논리에는 서로 이의가 없었다.

노아 시대에는 죄악이 관영하니까 물로 심판을 하고 노아로 하여금 새 땅에서 새 출발을 하게 하신 하나님이시다. 지금은 그때보다 더욱 죄악이 관영하였으니 불로 심판하실 때가 되었다는 시대관이 같으니까 서로 주거니 받거니 하는 이야기로 시간 가는 줄을 몰랐다.

물은 곧 냉철한 공의(公義)를 상징했고 불은 뜨거운 사랑을 표상했다면, 하나님의 공의로 심판하시고 사랑으로 구원하신다는 신령적 의미를 뜻한 것이라고 나는 나대로의 설명을 해주었다. 그렇게 되어야 하나님의 의(義)의 나라가 건설될 것이라는 말이었다.

그는 내 설명을 심각하게 듣더니 과연 그럴 것이라면서 6.25 동란을 통한 음양교류 관계를 말했다. 북방양(北方陽)과 남방음(南方陰))이 한국에서 교합되어 천자(天子)가 한국에 태어났다는 것이었다. 그가 바로 정도령(鄭道令)이란다. 그 정도령이 성장하면 도력(道力)으로 통일천하를 한다는 주장이었다. 그때는 무기가 소용이 없는 의의 시대가 될 것이라고 하면서 내가 설명한 의의 시대를 정도령 왕국시대로 뒷받침하여 설명해 주었다.

천자라면 하늘천(天) 아들자(子) 글자 그대로 하나님의 아들이라는 말인데 하나님의 아들은 6.25 이후 한 사람뿐이 아니고 많이 출생되었다고 나는 그에게 또 하나의 이론(異論)을 내세웠다.

즉 하나님의 영이신 성령이 강림하여 사람의 영과 하나가 되어 하나님의 영으로 다시 난 생명이 곧 하늘의 아들 천자가 아니겠느냐고 했더니 그는 그 즉시 음양원리에 따른 이해를 했다. 그들의 용어와 문자를 그대로 받아들여 성경대로 풀어 말한다면 하나님의 말씀을 도(道)라고 하는 바 이는 곧 정도(正道)인 고로 정도령(鄭道令)이란 정도에서 출생하여 그 명령 곧 그 뜻대로 산다는 뜻이 되었다.

그런고로 '하나님이 우리와 함께 계시다.'라는 뜻으로 하나님의 아들을 '임마누엘'이라고 한 것과 같은 이름이다(마 1:23). 그러니까 정도령이란 혈육으로 출생한 정(鄭) 씨 도령님이라기보다 "하나님의 말씀이 육신이 되었다."(요 1:14)는 성경대로 도성인신(道成

人身)하신 분이 하나님의 아들이라고 뜻풀이를 해주었다.

정도령 통치시대를 말하는 것은 천자가 출현하여 정도령의 도력으로 도력정치를 하게 될 '의의 나라'가 건설될 것을 예고한 말이었다. 성경은 그때를 가리켜 "우리에게 견고한 성이 있음이여 여호와께서 구원으로 성곽을 삼으시고 신의의 나라를 세우시고 평강의 평강을 지켜 주실 것이라."(사 26:1~3) 했다.

그런고로 그 정도의 명령에 순종하는 자가 하나님의 백성이고 하나님의 명령으로 다스리는 나라가 하나님의 나라, 곧 지상천국이다. 하나님께서는 한 나라를 세우신다는 그 나라다(단 2:44).

그렇게 본다면 천국은 여기 있다 저기 있다도 아니고 하늘 공중에 있는 것도 아니고 너희 안에 있다는 성경 말씀 그대로다(눅 17:21).

32. 도령설과 도통론

나귀 타고 입성한다는 정 씨 도령을 기다리기보다 이미 2천 년 전에 나귀 타고 예루살렘에 입성하신 도령님이 계시니 그이를 믿으라고 권면했다.

그 도령님이 곧 하나님의 아들로서 정도를 가지시고 세상에 오셨는데 그 이외의 또 다른 도령님을 기다릴 이유가 없다는 것을 주장한 것이었다. 그이가 바로 예수님이시니 그이를 믿으면 하나님 아들의 영, 즉 성령을 받게 되는 고로 그 성령으로 다시 나면 하나님의 아들이 된다는 이치를 설명한 것이었다.

온 백성이 그를 믿으면 하나님의 아들들이 사는 나라가 되니까 이것이 곧 천자의 나라 지상천국 '동방의 한 나라'가 된다는 설교를 한참이나 했다. 그는 이런 독특한 도령설을 처음 듣는다면서 심각하게 듣고 있더니 "그러면 당신도 그 한울님의 아들의 영을 받아 한울님의 아들이 되었는가요?"하고 물었다.

나는 자신 있게 그렇다고 대답했다. 그는 또 "당신과 같이 한울님의 아들이 된 사람들이 얼마나 있습니까?"하고 흥미를 갖고 물었다.

6.25 동란 이후 하나님께서 성령을 물 붓듯 부어 주셔서 많은 사람이 성령을 받아 하나님의 아들이 되었고, 기쁜 소식을 온 땅에 전파하여 하나님의 아들들이 더 많아지게 하기 위해서 이렇게 나와 전국 각지를 돌고 있다는 말을 했다. 그는 얼마나 나왔느냐고 또 물었다. 기드온 용사 3백 명이 경향 각지로 흩어져 전파하는 중이라고 자랑스럽게 대답해 주었다. 그 말을 듣고 앉았던 그는 갑자기 두 손을 번쩍 들고 하늘을 우러러보며 "오, 한울님 감사합니다. 우리 한국은 살았나이다."하고 눈물을 글썽거렸다.

그리고 그는 정색을 하고 물었다. "인사가 늦었습니다. 선생님은 어디서 오셨지요?"

"나 용문산에서 왔습니다."

"아, 용문산 그 나 장로 선생 계신데 말이지요?"

"그렇습니다."

"그러면 선생님도 그 나 장로 선생의 제자인가요?"

나는 잠깐 머뭇거렸다. 내가 나 장로라는 말이 얼른 나오지 않았다.

그냥 "네"하고 말문을 닫았다.

"나 같은 사람도 가면 나 장로 선생의 강의를 들을 수 있을까요?"

"들을 수 있습니다."

"기독교인 중에는 도통하신 분이 그분 한 분뿐이라던데."

"누가 그러던가요?"

"우리 동지들이 매년 계룡산에서 한두 번 모이는데 거기서들 그런 말을 하곤 합니다. 그 신앙세계라는 기독교 잡지에 정감록에 대한 그의 논설이 있는데 그 글을 보고서 우리는 놀랐습니다. 기독교인들은 대개가 무식한데 도통한 분이 아니고는 그런 글을 쓸 수가 없었을 것입니다."하고 한참 동안 찬사를 늘어놓았다.

33. 팔레스틴 도령님

나는 그가 말하는 도통이란 말과 그 동지들이 계룡산에 매년 모인다는 말에 호기심이 끌렸다.

"그렇게 해마다 모이는 동지들은 다 도통을 하신 분들인가요?"

"도통하신 분도 있지만 도를 닦는 중에 있지요."

"어디서 도를 닦는가요?"

"이렇게 태백산, 지리산, 한라산, 계룡산에도 있고 바다 섬에도 있지요."

"그렇게 도를 닦다가 해마다 모이는 동지가 몇 명이나 됩니까?"

"32명입니다."

"그 목적이 무엇입니까?"

"정도령이 나오기를 기다리고 그 시대에 적응하려는 것이지요. 그때에 쓰여야 할 것 아니에요?"

"그것이 목적이라면 정도령이란 곧 정도를 갖고 오신 하나님 아들 도령님이라고 깨달았으니 도통이 된 것 아닐까요?"

"도통이 그렇게 쉬운가요? 그 세계와 통해야 도통이지요."하고 도통을 어렵게 알고 있었다.

"나 장로 선생은 정도령이라는 나라 정(鄭) 자를 파자풀이했는데 팔래서천(八乃西天)이라고 했더구면요. 그러니까 정도령이란 '팔레스틴 도령'님이라는 뜻이 되는 것이지요."하는 말에 그럴듯한 해석이라고 긍정을 하면서 "예수님이 팔레스틴에서 출생을 하셨으니 그를 팔레스틴 도령이 아니라고 할 자는 없지요."하고 내 눈치를 보면서 내 말을 기다렸다.

"그렇지요, 그러니까 그가 하나님의 명령을 가지고 나귀 타고 입성하시지 않았어요?" 하고 나는 한 걸음 더 앞질러 "그가 사망권세를 이겼으니까 만왕의 왕으로서 도력으로 정도정치를 천하에 펴실 수 있지요."하고 공감했다.

하나님께서 성경 말씀대로 우리 두 사람에게 '한마음과 한 도(道)'를 주시는 듯했다(렘 32:39).

이처럼 "한마음과 한 도를 받은 자에게는 하나님께서 기쁜 마음으로 복을 주시되 하나님의 마음과 정신을 다 하여 이 땅에 그들을 심으리라."고 하셨으니 한민족 전체가 그대로 되기를 바라는 마음 간절했다.

과연 나는 도(道)를 전하는 전도를 한 것 같은 쾌감을 느끼며 그에게 예수의 제자가 되라고 권면했다(요 8:3).

"그의 제자라기보다 그의 백성이지."하고 이미 받아들였다는 그의 대답이었다.

그는 머리도 수염도 깎지 않아 긴 머리에 검은 수명이 덥수룩했다. 그 긴 머리를 쓰다듬으며 "이 머리를 이렇게 하고 용문산 성회에 가면 안 되지요?"하고 묻는다.

또다시 "그래도 머리를 깎고 가야지요?"하고 자문자답하듯 물으면서 멋쩍은 웃음을 웃어 보였다. 그의 순진해 보이는 그 어태는 지난밤 그렇게 도도하던 자세와는 너무도 대조적이었다.

34. 도 안에서 하나 된 선우 씨와 남상

"이번 8월 성회는 8월 8일이니까 꼭 오십시오. 한민족이 해방을 받은 유월절이니까요. 그리고 선생님이 오시면 제가 반가이 맞아 안내하겠습니다."하니까 그는 어쩔 줄 몰라서 몸 둘 바를 몰랐다.

"선생님의 함자가 어떻게 되시지요?"하고 그때에야 내 이름을 묻는다. 나는 또 머뭇거려야만 했다. 할 수 없이 나의 왜정 때 쓰던 필명 남상(南翔)이라는 두 자 이름을 대주었다.

"앞으로 날았다고 앞 남 자, 나래 상 자지요."하고 그 뜻까지 설명해 주니까 "남 씨? 남

선생이구먼요."하고 수첩에다 적어 넣었다.

어느덧 날이 새었다. 무섭게 쏟아지던 비도 멎었고 날은 활짝 개었다. 젖었던 옷도 축축하기는 하나 입을 만했다. 옷을 입고 떠날 준비를 하노라니까 아침이나 먹고 떠나라고 그는 한사코 붙잡는다.

"이 산중에서 양식도 떨어졌다면서 나까지 어찌 폐를 끼칠 수가 있겠습니까?"하고 굳이 떠나려 했다. 지난밤 내가 찾아 들어갔을 때 "비가 그치면 민가로 내려가서 동냥을 좀 해와야 할 터인데 비는 계속 내리고 양식은 떨어지고 큰일 났다."던 그의 말을 나는 진정으로 들었기 때문에 아침을 얻어먹으리라고는 전혀 생각지도 못했다.

그러나 그 정성에 끌려 아침을 해주는 대로 맛있게 한 그릇을 다 먹었다. 어제 낮에도 저녁에도 굶었으니 그 밥맛은 특이했다. 고추장에 쌀밥, 두둑이 담아 주던 그 쌀밥은 잊히지 않았다.

하룻밤이지만 뜬 눈으로 새어가며 대화의 밤을 갖게 된 1958년 7월 그 어느 날 밤은 잊을 수 없는 추억의 밤이었다. 그나마 잡담 없는 도담의 밤이었으니 더더욱 그러했다. 서로 아쉬움을 남기고 작별했다. 8월 집회에 꼭 온다는 약속을 몇 번이나 하면서 굳게 악수하고 떠났다.

그 후 까맣게 탄 얼굴로 보행전도의 길에서 40일 전도를 마치고 산으로 돌아왔다.

전국 각지에서 모여 오는 성도들은 길이 미어지게 찾아 들고 있었다. 그중에는 그이도 끼어 있었는지 모를 일이었다.

드디어 성회는 열렸다. 그때 나는 그이를 몹시 기다렸지만 만나지 못했다. 그가 왔다 갔는지도 알 수 없었다. 내가 그에게 대주었던 남상이란 이름을 찾았다면 그 이름을 알아줄 사람은 아무도 없었다. 단상에 나타나 있는 나 장로가 그 통나무 굴에서 만났던 초라한 모습의 그 사람이라고는 생각지도 못했을지 모른다. 떨어진 담요 한 장으로 몸을 가리고 호롱불 밑에 앉아 있던 그 앙상한 뼈만 남아 있던 그 얼굴을 기억했을 리가 없다.

수만 명이 모인 자리, 빛나는 강단에 단장하고 나선 강사, 천사 대접을 받고 있는 강사, 그가 바로 그날 밤 대화의 친구 남상인 줄 알았다면 만나 주고 갔으련만, 아니 알면서도 감히 만나자고 할 용기를 내지 못해 그냥 돌아갔는지도 모를 일이었다. 그의 성은 선우(鮮于) 씨인 것은 확실한데 그 이름은 복(馥)이라고 한 것 같기는 하나 자세치는 않다. 그 선우 씨는 지금 어디에서 무엇을 하고 있는지 지금도 만나고 싶은 분이다.

35. 태백산 밑 이색지역

남쪽 앞길로 내려오는 길은 올라가던 뒷길에 비하면 그래도 큰길이었다. 높은 산길 같지도 않았다. 상상보다는 편한 길이었다. 무성한 숲속의 음침한 산길이라 만나는 사람도 없었다. 거의 다 내려와서야 산비탈 화전에서 김을 매고 있는 젊은 아주머니 한 분이 있었다.

나는 그에게 "예수 믿고 복 많이 받으세요."하고 전도했지만, 그는 들은 척도 않았다. 길을 물어도 대답하지 않았다. 그런데 난데없이 저쪽 밭머리에 있던 할머니 한 분이 야단스럽게 호통을 쳤다.

"길을 가려면 점잖게 갈 것이지 왜 남의 새댁을 보고 함부로 수작이야?"하고 책망이 대단했다. 욕설을 들으면서도 전도는 해야지 하고 그 할머니에게도 전도를 했다. 들은 척도 않는 그에게 듣든지 안 듣든지 전하고 또 전하고 지나갔다.

그 산 밑에는 혈동(穴洞)이라는 동네가 있었다. 산 굴(窟)에서 맑은 물이 그냥 흘러나오고 있었다. 그 넓이도 높이도 3미터도 더 되어 보이는 굴이었다. 그 절반 이상이 꽉 차서 내려오는 물은 장마철인데도 흐린 기는 하나도 없고 너무도 맑았다. 그 굴 안을 들여다보니 무시무시할 뿐이었다. 그 굴은 누가 들어가 보아도 끝을 찾지 못했다는 불가사의 굴이었다.

부근 사람들 몇 사람의 설명을 들어 보아도 어느 때부터 있는 굴인지도 모른다는 것이었다. 어느 시대 금광을 하던 굴인 것 같기는 한데 그 물이 어디에서 어떻게 나오는지가 궁금했다. 신기로운 비경인 듯 그 굴에 따른 전설도 있다지만 석연치 않은 말이라 납득이 가지 않았다. 그 옆에는 단칸 신당이 하나 있었는데 거기에는 그 굴과 물을 주관하는 신령님이 있다는 것이었다. 그 신령이 무서워서 아무도 그 굴을 건드리지 못하고 함부로 말도 못 한다고 했다.

나는 그들에게 바울이 아덴 사람들을 대하듯 전도를 했다. 천지를 창조하신 하나님이 이 세상 산천도 지으셨거늘 이 산도, 굴도, 물도, 다 하나님의 창조물이라고 말문을 열기 시작했다.

하나님은 한 분뿐이시니 하나님 앞으로 돌아와야 산다는 도리를 설명하고 신당에 신령이 있다면 그것은 잡귀에 불과하다고 했다. 그랬더니 그렇게 함부로 말하다 즉사한 사람도 있었으니 말조심하랬다. 은근히 조심하라고 옆에 와서 일러주는 이도 있었고 퇴박을 하는 이도 있었다.

"왜정 때 일본 사람들도 이 앞에 와서는 덜덜 떨고 갔는데 당신이 무엇이길래?"하고 대드는 이도 있었다.

전도를 해도 받아들이지 않는 색다른 지역이었다. 전도를 받아들이는 사람은 한 사람도 없고 색다른 퇴박을 두 곳에서나 맞았으니 말이다. 그러나 이것을 핍박이라고는 생각지 않았다. 그래서 발에 먼지는 털지 않았어도 전도할 마음이 생기지 않아서 그냥 그곳을 떠났다.

36. 귀먹은 할아버지에게

그 이색지역을 몇 번이나 뒤돌아보면서 동굴을 빠져나왔다. 그 어귀 길가에 초라한 초갓집 한 채가 있었다. 마침 그 집 뒷마루에 노인 한 분이 앉았기에 전도를 하면서 그 자리에 같이 앉았다. 그 할아버지는 귀가 먹어서 가만가만 하는 말은 전혀 듣지 못했다.

온 가족은 다 밭에 나가고 노인 혼자 집을 지키고 있는 터였다. 퇴박은 딴 데서 맞고 분풀이라도 하는 듯이 큰 목소리로 외쳐 전도를 했다. 그래도 못 들었다. 들어도 못 들은 척하는 새댁도 있었고 듣고도 뱉어버리는 할머니도 있었고, 듣고서 대드는 젊은이도 있었는데 여기는 또 전해도 못 듣는 할아버지가 있었다. 어쩌면 이런 지역도 있을까? 하고 혼자 웃었다.

그 노인은 당신을 보고 웃는 줄 알고 청년도 이제 늙어 보라는 것이다. 늙으면 할 수 없다는 혼자 타령을 한참이나 늘어놓았다.

"그러니까 예수를 믿어야지요."하면서도 피곤에 지쳐 졸기만 하고 있었다. 피곤에 지친 모습을 보던 노인은 목침을 하나 갖다 주면서 누워서 한잠 자고 가란다. "감사합니다."하고 빈방에서 실컷 잤다. 지난밤도 못 잤던 그 잠을 거기에 다 쏟아 놓은 듯 개운했다.

깨어나니까 그 할아버지가 삶은 옥수수 한 이삭을 주기에 기도를 하고 먹었더니 기도하는 것을 보고 그 할아버지는 안색에 나타날 정도로 좋아했다.

기도 내용이 무엇인지 알아듣지도 못하면서 그렇게 기뻐했다. 성령이 같이하시는 증거였다. 기도를 그렇게 좋아하기에 다 먹고 나서 떠나면서 또다시 그 집을 위해 만복을 빌어주었다. 그는 내 말을 알아들은 듯이 고맙다고 몇 번이나 머리를 숙여 인사를 했다.

어디를 가든지 불신자일수록 기도해 주면 소중히 여겼다. 그래서 이론 전도보다 기도로 전도하는 것이 효과적임을 느꼈다. 그다음부터는 길에서 만나는 사람마다 전도를 하는 중에도 길가에 앉아 있는 사람들에게 꼭 기도를 해주면서 전도했다.

37. 철암과 춘양에서

지리도 모르고 길 따라가는 발걸음은 정처도 없었다. 그날 저물게 철암(鐵岩)에 도착했다. 그때는 이미 전깃불들이 켜져 있었다. 그동안 산중으로만 다녀서인지 전깃불을 오랜

만에 보아서인지 유달리 찬란해 보였다. 그날이 마침 수요일이었다. 예배당 종소리도 이상하리만큼 맑게 들렸다. 예배당 창문으로 새어 나오는 불빛은 더욱 거룩해 보였다. 가까이 다가서니 찬송 소리가 더한층 청아하게 들려 선경(仙境)에라도 들어서는 듯 조심스러웠다.

예배당은 깨끗했으나 교인들은 불과 7, 8명밖에 없었다. 예배 후 예배당에 그냥 남아서 기도하며 하룻밤을 지내려 했으나 문을 닫아야 하겠다고 나가란다. 할 수 없이 쫓겨나 역 대합실로 갔다. 아침 한 끼밖에 못 먹고 온종일 시달린 몸이라 피곤에 지쳐 어디 조용한 곳에서 실컷 자고 싶은 심정이었다.

전도보다 먹고 싶었고 전도보다 자고 싶었다. 대합실에서 억지로라도 의식적으로 전했다. 대합실에서 서성거리는 몇 사람밖에 없는 그 사람들에게 전도를 했으나 듣고자 하는 사람은 한 사람도 없었다. 억지로 하는 전도에는 성령이 함께하시지 않아서인지 전혀 먹혀들지 않았다. 들어주는 사람도 없는 전도, 혼자서 외치고 나니 쑥스러웠다. 듣는 사람도 부끄러웠는지 모두 외면하고 돌아섰다. 그때의 멋쩍은 심정은 가눌 수 없었다.

딱딱한 의자에 누워서 잠잔다고 하룻밤을 지내고 나니 몸은 더욱 굳어지기만 했다. 몸이 풀리지 않아서인지 기분도 개운치 않았다.

다시 새벽길을 떠났다. 춘양(春陽)을 지날 때에는 아침이 한창이었다. 구수한 밥 냄새가 풍겨오고 있었으나 누구보고 밥 달라는 소리는 감히 할 수 없었다.

노방전도를 하고 나니 할머니 한 분이 점잖게 서서 어디서 왔느냐고 물었다. 용문산에서 왔다니까 놀라는 듯 다시 보더니 기다리라고 하고 급하게 뒷골목으로 사라진다. 웬 아주머니 한 분을 데리고 나왔다. 어디 들어가서 예배를 좀 봐 달라는 것이었다.

용문산에 다니는 교인들이 이곳에도 여러 사람 있다고 하면서 이 사람 저 사람에게 알리며 왔다 갔다 분주히 다니더니 몇 사람이 길거리로 나와서 어디로 나를 데리고 들어가려 하던 때였다. 전도사인 듯한 한 분이 나타나더니 안 된다면서 손짓을 하며 그냥 가라는 것이다.

"그렇지 않아도 용문산 패를 잘라내야 한다고 교회에 커다란 파문이 일고 있는데 만일 용문산 사람을 데리고 따로 예배를 본다면 그때에는 큰일 날 것"이라는 것이었다.

할 수 없이 어디에 들어앉지도 못하고 또 떠나야 했다. 혹 나 장로님 아니냐고 묻는 이도 있기는 했으나 많이 닮았다는 정도로 끝나고 다행히 똑바로 알아보는 이는 없었다.

길가 옆 가게에는 참외와 오이가 가득했다. 주린 배는 오이 한 개쯤은 얻어먹자는 염치없는 생각을 내기도 했지만 용기를 못 내고 그냥 전도만 하고 무거운 발걸음을 옮겨야 했다.

38. 길가에서 흐느껴 울던 일

배고팠다는 이야기를 할 때에는 꼭 생각나는 한 가지 일이 있다. 아마 이 생각은 나의 일 평생 잊지 못할 일일는지도 모른다.

춘양에서 봉화 방면으로 큰길 따라 나오면서 전도하던 중 봉화에 채 못 미쳐서였다. 맑은 물이 흐르는 냇가 오른쪽에 한와고옥이 즐비해 있었다. 초가라고는 한 채도 보이지 않는 동네로 부촌임을 자랑하는 듯한 마을이 하나 있었다. 그곳엘 들르고 싶었으나 냇물이 가로막고 있어 들르지 못하고 지났다. 거기에서 가까운 길가에 조그마한 구멍가게가 하나 있었다. 전도를 하니까 "예, 감사합니다."하고 대답을 잘 해 주어서 우선 고마웠다.

그러나 가게에 놓인 빵과 오이는 굶주린 내 입맛을 또 한 번 다시게 했다. 그렇지만 참고 돌아섰다. 길 왼편에는 길보다 높은 터전에 새로 지은 초가집 한 채가 있었다. 서남향으로 지어진 집이라 석양빛이 몹시 뜨겁게 비치고 있었다. 마당에는 그늘질 만한 나무 한 그루도 없었다. 그 집 주인인 듯한 중년 아주머니가 뙤약볕 밑에서 전도하는 나를 뻔히 쳐다보고 서 있었다. 나는 그에게 전도를 하면서 그 집 문 앞까지 다가섰다. 부엌문도 방문도 활짝 열려 있었다. 큰 방 한가운데는 먹다 남은 감자가 몇 개 담긴 그릇에 파리가 새까맣게 붙어 있었다.

그 아주머니는 내가 전하는 전도는 들으려고도 하지 않고 "어디서 왔소?"하고 이상하게 바라보았다.

"예, 김천서 왔습니다."하고 정중히 인사를 했다.

"그 먼 데서 예까지 뭐하러 왔소, 여기도 목사 전도사 다 있는데?"하고 무뚝뚝하게 전도를 거부했다.

"그러면 예수를 믿으시는 거요?"하고 한 걸음 더 다가섰다.

"예, 우린 믿어요."하고 냉정하게 대답을 하면서 획 돌아서 버렸다. 하지만 믿는다는 말이 내게는 몹시 반가웠다.

"우리 믿는 중에도 더 잘 믿어 봅시다."하면서 돌아서 그의 앞을 가로막고 전도하기를 더 했다.

"때는 가까웠습니다. 한 사람이라도 더 믿게 해야지요. 그래서 우리 용문산에서는 전도 대원들이 전국 각지로 퍼져 나갔습니다."하고 협조라도 구하는 듯이 친절히 설명해 주었다. 그러나 그에게는 아무런 반응이 없었다. 나는 무안을 당하는 듯 어색하기만 했다.

"이 가까이 예배당이 있습니까?"하고 나는 그 쑥스러움을 모면해 보려고 또 말을 건네 보았다.

"읍에 가면 있지요."하고 귀찮은 듯이 억지로 하는 대답이었다. 귀찮아하는 줄을 알면서도 "읍이 얼마나 멉니까?"하고 또 물었다.

"십리요."하고 부엌문 앞으로 다가섰다.

"그 먼 데를 다니시느라고 수고가 많겠습니다."하고 돌아서 나오려는데 그 파리 붙은 감자가 또 눈에 띄었다. 아니 마음이 그리로 끌렸다.

예수 믿는 집이니까 그것쯤이야 한 개 주려니 하고 억지로 용기를 내어 입을 열었다.

"저 감자하나 얻어먹을 수 없을까요?"하고 염치없이 손을 내밀었다.

"거 우리 애들 먹던 것인데, 애들 들어오면 뭘 먹구요? 줄 게 있나요, 때도 지났고…"하는 그의 솔직한 거절은 내 얼굴을 덮어씌우는 듯했다.

"네, 좀 시장해서 그랬습니다. 미안합니다."하고 말끝을 채 맺기도 전에 어느덧 눈물이 두 볼을 적시고 있었다. 얼굴을 들지 못하고 그 자리를 피해 큰길로 나왔다. 아무리 안 울려고 이를 깨물고 있어도 눈물이 났다. 그리스도의 정병답지 못하게 흐르는 눈물을 금할 길 없었다.

'오 주님, 우리 전도 대원들도 굶주림에 허덕이고 있지나 않습니까? 아니 저보다 더 할는지 모릅니다. 하나님 아버지 살피시옵소서, 무엇을 먹을까 무엇을 입을까 염려치 말라신 주님, 우리 어린 학생들 가는 곳마다 루디아가 있게 하시옵소서.'라고 목메어 흐느끼는 기도 소리는 한국 전역으로 퍼져 전도 대원들이 다 같이 듣고 다 같이 울며 호소하는 것 같이 느껴졌다.

앉지도 못하고 길가에 양산대를 짚고 서서 눈물이 그칠 때까지 부르짖었다. 어린 전도 대원들을 내보내면서 "어디를 가든지 밥 달라지 말라, 전도하는 전도자답게 전도만 하라. 일하는 소에게 망을 씌우지 않는다. 하나님께서 책임져 주실 것이다."라고 확언을 하곤 했다.

"전도를 안 하니 먹을 것이 없지, 전도를 해 봐라 먹을 것도 있느니라."고 훈계하면서 "가는 곳마다 루디아를 세워 놓으셨을 터이니 믿고 나가라."하고 강하게 타일러 주던 자신이다. 이렇게 '밥 달라지 말고 전도만 하라.'고 엄하게 자신이 세운 그 규범을 자신이 어겼으니 그 같은 핀잔을 받게 된 것은 당연한 일이었다. 자신을 꾸짖고 눈물을 닦았다.

그때부터 속이 후련해지면서 또다시 용기를 낼 수 있었다. 배고픈 줄도 모르고 전진 또 전진 힘차게 전진했다. 그것이 내 힘은 아니었다. 발걸음도 가벼웠다. 마음도 맑아지고 기분도 상쾌했다. 성령은 내게 새 힘을 주었다.

39. 노방전도 연설

한참 걷다가 보니 철도에서 일하는 철도 공부들이 있었다. 나는 그들에게 태백산 토막굴 도인에게서 들은 대로 금ㆍ목ㆍ수ㆍ화ㆍ토 오행도(五行道) 시대관 풀이로 시대상을 한참 설명했다.

"물 시대를 토석무기가 나와서 정복하고, 돌무기 시대를 나무무기가 나와서 정복하고, 나무 무기를 쇠무기가 나와서 정복하고, 쇠무기를 불무기가 나와서 정복했습니다. 지금 이 바로 그 불무기 시대인데 이다음은 무슨 무기가 나와야 불무기를 정복할 수가 있을까요?"하고 증거할 때까지는 잘 듣고 있던 그들이었다.

불무기 시대는 온 인류가 불로 심판을 받게 될 터인데 그때에 살 수 있는 길은 오직 심판주로 오실 예수 그리스도를 믿어야 한다고 외쳤다. '예수' 소리가 나오니까 "오, 예수쟁이로구만 어서 가요, 어서가! 공연히 남의 일만 못하게…"하고 개라도 후치듯 쫓아낸다.

"빨리 빨리 일어나 해."하고 광부들에게 호통을 치는 험상궂게 생긴 검은 얼굴의 사나이가 있었다. 감독인 듯한 그에게 쫓겨나 가던 길을 또 가고 또 갔다.

봉화 한복판 길을 지나서 영주방면으로 가는 길목에 나섰을 때다. 고등학교 학생들이 하학시간이 되어 교문을 나서고 있었다. 무리지어 나오고 있는 학생들의 길을 막았다. 두 팔을 번쩍 들고 길 복판에 서니까 학생들은 오도 가도 못 하고 밀려 섰다. 앞의 학생들이 서니까 뒤에 오던 학생들도 모두 머물게 되었다. 나는 그때 그들에게 외쳤다.

"학생들 공부는 왜 하는가?"라고 난데없는 질문 같은 문제를 내걸고 노방연설이 시작되니까 모두 어리둥절해지면서 나만 바라보고 서 있었다. 나는 그들의 대답을 들으려고도 하지 않고 말을 이어서 했다.

"나도 여러분과 같은 학생 시절엔 공부하려고 애써 보았습니다. 그러나 나는 공부하는 것이 귀찮아졌습니다. 그때에 내가 발견한 인생 철학이 하나 있었습니다. '공부하기 싫거든 하지 말라. 놀고 싶을 때는 놀라. 일하기 싫거든 하지 말라. 먹고 싶거든 먹어라. 살기 싫거든 죽고, 죽기 싫거든 살라.'는 것이었습니다. 학생들은 어떻소? 혹 공감이 되는 학생이 있지나 않는지요? 이것이 나를 망치기도 했고 나를 살리기도 한 나의 철두철미한 인생관이면서 삶에 대한 철학이었답니다. 하지만 불가능한 것이 하나 있었지요. 공부 안 하고 놀 수도 있었고, 일도 안하고 먹을 수도 있었지만, 죽기도 싫고 살기도 싫은 이 문제만은 해결할 길이 없었습니다. 이 문제가 어떻게 해야 해결이 될까요?"하는 내용의 열변을 한참 퍼붓고 마지막으로 그 같은 의문점을 던졌다.

그때는 학생들로 길이 메웠고 자동차들도 여러 대가 서 있었다. 그래도 나더러 길 비키라는 사람은 아무도 없었다. 길이 막혀 못 가고 있는 차의 운전기사까지도 차창으로 머리를 내밀고 그다음 말을 기다리고 있었다. 나는 또 말을 계속했다.

"이 문제점, 죽기도 싫고 살기도 싫어진 이 문제점, 이것만은 내 방법이나 수단으로서는 해결할 도리가 없었습니다. 오직 나를 이 세상에 나게 하신 하나님만이 하실 수 있는 일입니다. 여러 학생들 가운데서도 죽기 싫은 사람은 많을 것입니다. 그러나 살기 싫은 사람은 그리 없을 것입니다. 그런고로 나는 여러분께 죽기 싫으면 죽지 말고 영원히 사는 길을 찾으라고 권하고 싶습니다. 아니 그 길을 가르쳐 드리고 싶습니다. 그 길이 어디 있을까요? 그 길이 바로 '십자가의 도'입니다. 공자도 석가도 하나님께 순종하면 살고 하나님을 거역하면 망한다는 교훈으로 선지자 역할을 할 수는 있었으나 직접 길 노릇은 못했습니다. 오직 그 길 노릇을 하신 분은 이 땅 위에 한 분이 있었을 뿐입니다. 그는 곧 예수 그리스도, 나는 길이요, 진리요 생명이라고 하신 하나님의 아들이십니다. 그는 우리가 죽기 싫어하는 죽음을 죽어주시고 살기 원하는 삶을 살아 주신 분입니다. 즉 우리의 죽음을 죽어주고 삶을 살아 준, 십자가를 져 주신 구세주 예수님이십니다. 그 길을 바로 '십자가의 도'라고 합니다. 이 길에 나오면 누구나 영원히 살 수 있습니다. 그런고로 예수를 믿으라! 누구든지 예수를 믿으면 멸망치 않고 영생을 얻으리라."는 요지의 전도연설을 했다.

그때 역시 성령은 역사하셨다. 각자 마음을 사로잡아 한 사람도 요동하지 않고 서 있게 했다. 길이 미어지게 꽉 밀려 섰던 군중은 흩어지려고 하지 않았다. 연설은 다 끝났는데도 그냥 서 있었다. 그중에는 "전도관에 나가도 됩니까?"하고 묻는 학생이 하나 있었다. 전도관에서도 예수 믿으면 되지만 예수보다 감람나무를 믿으라고 하니 그리로 가지 말고 장로교나 감리교, 기타 예수 믿는 교회로 나가면 된다고 일러 주었다.

그중에도 전도관에 나가는 학생이 몇 있기는 했으나 이것저것 묻더니 몰라서 그리로 나갔다고 하면서 거기서 나오겠다고 뜻을 밝혔다. 그 당시는 전도관이 한참 득세하고 있을 때였다.

또 다른 학생 중에서는 자기 동네 교회에 가서 며칠 전도 집회를 해 주고 가라고 한사코 붙잡았다. 또 어떤 학생은 봉화 시내에서 하룻밤이라도 전해 달라는 것이었다. 또 다른 학생은 자기는 믿지 않았지만 그 말씀을 듣고 믿을 마음이 생겼으니 오늘 저녁 한 번만 더 해 주시면 자기뿐 아니라 친구들과 같이 믿겠다고 소리 높여 특청을 하기도 했다.

이것이 바로 성령의 역사임을 알 만했다. 노방에서 일어난 성령 운동이었다. 그러나 나는 그들의 요청을 물리쳤다. 왜 그랬는지는 모르겠다.

"학생들의 청을 못 들어 주어 미안하지만 오늘 영주까지 가야 할 터이니 오늘은 여기서 작별하고 8월 8일 용문산에서 만납시다." 용문산에서 8월 8일부터 집회가 있으니 그때 용문산에 오면 실컷 들을 수 있을 터이니 그때 만나자고 용문산 소리를 연거푸 했다. "그러면 선생님이 나운몽 장로님이십니까?"하고 묻는 학생도 있었다.

"용문산엘 가 봐야 나 장로님을 알게 되지…"하며 시원치 않은 대답을 하고 뿌리치듯 떠났다. 이렇게 달려 붙는 학생들을 길가에 던져 버리고 떠나는 발걸음이 너무 무심한 듯했다. 돌아다보고 또 돌아다보면서 발걸음을 재촉했다. 그때 내 마음이 무엇인가 놓치는 듯 허전했던 느낌, 지금도 아쉬움을 금치 못한다.

봉화에 오기까지는 파리 붙은 감자 하나 얻어먹으려다가 무안을 당했고, 좀 전에는 철도 공부들에게 전도하다 무안을 당했는데, 이번에는 학생들이 너무 잘 받아들이니까 배고팠던 시장기까지 거두어 간 듯했다.

40. 밥값에 벗어준 나이롱 셔츠

명쾌한 기분에 생기가 돌아 얼마쯤 힘든 줄 모르고 오기는 했으나 배는 또 고프기 시작했다. 전할 때는 배고픈 줄도 모르고 힘차게 전했는데 이제 또 전하려 하니 못할 것 같았다. 그 이상 더 걸을 수도 없을 정도로 지쳤다. 아침도 못 먹고 온종일 굶어서 백릿길을 왔으니 그럴 수밖에 없었다.

간신히 영주에 도착했다. 전도를 하려고 했으나 기운도 없고 용기도 없었다. 역 대합실엘 찾아 나갔다. 기차를 타러 간 것도 아니고 전도를 하러 간 것 아니었다. 어디든지 좀 기대고 싶었고 쉬고 싶어서였다.

'밥 달라기보다 전도하라.' '밥 달라면 거지요, 전도하면 하나님의 종이다.' '일하는 소에게 망을 씌우지 않는다. 전도자에게 먹을 것 없지 않다.'고 학생 전도자들에게 일러주던 자신을 생각하니 누가 이 초췌한 꼴을 본다면 얼마나 웃을 것인가? 측은히 여길 것인가? 장하다고 격려를 할 것인가? 굶주린 나그네, 피곤에 지친 나그네, 아무도 오라는 사람은 없었다. 사람이란 먹어야 해….

그러나 '밥 달라기보다 전도하라.'고 자기가 자기에게 명령을 하고 나섰다. 전도라기보다는 밥 달라는 호소였는지도 모른다. 억지로 몇 마디 전했다. 역전 사람들이 무감각하게 듣는 둥 마는 둥 해 보였다.

전하고 나니 웬 17, 8세 쯤 되어 보이는 소년이 와서 "시장하시겠습니다. 들어가시지요."하고 친절히 안내를 했다.

'그렇지 전도하면 먹을 것도 따르는 법이야.' 하며 속으로 반갑게 생각하고 집을 물으니 바로 요 앞이라고 손짓을 한다. 나는 고맙게 생각하고 어느 집사님 집에서 오라고 하는 줄만 알고 따라갔다. 상상 밖에 어두운 골목집이었다. 판잣집 같은 위험스러운 2층이었다. 갖다 주는 밥이기에 맛있게 먹고 나니 살 것 같았다. 하지만 기운 없이 그 자리에 쓰러지고 말았다.

누구의 집인지도 모르고 고단하게 잤다. 아침에 일어나 보니 믿는 집이 아니었다. 문밖 2층 난간에서 위험하게 그 밤을 지낸 것이었다. 방 안에는 여러 사람이 있었고 담배 연기가 꽉 차 있었다. 긴 상에 둘러앉아 아침을 먹는 것을 보고야 이곳이 하급 하숙집임을 알았다. 어느 집사님 집에서 전도하는 사람이라고 밥 주고 재워 주는 줄만 알던 내 추측은 빗나갔다.

그 집 주인은 내가 밥값도 숙박비도 없는 사람인 줄은 몰랐던 모양이다. 저녁도 아침도 잘 먹여 놓고 돈 달라고 할 주인의 얼굴을 바라볼 수가 없었다.

주인은 약 40 안팎으로 보이는 청년이었다. 사정을 해 볼까? 말까? 아무리 생각해 보아도 모면할 길이 없었다. 사정보다 전도를 해야지 하고 한참 동안 신나게 개인 전도를 했다. 그는 듣기도 잘 하고 묻기도 잘 했다. 그러나 아직 믿을 생각은 없다는 것이었다. 어떻든 이야기는 통할 정도로 가까워졌다. 어차피 내 사정을 말할 수밖에 없었다.

내게 돈은 한 푼도 없으니 내가 돌아가서 밥값을 보내 주겠다고 말을 건네 보았다. 그는 곤란하다는 표정이었다. 그렇게 해 주든지 아니면 내 나이롱 셔츠를 받아 주든지 해 달라고 사정을 했다.

그때는 나이롱 셔츠가 처음 나왔을 때인 고로 누구나 흔하게 입을 때는 아니었다. 우굴우굴하게 생긴 나이롱 셔츠로 지금은 그런 따위 셔츠를 볼 수도 없지만 그때는 아무나 입지 못하던 최신식 고급 셔츠였다. 그는 그 나이롱 셔츠가 부러웠던지 얼른 그렇게 하자는 것이다.

길 가다가도 땀이 배면 빨아서 그 즉시 입고 갈 수 있고, 다림질도 안 하고 입을 수 있어 참 좋다고 하며 나는 입었던 셔츠를 벗어주었다.

그는 자신에게 좀 작지나 않을까 하면서 만족한 듯 입어보았다. 내가 보기에는 좀 작아 보였지만 그대로 입을 수 있겠다고 자신이 좋아하면서 입어주니 다행스러웠다. 시장 가격보다는 좀 감하고 준다면서 밥값을 제하고도 얼마를 거슬러 주기까지 했다. 나는 고맙게 그 돈을 받아 가지고 옥산까지 오랜만에 버스를 타고 와서 용문산으로 돌아올 수 있었다.

X. 암흑 속에 비치는 성령 역사

1. 제17년 기념관과 시 128편의 축복

1956년 목단꽃 피는 봄날 용문산 현 애향촌에 17년 된 한 그루의 소나무를 앞에 놓고 입산 17년을 기념하는 기념관을 지었다.

즉 1940년 5월 7일에 혈혈단신으로 지팡이 막대기 하나 짚고 들어온 용문산, 그때를 못 잊어 입산한 5월 7일을 기념한다고 그날 기공을 했다.

본래 7수는 성경 상으로는 완전수이지만 나는 믿기 전부터도 본시 7수를 좋아했다. 17번지에서 1월 7일에 출생하여 7세에 천자문(千字文) 한 권을 다 암기 암송해 마쳤고, 17세에 고국을 떠나 외국 유학을 갔고, 27세 5월 7일에 용문산에 입산을 했으니 7수와는 인연이 깊은 편이다.

그리고 입산한 지 17년 만인 1956년 5월 7일 '제17년 기념관'이라는 주택을 짓게 되었고, 입산할 때 나를 반기던 목단 꽃 일곱 포기를 기념관 문 앞에 심었다. 심은 지 7×4=28년이 지난 오늘도 목단 꽃은 활짝 피어 44년 전 입산 당시를 회상케 하고 있다.

입산 17년이 되던 그해에 기드온 신학교도 창설하게 되었다. 그해 4월 20일 개교를 했는데 개교한 지 17일이 되던 5월 7일에 기념관 건축 기공을 하게 된 것이었다. 이것도 지나고 보니 그렇게 된 것이지 일부러 계획한 행사가 아니었다.

그 당시 가족은 학교 다니는 아이들 때문에 김천에 살고 있었다. 아내는 용문산에 우리가 살게 될 기념관을 지었다는 소식을 듣고 찾아 왔다. 그는 그 집을 보더니 그 집에서는 안 살겠다고 머리를 흔들었다. 그 이유는, 그 집이 너무 좋아서 우리의 격에는 맞지 않는다는 것이다. 너무 좋다는 그 집이라야 겨우 여덟 자 방이 세 칸에 마루가 하나 있고 부엌과 화장실이 달려 있는 18평밖에 안 되는 집에 미니 2층 다락방이 기도실로 꾸며져 있었다.

하기야 쑥죽 먹던 생각을 하면 너무 과분한 문화주택이었다. 토실 초가집 3칸만 지어 주면 마음도 편하고 남 보기에도 떳떳하겠다는 것이 그의 주장이요 소원이었다. 그래서 우리는 그 날 밤 하나님께 물어보기로 했다.

그는 그 즉시 어느 골짜기에 가서 묻혀 기도를 하고, 나는 그 미완성 다락방 마루를 놓던 송판 위에 올라가서 엎드렸다. 밤새워 간절한 기도를 드렸다. 새벽녘이었다. 소리 없는 음성이 들려왔다.

'시편 128편을 보라. 이 집에서 네가 받을 축복이니라.' 이 말씀을 듣는 순간 정신이 맑아졌다. 그 즉시 시편을 찾아보고 싶었으나 캄캄한 새벽 미명인 고로 성경을 볼 수 없었고 '128편, 128편'하고 잊어버리지 않으려고 몇 번이나 외웠다. 그리고 계속 기도만 드리고 있는 동안 어느덧 날이 새었다.

다락방에서 내려오니까 그렇게 반대하던 아내도 기쁜 얼굴로 산에서 내려왔다. 이 집에서 살아도 좋다는 응답을 받았다는 것이었다.

"글쎄 내게도 시편 128편이 이 집에서 우리가 받을 축복이라던데 128편이 무슨 말씀인가 찾아봅시다."하고 둘이 마주 앉아 성경을 찾아보았다.

"여호와를 경외하며 그 도에 행하는 자마다 복이 있도다. 네가 네 손이 수고한 대로 먹을 것이라 네가 복되고 형통하리로다 네 집 내실에 있는 네 아내는 결실한 포도나무 같으며 네 상에 둘린 자식은 어린 감람나무 같으리로다. 여호와를 경외하는 자는 이같이 복을 얻으리로다. 여호와께서 시온에서 네게 복을 주실지어다. 너는 평생에 예루살렘의 복을 보며 네 자식의 자식을 볼지어다. 이스라엘에게 평강이 있을 지로다."

아멘, 할렐루야가 저절로 터져 나왔다. 이 말씀을 처음 보는 것은 아니련만 성경에 이런 말씀도 있었는가 싶었다. 그야말로 과분한 축복이었다. 너무 감사해서 감격의 눈물을 흘리며 마주 앉아 실컷 기도를 올렸다.

2. 자식의 자식을 보리라는 축복

과거를 생각하면, 단신으로 이 산중을 찾아 들어왔을 때가 27세의 청년이었는데 이 집에서 자식의 자식을 보게 되리라는 말씀을 보니 밥상머리에 올망졸망 자식의 자식들이 둘러앉은 것 같은 미래상이 눈 앞에 펼쳐지는 듯했다.

그때는 내 나이 43세, 아들이 서영(曙暎), 혜영(惠暎) 둘이 있었을 뿐 그 아래는 없이 6년이나 지났다. 그러니까 그것으로 끝난 줄만 알고 있었다. 그런데 그 집에 와서 성경 말씀의 약속대로 그 해에 태기가 있더니 다음 해에 아들을 또 낳았다.

그 애는 하늘에서 새 예루살렘이 하강하는 것을 보고 낳았기 때문에 그 이름을 도읍 도(都) 자와 행렬대로 비칠 영(暎)자, 도영이라고 했다.

이 애를 성경대로 축복해 주신 것을 보아 또 아들을 주실 것이라고 했더니 아니나 다를까 세 살 터울로 일영(日暎)이와 이영(怡暎)이를 그 집에서 더 낳았다. 그리하여 아들만 5형제가 되었다.

일영이는 해가 떠올라오는 것을 보고 낳았기 때문에 날 일(日) 자를 썼고, 이영이는 한없는 기쁨이 충만하게 임했기 때문에 기쁠 이(怡) 자를 쓰게 되었다.

이 다섯 형제의 이름을 연결시켜 보면 더욱 희망찬 믿음 안에서 사랑이 떠올랐다. 서광이 비쳐 은혜를 베풀더니 예루살렘 도읍이 하강하고(계 21:10) 의의 태양이 되시는 주님이 오시면 만민이 해방을 받아 외양간에서 풀려나온 송아지같이 기뻐 뛰리라(말 4:2)는 성경 말씀대로 曙, 惠, 都, 日, 怡 시대에 주님께서 오실 것만 같은 믿음과 소망과 사랑이 벅차오르고 있었다.

자식의 자식을 보리라고 했으니 역시 손자, 손녀들이 이 집에서 나서 자라나고 있었다. 시편 128편 축복이 이루어지고 있음이 날이 갈수록 더욱 확실해지고 있었다. 큰아들과 작은아들의 자식들은 이미 보았고, 앞으로 도영의 아들도, 일영이와 이영의 아들도 이 집에서 살며 보게 되리라고 믿었다. 즉 이삭과 같이 약속의 자녀들이 출생되고 있었다(갈 4:28, 롬 9:9).

성령을 따라 난 복음의 아들들은 또한 얼마나 많이 났는지 모른다(고전 4:15, 갈 4:19).

즉 성경을 통한 하나님의 약속은 반드시 성취되고 있음을 실생활에서 체험하게 된 것이다.

3. 견디기 어려웠던 사경에서

1959년에 있은 일이다. 전국을 휩쓸며 부흥회를 인도하던 때였다.

지방을 순회하고 서울 집회를 인도하려고 서울에 올라왔다. 그때도 아이들이 학교에 다닌다고 서울에 와 있었다. 방마다 세를 주어 여러 세대가 한집에서 살고 있었다.

나는 서울에 도착하자마자 앓기 시작하여 자리에 누웠다. 무슨 병인지 골에 대못이라도 박는 것 같이 갑자기 쿡쿡 찌르는 듯이 아팠다. 그럴 때마다 큰 고함 소리가 절로 나왔다. 옆 방에 세 들어 있는 집에서까지 자지도 못하고 놀랄 정도였다. 한방에 있는 가족들은 더 말할 것 없이 들볶이는 판국이었다.

그때 정릉감리교회 송홍국 목사님께서 예정된 집회 관계로 오셨다가 자리에 앉지도 못하시고 어찌할 줄을 모르고 방안에서 서성거리고 있었다. 날짜는 다 되었고 준비도 다 되었는데 강사가 병들었으니 안타까운 일이었다.

"신경성 뇌진통이로구먼. 신경성이야, 신경성…"하시면서 매우 염려스러운 표정이었다. 그때까지 나는 병명도 모르고 앓고 있다가 송 목사님의 말씀을 듣고야 '신경성 뇌진통'이란 병명도 알았고 또 고치기 어려운 병인가보다 하고 비관적 느낌을 받기도 했다.

잠깐 가라앉는 것 같다가도 갑자기 증세가 발작되면 자신도 모르게 "아야, 아야!" 소리가 솟구쳐 올랐다. 좀 가라앉을 때에는 "주여, 주여…" 하다가도 갑자기 증세가 솟구치면 어쩔 수 없이 큰 소리로 고함을 지르게 되었다.

이렇게 들볶이기를 1주일이 지났다. 먹지도 못하고 기운이 쇠진했다. 그래도 고함소리는 오히려 더 커가고 있었다.

하루는 '오늘 밤을 넘기기는 힘들 것 같다.'는 옆방 사람들의 수군거리는 소리가 들려왔다. 그런 소리를 들은 안사람은 걱정보다 겁이 앞서게 되었다. 그때부터 안사람은 머리를 방바닥에 쥐어박고 온 방안을 맴돌며 밤새워 울면서 부르짖었다.

나는 그날도 한잠을 못 자고 간신히 밤을 지새웠다. 간신히 죽지 않고 또 살아난 것이었다. 하지만 역겨운 투병의 새날을 계속 맞아야 했다.

병불능살인(病不能殺人)이요, 약불능활인(藥不能活人)이라고 단상에서 외치면서 인명은 재천(人命在天)이라고 하던 내 신앙심에서였는지, 그렇게 고되게 아프면서도 병원에 갈 생각은 추호도 없었다. 또 병원을 가야 한다고 주장하는 사람은 아무도 없었다. 하나님의 능력의 손길을 기다리고 있었을 뿐이었다.

4. 마귀의 조롱과 예수의 승리

그러던 중 어느 날 윤선덕 집사님이 오셔서 "받은 은혜가 각각 다르니 변계단 권사님을 청해서 안찰을 받으면 어떨까요?"하고 조심스럽게 제의하셨다. 나는 기쁜 마음으로 그래 달라고 부탁을 했다. 그 즉시 가서 변 권사님을 모시고 오셨다.

그 권사님은 신유의 은사를 받은 분으로서 많은 병자들을 고치신 이름난 분이었다. 그는 오셔서 겸손히 꿇어앉아 큰 종에게 손을 얹기가 두렵다면서 조심스럽게 손을 얹고 누워 있는 내 전신을 머리에서 발 끝까지 안찰을 해 주었다. 별다른 감각은 없었으나 그의 친절에 고마움을 느꼈다.

그가 밖으로 나간 후 또다시 그 증세는 솟구쳐 올랐다. 그 이상 더 견딜 수 없겠다고 자신을 잃고 실의에 젖어 있었다.

그날 밤 마귀는 와서 비웃었다.

"수만 명을 앞에 놓고 외칠 때 그 생명들이 네 한마디에서 좌우되고 있지 않았느냐? 일당만(一堂萬)을 하는 너도 내 앞에서는 쩔쩔매는데 일대일의 상대밖에 못하는 그를 내가 겁낼 줄 알았더냐?"하면서 깔깔대고 간드러지게 웃어댄다.

이렇게 나를 교만의 꼭대기까지 올려놓고 그 권사님을 눈 아래로 내려다보도록 떨어뜨

려 놓고 나를 흔들어 댔다. 자기 앞에 굴복하라는 것이었다. 그래도 굴복 안 하니까 또 대
못을 방망이로 때려 박는 것같이 아파서 견딜 수 없게 했다. 두골 깊숙이까지 쑤셔 박아
더 이상 견딜 수 없을 만큼 되었을 때 마귀의 음성은 또 들렸다.

'네가 이래도 항복 안 할 테냐?' 고 다그쳤다. '그래, 항복 않을테다.' 라고 반항을 하면
서도 실은 억지 반항이었다.

'흥, 항복을 안 한다면서도 쩔쩔매는구나…' 하고 또 비웃었다.

'그래, 쩔쩔맨다. 그래도 항복은 안 할테다.' 하니 또 때려 부수는데 나는 정신을 잃은 듯
했다. 그때 내 입에서 큰소리가 터져 나왔다. 내 소리가 아니었다.

'나는 졌다. 그러나 우리 주님은 이기셨다.' 라고 성령으로 외치는 소리였다. 힘있게 외
칠 때에 마귀는 혼비백산하여 사라지고 말았다.

맑고 깨끗한 심령으로 회생하면서 온몸은 거뜬하게 되어 일어나게 되었다. 그때 비로
소 '옳다, 인간은 이미 마귀에게 지고 있다. 오직 예수님께서 이겨 주신다.' 하고 깨달았
다. 그런고로 주 예수를 믿으면 예수님의 승리가 내 승리가 되는 것이다. 이것이 곧 나는
예수 안에서 죽고 예수는 내 안에서 살아나는 십자가의 도가 내 안에 능력이 되고 있음을
알 수 있었다.

욥의 시련에 비할 바는 못 된다 해도 욥의 시련의 일부나마 체감하여 마귀의 근성을 다
소 깨달을 수 있는 기회가 되었다. 동시에 인간의 본성과 하나님의 자비와 예수 그리스도
의 능력을 피부로 느낄 수 있었다.

5. 천국에서 본 세상 낙원 상

그날 새벽 쓰러져 가는 세상 모습과 천국 낙원 상과 세상 낙원 상을 보여 주셨다. 세상에
서 가장 아름답다는 낙원 상을 보여 주는데 거기에는 수목이 시원스럽게 배치되어 있었고
그 그늘 밑에는 여기저기 늙은이도 젊은이도 한가로이 앉아 있었고 그 동산 옆에 흐르는
강물은 맑고 깨끗해 보였다. 그 강물에서는 좋다고 헤엄치며 노는 청춘 남녀들이 보였다.
어떻든 자유로운 낙원 같았다.

세상에서는 이렇게 훌륭하게 낙원 상으로 보였지만 그 광경을 하늘에서 볼 수 있도록 나
를 이끌어 올렸다.

세상에서는 그렇게 맑고 깨끗해 보이는 강물이 너무도 더럽게 보였다. 개, 돼지, 고양이
등 별별 가증한 짐승들의 주검이 썩어 풀어지는 형체들이 둥둥 떠내려오고 가진 오물들이
섞여 흐르고 있다. 그런데도 그것을 보지 못하고 그 강물에서 헤엄치고 좋다고 물속으로

들락거리며 놀고 있는 모습이 보인다.

그 강변에 있는 아름다운 동산은 음침한 습기가 떠오르고 쇠똥구리가 쇠똥을 굴리는 모습이 보이는데 거꾸로 굴려 올라가다 가는 놓치면 또 따라 내려와서 또 굴리고 또 따라 내려와서 또 굴리고 온종일 그 역사였다.

'인간 생활도 그와 같단다.' 하는 음성이 옆에서 들린다. "헛 수고… 헛 수고… 헛 수고 속에서 사는 인간, 쇠똥구리 생활이 반복되고 있는 인간 세상…"이란 말이 내 입에서도 절로 나왔다.

그 옆 언덕 중턱에는 웬 사람들이 모여들어 앞을 다투어 물을 떠다마시느라고 야단들이었다. 그 물이 약수란다. 그 물을 마시기도 그리 쉬운 일이 아닌 듯했다. 모두 땀을 흘리며 한 움큼 밖에 안 될 물을 떠다마시고 있었다. 그 물을 마셔야 살기 때문에 그럴 수밖에 없다는 것이다.

그 동산 밑에는 큰 동네가 있는데 세상에서 자랑할 만한 훌륭한 동네란다. 그런데도 하늘에서 보니까 쓰러져 가는 판잣집 동네로밖에 보이지 않았다. 어떤 집은 캄캄하고 어떤 집은 등불 빛이 비치고 있었다. 이것이 세상 모습이었고 인간 육신 상이었다. 즉 판잣집 같은 육체를 갖고 판잣집 같은 세상에서 살고 있는 인간상을 보여 주신 것이다. 그런데 내가 앉아 있는 집 안에는 다행히 빛이 있었다.

6. 주의 복락의 강수

그 판잣집 안에 있는 나를 누가 와서 찾기에 나갔더니 그는 나를 이끌고 그 판잣집 동네를 벗어나 낙원 같은 잔디밭이 월편에 보이는 시냇물 가로 인도했다. 거기에는 맑은 물이 그득히 차서 흘러내리고 있었다.

우편 언덕 위에서부터 한없이 터져 나오는 맑은 물은 그 내를 가득히 채운 채 유유히 흘러내린다. 그 한없이 터져 나오는 맑은 물을 마냥 보고 있는 동안 내 입에서는 시가와 같은 기원 소리가 나오듯 계속 터져 나왔다.

오,
맑은 물
내 심령의 더러움을 씻어 주소서
만백성의 생명을 소성케 하소서
주의 복락의 강수(시 36:8 福樂江水)
복락의 강수로 마시게 하소서

주의 복락강수로 이 땅을 덮으소서
생명의 원천이 주께 있사오니
생명의 원천을 보나이다(시 36:9)
주의 광명중에서
생명수를 보나이다
생명의 강수로 저 보이는 들판을 채우소서
은택의 생수로 이 땅을 덮으소서
여호와는 나의 목자시니
내게 부족함이 없으리로다
그가 나를 푸른 초장에 누이시며
쉴 만한 물가로 인도하시도다
의의 길로 인도하시는도다(시 23:1~3).

이런 식의 단마디 기원이 내 입에서 끝없이 흘러나왔다. 다 기억할 수 없으나 내 속에서 폭포수같이 저절로 터져 나왔다. 이처럼 시가라도 읊는 어조로 흘러나오는 기원은 하나님 앞에 지극한 찬사를 올리는 것 같기도 했다. 그럴수록 점점 소생하고 심신이 후련했다. 그 물은 좌편으로 펼쳐있는 동쪽 들을 전부 뒤덮었다. 더럽고 누추한 것은 무엇이든지 전부 그 맑은 물에 삼킨 바가 되었다.

그때 내 앞에는 새 신발이 한 켤레 놓여 있었다. 정원에서나 거닐 수 있을 슬리퍼 같은 신발이었다. 그 바닥은 고운 따새미 신발 짜듯한 바닥이었다.

그 바닥에는 '천년수(千年壽)'라고 한문으로 쓰여 있었는데 왼짝에는 정서로 쓰였고 오른짝에는 초서로 쓰여 있었다. 그런데 두 짝이 같이 놓여 있기는 하나 왼짝은 약간 앞으로 어긋나 있었다. 그 신발은 나를 위해 준비된 신발이란다. 즉 낙원을 거니는 신발이었다. 그 냇물을 건너기만 하면 낙원이었다. 그 냇물 월편 피안에는 금잔디 밭으로 되어 있고 그 주변에는 청청한 수목이 여기저기 보기 좋게 산재해 있었다.

그 15년 후인 1974년 8월 유월절 대성회를 앞두고 용문산 부활천 벽암에 있는 연소암(燕巢菴) 기도실에서 기도를 드리고 있던 7월 11일 밤이었다. 15년 전 그때 보던 초장인 듯한 곳에서 여전히 맑은 물이 가득 차서 흐르고 있는 복락강을 보았다.

그때 그 맑은 물이 흐르는 강을 건너간 내 짝이 있었다. 물이 더 많아지면 돌아오지 못할까 염려되어 돌아오라고 아무리 말을 해도 그는 웃기만 하고 돌아오지 않고 그곳을 거닐고 있었다. 물이 아무리 많아도 마음대로 육지를 걸어가듯 할 수 있다면서 자유롭게 낙원을 거닐고 있었다.

그는 15년 전 그때 나를 그곳으로 인도하던 천사인 듯했다. 그는 영원히 나와 같이할 친구였다.

이처럼 가득 차 흐르는 맑은 물은 땅을 윤택케 하시는 하나님의 강이요(시 65:9), 영원한 주의 복락강수는 생명의 원천이시다(시 36:8, 9).

"내가 산 자의 땅에 있음이여 여호와의 은혜 볼 것을 믿었도다 너는 여호와를 바랄지어다 강하고 담대하며 여호와를 바랄지어다."(시 27:13, 14) 이 말씀으로 내가 서 있는 위치가 드러났으며 '십자가의 도' 안에서 걸어가는 발걸음에 새 힘이 되고 십자기의 승리 안에서 사는 자에게 생명수가 되었다. 나는 그때부터 더욱 힘차게 전하며 나설 수 있었다. 아멘.

XI. 불의를 용납 않는 성령 역사

1. 차 중에서 만난 미지의 윤씨

자유당 정권이 심히 부패하여 민심이 흉흉하던 그때였다. 서울 시공관에서 '한국은 흥하느냐 망하느냐?'라는 제목으로 생명내댄 강연을 3일간 계속 한 일이 있다. 그 당시 나는 한 해에 800회 이상의 집회 시간을 갖는 때였다. 그중 가장 인상적인 집회가 시공관 강연이었다. 1957년 11월 늦가을 강연을 마치고 용문산으로 내려가던 어느 날 내가 쓴 '은몽록(恩蒙錄) 제4집'이 방금 인쇄되어 나왔기에 부산행 열차 안에서 한 번 쭉 훑어보고 있다가 잠깐 책을 놓고 창밖을 내다보며 머리를 식히고 있었다.

그때 옆에 앉았던 어떤 신사 한 분이 그 책을 뻔히 바라보더니 깜짝 놀라면서 책을 번쩍 들고 "나운몽 장로님이 쓰신 책이구먼요…"하고 바쁘게 책 표지를 들춰본다.

그는 그 책 첫머리에 '正反歸日高高極致'라고 쓴 붓글씨를 보고서 또 한 번 놀란다. 갑자기 표정이 굳어지면서 "아니 말만 잘 하시는 것이 아니고 글도 잘 쓰시는구먼요. 이 책을 어디서 살 수 있습니까?"하고 황망히 묻는다.

"이 책이 아직 서점에는 나오지 않았을 것입니다. 집회 때나 팔게 되는 책이니까요."하고 대답했다. 대답을 하면서도 뜨거운 물음에 차가운 대답을 하는 느낌이었다.

그는 그 책을 보물같이 쓰다듬며 "이 책을 저한테 팔고 선생님은 또 구하실 수 없겠습니까?"하고 간청을 한다. 나는 그 즉시 거절을 했다.

그때 그 책을 팔라는 말의 어감이 안 좋게 들려서였던지, 아직 읽는 중이었으니까 마저 읽기 위함이었는지는 알 수 없으나 지금 생각하면 그 거절한 까닭을 알 수 없다.

그는 윤치영 씨와 친척관계인 윤모 씨였는데 그는 예수는 안 믿지만 나운몽 장로를 좋아한다는 것이다. 그의 강연은 사상이 살아 있기 때문이란다.

그 책을 들고 흔들면서 혹시 이분의 시공관 강연을 들었느냐고 나더러 묻는다. 그는 분명히 내가 그 장본인인 줄은 모르고 묻는 것이 틀림없었다. 멀리서 단상의 나 장로는 보았어도 한자리에 앉은 나 장로는 몰라보고 있었다.

나는 뭐라고 대답을 해야 할지 몰라서 머뭇거리다가 "시공관 강연이 어떻던가요?"하고 도리어 되물었다.

"말도 마시오. 사람이라기보다 신 같습니다. 숨도 안 쉬고 장장 세 시간을 내 뿜는데 물 한 모금도 안 마시고 그럴 수가 있겠습니까? 나도 많은 목사님들의 설교도 들어 보았고 훌륭한 분들의 강연도 많이 들어 보았지만 그런 분은 못 보았습니다. 한국에서 사상이 살아 있는 분이라고는 그 한 분을 보았을 뿐입니다…"하고 그때의 감격스러웠던 심정을 토로하며 흥겹게 그 강연 내용을 되풀이해 준다.

까무잡잡한 얼굴에 흥분된 어조로 열심히 설명하던 그의 모습이 지금도 가끔 내 뇌리에 떠오른다. 내가 던진 말을 내게 반사 시켜 주던 그의 진정은 내 마음에 영원히 뿌리박힌 듯하다. 약간 작은 체구에 그 당시 약 50쯤 되어 보이는 그였다. 지금쯤은 이미 유명을 달리했을지도 모른다. 나는 그에게 그 한 권 책을 드리지 못한 것이 지금도 한스럽다.

그때 그의 가슴속에 예수를 확실히 심어주지 못한 것이 더구나 한스럽다.

2. 시공관 강연 여당 때려 부수던 첫 날

지금도 그때의 시공관 강연 애기를 하는 사람들이 많다. 나도 그때를 회상하면 가슴이 벅차오른다. 강연 도중에 터져 나오던 만세 소리가 단상에 서 있던 연사를 당황케 하던 그때의 그 광경은 형언키 어려운 장면이었다. 그때만 해도 나는 40대 청년이었으니까 창검도 겁낼 줄 모르던 때였다.

밀려드는 군중을 정리하기 위해 기마경찰대가 동원되기까지 했다. 아무리 기마대가 늘어섰다 해도 인파에 싸여 움직이지 못하는 형편이었다. 장내는 아래 위층에 입추의 여지가 없이 통로나 층계 복도 할 것 없이 용신할 수 없을 정도로 밀집했고 문밖에도 길거리가 막혀있었다. 명동 대로에까지 인파가 꽉 밀렸으니 부근 다방과 음식점 등 어떤 점포라도 초만원이었다.

스피커를 통해 밖에까지 들리는 음성이 그 부근 일대를 완전히 사로잡았다. 혼란과 암흑, 부패와 타성이 만연된 당시로서는 속시원하게 때려 부수는 열변이라도 듣기를 원했던 민심이었던 것 같다.

첫날은 자유당 정권의 부패상을 노골적으로 지적하며 위에서부터 아래 말단에 이르기까지 사정없이 내리치기 시작했다.

안팎 청중들의 박수 소리가 연거푸 터져 나와서 강연이 중간중간 끊어져야 할 정도였다. 장장 세 시간에 걸친 열변에 물 한 모금도 안 마시고 외치는 것을 보고 더욱 놀랐다는 것이다. 숨도 안 쉬고 말하는 사람이 어디 있느냐고 하며 사람이 어찌 그럴 수가 있겠느냐고 사람이 아니고 신이라고까지 화제에 오르내렸다.

내가 생각해도 성령의 역사였지 내가 하는 말은 아니었다고 생각한다. "성령의 나타남과 그 능력으로 전했다."(고전 2:7)고 하던 바울 사도의 말 그대로였다.

첫날 강연을 마치고 단에서 땀에 젖어 내려오는데 단 아래 대기하고 있던 형사들이 경찰서로 가자는 것이다. 구속 영장이라도 가지고 왔느냐고 승강이를 하며 인파에 밀려 나가니까 다행히 민주당 국회의원들이 문 앞에 차를 대기하고 있었다. 그들이 나를 태워 갖고 달아나는 바람에 형사들의 손에서는 풀려났다.

곧바로 국회의사당 밑에 있는 다방으로 갔다. 기독교인 의원들 몇 사람이 같이 있었다. 지금 기억나는 대로는 민주당 김상돈 의원과 무소속 유재근 의원 외에도 몇 분 있었다.

김XX 의원은 내 체구에 비하면 4배는 될 것 같은 크고 뚱뚱한 체구로서 그 체구에 어울리지 않는 호의를 베푼다.

"장로님 가방은 제가 들고 다니며 모실 터이니 그런 강연은 전국 사람이 다 듣도록 전국을 순회하며 외칩시다."라면서 힘차게 싸워나가자고 격려를 했다.

3. 야당 때려 부수던 둘째 날

다음날이었다. 전날보다 더 많은 군중들이 들이밀었다. 그 속에는 국회의원들이 전날보다 더 많이 끼어 있었다. 그날은 야당인 민주당의 비를 때려 부수는 날이었다. 그날도 역시 군중들의 열기 찬 환호성과 박수 소리로 장내가 온통 들떠 있었다. 성령은 크게 역사하고 있었다. 성령의 불이 떨어지는 장면이 보이는 듯했다.

반대를 위한 반대, 야당을 국민은 원치 않는다. 국민을 위한 대변자, 나라를 위한 건설적 건의자, 야당이 되어 달라고 호소하면서 무능 부패상을 때려 부쉈다. 만일 민주당이 정권을 잡게 된다면 자유당보다 오히려 더 부패할 가능성이 보인다고까지 비를 들어 사정없이 들부수었다.

"부여잡는 어머니의 손길을 뿌리치고 형제 죽일 총칼을 손에 잡다니 형제 죽여 이긴들 무슨 낙이 있을까 보냐?"고 외치면서 "이북공산당은 빨갱이가 되어서 그렇지만 이남 민주당은 껌댕이가 되어서 그렇단 말이냐? 나라를 세우려고는 하지 않고 왜 반대를 위한 반대만으로 싸우려고만 대드느냐?"고 푹푹 찔렀다.

6.25 동란의 참상 속에서 "어서 피 묻은 총칼을 던지고 돌아와 부모의 품에 안기게 해 주시옵소서."하고 울부짖던 눈물의 호소가 하늘나라에 상달되어서 하나님의 자비하심이 오늘을 있게 하셨으니 우리 겨레는 모두 하나님 앞으로 돌아와 하나가 되어야 한다고 부르짖었다.

"90일이면 해결해 주겠다던 38선이 3년이 지나도록 해결은커녕 두 토막을 세 토막으로 동강이를 내놓고도 이 민족을 살려 주겠다는 말이냐? 야벳 자손들의 불장난 속에서 희생당하고 있는 약소민족의 설움을 뉘가 알아줄 소냐? 저 원수의 38선을 그대로 놓아두고서는 질식할 수밖에 없다. 이런 기막힌 현실을 앞에 놓고 정권쟁탈에만 혈안이 되어 물불을 가리지 않는 투쟁을 감행해야 하는 것이 야당의 소임이란 말인가? 백성들은 이런 추잡한 추태를 원치 않는다."고 신랄한 공격을 가했다.

4. 만세성 터지던 마지막 날

"어찌하여 우리는 내 땅을 내 땅이라 하지 못하고 내 고향 내 땅엘 가지도 못하고 내 부모 내 형제를 만나지도 못해야 한단 말인가?"하는 눈물겨운 호소의 부르짖음이었다.

신자도 불신자도 한마음 한뜻이 되어 온 장내는 흥분의 도가니 속에 잠겼다. 북녘땅에서 남쪽 하늘을 바라보며 오늘도 눈물짓고 있는 늙은 부모를 그냥 내버려 두어야 하는가? 부모의 품속으로 찾아가야 한다. 갈라진 국토, 도둑맞은 조국 땅을 찾아야 한다고 외쳤다.

그때 온 장내는 와와 넘실거리며 주여, 주여 소리가 드높아가고 있었다. 이렇게 한참 흥분해 있는 분위기 속에서 "이것을 찾는 길은 오직 한 길이 있을 뿐이니 빈손 들고 10만, 20만, 30만이 뛰어들어가야 한다."고 외쳤다. 그때에는 온 군중이 두 손을 번쩍 들어 일어서며 "만세, 만세! 대한민국 통일 만세, 통일 만세!"하고 폭발된 만세 소리가 그칠 줄 몰랐다.

장내는 물론 온 천지가 진동하는 것 같았다. 그칠 줄 모르는 만세 소리는 급기야 울음소리로 변했다. 흐느껴 우는 소리가 온 장내를 메우기 시작했다.

이렇게 남한에서 총 궐기하여 밀고 들어간다면 북한 동포 또한 그냥 있지 않을 것이다. 이 거족적 폭발을 그 누가 막을손가? 유엔군이 막을 것인가? 공산군이 막을 것인가? 아니다. 못 막는다. 아무도 못 막는다.

수백 수천이 아니고 수십만 수백만이 내 땅 내가 찾으러 간다는데 그 누가 막을 수 있단 말인가? 정전협정이 무슨 소용이 있단 말인가? 잃어버린 북녘땅은 내 땅 내 민족이 아니더냐?

북녘땅은 우리가 안 찾아 못 찾는 것이지 못 찾아 못 찾는 것이 아니다. 이렇게 남북이 일어나면 김일성은 절로 짓밟히고야 말 것이다.

"일어나자 동포여, 쳐부수자 38 장벽!" 이렇게 외칠 때 온 장내는 흥분의 도가니로 화하여 처음에는 우레 같은 박수 소리로 떠나갈 듯하더니 나중에는 '우악' 하고 일어서서 두 주먹을 불끈 쥐고 "들어가자, 들어가자"하고 한참 외쳤다.

이것이 성령의 역사가 아니라면 이렇게까지 그 많은 청중이 한마음 한뜻이 될 수는 없었을 것이다. 분명코 백수북진은 하나님의 뜻이다. 이 길 외에는 다른 길은 없다고 단언했다. 또다시 제2의 6.25가 있을 경우에는 무력통일, 적화통일이 되고 말 것이다. 그런고로 우리는 '전쟁 없는 평화통일이냐? 피 흘리는 적화통일이냐?' 양자택일해야 할 처지에 놓여 있다고 외쳤다.

그렇다. 이 박사가 살아생전에 꼭 해야 할 한 가지 일이다. 무력통일하겠다고 없는 총칼을 대달라고 미국에 호소하기보다 사랑의 폭탄을 가슴에 안고 38선을 뛰어넘자고 한마디만 외쳐 준다면 이 나라는 산다.

세계만방에 빛나는 나라 통일한국으로서 하늘에 영광이요 땅 위에 평화를 선포하는 동방의 한 나라가 될 것이다. 이것이 하나님의 뜻이거늘 하늘이 호응하고 땅이 호응할 것이다. 세계가 박수로 환영할 것이다. 오늘의 이 박사의 그 권위로서는 능히 할 수 있는 일이다. 이제라도 명령하라. 그리하면 120세의 장수를 하시면서 통일한국의 국부로서 여생을 빛낼 수 있을 것이라고 예언했다.

그러나 그는 해야 할 그 일을 못 했다. 필경 그 정권도 무너지고 그 육체도 사라졌다. 인간이란 이처럼 사명 못 하면 쇠하는 법이요 사명을 해야 흥하는 법이다.

이것은 우리에게 남아 있는 민족적 과업이다. 회담으로 되는 것은 아니다. 회담을 해도 회담은 결렬된다. 그 회담 결렬이 곧 북진통일의 기폭제가 될 수 있다. 그런고로 회담이 무의미하지는 않다.

총칼 대신 가슴에 사랑의 폭탄을 안고 빈손 들고 들어가기 전에는 통일이란 있을 수 없는 일이다. 그때 터져 나오던 만세 소리는 지금도 휴전선상에 메아리치고 있을 것이다. 그 당시 그 감격이 지금도 겨레의 마음을 점령하고 있다면 남북통일은 문제 될 것이 없다. 언젠가는 성취되리라는 신념은 지금도 벅차오르고 있다.

5. 얕보임이 자랑스러웠다

1957년 늦가을인 듯하다. 옥중에서 나와서 얼마 안 되어서이다. 인천의 어떤 간장 공장 창고에서 연합집회를 했다. 수천 명 모일 수 있는 큰 장소를 얻는다는 의미도 있었지만 각 교파 교인들이 모이는 데는 어떤 교파 교회보다 그편이 낫다는 뜻도 있었고 또 한편 어떤 교단에서는 좀 꺼리는 편도 있었기 때문에 교회당이 아닌 공장이 좋았다. 그리고 마음껏 떠들어도 괜찮은 곳이었다. 그래서 교역자들은 적극적으로 앞장을 서지 못하고 평신도들이 주동이 되어 집회를 열었다. 그 당시로서는 가장 큰 집회였다.

거리거리에 '나운몽 장로 심령대부흥회'라는 포스터가 총총 나붙었고 플래카드가 큰 거리를 가로질러 여기저기 나붙고 있어 인천시가지가 온통 축제 분위기였다. 부평, 부천까지 플래카드를 차에 붙이고 스피커로 대성 방송을 하며 돌고 있었으니 모르는 사람이 없을 정도로 충분한 선전이 되어 있었다.

그 당시는 관에서도 신고만 하면 가두 소음을 관제하거나 벽보를 제지하지도 않았다. 오히려 환영을 했던지 경기도 경찰국에서는 어느 날 경찰국에 와서 강연을 해줄 수는 없느냐고 요청이 왔다. 인천 집회를 마치는 대로 가겠다고 허락을 하고 작정된 날짜에 경찰국으로 갔다. 그때 수행한 분이 인천 집회를 주동한 K장로님과 R목사님과 또 다른 유력인사가 같이하여 우리 일행이 나까지 5명이었던 것으로 기억된다.

먼저 경찰국장실에서 잠깐 머무는 동안 찻잔을 돌리는데 나에게는 잔이 빠졌다. 같이 간 일행은 모두 체격이 훌륭한 분들이었다. K장로님은 본시 경찰 요직에 있던 분으로서 체격이 장대하여 남에게 위를 받을 만했다. 그리고 다른 이들도 외모로나 중심으로나 모두 나무랄 데 없는 훌륭한 인품들을 갖추고 있는 분들이었다. 그중에 나는 축에 못 드는 초라한 모습이었던 것 같다. 그렇기에 찻잔 축에서도 빠지고 있는 처지였다.

강당에 나왔다. 강단 아래 구별된 자리, 의자가 놓여 있었고 바닥에는 수백 명으로 보이는 견장이 붙은 정복 차림의 경찰관들이 질서 있게 앉아 있었다.

우선 구별된 자리로 가서 일행과 같이 나란히 앉아 있었다. 사회자가 나가서 개회선언을 하고 즉시 강사께서 나와서 좋은 말씀을 들려주실 것이라고 소개를 해줄 뿐이다.

강당에 꽉 차 있는 수백 시선은 등단하는 강사에게로 쏠렸다. 훌륭한 체격의 훌륭한 인품을 갖춘 훌륭한 강사가 나타나리라고 기대했던 모두의 기대였을 것이다. 그러나 훌륭하게 보이는 그 여러 사람들은 다 안 나오고 오히려 가장 미약한 사람이 나타나니 실망을 할 수도 있었을 것이다.

가방이나 들고 따라다니는 사람인 줄 알고 있었는데 그가 강사라고 나섰으니 낮보았다는 것은 무리가 아니다. 찻잔 축에도 못 들었던 그때의 나로서는 나를 낮보는 것으로 생각이 안 들 수 없었다.

그렇다고 나는 그것이 섭섭했다거나 무시를 당했다는 모멸에 반발감을 갖는 것도 아니었다. 오히려 그렇게 얕보이는 것이 마음에 흐뭇하기만 했다. 주께서 바울 사도에게 말했듯이 "이는 내 능력이 약한 데서 온전하여짐이라"고 하신 말씀이 내 안에 임하는 것으로 느껴졌다. "이러므로 도리어 크게 기뻐하면서 나의 약한 것들에 대하여 자랑하리니 이는 그리스도의 능력으로 내게 머물게 하려 함이라."(고후 12:9)고 한 바울 사도의 말 그대로의 기쁨이 내게 임한 것이다. 그렇기에 내 약함이 자랑스럽기만 했다. 나를 자고하지 못하게 하시기 위한 하나님의 섭리임을 알고 감사하기만 했다(고후 12:7).

6. '사바사바'와 '有錢無罪'

"내가 약할 그때에 강함이니라."(고후 12:10)고 한 성경 말씀 그대로 그때에 나는 강했다.

단상에 나서면서부터 "복장이 검어지니까 복장도 검어지더냐?" "도둑놈들아, 회개하라"하고 권위 있게 능력 있는 목소리가 터져 나왔다. 모두 놀라서 눈이 휘둥그레졌다.

"사바사바에 눈이 어두워 앞문으로 잡아들인 도둑놈을 뒷문으로 놓아주더니… 백성들의 생명, 재산을 보호해야 할 중대한 책임을 진 여러분, 이 나라가 흥하느냐 망하느냐는 여러분의 양어깨에 달렸습니다."하고 나는 호소했다. 백성의 한 사람으로 눈물겨운 호소를 한 것이다. 3천만의 생명과 재산을 맡은 사명 막중하니 그 사명에 살고 그 사명에서 죽어준다면 우리나라는 산다. 38선은 무너지고 통일한국 이룩된다. 내가 옥중에 있을 때 보고, 듣고, 깨달은 일이 너무도 많다. 그중에 '有錢無罪 無錢有罪'라는 낙서가 어디나 있는 것을 보았다. 단마디로 말해서 그만큼 부패했다는 것이 아니겠는가? 법은 돈 앞에 굴복했고, 돈은 죄의 종이 된 것이다. 옥중에서 '사바사바' 뜻을 물었더니 사바사바란 봉사가 북통 두드리는 타령이란다. 즉 눈감아 달라는 은밀한 뇌물을 지칭한 은어였다. 그래서 '사바사바' 먹으면 봉사가 될 것이고 '사바사바'를 처자들에게 먹이면 자식에게 그 화가 미칠 터인데 그래도 '사바사바'를 먹을 터이냐고 외쳤다. '사바사바' 먹을 사람 손 들어 보라니까 아무도 손드는 사람은 없었다.

"그러면 사바사바 안 먹을 사람 손들어 보시오." 하니까 머뭇머뭇하면서 손을 들기 시작했다. "안 드는 사람은 사바사바 먹겠다는 사람이다."라고 외치니까 모두 손을 들었다. 손을 들었다가 내리는 사람이 보이면 "저기 사바사바 먹을 사람 또 있다."하면 또다시 얼른 들곤 했다.

"다시는 도둑질 안 하겠습니다. 하는 사람은 한 손마저 드시오." 하니까 한 손마저 들고 나니 두 손을 다 든 채 손을 내리지도 못하고 있었다. 두 손을 들어 놓고 그냥 강연을 계속했다. 자유당 말엽 부패상을 있는 그대로 적나라하게 지적하고 때려 부쉈다.

인간 이하의 학대를 받으며 종살이하던 왜정에서 해방을 받고 기뻐하던 그 감격은 어디에 던져 버리고 부정부패에 끌려 죄악의 종노릇을 하다니! 어찌 슬픈 일이 아니겠냐고 호소하는 눈물의 부르짖음이었다.

전하는 자도 듣는 자도 다 같이 울었다. 줄줄 두 볼에 흘러내리는 눈물을 닦지도 못하고 두 손 들고 있는 그들에게는 분명히 성령이 역사하고 있었다. 성령의 감동이 아니고야 그 어찌 그들에게 일치한 마음과 눈물이 있을 수 있으랴. 온 장내는 조용한 가운데서 울음 섞인 강연 소리에 소리 없는 눈물이 검은 복장을 적시고 있었다.

손을 내리라고 할 때까지 내리지 못하고 있던 그 팔이 아프기도 했으련만 짜증 없이 눈물만 흘리고 있던 그들은 손을 내리라는 말에 일제히 손을 내림과 동시에 눈물부터 닦는 모습이 드러나게 나타났다. 맨손으로 닦는 이들도 많았지만 콧 수건으로 닦는 모습도 일치하게 보였다.

마지막으로 나는 그들에게 위로와 격려를 해주면서 끝을 맺고 간곡한 기도를 올렸다. 강연을 마치고 단하로 내려왔을 때 주관자들의 태도는 완전히 달라졌다.

이날까지 많은 강사들이 와서 교양 강연을 했지만 오늘 같은 감격적인 강연은 처음 듣는다면서 또 오실 수 없겠느냐고 간청을 하기도 했다.

7. 마포교도소에서 있은 일

그 후 어느 날 마포교도소에서, 수천 명으로 보이는 푸른 옷 입은 죄수들이 모여 앉은 대강당에서 강연을 하게 되었다. 당시 소장으로 있던 X씨는 몸이 비대한 분으로서 키도 크고 얼굴도 잘생긴 훌륭한 인품을 갖춘 인격자였다.

그이가 친히 강사와 같이 단상에 나와서 앉아 있었다. 다른 데는 대개가 교화과장이 안내도 하고 사회를 해주는 것이 상례였는데 여기에서는 특별히 강사를 우대해서 소장이 직접 강사를 단상에까지 안내하면서 환영의 뜻을 보였다.

그런데 그 호의를 조금도 염두에 두지 않고 내 나름의 강연을 했다.

"7부 8부밖에 안 되는 작은 도둑놈들은 잡아다 가두고 큰 도둑놈들은 세종로를 활보해도 괜찮단 말인가? 세단 차 스프링이 휘도록 뼁뼁 살이 올라 있는 저 큰 도둑놈들은 본 척도 않고 있으니 웬말인가? 작은 도둑놈들은 철창 속에서 콩 보리밥을 먹고 있는데 큰 도둑놈들은 거루고각 주지육림(酒池肉林) 속에 묻혀 있어도 그냥 놔둬야 한단 말인가?"

"옳소, 옳소!" 소리가 여기저기 터져 나오기 시작했다. 박수 소리도 연달았다.

"그들이 마시는 술잔에는 만백성의 피가 담겼고 그들이 먹는 기름진 안주에는 만백성의 기름과 살이 담겨 있다."고 외쳤을 때에는 우레같은 박수 소리에 강연이 중단되기도 했다.

"이처럼 약자의 살과 피를 긁어먹는 자들은 의인이고 먹히는 자들은 죄인이란 말인가? 강하면 의인이고 약하면 죄인이란 말인가? 이 억울함을 알아줄 자가 세상에는 아무도 없다. 오직 알아주실 분은 예수 그리스도 한 분뿐이시다." 그때도 박수는 터져 나왔다. 말이 그칠 때마다 박수였다. 이렇게 박수를 받아가며 전도를 할 수 있었다는 것부터가 성령의 역사였다.

"옥 밖에는 기다리고 있는 어머니가 계십니다. 오늘도 내 아들이 돌아오는가 기다리는 어머니의 심정은 어떨까요? 눈물 흘리며 기다리는 어머니의 품속이 그립지 않습니까? 따뜻한 어머니의 품속으로 돌아가야 합니다. 돌아가는 것이 자식 된 도리가 아닐까요? 어서 돌아가자, 죄에서 해방을 받고 어서 돌아가자. 죄에서 해방을 받기 전에는 못 돌아가는 길입니다." 하고 외쳤을 때에는 벌써 눈물을 닦는 이들이 여기저기 보였고 흐느껴 우는 소리가 여기저기 들리기 시작했다.

"여러분은 지금 죄의 사슬에 매여 있습니다. 회개하기 전에는 그 사슬에서 풀려날 수가 없습니다. 다시는 그런 죄를 범치 않겠다고 하나님께 고백합시다. 자비하신 예수 그리스도는 회개하는 자의 죄를 대신 져 주십니다. 우리의 죄를 대신 걸머지시고 십자가상에서 피 흘려 돌아가신 예수 그리스도는 오늘도 여러분들을 찾으십니다."라는 내용의 원칙전도를 하고 나서 마지막으로 "죄악의 쇠사슬에 묶여 있는 여러분을 풀어 주시려고 우리 예수님은 피 묻은 손길로 여러분을 부르고 있습니다. 돌아오라, 돌아오라… 피 묻은 손길을 펴시고 돌아오라고 목메어 외치는 예수 그리스도 앞으로 돌아갑시다. 어서 돌아갑시다. 돌아가면 여러분의 죄는 용서함을 받습니다. 자비하신 우리 하나님은 여러분이 돌아오기를 오늘도 기다리고 계십니다. 여러분의 어머니와 같이 기다리고 계십니다."라는 내용의 결론을 맺으면서 "그 불의에 담대했던 사람은 의에도 담대할 수 있습니다. 이왕이면 의에 담대한 사람이 되는 것이 어떨까요. 그래도 안 돌아오시렵니까? 돌아와야 옳다고 생각하는 분들은 손을 들어 보시오." 하니까 일제히 손을 들었다. "옳다고 생각했으면 옳은 길로 가야 하지요… 옳다고 생각하는 이 길로 나도 가기를 원합니다. 나도 의에 담대하렵니다. 나도 예수를 믿겠습니다, 하는 뜻으로 다시 한번 손들어 봅시다." 하고 외치면서 또 한번 손을 들렸다. 과연 성령은 역사하셨다. 일제히 손을 들었다.

나는 그 광경을 보면서 너무 감격스러워 눈물이 꽉 쏟아졌다. 울면서 그들을 위한 뜨거운 기도를 드렸다. 그들의 흐느끼는 울음소리도 점점 높아지고 있었다. 기도를 마치고 나니까 모두 머리를 숙인 채 눈물을 닦는 모습이었다.

뒤에 앉았던 소장은 언제 나갔는지 없었다. 죄인 아닌 자가 누구냐고 모두 죄인이라고 살이 삥삥 오른 큰 도둑놈들을 때려 부술 때에 나간 것으로 짐작된다. 자유당 말 무렵, 아무리 부패했다 해도 너무 지나치게 과격한 언사를 썼던 모양이다.

그는 나가서 법무부로 전화를 하더란다. "7부, 8부짜리 도둑놈은 잡아다 가두고 큰 도둑놈들은 세단 차로 세종로를 달린다면서 백성들의 피를 빨아먹고 산다니 이런 놈을 그냥 둘 수 있느냐?"는 내용의 분노를 터뜨리더란다.

법무부의 대답이 "그 어떤 놈이 그런 소리를 한단 말이오?"하고 되묻더란다. "나운몽이란자"라고 대답을 하니까 "오 그 사람, 그 사람은 본시 그런 사람이야"하고 말더란다.

그 전화 소리를 들은 사람이 나더러 말하기를, "장로님은 이미 면허를 받으셨구먼요."

"무슨 면허요?"

"큰 도둑놈 때려 부수는 면허 말이야요."하고 웃는다. 소장은 볼 수도 없었고 차 한 잔 못 얻어먹고 씁쓸히 옥문을 나섰다.

8. 장충단 강연

1957년 정계와 교계 일반사회를 놀라게 했던 서울 시공관 강연 다음가는 장충단 강연이 1960년 3월에 있었다. 그해 3월 15일 정부통령 선거를 앞에 놓고 '못 살겠다 갈아보자.'는 구호가 득세를 하고 있던 그때였다. 그때 '나는 바른 소리 하련다.' 라고 연재를 내걸었다.

거리거리에 포스터와 플래카드가 나붙고 신문과 전단지가 서울 시내를 비롯하여 지방에까지 뒤덮였다. '나는 바른 소리 하련다.' 라는 제목이 나붙은 포스터에는 '나운몽 장로 긴급 강연회' 라는 이름도 드러나게 시민들의 시선을 끌었다. 옥중에 잡혀 들어가면서도 바른 소리 강연과 부흥회로 일관했기 때문에 당시 화제의 인물로 등장된 이름이었는데 그 제목에 그 이름이 나붙었으니 주목을 안 끌 리가 없었다.

3월 9일 강연이 시작되기 전부터 시민들이 몰려들어 장충단공원 체육장을 메웠다. 몰려오는 시민들을 정리하기 위해서는 기마경찰대가 동원되기까지 교통이 마비 상태로 붐볐다.

사방에서 모여드는 시민들, 신자는 물론 믿지 않는 일반 시민들도 태반이었다.

3.15 선거를 앞두고 3인조니 9인조니 하며 부정 선거를 실시하려는 자유당 정권의 계략은 전국적으로 조직화 되어 자체의 생명을 좀먹고 있었다.

이렇게 자유당 정권이 부패한 것은 사실이지만 그렇다고 정권이 무너지기를 바라서는 안 된다고 나는 주장했다. 석가래가 썩었으면 썩은 석가래를 갈아내면 그만이고, 기둥이 썩었으면 썩은 기둥을 갈아내면 그만인데 집을 무너뜨리기보다 그냥 두고 수리해서 써야 할 우리의 처지라고 강조했다.

부정 선거 안 해도 이승만 박사가 또 당선될 터이니 부정 선거는 하지 말라고 외치며 부정선거하면 나라는 망할 것이라고 강조했다.

6.25 동란 때 유엔군을 불러다가 나라를 건진 그 공로도 크거니와 반공포로를 석방시킨 그 용단, 이 또한 이 박사가 아니고는 헤쳐 나가기 어려운 민족적 시련기를 넘겼다는 것도 시인하며 찬양했다.

그러나 오늘의 부정부패상은 부인할 수 없다. 반만년의 오랜 역사를 두고 살아오던 동방의 예의지국 군자의 나라, 역대 우리 조상들의 뼈가 묻혀 있는 이 땅 우리가 우리 자손들에게 물려 주어야 할 이 금수강산이 썩어서야 될 말이냐? 그런대로 우리 민족은 다단한 역사 속에 살면서도 허다한 곡절과 기복을 거쳤지만 다른 문화 민족에게 못지않은 문화의 유산을 물려받았다.

그렇지만 오늘날 우리 동포들의 생활 양상을 살펴볼진대, 옛날 저 고구려 당시에 가졌던 그 씩씩한 기풍을 어디서 찾을 수 있으며 신라의 화랑도가 지녔던 그 충의와 지조를 어디서 찾을 수 있을 건가?

날마다 보도되는 신문 제1면에는 모략과 중상으로 엮어진 정권 다툼뿐이고 사회면에서는 살인, 강도, 음란, 뇌물 등 온갖 죄악상이 그려져 있으니 이 부끄러운 민족적 수치를 어떻게 무엇으로 씻어 낼 수 있으랴. 드러나는 죄악이 이렇게 많은데 숨어 있는 죄악을 또 얼마나 더할 것인가?

이렇게 썩은 냄새를 맡고 날아오는 저 쇠파리 같은 공산주의는 민족사상 속에 산란, 기생할 터인데 그래도 좋단 말인가? 현 정부의 힘으로서만은 우리의 사회적인 죄악을 물리칠 만큼 죄악이 가볍지는 않다. 다른 어떤 야당이 정권을 잡는다고 해서 당장에 바로 잡지도 못할 것이다. 야당의 선거 강령을 보아도 경제정책이나 사회정책 등 여당과 별다른 점이 없고 오직 정권쟁탈을 위한 투쟁에 불과하다.

우리 국민은 크게 자각해야 할 중대한 시기에 이르렀다. 뿌리가 썩으면 줄기도 썩는 법 종교가 뿌리라면 정치는 줄기이거늘 종교가 썩어들어가고 있으니 정치가 어찌 썩지 아니하랴. 이 썩은 냄새 따라 들어오는 붉은 용의 세력을 무엇으로 막을 건가?

이것을 막는 길은 무엇보다도 부패상을 일소해 버리는 데 있다. 꾸렁 냄새 나는 곳에 쇠파리 달려들고 향기 나는 곳에 봉접이 날아오는 법이다. 꾸렁 냄새 나는 부패물을 제거해야 한다. 한사람이 한 사람씩만 앞집 이 서방이나 뒷집 박 서방을 잡아내자는 것도 아니다. 오직 자기 안에 있는 도둑놈부터 잡아내면 된다. 각자 한 사람이 한 사람씩 자기 안에 도사리고 있는 도둑놈들을 잡아내면 꾸렁 냄새는 일소되고 말 것이다.

그리하면 성령으로 하나 된 향기가 풍기는 금수강산을 이루게 될 것이다. 이것이 곧 이 땅 위에 하늘의 뜻이 이루어지는 길이다. 만일 이 길을 안 택한다면 우리나라는 망한다.

부정 선거 안 해도 이 박사가 또 당선될 터이니 부정 선거 말라. 부정 선거 말라. 부정 선거는 하나님의 뜻을 거역하는 일이다. 하나님의 뜻을 거역하면 망한다. 하나님의 뜻을 순종하는 것이 사는 길이다. 흥하느냐? 망하느냐? 는 하나님의 뜻을 순종하느냐 거역하느냐에 달렸다. 하나님은 산 자의 하나님이시요 하는 자의 하나님이다. "여호와를 자기 하나님으로 삼는 백성은 복이 있도다"(시 144:15).

이 백성이 하나님 앞으로 돌아오면 나라가 살고 민족이 산다. 썩은 권봉을 던져 버리고 하나님 앞으로 돌아오라는 내용으로 강연을 마쳤다.

결국은 '부정 선거하면 나라가 망한다.'고 목메어 외쳤지만 정권 유지에 급급했던 자유당은 종시 부정 선거 계략을 버리지 않았다.

당시 최고 권좌에서 나라를 움직이고 있던 이기붕 씨와 그 부인 박 마리아 여사는 강연 전에 나를 만나자고 요청해 왔다. 그러나 나는 강연 전에는 만날 수 없다고 거절하고 강연 후에 만나자고 약속을 했다. 강연을 마치고 나는 그들을 만났다.

9. 박마리아 여사와의 단독 회담

그 당시 이기붕 씨는 국회의장이었고 그 부인 박마리아 여사는 이화여자대학교 부총장의 이름을 갖고 있었던 시절이었다. 서대문 저택에서는 간단한 예배만 드렸고 조용한 이야기는 이화대학으로 나가서 단독회담을 가졌다. 이기붕 의장은 신병으로 나오지 못하고 박 여사만 있었다.

그는 몹시 초조한 마음이면서도 내색은 하지 않고 오히려 외모로는 태연한 자세를 취하고 있었음이 역력히 엿보였다. 15분만 이야기하자던 것이 30분이 지나고 한 시간이 지났다. 비서인 듯한 사람이 몇 번이나 정중히 방 안에 들어섰다가는 박 여사의 손길 지휘에 물러 나가곤 했다.

그의 묻는 말은 간단했지만 나의 설명은 간단하지 않았다. 국제정세와 국내정세, 천심과 인심을 성경과 현실로 대비하여 과거를 해명하고 미래를 예언했다. 그는 흥미 있게 듣고 신앙적인 질문을 한다. 정치문제를 신앙적으로 해결해 보겠다는 심정은 그 어머니에게서 이어받은 거짓 없는 신앙심이라고 보았다.

그 어머니는 전도사 출신으로서 그 딸 하나를 키우며 일생을 기도로써 살던 이였다. 80 노구에도 딸을 위한 기도에 전념하고 있었다. 그런 어머니의 영향을 받아서인지 정치에 관여한 이세벨 같은 악평을 받는 처지였는데도 그의 중심에는 하나님을 두려워하는 신앙심이 엄연히 살아 있었다.

부정 선거하면 나라가 망한다는 말에는 심각하면서도 냉담한 자세를 굽히지 않았다. 이미 전국적으로 부정 선거 조직망이 꽉 짜여 있었으니 변수가 없었던 듯했다. 그리고 여자인지라 그것을 막을 만한 용기도 없었거니와 그럴 만한 힘도 미치지 못했는지도 모른다.

부정 선거 안 해도 또 당선될 터인데 무엇 때문에 하나님 미워하는 부정을 저지를 필요가 있겠느냐고 나는 열심히 하나님의 진정을 전해 주었다. 성령은 강하게 역사했다. 마지막으로 나는 진심을 다해 나라를 위한 기도를 드렸다. 어찌할꼬 하는 박 마리아 여사 내외분을 위해서도 기도를 드렸다. 그렇게 냉담하게 대하는 듯 담담했던 그에게도 눈물은 있었다.

눈물을 씻으며 머리를 든 그는 "어떡하지요?"하고 눈물을 닦는다.

"어떡하다니요, 막아야지요. 부정은 하나님을 속이는 일입니다. 안 막으면 민란이 납니다. 반드시 민란이 일어날 터이니 두고 보시오." 이 한마디를 남기고 문밖으로 나섰다.

10. 자유당 정권의 붕괴 직전 밀서

당시 박 여사의 권세로 부정 선거를 제지할 수 있으리라고 믿었던 내 판단은 빗나갔다. 그는 그럴 만한 영향력이 미흡했던지 아니면 '설마' 하고 계획했던 대로의 계책을 방임했던 것 같다.

정권 유지에 급급했던 자유당은 급기야 3인조니 9인조니 하는 공개투표와 온갖 잔꾀를 부려 결국 3.15 선거를 완전히 그르쳐 버리고 말았다.

그리하여 마산 데모사건, 김주열의 시체 인양사건에 뒤이어 서울 고려대학생 4.19 데모가 폭발되었다. 다음날은 전국적 규모의 4.19 학생 데모로 확대되어 걷잡을 수 없게 되었다. 온 국민이 호응하며 나섰다.

그쯤 되니까 그때에야 계엄령을 선포하고 군대를 풀어 놓고 내 말이 생각이 났던지 용문산으로 밀사를 보내 왔다.

그날 나는 서울서 온 고병억 장로님과 같이 있었다. 우리는 앞으로 어떻게 할 것인지 의논하면서 그가 우리 집에 유하고 있던 그때였다.

그런데 웬 뜻하지 않았던 손님이 찾아왔으니 놀라운 일이었다. 그는 모대학 음악교수로 있던 X 씨였는데 이기붕 씨와는 동창이란다. 미국에 있을 때에도 가깝게 지내던 처지라면서 서울집회 때에는 그 부인이 독창도 해주곤 하던 이름 있는 음악가였다. 장충단 강연회에서도 찬송가 인도 순서를 맡아서 수고해 주기도 했던 분이다.

그는 용문산에는 첫길이라 김천 경찰서에 들러서 비밀 경호원을 데리고 들어왔다는 것이다. 그는 고병억 장로와도 잘 아는 분인데도 고병억 장로와 같은 자리에서는 갖고 온 편지를 내놓지 않았다. 나를 따로 만나자기에 위층으로 올라가서 이야기를 했으니 그야말로 비밀회담이었다. 회담이라야 그 비밀 편지를 전해 주면서 이기붕 씨 내외의 입장이 난처하게 되었다는 말과, 앞으로 어떻게 될 것인지 하나님의 뜻이 어디에 있는 것인지 나 장로님의 말씀대로 할 터이니 답장을 달라는 요지였다.

박 마리아 여사의 친필로 쓴 간단한 편지였는데 그 내용인즉 첫마디부터 '이 일을 어떻게 해야 합니까? 걷잡을 수 없게 되었습니다. 민란이 일어난다던 장로님의 예언 그대로 되었으니 예언 그대로 나라가 망하는 것입니까? 앞으로 어떻게 될 것입니까? 어떻게 해야 할 것인지 알려 주시기 바랍니다. 이 편지를 갖고 가시는 이는 이 의장과 막역한 친구 간이니 안심하고 소식을 전해 주시기 바랍니다.' 하고 말미에는 박 마리아 이름을 쓰지 않고 이기붕 이름을 썼다.

나는 그때 그 편지를 받고 그 즉시 기도했다. 그들의 안타까운 심정은 내 심정에도 반영되어 나 역시 안타까웠다.

'길은 오직 한 길뿐이니 최인규를 하옥시키고 선거 무효선언을 하셔야 합니다. 그리하면 일단 수습이 될 것입니다.' 라는 간단한 답서를 보냈다.

그 밀서를 갖고 갔던 X 씨는 그다음 다음날 또다시 편지를 갖고 왔다.

'때는 이미 늦었습니다. 지시하신 말씀 그대로 할 수가 없는 처지입니다. 이제는 어떻게 될 것입니까? 어떻게 해야 할까요?' 라는 간단한 막다른 심정을 담은 애절한 호소였다.

'해외로 도피할 길이 있다면 그 길밖에 사는 길은 없을 것입니다.' 라고 단마디 답서를 보냈다. 그는 그 편지를 보는 즉시 생을 체념하고 청와대로 도피하여 거기에서 가족적 종막, 이강식의 총성과 함께 영원히 사라졌다. 그 뒤를 이어 4.27의 이승만 대통령의 하야 성명을 종지부로 하고 급기야 자유당 정권은 무너졌다. 성령은 올바른 지시를 했건만 듣지 않다가 하나님의 진노를 받은 것이다.

XII. 나라 살릴 성령 역사

1. 용문산 학생들의 북진 데모

1960년 4월 27일 이승만 대통령의 하야는 온 국민에게 큰 충격을 주었다.

'백성들이 싫어하는데 내 어찌 이 자리에 앉아 있으랴.'하면서 이 박사는 청와대에서 걸어 나왔다. 이 박사를 둘러싼 인파는 가는 길을 막고 울음을 터뜨렸다.

'이 박사 물러나라는 데모는 아니었는데…' '이 박사는 안 물러나도 되는데…'라는 소리도 여기저기서 들렸다. 하지만 너무도 쉽게 자유당 정권은 무너지고 말았다. 그렇게 승승장구할 것 같이 날뛰던 자유당이 빈손 든 함성 앞에 굴복하리라고는 상상 밖이었다.

'이 박사는 과연 민주주의 애국자였다.' '주변 측근자들이 독재자를 만들었다.'는 등의 소리가 파다하게 떠돌고 있을 때였다.

28일 저녁 나는 용문산 대성전에서 홍해 바다를 육지같이 건너간 이스라엘 백성에 대한 설교를 했다. 백성들의 원망 소리 속에서도 모세는 하나님께 부르짖어 홍해 바다가 갈라졌는데 한국의 모세라고까지 불리던 이 박사는 왜 홍해를 가르지 못하고 물러난단 말이냐고 외쳤다. 그날 밤 학생들은 기념관으로 몰려들었다.

"홍해를 가르자. 남한 독재 무너졌으니 북한 독재도 물러나야 한다."고 하면서 "북진, 북진이다." "기수를 북녘으로 돌려라. 붉은 물결을 헤치자. 홍해는 갈라진다…"라는 말들이 산발적으로 터져 나오더니 결국 북진을 결행하기로 했다.

29일 밤 모든 준비를 갖추었다. 그리고 출동 기도회를 가졌다. 모두 '북진!'이라는 두건을 머리에 동이고 '남한 독재 물러났으니 북한 독재도 물러나라.'는 플래카드를 들고 구호를 외치기도 했다. 온 장내는 불도가니로 화했다.

성령은 놀랍게 역사한 것이다. 통성기도 소리는 장내가 떠나가는 듯했고 찬송 소리도 전국으로 메아리쳐 퍼지는 듯 우렁찼다. 더구나 구호 소리는 당장에 이북으로 뛰어넘는 듯했다. 성령은 모두에게 일치한 마음을 주어서 생명내댄 거사였다.

그날 밤 모두 유서를 써 놓았다. 누구 한 사람이라도 살아서 돌아오리라고는 생각지 않았다. '목숨 바쳐 38선이 무너진다면 기쁨으로 바치겠나이다. 받아주옵소서…'라는 힘찬 기도 소리는 당장에 하나님께서 응답하는 듯 충격적인 은혜 속에서 너도나도 자발적으로 일어났다.

30일 아침 사무실 앞으로 모여들었다. 생명 바친 학생들, 기드온 300명 이외도 일반 성도들 중 백여 명이 합세했다. 사무실 앞마당에서 기도회를 가진 후 온 원내를 한 바퀴 돌면서 구호를 외치고 산골짝을 빠져나갔다. 동천 하늘에는 늦은 봄 햇살이 유난히도 비치던 4월 30일, 잊을 수 없는 역사적 그날이었다.

머리 머리에는 붉은 십자가에 '북진!'이라고 쓴 두건으로 결사의 뜻이 표시되어 있었다.

여기저기에는 '남한 독재 물러났다. 북한 독재 물러나라.'

'타도하자 김일성 이룩하자 남북통일'

'빈손 들고 북진한다. 북한 동포 일어나라.'

'무기 없는 북진이다.'

'우리 형제 찾아간다.' 등등의 플래카드가 중간중간 끼어 있었다. 이들을 떠나 보내는 재산 성도들은 눈물 흘리며 손을 흔들어 안 보일 때까지 배웅했다.

> '우리의 소원은 통일
> 꿈에도 소원은 통일
> 이 목숨 바쳐서 통일 통일이여 오라
> 이 겨레 살리는 통일
> 내 나라 찾는 데 통일
> 통일이여 어서 오라 통일이여 오라.'

노래를 부르며 행진했다.

2. 차 중 데모 대전까지

용기와 믿음, 감격과 기쁨이 얽힌 속에서의 행진은 발걸음이 가볍기만 했다. 도보로 두 시간, 두원역에 당도했다. 지나가는 기차 앞을 가로막아 세우고 기차에 올랐다. 기차를 타고 구호를 외치며 김천에 도착했다. 북행 열차를 기다리며 플랫폼에서 구호를 제창하고 '한국의 소망' 노래를 힘차게 부르고 있었다.

> 호렙산중 가시덤불 불꽃 속에서
> 모세를 불러 주신 하나님께서
> 이 산에서 우리 불러 불세례 주니

이것이다 한국의 소망.

이 몸 바쳐서 금수강산에
복음 나라를 이룰 때까지

봉화 들고 힘차게 어서 나가자
동녘 하늘 밝아오누나.
약소민족이라고서 낙심치 말라
우리들과 같이 하신 주님께서는
약자 세워 강한 자를 부끄럽힌다
이것이다 한국의 소망.

이 노래를 한참 부르고 있을 때에 김천 주재 각 일간신문 기자들이 달려왔다. 데모의 성격, 취지, 목적, 방법, 결과 등에 대하여 짓궂게 질문 공세를 펴는 것이었다.

"이 데모가 성공한다면 어떻게 된다고 생각하는가?"

"북괴 김일성정권이 무너지고 남북이 통일된다고 믿는다."

"어떠한 형태의 통일이 된다고 믿는가?"

"물론 대한민국 주권 하에 통일 정부가 설 것이다."

"이대로 휴전선에 갔다고 할 때 희생이 없으리라고 생각하는가?"

"이미 죽음을 각오하고 나선 몸들이다. 우리가 죽어 이 나라가 통일된다면 우리는 백번이라도 죽을 각오가 되어 있다."

"이 데모가 성공하리라고 생각하는가?"

"북한 동포들이 호응하고 같이 일어나 준다면 문제없이 성공할 것이다."라는 등의 내용으로 일문일답이었다.

북행 열차가 플랫폼으로 들이닥치니 대원들 모두가 무조건 승차했다. 물론 무임승차였다. 차에 오른 북진 결사대들은 칸칸이 들어가 힘차게 구호를 외치는 등 통일 노래를 부르기도 하고 '한국의 소망' 노래를 부르기도 했다. 그러는 동안 기차는 어느덧 대전 역에 당도했다. 그때는 벌써 헌병들이 기차를 향하여 총에다 칼을 꽂아 들고 삼엄한 경계를 하고 있었다. 이는 데모를 저지하기 위한 배수진이었다.

하차를 종용했으나 "우리는 북진이다." "우리에게는 북진이 있을 뿐이다."라고 강경히 거부했다. 차장, 역장, 군목, 나중에는 계엄사령부, 참모, 또는 부사령관까지 나와서 권고했으나 듣지 않았다.

3. 한밭 이삭의 제물

우리에게는 '북진'이 있을 뿐이라고 하차를 강경히 거부하는 데모대원들을 강제로 하차시키려 했다. 필경은 군인들이 찻간마다 올라가서 한 사람 한 사람 끌어내렸다. 그러나 내려놓으면 또 올라가고 또 올라가고 했으니 그 방법으로 통하지 않았다.

할 수 없이 그들 고위층끼리 모여 구수회의를 하더니 지혜로운 꾀를 썼다. '그러면 서울까지 보내 주겠다. 단 일반 승객에게 폐가 되지 않도록 다른 차량을 제공할 터이니 옮겨 타 달라.'는 것이었다.

우리 데모대에서는 그 말을 고지식하게 믿고 그 제의를 고맙게 받아들였다. 우대를 받는 것 같아 기쁜 마음으로 지정된 객차 두 칸에 분승했다. 그러나 그 두 칸은 떼어 버리고 서울행 열차는 떠나버렸다. 그때에야 속은 줄을 알고 모두 뛰어내렸다. 걸어서라도 북진을 해야 한다는 대원들의 결의는 대단했다.

하지만 어느 사이에 수많은 군인과 경찰대원들에게 포위되고 말았다. 두 무더기로 스크럼을 짜고 꼼짝 못 하도록 인망을 쳐 놓은 것이다. 포위당한 데모대원들은 울분이 폭발되어 땅을 치며 호소했다. 곡의 기도 소리는 맑은 하늘에 메아리쳐 하나님의 보좌를 움직였으리라. 스크럼을 짜고 그 광경을 지켜보고 있던 군경 아저씨들도 같이 눈물을 흘리는 이들도 있었다.

이러기를 또 한 시간, 그러는 동안 격한 나머지 두 수도생은 쓰러져 기절까지 했고 한 대원은 가슴팍을 총 뿌리 앞에 내대고 차라리 쏘아 달라고까지 대들었다. 결국은 중과부적으로 강제 승차를 했다. 철통같은 무장 군인들의 감시 속에서 기관차를 돌려 달라고 북진 아닌 남진을 했다. 대전역에서 6시간이나 실랑이를 부리다가 결국은 시간만 허비하고 되돌아오게 된 길이었다.

이미 창밖은 어두움이 깔려있었다. 후퇴하는 패잔병 같아 모두 풀이 죽어 있었다. 그렇게 거세게 구호를 부르며 외치는 소리로 벅차올랐던 차 중이 조용한 침묵에 잠겼을 뿐이다. 군인들이 분배해 주는 건빵도 있었으나 어느 한 사람도 먹으려는 사람이 없었다.

뛰어들어가면 당장에 통일이 될 줄만 알고 생명 내대고 북진하던 대원들은 통일이 요원해지는 것만 같았다. 사명을 포기하는 후퇴의 길을 걷는 것만 같아서 차에서 내려만 놓으면 걸어서라도 또 들어가야 한다는 굳은 결의가 대원 누구에게나 속 깊이 다짐되고 있었다.

김천 역에서는 어느 사이 선로를 경북선으로 연결해 놓았던지 쉬는 데도 한번 없이 막바로 두원역에 도착했다. 두원 역두에는 언제 대기시켜 놓았는지 군용 트럭이 일곱 대나 쭉 나란히 서 있었다. 밤중이라 트럭의 헤드라이트 불빛은 유난히 빛나고 있었다. 트럭은 대원들을 태우고 암흑에 잠긴 골짝 어두움을 헤치며 용문산에 무사히 도착했다.

"이 다음에 갈 때는 같이 갑시다."라면서 헌병들은 비로소 웃는 낯을 보이며 떠나갔다. 강제 압송을 당하는 것 같았으나 아무런 적개심도 없이 대할 수 있는 동포애 의식을 새삼스럽게 느낄 수 있었다. 기회가 주는 좋은 교훈이었다.

그러나 북진을 포기하지 않았다. 날이 밝으면 또 출발하려고 대기 상태였다. 이번은 기차로 가지 않고 며칠이 걸리든지 한 걸음 한 걸음 걸어서 북진하려고 했다. 그때 나는 산상에 올라가서 밤새워 기도했다. 기도 중 확실한 응답을 받았다.

'피 흘림 없이 이삭을 제물로 받아주신 하나님께서 한국의 이삭을 한밭에서 이미 받아주었다.'라는 분명한 영감이었다. 아침 일찍 내려와서 나는 대원들을 기념관 앞으로 모아 놓고 이 사실을 선포했다.

하나님 앞에 생명을 희생의 제물로 바쳤던 이삭은 그 육신의 피보다 마음의 피를 흘려 신령의 제물 노릇을 하게 되었다는 그 사실은 우리에게도 적용된 것이다. 우리 대원들도 이미 나라를 위해 일편단심으로 하나님께 생명을 바친 신령의 제물 노릇을 한 것이 분명했다. 즉 한밭에서 뿌린 눈물은 값진 제물이 된 것이다. 그 눈물의 씨앗은 어느 때인가 열매를 거두는 날이 있으리라 믿는다.

4. 국민운동으로 돼야 할 북진 운동

남북통일의 열매는 무장남침이 있기 전 비무장 북진이 있어야 한다는 신념은 시간이 갈수록 더 했다. 합법적으로 할 수 있는 길이 있을까 해서 데모대표 몇 사람이 남산 계엄사령부로 찾아갔다. 아직 계엄령이 발표 중인 어수선한 시기에 북진이 허용될 리가 없었다. '앞으로 국민운동으로 할 수 있는 일이 아니겠느냐?'고 하는 소망적인 언질을 받고 돌아왔다. 하지만 가려던 길을 못 가는 아쉬움은 컸다.

4.19의 그 격양된 국민의 함성 앞에 여리고 성이 무너지듯 남한 독재정권이 무너졌는데 북한 독재 괴뢰정권이 무엇이기에 안 무너지겠는가? 4.19의 여세를 북녘으로 돌렸다면 38선은 문제없이 무너졌을 것이다. 북한 동포의 맥박 속에서도 배달민족의 피가 흐르고 있거늘 그들이라고 해서 남녘 함성에 동조하지 않겠는가? 북진만 했더라면 북한 동포들도 일제히 봉기했을 것이다.

조국 통일의 기회를 놓친 아쉬움을 가슴에 품고 기드온 대열이 왜 서울에 있지 못했느냐고 한을 터뜨리는 소리도, 그 여세를 북으로 몰고 갈 만한 민족의 지도자가 왜 없었느냐고 탓하는 대원들도 있었다.

북진 기회를 놓친 것은 곧 조국 통일의 기회를 놓친 일이다. 국민운동으로 화할 때까지 계속해서 삼선봉 구국 기도가 시작되었다. 4.30 3주년이 되는 63년 4월 30일부터는 쉬지 않는 기도가 시작되어 지금에 이르고 있다.

조국이 통일될 때까지 계속될 구국기도, 한 시간도 빠지지 않고 계속되고 있는 기도, 이 역시 성령의 역사가 아니고는 불가능한 일이다. 하루 이틀도 아닌 수십 년, 어떻게 인력으로야 할 수 있으랴. 하나님의 명에 의한 성령의 역사임이 틀림없다. 아멘.

XⅢ. 나라를 멸악탕스 장군에게 맡겨

1. 산상에서 들은 영음

4.19의 거센 폭풍에 자유당 정권은 완전히 도궤되고 민주당 정권이 들어서면서 자유당의 전철을 그대로 본받아 무능 부패상이 여실히 노출되고 있던 그 무렵, 1961년 1월 정초 예년과 같이 나는 약수터에 산상 기도를 하러 올라갔다.

백설이 만건곤한 그 어느 날 폭풍이 몰아치는데 나라는 어지럽고 백성들은 목자 잃은 양 떼와 같이 갈 길을 잃고 이리저리 헤매는 모습이 눈앞에 나타났다.

'하나님 아버지, 이 일을 어찌하시렵니까? 나라는 기울어져 가고 백성들은 갈 길을 못 찾고 있나이다.' 하고 밤새워 부르짖었다. 그때 분명하게 '이 나라는 멸악탕스 장군에게 맡겼다.' 라는 단마디 영음이 들려왔다.

'멸악탕스'란 소련 사람의 이름 같아서 나는 놀랐다. '그렇다면 우리나라를 소련 사람에게 맡겼단 말씀입니까? 그건 안 됩니다. 아버지여, 이럴 수가 있습니까? 이럴 수가!' 하고 몸부림을 치며 안타깝게 부르짖었다. 그때 군복을 입은 장군이 한 분 나타나 칼을 빼 들고 우뚝 섰다.

그는 분명히 소련 사람이 아닌 한국 사람이었다. 아무리 보아도 키 큰 소련 사람이 아니고 키 작은 한국 사람임이 틀림없었다. 키는 작지만 다부진 자세가 천하를 호령하는 듯 그 위엄이 당당했다.

그 순간 '滅惡蕩邪'라는 네 글자가 번개 지나듯 내 뇌리를 스치고 지나갔다. 그때에야 비로소 멸악탕스가 아니고 '滅惡湯邪' 장군이로구나 하는 직감과 동시에 '악을 멸하고 거짓과 부정을 소탕한다.'는 뜻임을 알 수 있었다.

이것이 곧 한국에도 군사혁명이 일어난다는 계시임이 틀림없다고 해석했다. 그 무렵 군사 쿠데타가 돌림같이 처처에서 일어났던 때였다. 동남아, 중동, 아프리카, 남미 등 약소 국가에 흔히 있는 일들이었다.

한국에도 그때 있을 수 있는 일인데도 3, 4월이 다 지나도록 군사 쿠데타는 일어나지 않고 있었다.

2. 군사혁명 일어난다는 예언

나는 5월 초순 어느 주일 서울 광림교회에서 연합구국 예배에 구국 설교를 하고 있었다. 그때 느닷없이 내 입에서는 엄청난 말이 터져 나왔다. "세계 각국에서는 부정부패를 소탕하는 군사 쿠데타가 여기저기 일어나는데 우리나라에서는 왜 잠잠한가? 청년들에게는 피도 없단 말인가? 아니다. 이제 일어난다. 한국 청년은 살아 있다…"라고 외쳤다.

이런 폭탄선언이 터져 나오자 모두들 의아해했다. '이게 무슨 소린가?' '이런 소리를 어떻게 할 수 있는가?' '내가 잘못들은 소리는 아닌가?' '이쟈, 분명히 군사 쿠데타라고 했지?' 하고 여기저기 수군거리는 소리는 장내뿐 아니라 점점 문밖에도 퍼지기 시작했다.

그런 위험한 설교를 하고 걱정도 없이 산으로 들어왔다. 며칠이 지나면서 뒤따라 날아온 엽서 한 장이 있었다. 검은 사인펜 같은 글씨로 '해변 개 범 무서운 줄 모르듯이 산골 바람 법 무서운 줄을 모르고 서울이 어디라고 그런 소리를 한단 말이오? 말조심하시오. 말조심 않다가는 위험하오. 옥문이 기다리고 있는 줄을 아시오.'라는 내용의 편지였다.

협박 같기도 하고 나를 염려해서 충고를 해주는 것 같기도 했다. 발신인은 밝히지 않고 서울검찰청 X X 과라고만 했다.

3. 5.16 혁명

그다음 월요일부터 서울 중림동교회(민영찬 목사 시무)에서 부흥회를 인도하고 있었다. 그 마지막 날 새벽이었다.

새벽기도회를 인도하러 나가는데 갑자기 웬 총소리가 요란하게 들렸다. 멀지도 않은 남산에서였다. 소총 소리이기는 하나 심상치 않았다. 처음에는 불길한 예감이 들었으나 들을수록 정신을 가다듬게 되었다.

그날이 바로 1961년 5월 16일이었다. 새벽 미명 고요한 정적을 깨뜨리는 총소리, 이는 분명코 여명의 새 아침을 안겨 주는 벅찬 메아리였다. 기도회를 다급하게 마치고 숙소로 돌아왔을 때에는 벌써 라디오를 통해 방송이 되고 있었다. 인명의 피해도 하나 없이 고요하게 치른 혁명이었다. 군사혁명, 급기야 멸악탕사 장군은 칼을 뽑아 들고 나선 것이다.

그날 밤 금호동 교회에서 집회가 시작되었다. 시간 전부터 교인들로 예배당이 차고 넘쳐 창밖에까지 둘러싸고 있었다.

강사가 단에 나서자마자 손을 흔들며 교인들의 환호성으로 장내가 떠나가는 듯했다. 할렐루야의 환호성이련만 무슨 소리인지도 분간할 수 없을 정도로 으악 소리가 터져 나온 것이다. 나도 역시 손을 흔들며 할렐루야로 답례를 했다.

멸악탕사 장군도 아닌 내가 왜 이런 환호를 받아야 하는 것인지 얼떨떨했다. 그런데 창밖에서 누구인지 "요다음은 어떻게 됩니까?"라고 큰소리로 외쳐 묻는다. 여기저기서 "아멘!"하는 소리도 "옳소!" 하는 소리도 들려온다. 동감이라는 뜻에서 전체의 호응인 듯했다.

당신의 예언이 적중했으니 앞으로 될 일도 알고 있을 터이니 알려 달라는 뜻에서 하는 말임이 틀림없었다.

그러나 나는 하나님께서 알려 주셨으니 그대로 전달한 것뿐이지 내가 알아서가 아니었다. 그런고로 앞날에 있을 일을 내가 알 수는 없었다. 오직 나는 성령대로 성경적 증언을 하는 것만이 내 사명이었다. 즉 설교는 곧 예언이요, 성경은 예언서이기 때문이다.

"일의 결국은 다 들었으니 하나님을 경외하고 그 명령을 지킬지어다. 이것이 사람의 본분이니라 하나님은 모든 행위와 모든 은밀한 일을 선악 간에 심판하시리라"(전 12:13, 14)는 말씀대로 증언했다.

악을 멸하고 부정을 소탕하는 것은 하나님의 명령이었으니 이것을 지키는 것이 우리 국민의 본분이요, 만일 여기에서 탈선하면 하나님께서 선악 간에 심판하실 것이라는 원리적인 설교로서 그들의 물음에 답변이 된 것이다.

4. 용문산에 일어난 멸악탕사 운동

5.16 혁명의 회오리바람이 한창 거세게 불어서 온갖 찌꺼기가 다 쓸려나가는 것 같은 그해 8월이었다. 멸악탕사 장군의 뽑은 칼은 아직 집에 넣지 않고 서슬이 등등한 그 무렵, 누구라서 감히 보이는 범죄를 할 수 있었으랴. 하지만 보이지 않는 속사람의 썩은 냄새는 여전하다.

도시에도 농촌에도 어디에나 있는 일이다. 교회 안에 썩는 냄새는 더구나 더했다. 겉사람 혁명도 필요했지만 속사람 혁명도 있어야 할 때였다.

이는 다른 사람만 보고 혁명하라고 고함칠 혁명이 아니다. 한 사람이 한 사람씩만 책임지면 될 일이다. 뒷집 최 서방을 잡으라는 것도 아니고 앞집 박 서방을 잡으라는 말도 아니다. 오직 자기 안에 있는 도둑놈을 잡아내자는 혁명이다. 즉 한 사람이 한 사람 잡기 운동을 펴자는 것이다. 먼 데서도 말고 지금 당장 우리 용문산에서부터 시작하기로 했다.

남보다도 좀 더 잘 믿어보겠다고 이 산중까지 찾아온 처지에서 남보다 더 썩어 들어가서야 될 말인가? 먹기 위해서는 어쩔 수 없다면서 봉사를 한다는 것도 주를 위해서거나 손님을 위해서라는 미명 하에서 봉사보다는 돈을 목적하게 되는 것이 상례가 되고 말았다는 고백 속에 집회가 열리게 되었다.

집회도 돈을 목적한 집회, 전도를 해도 돈을 목적한 전도가 되었으니 겉모양은 의롭고 성스러우나 속은 일만 악의 뿌리가 퍼져 들어가고 있었다. 이 부패와 악은 무엇으로 소탕할 것인가?

그보다 몇 해 전에 있은 일이다. 용문산 건설을 위해 사다 놓은 도구가 현장에서 없어지고 잃어져서 며칠이면 또 사와야 하고 또 사와야 했다.

이것이 누구의 소행이건 근본 사상이 썩은 데서 일어난 범죄행위임은 더 말할 나위 없는 일이었다. 이것을 어떤 방법으로 막아보려고 갖가지 방법을 써 보았다. 번호를 매겨 보기도 했고 각자 책임을 지워보기도 했고 장부에 도구 번호와 사용자 이름을 기록해 놓고 도구를 출고시켜 보기도 했다. 그래도 별수 없었다. 며칠은 효과가 좀 있는 것 같기는 했으나 며칠 지나면 또 없어졌다. 할 수 없이 하나님께 기도했다.

'이 동산에 아간이 없게 하시옵소서. 아간이 있어서 이스라엘의 패망이 왔는데 이 은혜 동산에 아간이 있으니 이것을 어떻게 해야 없이 할 수가 있겠습니까 여호수아같이 제비를 뽑으오리이까…?'

한 사람 같으면 제비 뽑아도 되지만 아간이 여러 사람이니 제비 가지고는 안 되고 각자 회개의 역사가 일어나야 한다는 영감을 받았다.

나는 대강당에서 이에 대한 설교를 하고 입으로 고백보다 행동으로 회개하자고 외쳤다. 하나님의 성물을 도둑질하면 아간이다. 가져간 물건은 모두 성물이다. 오늘 저녁 당장 가져와야 한다. 안 가져오면 배가 퉁퉁 부어 죽으리라. 그 대신 가져오는 사람은 크고 작은 것을 막론하고 모두 용서함을 받으리라는 선포를 했다.

이 선언은 분명히 성령으로 외친 경고였다. 두려움이 온 장내를 덮었다. 예배가 끝나자마자 모두 가서 사무실 앞에 갖다 놓았다. 괭이, 삽, 낫, 톱, 대야, 가마니, 양재기, 못, 통나무, 각목, 판자, 문짝, 유리, 양동이, 수저 등등 별별 것이 다 들어왔다. 그 품목을 다 기억할 수도 없다.

5. 저주받은 한 가족

아침에 나가 보니 생각했던 것보다 더했다. 종류도 많았고 수도 많았다. 그런데 물건을 가져간 집 중에 안 가져온 집이 한 집 있었다.

단상에서 저주한 그대로 그 집은 당장에 저주를 받았다. 그날 새벽 배가 퉁퉁 부어 죽었다. 어머니도 아이들도 셋이나 모두 죽었다. 이것을 어찌 우연이라고 할 것인가? 어쩌면 한 사람도 아니고 온 가족이 몽땅 죽었단 말일까? 다른 데 있던 그 남편 한 사람만이 살아남았다.

그 집에서 가져간 성물을 조사해 보니 양재기, 밥그릇과 수저, 기타 못과 건축용재 약간이었다. 불의는 용납 않는 성령임을 다시 한 번 깨달았다. 온 동산 사람들은 모두 겁이 나서 덜덜 떨었다.

단상에서 선포하는 말은 하나님의 대언임을 새삼 느꼈다. 그런 저주를 한 것이 한편 죄스럽기도 했다. 그때 내 마음대로 한 말은 아니었다. 성령으로 한 말이었다. 혹시나 집에 성물이 남아 있지나 않는가 모두 또 찾아보고 또 찾아보고 해서 그 후에도 발견되는 대로 가져왔다.

이렇게 성령의 역사는 사랑만은 아니다. 하나님은 사랑과 공의가 겸전하시기 때문에 사랑 속에는 채찍이 있고 채찍 속에는 사랑이 있는 법이다.

선악과는 먹지 말고 생명과는 먹으라신 하나님의 말씀에 순종하는 것이 사는 길임을 새삼 느꼈다. 악은 행하지 말고 선은 행하라는 것이 아닌가? 그 가정 한 가정의 희생을 통하여 온 동산에 큰 교훈이 되었고 동시에 회개운동이 강하게 일어났다. 그러나 그 후 얼마 안 가서 또 부패했으니 인간이란 할 수 없었다.

6. 자체혁명 산상 수련회

이스라엘의 역사가 그렇듯이 우리도 인간인지라 어쩔 수 없었다. 그때 그 일을 상기하면서 용문산 자체혁명 수련회를 열기로 했다. 그때가 바로 1961년 9월, 성회 제46기 수련회였다. 산상에 올라가서 자체혁명, 한 사람이 한 사람 잡기 운동을 시작했다.

사사봉 꼭대기로 올라가서 밤낮 부르짖었다. 비는 억수로 퍼부었으나 노천에서 그 비를 맞아가며 설교도 했고 찬송도 했고 기도도 했다. 박수 치며 부르는 찬송에는 더 힘이 있었고 기도에도 맑은 날보다 더 힘이 있었다.

용문산 원내 순수 성도들끼리의 집회였기 때문에 원내 성도들은 직원, 학생, 일반, 남녀 노유를 막론하고 어린것들까지 모두 데리고 올라갔다. 마치 니느웨성 주민들의 회개의 역사와 같았다. 외부에서 들어온 이들도 같이 참석했다. 그중에는 교역자들도 여러분이 있었다.

회개해서 은혜 안 내리는 법은 없다. 각자 자기 혁명에 성공한 것이다. 하나님은 하는 자를 도우시니까 회개하는 자에게 성령을 보내 주셔서 성령으로 몸의 행실을 죽일 수 있었다(롬 8:13). 방법이나 수단 가지고 안 되는 일 힘으로도 능으로도 안 되는 일 오직 하나님의 신으로 가능한 일이었다(슥 4:6).

XIV. 교회 살리는 성령 역사

1. 7회 7차 전도길 나서

언제나 새것에의 도전을 받는 낡은 질서, 그 또한 새것에 강한 반발을 하게 마련, 이는 어느 시대에도 있는 일이지만 오순절 다락방 성령 운동이 일어난 후 강하게 나타났던 역사이기도 하다. 용문산 성령 운동에도 예외는 아니었다.

용문산 성령의 운동이 일어나면서부터 기성교회의 반발은 이만저만이 아니었다. 용문산 골짝에서 간신히 돋아나는 새싹을 뭉그러뜨리려고 온갖 수단과 방법을 다 동원했다. 그리하여 교권주의자들의 농간에 의한 옥고까지도 치러야 했다. 멀리도 아닌 용문산 턱밑에 있는 경북 지방 그중에서도 경서노회는 가나안 땅을 점령하려는 이스라엘 민족에게 부딪힌 첫성 여리고와 같은 피안의 성이었다.

이스라엘 민족이 이 성을 함락하기 전에는 가나안 땅을 점령할 수는 없었다. 그와 방불한 우리의 처지였다. 기어이 여리고를 무너뜨려야 할 터인데 인간 수단이나 방법으로는 도저히 불가능했다. 그러나 하나님께서는 불가능이 없었다. 이스라엘의 고함 소리에 굳게 닫혔던 여리고 성을 무너뜨리시던 하나님은 우리와 같이하셨다.

이스라엘 민족이 법궤를 메고서 나팔을 불며 전군과 후군이 행진하여 여리고 성을 하루 한 바퀴씩 돌다가 맨 끝의 7일째 되는 날에는 계속 일곱 바퀴를 돌면서 마지막에 양각 나팔 소리와 함께 '으악' 하고 크게 소리를 지를 때에 여리고 성벽이 무너져 내렸다(수 6 : 3~5, 8~9, 20).

용문산 성령 운동에도 그와 방불한 역사가 일어났다. 용문산 순회전도 역시 여리고 성 함락방식과 같이 그 횟수를 셈함에 있어 제7회부터는 '7회 1차, 7회 2차, 3차…' 식으로 차수를 한 단씩 더 놓았다.

그리하여 제7회 7차에는 이스라엘의 고함 소리에 여리고 성이 무너지듯이 교권주의 첫 담이 무너지리라는 예고를 오래전부터 해왔다. 순회전도 초기부터 일러 내려오던 예언이었다. 이 예고는 전도 대원으로서는 아무도 의심치 않았던 터였다. 그날을 기다리고 있다가 드디어 1961년 2월 아직 눈이 휘날리는 구정 절기, 연래의 숙제였던 그 7회 7차 전도 길에 나섰다.

2. 여리고 성 무너지기 시작

용문산에서 가장 가까운 성 장로교 경서노회 성곽을 돌기 시작했다. 메뚜기떼 같은 선발 대원들이 일제히 퍼져 들어가 노방에서부터 외치기 시작한 것이다. 김천, 상주, 선산, 점촌 등지 각 읍과 면 소재지를 비롯하여 각 장터와 동리 어디든지 두 사람씩 짝지어 남자 대원과 여자 대원이 구별되어 담당 지역으로 파송되었다. 출발한 지 7일 만에 상주에서부터 터지기 시작했다.

상주 장터에서 여대원(윤정숙 외 1명)들을 통한 성령의 역사는 노방에서부터였다. 그리스도의 정병다운 정복을 입고 거리에 나선 두 처녀의 외치는 모습은 장꾼들의 시선을 끌었다. 북통을 메고 북 치는 소리와 함께 부르는 전도 노랫소리는 그들에게 천사의 소리와 같이 들렸다고 한다. 노래에 뒤이어 외치는 전도 소리 또한 신의 소리 같더란다. 모여들고 모여들어 통행길이 완전히 막혔다. 그때 상주제일교회 청소년들이 구경한다는 것이 점점 끌려들어 은혜를 받았다. 그들은 급기야 본교회로 가서 목사님과 장로님을 졸랐다. 기어이 그 전도 대원들을 교회로 모시자는 것이었다. 교인들도 일제히 동조했다.

당시 상주제일교회라면 엔에이이(NAE)측 합동측으로 모체교회였고 담임 목사는 장성O 목사님이시고 장로는 박정O 장로님이시다. 완고하기로 유명했고 보수파 중에서도 발언권이 가장 강한 장로님으로서 노회를 좌우하는 실력가였다. 그리고 재력으로나 세도로나 그 지역에서는 대단한 권위자였다.

그가 결국은 허락하여 처녀 강사가 노회의 모체교회에 서게 된 것이다. 3일간을 계속 외치는 동안 온 교인은 물론이거니와 목사, 장로도 녹아졌다. 이것이 성령의 역사가 아니고야 어찌 있을 수 있는 일이랴. 그쯤 되니까 '당신들의 스승 나 장로님을 청해 올 수는 없겠느냐?'고 처녀 대원들에게 청을 넣어 필경은 나운몽 장로를 강사로 교섭하기에 이르렀다.

한편 에큐메니칼(통합측) 경서노회 모체교회인 김천 황금동교회에서도 강사 교섭이 왔다.

3. 고넬료 가정 베드로 청해 말씀 들을 때 방불

'나운몽 장로가 상주제일교회에서 집회를 한다.'는 소문은 경이적 사건으로 퍼져 나갔다. 노회적으로 모이는 집회가 되었다. 노회적이라기보다 초교파적 집회로 확대되었다. 안팎으로 밀려들어 단상에까지 차고 넘쳤다.

그 당시 설교는 주로 '성령을 받으라.'는 줄거리였다. 사마리아 사람들이 빌립의 전도를 듣고 믿어 물세례는 다 받았으나 성령 받은 사람은 한 사람도 없었거늘 믿을 때 성령을 다 받았노라고 고집하는 한국 교회는 성경으로 돌아오라고 외친 것이다(행 8:16).

바울이 에베소에 가서 어떤 제자들을 만나 '너희가 믿을 때에 성령을 받았느냐?'고 물었을 때에 '우리는 성령이 있음도 듣지 못하였노라.' 했던 것과 같이 오늘날 성령을 받으라는 소리를 듣지도 못하고 10년, 20년 믿어오던 당신들이 아니냐고 외쳤다. '그렇습니다. 옳소. 아멘!'으로 온 장내가 소란했다(행 19:1~2).

가이사랴의 고넬료 백부장은 경건하여 온 집으로 더불어 하나님께 항상 기도하여 그 기도가 상달되고 응답도 받았지만 성령을 받지 못하고 있다가 욥바에 있는 베드로를 청해다가 말씀을 들을 때에 성령이 크게 임하여 오순절 다락방을 방불케 했다(행 10:4, 44~46)는 말씀으로 고넬료의 가정 같은 오늘의 이 자리가 아니겠느냐고 외쳤을 때에는 방언이 터져 나오면서 통성기도가 장내를 뒤덮었다.

과연 성령은 고넬료의 가정과 같이 말씀을 증거 할 때에 임했다. 물세례를 베풀던 세례 요한의 말대로 "성령과 불로 너희에게 세례를 주실 것이라."(마 3:11)던 말씀은 그대로 응했다. 성령세례는 불세례임을 체감할 수 있었다. 모두 뜨겁다는 간증을 하는 이들이 많이 일어났다.

4. 기뻐 뛰며 부르는 찬송 문제 돼

찬송을 부르는 시간에는 박수를 칠 뿐 아니라 기뻐 뛰며 춤을 추는 이들도 많았다. 경건을 주장하여 조용히 예배를 드리던 보수파 정통교회에서 이런 파격적인 역사가 일어났으니 문제가 아닐 수 없었다.

예배가 끝나고 강사 숙소로 들어가서 땀을 씻노라니까 아닐세나 장로님이 강사실로 찾아오셨다. 아무리 생각해도 뭔가 잘못된 것 같다는 것이다. 예배는 경건하게 드려야지 박수 치는 것도 그런데 아낙네들이 늘어서서 춤을 추며 뛰는 것은 도저히 용납할 수 없는 일이 아니겠느냐고 항의를 하신다. 만일 이대로 하면 집회를 중단할 수밖에 없다는 극단적 제의를 하신다.

"그것이 성경적이라면 용납해야 하지 않을까요?"하고 반문을 했더니 성경에 어디 그런 말이 있겠느냐고 부정한다. 나는 "시편 47편에 만민들아 손바닥을 치고 즐거운 소리로 하나님께 외치라 했고, 시편 149편에 춤을 추며 그의 이름을 찬양하라 했고, 시편 150편에는 소고를 치며 춤추어 찬양하고, 현악과 퉁소로 찬양하며 큰소리 나는 제금으로 찬양하되 호흡 있는 자마다 찬양하라고 하였는데 그러지 못하는 것이 오히려 죽은 신앙이고 호흡 있는 신앙이라면 기뻐 뛰며 춤을 추며 찬양할 수 있을 것입니다."하고 성서적 증거해 드렸다.

그러니까 그 장로님은 그것은 구약시대 때의 일이고 신약시대에 어찌 그런 일이 있을 수 있겠느냐고 반발하신다.

그래서 나는 그 장로님께 "장로님, 신약성경 사도행전 3장 8절을 한 번 읽어 보시지요."하니까 그는 즉시 찾아 읽는다.

"뛰어 서서 걸으며 그들과 함께 성전으로 들어가면서 걷기도 하고 뛰기도 하며 하나님을 찬미하니…"

"그것 보시오. 앉은뱅이가 일어나니까 기뻐 뛰면서 하나님을 찬양하지 않았습니까? 그래서 '갈 길을 밝히 보이시니… 기뻐 뛰며 주를 보겠네.'라고 찬송을 부르지 않습니까? 그 앉은뱅이가 일어서 뛰며 찬송 부르던 곳이 대성전이었습니다. 그때가 신약시대였구요. 우리의 신앙도 자던 신앙이 깨어나야 하겠고 앉은뱅이 신앙이 뛰는 신앙이 되어야 할 때가 되었습니다."라고 일러드렸더니 잠잠히 앉아 계시다가 나가셨다. 아직 이해가 잘 안되는 모양이었다. 그러나 성경적인데는 할 말이 없다는 심정임이 엿보였다.

5. 여리고 성 완전 함락

그다음 날이다. "나팔 소리로 찬양하며 기뻐 뛰며 춤을 추며 소고를 치며 현악과 퉁소로 찬양할지어다."(시 149:3, 150:3~6)라는 성서적 증거의 설교가 스피커를 통하여 온 성 안에 울려 퍼졌다. 예배당 안에서는 더 말할 나위 없거니와 관악대의 나팔 소리와 북 치는 소리가 옥상 스피커를 통하여 밖으로 퍼져 나가 행길을 거닐고 있던 행객과 장꾼들과 주막에서 술을 마시던 주객들까지도 일어서 춤을 덩실덩실 추었다는 후문이었다.

어떻든 호흡 있는 자는 기뻐 뛰며 찬양하라는 설교를 마치고 통성기도를 하는 동안 벌써 통성기도 소리에 맞추어 춤을 추는 이들도 있었다. 그 기도 소리가 성경 말씀대로 급한 바람 소리 같이 장단고저가 질서정연했다.

통성기도가 끝나기도 전에 찬송을 하기 시작했다. '이 기쁜 소식을 온 세상 전하세 큰 환난 고통을 당하는 자에게 주 믿는 성도들 다 전할 소식은 성령이 오셨네, 성령이 오셨네, 내 주의 보내신 성령이 오셨네, 이 기쁜 소식을 온 세상 전하세 성령이 오셨네….'

힘있게 부르는 찬송 소리에는 예배당 안팎이 진동했다. 뛰는 사람, 춤추는 사람, 장내는 수라장같이 보이면서도 가락에 맞는 율동이었다.

찬송을 힘있게 부르는 동안 어느새 곡조가 빨라졌는지 따라할 수 없으리만큼 빨라지니까 주여, 주여로 변하여 통성기도로 화했다. 통성기도는 어느새 또 찬송으로 화했다.

'갈 길을 밝히 보이시니 주 앞에 빨리 나갑시다… 죄악 벗은 우리 영혼은 기뻐 뛰며 주를 보겠네….'

찬송을 부를 때에는 저절로 두 팔이 올라가면서 '기뻐 뛰며 주를 보겠네.' 하고 사실상 모두 일어서며 춤을 추게 되었다. 남녀노소를 막론하고 술에 취한 듯했다. 이렇게 파격적인 역사가 보수정통파에서 그나마 보수파 모체교회에서 일어난 일이다. 강경히 반대하던 장로님까지 모두 일어나 춤을 추게 되었으니 이 어찌 놀랄 일이 아니랴.

6. 합동측 통합측 양측노회 동시 개문

그때부터 경서노회 문은 활짝 열렸다. 노회에 속한 백여 교회가 모두 문을 열어 놓고 교회 교회마다 용문산 전도 대원들을 받아들여 집회를 열었다. 청하는 대로 다 가지 못하여 교회마다 서로 강사 쟁탈전이 벌어질 정도였다. 수도생, 신학생 모두 나가고도 모자라 마지막에는 성경 학생들까지 강사로 나가야 하는 형편이었다.

김천은 김천대로 황금동교회에서 나운몽 장로 집회가 열렸다니까 칼파 노회에 속한 교회들은 모두 모였다. 엔에이이(NAE)파에게 교인을 빼앗겨서는 안 된다는 뜻에서 일보의 양보도 할 수 없다 하여 동분서주하여 교인들 모두에게 열을 올렸다. 그 지역 대원들은 남자 대원이었던 고로 남자들이 노방에 나가서 외치고 있었다.

하루는 황금동교회 담임 황병역 목사님이 나가 보시고 들어와서 하시는 말씀이 "과연 용사였습니다. 기드온 3백 명 용사라더니 과연 용사였습니다. 어느 신학교 신학생이 저럴 수 있겠습니까? 용문산 기드온 신학생이 아니고는 있을 수 없는 역사였습니다. 노방용사 온 장터를 완전히 제압했습니다. 오늘 저녁은 불신자까지 교회로 들어 메일 것 같습니다…" 하고 흥분을 가라앉히지 못한 채 서둘렀다.

그날 밤 아닐세나 안팎으로 꽉 들어 밀리는 청중을 정리하기도 바빴다.

"뒷집 아기 배고파 우는데도 앞집 개는 날고기를 먹고 있으니 이러고도 나라를 위하고 백성을 위해 헌신했노라고 말할 수가 있더란 말이냐!"고 외치는 소리가 근처에 있는 자유당 소속 귀에 들렸다.

그 집 개가 먹다 남은 생고기가 아직 밥통에 남아 있었을 때였다. 그는 그때부터 나 장로를 잡아 치우려고 은근히 경찰에 지시하여 경찰은 내 뒤를 따르기 시작했다.

XV. 용문산서 전국 교역자 산상 구국기도 대회

1961년 8월 29일부터 9월 7일까지 용문산 사사봉에서 열렸던 산상 집회는 니느웨 성회개와 같은 역사가 일어났다. 은혜도 많았지만 결실이 좋았다.

그 집회에 참여했던 몇 목사님들의 특별한 건의가 있었다. 누구보다 교회를 지도하는 교역자들이 먼저 은혜를 받아야 한국 교회가 살고 한국 민족이 살게 될 것이라는 견지에서 전국 교역자 산상 기도회를 열어 달라는 요청이었다.

그리하여 그 즉석에서 그 문제를 놓고 하나님께 기도를 드렸다. 그 자리에 모인 온 교우가 일심으로 기도한 결과 전국 교역자 기도회를 열기로 결정했다. 그리고 너도나도 교역자 한 사람 몫의 경비를 부담하겠다고 나섰다. 약 3백 명분이 그 즉석에서 헌금되었다.

1. 전국으로 보발 보내

'과연 몇 분이나 올 수 있을까? 헌금 나온 대로 3백 명만 와도 대성공인데 평신도 3천 명은 쉬워도 교역자 3백 명이라면 쉬운 일이 아니다. 그렇게 이단이니 삼단이니 하고 헐뜯던 교역자들이 설마 여기까지 올까?'

'좌우간 오든지 안 오든지 듣든지 안 듣든지 우리는 전할 것뿐이다.' 하고 이 뜻을 전국에 전했다.

'하나님이여, 뜻대로 이루어 주시옵소서.' 하고 최대의 성의와 노력을 기울여 준비에 총력을 기울였다. 이번 전국 교역자 기도회는 하나님의 뜻임을 밝히고 그 동기와 필요성을 강조한 초청장을 전국 교회에 발신했다.

당시 용문산에서 연성받고 있는 기드온 3백 명의 보발로 총출동했다(대하 36:6). 오랫동안 지키지 못했던 여호와의 유월절을 유다 왕 히스기야 당시에 지키려고 이스라엘과 유다에 편지를 써서 보발을 각 지방 각 성으로 보냈던 것 같은 일이었다. 그 당시 어떤 데서는 조롱하며 비웃었지만 그중 몇 사람은 스스로 겸비하여 예루살렘에 이르렀고 하나님께서 감동시켜 왕과 방백들이 여호와의 말씀대로 전한 명령을 일심으로 준행했다는 성경 말씀대로 보발들이 전하는 편지문을 읽고 크게 감동을 받고 회개하며 울었다면서 산으로 찾아 들어오는 이들도 많았다(대하 30:10~20).

한마디 한마디가 뼛속에 스며드는 듯 감동이 되더라는 것이다. 이 역시 성령의 역사임이 틀림없었다.

'과연 양 떼들은 이렇게 부르짖는데 목자 된 나는 무엇을 했는가?'

'양 떼들의 울음소리를 듣고도 그냥 있을 수는 없다. 가자, 나도 가야 한다. 우는 양 떼를 그냥 내버려 둘 수는 없다. 가서 기도하자. 민족의 사는 길은 하나님께 호소하는 길밖에 없다.'

이렇게 마음에 찔림을 받고 스스로 채찍질하며 달려왔다는 것이다.

2. 목자들을 울린 양 떼의 호소문

그 당시 많은 목자를 울린 초청문은 다음과 같다.

〈평신도들이 부르짖는 하소연〉

우리의 목자들이여, 어제도 오늘도 우리는 공포 속에서 살고 있습니다. 큰 나라들이 터뜨렸다는 핵무기 실험으로 인하여 죽음의 재가 지금도 우리의 머리 위를 감돌고 있다지요? 언제 그 죽음의 재가 우리의 살결에 묻고 콧구멍에 들어가 우리의 생명을 삼켜 버릴는지 모르는 이때에 세계 도처에서는 전쟁의 공포 소리가 요란스럽게 들려오고 있습니다.

북에서도 공산 오랑캐들의 칼 가는 소리가 날로 더해가고 있습니다. 이같이 세계가 살인 무기, 죽음의 폭탄을 만들기 위하여 전 국력을 다 기울이고 있는 이때에 우리나라 정부에서는 국가재건을 위해 5개년 경제계획을 세우는 등 진지한 노력을 하고는 있지만 날로 긴박해가는 국제정세와 대조해 볼진대 장황한 감이 없지 않으나 정부로서는 안 할 수 없는 일일 것입니다.

민생문제 이상 더 큰 일은 없으니까요. 으레 해야 할 일인 동시에 우리 교회로서는 더 큰 일 하나를 아니해서는 안 될 일입니다. 사람을 죽일 죽음 폭탄보다는 사람을 살릴 생명 폭탄을 터뜨려 우리 동포와 온 세계 인류에게 이바지해야 할 중대한 의무와 사명이 있습니다.

즉 하나님께 호소하는 일에서 시작될 일입니다. 그런고로 한 사람의 호소보다 천 사람의 기도가 더 크지 않겠습니까? 그리고 또 평신도 천 사람보다 더 큰 기도는 목자 한 사람의 기도가 아니겠습니까?

우리 양 떼들은 우리의 목자들이 교권 투쟁에 정력과 시간을 허비하는 것을 이 이상 더 참고 볼 수 없습니다. 칼빈이나 웨슬레가 또는 어느 위대한 신학자가 우리를 위해 대속의 죽음을 죽어주던가요? 우리를 죄에서 건지시고 구원해 주신 이는 오직 나사렛 예수 그리스도 한 분이 아닙니까? 한국 교회 안에서 아볼로나 게바나 바울을 전하여 싸우는 자들은 다 물러가야 할 것입니다(고전 1:12~23, 행 6:4, 요 10:2~11). 우리 양 떼들은 노회나 연회나 총회에 가서 변론이나 싸움 잘하는 목사보다도 양 떼를 위하여 진액을 다하여 눈물 뿌려 기도해 주는 목자가 그립습니다. 양 떼들은 지금 골짝과 가시밭 높은 산과 거친 들을 헤매며 우리의 참 목자를 목메어 찾고 있습니다. 우리는 이스라엘 백성이 사무엘을 향하여 우리를 위하여 쉬지 말고 하나님께 부르짖어 블레셋 손에서 우리를 구원해 달라고 애원하던 심정입니다(삼상 7:8).

한국 교회 5천 제단의 목자들이여, 한국 교회의 부흥과 단결을 위하여, 조국의 번영과 통일을 위하여, 세계의 평화와 삶을 위하여, 그리고 철모르는 우리의 양 떼를 위하여 마음을 같이 하여 결사적인 부르짖음이 있어 주시기를 충심으로 바랍니다. 이 길만이 우리의 살 길입니다.

목자여, 어린 양 떼들의 울음소리에 귀를 기울이소서 아멘.

1961년 9월　일
용문산 집회에 참석한 평신도 일동

3. 사무엘에게 호소하던 것 같은 호소

국가 위기에 봉착한 이스라엘 백성이 사무엘에게 우리를 위하여 기도해 달라고 애원하며 호소한 것과 같은 일이었다(삼상 7:8, 12:19). 참 목자라면 어린 양 떼의 부르짖음에 귀를 기울이지 않을 수 없었다. 이 산에서 저 산에서 밤에도 낮에도 부르짖는 기도 소리는 산천을 울리고 있었다. 조국을 위하여, 교회를 위하여, 눈물 뿌려 기도하는 평신도들의 모습은 목자들의 가슴을 찔렀다.

더구나 그 당시 핵실험으로 말미암은 세계정세는 위기라기보다 지구의 파멸이 목전에 다다른 듯한 공포 분위기가 감돌던 시절이었다. 게다가 우리나라의 현실로는 빈번하게 일어나는 혁명으로 인한 민심이 아직도 불안한 형세에 있던 때였다. 만일에 혁명 정부가 실각하는 경우에는 국호가 달라질 수밖에 없는 그 당시 실정이었다. 아차 하면 우리 민족은 완전한 공산 노예가 되어야 하는 엄청난 위험이 앞을 막고 있던 긴박한 정세였다.

이 같은 막다른 골목에 처해 있는 우리로서는 기도밖에 다른 길이 없었다. 교권 투쟁이나 교리논쟁으로 불행한 앞날을 초래할 때가 아니었다. 만군의 여호와의 말씀 앞에 부복해야 할 처지였다(슥 4:6).

우리 한국 교회의 교역자들은 과거의 편협과 고집에서 벗어나 하나님께 부여받은 민족의 십자가를 지고 겟세마네 동산을 찾아야 했고 골고다의 길을 걸어가야 했다. 역사를 주관하시며 지배하시는 여호와 하나님 앞에 '천부여, 의지 없어 저 손 들고 옵니다.' 하고 마음과 뜻과 정성을 다하여 한자리에서 부르짖는 길밖에 다른 길은 없었다.

교역자들의 기도에 앞서 평신도들이 먼저 엎드려 산상에서 부르짖기 시작한 것이다. 산상에서 조국과 교회를 위하여 눈물 뿌려 호소하던 수천 교우들은 교역자 기도 대회를 위하여 그 경비를 부담하겠다고 너도나도 바치는 헌금 또한 눈물겨웠다. 돈이 많아서 바치는 부자의 헌금은 한 푼도 섞이지 않았다.

쑥죽으로 연명해가는 학도들이 '목사님들의 기도비용이라면 몇 날이든 금식하고 저도 바치겠습니다.' '저도 바치겠습니다.' 하고 바친 숙생들의 헌금, 그 눈물 어린 손길에 뒤따른 일반 교인들의 헌금이었다. 그 광경을 눈물 없이 볼 수 없었다. 그리하여 참석하는 교역자들의 왕복 차비와 기도시간 중 숙식비를 제공했다.

4. '미스바' 대회 같은 구국기도회

미스바에서 이스라엘 민족이 대회를 열고 기도하여 블레셋 군대를 물리쳐 나라를 구출한 사실과 같이 우리 한국의 불안을 물리치고 성령으로 하나 되는 새 역사가 일어났다. 한국 교회에 성령의 불길은 붙기 시작했고 국토통일의 터전이 마련되고 있었다. 그리고 세계적 파멸의 위험 속에서 우리나라는 고센 땅과 같이 구별함을 받아 민족이 살게 될 길이 열리는 듯 앞이 환하게 보였다.

옛날의 이스라엘을 보호하시던 그 하나님이 오늘의 한국을 보호하시는 하나님이심을 분명히 알만했다. 우리의 기도를 들어 주시는 하나님이다.

이렇게 성령의 역사는 놀라웠다. 그 보잘것없는 초청장과 보발 학생들을 통하여 목사님들의 마음에 큰 감동을 주어 모이게 하였다. 시간을 얻지 못해 참석 못 하는 목자들까지도 격려의 편지를 보내오는 이들도 있었거니와 만사를 제치고 찾아오는 목사님들, 연로한 장로님들, 젊은 전도사님들, 할 것 없이 줄지어 입산하는 광경이란 보는 이로 하여금 감개무량함을 느끼지 않을 수 없었다.

과거에는 교파싸움으로 피차 말도 잘 하지 않고 지내던 목자들, 더구나 그중에는 신도들을 용문산에 못 가게 억압을 하던 교권주의자들 자신이 용문산을 향하여 찾아온다는 것은 아무리 생각해도 신기하기만 했다. 성령의 감동이 아니고는 있을 수 없는 일이었다.

기도원 내의 재산 성도들은 하루 두 끼 그나마 저녁 식사는 죽을 먹기로 결정하고 목사님들을 맞이할 준비를 하고 있었다. 각 가정마다 침구와 침실까지 깨끗하게 장만하는 등 숙식을 제공할 준비에 정성을 다하고 있었다.

그때까지 평신도를 중심으로 한 집회는 대대적으로 47회나 수천 명씩 수만 명도 운집했지만 교역자 집회만은 처음이었기 때문에 많이 오셔야 몇백 명 오실 것으로 알고 있었다. 준비위원회 측에서도 그렇게 알고 약 3백 명에 한한 준비를 했을 뿐이었다.

그러나 상상 밖에 첫날부터 3백 평 강당이 넓지 않다 할 만큼 가득히 차게 되어 모두 놀라지 않을 수 없었다. 그때만 해도 용문산 운동을 이단시하던 그들이 그래도 굶주린 양 떼들의 울음소리를 들었음인지 스스로 겸비하여 바다 건너 제주도에서도 태산을 넘는 강원도에서도, 경향 각지에서 모여왔다. 교파와 교회를 초월하여 전국적 거교파적으로 모여 한자리에서 하나님께 제단을 쌓게 되었다는 사실은 77년 동안의 한국 기독교 사상 유례가 없는 일이었다. 더구나 용문산에서 이런 기적적인 행사가 있으리라고는 생각조차 하기 어려웠던 그 당시 실정이었다.

1961년 10월 27일 고요한 산중 기도원의 밤은 '천사 날 부르니 늘 찬송하면서 주께 더 나아가기 원합니다…' 성악대의 은은한 주악 소리와 함께 역사적인 전국 교역자 산상 구국 기도 대회는 개막되었다. 준비위원장 송흥국 목사(서울 정능 감리교회)의 사회로 정중한 분위기 속에서 예배는 시작되었다.

5. 대견했던 숙생들의 기도

47회나 거듭해 온 평신도 집회 때에는 언제나 여자 석이 늘 3분의 2를 차지해 왔는데 이번 교역자 집회만은 남자 석이 8할가량은 점령하고 있는 것으로 보였다. 여자는 한 모퉁이에 약간 보였을 뿐이다. 그 분위기는 확실히 더 정중했다.

설교가 있기 전 이번 집회가 열리기 전까지의 동기와 그 취지를 설명하는 장로교 이근용 목사의 말씀을 들으면서 우리 사명이 지대함을 한층 더 느꼈다.

그의 말에 의하면 용문산 학생들의 기도하는 모습과 그 음성이 목자의 양심을 찔렀다는 것이다. 모진 비바람 속에서도 밤이 맞도록 찬 바위틈에 또는 산마루의 모래사장에 엎드려 부르짖는 그 모습과 그 음성에는 나라와 민족을 위하는 애끓는 하소연이 담겨 있더라는 것이다. 산이라도 움직이는 듯한 피 끓는 호소에는 하늘의 보좌를 능히 움직이게 하는 듯했다는 것이다.

그런데도 목자들은 모른 척하고 잠이나 자야 하고 깨어나면 싸움이나 하고 시기 질투 중상모략으로 일을 삼는 행위에서 벗어나지 못해서야 될 말이냐고 그는 강조했다. 민족의 앞길을 목자들이 말해 주어야 한다는 그의 주장이었다.

민족의 앞길을 밝혀 달라는 어린 학도들의 기도 소리는 하늘에 상달하고 있는데 하나님의 뜻과 경륜을 알아서 전달해 주어야 하는 것이 목자의 책임이 아니겠느냐는 뜻이었다. 우리 학생들의 기도가 동기가 되어 이 같은 운동이 일어났다는 것을 생각하니 대견하기만 했다. 하나님께서는 우리 학생들을 불쏘시개로 쓰시어서 이 불을 붙여 놓는 것으로 깨닫고 보니 감격스러웠다. 대견스럽게 보이는 우리 숙생들은 과연 우리 민족을 살리는 위대한 역군이 될 것으로 촉망되었다.

나는 그때 단상에 나서면서 우리 민족은 살았다고 외쳤다. 성령의 불은 '십자가의 도'의 길을 밝히고 있는 것을 깨달았기 때문이었다. 십자가의 도만이 우리 민족을 살릴 길임을 역설했다.

주의 말씀은 우리 길에 빛이요 발에 등이거늘 이 말씀이 성령 없이 어찌 빛을 발할 수 있으며 말씀 없이 어찌 '십자가의 도'의 길을 밝힐 수 있으랴(시 119:105). 성경 말씀으로 연성을 받고 있는 우리 숙생들에게 성령의 불이 붙었으니 이 불이 한국의 목자들의 가슴을 뜨겁게 했다는 이 실증을 눈앞에 놓고 외치는 설교에는 하나님의 능력이 같이하심을 실감할 수 있었다. 온 장내는 숙연하기만 했다.

목사들을 앞에 놓고 장로가 설교를 해야 한단 말이냐고 항의를 하던 불평 소리는 간 곳이 없었다. 그러한 마음까지도 다 사라진 듯 통곡 소리가 터져 나왔다.

북에서 남으로 휘몰아치는 거센 바람 속에는 동족을 죽일 칼 가는 소리가 시시각각으로 드높아 가는 이때에 우리는 적수 공권으로 어찌할 바를 몰라 전율 속에서 공포에 떨고만 있어야 할 것인가?

앗수르의 침공을 앞에 놓고 기도 올리던 히스기야의 기도가 있어야 하겠고 이사야의 기도가 있어야 하겠다고 외쳤다. 블레셋 군사의 포위망 속에 있으면서도 미스바 대회의 기도가 있으므로 이스라엘 민족을 살릴 수 있었으니 우리도 나라와 민족을 위한 기도가 있어야겠다고 외치고 통성기도를 시켰더니 온 장내가 떠나가는 듯했다. 그 부르짖는 기도 소리는 하늘의 보좌를 움직여 하늘의 천군 천사가 당장에 동원되는 듯했다.

6. 싸움을 용납 않는 기도의 제단

3일째 되는 날이었다. 그 많은 사람들 가운데 몇 사람의 불평으로 말미암아 장내가 소란하게 되었다. 숙사와 식사의 불평불만이 있다는 소리를 들은 준비위원회 측에서는 이를 무마하려고 광고 시간에 광고위원 목사님이 나와서 광고를 했다.

'우리 준비가 부족해서 여러 가지 불편을 느끼시겠지만 모든 것을 양해해 주시기 바란다.”고 전제하고 “실은 우리 교역자들을 위해서 기도할 수 있는 기회를 마련해 주려고 평신도들이 자기들의 성의를 다하고 있으니 우리는 오직 민족을 위해서 기도해 주기 바랍니다.”라면서 “내가 들은 말을 여러분들의 체면을 위해서 이 자리에선 말을 않겠습니다만은 식사 관계로 말 못 할 불평을 하는 분이 있습니다. 이런 일이 없도록…”하고 말도 채 끝나기 전에 여기저기 웅성거리는 소리가 들리더니 “거 무슨 소리야?”하고 큰 소리가 났다. 뒤이어 “그놈을 끌어내라.” 혹은 “저놈을 죽여라.”는 등의 입에 못 담을 욕설들이 연거푸 터져 나왔다.

그때에 평신도 석 여반에서 누구의 입에서인지 불쑥 나오는 말이 “목사들이 어쩌면 저럴 수가 있을까?” 하니까 어느 누군가는 “목사들이 악질은 악질이다.”라고 소리를 지른다.

와글거리는 속에서 목사 석에서는 두드러진 목소리로 “거 평신도들 말조심하십시오.” 하고 큰소리를 질렀다.

“목사들이나 말조심하십시오.”하고 대꾸하는 평신도도 만만치 않게 맞섰다. 이러다 보니 장내는 어수선하게 되더니 결국은 싸움판으로 화했다.

광고하던 목사님은 “소인은 물러갑니다.”하고 광고도 중단하고 슬그머니 물러났다.

나는 그때 강사 석에서 보다못해 또 나섰다.

“이 제단은 산골짝에 엎드려서 눈물로 쌓아 올린 제단입니다. 여기까지 와서 싸움이라니 될 말입니까? 이왕 자기를 죽이고 예수 나타내기 위해서 이곳까지 찾아왔고 또 이것이 곧 민족이 사는 길이라고 알았다면 한 번 더 자기를 부인해 봅시다.”

여기까지는 좋았지만 다음 말이 문제가 되었다.

“여기는 목사님들의 싸움터로 삼던 노회도 아니고 총회도 아닙니다. 여기는 엄연히 기도의 제단, 눈물로 쌓은 내 제단입니다…”하고 노회와 총회에서 싸우던 그 버릇을 여기까지 끌고 들어왔다면 내 제단에서는 절대로 용납하지 않겠다는 강력한 주장을 한 것이다. ‘내 제단’이란 말이 그들의 귀에 대단히 거슬렸던 모양이다. 여기저기 수군거리는 모습이 눈에 드러났지만 아랑곳없이 “참 목자와 삯군 목자가 되지 말고 참 목자가 되기 바란다.”고 외치고 그 시간은 간신히 넘겼다.

7. 목사들의 회개운동

그때만 하더라도 용문산에는 산골 운치가 짙게 나타나고 있던 시절이었던 고로 모든 시설도 불완전한 때였다. 그런데서 3백 명이란 예정수도 감당하기 어려웠을 처지였다. 그런데 8백 3명의 교역자는 무료로 민박을 시키고 있었으니 쉬운 일은 아니었다. 그나마 하루 이틀도 아니고 7일간이나 대접을 해야 했다. 집집마다 고추장, 된장, 간장, 모두 바닥이 나고 심었던 채소도 바닥이 났다. 50리 밖 김천까지 나가서 이것저것 사오느라 주머니도 바닥이 났다.

제3일 되던 날이다. 어느 집에서는 목사님들이 식상을 받아 놓고 주인을 불러들이더니 "이게 목사 먹으라는 거야?"하고 고래고래 소리를 지르며 목사 대접이 이 꼴이냐고 야단을 치더라는 것이다. 주인은 꿇어 엎드려 잘못되었다고 빌고 나오면서 눈물을 흘리더라는 것이다. 그 광경을 본 어느 목사님의 말을 들은 광고위원이 그 같은 광고를 한 것이 문제가 되어 시끄러웠던 것이다. 오후 시간이 내가 맡은 성경 연구 발표 시간이었기에 나는 성전으로 나가는 도중이었다.

한참 소란스럽던 오전 시간의 여파는 아직 가셔지지 않고 여기저기 수군거리는 모습이 눈앞에 보이고 있었다. 분위기가 몹시 불쾌한 느낌이었다. 지나가는 동안 흘러가는 소리가 들리기를 "그만둬. 그는 보통사람이 아니야. 영웅 중에도 영웅이야, 괜히 또 때려 맞기나 하지 별수 없어. 그만둬…."

나는 그것이 무슨 소린가 했다. 그런데 어느 누군가가 내 앞을 가로막고 "큰일입니다. 장로님, 단에 나서지 마시고 도로 집으로 돌아가십시오. 나섰다가는 큰 봉변을 당할 것입니다."하고 한사코 길을 막는다. "무슨 소리요, 내가 맡은 시간 내가 안 지키고 누가 지킨단 말이요?" "아닙니다. 지금 장로님이 '내 제단'이라고 했다고 그것을 탓하고 단에 못서게 한다는 것입니다." "그게 무슨 소리야? 내 제단 내가 서는데 누가 뭐라고 해요? 염려 놓으십시오. 내 단에 내가 설 터이니…"하고 붙잡는 그를 뿌리치고 단상에 올랐다.

나는 첫마디부터 외쳤다.

"엘리야가 쌓은 제단은 엘리야의 제단이요, 사무엘이 쌓은 제단은 사무엘의 제단이요, 모세가 쌓은 제단은 모세의 제단이요, 나 장로가 쌓은 제단은 나 장로의 제단이지 누구의 제단이란 말인가? 감리교의 제단인가? 장로교의 제단인가? 제사 드리는 사람의 제단이 아니겠는가? 제사는 사람이 드리는 것이 제사이거늘 내가 드리는 제사의 단이 내 제단이지 누구의 제단이란 말이요? 제사는 사람이 드리는 희생이요, 그 제사를 받으시는 분은 하나님이 아니시든가요?"하고 시작된 제단에 대한 논리는 끝날 줄 몰랐다. 두 시간을 내리대는데 일각의 여유도 두지 않고 숨도 안 쉬는 것 같이 퍼붓더라는 것이다.

과연 성령의 역사였다. 나도 모르게 성령에게 사로잡혀 외쳤다. 누구 한 사람의 대항도 없었다. 대항뿐 아니라 단에서 끌어 내릴 준비까지 하고 있던 몇 사람도 있었다는 데도 아무도 대항이나 반문을 하는 이도, 끌어내는 이도 없었다. 그렇게 삯군 목사들을 때려 부수었으니 대항을 할 수가 없었다는 것이다. 삯군 목사라는 소리를 듣게 될까 두려워서였다.

한마디 한마디가 모두 성경 구절이었으니 더구나 대항할 수가 없었다고들 솔직한 고백을 하는 이들이 많았다. 결국은 놀라운 회개운동이 일어난 것이다. 그때는 나 장로가 단하에 서는 사람이었지만 단상에 서는 사람이 아닌 신 같더라는 것이다. 즉, 모세를 바로에게 신이 되게 하셨다는 하나님의 말씀이 이해가 되더라는 목사님들도 있었다(출 7:1).

8. 산 위의 산으로

그다음부터는 새벽 시간과 오전 시간을 전부 나더러 맡아 달라는 요청이었다. 그 전 시간까지도 목사님들 중에서도 부흥사가 많다면서 매일 한 사람씩 교대하면서 새벽 시간과 오전 시간은 목사님들이 맡아야 한다고 오후 시간과 저녁 시간만을 나더러 맡으라고 해서 그대로 지켜 왔다. 그러나 후반부터는 완전히 나 장로의 독무대가 되고 말았다.

혹자는 목사들이 앉아서 장로의 설교와 강의를 듣는다는 것은 뭔가 잘못된 가락이 아니냐고 주최 측에 항의를 하기도 했다. 하지만 시간시간 불이 떨어지는데는 항의도 우월감도 선입감도 다 무너지고 말았다.

21일부터는 완전한 은혜의 분위기로 하나 된 모습이 역력했다. 화평과 기쁨이 충만하여 "서로 용납하고 평안의 매는 줄로 성령의 하나 되게 하신 것을 힘써 지키라."(엡 4:3)는 성경 말씀 그대로였다. 교파와 교회를 초월하고 계급도 지방도 초월하고 학식도 연령도 초월하고 겸비하여 하나님의 종으로서 그 사명 다하기 위해 부르짖을 뿐이었다.

이구동성으로 집회 기일을 연장해 달라는 요청이 강사 측에나 주최 측 위원회에 계속 들어왔다. 비용 관계라면 금식하고라도 집회 기간을 연장해 달라는 것이다. 장내에서도 단상을 향하여 "집회를 연기해 주시오."

"옳소"

"옳소"

"연기해 주시오." 등 진심이 터져 나오기 시작했다.

어느덧 7일간의 집회도 앞으로 이틀밖에 남지 않았던 그날, 회원들의 건의에 의해서 그날 밤을 산 위의 산으로 올라갔다. 산꼭대기 사사봉으로 올라가서 산상 기도회를 열게 되었다. 그날따라 보슬비가 내리고 있었다. 비가 오거나 말거나 개의치 않고 모두 올라간 것이다.

그 가파른 산길을 올라가서 시간 전부터 엎드려 기도드렸다. 멎으려 했던 보슬비는 도리어 굵은 빗줄기로 변하여 힘차게 내리기 시작했다.

9. 황소 반 마리 먹은 간증 설교

이 비는 우리에게 시험문제다. 이 시험에 낙방생이 되어서는 안 된다 하고 모두 다부지게 마음먹고 빗줄기가 굵어질수록 더욱 힘 있게 기도를 드렸다. 하지만 그중에는 도로 내려가는 낙방생들도 없지는 않았다.

비가 오거나 말거나 개의치 않고 기도드리는 동안 그 비는 어느덧 개었다. 그 비는 확실히 우리의 신앙을 시험하는 시험문제였다. 그 답안은 지필에 있지 않았고 몸 안에 기도로 쓰여 있었음을 알만했다.

사사봉(士師峰) 홀딱 벗겨진 산마루턱 풀석돌로 깔린 왕모래 사장, 변두리에는 바위와 소나무가 여기저기 있다. 나무라야 큰 나무는 볼 수 없고 자라지 못하는 늙은 소나무가 땅에 붙은 대로 무질서하게 둘러 있다. 플래시 불빛이 여기저기 번뜩이는 암흑 속에서 기도 소리만이 와글거리고 있었다.

예배시간 종소리가 나니까 사방에서 모여들었다. 어두운 밤 등불이 놓인 북쪽 바위를 중심으로 둘러앉았다.

산상 노천이니 깊은 진리 설교보다 옅은 간증 설교를 해달라는 요청이었다. 밤중이니 졸기 쉽다는 이유도 있지만, 그보다 내 정체를 알고 싶어서였다. 누구는 나더러 '에덴에서 살다가 왔느냐?'고 물어볼 정도로 신비에 싸인 수수께끼 인물로 보였던 모양이다.

에덴동산에서부터 말세에 이르기까지의 역사적 과정을 강론하면서 성경대로 그 계보 계통을 찾아 한참 내리 엮을 때에는 에덴에서부터 살면서 내려오는 사람 같더라는 이야기였다. 그래서 어디서 출생하여 어떻게 살다가 이 산에까지 들어오게 되었는지 그 동기라든지 은혜를 어떻게 받았는지 그 체험담으로 은혜 될 만한 간증 설교를 해주기를 바랐던 것이다.

이것은 어느 한 분 만의 요청이 아니었다. 실상은 강단에서 강론할 때에는 목사님들을 앞에 모시고 성경 연구 발표회로 시간을 가졌기 때문에 내 간증을 할 겨를이 없었다.

마침 목사님들의 요청이 있어 산상에서 내 간증을 하게 되었다. 혈혈단신으로 입산한 동기와 은혜를 받게 된 유래를 설명하면서 사사봉 그 자리에서 황소 옹근 한 마리 중에서 반 마리를 먹었다는 간증을 했다. 그 후부터 능력이 임하여 담대하게 외칠 수 있었다는 증거를 한 것이다.

그 먹었다는 황소라야 큰 소가 아니고 그렇다고 작은 송아지는 아니었다. 자라나는 중 소급이었다. 대령 강변 논 머리에 서 있는 황소를 취하여 각을 떠서 먹으라기에 먹었으나 아무리 먹어도 반 마리밖에 먹지 못했다. 그 남은 반 마리는 누가 먹을 것인지 남겨 두었다.

그것을 마저 먹을 사람이 많이 있다는 계시를 받은 자리임을 증거 했다. 그 많은 사람이란 오늘날 여러분이 아니겠느냐고 했더니 그때 모두 아멘, 아멘 하며 기도가 터져 나오기 시작했다. 기도 소리가 울려 퍼질수록 은혜의 분위기는 더한층 고조되었다.

10. 어린애같이 뛰기도 울기도 하던 목사들

예배가 끝나자마자 여기저기 흩어져 울음 섞인 기도 소리로 산상을 뒤덮었다. 과연 기도의 산이었다. 목사로서 벗기 어려웠던 체면도 위신도 부자유스러웠던 모든 명예를 훌떡 벗어버리고 오직 주님과 나 사이의 위치에 엎드려 밤새껏 애원하는 모습, 하나님께서 애처롭게 보시고 한 사람 한 사람 어루만져 주시는 것만 같았다.

어느덧 동녘 하늘은 밝아오고 있었다. 젊은 청년들이 일어나서 기뻐 뛰며 찬송을 부르고 있었다. 목사님들 중에서도 어느새 그 속에 끼어 춤을 추며 힘차게 찬송을 부른다. 사람 앞에서는 어른도 되고 목사도 선생도 되지만 하나님 앞에선 뉘가 어른일 수 있으랴. 은혜를 받고 나니 모두가 어린아이같이 되어 버렸다. 기뻐 뛰는 모습이 어린애 같았을 뿐 어른스러운 의젓한 체통은 간 곳이 없었다.

"너희가 어린아이와 같지 아니하면 천국에 못 들어가리라."(마 18:3)는 예수님의 말씀이 무슨 뜻인가를 알만했다. 다윗이 하나님의 법궤가 다윗성으로 들어올 때 왕관도 개의치 않고 예복을 입은 채 기뻐서 춤을 추며 뛰놀았는데 목사라고 해서 하나님 앞에서 뛰놀지 못할 것 무엇이랴(삼하 6:14, 20, 21).

하나님께서는 하나님 앞에서 뛰놀며 춤추는 것을 책망하지 않고 오히려 기뻐하셨다. 그 증거는 다윗의 기뻐 뛰놀며 춤추는 것을 업신여기고 비웃던 왕후 미갈은 죽는 날까지 자식이 없었고 다윗은 만복을 누리며 많은 자녀들을 두었다. 즉 하나님께서는 다윗을 기뻐하셨고 미갈을 못마땅하게 보시고 저주로 갚아 주신 것이 아니겠는가?(삼하 6:22, 23).

어느 키 큰 목사님 한 분은 학생들이 메고 치는 북을 빼앗아 자기가 메고 치면서 찬송을 부르며 춤을 추며 뛰고 있었다.

그 기세에 몰려 모두가 기뻐 뛰며 온통 찬송에 사로잡혀 같은 찬송을 수십 번 연거푸 불렀다. 그러는 동안 자기의식은 완전히 떠나간 듯했고 새 술에 취한 사람들같이 되었다.

그런 분위기 속에서 새벽 기도회 설교는 간단했다. 그러나 통성기도 소리는 산이 진동하는 듯했고 기도가 그칠 줄을 몰랐다. 목 놓아 우는 소리도 어린애가 엄마를 찾는 울음소리 같았다. 남이야 보거나 말거나 체면도 위신도 아랑곳없이 어린애같이 울고 있었다. 한두 사람이 우는 것이 아니다. 하나가 울기 시작하면 다 같이 따라서 운다. 한 사람이 찬송을 시작하면 다 같이 찬송을 부른다.

또 누가 일어나 춤을 추면 다 같이 일어나 춤을 춘다. 누가 명령을 하는 것도 아니요, 지휘를 하는 것도 아닌데도 행동이 일치하게 되는 이유가 무엇일까?

'할렐루야!' 소리가 누구에게서 터져 나왔는지 할렐루야, 할렐루야… 감격과 기쁨에 넘친 소리가 하늘을 찌를 듯했다.

11. 바짝 말라빠진 한 마리 양

가장 잊을 수 없이 감명 깊었던 사실은 성령의 불을 받은 목사님들이 나와서 눈물로 고백하며 간증하던 장면이다. 간증을 듣던 회중은 따라서 울며 눈물바다를 이루곤 했다.

희미한 불빛 밑으로 찾아 나오는 목사님 한 분이 있었다. 60 가까이 되어 보이는 냉철한 신사 형이었다. 그는 말하기를 "못난 이놈이 나만 잘났다고 남을 멸시하고 지나면서 목사 직을 맡은 내가 믿음은 보자기에 싸서 땅속에 묻어 버리고 학설 주머니, 인간 지식 주머니 치레만 하다 보니 양 떼들은 마를 대로 말라 꼴을 찾아 산야로 헤매는데 이것을 몹시 때려 부수는 삯군 목삽니다. 새벽기도는 마지못해 장로가 보니까 안 나갈 수가 없어 억지로 나가던 사람입니다. 그러나 하나님께서는 이 죄인을 버리지 않고 지금 나를 찾아 주셨습니다. 이제야 진정으로 주님을 알았습니다."하고 목이 멘 음성으로 말끝을 채 못 맺고 흐느껴 울기만 했다.

청중도 따라서 울며 "주여, 주여…" 소리가 드높아 가더니 통성기도로 화했다.

그중에서 어떤 목사님 또 한 분이 일어나시더니 "제가 예수님을 보았습니다. 흰옷을 입고 광채가 비치는 주님께서 우리 무리 가운데 나타나시기에 내가 '주여!' 하고 가까이 가려 했더니 갑자기 바짝 말라빠진 양 한 마리가 보였습니다. 앙상하게 뼈만 남은 야윈 양이었습니다. 이는 목자의 사명을 받은 내가 양에게 좋은 꼴을 못 먹였기 때문에 양은 야위어서 비틀거리고 털은 뭉개지고 추잡한 모습을 나타냈습니다. 이것은 곧 주께서 '네가 이 꼴로 만들어 놓았느니라.' 하고 책망을 하시는 것으로 보였습니다. 내 양을 먹이라는 주님의 경고임에 틀림없었습니다. 나는 그 자리에 엎드려 한없이 울었습니다. 때로는 양들에게 독초를 먹여 다 죽을 수밖에 없는 지경으로 이르게 한 적도 한두 번이 아니었습니다."하고 가슴을 치며 울었다.

이 같은 뼈저린 통회 자복 소리를 듣던 목사님들은 '주여, 저도 양 떼를 말렸나이다…' 하는 통회의 소리가 여기저기서 들려오는데 울음소리도 뒤따르고 있었다. 일반 성도들은 대성통곡을 하면서 '목사님, 목사님!' 하고 부르짖기도 했다. 이처럼 목사님들이 스스로의 부족을 깨닫고 앞을 다투어 간증하는 목사들의 모습은 양 떼들에게 큰 감명을 주었다.

자기네들을 위해서 울어 주는 목자라면 더 이상 바랄 것이 없다는 듯 이제야 자기들이 기대하던 목자 상을 찾았다는 듯, 만족감에서 감개에 넘친 눈물이 쏟아져 나왔다. 울다가 웃다가 '할렐루야, 할렐루야!'를 몇 번이나 불렀는지 모른다. 우는지 웃는지 분간할 수 없는 부르짖음 소리는 끊일 줄을 몰랐다.

마치 이스라엘 백성들이 바벨론 포로에서 해방을 받고 예루살렘으로 귀환하여 성전지대 놓임을 보고 대성통곡하며 여러 사람이 기뻐 즐거이 부르며 백성의 크게 외치는 소리가 멀리 들리므로 즐거이 부르는 소리와 통곡하는 소리를 분별치 못했다는 그때와 방불하게 연상이 되었다(스 3:12~13).

12. 인도의 간디같이 보여

나는 그때 무한한 감사를 느꼈다. 무한한 감사를 느꼈다. 헐벗고 메마른 양 떼들의 호소를 하나님께서 들으셨기 때문에 이처럼 전국의 목자들을 이 산상으로 모아 놓으시고 이같은 역사를 일으키신다고 느껴졌기 때문이다.

어젯밤까지 비가 내리고 찌푸렸던 하늘도 맑게 개고 동녘 하늘이 트이고 햇살이 멀리 비쳐 오는데도 허다한 간증자들의 은혜로운 간증은 그칠 줄 몰랐다. 이번 간증이 끝나면 내려가야겠다 하고 준비를 하노라면 또 다른 간증자들이 연거푸 나서곤 해서 폐회 선언을 할 수가 없었다.

해는 떠올라 아침 식사시간이 되었는데도 내려갈 생각도 안 하고 목사님들이 열심히 통회의 간증을 하니 평신도들도 은혜에 도취 되어 시간 가는 줄 모르고 목사님 한 분씩의 간증이 끝날 적마다 누가 지휘나 인도를 하지 않아도 일제히 기도와 찬송으로 은혜의 분위기에 호응하고 있었다.

마지막으로 어느 젊은 목사님이 마이크 앞으로 나오더니 "나는 실상 설교가 듣기 싫어서 집으로 돌아가려고 보따리를 싸기 시작했으나 솔직히 말해서 여비가 없는데 집회를 마쳐야 여비를 준다기에 할 수 없이 눌러앉았던 것입니다. 그러나 하나님은 기어이 나에게 은혜를 주시려고 섭리하신 것을 알았습니다. 어젯밤 엎드려서 기도하는 동안 우리 교인들의 얼굴이 하나하나 나타나기 시작했습니다. 장로님과 집사님들이 엎드려 '우리 목사님 은혜받고 돌아오시게 해 주시옵소서!' 하고 애절한 기도를 드리는 모습이 나타났습니다. 그 애절한 모습이 떠오르는 순간 나는 울지 않을 수 없었습니다. 그동안 나는 이들에게 무엇을 먹였던가? 기다리고 있는 이들에게 무엇을 갖다 줄 것인가? 생각할수록 나는 답답하기만 했습니다. 어찌하오리까? 하고 장로님의 설교를 듣는 동안 가슴이 뭉클해지더니 장로님이 손을 들고 외칠 때에 나도 모르게 눈물이 나왔습니다. 그 순간 나는 장로님이 인도의 간디같이 보였습니다. 하나님께서 우리나라를 사랑하셔서 이 같은 신앙의 애국자를 우리 한국에 보내 주셨다고 깨달으면서 감격의 눈물을 계속 흘렸습니다. 내가 돌아가면 주님의 몸된 교회를 위하여 온갖 충성을 다 바쳐 맡겨 주신 사명을 감당하렵니다. 아직까지 용문산 운동을 이해 못 하는 자들에게 용문산 운동을 재인식시키려고 맘속에 스스로 다짐합니다. 과연 한국 교회를 살리고 한국 민족을 살리는 운동임을 확신합니다."하고 다짐했다.

또 나서려는 목사님도 있었으나 막아 버리고 애국가를 합창했다.

> 동해물과 백두산이 마르고 닳도록
> 하나님이 보우하사 우리나라 만세
> 무궁화 삼천리 화려 강산
> 대한 사람 대한으로 길이 보존하세
> 이 기상과 이 맘으로 충성을 다하여
> 괴로우나 즐거우나 나라 사랑하세.

애절하게 부르는 이들의 가슴 속에는 동족애의 불이 타고 있었다.

13. 잊을 수 없는 눈물겨웠던 성찬식

사사봉 노천에서 밤새도록 야곱의 씨름과 같은 기도 씨름 뒤끝에 기어이 양 떼들의 먹을 것을 받아 가지고 내려온 목자들, 모두의 얼굴에는 만족감에 넘친 희열이 충만했다.

마지막 성찬식을 거행하려는 준비가 갖추어져 있는 대성전으로 모여들었다. 시간 전부터 초만원을 이루고 있는 장내는 엄숙하기만 했다. 그런 자리에서 어떤 연로한 목사님 한 분이 일어서더니 "나는 목회 생활 30년 동안 잃었던 눈물을 30년 만에야 다시 찾았습니다."하고 목메어 울었다.

1961년 10월 24일 오전 10시, 울음 속에서 성만찬식은 시작되었다. 예수의 살과 피, 하늘에서 내려온 산 떡, "인자의 살을 먹지 아니하고 인자의 피를 마시지 아니하면 너희 속에 생명이 없느니라"(요 1:53). 이 말씀을 읽다 말고 울었다.

"내 살을 먹고 내 피를 마시는 자는 영생을 가졌고 마지막 날에 내가 그를 다시 살리리니 내 살은 참된 양식이요 내 피는 참된 음료이다." 나는 목메어 울면서 계속 봉독했다. 온 장내는 흐느끼는 소리로 메웠다.

"내 살을 먹고 내 피를 마시는 자는 내 안에 거하고 나도 그 안에 거하나니 살아 계신 아버지께서 나를 보내시매 내가 아버지로 인해 사는 것 같이 나를 먹는 그 사람도 나로 인하여 살리라"(요 6:56~57). 이 말씀을 울면서 전했다.

"예수님의 살은 영이요 그 피는 생명입니다(요 6:63). 그 영과 그 생명 오늘 여러분들이 받는 떡과 포도즙을 통하여 여러분의 몸 안에 신과 새 영이 임하는 것입니다"하고 간단한 설교를 마치는 순간 온 장내는 울음소리로 메워졌고 흐르는 눈물은 걷잡을 수 없었다.

이윽고 저쪽 성가대에서 들려오는 가냘픈 멜로디는 장내 분위기를 엄숙케 했다. 갑자기 엄숙해진 장내는 평화의 떡과 잔이 분배되고 있었다.

이는 지금 주가 우리에게 주시는 영생하는 양식이요 마시는 잔일세/심히 사모하는 떠나셨던 주님 속히 세상에 다시 올 때 반가이 맞겠네/우리 그때까지 십자가를 지고 주의 자비함과 은혜 널리 전파하세.

이때 흑흑 흐느껴 우는 소리가 여기저기서 조용히 들렸다. 침묵 속에 흐느끼는 소리는 더한층 엄숙한 분위기를 북돋웠다.

여기에서 나의 가장 마음 깊이 감격스러웠던 것은, 이 여러 교파 8백여 교회 교역자가 한자리에서 예수의 살과 피를 나누며 사랑으로 하나 된 모습을 볼 때 눈물겨웠다. 교파의 담도 무너지고 감정도 증오도 시기도 분노도 모두 사라진 평화의 자리, 진정한 예수의 사랑이 넘쳐흐르는 장면이었다.

주께서 "너희가 서로 사랑하면 이로써 모든 사람이 너희가 내 제자인 줄 알리라"(요 13:35) 하신 말씀을 실감케 했다. 끝으로 291장 '내 주여 뜻대로 행하시옵소서' 찬송을 불렀다. 심장에서부터 우러나오는 이 찬송이 한없이 새롭기만 했다.

나는 이러한 뜻깊은 성찬식은 생전 처음 맛보았다. 그 엄숙함과 감격스러움, 흐느낌과 은혜의 분위기, 예수 안에서 하나 된 모습, 이는 과연 "내 살을 먹고 피를 마시는 자는 내 안에 거하고 나도 그 안에 거하신다"(요 6:56)는 주님의 말씀이 그대로 우리 안에 이루어지고 있다는 실감을 느꼈다. 이것이 어찌 성령의 역사가 아니랴.

집 없이 7년, 집 짓고 7년, 봉화들도 7년, 이 3×7년을 지나오는 동안 고된 시련 속에서 박해와 오해를 받아 왔지만, 드디어 한국 대소교파를 망라한 8백여 교회의 교역자와 평신도들이 한마음 한뜻이 되어 눈물 흘린 그날의 산상 구국기도회, 나로서는 영원히 잊을 수 없는 벅찬 감격이었다.

마치 쫓겨난 야곱이 객고 20년을 외로이 지내다가 형 에서를 다시 만나 목을 껴안고 입을 맞추며 울던 장면과 다를 바 없었다.

XVI. 직선 길에 서 있는 인생

1. 반 날 밖에 광고 못 하고 모인 강연회

1962년 49세에 네 번째 옥고를 당했다. 첫 번째는 일제 말엽 1943년 30세의 젊은 시절에 처음으로 철창 구경을 했고, 두 번째는 37세 되던 1950년 6.25 동란 당시 공산군에게 당했고, 세 번째는 자유당 정권 당시 1955년 42세 때에 억울한 옥고를 당했다. 일정 때에는 한국인이라면 으레 당할 일이라고 알았기 때문에 사상범이라면 오히려 영광스럽게 알았고 6.25 동란 당시 공산군에게 잡혀 옥고를 당한 것도 당연한 일이라고 알았다.

이 두 번은 당연히 당할 일이라 생각했으나 우리나라 한국 정부가 나를 잡아넣었다는 것은 너무도 억울한 일이었다. 나라와 민족을 위해서 밤낮으로 기도하며 외치고 있는 사람에게 상은 못 줄망정 잡아넣다니 이게 무슨 짓이냐고 아무리 큰소리를 쳐 보았댔자 별 수 없었다. 그러나 '27일이면 내가 나갈 것이다. 27일에 안 놓아주면 옥문이 터질 것이다.'라고 큰소리를 칠 수 있었던 독특한 옥고였다. 물론 예언대로 27일 되던 날 무죄 석방이 되어 관계자들을 놀라게 했을 뿐 아니라 세인의 이목을 끌었던 일이다.

그런데 네 번째는 6개월이나 너주레하게 옥고를 치르고 나왔다. 결국 2심까지 가서야 무죄로 나왔다. 세 번째까지는 사상범에 속했지만 네 번째는 죄명까지도 너저분하게 폭행, 공갈, 불법감금, 갈취 등 어처구니없는 죄명을 씌웠던 것이다.

구속영장이 발부된 줄도 모르고 전도에만 열중하고 있던 중 어느 날 신문에 김천 형사대가 나 장로를 체포하려고 영장을 가지고 상경하여 수색 중이라는 소식이 보도되었다.

그러나 그 당시 서울 국민회관(당시 국회의사당)에서 시국강연회 강사로 나가기로 예약이 되었던 때였는데 그 같은 의외의 소식에 접하게 되니까 집회를 하느냐 못하느냐 망설일 수밖에 없는 처지에 이르렀다.

그렇지만 결국 '나운몽 장로 대강연회'라는 큰 타이틀을 걸고 갑작스럽게 하루도 아닌 반날밖에 선전을 못 하고 강연회는 개최되었다. 여러 날 선전을 하다가는 강연도 못 하고 잡혀갈 것이기 때문이었다. 반날 선전이었지만 시간 전부터 모여들기 시작하여 아래 위층 통로에 이르기까지 입추의 여지가 없는 초만원이었다.

5.16 혁명 이후 시국이 어떻게 풀릴 것인가에 모두의 관심이 쏠려 있던 시기적인 이유도

있겠지만 그보다는 구속영장이 내린 나 장로가 강연을 한다니까 웬일인가 싶어서 일반 관심은 더욱 컸기 때문이었을 것이다.

2. 영장 받은 나 장로 강연 크게 보도(1962년 2월 11일 하오 7시)

시간이 되자 강연장 입문으로 들어서니까 궁금하게 여겼던 친지들은 "어떻게 된 일인가?" 눈이 둥그래서 묻는다.

"글쎄 나도 모르지."하고 단상으로 올라갔다.

자유당 정권도 민주당 정권도 부패해서 무너졌다면 군사정권도 부패하면 무너질 수밖에 없다고 입을 열었다. 속 시원하게 부정부패를 때려 부수는 혁명을 하여 백성들의 환영을 받은 군사정권이 또다시 부패의 전철을 밟아서야 될 말이냐고 경고했고 부패로 빠지지 않기 위해서는 하나님 앞으로 나와야 한다고 외쳤다. 강연을 마치고 내려왔을 때에는 온몸이 땀에 흠뻑 젖어 있었다.

지친 몸으로 인파 속에 끼어 퇴장할 적엔 숨이 막힐 정도였다. 그런데 대기하고 있던 누구인지 모를 이들이 길을 막고 반갑게 인사를 청하는 이들도 있었다. 그중에는 "장장 두 시간이 넘도록 숨도 안 쉬고 물 한 모금도 안 마시고 어떻게 그렇게 하십니까?"하고 손을 꼭 잡고 감탄하면서 길게 늘어놓으려는 인사를 하는 이들도 있었다.

아무리 반갑게 하는 인사라도 다 귀찮기만 하고 마음속으로는 조급하기만 했다. 어서 빨리 숙소로 가서 땀부터 씻고 옷을 갈아입어야 할 일도 급했지만, 그보다도 구속영장을 가지고 나타날 형사대가 닥칠 것만 같아서 더욱 조급했다.

아닐세라 길을 막고 잠깐만 만나자는 몇 사람이 있었다. 그들은 나를 구인하려고 찾아온 형상들인 줄만 알았다. 그래서 나는 "땀이나 씻고 갈 터이니 숙소로 갔다가 갑시다."라고 했더니 "아닙니다. 잠깐이면 됩니다."라면서 나를 기어이 다방으로 유인했다.

알고 보니 그들은 형사가 아니고 신문 기자들이었다.

"시대에 적절한 말씀을 해주어서 감사합니다."라는 인사말을 하고 나더니 단도직입적인 질문을 하기 시작한다. 며칠 전 구속영장을 갖고 상경한 형사들이 있던데 어떻게 강연을 할 수 있었느냐는 것이 질문의 초점이었다.

"하나님께서 지켜 주셨기 때문이지요."했더니 "그러면 하나님이 구속을 못 하게 하신다는 말씀이신가요?"

"그렇지요. 강연은 꼭 해야 할 하늘의 소식이었기 때문에, 강연을 할 수 있도록 하나님께서 지켜 주신 것이지요."

그들은 속으로는 비웃었는지도 모르겠지만 겉으로는 "예, 그렇구면요."하고 정중하게 긍정했다. 나는 "강연을 마쳤으니 13일은 법정으로 찾아갈 것입니다."하고 여유 있는 대답을 했다.

기자들은 그 말이 이해가 안 되어서인지 흥미가 있어서인지 "그렇게 마음대로 할 수가 있습니까?"하고 묻는다.

"내 마음대로가 아니고 하나님의 뜻대로 되는 일이겠지요."하고 자리에서 뜨려고 했더니 한마디만 더 묻겠다기에 또 눌러앉았다. 죄명은 무엇인가? 왜 구속을 당해야 하느냐? 누가 고소를 했으며 그는 무엇을 하는 사람이냐? 지금 심정은 어떠하냐? 등의 수다한 질문이었다.

다음날 신문에는 '구속영장 받은 나 장로 서울서 강연회'라고 대서특필로 보도되었다.

3. 영장 발부하고 왜 구속 못 했을까?

구속영장이 발부되었다는 보도가 있은 후 동아일보 기자들이 나를 찾아와서 그 사건에 관련된 인터뷰를 한 일이 있었다. 그 기사가 인터뷰하는 사진과 같이 특종기사로 취급되었다. 그런 보도가 있은 뒤끝의 일이었기 때문에 더욱 일반인의 관심을 일으킨 사건으로 화했다.

구속영장이 발부되었으면 그 즉시 구속했을 터인데 왜 안 했을까? 드러나게 나타나 있는 나 장로가 아닌가? 더구나 서울 한복판에서 대대적인 광고를 하고 대중 집회를 열지 않았는가? 그나마 시민회관 수만 군중이 모인 가운데서 당당하게 나타나서 강연을 할 수 있도록 왜 내버려두었을까? 하는 것이 일반 수수께끼로 화했다. 포스터와 플래카드, 전단지와 각 일간신문에 대대적인 선전광고를 하고 열리는 대강연회였는데 수사 기관에서 몰랐을 리가 없었을 일이 아니겠는가?

나는 그때 구속영장을 발부한 대구지방법원 김천지원장에게 항의를 했다. 소환장을 보내도 출두할 터인데 왜 구속영장을 발부해서 세상을 시끄럽게 하느냐고 이제라도 구속영장을 취소하고 소환장을 보내 달라고 했다.

그 며칠 후 소환장이 왔다. 나는 약속대로 소환에 응했다. 소환일에 법정에 출두했더니 방청객들은 나보다 먼저 법정으로 찾아가 자리를 메웠다.

당시 김천지원장 김종X 판사는 나를 법정에 불러 내세우더니 인정신문을 끝내고 그 즉시 "서울에서 지난 ××일 강연을 한 것이 사실인가요?"라고 묻는다. 나는 "그렇습니다."라고 대답을 했더니 판사는 나를 뻔히 바라볼 뿐 아무런 말도 없이 잠깐 동안 침묵이 흘렸다.

법정은 일시 조용해졌다. 방청석에서도 기침 소리 하나 없이 조용했다. 어쩌면 네가 그렇게 당돌했단 말이냐고 무언의 책망을 하는 순간인지도 모른다. 아니 법정 권위를 그렇게 추락시킬 수 있느냐고 원망을 하는 순간이었는지도 모른다.

그 순간 내 안에서는 성령이 역사하고 있었다. "너를 넘겨줄 때에 어떻게 또는 무엇을 말할까 염려치 말라 그때에 무슨 말 할 것을 주시리니 말하는 이는 너희가 아니라 너희 속에서 말씀하시는 자 곧 너희 아버지의 성령이시니라."(마 10:19~20)는 성경 말씀이 떠오르면서 마음에 위로가 왔다. 심령이 편안해지면서 담대해졌다.

비로소 검사가 무리하게 무례한 심문을 시작했다. 금반지를 빼앗은 것이 사실이냐 불법 감금을 시켰느냐 림XX을 시켜 이를 때리라고 지시한 것이 사실이냐 등 내게는 하나도 해당하지 않는 심문이었다. 판사 역시 강도, 불법감금, 사형교사죄 등 죄명에 해당하는 범행 여부를 꼬치꼬치 물었다. 전혀 그런 일이 없다고 아무리 부인했으나 별수가 없었다.

4. 수감 후의 감옥 안팎

폐정하면서 사무실에서 잠깐 남아 있으라기에 두 시간이나 기다리고 있었다. 결국 방청객들이 다 물러간 이후 형사들이 들이닥치더니 구속영장을 제시하고 구속을 선언한다. 그 즉각 수갑을 채운다. 나는 수갑을 차게 되리라고는 생각지도 않았던 일이다. 수갑 찰만한 죄로 법정에서도 인증이 안 되었는데 이럴 수가 있을까? 원망스럽지만 어쩔 수 없었다.

마침내 형무소로 끌려가서 감방 수인 신세가 되고 말았다. 옥문 밖에서도 벌써 나운몽 장로가 구속되었다는 신문 보도가 사회면 톱으로 장식이 되었고 라디오 방송에서도 세상을 떠들썩하게 했다.

바리새인들은 너무 좋아서 신문을 갖고 이리 왔다 저리 갔다 이 사람 저 사람을 찾아다니면서 보여 주기도 읽어 주기도 하면서 그 기뻐함과 흥분된 태도는 축제 분위기를 방불케 하는 가관이었다 한다.

그럴수록 전국에 깔려 있는 은혜 받은 성도들은 약속이나 한 듯이 일제히 기도하기 시작했다. 금식하고 기도하는 이, 성전에서 철야 하면서 부르짖는 이들이 부지기수였다. 더구나 용문산에서는 밤낮으로 부르짖는 소리가 그칠 줄 몰랐다.

옥중에는 옥중대로 조용치 않았다. 용문산 신도들이 연거푸 끌려오더니 이제는 그 두목까지 끌려왔다고 이방 저방 숙덕이는 소리로 무슨 큰일이 난 줄로 알았다.

이미 여사감, C수도생, 교사, J목사, 여학생, 임XX, 박XX 남학생, 임XX 등 여럿이 수감 되어 있던 그때였다.

그 후에도 나를 위해서 부산에서 왔다가 구속당한 K집사님도 있었다.

내가 감옥으로 수감 되는 그날 감방문 앞에 다다랐을 때에 '장로님…' 하고 황급히 부르는 소리가 들린다. 왼편에 있는 여감방 철창 속에서 용문산 여학생들의 눈물짓는 소리였다. 반갑다고 해야 할까 슬프다고 해야 할까 뭉클하는 마음속 고동을 억제할 수 없었다. 무슨 죄가 있기에 저 순진한 여학생들을 저렇게 가두어 놓았단 말인가?

어떻든 61년 가을부터 62년 여름까지의 1년간은 용문산 수난기였다. 이제 용문산은 뿌리째 뽑히게 되었다고 여론이 자자했다. 그러나 교도소 간수들은 오히려 동정하는 듯 '죄인 아닌 죄인'이라면서 모든 면에서 편의를 보아 주었다. 성령이 그들의 마음을 감동시켜 주었음이 분명하였다. 예수 믿겠다고 자원하는 간수도 있었으니 더욱 그렇다.

5. 떠버리의 반지

고소자는 떠버리라고 불리는 이수복(약 50세)이라는 여인이었다. 그는 거짓말도 잘하고 도둑질도 잘하는 반편같이 생긴 온전치 못한 인간이었다. 누가 보아도 정신이상자 같으면서 말이 많고 울기 잘하고 조용치 않게 떠벌이고 다니니까 그의 별명이 '떠버리'였다.

그의 본명 이수복이라면 몰라도 '떠버리'라면 누구나 알 수 있으리만큼 용문산 부근 김천 일대에서는 알려진 이름이었다. 그가 자신으로서는 고소도 할 수 없는 모자라는 여인이라는 것도 누구나 알아볼 수 있었다. 그런데 그의 고소로 세상이 떠들썩하리만큼 큰 사건으로 취급되었다는 것은 놀라운 일이었다.

그의 배후에는 교사자가 있으리라는 것도 누구나 알아챌 만한 일이었다. 그 배후 교사자도 역시 온전치 못한 아편쟁이로 알려져 있는 전과자 이X화라는 자였다. 그는 그 사건에서 드러나게 활동하며 경찰서로 검찰청으로 무상출입을 했다. 그 정신환자 같은 '떠버리'를 받들고 기세당당하게 활동할 수 있었다는 것도 모든 사람의 의심을 자아내게 했다. 그 배후에는 교계와 정계에서 모종의 영향력이 은근히 작용하고 있기 때문이라는 것도 짐작하기 어렵지 않았다.

부정부패를 때려 부수며 전국각지를 휩쓸던 그때였던 고로 그 어떤 특정 인물들은 몹시 불안을 느끼며 나 장로를 대적하게 된 것이다. 죄악을 때렸지 어떤 특정 인물들을 때린 것은 아니련만 그 '산상의 소리'가 그들에게는 몹시 찔렸던 모양이었다.

한국 전역 어디에나 울려 퍼져 들어가는 '산상의 소리'였다. 그런고로 전국각지 어디에서나 나 장로 집회라면 인산인해를 이루곤 했다. 그 기세가 인간 나 장로의 기력이라고는 볼 수 없으리만큼 성령의 불길은 활화산같이 붙어 올라 세인을 놀라게 했던 그 시절이었다.

그 어느 날 '떠버리'는 내 방으로 찾아왔다. 금반지를 하나 갖고 와서 이것은 내가 이북에서 갖고 온 것인데 꼭 하나님께 바치고 싶으니 받아 달라면서 흐느껴 울고 있었다. 나는 하나님도 아닌데 왜 나한테 갖고 왔느냐면서 그 반지를 나는 받을 수 없다고 거절했다.

장로님께서 받아서 하나님 사업에 쓰면 되지 않느냐고 굳이 받으란다. 그래도 나는 필요 없다면서 거절하고 나갔다. 그랬더니 그다음은 옆방에 있는 내 아내에게 가서 "사모님께 드리고 싶으니 사모님이 꼭 끼세요."하면서 억지로 맡기더라는 것이다.

그러나 "내게도 있으니 갖고 가라."고 아무리 뿌리쳐도 마지막에는 손을 잡아 억지로 끼어 주기까지 하더란다. 그래도 뽑아서 다시 주니까 뿌리치고 밖으로 나가서 달아나는 것을 쫓아가서 기어이 도로 돌려주었다는 것이다.

6. 징역 8개월 언도

그 며칠 후 나 장로에게 반지를 빼앗겼다고 고소를 한 것이다. 그래서 강도 혐의자로 구속을 당했다. 이미 죄를 만들어 보려고 사전 각본을 꾸며 '떠버리'를 시켜 그 같은 연극을 시켰던 것으로 짐작할 수 있었다.

만일 그때 그 반지를 성도의 헌납품으로 알고 받았더라면 아무런 변명도 소용없이 강도 죄명을 뒤집어써야 했을 것이다. 그러나 성령은 이럴 줄을 알았기 때문에 내 마음을 주관하시고 내 아내의 마음도 주관하셔서 급기야는 이것을 거절할 수 있도록 인도해 주신 것이다.

그 밖에 불법감금이니 사형이니 교사죄니 하는 죄명이 붙게 된 것도 역시 그들의 각본이었던 것으로 짐작되었다. 하루는 성경 학생 임XX 군이 자기 방 안에 있던 가방과 기타 물건을 도둑맞았다고 떠들썩했다. 도적을 잡고 보니 역시 '떠버리'에 대등한 바보 같은 여인이었다는 것이다.

'떠버리'는 말을 많이 떠벌이지만, 이 바보 여인은 반대로 말을 안 하는 편이었다. 그는 도적질을 해 갖고도 달아나지를 않고 어디엔가 있다가 잡혔다는 것이다. 아무리 말을 물어보아도 대답을 안 하니까 답답해서 피해자로서의 임 군이 따귀를 한 대 때렸다는 것이다.

그 직후 불법감금이니 사형이니 하는 어마어마한 죄명을 붙여서 임X 군을 구속하고 나를 그 배후 조종자로 모함하여 내게도 그 같은 죄명을 덮어 씌웠던 것이다. 실은 사후에 그런 일이 있은 것도 알았지 내가 배후에 조종했다는 것은 너무도 터무니없는 조작이었다.

도둑은 버젓이 이X화의 비호하에서 법정 출입을 자유롭게 하면서 도둑맞은 피해자는 오히려 구속을 당하고 있었으니 이런 억울한 일이 또 어디 있으랴. 기막힌 일이었지만 어쩔 수 없이 당하기만 해야 하는 억울한 처지였다.

강도죄는 '떠버리'와의 대질신문에서 '떠버리'의 무고 사실 행위가 드러났으므로 무죄가 되었지만, 그 밖의 불법감금이나 교사죄 등은 도둑 여인과 그 시숙의 위증으로 인해 8개월 형을 선고받았다. 그야말로 어처구니없는 판결이었다.

그 도둑 여인과 그 시숙이 도둑 물건을 피해자에게 돌려주고 용서를 받고 돌아가는 길에 나한테 들러서 용서를 구한 일이 있다. 피해자가 용서했으면 그만이지 그 일을 왜 나한테까지 와서 용서를 구하는 것인지 나는 그때에도 이상하게 생각했다. 그런데 그것이 엉터리 위증자료를 만들기 위한 각본이었으리라고는 전혀 상상도 못 했던 일이다.

나를 방문했을 그때에 그를 감금하고 몹시 때리라고 임XX에게 지시했다는 것이다. 이런 거짓은 오히려 진실같이 통했고 진실은 오히려 거짓같이 취급을 받아야 했다.

그 억울함을 누구에게 호소할 수 있으랴. 묵묵히 엎드려 하나님께 호소했다. 성령은 내 안에서 역사했다. 마음에 위로가 오면서 오히려 기쁨이 충만해졌다. 항소하면 항소심에서 해결될 것이 분명하게 보였다.

"나를 인하여 너희를 욕하고 핍박하고 거짓으로 너희를 거슬러 모든 악한 말로 모함할 때에는 너희에게 복이 있나니 기뻐하고 즐거워하라 하늘에서 너희 상이 큼이라"(마 5:11~12).

7. 아내의 산상 기도와 가슴의 못 자국

그때에 내 아내는 약수터에 올라가서 밤낮으로 부르짖고 있었다. 어느 날 밤비가 계속 내리고 있었다. 그 비를 맞으며 밤새워 기도드리고 있을 때에 하나님께서 내 모습을 눈앞에 나타내 주시더라나. 그때 내 가슴을 헤쳐 보이는데 가슴에 못 자국이 가득히 찔려 있더란다. 자세히 보니 못이 박혀 있는 그대로 보이더라는 것이다.

보기에 너무 끔찍해서 아연실색을 했다는 것이다. '어쩌면 저렇게 되도록 살 수 있었을까?' 하고 속으로 혼잣말같이 하고 있었는데 어느새 이 말을 들었는지 '그러기에 간신히 살았지.'라고 대답을 하고 나는 어디론지 사라지더라는 것이다.

그다음부터는 그칠 줄 모르는 눈물의 기도가 터져 나오는데 어디서 생기는 힘인지 계속 힘 있게 기도하도록 성령이 역사해 주더라는 것이다.

산상에서 12일 동안을 계속 기도드리던 마지막 날 밤에 하늘에서 음악 소리가 들려오더란다. 세상에서는 듣지 못하던 청아한 음악 소리가 들려오더란다. 세상에서는 듣지 못하던 청아한 음악 소리, 천군 천사들의 나팔 소리가 그렇게 아름다울 수가… 어떻든 처음 듣는 음악 소리, 들을수록 황홀한 경지, 기쁨의 가경… 무엇으로 형용할 수 없는 신비경이더란다.

그 음악 소리에는 천지가 화답하는 듯했고 하늘의 세계가 그 음악 속에 있는 것만 같았고 생명이 그 속에서 흘러나오는 것만 같더란다. 그래서 이게 꿈이 아닌가 싶어서 정신을 차려 보았지만 꿈은 아니더란다. 눈을 뜨고 들어도 여전히 들려오는 신비로운 음악 소리를 듣는 동안 그렇게 많이 흐르던 눈물은 간 곳이 없고 심령 속에 기쁨만이 충만해지더라는 것이다.

이렇게 넋을 잃은 듯 그 음악 소리에 도취 되어 있을 때에 맑은 노랫소리가 청아하게 들려오더란다. 그 가사가 은혜롭게 몸 안에 스며드는 듯했지만 그 마지막 말은 너무도 똑똑하게 들었다는 것이다. 즉 '여호수아 앞에 아간이가 웬말인고…'라는 이 한마디를 드러내 놓고 끝을 맺더란다.

결국은 너무도 억울한 일을 당하고 슬퍼하며 괴로워하니까 지금 받는 고난으로 인하여 장차 받을 영광과 희락은 비교할 바가 아니라는 것을 체감케 해주시면서 옥에도 티가 있듯이 이 같은 성 사업에도 아간이가 있다는 것을 계시하신 것이었다.

아간 한 사람의 범죄로 인하여 온 이스라엘 군대가 패하게 되었다는 성경 말씀대로라면 우리가 강행하고 있는 성령 운동에도 아간이가 있다는 말이다. 여호수아가 성물을 도적질한 아간을 잡아 없애고 나서야 이스라엘이 승리한 것처럼 우리도 그 같은 승리를 거두기 위해서는 아간부터 잡아 없애야 한다고 떠들썩했다. 그 아간을 아직 잡아내지 못해서 이처럼 고난이 계속되고 있는지도 모른다.

8. 항소심에서 무죄선고

"기뻐하고 즐거워하라… 너희 전에 있던 선지자들을 이같이 핍박하였느니라."(마 5:12)는 이 말씀은 내게 위로가 되는 동시에 기뻐하지 못한 자신을 부끄럽게 했다.

무료변호를 해주던 권태원 변호사의 호의와 서울의 원○연 변호사의 위로를 받으며 나는 일심에 불복하고 항소했다. 결국 대구로 이관되어 6개월 만에야 항소심에서 무죄선고를 받고 출옥했다.

그 결심 때의 변호사들의 변론은 감명 깊었다. 멀리 정읍에서 대구에까지 자비로 와서 자원하여 무료변호를 하는 권태원 장로님의 성경을 인용한 변론은 은혜로운 설교였다. 나의 억울한 심정을 샅샅이 파헤쳐 진위를 가려주는 웅변적인 특이한 변론이었다.

뒤따라 서울서 온 변호사 원장님의 논리적인 변론은 신앙적이어서 듣는 사람들에게 큰 감명을 주었다. 유료변론을 하는 변호사도 두 사람이나 더 있었다.

교인들의 성심으로 이 사건에 특이한 관심을 가진 C 변호사와 K 변호사를 김천에서, 대구에서도 선임을 했었다. 그들도 덩달아 웅변을 토했다. 법정 생활 수십 년에 그렇게 웅변적인 변론을 해보기는 처음이었다고 한다. 어떻든 성령의 역사임이 틀림없었다. 온 장내는 큰 부흥회라도 하는 것 같은 분위기에서 부흥사의 명설교라도 듣는 기분이었다.

그다음 언도 공판정에서 무죄선고를 하는 판사의 판결 선고문을 낭독할 때의 감격적 순간은 또한 잊을 수 없는 장면이었다. 그 당시 항소심 합의부 주 판사 김택현 판사는 남달리 고성 인데다가 그날은 더더구나 쩌렁쩌렁한 음성으로 원심을 파기하고 뒤집어엎는 논리는 통쾌했다. 과연 정사를 분별하여 옥석을 가려 놓는 판결문이었다.

판사의 자신만만하게 선포하는 선고문 내용에 귀를 기울이고 긴장해 있던 방청객들은 무죄라는 선고가 언도되자 일시에 으악 소리가 터져 나오며 우레 같은 박수갈채로 장내를 진동시켰다.

그 벼락같은 환성 소리에 선고하던 판사도 놀라서 벌떡 일어서며 눈이 휘둥그레져서 "법정에서 이게 무슨 짓이오. 조용하시오, 조용해요."하고 간신히 제지하고 퇴정했다.

장내 방청석이 차고 넘쳐서 복도에까지 들어 밀려 있던 터라 속히 빠져나갈 수가 없었다. 할렐루야! 아멘! 소리가 연거푸 들리는 그 속을 헤치며 간수에게 이끌려 문밖으로 나섰다.

시원했다. 날 것 같이 시원했다. 그러나 아직 그렇게 반기는 교인들과 악수도 한 번 할 수 없는 딱한 입장임을 누가 알았으랴. 옷 속에 감춘 수갑 찬 손길인 줄도 모르고 손을 내밀고 악수를 청하는 교우들이 많았으니 말이다. 반갑게 악수에 응하지는 못하면서도 소리 없는 웃음으로 대신하는 내 심정을 이해해 주었는지 모른다. 매정하다는 소문만 더하게 했는지도 모른다.

9. 유익하게 한 연단

아무것도 아닌 일을 이렇게까지 확대하여 대서특필로 경향 각지 신문들이 톱기사로 연거푸 보도를 했고 라디오 방송으로 세상을 떠들썩하게 했으니 일반 관심도 클 수밖에 없었다. 반대로 무죄 석방에 대한 보도는 하지 않는 신문도 많았거니와 낸다 해도 극히 작은 지면을 썼을 뿐이다. 그리고 너무도 터무니없는 보도를 하여 세상을 떠난 부모에게까지 누명을 씌워 족보 없는 사생아 같이 악평을 해 놓았으므로 고향 친척과 친지들과 교인들이 분개하여 사건 내용 전모를 재검토해서 신문 윤리위원회에 제소하였다.

조사단이 구성되어 현지답사를 거쳐 오랜 시일이 걸려 드디어 결정문이 발표됐다. 민국일보에서는 윤리위원회의 결정문 그대로 전문을 게재하여 지면 사과를 하고 이유는 알 수 없으나 그 즉시 폐간되었다. 동아일보에서는 윤리위원회의 결정에 따라 정정기사를 내어 역시 지면 사과를 한 일이 있다. 듣건대 동아일보 창간 이래 기사로서 기사를 정정 사과한 일은 그때 처음 있는 일이었다고 한다.

이렇게 억울하게 미결수로 6개월이나 옥고를 당하고 있는 고로 교도소에서도 알아주는 존재였다. 출옥할 때에 교도관들도 "또 무죄요? 잘되었습니다." 등 같이 기뻐해 주는 이들도 있었지만 어떤 이들은 "한 번은 무죄가 될 수는 있지만 두 번만 들어와도 무슨 죄명이라도 하나 붙는 법인데…"하고 이상하게 보는 이들도 있었다.

정권이 바뀔 때마다 한 번씩은 들어가야 하는 것이 나에게는 상례가 되었고 나올 때에는 번번이 무죄로 나오기를 네 번이나 있는 일이니 내용을 아는 교도관들이 이상하게 보는 것도 무리는 아니었다.

나는 이 모든 고난도 필요해서 주시는 연단 과정인 줄을 알고 하나님께 감사했다. 초목도 자라나는 데는 마디가 생기는 법이고 마디가 생긴 다음에야 열매가 생기는 법인데 우리 운동에도 열매가 필요하거늘 어찌 마디가 안 생기겠는가? 하나님의 섭리 속에서 있어지는 경륜이었다. "생각컨대 현재의 고난은 장차 우리에게 나타날 영광과 족히 비교할 수 없도다."(롬 8:18)라고 한 사도 바울의 외침이 내게 위로와 소망을 주었다.

"하나님이여, 주께서 우리를 시험하시되 우리를 단련하시기를 은을 단련함 같이 하셨으며 우리를 끌어 그물에 들게 하시며 어려운 짐을 우리 허리에 두셨으며 사람들로 우리 머리 위로 타고 가게 하셨나이다."(시 66:10~12)한 성경 말씀대로 그물에 들도록 끌어들여 단련을 시키면서 어려운 짐을 지워 시험하셨고 사람들로 내 머리 위로 타고 가게 하여 은을 단련함과 같이 하셨다.

이 같은 단련 속에서 "우리가 불과 물을 통행하였더니 주께서 우리를 끌어내사 풍부한 곳에 들이셨나이다."(시 66:12)한 말씀 그대로 하나님은 우리의 유익을 위하여 그의 거룩하심에 참예케 하시기 위함이었다(히 12:10).

"무릇 징계가 당시에는 즐거워 보이지 않고 슬퍼 보이나 후에 그로 말미암아 연달한 자에게는 의의 평강한 열매를 맺나니 그러므로 피곤한 손과 연약한 무릎을 일으켜 세우고 너희 발을 위하여 곧은 길을 만들어 저는 다리로 하여금 어그러지지 않고 고침을 받게 하라."(히 12:11~13)신 말씀을 실감할 수 있었다.

XVII. 돌아서면 천당, 돌아서면 지옥

천국 가는 길은 좁고 험하지만 지옥 가는 길은 넓고 평탄하다는 그 길을 하나님께서 나에게 견학시켜 주신 일이 있다(마 7:13~14).

그것이 어느 해인지는 자세치 않으나 6.25 동란 이후였다. 어느 날 입신을 했는지 잠이 깊이 들었는지 죽었다가 깨어났는지는 모른다. 바울 사도는 몸 안에 있었는지 몸 밖에 있었는지 모르게 셋째 하늘에까지 이끌려 가서 보았다는 사실이 있었다(고후 12:2~4). 하지만 나에게는 바울 사도가 본 것과 같은 가히 말로 이르지 못할 만한 희한한 낙원상을 본 것은 아니다. 오히려 세상 사람들에게 증거 하라는 무서운 장면을 보여 주신 것이다.

1. 지옥 가는 길

먼저 세상을 떠나는 사람의 죽는 순간을 영의 세계에서 보았다. 죽을 시간이 되니까 지옥의 사자가 찾아왔다. 지옥의 사자는 요한계시록 9장에 있는 전쟁에 예비 된 말 같은 자들이다. 얼굴은 사람의 얼굴 같지만, 그 이는 사자의 이 같고 머리는 여자의 풀어헤친 머리털 같다(계 9:7~8). 그는 채찍을 갖고 있음이 아니고 꼬리가 곧 채찍이었다.

그 꼬리는 전갈과 같아서 그 꼬리 채찍에 맞으면 쏘는 살이 피부와 골수뿐 아니고 영혼까지 쏘아 들어간다(계 9:10). 그 채찍 자리는 시체에까지 푸릇푸릇 드러나게 보인다.

처음에는 그 채찍을 맞으면서도 영혼이 육체에서 떠나지 않으려고 마치 문턱에 발을 버티듯 하고 안 끌려 나가려고 이를 갈며 눈을 똑바로 뜨고 땀을 빡빡 흘리며 안간힘을 다 써본다. 결국에는 그 아픔을 견딜 수 없어 체념하고 차라리 죽기를 원한다.

그때에 지옥의 사자가 채찍 대신 죽는 사람의 손을 잡아 끌어낸다. 육신에서 벗어나 끌려 나오는 영혼은 새까만 몸인데 홀떡 벗은 대로였다. 그때부터 아무 말 없이 지옥의 사자에게 무조건 순종하고 가자는 대로 가고 있었다. 처음에는 부끄럽다고 두 손으로 하체를 가리고 허리를 굽히고 길가로 나선다. 남자도 여자도 마찬가지였다.

이 골목 저 골목으로 사방에서 모여드는 큰 대로가 있는데 지금의 아스팔트같이 넓고 평탄한 길이었다. 그 길에까지 나와서는 남녀가 구별 없이 홀떡 벗은 몸이면서도 아무런 부끄러움을 모르는 것인지 그 넓은 길에 꽉 차서 몸과 몸이 끼어 앞을 보지 못하고 밀려서 나가고 있었다.

앞에 무저갱이 있는 줄도 모르고 뒤에서 밀려오는 군중이 미는 대로 밀려가다가 위에서 큰 작두날 같은 것이 내려와 행렬의 중간을 차단해서 불도저가 밀어내듯이 앞으로 확 밀어내면 무더기 채로 무저갱으로 빠지곤 한다. 캄캄한 갱구에서는 아우성치는 비명 소리가 한없이 들려올 뿐 아무것도 보이지 않았다.

작두날 같은 것으로 노면 전부를 밀어 던졌는데도 양옆으로는 그 축에 들지 않고 남아 있는 자들이 드문드문 있었다. 그들은 양옆에 지키고 섰던 시커먼 사자들이 굵은 철사 줄로 모조리 명태 꼬치 꿰듯이 주렁주렁 여럿을 꿰어 무저갱으로 던진다.

던지면서 하는 말이 "이 무리를 짓기 좋아하던 자들아 네 갈 곳으로 가거라."라고 한다. 입을 굳게 다물고 던지는 그였는데도 그런 소리가 그 속마음에서 나는 소리인지도 모르겠다. 그들이 그 철사에 꿰일 때에 얼굴을 찡그리고 매우 괴로운 표정을 지으면서도 아무런 반항도 없이 순순히 꿰이고 있었다.

보기에 얼마나 징그럽던지 나는 나도 모르게 "사람을 꿴다…"라고 소리쳤다. 그 사자는 나의 놀라는 소리에 끌렸던지 "이건 또 뭐야?"하면서 내 왼팔을 턱 붙잡고 그 철사 꼬치에다 꿰려고 철사 끈을 내 가슴에 들이댄다.

나는 너무 놀라서 '주여!' 소리가 폭탄같이 입에서 터져 나왔다. '주여!' 소리에 그 지옥 사자도 놀랐던지 흠칫하며 내 이마를 빤히 바라보더니 "응? 표가 있구먼, 저리로 가지 왜 이리로 왔어?"하고 턱으로 앞을 가리킨다. 나는 휙 돌아섰다.

2. 천국 가는 길

앞에는 환한 빛이 보인다. 그 순간 내 입에서 나도 생각지 않았던 말이 나온다.

"돌아서니 천국이요, 돌아서면 지옥이다. 길은 직선이다."라고… 이것이 바로 내 안에서 성령이 하는 말이었을 것이다. 그 빛을 향하여 빛 가운데로 가는 이들이 드문드문 보인다. 그 길은 험하고 좁은 길이었다. 돌짝길도 가시밭길도 웅덩이도 언덕도 있는 협착한 길이다. 엎어지며 자빠지며 매우 힘들게 가고 있었다.

그러나 옷을 입고 눈뜨고 앞을 바라보며 빛 가운데로 가고 있는 것이 지옥으로 가는 길과 대조적이었다.

"과연 길은 직선이다."라는 혼잣말을 하고 있노라니까 "너는 어느 길을 갈 것이냐?"하고 나를 인도하던 이가 묻는다.

"나는 저 길보다 더 험하다 할지라도 옷 입고 눈 뜨고 가는 저 빛의 길로 가기를 원합니다."

"옳다. 그 길이 바로 신앙길이니라."라면서 나를 천국 가는 길로 인도해 주었다.

이렇게 신앙길이란 절대로 평탄한 길이 아니었다. 또 많은 사람이 가는 길도 아니었다. 그리고 고된 길이었다. 그러나 앞을 바라보며 갈 수 있기 때문에 현실의 고된 길을 극복하고 나갈 수 있었다. 이것이 믿음과 소망 속에 간직된 저력이었다.

나도 그 길을 따라가는데 내 옷을 보니 용문산에 들어올 때에 입었던 그 옷이었다. 얼마쯤 가노라니까 높은 턱이 가로 놓인 듯한 급경사의 언덕길에 당도했다. 그 길을 힘겹게 올라가다가 막다른 벽에 부딪혔다. 캄캄한 암벽이었다. 이것은 하늘나라와 우리 사이에 가로막힌 죄악의 담이었다. 아찔한 순간, 나는 부스러지는 것 같았는데 십자가가 벙긋 나타나는 것 같더니 그 담벽을 어느 사이에 통과했다.

그 담벽이란 곧 "너희 죄악이 너희와 너희 하나님 사이를 내었고 죄가 그 얼굴을 가리워서 너희를 듣지 않으시게 함이니…"(사 59:2)라고 한 성경 말씀대로 인생의 죄악으로 말미암아 하나님과 우리 사이에 중간 담이 막힌 것이다.

그 담을 헐기 위해서 예수님께서 자기 육체를 폐하시며 십자가를 지셨다. 즉 그 십자가가 하나님과 우리 인생 사이를 막고 있는 원수의 담을 소멸하신 것이다(엡 2:15, 16).

3. 천성문 밖

과연 중간 담을 허신 '십자가의 도'의 길을 통과한 것이다(엡 2:14). 그때는 "원수된 것을 자기 육체로 폐하시고 자기 안에서 새사람을 지어 화평케 하셨다"(엡 2:15)는 성경 말씀대로 우리는 그리스도 안에서 새로 피조물이 된 것이다(고후 5:17).

육체의 고된 세상은 간 곳이 없고 광명한 빛의 세계가 광활하게 펼쳐져 있었다. 내가 입은 옷도 옛 옷은 간 곳이 없고 새 옷을 입었는데 그 옷은 세마포 옷이었다.

'내가 언제 이런 옷으로 바꾸어 입었을까?' 하고 혼자 속으로 생각을 하는데 나를 인도하던 이는 어느새 내 속마음을 보았는지 그 즉시 "닭, 개, 짐승도 때에 따라 새 옷을 입히는데 하물며 하나님의 아들일까 보냐."라고 대답해 준다.

그 세마포 옷은 하나님의 경륜 날(經)에 성도의 행실 씨(緯)가 짜여서 이루어지는 옷이었다(계 19:8). 즉 하나님의 계획선 안에서 하나님께 순종생활을 하는 성도들의 옳은 행실이 따르고 있는 모습의 옷이다(계 14:13).

누가 이런 설명을 안 해 주는데도 그렇게 알게 되도록 지혜가 충만해지는 것도 이 세상에서는 느낄 수 없는 신기로움이었다. 이것이 내 억측이 아니라는 것은 성경이 입증하고 있다. 그리고 이 세마포는 사람의 옷이었다. 그런고로 모든 허물은 사함 받고 정죄를 당하지 않은 복된 사람들만이 입을 수 있는 옷이다(시 32:1, 2).

이렇게 세마포를 입은 사람들은 모두 생명책에 녹명된 성도들이기 때문에 빛 가운데로 자유롭게 거닐며 천성문으로도 마음대로 들어갈 수 있었다. 빛의 자녀에게는 늘 열려 있는 문이기 때문이다(계 21:25). 그러나 거짓말하는 자는 결코 들어가지 못하는 문이다(계 21:27).

그러니까 늘 열려 있으면서도 늘 닫혀 있는 문이다. 천성문 안에 들어갔다가 나오면서 상상 밖의 일을 보았다. 많은 사람이 천성문을 두드리고 있었다.

"주여, 우리가 주의 이름으로 선지자 노릇 하였나이다."

"주여, 주의 이름으로 귀신을 쫓아내며 주의 이름으로 권능을 행치 아니하였나이까?"(마 7:22) 하고 몹시 안타까워하는 모습이었다.

그러나 "나는 너희를 도무지 알지 못하니 불법을 행하는 자들아 내게서 떠나가라."(마 7:23)는 주님의 음성은 소리 없이 퍼져 그들에게 들려지고 있었다.

그들의 입은 옷은 몹시 남루했다. 황토밭에라도 뒹굴다 온 것처럼 옷이 누릿누릿한 것이 윗부분만 남아 있을 뿐 아랫부분은 갈기갈기 찢어져 하체가 드러날 정도로 다 문드러졌다. 그런 자신들은 옷을 입고 있는 줄만 알고 수치가 드러나 있는 줄을 모르고 천성문 안으로 들어가려고만 애쓰고 있었다.

들어갈 때에는 그런 광경이 보이지 않았는데 나올 때에는 그들의 흉허물이 모두 보였다.

즉 하늘나라에 가까워질 때에는 남의 흉허물이 안 보이지만 하늘나라에서 멀어질수록 남의 흉허물이 보인다는 것도 알만했다. 보여도 보통 외모만 보이는 것이 아니었다. 그 속 속들이 그들의 과거가 한눈에 알아볼 만큼 똑똑히 보였다.

그때 천성에서 나오는 이들이 댓 명 있었는데 모두 하얀 세마포를 입었고 그들은 거짓 선지자들의 모습을 본 척도 않고 그냥 앞으로 나갈 뿐인데 제일 마지막에 있던 나만이 처음 보는 광경이라 유심히 그들을 보게 된 것이다. 그렇게 문을 두드리던 자들이, 세마포 입은 이들이 나오는 순간 그래도 부끄러움을 느꼈던지 모두 머리를 숙이고 잠잠히 있었다.

4. 성 밖 거짓 선지자

문 앞 첫머리에 서 있는 자들은 거짓말을 좋아하며 거짓말을 지어내던 무리들이었다(계 23:15). 즉 예수의 이름으로 거짓말을 팔아먹던 자들이었다.

하나님의 대언대에서 하나님의 말씀을 대언해야 할 엄숙한 자리를 거짓말 팔아먹는 장소로 삼았으니 이 어찌 불법이 아니랴.

거짓말을 할 때마다 옷은 찢어졌다. 거짓말은 한 번 두 번만이 아니었다. 백번 천번 거짓말을 할 때마다 옷이 찢기고 찢겼으니 옷이 견뎌날 수가 없었다. 하루 이틀도 아니고 일년 이 년도 아니었다. 10년 20년 계속 거짓말을 예수의 이름으로 팔아먹고 있었으니 그리될 수밖에 없었다.

그나마 그 두루마기를 한 번도 빨지 않았으니 추잡할 수밖에, "빠는 자들은 복이 있으니이는 저희가 생명 나무에 나아가며 문들을 통하여 성에 들어갈 권세를 얻으려 함이라."(계22:14)고 한 성경 말씀대로 바울 사도는 전파하고도 버림을 받을까 두려워서 자기 몸을쳐서 복종케하고(고전 9:27) 날마다 죽는 생활을 했다(고전 15:31). 즉 날마다 회개의 생활을 한다는 것은 곧 두루마기를 빨아 입는 일이었다.

그런데도 단상에서 남더러 회개하라고 외치면서도 자기는 회개치 않고, 남더러 거짓말말라면서 자기는 거짓말을 물 마시듯 하고, 남더러 십일조를 내지 않으면 하나님의 것을도둑질하는 놈이라고 욕설을 퍼붓고도 자기는 십일조를 안 내고, 남더러 음란하면 지옥간다고 외치고도 자기는 음란했다.

이렇게 가증된 일을 행하고 수치를 당하면서도 부끄러움을 모르고 얼굴도 붉어지지 않는 무리였다(렘 8:12). 이는 곧 자기가 자기를 정죄하며 살아온 그의 행위가 거기까지 따라온 것이다(계 14:13).

그다음으로는 우상 숭배자들도 많았다. 우상숭배라고 돌부처 앞에 절을 했다고만 우상숭배가 아니라 하나님 이외의 것을 하나님보다 더 사랑한다면 그것이 곧 우상숭배였다.탐심부터가 우상숭배였으니까 말이다(골 3:5).

그리고 살인자들도 많았다. 총칼로 사람을 죽이는 것만이 살인이 아니고, 남을 공연히미워하고 남을 모함하고 중상모략으로 생사람을 생매장시키는 일이 모두 살인행위였다.

그리고 또 음행자들과 술객들도 많았다. 행음이란 남의 유부녀를 보아 다녔다고만 행음이 아니고 마음만 먹었어도 이미 간음을 한 것이라(마 5:28)고 주님께서는 말씀하셨는데,더구나 영적으로 다른 신을 섬겼거나 신접한 자와 박수를 추종하는 자들도 영적인 음란자들이라고 했다(레 20:5, 6).

그리고 술객 또한 노방에 앉아 점쳐 주는 것만이 술객이 아니고 점하는 귀신이 들린 자도 있지만(행 16:16), 특히 은혜를 받았다면서 남의 영혼을 사냥질하는 부녀들도 있다(겔13:17~19). 또 항간에는 성경 구절을 점괘로 써먹는 이들도 있다.

이런 류의 무리가 본래는 그리스도로 옷 입고(롬 13;14, 갈 3;28), 의로 옷을 삼아 입었으며 하나님의 공의로 도포를 삼았던 이들이었다(욥 29:14). 그러나 그들은 그 옷을 씻지도 빨지도 않았기 때문에 그렇게 더러워진 옷이 되었다.

그런데다가 하나님께서 미워하는 가증된 행위로 믿음에서 떠나 있었으니 미혹케 하는 영과 귀신의 가르침을 좇아 외식과 거짓말로 그 옷이 찢길대로 찢겼다. 그러면서도 양심에 화인을 맞아 부끄러움을 모르고 세상을 지낸 것이다(딤전 4;1, 2).

5. 성문 밖 개들과 심판대

성경에 명시되어 있는 대로 성 밖에는 "개들과 술객들과 행음자들과 살인자들과 우상숭배자들과 및 거짓말을 좋아하며 지어내는 자마다 성 밖에 있으리라"(계 22:15)고 한 그대로였다.

주의 이름으로 가증된 일을 행하던 거짓 선지자들이 문밖에 가득했는데 맨 끝에는 개들이 수두룩했다. 그들은 곧 거짓된 혀로 악담과 저주와 궤사로 무고히 남을 공격하고 훼방하던 자들이다(시 109:2~6, 16~20). 그 개들은 뒷다리에 쇠사슬이 매여 있었다. 쇠사슬에 매인 채 잠시도 가만있지 않고 계속 짖고 있었다.

내 앞에 4, 5명의 세마포 입은 성도들이 지나가는데 그들을 향하여 그 많은 개들이 각각 시끄럽게 짖고 있었다. 그렇게 따로 짖기는 하나 그 짖는 내용은 일치했다.

"야 이놈들아, 너희들은 개가 아니냐? 너희들은 개가 아니냐?"라는 성난 소리로 악을 토하는 것이었다(시 59:6, 7). 똑같은 소리이면서도 구호를 외치는 것 같이 일치하지 못하고 시끄럽게 혼잡한 소리를 남발하듯 짖고 있었다.

이상한 것은 그 소리가 보이는 것이다. 불교에서는 세상 소리를 보는 관세음보살이 있다지만 거기서는 세상과는 달리 소리가 들리기도 하고 보이기도 한다.

그 개들의 소리가 성도들의 세마포에까지 던져져서 옷에 붙는 것 같았으나 묻지는 않았다. 그냥 백모래가 흘러내리는 듯했다.

만일에 그 개들이 짖는 소리에 대답을 하면 그 소리가 옷에 붙어 옷이 더러워진다는 것이다. 아무도 설명해 주는 이도 없었지만 그렇게 알게 되는 것이 그곳의 실정이었다.

내 앞에 가는 이들은 아무리 개가 짖어도 옆을 보려고도 않고 그 소리를 듣는 척도 않고 그 소리가 옷에 던져지는데도 아랑곳하지 않고 유유히 지나간다.

맨 마지막에 따라 나가던 나는 모든 것이 처음 보는 일이라 두리번거리다가 개소리를 들으면서 "개가 말을 한다"하고 이상하게 여기는 순간 개들은 나에게 돌아 붙으면서 "야 이놈아, 너는 개가 아니냐 너도 개다, 너도 개야."하고 욕을 퍼붓는다.

6. 일생 지은 죄 토설한 심판대

그때 내가 섰던 자리가 빙글 돌아서 개를 등지고 서게 되었다. 그때부터 망연한 앞을 바라보며 "과연 나도 개입니다. 나도 남의 험담을 했고 생사람을 헐뜯어 중상모략을 하던 자입니다."라고 자백이 나오기 시작했다(롬 14:11). 계속해서 자백이 나오는데 양심 판에 녹음되었던 일생 동안의 기록 테이프가 풀려 나오는 것이었다.

이것은 내 안에서만이 아니다. 하늘에서도 풀려 나오는 테이프가 있었다. 내 입에서 나오는 테이프와 하늘에서 나오는 테이프가 꼭 같이 마주 붙어 풀려나가고 있었다. 그러니까 내가 세상에서 행한 모든 행실이 내 양심 판에 기록되었던 것 같이 하늘에도 전부가 복사되었다가 심판대 위에서 직고하는 내 자백을 입증해 주는 것이었다.

누가 그 테이프 줄을 끌어당기는 듯 아무리 입을 다물려 해도 어쩔 수 없이 거미줄 나오듯이 계속 풀려 나오고 있었다.

심판대가 따로 배설되어 있음이 아니고 자기가 섰던 그 자리가 바로 심판대였다. "우리가 다 하나님의 심판대 앞에 서리라… 모든 혀가 하나님께 자백하리라… 우리 각 사람이 자기 일을 하나님께 직고하리라."(롬 14:10~12)는 성경 말씀 그대로였다.

일생 동안 지은 죄를 전부 토설하고 나니까 기운이 하나도 없이 그 자리에 펄썩 주저앉았다. 그것으로 끝난 것이 아니었다. 주저앉자마자 그 자리는 한 바퀴 빙글 돌리며 한층 더 올라갔다.

그때부터는 내 마음으로 지은 죄가 육신으로 지은 죄보다도 더 많이 쏟아져 나왔다. 이것 역시 다 토설하고 나니까 기운이 진하여 또 펄썩 주저앉고 말았다. 그랬더니 그 자리가 또 한번 빙글 돌아서 한층 또 올라갔다.

그때에는 영적으로 지은 죄가 또 쏟아져 나왔다. 하나님의 영, 성령을 배반하고 불순종했던 죄, 성령 아닌 딴 영과 사귀었던 죄, 심지어 꿈에 지은 죄까지 모두 영적 죄였다. 자기도 몰랐던 영으로 지었던 죄가 터져 나와 스스로를 놀라게 했다.

마음으로 지은 죄가 제일 많았고, 다음은 육신으로 지은 죄였고, 제일 적은 편이 영적으로 지은 죄였다.

이렇게 3중으로 지은 모든 죄를 3계단의 3층 심판대에서 3중으로 자백 직고, 토설이 저절로 된 것이다. 이것은 어디까지나 자의에 의한 것은 아니었다. 하나님의 신기로운 능력이 그렇게 되게 한 것이다.

그 많은 죄를 토설하고 보니 나는 죄악의 덩어리였음을 알만했다. 바울 사도는 "죄인 중에 내가 괴수라"(딤전 1:15)고 했지만 나는 '죄악의 덩어리'라고 해야 마땅할 몸이었다.

그 토설한 영육 간에 지은 모든 죄악은 공중에 둥둥 떠서 천지에 드러내고 있으니 나는 부끄럽기 그지없었다. 풀썩 주저앉아 머리를 들지 못한 채 부끄러움에 사로잡혀 어쩔 줄을 모르고 있을 그때였다.

7. 토설한 죄악의 도말

동쪽에서 큰 비둘기 떼라도 날아오는 것 같은 큰 소리가 들렸다. 머리를 번쩍 들며 바라보았다. 그때에 들려오는 소리가 "장로님 왜 이러십니까?" "선생님 왜 이러십니까?" 하면서 내가 토설한 그 죄악을 모두 도말하며 분주히 날아다닌다. 그 수많은 성도 무리가 '선생님' 이라고도 하고 '장로님' 이라고도 하는 것을 보아 나에게 배우던 제자도 있었고 나를 통하여 은혜를 받고 얻은 성도들도 많이 있었음을 알 수 있었다.

그들이 그렇게 내가 토설한 죄악을 전부 도말하는 광경이 펼쳐진 그 속에 성경 구절이 하나 나타났다. 야고보서 5장 19~20절이었다. "내 형제들아, 너희 중에 미혹하여 진리를 떠난 자가 누가 돌아서게 하면 너희가 알 것은 죄인을 미혹한 길에서 돌아서게 하는 자가 그 영혼을 사망에서 구원하며 허다한 죄를 덮을 것이니라."는 말씀이다. 그때부터 하늘은 맑아졌다. 내 마음도 맑아졌다.

바울 사도는 성도들을 향하여 너희는 내 자랑이요 내 기쁨이요 내 면류관이라더니 과연 그들은 내 자랑이었고 내 기쁨이요 면류관이었다(고후 1:14, 빌 4:1).

그때에 주님께서 내 앞에 나타나시며 '두려워 말라, 이미 내가 네 죄와 사망을 죽어주고 네 생명을 살아 주지 않았느냐?' 하고 자비로우신 음성과 얼굴로 내게 안심을 주셨다. 나는 고맙다는 말 한마디 못하고 감격에 넘쳐 멍하니 서 있었다.

그런데도 주께서는 나에게 새 힘을 주시면서 "개는 짖어도 너는 네 갈 길을 가거라." 하시며 묵묵히 바라보신다. 그 말씀 속에는 '네 할 일이 아직 많이 남아 있다.' 라는 뜻이 내포되어 있었음을 느낄 수 있었다.

이렇게 나는 천성문 밖의 사실과 지옥문 밖의 사실을 보고 들은 대로 또 심판대에서 당한 체험을 그대로 세상에 증거 하라는 사명을 받아 갖고 나올 때에 마지막으로 보여 준 장면이었다.

8. 거짓 선지자의 말로

"주께서 선하심과 자비하심이 영원하여 그 영광과 빛이 충만하셨다"(시 28:1). 그렇게 자비로운 분부를 하시던 주께서 돌아서시면서 거짓 선지자들을 향하여 벽력같은 소리를 지르신다.

"이 불법을 행하는 자들아 내게서 떠나가라."(마 7:23) 하시더니 "너희 갈 곳으로 가라."하시며 발을 쾅 구르셨다. 그때 거짓 선지자들이 섰던 그 자리가 벌컥 뒤집히며 무저갱 갱구로 떨어져 들어갔다.

영광의 세계는 간 곳이 없고 암흑세계가 펼쳐지면서 갱구에서는 비명 소리와 같이 노란 연기가 피어오르고 있었다. 그 속에서는 "나는 너 때문에 여길 왔다." "나도 너 때문에 여길 왔다."라면서 떨어지는 거짓 선지자들을 여기저기서 밟고 밟아 밟히는 대로 또 내려가고 또 내려가서 깊은 불못으로 던지우고 있었다.

이적을 행하던 거짓 선지자들은 산 채로 유황불이 붙은 못에 던지운다는 성경 말씀 그대로였다(계 19:20).

유대 나라가 망할 무렵 많은 선지자들이 나와서 거짓을 예언했을 때에 하나님께서는 예레미야에게 계시하시기를 "선지자들이 내 이름으로 거짓 예언을 하도다, 나는 그들을 보내지 아니하였고 그들에게 명하거나 이르지 아니하였거늘 그들이 거짓 계시와 점술과 허탄한 것과 자기 마음의 속임으로 너희에게 예언하였도다."(렘 14:14)라고 분명히 알려 주셨다.

그 거짓 예언을 듣고 그 말을 믿고 따르는 자들도 멸망하게 되기 때문에 거짓과 참을 구별해서 받아들이되 올바른 하나님의 말씀을 따르라는 뜻에서였다. 거짓 선지자를 따르면 예언하는 자도 듣는 자도 다 같이 멸망하게 된다는 것이다(렘 14:16, 27:10, 15).

문제는 거짓 선지자도 자기가 거짓 선지자인 줄을 모른다는 것이다. 이를 따르는 자들도 모른다. 미혹케 하는 영과 귀신들의 가르침을 좇아 양심이 화인을 맞아서 의식함으로 거짓말을 하게 되기 때문이다(딤전 4:1, 2).

그렇기에 천성문 앞에 가서도 "주여, 우리가 주의 이름으로 선지자 노릇하며 주의 이름으로 귀신을 쫓아내며 주의 이름으로 많은 권능을 행치 아니하였나이까?"라고 자기변명을 하게 되는 것이다.

아무리 변명을 하고 따지고 애원을 할지라도 하나님의 공의는 날카로워서 행한 대로 당할 것이고 심은 대로 거두게 된다.

"거짓말하는 자는 결코 그리로 들어오지 못할 것이고 오직 어린양의 생명책에 기록된 자들뿐이라."(계 21:27)고 한 성경 말씀대로 시행될 뿐이다.'

제 3 권

한국에도 피가 있다

I. 자유의 다리 뛰어 넘어

1. 금단의 자유의 다리 뛰어 넘던 그날

1960년 4월 30일 "북한도 혁명하라!" 외치며 궐기하여 북진 데모를 하던 때로부터 8년 후, 또다시 일어나 북진을 감행하던 1968년 2월 7일 역사적인 민족혼을 불러일으키던 날이다.

묵묵히 기도와 말씀으로 무장하고 복음전파에만 전념하던 용문산 십자군 용사들은 언제든지 그날이 오기만 하면 '이 생명 아낌없이 바치겠나이다.' 하고 때를 기다리고 있었다.

그런데 1968년 1월 21일 청와대 습격을 목적한 무장공비 침입 사건이 터졌다. 남파간첩으로 특수훈련을 받은 소위 북괴군 124부대 13명이 자하문 안에까지 침투해 들어왔다. 우리 군경과의 총격전 끝에 김신조를 제외한 북괴군은 완전히 전멸을 당했다. 반면에 아방 피해도 적지 않았다.

이 1.21 사태로 인한 흥분이 국내뿐 아니라 세계적으로 확대되고 있던 그때에 북괴는 또 하나의 만행을 저질렀다. 그 2일 후인 1월 23일 동해상에서 미 정보함 푸에블로호를 납치, 함장 부커 중령 등 승무원 83명을 생포해 갔다.

이런 일이 발생하자 한국과 미국의 조야는 발칵 뒤집혔다.

대한민국 대통령을 살해할 목적으로 청와대를 폭파하려고 무장 특수부대를 남파하여 34명의 피를 흘리게 하고 나라를 수라장으로 만든 1.21 사태에는 별로 관심도 갖는 것 같지 않던 미국이었는데 푸에블로호 피랍사건에 대해서는 벌집을 쑤셔 놓은 듯 온통 야단법석이기에 당장에 보복 응징조처가 있으리라고 기대했던 우리의 상상과는 너무도 달랐다.

강대국의 체면도 위신도 고려하지 않고 너무나 유약하게 미온적으로 나오는 고로 한국민은 분개하여 미 대사관 앞에서 데모를 하며 각처에서 궐기대회를 열기도 하고 2백50만 재향군인을 무장화하는 등 서둘렀다. 1.21 사태에 대한 우리의 분노가 푸에블로호 납치사건을 계기로 분풀이가 될 수 있으리라고 믿고 있었다. 그러나 뜻밖에도 괴뢰라고 하던 북괴와 일대일의 자격으로 판문점 비밀회담이 열렸다. 우리 한국 측 대표는 참석도 못 한 채 기자 출입도 엄금하고, 남한 출신 통역관까지도 용납이 안 되고 오로지 북괴와 미국만의 비밀회담이었다.

한국 땅에서 한국 모르게 비밀회담이라니, 더구나 괴뢰가 저지른 만행 앞에 머리 숙이고 북괴의 콧대를 높여 주는 것은 우리 한국을 짓밟는 행위가 아닐 수 없었다.

여기에서 기드온의 3백 명 용사는 궐기했다.

맥박 속에 뛰고 있는 한국의 피가 끓어 오른 것이다. 가슴속에 간직되었던 그 불덩어리 또한 불어 오르기 시작했다. '한국에도 피가 있다.'라는 플래카드를 들고 드디어 활화산은 터졌다.

4.30 북진 데모 때에 성공을 거두지 못했던 경험을 살려 치밀한 계획 하에서 만반의 준비를 갖춰 평상시 전도를 나가듯이 예사스럽게 서울을 거쳐 문산으로 가서 모처로 집결했다. 약 4백 명이었다.

"우리는 십자가 군병이로다!" 힘차게 찬송을 부르며 뜨거운 기도를 드리고 '멸악 통일'이란 두건을 두르고 일제히 구호를 외치며 출동했다.

'한국에도 피가 있다.'라는 플래카드를 앞세우고 자유의 다리를 향하여 돌진했다. "임진강아, 대답하라. 누가 이 길을 막았느냐?" "한국은 살아 있다. 비밀회담 걷어치워라." "청년들아, 일어나라. 3.1 혼 통곡한다." "한국 땅에서 한국 몰래 비밀회담 웬 말이냐?" 등등의 플래카드를 들고 구호를 목이 터져라 외쳤다.

우리의 땅이면서도 마음대로 건너지 못하던 자유의 다리는 기드온 용사들의 목멘 절규로 온통 뒤덮였다.

2월 7일 12시 20분경 드디어 자유의 다리 문턱 바리케이드 앞에서 미군의 저지를 받았다. 북괴의 만행을 규탄하며 비밀회담을 반대하는 비무장 데모임을 나타내기 위해 두 손을 번쩍 들고 바리케이드를 사이에 둔 채 미 헌병들과 대치했다.

미군들은 '멸악 통일'이란 두건을 머리에 쓰고 두 주먹을 들고 맞서는 청년 남녀의 기세가 무서웠던지 공포를 발사하기 시작하여 땅으로 하늘로 쏘아대기를 20여 발이나 연발했다. 총소리가 날수록 대원들은 더욱 단결하면서 "한국에도 피가 있다."고 외치며 몰려들었다.

그러는 동안 대원들 중에는 파편상을 입어 피 흘리는 참상을 드러내기도 했다. 피를 보게 된 대원들은 더 이상 참을 수가 없다는 듯이 선봉 섰던 대원 하나가 비호같이 달려들어 총을 잡고 있는 미 헌병을 받아넘겼다. 그는 뒤로 벌렁 나자빠지며 총대를 놓쳤다. 그 기회를 타서 바리케이드를 밟아 넘기며 자유의 다리로 돌입했다.

선발대의 뒤를 따라 자유의 다리를 넘는 대원들의 발걸음은 빨랐다. 다리에서도 두 번이나 강력한 총탄의 저지를 받았으나 빈주먹으로 그 저지선을 뚫고 기어이 2백 미터나 되는 자유의 다리 임진강을 넘었다.

미군은 당황해서 군견 셰퍼드 부대를 풀어 놓고 소총 백여 발을 공중으로 쏘아대고 개머리판으로 데모대를 때리고 밀치고 취재기자들과 카메라맨들까지 때리고 카메라에서 필름을 빼앗는 등 거친 태도로 나와 극악의 사태가 벌어졌다. 그러나 데모대들은 아랑곳없이 돌격에만 주력했으니 개나 개머리판이 그 길을 막을 수는 없었다. 그 현장에는 미 2사단 지원 사령관 조지 로빈스 대령이 나와서 미국 1개 대대 병력을 투입해 지휘하고 있었다.

사태가 그쯤 되니까 미군은 탱크와 장갑차까지 동원해 지그재그 행진으로 데모대를 막으려 했다. 그러나 데모 대원 중에서는 "나 죽어 38선이 무너진다면 기쁜 마음으로 이 생명 바치겠다."고 외치며 탱크 앞에 큰 대자로 벌떡 나자빠졌다. 탱크부대도 별 수가 없었다. 더 이상 밀고 나오지 못했다.

대원들은 더욱 기세당당하게 "비밀회담 걷어치워라."

"한국 땅에서 한국 문제 비밀회담이 웬 말이냐?"

"한국에도 피가 있다."

"38선은 누가 막았나. 피 값을 갚아라."

"38선이 국경이냐, 우리 국경은 압록강이다." 등등의 구호를 외치며 필사적인 진격을 꾀하여 마지막 기력을 쏟고 있었다.

2. 군 경 민 한마음 한뜻 된 민족 얼 볼 수 있었다.

탱크 앞에 드러눕기까지 한 데모대의 극성스러운 행동 앞에서는 미국 탱크와 장갑차도 별수 없이 진격을 못 하고 멈춰 서게 되었다. 그 틈을 타 일부 학생 약 50명은 또 뛰기 시작하여 판문점으로 진격했다. 판문점이 가까워질수록 더 많은 미군들의 저지를 받아 결국은 판문점 진격 길은 완전히 좌절되고 말았다.

미군 제2사단에서는 1개 대대의 병력과 탱크, 장갑차, 셰퍼드 군견까지 풀어놓아 데모대는 더 이상 진격할 수 없게 되자 한 손에 성경을 들고 한 손에는 태극기 또는 십자군 기를 들고 연좌데모의 태세를 갖추고 '우리의 소원은 통일' 노래를 부르고 구호를 외치고 나서 통성기도를 한다는 것이 통곡기도회가 되었다.

통곡을 안 할래야 안 할 수 없었다. "성령이 말할 수 없는 탄식으로 우리를 위하여 친히 간구하시어서"(롬 8:26) 그랬는지도 모른다. 통곡하며 기도하는 모습은 눈물 없이 볼 수 없는 장면이었다.

남부끄러운 줄도 모르고 울며 부르짖는 모습은 완전히 자기를 떠난 자기 아닌 자기였다. 즉 "자기를 부인하고 자기 십자가를 지고 나를 좇을 것이니라."(마 16:24)고 하신 주님의 말씀 그대로 자기를 부인하고 자기 없는 부르짖음이었다.

그렇기에 부끄러움도 모르고 아픔도 모르고 추위와 배고픔도 모르고 왜 우는지도 모르고 울면서 부르짖었다. 성령의 역사였기에 남에게도 감동을 줄 수 있었다. 그렇지 않고는 미친 사람 취급을 받았을 터인데 그렇지가 않았다.

이때에 이 광경을 보고 있던 미군들 중에는 같이 눈물 흘리며 동정하는 이들이 여럿 있었다. 또 어떤 이들은 엄지손가락을 세워 보이며 심각한 얼굴로 "유 데이빗 넘버원…" "데이빗 넘버원…"하며 격려해 주는 군인도 있었다.

그것은 절대로 야유가 아니었다. 다윗처럼 용감하여 승리하리라는 뜻으로 넘버원이라고 격려하며 찬사를 보내는 말이었다. 우리가 알아듣게 하노라고 그런 말투를 쓰는 것이었다.

그때에 그곳을 관할하는 미2사단에서는 사단장 에드워드 소장 이하 참모들이 헬리콥터로 현장에 출동 "비밀회담 공개하겠다. 책임자 나오라. 대화로 해결하자."는 기상방송을 데모 현장에 했다.

이에 데모대는 행동을 중지하고 그들과 만났다. 우리의 뜻을 받아들이겠다는 약속은 하면서도 말과 행동은 달랐다. 하지만 하는 수 없이 오후 2시 10분경부터 우리 데모대는 서서히 후퇴하기 시작했다.

눈에 묻힌 잡초가 앙상하게 남아 있는 전란의 땅을 뒤에 두고 다리를 건너왔을 때에는 백여 명의 국내외 기자들이 몰려와서 데모대들을 둘러쌌다. 실은 비밀회담을 취재하려고 세계 각국에서 몰려왔던 기자들이런만 비밀회담보다 오히려 데모대 취재에 관심을 더 쏟게 되었다. 특히 신학생들의 국제데모라는 데서 더욱 관심을 갖게 된 것이다.

얼마 동안은 그들에게 휩싸여 진땀을 뺐다. 미군에 밀려난 데모대는 임진강에서 약 5백 미터 지점 운천3리 앞 바위산이라는 야산에 자리를 잡고 오후 3시경부터 4시간 동안이나 농성 투쟁을 벌이고 있었다.

미군은 농성하고 있는 대원들을 헤치려고 갖은 애를 다 써보았으나 별수가 없으니 마지막에는 물을 뿌리려고 했다. 카투사에게 수도꼭지에 호스를 꽂아 물을 데모대에게 뿌리라고 명령했다.

영하 20도가 넘는 추위에 임진강에서 불어오는 저녁 바람은 그날따라 유독 심했다. 물을 뿌리면 머리도 옷도 모두 동태가 될 판국인데 그래도 좋다는 것인지 비인도적인 야만적 행동을 하고 있었다.

이때 카투사는 상관의 명령이라 어쩔 수 없이 수도꼭지에 호스를 꽂고 있었다. 그 순간 어디서인지 한국군 중령인 듯한 장교 한 사람이 권총을 빼 들고 달려들어 "네 가슴에는 한국의 피가 없느냐?"고 호통을 쳤다.

뒤에는 미 헌병의 M14 소총이 뒤통수를 겨누고 있었고 앞에는 한국 장교의 권총이 앞가슴을 겨누고 있었다. 카투사의 맥박 속에도 한국의 피가 흐르고 있었기에 아무 소리 없이 호스를 던졌다.

그때에 모두 울음을 터뜨렸다. 온 장내는 눈물에 젖었다. 그 동네는 양공주 촌이었는데 양공주들에게도 눈물은 있었다. 그들도 애절한 데모 대원들의 모습을 보고 같이 울면서 대원들의 뒷바라지를 해주느라고 무척 애를 썼다.

그곳 주인들은 빵을 쪄 오기도 하고 물을 데워 오기도 하고 다과를 가져오기도 했다. 그러나 대원들은 당시 데모가 단식투쟁임을 인식시키고 주민들의 따뜻한 사랑의 손길을 물리치느라고 애썼다. 양공주들도 비록 불우한 환경 속에서 몸을 팔고 웃음을 팔았을지라도 마음만은 아직 한국의 딸들이었다.

그들의 혈관 속에도 미국의 피가 아닌 한국의 피가 흐르고 있었기 때문이다. 피 흘리며 후송되어 가는 한국 청년들의 모습을 보고 부엌에서 부지깽이를 들고 나오는가 하면 몽둥이를 들고 나오는 양공주들도 있었다.

그들은 이구동성으로 "우리 한국 청년들의 피를 흘리게 한 놈들이 누구냐?"

"양키 놈들을 잡아라!"하면서 이집 저집에서 몰려나왔다. 그들은 한결같이 미군 목전으로 달려가 땅을 치며 발악을 했다. 미군들은 눈이 둥그레지면서 그 자리를 피하여 이리저리 자리를 옮겨야 했다.

해가 저물어 갈 무렵 경찰국에서 파견한 무장경찰대가 약 2, 3백 명으로 보이는 많은 수효가 도착했다.

그때 한국의 억울함을 하나님께 호소하며 부르짖고 통일 노래를 부르며 눈물에 젖어 있던 대원들 중에 어떤 학생은 주먹을 불끈 쥐고 외쳤다.

"38선을 누가 막았느냐? 동족상잔의 피를 흘리게 한 자는 누구더냐? 약소민족의 설움을 달래 줄 자는 누구더냐? 미국도 아니고 소련도 아니다. 오직 우리 하나님 한 분이 있을 뿐입니다. 우리를 구원해 주실 이가 곧 예수 그리스도 한 분뿐이라는 말입니다. 들어오라, 들어오라, 하나님 앞으로…."라고 눈물 흘리며 외쳤다.

그때 기자들도 군인도 경찰도 민간도 모두가 한마음 한뜻이 된 모습이었다. 그 모습 속에서 '민족의 얼'을 볼 수 있었다.

그 누구에게 빼앗기기나 했던 "한국의 얼"을 되찾은 것 같았다. 평소에는 멀기만 했던 경찰관들도 그날은 왜 그렇게 가까워졌는지 모른다. 대원들의 부르짖는 모습을 지켜보고 있던 경찰관들도 눈물을 머금고 학생들을 위로하며 앞날의 소망을 일깨워 주듯 타이르며 설득시켰다.

어두움이 짙어지는 밤 7시 10분경 경찰이 대기시켰던 8대 트럭의 분승, 통일의 노래와 구호를 외치며 '한국의 얼'을 이 강토에 길이 빛내리라고 다짐하면서 그 자리에서 떠나야 했다.

서울역 광장에 도착, 약 20분간 구호를 외치며 부르짖다가 남창교회(조희도 목사 시무)와 쌍림동 민족제단(장의순 권사댁) 두 곳으로 남녀가 나뉘어 투숙했다. 투숙이라기보다 두 곳에서 구국제단을 쌓고 철야기도를 했다. 날이 새면 다시 집결하여 미 대사관 앞에서 데모를 계속할 예정이었다.

먹지 않고 추위에 떨었기 때문에 도저히 견뎌내지 못할 것 같았으나 그대로 외치며 부르짖을 새 힘이 생기는 것은 아무리 보아도 사람의 힘은 아니었다. 성령이 같이하여 역사하기 때문이었고 또 천사가 부리는 영으로 와서 힘을 주었기 때문이다(히 1:14, 눅 22:43).

그중에 부상당한 18명은 문산 성심병원에서 서울 경찰병원으로 이송되었다.

3. 한국 청년으로 당연한 궐기였다는 美兵 見解

경향 각지 대소 일간지는 물론이려니와 주간지에도 기드온 용사들의 자유의 다리 의거 사건이 대대적으로 보도되었다.

국내뿐이 아니고 외국에서도 이 사건을 중요시했든지 전 세계적으로 확산 보도되었다. 특히 서독의 모 일간지에서는 '한국에도 피가 있다.'라는 제목을 그대로 인용 대서특필하여 보도했다고 한다.

이렇게 세계적인 여론과 한국 사태가 확대되고 있는 것을 염려하여 존슨 미 대통령은 그 즉시 한국 안보를 계속 보장한다는 선언과 동시에 군사비를 원조하겠다고 방송을 했다. 다음날 사이런스 벤스 특사를 한국으로 파송하여 한국에 대한 피해보상 1억 달러를 원조하겠다고 약속했다. 동시에 한미 공동 방위체제에 대한 전반적인 논의를 하여 북괴 도발에는 즉각 행동으로 공동 보복할 것을 선언하고 군 장비 현대화의 합의 등 광범위하고도 구체적인 합의를 보게 된 것이다.

기드온 신학생들의 자유의 다리 사건으로 말미암은 박 · 벤스 회담 결과가 한 국민들에게 다소 안도감을 주게 되어 국내외 여론도 좋은 반응을 보였다.

'동화 그래프' 68년 3월호에는 활보로 크게 보도했고 또 다른 주간지에서도 좋은 반응을 보였다. 그 본보기로 '주간조선' 1968년 송년호(12월 29일자 11호)에서도 기자들의 1년을 회고하는 좌담회에서 이 사건이 하나의 화제로 거론된 바 있었는데 그 부분을 발췌하면 다음과 같다.

"사회 : 어느 신학대 학생들인가 자유의 다리로 달려가고 한 일도 있었죠?

C : 그때 그런 분위기가 생길 수 있었던 것은 미국이 자신의 이익을 위해서는 맹방이라고 서로 믿고 있는 한국의 이익도 무시할 수가 있느냐 하는 묘한 국민감정 때문이었다고 생각됩니다.

사회 : 사이런스 벤스 씨가 존슨 대통령의 특사로 온 것도 그 때문이 아니었겠습니까?

D : 그럼, 감정을 무마하러 온 것이겠지요. 그래서 군원 1억 달러가 약속됐다는 것이 아닙니까?"

이처럼 1968년 한 해를 마무리 짓는 기자들의 좌담회에서까지 거론된 사건이다. 그리고 미국에서 군사비 1억 달러의 원조를 받게 한 기드온 용사들의 거사는 절대로 뜻 없는 일이 아니었다.

그다음 날 나는 임진강 변으로 미군초소 몇 곳을 둘러보았다. 그들에게 어제 있었던 한국 신학생들의 데모광경을 보았느냐고 물었더니 관심 깊게 보았노라고 말한다. 그 데모를 어떻게 생각하느냐고 물었더니 한국 청년들로서 당연한 궐기라고 생각한다는 것이다. 궐기 안 한다면 그것이 도리어 이상한 일이라는 것이다. 이번에 한국 청년들이 살아 있음을 보았노라고까지 그들은 말하고 있었다.

국내 유명 인사들의 논평과 치사들이 각 신문에 대대적으로 보도되었다.

그 몇 가지만 예를 든다면 첫째, 이북 5도청 위원장 강칙모 함경북도 지사는 논평하기를 "반공 열의가 가장 강한 사람들은 기독교인이라고 생각한다. 사랑을 모토로 삼고 있는 기독교인들이 공산당의 만행을 참지 못해 대한민국 국민의 일원으로 또한 종교인으로 울분을 호소하며 전 세계 자유 우방 국가들에게 공산당의 악랄한 만행을 고발했다고 볼 수 있다."라는 내용에 '장하다. 기드온의 아들딸들아, 기독교도는 반공의 선봉'이라는 제목으로 보도되었다.

전 반공연맹 총재 박관수 박사는 평하기를 "당연한 일은 평범하면서도 실행으로 옮기기는 어려운데 이번 기드온 신학생들의 데모는 정말 당연한 분노였다. 더구나 순순히 자발적으로 일어선 이들의 궐기는 우리 민족 전체의 울분을 대변하는 것이었고 이와 같은 행동은 삼천만 민족을 한 덩어리로 묶을 수 있는 요소가 될 것이다. 북괴의 이러한 만행의 대응책은 미국이 한국과 협력하여 해결해야 한다. 박 대통령께서 우리의 인내에도 한계가 있다고 언명한 것은 더욱 의의 있는 말씀이다. 아울러 자유 우방 국가들도 이번 '자유의 다리'에서의 데모의 참뜻을 잘 이해할 수 있어야 할 것이다."라는 내용에 '국민 전체 단결할 촉진제'라는 제목으로 보도되었다.

이 같은 분에 넘친 찬사를 받으며 산으로 되돌아와서 엎드려 하나님 앞에 호소할 때에는 눈물이 앞을 가렸다. 할 일을 다 못 하고 돌아온 것만 같아서 앞으로 한 번 더 기회를 주시라는 기도를 드렸다. 기어이 휴전선을 넘어 이북의 형제들을 원수 아닌 형제로 뜨겁게 만나게 해 달라는 호소였다. 성령의 불은 가슴을 뜨겁게 했다.

4. 빈손으로 창칼 굴복시킬 수 있는 소망 생겨

신아일보에서는 "애국의 꽃은 활화산처럼 터졌다. 건너지 못하는 강 자유의 다리는 미국의 대북괴 비밀회담을 즉각 중지하라는 함성으로 뒤덮였다. 두메산골에서 올라온 경북 금릉군 신학생 3백여 명은 7일 낮 12시 10분 푸에블로호 사건을 둘러싸고 비밀의 장막이 드리운 판문점의 길목 자유의 다리에서 주권 수호를 외치며 북괴의 만행을 규탄하는 데모를 벌인 것이다."라는 서두로 상세히 보도하기를 "기드온 신학생들이 지게 품을 팔아 차비를 마련해 갖고 천릿길을 달려온 두메의 3백여 명 신학생들의 눈동자는 애국의 정열로 붉게 타올랐다. '임진강아 대답하라, 누가 이 길을 막았느냐?' '북한도 내 땅이다.' '비밀회담 걷어치워라. 한국에도 피가 있다.'는 구호가 외쳐질 때마다 지켜보던 보도진, 카투사, 군인, 기관원, 양공주까지 모두 눈을 감고 울음을 죽여 가며 귀를 기울였다."는 등 겨레의 온정은 따사로운 태양같이 아낌없이 펼쳐졌다고 데모 현장의 이모저모를 비교적 상세히 보도했다.

조선일보에서는 주필이면서 한국 편집인협회 회장인 최석채 주필이 "북괴의 만행을 규탄하고 미국의 유화정책을 규탄한 신학생들의 이번 데모는 우리 민족의 울분을 대변한 정당한 의사 표시였다. 이번 자유의 다리에서는 데모대를 저지하려는 미군들과 평화적인 시위임을 다짐한 데모대들과의 충돌로 부상자까지 생겼다고 하는데 데모대들이 출입금지 구역을 넘어섰다면 미군의 저지는 불가피한 것이기도 하다. 그러나 장갑차와 트럭 심지어 개까지 동원하여 학생들에게 총을 쏘고 이로 말미암아 학생들이 피를 흘리게 되었다는 사실은 비인도적인 처사라고 지적하지 않을 수 없다. 미군 당국이나 정부에서는 아직 부상자들에 대한 치료비 문제에 관해서도 언급이 없다고 하는데 속히 원만히 해결하도록 해야 할 것이다. 또한 이번 데모 사건으로 당국은 일선 경찰관을 직위 해제했다고 하는데 이러한 처사는 정보정치를 조장하는 결과밖에 될 수 없는 처사라고 생각한다."라는 내용에 "국민의 울분을 대변한 쾌사"라고 당당한 제목을 붙여 보도했다. 조선일보에서는 내용도 자세히 정확하게 보도함과 동시에 논평도 했을 뿐 아니라 기드온 신학교 소개도 자세히 했다.

동아일보에서는 '데모대 미군과 유혈 충돌, 4백여 신학생 자유의 다리서 셋 총상, 7명 부상, 장갑차, 탱크 동원'이란 제목으로 대대적인 보도를 했고 한국일보에서도 일면 톱기사로 용문산 기드온 신도 자유의 다리서 데모, 미국 저지로 18명 부상, 장갑차도 나와 운천리 마을 뒷산에 주저앉아 애국가, 통일의 노래, 찬송가 등을 부르며 '죽어도 여기서 죽겠다.'고 버티었다고 보도하면서 용문산에는 장로교, 성결교, 감리교, 침례교 등 네 교파 교회가 망라하여 국토통일과 민족구원을 위한 기도를 매일 쉬지 않고 해왔다는 내용까지 세밀한 보도를 했다.

한편 기독교계에서는, 대한 예수교 장로회 총회장 최거덕 목사는 '조국애의 순수한 표현이다'라는 제목으로 "하나님의 이름으로 북괴를 규탄한 신학생들의 애국정신은 오직 조국만을 사랑하는 순수한 감정의 표현이다. 지금과 같은 시기일수록 모든 국민들이 국가를 위해 희생할 수 있는 애국정신을 발휘해야 할 것이다. 우리 기독교인 전체는 신의 이름으로 북괴를 규탄하고 궐기할 마음의 자세를 항상 준비해야 할 것이다."고 논평했다.

한국 기독교연합회 국제위원회 이름으로 김종대 목사는 "조국을 사랑하는 신학생들이 미국과 북괴 간에 비밀회담이 진행되고 있는 판문점의 관문인 '자유의 다리'에서 피를 흘리며 데모를 감행했다고 하는 것은 모든 것을 초월해서 무조건 그들의 용기와 애국정신을 찬양하고 싶다. 이번 데모 중 평화적 시위임을 강조했음에도 불구하고 미군이 탱크와 총을 동원하여 이들에게 중경상을 입혔다는 것은 용납하기 어려운 지나친 처사라고 생각한다."라고 논평한 내용을 '죽음 초월한 애국심 구현'이라는 제목으로 보도했다.

이처럼 교계를 비롯해서 언론계와 정계에까지 좋은 영향을 주었다는 것은 온 겨레에게도 좋은 영향을 주었다는 결과라고 볼 수 있다. 결국은 일치한 마음에서 민족혼에 생기를 얻을 수 있는 좋은 계기가 되었다고 그 가치평가를 할 수 있었다. 즉 이처럼 민족혼이 살아 있는 이상 앞으로 기회가 있을 때에는 빈손으로 총칼을 굴복시킨 야곱의 얍복강 역사가 우리의 임진강 변에서도 있을 수 있다는 소망은 날로 빛나고 있다.

실은 자유의 다리를 넘지 못할 줄을 알았기 때문에 자유의 다리 길목에서 건너지 못하는 한을 하나님께 부르짖는 '얍복강 노천 기도대회'를 열려고 했던 일이다. 지금의 임진각을 세우기 전에는 그 자리에 우묵하게 들어간 곳이어서 바람막이가 되어 있기도 하려니와 바닥은 전답이 있고 임진강변이라는 데서 그 자리를 택했다.

야곱이 에서가 무서워 얍복강을 넘지 못하고 환도 뼈가 어긋나기까지 천사와 씨름하던 것처럼 한국의 얍복강, 임진강변 노천에서 며칠이고 계속하여 북한의 칼끝을 굴복시키기까지 야곱과 같은 기도를 하려던 계획이었다.

우선 그곳에서 물러앉아 기도하는 동안 전국 각지에서 구국 기도하던 기도의 동지들이 모여 오도록 전국에 알려주고 있었다.

그러면 날이 갈수록 기도의 용장들이 많이 모일 것이고 은혜도 많아지면서 북진할 능력이 생기리라고 믿었다. 그래서 서울, 부산, 대구 등지의 은혜 교우들은 은근히 그날을 기다리고 있었다. 그러던 중 2월 7일 낮 뉴스를 들은 서울 교우들은 여러 날 계속될 줄을 알고 빵과 침구 등을 준비해 갖고 현지로 따라 들어가려고 했다. 만반의 준비를 갖추느라고 서두르다가 저녁 뉴스에서 목적이 좌절된 줄을 알고 실망을 했다.

그 당시 민심으로는 이 운동이 전국적으로 확산될 기미였지만 애석하게도 목적을 이루지 못했다. 한편 생각하면 그때 데모대의 할 일은 거기까지였다고도 보인다. 즉 얍복강 노천 기도대회가 좌절돼야 했던 것은 이번 데모가 그 목적을 달성했기 때문이었다.

한민족의 울분을 천하에 고발했고 하나님께 우리의 진정을 호소했고 또 하나님께서 들어 주셨으니 그것으로 족한 일이었다. 그런고로 일단 철수하는 것이 당연한 일이었다. 다시 기회를 보아서 야곱의 기도대회를 얍복강가에 펼칠 것을 다짐하면서 백 보 전진을 위한 일보 후퇴를 한 것이다.

5. 민족혼 되살리는 2.7절 성회 매년 열어

얍복강이란 형 에서의 창끝을 피하여 조상의 고향, 하란 땅으로 피난 갔던 야곱이 20년 후 고향으로 돌아올 때에 밤을 새워가며 환도뼈가 어긋날 때까지 천사와 씨름으로 호소하던 곳이다.

한국의 에서 김일성의 칼끝을 피하여 조상의 고향 남한 땅으로 피난 왔던 한국의 야곱이 부모 형제와 정든 이웃을 떠났던 그리운 고향을 찾아 돌아가기 위해 한국의 얍복강 임진 강변에서 천사와 씨름하는 철야기도가 될 것을 기도 중에 보았다.

그래서 그럴 수 있는 때와 장소와 힘을 얻기 위해서 기도할 수 있는 기도원을 우선 세우기로 했다.

문산을 지나 2.7 데모대가 뛰어넘었던 임진강변에 세우려고 강변 화석정에서 자유의 다리를 지나 강줄기를 따라 내려가도 보았으나 미군 초소가 군데군데 있었을 뿐 작전지역이라 전혀 불가능했다. 한 걸음 물러 나와 운천리 부근의 농성 데모하던 자리를 몇 번이나 둘러보았으나 역시 모든 사정이 허락지 않았다. 할 수 없이 문산 남쪽으로 후퇴해서 자리를 잡았다.

'붉은 밭' 동네 동쪽 골 안을 택했다. 북녘 '붉은 땅'으로 들어가기 위한 힘을 기르기 위해서는 야곱의 도장이 필요했다. 그런 의미에서도 적절한 장소였다. 붉은 칼끝을 무찌를 수 있는 인재를 배양해야 한다는 암시가 바람결같이 내 심령을 스쳐 왔다.

남북통일이 될 때까지 구국 기도를 해야겠다는 사명을 갖고 임명숙 수도사는 얍복강 기도원 터를 물색하느라고 몇 달을 헤매던 끝에 결국은 그곳을 택하게 된 것이다. 조규남 권 사님의 대지 제공으로 초대 원장 임명숙 수도사의 피나는 눈물로 기도의 제단을 쌓게 된 것이다.

7, 8년 동안 일선 장병들에게 복음의 씨를 뿌리는 한편, 재건 중학교를 기도원 원내에 설립하고 인재양성을 해본다고 애써 보았으나 성과를 거두지는 못하고 미국으로 가게 되어 얍복강 구국기도 사명은 최귀자 수도사에게 인계시켰다.

최 수도사는 그 후 꾸준히 나라와 민족을 위해 기도하는 사명을 다하고 있다. 일선 장병들 위문과 민족사상과 복음의 씨를 심는 데 주력하면서도 원내에는 어린이 선교원을 개설하고 어린 가슴속에 생명의 씨를 심어 주고 있다.

18년 동안이나 내버려 두었던 2.7 데모 정신을 1985년에야 비로소 다시 찾는 듯 김영민 장로님의 제창으로 '2.7절'이란 절기를 설정하고 매년 2월 7일을 중심으로 2.7절 성회를 열기로 했다. 기도로 피 흘리기까지 싸우던 그날을 기념하여 세워진 얍복강 기도원에서 2.7절 성회를 매년 연다는 것은 뜻있는 일이다. 남북통일을 앞당기는 일이 될 것이다. 그 집회가 열릴 때마다 민족 얼이 되살아나고 북으로 향하는 심령이 불 일 듯하여 언젠가는 북으로 또 뛰어들어갈 대역사가 일어나게 될 것이다. 성령이 반드시 남북통일의 길로 인도해 주실 것을 믿고 기도에 전념하는 성도들도 전국 각지에 깔려 있다.

용문산은 그때부터 한국 교회의 공동광장으로 발돋움했다. 이단이니 삼단이니 하던 말은 사라지고 교계의 관심이 쏠린 용문산, 은혜의 동산이 되었다. 그때부터 교계의 신학자들도 일선 목회자들과 전국의 신학교 학생들까지 모여들어 그해 8월 대성회는 종전보다는 폭넓은 집회로 인산인해를 이루었다.

특히 1968년 8월 성회는 4×7주년, 즉 집 없이 7년, 집 짓고 7년, 봉화 들고 7년, 말씀 들고 7년, 7주년씩 네 번을 지난 28주년 기념 성회였다. 그래서 그때의 모습을 담아 기록 영화도 촬영해 놓았다. 한국 기독교연합회 조향록 목사님도 참석했고 감리교 신학대학 유동식 목사님과 중앙신학 허혁 박사님 또 복음교회 총회장 장석환 목사님과 경희대학 노명식 교수 등 초교파적 집회의 성격을 확실히 드러내는 강사진이었다.

교인들도 초교파적으로 모여왔다. 교파 따라 큰 교파에서 제일 많이 참석했고 소교파는 소교파대로 적은 수효가 참석했다. 그러고 보니 제일 반대하는 합동파 장로교와 통합파 장로교가 60%의 자리를 차지했고 다음으로는 감리교와 기장 측이 약 30%였고 그밖에 침례교, 구세군, 오순절 계 등 군소 교단 측이 약 10% 정도였다

교파관념을 완전히 떠나서 말씀 중심의 은혜 역사가 강하게 작용하고 있었다. 교파를 믿어 구원이 아니고 예수 믿어 구원이라는 믿음으로 장성하고 있음을 역력히 찾아볼 수 있

었다.

헬라 사람은 지혜와 지식을 구했고 유대인은 이적과 기사를 구했지만 바울은 예수와 그 십자가밖에는 자랑하지 않았다(고전 1:23)는 말씀 그대로 이적을 따라오는 사람들도 있었고 지혜를 구하러 오는 사람들도 있었지만 용문산에서는 예수와 그 십자가밖에 증거 하지 않았다.

지혜나 지식으로 구원받는 것도 아니라면 이적 믿는 자 되지 말고 지식 믿는 자도 되지 말고 예수 믿는 자가 되어야 한다는 요지의 설교로 일관했다.

특별강사로 왔던 강사들도 "이렇다면야 무엇이 잘못이겠느냐?" "용문산은 용문산대로의 특색 있는 전도기관이다."라는 호평을 남겼다.

Ⅱ. 의기를 북돋아 주는 성령 역사

1. 부흥사는 소낙비, 목회자는 햇빛이 돼야 해

1969년 8월 11~21일 용문산에서는 제92기 심령수련회가 열렸다. 숲속 노천광장에는 만여 명의 교인들이 운집했다.

그중에는 등록된 교역자만도 약 9백 명이었다. 그 가운데는 목사님들만도 약 3백 명이었다. 날이 더할수록 은혜의 역사도 더했다. 4, 5일을 지나는 동안 교역자들은 용문산의 신령운동과 한국 복음화 운동의 성격을 파악하고 반대를 위한 반대는 금물이라고 말하기 시작했다.

이 운동을 반대하는 것은 곧 성령을 반대하는 일이요, 하나님의 뜻을 거역하는 일이 될 터이니 나 장로를 직접 만나서 허심탄회하게 대화의 기회를 갖고 그동안 막혔던 담을 헐고 은혜의 광장을 조성해 보자는 의견으로 15일 아침 새벽기도회가 끝나고 목사님들만 애향촌 감리교회당에 모여 나 장로와의 문답식 간담회가 열렸다.

그동안 궁금했던 일, 이해가 안 되는 일, 또는 교리적인 면에서 사생활에 이르기까지의 질문이 오가는 동안 은혜로운 장면이 전개되었다. 오해는 대화에서 풀리고 이해하면 화평이요 곡해하면 대결이라는 뚜렷한 대화의 가치를 발견한 느낌이었다. 마지막 결론으로 나는 "부흥사는 소낙비 역할을 해야 하고, 목회자는 태양 빛 노릇을 해야 한다."고 말했다.

소낙비는 잠깐 지나가며 가물었던 곡식에 생기를 주지만 햇볕은 항상 곡식에 온기를 주어서 자라나게 하는 것이니 목회자는 햇볕같이 따뜻하게 교인들을 감싸 주고 사랑으로 포섭해 주는 반면에, 나는 부흥사의 입장에서 김 장로님, 이 장로님네 장독 뚜껑이 덮였거나 열렸거나 사정없이 내리치는 소낙비 노릇을 할 터이니 이해해 달라는 부탁을 남기고 좌담회를 끝맺었다.

즉 교인들을 키우는 데는 햇볕만으로도 안 되고 소낙비만으로도 안 되고 아버지, 어머니가 갖추어 있어야 아이들이 정상적으로 잘 자랄 수 있는 것처럼 둘이 합하여 한 생명을 키울 수 있을 것이다. 그래서 하나님께서도 공의의 율법과 사랑의 은혜로 하나님의 백성을 키우고 계신다.

목사님들은 '전국 교역자 연합 헌신예배'를 드릴 수 있도록 시간을 할애해 달라는 요청을 했다. 나는 기쁜 마음으로 허락했다. 그중에는 부흥사들도 많았다. 특히 한국 교계의 거장이신 장로교 홍대위 목사님도 감리교 박경룡 목사님도 계셨다.

16일 오후 2시에 전국 교역자 헌신예배를 드렸는데 홍대위 목사님이 설교를 하시고 박경룡 목사님이 사회를 하셨다.

'구원의 진리'라는 제목으로 열렬히 외쳤다. 80 노령답지 않게 쩌렁쩌렁 울리는 음성이었다. 내용도 좋았거니와 먼저 그 음성에 은혜가 된다고들 말하는 정도였다. 교역자들과 성도들 모두가 성령으로 하나 된 모습이었다.

평신도가 인도하는 집회에 와서 교역자들이 은혜를 받게 되었다는 역리를 전복시키는 기회도 되었거니와 평신도 입장에서 당돌하게 외치던 나 자신의 면목도 어느 정도 커버가 되었다.

16일에는 전국 목사님들의 헌신예배가 있었으니 이번에는 전국 신학생들의 헌신예배도 있어야겠다고 하여 20일 오전 9시에 전국 신학생 연합회(ISSAK) 주최로 '전국 신학생 헌신예배'를 드렸다.

기드온 신학교 학생회장 최종수(전신련 회계)의 사회로 대구장로회 신학교 학생회장 정권교(전신련 부회장)의 기도와 가톨릭 신학대학 학생회장 하재별(전신련 부회장)의 성경 봉독 (고전 1장 10~17절)에 이어 서울 감리교 신학대학 학생회장 김무영(전신련 회장)이 '나뉘어서 되겠느냐?'라는 제목으로 젊은이다운 열변을 토했다.

교계가 아무리 혼란 속에 갈기갈기 찢겨 상처투성이라 할지라도 우리 신학생들만이라도 교파를 초월해서 유대관계를 갖고 새 시대의 역군이 되어 일하겠다는 다짐을 하면서 앞으로 기성교회의 목회자로서 영적인 고갈 상태의 교인들을 지도하기 위하여 용문산 성도들의 피 끓는 기도와 전도하는 열성을 배워야 하겠다는 요지의 설교를 했다.

만여 청중은 박수갈채로 받아들였다. 이 역시 성령의 역사가 아니고는 도저히 있을 수 없는 신학생들의 모임이었다. 전국의 20여 신학교에서 회장단 50여 명이 참석하여 교단적인 갈등과 높은 담을 박차 버리고 성령으로 하나 되는 운동을 일으켰으니 이 어찌 성령의 역사가 아니라고 말할 수 있겠는가?

그 당시에는 지금과 같이 신학교가 난립되어 있지 않았고 꼭 있어야 할 신학교만 20여 개 있었는데 거의 전부의 신학교가 참가하여 그 대표들이 모인 셈이었다.

그들도 간담회를 용문산 중앙교회에서 가졌던바 한 신학생이 말하기를 "이렇게 깊은 산중인 데도 사람들이 모여드는 것은 확실히 어떤 큰 힘이 있기 때문이다. 이 힘을 개인의 구원만을 궁극적 목적으로 하지 말고 한 걸음 더 앞질러 교인들에게 올바른 방향 제시를 하여 국가와 사회에 적극 참여하여 민족의 구원과 아시아 전체의 구원과 세계 인류의 구원문제에까지 앞장설 수 있도록 인도해 주었으면 좋겠다."고 신학생다운 제언을 하기도 했다.

용문산 운동에 대해 자칫 오해하기 쉬웠고 또는 호기심으로만 대해 오던 국내 타 신학교 학생들이었지만 백문이 불여일견(百聞不如一見)이라, 백 번 들음이 한 번 보는 것만 못하다는 말 그대로 막상 용문산에 와 보고 듣고 은혜를 받고 나서야 자신들이 발견하지 못했던 신령 계의 사실과 듣지 못했던 진리를 듣게 됨으로써 새로운 인식을 했다는 것이다.

성경에 탈선이 없었을 뿐 아니라 현 교계, 신학계에서 발견하지 못했던 진리를 성경 속에서 발굴했다는 이 사실만으로도 성령의 역사가 아닐 수 없다는 결론을 갖게 했다고들 목사님들과 신학생들이 이구동성으로 말하며 치하했다.

2. 신령주의 신학강의는 누가 해야 하나?

1969년 용문산 8월 성회에 전국 신학생들이 참가해서 은혜를 받게 된 것이 동기가 되어 동년 11월 8일에 전국 신학생 연합회(ISSAK)에서 주최하는 제1차 전국 신학생 연합대회가 서울에서 열렸다. 한국 기독교 사상 유래가 없던 일이다. 신 구교를 초월해서 초교파적인 모임이었다.

신학생들의 신랄한 판단과 시대의식의 참신한 맛을 부각시킨 획기적인 모임이었다. 그 때까지만 해도 각 교파 신학도 간의 대화가 여의치 못했던 터였는데 한국 신학계의 참신한 바람을 불러일으킨 대화의 광장이 열린 것이다.

신학 풍토에 대개혁을 일으킨 뜻깊은 일이라 아니 할 수 없었다. 각 교파 대표적인 신학자들을 강사로 초청하여 신학 세미나를 열었으며, 아집을 무너뜨리는 신학도 들의 용단이었다.

그 강제와 강사진만 보아도 그 뜻을 알만했다. 강제는 주최 측에서 주어진 제목이다.

▲ 전도와 비종교화 문제 : 한국 신학대학 교수 박봉랑 박사

▲ 전도와 신정통주의 신학 : 감리교 신학대학 교수 윤성범 박사

▲ 전도와 성공회주의 : 전 성공회 신학원 교수 조광원 박사

▲ 전도와 금일의 신학사조 : 연세대학 신과대학장 서남동 교수

▲ 전도와 신령주의 신학 : 용문산 기도원장 나운몽 장로

▲ 전도와 가톨리시즘 : 가톨릭 신학대학교 박양문 교수

▲ 전도와 정통주의 신학 : 장로회 신학대학 교수 한철하 박사

▲ 설교 : 크리스천 아카데미 원장 강원룡 박사, 감리교 신학대학장 홍현설 박사

▲ 미시집전 : 가톨릭 신학대학장 김창열 신부

그 당시만 해도 신 구교 간에 대화가 통하지 않는 시절이었는데 가톨릭 신학 강의만이 아니라 가톨릭식 미사까지 집례했으니 파격적이었다. 그보다도 더 경이적인 사실은 나운 몽 장로를 신학박사들과 동급 우대를 했다는 사실이다.

당당한 신학대학의 신학교수 박사님들만으로 강사진이 구성되었는데 왜 신학자도 아니고 교수도 박사도 아닌 장로가 그 강사진에 끼어야 했더냐? 누가 보아도 이상했던 일이다. 더구나 교계의 미움을 받으며 소외된 존재가 아니던가? 포스터에 강제와 강사가 보기 좋게 나란히 나붙어 있었다. 강사들 중에도 반대하는 이가 있었다고 하지만 교권주의자들의 항의는 더 말할 나위 없었다. 주최 측 답변 또한 만만치 않았다. 신학이라면 신령을 떠난 신학이 있을 수 없는 일인데 신령주의 신학에 대해서는 아무도 강론해 줄 사람이 없었으니 불가피한 처사였다는 것이다. 즉 신학도들로서는 다른 어떤 학문보다도 신령의 세계를 알고 싶어서였다는 고백이었다.

교권주의자들은 나 장로를 몰라주어도 신학생들은 나 장로를 알아주는 정도가 아니고 그를 모셔다가 그의 신령신학 강의를 듣고 은혜를 받으려고 한다는 소문이 교계에 파다하게 퍼졌다. 소문을 들은 성도들은 이삭회관으로 모여들었다.

다른 강사들의 시간에는 학생들만이 앉았다가 강의가 끝날 무렵에는 자리가 많이 비는 것이 상례였는데 나 장로 강의시간에는 학생들만이 아니고 일반 성도들과 교역자들이 아래 위층으로 빈자리가 없이 차고 넘쳤다.

등단하기 전에 주최 측에서는 나에게 특별 부탁이라면서 강의는 한 시간으로 하되 질문시간이 다른 강사들은 15분이지만 장로님은 30분으로 정했으니 그렇게 응해달라는 특청이었다. 물론 나는 그 이상이라도 받겠다고 허락했다.

나는 성경 한 권을 들고 등단했다. 교안 없는 강의였다. 교안을 갖고 읽어 주는 것이 신학 강의인 줄만 알았던 신학생들은 놀랐다. 나를 아끼는 누구는 교안도 없이 혹시 실수나 하지 않을까 매우 염려스러웠다고 한다. 백묵 한 개만을 들고 흑판 앞에 선 강사가 너무 초라해 보이기도 했고 어떻게 보면 너무 당돌해 보이기도 했다는 것이다.

신령의 본질을 도표로 설명한다는 것은 이상하게 느낄 수도 있으나 "세상 것은 하늘에 있는 것들의 모형이요 참 것의 그림자인 손으로 만든 것들이고(히 9:23~24) 저희가 섬기는 것은 하늘에 있는 것의 모형과 그림자라"(히 8:5)고 하였으니 하늘의 신령의 것의 그림자 도표를 그릴 수 있다는 것이 이상할 일도 아니고 무리한 일도 아니다. 말로나 글로 설명하기보다도 도표로 설명하기가 더 쉬우니까 쉬운 설명을 하다 보니 도표설명이 곁들이게 되는 것이다.

모든 종교가 신령주의 아닌 것이 없는 중에도 우리 기독교는 성령으로 시작되었기 때문에 신령을 떠나서 기독교의 본질을 설명할 수 없을 것이다. 세상의 모든 지식은 사람의 노력이나 조작에 의하여 얻어지는 것이나 하나님을 아는 지식은 그의 영이 우리에게 알게 해주심으로 알 수 있다.

그렇기에 진리의 보혜사 성령을 보내셔서 모든 것을 우리에게 가르치신다고 하셨다(요 14:16~26). "세상이 보지도 못하고 알지도 못하는 신령의 것을 너희가 알 수 있는 것은 성령이 너희와 함께 거하시고 너희 속에 계심"(요 14:17)이라고 하시지 않았는가? 그런고로 신령주의 신학이라면 사람에게 배워서 아는 것이 아니고 성령을 받아야 알게 된다는 요지의 강의였다.

처음에는 학생들이 필기를 하면서 듣고 있었으나 얼마 후부터는 전혀 필기도 못하고 정신없이 듣기만 하는 것 같았다. 성경 구절이 너무 많이 쏟아져 나오는 고로 미처 적을 수가 없었다는 것이다.

강의시간이 30분이나 지나도록 강의가 계속되었다. 타임 담당자가 시간이 지나는 줄도 모르고 강의에 도취해 있다가 신호종을 누르지 못했다는 것이다.

3. 성령은 의기를 북돋아 주는 능력 나타내

내 강의에는 질문시간을 갑절이나 더해서 30분으로 정했지만 강의가 30분이나 지나쳤으니 질문시간까지 강의로 메꾸어진 셈이다.

그러나 "질문할 것 있으면 질문하시오"하고 시간을 주었지만 질문하는 학생은 한 사람도 없었다. 묵묵히 앉아 있었을 뿐이다. 자리를 뜨는 사람도 없었다.

한 시간 하고도 반 시간이나 더 했는데도 끄떡없이 모두 앉아서 나가려고도 않고 질문도 없이 앉아서 질문을 기다리고 서 있는 강사만을 뻔히 바라보고 있었다. 중간쯤에 앉았던 학생 하나가 일어나더니 "저는 가톨릭 신학대학생 XXX입니다."라고 자기소개를 하더니 "성경에 천당, 지옥이란 말이 어디에 있습니까?"라고 상식 밖의 질문을 한다.

천당이란 하늘 천(天) 집 당(當)자를 써서 천당이라고 하는데 요한복음 14장 2절에 하나님 아버지의 집에 있을 곳이 많다고 했으니 그곳이 곧 하늘의 집 즉 한문으로 쓰면 하늘 천자와 집 당자를 써야 하니까 천당이 아니겠느냐고 답변을 하면서 지옥이란 마태복음 5장 29절, 30절, 10장 28절 등 여러 곳에 있는 말이라고 대답을 했더니 누군가가 신학생이 그런 것을 질문이라고 하느냐고 퇴박을 주는 학생도 있었다.

그다음 장로교 신학생이란 학생이 한 사람 일어서서 필기 노트를 들고 읽으며 "베드로

후서 3장 7절에 죽은 자들에게도 복음이 전파되었다고 했는데 그러면 죽은 자들도 구원받을 수 있다는 말씀이 아닙니까?"라고 묻는다.

"학생 필기를 잘못했구먼. 베드로후서 3장 7절이라면 경건치 아니한 사람들의 심판과 멸망의 날까지 보존하여 두신다는 말씀이고, 죽은 자들에게 복음이 전파되었다는 말씀은 베드로전서 4장 6절에 있는 말씀이지."하고 성경 구절 착오를 시정해 주니까 얼굴이 빨개지면서 물러앉았다.

그러나 나는 그에게 수치를 주기 위한 답변은 아니었는데 본의 아니게 그렇게 된 것이 미안해서 그 질문은 신학생다운 질문이라고 격려해 주고 그 질문 요지에 대한 답변을 해 주었다. 즉 주께서 옥에 있는 영들에게 전파했다는 베드로전서 3장 19절 말씀은 베드로전서 4장 6절에 해석이 되어 있다고 설명했다.

예수님께서 육신은 죽었지만 영으로 살으셔서 옥에 있는 영들에게 전파했다는 것은 죽은 자들에게 복음을 전파했다는 말씀이다. 주께서 죽은 자들에게 복음을 전파한 것은 이미 육은 죽었으나 영으로는 하나님처럼 살게 하려는 목적이었으니 "죽은 자들이 하나님의 아들의 음성을 들을 때가 오나니 곧 이때라 듣는 자는 살아나리라."(요 5:25)라 했다. 즉 죽어서도 믿으면 구원받을 기회가 있다는 말씀이다.

"만일 죽은 자들이 도무지 다시 살지 못하면 죽은 자들을 위하여 세례받은 자들이 무엇을 하겠느냐 어찌하여 저희를 위하여 세례를 받느뇨."(고전 15:29)라고도 했고 또 "무덤 속에 있는 자가 다 그의 음성을 들을 때가 오나니 선한 일을 행한 자는 생명의 부활로, 악을 행한 자는 심판의 부활로 나오리라."(요 5:28)고 한 말씀을 보아도 죽은 자들 누구를 막론하고 다 주님의 음성을 듣게 된다고 했고 또 고린도전서 5장 5절에는 믿으면서도 범죄 하여 육신으로는 구원받을 가망이 없는 자를 향해서는 "이런 자를 사단에게 내어 주었으니 이는 육신은 멸하고 영은 주 예수의 날에 구원 얻게 하려 함이라."(고전 5:5)고 하지 않았는가? 결국은 육신은 멸해도 영혼은 구원받을 수 있다는 말씀이다. 즉 육신은 죽었지만 영혼은 살아 있기 때문이다.

오직 살아서 믿은 사람은 영육 간 부활하지만 죽어서 믿은 사람은 육은 이미 심판을 받은 고로 육신은 부활 못 하지만 영은 구원을 받아 '온전케 된 영인'으로 영생할 수 있다는 점이 다르다(벧전 4:6, 히 12:23).

그래서 주께서 옥에 있는 영들에게 전파하시되 노아 당시 홍수로 심판하시기 이전 영들에게 전파하셨다고 했다. 물 심판은 육신 심판이었던 고로 육신은 멸했지만 영혼은 아직 심판을 안 받고 있었으니 그들에게 전파해서 구원받을 수 있는 기회를 주신 것이다. 이처럼 주님의 사랑은 편벽되거나 제한 속 사랑이 아니다. 광범위하고도 세밀하신 사랑이시다.

죽으면 천당이나 지옥으로 결판나는 것으로 알았던 모든 신학생들로서는 죽어서도 구원받을 수 있는 기회가 있다는 것이 그리 쉽게 납득될 리가 없었다. 하지만 성경에 엄연히 그렇게 입증이 되어 있는 데는 할 말이 없었다.

멍하니 앉았던 신학생들에게 더 물을 말이 없느냐고 물어도 질문이 없었다. 결국은 한 시간 강의가 두 시간 강의가 된 셈이다. 그렇다고 어느 한 사람 불평하는 사람도 없이 엄숙한 분위기 속에서 폐회되었다.

퇴장하는 인파 속에 끼어 나오는 동안 들리는 말에는 "도통한 사람이 다르구먼….".하는 말이 두드러지게 들렸다. 이는 어느 신학생이 하는 말인 듯했다. "그러기에 내가 뭐라고 했어? 한번 들어보고 반대를 해도 하라고 하지 않았어? 이제는 알았지?"하고 다지는 학생이 있는 것을 보아서는 사전에 나 장로를 강사로 세우는 데도 이론(異論)이 있었던 것으로 짐작되었다.

그러나 결과는 좋았다는 학생들의 평가였다고 한다. 좀 지나친 평가였는지는 모르지만 이번 세미나는 나 장로 세미나였으며 다른 강사들은 그 들러리였다고 평했다는 후문이었다.

나는 그때 처음으로 신학자 대우를 받았다는 것으로도 만족했다. 우리 기드온 학생들도 늘 축에 못 드는 것 같은 열등감에 사로잡혔던 의식이 완전히 불식된 듯 기운을 펴고 의기양양했다는 학생들의 말이었다. 어떻든 성령은 이처럼 의기를 북돋아 주는 역사도 하신다.

Ⅲ. 난제 없는 성경과 소망 주는 성령 역사

1. 먹고 죽을 줄 알면서 선악과는 왜 만드셨을까?

1960년경 어느 날 서울 쌍림동 장의순 집사님 댁의 초청을 받아 연회석에 참여했던 일이 있다.

거기에는 상상 밖에 우리 운동을 반대하는 고려파 측 인사들이 있었다. 일부러 그런 자리를 만든 것으로 간주된다. 예수 이름으로 이들이 왜 하나가 못 되고 서로 반목질시하느냐는 뜻에서 하나 되기를 원하는 평신도들의 짓궂은 심정에서 마련된 자리였다고 해도 무방할 것이다.

나는 그런 줄도 모르고 그 자리에 참석했다. 내 바로 옆자리에는 고려파 장로교의 L목사님이 앉아 계셨다. 그 건너편에는 총회 신학대학 교수 C박사님이 마주 앉아 계셨다. 내 옆에 앉았던 L목사님은 키가 훨씬 크신 분이었던 고로 그 좌석에서 드러나게 보였다. 그 반면에 그의 옆자리에 앉게 된 나는 너무 왜소했기 때문에 초라한 모습으로 어색하게 끼어 있는 송구한 자세였다. 더구나 내 왼편 자리에는 키도 크고 뚱뚱한 체격의 장학균 장로님이 앉아 계셨다. 그런고로 틈바구니에 끼어 있는 처지였으니 심령마저 위축된 심정이었다. 그런 분위기에서 L 목사님은 호기만만하게 나에게 말을 건넨다.

"나 장로는 요즘 청년들한테 인기가 대단하던데…. 성경을 모르는 데가 없다면서?"

"없지요. 그대로 믿으니까요…."

"떡 다섯 개와 물고기 두 마리로 5천 명을 먹이고도 열두 광주리가 남았다는데도?"

"하나님은 전지전능하시니까 떡 다섯 개보다 반 조각을 가지고라도 5천 명 아니라 5만 명인들 못 먹일 수 있으며 열두 광주리가 아니라 백 두 광주린들 못 남게 하겠습니까?"

"당나귀가 말을 했다는데도…?"

"사람이 당나귀 소리를 할 수 있는데 당나귀라고 사람 소리 못 할 것이 무엇입니까? 하나님께서 하게 하면 할 수도 있지요. 그것도 하나님께서 하게 하신 것 아닙니까?"

"예수님이 물 위로 걸어가셨다는 것은…?"

"산에서도 변화를 하셨는데 바다에선들 변화 못 하실 것이 무엇입니까?"

"물 위에서 변화했다는 말이지? 그러면 변화했다는 말씀이 성경 어디에 있다는 말인가?"

"마가복음 9장 2절에 예수님께서 변형하셨다는 말씀이 분명히 있지 않습니까? 산상에서 변화하시는 이가 해상에서 변화 못 하실 이유가 어디 있습니까? 베드로는 변화를 못 했기 때문에 빠지는 것이 당연하고 예수님은 빠지지 않고 걸을 수 있는 것은 변화를 하셨기 때문이 아니겠습니까?"

"그렇게 쉬운 것을 신학자들이 난제라고 할까봐?"

"성경에 난제가 있다는 것부터가 불신행위이지요. 그대로 믿는 데야 무엇이 난제가 있습니까? 그대로 안 믿어진다는 데서 난제란 말이 생겼지 그대로 믿는 데야 무엇이 난제란 말입니까?"

"그러면 처녀가 아이를 낳았다는 것도 난제가 아니란 말인가?"

"처녀가 아니라 할머니인들 하나님께서 아이를 잉태도 하게 하실 수 있고 낳게도 하실 수 있는 일이지 그것이 왜 난제입니까? 흙으로도 사람을 지으셨는데 무소불능하신 하나님께서 처녀로 잉태케 하신 것이 무엇이 이상합니까? 사람이 그렇게 했다면야 믿어지지 않겠지만 무소불능하신 하나님께서 하신 일인데 무엇이 이상하며 무엇을 난제라고 하며 그것이 왜 안 믿어질까요? 자신은 안 믿어지는 일을 신도들에게는 믿으라고 강요한다면 그것은 무엇일까요?"

L목사님의 안색은 약간 변하기 시작했다. 그러나 더듬으면서 마지막인 듯한 질문을 던져 본다.

"전지전능하신 하나님께서 아담이 선악과를 따먹으리라고 이미 아셨을 터인데 왜 선악과를 만들어 놓으셨지? 안 만들었으면 안 먹고 안 죽었을 것 아니야?"

"목사님의 다리를 한 다리만 만들었으면 좋을 뻔했습니다. 다리가 둘씩이나 있어 갈구체지 않습니까?"

"둘이 있어야 걸어갈 수 있지 그거야 잘 만들었지…."

"옳습니다. 뒷다리가 앞다리 되고 앞다리가 뒷다리고 되고…, 그래야 걸을 수 있지요. 목사님 숨도 들이쉬기 귀찮은데 내쉬게만 했더라면 좋을 뻔했습니다."

"내쉬기도 하고 들이쉬기도 해야 호흡이 되어 살 수 있을 것 아닌가?"

"그렇습니다. 들이쉬기만 하면 올챙이같이 배만 크게 되어 튀어져 죽을 것이고 내쉬기만 하면 오징어같이 납작 붙어 죽을 것입니다. 그런고로 상대성 상대 호응이 되어야 개체도 전체도 유지되고 인생도 만물도 생명이 유지됩니다. 에덴동산도, 인류의 생존도 유지하기 위해서는 생명과도 사망과도 필요했습니다. 생명과는 먹어야 살고 사망과는 안 먹어야 산다는 것도 상대성 상응원리가 적용된 것입니다.

사망과는 먹으면 죽고 안 먹으면 산다는 원리도 인생의 생존을 위한 법칙이었는데 그 생존법칙을 파괴했으니 죽을 수밖에 없을 것 아닙니까? 사람이 이것을 먹을 수도 있고 안 먹을 수도 있는 자유를 허락하신 것은 하나님의 극치의 사랑이었고 그 사랑의 자유를 죽는 길로 썼다는 것은 피조인간이기 때문에 범한 과실이었지 그 과실을 하나님께 전가시켜서야 되겠습니까? 목사님 말씀대로 하나님께서는 인간이 그 사망과를 먹으리라는 것도 모르시지 않았습니다. 그런고로 그렇게 될 경우를 대비해서 둘째 아담 즉 마지막 아담, 예수 그리스도의 십자가를 예비해 놓으시지 않았습니까?"(고전 15:45, 롬 5:14, 요 5:24).

대략 이런 내용의 문답이 오가는 동안 건너편에 앉았던 C박사는 눈을 지그시 감은 채 심각하게 듣고 계셨다. L목사님은 그 이상 더 대결할 용기가 없었던지 얼굴이 벌겋게 되면서 "저 C박사님은 어떻게 생각하십니까?"라고 C박사의 가세를 요구했다.

C박사님은 L목사님의 기대와는 달리 엉뚱한 발언을 했다.

"한국이 낳은 종교적 천재지요. 만일 나 장로님이 한국에서 나지 않고 오란다나 독일이나 아니면 미국에서만 났더라도 나 장로 신학은 전 세계를 뒤덮었을 것입니다."라고 점잖게 한마디를 했다.

"아니, C박사님은 그렇게까지 생각하십니까?"라고 L목사는 놀라움을 금치 못하는 표정이었다. 같이 동석했던 모든 이들도 당황한 듯 놀라운 표정을 감추지 못했다. "나 장로님이 한국에 난 것이 한이지요. 한국 사람들은 좀 낫다 하면 당장에 지리밟아 버리니까요. 콧대 작은 것이 한이지요….."하고 C박사는 한걸을 더 떠서 하시는 말씀이 "나 장로님의 저서 도리학 이라든지 창조와 개조 등 다른 어떤 신학자들이 말 못 한 곳, 즉 진리의 비밀을 드러낸 것을 보면 생이지지(生而知之)하시는 분이지요. 다른 신학자들은 '이러니까 이럴 것이다. 저러니까 저럴 것이다.' 식으로 자신 없는 논리에서 논리로 끝나는데 나 장로님은 이렇다, 저렇다 식으로 확신을 갖고 단정을 한 것이 다른 신학자들과는 다르지요. 그럴 수밖에 없는 것은 성경에 근거를 두고 하나님의 말씀을 증거 했지 사람의 의견을 말하는 것이 아니었으니까요."하고 극구 극찬을 아끼지 않더니 또 역시 한국 사람으로 난 것이 한이란다.

나는 그런 과찬을 처음 들어서인지 마음이 송구하기만 했다. 그러나 나는 그 말을 그대로 받아들이지 않았다.

"박사님, 그것은 잘못 아셨습니다. 나는 한국 사람으로 난 것이 가장 행복하다고 생각합니다."

"그건 또 왜 그렇지요?"

모두의 이목은 나에게로 쏠렸다.

"성경을 보면 한국의 소망이 너무도 뚜렷하게 드러나 있고 한민족을 하나님께서 이미 택하셔서 말세에 귀하게 쓰실 것이 분명하기 때문입니다."

"성경 어디를 근거로 그런 말씀을 하시는 것이지요?"라고 C박사는 조심스럽게 묻는다.

"말세에 이스라엘은 전멸을 당할 것이고 대신 한국은 하나님께서 세우실 한 나라로서 빛을 발하게 될 것입니다." 라고 나는 자신 있는 대답을 했다.

"글쎄, 그것을 성경 어디에 근거해서 그런 말씀을 하시는 것인지 궁금합니다."라고 성급하게 성경 근거를 재촉했다. C박사님뿐만이 아니고 온 좌석이 한결같이 내 대답을 기다리고 있었다. 나는 그때 때아닌 설교를 해야 했다. 즉 한국의 소망에 대한 답변을 하다보니 강론을 하다시피 했다.

2. 이스라엘의 天國 기업은 한국으로 옮겨와

예수님께서 마태복음 21장 33~41절에 비유를 들어 말씀하시기를 "주인이 포도원을 만들고 모든 시설을 갖추어 놓고 맡기고 타국으로 가서 있으면서 실과 때가 되어 그 실과를 받으러 종을 두 번이나 보냈더니 두 번 때리고 쫓아내고 또는 죽이고 했기 때문에 마지막에는 아들을 보냈더니 아들마저 죽이고 말았으니 그들은 진멸시켜야 마땅하다."고 하시면서 "건축자들의 버린 돌이 모퉁이의 머릿돌이 되었나니 이것은 주로 말미암아 된 것이요 우리 눈에 기이하도다."(마 21:42, 시 118:22)라고 하셨다.

그 포도원이란 곧 이스라엘 족속임을 이미 이사야가 증거 한 바가 있듯이 이스라엘은 이스라엘에게 맡긴 선민 사명을 저버리고 공평을 바랐으나 포학했고 극상품 포도를 심었으나 들포도를 맺었다(사 5:2~7).

그래서 그들은 율법의 종도 예언의 종도 다 배척하고 또 죽여 버리고 하나님의 아들 예수 그리스도까지 죽여 버렸으니 그들은 진멸 받게 되었다는 것이고 또 이스라엘 백성 자신들도 예수를 십자가에 못 박을 때에 "그 피를 우리와 우리 자손에게 돌려 달라."고 아우성을 쳤으니 으레 그 보응을 받아 마땅한 일이다(마 27:25).

그래서 이스라엘 백성은 제1차 대전 때에 소련에서 3~4만의 무더기 피를 흘렸고, 제2차 대전 때에도 독일에서 5, 6백만의 많은 피를 흘렸으며, 제3차 대전이 일어나면 그때에는 예수 십자가에 못 박은 유대 땅에서 진멸의 피를 흘리게 될 것이다.

그 반면에 이스라엘에게 버림받은 그리스도께서는 하늘의 뜻을 이 땅 위에 이루실 때에 머릿돌이 되어 새 하늘과 새 땅을 건설하게 될 것이다. 그때에 하나님의 나라를 이스라엘은 빼앗기고 그 나라 열매 맺는 백성이 받으리라고 하셨으니 그 열매 맺는 백성이 어느 나라 백성이냐가 문제다. 그 열매 맺는 백성이 바로 한국 백성임을 나는 신나게 설명을 했다 (마 21:42~43).

이스라엘은 엘리 제사장 당시 법궤를 이방인에게 빼앗기고 전멸을 당한 일이 있었다(삼상 5~12). 그 빼앗긴 법궤는 아스돗으로 가드로 에그론으로 돌아 벧세메스 땅으로 돌아왔지만 하나님의 궤의 신성을 침범한 것으로 인해 많은 인명 피해를 입고 그 법궤는 필경 기럇여아림 산중 아비나답의 집에 가서야 안정되었다(삼상 5:1~7:2), 하나님의 법궤가 안정되니까 비로소 이스라엘 백성이 태평을 누릴 수 있었다.

이처럼 하나님의 신령의 법궤, 복음의 말씀을 이스라엘은 빼앗기고 아스돗 같은 로마로 가드 같은 유럽으로 벧세메스 같은 아시아 땅으로 한 바퀴 돌아왔지만 복음의 신성을 침범, 변질시키다가 큰 화를 받았다(갈 1:6~9). 급기야는 기럇여아림 같은 한국으로 와서야 성경대로 믿고 성경대로 성취되는 복음의 열매를 맺게 되었다.

예수께서 처음 복음을 산에서 반포하셨으니 그 결실도 산에서 거두신다. "말일에 이르는 여호와의 전의 산이 산들의 꼭대기에 굳게 서며 작은 산들 위에 뛰어나고 민족들이 그리로 몰려갈 것이다."라고 이사야도 예언했고 미가 선지자도 예언했다(사 2:2, 미4:1). 그러나 이스라엘에게는 말일에 이르렀는데도 이 같은 역사는 일지 않고 있다.

오직 한국에서만 산상에 하나님의 성전이 날이 갈수록 더 많이 굳게 서고 있다. 그뿐 아니라 "많은 이방이 가며 이르기를 오라 우리가 여호와의 산에 올라가서 야곱의 하나님의 전에 이르자 그가 그 도를 우리에게 가르치실 것이라 우리가 그 길로 행하리라."고 하신 말씀 그대로 그리운 자들은 모두 산으로 몰려가고 있다. 이 역시 한국에만 있는 일이다(미 4:2).

"여호와의 말씀이 예루살렘에서부터 나올 것임이라 그가 많은 민족 중 심판하시며 먼 곳 강한 이방을 판결하시리니 무리가 그 칼을 쳐서 보습을 만들고 창을 쳐서 낫을 만들 것이며 이 나라와 저 나라가 다시는 칼을 들고 서로 치지 아니하며 다시는 전쟁을 연습하지 아니하리라."(미 4:3)고 하신 말씀도 이스라엘에게는 해당되지 않는 말씀이다.

그들은 마지막 3차 대전을 유발할 나라인데 그럴 수도 없거니와 예수님의 예언대로 말일에 그들은 칼을 쓰는 자는 칼로 망하리라는 말씀대로 칼에 진멸을 당할 민족인데 칼을 없앨 리가 없다(마 21:41, 마 26:52).

이스라엘에게 언약되었던 말씀은 그 열매 맺는 나라에게 성취될 터인데 그 열매는 세계 1백 60여 국가를 꼽아 보아도 아무 데도 이 말씀이 해당되지 않는다. 오직 한국에만 그 말씀이 그대로 무장이 필요 없는, 전쟁 없는 나라로 성취될 기미가 확실히 보이고 있다.

다니엘 선지는 열왕의 때에 "하늘의 하나님께서 한 나라를 세우시리니 이것은 영원히 망하지도 아니할 것이요 그 국권이 다른 백성에게로 돌아가지도 아니할 것이요 도리어 이 모든 나라를 쳐서 멸하고 영원히 설 것이라."(단 2:44)고 예언했다. 세계에 하나밖에 없을 그 '한 나라'이니 이 열왕의 때에 세우실 그 '한 나라'가 한국 땅에서 시작될 수 있다. 성도들의 구국기도가 결실되고 있다.

그 한 나라라는 나라는 "지극히 높으신 자의 성도들이 나라를 얻으리니 그 누림이 영원하고 영원하고 영원하리라."는 성도의 나라가 될 것임이 틀림없다(단 7:18, 22, 27).

그 한 나라는 환난 때에도 고센 땅같이 구별 받아 "성읍이 황무하고 성문이 파괴되고 세계 민족 중에서 감람나무를 흔듦 같고 포도를 거둔 후에 남은 것을 주움같이 되었을 때에 동방에서 여호와를 영화롭게 하며 땅끝에서부터 노래하는 소리가 의로우신 자에게 영광을 돌리게 될 것이다"(사 24:12~16).

즉 말세에 세계를 장식했던 금, 은, 동, 철 우상 시대가 뜨인 돌에 부서지는 대환난이 있은 후에는 신령왕국이 이뤄질 일이다(단 2:34, 35, 43). 그때에 주께서 오셔서 "세상 나라가 우리 주와 그리스도의 나라가 되어 그가 세세토록 왕노릇하시리로다."(계 11:15)라는 말씀이 성취되어 만왕의 왕으로서 만주의 주로서 지상에 건설될 하나님의 나라를 통치하실 것이다(계 19:11~16).

이 기쁜 소식을 어찌 만천하에 선포하지 않을 수 있으랴. 그래서 나는 한국 사람으로 출생한 것을 복되다고 하며 한국 사람이란 긍지를 갖고 살자고 권면했다.

3. 성령의 역사는 한국의 소망을 불러일으켰다

용문산에서 구국기도가 시작되기는 1940년 여름부터라고 생각된다. 일정 탄압 속에서 피신해 있으면서 시작된 기도였다. 혼자 산으로 올라가서 삼성봉 마루턱에 앉아 멀리 북녘 하늘을 바라보며 노래한다.

그리운 내 고향 멀고 먼 천리길
언제나 돌아가 정든 땅 밟으랴
행여나 오련가 바라는 어머님
설움 꿈속에나 찾아가 보리다.

즉흥 자작 노래를 부르며 눈물 흘리던 그곳이 바로 그 당시부터 오늘날까지 한민족 구국제단을 쌓게 된 자리다.

43년 봄 도치랑 숙생들을 데리고 올라가서 지금의 중앙촌 지역을 개간하던 그 어느 하루였다. 쉬는 시간에 나는 삼성봉 마루턱에 올라가서 기도를 드리고 있었다.

"하나님 언제까지 이 민족이 이렇게 왜정 탄압 속에서 일본 사람들의 종살이를 해야 합니까? 바로 왕권 밑에서 애굽 사람들의 종살이하던 이스라엘 백성들을 구출해 주신 하나님이시여, 우리 조선 민족도 구출해 주시옵소서."하고 입에 오르다시피 한 그때의 그 기도를 드리고 있을 때였다.

황금 십자가가 삼선봉 마루턱에 우뚝 서 있는 것이 보였다. 그 순간 나는 어느 사이에 그 십자가의 윗머리 교차점에 올라가 십자가 머리를 붙안고 앉아 세상을 바라보고 있었다.

그때 한국 전역이 조감도를 보듯이 한눈에 다 보였다. 그때는 아직 남북이 갈리지 않았던 시대였는데도 북쪽은 무인지경이었고 남한 땅 한복판에만 한국의 전형적인 노인 한 분이 흰 두루마기에 갓을 쓰고 지팡이를 잡고 힘들게 서울로 올라가고 있는 모습이 보였을 뿐 아무도 보이지 않았다. 그 노인은 가던 길에서 발걸음을 멈추고 십자가의 찬란한 황금빛을 뒤돌아보며 놀라는 듯했다.

아무도 없는 무인지경 같은 한반도에 한민족을 대표한 한 사람 갓을 쓴 노인의 주목을 끌게 된 황금 십자가는 분명한 한민족의 소망이었다. 황금 십자가의 찬란한 빛이 한국 전역을 한눈에 볼 수 있도록 비쳤다는 것은 한국을 복음 화할 수 있다는 소망을 안겨 준 하나님의 계시였다.

그때는 이미 성령이 역사하고 있는 시절이었다. 성령의 역사이기는 하나 그때는 성령의 역사인 줄을 알지도 못했고 있었다 해도 산중 골짝에 한한 역사였다. 하지만 그 성령의 역사는 모르는 사이에도 계속되었다. 1950년 6.25 동란으로 인한 민족적 시련 속에서 지쳐 있는 겨레에게 심어 줄 수 있는 유일한 소망으로 두각을 드러냈다.

민족의 소망으로 화한 성령의 불길은 51년부터 속에서 밖으로 폭발되기 시작했다. 즉 두메 산골짜기에서 보잘것없는 사람들을 통하여 일어나기 시작한 성령의 역사는 산 밖으로 확산되기 시작한 것이다. 대구, 부산, 서울로 무섭게 퍼져 나갔다.

특이한 것은 성령 운동이 일어나는 곳마다 애국적인 구국기도 운동이 반드시 수반되고 있었다는 사실이다. 그런고로 성령 운동은 곧 한국의 소망이라고 할 수 있었다. 즉 성령 운동은 구국기도 운동으로 화했고 구국기도 운동은 한국의 소망을 불러일으킨 것이다.

나는 전국 각지로 순회하면서 한국의 소망을 외쳤고 한국의 소망을 외치는 곳마다 성령의 역사는 대단했으며 동시에 구국기도 운동은 반드시 뒤따르고 있었다.

하나님께서 한국 땅에 하늘의 뜻을 이루기 위해서 하시는 역사라고 믿어졌다. 그렇기 때문에 나는 확신을 가지고 한국의 소망을 외칠 수 있었다.

내가 C박사를 알게 된 것은 1957년 8월경이라고 생각된다.

미국서 온 돈 라이스 선교사가 나와 같이 다니며 전국을 순회하던 때였다. 광주 어느 다리 건너 공원 광장에 천막을 치고 순회 집회를 하는 중 낮 공부시간에 "하루가 천년 같고 천년이 하루 같은 이 한 가지를 잊지 말라."(벧후 3:8)는 성경 말씀을 근거로 창조 6일과 개조 6천 년을 대비해서 강의했다. 즉 개조역사 기간도 다 되었으니 새로운 피조물로서 이전 것은 지나가고 새것으로 새 시대가 될 것이라는 내용이었다,

창조 제1일에 빛과 어두움을 지었으니 개조 제1천 년 기간에 빛의 아들과 어두움의 아들을 분별했고 창조 제3일에 육지와 바다를 지었으니 개조 제3천 년에 바다를 육지같이 건넌 선민과 바다에 함몰당한 이방인을 구별했고 창조 제4일에 해와 달과 별을 지었으니 개조 제4천 년에는 의의 해(말 4:2)되시는 구세주가 오셨고 밤빛 노릇한 세례 요한이 달빛 노릇했고 뭇 선지자들이 별 노릇했고 창조 제5일에 물에 고기와 공중에 새를 지으셨으니 개조 5천 년에 물에 물고기가 살 듯 물세례로 양심이 살았고 하늘에 새가 살듯이 비둘기같이 성령세례로 영혼이 살게 되었고 창조 제6일에 짐승과 사람을 지으심과 같이 개조 제6천 년에 짐승을 조상이라는 짐승 사람이 생겼고 인생은 하나님으로 말미암았다는 하나님의 사람들이 나타나 타작마당 같은 환난의 날을 통과하여 제7일 안식이 있음과 같이 제7천 년 안식 천년 기간이 있게 되어 지상낙원이 이룩됐다는 것을 구체적으로 역사적 사실들을 열거하며 설명했다.

강의를 마치고 천막 밖으로 나왔다. 땀에 젖은 얼굴을 닦으며 대기했던 차에 오르려는 순간이었다. 인사를 하자는 교인들을 물리치며 급급히 나왔는데 누군가가 앞질러 와서 손을 붙잡는다. 인사를 하고 보니 그는 광주신학교 교수였다. 그 뒤를 따르는 신학생들도 7, 8명이 와서 나를 둘러쌌다. 모두 웃는 얼굴로 좋은 인상들이었다. 낮 공부시간이 너무 은혜로웠다는 것이다. 그리고 이런 강의는 처음 듣는 강의란다. 그러면서 C교수는 용문산까지 꼭 가야겠다는 것이다.

"오시면 환영하겠습니다. 용문산 학생들도 좀 가르쳐 주시고…"라고 나는 진심으로 감사해서 하는 말이었다.

C교수는 "그게 무슨 말씀입니까? 제가 가르치러 가는 것이 아니고 배우러 가겠다는 말입니다."라고 겸손히 말했다.

결국은 숙소에까지 따라왔다. 그가 필기한 노트를 꺼내 놓으면서 라이스 선교사에게 미국말로 한참 설명을 한다. 그 필기도 영어로 했기 때문에 라이스 선교사도 흥미 있게 도표와 필기 내용을 자세히 보면서 그의 설명을 듣고 있었다.

C교수는 자기 설명에 도취해 한참이나 열의 있게 설명을 하더니 라이스 선교사와 손을

맞잡고 일어나 춤을 추기 시작했다. 할렐루야 소리를 연발하면서 기뻐 뛰는 모습은 어린애들 같기도 했다. 그 기쁨에 넘친 진정은 성령이 같이하는 모습임에 틀림없었다.

성령이 충만하면 어린애같이 된다는 것도 알만했고, 주님께서 "너희가 돌이켜 어린아이들과 같이 되지 아니하면 결단코 천국에 들어가지 못하리라."하신 말씀도 알만했다.

C교수는 그 당시 미국 모 대학원에 적을 두고 박사과정을 마치고 박사 논문을 쓰는 중이었다고 한다. 논문 쓰는 데 좋은 자료를 얻었다면서 앞으로 내 강의 내용을 영문으로 번역하는 일은 다른 이에게 절대로 양보하지 않겠다고 다짐했다. 그리고 전 세계로 순회하면서 이 귀한 진리를 선포해야 할 터인데 그때에 그 통역 역시 자기에게 맡겨 달라고 간청하며 나섰다.

4. 창조 6일과 개조 6천 년 대비 강론에 감복

나는 그 몇 해 후 그를 만났다. 그때는 벌써 박사가 되어 합동 측 총회신학대학 교수로 있을 때였다.

"박사님이 되었다는 소식은 이미 들었습니다. 축하합니다."라고 인사를 했더니 "나야 장로님이 만들어 준 박사 아닙니까?"라면서 겸손히 웃음을 터트린다. 그는 이어서 말하기를 "나는 지금도 강의시간에는 장로님의 도리학을 많이 인용합니다."라고 자신만만해 했다.

그런 일이 있은 후 총회신학 어느 학생들에게 들은 말이 있다.

C박사가 강의를 할 때에는 어떤 학설이나 이론에 비교 평을 하게 되는 경우는 슐라이마커는 뭐라고 했고 카이퍼는 뭐라고 했고 칸트나 빠빙은 이렇게 말했고 부른노는 이랬고 칼 발트는 이렇게 말했지만 한국의 나 장로는 이렇게 말했다면서 도리학 교안을 읽어 주기까지 한다는 것이다. 그래서 신학생들은 나 장로를 어떻게 세계의 신학자들과 같은 반열에 놓고 평가할 수 있을까 하고 모두 놀랐다는 것이다. 결국은 이것이 문제가 되어 교수회의에서 주의를 받고부터는 한국의 누구라고 이름만 밝히지 않을 뿐, 역시 도리학 교안은 인용했다는 것이다.

그 후 10여 년이 지난 79년에 로스앤젤레스에서 그를 만났다. 그때는 내가 대한 예수교 오순절 성결회의 목사가 되고 감독이 되어 미국 교회 순회 집회를 갔던 때였다.

그는 몹시 반가워하면서 자리를 마련하고 대화의 기회를 갖게 되었다. 나는 그에게 제안을 했다. 목사 안 하려던 내가 목사가 되었고 교파 안 가지려던 내가 교파를 하게 되었으니 내 뜻은 무너지고 하나님의 뜻대로 된 것이 분명하다는 말을 전제로 그에게 우리 교단

신학교 교장으로 부임해 달라는 요청을 했다.

그는 잠깐은 놀라운 기색을 보이더니 무슨 생각을 했는지 머뭇거리며 나를 한참이나 쏘아보듯 했다. 그는 드디어 심각하게 입을 열었다. "잘 생각하셨습니다. 이 역시 사람의 생각은 아닙니다. 사람으로서는 이런 생각을 할 수 없었을 것입니다. 교단 적으로 보자면 극에서 극인데…? 이 역시 목사님의 정반귀일의 원리가 적용되는 것일까요?"라고 내 계획을 듣기를 원했다.

"어떻든 C박사님이 응해만 주신다면 이것이 보통 일은 아닙니다. 하나님께서 기뻐하실 것입니다. 내 계획보다는 하나님의 계획이 이미 서 있을 것입니다."

"오— 하나님, 감사합니다."라면서 눈을 지그시 감고 무엇인가 생각을 하는 듯하더니 "실은 내가 X암 수술을 했는데 2년이면 끝나리라더니 2년이 지난 지가 벌써인데도 이처럼 점점 더 건강해지고 있습니다. 하나님께서 나를 살려서 우리 한국 교계를 위해 일하게 하시려는 뜻이 계셨던 모양이지요?"

"옳습니다. 하나님은 하는 자를 도우십니다. 일은 해야지요. 나는 병들었거니 하고 앉아 있을 때가 아니지요. 목숨 다하는 순간까지 주의 일은 해야지요."라고 격려를 하면서 뒤이어 오고 가는 말이 점점 흥을 돋우고 있었다. 급기야 그는 폭탄선언 같은 뼈 있는 말을 했다.

"이렇게 되면 신학계에 큰 혁명입니다. 한국 교계는 발칵 뒤집힐 것입니다. 나 감독님은 이사장이고 나는 학장이 될 터이니 나 목사님은 신학 분야에는 터치하시지 말고 오직 성경학자로서 성경 분야에만 관여해 주셔야 합니다. 그래야 제가 신학자로서 신학 분야의 권위를 세울 수 있습니다. 제가 신학으로는 국제적 신학자로 알려져 있는 신학자입니다."라고 다짐하며 내 호응을 바라는 눈치였다.

"C박사님이야 물론 신학자로서 당당한 위치에 있지만 나는 도리어 C박사님께 불명예가 될지도 모르지요."라니까 그는 "아닙니다. 아닙니다. 세상이 나 목사님은 성경에는 그만이라고 모두 인증합니다. 특히 우리 신학계에서도 성경은 나운몽 목사를 따를 이가 없다고들 평가합니다. 20세기에 한 사람밖에 없을 세계적 성경학자라고들 말하고 있습니다. 긍지를 가지고 나서야 합니다."라고 오히려 나를 격려해 준다.

"감사합니다. 나를 그렇게까지 알아주시고 인증을 해주신다니 얼른 곧이들리지 않구먼요."

"아닙니다. 인증을 하고 안 하고가 문제가 아니라 사실은 그 실력이 웅변하고 있는 데야 어떡합니까?"라며 "나 목사님의 성경과 C박사의 신학을 하나로 묶어 나가면 한국의 신학계와 신앙계의 대혁명이 일어날 것입니다."라고 자신만만한 기염을 토했다.

"그렇다면 감사합니다. 나도 그대로 약속합니다. 그 약속을 꼭 지킬 것입니다. 이렇게 되면 사실상 신학 혁명이라기보다 신앙혁명이 일어날 것입니다."라고 나도 나름대로 결심하고 C박사와 단단한 약속을 한 셈이다.

"그렇습니다. 그 대신 제가 나 목사님의 기독교 도리학을 좀 더 신학적으로 다듬고 그 용어까지라도 변질시키지 않을 터이니 그 점에 대해서는 염려 안 하셔도 좋을 것입니다. 즉 그 도리학을 가지고 한국 신학계뿐 아니라 세계 신학계를 한번 개혁을 하자는 것입니다. 절대 가능합니다."라면서 자리에서 막 일어서면서까지 두 주먹을 불끈 쥐고 춤이라도 출 것처럼 우쭐우쭐 뛰어오르듯 했다.

"그 도리학을 내가 어디다 두었는지 찾아야 할 터인데…."하고 성급하게 다그친다.

이런 광경을 흠이 있게 지켜보고 있던 김영민 장로님이 "예, 그 도리학 책은 제게 한 권 있습니다. 제가 갖다 드리지요."라고 재빨리 대답을 하더니 그 후 그 책을 전했다.

그리고 나서 나는 동부 쪽으로 순회를 떠났고 그는 그 준비로 도리학 한 권을 들고 서재로 들어앉았다. 그러나 이것이 처음과 마지막이 될 줄은 몰랐다. 하나님의 뜻은 또 다른 데 있었는지 결국은 C박사를 하나님께서는 하나님 곁으로 데려가셨다.

이렇게 인간 소망을 주었다가는 끊어 버리곤 하시는 하나님의 뜻은 어디에 있는지 나는 아직 모르고 있다. 매사가 이렇고 보니 어떤 것이든 세상에 소망을 가질 수는 없게 하시는 것 같았다.

"바람의 길이 어떠함을 네가 알지 못함같이 만사를 성취하시는 하나님의 일을 네가 알지 못하느니라."고 하셨으니 하나님의 하시는 일을 나는 알지 못하나 하나님은 만사를 성취하고 계신다. 나는 하나님의 뜻대로 성취할 것을 믿을 뿐이다.

그런고로 "너는 아침에 씨를 뿌리고 저녁에도 손을 거두지 말라 이것이 잘 될는지, 저것이 잘 될는지 혹 둘이 다 잘 될는지 알지 못함이니라."(전 11:6)고 한 성경 말씀대로 하나님께 맡기고 결과를 기다릴 수밖에 없었다. "너희 행사를 여호와께 맡기라 그리하면 너의 경영하는 것이 이루리라"(잠 16:3).

Ⅳ. 면박당하고 기도하다 받은 축복

1. 人心은 변하고 시대는 달라져도 天心 안 변해

6.25 동란 직후에 있었던 일이다. 먹을 양식이 없어 과수원에 심었던 시금치로 가족들이 연명을 하고 있었다.

나는 나가서 전도하다가 밤늦게야 집에 들어오곤 했다. 며칠 혹은 몇 주일 정처도 기일도 없는 전도를 하는 때도 있었다. 어느 하루, 날이 저물어 어두울 때에 집으로 돌아왔다. 저녁상이 들어왔다. 웬 하얀 쌀밥에 고깃국과 생선 토막이 놓여 있는 푸짐한 식상이었다. 나는 놀랐다. 평시에 늘 시금칫국에 쌀알이 몇 개씩 섞여 있으면 그것으로 고작이었는데 웬 쌀밥에 고깃국일까?

"이게 웬일이요?"하고 물을 수밖에 없었다.

"시장하실 터인데 어서 잡수시고 보시지요."

"아니, 알고 먹으면 더 좋지 않아요?"

"하나님께서 주셨으니까 그리 알고 어서 잡수세요."하고 먹으라고만 재촉을 한다.

"하나님께서 주시다니 하늘에서 뚝 떨어진 것은 아니겠고 누구를 시켜 보내 왔던가요?"

"그래요. 잡수신 다음에 이야기할게요. 어서 잡수시기나 하세요."하고 기쁨이 충만해서 하는 말이었다. 나는 '하나님, 감사합니다.' 하고 평일과 마찬가지의 식사 기도를 드리고 권면하는 대로 실컷 먹었다. 아무리 생각해도 이상한 일이었다. 상을 물리고 가정예배를 드리려고 성경과 찬송가를 갖고 아이들과 같이 둘러앉았다.

"그런데 웬일인지 알고 예배를 드려야 하나님께 감사예배를 드릴 수 있지 않소?"하니까 그때에야 이야기를 시작한다.

6.25 동란 이전에 공민학교 선생으로 있다가 나와 같이 옥고를 당한 C선생의 아버지가 찾아왔더란다. 지나가는 길에 들렀다기에 홀가분한 마음으로 비상미 몇 홉 있던 것으로 밥을 해드렸다는 것이다.

그때가 오후 3~4시경이어서 점심때는 지났고 저녁때는 아직 안 되었는데 떠나지 않고 하룻밤 주무시고 갈 것으로 보였다. 그래서 저녁을 해드리려면 쌀이 한 홉도 없으니 할 수 없이 일찍 잠자리를 깔아 드렸단다. 염치불구하고 늦게 드린 점심을 저녁으로 때우려니 부끄럽고 송구했으나 어쩔 수 없었던 형편이었다.

그러나 아침을 어떻게 할 것인가? 무엇을 갖고 나가 팔아서 쌀 한 되라도 구해 올까 하고 아무리 살펴보아도 그럴 만한 물건도 없었고 돈을 취할 만한 데도 없었다. 그래서 할 수 없이 바가지를 하나 갖고 등 너머 K영수님 댁으로 쌀을 꾸러 찾아갔다. 굶을지언정 생전 누구에게 쌀 꾸어온 일이 없는 내성적인 성품에 그래도 쌀을 꾸러 나섰다는 것부터가 어디서 나온 용기였는지 알 수 없는 일이었다.

다행히 K영수님이 마당에서 곡식을 헤쳐 말리고 계시더란다. 가마니마다 나락이 수북수북 담겨 있었고 건넌방에도 하얀 쌀이 가득히 담겨 있는 가마니가 보이더란다. 하지만 차마 말이 나오지 않아 망설이다가 그래도 억지로 용기를 내어 "저희 집에 손님이 오셨는데 쌀이 한 줌도 없어서 왔습니다. 한 되만 꿔주었으면 해서요."라고 떨리는 음성으로 간청을 했다. 그러나 K영수님은 "저 쌀은 교회 것이고 꾸어 드릴 쌀이 없습니다."라고 한마디로 거절을 하더란다.

거절당하는 순간 가슴이 덜컥하여 눈물이 푹 쏟아져 나왔다. 남부끄러워 얼굴을 못 들고 돌아서 나오는 발걸음이 왜 그렇게도 빨리 걸어지지 않는지 모르겠다. 그 자리를 훌쩍 뜨고 싶은데도 다리가 굳어진 듯 발이 빨리 옮겨지지를 않았다. 그 산등을 간신히 넘어서 물 없는 모래내를 건너 동뚝에 엎드러졌다.

하나님밖에 호소할 어디 있으랴. "하나님—."하고 엎드려 흐느껴 울며 부르짖었다.

어느덧 해가 지고 밤중이었다. 밤을 새어가며 부르짖었는데 꿈을 꾸다 깨어난 것 같은 기분이었다. 그런 몽롱한 가운데서 예수님보다 앞에 오던 사람이 책망하듯 "금식도 안 하고 그렇게 기도해서 되는가?"하고 빤히 바라보더니 "기도 더 해!"하고 엄위하게 한마디 명령을 하고 떠났다. 아내는 그때부터 나물죽마저 끊어 버리고 금식 기도를 시작했다. 그 다음 날 밤 역시 밤새껏 기도하고 있었다.

기도하다가 비몽사몽 간에 그 전날 밤에 오셨던 그 사람 뒤에 예수님께서 인자하신 모습으로 오시더니 기도를 해주시더란다. 너무 반가워서 그 자리에서 데굴데굴 몸부림을 치며 "나는 죄인입니다. 나는 죄인입니다."하고 울며 부르짖었다.

그때 주께서는 부드러운 음성으로 '다시는 죄인이라고 하지 말라. 이미 네 죄는 사했느니라.'고 하시면서 온 전신을 안찰해 주시더니 마지막으로 머리 위에 손을 얹으시고 '이제부터는 네 독에 쌀이 마르지 않으리라.'고 축복을 해주시더란다. 마치 엘리야를 공궤하던 사르밧 과부에게 임했던 축복과 같은 복이었다.

날이 밝아 아침 해가 동쪽을 훤히 밝히고 있을 때였다. 누가 쌀 한 가마를 힘들게 지고 찾아오고 있었다. 그 뒤에는 어떤 권사님 같은 이가 쇠고기와 미역, 갈치 등 반찬거리를 들고 뒤따라오고 있었다. 문 앞 토방에 내려놓고 "이 집이 나 장로님 댁이지요?"하고 묻더니 "저희는 갖다 드리라고 해서 심부름 온 것뿐입니다."하고 떠나더란다. 아무리 누가 보내더냐고 물어도 그것만은 말하지 말라 했다면서 말을 안 하더란다. 그래도 따라 나가며 물었더니 대구의 어떤 집사님이 보냈다는 것이다.

하나님께서 꿈에 현몽하시기를 "내 사랑하는 종이 굶고 있느니라."라고 한마디 말씀을 주시고 사라졌는데 "나 장로님 댁에 쌀이 떨어졌구나."하는 직감이 오면서 꿈에서 깨어났다는 것이다. 그래서 견딜 수 없는 충격이 밀어닥쳤기 때문에 어서 빨리 쌀을 보내야 한다고 급하게 사람을 얻어서 보냈다는 것이다.

이처럼 눈물겨운 사연이 스며 있는 밥상이었다. '주님께서는 이렇게 세밀한 데까지 배려해 주시는구나.'하고 그 사랑을 느끼는 순간 어느덧 눈물이 두 볼을 적시고 있었다. 쌀을 보내준 그이는 누구일까? 주님만이 아시는 그이를 지금도 우리는 모르고 있다. 그는 오른손이 하는 것을 왼손이 모르게 했다. 은밀한 중에 보시는 하나님께서 갚으실 것이다 (마 6:3). 사실상 그 후부터는 우리 집 쌀독에 쌀이 마르지 않았다.

까마귀를 시켜서라도 엘리야를 먹이시던 그 하나님이 사르밧 과부의 가루단지에 가루가 마르지 않게 하시던 그 하나님이신데 오늘이라고 달라졌을 리가 없으시다.

인심은 변하고 시대는 달라져도 하나님은 변치 않고 달라지지 않고 계시다. K영수님의 매정한 거절은 한 여인의 눈물을 자아내게 했지만 그 눈물 까닭에 하나님의 크신 사랑과 큰 축복을 받았으니 이것도 전화위복(轉禍爲福)이라고 해야 할 일이 아닐까?

그래서 '네 독에 쌀이 마르지 않으리라.'는 축복은 K영수님으로 인한 축복이니 K영수님을 야속하다기보다 오히려 감사해야 할 일이라 생각하고 나니 마음이 그렇게 편할 수가 없었다는 것이다.

이렇게 안 되는 것 같으나 되게 하시는 하나님이시고 남을 원망하기보다 은혜로 받아들이면 축복이 되고 보응과 채찍도 자신으로 말미암았다고 깨닫고 반성하면 채찍까지도 복으로 화하게 하시는 하나님이심을 절실히 느끼게 되었다.

2. 용문산 직원들 무더기 검거당하는 수난기

또 한 번은 용문산에서 당한 연쇄적인 환난과 억울한 일로 말미암아 기도하다가 받은 축복이 있다.

1961년 5.16 혁명이 있은 그해 여름 어느 날이었다. 용문산에 간첩이 잠복해서 모종의 공작을 하고 있다는 허위정보에 의하여 계엄사령부 제5관구에서 파견한 수색대와 사복 경찰관들로 구성된 군경 합동수색대가 용문산에 갑자기 밀어닥쳤다. 군인들은 용문산 산상에서부터 포위하여 포위망을 압축해 들어오고 사복경찰대는 원내 각 가정을 수색해 들어오면서 원내 사람들은 모조리 대성전으로 모아 놓고 일일이 신분 조사를 했다.

기도원이 생긴 이래 처음 있는 일이었고 무장군대까지 투입되었으니 예삿일이 아니라는 직감이 들면서 성도들은 불안과 공포 속에 떨고 있었다.

청년들은 누구를 막론하고 분별없이 모조리 트럭에 실려 김천 경찰서로 끌려갔다. 재산 성도들은 이집 저집에서 '시계를 잃었다.', '반지를 잃었다.'는 등 도난을 당했다. 도난을 당하고도 공포에 질려 조심스럽게 여기저기서 쑥덕일 뿐이었다. 그때 우리 집에서도 세수하느라고 문 입구에 풀어놓았던 손목시계가 없어졌다. 한두 집이 아니고 여러 집에서 당한 일이니 그냥 덮어둘 일이 아니라 생각되어 김천 경찰서장에게 이런 일이 있었다는 사실을 자세히 보고했다. 원내 성도들을 대성전에 모아 놓고 빈집을 수색한 경찰관들의 입장은 곤란에 빠졌다. 누구의 소행일까?

5관구 정보과에서도 이 같은 도난사건이 발생했다는 사실에 대해서 크게 관심을 가지고 조사도 했고 경찰서장과의 대책 협의도 했지만 별다른 방책이 없었던지 김천서원을 대폭 이동하고 한 사람만 남겨 놓았다는 소문이 들렸다.

그런 일이 있는 후 1961년 가을부터 용문산은 큰 수난을 겪게 되었다. 용문산에서 공부하던 학생도 수도하던 수도생도 성경을 가르치던 교직원도 검거하기 시작했다. 기타 직원들도 몇 사람 투옥당하는 등 영문 모를 일들이 벌어져 이번에는 또 누구의 차례일까 해서 모두 공포에 싸여 달리 손쓸 길이 없었고 오직 기도에만 전력하고 있었다.

그러나 그 해를 넘어 62년 2월에는 나까지 투옥을 당하게 되었다.

이런 사고 발단은 나아만 기도원장이라는 이X란 자가 '떠버리'라는 별명을 갖고 있는 미친 것 같은 여인을 교사하여 허위행위에 의한 고자질을 경찰에 하게 한 것으로 시작된 일이다.

이처럼 큰 환난을 당하고 보니 기도하러 왔던 성도들은 실의에 빠져 내려가는 이들도 있었고 유언비어에 미혹을 받아 방황하는 원내 성도들도 있었다. 이제 용문산은 뿌리째 뽑힌다는 소문도 나돌고 있었다.

그런데 하루는 우리 신학생 중에서도 신앙이 좋다고 이름 있는 성O도라는 학생이 웬 두툼한 봉투 하나를 가지고 와서 내 아내에게 내놓더란다.

"이게 무엇이오?"라고 물었더니 갖고 온 학생의 대답이 "보시면 알 것입니다."하면서 뭔가 석연치 않은 태도로 머뭇거리며 말을 힘없이 더듬더란다.

"뭣이길래 그렇게 말하기가 힘드시오. 무엇인지 알고야 보아도 볼 것 아니요?"라고 다그치니까 비로소 하는 말이 "고산기도원 원장님이 용문산에 대한 계시를 받은 계시문입니다."라고 간신히 억지 용기를 내면서 확답을 하더란다.

고산기도원이라면 전북 이리에서 얼마 멀지 않은 곳에서 신XX라는 여인이 경영하는 기도원인데 그가 계시를 받아 성도들의 앞날을 예언해 준다는 곳이었다. 그 예언으로 인해 그 당시 한참 인기가 높아가고 있어 은혜를 사모하는 많은 성도들이 몰려간다는 신흥기도원이었다.

그가 계시받았다는 그 예언서를 나 장로 부인에게 꼭 전해 주어야 할 사명이 그 학생에게 있다면서 받아쓰라고 해서 자기 손으로 써갖고 왔다 하더란다. 그 봉투를 헤치기만 하면 무슨 저주라도 폭발될 것 같은 불길한 예감이 앞서 가슴이 떨리고 오금이 저려서 봉투에 손을 대기도 두려웠다는 것이다. 그래서 그 학생에게 좀 읽어 달라고 부탁을 했다.

3. 자신이 망할 것을 드러내는 계시도 있어

그는 그 기나긴 계시 문을 무뚝뚝하게 한 장 한 장 넘기며 읽기 시작했다. 들을수록 점점 억울한 소리와 숨 막히는 소리로 점철되어 있었다.

"이럴 수가, 이럴 수가?" 소리가 저절로 터져 나오는 입술을 억지로 깨물고 숨을 죽여가며 들었다. 기가 막혀 기절이라도 할 것 같은 심정이었다. 한마디로 요약한다면 '용문산 기도원은 완전히 망하여 쑥대밭이 될 것이고 나 장로는 옥중에서 죽어 썩은 송장으로 나오리라.'는 것이었다. 아내는 너무 놀라서 멍하니 그 학생만 바라보다가 "학생은 이 말이 그대로 믿어지나요?"라고 물었다.

"하나님의 계시를 그대로 안 믿으면 어떡합니까?"라고 하는 데는 더 할 말이 없었다.

어안이 벙벙했을 뿐이다. 기도도 많이 하고 신임을 받고 있는 학생이라는 데서 더욱 그랬다.

"그렇다면 이 계시를 어떻게 받았다는 것이지요?"

"그 원장님이 기도하시다가 하나님의 계시를 받아서 말이 나오는 대로 나는 받아썼을 뿐입니다."

"그러면 이 글은 학생이 직접 듣고 받아썼으니 의심할 여지가 없다는 것이지요?"

"나는 그저 그대로 전해 드려야 할 사명이 있기에 전해 드리는 것뿐입니다."

아내는 이럴 수가 있을까 싶어서 같은 말이지만 또 물었다.

"이것이 분명 하나님의 계시라고 믿어진다는 말이지요?"

"나는 그렇게 믿습니다."

"그렇다면 우리 용문산은 이것으로 아주 끝장이 나는 것 아니오?"

"글세, 저는 모릅니다. 하나님의 계시이므로 전해야 할 사명에 순종한 것뿐입니다."하고 더 이상 말할 필요도 없다는 듯이 나가 버리더란다.

그때부터 북받쳐 나오는 울음을 참을 수 없어 목 놓아 울었다.

"하나님, 이럴 수가 있습니까? 이날까지 주님을 위해 산다는 것이 필경 이 꼴이 되었으니 이게 웬일입니까?" 몸부림치며 머리를 아무렇게나 꾸겨 박고 온 방안을 두루 휩쓸며 부르짖었다.

"이렇게까지 멸망을 해야 할 일이라면 왜 직접은 좀 안 알려 주시고 고산기도원에는 알려 주셨습니까? 아버지 이제라도 좀 알려 주십시오. 참말로 우리는 망하는 것입니까? 직접 좀 알려 주소서." 기진맥진할 때까지 먹지도 마시지도 않고 그 하루와 한밤을 몸부림치며 지새웠다.

새벽기도 시간이 되었을 무렵 '너희는 아셀 지파의 기업을 받았느니라.'라는 음성이 어디선가 들려왔다. 실지로 누가 왔는가? 해서 앞을 바라보니 어느 사이 옥중에 있는 내 얼굴이 환하게 나타나며 '아셀 지파 축복장'이라는 흰 봉투를 들고 우뚝 서 있더란다. 흐뭇한 표정으로 묵묵히 서 있다가 사라지더란다. 비몽사몽 간에 나타난 환상이었다. 음성과 환상이 이렇게 현실과 같이 명확하게 들리고 보였으니 의심할 여지가 없었다. 너무 반갑고 기뻐서 '아셀 지파, 아셀 지파'하며 잊지 않으려고 몇 번이나 되뇌이며 기뻐서 어쩔 줄을 몰랐다.

실상은 그때까지 열두 지파 이름을 다 모르고 있었다는 것이다. 레위 지파라든지 유다 지파라든지 하는 유명한 지파도 아닌 아셀 지파란 그 이름조차 처음 듣는 이름 같았다. 그래서 아셀 지파라는 지파가 있기는 한가 하고 옆집 이진규 장로님에게 가서 물어보았다.

성경을 찾아보니 과연 아셀 지파가 있었다. 창세기 49장 20절에 "아셀에게서 나는 식물은 기름진 것이라 그가 왕의 진수를 공궤하리로다."라고 그 아버지 야곱이 축복해 준 복이었다. 이 말씀을 찾아보고 얼마나 기뻐했는지 모른다. 밤새워 울던 울음이 변하여 기쁨이 되었고 실망이 변하여 소망이 되었으니 원망스럽던 성X도 학생이 보고 싶을 정도였다. 그로 말미암아 전화위복이 되었으니 사라지고 오히려 반갑게 대하고 싶었다.

그런 일이 있은 후 아내는 옥중에 있는 나에게 면회를 와서 하는 말이 "우리는 아셀 지파의 축복을 받은 가정이니 염려 마세요."라면서 창세기 49장에 있는 말씀 내용을 읽어주며 그 계시를 받던 이야기를 해준다. 나는 그때 아내의 기쁨에 넘친 얼굴을 바라보며 나역시 기쁨으로 받아들였다.

"그것은 아버지가 아들에게 축복해 준 내용이고 하나님의 사람 모세가 열두 지파에게 축복해 준 복이 신명기 33장에 있는데 거기에 있는 아셀 지파의 축복이 진짜 내가 받은 축복일 터인데 거기를 보시오."했더니 그 즉시 신명기 33장을 펼쳐 보았다.

24절에 기록되기를 "아셀에 대하여는 일렀으되 아셀은 다자(多子)한 복을 받으며 그 형제에게 기쁨이 되며 그 발이 기름에 잠길 지로다 네 문빗장은 철과 놋이 될 것이니 네 사는 날을 따라서 능력이 있으리로다 여수룬이여 하나님 같은 자 없도다 그가 너를 도우시려고 하늘을 타시고 궁창에서 위엄을 나타내시는 도다 영원하신 하나님이 너의 처소가 되시니 그 영원하신 팔이 네 아래 있도다 그가 네 앞에서 대적을 쫓으시며 멸하라 하시도다." 이 말씀을 읽는 동안 아내는 감격의 눈물로 두 볼을 적시고 있었다.

하나님의 축복은 과연 그대로였다. 허위 모략을 받아 잠시 옥고를 당하기는 했으나 무죄로 석방되고 그 후 용문산 성업은 날로 왕성하여 기름진 동산이 되었고 다자의 복을 받아 5형제가 자랑스럽게 자랐고 사는 날 동안 능력이 있으리라는 그대로 노익장 하는 건강과 능력이 더해 가고 있다.

반면에 용문산은 망한다고 계시를 받았다던 고산기도원이 졸지에 멸망을 하고 원장도 자신이 계시받았다던 예언 그대로 자신이 망하고 말았다. 그야말로 기도원 터가 쑥대밭이 되고 말았다. 그 계시는 자신이 망하여 나체가 드러날 것을 예언으로 드러냈던 사울 왕의 예언과 같은 일이었다.

V. 천사를 가장한 사단의 역사

1. 성령 역사에는 사단 역사 뒤따르고 있어

성령의 불길은 1951년 용문산 산중에서부터 폭발되어 대구, 부산, 서울로 번져가기 시작했다.

대구에서는 대한 예수교 장로회 애양교회(당시 박병훈 목사 담임)에서부터 시작되었고, 부산은 충무로 광장에서부터 평신도 주최로 시작되었으며, 서울에서는 남대문 안에 불타다 남은 창○장로교회에서 시작되었다. 당시 창○교회의 담임자는 김치선 박사였으나 그 밑의 부목으로 있는 강도사가 주장해서 집회를 열었다.

그때에 '우리가 받아야 할 성령과 그 은사'라는 교안과 '박 군의 심정'이라는 궤도를 걸어 놓고 전례 없는 방식의 강의를 했다. 물론 이것은 낮시간 강의였고 밤에는 간증을 중심한 전도 강연이면서 '우리가 알아야 할 시대와 섭리'라는 교안이 바탕이 된 애국적 설교였다.

그때가 6.25 동란에서 겨우 수복되어 돌아온 성도들의 모임이었으니까 마음도 안정이 안 되었고 장소도 불타다 남은 교회당에서 열린 집회이니만큼 모든 면에서 서글픈 환경이었다. 더욱이 강사도 갑자기 나타난 강사인 데다가 산중에서 수도하다가 나왔다는 소문이 퍼지고 있었으니 모두의 호기심과 의아심이 엇갈리는 분위기였다. 그러나 성령의 역사는 강하게 나타나서 장내를 눈물에 젖은 울음소리로 메웠고 성령의 불길로 각자 심령을 뜨겁게 불태우고 있었다.

그때 눈에 드러나게 나타나는 청년 집사가 한 사람이 있었다. 얼굴이 맑고 키가 늘씬한 데다가 양복과 모자가 단정하게 단장된 젊은 신사 집사였다. 시간만 되면 지각 않고 반드시 나타나는 그였다. 꼭 택시로 와서 문 앞에 내렸기 때문에 더구나 기억에 사라지지 않는다. 그는 원효로에서 베어링을 만드는 소규모의 가내공업 같은 공장을 하나 갖고 있었다.

나를 기어이 자기네 집으로 모셔다가 식사 대접을 하고 싶다면서 데리고 갔다. 그는 은혜를 사모해서 변계단 권사의 먹던 물이나 밥이 보이면 놓치지 않고 먹곤 했다는 것이다. 그러면서 나를 대접하려는 것도 그런 의미에서 음식을 나누고 싶었고 먹다 남은 것을 자기가 먹어야 했다. 그 후부터 내가 어디서 집회만 한다면 반드시 따라오곤 했다.

84년도부터는 공장은 누구에게 아주 맡겨 버리고 나섰다. 그때는 내가 계속해서 전국을 순회 중에 있었으니까 계속 따라다니며 찬송을 인도하면서 전도에 주력했다. 그리고 그는 믿음이 워낙 좋았다. 한번은 부산서 집회를 하는데 그때는 박민어 장로도 같이 가서 한 숙소에서 같이 지내게 되었다. 하루는 집회시간을 마치고 숙소로 돌아와서 다과를 나누고 있었다.

박민어 장로는 껌을 누가 주니까 씹지를 않고 씹어 삼키곤 했다. 그것을 발견한 박 집사는 큰일이나 난 것처럼 "저 껌이 속에 들어가 배에 붙으면 어떡하느냐?"고 하면서 남은 껌을 회수하고 박 장로님의 등을 두들기며 야단을 하더니 누군가 옆에 앉아 있다가, 속에 들어가도 붙지는 않는다고 하니까 그때에야 안심이 되었던지 한참이나 웃었다.

그리고 나서는 박 장로님의 손을 펴도록 하자면서 그 손을 두들기기 시작했다. 본시 문둥병으로 뼈마디가 빠지면서 오그라진 손인데 얼른 보면 화상을 입은 손 같기도 했다. 병이 완전히 나았지만 오그라진 손이 손가락 뼈마디가 빠졌기 때문에 원상태로 펴지는 못할 손이었다. 그런데도 "그렇게 믿음이 없느냐?"면서 그 오그라진 조막손을 두들기며 오그라진 손가락을 억지로 잡아당겨 보기도 하며 박 집사는 진심으로 그 손을 고치려고 애를 써보았다.

나는 피곤해서 자리에 누웠는데도 박 집사는 그 손을 고쳐 준다고 비비고 두들기고 잡아당기고 그러기를 몇 시간이나 지났다. 박 장로는 고쳐지기를 바라고 주여, 주여 하며 아픈 것도 참고 있었다. 두 분 다 내 믿음보다는 훌륭하다고 생각되었기에 나도 그것을 막으려고 하지 않았다. 밤새껏 두 분이 마주 앉아 주여, 주여 하며 조막손을 붙잡고 애썼지만 아침에 일어나 보니 손만 퉁퉁 부었고 펴지지는 않았다. 박 집사는 박 장로의 믿음이 없어서 그렇다는 것으로 매듭을 짓고 말았다. 박 장로는 그 손만 부은 것이 아니고 팔 전체가 어깨에까지 부어올랐다면서 그로 인해 몸져누워 앓기까지 했다.

어디를 가든지 박 집사는 여전히 따라가서 찬송을 인도하고 열심히 집회에 도움을 주고 있었다. 하루 세 차례 새벽과 오전과 밤에 집회가 있었고 오후에는 쉬는 시간이다. 그 시간에는 기도와 성경으로 시간을 보내고 있노라면 박 집사는 언제나 누워서 천정만 바라보고 입으로 공기를 들이마시는 소리를 훅훅 내고 있었다.

언제나 같이 다니면서도 성경 읽는 것을 그리 볼 수 없었다. 그래서 그렇게 누워만 있지 말고 성경을 좀 보라고 했더니 "글쎄, 보아요."하고 억지로 잠깐 성경을 보는 것 같다가도 또 누워서 숨만 들이쉰다. "그만큼 보았으면 성경이 다 이루어졌는데 이제는 생기만 마시면 돼요."하고 성경 읽으라는 소리를 귀찮게 여기곤 했다. 기도도 좀 하라고 재촉을 하면 '기도도 다 이뤄졌다.' 면서 역시 누워서 생기를 마신다고 입으로 훅훅 기운을 들이 마시곤 했다. "하는 짓이 이단이란 소리를 들을 만한 행동이니 당신의 앞날이 위험하오. 아무렴 장로교 집사가 그래서야 되겠소?"하고 타일러 주어도 막무가내였다.

평시에는 "훅…, 훅…" 숨을 들이마시지만 누구에게 안찰을 해줄 때에는 "쉭…, 쉭…" 숨을 내쉰다. 눕혀 놓고는 눈에서부터 내리 안찰을 한다. 배를 제일 많이 비비는데 그때에는 "쉭…, 쉭…" 숨을 내뱉는다. 그는 안수기도를 하는 것이 아니고 비비고 두들기고 하는 안찰을 하는 것이 그의 특색이었다. 집회 마지막 날 전체 안수를 해줄 때에는 그도 꼭 내 뒤를 따라다니며 안수를 해주기는 했으나 평시에는 안수기도를 해주는 것은 볼 수 없었다. 눕혀 놓고 안찰을 할 때에는 뱃가죽이 벗겨질 때까지 비비는 경우가 많았다. '하나님의 능력으로 병이 고쳐져야지 그렇게까지 힘주어 비벼야 하는 것인가?' 해서 누누이 말을 해주었으나 그는 듣지 않았다. 기도하며 안찰을 하는 것도 아니고 이야기해 가면서 "쉭…, 쉭…"하는 것뿐이고 기도는 전혀 없었다.

2. 힘과 능으로 안 되는 일은 오직 성신으로 가능

그러던 중 어느 하루였다. 오전 집회를 마치고 나는 숙소에 들어왔다. 그러나 박 집사는 계속 집회를 한다면서 남아 있었다. 얼마 안 되어 어느 교인 한 분이 뛰어들어오면서 "큰 이적(異蹟)이 일어났습니다."하고 숨 가쁘게 일러 주면서 "앉은뱅이가 일어났습니다. 앉은뱅이가…. 나면서부터 앉은뱅이가 일어났어요."라고 나더러 빨리 나가 보란다.

나는 너무 반가워서 집회현장으로 뛰어나갔다. 사람들이 겹겹이 둘러서서 뭐라고 떠들썩하며 야단스러웠다. 더러는 "앉은뱅이가 일어났어." "앉은뱅이가 일어났다니까!"하면서 만나는 사람들에게 분주히 전해 주면서 급하게 돌아가는 이들도 여기저기 보였다.

나는 그 둘러싸인 인파를 헤치고 들어가 보았다. 영양실조로 야윈 체구의 16, 17세로 보이는 소년이었다. 양 팔죽지를 잡혀 곤욕을 치르고 있었다. 좌우에는 장정들이 소년의 팔죽지를 끼어 들고 있었고 박 집사는 그 소년의 무릎을 두들기며 한편 손으로는 오그라진 다리를 펴보려고 억지로 다리를 당기는 등 무리한 완력을 자행하고 있었다. "쉭…, 쉭…"하는 그의 독특한 소리를 발하며 양 죽지가 매달려 있는 앉은뱅이의 오그라진 다리를 붙잡고 비비기도 하고 두들기기도 당기기도 하며 애쓰는 박 집사의 심정은 당장에라도 그 다리가 펴질 것만 같아서 그랬을 것이다.

하지만 이것은 믿음에서 탈선된 행위였다. 하나님의 능력을 믿기보다 자기의 방법에 의한 자기 능력을 과시하려는 무리한 행동이었다. 그러나 주변에 둘러선 순진한 신도들은 굳은 힘을 쓰면서 "주여, 주여"하는 이들도 있었고 "일어선다, 일어선다, 걷는다."하며 손뼉을 치는 이들도 있었다. 누군가가 한 사람 손뼉을 치며 "걷는다!"하면 다 같이 손뼉을 치며 "걷는다. 걷는다!"하며 외친다. 그 소리는 연쇄적으로 앞에서 뒤로 퍼져 나가곤 한다. 뒤의 사람들은 보지도 못하고 "앉은뱅이가 걷는다."를 따라한다.

"앉은뱅이가 걷는대…"하며 박수를 치니까 거짓도 참같이 퍼져 나가고 있었다. 내가 현장에 나와서 보고 있는 줄도 모르고 박 집사는 열심히 애쓰고 있다가 "박 집사, 믿음이 너무 좋아…. 부산서는 박 장로를 그렇게 하더니 여기서도 또…"라고 하는 내 음성이 들리니까 흠칫 놀라며 일어선다.

나는 그 팔죽지를 치켜들고 서 있는 이들에게 그 아이를 바닥에 놓으라고 했더니 멋쩍은 표정으로 바닥에 털썩 놓았다. 펄썩 주저앉는 아이는 몹시 괴로워하는 표정이었다. 얼굴을 찌푸리고 눈을 치솟으며 나를 빤히 바라본다.

"어디 네 혼자 일어서 보아라."하니까 그는 머리를 설레설레 흔든다.

"그래도 한번 일어서 봐…."하고 손을 붙잡아 주니까 일어서려고 안간힘을 쓰더니 맥없이 풀썩 주저앉고 만다.

"그래도 그만큼 일어설 수 있게 되었으니 감사한 일이야."했더니 그 소년은 "집에서도 이 정도는 일어섰어요."하고 별다름이 없다는 뜻으로 나를 빤히 바라본다. 무릎을 어루만지며 주저앉은 그의 모습이 가엾기만 했다.

"무릎이 아프냐? 왜 그러지…?"하고 무릎을 보니 빨갛게 부어오른 것 같았다.

"이거 붓지 않았니?"하고 물었더니 "부었어요. 아파요."하며 무엇을 애원하는 듯 가엾은 표정을 지으며 나를 빤히 바라본다. 본시 앉아서는 걸을 수 있었는데 이제는 앉아서도 걸을 수 없게 되었다는 뜻으로 앉아서 걸어 보려고 하더니 도로 주저앉으며 눈물을 닦고 있었다.

베드로와 요한은 성전에 올라갈 때에 나면서부터 앉은뱅이 된 자를 사람들이 메고 와서 미문 앞에서 구걸하게 한 것을 보고 "내게는 은과 금은 없거니와 내게 있는 것으로 네게 주노니 곧 나사렛 예수 그리스도의 이름으로 걸으라."하고 오른손을 잡아 일으키니 발과 발목이 곧 힘을 얻고 일어서 뛰기도 하고 걷기도 했다(행 3:1~8). 그는 기뻐서 뛰며 찬미하면서 성전에도 뛰어들어가 모든 사람에게 보여 주었다. 성도들은 사도 시대에 있었던 그 같은 일이 일어난 줄만 알고 헛소문을 퍼뜨리고 있는 것이 하나님 앞에 두려웠고 사람들 앞에 부끄럽기 짝이 없었다.

빨리 택시를 불러다가 태워 보내고 숙소로 들어와서 곰곰이 생각해 보았으나 생각할수록 남부끄러운 일이었다. 사도 시대에는 가능했던 일이 왜 지금은 안 되는 것일까? 믿음이 아직 부족했고 또 그런 능력은 하나님께서 같이하실 때에 하나님의 능력으로 가능한 것이지 사람의 능력으로 되는 것이 아니라고 깨달았다. 그래서 하나님께서는 "이는 힘으로 되지 아니하며 능으로 되지 아니하고 오직 나의 신으로 되느니라."(슥 4:6)고 하셨다는 것을 알 수 있었다.

나는 박 집사에게도 이 같은 성경 말씀으로 타이르기도 했지만 그는 듣는 척하면서도 자기대로의 불만이 가득해 있었다. 그냥 내버려 두었더라면 그 앉은뱅이를 고칠 수 있었다는 것이 그의 생각이었는지 모른다. 예수님께서 사도들을 내보내실 때에 "더러운 귀신을 쫓아내며 모든 병과 모든 악한 것을 고치는 권능을 주시니라."(마 10:1)고 그 권능을 따로 주셨기 때문에 사도들이 나가서 전파할 때에는 그 권능을 행사할 수 있었다.

하지만 전도를 마치고 돌아와서 있을 때에는 그렇지도 않았다. 언제든지 그 권능이 나타나는 것은 아니었다. 벙어리, 귀신 들린 아이를 그 아버지가 제자들에게 데리고 와서 귀신을 쫓아내어 달라고 애원했지만 그 제자들은 그 귀신을 내쫓지 못했다(막 9:17~18). 이 사실을 그 아이 아버지가 주님께 호소했을 때에 '믿음이 없는 세대'라고 꾸짖고 주께서 친히 그 아이를 고쳐 주신 일이 있다(막 9:19~27). 그러나 박 집사는 그 말씀을 새겨들으려고 하지 않았다.

3. 나 장로 주 강사로 세우겠다던 남산 대성회

그 후 서울로 올라가서 서울 집회 석상에서, 대전에서 있었던 일을 의도적으로 허위선전을 하고 있었다.

그날도 역시 준비 찬송을 인도한다면서 박 집사는 나보다 먼저 집회장으로 나갔다. 조금 후 나도 시간이 되었기에 나가서 단에 올라가 대기하고 있었다. 내가 나와 있는 줄도 몰랐던지 찬송을 인도하다 말고 엉뚱한 거짓말을 예사스럽게 늘어놓는다. 짙은 평안도 사투리로 "아, 글쎄 대전서 앉은뱅이가 일어났수다래, 이 손이 가서 닿으니까 나면서부터 앉은뱅이가 일어났어요. 이 손이….."하고 손을 들어 자랑하는 순간 "아멘!" 소리와 박수 소리가 폭발하며 장내를 뒤엎는 듯했다.

하나님 두려운 줄을 모르고 예수의 이름으로 그 같은 거짓말을 그 많은 대중 앞에서 예사스럽게 하고 있으니 나는 뭐라고 해야 할는지 그때 당황했던 심정을 가늠할 길 없어 엎드려 "주여, 주여"하고 주님만을 찾았다. "후일에 어떤 사람들이 믿음에서 떠나 미혹케 하는 영과 귀신의 가르침을 좇으리라 하셨으니 자기 양심이 화인 맞아서 외식함으로 거짓말하는 자들이라."(딤전 4:1, 2)고 한 성경 말씀대로 그가 귀신이 가르침을 좇지 않고서야 어찌 얼굴도 붉히지 않고 그런 거짓말로 하나님 앞에서 교인들을 우롱할 수 있는 것일까?

그리고 양심에 화인을 맞지 않았다면 당장에 드러날 그 엄청난 거짓말을 어떻게 할 수가 있었을까? 내 마음은 착잡하지 않을 수 없었다. 그것이 귀신의 역사라고 생각할 때 그것을 그냥 방임할 수도 없는 일이었다. 그렇다고 당장에 중단시킬 수도 없는 분위기였다. 어떻게 해야 할 것인지 내 입장은 난처하기만 했다. 장내 분위기로 보아 어찌할 수가 없었다.

시간을 마치고 나서였다. 나는 그를 내 방으로 좀 오라고 했다. 그는 예감이 불안했던지 얼굴을 찌푸리고 귀찮다는 듯이 "왜 그래요?"하며 앉지도 않았다.

"그리 좀 앉아요" 하고 나 역시 좋지 않는 안색으로 대했다.

"대전서 언제 앉은뱅이가 일어났었단 말인가? 오히려 더해서 택시에 태워서 보내지 않았는가? 그런 거짓말을 하면 하나님께서 기뻐하실 줄 아는가? 하나님 두려운 줄을 알고 살아야지, 그래서는 안 돼…"하고 아무런 대답도 안 하는 그를 앞에 놓고 기도했다. 잘못을 용서해 주시라고 기도했지만 그는 아무런 회개의 빛도 보이지 않은 채 나가 버렸다.

그 후 얼마 안 되어서였다. 박 집사가 장로 안수를 받았다는 소문이 들려왔다. 그리고 남산집회를 새로 인수한 박 장로가 하게 되었다는 것이다. 실은 남산집회에 나 장로를 주 강사로 세우고 미국의 짤비스 목사와 한국의 여러 부흥사들을 교대해서 세우면서 1개월 동안을 계속 열자던 집회였다.

이 집회는 바브 라이스가 운영하고 있는 대구의 기독교 부흥협회에서 주최한다면서 라이스 선교사가 나더러 주 강사로 1개월간을 계속해 달라고 교섭을 하기에 다른 스케줄을 변경하면서까지 그의 요청을 받아들였던 것이다. 그랬지만 라이스 선교사는 이 일을 김ㅇ선 박사와 의논을 했다는 것이다.

김 박사는 나 장로는 어디서 어떻게 장로가 된 사람인지 그 신원이 확실치 않은 사람일 뿐 아니라 그의 집회에 큰 역사가 일어나는 것은 그의 능력이 아니고 그를 따라다니며 찬송 인도하는 박 집사의 능력으로 그 같은 역사가 일어난다고 주장했다는 것이다. 그리고 나 장로를 주 강사로 세우면 한국 교계에서 받아들이지 않을 일이라고 다른 목사들도 곁들여 조언을 했기 때문에 바브 라이스 선교사는 고민하던 끝에 김 박사의 의견을 따르기로 했다는 것이다.

한국에서는 일찍이 볼 수 없었던 대대적인 성신 집회를 열면서 박 집사를 세우는 데는 집사 이름 그대로는 안 되겠다 하여 김 박사는 서둘러 박 집사에게 갑자기 안수를 해서 장로로 장립을 시켰다. 박 장로를 남산집회에 강사로 세우게 하였다는 그때부터 나 장로는 가짜 장로라는 소리를 듣게 되었고 박 장로는 정통 장로교의 장로라는 칭호를 갖고 전무후무했던 큰 집회 강사로 당당하게 등장하게 된 것이다.

너무나 비약적이었다. 이것이 결국에는 화근이 되리라고는 아무도 예측하지 못했던 일이다. "저런 사람들은 거짓 사도요 궤휼의 역군이니 자기를 그리스도의 사도로 가장하는 자들이니라…. 사단도 자기를 광명의 천사로 가장하나니 그러므로 사단의 일꾼들도 자기를 의의 일꾼으로 가장하는 것이 또한 큰일이 아니라 저희의 결국은 그 행위대로 되리라."는 성경 말씀은 그 같은 자들을 두고 한 말씀임을 알 수 있었다.

4. 두어 조각 떡을 위해 남의 영혼 사냥질해

한국 교회가 그만큼 영안이 어두웠다는 것만은 사실이었다. 그 당시로서는 전례 없었던 큰 집회면서도 그때의 분위기로 보아 다른 강사들은 응하지도 않았기 때문에 박 장로는 오히려 얼씨구나 하고 의기양양하게 나섰다. 그래서 남산집회는 박 장로의 독무대가 되었다.

대대적인 선전과 선진강사, 기적의 강사가 나타나 하늘에서 불이 떨어진다는 소문과 아울러 만병이 통치된다는 소문이 파다하게 퍼지게 되면서 모여드는 교인들과 불신자들까지 몰려와서 인산인해를 이루었다.

단상에는 이름 있는 목사들을 수십 명 쭉 올려 앉히고 박 장로는 설교를 한다는 것이 성경에도 없는 헛소리를 늘어놓으면서도 하나님과 직접 통내하는 것같이 담대하게 외쳤다. "거짓말을 좋아하며 거짓말을 지어내는 자마다 성 밖에 있으리라."는 성경 말씀대로 그의 외침은 천성문 밖의 외침이었다.

요는 자기가 누구에게 안찰을 해도 성령을 받은 사람은 아프지 않지만 성령 못 받은 사람은 마귀 새끼가 뱃속에 둥지를 틀고 있기 때문에 배에 손이 가서 닿으면 아프다는 것이다. 자기 손은 거룩한 손이기 때문에 그렇다는 것이다. 그래서 마귀 새끼 뽑아낸다고 눈에도 배에도 가슴에도 손으로 안찰을 한다는 주장이었다.

마귀도 각종 마귀가 있어 재물마귀, 음란마귀, 욕심마귀, 불평마귀 등 마귀 이름도 그때 그때 되는 대로 이름을 붙여 부른다. 단상에 올라앉았던 목사님들부터 안찰을 받아야 한다면서 한 사람 한 사람 모조리 하는데 얼굴을 찌푸리며 아프다고 하면 아직 성령을 받지 못하고 마귀 새끼가 가득해서 그렇다면서 그 마귀 새끼를 뽑는다고 비비고 때리고 해서 뱃가죽이 찔찔 벗겨지게 한다. 그렇게 되면 손닿는 곳이 따갑지 않을 리가 없다. 따갑다고 하면 그때에야 성령의 불이 내려서 껍질이 타서 벗겨졌다면서 놓아 주곤 했다.

그래서 안 아픈 척하려니 배에 굳은 힘이 주어지고 배가 딴딴하면 마귀 새끼가 속에 있어 딴딴하다면서 더 비비고 때리니 껍질이 벗겨지니까 견딜 수가 없어 따갑다고 할 수밖에 없다는 것이다. 그처럼 몹시 당한 목사님들 몇 분이 나를 찾아와서 솔직한 고백을 한다면서 뱃가죽의 껍질이 벗겨진 상처를 보여 준다.

"당신도 그렇게 되었구먼…."하고 서로 배를 헤치고 보여 주며 이것이 과연 성령의 역사냐고 묻기도 했다. 참말로 불이 내려서 이렇게 된 것이냐면서 묻는 그들의 모습 또한 어리석음이 드러나 보였다. 어떤 이들의 가슴에는 시꺼멓게 멍이 든 이들도 있었다.

그러나 교인들은 진위를 가려 볼 필요도 없이 무조건 따르게 되었다. 유력한 목사님들이 따르고 있으니 그럴 수밖에 없었다. 따르는 정도가 아니다. 떠받들고 있었다. 나 장로는 가짜고 박 장로는 진짜라고까지 단상에서 증거 하던 K박사 같은 이들도 있었으니 뉘가 아니라고 할 자가 있었으랴.

이렇게까지 주변에서 몰아쳤으니 성신을 받아야겠다고 마귀 새끼를 뽑아내야겠다고 들이덤비는 교인들의 수는 점점 많아지면서 아낌없이 바치는 금붙이 하며 보석과 값진 다이아몬드 등이 수없이 들어왔고 돈은 더 말할 수 없었다. 마대나 가마니에 넣어 갖고 가는 정도였다.

이 재물이 박 씨를 정통 장로라고 내세웠던 K박사의 차지도 안 되었고 집회를 개최했던 부흥협회 차지도 안 되었다. 박 씨의 독차지가 되면서 집회를 마치고 나서는 K박사도 떨어져 나갔고 부흥협회와도 상관이 없는 박○○ 장로가 되었다.

박 씨는 박 씨대로의 부흥단체 명칭을 갖고 모 교단 총회장 권모 목사를 거액의 월급을 주며 데리고 다니면서 사회를 시키는 등 그 얼굴과 이름을 실컷 활용하여 전국적으로 교인들을 미혹시켰다. 정계의 요인 Y씨까지 협력을 하여 증거 해 주는 통에 더 그랬다.

한번은 전남 광주에 박○○ 집회를 하게 되었을 때에 박 씨가 광주에 도착하니까 경찰국에서 경찰들을 동원시켜 도로변에서 사열이라도 하는 듯이 좌우로 줄지어 서서 박 씨 일행을 맞아 주는 때도 있었다. Y씨가 내무장관으로 있으면서 도경찰국에 지시해서 있었던 일이었다는 후문이었다.

이렇게까지 교계와 정계에서 한껏 두둔했으니 그는 높아질 대로 높아져서 안하무인격으로 교만 덩어리 인간 우상이 되어버리고 말았다. 결국 "교만한 자를 물리치고 겸손한 자에게 은혜를 주신다."는 하나님의 말씀대로 그는 하나님의 버림이 되고 만 것이다. 한때는 감람나무라면서 나섰던 일도 있었지만 지금은 완전히 마귀의 실체를 드러내고 있어 예수님을 사기꾼이라느니 간음범이라느니 죄명을 붙여 담지 못할 별별 욕설로 설교를 해서 그것을 그들이 발행하는 신문에까지 보도를 하고 있는 실정이다.

그를 진짜라고 증거 하며 내세웠던 K박사는 그에게 배척을 받고 나서 전신불수가 되어 여러 해 동안 병석에서 고생하다가 작고하였고, 박XX 씨를 떠받들고 다니며 집회 사회를 담당하던 권모 목사는 외지에서 자기 아들에게 사람 취급을 못 받고 천대 멸시를 당하며 여생을 수치 속에서 지내고 있는 처지다.

"두어 움큼의 보리와 두어 조각 떡을 위해 하나님을 욕되게 하고 하나님의 백성에게 거짓말을 곧이 듣게 하여 죽지 아니할 영혼을 죽이게 했으니 화있을진저 너희가 어찌하여 내 백성의 영혼을 사냥하면서 자기를 위하느냐"고 진노하신 하나님의 음성이 그들의 머리 위에 임했으련만 듣기는 들어도 깨닫지 못하고 보기는 보아도 알지 못하고 있는 불쌍한 영혼이 되고 말았다. 그의 마음을 둔하게 하며 그 귀가 막히고 눈이 감기게 하라시던 하나님의 저주가 임했기 때문일 것이다.

그런고로 "영이라고 다 믿지 말고 영들이 하나님께 속하였나 시험하라 많은 거짓 선지자들이 세상에 나왔음이니라."고 경고하였다.

Ⅵ. 고려파 장로교의 트집도 사라지고

1. 용문산 기도원에서 고려진영 큰 집회 열려

6.25 동란의 상처가 아직 아물기도 전 1952년 봄이었다.

한국 교회가 신사참배 문제로 싸우다가 6.25 동란이란 참혹한 매를 맞고 나서도 결국은 장로교가 세 파로 갈라지면서 부산 고려신학파에서는 고려진영이라고 호칭하게 되었다. 진리를 수호하기 위한 파수꾼의 사명을 갖고 투쟁하겠다는 뜻에서 군대 용어 같은 '진영'이라는 명칭이 붙었다.

신앙절개를 빼앗기고 세속화된 음녀 교권주의자들과 싸워서 어린 양 떼들을 구출하겠다는 당당한 명분을 걸고 나선 그들의 투지는 만만치 않았다. 그때 그들은 진영단합을 위해 용문산에서 집회를 열었다. 전국적이라고는 했으나 부산, 대구, 안동 등지 경상남북도에 국한된 지역에서 약 8백 명이나 모여들었다. 산에서 그 같은 모임이란 그 당시로는 처음 있는 일이다.

그때 강사로는 한상동 목사와 박윤선 박사였다. 밤 시간과 새벽은 대체로 한상동 목사님이 인도하면서 그 부드러운 음성과 신앙적인 내용이 많은 교인들의 마음을 완전히 사로잡았다. 낮 시간에는 박윤선 박사의 로마서 강해가 인기를 끌었다. 그 당시 성경 주석 집필 주일이라면서 그 원고를 읽어 주기도 했고 예약을 하면 싼값에 구입할 수 있다는 예고를 하기도 했다.

강의 중에 성령 역사는 단회적인 역사였지 지금도 그때와 같은 것은 아니라고 강조했다. 즉 오순절 다락방에서 일어났던 성령 역사는 그때뿐이었고 지금에는 그렇지 않다는 것과 믿을 때 이미 성령을 받은 것이라고 주장했다. 그래서 모두 그런 것이라고만 알았다. 가르치는 그대로 받아들인 것이다.

마지막 날 밤 그들은 집회를 마치고 용문산 기도원 주최로 한 시간을 갖기로 했다. 그때 나운몽 장로의 설교라니까 한 사람도 빠지지 않고 몽땅 참석했다. 강사진만 나오지 않았을 뿐이다. 명향식 전도사의 사회로 개회되어 경건하게 좌석 분위기가 잡혀 찬송과 기도가 은혜로웠다.

명 전도사는 그 당시 모두의 존경을 받아 명 선생이라 불리고 있었다. 고려진영에서도 인정하는 전도사였고 온 교인들이 따르는 유명한 부흥사이기도 했다. 하지만 나는 아직 그렇게 알려지지 않았고 오직 용문산 부근에서만 열심 있는 전도자라고 알려져 있었을 뿐이었다.

그런데 설교는 나운몽 장로가 한다니까 모두의 호기심이 나 장로에게로 끌렸던지 성령의 감동이었는지 어떻든 모두의 기대가 컸던 것만은 사실이었다. 그러나 명 선생은 사회를 하면서 나 장로를 소개해 놓고는 왜 그랬는지 마음이 졸여 견딜 수 없어 단상에 엎드려서 꼼짝을 못 하고 있었다는 것이다.

나는 명 선생의 소개를 받고 당당하게 강대상 앞에 나서서 요한계시록 2장 18절에서 29절까지 봉독하고 한국 교회의 부패상을 때려 부수기 시작했다. 일본 이세벨을 용납하여 신앙절개를 유린당한 행음자들이 회개할 기회를 주었으되 회개할 줄 모르고 있다고 외쳤다. 6.25 환난 속에서 침상에 던짐을 당하고 자녀들이 죽임을 당하리라던 성경 말씀대로 응했는데도 행한 길이 날이 갈수록 더해 간다는 것은 보다 더한 환난을 불러들이는 꼴이 되고 있으니 회개해야 한다고 외쳤다.

회개를 강조하고 나서 "회개만 하면 오순절 다락방에 내렸던 성령은 지금도 내립니다. 지금 당장 이 자리에도 성령의 불이 떨어집니다."라고 힘껏 외쳤다. 나도 모르게 이 말씀이 터져 나왔다. 낮 시간 단회적이라는 성경 강해를 듣고 나서 그대로 긍정적인 반응을 보였던 나였다. 그런데도 어쩌면 그런 말이 나왔는지 내가 하려고 해서 그런 말이 나온 것은 절대로 아니었다. 그런데도 이런 말이 나왔다는 것은 아무리 생각해도 성령의 역사였지 나의 말은 아니었다. 그 말이 다른 내용의 말보다는 유달리 힘 있게 능력 있게 나타났다. 바울이 말한 대로 "내 말과 내 전도함이 지혜의 권하는 말로 하지 아니하고 다만 성령의 나타남과 능력으로 하여 너희 믿음이 사람의 지혜에 있지 아니하고 다만 하나님의 능력에 있게 하려 하였노라."던 성경 말씀대로였다. 성령의 나타남과 능력이 아니고는 그럴 수가 없었을 것이다.

"지금 당장 이 자리에도 성령의 불이 떨어집니다."라는 말이 떨어지자마자 장내가 발칵 뒤집혔다. 설교 도중인데도 온 장내에 성령의 불덩어리가 떨어졌다. 놀라는 소리와 함께 나자빠지기도 하고 두 손을 펴고 벌떡 일어서서 뛰는 이도 있었다.

한 청년은 바로 단 밑에 앉아 있다가 공중으로 한길 정도 뛰어올랐다가 떨어지곤 하는데 옆에 사람들이 자리를 비킬 정도였다. 우는 소리와 함께 온 장내가 주여, 주여, 할렐루야, 할렐루야, 아멘, 아멘, 소리가 섞여 나오고 있어 무슨 소리인지 분별이 안 되고 으악 으악 소리밖에는 안 들렸다. 그중에는 방언이 터져 나와서 야단법석이었으니 설교도 중단되고 통성기도로 그 분위기를 당분간 지탱하고 있었다.

2. 고려파 장로교의 용문산 집회가 남긴 여파

그러는 동안 방 안에 있던 강사들도 뛰어나와서 그 광경을 바라보고 있었다. 목사님들도 놀라서인지 모두 장내에서 튀어나와 변두리에 서서 그 광경을 보다가 어느 한 목사님이 "XX교회 교인들은 다 나오시오."하고 외치니까 다른 목사님들도 연달아 외쳐 "○○교회 교인들도 나오시오", "△△교회 교인들은 나오시오. 나오시오." 소리가 연거푸 나니까 끓어오르는 솥에 찬물을 끼어 얹는 듯 장내 분위기가 이상하게 어수선해졌다.

할 수 없이 단상에서도 폐회선언을 하고 내려왔다. 그다음 날 새벽기도회 시간이었다. 한상동 목사님이 단상에 서더니 어젯밤 있었던 일은 마귀의 역사라고 때리기 시작했다. 성경 무식에서 온 마귀의 역사라는 것이다. 그것도 한두 마디로 멈춘 것이 아니라 해가 떠올라 중천에 퍼질 때까지 되풀이되고 있었다.

교인을 한 사람도 남기지 않고 몽땅 데리고 내려갔다. 추풍령역에 미리 연락해서 특별차량을 두 칸이나 더 대기시켰다. 특별 차량이라야 짐 싣는 화차였다.

그 당시는 전시였던 고로 좌석 있는 객차가 아니고 짐 싣는 화차를 객차 대신으로 쓰던 때였다. 교인들은 어쩔 수 없이 추풍령역까지는 단체행동을 했으나 차에 오를 때에는 한 사람 두 사람 빠져나오기 시작했다.

플랫폼에서 차를 타는 척했다가 차바퀴 밑으로 피해서 도망치듯 밖으로 나왔다는 그들의 솔직한 고백이었다. 그렇게까지 목사님들의 눈을 피해서 산으로 되돌아온 교인들이 약 2백 명이나 되었다. 이들은 은혜를 사모해서였다. 그 전날 밤 떨어진 성령의 불덩어리 역사는 그리 쉬운 일이 아니었기 때문이다. 아니 쉬운 일이라기보다 처음 있었던 일일는지도 모른다.

그전까지는 평범한 은혜의 역사로 힘차게 통상기도를 하는 등 박수를 치며 뛰기도 하고 불을 받았다느니 방언이나 예언, 혹은 입신도 했고 노방에 나가서 외치기도 하고 어떻든 열심히 북받쳐 남달랐던 것만은 사실이다. 그러나 그날 밤에 있었던 역사와 같은 일은 없었다.

불덩어리가 떨어져 장내가 발칵 뒤집히며 엎드러지기도 하고, 자빠지기도, 공중으로 뛰어오르기도 하는 광경은 그전에 보지 못했던 일이었다. 거기에 회개의 울음소리가 곁들여 장내는 더욱 심각했다. 더구나 오순절에 있었던 성령 역사는 단회적 역사였다고 주장하는 고려파 집회에서 일어난 일이니 더욱 이상했다.

극과 극의 신령적 충돌 현상이었는지도 모른다. 이 같은 역사에 끌려 되돌아온 성도들은 기쁨에 넘쳐 춤을 추며 당시 성전 앞마당 종각 앞에 천막을 치고 가마니와 풀을 베다가 깔고 집회장을 임시로 마련했다. 이렇게 집회는 다시 시작되었다. 즉 고려진영이 주최하는 집회는 끝났지만 용문산 주최 집회는 이제 시작이 된 것이다. 예정도 없이 예고도 없이 갑자기 열린 성회였다. 율법 시대가 지나가고 은혜 시대로 전환이라도 된 것 같은 기분으로 기쁜 맘으로 집회는 시작되었다.

역시 명 선생 사회로, 나 장로 설교였다.

준비 없는 설교, 단상에서 영감으로 와지는 성경 구절을 인용하여 전달되는 메시지였다. 그야말로 말씀에 쓰이고 있었다. 예화 한마디 없이 오직 성경 그대로의 진언인데도 은혜의 역사는 대단했다. 그 오묘함이 꿀 송이보다 더하다면서 교인들은 그 말씀을 백 퍼센트 받아들였다. 은혜 역사란 지혜의 말이나 아름다운 말에 있지 않고 오직 성령의 나타남과 그 능력에 있음을 알만했다(고전 2:1~5).

그때부터 고려진영 장로교 교인들의 용문산 왕래가 자주 있었다. 어느 날 고려신학교 학생들 남녀 10여 명이 졸업을 며칠 앞두고 졸업 기도를 하러 왔다면서 다른 교인들과는 섞이지도 않고 눈에 뜨이게 무리를 지어 다니고 있었다. 물론 산에 올라가 기도도 하고 산책도 하는 것이었겠지만 남녀가 어울려 왔다 갔다 하는 것은 용문산 풍습에는 어울리지 않는 행동이었다. 졸업을 앞두고 졸업 기도를 하러 왔다는 것은 그만큼 신앙이 좋다는 것을 뜻하는 것으로 보였고 또 다른 신학보다는 그만큼 다른 점이 있다는 것으로 그들을 모두 추앙할 정도였다. 하지만 기도에 전념하는 것 같지는 않았다.

10일간 기도하러 왔다던 그들이 10일을 채우지 못하고 하산을 한다면서 내 방으로 그중 몇 사람이 찾아 들어왔다. 이 동산에 와서 느낀 소감을 말한다면서 이단성을 발견했기 때문에 더 이상 머물러 있을 수 없어서 하산한다는 것이다. 그 이단성이란 가소로운 이야기였다.

어린애들이 소꿉장난을 하면서 기도를 하는데 얼굴을 찡그리고는 우는 흉내를 하고 "주여, 삼천만을 구원하소서. 우리 민족 삼천만을 구원하소서."라면서 몸집을 아래위로 흔들며 고래고래 고함을 치더란다. 그래서 그 애들에게 삼천만이 무엇이냐고 물었더니 모른다고 하더란다. 우리 민족은 뭐냐고 해도 그것도 모른다고 하더란다. 이렇게 아무것도 모르는 애들이 그 같은 말로 기도를 한다는 것은 어른들의 기도 소리를 듣고 그대로 흉내 내는 것이 아니겠느냐고 지적해 묻는다. 그렇다고 대답을 했더니 '그것이 바로 이단입니다.' 라고 당당하게 지적을 한다.

"그것이 뭐가 이단이지요? 그렇게 기도하면 이단이란 말인가요?"

"그렇지요, 교리에 어긋나는 기도를 하니까 이단이지요."

"교리에 어긋나다니요?"

"택자 구원도 모르시오? 하나님께서 택한 사람만이 구원을 받게 되는 것이지 어떻게 삼천만 전부가 구원을 받을 수 있다는 말이요?"

"요한복음 3장 16절에 보면 '하나님이 세상을 이처럼 사랑하사 독생자를 주셨으니 이는 저를 믿는 자마다 멸망치 않고 영생을 얻게 하려 하심이니라.'고 한 것은 누구든지 믿으면 구원받게 되어 있는 것 아닙니까?"라고 했더니 그것은 누구든지가 아니고 택한 자를 상대로 한 말씀이라는 것이다.

그 이상 더 말할 필요도 없다는 듯이 벌떡 일어서 나가 버리고 말았다. 나는 키 크고 나이 좀 들어 보이는 학생에게 호된 면박을 당하고 그 자리에 엎드려 기도를 하고 있었다. 성령은 강하게 임하셔서 나를 덮었다. "내가 너를 고아와 같이 버려두지 아니하고 너희에게로 오리라…. 너는 나를 보리니 이는 내가 살았고 너희도 살겠음이라 그날에는 내가 아버지 안에 너희가 내 안에 있는 것을 너희가 알리라."는 위로와 소망을 흠뻑 부어 주셨다.

3. 공자 도덕과 석사 예언은 예수 복음 기초 작업

1960년 2월 6일 밤 용문산 대강당 약 3천 명이 앉을 수 있는 강당에서 '진리는 결박되지 않는다.'라는 설교를 한 일이 있다.

그 설교는 1963년 4월 7일 발행한 나운몽 장로 구국설교집 제5집에 게재되어 세상에 나갔다. 이 설교문은 많은 사람의 관심을 끌었다. 결국에는 관심 정도가 아니고 큰 문제로 화하여 한국 교계를 떠들썩하게 한 화제의 설교로 등장하게 되었다.

그 설교 요지를 말한다면 "하나님이 세상을 이처럼 사랑하사 독생자를 주셨으니 이는 저를 믿는 자마다 멸망치 않고 영생을 얻게 하려 하심이라."고 한 요한복음 3장 16~18절 말씀을 본문으로 삼은 설교로서 평소 교인들의 귀에 익숙지 않은 이채로운 내용이었다.

즉 '성경은 우주를 담고 있는 하나님의 마음의 표현이다.'라는 말을 전체로 유(儒)도 불(佛)도 또 그 밖의 모든 진리가 다 구속에 간직되어 있다. 진리는 형(形)에 있는 것이 아니라 질(質)에 있기 때문이라고 했다.

첫째로, 하나님은 믿는 자의 하나님이시다.

아브라함과 이삭과 야곱의 하나님이 곧 우리 조상 단군 할아버지의 가슴 속에도 계셨고 우리의 10대조 할머니의 마음속에도 계셨던 고로 한민족의 하나님도 되신다.

어쨌든 다른 것은 다 논외로 한다고 하더라도 75년 전의 우리 조상들 모두가 예수의 이름을 못 듣고 죽었다고 해서 다 지옥에 갔다고 하는 데에는 그 조상들의 핏줄기를 이어받은 우리의 몸속에 흐르고 있는 그들의 피는 의분의 아우성을 치고 있을 것이다.

참으로 하나님은 75년 전의 우리 조상들 모두를 지옥에 버린 것일까? 아니다. 나는 그렇게 믿고 싶지는 않다. 그들 스스로가 어찌할 수 없었던 시간(시대)과 공간(지역)의 차이로 그리스도 예수의 이름을 못 듣고 이생을 떠났다고 해서 지옥의 저주를 받아야 한다는 말인가. 공평하신 하나님의 모습과 한 사람의 영혼이라도 멸망키를 기뻐하시지 않는 끝없이 자비하신 하나님의 모습을 우리는 어디서 어떻게 찾아야 할 것인가?

"믿음대로 되라."(마 9:29, 막 11:23) 하신 주님의 말씀은 절망의 단애에서 떨고 있는 우리에게 보다 높은 새로운 세계로 비약하는 힘찬 동력이 되고 있다.

하나님은 믿는 자의 하나님이요 믿는 자와 같이 하시는 하나님이시기 때문에 "믿는 대로 되라."는 축복을 내리시는 것이다. 그런고로 우리가 한민족의 하나님이심을 믿을 때 이 축복은 우리에게 오는 복이 된다.

둘째로, 하나님은 만민의 하나님이시다.

노아 때 홍수로 인류를 천하에서 쓸어버리고(창 7:17, 23, 23) 노아의 여덟 식구만이 살아남았다(벧전 3:20). 그 후손이 시날 평지에서 바벨 성대를 쌓아 올려 흩어지지 않고 살겠다던 (창 11:4) 인류의 계획을 무너뜨리고 하나님의 계획대로(시 33:10, 11) 각종으로 구음을 달라지게 하여 사방으로 흩어져 새 역사를 개척케 하셨다(창 11:9).

그때 시날 평지 바벨에서 동방으로 흘러온 셈족 중(육단) 우리 한민족의 조상은 태백산(백두산)에 이르러 조선이란 나라를 세웠다(B.C. 2333). 그때의 건국 시조가 단군 할아버지인 것이다. 단군께서는 당신의 율례대로 신상에 올라가 하나님께 제사를 드렸다. 그 후 아브라함이 헤브론 상수리나무 숲속 산상에서 하나님께 제사를 드린 것이나 다를 바가 없었다(창 12:6~8, 13:18).

가나안 땅에서 아브라함의 제사를 받으신 그 하나님이 한반도 조선 땅에서 드린 단군의 제사를 받으신 그 하나님이심을 의심할 이유가 없다.

아브라함의 후손 이스라엘 백성들이 하나님께서 주신 율법의 귀중한 의(義)와 인(仁)과 신(信)을 버리고(마 23:23, 말 1:6~11) 허식에 사로잡혀 갈 무렵 하나님께서는 동방에 공자(B.C. 552~479)를 보내서서 인(仁)을 기초로 한 삼강오륜의 도덕률을 펴게 하셨다.

모세의 율법이 외적 행위를 다스린 법도인데 비하여 공자의 강륜(姜倫)은 오히려 내적 품성을 다스린 법도였다.

해 지는 서쪽에서 모세의 율법이 타락할 무렵 해 뜨는 동쪽에 공자의 새 도덕률을 펴게 하신 하나님의 섭리는 또한 무엇을 의미하는 것일까?

서방의 물질문명이 몰락한다면 동방의 신령문명이 발흥하리라는 하나님의 섭리를 믿어서 안 될 까닭은 없는 것이다.

"순천자는 존하고 역천자는 망한다."라는 공자의 가르침은 성경전서의 사상과 내용을 요약한 단마디 표현이기도 하다. 그는 확실히 하나님께서 보내신 이방 선지자 중 한 사람이었다.

이스라엘 사람들이 위로 하나님을 사랑하고 아래로 이웃을 사랑하라는 계명을 지켜 온 것이나, 우리 조상들이 경천애인 사상과 삼강오륜 행위를 지켜 왔다는 사실이나 조금도 다를 바가 없다.

거의 같은 시기에 하나님께서 동방에 또 하나의 선지자를 보내어 하나님의 뜻을 선포하게 하셨으니 이는 곧 석가모니(B.C. 565~486)다.

이스라엘에 예수님이 나타나시기 전에 모세의 율법과 선지자의 예언이 있었듯이, 우리에게도 예수의 복음이 나타나기 전에 공자의 도덕률과 석가의 사랑의 예언이 있어 예수 복음의 기초작업을 했다(롬 3:21).

율법도 예언도 예수의 복음 안에 이루어진 것같이(마 5:17, 18) 공자의 도덕도 석가의 자비도 율법과 선지자 역할을 하고 오늘날 예수의 복음 안에 이미 이루어져 있는 것이다.

그런고로 하나님의 공의 안에서 죄는 죽고 사랑 안에서 생명은 살아나는 십자가의 도 안에 새로운 피조물이 되고 있다(고후 5:17). 기독교에서 부활체가 된다는 것이나 불교에서 불타가 된다는 것이나 유교, 선교에서 신선이 된다는 것이나 그 표현한 어휘가 다를 뿐이지 다 같이 신령체가 된다는 동의어가 아니겠는가?

4. 하나님은 유교, 불교인의 하나님도 되신다

셋째로, 진리는 형(形)보다 질(質)에 있다. 하나님의 계시인 성경 안에는 우주가 담겨 있는데 유(有), 불(佛)이 그 속에 없을 리가 있겠는가?

그렇다고 유교로 구원을 얻거나 불교로 구원을 받는다는 말은 아니다. 모세를 믿어 구원이 아니고 엘리야를 믿어 구원이 아니다.

율법과 예언이 복음 안에 귀일된 것으로 율법과 예언의 완성인 것처럼 유의 공의와 불의 자비가 예수 복음 안에 조화 귀일될 때 거기가 곧 완성된 천국 길이다.

좀스럽게 공자와 석가를 지옥 속에 몰아넣으려고만 하고 반만년의 긴 세월을 살아온 우리 조상들을 포함한 만인에게 무한대한 사랑으로 구원을 베푸시고 계시는 하나님의 구원의 능력 범위를 왜 인간의 사특한 지혜로 75년이란 짧은 시간 속에 제한하려 하는가?

진리는 유교다, 불교다, 기독교다 하는 이름이나 외형에 결박되지 않는다. 진리는 형이 아니라 질이기 때문에 동질이면 얼마든지 상합 상응한다. 푸른 대해가 맑은 물이거나 흐린 물이거나 모든 강물을 삼켜 버리는 것은 동질인 물이기 때문이다. 맑은 물이거나 흐린 물이거나 그 자신의 푸르름 속에 삼켜 버리는 바다의 마음을 우리 기독교인은 가져야 할 것이다.

지난날 우리 기독교인은 쓸데없이 '독선'의 길을 걸어오지나 않았는지? 그렇다면 우리는 여기에서 벗어나야 할 것이다. 유교인이거나 불교인이거나 우리는 그들을 이단시하거나 이방인시하거나 경원할 필요는 없다. 왜냐하면 만일 이들이 사람의 뜻에서 난 것이라면 가말리엘 교법사의 말과 같이(행 5:34~39) 공자와 석가도 그 죽음과 함께 유교도 불교도 무너졌어야 할 것이다. 그러나 이들은 2천여 년의 역사를 지니고 지금까지 지속되고 있지 않는가? 이는 분명코 사람의 뜻에서가 아니고 하나님의 뜻에서 난 것임을 수긍하지 않을 수 없게 하고 있다.

비단 유, 불만이 아니고 진리라면 무엇이든지 성경 안에는 포용되어 있는 넓음을 지니고 있다. 성경은 곧 우주를 품고 있는 하나님의 선하심과 자비하신 심정을 표현하고 있는 경전이 아니던가? 그래서 세리도 창기도 이방인도 다 그 품속에 안길 수 있는 것처럼 우리도 그런 예수의 마음을 가져야 할 것이다.

이런 마음이 있은 연후에야 아브라함과 이삭과 야곱의 하나님이 곧 이방인의 하나님도 되시는 줄을 알 수 있다. 단군 할아버지의 하나님도 되시고, 유교인의 하나님도 되시고, 불교인의 하나님도 되시는 동시에 만인의 하나님이심을 믿을 수 없는 것이다(롬 3:29).

까닭 없는 정죄를 하고 있는 교단도 있는데 고신 측 경남노회에서는 68년 7월 22일 경남노회 제88회 제3차 임시노회(노회장 권성문, 서기 이기전)를 열고 소위 이단이라고 규정지어야 할 이유를 열거했다. 전항에 그 내용을 밝힌 '진리는 결박되지 않는다.'라는 설교가 게재된 구국 설교집이 출판된 지 5년 후에야 뒤늦게나마 발견되어 정죄하기에 이르는 것이다. 그 규정의 잘잘못은 논외로 하고 어쨌든 그 조목을 밝혀서 지적한 점에 대해서는 오히려 반가운 마음으로 다음과 같은 공개 답변을 한 일이 있다.

동 노회에서는 '용문산 나운몽 씨의 단체는 용납할 수 없는 분명한 이단 집단'이며 그 이유는 그의 설교집 제5집 중 '진리는 결박되지 않는다'는 제목 중(P.137~139) 다음과 같은 점을 지적함'이라는 전제하에 열거한 6항목을 그대로 전제하면서 한 조목씩 해명했다.

① '공자와 석가도 하나님께서 보내신 동방의 선지자로 하나님의 뜻을 나타내셨다는 주장'에 대하여,

답=예수를 팔아먹은 가룟 유다도 하나님께서 나게 하셔서 났는데 공자나 석가라고 해서 자신의 자의대로 출생했을 것인가? 하나님께서 나게 하셨으니 세상에 나왔을 것이다. 하

나님께서 사람을 나게도 하시고 죽게도 하신다는 것을 믿는다면 공자나 석가를 세상에 보내셨다는 것도 하나님의 절대 예정설을 주장하는 장로교 교리에 어긋나는 말은 아닐 것이다.

사람의 생사가 하나님께 있는데(삼상 1:5~6 창 30:22) 만일 하나님께서 공자나 석가를 세상에 태어나게 아니 하셨다면 그들을 누가 세상에 나게 하셨다는 말인가? 또 다른 하나님이 있다는 말인가? 그리고 이방인 발람도 선지자라고 했는데 공자나 석가를 이방 선지자라고 했다고 해서 비성서적일 수는 없다. 바알이나 아세라 신을 섬기는 자들도 선지라고 했는데 공자나 석가를 어찌 그들보다도 못하다고 볼 수야 있겠는가? 남보다 먼저 알고 만인의 지도자 노릇을 한 것만은 사실이니 이 어찌 선지자가 아니겠는가? 유대 땅에 출생한 사람이라야 선지자가 된다는 법은 없다.

그다음 그들을 통해서도 하나님의 뜻을 나타내셨다는 것은 '순천자는 존하고 역천자는 망한다.'고 하였으니 이 말은 성경전서 66권의 내용을 집약한 그 대의를 표현한 것과 다를 바가 없는 진리가 아니겠는가?

이스라엘 백성들에게 하나님을 경외하고 이웃을 사랑하라는 계명을 지키게 한 것이 하나님의 뜻이라면 우리 조상들에게 순천하면 산다는 사상과 삼강오륜을 지켜야 한다는 공자의 교훈이나, 선을 행하면 극락에 가고 악을 행하면 지옥에 간다고 한 석가의 교훈을 하나님의 뜻을 나타낸 것이라고 했다고 해서 그것을 이단이라고 해야 한다는 말인가?

발람이 타고 가던 나귀가 말을 한 것도, 베드로의 가슴을 찌른 닭의 울음소리도 하나님의 뜻을 나타냈고 "세상에 뜻 없는 소리는 없다."(고전 14:10)고 했거늘 공자나 석가라고 해서 하나님의 뜻 밖에 있는 존재라고 해석할 이유는 없다.

가룻 유다의 행위까지도 하나님의 예정하신 뜻이라는 장로교 교리가 아니던가?

5. 선행자는 생명 부활, 악행 자는 심판 부활

② '기독교의 부활체나 불교의 불타, 유교의 신선 등이 표현한 어휘가 다를 뿐 구원받은 자들의 동의어라고 함'이라는 데 대하여,

항변=인생의 사후 신령체로 다시 부활할 수 있다는 기독교의 교리상으로 볼 때 불교나 유교나 혹 다른 어느 개인이라 할지라도 인생이 사후에 신령체로 다시 부활한다는 주장은 성서적인데 그것이 왜 잘못이란 말인가?

즉 인생이 사후에 다시 부활한 신령체를 영생체라고 할 수도 있고 부활체라고 할 수도 있다면 같은 뜻의 부활체의 대명사를 불타라고 했거나 신선이라고 했거나 그 어휘는 다르

다 할지라도 그 뜻에는 다를 바가 없다는 것은 당연한 논리다. 그것이 동의어가 아니라고 한다면 그것이 도리어 도리에 맞지 않는 궤변이다.

영생할 수 있는 신령체로 부활이 되었다면 그거야 물론 영원한 구원의 경지에 이르렀다는 뜻이다. 하지만 부활체가 있다는 주장을 했다고 해서 그는 부활할 수 있는 사람이라든지 구원을 얻을 사람이라고 단정할 수는 없는 일이다. 바리새인도 부활을 인증했으나 주께서는 그들을 지옥의 판결을 피할 수 없다고 하지 않았는가?(마 23:29~33) 신령체를 주장했다고 해서 그 주장을 구원이라고 단정한다는 것은 구원의 경로를 부정하는 불신행위다.

우리 성경에도 부활 이전 이스라엘 사람들이 죽은 자가 부활할 것을 믿고 부활을 말할 수 있었는데(요 11:24) 동양 사람이라고 해서 부활체가 있다고 믿어서 무엇이 잘못이며 또 부활체가 있다고 말을 했다고 해서 무엇이 잘못이란 말인가? 아직 부활 지경에 이르지 못한 사람들로서는 그런 용어조차 쓰지 못한다는 법이라도 있다는 말인가?

부활체가 있다고 아는 것은 그들이 가진 신념이다. 기독교인이 가진 교리와 동일한 뜻의 신념을 갖고 있다. 예수를 이단시하고 십자가에 못 박아 죽이게 하던 바리새인들도 부활을 믿었거늘 유교, 불교인이 부활을 믿어서는 안 된다는 법은 없을 것이다(행 23:8). 부활을 믿는 바리새인이라고 해서 자신이 구원을 얻었다거나 부활을 했다는 것은 아니지 않는가?

불교나 유교에서 말하는 불타나 신선이 석가나 공자의 공로에 의해서 부활한 부활체라고 믿지는 않는다. 자신의 수도로 즉 자신의 노력으로 부활체가 된다고 안다. 그렇게 안다는 것은 그들의 신앙이라기보다 그들이 가진 신념이다. 노력에 의한 것이라고 생각하기 때문에 자신의 노력 부족으로 불타나 신선이 못 되는 것으로 알고 있다.

"이를 기이히 여기지 말라 무덤 속에 있는 자가 다 그의 음성을 들을 때가 오나니 선한 일을 행한 자는 생명의 부활로 악한 일을 행한 자는 심판의 부활로 나오리라."(요 5:28~29)고 주께서 말씀하신 대로 생명의 부활에 이르지 못할 사람은 심판 부활에 참여해야 할 처지이다.

이 두 가지 부활 중에 어느 한 가지 부활은 받아야 하거늘 생명 부활을 못 할 사람이라고 해서 부활체가 있다는 말조차 못 하리라는 것은 어불성설이다.

③ '복음이 전파되기 전 시대인은 불교와 유교를 통해서 구원받은 사람이 있다고 함'이라고 한 데 대하여,

항변=불교나 유교를 통해서 구원받은 사람이 있다고 한 말은 설교문 가운데 한마디도 없다. 그런 말을 했다면야 이단자라고 규정을 지어도 할 말이 없겠지만 설교문 가운데 그런 말을 하지도 않았거니와 도리어 예수의 십자가를 통해야 구원을 얻을 수 있다는 말을

했다.

유교는 공자의 도덕률을 선포하여 모세의 율법적 성격을 띠고 있다는 것과 석가의 자비훈과 예언은 이스라엘 선지자들의 예언적 성격을 띠고 있다는 말을 했다. 이는 곧 모세의 율법이나 선지자의 예언은 예수의 십자가 앞으로 인도하는 몽학 선생 역할을 했다는 뜻과 흡사하다고 했을 뿐이다(갈 3:23, 24).

이것은 설교문에 명기되어 있듯이 하나님의 공의와 사랑에 순응할 수 있도록 인의와 자비로써 인생을 인도하여 예수의 복음이 나타나기 전까지 기초작업이 되었다는데 뜻이 있다. 즉 순천자는 존하고 역천자는 망한다는 교훈이다.

공자나 석가나 모세나 엘리야도 우리와 같이 성경을 가진 인간으로서 부정모혈로 출생한 혈육이거늘 우리의 죄를 대속해 줄 수는 없다. 오히려 대속의 은총을 받아야 할 입장이다.

구세주가 될 수 있는 이는 오직 죄와 상관이 없으신 예수 그리스도 한 분이시다(빌 2:6~8).

그는 아담의 원죄 줄기로 출생하심이 아니시고 성령으로 잉태하여 출생하셨기 때문이다(눅 1:35). 그런고로 인성으로도 신성으로도 완전하시다. 그렇기 때문에 하나님과 인간 사이에서 중보자 역할을 할 수 있었고 접붙임의 원목 노릇을 할 수도 있었다(롬 6:6 11:17).

그래서 "천하의 다른 이름으로는 구원을 얻을 수 없다."(행 4:12)고 성경은 밝힌 것 아닌가?

④ '유교, 불교가 기독교 복음 안에서 조화되는 것이 천국이라 함'이라고 했다는 데 대하여,

항변=설교문에서는 '유교, 불교가….'라고 종단을 거론하지 않았다. 이것은 유교, 불교에도 구원이 있다고 한결같은 인상을 주기 위한 고의적 조작이다.

설교문 138면 하단에 "하나님의 계시인 성경 안에는 우주가 담겨 있는데 유, 불이 그 속에 없을 리가 있겠는가?" "유라는 공의만으로도 구원이 아니고 불이라는 사랑만으로도 구원이 아니다."라고 전제하고 특히 유는 공의를 의미했고 불은 자비를 의미했다고 주를 달아 놓았다.

즉 유, 불이라는 용어는 유교다, 불교다 하는 그 종단을 말함이 아니고 유, 불이 지니고 있는 그 뜻을 표현한 질의 지칭임을 표시했다. 그런고로 그 공의와 사랑이 예수의 복음 안에 와서 소화가 되는 때가 곧 완성이요 거기가 곧 천국이라는 뜻이다.

즉 공의를 뜻한 유도 사랑을 뜻한 불도 혈육의 인간인 공자나 석가를 통하여 완성이 아

니고 예수의 십자가를 통해야 비로소 완성된다는 뜻이다.

하나님의 공의의 표현인 율법과 사랑의 표현인 예언이 모세나 엘리야를 통하여 완성이 아니고 예수의 십자가로 말미암아서야 완성된다는 이치를 밝힌 것이다.

우리의 죄악성이 죽고 하나님의 의가 우리 안에서 살아야 천국 소유자가 될 수 있기 때문에 예수님께서 하나님의 공의로 인류의 죄악을 죽어주시고 하나님의 사랑으로 의의 생명을 살아 주셨다. 그런고로 예수의 십자가를 통하지 않고는 천국을 얻을 수 없다는 뜻이다.

또한 하나님의 사랑과 예수의 십자가의 공로가 유대 땅에만 국한했을 리도 없다. 또 유대 사람들을 통해서만 하늘의 뜻이 선포됐다고만 할 수도 없다.

"하늘이 하나님의 영광을 선포하고 궁창이 그 손으로 하신 일을 나타내는 도다. 날은 날에게 말하고 밤은 밤에게 지식을 전하니 언어가 없고 들리는 소리도 없으나 그 소리가 온 땅에 통하고 그 말씀이 세계 끝까지 이르도다."(시 19:1~4)라고 한 성경 증언대로 모세 이전에도 하늘의 뜻은 말없이 이미 세계에 선포되어 있다. 그 뜻을 먼저 깨달은 자가 선각자요 선지자이다. 하늘의 뜻이 말없이 세계에 선포되고 있으니 유대에서뿐 아니라 세계 도처 어디에서든지 그 뜻을 깨달은 선지자가 날 수 있는 일이 아니겠는가?

이 모든 선각자와 선지자들을 통하여 하늘의 뜻이 인류에게 전달되고 예수를 통하여 하늘의 뜻이 성취되고 있다. 이처럼 하늘의 뜻이 성취된 데가 천국이 아니면 어디가 천국이란 말인가?

6. 생명의 도가 되는 종교란 하나가 있을 뿐

⑤ '진리는 형에 있지 않고 질에 있으니 진리이면 유교나 불교나 기독교나 하나가 된다고 함' 이라는 데 대하여,

항변=물론 진리라면 진리대로 하나가 될 수 있다. 그 반면에 진리가 아니라면 하나가 될 수는 없다는 뜻도 내포된 말이다. 무조건 유교나 불교나 기독교가 하나가 되었다고는 설교문에 기록되지 않았다.

설교문에는 "진리는 유교다 불교다 기독교다 하는 외형에 결박되지 않는다. 진리는 형이 아니고 질이기 때문에 동질이면 얼마든지 상합하고 상응한다."라고 명기되어 있다. 이 말에는 구태여 해명할 필요조차 없다고 본다.

진리는 어떤 형틀 속에 담겨 있는 어떤 물건이 아니고 하나님의 뜻의 질을 의미했다는 말이고 질이 같으면 얼마든지 상합할 수 있다는 것이 무엇이 틀렸다는 말인가?

'참' 이고 '진리' 라면 장로교라고 이름했다고 진리이고, 감리교라고 했다고 해서 그 진

리가 달라진다고 해서야 될 말인가? 예수의 희생을 통한 십자가의 도를 믿음으로 구원을 받는다는 그 진리의 질이 중요한 것이지 장로교다, 감리교다 하는 그 명칭상 형이 중요한 것은 아니다. 같은 물을 둥근 그릇에 담았거나 네모난 그릇에 담았거나 그릇의 형은 다를 지라도 그 물의 질은 다를 것 없다. 유교라는 그릇에 담았거나 불교라는 그릇에 담았거나 그 담긴 것이 진리라면야 그릇은 다르다 해도 그 진리는 다를 것 없다. 진리라면 시대에 따라 변하거나 장소에 따라 변하지 않는다. 변하지 않기 때문에 진리이다.

금, 은, 보석은 더러운 곳에 묻혀도 그 질이 변치 않기 때문에 귀한 것이다. 진리란 인간 의 어떤 수법에 의해서 변질되는 것도 아니다. 유교다, 불교다 하는 형에 매여 있는 것도 아니다.

하나님의 진리의 손길이야 하늘에나 땅에나 지옥에까지도 미치지 않는 곳이 없거늘 유 교나 불교엔들 하나님의 진리의 손길이 미치지 못할 바도 아니다(시 139:8~12).

⑥ '가말리엘 교법사의 말과 같이(행 5:34~39) 불교나 유교나 만일 하나님의 뜻에서 난 것 아니면 공자와 석가의 죽음과 함께 없어졌을 것이나 지금까지 유, 불교가 있음은 분 명히 하나님의 뜻에서 된 종교라고 수긍한다고 함'이라고 한 데 대하여,

항변=축자영감설까지 주장하는 고신 측 장로교 지도자들이 하나님의 뜻에서 난 것이 아 니라면 없어졌다는 사도행전 5장 34~39절 말씀을 책잡는다는 것은 너무나 의외의 소행 이다.

가말리엘 교법사는 말하기를 "이스라엘 사람들아 너희가 이 사람들에게 대하여 어떻게 하려는 것을 조심하라 이전에 드다가 일어나 스스로 자랑하매 사람이 약 4백이나 따르더 니 그가 죽임을 당하매 좇던 사람이 다 흩어져 없어졌고 그 후 호적할 때 갈릴리 유다가 일어나 백성을 꾀어 좇게 하다가 그도 망한즉 좇던 사람이 흩어졌느니라. 이제 내가 너희 에게 말하노니 이 사람들을 상관 말고 버려두라 이 사상과 소행이 사람에게서 났으면 무 너질 것이요 만일 하나님께로 났으면 너희가 저희를 무너뜨릴 수 없겠고 도리어 하나님을 대적하는 자가 될까 하노라."고 하지 않았는가?

그러나 설교문 가운데 고려 측에서 지적한 것과 같이 '유, 불교를 하나님의 뜻에서 된 종교'라고까지는 말하지 않았다. "사람의 뜻에서가 아니라 하나님의 뜻에서 난 것임을 우 리는 수긍하지 않을 수 없다."라고 한 설교문을 그같이 왜곡한 말이다.

사실상 엄밀히 말하자면 종교란 하나가 있을 뿐이다. 구원을 얻게 하는 '생명의 도'가 하나 이외에 더 있을 수 없다(행 4:12).

유교는 공자의 교훈이고 불교는 석가모니의 교훈으로서 하나님의 뜻에 의한 교훈이라는 데 불과한 것이지 이것을 종교화시켜 공자나 석가를 신앙의 대상으로 삼는다면 이는 곧

우상숭배 행위가 된다.

공자나 석가의 교훈이 아무리 영향력이 크다 할지라도 그들이 우리의 죽음을 죽어주지 못했고 우리의 생명을 살아주지 못했거늘 그들이 우리의 생명 길이 될 수는 없다. 그런고로 그들의 교훈은 사망의 그늘 안에 있는 인생을 생명의 도에까지 인도하는 몽학 선생 역할을 했을 뿐이지 그들이 인류의 죄를 대속해 주는 구세주는 되지 못했거늘 이를 어찌 종교라고 할 수 있겠는가?(갈 3:24) 즉 죽음에서 생명을 구출해 주는 생명의 도가 아닌 이상 종교일 수는 없다.

그래서 바울은 종파 분쟁이 있는 것을 보고 말하기를 게바나 아볼로나 바울이 십자가를 져준 것이 아니고 오직 십자가를 져주신 분은 예수 그리스도 한 분 뿐이심을 역설했다(고전 1;12, 13).

공자나 석가도 우리의 죄를 대속하는 십자가를 져주지 못했을 뿐 아니라 져줄 수도 없었다. 설령 십자가를 졌다 할지라도 구세주는 되지 못한다. 돌 나무에 돌 나무 접붙인 이치와 같을 터이니 말이다(롬 11:17 참조). 그도 부정모혈로 출생한 우리와 같은 성정을 가진 인간이 아니었던가?(행 14:15 약 5:17) 하거늘 '유, 불교가 있음은 분명히 하나님의 뜻에서 된 종교라고 수긍한다.'라고 했을 리가 있겠는가? 하나님의 뜻 안에서 선지자 역할을 했다고 수긍이 간다는 말이었다.

이상은 고신 측 경남노회의 결의문에 대한 항변이다. 즉 그들의 무지가 저지른 정죄임을 지적, 이에 대한 성서적 해명을 해준 것이다. 그들에게 회개의 기회를 주기 위해서였다. 남을 정죄함이 자기를 정죄함이 되었으니 자기를 위해서 자교단을 위해서 회개해야 할 일이다(마 7:2, 롬 2:1).

왜냐하면 나 장로 정죄가 박 박사 정죄가 되었고, 박 박사 정죄가 고신 측 장로교 정죄가 되었으니 말이다. 박 박사도 나 장로와 같은 말을 했는데 왜 박 박사는 정통이고 나 장로는 이단이란 말인가? 이에 대하여 회개를 하거나 아니면 항변을 해보라고 촉구했다. 그래도 아무런 반응이 없었다. 오히려 고신 측 아닌 다른 파 교계에서는 떠들썩했다.

공자나 석가를 이방 선지자라고 하거나 아니라고 하거나 이것은 한 견해 차이이지 구원과는 상관이 없는 문제이거늘 이것을 이단이라고 정죄를 한다는 것은 완전한 바리새적인 행위라고 논평하는 측이 많았다.

특히 고려신학 출신, 고신 측 장로교 이 두 목사님이 발표한 논평의 일부를 보아도 고신 측 경남노회의 결의는 독신적인 아집과 자가당착의 모순을 드러낸 부당한 결의였음을 알 만했다.

7. 나 장로가 이단이면 박 박사도 이단인가?

'같은 말한 박 박사는 이단 아니다.'라는 제목 하에 '공자를 이방 선지자라 한 것이 무엇이 잘못인가?'라는 부제를 붙인 반박문이 1966년 1월 16일자 복음신문 독자 투고란에 발표된 일이 있다.

(앞부분 생략) 본인은 예장 합동 측과 신학적 바탕이 깊은 고려신학교 출신으로(본과 제3회 졸업) 한부선 박사와 박윤선 박사의 문하에서 수업한 사람의 하나이다.

오늘 이분들에게 배운 바를 회상하건대 경남노회의 결의가 진정한 의미에서 예장의 신학 노선과 어긋났다는 것을 지적함과 동시에 이의 취소를 권고하는 바이다.

고신에서 듣던 강의 내용을 회상컨대 본인이 고려신학교에 재학 중 한번은 수업시간에 교장으로 계시던 박윤선 박사께서 "예수님을 태양 빛에 비한다면 공자는 캄캄한 밤중과 같은 이 세상에 켜놓은 호롱불과 같다고 할 수 있는 것이다."라는 뜻으로 가르친 일이 있으시고 또 "예수께서는 하나님을 완전히 계시하신 이고, 공자는 호롱불과 같이 작게 비쳤으니 즉 공자도 정도의 차이는 있으나 하나님의 살아 계심을 가르쳤다고 볼 수 있는 일이다."라고 했다.

주님께서는 세례 요한을 가리켜서 "비취는 등불이라"(요 5:35)고 하지 않았는가?

또 한부선 선교사 역시 고신 부교장으로 계실 때 '역천자는 망하고 순천자는 흥한다.'는 글귀를 즐겨 인용한 일이 있으며 또 어느 때인지 연대는 분명히 기억치 못하겠으나 한번은 경남 사천읍 정의동교회에서 낮 예배를 인도하실 때 "공자도 하나님을 알고 사람들에게 가르치셨다."고 말한 적이 있으며 또 거창읍교회 부흥회 때에도 '역천자는 망하고 순천자는 흥한다.'는 글귀를 인용하고 나서 "공자님도 하나님께 거역하는 자는 망하고 하나님께 순종하는 자는 흥한다고 가르치지 아니했느냐?"고 반문하면서 "공자님이 말씀하신 그 하나님은 곧 우리 기독교인들이 믿는 그 하나님이다."고 분명히 강조하여 말한 적이 있다.

또 본인이 진주시 성북교회에서 시무할 때에 진주 봉래동교회에서 집회를 인도한 일이 있었는데 역시 설교 중에 이 말씀을 하시는 것을 밝히 들은 기억이 난다.

이상 고신의 책임 있는 분들의 가르침을 보아서도 그렇거니와 성경 말씀이 드러내고 있는 근본 진리 면에서 볼 때 만인 간의 주재자가 되시는 하나님께서 이스라엘 민족 이외의 민족들에게도 시대에 따라 선지자를 보내사 그 민족에게 진리의 빛을 비춰 주셨을 것이라는 것이 근본 우리 기독교 사상으로 봐서 틀린 말이 아니라고 생각하는 바이다.

만약 공자의 가르침이 완전히 진리에서 떠난 것이라면 "그 뜻과 일이 사람에게서 났으면 무너질 것이요 만일 하나님께로서 났으면 너희가 능히 무너뜨리지 못하고 도리어 하나님을 대적할까 한다."(행 5:38~39)라던 교법사 가말리엘의 말과 같이 공자의 가르침이 하나님께로서가 아니고 사람에게서 났으면 여러 천년을 두고 오늘날까지 전해지지 못하고 벌써 무너지고야 말았을 것이다.

'사도행전 17장 16절 이하'를 읽어 볼 것 같으면 아덴 사람들이 '알지 못하는 신의 단'이라 새겨 놓고 섬기는 것을 보고 사도 바울은 말하기를 "너희가 섬기는바 '알지 못하는 신'이 곧 우주 만유를 지으시고 생명과 호흡을 주시는 하나님이시다."라고 가르쳐 주지 않았던가?

이상 성경의 근본 진리가 그렇고 또 우리 신학교의 책임 있는 분들의 가르쳐 준 바가 나운몽 장로의 지론과 일치하거늘 이것을 이단시한다면 박윤선 박사도 한부선 선교사도 이단이라고 규정지어야 마땅할 일이다. 같은 성경을 가지고 있고 또 교리의 상아탑인 신학교에서 같은 가르침을 받은 사람들로서 어떻게 성경과 신학교의 가르침에 위배되는 결의를 한단 말인가? 이 같은 결의를 한 데에는 다음 몇 가지 이유 중 그 하나의 이유에서였다고 생각되는 것이다.

① 노회원들이 성경의 근본 진리에 대한 지식이 부족하였거나

② 신학교의 정상적인 교육을 받은 분이 없었든지 또는 있어도 심히 적었거나

③ 성경 진리나 신학교의 가르침을 알고는 있으면서도 나 장로가 주도하는 신앙 운동을 시기하여 방해하려는 정치적 의도에서 이와 같은 결의를 한 것이거나 어떻든 이 몇 가지 이유 중 하나인 것이라고 생각한다.

본인은 고신 출신이며 예장과는 연고가 있는 사람으로서 우리 성총회 산하에 있는 경남노회의 결의를 부당하게 생각함과 동시에 이 결의를 지금이라도 속히 취소하기를 바라는 마음에서 제언하는 바이다.

〈필자 고신측 장로교 목사〉

이상은 그 당시 고신 측 경남노회의 결의에 항변하는 나의 주장을 뒷받침해 준 좋은 논거였다.

이 글을 쓴 이X두 목사는 내가 잘 아는 목사도 아니었다. 전혀 모르는 이였다. 그는 은혜를 받고 성령이 그 마음을 감동시켜 이 글을 안 쓰고는 견딜 수 없는 충격을 주었기 때문에 이 글을 썼노라고 고백했다.

스승 박 박사를 위해서는 안 써야 할 줄 알면서도 성령의 명령이기 때문에 성령에게 순

종했을 뿐이라고 말했다. 즉 이는 성령의 대변이었다는 것이다.

8. 공자나 석가도 메시아 오실 것 예언했다.

"하나님은 홀로 유대인의 하나님뿐이시뇨 또 이방인의 하나님은 아니시뇨 진실로 이방인의 하나님도 되시느니라."(롬 3:29) 오늘의 그 하나님이 옛날의 그 하나님이시거늘 옛날이라고 어찌 중국의 하나님이 아니시었고 인도의 하나님이 아니시었겠는가? 하거늘 왜 공자의 하나님이 아니시고 석가의 하나님이 아니시겠는가?

공자님 제자 중에 안연(顔淵)이란 제자가 있었는데 그는 남달리 총명하고 선견지명이 투철하여 그 시대의 촉망 인물이었다. 그러나 그는 아무런 업적도 없이 애석하게 죽었다.

그때 공자는 말하기를 "애석하다. 나는 그가 나날이 향상하는 것도 보았으나 그 머무는 것은 보지 못하였노라."(惜乎 吾見基進也未見基止也)라고 했다.

이는 곧 그가 학문에는 멈춤 없는 진보일로였다는 뜻이기는 하나 그다음 구절을 보면 남달리 수재이면서도 그 열매는 없었다는 뜻으로 "꽃을 피우지 못하는 싹도 있고 열매를 맺지 못하는 꽃도 있다."(苗而不秀者 有矣夫 秀而不實者 有矣夫)라고 했다.

이것은 곧 헛되이 왔다 헛되이 가는 인생의 덧없는 모습을 묘사한 말이다. 아무리 수재라 할지라도 기대 밖의 인물이었다는 뜻이다.

이렇게 평한 것을 본다면 그에게 기대를 크게 가졌던 이들도 많이 있었지만 천하가 대망하는 오실 메시아는 아니었다는 것을 명백히 한 것으로 해석된다.

그 당시는 이스라엘 사람들만이 메시아(messiah=구세주)를 기다린 것이 아니고 메시아 대망은 세계적이었다. 즉 이사야가 메시아가 오실 것을 예언한 B.C. 700년경에서 말라기가 예언한 B.C. 400년경까지의 3백 년간은 세계적으로 메시아가 오실 것을 예언하던 메시아 대망기였다.

공자도 B.C. 500년경 그런 의미에서 "후에 나실 이를 두려워할지니 어찌 오실 그이가 지금과 같으리요."(後生可畏 焉知來者之不如今也)라고 했다. 즉 후일에 두려우신 이가 나실 터인데 그는 지금과 같으시지 않다고 한 것은 부정모혈로 출생한 우리 인생과는 다르시다는 뜻이 아니겠는가?

이사야가, 처녀가 잉태하여 아들을 낳거든 그가 곧 메시아이심을 알라고 예언한 것과 같은 뜻이 내포해 있는 것으로 해석된다(사 7:14).

그 말에 뒷받침하기를 "40, 50이 되어도 들리는 바가 없거든 그 또한 두려워할 바가 못 되니라."(四十五十而無聞焉 斯亦不足畏也已)고 했다. 즉 인류가 대망하는 메시아는 40대

50대가 아니고 30대 청년으로서 오실 것이라는 뜻이 암시되어 있다고 보인다.

석가모니 역시 메시아 대망기인 B.C. 500년경 구세제민하실 이는 도솔천 하늘나라에서 오실 것을 예언했다.

우주의 모든 구류주(球琉洲) 즉 동구류주, 서구류주, 남구류주, 북구류주의 주인공이시요, 이를 통치하시는 이가 오신다는 것이었고 그 이름은 하나님이시니 너희는 그리로 돌아가라(其名日天主也 汝爾歸依)고 하였다.

이는 곧 우주의 동서사방에 연달아 있는 무수한 모든 하늘을 주관하시는 이가 오신다는 뜻인데 "하늘과 모든 하늘의 하늘과 땅과 그 위의 만물은 본래 하나님 여호와께 속한 것이라."(신 10:14)고 한 성경 말씀과 같이 모든 하늘을 주관하시는 만주의 주시요, 만왕의 왕이신 주께서 만인류를 구원하러 오신다는 이스라엘 예언자들의 예언과 다를 바가 없지 않은가?

이 예언대로 근본 하나님의 본체이신 예수 그리스도가 구세주로 오셨다(빌 2:6~8). 오실 이가 오셨으니 오신 이를 믿어야 할 터인데 오신 이는 안 믿고 그 예언자를 믿는다는 것은 잘못된 신앙이다. 이것은 곧 우상숭배가 되기 때문에 이 잘못 가는 길을 바로 인도해 주어야 할 책임이 우리 그리스도인에게 있다. 이는 한국 복음화 운동을 하는 데 가장 중요한 명심점이다.

예언자 모세를 믿는 유대인들의 유대교가 있음과 같이 예언자 석가를 믿는 불교가 있고 예언자 공자를 믿는 유교가 있다는 것은 유대교인과 같은 인간 우상숭배자가 된 것이다. 그렇다고 그들의 교훈이나 예언을 이단시할 수는 없다.

하나님께로 돌아가는 것이 곧 하나님께 순종이므로 이를 선이라 했고 하나님께 안 돌아가는 것이 불순종인 고로 이를 악이라고 했다. 그런고로 악을 행하면 지옥으로 가고 선을 행하면 극락으로 간다는 것이 무엇이 잘못이겠는가?(요 5:29)

믿음으로 구원을 받는다는 것은 믿음이란 곧 하나님께 순종생활을 뜻한 것이거늘 순천자는 산다는 말과 다를 바가 없다.

Ⅶ. 성결교와의 충돌도 사라져

1. 예수 재림은 환난 후설이 성서적이다

성령 운동은 처음에는 대수롭지 않게 보았다가 점점 극성을 부리며 전국을 휩쓸고 있었으니 교인들이 온통 들떠서 은혜받는다고 보따리들을 이고 지고 산으로 들로 따라다니고 있었으니 교권주의자들에게는 이것이 큰 두통거리였다.

교리적으로 책잡아 보려고 각 교파 조사위원들이 집회 때마다 비밀리에 잠입해서 아무리 애써 보았지만 이렇다 할만한 이단적 요소를 집어낼 수가 없었다. 전부가 성경대로였기 때문이다. 그래서 신상 문제를 들춰 보아도 별수가 없었고 법적으로 몰아쳐 보아도 별수가 없었으니 고려진영에서는 공자, 석가를 들고 나와 보았으나 이 역시 별 효과를 보지 못했고 오히려 반격을 당하고 말았다. 장로교 측에서만 이렇게 극성을 부린 것은 아니다.

성결교에서도 가만히 있을 수가 없다는 식으로 1968년 9월 총회에서 이들은 말세론을 들고 나섰다. 그 당시 말세론이라면 성결교의 독점물인 것처럼 성결교에서 가장 권위 있게 전파되고 있었다. 그런데 그 권위가 흔들리게 되었다. 흔들릴 정도가 아니고 무너질 정도였다.

용문산 성령 운동은 '성령론'에 한한 것이 아니었다. '우리가 받아야 할 성령과 은사', '우리가 알아야 할 시대와 섭리', '우리가 가져야 할 사상과 주의' 이 세 가지 주축을 세워 놓고 밀고 나가는 운동이었기 때문에 우리가 알아야 할 시대와 섭리 분야에서는 말세론이 주축이 되어 있었다.

그런데 그 말세론이 성결교에서 주장하고 있는 말세론과는 차이가 크게 생겼기 때문에 이를 문제시하게 된 것이다.

가장 큰 차이점은 주께서 환난 전에 오신다는 것과 환난 후에 오신다는 것과의 정반대립이다. 즉 성결교 측에서는 주께서 환난 전에 오셔서 성도들을 공중으로 휴거하여 7년 동안 구름 위에서 혼인잔치를 하게 된다는 것이고 그동안에 지상에서는 대환난이 있게 된다는 것이다. 그러니까 성도들은 환난을 당하지 않는다는 말이 된다. 이것은 전통적 권위를 지닌 해석이라 하여 성결교의 주장만은 아니었다. 다른 교단에서도 전부 그대로 따르고 있었다. 그러나 이것은 성경에 완전히 위배되는 주장이었다.

성경대로는 주께서 환난 후에 오신다고 했고(막 13:24), 성도들도 환난을 당하여 순교자들도 많이 생긴다고 성경이 입증하고 있지 않는가? 그 수가 차기까지 하라고 한 것을 보아도 하나님의 예정 안에 있는 일이 아니겠는가(계 6:9~11).

하지만 성령으로 인침을 받은 성도들은 하나님께서 사망 권세에게 해치지 말라(겔 9:6, 계 6:6, 19:4)고 하셨으니 우리는 성령을 받아 하나님의 보호를 받는 성도가 되자고 외쳤다. 나는 이것이 문제화되리라고는 생각지 못했다. 그러나 이것이 성결교 총회에서 문제화된 것이다.

전통교단에서의 전통적 해석을 부정하고 이질적인 주장을 하여 교인들을 미혹한다는 것은 이단이라고 규정을 지어야 마땅하다고 들고 나선 열렬한 총대들이 있었다. 이런 분위기에서 성결교 총회에서는 이 문제를 방임할 수는 없게 되었다. 성결교뿐 아니고 한국 교계 전체적인 문제로 번지고 있기 때문에 그 진위를 규명해서 발표해야 할 처지에 이른 것이다.

그래서 서울 신학대학장 C박사를 위시한 10명의 교수급 목사님들을 그 조사연구위원으로 선임했다. 이들이 아무리 조사를 하고 연구를 해보아도 나 장로 설이 성경적임에는 틀림이 없었다. 한 기간을 두고 나 장로 설교를 들어 봐야 한다고 용문산에까지 와서 여러 날 묵으며 조사를 하던 유명한 X목사님도 있었다. 그는 조사를 마치고 나서 차라리 교단을 형성하라고 나더러 권면했다.

그래야 교계에 안심을 줄 수 있다는 것이다. 즉 용문산 성령 운동이 너무 비대해져서 한국 교계가 감당을 못할 정도로 극성을 부리고 있으니 교인들 단속이 심히 어렵게 되어 이 운동을 경계하기에 이르렀다는 것이다. 그런고로 교단을 형성하면 그것으로 테두리가 잡히니 교계에서는 차라리 안심하게 된다는 이론이었다.

그러나 그때의 내 대답은 '나는 울릉도 정부를 만들기는 싫다. 한국 교계를 성령으로 하나 되게 하는 것이 하나님의 뜻이기 때문에 성령으로 한국 교회를 점령할 때까지 그 뜻에 쓰여야 하는 것이 나의 사명'임을 밝혔다.

결국은 조사위원들이 조사결과를 총회에 보고해야 할 터인데 보고를 한다면 나 장로의 환난 후 주 재림설이 성서적이라는 것이 밝혀질 것이고 그렇게 된다면 성결교의 환난 전 주 재림설이 성서적이 아니라는 논증이 될 터이니 문제는 더욱 크게 될 일이었다.

이렇게 되면 이날까지의 전통권위가 완전히 무너지고 말 터이니 그때 있을 혼란이란 당면혼란에 비교할 바가 아니라고 예측했기 때문에 이 문제는 덮어 놓기로 하고 분과위원회에서 마무리 짓고 총회에는 공식 발표를 안 하고 말았다.

이 정보를 알게 된 용문산 측에서는 대표위원으로 김태호 목사 외 수명(신학생 대표 포함)을 파견하여 그 조사결과를 발표해 달라고 요구하기에 이르렀다. 만일 발표를 안 한다면 용문산 운동은 완전히 이단으로 낙인이 찍힐 터이니 불가불 발표를 요구하게 된 것이다.

2. 성결교와는 삼위삼체 설로 또 한 번 충돌

당시 총회장이었던 안창기 목사님은 정중히 우리 대표단을 맞아 주었다. 조사위원들을 통해 조사해 본 결과 용문산 운동에서 이단성을 발견 못 했고 또 예수 재림설에 대해서는 나 장로가 주장하는 환난 후설이 성서적이었다는 것을 솔직히 말했다. 그렇다고 당장에 종래의 전통을 부인할 수도 없는 일이고 해서 우선 발표는 보류 중이니 양해해 달라면서 정중히 사과했다. 하지만 신문에 보도하는 일은 신중을 기해 달라면서 신문에 발표한다 할지라도 주먹 같은 큰 활자로 사과했다는 말은 하지 말고 그냥 '미안하다는 정도로 조용하게 보도해 달라.'는 간청이었다. 수행했던 기자는 그 뜻을 받아들여 '미안하다.'는 말을 제목으로 안 총회장의 담화와 양 대표의 사진을 곁들여 보도한 일이 있다.

이렇게 조사연구위원단의 조사연구 결과가 나 장로의 주장대로 주 재림은 환난 후라는 설이 틀림없이 성서적임이 판명이 되었는데도 불구하고 이 사실을 은폐시키고 있는 것은 교인들의 신앙을 혼미케 하는 것이었다.

아직도 이 사실 내용을 모르는 외부 부흥사들 중에는 여전히 환난 전에 주께서 재림하여 교인들이 환난을 당하지 않도록 공중으로 휴거하여 구름 위에서 혼인잔치를 한다고 가르치고 있다. 이것은 교인들의 신앙을 혼미케 하는 행위가 아닐 수 없다. 이는 단연코 시정되어야 한다.

성결교의 서울 신학대학에서는 교단의 체통을 위해서 종래의 전통을 부인할 수 없다던 주장을 슬며시 무너뜨리고 지금에는 주 재림은 환난 후라고 시정해서 학생들에게 가르친다고 들었다. 이것이 사실이라면 다행한 일이다. 당연히 그래야 할 일이다. 주께서도 말씀하시기를 "너희의 전한 유전으로 하나님의 말씀을 폐하지 말라."(막 7:13)고 하지 않았는가!

성경에 없는 말을 하나님의 말씀이라고 조작해서 증거 하는 것은 거짓 예언이 되는 것이다. 거짓 예언을 한다면 거짓 선지자가 아니겠는가?

주께서 환난 전에 오신다는 말씀도 성경에 없거니와 구름 위에서 혼인잔치를 한다는 말씀도 성경에는 없는 말이다.

데살로니가전서 4장 17절에 "구름 속으로 끌어올려 공중에서 주를 영접하게 하시리니 그리하여 우리가 항상 주와 함께 있으리라."고 한 것은 세상으로 오시는 주님을 성도들이 홀연히 변화를 받아 공중에서 영접을 하게 된다는 것이고 그때에는 세상 나라가 그리스도의 나라가 되어 세세토록 주께서 왕 노릇 하실 터이니 항상 함께 있으리라고 한 것이다(고전 15:51, 52, 계 11:15, 살전 4:16, 17).

이것을 어찌 구름 위의 혼인잔치라고 해석을 할 수 있겠는가?

이런 일이 있은 후 8년이란 세월이 흘렀다. 그러니까 1976년 11월에 성결교와는 또 다른 충돌이 생겼다.

그때의 기독교 대한성결교회의 총회장은 이대준 목사였는데 이 총회장의 담화를 인용했다는 기독신보의 1면 톱기사가 문제를 야기한 것이다. 무슨 큰 이변이나 생긴 것 모양으로 기독신보로서는 전례가 없었던 큰 컷을 쓰고 대서특필로 보도했다.

1976년 11월 1일에 이대준 목사가 기자회견을 자청했다는 기사가 11월 6일자 발행 기독신보에 보도되었다.

'삼위삼체설은 나운몽 씨가 주장', '용문산 운동은 이단이다.' 라는 8단 제목을 첫머리에 잡아 놓고 '용문산 건전 운운한 적 없다.' 라는 2단 컷을 지르고 '기성총회장 이대준 목사 기자회견서 밝혀' 라는 부제를 달았다. 첫머리에 이대준 목사의 사진까지 곁들여 놓았다.

그 내용인즉 '기독교 성결교단은 용문산의 나운몽 씨에 현혹되지 않도록 주의하라고 경고하고 사이비 이단종파 척결에 앞장설 것을 회견을 통해 밝혔다.' 는 것으로 시작하여 "이대준 총회장이 성지순례 중 나운몽 씨와 논쟁한 삼위일체설에 대해 나운몽 씨는 아담 이전에 하나님의 아들들과 하나님을 합하여 '우리들' 이라 하였고 성부, 성자, 성신 삼위일체가 아니라 '삼위삼체' 라고 밤이 새도록 역설하였다는 이상, 삼위일체설을 부정하고 삼위삼체 설을 주장하는 나 씨에 대하여 더 이상 이단에 대한 증거가 필요치 않고 삼위삼체설만 보더라도 이단으로 규정된다." 라고 결론을 맺은 장문의 기사였다.

나는 이 신문을 보는 즉시 전주 이대준 목사에게 전화를 걸었다 "이럴 수가 있느냐?"고, "삼위삼체설은 당신이 주장해 놓고 왜 나더러 그런 말을 했다고 했느냐?"고 항의를 한 것이다. 그는 그 기사는 기자들의 장난이지 자기로서는 절대로 그렇게 말하지 않았다는 답변이었다. 그 문제에 대해서는 직접 만나서 자세히 말할 터이니 한번 만나 달라는 것이다.

"만나는 것은 만나는 것이고 지금 당장에 이같이 모질고 악랄한 문서테러를 당하면서도 입 닫고 가만히 있으라는 말이냐?"고 항의하면서 나도 내 할 말을 할 터이니 그리 알라고 경고했다. 즉 삼위삼체설은 내가 한 말이 아니고 이대준 목사가 한 말이라고 복음신보 지상에 밝히겠다고 언명한 것이다.

그는 급기야 급하게 서둘러 서울로 올라와서 복음신보사로 찾아왔다. 사장실에서 조용히 만났다. 이 목사 자기는 용문산 운동에 대해서 건전이니 이단이니에 대한 질문을 받지도 않았고 답을 한 일도 없고 더구나 삼위삼체설은 나 장로님이 주장했다는 말을 한 적이 없노라고 강경히 주장했다. 그러면서도 "나 장로님은 이보다도 더한 강풍 속에서도 이날까지 끄떡없이 지나오고 있지만 나는 이런 바람을 한 번만 맞아도 단번에 쓰러질 처지이니 나의 총회장 재임 기간만이라도 참아 달라."는 내용의 간청이었다.

만일에 기성총회장 이대준 목사가 삼위삼체설을 주장했다면 당장에 총회장직도 목사직 모두 끝장난다는 것이었다. 나는 그 간청을 받아들였다. 아무런 반항도 없이 삼위삼체설을 주장하는 이단이라는 소리를 들으면서도 그의 총회장 재직기간까지 참았다. 그 후 해외전도 여행기를 쓸 때에는 성지순례 당시의 기록이 나온다. 그 당시 사유가 숨김없이 기록되었다.

3. 하나님 말씀의 역사는 큰 변화 일으켜

1970년 7월 성경연구 성지순례단이 미국 로스앤젤레스 성서신학대학에서 발족되어 18일 출발하기 하루 전에 급하게 찾아와서 자기도 단원으로 가입시켜 달라는 이가 있었다. 그가 바로 기성총회장 이대준 목사였다. 그때 신학박사나 목사들이 많이 있는데도 그 당시 장로인 나를 단장으로 세웠다. 성경연구를 목적한 순례단이었기 때문에 그렇게 되었다.

모두가 구약은 자신이 없다는 솔직한 고백이 나로 하여금 단장이 되게 한 연유가 된 것이다. 현지에 가서 성경과 관련된 유적을 성경으로 해명해야 하는 어려운 과제가 부여되어 있었기 때문이다. 이 어려운 과제를 감당해 나갔다는 것은 스스로가 생각해도 신기할 정도였다. 그때그때 어떻게 그렇게 성경 구절이 떠올랐으며 처음 보는 곳을 언제 와서 살고 있었듯이 설명할 수 있었는지 모두 놀랐다.

이것이 곧 성령이 동행해 주시는 증거가 아니겠는가? 내가 언제 성지연구를 한 사람도 아닌데, 성지를 순례해 본 경험도 없는 처지였는데 어떻게 그런 임무를 감당했는지 이해가 안 되지만 바울 사도가 말했듯이 내 지식이나 내 임의로 행했다면 자랑도 할 일이요, 상도 얻을 수 있는 일이겠으나 내가 한 일이 아니고 성령이 역사해 주신 일이었으니 주께 쓰였다는 것으로 주님께 감사했을 뿐이다(고전 9:16~18).

그때 이 목사님은 나를 주께서 귀하게 써주시는 주의 종으로 알고 나를 따르기 시작했다. "본시 나 장로님에 대해서는 별로 아는 바가 없었으나 이제 비로소 장로님에 대한 재인식을 하게 되었노라."고 눈물겨운 진정을 고백하면서 과거의 무례를 용서해 달라고 사과했다. 그랬던 그가 한국에 돌아와서는 그 같이 돌변했다는 것은 상상 밖의 일이다.

실은 같은 단원으로 여행을 하면서도 간격을 두고 있은 것은 사실이다. 그러던 중 아덴에서 하나님의 말씀이 역사해 주셔서 우리 둘 사이에는 큰 변화가 일어났다.

한 호텔에서 함께 지내면서 어느 하루 밤을 새어가며 교리 논쟁을 한 일이 있다. 새벽 2

시까지 변론을 하면서도 그칠 줄을 몰랐다. 즉 이 목사님은 창세기 1장 26절의 '우리'라는 말은 성부와 성자와 성신의 삼위께서 의논했기 때문에 우리라고 했다는 것이다. 그러면 '삼위삼체라는 말이 되지 않느냐?'고 반문을 하게 된 것이 논쟁의 시발이었다. 결국 이 목사님은 부부 2신이지마는 1신이라고 하는 것과 같은 이치라면서 성삼위삼체지만 1체라는 것이다.

당신은 그렇게 깨달았고 그렇게 가르쳐 주고 있다는 논리가 너무도 당당했다. 내 이야기는 들으려고도 않고 자기 이론에 도취되어 장시간 당신 주장을 폈다. 장로가 무엇을 안다고 나설 일이 아니니 목사의 가르침을 받고 그대로 따르라는 식이었다. 나는 지루하지만 목사님을 대접해서라도 묵묵히 듣고만 있었다. 할 말을 다하신 다음에야 내 할 말의 시간도 얻게 되었다.

하늘나라에는 하나님 혼자 계심이 아니고 아담을 짓기 전에도 하나님의 아들들이 많이 있어 지구를 지으실 때에도 많은 하나님의 아들들이 나와서 기뻐하며 소리를 했다는 욥기 38장 4~7절 말씀을 인용해서 설명을 했다. 즉 지구를 지을 때부터 기뻐하면서 참여했던 그 아들들과 함께 의논하지 않았겠느냐고 말문을 열기 시작한 것이다.

하늘에는 장자들의 총회가 있는 것을 보아도 하늘에는 장자들이 많은 것도 사실이고 장자가 많다면 그 장자들이 주인 노릇하는 하늘도 많다는 논리가 된다(히 12:23, 신 10:14, 느 9:6).

또 하나님께서는 하늘에서 하나님의 아들들과 천군 천사들과 의논하시는 일이 종종 있었다(욥 1:6, 2:1 왕상 22:19, 20). 그런고로 창세기 1장 26절의 경우에도 삼위일체이신 하나님께서 삼위일체 혼자 앉으셔서 우리라고 하셨다기보다 하나님 이외의 하나님의 아들들과 같이 의논했기에 우리라는 복수 용어를 썼다.

그리고 나는 삼위일체의 해설을 나무로 비유했다. 뿌리, 줄기, 진액 이 세 부분이 연결되어 한 나무인 것처럼 생명의 근원이신 성부가 생명의 뿌리라면 성자는 생명의 줄기요, 성신은 생명의 진액이시다. 이렇게 삼위가 일체를 이루고 있는 것이 확실한데 이 목사님의 주장대로라면 삼위삼체라는 이론이 된다고 반론을 폈다.

이 목사님은 '우리'에 대한 해석을 그같이 하는 해석은 나 장로님에게서 처음 듣는 해석이라면서 당신이 주장하던 삼위삼체지만 일체라던 주장은 완전히 포기하고 자성을 하는 듯이 묵묵히 앉아 있었다. 그렇게 당당하게 우겨대던 그의 자존심을 꺾어 버리는 순간인 듯했다. 이 목사님은 그 후부터 아침저녁으로 계속되는 내 설교와 또 성지현장에 가서, 가는 곳마다 그때그때 현장에 맞는 역사적인 사실을 성경 속에서 그 즉시 찾아서 읽곤 하는 것을 예사스럽게 듣지 않았다는 것이다. 성경에 그렇게까지 능통한 데다가 성경해석이 또

한 그렇게 넓고 깊은 데는 놀라지 않을 수가 없었다는 것이다.

박태선 씨를 직접 만나서 대화를 해보았으나 그는 이단이 분명했다는 것이고 나 장로를 직접 만나서 사귀어 보기는 이번이 처음이었다고 한다. 하지만 날이 갈수록 모든 면에서 무엇에나 성서적이었음을 더 알 수 있었다는 것이다. 이렇게까지 나 장로에 대해서 관심을 깊이 갖게 된 이대준 목사님과 김욱 박사님과의 차 중 대화가 너무너무 진지하고 흥미로워서 옆에 앉았던 일행들에게도 큰 은혜가 되었다고 한다.

4. 핍박이 크면 클수록 성령 역사도 커

"귀국하면 꼭 나 장로님을 강사로 모시고 전주 성결교회에서 부흥회를 열어야 하겠다." 고 몇 번이나 외우면서 나에게도 직접 요청을 하기도 했거니와 김욱 박사(현 예장합동 측 미주총회 부총회장)님께서도 몇 번이나 꼭 집회를 할 수 있도록 나 장로님께 잘 부탁해 달라고 간청을 하더란다.

나는 그때 성지순례단 단장이었고 김욱 박사는 총무였기 때문에 나와는 사무적으로도 가까이 지내는 것을 알았기 때문에 그런 부탁을 했을 것이다.

9월 하순에 꼭 할 수 있도록 시간을 내달라고 기회만 있으면 졸라대는 판이었다.

"그러나 당신이 지금은 그렇게 하겠다고 하지만 귀국하면 마음이 변할 것이오. 당신이 아무리 집회를 하고 싶어도 못 하게 될 것이오, 내가 예언합니다."라고 나는 단언했다.

"나를 어떻게 보시고 하시는 말씀인지 나는 그런 사람이 아닙니다. 한번 옳다고 하면 옳은 것은 옳은 것으로 당당하게 누가 뭐라고 하거나 해나갈 것입니다."라고 자신만만한 자세로 나 장로 집회를 기어이 자기 교회에서 한다고 우겨댔다.

그리고 슬라이드 사진도 가는 곳마다 나와 같이 찍으려고 애를 썼다. 나는 그때마다 "당신이 아무리 나하고 같이 찍어도 이 슬라이드 종판은 스크린에 한 번밖에 영사할 수 없을 것이오."라고 일러 주었다. 그러나 그는 한사코 나하고 찍으려고 했다. 그만큼 나와는 하나님의 말씀 안에서 가까워진 처지였다. 즉 말씀의 역사는 우리 둘 사이를 완전히 하나 되게 한 것이다.

"평안의 매는 줄로 성령이 하나 되게 하신 것을 힘써 지키라."(엡 4:3)는 말씀대로 성령이 함께 해주셨다.

귀국할 때까지 추호도 변함없이 지났다. 날이 갈수록 나 장로님의 아량과 그 실력에 감탄한다면서 국제적으로 일하시는 이가 아무래도 다르다고 극구 치하 칭찬했다.

귀국 연후에는 사정이 달라졌다. 슬라이드도 한 번밖에 영사 못 했고 집회도 하지 못했다. 성령의 역사가 있으면 반드시 마귀의 역사도 있는 법, 마귀의 역사는 크게 발동하여 말씀 안에서 하나 되고 성령으로 하나 되게 한 하나님의 크신 뜻을 산산이 조각내었다. 하나님이 마귀보다 약해서가 아니라 사람이 하늘을 배반하고 마귀의 유혹을 받았기 때문이다.

나 장로와 같이 다녔다는 것만으로도 이단성이 있는 증거가 충분하다느니 이 총회장은 물러나야 한다느니 징계를 해야 한다, 사과를 해야 한다는 등의 구구한 구설이 나돌았다. 사실상 이대준 목사로서는 감당하기 어려운 화살이었다. 노인층, 청년층 할 것 없이 사방에서 날아오는 화살이었다. 성결교 이외의 타 교단에서까지 와전되어 교계의 여론들이 사실과는 다르게 퍼져 나갔다.

그래서 그는 그 와전되는 여론을 바로잡아 본다고 기자회견을 자칭하여 담화를 발표한다는 것이 결국에는 '나 장로가 삼위삼체설을 주장한 것이지 내가 한 말이 아니다'라는 엄청나게 잘못된 보도가 나오게까지 된 것이다. 그는 당황했다. 입을 열기가 겁이 났다. 그때 성지순례를 같이 갔던 김욱 박사가 그를 방문했다.

"당신이 이렇게 생사람을 잡을 수가 있소?"하고 신문을 내놓고 따졌다. 이 목사는 이제부터 이 문제에 대해서는 말을 않기로 했다면서 말을 안 하려고 핑계를 대더란다.

"말을 안 해도 좋은데 남을 이렇게 생매장을 시켜 놓고도 말을 않겠다는 것은 자기 죄를 남에게 전가시키는 행위가 아니요?"하고 따지니까 "이렇게 될까 봐서 기자들에게도 필담을 한다는 게 이 꼴이 되었으니 이제 나는 필담 이외의 것은 책임이 없습니다."하면서 원고지 뒷면에다 검은 사인펜으로 큼직하게 두 마디를 네 줄에 쓰고 말미에 자기 이름을 써 주었다.

① 삼위삼체설은 나운몽 사장이 주장한 것이 아님이 확실합니다.

② 나는 용문산 운동이 건전하다고도 이단이라고도 안 했고 질문을 받아 본 일도 없다.

이렇게 써서 김욱 박사에게 전달한 것이 나에게 전달되었다. 냉랭하면서도 겁에 질려 있더라는 말을 들으면서 나는 덧없는 인생임을 또 한 번 느꼈다.

왜 인생은 이래야 할까? 체면, 체통, 위신, 권위란 무엇일까? 이런 따위를 지키기 위해서는 의리도, 약속도, 진실도 버려야 하는가. 어느 편이 더 소중하며 어느 편을 하나님이 더 원하실까? "성령의 생각은 생명과 평안이요 육신의 생각은 사망"(롬 8:6)이라고 하였으니 평안한 생각이 생명 길이요, 불안한 생각은 사망 길이 아니겠는가.

그런고로 성령은 평안한 마음을 주고 마귀는 불안한 마음을 준다는 것을 생각한다면 우리는 언제나 성령이 주는 마음을 따라야 할 것이라는 다짐을 마음으로 하면서 이 목사를 위해서 기도했다. 그의 괴로운 마음이 평안한 마음으로 돌아서게 해 달라고…. 그때 내 마음속에는 성령의 불이 뜨겁게 역사했다.

약속을 어기는 것도 괴로웠겠지만 옳다고 생각된 나 장로의 삼위일체설이 삼위삼체설로 변질 보도되었다는 것도 자기로 말미암아서 저질러졌다는 것을 생각한다면 이 또한 얼마나 괴로우며 나 장로를 나 장로라 못하고 나 사장이라는 어색한 명칭을 붙이려니 그 또한 평안치는 않았을 것이다.

늘 부르던 나 장로라는 말은 왜 안 나왔을까? 이단을 장로라고 부를 수가 없다는 뜻에서 주변에서는 '나 씨'로 호칭하고 나 장로라고도 불러 주지 않으니 자기 혼자 나 장로라고 부르기도 어려웠기 때문이 아니겠는가? 장로는 엄연한 장로로서 세상이 불러 주고 있는 나 장로, 교회에서뿐 아니고 교회 밖 불신세계에서도 나 장로라고 부르는 그 칭호를 갑자기 부르지 못하고 나 사장이라고 불렀다는 데도 남모를 고충이 그의 심령을 찌르고 있었을 것이다.

이런 여러 가지 생각이 떠오르면서 점점 이대준 목사가 불쌍하기만 했다. 구렁으로 빠져 들어가고 있는 모습이 눈앞에 밝히 보이기 때문이다. 이것이 어찌 이 목사님뿐이랴. 세상이 점점 악해지고 있으니 교회도 세상에 물들고 있다는 증표가 드러나고 있는 실정이 아닐까? 이렇게 되면 결국에는 어떻게 될 것일까? 진실은 떠나가고 거짓이 판을 치는 세상, 성령은 떠나가고 마귀가 판을 치는 세상이 될 것 아닌가? 그렇게 생각을 하고 보니 세상 끝날은 가까웠다는 것을 알만했다.

그래서 지상지옥이 지상천국보다 먼저 있을 것을 성령은 밝히고 있다. 성결교에서는 이런 충격을 주는 것으로만 끝나지는 않았다. 그 뒤를 이어 나 장로를 경계하라는 공문이 각 교회에 나가면서 내 이름으로 발행되는 신문이라 하여 '복음신보를 보지도 말라, 광고도 내지 말라, 물론 원고도 주지 말라, 나 장로가 인도하는 집회에도 가지 말라' 등의 추잡한 말로 대 교단답지 않은 공문을 산하 각 교회에 보내면서 이대준 목사의 해명문이 곁들여 나갔다.

공문 같지 않은 이 공문은 물론 총회장 이대준 목사의 명의로 발부되어 세상을 웃겼다. 이 내용이 기독신보에는 대대적으로 보도가 되었다. 교인들을 우롱하는 유치한 공문과 보도는 한국 교계의 치부를 나타내는 결과밖에 안 됐다. 그럴수록 복음신보 독자는 더 늘어났고 광고주들과 필자들도 더 많이 응해 왔다.

성령의 역사는 이처럼 핍박이 크면 큰 것만큼의 정비례되는 역사가 일어나게 마련이다. 집회를 열면 집회 때마다 성령의 역사는 더욱 크게 일어났다. 그리하여 기도로도, 말로도, 글로도, 3겹줄 전도운동은 더욱 힘차게 전진하고 있다. 그때 난동을 부리던 험객들의 험구는 있다 없어지는 연기같이 언제 사라졌는지 그것으로 끝났지만 우리의 성령 운동은 끝날 줄 모르고 요원한 불길이 지금도 타오르고 있으며 복음신보의 줄기찬 발전은 하늘의 영광을 드러내고 있다.

Ⅷ. 죽었던 자 살게 하는 성령 역사

1. 떠났던 영혼 다시 돌아와 살아난 목사

1971년 있었던 일이다. 서울 구의동에서 용문산으로 들어가려고 차를 세워 놓고 출발하려고 나오는데 전화벨이 울렸다. 되돌아 들어가서 전화를 받았다. 김중환 목사가 죽게 되었다는 그 부인의 목멘 소리였다.

흐느껴 우는 소리에 말이 분명치는 않았지만 예배당 지으려고 그 터를 고르다가 다이너마이트가 터지면서 얼굴이 망가지고 정신은 혼수상태라는 것이다. 세브란스 병원 응급실에 있는데 생명이 경각에 있으니 숨이 넘어가기 전에 장로님이 속히 오셔서 기도해 달라는 애원이었다.

내가 간다고 죽을 사람이 살아나겠는가? 라는 생각을 하고 나니 오히려 가기가 겁이 났다. 그러나 안 갈 수도 없었다. 내 갈 길도 바쁘지만 그 어느 길보다도 더 급한 일이라고 생각되기에 차 머리를 세브란스 병원으로 돌렸다. 급하게 달려가서 병원 문전에 이르렀을 때에는 김 목사의 부인과 몇 교우들이 울고 있었을 뿐 병실 안에도 들어가지 못하고 있었다.

교회에서 왔다니까 목사님 한 분만 들어가지 아무도 들어갈 수 없다는 것이다. 그래서 나 혼자 간호원의 안내를 받아 병실로 들어섰다. 소독약 냄새가 코를 찌르는데 흰 홑이불에 덮인 송장 같은 환자들이 그 넓은 병실에 수십 개소가 나란히 눕혀 있었다. 수백 개소 같이도 보였다. 그 많은 침상 위에 덮여 있는 흰 홑이불 속에는 이미 숨진 송장도 있었고 방금 숨을 거두는 환자도 있었을 것이다.

조용한 시체실로밖에 보이지 않았다. 얼굴까지 덮어 놓기도 하고 붕대로 머리를 싸매기도 했기 때문에 누가 누구인지도 알 수가 없었다. 간호원은 번호판을 찾아가서 "이이가 김중환 씨입니다."라고 안내해 준다.

얼굴을 붕대로 싸매고 코에 꽂아 놓은 고무호스가 붕대 밖으로 드러나 있었을 뿐 눈도 코도 입도 볼 수 없었다. 머리카락도 하나 보이지 않는다. 몽땅 붕대로 싸매었으니 누구인지도 전혀 분간할 수 없었다. 하지만 그가 김중환 씨라니 그대로 믿고 그 가슴 위에 손을 얹고 기도했다. 손발 사지를 모두 묶어서 꼼짝 못 하도록 줄에 매어 침상에 묶여서 홑이불에 덮여 있는 송장 같은 알몸 위에 손을 얹은 것이다.

"생사화복을 좌우하시는 하나님, 무덤 속에서 썩어가는 송장 나사로를 불러내시던 주님이시여, 이제 김중환의 영혼을 불러 주시사 다시 살아나게 하옵소서. 할 일 많은 이 땅 위에 한 사람 일꾼도 새로운데 데려가시면 안 됩니다. 더구나 주의 몸 된 교회당 터를 다듬다가 당한 참변이오니 그냥 데려가신다면 모든 사람에게 덕이 안 될 뿐만이 아니라 하나님의 영광을 가로막는 일이 되겠사오니 꼭 살려 주셔야겠나이다…."라는 내용의 간절한 기도를 한참 하는 동안 내 가슴은 뜨거워지기 시작했고 김 목사님의 싸늘하게 식어 있던 몸에도 온기가 돌기 시작했다.

기도를 다하고 "예수님의 이름으로 기도드리옵나이다."하고 손을 떼는 순간 송장 같던 붕대 사람이 벌떡 일어나 앉는다. 줄로 매인 손에 걸려 더 이상 일어나지 못하고 몸부림치는 로봇 같은 몸을 간호원이 간신히 다시 눕혔다.

간호원은 너무나 뜻밖의 일이라 놀란 얼굴과 눈동자로 나를 빤히 바라보면서,

"왜 이러지요?"

"글쎄요"

"지금 간신히 호흡이 남아 있을 뿐이지 의식은 전혀 없는 상태입니다."

"그러면 식물인간이나 다름이 없지 않습니까?"

"그렇지요. 의식은 전혀 없이 숨만이 남아 있는 것도 산소호흡을 시키고 있으니까 살아 있지 이 줄만 빼놓으면 곧 죽을 사람이지요."라고 가만가만 음성을 죽여 가며 신기하다는 뜻으로 말을 한다. 내 말소리가 높아지면 말소리를 낮추라고 손짓을 해가며 그 신기한 수수께끼를 의술로 풀어 보려는 눈치는 아니었다.

그는 신앙인인 듯했다. 기적을 믿으면서도 믿어지지 않는 마르다 같은 입장에서 "살아나는 것일까요?"라고 묻는다.

"하나님이 하시는 일에 불가능은 없겠지요."라고 살아날 수 있다는 뜻으로 대답했다. 시간 구애를 받는 자신의 직책감도 잊은 듯이 말을 주고받던 그이는 시간이 너무 오래되었다고 느꼈던지 갑자기 "빨리 나갑시다. 이렇게 지체할 수 없습니다."라고 다그치며 그 자리에서 나를 몰아내다시피 등을 밀어냈다.

문밖에는 초조한 마음으로 기다리던 김 목사의 가족과 교우들이 있었다. 그들은 긴장된 얼굴과 겁에 질린 눈망울로 나를 둘러쌌다. 나는 그들 앞에서 무슨 말을 해야 할지 갑자기 말문이 막힌 듯했다.

"어떻든가요? 장로님!"하고 누군가가 애타게 묻는다.

"글쎄요 생사는 하나님께 있으니 하나님께서 돌봐 주시겠지요."라고 대답도 끝나기 전

에 "장로님을 알아 보던가요?"라고 사모님이 묻는다.

"네, 기도를 다하고 나니 벌떡 일어납니다. 목소리를 듣고 알겠기에 일어나지요."라고 대답하는 이 한마디는 그들에게 큰 위로가 되는 듯 놀라움의 눈을 크게 뜨며 그 이상 더 많은 소식을 듣기를 원했다. 그 이상의 말을 한다면 오히려 그들에게 실망이 되겠지만 신앙으로 듣는다면 소망이 될 수도 있겠기에 내가 본 그대로 증거 해 주고 그 자리를 떠났다.

그는 그 후 사실상 살아났다. 기적적 생존이다. 일그러졌던 얼굴도 교정 수술로 어느 정도 정형이 되었다. 그 후 그는 얼굴도 바로 세우고 건강이 회복되면서 기어이 예배당을 완축하고 당당한 목회자로 등장하였다. 부흥사로도 그 이름이 국내외에 드러났다. 그는 가사상태에 있던 그 당시의 간증을 단상에서도 가끔 하곤 한다. 즉 영혼 세계 체험담이다. 육신 의식은 전혀 없었고 영혼이 영혼 세계에서의 체험을 말하는 것이다.

나는 그때 내가 들어가서 기도해 줄 때에 벌떡 일어나던 생각이 나느냐고 물었더니 그는 그런 일이 있었느냐고 도리어 반문을 한다. 육신으로는 전혀 의식이 없었다는 것이 확실했다. 그러나 영혼 세계에서는 나를 만났다는 것이다. 예수님도 만나고 나도 만나고 세상에서와 다를 바가 없이 확실했다는 것이다. 그렇지만 그곳이 천국은 아니었다.

그는 그렇게 영혼 세계의 체험을 하고 나서는 영혼 세계에 흥미를 갖고 천국론 연구에 성의를 다하고 있다. 그리고 천국론 강의도 많이 해서 신도들의 신앙 차원을 높여 주고 있다. 만일 그의 영혼이 천국이나 지옥으로 갔더라면 회생이란 불가능한 일이었다. 이는 세상 영혼 세계에 그 영혼이 있었기에 다시 살아날 수 있었다. 예수님 당시 무덤 속의 나사로가 살아난 것도 그 영혼이 세상 영혼 세계에 있었기 때문이다(요 11:43, 44).

2. 죽을 뻔한 아내와 죽었던 아들의 기적

1969년 겨울, 눈보라 치는 12월 어느 날이었다. 지프 차를 타고 서울로 올라가던 날 김천에서 국도로 추풍령 채 못 미쳐 철도 구멍 다리를 지나 얼마 안 가서였다. 눈은 펑펑 내리고 바람도 몹시 불어오고 눈보라가 차 창문으로 몰아치는 때였다.

차는 오른쪽으로 빗나가기 시작했다. 운전을 하던 D기사는 빗나가는 차를 걷잡지 못하고 "이거 왜 이래, 왜 이래, 왜 이래"하면서 약 백 미터 길을 그냥 달려가서 언덕에 있는 큰 포플러 나무를 들이받았다. 아찔하는 순간 차 머리는 부서졌고 운전기사는 문밖으로 나자빠지고 뒤에 앉았던 아내는 피투성이가 되었다.

머리에서 솟아오르는 핏줄기를 막을 길이 없었다. 우선 목도리 수건으로 싸매고 두 손으로 꼭 붙잡고 있었다. 그런데 이상한 것은 나는 가장 위험한 앞자리에 앉아 있었는데 차 앞창문이 박살이 나면서 그 파편이 차 내로 몽땅 날려 들었는데도 얼굴이나 수족 한 곳에도 상처가 없이 뒤집힌 의자 위에 올라앉아 있었다. 그 의자가 뒤집힌 것도 이상했지만 뒤집힌 의자 등에 올라앉아 있는 것도 이상한 일이었다.

또 하나 이상한 것은 자동차 헤드라이트를 비롯해서 앞부분이 전부 부서졌는데도 엔진은 괜찮았다. 발동이 걸렸으니 말이다. 지나가던 차들의 도움을 받아 차를 간신히 노상에 끌어올려 놓고 발동이 걸려 앞창문도 없는 쭈그러진 차를 몰고 김천으로 되돌아갔다. 경찰서 문 앞으로 지나갔는데도 파수대에 섰던 순경도 보지 못했고 경찰서를 지나 용두동 파출소에서도 보지 못했다. 쭈그러진 차에 피투성이 사람을 싣고 가는데도 게다가 앞창유리가 없어 운전사가 눈보라에 앞을 볼 수가 없으니까 왼쪽 문을 열고 그 문창으로 앞을 보고 천천히 가는 그 차를 왜 보지 못했는지도 이상한 일이었다.

하나님께서 그들의 눈을 가렸는지도 모른다. 그날 있었던 일들은 모두가 이상한 일뿐이었다. 이것이 곧 하나님이 지켜 주셨다는 증거가 아니겠는가? 사고는 사람의 실수로 인한 것이었지만 구원은 하나님의 도우심이 아니었던가.

아내는 김천 김외과 의원 응급실로 운반되었고 차는 공장으로 옮겨졌다. 공장은 공장대로 놀랐다. 이렇게 된 차를 어떻게 끌고 왔느냐는 것이고 병원에서는 병원대로 이렇게 되면서도 살아서 온 것이 이상하다는 것이다. 껍데기가 홀렁 벗겨진 두개골이 드러나도록 심한 상처를 입었으니 뇌진탕이라도 생겼을 것이고 출혈이 심했기 때문에 생명이 위험했는데 살아왔으니 다행이라는 것이었다. 두개골에 금은 갔으나 아직 별 이상은 발견되지 않았다면서 응급치료를 했다. 벗겨진 껍데기를 다시 씌우고 바늘로 꿰매는 과정이 그리 용이한 일은 아니었다.

죽느냐 사느냐의 문제를 앞에 놓고 기도로써 일관했다. 수혈을 해야겠다면서도 수혈할 피도 없었거니와 본인이 거절했기 때문에 수혈도 못 했다. 붕대에 감겨 누군지도 모를 송장 같은 사람을 인수해 여관으로 옮겼다. 시골이라 입원실이 온전치 못했고 난방시설이 불완전하다는 구실로 취해진 조치였다. 아니, 소생할 가망이 없어서 입원을 안 시킨 것인지도 모른다.

의사와 간호원이 왕진하며 며칠을 지냈다. 상상 밖에 속히 회복되어 의사를 놀라게 했다. 이런 큰 사고를 내면서도 이웃도 모르게 완치되었고 차도 며칠 만에 공장에서 나와서 그 차로 귀가할 수 있었다. 한 달 이상 걸려야 한다던 부상이 며칠 만에 완치된 것이다.

하나님의 돌보심이 이렇게 지극하셔서 기적적인 결과를 가져왔으니 이 어찌 하나님께 감사하지 않을 수 있으랴. 이렇게 "과거의 자신은 죽었고 이제부터의 자신은 하나님의 것입니다."하고 살 수 있게 되었다는 것은 우리의 신앙을 한 차원 더 높여 주시는 하나님의 섭리였다고 해석된다. 그래서 이 같은 환난은 우리의 신앙의 진보가 되게 하시는 계기가 된다는 것을 알게 하셨다(빌 1:12).

그해를 넘어 1970년 이른 봄이었다. 일선에 나가서 복무하던 아들에게 뜻하지 않은 엽서 한 장이 날아왔다. 엽서 맨 앞머리에 단 한 줄, 글자도 제대로 못 쓰고 삐딱했다. 그 내용인즉 "작년의 어머니와 같이 되었어요."라는 한 마디가 쓰여 있을 뿐 남은 여백은 할 말이 없어서였는지 묵묵히 백지대로 남아 있었다. 기록 없는 여백 지면이 더욱 마음을 불안하게 했다.

이게 무슨 일일까? 교통사고로 마지막을 고하는 마지막 여백이 아니겠는가? 하는 염려가 앞을 가렸다. 백사를 제하고 당장에 일선으로 달려갔다. ○○기지 군목실 문전에 이르니까 다행히 광장에 나와 있는 나 일병이 눈앞에 보였다. 그는 걸음도 옳게 걷지 못하고 있었다. 내가 갔는데도 발자국이 떨어지지 않아서 저적거리고 있었다.

"너 왜 그러느냐? 왜 그래?" 급하게 다그쳐 물었으나 대답을 빨리 못 한다. 오른손을 간신히 올려 경례를 한다면서 말이 안 되어 "괘괘…치…아않아요."하고 말을 더듬는다. 경례를 하느라고 '차려' 자세를 취하고 있던 그 몸뚱어리는 오른쪽으로 기울어져 비틀거린다. 이게 무슨 일이겠는가?

"애가 왜 이러냐?"고 안에 있는 사병에게 물어보았으나 시원한 대답이 없었다. 재차 물어보았을 때에는 "군목님께 물어보세요."라는 단 한마디 대답을 했을 뿐 다른 말은 일체 없이 입을 닫고 있다. 그것도 성의 있는 대답이 아니고 비로 바닥을 쓸면서 귀찮다는 태도의 대답이었다. 그가 바로 사고를 낸 장본인이라고 알지 못했었다. 나는 군목실로 달려갔다. 다행히 군목 중령이 앉아 있었다.

군목은 오히려 나 일병을 꾸짖고 있었다. 하루는 변론을 심히 하더라는 것이다. 병장과 일병과의 사이는 계급의 차이가 큰데 어떻게 서로 논쟁을 할 수 있겠느냐면서 나 일병이 잘못해서 맞았다는 이론이었다. 즉 성경 변론이 심했다는 것이다.

병장은 고려파 장로교 여전도사의 아들, 대구고졸 출신이었고 나 일병은 나 장로의 아들 서울대 출신이었다. 지식 수준도 달랐고 교파 관계도 달랐다. 어떻든 군대란 계급사회인데 계급을 무시하고 언성을 높여 가며 자기 직속 상관을 무시했다는 것은 군목실에서 듣기에도 나 일병이 잘못했다는 군목의 해석이었다.

"그렇게 잘못했으니 저렇게 폐인이 되어도 좋고 죽어도 좋다는 말인가요? 부모 된 입장에서는 누가 잘했다 못했다를 따지기 전에 어서 속히 치료를 해주어야 할 것인데 저렇게까지 되도록 때려 놓고도 군복을 입혀서 복무하라고 내세워야 한다는 말입니까?"

"별일 없을 것입니다. 복무 못 할 정도는 아닙니다."라고 잡아뗀다.

"아니 그러면 그 애가 꾀병을 한다는 말인가요? 저렇게 말도 못 하고 걸음도 옳게 못 걷는데도 괜찮다는 말입니까?" 나는 나대로 강하게 나설 수밖에 없었다.

"사단장한테 가서 말하고 저 애를 데리고 나가서 병원에 입원을 시킬 것입니다."하고 일어섰다.

나는 그 며칠 전에 두 트럭에 위문품을 싣고 일선 장병을 위문을 갔던 일이 있었다. 그때 나는 사단장과 참모 전원을 만나게 되어 같이 사단장실에서 간담회를 가졌던 일이 있었다. 그런고로 사단장과는 초면이 아니다. 나는 사단장을 만나서 이 일을 해결하겠다고 나섰다. 자신 있게 사단장을 찾아보겠다는 내 태도가 군목에게는 위협이 되었던지 군목은 그때야 다급했던지 당황해하면서 일어나서 나를 붙잡는다.

그때부터는 사정을 하는 것이다. 사단에도 의무실이 있고 야전병원도 있으니 군규에 의한 절차를 밟아 적절한 조치를 취할 터이니 참아 달라는 것이다. 참을 것을 참지 생명이 위험한데 어찌 저 꼴을 보고 그냥 내버려 두고 나갈 수가 있겠느냐고 항의했다.

저렇게 된 애를 병원에도 안 넣고 이럴 수가 있겠느냐고 했더니 야전병원이라야 부상병들의 외상이나 볼 정도라기에 나는 민간병원으로 데리고 나가서 입원을 시켜야겠다고 강력하게 맞섰다. 그때야 군목은 실상은 야전병원에 입원을 했으나 본인이 나가겠다고 사정을 하기에 데려왔다는 것이다.

병원에 있었으면 병을 고쳐서 내보내든지 아니면 육군 종합병원으로 이송을 하든지 해야지 저런 상태로서 그대로 복무할 수 있다고 판단이 되어 내보냈다면 그것부터가 나로서는 이해가 안 되는 일이라면서 기어이 데리고 나가겠다니까 그러면 일주일 휴가증을 떼어 줄 터이니 나가서 치료해 보고 안 되면 완치될 때까지 휴가증을 계속 떼어 보내도록 책임질 터이니 사단장은 만나지 말고 나가 달라는 군목의 간곡한 부탁이었다.

3. 軍帥은 여호와의 명령에서 생사 좌우해

나 일병의 병이 완치될 때까지 휴가증은 군목이 책임을 져준다니까 나는 안심하고 그 청에 응했다. 군목은 그 즉시 휴가증을 떼러 사단본부로 들어갔다. 나는 그 시간에 나 일병과 같이 지내는 사병 한 사람에게 사건 내용을 자세히 들을 수 있었다. 그의 말에 의하면 나 일병은 죽었던 사람이 살아났다는 것이다. 예측 못 했던 놀라운 소리를 듣게 된 것이다.

○병장이 제대하기 며칠 앞두고 있은 일이란다. 하루는 저녁 식사 후 군종과에 근무하는

병정 전원을 집합시키고 좌측일렬로 세워 놓더니 차려 호령으로 부동자세를 취하게 하고 미리 준비해서 들고 있던 차트에 쓰던 각목으로 나 일병의 머리를 힘껏 쳤다는 것이다. 단 한 대만에 나 일병은 그 자리에 쓰러지더란다.

그래서 ○병장은 "일어서!"라고 호령을 했으나 일어나지를 못하더라는 것이다. 그래도 일어서라고 발길로 차 보았으나 못 일어나더란다. 그래서 그때에야 잘못된 줄 알고 모두들 붙어 일으켜 보았으나 이미 죽었더란다.

그때야 모두 놀라서 지프 차에다 그 시체를 싣고 중대 의무실로 끌고 갔다는 것이다. 거기서도 별도리가 없다면서 야전병원으로 가라고 해서 다시 차에 싣고 야전병원으로 갔다는 것이다. 그러는 동안이 두 시간 이상은 걸렸을 터인데도 소생할 빛도 보이지 않았지만 아직 가슴에 온기는 있는 것 같아서 살릴 길이 있을까 하여 그렇게 끌고 다녔다는 것이다. 그처럼 죽은 상태의 나 일병을 의무병들에게 맡기고 자기들은 돌아왔다고 한다. 그 밤을 어떻게 지냈는지는 모르나 다음 날 아침 죽은 줄로 알았던 나 일병을 군목이 지프 차에 싣고 왔더라는 것이다.

그때 데려다 놓았으나 정신도 신체도 자유롭지 못하고 언어와 동작도 부자유스럽고 앉지도 못하고 누워야 하는 몸을 누가 오면 강력한 호령을 해서 억지로 일으켜 세우고 남의 눈에 환자같이 보이지 않으려고 애썼고 예배시간에는 문전에 억지로 세워 놓고 종전과 같이 안내역을 시켰다는 것이다.

그러나 벽에 기대고 억지로 서기는 했으나 말도 못 하니까 오는 사람마다 "너 왜 그러냐?"고 물어도 대답도 못 하는 사람을 안내역에 세워 놓았으니 옆에서 보기에 하도 딱해서 엽서를 한 장 구해다가 자신더러 쓰게 하여 사신으로 본댁에 보내 드렸노라는 사병의 이야기였다.

나는 이 정도 말을 듣고야 사고 윤곽을 어느 정도 알만했다. 나는 그 즉시 그때 때렸다는 각목을 찾았다. 절반이 부러져서 부러진 자리가 삐쭉삐쭉한 각목이었다. 차에다 재빨리 실어 놓았다.

그때 마침 군목이 휴가증을 떼어갖고 나왔기에 나는 군목에게 다그쳐 물었다. 군목의 말에 의하면 야전병원에서 별다른 치료를 한 것 같지 않았는데 나 일병이 자리에 누워 있다가 군목이 들어가니까 눈을 뜨더란다. 눈을 뜨기는 했으나 멍하니 아무것도 식별을 못 하는 것 같았는데 군목이 "나 일병 정신차려!"하니까 화다닥 놀라며 일어나 앉더라는 것이다.

이것이 명령에 살고 명령에 죽는다는 군기의 위력이었던가, 나 일병은 정신을 차리고 일어서려고 기력을 다하더란다. 그래서 그를 붙잡아 일으켜 놓고 정신 차리라고 하니까 "네"하고 서기에 "이제 정신이 나는가?"했더니 "예"하고 또 주저앉더란다.

그제야 "여기가 어디입니까?"하고 입을 열더라는 것이다. 야전병원이라고 알려 주었더니 내가 왜 여기 있느냐고 하면서 나를 데리고 나가 달라고 애원을 하기에 데리고 나왔다는 것이다. 그런 사고 이후 며칠이 지난 그때까지 말을 못 하던데 사고 당시 말을 제대로 했을 리가 없었다.

어떻든 사고를 은폐하기 위해서 입원 수속도 안 하고 병원에는 오지도 않았던 것으로 하고 그냥 지프 차에 싣고 나와서 억지로 복무형식을 취한 것이었다. 이것으로 '군령 앞에는 죽었던 자도 복종한다.'는 군기의 위력을 알 수 있었다. 그 위력은 군대의 생명이다.

그 위력이 없다면 군대는 죽은 군대다. 그 위력이 있기에 질서가 유지되고 있음도 알만 했다. 이같이 존엄한 군기를 개인의 사사로운 감정풀이에 써서야 될 말인가? 이것은 허용되지 않을 말이다. '전쟁은 여호와께 속한 것'인 고로 군령은 여호와의 명령에서 생사를 좌우할 수 있는 위력이 발할 수 있다(상상 17:47).

4. 길가에 쓰러져 가엾이 된 나 일병

이런 복잡한 사연이 담긴 나 일병을 데리고 나올 수 있었다. 겁에 취하여 멍청하니 앉아서 어떻게 되는가 하회를 기다리고 있던 나 일병, 내 차에 태우고 나니 나 일병은 그때에야 한숨을 '훅-' 쉬더니 다시 쓰러진다. 군기에서 풀려나는 순간 긴장이 풀리면서 일어나는 현상이었는지 모른다.

"아- 서영아, 지금 집으로 가는 거야."하고 깨우니까 "예? 집으로 가요?"하고 집으로 간다는 소리에 정신이 나던지 화다닥 일어나 앉는다.

일어나 앉은 나 일병은 그때부터 어린애같이 어쩔 줄을 모르고 차 중에서 몸 둘 바를 모를 정도로 기뻐 뛰고 있었다. 그러다가도 검문소의 헌병들을 보면 흠칫 놀라며 겁에 질린다. 이렇게 비정상인 아들을 데리고 나오는 아비의 심정은 슬프기만 했다. 그러나 이 사건이 계기가 되어 그 후로는 현지 일선 사단에서부터 사병 간의 구타행위를 엄금하는 군령이 내려 왜정 잔재 행위는 완전히 물러가고 도의적 질서가 잡혀 정의구현에 이바지하는 군대가 되었다고 한다. 불행 중 다행한 일이었다.

나 일병은 휴가 허락하에서 신경외과 병원에 입원을 하게 되었다. 며칠 지나고 나니까 말을 할 수 있었다. 점점 말문이 열리기 시작하더니 어떤 날은 온종일 웃기만 하고 어떤 날은 온종일 울기만 했다. 그리고 말을 하기 시작하면 그칠 줄을 모르고 그냥 이야기를 하는데 너무도 똑똑한 말이었다. 이론적으로 하나도 틀린 말을 아니었다. 그것이 도리어 이상하게 보이는 점이었다. 엄마는 그곳에 같이 유숙하면서 계속 기도로 지내고 있었다. 그렇게 여러 날 지나는 동안 집으로 나가고 싶다고 "나를 왜 이런 데다가 두었느냐?"고 항의하며 집으로 나간다고 우겨대기도 했다. 그 모습을 보면 완전히 나은 것 같기도 해서 집으로 데리고 나왔다. 나가서 치료해도 될 것이라는 의사의 말도 있고 해서, 상상 밖에 빨리 차도가 있어 퇴원하게 되었다고 하나님께서 감사하면서 의사에게도 감사하다는 인사를 몇 번이고 하면서 나왔다.

그러나 집에 와서도 우울한 모습이 계속되고 있어 온전하다고 볼 수는 없었다. 어떤 날은 어디로 갔다가 오는지 없어졌다가 돌아오곤 했다. 어디를 갔느냐고 물으면 비밀이라면서 깊은 수심에 잠겨 한숨만 쉬고 입을 열려고 하지 않았다.

엄마가 안타까워서 붙잡고 또 묻고 또 물으면 목소리를 낮추어 가며 비밀을 속삭이듯 "실은 내가 독약을 너무 많이 먹어서 세포 기능이 병신이 되었는데 남모르는 비밀 처에 가서 보다 더 독한 약으로 주사를 맞고 온다."고 하더란다. 그 비밀처란 어떤 곳이냐고 아무리 물어보아도 그것만은 말할 수 없다고 해서 부모의 마음을 더욱 안타깝게 했다. 아무리 뒤를 따라가 보려고 해도 안 되었다. 늘 지키고 있어도 어느 사이에 나갔는지 모르게 나가곤 했다.

그런데 어느 하루였다. 경찰이라면서 급한 전화가 왔다. 왕십리 ○○병원으로 빨리 찾아가 보라는 것이다. 정체불명의 청년이 길가에 쓰러졌기에 병원에 옮겨 놓았다는 것이다. 이름도 주소도 모르나 전화번호만은 간신히 말해서 알았다면서 위험사태임을 짐작케 했다. 온 가족은 또 한 번 놀랐다.

허둥지둥 병원으로 찾아갔다. 병원에서는 다른 말을 들으려고도 않고 부모임을 확인하고 즉시 속히 큰 병원으로 옮기라는 것이다. 병명도 자기들은 모른다는 것이다. 그 병원은 내과 개인병원이었는데 교통순경들이 갖다 맡기기에 임시로 맡았을 뿐이란다. 진정제 주사로 임시 진정을 시켜 놓았는데 병실에 들어가 보니 죽은 것 같은 상태였다.

그 병원 휴게실에 있던 손님들의 목격담을 듣고 더구나 놀랐다. 순경들이 데려다 놓고 갔는데 정신은 전혀 없었고 침상에 눕힌 자리에서 두 다리를 쭉 뻗은 대로 성큼성큼 뛰어오르는데 무섭더라는 것이다. 그것도 한두 번이 아니고 여러 차례, 그러면서 거품을 물고 쓰러졌는데 죽은 줄만 알았다는 것이다.

누가 들었다가 던지는 것 같은 모양으로 쭉 뻗어 누워 있는 자세로 약 1미터 정도 높이로 뛰어올랐다가 떨어지곤 하는데 의사도 전혀 알 수 없는 증상이었다는 것이다. 간질도 아니고 무슨 증상인지 신경외과로 빨리 데리고 가서 처리하라는 것이다. 엠불런스에 실려 본래 있던 병원으로 가서 치료를 했으나 거기서도 별수가 없었다.

쓰러졌다는 곳으로 찾아가서 주변 사람들과 나 일병이 들어갔다 나왔다는 안경집에 가서 알아보았더니 안경집에서는 안경을 하나 바꾸어야겠다면서 값을 물어보기도 하고 이것저것 고르기도 하면서 정신은 딴 데 둔 것 같았고 말을 똑똑하면서도 횡설수설하더라는 것이다.

문밖으로 나가서부터는 누구를 보고 이야기를 하는 것인지 계속 지껄이더니 그 자리에 주저앉아서 인생 문제를 가지고 계속 이야기를 하더란다. 사람들이 빙 둘러서서 듣기도 했고 묻기도 했는데 말에는 별다른 이상이 없었고 오히려 유식하다는 평을 들었다는 것이다. 그러나 노변에 앉아서 많은 사람들의 구경거리가 되고 있는 것이 이상했다는 것이다.

그렇게 열심히 이야기하던 그가 갑자기 거품을 물고 쓰러지더라는 것이다. 처음에는 간질환자인가도 했는데 그것도 아니고 죽은 사람 같더라는 것이다. 쓰러진 다음부터는 의식이 전혀 없는 것 같았는데 순경이 와서 깨우면서 주소 성명을 물었을 때에는 약간 소생하는 것 같으면서도 그 정체를 알 길이 없었고 오직 전화번호만은 간신히 알아들을 수 있었다는 것이다. 전화번호만 간신히 말하고 의식은 완전히 잃어버린 것으로 보였다는 것이다.

이런 이야기를 듣는 동안 군에서의 사고 당시의 사고 현상이 재발되었던 것으로 생각되면서 가엾고 불쌍하기만 했다. 그렇다고 누구를 원망할 것도 없고 이 억울함을 하나님께 호소할 수밖에 없었다. 과거의 내 자신을 회개하며 자신이 당한 보응이 자식에게 미친 것만 같아 더욱 가슴이 아팠다.

5. 한 생명 천하보다 더 귀하게 여겨

안타까운 부르짖음을 하나님께서는 그래도 물리치지 않으시고 생명을 다시 소생시켜 주실 것을 믿고 기도했다. 그 후 퇴역하신 P 장군의 정성 어린 주선으로 메디컬센터로 옮기고 신경과의 권위자인 허 박사가 담당하게 되었다.

차려 자세로 세워 놓으면 오른쪽으로 쓰러지고 걷게 해보면 헛디디는 것처럼 허덜허덜하며 걷는 것이 정상이 아님은 누구나 보고 알 수 있었다. 뇌파검사를 비롯한 진단검증 과정이 간단하지는 않았다. 머리 전체에 낚싯바늘을 주렁주렁 꽂아 놓기도 하고 오금을 못 쓰게 결박도 시키고 또는 마취도 시키고 애처로운 장면이 너무도 많았다.

부모는 보지도 못하게 하는 장면도 많았으니까 더구나 안타까웠다. 이런 모든 것이 귀찮다고 환자는 울면서 집으로 데려가 달라고 애원도 해보고 짜증도 부려 보고 이런 고통을 당하기보다는 차라리 죽고 싶다고까지 하는 데는 부모로서도 애처롭기 짝이 없었다. 그러나 자기 하자는 대로 한다면 또 어디서 쓰러질는지도 모를 처지였다. 그래서 병원 안에 두어야 돌볼 수 있는 유일한 길이었기 때문에 입원을 시켜야 했다.

이렇게 생명의 위협을 받으면서 있는 줄을 모르고 군에서도 민간에서도 구구한 억측이 나돌며 부모의 심금을 더욱 울렸다. 그렇게 비정상이면서도 때로는 온전한 것같이 철학적인 이론을 펴면서 말을 잘하니까 간호원들이 모여와서 흥미 있게 그 말을 듣고 나서는 제대하려고 꾀병으로 입원을 했다고까지 악평을 하기도 했다.

그러나 어떤 날은 온종일 울기만 하고 또 어떤 날은 온종일 웃기만 했다. 매일 방문하는 부모가 가도 어떤 날은 반기는 날도 있기는 하지만 어떤 날은 몰라보는 것 같기도 했고 또 어떤 날은 찾아오는 것을 귀찮게 여기고 짜증만 내기도 했다. 교인들도 이런 꼴을 와서 보면 모두 실망했다. 사람 구실하리라고는 보지 않았다. 간호원들도 여러 날 지나보는 동안 정상이 아닌 것을 알고부터는 서울대 출신 인재가 아깝다면서 동정하는 모습이 처음에 꾀병이라던 때와는 너무도 달라져 있었다. 부모가 찾아가면 너무도 가엾다면서 그동안 몇 번이나 죽었다 살아났다는 증상을 자세히 알려 주곤 했다.

그러나 사단본부에서 속히 귀대하라는 명령이 내렸다. 하지만 나는 이에 응할 수 없는 처지라고 응수했다. 나 일병을 후려쳐서 쓰러지게 했던 부러진 차트 용 각목을 갖고 사단장 본부로 달려갔다. 왕복 하룻길이나 되는 먼 거리 일선 지역이었다. 전일에 그곳 참모로 있다가 예편된 배ㅇ령을 동반하고 들어갔다.

다행히 참모 전원이 참모장실에 모일 수 있었다. 먼저 배ㅇ령이 현황 보고를 진지하게 했다. 그러나 그 보고를 받아들이려고 하지 않았다. 키가 훨씬 크고 얼굴이 컴컴한 참모장이 벌떡 일어서더니 그 장대한 체구로 위압을 주듯이 발언을 한다. 당신이 참모의 자리에 있었다면서 그만 경위도 몰라보느냐 식으로 압력을 가했다.

"당신이 말하는 것은 개인의 사정이고 여기는 개인 사회가 아니고 엄연한 국가운명이 좌우되는 군부라는 것을 아시오, 군대에는 군기가 있고 군법이 있는데 군인이라면 군법에 순종해야지 거기에 어찌 개인 사정이 통할 수 있겠소?"하고 따져 말한다. 다른 참모들도 연달아 배ㅇ령의 말을 반박했다.

나는 그때 말하지 않을 수 없었다. 국가와 국민을 위해서 기도하는 사람으로서 아들을 바친 부모의 입장에서 드릴 말이 있다고 전제하고 현황으로서는 귀대하는 것이 오히려 국가에 유익보다는 손해를 줄 것이 확실한 것을 알면서 무엇 때문에 복무도 못할 몸, 들어오다가 죽을 몸을 싣고서 왔다 갔다 하겠느냐고 그러니 이왕 명령에 살고 명령에 죽어야 하는 군인이라면 죽으라는 명령보다는 살라는 명령을 내려 주기를 바란다는 눈물겨운 사연이었다. 부모로서의 눈물은 당신들에게도 있을 줄을 안다면서 눈물로 호소한 것이다.

그래서 내 아들이 중하면 남의 아들도 중하다는 입장에서 볼 때 내 아들도 네 아들도 다 한국의 아들이요 국가의 아들인 고로 국가에서 그 아들을 살펴 보호하는 것이 당연한 임무이거늘 국가도 군대도 국민을 위한 국가요 군대가 아니겠느냐고, 나는 그렇게 믿고 이곳까지 찾아왔으니 이 가엾은 처지에 빠져 있는 한 국민의 호소에 귀를 기울여 주기를 바란다고 했다. 결국은 육군 종합병원으로 바로 입원할 수 있도록 명령을 내려달라는 호소였다.

그러나 군기로서는 야전병원을 통해서 대대, 연대, 사단을 거쳐 행정적 절차를 밟아서 육군 종합병원으로 가야 하는 것이 순서라는 것이다. 그러면서도 참모들도 동정이 갔던지 내가 갖고 간 차트 걸었던 각목 부러진 것을 두 손으로 들고 후려치던 시늉을 해보면서 이것이 부러질 정도라면 쓰러지고말고, 더구나 머리를 쳤으니 하고 번갈아 한 번씩 후려쳐 보았다. 그 각목을 두고 가라기에 두고 나왔다.

그 후 육군 종합병원을 거쳐 청주, 대구로 이송되어 치료를 받다가 결국에는 의병제대를 할 수밖에 없었다.

하나님의 돌보심이 아니었다면 완전히 폐인이 되었거나 생명을 잃었을 수밖에 없었다.

그러나 하나님께서는 옛사람을 벗어 버리고 새사람으로 살아나게 하신 것이다. 이처럼 하나님께서는 한 생명을 천하보다 더 중하게 여기신다(마 16:26). 그런고로 이렇게 귀한 생명을 보존하는 데는 "힘으로 되지 아니하며 능으로 되지 아니하고 오직 나의 신으로 되느니라."(슥 4:6)고 하셨다.

"그러므로 우리가 이제부터는 아무 사람도 육체대로 알지 아니하노라 그런즉 누구든지 그리스도 안에 있으면 새로운 피조물이라 이전 것은 지나갔으니 보라 새것이 되었도다."(고후 5:16~17)라는 성경 말씀대로 나 일병의 과거는 온전히 죽고 새로운 피조물로 새사람이 되어 이제는 하나님의 기름 부음을 받은 버젓한 목사로서 하나님께서 맡기신 사명에 충성하고 있다.

하나님께서는 이처럼 세상에서는 버린 바가 된 돌들을 들어서 새 건설을 하시고 계신다(벧전 2:7). 그렇게 역사하시는 모습을 여기저기서 볼 수 있도록 나타내 주셨다(롬 9:33).

위에 말한 두 가지 예는 하나님께서 직접 죽은 자 가운데서 택해서 쓰신 것의 모형을 잘 드러냈다고 보인다. 이는 곧 옛사람은 죽고 새사람이라야 하나님의 역군이 될 수 있다는 것을 보여 주신 표적이라 할 수 있다.

"사람에게는 버린 바가 되었으나 하나님께는 택하심을 입은 보배로운 산 돌이신 예수에게 나와 너희도 산 돌같이 신령한 집으로 세워지고 예수 그리스도로 말미암아 하나님이 기쁘게 받으실 신령한 제사를 드릴 거룩한 제사장이 될지니라."(벧전 2:4~5)고 한 성경 말씀대로 "구습을 좇는 옛사람을 벗어 버리고 오직 심령으로 새롭게 되어 하나님을 따라 나와 진리의 거룩함으로 지으심을 받은 새사람"(엡 4:22~24)이 되어 새로운 피조물로서 하나님께 직접 쓰이는 거룩한 제사장의 모습을 보게 되었다.

이 두 가지 사건을 놓고 볼 때에 사건 내용과 처지는 각각 달랐다 해도 공통된 점은 죽은 자 가운데서 살아나게 하신 것과 또 그들을 하나님께서 직접 쓰고 계신다는 점이다. 그 쓰는 데 있어서의 공통된 점은 성령의 불이 역사했다는 점이다.

기도해 줄 때에 영감으로만 느껴진 것이 아니고 성령의 불이 기도 받는 자의 체내에까지 임하고 있는 증상이 체감으로 느껴졌다. 안수하는 손길에 전류가 통하는 것 같은 뜨거움의 느낌이다. 뜨거운 불줄기가 손길을 거쳐 상대방의 체내에 뻗어 들어가는 것 같은 체감을 하게 된 것이다. 어떤 경우에는 그렇지도 않다. 그렇지도 않는 경우에는 성령이 응답 안 하는 것같이 느껴진다. "불로 응답하는 신, 그가 하나님이라."(왕상 18:24)던 성경 말씀, 엘리야의 말을 실감하게 된다.

이처럼 성령의 불이 체내에 들어가면 체내의 모든 악성은 소멸하고 기도의 응답을 하고 하나님의 권능을 나타내는 실례를 많이 보게 된다. 그런고로 성령의 불은 소멸의 불임을 알 수 있다(히 12:29, 왕상 18:24, 렘 23:29).

6. 성령의 불의 역사는 죽는 사람도 살려

성령이 불로 역사하는 모습은 그밖에도 얼마든지 그 예를 들 수 있다. 그중에서도 또 한 번은 불가불 죽어야 할 죽음에서 구출해 내는 성령의 불의 역사가 나타나 병원 의사들을 놀라게 한 일이 있다.

1983년 가을에 있은 일이다. 용문산에서 집회를 인도하고 있을 때였다. 서울에서 급한 전화가 왔다. 서울 만민교회 이칠익 장로가 세브란스 병원에서 수술을 하고 죽게 되었다는 급보였다. 빨리 올라와서 기도해 달라는 것이다. 이미 의사들도 단념했고 기도하는 X 권사님도 기도 중에 죽는다는 계시를 받고 예언했다는 것이다.

마지막으로 죽기 전에 나 목사님 오셔서 기도해 달라고 부탁하라는 X권사님의 말이 있었다고 한다. 이 장로의 어머니까지 침식을 잃고 위경에 있다는 것이다.

노령에 혼수상태에 빠지고 하니 연쇄 사고가 생길 것 같다는 소식이었다. 이 장로의 여동생 이명숙 집사의 목멘 음성은 전화통을 통해 애절하게 들려오곤 했다.

집회를 중단하고 갈 수는 없다는 형편인데도 집회는 다른 사람에게 맡기고 속히 올라와 달라는 것이다. 전화는 연거푸 오곤 했다. 우선 만민교회 부목으로 있는 차 목사님을 속히 올려보냈다.

　나는 집회가 끝나는 대로 새벽에 올라간다는 똑같은 대답을 몇 번이고 해야 했다. 그러면 그동안 죽지 않을 것이라는 응답이라도 받았느냐고 묻기까지 한다. 안 죽는다는 응답을 받았다면 집회를 마치고 올라와도 좋다는 허락(?)을 받고 나서야 집회를 계속할 수 있었다.

　집회 마지막 날 새벽 집회를 마치는 대로 성전 문 앞에 대기해 놓았던 차로 그 즉시 출발해서 오전 10시경에 서울에 도착했다. 병실로 뛰어들어가니 아직 죽지는 않았다. 코에 고무호스를 꽂고 새까만 위액을 밖으로 받아내고 있었다. 배알이 완전히 막혀서 위장과는 전혀 통하지 않기 때문이었다. 소장, 대장이 전혀 기능을 발휘할 수 없도록 개떡같이 맞붙어 의술로는 별 방법이 없었다는 것이다.

　첫 번 수술에 실패해서 한 주일 만에 두 번째 수술을 또 했을 때에는 10시에 수술실에 들어가서 새벽 4시에 나왔다는 거짓말 같은 소리였다. 마취시키고 수술을 하다가는 깨어나면 또 마취시키기를 몇 번이나 반복하면서 유능한 의사들을 불러대는 등 각방으로 애써 보았지만 별수가 없어서 그냥 덮어 버리고 말았다는 것이다.

　수술실에서 나오기를 안타깝게 기다리던 가족들이 담당 의사에게 달려들었을 때 의사의 말에 의하면 최선을 다해 보았으나 별수가 없었다는 것이고 두 손을 들었노라고 솔직히 말하더란다. 이 소식을 들은 노모는 낙심하여 기절을 하게 되었고 그 아내는 어안이 벙벙하여 말문이 막혔다. 주변 형제들과 친지들 모두가 어리둥절하여 슬픔에 잠겼다.

　그렇게 다급한 나날을 보내기를 사흘이 지났다. 숨을 거두는 시간이 다가온 것만 같아 겁에 질린 친척들이 모여 섰을 그때 내가 당도했다. 사지를 묶어 놓고 링거병이 사방에 달려 있는 장면을 목도하면서 병실에 들어서는 순간은 무척 어색한 분위기였다.

　말없이 묵묵히 둘러선 그 자리를 헤치고 환자 옆으로 다가서서 환자의 머리와 가슴에 손을 얹고 기도하기 시작했다. 울음소리와 아멘 소리가 기도 소리를 뒤따르고 있어 냉랭하던 분위기가 한결 뜨거워지기 시작했다. 동시에 성령은 역사하기 시작하여 환자의 가슴을 뜨겁게 했다. 성령의 불길이 점점 깊숙이 스며드는 듯했다. 기도자로서도 그 증상을 체감할 수 있었다.

　기도에 뒤이어 찬송을 부르고 성경 말씀을 전했다. 생사 화복을 주관하시고 능치 못하신 바가 없으신 하나님의 능력으로 소생할 수 있다는 요지였다. 설교 후 기도를 하고 나니까 환자는 당장에 일어나 운동을 하기 시작했다.

　보는 사람들이 모두 놀랐다. 꼼짝 못 하던 사람이 침상에서 내려와서 걷기도 하고 발등상 위에 올라섰다 내려갔다 하며 몸짓운동을 하고 있었으니 말이다. 배알 속으로 성령의 불이 들어가면서 배알은 뜨거워졌고 배알이 움직이기 시작하니까 일어나서 운동을 하게 된 것이다. 즉 성령의 불이 배알 속으로 들어가면서 막혔던 배알 구멍이 열리고 개떡같이 맞붙었던 배알들이 떨어지면서 정상 위치에 바로 서게 되는 증상이었다.

성령의 불은 복부 안에서 뜨겁게 확산해 점점 속이 편안해지면서 마음도 편안해졌다. 뒤로 가스가 나가기 시작했다. 그렇게 되니까 누워서 신문까지 보게 되었다.

의사가 들어와서 보고 깜짝 놀랐다. 죽을 시간이 다가온 줄로 알았는데 평화스러운 얼굴로 신문을 보고 있었으니 놀랄 수밖에 없었다. 이젠 가스가 항문으로 나갔다니까 의사는 더욱 놀랐다. 의술로서는 불가능했던 접착 증이었기 때문이다. 소장도 대장도 맞붙어 있어 도저히 가스가 통했을 수가 없는데 통했다니까 곧이들리지 않을 일이었다.

거짓말 같은 사실 앞에 의사들이 모여 서서 참말이냐고 몇 번이나 물었다. 의사들은 사실 여부를 실험해 보았다. 결국 횟가루까지 먹여 보았다. 다음날은 먹여 놓은 횟가루 변까지 나왔다. 의사들은 의문의 기적 앞에서 또 한 번 놀랐다. 죽을 사람을 살려놓았다는 쾌유의 승리감을 하나님께 돌릴 수밖에 없었다. "이것은 의사가 고친 것은 아닙니다. 하나님께서 고치신 것이 확실합니다."라는 솔직한 고백이 나왔다.

그런고로 병원에서 퇴원을 할 때에는 의사가 병실에 와서 다른 환자들이 지켜보는 가운데서 증언했다. 이이는 의사가 고친 것이 아니고 하나님께서 고치셨다는 것을 증언한 것이다. 다른 환자들과 방문객들에게 큰 감명을 주었다.

이런 광경을 본 환자 한 사람은 당장에 만민교회로 따라 나와서 참신한 신자가 되었다. 그리고 이 장로는 건강이 회복되는 대로 즉시 신학 공부를 하면서 전도사직을 맡아 충실하게 하나님께 쓰였다.

"과거의 이칠익은 죽었고 이제부터의 이칠익은 하나님의 것이로소이다."하고 하나님 앞에 온전히 바친 몸이 되었다.

그 후 신학교도 졸업하고 목사안수도 받고 당당한 목사로서 지금은 유능한 목사가 되어 서울 만민교회에서 시무하고 있다.

Ⅸ. 天使가 같이 해주신 증표

1. 천사가 지켜 주신 증표 나타내 보여

성령의 역사가 크면 클수록 마귀의 역사도 크게 일어나고 있었다는 사실도 무시할 수 없는 일이었다. 회고컨대 지금부터 30여 년 전 일이다. 1954년 8.15 중심의 용문산 양 7주년 기념성회가 있었다. 양 7주년이란 곧 7주년씩 두 번, 집 없이 7년, 집 짓고 7년, 14주년 기념을 의미한다.

산상에 그렇게 많이 모이기란 유사 이래 처음 있는 일이라면서 전국이 떠들썩했다. 서울에서 발행되는 일간지에서까지 특파원을 보내서 취재를 했다. 교계에서는 1만 명 내지 1만 5천 명이 모여들었다고 했지만 일간지에서는 2만 명이라고 보도되었다. 그야말로 인산인해였다. 지금의 5.16 광장 2백만보다 더 큰 기적적 숫자였다. 그 당시로는 처음 보는 일이었다.

그 험한 산골짝, 사람 구경도 힘들었던 그 골짝, 자동차도 못 오르내리는 두메산골, 추풍령 고개를 넘어서도 또 올라가야 하는 그 높은 산상에까지 줄지어 올라가는 성도의 무리, 지고 이고 남부여대의 대열은 6.25 동란 피난 보따리 속에 묻혀 나오는 피난민 같기도 했다. 추풍령 역전에서 용문산까지 맞닿아서 들어오는 행렬이 개미 떼 행렬같이 보이기도 했다. 좁은 오솔길, 일렬로밖에 못 걸었으니 그럴 수밖에 없었다.

그 많은 인원이 10일간이나 붐비며 매시간 1만 명 내지 1만 5천 명 정도의 집회였으니 하루 네 차례 새벽, 오전, 오후, 밤에 걸쳐 연인원으로는 60만 내지 80만이었다. 이렇게 산골짝에서부터 일어난 성령의 역사는 전국적으로 번져서 전국 각지에서 성도들이 용문산으로 찾아오게 되었다. 찾아오는 성도들을 위해서 김천 역전에 용문산 연락소를 설치하고 숙식에 도움을 주고 있었다.

그때는 용문산 통행 버스가 없었기 때문에 연락소가 필요했다. 그 연락소란 공동 합숙소같이 되어 있었고 관리인을 두고 숙식관리를 했다. 그 옆에 달려 있는 집에서는 우리 가족이 따로 살림을 하고 있었다. 가족이라야 초등학교 다니는 큰애(11)와 조카(9)가 있었고 그밖에 세 살 난 어린애가 하나 있었을 뿐이다.

나는 계속 나가서 부흥회를 인도하느라고 집에 들러 하루도 묵는 날이 없었다. 그때의 부흥회란 월요일 저녁에 시작하면 그다음 주 월요일 새벽 시간까지 만 일주일이라야 끝난다. 그러니 집에 머물 시간도 없이 일 년 열 두 달을 계속 돌고 돌면서 집회를 하다가 용문산 집회 때에야 돌아오면 그 즉시 산으로 들어가야 하니까 가족들과 단 하루라도 같이 있을 날은 없었다. 어떤 때 집회 장소가 옮겨지는 경우 김천을 통과할 때에는 잠깐 들렀다가 다음 차를 타게 된다.

이렇게 매일 나가서 전하고 있는 동안 아내는 가만히 안방에 편히 있을 수는 없다 하여 배후에서 기도로 뿌리 역할을 해야겠다고 생각하고 매일 기도에만 전념하고 있었다. 김천 감리교회 권사라고는 하지만 권사 구실도 제대로 할 수 없는 처지였다. 우리 사재로나 개인이 그 교회당을 세워 놓고도 그 교회 장로 노릇을 못 하고 있는 처지였으니 교회가 교회답게 발전을 못 하고 있었다.

6개월 이상 무단결석자로 취급을 받았기 때문에 제명을 당했다. 무단결석이 아니고 하루도 쉬지 않는 전도를 위해 본 교회에서 주일을 못 지켰다고 제명을 한다는 것은 뭔가 잘못된 교회 행정이라고 알면서도 그 이유는 따지지 않고 묵묵히 제명을 당했다.

그런 처지에서 아내는 권사라고는 하나 주일날 교회에 나가면 이 사람 저 사람 눈치만 보게 되곤 했다. 교역자로서 우리 가족이 교회에 나오는 것을 도리어 싫어하는 편이었으니 더욱 거북스러웠다. 그럴수록 엎드려 기도하고 싶은 심정은 더했다. 기도 더하시라는 기회라고만 알고 남이야 뭐라고 하거나 교회에 나가면 기도에만 전력을 다했다.

6.25 동란 직전에 사놓았던 건물에 감리교 간판을 걸고 개척전도를 했을 때에는 감리교에서도 잘 협조해 주어서 날로 부흥되어 그득히 모이곤 했다. 1952년부터 성령의 역사가 강하게 일어나서 은혜교회로서 빛을 보게 된 것이었다. 그러나 1954년 양 7주년 기념 성회 이후부터는 전국적인 핍박이 엄습해 오기 시작하니 자신이 세운 교회에서까지 그 바람을 타게 된 것이다. 주인 장로를 쫓아내고 나니 교회는 점점 쇠약해져서 10명 안팎의 교인이 남아 있었을 뿐이다.

이런 미묘한 분위기 속에서 재정적으로도 교회를 유지할 수 없게 되니까 교역자가 있을 수 없어 떠나고 말았다. 교역자 없는 교회에 교인 몇 사람이 남아 있는 자리에 젊은 독신 목사님 한 분이 부임해 오셨다. 그분이 바로 안덕창 목사님이셨는데 교인 없는 서글픈 교회에 정을 담고 그냥 계시고 싶지는 않았던지 얼마 안 계시고 또 떠나려고 이사 준비를 갖추었다.

그러면서도 이왕 김천에 나 장로가 세운 교회까지 왔다 가면서 용문산 구경도 못 하고 가서야 되겠나 싶어서 용문산엘 올라갔다. 다행하게도 안 목사님은 용문산에 올라가자마자 은혜를 받게 되었다. 떠나려던 목사님이 뜻을 돌이키고 다시 머물게 되었다. 그때부터 교회는 다시 부흥의 불길이 일기 시작했다.

김 권사는 1일 1식을 하면서 기도를 계속하고 있던 그때였다. 그때부터 심방 전도를 시작했다. 그러나 감리교인으로서는 김 권사와 같이 심방할 사람도 없었다. 황금동 장로교회에 나가고 있는 한복도 집사님이 용문산에 가서 기쁜 마음으로 김 권사를 도와서 매일같이 심방 전도를 했다.

어느 집에든지 가서 그 집을 위해 기도해 주면 고맙게 여기며 또 오라면서 언제 가도 반가워했다. 병자가 있는 가정은 병자를 위해 기도해 주면 아무리 중환자라도 깨끗이 나음을 받곤 했다. 이렇게 기도전도로서 믿기 작정하는 가정이 연속 생기게 되었다.

주일날이면 드디어 교회가 가득하게 찼다.

새벽마다 나가서 기도하고 낮에는 매일 심방하면서도 1일 1식을 하며 아이들도 돌봐주고 살림도 계속하고 있었으니 육신은 피곤에 지쳐 밤에는 정신없이 쓰러져 단잠을 자게 된다.

어느 월요일 나는 대전서 집회를 마치고 대구집회로 가는 도중 김천 집에 잠깐 들렀다. 현관에 들어서니까 방 안이 어수선하게 되어 불타다 남은 찌꺼기가 너저분한데 천정을 바라보니 불타다 남은 천정 뼈만 앙상하게 남아 있었다. 나는 놀라면서 "이게 웬일이요? 화재가 났구먼…."하고 어리둥절했다. 크게 놀랐으리라고 생각했는데 아내는 오히려 기뻐하면서 큰 자랑거리도 되는 것같이 입을 열었다.

고단하게 깊이 잠들어 있었는데 누가 와서 깨웠는지 일으켰는지 자기도 모르게 잠결에 자리에서 일어났다. 일어나자마자 옆방 샛문을 열고 들어섰다는 것이다. 난데없는 불길이 천정에 훨훨 붙고 있더란다. 그러나 놀라지 않았다. 놀랄 줄도 모르고 어찌할꼬 하는 생각도 없이 당황하지도 않았다.

천천히 전깃줄 따라 벽의 두꺼비집부터 열어 놓았다는 것이다. 그리고 나서 애들을 깨우고 어린것을 등에 업고 비로소 부엌에 나가서 바가지로 연신 물을 끼얹어 불을 껐다는 것이다. 온 방안이 물불에 젖고 타고 허청같이 되었다. 그때야 정신이 새로워지면서 불이야 소리를 치며 옆의 연락소에 알렸다는 것이다.

이미 불은 꺼졌지만 모두 놀라서 이웃 사람들까지 모여들었다. 만일 전기부터 끄지 않고 물만 끼얹었다면 더 큰 일이 날 뻔했다고들 야단법석하며 모두 놀라더란다. 전선이 합선되어 일어난 불이었으니 그럴 수밖에 없었을 것이다.

아무리 생각해 보아도 그때 천사가 와서 깨워 주고 이끌어서 동작할 수 있도록 인도해 준 것이 분명했다. 어쩌면 그렇게도 당황하지도 않고 더구나 잠결에 그처럼 여유 있는 자세로 차근차근 질서 있게 움직였겠는가 말이다.

베드로가 옥중에서 천사에게 이끌려 나오면서도 참인지 알지 못하고 환상을 보는가 했다가 옥문을 나와서 네거리를 지나 천사가 떠난 다음에야 정신이 나서 '내가 이제야 참으로 주께서 그의 천사를 보내어 나를 헤롯의 손에서 벗어나게 하신 것을 알겠노라.'고 한 것처럼 꿈속에서 있은 일 같았으나 정신을 차리고 보니 이것은 자기가 한 일이 아님을 알 만했다는 것이다(행 12:9~11).

그렇게 깨닫고 보니 '하나님은 과연 내 하나님이시다.'라는 소리가 절로 나오면서 기쁨에 넘친 은혜의 감격을 감출 수 없어 기쁨으로 하나님을 더 가까이 하게 되었다는 것이다. 그 후로는 아무리 외부에서 온갖 핍박과 멸시가 있어도 핍박이 크면 클수록 하나님의 사랑과 보호는 더 크게 받고 있는 것을 피부로 느낄 수 있도록 은혜를 입었다는 것이다. 하나님은 이렇게 은혜 베푸시는 길도 각양하게 성령으로도 천사로도 역사하게 하신다. 호사다마란 말은 옛날부터 있는 말이지만 용문산 운동의 기폭제가 된 양 7주년 기념 성회의 성령 역사는 잠자던 마귀를 일깨워 놓기도 했다.

산상 성회에서 일어난 성령의 불길은 한국 교계를 놀라게 할 뿐 아니라 성도들의 새 생명을 약동해 오르게 한 것도 사실이지만 잠복해 있던 마귀까지 되살아나게 한 것도 사실이다. 마귀들도 역사하여 교권주의자들을 격동시켜 핍박의 칼을 뽑아 들게 하고 성령 역사에 난도질을 하듯 난타를 하게 했다.

이렇게 억울한 곤고를 당하는 연약한 자의 부르짖음을 들으신 하나님께서는 그 응답의 위로도 하셨지만 천사가 지켜 주신다는 증표도 보여 주신 것이다. 그렇지 않고야 어찌 그런 일이 있을 수 있었으랴.

"이 곤고한 자가 부르짖으매 여호와께서 들으시고 그 모든 환난에서 구원하셨도다. 여호와의 사자가 주를 경외하는 자를 둘러 진치고 저희를 건지시는도다 너희는 여호와의 선하심을 맛보아 알지어다 그에게 피하는 자는 복이 있도다. 너희 성도들아 여호와를 경외하라 저를 경외하는 자에게는 부족함이 없도다."(시 34:6~9)라고 한 성경 말씀을 실감하도록 교계의 핍박에서 구출하시는 하나님의 선하심을 맛보게 하셨고 천사도 구출해 주시는 증표도 가끔 보게 되는 일이다.

2. 2층서 떨어진 애 천사가 붙들어 주셨다.

"모든 천사들은 부리는 영으로서 구원 얻을 후사들을 위하여 섬기라고 보내셨다."는 말씀대로 천사가 같이 해주시는 증험을 가끔 하게 된다(히 1:14).

일제에서 해방된 다음 해인 1946년 여름에 있은 일이다. 서울 주교동에서 살고 있었을 때였는데 우리 집 뒤에는 방산초등학교 운동장이 있어 시끄럽기는 했으나 위층에서 바라보면 시원스럽기도 했다. 하지만 뒤에는 아카시아 나무 밑에 담이 있어 협착했고 앞에는 통로가 있어 조용치 않았다. 옆으로는 좌우에 집들이 꽉 차 있어 답답한 편이었다. 그렇게 빈 터라고는 조금도 없었으니 빨래 널 만한 곳도 없었다. 그래서 2층에서 이웃집 지붕에 걸쳐 빨래 말리는 베란다가 설치되어 있었다.

하루는 아내가 빨래를 해갖고 그리로 올라가서 그 높은 빨랫줄에 빨래를 널고 있었다. 그때 두 살 난 어린애 서영이가 엄마를 따라 그리로 나가서 놀고 있었다.

엄마는 빨래 너느라고 거기에만 정신을 쓰고 있을 때에 어린애는 엄마 곁을 떠나 난간에서 이웃집 지붕으로 떨어져 한 바퀴 구르더니 걷잡을 수 없이 미끄러져서 바닥으로 떨어졌다. 이웃집과 우리 집 사이는 겨우 두 자밖에 안 되었고 그 집 지붕 처마 끝은 우리 집 벽에서 약 한 자나 떨어져 있는 정도로 그 사이가 좁았다. 그 사이로 떨어졌으니 어디에 부딪혀서라도 뇌진탕이 되어 죽었을 일이었다. 그리고 바닥은 시멘트 바닥이었으니 더구나 살아 있을 가망은 없었다. 나는 창문에서 내다보다가 아찔해서 눈을 돌리고 물러섰다. 오금이 저려서 말이 안 떨어졌는데 어떻게 내려갔는지 정신없이 뛰어 내려갔다. 아내도 비명을 지르며 뛰어 내려갔다. 그런데 이게 웬일일까? 이런 기적이 또 어디 있을 수 있었으랴.

피투성이 알몸이 쓰러졌을 줄 알았던 어린애는 이웃집 권사님의 품 안에 안겨 있지 않은가? 어안이 벙벙하여 꿈만 같았다. 애가 떨어진 이웃집 지붕은 함석지붕이었는데 아카시아 나무 가지가 너저분히 있었고 우리 집 벽은 벽돌집에다가 시멘트 곰보 벽이었는데 어쩌면 몸 하나 찢긴 데도 없이 깨끗하게 떨어져 울지도 않고 있었다.

그 바닥에는 양철 화로에 불을 피우고 냄비 솥에 무엇인가 끓이고 있었다. 뚜껑도 덮지 않은 채 한참 끓어 오르고 있었다. 그 옆에는 화목으로 가시나무 가지들이 질서 없이 놓여 있었다. 그런데 그 속에 떨어졌으니 더욱 신기한 일이었다. 그 불붙은 화로와 가시나무 사이에 말이다. 조금만 비켜 떨어졌으면 끓는 솥, 불붙는 화로에 떨어졌거나 가시나무에 떨어졌을 터인데 좌우로 치우치지 않고 그 좁은 사이, 위험을 피해서 떨어졌으니 신기한 일이 아니겠는가?

그 앞에 마루방에서 일하는 방 권사님이 보았는데 고양이가 내려앉는 듯 사뿐히 내려앉더라는 것이다. 이 어찌 천사가 붙잡아 주지 않았다고 말할 수 있었으랴. "저기 너를 위하여 그 사자들을 명하사 저희가 그 손으로 너를 붙들어 발이 돌에 부딪히지 않게 하리로다."(시 91:11, 12)라는 성경 말씀 그대로 발이 부딪히지 않게 붙들어 주셨다.

그 애를 붙잡고 울었다. 감격에 넘친 눈물이 쏟아져 나온 것이다. "하나님 감사합니다,

하나님 감사합니다."라는 단마디 감사기도 소리가 눈물에 섞여 나왔다. 진정한 감사 속에서 '하나님의 선하심의 맛'을 알 수 있었다(시 34:8).

이 소식을 들은 교회에서는 목사님을 비롯해서 권사님들과 속장님들이 연속 찾아왔다. "이층에서 떨어진 애가 어느 애지요?", "감사해라." 소리가 어느 입에서든지 흘러나왔다.

"이런 기적이 또 어디 있겠느냐?"면서 모두 신기해했다. 그 후로는 '이 애는 천사가 지켜 주는 애'라면서 교회에서도 그 애를 소중히 여기며 하나님을 두렵게 섬기는 기풍이 더해지기도 했다.

3. 천사가 전해 준 '마리아의 순종' 설교

나는 전국순회 집회를 계속하다가 1958년 연말 크리스마스 절기를 용문산에서 지내려고 집으로 돌아갔다. 반길 줄 알았던 아내는 뜻밖에 수심이 가득하여 무슨 말 못 할 사정이라도 있는 듯했다. 왜 그러냐고 물어도 대답을 않는다. 아무도 없을 때 조용한 틈을 타서 하는 이야기가 있었다. "아무래도 어딘가 남모른 곳에 좀 가서 있다가 와야겠어요."라는 것이다. 그게 무슨 소리냐고 물었더니 해산날은 가까워 오는데 어떻게 이 거룩한 동산에서 해산할 수가 있겠느냐는 것이다.

그 당시 작은애가 여섯 살이고 큰애가 열네 살이었는데 그 두 애로만 족했고 또 6년이나 아기가 없었으니까 단산을 한 줄만 알고 있었다. 실은 당숙모님에게 아들이 없어서 숙모님께 아들을 하나 주시라고 진심껏 기도했더니 당숙모님에게 주실 아기를 내게 주셨다면서 한껏 원망스러운 표정이었다.

"90세의 사라에게도 아들을 낳게 하시던 하나님께서 아직 40대밖에 안 된 젊은 숙모님에게는 왜 안 주십니까? 꼭 주셔야 합니다. 주시옵소서. 아들을 주시옵소서…" 하고 한동안은 산에 올라가서 매일 그 기도만 열심히 정성껏 했다는 것이다. 그런데도 숙모님에게는 안 주시고 오히려 싫다는 나에게는 주셨으니 반가운 일이 아니어서 차라리 낙태라도 하고 싶었다는 것이다.

그래서 하나님께 또 애원하기를 "하나님, 저는 아들 둘로 만족합니다. 그 이상 나는 아기를 원치 않습니다. 내 복중에 있는 아기는 거두어 주옵소서…"하고 아무리 호소했어도 낙태는 되지 않았다. 그렇다고 수술을 할 수는 없었다. 살인행위라니 그런 끔찍스러운 범행을 할 수는 없었다.

"부끄럽습니다. 교인들에게 덕이 안 됩니다. 기도원에서는 거룩해야 하지 않습니까? 이제부터는 거룩하게 살 터이니 복중 아기는 거두어 주옵소서. 아기를 낳고는 부끄러워서 나다닐 수도 없나이다."하고 아무리 부르짖어도 배는 점점 더 커가고 있다는 것이다. 이를 어떻게 하면 좋겠느냐고 나에게 걱정을 퍼붓는다. 기도원에서 아이를 낳고 부끄러워서 어떻게 나가 다닐 수가 있겠느냐는 것이었다.

본시 입산 17년 기념관으로 지은 그 집이 기도자에게는 합당치 않다고 안 들어오겠다고 하다가 하나님께서 허락하셔서 들어와서 살게 된 집이었다. 그때 하나님께서 축복해 주시기를 시편 128편의 복이 네가 이 집에서 누릴 복이라고 하셨는데 그 마지막 절에 "너는 평생을 예루살렘의 복을 보며 네 자식의 자식을 볼지어다."라고 하였으니 이 집에서 자식도 낳고 손자도 낳게 될 집이라면서 기뻐하던 그때를 생각하면 자식을 낳게 되는 것은 우리가 받을 당연한 축복이 아니겠느냐고 나는 애써 설득시켜 보았다.

생육 번성은 인류에게 주신 하나님의 기본 축복이신데 그 복을 우리가 누리게 된 것이 백번 감사한 일이거늘 그 복을 안 받겠다고 하는 것은 오히려 하나님의 뜻을 거부하는 일이 된다. 주는 복을 안 받으면 저주가 되는 법이라면서 아무리 설득을 시켜 보려고 해도 불통이었다.

그러다가 어느 하루는 아무래도 다른 곳, 남이 모르는 곳으로 가서 아이를 낳아야겠다고 결심했다. 차마 기도원에서 아이를 낳지는 못하겠다는 것이다. 남모른 곳이 어디 있다고, 한국 땅에는 우리의 발길이 닿지 않은 곳이 없고 한국 땅 어디라고 용문산에 안 오는 데가 없는데 어디로 가서 남모르게 있을 데가 있겠느냐고 타이르면서 한 번 더 기도해 보라고 나는 권면했다.

아브라함과 같이 하나님의 약속을 믿을 줄 아는 믿음을 가지라고 일깨워 주기도 했다.

이 집에서 자식과 자식의 자식까지 낳으리라는 축복을 받아 놓고 왜 그 복을 싫다고 어디로 가겠다는 것인지 우리가 살고 있는 이 집은 주택이지 거룩히 구별된 거룩한 성전이거나 제단이 아니지 않느냐고 타이르면서 하나님께 물어보면 반드시 대답해 주실 터이니 기도해 보라고 권면했다. 나는 기도했다. 깨닫게 해 달라고 호소한 것이다.

기도로만 계속하던 어느 하루였다. 환한 빛 가운데 흰옷 입은 거룩한 천사가 성경을 들고 나타났다. '누가복음 1장을 보라.'고 하시더니 '마리아의 순종'이란 제목으로 설교를 해주시더란다.

'마리아는 처녀이면서도 죽음을 무릅쓰고 순종했느니라. 너는 남편이 있는 여자로서 무엇이 부끄럽단 말이냐?···.'라는 간단한 설교였지만 그 말씀의 위력은 단번에 그 마음에 큰 충격을 주었다. 당장에 회개케 했다. 과연 그 말씀은 "말로만 이른 것이 아니라 오직 능력과 성령과 큰 확신으로 된 것"(살전 1:5)임이 틀림없었다.

"순종하겠나이다. 남에게 거룩한 척하려고 이를 부끄러워한 죄를 용서하옵소서."하고 터져 나오는 회개의 기도는 걷잡을 수 없이 눈물과 함께 계속되었다. 거룩한 척하려던 그 마음과 행동이 오히려 가증스러웠고 남부끄러운 짓이었다. 그동안 마귀에게 속아서 심중에 불안을 일으켰고 거룩한 척하는 외식에 사로잡혀 있었다는 것을 깨닫고 보니 자신이 불쌍했고 복중에 있는 어린 아기가 불쌍했다.

그때부터는 복중에 있는 아기가 얼마나 가엾이 생각되고 미안했던지 복중에서 태어날 그 어린 생명에게 몇 번이나 용서를 빌었다. 그리고 그 애를 위해서 계속 기도를 하게 되었다. 계속해서 축복기도가 나오기 시작한 것이다. 하나님의 응답도 확실했지만 복중 아기도 그 축복을 받아들이고 기쁨으로 뛰노는 듯했다. 마치 엘리사벳이 마리아의 문안을 받았을 때에 복중에서 아이가 기쁨으로 뛰놀았다는 성경 말씀이 자신에게도 체감되는 듯했다는 것이다(눅 1:41, 44).

마음도 가벼웠고 기분도 상쾌해지면서 복중 아이의 기쁨이 자기에게까지 넘쳐 나오는 듯 훨훨 날기라도 할 것 같은 경쾌함을 맛보았다는 것이다. 마리아의 순종은 과연 생명을 내놓은 순종이었다는 것을 그때 알았다는 것이다. 당시의 율법으로서는 처녀가 아이를 낳으면 당장에 끌려나가 돌에 맞아 죽어야 하는 판인데도 그 죽음을 무릅쓰고 순종했다는 것은 순종 중에도 가장 큰 순종이었다면서 그 이상 더 큰 순종이 세상에서는 없었을 것이라고 그는 몇 번이나 되풀이했다.

"보라 네가 수태하여 아들을 낳으리니 그 이름은 예수라 하라."(눅 1:31)고 천사가 지시했을 때에 마리아는 "나는 사내를 알지 못하니 어찌 이런 일이 있으리이까?"(눅 1:34) 하고 반문하니까 "성령이 네게 임하시고 지극히 높으신 이의 능력이 너를 덮으시리니 이러므로 나실 바 거룩한 자는 하나님의 아들이라 일컬으리라."(눅 1:35)라는 말씀을 듣고 나서 마리아는 대답하기를 "주의 계집종이오니 말씀대로 내게 이루어지이다."(눅 1:38)라고 순종했다.

아내는 천사의 설교를 들은 후 누가복음 1장을 몇 번이나 읽으면서 이 말씀을 볼수록 순종에서 하나님의 아들이 탄생하는 것을 깨달았다는 것이다. 마리아는 생명을 내놓는 큰 순종을 했기 때문에 생명의 구세주를 해산할 수 있었다는 이 엄청난 복을 한 몸에 지닐 수 있었을 뿐 아니라 온 인류에게 기여함이 너무도 컸다는 것을 알게 되면서 마리아를 성모라고 지극히 위하고 있는 이유도 알 만했다는 것이다.

나는 이 말을 듣는 순간 "그렇다!"하고 긍정이 가면서 순종에서 하나님의 아들이 생한다는 근본진리를 깨닫게 되었다. 그래서 그때부터 작고 적은 순종이라도 해서 하나님의 복음의 아들들을 많이 낳아야겠다는 각오를 갖고 나설 수 있었다. 즉 복음에 순종하는 것이 내 뜻은 죽고 하나님의 뜻이 살아나는 길이라는 것을 알았기 때문이다. 고로 사람을 이 길로 인도하는 것이 곧 복음의 아들을 낳는 역사이다. 이 길이 곧 '십자가의 도'가 아니겠는가?(고전 1:18).

바울 사도는 일찍이 이 길을 알았기 때문에 그리스도와 더불어 복음으로 너희를 낳아 놓았다는 말을 할 수 있었다(고전 4:15).

하나님께서는 제사보다 순종을 더 기뻐하신 이유도 여기에 있었다는 것을 깨닫게 되었다. 생육 번성하라신 하나님의 기본 축복을 부끄러워하면서 하나님의 뜻을 거부한 것이 도리어 부끄러운 일이었다고 자백하고서부터는 무조건 하나님의 뜻이라면 무엇이든지 순종하니까 그렇게 마음이 편하다는 것이다(롬 8:6).

4. 성령은 억울한 약자의 기도 들어 주셔

1976년 3월 15일 쌀쌀한 봄바람을 헤치며 김포공항으로 나갔다. 한국의 사마리아 북한 전도를 하기 전에는 외국에 안 나간다고 고집하던 내 고집은 환갑 고비를 넘어서야 봄바람에 얼음 녹듯 했다. "산을 넘는 발이 어찌 그리 아름다운고"(사 52:7) 했듯이 복음을 갖고 구원을 공포하는 발은 바다를 넘어도 아름다운 발길이 될 것을 믿고 태평양을 넘었다.

하와이 집회를 마치고 로스앤젤레스에 도착하여 성서신학대학 구내에 있는 중앙교회에서 집회를 인도하고 있던 어느 하루였다. 누군가가 와서 울고 있는 젊은 여인을 지적하면서 불쌍한 처지에 있으니 기도 한번 해주시라고 부탁을 한다.

그 사연을 듣고 보니 과연 딱한 처지였다. 그는 서울대 의대 치과를 나온 이로서 동창생과 결혼을 하고 남자는 미국으로 가서 유학을 하게 되었고 그 자신은 서울에서 치과를 개업하고 생기는 수입을 몽땅 남편의 학자금으로 투자하며 뒷바라지에 전력을 다했다. 자신은 그 남편의 성공을 바라는 것을 유일한 낙으로 삼고 남편이 한국에 있을 때에 낳은 어린 아들 하나 키우는 것으로 족하게 여기고 있었다.

그렇게 10년이 지나는 동안 남편은 박사학위도 받고 미국에서 개업을 하고 당당하게 처신하기에 이르렀다. 이런 기쁜 소식에 마음이 부푼 C여사는 1973년 42세의 젊은 나이로 10여 살 난 어린 아들을 데리고 사랑하는 남편 곁으로 가게 된다는 보람찬 마음을 안고 미국으로 찾아갔다. 그러나 희망에 부풀었던 기대감은 산산이 조각이 나고 말았다.

그렇게 남편의 성공만을 기대하고 10여 년을 그 뒷바라지에 성심 전력을 다해 온 아내를 외면하고 다른 여자와 다른 가정을 이루고 있었으니 그의 실망을 무엇에다 비교하랴. C여사는 하늘이 무너지는 듯했다. 실망과 실의에 젖은 C여사는 차라리 죽어 버리려고 세상을 단념해 보기까지 했다. 그러나 그의 언니 내외의 간곡한 권유와 주변 친지들의 위로와 보살핌을 받으며 어린 아들을 위해서는 재기해야겠다는 결심을 하기에 이르렀다.

미국 법령에 의한 치과의사 시험에 응시해 보기로 마음먹고 공부하기 시작했다. 한국면허 가지고는 안 되기 때문에 불가불 미국 치과의사의 자격을 얻기 위해서였다. 미국 말로 다시 공부하지 않고는 다른 방법이 없었으니 그 나이에 미국 말부터 공부한다는 것은 그리 쉬운 일은 아니었다. 한국에서 한국말로 공부하던 학생 시절과는 판이한 이중 노력이 필요했다. 그야말로 피눈물 나는 고역이었다. 눈물의 공부였고 눈물의 생활이었다. 그렇게 피눈물로 쌓아 올린 공부도 시험에는 맥을 못 썼다. 3년 동안 여섯 번을 계속해서 시험에 응시했지만 번번이 낙방이었다. 돈도 진했고 노력도 진했고 의기도, 용기도, 결심도 점점 사라져 다시 실의에 빠져 있을 때였다.

한국에서 나 장로가 LA에 와서 집회를 한다는 소식을 들었다. 무소불능하신 하나님께서 하신다면 못할 일이 어디 있겠느냐고 권면하는 언니를 따라서 나 장로 집회에 찾아왔다.

나 장로님은 하나님이 같이 하시기 때문에 그가 기도하면 무엇이나 가능하다는 말을 한국에서부터 익숙히 들었기 때문이었다는 것이다. 그러나 기도해 달라고 할 용기가 없어서 울기만 하고 돌아갔다.

둘째 번 집회가 YMCA에서 열렸다는 소식을 뜨고 또 따라갔다. 역시 눈물만 나오고 말이 나오지 않아서 기도해 달라는 말을 못 하고 또 그냥 돌아갔다. 집회가 끝나는 마지막 날, 그날을 놓치면 영영 기회는 없을 것만 같았다. 그래서 울기만 하고 있었는데 그의 형부 K장로는 단에서 내려오는 강사를 붙잡고 그 딱한 사정을 말하고 강사에게 기도를 부탁해서 기도를 받게 한 것이다.

나는 그를 위해 진심으로 기도드렸다. 그를 하나님께서 불쌍히 보시고 긍휼을 베풀어 주시라고 호소한 것이다. 하나님께서 지혜와 총명을 열어 주신다면 불가능이 없을 것을 믿고 기도하면서 시험관의 마음도 하나님께서 주관해 달라는 간구가 저절로 나왔다. 성령이 같이 해주시는 기도임이 틀림없었다.

그때 그 기도를 드릴 때에 성령의 불이 크게 임했다. 안수하는 내 손길이 뜨거워졌고 응답의 불길이 C여사의 심령 속에 임하는 것이 분명했다. 그래서 나는 "안심하고 가서 시험을 보십시오. 이번에 꼭 합격할 것입니다."라고 격려해 보냈다. 그다음 다음날이 시험 치는 날이었다. 그는 그 시험을 치르고 나서 얼마 후 합격통지를 받게 되었다. 그는 너무 기뻐서 눈물을 흘리며 와서 감사 인사를 한다. 그러나 실기시험이 또 남아 있다는 것이다.

나는 그 후 미국 전역을 돌고 유럽 등지로 다니며 애굽과 이스라엘까지 다녀서 6개월 만에 귀국했다. 그 후로는 그의 소식을 듣지 못하고 있었다. 그런데 하루는 느닷없이 서울 그의 친정집이라면서 그 노모님의 전화가 왔다. 물론 나로서는 그 어머니를 알 리가 없었다. 또 그는 내 집 전화를 어떻게 알았는지 뜻하지 않았던 전화였다. 미국엘 언제 가시느냐고 묻는 전화였다. 언제 갈는지 아직 예정이 없다고 했더니 매우 섭섭해하는 눈치였다.

실기시험에 번번이 떨어지는 자기 딸이 몹시 가엾다고 하면서 그 딸이 나 장로님이 언제 미국에 오시는지 좀 알아보아 달라는 기별이 있었기에 전화를 했다는 것이다. 그 몇 달 후에도 같은 전화를 세 차례나 받았다. 그때마다 이유는 마찬가지였다. 그 딸이 실기시험에 번번이 낙방이 되어 하나님의 도움이 없이는 안 될 것을 알았기에 하나님이 같이하시는 나 장로님께 부탁이라는 것이다. 그렇게 믿고 호소하는 그 어머니의 안타까운 심정을 위로할 길이 없었다.

그러던 중 3년이 지난 1979년에야 나는 미국엘 또 가게 되었다. 그때 누구보다도 제일 반갑게 맞아 주는 C여사였다. 그 3년 동안 6회에 걸쳐 실기시험을 쳤으나 번번이 낙방을 했으니 이제는 다른 길이 없었고 오직 나 장로님 오시기만을 기다렸다는 그의 사연이 눈물겨웠다. 그 어린애 같은 단순한 신앙이랄까, 하나님은 어린애 같은 마음을 받아주셨다 (마 18:3).

그 머리에 손을 얹고 기도하는 순간 손바닥이 찌릿해지면서 눈시울이 뜨거워졌다. 성령이 말할 수 없는 탄식으로 간구하신다는 성경 말씀이 그의 머리 위에 임한 것이다(롬 8:26). 이것이 곧 성령이 같이 해주시는 증표라고 믿어지면서 "이번에는 꼭 합격할 것입니다."라고 예고해 줄 수 있었다. 예고한 대로 그는 실기시험에 당당하게 합격하였다. 하나님은 억울한 약자의 기도를 들어 주신 것이다. 이를 어찌 우연의 일치라고만 말하겠는가? 우연의 일치라기에는 너무도 현실적이었다. 그는 그 감격을 감추지 못하고 흐느껴 울었다.

그는 그 후 하나님과 가까이하는 생활을 할 수 있었고 기도로 모든 일을 처리할 수 있게 되었다. 지금도 그는 건재해 있다. LA에서 치과를 개업하고 있다. 그런데도 믿음으로 행치 않을 때에는 보이는 매를 맞아야 한다. 하나님께서 주신 면허라 알고 하나님의 뜻에 합당하도록 쓰이면 만사가 형통하고 하나님의 뜻을 어기는 경우는 뜻밖에 화를 자취하는 길이 되곤 했다. 성령은 이처럼 각양하게 역사하고 있음을 보여 주셨다.

X. 금식기도와 신기한 선물

1. 지친 영혼에게 좋은 것으로 채워 주셔

6.25 이후 1952년부터는 전국을 휩쓸며 하루도 쉴 사이 없이 전도 집회를 인도하며 다니던 때였다. 그 당시 성령 운동으로서는 독무대였다. 지금은 부흥사 춘추시대를 이루어 놓았지만 그 당시에는 성령 운동이란 평신도 운동인 줄만 알고 있던 시절이었다. 즉 성령 운동은 나 장로 운동이라고 일컬을 시기를 거쳐 나 장로의 용문산 운동이었다.

용문산 운동이 배출한 권사, 집사들의 집회가 여기저기 열리기 시작했다. 성령의 역사는 날이 갈수록 놀라웠다. 반면에 교권주의자들의 반대와 핍박도 이만저만이 아니었다. 그렇게 심한 핍박 속에서 조금도 개의치 아니하고 "개는 짖어도 기차는 달린다."라면서 힘차게 전진에서 전진으로 강행했다.

그러던 중 1956년 겨울 강원도를 순회하며 강릉에 이르렀을 때였다. 그때 용문산에서 수도하던 여 의대생 S양이 수련의로 그곳에 가서 농어촌 의료봉사를 하고 있다가 만나게 되었다. 그는 한사코 자기의 거처에서 모시고 싶다는 간청이었기에 강릉집회 기간을 그곳에서 머물게 되었다.

그는 본시 의대 재학 중에 은혜를 받고 학창에서 뛰쳐나와 용문산으로 들어와서 수도를 하던 수도생이었다. 그 당시는 지금과 같이 제도하에 있는 수도가 아니고 자유 수도 당시의 수도였다. 입산 수도를 하고 있을 당시 입신하여 천사의 안내로 지옥과 천국을 샅샅이 구경하고 그 본 것을 증거 하여 교계에 큰 충격을 일으켰던 장본인이었다.

그가 부모의 권면으로 다시 학교로 돌아가 과정을 마치고 의사로서 봉사 기간을 가졌던 그 당시였지만 그때도 여전히 기도 생활을 계속하고 있었다. 하루는 밤새껏 기도를 하며 특히 나를 위해서 기도했다는 것이다. 영계에서 주님과의 대화 중 내 영혼이 심히 지쳐서 주님께서도 가엾이 보시면서 새 능력을 보급받아야 하겠다는 뜻을 전달하라시더란다.

"저가 사모하는 영혼을 만족하게 하시며 주린 영혼에게 좋은 것으로 채워 주시기 위하심이었다"(시 107:9). 그래서 그는 조심스럽게 뜻을 내게 전달했다. 나는 그 말을 듣는 순간 내 자신을 직감할 수 있었다. 분명히 과거보다는 기진한 상태에서 힘에 부치는 강행을 하고 있다는 사실을 자신이 모를 리가 없었다.

나는 그 즉시 하나님 앞에 기도했다. 기도 중에 S양이 처음에 은혜를 받고 입신했을 때에 받은 사명을 내가 막았던 일이 떠올랐다. 그 사명이란 곧 박태선 씨가 승세 당당하게 기승을 부리며 나섰을 때 그것이 하나님께서 일으키신 역사가 아니고 마귀의 역사임을 본인에게 알려 주고 회개하라는 하나님의 말씀을 전달하라는 것이었다.

이 말씀을 전달해야 할 사명을 받았으나 차마 그를 찾아가서 전할 용기가 안 생긴다면서 내 앞에 와서 울고 있었다. 그때 나는 그를 위로하여 그런 중대한 일을 왜 너 같은 약한 여자에게 맡기겠느냐? 박태선 씨는 지금 한참 한국 교회 지도자들 전부가 지지하는 세력으로 강력한 전도를 하고 있는데 그런 소리를 가서 한다면 모두 미쳤다고 할 터이니 용문산 망신 주지 말고 가만히 기도나 하고 있으라고 그 길을 막은 일이 있었다. 그것이 마귀의 역사라면 하나님께서 직접 치실 것이지 왜 그런 큰일을 너 같은 약자에게 맡기겠느냐? 그럴 리가 없을 것이라고 단정을 했다. 그때 그는 울던 얼굴을 번쩍 들면서 울음이 웃음으로 변했다.

"나 그러면 안 가도 되지요?"

"되고말고. 안 가도 돼….."하고 내가 무엇인데 주님의 명령을 중간에서 막아치웠는지 지금 생각하면 오만불손한 짓이었다. 그때 그 생각이 기도하는 내 뇌리에 번개같이 떠올라 나를 책망하듯 마음을 격동시켰다.

실은 그 일을 막은 후로부터 박태선 씨 기세는 더욱 기승을 부리며 용문산을 마귀의 동산이라고 정면으로 공격하기 시작했다. 나는 그때부터 교권주의자들에게 받는 공격도 큰 데다가 박태선의 그 엄청난 기세에 몰리는 사면초가 입장이었다. 그러나 나는 당당하게 더욱 기세 있게 밀고 나가던 처지였지만 이것은 인위적인 한 오기였는지도 모른다.

그런 처지에서 S양의 기도 중에 내 영혼이 매우 지쳤다는 주님의 응답을 받았다는 데는 이의가 없었다. 순회전도를 마치고 용문산으로 돌아와서 40일 금식기도를 하기로 결심했다. 집안 식구에게 "아무래도 이번에는 내가 40일 금식기도를 해야겠소, 예전부터 한번 기회를 얻으려고 하면서도 기회를 얻지 못했는데 이번에는 하나님께서 원하신 것 같으니 시작을 해야겠소."라고 나는 단언했다. 그러나 아내는 당황해하는 모습이었다.

그는 나가서 기도하고 들어오더니 "금식기도는 제가 할 사명이고 당신의 사명은 전하는 것인데 언제 40일이나 지체할 수가 있겠어요?"하고 강경하게 막아 치우고 자기가 뿌리 역할을 해야겠다면서 빨리 나가서 열매 맺는 줄기 역할을 하라는 것이다.

언젠가 '네 남편은 열매를 맺어야 하는 나무라면 너는 그 뿌리가 돼야 한다.'는 하나님의 지시를 받은 일이 있었기 때문에 기도로써 뿌리 역할을 해야 한다는 것을 자기의 사명으로 알고 있었기에 하는 말이었다.

뿌리 없는 나무는 말라 죽는 법인데 내 기도가 부족해서 전도의 능이 쇠약해진 것 아닌가 싶어 그는 당황해하면서 금식기도 준비를 서두르고 있었다. 뿌리가 성해야 열매가 많다는 진리에 순응한 것이다. 결국은 그 말대로 아내는 금식기도를 시작했고 나는 또 다시 전도 길에 나섰다. 그때가 크리스마스를 일주일 앞둔 몹시 추웠던 1956년 겨울이었다.

한 20일간은 그다지 어렵지 않게 순조롭게 기도가 잘되어 나가고 전도하는 소식도 좋은 결실이 많이 나타난다는 기쁜 소식이 연거푸 들려오고 있었다. 그러나 21일째부터는 몸에 이상이 생기면서 귀밑으로 목이 붓기 시작하더니 안팎으로 아프기 시작했다. 온 방안을 두루 휩쓸며 몸부림을 치며 어찌할 바를 몰랐다. 자지도 못하고 먹지도 못하는 괴로움이었다. 차라리 죽고 싶었다는 것이다.

그렇게도 괴로울 수가 없었다. 주변 사람들까지 그 아파하는 모습을 차마 볼 수가 없었다는 것이다. 병원으로 갈 수도 없었고 의사가 올 수도 없었다. 그런 생각의 여유도 없었거니와 그럴 마음을 가진 사람이 한 사람도 없었다.

반면에 개를 잡아 개가죽을 붙여야 낫는다고 우겨대는 당숙이 있어 옥신각신하다가 기어이 개를 구하려고 아랫동네로 내려갔다. 이 병명을 '단'이라고 단정했기 때문에 일어난 소동이었다. 그러나 한편에서는 당숙모를 비롯한 성도들이 극한 반대를 하고 나섰다. 금식기도를 하는데 개를 잡다니 당치도 않은 일이라고 들고 일어선 것이다. 결국은 개가죽보다는 기도로 이겨야 한다는 주장이 이겼다. 그렇다면 교인들도 모두 기도해야겠지만 그보다도 나 장로님에게 속히 알려서 장로님을 오시라고 하여 기도를 받아야 한다고 사람을 서울로 보냈다.

나는 그때 서울서 큰 연합집회를 인도하고 있을 때였다. 그런데 그 집회를 하다 말고 도중에 갈 수는 없었다. 나는 가기를 거절하고 여전히 집회를 계속하고 있었다. 은혜가 많으면 시험도 큰 법인데 그 시험에 져서는 안 된다는 강인한 의지가 데리러 왔던 사람을 무색케하여 돌려보냈다. 그 대신 직면해 있는 성도들의 간곡한 기도 소리는 그칠 줄 모르고 더욱 드높았다.

그러는 동안 밤낮 4일간이나 자지도 못하고 영육 간에 지옥의 고통을 체감한 셈이다. 결국은 지옥이란 어떤 곳인지를 체감할 수 있었다. 아픔 속에서 자신을 잃고 그 같은 괴로움만이 영원한 곳임을 알 만 했다.

2. 지옥의 고통에서 구출해 준 기도의 위력

20여 일이나 금식을 한데다가 그 아픔이 엄습을 했으니 견딜 만한 힘도 없어서 기진맥진하여 육신의 힘은 전혀 없었는데도 오직 괴로움의 힘, 아픔의 힘만이 극성이었다. 아픔과 굶주림에 휩싸인 몸으로 잠도 못 자는 형편이었으니 욥의 고난을 맛보는 듯, 지옥의 고난을 맛보는 듯했다.

주변에서 그 모습을 보고 있던 사람들까지 견디기 어려웠다는 것이다. 금식 기도한다는 것이 20일은 그런대로 기도가 잘 되었지만 그 후부터는 금식 기도한다는 명분만 가졌을 뿐이지 기도도 못 하고 침식을 떠난 고통의 함정에서 허우적거렸을 뿐이다. 이렇게 본인은 기도도 못했지만 오히려 주변의 성도들이 정성껏 대신 기도를 해주었다는 것이다.

그때 당숙모(차복선 권사)가 옆을 떠나지 않고 같이 아픔을 아파해 주시던 그 일이 잊히지 않는다는 말을 지금도 가끔 한다. 그때에는 연령으로 보아서는 몇 살 차이밖에 안 되는 당숙모였지만 어린애의 마음 같아서인지 어린애가 엄마를 사모하듯 했다. 당숙모가 잠깐이라도 집에 다녀오시는 사이에도 그렇게 기다려질 수가 없었다는 것이다. 기다리다가 문 앞에 들어오시는 인적만 있어도 어쩌나 반가웠는지 그렇게 반가울 수가 없었다고 한다.

또 한 가지 잊을 수 없는 일은 연로하신 송은광 목사님이 새벽마다 현관문 앞에 오셔서 엎드려 기도를 드려 주시던 일이다. 양 떼를 위한 목자의 심정이 이렇게도 정성 어렸다는 사실 앞에 머리가 숙여지지 않을 수 없었다면서 하나님이신들 어찌 그 정성을 안 받아 주셨겠느냐고 말한다.

안팎으로 이같이 아픔을 대신해 주시는 정성 어린 두 분의 지극한 기도와 주변에서의 성도들의 기도는 급기야 아픔의 함정, 즉 지옥의 고통에서 자기를 구출해 주셨다고 하는 눈물겨운 고백은 언제 들어도 감격스럽다(시 116:3~8).

결국은 내가 해야 할 금식기도를 아내가 대신하는데 그 대신 기도를 또 대신해 주는 기도가 있었으니 삼겹줄 기도가 되었다. 즉 고통을 이기게 해준 삼겹줄이었다.

"한 사람이면 패하거니와 두 사람이면 능히 당하나니 삼겹줄을 쉽게 끊어지지 아니하느니라."(전 4:12)는 말씀이 내 신변에 이루어졌다는 감격은 내 전도 행각에 큰 힘이 되었다.

이런 시련 속에서 지옥의 괴로움도 맛보았거니와 사선을 넘어서 천국 가는 영적 체험도 했다. 영혼이 괴로우니 육신도 괴로웠고 영혼이 죄악에서 벗어나지 못했으니 지옥 고를 당하게 된 것이다. 죄악에서 벗어난 영혼은 평안과 영생이 있으니 괴로움과는 상관이 없어진다(롬 8:6). 그런고로 "너희가 육신대로 살면 반드시 죽을 것이로되 영으로서 몸의 행실을 죽이면 살리라."(롬 8:13)고 했다.

결국은 살려고 애쓰는 동안 육신대로 살았기 때문에 괴로움을 벗어나지 못했던 것이다. 그래서 죽음이란 괴롭고 무서운 줄만 알았다. 알고 보면 죽음이란 두려움이 아니다. 도리어 육신대로 살려던 그 길이 괴로움의 길이었고 육신이 죽는 길은 차라리 소망 길이었다.

하늘의 소망이 환하게 열리면서 그 빛이 세상 미련을 완전히 도말해 버렸다. 세상 줄은 언제 끊겼는지 자신도 모르게 사라지고 오직 기쁨만이 충만하여 웃음으로 가게 되는 길이었다. 더구나 천사들이 동행해 주는 길이었다. 즉 그때 비춰 주던 그 빛이 생명의 빛이었기에 죽음의 그림자는 뒤로 사라지고 만 것이다. 그래서 성경에 말씀하시기를 "죽는 날이 출생하는 날보다 나으며 초상집에 가는 것이 잔칫집에 가는 것보다 나으니라."(전 7:1~2)고 하였다.

생명 길은 그렇게 기쁨의 길이요 빛의 길이라는 것을 그때 체험하고 나서는 죽음이 겁나지 않았다. 죽음이란 육신의 죽음이었지 영혼이 죽는 것은 아니었다(마 10:28). 죽음이 죽는 길이 사는 길이다. 바울이 날마다 죽는 생활을 했다는 것은 날마다 사는 생활을 했다는 말이다(고전 15:31), 육신은 후패하나 속사람은 날마다 새로워 간다는 말이 그 말이다(고후 4:16).

3. 천사가 주고 간 신기한 하늘의 선물

이렇듯 지옥의 맛과 사선을 넘을 때의 천국 맛을 체감하고 난 다음, 그러니까 40일을 1주일 앞두고 금식 33일을 지나던 날 밤이었다.

세상에서는 보지 못하던 번쩍이는 병거가 하늘에서 내려왔다. 그 모양은 세상의 차와는 판이했다. 날개가 있는 듯이 사뿐히 우리 집 문 앞에 소리 없이 가볍게 내려앉았다. 그 구조가 간단한 것 같으면서도 바퀴가 차체보다 크게 보였다.

하늘에서 온 사람들이 그 차에서 내리더니 반가운 얼굴로 웃으면서 앞으로 다가왔다. '수고 했다.'고 위로하면서 손을 꼭 잡아 악수를 해주었다. 한국말이 아닌 하늘의 방언으로 말을 하는데도 그 말을 다 알아들을 수 있었다. 세상에서는 있을 수 없는 신기한 일이었다. 이런 일은 영혼 세계에서나 있을 수 있는 일이었다. 그리고 그들은 하늘나라에서 보내온 선물이라면서 두 가지 선물을 전해 주고 지체 없이 떠났다.

하나는 지팡이요, 하나는 우산이었다. 지팡이는 세상 포장지가 아닌 신기로운 것으로 꽁꽁 싸맨 채로 주셨고 우산은 접은 대로지만 싸매지는 않았던 것이다.

그 당시로는 그 두 가지 선물을 받고 도대체 어떻게 써야 할 것인지는 전혀 생각지도 않았다. 그 귀한 선물을 받아 간수했을 뿐 써볼 기회도 없었다. 5년 후에야 그 우산을 써보게 되었다. 지팡이는 언제 어떻게 쓸 것인가 늘 궁금했지만 그 후에 깨달음이 왔다.

그때 그 금식기도는 장로님이 드리려던 기도였으니 그 지팡이는 장로님께 주시는 선물이고 그 우산은 대신 기도를 드린 아내에게 주시는 선물이라 해석이 되었다. 우산은 여자용이고 지팡이는 남자용이었으니 당연히 그래야 할 것이 아니겠느냐고 하면서 둘이 마주 앉아 기뻐하며 하나님께 감사했다.

1961년 10월에 전국 교역자 산상 구국 기도대회가 용문산에서 열리게 되었다.

그때는 아직 용문산 대성전 마루도 온전히 깔지 못하고 공사 중에 있을 때였다. 3백 평이나 되는 대강당에 마루를 깔다 말고 대집회가 열리게 되었으니 하나님의 도움이 없이는 도저히 감당하기 어려운 처지였다.

그동안은 평신도 위주의 집회였지만 전국의 목사님들을 초청하여 식사와 차비 등 모든 비용을 부담하면서 성회를 연다는 것은 엄청난 일이었다. 이것은 용문산뿐 아니라 그 당시로는 보기 어려운 행사였다. 한편 생각하면 대견스럽기도 했지만 힘에 겨운 일이 아닐 수 없었다. 그 당시만 하더라도 용문산이라면 이단시하던 목사님들이었는데 그렇게 쉽게 호응해 주겠느냐는 것도 문제였다. 이것저것 생각하면 생각할수록 인간의 생각이나 방법 가지고는 도저히 원만한 결과를 볼 수 있을 것 같지가 않았다. 그래서 온 동산이 떠들썩하게 성도들의 기도 소리로 산곡을 메우고 있었을 그때였다.

아내는 약수터 기도의 단으로 올라가서 철야기도를 하고 있었다. 엎드려 기도에만 정성과 정신을 모두고 있었을 때에 갑자기 어떤 사람인지 험상궂게 생긴 모습과 옷차림으로 두 사람이 창을 들고 나타났다. 아내도 놀랐거니와 그들도 놀라면서 '기도의 사람'이 왔다고 힘주어 말하더니 수군거리며 비상한 자세를 갖추고 있었다. 무엇인가 모의를 하고 나서는 '좌우간 싸워야지…' 하고 비장한 결의를 갖고 나섰다. 급기야 창검을 휘두르며 달려들었다.

아내는 그 순간 언제 갖고 있었는지도 알 수 없는 신기로운 우산을 펼쳐 들고 공중으로 둥둥 떠올라 그들의 창검을 막고 있었다. 하늘에서 온 천사들이 주고 간 그 우산이었다. 그 신기한 우산은 방패도 되었고 날개 역할도 하여 마음대로 날아다닐 수 있었다. 하나님의 능력이 담긴 우산이었다(삼하 22:33~41).

이렇게 공중전이 한참 벌어졌는데 싸우면 싸울수록 점점 능력이 더해지면서 자신만만해졌다. 아무리 그렇다 할지라도 우산 하나만 들고 자유자재로 왔다 갔다 하며 그들의 찌르고 치는 창검을 쉽게 막아낼 수 있었다는 것은 신기로운 일이었다. 이야말로 영혼 세계에서나 있을 수 있는 일이었다.

그들은 죽을 힘을 다하여 극단의 발악을 하고 있었다. 창검을 휘두르며 달려들었지만 별수가 없었다. 몸에 한 곳의 상처도 주지 못했다. 찌르면 찌를수록 그들의 힘은 점점 쇠약해졌고 이편 힘은 점점 더 강해지기만 했다. 그렇게 되니까 그들은 기진맥진하여 쓰러지더니 어디로 사라지고 말았다. 어디로 자취를 감춘 것인지 아주 전멸을 당하고 없어진 것인지 그 자취를 전혀 알 수 없었다. 도전해 왔던 그들은 결국 패배의 구렁으로 떨어지고 습격을 당한 기도의 사람은 승리의 기쁨을 안고 나설 수 있었다. 그 신기로운 우산이 승리케 했고 그 우산이 곧 방패가 되어 그들의 도전을 무색케 한 것이다.

이렇게 영혼 세계에서는 영혼 세계대로 영혼 대 악령의 투쟁이 연속되고 있다. "원수가 내 영혼을 핍박하여 내 생명을 땅에 엎어서 나로 죽은 지 오랜 자같이 흑암한 곳에 거하게 하려 했다."는 다윗의 영적 체험과 같은 일이다(시 143:3).

영혼이 핍박을 받아 생명이 땅에 엎어지게 하여 흑암 속으로 떨구려던 악령들의 궤계였다. 이렇게 영혼의 원수들이 많은 것을 아시는 하나님께서는 그 원수들을 막아 치우게 하기 위하여 신기로운 우산을 주어 능력의 방패로 삼게 하셨다(삼하 22:2, 3).

또 하나의 선물, 꼭꼭 싸맨 지팡이도 영혼 세계에서 쓰게 될 권능의 지팡이로 보관되었으니 언젠가는 쓰게 될 것이다.

,

XI. 안 믿는 환자에게도 성령 역사

1. 성령 불은 소멸의 불이며 응답의 불

1958년 봄인 듯하다. 용문산 기념관 기도실에서 기도를 하고 성경을 보고 있노라니까 사무실 실장이면서 경리를 보고 있던 김규혁 집사님이 급하게 올라오더니 "저 내일은 또 송장을 치러야겠습니다."라고 밑도 끝도 없는 말을 한다.

"그게 무슨 말이요? 송장을 치르다니?"

"아, 글쎄 웬 다 죽어가는 송장을 업고 와서 사무실에 갖다 놓았으니 저걸 어떻게 합니까? 지금 당장 기도 받으러 장로님께 올라온다는 것을 못 올라오도록 막아 놓고 왔습니다."라는 보고였다.

"난들 어떻게 하겠소? 올려보내지 마시오."하고 다시 성경 보는 데만 열중하고 있었다.

그는 본래 고려파 장로교회에 나가는 교인으로서 위암으로 병원에 입원도 해보았고 한의원에서도 갖가지 방법을 다 써보았고 교회에서 기도도 계속했으나 고칠 가망이 없게 되자 먹지도 못하고 자리에 누워서 죽는 날만 기다릴 수밖에 없는 고된 나날을 보내고 있었다. 하루는 누군가가 와서 용문산엘 가면 그보다 더한 병자들도 왔다가 모두 나아서 돌아가는 것을 자기 눈으로도 많이 보았노라고 하더란다. 그는 그 말에 솔깃해서 용문산에 갈 생각이 불일 듯했다.

그러나 아무도 호응해 주는 이가 없었다. 딸 보고 용문산에 데려다 달라고 했더니 교회에서 알게 되어 또 한 번 소동이 일어났다. 담임목사님이 찾아와서 큰 변이나 일어난 것같이 떠들썩했다. "죽어도 신앙지조 지키고 깨끗이 죽어야지 이단 소굴엘 들어가서 죽다니 말도 안 될 소리를 한다."면서 환자에게 경고하고 교인들에게까지 선동하여 떠들썩하게 했다. 그래도 환자는 용문산에 가보기라도 하고 죽겠노라고 고집을 부렸다. 할 수 없이 그 딸이 어머니를 업어 차에 태워 산에까지 온 것이다.

그런데 얼마 안 되어서 허락도 없이 현관문을 열더니 병자 소리가 들리면서 분잡해졌다. 내 방문을 벌컥 열고 비쩍 마른 50대 여인을 방 안에 들여놓고 나간다. 나는 거들떠보지도 않고 성경만을 보고 앉아 있었다. 숨결이 심히 거칠었다. 말없이 나를 빤히 바라보고 헐떡거리는 모습이 내 눈에 띄었다.

나는 그 순간 마음에 몹시 거슬리며 그 환자 중심에는 악독만이 가득한 것같이 보였다. 나는 나도 모르게 "회개해요!"하고 고함을 쳤다. 그는 깜짝 놀라며 엎드러진 채 울고 있는 모습이었다. 그러는 동안 성령은 내 마음에 감동을 준다. 긍휼을 베푸시는 하나님의 자비가 내 마음을 움직여 결국은 그 머리 위에 손을 얹고 기도했다. 성령의 불이 임해서 체내의 모든 악성을 소멸하시고 성령으로 충만케 하여 병에서 놓임을 받게 해 달라고 간구한 것이다.

그는 그때 성령의 불을 받았다. 복중이 뜨겁기 시작했다. "아이구, 뜨거워라!" 소리가 저절로 나왔다. 불을 받은 그는 계속 속에서 불이 활활 타오르는 것 같았다. 그때부터 아프던 중세가 없어지면서 식사도 하게 되었고 혼자서 거동하게 되었다. 며칠을 계속 복중에서 불이 붙어 너무 뜨거워서 견딜 수 없었다. 그래서 산에서 기도하고 있는 어떤 사람을 만나 기도를 부탁했다. 속의 불이 꺼지도록 기도해 달라는 간청을 한 것이다.

불을 받게 해 달라는 기도를 부탁하는 사람은 있어도 불을 꺼달라고 기도를 부탁하는 사람은 처음 보았다면서 기도를 해주더란다. 그때부터 그 불은 꺼져서 뜨겁지는 않지만 암 뿌리는 완전히 소멸되고 식사를 하게 되어 몸이 점점 건강하게 되었다. 그는 약수터 기도실로 올라가서 매일 기도에 힘썼다. 특히 나라와 민족을 위해 기도했다. 하나님께서 주신 사명이었다는 것이다.

과거 자기는 이미 죽은 셈 치고 이제부터의 자기는 하나님의 것이라는 몸 바친 기도였다. 그 후 그는 구국 제단에서 봉사하며 산에 찾아와서 기도하는 성도들에게 기도하도록 큰 자극을 주어가며 구국 제단을 지켜왔다. 지금은 내려와서 한 구역을 담당하며 열심히 봉사하고 있다. 용문산에 죽으러 왔다던 그는 지금도 살아서 80 노구이면서도 기력은 청년 못지않게 활동하고 있다.

남이 싫어할 정도로 바른 소리 해 가면서 봉사하는 그의 생활은 기도로써 일관하고 있다. 그 높은 구국 제단에도 시간마다 올라가거니와 성전에서도 매일 시간마다 기도 드리고 있다. 그러면서도 일 년에 한 번씩은 하나님의 명령이라면서 전도하러 나간다.

그가 데리고 있던 딸은 용문산에서 신학교를 나와 일생을 주 앞에 몸 바쳐 수도하도록 한다고 했지만 그것은 뜻대로 되지 않고 결혼하여 지금은 감리교 목사의 사모로서 충성을 다하고 있다. 그러나 그는 아들이나 딸에게는 갈 생각도 않고 산에서 자유롭게 활동하면서 주님께 쓰이는 것으로 만족하며 지금도 건재해 있다. 누구나 용문산에 올라오면 눈에 뜨이는 뚱뚱한 할머니 조기아 권사를 보게 된다. 그가 비쩍 말라 피골이 상접해 송장 같았던 사람이라면 누가 곧이들으랴.

팔십 노구이면서도 자신이 늙은 줄도 모르고 살고 있다. 그러므로 낙심은 없다. "겉 사람은 후패하나 속사람은 날로 새로워지기 때문이다."(고후 4:16).

2. '그 아홉은 어디 있느냐?'는 주의 음성

그는 평택 방면에서 왔다는 27~28세로 보이는 청년이었다. 그 어머니도 그 형제도 같이 왔다. 이도 역시 병원에서는 사형선고를 받고 온 사람이었다. 물론 업혀서 들어온 암 환자였다. 자세하지는 않으나 간암이라고 하던 것 같다.

숨을 옳게 쉬지도 못하고 얼굴은 까맣게 죽어 있는 상이었다. 당시 대구 어느 고아원에서 양철집 한 채를 지어 놓았던 간이주택이 하나 있었다. 그들은 그 집을 얻어 가지고 유하고 있었다. 그 역시 고려파 장로교 계통이라고 들었다.

그 집이 내가 거주하고 있는 기념관에서 약 백 미터 안팎 되는 곳에 위치하고 있었다. 얼마 멀지는 않다 할지라도 거기까지 올라가려면 숨이 찰 정도로 경사진 곳이었다. 그런데도 나를 기어코 그 집까지 와서 매일 기도를 해 달란다. 새벽기도를 마치고 집으로 올라오노라면 기어이 그리로 가야 했다.

병만 나으면 자기 재산 절반을 바치겠노라고 몇 번이고 다짐했다. 기도를 해주러 가기만 하면 반드시 하는 말이었다. 너무도 빈번히 하는 말이라 돈에 팔려서 기도를 해주는 것 같은 인상이어서 나로서는 그리 듣기 좋은 편은 아니었다. 그리고 너무 자주 들으니까 오히려 허풍같이 들리기도 했다.

그러나 나는 그 재산을 바라는 마음은 전혀 없이 오직 환자가 낫기를 원해서 기도하는 마음이 간절했을 뿐이다. 환자는 기도를 받을 때마다 뱃속이 뜨겁다는 것이다. 성령의 불이 그 체내에 들어갔다고 믿어지기 때문에 그 소리를 들을 때마다 반가웠다.

나날이 차도를 보이면서 식성도 좋아지고 건강이 회복되고 있음이 얼굴에 나타나 보였다. 그 마음에도 나타나 보였다. 잃었던 생기가 떠올라 소망과 기쁨이 솟아오르는 것만 같았다. 그의 소망은 내 소망이요, 그의 기쁨이 내 기쁨도 되는 듯 매일 기쁜 마음으로 찾아가서 기도를 해주고 오게 되었다. 하루하루 병세가 차도를 보이니까 그만큼 재미있는 작업을 해내는 심정이었기 때문에 매일 가보고 싶은 마음이 또한 없지 않았다.

"오늘은 밖에도 나가서 바람도 쏘일 수 있었습니다", "오늘은 밥을 한 그릇 다 먹었습니다" "잠도 잘 잤습니다", "오늘은 무엇을 어떻게 할 수 있었습니다."는 등 나날이 생활 활동 면이 확대되고 진보되고 있다는 그 양상이 보고 싶고 듣고 싶고 새 소식을 듣는 것만큼 만족스러웠고 대견해지면서 하나님 앞에 진심으로 감사했다.

이렇게 몇 달을 지냈다. 그런데 어느 날은 가니까 아무도 없었다. 방 안에 있어야 할 이 부자리도 걸렸던 옷가지도 하나 없이 텅 비어 있었다. 부엌을 들여다보니 취사도구도 다 갖고 도망이라도 치듯이 아무도 모르게 떠났다.

병이 다 나으면 재산의 절반을 바치겠노라고 몇 번이고 맹세했던 것 때문에 그랬구나 하고 나름대로의 해석을 하면서 돌아왔다. 우스운 일이었다.

그래서 주께서는 맹세하지 말라고 하시지 않았던가(마 5:33~36). 그 맹세 때문에 인사도 못 하고 인정도 버리고 도망쳐야 했으니 그 얼마나 가엾은 궁지로 빠졌는가 말이다. 그래도 그동안의 정으로서 그럴 수가 없는 처지였는데 "그동안 신세 많이 졌습니다."라는 인사 한마디도 않고 도망을 치다니 생각할수록 우스운 일이었다. 나를 그 재산이나 바라고 병을 고쳐 주려고 애쓴 마술사로 알았던지 그렇게 취급을 당한 것 같은 기분이 들면서 혼자 부끄럽기만 했다.

"예수께서 가라사대 열 사람이 다 깨끗함을 받지 아니하였느냐 그 아홉은 어디 있느냐 이 이방 사람 외에는 하나님께 영광을 돌리러 돌아온 자가 없느냐?"(눅 17:17~18) 하시던 주님의 음성이 은은히 내 심령에 들려왔다.

참말로 그에게는 재산이 있는 것을 가지고 그랬다면 그는 틀림없이 아나니아와 삽비라보다 더했고(행 5:14), 재산도 없으면서 그런 허풍을 떨었다면 하나님 두려운 줄을 몰라서였다. 그러므로 하나님의 자비는 누구에게나 차별 없이 베푸심을 알 수 있다.

악인과 선인을 가리지 않고 골고루 비를 내려서 합당한 채소를 내면 하나님께 복을 받고 만일 가시와 엉겅퀴를 내면 버림을 당한다고 하신 대로 흥망성쇠가 자기에게 있고 복과 저주도 자신의 믿음과 행위에 있음도 분명하게 드러나고 있다(히 6:7, 8).

3. 성령의 역사는 안 믿는 자에게도 나타나

들것에 드리워서 대성전에 들어온 사람이 있었다. 성전 중간쯤 여반 쪽을 헤치고 들것에 누운 대로 그냥 내버려 둔 시체 같은 모습이었다. 누구나 그 가까이 가기를 꺼려해서 그 들것 주변에는 빈자리였다.

새벽기도회를 마치면 김선혜 권사의 병자를 위한 신유의 기도가 강단 옆에 있는 기도실에서 매일 아침 실시되고 있다. 그런데도 그는 기도실까지 나올 수가 없으니까 늘 기도를 받지도 못하고 있었다.

그 부인은 고려파 교회의 집사라고는 하나 그 남편을 기도 받게 하려는 노력도 하는 것 같지 않았다. 그리고 그 남편인 환자는 믿는 신자도 아니었다. 아직 담배를 병석에서도 피워야 하는 형편이었다. 밥은 못 먹으면서도 담배는 피워야 했다.

병자들이 기도를 받으려고 줄을 이어 섰는데도 그 축에 들 수도 없었다. 조금도 기동할 수가 없는 중환자였기 때문이다. 병원에서는 수술을 할 수도 없으리만큼 복중 암이 전신으로 퍼졌다는 것이다. 그래서 아무래도 죽을 것, 용문산에 가면 병이 낫는다니 한번 가보기라도 하고 죽겠다고 찾아왔던 것이란다. 그는 경남 창원군 진X 면장이었다.

'베데스다' 못가에서 물이 동할 때에도 물에 들어가지 못해 안타까워하던 38년 된 병자와 같은 신세였다(요 5:2~7).

모든 병자들이 모두 신유의 기도를 받고 기뻐 뛰며 나가는 이들도 있고 찬송을 부르며 손뼉을 치며 왔다 갔다 하는 이들도 있었다. 이렇게 기뻐하는 장내의 광경을 바라보면서도 일어나지 못하고 들것에 누워 있는 신세를 한탄하며 신음하던 X 면장은 "나는 기도 좀 못 받는가? 나도 좀 받게 해주어요."하고 죽어가는 소리로 애원했다. 그러나 그 애원대로 그를 기도 받는 자리로 옮겨 줄 사람은 아무도 없었다. 누가 그 송장을 치르고 싶어서 손을 대겠느냐면서 환자 가까이도 가기 싫어했다. 당장에 숨이 넘어갈 것 같은 위급상태로 보였기 때문이다. 오직 그 부인만이 안타까워서 왔다 갔다 하며 애타게 기도 받기를 애원했다. 그동안은 기도를 받아야 하겠다는 노력도 않고 또 기도를 받아야 병이 낫는다는 것조차 모르고 있었던 그 부인이었다.

며칠을 지나면서 듣기도 하고 보기도 하면서 알게 되었다. 신유의 기도를 받고 병이 나아서 기뻐 뛰는 모습을 보게 되니까 기도를 받아야 하겠다는 마음이 불 일 듯하게 된 것이다. 줄지어 있는 병자들의 기도가 끝나기를 기다렸다가 기도해 주는 사람 앞으로 바짝 달려가 애원했다. 필경 찾아가서 기도해 주지 않을 수 없었다. 들것에 누워 있는 환자 옆으로 찾아갔다. 피골이 상접하여 송장 같은 모습이었다. 숨이 방금 넘어갈 것 같은 몸에 손을 대기가 겁이 났다. 그러나 기도해 주어야 했다.

담배 냄새가 몸에 배었던지 담배 냄새와 함께 그 숨결에서 악취가 풍기고 있었다. 다른 환자들은 모두 머리를 숙이고 기도를 받기 때문에 그런 악취가 그리 싫은 줄 몰랐는데 이는 반듯하게 누워서 뻔히 마주 보게 되어서인지 그 악취는 견디기 어려웠다. 간단히 기도해 주고 바삐 그 자리를 떠났다. 하지만 성령의 불은 그의 체내에 임하여 악성을 소멸하여 병균을 소탕하기 시작했다.

그는 그 후 차도가 있다면서 우리 집 옆의 집 한 칸을 얻어 갖고 와서 있었다. 담배도 끊고 예수를 믿어야 한다고 강권해서 그는 병만 나으면 예수를 믿겠노라고 다짐했다. 아니, 병이 나으면이 아니고 예수를 믿어야 병이 낫는다고 했더니 그는 그때부터 예수를 믿기로 작정하고 담배도 끊고 그 부인의 정성 어린 간호로 미음이 죽으로, 밥으로 점점 식성도 식욕도 증진하면서 병세는 나날이 수그러지고 건강이 회복되었다. 고향에 가면 죽었던 사람이 살아서 돌아왔다면서 동리에 큰 경사 났다고 온 동리 사람들이 다 예수 믿게 되리라면서 무척 기뻐했다. 병원에서도 가망이 없다고 내버렸던 암 환자가 산에서 신앙의 기도로써 생명을 되찾게 되었다는 이런 기적적인 역사를 체험하는 그로서는 새 세상에서 새 출발을 하는 기분이었다. 그는 고향으로 돌아가서도 용문산을 잊을 수 없었다면서 매년 단감을 한 상자씩 보내는 등 성의를 보여 왔다.

그 후 듣기로는 고려파 장로교회에 나가서 신앙생활을 잘하여 장로 장립까지 받고 교회에 충성하고 있다는 소식이었다. 이렇게 용문산을 통하여 죽을 사람이 살아났고 안 믿던 사람이 믿게 되었고 장로까지 되었다. 그런데도 용문산에는 오지 못한다. 그 이유가 무엇일까? 장로직을 유지하기 위해서는 교권 앞에 굴복을 해야 했기 때문이다. 교회에서 막는 길이니 굳이 막는 길을 가야 할 용기는 없었다. 가지 않는다 할지라도 용문산을 위해서 기도만 해도 그 은혜 보답이 안 되겠느냐고 스스로를 변명하며 늘 기도는 한다는 소식이었다(시 16:12~13).

그 부인은 여름 유월절 성회에는 전국적으로 모여 오는 많은 성도들 속에 끼어 가끔 다녀가기도 했다. 그러나 그는 그 남편이 고려파 장로가 되어서 올 수가 없다는 아쉬움을 터뜨리기도 했다. 실은 고려파 장로도 목사도 은혜를 사모하는 이들은 용문산에 많이 오가는 줄을 모르고 있는 것 같다면서 그를 찾아가서 기어이 오도록 권면해야겠다고 하던 그 누구의 권면을 받기도 했다지만 그는 오지 않았다.

어찌 이 세 사람뿐이랴, 이 세 사람을 예로 들었을 뿐이다. 한 사람은 병이 나아서 몸 바쳐 일생을 주를 위해 산다고 기도로써 보답을 하고 있으니(살전 3:9) 열 사람 중 한 사람 같은 사람이기에 예를 들었고(눅 17:17, 18), 또 한 사람은 열 사람 중에 아홉 사람 축에 있는 사람의 표본이 되었기 때문이었고, 또 한 사람은 안 믿는 사람이었지만 병을 낫게 해서 믿게 하신 하나님의 자비를 보여 주셨다는 데서 예를 들었을 뿐이다.

그 밖에 많은 사람들이 있다. 그 많은 완치자들은 모두 위에서 말한 세 사람 중의 어느 한 사람 같은 위치에 있을 것이다.

XII. 미친 사람에게 물렸을 때의 성령 역사

1. 손을 끊어야 하나 깨끗이 죽어야 하나?

전국을 순회하노라면 전혀 모르는 사람이 와서 반갑게 인사를 하는 것을 흔히 보게 된다. 그들을 알고 보면 용문산에 와서 은혜받고 병 나음을 받았노라는 사연이 내재해 있는 이들이 대부분이다.

폐병, 암, 간질병, 반신불수, 정신환자 등등 그밖에 이름 모를 병들도 많다. 그런 병들이 나아서 간 사람들도 많지만 낫지 않은 사람들은 더 많았을 것이다. 그렇게 보면 환자 아닌 사람은 거의 없는 것 같은 세상이다.

한번은 전국을 순회하던 중 경상남북도를 거쳐 전라남도를 돌아서 전라북도 지경에 이르렀을 때였다. 김제인지 이리인지는 자세하지 않으나 집회 도중 어느 교인이 강사실로 찾아 들어왔다. 그는 머뭇거리고 있더니 하는 말이 "꼭 나와야 할 사람이 안 나와서 걱정입니다."하고 입을 열었다.

"무슨 말씀이지요?"하고 나는 되물었다.

"그때 추운 겨울에 천막치고 집회할 때 말이야요."하고 밑도 끝도 없는 말을 하고 있으니 나는 더욱 궁금하기만 했다.

"그때 무슨 일이 있었단 말인가요?"

"아 글쎄, 그때 정신병 환자가 가서 손가락을 물어 피를 흘려 놓고도 저러고 있지 않습니까?"하고 까닭 모를 소리를 하고 한숨을 짓는다.

"아니 그가 누구인데요, 피는 누가 흘렸지요?"하고 또 물었다.

"벌써 잊으셨나봐요. 그때 '나 죽는다.'고 고함을 치며 장로님의 손가락을 물고 늘어졌던 사람말이야요, 그때 기도 받은 정신병자가 있지 않았습니까?"라고 나를 일깨워 주면서 지난날을 회상케 했다. 나는 그때에야 그 말을 알아들을 만했다.

"그 사람이 여기에 있는가요?"하고 반갑게 물었다. 나는 진심으로 그를 한번 만나보고 싶었다. 그를 좀 데리고 오라고 부탁을 했지만 그는 오지 않았다. 부끄러워서 갈 수 없다면서 그리고 빈손 들고 어떻게 찾아뵙겠느냐고 한사코 만나기를 회피하더란다. 그에게 손가락을 물리던 그때는 몹시 추운 겨울이었다. 1954년 12월 연말 집회였다고 생각된다.

그 어느 날 집회시간이 되어 천막 속 어두컴컴한 강단에 올라가는 순간 청중 앞자리 부근에 웬 청년이 발광을 하면서 고래고래 고함을 치고 있었다. 좌우에 장정들이 붙잡고 있으면서도 감당을 못하고 있었다. 강사 장로님이 나오셨으니 기도를 받아야 한다고 외치는 이들도 있었다. 그러니까 붙잡고 있던 이들은 그 발광하는 청년을 끌고 강단 앞으로 나왔다.

장내가 소란하니 어서 기도를 해주어 내보내야 하겠다고 생각이 되어 그 머리 위에 손을 얹으려고 하는 순간 그는 재빨리 내 손을 붙잡고 "나는 죽는다."고 외치며 내 손가락을 어느 사이에 힘껏 물고 늘어졌다. 오른손 가운데 장손가락을 물리고 왼손을 머리에 얹고 기도해 주며 "사단아, 물러가라!"고 머리를 탁 치니까 그는 힘껏 물었던 손가락을 놓고 물러났다. 피는 철철 흐르고 아픔도 대단했다. 그러나 불행 중 다행으로 손가락이 끊어지지는 않았다. 손수건으로 싸매고 그 시간 설교를 시간대로 다했다.

설교하는 동안에는 아픈 줄도 몰랐던 것 같다. 설교를 마치고 숙소로 돌아오니 그 아픔을 견디기가 어려웠다. 그러나 병원에 갈 생각은 전혀 없었다. 병원으로 속히 가야 한다고 서두르는 사람도 있기는 했으나 집회 도중에 집회를 중단하고 갈 수는 없었다. 결국은 아픔을 참고 팔을 목에 베고 며칠 남았던 집회 기간을 다 마쳤다.

손은 퉁퉁 부었다. 다섯 손가락과 손바닥과 손등이 한껏 부어올라 전부 맞붙어 권투 장갑같이 되었다. 그러나 이상하게도 손목까지만 부었고 팔은 붓지 않았다. 추운 날씨에 난방장치도 없는 천막 속에서 매일 네 차례씩 몇 날을 외쳤으니 손이 얼어서 동상으로 그렇게 되었는지도 모른다.

집회를 마치는 날로 즉시 김천의 아이들 있는 집으로 내려갔다. 편안히 누워서 더운 방에 있으면 추위에 떨고 있던 몸도 녹고 동상 걸린 손도 나을 것만 같아서였다. 그러나 점점 더 부어오르고 통증도 더했다. 당숙은 병원으로 달려가서 의사를 데리고 왔다. 의사는 깜짝 놀란다. 부을 대로 한껏 부어올라 권투 장갑같이 된 손을 보고 누가 놀라지 아니하랴. 어쩌면 이렇게까지 되도록 그냥 내버려둘 수가 있었느냐고 꾸짖듯 하면서 어서 속히 입원을 시켜 수술을 해야 한다는 것이다. 이미 그냥 치료하기는 때가 늦었으니 손을 끊어내야 하는 길밖에 없다는 주장이었다. 주변 사람들 모두가 그래야 한다고 호응했다. 그러나 하나님의 허락은 없었다. 지금 당장에 끊어 내야지 만일 안 끊는다면 이 독이 퍼져 올라가 그때에는 팔꿈치를 끊어야 한다는 것이다. 그래도 그냥 둔다면 결국은 오른팔을 몽당 끊어 내야 된다는 것이고 그렇게라도 않는다면 필시 그 독이 전신에 퍼져 들어가 생명이 위태하다는 것이다. 즉 죽는다는 말이었다. 미친개에게 물려도 치료를 잘못하면 죽는 경우도 있는데 미친 사람의 독은 더하다는 논리였다.

교인들 사이에도 양론이 생겼다. 한시바삐 병원에 입원을 해야 한다는 과와 하나님의 능력을 믿고 입원을 안 해야 한다는 파가 생긴 것이다. 즉 한 파는 입원을 해서 손목 하나쯤 끊어 버리는 것이 목숨을 잃는 것보다 나을 것이 아니냐는 것이고 또 한파는 죽어도 깨끗 이 죽는 것이 떳떳하지 주의 종으로서 하나님의 능력을 외면하고 그 생명을 의사의 손에 맡기는 것이 옳겠느냐는 것이었다. 물론 전자는 당숙의 주장이 크게 작용했고 후자는 당 숙모의 강력한 주장이 작용하고 있었다. 그런 엇갈린 주장이 주변을 소란케 하고 있을 그 때 나와 신앙을 같이하고 고락을 같이하던 박민어 장로의 한마디는 양론을 매듭짓는 데 큰 영향을 주었다.

이 문제에 대해서는 아무런 의견도 말하지 않고 있던 박민어 장로가 병석에 누워 있는 내 앞에서 나를 위해 진심으로 기도를 하고 나더니 머리를 번쩍 들면서 하시는 말씀이 "장로 님의 당숙모 되시는 그 양반 보통 믿음이 아니던데…. 그 양반 믿음이 그렇게 좋은 줄은 몰랐는데 이번에 보고야 감복을 했습니다."라고 말문을 열기 시작했다. 말문을 열어 놓고 도 말하지 않고 묵묵히 앉아 있는 박 장로님의 태도에 의아심을 갖고 나는 물었다.

"그게 무슨 말씀이시지요?"

"글쎄 죽어도 깨끗이 죽어야 한다고 주장하는 그이 믿음 말이외다."

죽느냐, 사느냐의 문제를 놓고 생각을 한다면 어느 편 대답을 해야 할 것인지 박 장로님 의 마음으로도 대답이 난처했던 모양이었다.

2. 천진난만한 어린애들 기도 들어 주셔

모두의 의견이 병원으로 가야 한다고들 떠들썩한데 오직 당숙모 되는 차 권사 한 사람 만이 "죽어도 깨끗이 죽어야지 병원엘 가다니 말도 안 되는 소리"라고 반대를 하고 나섰 으니 말이다. 주의 종이 하나님보다 의사를 더 믿어서야 되는냐는 뜻에서 하는 말이었으 니 박 장로도 그 말 앞에서는 할 말이 없더란다. 그 신앙 앞에 누가 머리를 숙이지 않을 수 있겠느냐고 하면서 머리를 설레설레 흔든다. 그 주장이 신앙적으로는 옳다는 뜻으로 하는 말이기에 박 장로 앞에서 아무도 이론을 다는 이는 없었다.

"뱀과 전갈을 밟으며 원수의 모든 능력을 제어할 권세를 주었으니 너희를 해할 자가 결단 코 없으리라 그러나 귀신들이 너희에게 항복하는 것으로 기뻐하지 말고 너희 이름이 하늘에 기록된 것으로 기뻐하라."(눅 10:19)고 주께서 말씀하신 것은 하늘나라에 녹명된 사람이 라면 뱀에 물려도 독이 안 오르고 권능이 나타나서 귀신까지 항복하게 된다는 뜻이다.

그런데도 귀신들린 사람에게 물린 것을 갖고 이처럼 우왕좌왕하게 되었다는 것은 그만 큼 신앙이 없다는 말도 되거니와 하늘에 아직 녹명이 못 되었다는 증거라고도 해석되는 일이었다. 그뿐 아니라 "믿는 자에게는 이런 표적이 따르리니 곧 저희가 내 이름으로 귀신을 쫓아내며 새 방언을 말하며 뱀을 집으면 무슨 독을 마실지라도 해를 받지 아니하며 병든 사람에게 손을 얹은즉 나으리라."(막 16:18)고 하신 성경 말씀을 그대로 믿는 데서 병원 무용론도 있을 수 있는 주장이었다고 해석된다.

이 같은 성서적인 신앙 앞에서 믿는다는 사람으로서 무슨 말로 항거할 수 있었으랴. 바울 사도의 경우는 독사에게 물렸어도 독이 안 오르지 않았던가?(행 28:3~5) 하지만 내 경우에는 이미 독이 올라 퉁퉁 부어오르고 있었으니 나로서는 할 말이 없었다.

오직 나는 아직 하늘에 녹명도 못 된 죄인임이 틀림없다는 자각심이 나를 억누르고 있을 뿐이다. 그렇다고 내 속에 믿음이 전혀 없는 것은 아니었다. 죄인의 기도는 안 들으셔도 저 천진난만한 어린 것들의 기도는 들어 주시리라는 믿음이 문득 떠올랐다.

큰애라야 열 살밖에 안 되고 여덟 살짜리 조카와 세 살 난 어린 것이 있었다. 그 애들을 불러다 앞에 앉히고 "너희들 아버지 손이 빨리 낫기를 원하지?"

"예…"

"그렇다면 하나님께 기도해라, 하나님께서 너희들의 기도는 꼭 들어 주신다. 어린애들의 기도는 잘 들어 주신단다. 내 손을 붙잡고 정성껏 한목소리로 기도해라, 그렇지 않고는 이 손목을 잘라 버려야 한다. 너희들이 기도하면 안 잘라도 된다."라고 나는 진심으로 어린 아이들에게 부탁을 했다. 아이들도 손목을 잘라야 한다는 말에는 눈이 둥그레지면서 부어오른 손을 모두 붙잡고 기도했다. 눈물을 흘리면서까지 목메어 울었다. 울면서 드린 기도는 하나님께서 반드시 들어 주신다고 믿어졌다. 아니나 다를까 꾸밈없는 그 기도를 하나님께서는 들어 주셨다. 그때부터 통증은 완전히 없어졌다. 부기도 점점 가라앉기 시작했다. 그러나 당장에 손을 쓸 수 있을 정도는 아니었다. 역시 붕대로 싸매고 목에 매고 다녀야 했다. 그때부터 팔을 목에 매고 집회를 또 나갔다. 순회전도였던 고로 여러 곳으로 다니며 약 3개월간을 지나서야 산으로 들어왔다.

물론 그동안 부었던 손은 나았지만 아직 물렸던 장손가락만은 손가락 마디에 딸기 같은 살이 솟아올라 가죽이 덮이지 않았다. 그래서 그 손가락만은 붕대로 싸매고 여러 달을 지났다. 그런 상태로 있을 그 어느 하루였다. 기도실에서 성경을 보고 앉아 있노라니까 밖에서 무슨 비상이라도 걸린 듯이 시끄럽게 왔다 갔다 하며 수군거리는 소리가 여기저기서 들려왔다. 그때 누군가가 문 앞에 와서 "국회의원님이 오셔서 잠깐 뵙잡니다."라고 조심스럽게 알린다. 나는 급하게 밖으로 뛰어나갔다. 그 국회의원이란 김천 출신 김X안이라는 여자 국회의원이었다. 이집 저집 둘러보면서 원내를 한 바퀴 돌고 있었다. 남복 차림의 뚱뚱한 체구는 여자라고 하기에는 좀 지나친 체구 같았다. 나는 그를 따라가서 인사를 했다.

"나 장로이시지요?"라고 확인하면서 다짜고짜 "그 손이 왜 그렇지요?"라고 묻는다. 붕대를 감고 있었으니 "손을 다치셨습니까?"라든지 "손이 어떻게 되셨나요?"라든지 할 터인데 그것이 아니었다. "손이 왜 그렇지요?"란 이미 알고 와서 비웃는 말투였다. 붕대를 안 감고 상처만이 드러나 보이면 그렇게 물을 수도 있었을 것이다. 그러나 그런 것이 아니지 않는가? 나는 얼른 대답이 곤란했다. 머뭇거리다가 "미친 사람에게 물려서 상처를 약간 입었습니다."라고 대답했다. "귀신을 목에서 빼내다가 그렇게 되었다고 들었는데 그게 사실이구먼요?"하고 수준 이하의 취급을 하는 데는 불쾌하기 짝이 없었다. "귀신이 물체는 아니지요. 손으로 빼내다니요?"하고 그런 말 같지도 않은 어이없는 질문을 일축해 버리고 들어왔다. K의원 역시 노상에서 몇 마디 주고받고 했을 뿐 사무실에도 들어오지 않고 그냥 돌아갔다.

3. 현행범 가해자 입건 않고 피해자 구속

며칠 후 경찰은 그 일을 조사하기 시작했다. 손가락을 물은 사람의 집까지 찾아가 보았다. 김제군인가 익산군인가는 자세하지 않으나 어떻든 시골에 있는 그 집을 찾아가서 그 부모를 만났다. 형사들이 찾아갔으니 그 부모들은 놀랐다. 물린 사람이 고소를 해서 아들을 잡으러 온 줄만 알았기 때문이다. 그래서 그 부모들은 울면서 애원했다.

"손을 물어서 상처를 낸 것은 사실이오나 미쳐서 그런 것을 어떡합니까, 용서해 주셔야지요…"라면서 자초지종 사연을 늘어놓았다. 그러나 미쳤던 본인은 집에 있지 않았다. 부모는 본인이 어디로 가고 없다고만 핑계를 댔지만 형사들은 기어이 본인을 찾아보았다. 들에 나가서 농사터 곡식 밭을 돌보고 있더란다. 그가 장본인임을 확인하고 나서 그 당시에 있었던 일들을 자세히 물어보았다.

언제부터 미쳤더냐, 용문산에는 왜 갔느냐, 누가 가자고 해서 갔느냐, 언제 갔다가 언제 왔느냐, 나 장로의 손을 물었다는데 그것이 사실이냐, 왜 물었느냐? 뱃속에 있는 귀신을 잡아낸다고 손을 입에 넣기 때문에 물은 것이 아니냐는 등 본인으로서 이해도 아니 되는 소리까지 묻더라는 것이다. 아무리 사건화시킬 만한 단서라도 찾아보려고 했으나 별다른 정보를 얻지 못했다. 오직 나 장로의 손을 물었다는 것은 사실이고 기도를 받았다는 것도 사실이고 병이 나은 것도 사실이라는 답변 이외에는 얻을 것이 없었다. 그 밖의 묻는 말에는 전혀 모르겠다는 것이고 미쳐서 그랬으니 용서해 달라는 것이 본인의 진술이었다.

형사들은 유력한 국회의원의 제보에 의해서 특별출장을 갔던 길이 실속 없는 길이 되었다. 아니 제보라기보다는 의원님의 명령으로 갔던 출장이라고 해야 옳을는지 모를 일이다. 그렇게 기세당당하게 갔던 출장 목적과는 달리 오히려 기도를 받고 병이 깨끗이 나았다는 증거를 확인하고 돌아오게 되었으니 기대를 뒤엎은 셈이 되었다. 이것으로 사건화시켜 용문산을 미신의 소굴이라고 낙인을 찍어서 뿌리를 뽑아 버리겠다던 K의원의 심산은 완전히 빗나간 것이다. 그러나 그것으로 끝난 것은 아니다.

그다음에도 계속 무슨 단서를 잡아 보려고 집회 때마다 형사들을 산으로 파견했고 또 미행도 시켜 보았다. 그러나 아무런 단서도 못 잡고 있다가 1955년 초봄에 열렸던 용문산 집회 때에야 비로소 사건을 조작할 수 있는 기회를 얻었다.

그 얼마 전까지 어모면장으로 있다가 모종의 사건으로 파면당한 K씨의 횡포 사건이 집회 기간에 발생했다. 형사들은 이 뜻밖의 사건이 생긴 것을 좋은 계기로 삼고 나 장로의 비행을 탐색하느라고 애썼다.

K씨의 불법침입, 불법감금, 폭행, 파괴, 살인미수, 집회 방해 등의 범행현장을 목도하면서도 그 현행범을 체포하지 않았고 고발을 해도 듣지 않았고 오히려 그 범법자를 옹호했다. 그 험구 속에서 무슨 단서라도 얻을까 해서였다. 나를 감금해 놓고 일 주야를 폭행을 강행하도록 밖에서 지키고 있던 형사들은 교인들의 아우성에 못 견디어 결국은 그다음 날에야 K씨를 데려갔다. 그러나 그를 입건하지는 않았다. 그의 진술을 통하여 피해자의 비리를 찾으려고 했을 뿐이다. 오히려 K씨의 진술을 통하여 나 장로에 대한 불평불만이 터져 나오도록 선동을 했다. 그 속에서 어떤 비위 사실이라도 있는가 해서 신경을 쓰며 유도심문을 한 것이 분명했다. 그 며칠 후 K씨는 의기양양하게 활보를 했고 나 장로는 구속을 당했다. 용문산에 그동안 들어온 헌금을 횡령했다는 엉터리 죄명이었다. 때를 같이하여 장로교 목사들 28명의 협조가 뒤따랐다. 연서 진정서가 제출되어 필경 국가보안법 위반이라는 엄청난 죄명으로 사건이 한 차원 비약했다. 그러나 그들의 수고와 계략은 헛되고 말았다. 신문에는 거창하게 톱으로 보도가 되고 라디오를 통해서 세상을 떠들썩하게 했지만 27일 후 무혐의로 석방되었으니 말이다.

이 사실은 나의 회고록 '길은 직선이다'라는 책자 속에 나오는 'K면장의 쇠망치 위협'이라는 제하에 기록된 그 사건의 발단이었다. 그 K의원이 나를 이렇게까지 미워하고 없애 버리려고까지 책략 책동한 이유가 무엇일까? 그 이유는 없지 않았다.

그가 자유당 공천으로 김천지구 국회의원으로 입후보했을 때에 있었던 일이다. 그때 자유당 공천을 받으려다가 그에게 패배하고 무소속으로 출마한 S장로가 있었다. S장로는 본래 해방 후 금릉 군수로 있으면서 백성들의 인심을 한 몸에 지닌 덕망 있는 분이었다. 청렴결백하기로 유명하여 국가고시원 요직으로까지 발탁되어 국가에 헌신했던 유공자였다. 그리고 그는 김천 황금동교회 수석장로로서 왜정 때부터 교계에 명망이 높은 분이기도 한 신앙이 돈독한 명사였다.

그가 선거운동을 하면서 나더러 기어이 응원 강연을 해 달라는 요청을 해왔다. 과거 그의 도움을 받았던 나로서는 그의 요청을 물리칠 수가 없는 처지였다. 부흥 집회 일정이 짜여 있으면서도 그것을 다 물리치고 선거강연 연사로 나서게 되었다. 김천 시내를 누비며 여러 날 동안 그 주변까지 돌면서 가두 강연을 강행했다.

그 강연 내용이 자유당 공천 후보 K씨의 비위를 건드리게 된 것이다. "앞집 아기는 밥 달라고 울고 있는데 뒷집 개는 생고기만 먹어야 하는가?"라고 과격한 공격을 했다. "이웃집 아기 밥 달라고 우는 소리가 들리지 않는가? 백성들의 고혈을 짜내다가 개 배를 채워야 했더란 말인가? 그런고로 3천만 국민의 대변자가 될 수가 있단 말이더냐?"라는 신랄한 공격 소리가 스피커를 통해 시내에 울려 퍼졌다. 너무 지나친 욕설이기도 했다. 게다가 일행 중 짓궂은 누구는 스피커를 일부러 K의원집 앞문을 향해 달아 놓기도 했다.

이렇게까지 그를 괴롭혔으니 그런 보복을 당하는 것쯤은 당연한 일이 아닐까? 결국은 입으로 때리고 법으로 맞은 셈이다. 혀끝은 칼보다 약했다. 혀끝을 내대고 칼끝에 맞았으니 그 상처는 물론 작지 않았다. 그러나 변명할 여지는 없었다. 그런 데다가 그는 또 당선되었으니 그 당당한 권세를 써 볼만도 했다. 그 반면에 나를 가세해 주어야 할 S장로는 또 낙선이 되었으니 피차 할 말이 없었다. 면목 없는 처지에서 하나님 앞에 구하는 길밖에 없었다.

주의 종이란 하나님의 말씀에 쓰여야지 인간 수단으로 쓰여서는 안 된다는 것을 새삼 느꼈다. 전도할 때에는 성령이 역사해 주셨지만 선거운동을 하는 때에는 왜 안 도우셨을까? 오히려 하나님께서는 채찍을 드셨던지도 모른다.

XIII. 핍박은 겸손케 하는 은혜

1. 장로는 전도 못 한다는 법이라도 있는가?

1950년 6.25 동란 때까지는 어디를 가든지 신앙인으로 대우를 받았고 감리교 장로로서 교회에도 충성을 다했다. 하지만 1954년 8.15 광복절을 기해 용문산 양 7주년 기념 성회를 가진 이후부터 교계의 핍박이 닥쳐왔다(회고록 '살기도 싫고 죽기도 싫었다' 290~300페이지 관련 내용). 그때부터 이날까지 교권주의자들의 화살을 모면하지 못하고 있다.

성령의 역사가 강하면 강한 것만큼 핍박도 컸다는 것쯤은 성경을 통해서도 교회사를 통해서 짐작할 수 있는 일이기는 했으나 정작 그 핍박과 수모를 몸으로 당하고 보니 너무 억울했고 외롭고 슬펐다.

정계의 미움과 교계의 미움을 한 몸에 지니고 외롭게 앞날을 헤치고 나가야 한다는 자신의 처지가 가엾기만 했다(마 24:9). 나라를 위해 진심으로 기도했고 교계를 위해서 진심으로 충성하여 밤낮으로 기도와 전도로 몸 바친 사람을 이렇게까지 괴롭혀야 하는가 하는 원망도 없지 않았다. 그러나 이 억울함을 하나님께 호소하며 기도를 하고 나면 하나님의 위로와 사랑이 내 전신을 감싸 주시는 듯 눈물겨운 감격이 몸 안에 솟아오른다. 이 감격이 곧 핍박을 이길 수 있는 힘이 되었고 하나님은 나와 같이하신다는 실감을 갖게 했다. 그래서 주께서 '나를 인하여 너희를 욕하고 핍박하고 거짓으로 너희를 거슬러 모든 악한 말을 할 때에는 너희에게 복이 있나니 기뻐하고 즐거워하라.'고 하신 그 사랑을 피부로 느끼게 된다.

이로 인하여 "하늘에서 너희의 상이 큼이라 너희 전에 있던 선지자들을 이같이 핍박하였느니라."(마 5:11~12)고 소망을 주시면서 미래를 실감케 한 것이다. 그 사랑의 맛을 몰랐던들 이날까지 살 수도 없었을 것이고 전도의 의욕도 잃었을 것이다. 하지만 전도 욕은 날이 갈수록 더해 가고 있다. 매일 아침, 새벽부터 일어나서 기도로 시작한다. 문서전도, 구설전도 기도전도 등 삼겹줄 전도에 몰두하고 있다. 억지가 아니다. 하고 싶어서 하는 일이다. 하나님께서 주신 마음이다.

평신도 아마추어 전도자가 프로 전도자로 전향을 했다는 것부터가 때려 맞으면서도 전해야겠다는 각오와 사명이 확고하기 때문이 아니겠는가? 옥고뿐이 아니고 전도자이기 때문에 당하는 옥고를 네 번이나 당했다. 짧은 기간이었지만 옥고는 옥고였다. 그 세 번째 옥고를 치르고 나왔을 때의 일이다.

서울서 집회를 하고 있노라니까 김노득 장로님이 찾아오셔서 나 장로님 출옥을 환영하는 파티가 열리게 되었으니 사양 말고 참석해 달라는 요청을 한다. 뜻밖의 초청이었다. 그것도 보통 평범한 친구 간도 아니고 감리교 총리원 중진급들의 호의였다. 전도국 총무 조선일 목사님을 비롯해서 그 당시 감리교에서는 대표적 인물들이 10여 명이나 모여 있었다.

우리 감리교 장로로서 특심하게 전도하다가 억울하게 옥고를 당하고 나왔으니 위로의 표시로 환영연을 열었다는 간단한 인사가 있었다. 분에 넘치는 환영을 받으면서 눈물겨웠다. 그러나 그 참뜻은 알지 못했다.

엄숙하고 깨끗한 자리에서 엄숙한 대접을 받았을 뿐이다. 그 자리에는 장세환 장로님도 계셨다. 장 장로님은 그 당시 감리교에서는 가장 유력한 장로로서 권위 있는 위치에 있었다. 그이가 내 옆에 바짝 다가앉으면서 나에게 진심을 토로하는 듯 "이왕 이렇게까지 전도자로서 이름을 떨칠 바에는 장로보다는 목사가 돼야 하지 않겠습니까? 목사안수를 받도록 하시지요…"라고 힘주어 말한다. 그러나 그 진정 앞에 너무도 성의 없는 대답을 했다.

"목사가 돼야 전도를 하는가요? 장로는 전도를 못 한다는 법이라도 있는가요?"

그는 이 매정한 대답에 정이 뚝 떨어졌던지 아무런 말도 없이 입을 봉하고 말았다. 화기애애하던 자리가 냉랭하게 되어 버렸다. 분위기가 이상할 정도로 싸늘한 공기가 감돌았다. 나는 그 이유를 전혀 모르고 있었다.

폐회하고 나올 때까지 장내의 분위기는 어색하기만 했다. 오직 김노득 장로님만이 그 자리의 냉엄한 분위기를 바로 잡아 보려고 웃어 가면서 안 할 말도 일부러 해가면서 애쓰는 모습이 역력했다.

장 장로님과 조 목사님 사이에는 무슨 묵계라도 있는 듯이 눈짓을 하는 것 같더니 식사를 마치고 나올 때에는 따로 마주 서서 무엇인가 심각하게 수군거리는 모습이 심상치 않게 눈에 띄었다. 나는 그 당시는 전혀 눈치를 못 채고 환영하는 분위기로서는 너무 냉담했다는 점에서 아쉬움을 느꼈을 뿐이었다. 그 얼마 후에야 그 이유를 알게 되었다.

2. 그때는 왜 감리교 목사가 안 되었나?

감리교 장로를 장로교에서 무엇 때문에 이단이니 삼단이니 하며 빨갱이라고까지 모함해서 투옥을 시켜야 한단 말인가? 감리교 장로가 이단이라면 감리교가 이단이란 말인가, 감리교가 빨갱이란 말인가? 하는 여론이 나돌게 되자 감리교 총리원에서도 나 장로가 문젯

거리로 화했다. 장로교 목사들의 소행을 못마땅하게 여기게 되는 것만큼 나 장로에 대해서는 동정적인 방향으로 기울어졌다.

"감리교 장로가 이만큼 교계뿐 아니라 일반사회에까지 드러난 존재가 되었으니 이는 우리 감리교의 자랑이다."라고까지 찬사를 아끼지 않는 이들도 있게 되었다. 따라서 이를 장로로 그냥 두기보다 차라리 목사 안수를 해서 내세우는 것이 어떠냐는 데까지 화제가 비약되었다.

동시에 감리교 전속부흥사로 내세우자는 의견으로 집약되었다. 그때 감리교 총무급에 있는 K목사는 "우리 목사들이 못 하는 성경 말씀을 드러내더라", "성경 실력이 그만하면 목사로 내세워도 손색 없다."는 등의 발언을 하기도 했다. 이런 말이 오가는 동안 당시 감신대 학장으로 있던 H박사는 그래도 신학을 거쳐야지 신학도 안 하고 목사가 되어서야 되겠느냐 하면서 한 1년이라도 아니면 한 학기만이라도 학적을 두게 했다가 졸업을 시켜서 목사안수를 한다면 순리가 아니겠느냐고 의견을 내세우기도 했다.

이러나저러나 본인의 의사에 달려 있는 일이니 무엇보다 본인의 의사 타진부터 해봐야 한다고 해서 C장로님을 내세웠던 일이다. C장로와 나 장로는 같은 장로로서 가까운 처지이니까 개인의 자격으로 사담형식을 취하라는 것이었다.

만일 공식으로 제의를 했다가 거절을 당하면 대교파로서 교단 체면에 관계되는 문제라 하여 조심스럽게 다뤄야 한다는 것이 그 자리 그 모임의 총의였다.

나 장로의 성질이나 사상으로 보아서는 그런 제의를 거절하고도 남을 수 있는 사람이라고 판단이 되었기 때문이었다. 그래서 C장로는 조심스럽게 나 장로에게 물어 보았던 것이다. 그런데 나 장로는 그 호의를 받아들일 줄 몰랐다.

"목사가 안 되면 전도를 못 하느냐?" 식의 대답을 했으니 그 성의 있는 제의를 무시하고 거절한 셈이 되었다. 결국 그 대답은 C장로로 하여금 몹시 불쾌감을 갖게 한 것이다. 당시의 성의 있는 제의를 생각해 볼 여지도 없다는 듯이 단 한마디로 일축해 버리는 것으로 알았다. 나 장로의 그 같은 오만 앞에 자신의 자존심이 여지없이 꺾인 듯 무시당한 것 같아서 C장로의 태도는 극도로 굳어졌다. 말문을 닫고 묵묵히 앉아 있는 C장로의 안색을 바라보던 총무 목사님도 따라서 굳어졌다. 다른 이들도 그러한 분위기에서는 어쩔 수가 없었다. 냉담한 분위기가 좀체 가셔지지는 않았다. 나는 내 말에 실수가 있었다고는 전혀 생각지 못하고 있었다. 이것이 내 교만이었는지 처세술을 모르는 순진이었는지 모를 일이었다. 고마움을 모르는 몰지각한 사람이 되어버린 셈이었다.

교섭에 나섰던 C장로님은 남의 눈을 피해 가면서 총무 목사님께 말씀하시기를 "만일 나 장로를 목사 되라고 권면을 했다가는 교단 망신만 당하고 말 터이니 아예 권면하지 마시오."라고 당부하더란다. C장로가 그 같은 의견의 말을 했다는 것은 무리가 아니었다. 나의 혀끝으로 말미암은 결과였으니 나로서는 원망도 변명도 할 수 없었다.

"말에 실수가 없으면 온전한 사람이라."(약 3:2)고 했는데 나는 아직 온전한 사람이 못된 미완성 인간임을 스스로 느꼈을 뿐이다.

광풍에 밀려가는 배도 작은 키로 운전하듯이 사람의 혀가 작은 지체로되 큰 것을 자랑할 수도 있고 온몸을 더럽힐 수도 있다고 한 성경 말씀을 또 한 번 명심하게 되었다(약 3:4~6).

나의 경솔한 혀끝 부주의로 주의 종들의 마음에 상처를 주었고, 화기애애하던 좌석 분위기를 깼고, 온정을 물리치고 교단방침을 좌절시켰고 자신의 진정을 역경으로 몰아쳤다. 그러나 이것으로 끝나지는 않았다. 한국 교계에 문제화된 인간으로서 타 교파에서까지 노회, 총회에서 인정하느냐 안 하느냐, 이단이야, 정통이야, 참이냐, 거짓이냐는 등의 논의의 대상이 되고 여론화된 감리교 장로를 감리교에서는 모른 척하고만 있을 수는 없게 되었다.

참 장로냐 아니냐, 그 정체를 아느냐 모르느냐, 안다면 밝히라는 등의 문의와 공격이 많이 들어오고 있었으니 감리교에서도 입장을 밝혀야 할 처지였다. 분명한 태도를 갖추고 나 장로를 버리느냐 취하느냐의 결정을 지어야 할 결정적 단계에 이른 것이다. 이것은 타 교파에서 더 야단스럽게 떠들고 있으니 날이 갈수록 중대한 문제로 가중되고 있었기 때문이다.

교단적 차원에서 의논도 해야 했고 입장도 밝혀야 했기 때문에 숙고 숙의 끝에 몇 가지 안을 세워 놓고 나 장로를 교단본부 총리원으로 소환했다. 소환당한 나로서는 전도국 총무 조신일 목사님의 자초지종의 설명을 묵묵히 듣고 있었다. 그 내용인즉 위에 말한 그러한 내용이었다. 그 내용에서 정리된 세 가지 안을 제시하며 내 대답을 요구했다.

첫째는, 이제라도 감리교 신학에 한 학기라도 적을 두었다가 목사안수를 받는 것이 좋을 것 같아서 C장로를 통해서 권면해 보았던 일이라고 자세한 설명을 해주면서도 조 총무는 나더러 목사 되라고 권면은 하지 않았다. 하지만 장로교회 거센 바람을 막아 주기 위해서 베푸는 온정이었는데 그렇게까지 냉정하게 물리칠 수가 있느냐는 아쉬움을 갖고 하시는 말씀임에는 틀림이 없었다. 그러나 나는 이에 대한 해명도 변명도 하지 않았다. 오직 생각 없이 대답한 그 한마디가 이렇게까지 오해를 받게 되었다는 느낌이 마음을 무겁게 했을 뿐이다. 조 총무는 열심히 설명을 하면서도 내 대답은 들으려고도 않는 것 같았다. 대답할 사이도 없이 어느새 둘째 제안을 내세운다.

3. 평신도가 왜 목사를 때려야 했던가?

즉 목사가 안 된다 할지라도 감리교 전속부흥사가 되어 달라는 것이다. 전속부흥사란 곧 총리원에서 지시하는 대로 감리교 테두리 안에서 활동해야 한다는 것이고 전도국에 소속되어 있는 부흥사라는 것이다.

다시 말하면 총리원에서 각 지방 단위로 집회일정을 정해 놓고 파송하면 부흥강사로서 파송지에 가서 그 지방 부흥회를 인도해 달라는 요청이었다.

지금 생각하면 이런 조건의 제안이라면 외롭게 고군분투하는 나에게는 다시없는 좋은 기회로 받아들였을 일이다. 큰 배경도 되고 호신책이 되었을 일이다. 그러나 당시로는 그것이 나에게 대한 교단적인 호의라고는 생각지 못했다. 오히려 그 당시 장로교의 반대와 핍박은 많이 받으면서도 초교파적이기 때문에 이르는 곳마다 대성황이었다고 생각을 했기 때문이었을 것이다. 성령 역사는 교파를 초월해야 한다고 생각했다. 초교파적으로 부흥 집회를 해야 활동무대가 넓어져서 성령 역사도 크다고 생각이 되었고 감리교 테두리 안에 들어간다면 그만큼 활동무대가 좁아지면서 성령 운동이 축소된다고 생각이 되었을 수도 있다.

사실상 그 당시 나로서는 이미 '한국 기독교 부흥전도 연합회'라는 조직을 갖고 있었기 때문에 전적으로 감리교 전속부흥사로는 대답하기가 곤란한 처지이기도 했다. 부흥전도 연합회 구성 요원이 감리교인이 아닌 장로교인들이 더 많이 섞여 있는 것이 나로 하여금 망설이게 한 요인이 되기도 했다. 나 혼자 일이 아니고 교파를 초월해서 초교파적인 사업이었고 서울에 본부를 두고 각 도소재지에 지부를 두고 그밖에 중요도시, 전국각지에 지부가 조직되어 있어서 전도계획이 서 있었기 때문이다.

이 같은 방대한 계획을 말살할 수도 없는 입장이었던 고로 그 난감한 심정을 숨김없이 토로했다. 그러고 나서 연중 전체시간 중에서 3분의 1정도만 할애하면 어떻겠느냐고 했더니 그것은 다시 한번 검토해 봐야 할 문제라고 난색을 보이며 말끝을 맺지 못한 채 다음 문제로 넘어갔다.

셋째로는, 전국 감리사회의에 참석해서 감리사들의 질문에 응해 달라는 것이다. 즉 항간에 들리는 잡음이 너무 많아서 감리교의 장로라기에 민망할 정도라면서 교리문제와 신상문제 등 기타 잡음에 대한 질의에 응답 내지 해명 시간을 갖자는 것이다. 그것은 나의 원하는 바였다고 하면서 기쁜 마음으로 이에 응하기로 했다.

그러고 보니 세 가지 중에 한 가지만이 성립되고 두 가지는 결말을 못 짓고 넘어간 셈이다. 드디어 전국 감리사회의가 총리원 회의실에서 열렸다. 내가 회의실에 들어갔을 때에는 벌써 회의실에 빈자리가 없이 그득히 모여 앉아 있었다.

총무 조 목사님의 이번 모임에 대한 취지 설명이 약간 있은 후 나는 소개를 받으며 단상에 올랐다. 감리교 장로로서 타교파의 지탄의 대상이 되어 있는 처지에서 감리사님들을 대하게 되니 면목이 없다는 말을 앞세우고 감리교의 권위와 위신을 추락시킨 것 같아서 죄송하다는 인사말을 했다. 이 점에 대해서는 감리사님들도 전부 동정적인 반응을 보였다. 위로와 격려를 아끼지 않는 이들도 있었다.

그러나 질문은 예리했다. 목사들을 왜 그렇게 때리느냐? 목사들을 때리니까 목사들에게 그 같은 지탄을 받는 것이 당연하지 않은가? 목사들만 모인 자리라면 또 몰라도 평신도들 앞에서 목사들을 때리는 것이 옳다고 생각되는가? 장로라면 평신도인데 평신도의 입장에서 목사를 그렇게 때려도 좋다고 생각하는가? 목사들을 때리지 말고 순수하게 복음만을 증거 한다면 오히려 환영을 받을 터인데 그 점에 대해서는 어떻게 생각하는가? 등등의 질문으로 면박을 하는 이들도 있었다.

"나는 죄악을 때렸지 목사를 때린 것은 아닙니다."라는 대답을 했다. 나는 그 대답으로 면박을 모면해 보려고 했지만 그 대답으로 인하여 도리어 된 통으로 한 침을 맞았다. "그것 보시오. 당신은 목사님들을 어떻게 보기에 '님' 자를 안 붙이는 것인지 그것부터가 목사님들을 무시하는 태도가 아니겠느냐?"는 반박이 들어왔다. 설교하는 단상에서도 언제든지 목사라고 하지 목사님이라고는 하지 않더라는 것이다. 이런 질문은 오히려 굳어졌던 장내를 웃음으로 화하게 했다.

"미안합니다. 그랬다면 그것은 말의 실수였으니 앞으로 고치겠습니다. 용서하십시오."

이렇게 장내 분위기가 달라지면서부터는 정중하게 교리적인 문제와 신앙 노선에 대한 질문이 있었다.

"공자나 석가를 믿어도 구원을 받는다고 한다는데 그게 사실인가요?"

"구세주는 예수 그리스도 한 분뿐이신데 공자나 석가를 믿어도 구원을 받는다는 말은 안 했습니다. 오직 공자도 석가도 이방 선지자 노릇은 했다고 했습니다."

"그러면 공자도 석가도 구원을 받았다고 생각하는가요?"

"본방 선지자도 구원을 못 받는 이들이 있는데(마 7:22~23) 이방 선지자라고 반드시 구원을 받는다고 단언할 수는 없지요. 그러나 공자나 석가도 예수를 믿었으면 구원받았을 것입니다."

"그 당시는 예수가 없었는데 그들도 오실 메시아를 믿을 수 있었다고 생각하는가요?"

"그들도 오실 메시아를 증거 한 것을 보아서 믿을 수도 있었을 것입니다"

"그들도 메시아 오실 것을 증거 했다니 그것은 또 무슨 말이지요?"

"공자도 자신을 구세주라고는 하지 않았고 구세주가 장차 오실 것을 예언했고 석가도 그랬습니다."라는 대답에는 모두 의아해했다.

그 증거를 제시하라고 요구하는 이들도 있었다.

4. 핍박은 '가시'지만 겸손케 하는 은혜

나는 논어(論語)에 있는 공자의 말과 화엄경(華嚴經)에 있는 석가모니의 말을 인용하여 그 증거를 삼았다. 이에 대한 내용은 이미 여러 곳에서 증언도 했고 기록에 남기기도 했기 때문에 여기에서는 생략하지만 그 당시 그 자리에서는 묻는 대로 일일이 답변했다.

예수는 우리의 죽음을 죽어주고 우리 생명을 살아 주셨기 때문에 그는 우리의 구세주이지만 공자도 석가도 우리와 같이 부정모혈로 출생한 성정을 가진 인간이기 때문에 선지자는 되었을지언정 구세주는 못 된다는 이론적 답변이 있었다.

모세도 엘리야도 마찬가지다. 아무리 큰 이적을 나타냈다 할지라도 그것은 하나님의 능력이었지 모세나 엘리야의 자력은 아니었다. 그런고로 이들도 한 선지자는 되었어도 구세주는 아니었다.

그 당시로서는 공자, 석가도 이방 선지자라고 한 것이 문제화되어 교계가 떠들썩했던 때인 고로 이 문제가 가장 두드러진 질문이기도 했고 답변이기도 했다.

석가도 선을 행하면 하나님 계시는 극락(시 43:4)에 가고 악을 행하면 지옥에 간다고 전했으니 이 또한 성경 교훈과 다를 바가 없다는 주장이었다.

그도 자신을 구세주라고 하지 않았고 구세주는 장차 오실 것이라고 예언했다. 이렇게 먼저 알고 먼저 전했으면 선지자이거늘 이들을 선지자라고 했다고 해서 무엇이 잘못인가, 그 밖에 여러 면에 걸쳐 갖가지 질문을 받게 된 것은 나에게 큰 도움이 되었다.

나는 그때까지 교계에서 나를 왜 핍박하는지 몰랐다. 교인들이 많이 따르고 지지하고 있으니까 시기해서 그러는 줄만 알고 있는 것이 고작이었다. 그러나 그 여러 가지 질문을 받고 나서는 어떤 점이 나의 약점이고 결점인지도 어렴풋이 알게 되었고 고쳐야 할 점도 대강은 알게 되었다. 그리고 자신이 서야 할 위치도 그때부터 분명히 알 만했다. 한국 교회가 나를 핍박하는 것은 그만큼 나에게 대한 관심이 컸다는 증거도 되거니와 나를 그만큼 크게 알아주었다는 증거도 된다.

이런 점을 깨닫게 되면서 하나님은 물론이지만 사람들도 알아주는 주의 종이 되었다는 자부심과 긍지를 갖게 된 것이다. 그렇다고 오만한 위치를 말하거나 자고하는 자부심을 말하는 것이 아니라 오히려 낮아져야 안전한 위치요, 긍지를 가져야 믿음도 굳세 지고 자부심을 가져야 일할 수도 있다는 것도 뜻함이다.

즉 바울 사도가 말했듯이 "여러 계시를 받은 것이 지극히 크므로 너무 자고하지 않게 하려고 내 육체에 가시 곧 사단의 사자를 주셨으니 이는 나를 쳐서 너무 지고하지 않게 하려 하심"임을 알게 된 것이다(고후 12:7). 그 가시는 육신으로 당하는 외부의 핍박을 말함이요, 그 가시 노릇하는 핍박과 능욕은 하나님께서 주신 은혜라는 뜻이다. 그 가시는 나로 하여금 겸손케 하여 그리스도의 능력으로 내게 머물게 하였으니 크게 기뻐했다는 바울 사도의 체감을 같이 맛보는 듯한 기쁨을 얻었다(고후 12:9, 10).

"그러므로 내가 그리스도를 위하여 약한 것들과 능욕과 궁핍과 핍박과 곤란을 기뻐하노니 이는 내가 약함 그때에 곧 강함이니라."(고후 12:10)고 한 이 말씀, 이 얼마나 멋진 말씀인가. 그때의 심정으로는 이 말씀이 내 위치와 내 입장을 웅변해 주는 것만 같았다. 진정한 주의 사역자라면 종의 위치이지 상전의 위치가 아니라는 것을 알고 나니 자신의 과거가 부끄러웠을 뿐이다.

그런고로 나는 그때부터 청중을 향하여 때리는 설교보다 청중에게 호소하는 입장에 설 것을 결심했다. 물론 사람을 때린 것이 아니고 죄악을 때린 것이라고는 하지만 실상은 죄악을 때리다가 사람을 때리게 된다는 것도 부정할 수도 없다. 이런 모든 면에서 자신의 과거를 회고하다 보니 자신을 모르는 교만보다 자신을 아는 겸손이 내가서야 할 위치임을 알게 된 것이다.

그때부터 그 위치를 고수해 보려고 노력하고 있다. 그 노력이란 곧 성경 말씀대로 "너희가 육체대로 살면 반드시 죽을 것이로되 영으로써 몸의 행실을 죽이면 살리니 무릇 하나님의 영으로 인도함을 받는 그들은 곧 하나님의 아들이라"(롬 8:13~14)고 한 그대로 성령으로 몸의 행실을 죽여야 하는 것이 곧 내 노력이요, 내 소망이다. 내 행실을 죽이지 못하면 하나님의 아들이 못 되니까 불가불 자기를 죽이는 생활을 해야 한다.

하나님의 아들의 위치, 그 얼마나 존귀한 위치인가 그 존귀한 위치를 교만과 자고로서는 지킬 수 없다. 성령으로 몸의 행실을 죽이고 성령의 인도함을 받아야 한다는 그 위치 말이다. 다시 말하면, 겸손한 종의 위치를 지켜야 아들의 위치에 접붙임이 될 수 있다는 비밀을 알게 된 것이다(롬 11:17~21, 25). 중요하지 않은 말 같은데도 성경에 이것을 비밀로 했기에 다시 한번 묵묵히 비밀이란 용어를 탐색해 보았더니 어렵다는 뜻이 아니고 남이 모르는 것을 체험했다는 데 있었다.

"이 비밀은 너희가 모르기를 원치 않노라."(롬 11:25)고 한 것은 모두 체험을 하라는 뜻이었다. 그 체험 속에서 내가 죽고 내가 살아난다는 십자가의 오묘를 깨닫게 된다. 즉 예수 안에서 나를 죽여야 내 몸 안에서 예수가 살아난다는 진리가 몸 밖에 드러나게 된다. 드러난 그것이 곧 진정한 전도임을 새삼 느꼈다.

그밖에 교리적인 문제와 신상 문제 등 많은 질문을 받았다. 그 답변을 할 때마다 내 심령이 맑아지는 체감을 할 수 있었다. 성령이 답변을 해주시니까 그렇게 심령적 기쁨이 온다는 것을 느낄 수 있었다(렘 1:9 출 4:12, 사 50:4). 이렇게 기쁨으로 답변을 하다 보니

30분으로 한했던 시간이 한 시간이 넘도록 시간 가는 줄을 모르고 질의에 응답을 했다.

시간을 마치고 마지막 인사를 했을 때에는 우레 같은 박수 소리로 장내를 진동시켰다. 기쁜 마음으로 환영하는 모습이 역력했다.

5. 오해에서 분쟁이요 이해에서 화평이다

그처럼의 접근은 대화에서 온 결실이었다. '오해에서 불화가 오고 이해에서 화평이 온다.'는 평범한 진리를 터득하는 듯 마음의 맑아짐을 느꼈다.

그동안 쌓였던 오해와 의문은 완전히 사라졌고 모든 잡음도 맑게 가셔졌으나 남은 것은 이제부터 나 장로를 감리교 전속부흥사로 받아들이는 것뿐이라고 선언하면서 폐회했다. 폐회를 선언하는 조 총무의 태도는 명랑한 것 같으면서도 무엇인가 모르게 말끝을 흐렸다.

단하에 내려오자마자 감리사들이 내 주변으로 뼁 둘러서면서 반가운 악수와 동시에 "우리 지방부터 와주세요, 우리 지방은 XX 때가 제일 적합합니다. 우리 지방에는 X달이 가장 좋은 적기입니다."라는 등의 집회신청이 인사였다. "수첩에 우리 지방 집회날짜를 하나 적어 넣으시오."하고 끈질긴 당부를 하는 노인형 감리사님이 있는가 하면 명함에 날짜를 적어 주는 이도 있었고 쪽지에 날짜와 장소를 적어 주는 이들도 있었다. 이렇게 뼁 둘러서서 조여들어 한참이나 붐볐다. 나는 누구와의 어떤 인사를 하는지도 모르게 악수 공세에 몰려 어리둥절해 있었다.

그때에 누군가가 나타나면서 "이제 총리원에서 순회코스를 정하고 날짜를 정해서 통지해 줄 터인데 왜들 이러시오?"하고 모여드는 이들을 헤쳐 주는 이도 있었다. 이렇게까지 환영하며 기쁨으로 맞아 준 것은 이제부터 감리교단의 부흥발전을 위해 헌신할 감리교 전속부흥사가 다 된 줄로 알았기 때문이었다.

전국각지로 순회하면서 각 지방 단위의 부흥 집회를 인도하게 되리라고 알고 있었기에 집회신청을 하면서까지 덤벼들게 된 것이다. 그러나 전체시간의 3분의 1밖에 시간을 낼 수 없다는 조건이 이 모든 기대를 무산시킬 줄은 아무도 몰랐다.

당시 교계의 유일한 신문인으로 활약하던 강수악 씨는 이 문제를 흥미 있게 취재해서 다루었다. 교계의 신문에까지 진지하게 보도가 된 후로는 감리교회에서는 전국적으로 부푼 기대를 가지고 너도나도 집회신청을 계속해 왔다. 하지만 이에 응하지 못하는 나의 심정도 개운치는 않았다. 하나는 버리고 하나를 택해야 할 입장에 있는 내 마음은 착잡했었다. 이 내용을 모르는 교인들 간에 퍼지는 소문은 더했다.

"나 장로는 이제부터 감리교에 매여 있는 사람이 되었다."

"감리교 전속부흥사란다."

"이제는 다른 교파 부흥회는 못 한다더라." 등등의 소문이 퍼지면서 교계의 화젯거리가 되었다.

반면에 장로교에서는 난색을 보이기도 했다. 이렇게 되면 나 장로는 감리교에서 인증하는 부흥사가 되었으니 장로교에서 이단이라던 주장은 무색하게 되었고 교인들에게 신임을 잃게 된다는 예측에서였다.

장로교 목사들은 성신도 모르고 은혜도 모르는 삯꾼 목자들이라는 소리를 교인들에게 듣게 된다는 것이 더욱 불명예스러워서였을 것이다.

한편 감리교는 은혜파라는 소리가 교인들 간에는 파다했다. 장로교 중에서도 기장 측 장로교에서는 노회적으로도 교회적으로도 큰 집회를 열곤 했다. 장로교에서 나 장로 집회를 열었다면 더 많은 교인들이 모여들었다. 어디를 가나 성황이었고 신신학이라는 소리를 듣던 기장 측은 오히려 은혜파라는 소리를 듣게 되었다.

그렇다고 내가 감리교 전속부흥사가 된 것도 아니고 감리교 목사가 된 것도 아니었다. 그냥 감리교 장로직을 갖고 있으면서 초교파적으로 부흥 운동을 일으키고 있었을 뿐이다. 아무리 감리교 장로라고 해도 그것마저 인정해 주지 않는 교단들이 더 많았다. 감리교 교역자들 중에서도 감리교 장로인 줄을 모르는 이들이 많았으니 그럴 수밖에 없었다. 왜냐하면 감리교 전속부흥사가 안 되었다는 것으로 감리교단에서는 이탈한 사람이라고 인정을 했기 때문에 생겨난 현상이었다.

오직 경북지방에서만은 우리 감리교 장로라고 변명을 해주는 입장이었다. 지방회에도 꼭 참석하고 의무 부담도 누구보다도 잘 이행하고 김천 감리교회도 세우고 가꾸고 혼자 유지하다시피 교역자도 잘 받들고 있었으니 감리교 장로가 아니라고 부인할 수는 없었다.

실은 어느 한때는 김천 감리교회에서까지 설립자를 제적하고 경북지방에서도 제명한 사실도 있었으니 그 소문이 퍼지면서 좋지 않는 영향이 미쳤던 일도 없는 바는 아니었다. 그러나 그것은 어느 한때였고 그 후 사이좋게 감리교 장로로서 충성을 다해 왔다. 그러다가 66세가 되면서 자진 은퇴 원을 제출했다.

감리교 법으로는 70세가 은퇴 연령이기는 하나 만 65세 이후는 자원은퇴를 할 수 있다는 법규가 있기 때문에 그 법규에 따라 65세가 넘었으니 나는 자원은퇴를 할 수 있었다. 자원은퇴를 했다는 뜻을 밝힌 성명서까지 지상에도 대대적인 발표를 했다. 그 이유 또한 없지는 않았다.

XIV. 교파는 왜 만들었나?

1. 초교파 기관이 왜 교파가 필요했던가?

그 당시 정부 시책으로 교회를 비롯해서 관민 모두가 자연보호 운동에 열을 올리고 있던 때였다. 그 반면에 자연보호라는 명분 하에서 기도원들은 수난을 당하게 되었다.

한참 기세를 올리고 있던 기도원에서 일어나는 성령의 불길에 찬물을 끼얹는 격이 되었다. 1978년 대통령령으로 전국에 있는 기도원들을 전부 철거하라는 명령이 내려졌다. 청천벽력 같은 엄명이었다. 단 건전한 교파에 소속되어 있는 기도원은 철거대상이 아니라는 것이다. 그 기초조사에서 나선 관인들은 각 기도원을 찾아다니면서 이 기도원은 어느 교파소속이냐를 먼저 물었다.

"교파소속은 않고 초교파적 기관입니다."라든지 "무소속입니다."라고 대답하면 으레 사이비 종파 취급을 하면서 조서에도 그렇게 적어서 상부에 보고하고 있는 형편이었다. 그 기초조사는 철거대상 기도원과 대상이 아닌 기도원을 가려내기 위한 것이었다. 결국 군수 또는 구청장 명의로 자진 철거하라는 기한부 공문들이 각 기도원으로 전달이 되었다. 기한 내에 철거하지 않으면 강제 철거한다는 엄격한 조건부의 명령이었다. 전국 4백여 기도원들은 수난기를 맞게 된 것이다.

기도원들이 철거를 면하는 길은 교파에 소속하는 길밖에 없었다. 당시 나는 감리교 장로였기 때문에 감리교에 소속하기로 마음을 정하고 감리교 측과 타협하기에 이르렀다.

마침 감리교에서는 교세 확장 운동이 한창이었는데 삼남연회가 하나 더 생기면서 교회 수가 부족하여 선교연회로 새 출발을 하고 있던 때였다.

그런 때에 30여 개소의 기도원과 270여 교회가 일시에 입속을 하겠다니 감리교에서는 환영하지 않을 리가 없었다. 전국 전역에 일이지만 특별히 지역을 초월하여 독립연회로 해도 무방하다는 정도로까지 우리 측 사정을 이해해 주었다. 하지만 삼남연회에 일단 소속하기로 하고 양측대표가 모여서 진지한 협의를 시작했다. 양측대표가 각각 3명씩이었는데 장소는 양측 중간지점인 대구였다. 삼남연회 사무실은 부산이었고 일동 일교회 본부와 기도원 본산이 용문산이었기 때문이었다.

용문산 기도원은 본시 기독교 초교파 기관으로서 용문산을 본원으로 하고 각 곳에 수도

사들을 파견하여 분원들을 설치한 것이다. 한편 신학교 출신들을 각지로 파견하여 교회 없는 동리에 교회 세우기 운동을 하였다. 이것이 곧 한국 복음화 일동 일교회 운동이었다. 일동 일교회 역시 초교파적 운동이었기 때문에 세워진 개교회로서는 어떤 교파에든지 소속하고 싶은 대로 소속은 하면서도 재산은 재단법인 애향숙에 소속되어 있었다.

그런고로 애향숙 운동은 초교파적으로 활동을 하면서 각 교단으로 침투해 들어가서 성령 운동을 일으키자는 것이었다. 즉 각 교파에 들어가서 누룩 노릇을 하자는 뜻이었다. 하지만 누룩 노릇을 하지 못했다. 여자가 가루 서 말 속에 갖다 넣은 누룩 노릇을 못하고(눅 13:21) 오히려 바리새와 사두개의 누룩에 삼키운 바가 되어 버리고 말게 된 경우가 많았다(마 16:11, 12).

여기에는 또 한 가지 문제점이 따르고 있었다. 재산은 애향숙 재단에 입속이 되어 있으면서 간판은 다른 교단 간판을 걸게 된 교회들이 많았다. 즉 겉 다르고 속 다른 교회가 된 것이다. 두 주인을 섬기려니까 그렇게 될 수밖에 없었다. 낳은 엄마는 애향숙이지만 시집, 장가가는 자녀들은 여러 곳으로 갈린다. 각각 그 배필을 찾아 여러 집으로 시집, 장가가는 입장이었다. 이렇게 되니까 친정 부모와 시부모, 장가가는 자녀들은 여러 곳으로 갈린다. 각각 그 배필을 찾아 여러 집으로 시집, 장가가는 입장이었다. 그 결과 친정 부모와 시부모, 양편부모를 다 섬기는 처지에서 시집살이하는 교회가 되었으니 그 입장이 편안했을 리가 없었다. 그러한 형편에서 우리도 한 교단을 만들고 이런 문제점에서 벗어나 보자는 것이 전체의 바람이었다. 그런 데다가 기도원들은 교파소속이 없다는 이유로서 철거하라는 관명의 위협을 받게 되었으니 기도원들까지도 교파를 만들자는 것이 지배적인 주장이었다.

그래서 불가불 교파의 필요성을 느끼면서 교파를 세우느냐 기성 교단에 가입을 하느냐의 기로에 서게 된 것이다. 숙고 끝에 교파를 세우기보다 기성 교단에 가입하자는 편을 택했다. 이왕 가입을 하는 데는 장로교로 가입하자는 측도 있었으나 그것은 교리적으로 우리와는 맞지 않으니 요한 웨슬레의 성령 운동으로 시작한 감리교가 우리의 교리와 같으니 감리교에 가입해야 교리적으로 맞는다 하여 감리교에 가입하기로 했던 것이다.

감리교 측에서는 기드온 신학교를 인정하고 본과 졸업생으로 정식과정을 밟아 목사 안수를 받고 소정의 연한을 무난하게 목회 생활을 하고 있는 목사들은 정회원으로 받기로 하고 아직 과정을 밟는 중에 있는 이들은 준회원으로 또 다년간 목회 생활을 하여 경력으로 목사 안수를 받은 이가 있다면 그는 협동회원으로 받기로 했다.

이 같은 협약 하에서 목사들을 종류별로 구별하되 그 자격은 나더러 책임지고 엄선해달라는 데까지 교섭은 진전되었다. 현행 감리교 헌장에 맞도록 구별해 주던 그대로 이의 없이 받아들이겠다는 감리교 측 다짐이었다. 그래서 우리 측은 명단을 정리해 갖고 3일 후에 감리교 측 대표들과 만나서 최종 결정을 보기로 했다. 이렇게 마무리 작업을 하는 중이었는데 그때 마침 미국 오클라호마에 본부를 두고 있는 국제 오순절 성결회에서 찾아왔다.

브레드쇼 목사는 미 오성 감독의 부탁을 받고 왔다면서 감리교 김무영 목사님을 찾아서 용문산 운동과 애향숙의 내용, 나운몽 장로의 이력, 일동 일교회의 현황 등 자세히 알아보고 나를 만나게 되었다는 것이다. 교리가 너무도 꼭 같았고 또 용문산 성령 운동은 국제 오성의 초기와 흡사하다는 모든 조건이 쉽게 합의를 볼 수 있게 했다.

브레드쇼 목사는 당시 '만민의 기도하는 집'에까지 와서 같이 기도하고 내 사택에까지 들어와서 보고 내가 경영하는 복음신보사와 일동 일교회 본부에도 다 들려보고 만족한 마음으로 돌아갔다. 이렇게 상황이 달라지고 보니 양론이 생길 수밖에 없었다. 감리교와의 타협이 원만하게 되어 최종 조인단계에서 미국의 국제 오성과의 타협도 같은 단계에 이르렀으니 양손에 떡을 받은 격이었다.

감리교에 가입하자는 일부 주장도 있기는 했으나 미국 오성과 손잡고 우리도 떳떳한 교파를 하나 해보자는 편이 단연 우세했다. 그러나 하나 꺼리게 된 것은 '나는 교파 안 한다, 목사도 안 된다.'라던 나의 공언은 너무도 널리 알려졌기 때문에 그 공약을 어긴다는 것은 마음 무거운 일이었다. 하지만 그것은 개인 문제이고 공적 입장에 서라는 제자들의 요구도 또한 물리치기 어려운 처지였다. 다른 교파에 가서 서자 노릇하기보다 내 교파 내 교회에서 오순도순 살고 싶다는 것이 대부분의 교역자였다. 그러나 평신도 측은 그것도 아니었다. 되도록 대교파에 소속해서 버젓하게 지내면서 이단 소리 면해 보겠다는 것이 지배적인 여론이었다. 이 두 사이에 끼어 있는 나의 입장은 곤란했다.

2. 장로 시대는 지났고 새집 지으라는 시기

기독교 대한 감리회에 소속하느냐, 미국의 국제 오순절 성결교회에 소속하느냐, 이 두 교단을 놓고 양자택일을 해야 하는 중대한 기로에서 사람의 뜻대로 결정을 할 수는 없었다.

"하나님의 뜻대로 인도해 주시옵소서, 하나님의 뜻대로 순종하겠나이다."하고 우리 두 부처는 '만민의 기도하는 집' 제단 앞에 엎드러졌다. 밤을 새워가며 기도했다.

아내가 받은 계시로는 '장로 시대는 이미 지나갔다.'라는 영음을 받았고 나는 나대로 '새집을 지으라.'라는 계시를 받았다. 시작만 해놓으면 저절로 지어진다는 환상을 보여주셨다. 기둥도 대마루도 석가래도 언제 어디서 생겼는지 집을 짓기 시작하여 벌써 대마루가 올라갔고 그 위에는 석가래가 걸리고 있었다.

장로 시대가 지나가고 새집을 지으라는 것은 곧 목사 시대로 전환하여 새 교단을 설립하라는 뜻인 듯하여 날이 갈수록 "내 뜻은 무너지고 하나님의 뜻대로 하옵소서."라는 기도를 계속하고 있었다.

그 어느 날 밤 자고 있을 때였다. 12시가 넘어 전등을 꺼서 캄캄한 방안이었다. 아직 고등학교에 다니고 있는 넷째가 갑자기 방문을 열고 "아버지 교파 하면 안 됩니다."라고 경고하듯 한다. 자기 딴엔 아버지가 하는 일이 걱정이 되어서 밤잠 못 자고 고민하다가 찾아왔던 것 같다.

"하나님의 뜻대로 할 것이니라, 네가 무엇을 안다고 그러냐."라니까 책망이라도 들을까 싶었던지 그 한마디를 내뱉듯 하고 달아나 버렸다.

한 시간도 못 되어 또 한 애(셋째인지 막내인지)가 와서 "아버지 목사 되면 안 됩니다."라고 경고하듯이 하고 갔다. 저희들끼리 의논을 맞추어 갖고 하는 짓인지도 모른다.

이처럼 애들까지 가족들은 반대하는 편이었다. 아내도 처음에는 반대했지만 기도하고 나서는 "하나님의 뜻이라면 그대로 순종해야지요."하고 수그러진 자세였다. 그러나 제자들은 이구동성으로 목사도 되고 교파도 해야 한다는 주장이었다.

"교파를 안 만들려면 왜 우리를 키웠습니까?"

"다른 교파에 가서 서자 취급을 받기는 너무도 억울합니다." 라는 목회자들의 호소와 전국에 산재해 있는 산중 기도원장들까지도 그들은 그들대로 "교파를 안 하면 기도원이 헐립니다", "교파는 꼭 해야 합니다."라는 등등의 제의는 매일같이 전화로도 방문으로도 편지로도 교파 해야 한다는 독촉이 계속되고 있었다. 계시도 있었거니와 이렇게 사방에서 몰아쳤으니 교파를 안 세울 수는 없었다.

한편 삼각산의 경우만 해도 골목마다 난립해 있던 기도원들이 수십 개소도 더 되는 상황이었다. 이렇게 많은 기도원들은 당황하여 대책위원회를 구성하느니 기도원협의회를 구성하느니 전국 기도원연합회를 구성하여 대책을 세워야겠다는 등 각방으로 서두르고 있었다. 갑작스럽게 당하는 일이라 어떤 형태로라도 철거대상에서 벗어나 보려는 안타까운 몸부림이었다. 갖은 애를 다 써보았지만 별수가 없었다. 지정해 준 기간이 지나니까 가차 없이 강제 철거를 당하게 되었다.

대교파에서 세운 기도원 이외의 기도원들은 모두 철거되는 판국이었다. 우리는 재단법인 애향숙에 소속이 되어 있다고 재단법인 허가증을 복사해서 각 기도원마다 걸어 놓았지만 결국은 관청과의 행정소송까지 하게 되는 등 복잡한 환난기를 지나면서도 교파 세우는 일이 무엇보다도 급선무였다.

드디어 1979년 3월 29일 미국 국제 오순절 성결회의 대표 브레드쇼 일행과 한국 대표 나 장로 일행이 쉐라톤호텔에서 협약을 체결하고 조인식을 마친 후 그날로 대한 예수교 오순절 성결회 창립총회를 열었다.

다음날 30일 오전에는 나운몽 목사 안수식이 있었고 오후에는 감독선거가 있었다. 결국은 오전에 목사 안수를 받고, 오후에는 감독이 되었다.

목사 안수는 2천여 명이 모인 가운데서 한국의 원로목사님들로서 이호빈 목사님과 송홍국 목사님, 조윤승 목사님 등 한국 목사님들과 미국 오성 측 수석대표 브레드쇼 목사님과 극동선교담당 파커 목사님과 10년 전 한국 선교사로 와서 있던 타드 목사님 등이 연합하여 목사 안수식을 은혜롭게 마치고 총회도 3백 평 강당이 꽉 차고도 넘치도록 모인 가운데서 마쳤으니 대한 예수교 오순절 성결회는 80여 교파로 밀집되어 있는 굳은 바탕을 뚫고 하나의 교단으로 새싹이 솟아오른 것이다.

첫 탄생인데도 3백여 교회나 되는 적지 않은 교회 수를 갖고 교계에 두각을 드러냈다. 교파 안 한다던 나 장로가 교파를 만들었다는 데서 더욱 교단 이름이 두드러지게 드러났다.

나장로도 별수 없구먼…. 목사 안 된다더니 목사도 되고, 교파 안 한다더니 교파도 만들었고, 미국 달러 믿지 말라더니 미국 달러 얻으러 미국엘 갔다는 등 국내는 국내대로 국외는 국외대로 소문이 자자했다. 소문을 헤치고 활보하기도 거북스러운 때가 없지 않았다.

나는 어디를 가든지 '목사 안 되겠다더니 왜 목사가 되었나?'라는 질문을 반복해서 받았다. 이제는 목사 안수받은 지도 8년이나 지났으니 그 질문이 없어질 만큼 세월도 흘렀다. 그러나 아직도 그 질문은 뒤따르고 있다.

전국을 순회하며 전도할 때에도, 해마다 수만 명씩 모이는 용문산 유월절 성회에서도 "나는 목사 안 된다."고 외쳤기 때문이다. 평신도 전도자 장로로서 일생을 마치려 했다. 그 이유는 너무도 명백했다.

천성문 앞 심판대에서 죄를 자백했을 때에 동쪽에서 나오는 큰 무리가 "장로님, 왜 이러십니까?"하며 공중에 떠도는 내 자백 죄를 모두 도말하는 광경을 보았다는 간증을 하면서 하늘에서까지 나를 장로님이라고 하던데 하늘에까지 알려진 장로직을 내가 왜 버리겠느냐는 뜻에서였다(길은 직선이다 311페이지 참조).

그리고 교권주의자들을 무지무지하게 때려 부수며 나는 울릉도 정부 안 만든다고 했기 때문에 "교파도 안 만든다더니 왜 교파를 하느냐?"는 질문도 계속 받고 있다. 국내외 어디를 가도 같은 질문을 받게 된다. 나는 그때마다 동일한 답변을 하게 된다.

"목사 안 되겠다던 것은 내 뜻이요, 목사 되게 한 것은 하나님의 뜻이었다."고 또 "교파 안 하겠다던 것도 그것은 내 뜻이었고 교파하게 하신 것은 하나님의 뜻이었다."고 서슴없이 대답한다. 그 이유도 또한 없지 않다. 너무도 명확하다.

"교파도 안 한다."

"목사도 안 된다."라고 호언장담하던 시절은 나의 교만의 꽃이 활짝 피었던 시절이었다. 하나님께서는 이 교만의 꽃을 꺾어 버리고 꽃 없는 무화과같이 열매 속에 꽃이 피게 하셨다. "교만한 자를 물리치시고 겸손한 자에게 은혜를 주신다."(약 4:6)는 하나님이 하시는 일이었다. 그렇게 당당하게 뻐기던 내 뜻은 완전히 무너지고 하나님의 감추었던 뜻은 드러나게 된 것이다.

3. 미국 한 교회가 한국 한 교회 돕기 운동

이 비밀을 깨닫는 순간 나는 또 한 번 겸손히 엎드려져야 할 처지였다. 그러나 나는 너무도 당당하게 목사 안수를 받았다. 뿐만 아니라 교파를 만들고 감독이 되고 너무도 드러나게 나타냈다. 교파를 만든다는 소문이 세상에 퍼지면서 너도나도 가입해 오는 교회가 너무도 많았다. 교파 선언을 하자마자 5백여 교회가 밀려 들어와서 접수담당자가 신경질을 부릴 정도였다.

교회라야 셋집에다가 간판만 붙여 놓고 사진을 찍어서 가입신청서에 첨부하는 정도였다. 즉 미국에서 보조금이 쏟아져 나올 것을 바라고 급조되는 교회들이 대부분이었다. 이렇게 서울에만도 백여 교회가 넘었으니 말이다. 몇 날 어간에 이 같은 기형적 발전을 한다는 것은 무엇인가 잘못되는 근거가 아닌가 싶기도 했다. 하지만 그 당시에는 이 모든 일은 성령의 역사라고만 해석되었다.

기도와 은혜로 모여들었다면 틀림없는 성령의 역사였겠지만 돈을 보고 돈 냄새를 따라왔다면 이는 마귀의 역사가 아니겠는가?

"돈을 사랑함이 일만 악의 뿌리가 되다니 이것을 사모하는 자들이 미혹을 받아 믿음에서 떠나 많은 근심으로써 자기를 찔렀도다."(딤전 6:10)라는 이 성경 말씀대로의 각본에 의해서 출연하는 배우 역을 잘해 넘긴 목자상을 드러냈을 뿐이다.

"너희는 너희의 것이 아니라 값으로 산 것이니 그런즉 너희 몸으로 하나님께 영광을 돌리라."(고전 6:20)고 한 성경 말씀대로 우리는 주님의 피로 값을 주고 주께서 자신 몸이 되었으니 "너는 내 것이라."(사 43:1)고 하신 대로 우리는 주님의 것이다.

그런고로 몸으로 주를 사랑하고 주께 영광을 돌리며 주를 따라 서야 할 몸들이 돈을 사랑하고 돈을 찬양하며 돈을 따랐으니 이 어찌 오입이 아니오.

교단을 세우고 목사가 되고 감독이 된 나는 1979년 4월 5일 교우들의 환송을 받으며 감독으로서는 첫나들이로 미국의 오순절 성결교회 본부를 방문하게 되었다.

1개월 동안 재미 한국 교회를 순회하며 전도하고 5월 13일에야 오클라호마에 도착했다. 미국본부에서의 환영 또한 한국 못지않게, 아니 한국보다 더한 환영을 했다. 공항에서부터 호텔에 이르기까지의 친절과 대우는 더 말할 것도 없거니와 그들은 미리 전국적으로 연락을 해서 교단 중요 간부들은 모두 모였다. 1979년 5월 17일은 역사적인 자취를 남긴 날이었다.

중앙 실행위원들과 지방장에 이르기까지 모두 모여서 본부 교회당에서 성대한 감독위임 안수식이 있었다. 이는 하나님께서 기뻐하시는 행사였다. 성령이 놀랍게 역사하심이 확연했다. 당시 한국인으로서는 통역을 담당했던 전윤규 목사님 내외분과 LA에서 일부러 이 일에 참석하여 축하하러 온 이정배 장로 내외분과 유학 중이던 이경숙 수도사가 있었을 뿐이다. 그밖에는 전부가 미국인이었다. 미국인들이 한국인을 이렇게까지 높일 수가 있었던가.

감독선거는 한국 교회에서 했지만 미국이 본부요 한국은 지부였기 때문에 본부에서 지부의 감독위임 식을 특별히 거행하여 특례를 남기는 행사였다.

이미 한국에서 목사 안수식 때에 목사 안수증을 주었는데도 미국 본부에서는 또 다시 안수증을 스텐에 잘 새겨서 감사패같이 정성껏 만들어 정중히 수여했다.

국제 오순절 성결회 회보에 컬러판으로 전면 보도를 했을 뿐 아니라 각 일간지에 자료를 제공해서 보도케 했다. 감독취임 안수식에 기념사진은 물론이지만 비디오를 찍어 영구히 보존하여 기념하겠다면서 시작부터 끝까지 세밀하게 촬영하였다.

그다음 날 교단본부에 모여서 한미 간 선교전략을 세웠다. 먼저 윌리엄스 감독의 환영 인사가 있은 후 한국 감독의 한국 교회 현황보고가 있었다. 그 보고를 토대로 한 전략이었다.

본래 한미 간 유대관계를 가질 때부터 나의 제창이었던 '미국의 한 교회가 한국의 한 교회를 돕는다.'는 약속이행을 어떤 방식으로 할 것이냐가 그날의 회의 주제였다. 기존교회를 도우라는 것이 아니고 새로 개척하는 교회들을 도우라는 것이었는데 즉 한 교회 세우는데 만 불씩만 도우라는 것이다. 본부에 모아 놓았던 돈이 있어서 그 돈으로 도우라는 것도 아니다.

한 교회에서 만 불씩 한 교회를 도우면 미국 한 교회에서 한국 한 교회를 세워 주는 것이 되니까 어느 교회에서나 큰 부담 없이 응할 수 있는 일이었다.

이 문제를 실천하기 위해서 온종일을 협의했다. 교단본부 사무실에서 윌리엄스 감독을 위시하여 언더우드 세계 선교국장과 한국에 수석대표로 왔던 브레드쇼 목사와 파커 아시아담당 선교사와 선교국 간사로 있는 무어 목사와 오클라호마 지방장과 그 외 중앙위원 몇 사람들이 합석하여 한국 교회를 돕기 위한 진지한 회담이 있었다.

그때 통역은 한국 교회를 미국 교회에 소개하여 연결해 준 나사렛교회 전윤규 목사님이었다. 그의 유창한 미국 말은 내 의사를 충분히 그들에게 전달할 수 있었고 그들의 말 또한 내게 충분히 이해되도록 전달했다.

그날 아침 10시에 모여서 오후 6시까지 점심시간을 잠깐 제외하고는 계속되는 회의였다. 마지막에는 윌리엄스 감독이 하시는 말씀이 "나 감독님의 영력에도 당할 수 없거니와 60이 넘은 건강을 50대 건강으로도 당할 수 없으니 오늘은 이것으로 끝내고 내일 또 다시 모입시다."하고 일어나니까 모두 지친 얼굴로 웃으며 따라서 일어났다.

4. 한국 오순절 시조, 성령 다이너마이트라고

그날에 있었던 회담 내용으로는 한국 교회의 현황을 먼저 보고하고 그 발전책에 대한 건의안을 검토하며 가능성 여부에 대한 토론에 많은 시간이 소비되었다.

한국 교단 창립 당시는 기성교회가 143교회였으나 개척 중에 있는 교회가 203교회였고 새로 가입해 온 교회가 153교회였던 고로 도합 499교회였다. 그 외에도 기도원이 28처였다.

교역자 수는 497명 중 목사가 261명, 전도사가 208명, 기도원장 수도사가 15명, 수도생으로서 기도원장이 13명이었고 교인 수는 8만 6백여 명이었다. 교육기관으로는 신학교가 주간(용문산), 야간(서울) 2개교이고 성경학교도 두 곳이고 문서 전도기관도 주간신문과 출판사와 월간잡지가 있었고 사회사업 기관으로는 고아원이 한 곳 정신환자 요양원이 두 곳이나 있었다. 이렇게 이미 갖출 것이 다 갖추어져 있는 교단이었던 고로 국제 오성 선교국에서 새로 개척하는 외지 교회와는 달리 취급을 받았다.

즉 다른 나라 27개국에 개척한 교회와 교단이 있으나 이것은 선교국에서 직접 관할하고 있었다. 한국만은 미국 선교국에서 관할하는 것이 아니었다. 국제 오성감독과 한국 오성 감독은 본부와 지부와의 관계를 갖고 있기 때문에 감독과 감독 사이의 합의 사항을 선교국에서 실천해 나가는 것으로 직무 관계가 구별되어 있었다.

그다음 날이었다. 나는 통역 전윤규 목사님과 같이 오전 10시에 교단본부로 또 찾아갔다. 그때는 파커 아시아담당 선교사만이 나와서 반가이 대해 주었다.

"이제는 총결론을 갖고 나왔습니다."하고 미국 측 기본방침이 결정되었다는 뜻을 전달했다. 전날 밤 나 없는 자리에서 숙고 협의했던 것으로 보였다.

첫째, 우선 금년도 보조는 대도시에 큰 교회당 하나와 중 도시에 두 교회당과 지방에 다섯 교회당을 세워 주기로 결정을 보았다는 것이고 또 한 가지는 유학생 두 사람의 숙식과 학비를 전담해 주기로 결정을 보았다는 것이다.

나는 그때 그것도 고마운 일이지만 그것은 그것대로 실시하되 한 교회에서 한 교회 돕기 운동은 반드시 실시해야 한다고 주장했다. 결국에는 그쪽 주장도 내 주장도 다 통과된 것이다. 그래서 그 즉시 개척교회 건축자금 보조신청 용지를 기안하도록 파커 선교사에게 일임했다. 다음날 파커가 기안한 그대로 좌편에는 영어로 우편에는 한국어로 번역하여 선교국장과 감독의 승인을 받아 본부에 비치되어 있는 마스터 인쇄기로 즉시 인쇄할 것을 지시하고 헤어졌다.

5월 20일이었다. 교단본부로 갔더니 교회 건축자금 신청서 용지가 다 되었다면서 파커 선교사는 반가이 대해 주었다.

첫해 신축계획이 2백 교회인 고로 용지 2백 매를 인쇄하고 여분으로 30매를 더 인쇄했다면서 기쁜 마음으로 용지를 주기에 감사하게 받았다. 당장에 한국 교회가 생기를 갖고 동리마다 교회가 세워질 것을 생각하니 감격에 넘쳐 눈시울이 뜨거워졌다.

해마다 2백 교회씩만 세운다면 이미 있는 교회와 새로 가입된 교회를 합하면 일 년 후에는 천 교회는 될 것으로 보였고 5년 후에는 2천 교회는 문제도 없을 것으로 예측되었다. 이렇게 된다면 10년 후에는, 20년 후에는 하고 생각에 생각이 연속되면서 평소의 소원이었던 일동 일교회의 꿈이 실현될 날이 머지않았다고 생각하니 감격에 넘친 눈물이 두 볼을 적시게 되어 '주님, 감사합니다. 주님, 감사합니다!' 하고 용지를 붙잡고 흐느끼며 기도했다.

옆에서 보던 윌리엄스 감독과 비서도 감격에 넘쳤던지 내 앞으로 가까이 오더니 내 어깨를 부드럽게 어루만지며 사진을 같이 찍자고 한다. 감독과 국장과 같이 사진을 찍고 나니 미국 교회 순회설교를 할 수 있도록 교회 명단을 미리 작성해 놓았다가 건네주기에 반갑게 받아 가지고 나왔다.

통역을 맡았던 전윤규 목사님도 매우 기뻐하시며 통역한 보람을 느끼는 듯이 "좌우간 보통 외교가 아닙니다."라면서 "워낙 통이 크게 들이대니 미국 사람들이 쩔쩔매는 판입니다." 비서들도 모여 앉아 하는 말이 "한국 나 감독만 오시면 미국본부에서는 왜 이렇게들 무서워서 쩔쩔매는지 알 수 없는 일이라고 합니다."라면서 껄껄 웃으신다. 나도 덩달아 웃으면서 명쾌한 기분으로 돌아왔다.

이게 다 하나님의 능력이요. 성령의 감동이 아니겠느냐고 생각하면서 나 혼자 숙소에 엎드려 감사기도를 올렸다. 나 혼자만 기뻐할 일이 아니라고 한국 교회와 복음신문사에도 전화를 하였다. 신문에 보도되면서 한국 교회는 더욱 활기찬 기쁨 속에서 들뜬 기분을 감출 수 없었다. 온 한국 교계가 떠들썩할 정도였다. 이처럼 성령 역사는 국제적으로 활기 있게 오순절 역사가 재연되는 듯했다.

22일 주일이었다. 오전예배는 한인교회에서 설교를 하고, 오후에는 노만(Noman) 한인교회에서 설교를 하고, 밤 7시에는 미국인교회(Muse Memorial church)에서 설교를 했다. 오순절 성결교회로서는 오클라호마에서 제일 큰 교회라는 원형으로 되어 있는 예배당이었다. 2층에까지 초만원이었는데 멕시코 청년악단이 와서 연주까지 해주어서 더욱 은혜로운 분위기였다.

거기에서 파커 선교사가 한국과 나 감독 소개를 한다면서 나서더니 자기는 한국에만 가면 황제 대접을 받는다고 하면서 한국에는 성령의 역사가 크게 일어나고 있다고 한다. 그 한국의 오순절 할아버지가 우리 미국에 오셨다면서 나 감독은 한국 오순절 시조 할아버지라고 소개한다. 즉 한국의 성령 역사는 나 감독이 처음 일으킨 운동이라고 역설했다.

몸은 왜소하지만 그 담력과 영력은 어떻게 큰지 그가 한번 외칠 때에는 다이너마이트가 터지는 것 같아서 이를 당할 수가 없다는 것이다. 그래서 이번에도 그의 요구를 다 들어줄 수밖에 없었다는 뜻을 말했다.

이렇게까지 과찬을 하니 온 장내의 벽력같은 박수 소리에 한참은 어리둥절해졌다. 이런 때일수록 나는 좀 더 겸손했어야 했을 터인데 그러지를 못하고 오히려 당당하게 위세를 보였다.

XV. 미국 성령 역사와 한국 성령 역사

1. 복음전파는 사람 살리는 전쟁

일부러 나는 그 당당했던 마음을 죽여 가며 "여러분은 넓은 땅에서 넓은 마음으로 살아가고 있으니 몸도 크고 마음도 넓지만 나는 좁은 땅, 작은 나라에서 자라났으니 66년을 자랐는데도 당신들 15년 자라난 사람보다 못 자랐다."고 했더니 폭소를 터뜨렸다.

이렇게 작은 체구를 가지고 장대한 사람들을 앞에 놓고 당당하기보다 겸허한 태도로 대하려고 노력은 했다. 하지만 역시 당당하게 나타나는 자신을 담대하다고 변명을 해야 할는지 그날 밤에도 담대하게 외쳤다. 나는 6.25 동란 당시 공산군에게 잡혀 죽을 뻔했던 자리에서 기적적인 성령의 역사를 통해서 살아났다는 어질예자(?) 간증을 했다.

이렇게 항상 북한 공산군의 위협을 받고 있는 남한으로서는 그들을 총칼로 물리칠 수 없고 오직 사상으로 이겨야 할 터인데 즉 신앙 사상으로 무장해야 한다고 강조한 것이다.

"총칼로 싸운다면 형제가 형제를 죽이는 일밖에 안 될 터인데 형제를 죽이고 나 혼자 잘 살 수가 있을 것입니까? 또 살아날 수가 있을까? 너 죽고 나 죽고 서로 죽이는 동족상잔의 전쟁이 한국에 또 일어난다면 한반도는 초토화되고 피의 호소가 하늘에 사무칠 터인데 그런 땅에서 누가 낙을 누릴 수 있을까요?"

그런고로 우리는 이런 처지에서 형제를 구출하는 길은 한민족을 복음화시키는 길밖에 없다고 역설했다. 그러기 위해서는 일동 일교회 운동을 전개해서 교회 없는 동리가 없도록 해야 한다고 주장했다.

6.25 동란 때 미국이 피를 흘려가며 한국을 구출해 준 것은 백번 감사해야 할 일이기는 하나 3백만의 인명을 희생시켰고 수백억 달러의 재물과 군기를 소모했으니 전쟁이란 인명을 구출하는 것이 아니고 인명을 죽이는 결과밖에 없었다고 눈물로 호소했다. 이렇게 사람 죽이는 전쟁보다는 사람을 살리는 역사가 일어나야 하겠기에 하나님과 여러분 앞에 호소한다고 외쳤다. 이번에는 사람 죽이는 폭탄보다 사람을 살리는 생명의 폭탄, 복음의 무기를 보내 달라고 호소한 것이다. 청중의 반응은 너무도 좋았다. 아멘 소리와 박수 소리로 장내가 떠나가는 듯했다. 설교를 마치고 단하에 내려왔을 때에는 모두 악수로 반기며 격려해 주며 치하했다.

"나도 한국 교회를 돕겠습니다."

"어떻게 도와야 할까요?"

"나도 한국에 가서 전도하고 싶습니다." 등등의 호의를 보이는 이들도 많았다.

밤 7시에 시작한 집회가 9시 30분에야 폐회를 하게 되었다. 미국 집회로서는 이례적이었다. 물론 그들의 찬송과 음악단의 연주로서도 시간을 끌었지만 간증에 더 많은 시간을 가졌다. 그러나 교인들은 지루한 줄 모르고 은혜를 받았다는 반응은 너무도 확실했다.

밤 10시에야 호텔로 돌아와서 땀에 젖었던 몸을 욕실 욕조에 맡겼을 때에는 세상 고뇌는 간곳없고 주님의 품속에 안긴 듯 성령은 내 마음에 평안과 위로를 한껏 주었다.

다음 날 아침 교단본부에서 무어 사무장이 와서 호텔비를 계산했다. 10일간이었는데 879 불이나 된다. 물론 그동안 이정배 장로님 내외도 또 김요한 목사님도 다녀갔으니 그 숙박비도 첨가된 것이겠지만 상상외로 너무 많은 액수였다. 너무 많은 비용을 쓰게 해서 미안하다고 인사를 했더니 그럴 수도 있다고 대답하는 데는 더욱 미안스러웠다. 거기다가 애틀랜타에 가는 비행기 표도 사주고 공항에까지 배웅해주는 친절이 고맙기는 하나 무어의 얼굴이 그리 명랑하지는 않았다.

8시 15분에 이륙해서 10시 30분에 애틀랜타에 도착했다. 출영 나온 브레드쇼와 언더우드를 만났다. 말은 모르면서도 서로 반갑게 껴안고 인사를 나누고 눈짓 손짓 다해 가면서 한마디 한마디의 단어로, 눈치로 연결해 가는 언어에는 어린애 같은 우정이 통하고 있었다. 격식을 떠난 의사소통의 언어여서인지 한마디 한마디가 모두 웃음으로 연결이 되었으니 더욱 다정스러운 친교였는지도 모른다.

브레드쇼가 운전하는 승용차로 11시 30분에 출발하여 오후 1시 30분에야 브레드쇼가 살고 있는 프랭클린 스프링(FRANKIN SPRINGS)에 도착했다. 시골풍이 한눈에 드러나는 곳이다.

그런 시골인데도 거기가 국제 오순절 성결교단 본부가 있던 곳이란다. 몇 해 전에 오클라호마로 옮겨갔다는 것이다. 거기에는 오순절 성결교단에서 직영하는 규모가 비교적 큰 출판사가 있었다. 원고가 들어가면 자동으로 인쇄과정을 통과하여 제본된 책이 한 권 한 권 떨어져 나오고 있었다. 공장에서 일하는 이들이 모두 깨끗한 의복 차림으로 한 방에 한 사람씩 앉아서 기계가 지나가는 것만 지켜보고 있는 정도의 작업이었다. 인원은 몇 사람 안 되는데 작업률도 한국과는 비교가 안 될 정도로 많은 양을 생산하고 있었다. 벌써 그때에도 미국서는 컴퓨터의 전산화 작업이었기 때문이었다.

한국에서의 인쇄공장이라면 활자 하나하나를 손으로 집어내는 문선에서부터 식자로 인쇄에 들어가기까지의 과정을 생각하게 된다. 냄새 속에 묻힌 컴컴하고 시끄러운 분위기였음을 연상하며 그 맑고 깨끗한 공장을 보고 나니 한미 간 문화의 격차가 내 마음을 설레게 했다. 그때 설레는 마음을 성령은 붙잡아 주시면서 '문화시설이 떨어졌기 때문에 하나님께 호소력이 더 강해졌느니라.'고 위로해 주심을 느낄 수 있었다.

60년 전에 교단에서 세웠다는 임마누엘 대학이 그 동리에 자리 잡고 있어 아늑한 농촌을 빛내고 있었다. 학생들은 비록 450명밖에 안 되지만 모두 점잖았고 오클라호마에서 보던 서남대학과는 대조적이었다. 서남대학에서는 식당에 들어가서 보고 나는 놀랐다. 남녀가 서로 껴안고 엉키어 먹던 통닭 다리를 서로 던지면서 혼란을 일으키고 있던 학생들의 모습은 목불인견이었다. 게다가 선생들이 옆자리에서 식사를 하고 있는 그 자리, 더구나 외국 손님까지 같이 앉아 있는 그 자리였다. 그런데도 그렇게까지 음탕과 무질서와 무례한 양상을 드러낼 수가 있는 것일까 하고 양미간을 찌푸리지 않을 수가 없었다.

그 두 학교를 보면서 도시학교와 농촌학교의 격차가 있음을 새삼 느꼈다. 하나는 생명 길이요, 하나는 사망 길이었음을 발견한 것이다(롬 8:6). 그래서 구원은 산에서 오고 멸망은 도시에서 온다고 전해져 왔다는 것도 알 만했다.

즉 서남대학에서는 마귀가 역사했고 임마누엘 대학에서는 성령이 역사하고 있음을 보았기 때문이다(그 후에 들은 소리지만 내 예측 그대로 하나는 망했고 하나는 흥했다. 도시의 것은 빚에 넘어갔고 농촌 것은 날로 흥왕하고 있다).

하나님의 공의 앞에서 누가 피할 수 있으랴. 주의 이름으로 악행은 성립될 수 없고 선행은 성취되고 있음을 눈으로 볼 수 있었다. 성령은 내게 실물 교훈을 하듯이 현재와 미래를 연결시킨 결과를 명백하게 눈앞에 드러내 보였다.

2. 미국 홈즈 신학은 기드온 신학과 흡사했다.

프랭클린 스프링에 도착한 그날 저녁이었다. 저녁 식사를 하러 가자기에 브레드쇼의 안내를 받아 어느 깨끗한 고급식당에 당도했다. 미리 예비 된 특실로 안내를 받았다. 문을 열고 실내로 들어서는 순간 이미 모여 앉았던 미끈한 신사들이 일시에 일어선다. 환영 박수 소리 또한 요란스러웠다. 멋모르고 들어섰던 나로 하여금 어리둥절케 했다. 과분한 환영이었다. 그들은 한 사람 한 사람 소개하는데 임마누엘 대학 현역교수들과 은퇴 교수들 그리고 출판사 간부 등 12명이었다.

왜 이들이 나를 이렇게까지 환대를 하는 것일까? 나는 속으로 몇 번이고 생각을 해보았다. 브레드쇼 일행이 한국에 왔을 때 환대를 했더니 그 답례가 이처럼 정중하고 거창한 것일까? 미국인들은 외국인들에게 이렇게까지 대우를 하는 것이 본래의 예의였던가? 그래서 이들은 축복을 받은 나라가 되었는가 하고 생각에 생각이 거듭되고 있었다.

왜냐하면 미국인의 우월감과 자존심과 유색인에게 대한 멸시감 등을 너무나 잘 알고 있었기 때문이다. 외국에 나와서도 그들은 조금도 자존심을 굽히지 않고 우월감이 대단한 사람들이었으니 말이다. 그런 습성이 몸에 배어 있는 이들이라고 알고 있던 나로서는 그들의 그날 행사가 이상하게 보이지 않을 리가 없었다. 그들에게는 어울리지 않는 태도들이었다.

사전에 그들에게 단단히 훈련을 시켜 놓았던 것만은 사실이다. 한 사람 한 사람 정중히 일어나 겸손히 소개를 받고 공손히 허리를 굽혀 신전에 배례하듯 내 앞을 향해 절을 하곤 했다. 일본 사람이 그런다면 그들의 인사법이 그러니까 그러는가 보다 하겠는데 미국 사람들로서는 예상외의 예의였다. 지금 생각해도 이상하기만 하다. 성령 앞에는 미국인의 우월감도 사라진다는 답변을 보여준 하나님의 성령 역사였다고 해석된다.

식사도 정중했고 대화도 정중했다. 외식이 아니었다. 진정이었다. 환담하며 식사하는 시간이 두 시간이나 걸렸다. 그중에 누구는 내 저서를 일일이 검토하고 나서 더욱 존경이 갔다는 것이다.

내 저서란 전부 한글인데 그것이 어떻게 당신들에게 읽힐 수가 있었느냐고 물었더니 한국인 윤 교수(버지니아 주립대학)의 번역으로 읽었다면서 윤 교수에게 전화까지 걸어 주어서 나와 윤 교수는 전화로 대화를 나누기도 했다.

어제의 친절과 예우도 뜻밖이었지만 그다음 날인 4월 24일은 나로서는 가장 뜻있는 날이었다고 생각되는 날이다. 아침 일찍부터 서둘러서 미국 오성 문서전도기관인 브레드쇼 목사가 운영하는 출판사로 가서 친절한 대우를 받으며 나의 스케줄에 대한 협의를 하고 나와서 지나던 길에 이웃에 있는 시계 제작소에 들려 공장시설을 관람했다.

그런 고급공장은 도시에 있는 것인 줄만 알았던 나로서는 의외의 발견이라도 한 것 같은 감을 느꼈다. 도시가 아닌 농촌에도 정밀공장 시계 제작소 시설이 되어 있는 것은 미국에서나 볼 수 있는 일이지 한국의 경우는 전혀 생각지도 못했을 농촌시설이었다.

그 사장인 듯한 점잖은 이가 나와서 안내를 했다. 말을 알아들을 수 없지만 그 친절과 예의는 외국인이라서 그런지 귀빈 대우를 했다. 그리고 그 공장에서 제작했다는 회중시계 하나를 선물로 받았다. 생면부지였는데도 지나던 과객에게 그 같은 선물을 주는 호의부터도 나로서는 이해할 수 없었다. 미국인들의 그 같은 친절을 일찍이 경험하지 못했기 때문인지도 모른다.

이 모든 일이 브레드쇼의 공작이 아니었던가 싶었다. 그 길로 임마누엘대학에 와서도 학장 이하 교수 일행과 기념촬영도 했고 같이 점심식사도 했고 신문기자도 찾아와서 인터뷰를 하기도 하고 보도용 사진도 찍었으니 말이다. 언제 그 같은 연락을 다 해놓았다가 그처럼의 예우를 해주는 것인지 이해가 안 되는 고마움을 느꼈다.

그날 오후에는 사우스캐롤라이나주 서북단에 있는 그린빌(GREENVILLE)이라는 작은 도시 변두리에 있는 홈즈대학(Holmes College)을 방문했다. 노령에 접어든 학장은 예수의 향기를 흠뻑 풍기고 있는 성자 타입이었다. 그의 인품과 자세는 모든 사람에게 존경을 받을 만했다. 그의 친절한 안내로 시설을 관람하면서 그 학교의 유래와 학풍과 운영에 관한 설명을 들었다. 어쩌면 그렇게도 용문산 애향숙 유래와 같을까? 유래만 같은 것이 아니라 그 운영방법과 사상과 학생들의 생활까지도 기드온 신학교와 흡사했다. 왜 이렇게까지도 같을까 하고 나는 용문산 기드온신학교와 흡사하다는 점을 지적해 주었다. 같은 성령이기 때문에 역사도 같지 않겠느냐고 그는 당연하다는 듯이 대답을 한다. 그 학교 창설자인 홈즈는 장로 교인으로서 성령을 받아 방언을 하게 되면서 열렬한 전도를 하다가 교회에서 추방을 당했다는 것이다.

그는 그곳 산중으로 들어가서 기도하면서 새 출발을 했다. 개척 생활이 고되기는 했으나 고된 것만큼 그 향기는 진하게 풍겨져서 사방으로 퍼졌다. 그 향기 따라 한 사람 두 사람 모여들기 시작한 것이 합숙학당이 이루어졌다. 그들은 거기에서 성경공부와 기도로써 주님과 동행하는 생활을 했다. 그 원시림 속에서 노쇠한 나무들이 바람에 이리저리 쓰러진 것만 거두어도 숙소를 짓고 취사용 난방용으로 쓰고도 남았다. 그 많은 나무들을 토막 내어 시내에 내다 팔아 생활을 영위해 나가고 있었다. 그렇게 수준 이하의 생활을 하면서도 희락과 화평이 넘친 신앙의 동산을 이루고 있었다. 매일 기도 소리와 찬송 소리가 산중에 울려 퍼지고 있는 기도와 찬송의 산이었다.

"그때 그대로의 정서와 분위기가 더 좋았는데 그보다 더 좋은 곳을 찾아 나와서 더 많은 동지를 불러 본다는 것이 이 정도의 발전밖에 더 못 보았습니다."라고 설명하는 학장의 얼굴에는 무언가 아쉬움이 깃들고 있었다.

"그 시절이 좋았으니 그때로 돌아가야 한다고 산으로 되돌아가자는 이들도 있기는 하지만 이제 와서 그러지도 못하고 현실에 충성하고 있는 것이 더 현명한 일이 아닐까 하는 생각이 듭니다."고 자신의 회포를 털어놓기도 했다. 즉 대학으로서는 모든 시설과 운영이 미흡한 점이 많다는 데서 온 변명인지도 모른다.

그리고 학교 인가는 일부러 내지 않는 것인지 인가 없어 자유롭게 운영한다는 학교였다. 인가를 내면 규제가 많아서 은혜 중심의 교육에 많은 지장을 받게 된다는 문제점이 발생할 수도 있다는 데도 공감이었다. 은혜 역사를 지속하기 위해서는 자유로워야 했기 때문이다.

3. 일하고 수업료 없이 공부하는 미국학교

교실 앞마당 한 모퉁이에는 통나무를 토막 지어 쌓아 놓은 무더기가 있었다. 장작으로 쪼개야 할 화목이었다. 학장은 그 나무 더미를 앞에 놓고 한참이나 자랑스럽게 설명했다. 학생들이 산에 가서 쓰러진 나무들을 저렇게 베어다가 토막 내어 쌓아 놓으면 필요한 사람들이 와서 사 가기 때문에 그것으로 생활도 하고 헌금도 하면서 집에서 돈을 안 가져와도 공부할 수 있다는 것이다. 학생 시절부터 자립정신을 키워주는 데는 좋을 일이라면서 대견해 했다. 돈 있는 자녀들은 돈을 갖다 쓰는 학생도 있기는 하나 극소수이고 또 돈이 있다 해도 작업을 같이하고 공동생활을 하고 있다는 것이다.

학생 전원이 기숙사 생활을 하고 있었고 결혼한 학생들은 부부기숙사에서 부부생활을 하면서 부부가 다 학생인 경우도 있지만 남편만 학생이면 아내는 직장을 갖고 있었다. 어린애도 있고 어머니도 있는 학생들도 부부기숙사에서 살고 있기도 했다. 이렇게 특수한 실천교육 기관이지만 오순절 성결교단 감독을 비롯해서 교단 간부급들도 대부분이 홈즈 신학 출신들이라고 한다.

본시 이 학교는 설립자이신 홈즈 목사의 정신을 이어받아 거저 받았으니 거저 주라는 말씀에 의거하여 학생들도 수업 없이 배우고 교수들도 봉급 없이 무료봉사를 하고 있다는 것이다. 그러면 교수들은 무엇으로 생계를 유지하며 학교운영은 무엇으로 하느냐고 물었더니 사방에서 유지들이 도와주기도 하고 교단 산하의 교회들도 일제히 헌금을 해서 보내주기도 한다는 것이다. 그래서 매달 생활비는 일정치 않고 없으면 없는 대로 생기면 생기는 대로 살고 있다는 것이다.

어떻든 선생도 학생도 모두 특수한 인물들같이 보였다. 훌륭하고 거룩해 보이기도 했다. 그래도 용문산에서는 학생들의 수업료는 없지만 선생들의 월급은 적을 뿐이지 있기는 있지 않느냐고 속으로 자문자답을 했다. 그밖에도 모든 것이 용문산 기드온 신학교와 공통된 점이 너무도 많았다. 공동생활 양상은 용문산보다도 훨씬 나은 편이었다.

용문산에서도 식사를 공동으로 해 본다고 몇 번이나 시도해 보았지만 결국은 실패하고 개개인이 따로따로 분산 취사를 하게 되곤 한 것이 당시의 실정이었다. 그들은 공동작업을 해서 공동수입으로 공동생활을 하니까 그것이 가능했지만 용문산 학생들의 경우는 각각 호주머니를 털어서 모은 돈으로 하려니까 그것이 그리 쉬운 일은 아니었다. 우리도 어떤 공동수입으로 공동생활을 해가면서 공부할 수 있는 환경과 여건을 가져 보려고 어떤 공장이라도 유치해 보려고도 했지만 그것마저 여의치는 않았다.

그 학교가 생겨날 때부터 모든 여건이 애향숙이 생겨날 때와 흡사했고 사상과 생활도 흡사한 데다가 특히 산중에서 시작되었다는 것이 더욱 흥미로웠다. 그 학교가 산중에 그냥 그대로 뿌리박고 있었어야 그 시초의 본색을 살려 가면서 당시의 은혜 분위기와 성령의 역사가 지속되지 않았을까 하는 아쉬움이 엿보였다.

거기에 비하면 우리 애향숙은 그냥 그대로 그 산속에서 그 향기 풍기며 오늘까지 자라고 있다는 점이 달랐다. 나도 그들에게 그런 점을 자랑스럽게 소개했다. 하지만 공동수입으로 공동생활을 못 하고 있다는 결함을 새삼스럽게 느꼈다. 그것만은 그들에게 배워 갖고 가야 하겠다는 마음을 다짐하면서 그들의 시설을 하나하나 눈여겨보았다. 우리의 허술한 시절에 비한다면 그들의 시설은 짜임새 있게 보였을 뿐 규모는 우리보다는 오히려 작은 형편이었다.

예배 분위기도 용문산과 너무나 같았다. 박수를 치면서 찬송을 부르는 것이나 큰 목소리로 통성기도를 드리는 것이라든지 여기저기 우는 소리가 기도 속에서 울려 퍼지는 분위기까지도 같았다. 더구나 남녀좌석이 따로 구분되어 있다는 것은 미국에서 볼 수 없었던 특이한 일이었다. 그것마저 용문산과 같았으니 이 모두가 성령의 역사이기 때문에 그런 것이 아니겠느냐고 했다. 한 강당인데도 여학생들의 좌석은 좌편이었고 남학생들의 좌석은 우편이었다. 식당에서도 남녀가 혼석하지 못한다. 그것까지도 용문산과 같았다는 것은 신기로운 일이었다.

일하고 먹는다는 정신훈련도 용문산과 같았다. 용문산 숙생들의 경우 "일하기 싫어하거든 먹지도 말게 하라."(살후 3:10)는 성경 말씀을 복창하고 괭이를 들고 작업장으로 나가서 일한다. 황무지 개간도 했고 건설도 하면서 개척 운동에 헌신하여 노동하는 정신 배양은 하노라고 했지만 재정적 수입은 얻지 못했다. 식생활까지 공동 운영을 못 한 것은 그 때문이었다. 같이 일하고 같이 벌어서 같이 공부하고 같이 은혜를 받는 수련장이 된다면 그 이상 더 바랄 것이 없을 것만 같았다. 그렇게 된다면 이상적인 인재 배양의 온상이 아니겠는가.

4. 비어 있는 미국 수양관과 한국 기도원

뭔가 미련을 남기며 그곳을 떠났다. 끝없는 들판 길을 달려 시골길로 들어섰지만 어디든지 아스팔트 포장도로였다. 군데군데 부러지고 쓰러진 나무가 보이는 원시림 같은 밀림지대를 지나노라면 퀴퀴한 나무 썩는 냄새를 풍기는 곳도 있었다. 쓰레기장같이 폐차들이 버려진 곳도 이채롭게 눈에 뜨인다. 그 수가 헤아릴 수 없이 많이 산적해 있으니 말이다.

드디어 목적했던 수양관에 당도했다. 미국에는 기도원 대신 수양관이 조용한 곳이나 경치 따라 설치되어 있었다. 대개는 상설운영이 아니고 여름 한 철 며칠씩 사용하는 정도였다. 그날 그렇게 애써 가본 수양관도 주인 없는 빈집에 들고양이들이 간혹 보이고 있었을 뿐이다. 숙실도 많았고 식당, 강당 모두 부러울 정도로 시설되어 있었지만 찬송 소리도 기도 소리도 들리지 않는 폐허지 같았다. 이런 곳을 기도원으로 살렸으면 얼마나 좋겠느냐고 했더니 미국에는 기도원이 없고 수양관이 있을 뿐이라고 설명하는 브레드쇼의 대답에는 기도원에 대한 관심은 갖는 것 같지도 않았다.

그곳 수양관도 그 지방 노회에서 설치한 곳이라서 어느 지방 개인이 임의로 관할할 수는 없는 것이고 수(守) 직원을 두기로 하지만 공연히 경비만 나가니까 그렇게 비워 두는 것이 상례란다. 어떻든 시설이 아까웠다. 돈 많은 미국이라는 것을 또 한 번 느끼면서 "돈은 많아도 기도는 없구나."하고 혼잣말을 하노라니까 "한국은 돈은 없어도 기도는 많다는 말이지요?"하고 통역하던 목사님의 말이 내 가슴을 뜨겁게 했다. 뭔지 모르게 감격스러웠다. 나는 그 즉시 기도했다.

"하나님 아버지, 돈은 없어도 기도 많은 우리나라가 되게 하셨음을 감사합니다."하고….

한국에서는 자연보호라는 명분을 내세우고 기도원들을 헐어 버려도 또 짓고 또 짓고 하며 기도를 하는데 미국에서는 훌륭하게 지어진 기도 처소가 있는데도 내버려 두었다가 일년에 한두 번 놀러 가는 처소로 삼고 있으니 결국에는 어떻게 될 것인가?

한국은 하나님이 같이하는 나라가 되고 미국은 하나님이 버려두는 나라가 되지는 않을는지 하는 이상한 예감이 떠올랐다. 거기에서는 앉아도 보지 못하고 선 채로 간단한 기도만 하고 떠났다.

앤더슨(Anderson)이라는 작은 마을까지 찾아가서 중국 음식을 먹었다. 나 감독이 동양인이라 서양 음식보다는 동양 음식을 좋아할 것 같아서 중국집을 찾아오느라고 이렇게 먼 곳까지 왔다는 것이다. 그 호의는 너무도 감사했다. 하지만 식사 한 끼를 위해서 두 시간을 허비하며 그렇게까지 먼 곳을 찾아가야 했는가. 시간과 노력이 아까웠다. 맛으로도 분량으로도 그 시간과 노력의 대가 보충이 될 만한 가치는 찾을 수 없었다. 미국인은 그렇게까지 식사를 중요시해서였던가, 아니면 손님을 중요시했던가. 이해가 안 되었다. 오직 그의 성의 담긴 식사였다고 생각하니까 마음이 송구하기만 했다.

성령은 그 식탁에서도 같이 해주셨다. 감격이 마음 그릇에 가득했으니 말이다. 성령은 이처럼 진실과 성의를 통해서 역사하고 있었음을 느낄 수 있었다. 식사를 마치고 분주히 돌아오니까 출판사 판매부장 댁에서 다과 준비를 해놓고 기다리고 있었다. 그 자리에는 그곳 대학 학장과 원로학장, 교수 등 유지들로서 부부 동반하여 십사오 명이 모여 있었다.

반갑게 맞이해 주면서 한국의 설정과 나 감독의 간증을 듣고 싶어서 이렇게 모였다는 것이다. 나는 사양치 않고 한국 교회의 실정과 남북분단의 비애가 얽힌 신앙 간증을 했다. 신앙 간증을 듣고 나서는 더욱이 친근한 호의와 동조적인 친절을 베풀었다.

한국 교회를 위해서는 무엇이든지 힘 있는 대로 돕겠다고 다짐하는 성의를 보이기도 했다. 특히 한국에 가보고 싶다는 인사들도 많았다. 한국 사람이라면 참 이웃 같다면서 한국 학생들을 보내면 모두 장학생으로 받아 주고 모든 것을 잘 돌보아 주겠다고 호의를 보이기도 했다. 어떻든 까닭 모를 친절이었다. 그들의 이 같은 친절이 누구에게나 대하는 친절인지 아니면 나한테만 베푸는 특별한 친절인지는 알 수 없었다.

도시가 아닌 시골이어서 그런 것일까, 아니면 문명인이 되어서인가, 신앙이 좋아서 그런가, 브레드쇼 목사가 한국과 나를 너무 지나치게 소개를 잘해서 그런가 여러 가지로 생각이 되었으나 마지막으로 깨달아지기는 이 모두가 성령의 역사였음을 알고 하나님 앞에 감사했다.

호텔로 돌아왔을 때에는 이미 자정이 가까웠다. 온종일 시달리면서도 싫은 줄 모르고 다녀서인지 피곤도 모르고 유쾌한 심신이었다. 나는 이 모든 소식을 어서 속히 한국에 알려 주고 싶었다. 용문산에도 교단에도 신문사에도 편지로 알렸다. 배후에서 기도해 주어서 성령이 역사해 주시기 때문에 미국인 사회 어디를 가든지 환영을 받고 있다면서 이들의 말대로라면 한국 교회는 저절로 클 수 있다고 장담했다. 미국은 땅이 넓으니 사람들의 마음도 넓다고 과찬이 되었는지는 모르되 편지로는 활기찬 내용이었다.

온종일 내리는 비는 우리의 갈 길을 막았다. 카터 대통령의 고향을 방문하려던 계획은 완전히 무너지고 말았다. 그 대신 출판사 편집국장과 만나서 대화하는 동안 성령이 같이 해 주어서 흥미 있는 문답 시간이 되었다. 그는 세계선교사를 편찬 중이었는데 한국 편 자료수집에 큰 도움이 되었다면서 만족해했다

그곳 일간지 여기자는 반가운 얼굴로 찾아와서 영문신문을 내놓으며 혹 잘못된 것이나 없는가? 읽어 보라는 것이다. 그는 내가 대화는 서툴러도 글로는 잘 아는 줄로 알았기 때문일 것이다. 한국서 공부한 지성인들이 대개가 그러니까 같은 유의 사람으로 알았던 것 같다.

1면에 사진과 함께 큰 제목으로 나왔기 때문에 첫눈에 띄었다. 그 전날 와서 한국의 실정과 나의 미국에 오게 된 목적과 와서 본 소감 등 비교적 세밀한 인터뷰를 했던 그 내용이 상세히 보도되었다. 편집국장의 특별한 점심 대접을 받으며 환담하는 중에서도 그의 친절과 호의는 지나칠 정도였다.

오후 시간은 숙소(호텔)에서 실컷 쉬고 싶었으나 그것도 여의치는 않았다. 일찍부터 서둘러 브레드쇼 목사 사모님의 초대로 푸짐한 저녁 식사 대접을 받고 앤더슨으로 급히 달

렸다. 비 내리는 우중 길을 브레드쇼 목사의 운전으로 두 시간이나 급하게 달려 간신히 집회시간에 당도했다. 그날이 수요일이었던 고로 하루 집회이기는 하나 교인들이 사모했던 탓인지 성령이 크게 역사하여 은혜는 갑작스럽게 많이 내린 편이었다.

성도들도 기쁨에 차서 한 사람 한 사람 찾아 나와서 하나님께 영광을 돌린다면서 치하를 했다. 한국 교회를 돕겠다고 자진해서 말하는 교우들이 많았다. 담임목사님도 큰 은혜가 있어 기쁘다면서 자기 교회에서도 한국 교회에 교회 하나를 세워 주기로 책임지고 약속했다. 비 오는 날인데도 그는 기쁜 마음으로 운전을 해서인지 조금도 고되거나 역스러운 표정은 전혀 볼 수 없었다.

이렇게 오가는 데마다 성령이 크게 역사해 주시니 감격스러울 뿐이라면서 나 감독을 하나님께서 특별히 사랑하시는 연고가 아니겠느냐고 성령 역사로 인한 영예를 나에게 돌렸다. 이처럼 한마디의 말이라도 나를 위해서 위로와 격려하려는 찬사를 아끼지 않는다.

다음날도 또 비는 내렸다. 하지만 예정대로 프랭클린 스프링에서의 3일간 여정을 은혜롭게 마치고 가벼운 발걸음으로 그곳을 떠났다.

그동안 성의를 다해서 친절을 베풀던 브레드쇼 목사님과 애틀랜타 공항에서 작별인사를 나눌 때에는 무엇인가 놓치는 기분이었다. 그동안 동거하며 통역을 담당해 주던 전윤규 목사님도 그곳에서 작별하고 그는 달라스로 향했다.

나는 샌프란시스코로 향했다. 이렇게 각각으로 헤어져 혼자서 외국인들 속에 끼어 하늘을 난다는 것은 내 마음을 공허의 자리로 몰아넣은 것만 같았다.

XVI. 혈육의 계대보다 복음의 계대

1. 부흥 설교보다는 성경 강의만 해 달라고

4월 26일 샌프란시스코에 착륙했을 때에는 서휘웅 목사님과 노양순 집사님이 기다리고 있다가 반가이 맞아 주었다.

산호세의 박정호 집사님 댁으로 안내를 받았다. 박 집사님은 3년 전에 내가 그곳에 갔을 때 은혜를 받고 믿기 시작했기 때문에 인상에 깊이 남아 있는 이였다. 강단에서 강의를 하는 동안 심각하게 듣던 박 씨는 마지막 결론을 맺는 순간 강단에까지 뛰어나와 강사를 껴안고 많은 사람들 앞에서 목 놓아 울던 이였다.

그는 공학자로서 신앙도 과학적으로 터득하려고 했기 때문에 다른 사람들보다는 정적인 면에서 너무 냉철했던 분이다. 그랬던 이가 성령의 감동을 받고 세상 지혜를 떠나서 위로부터 난 지혜가 작용을 했기 때문에 그 같은 변화를 일으킨 것이다(약 3:15~17).

이렇게 나오는 신앙적 인연이 깊은 이였던 고로 그 집으로 안내를 받게 된 것이 흐뭇했다. 반갑게 맞아 주는 박 집사 내외분의 정성 어린 환대를 받았다. 교외 널찍한 곳에 새로 조성된 주택단지에 신축한 주택을 부양받은 지도 얼마 안 된 새집이었다.

푸짐한 점심 식사를 마치고 노 집사님 댁으로 숙소를 정했다. 노 집사 부인은 본시 한국에서부터 은혜를 받은 분으로서 이경숙 수도사와는 절친한 친구였던 고로 76년에 갔을 때에도 그가 나를 산호세로 초청하여 집회를 열고 성령 운동에 선봉 섰던 이였다. 그때에도 그 집에서 숙식을 담당하면서 산호세의 여성봉사단을 동원해 모든 성도들을 은혜받도록 정성을 다했던 안양순 집사님이시다.

그의 주선으로 산호세 침례교회에서 집회가 열렸다. 그날 저녁 7시 30분에 개회였는데 개회 전부터 성도들이 모여들어 강사가 갔을 때에는 이미 장내가 초만원이었다. 부흥 설교보다는 성경 강의를 해 달라는 주최 측의 요구였다. 그래서 개회 첫 시간부터 밤, 새벽, 낮 계속해서 성경 강의만을 하게 되었다.

첫날 저녁 하나님의 창조로 시작하여 에덴에서 노아 시대까지의 인류 역사 과정을 강의했다. 그때 교인들의 반응은 숙연한 자세로 은혜를 받아들이는 진지한 모습이었다. 그중에도 최○환 목사님은 처음에는 비판적인 태도였으나 그 신비와 오묘의 진리가 하나하나 성서적으로 드러나는 데는 감탄을 안 할 수가 없었다면서 달려와서 손을 잡는다. 나 장로라면 자기로서는 그리 좋은 인상을 안 가졌던 터이다. 이번 집회도 찬성을 안 했지만 한번 가본다고 왔다가 이렇게 단번에 녹았다는 것이 그의 고백이었다. 이 같은 성령의 역사를 누가 막을 수 있으리오.

그날 저녁에 강의를 마치고 저녁 식사를 하러 어느 집사님 댁으로 초대를 받아 갔다. 벌써 많은 식구들이 먼저 가서 기다리고 있었다. 식사보다는 과거에 듣지 못하던 강의에 모두 넋을 잃은 듯이 그 내용에 대한 보충수업이라도 좀 더 받고 싶다는 뜻이 앞서고 있었다. 가서 앉자마자 서 목사님의 질문으로 대화가 시작되었다. 끝없는 대화 속에는 항상 성령이 동반해 주심을 느낄 수 있었다.

그날 저녁에 있었던 강의에 대한 소감에서 강평에 이르기까지 모두가 은혜롭고 감격스러웠다는 것이 일반적인 평이었고 질문에 대한 답변 역시 은혜롭게 진행이 되었으니 말이다. 그곳에 계속 살아 줄 수는 없느냐고까지 누구는 애원하듯 말하기도 했다. 식사를 하면서 대화는 계속되고 있었으니 시간 가는 줄도 모르고 밤 12시가 지나도록 계속됐다.

2. 복음의 아들 번성은 복음 나라 확대 현상

다음날이었다. 그날이 토요일 28일 주말이었다. 강의를 마치고 단에서 내려오니 나가는 길목에 조카 조영(朝暎)이 내외가 어린것 둘을 데리고 서 있었다. 큰애 한복이가 할아버지를 보자마자 엉엉 울음보를 터뜨린다. 할아버지도 같이 울면서 "한복아!"하고 목메어 불렀다. 한복이의 울음소리는 더 높아졌다.

끌어안는 할아버지의 손길마저 뿌리치며 엄마 치마폭에 얼굴을 묻어 버린다. 그래도 안아 보려고 했건만 발버둥을 치며 소리소리 지르며 울기만 하는 한복이를 달랠 길이 없었다. 문이 미어지게 나오는 교인들의 길을 막는 꼴밖에 안 되었으니 엄마가 안고 있는 수밖에 없었다. 너무 반가워서인지 그동안 막혔던 회포를 터뜨림인지 억지투정이 대단했다. 뭔가 막혔던 설움을 터뜨리는 것만은 분명했다.

조영이는 1년 전에 큰아비의 반대를 무릅쓰고 기어이 가족을 데리고 이민을 떠난 하나밖에 없는 동생의 혈육이다. 그는 어렸을 때에 아비를 잃고 내 슬하에서 자식들과 똑같이 자라난 조카다. 그 아비의 대를 이어야 할 하나밖에 없는 아들이라서 대학을 졸업할 때까지 정성껏 키우느라고 애썼다.

장성하여 결혼을 시켜 놓았더니 처편 인줄로 이민 수속을 해놓고 갑자기 떠난다기에 "네가 미국으로 간다면 우리 나씨 가문에서 한 집을 완전히 잃어버리게 될 터이니 나는 찬성

못 한다. 죽은 네 아비도 원치 않을 일이다. 미국이란 곳은 한번 가면 못 오는 곳이지 돈 벌어 갖고 돌아오겠다는 것은 한낱 망상일 뿐이다."고 며칠을 울면서 막았다.

그 어머니는 20대에 청춘과부가 되어 외아들 하나 데리고 수절하는 모습이 측은하기에 고아원 하나를 인수해서 사회사업에 취미를 붙이도록 해주어서 마음먹고 잘하고 있었고 또 그 아들도 성장하여 손자를 둘이나 앞에 놓고 살게 되었던 터였다. 이처럼 단란한 가정을 이루게 된 것을 나는 큰 축복으로 알고 하나님 앞에 감사하며 살아왔다. 그런데 큰아버지 슬하가 싫다고 멀리 외국으로 떠나는 것 같아서 나로서는 몹시 섭섭했고 슬펐다. 그 어머니에게 못 떠나도록 붙잡으라고 아무리 권면해도 그도 역시 아들의 이민을 좋게 생각하고 있었다. 남들도 다 가는데 우리 애라고 못 갈 게 무엇이냐는 식이었다.

우리 조영이는 남들과 다르다는 말을 아무리 해주어도 별수가 없었다.

본래 저의 선친께서 늘 하시는 말씀이 우리 가문이 조상 때부터 3형제로 계대를 이어 내려온 천복 가문이었는데 아버님 대에 와서 비로소 3형제를 못 보았으니 형제만으로는 조상에게 면목 없는 불충을 저지른 일이라면서 소실을 데려가서라도 하나 더 보아서 3형제를 채워야겠다고까지 하시다가 어머님의 적극적인 반대로 뜻을 이루지 못하셨다.

그때 나는 "아버님의 뜻을 이어받아서 저희는 형제지만 9형제를 낳는다면 3형제 계대를 만회할 수 있겠습니다."하고 말씀드렸더니 "그게 그렇게 인력으로 될 수 있는 일이냐?"고 하시며 한바탕 웃은 일도 있었다.

그때 나는 "인력으로 안 되지만 아버님께서 늘 인명은 재천이니, 생사존망이 하늘에 있다고 하시지 않았습니까? 그러니까 인간 방법보다는 하나님께 맡기고 기도하면 안 될 것도 없지 않습니까?"하고 아버님의 소실 취택을 반대하기도 했다. 실상은 그 당시 내가 신앙이 있어서가 아니었다. 반대를 위한 구실이었다. 하지만 그 뜻은 하나님께서 성취시켜 주셨다.

동생에게는 아들 둘을 주셨고 내게는 아들 일곱을 주셨다. 그리하여 9형제를 다 채우기는 했었다. 그러나 나는 부모 구실을 옳게 못 해서 첫째와 셋째는 잃었고 지금은 5형제밖에 없다. 아버님의 절실히 원하시던 뜻을 이뤄 드리지 못한 송구스러움을 안고 살아왔기 때문에 조카의 도미를 한사코 막았던 것이다.

결국은 동생도 두 아들 중 하나는 이북에, 하나는 미국에 갔으니 둘 다 잃어버린 실정이다. 이북에 있는 아들은 생사도 모르거니와 만나도 알아볼 수 없는 형편이고 미국 간 애는 아들 둘이 있기는 하나 한국말을 한마디도 모르니 한국 사람 같지도 않다. 그러니 이 어찌 슬픔이 아니랴.

이렇게 내 대에서는 9형제를 못 채웠으나 다음 대에서는 꼭 9형제를 채워주시리라고 믿는다는 심중으로 아뢰었을 때에 하나님께로부터 "네게 준 분복이 너무 크니라. 네 은혜가 네게 족하도다. 이는 복음의 아들이 네게 더 중함이니라."는 영감을 받았다(고전 4:15).

옳다. 혈육의 계대보다 복음의 아들이 많이 번성하고 있는 이것이 곧 우리의 복음 나라가 확대되고 있는 현상이 아니겠는가?

"이러므로 도리어 크게 기뻐함으로 나의 여러 약한 것들에 대하여 자랑하리니 이는 그리스도의 능력으로 내게 머물게 하려 함이라."(고후 12:9)던 바울의 기쁨을 내 기쁨으로 삼고 "내가 그리스도를 위하여 약한 것들과 능욕과 궁핍과 핍박과 곤란을 기뻐하노니 이는 내가 약할 그때에 곧 강함이니라."(고후 12:10)는 말씀이 내 신변에 같이했음을 더욱 기뻐할 수 있었다.

3. "나 한국 갈래. 용문산이 좋아"하던 한복이

혈육의 핏줄과의 만남에는 왜 설움이 동반하는지 반가움보다 설움이 컸다.

"내일모레 집회가 끝나는 대로 너희 집에 갈 것이다."라는 한마디로 조카와는 작별을 했다. 교인들의 틈에 끼어 나와서 차에 오르고 보니 무엇인가 모르게 무정해 보이는 자신임을 느끼게 했다.

설교를 마치고 저녁을 먹는 버릇은 교인들에게 폐가 되는 줄은 알면서도 그날 밤에도 예외는 아니었다. 그대로의 버릇대로 밤중 식사로 박안나 권사님 댁을 붙잡게 했다. 그러나 교인들도 전혀 피곤타 하지도 않고 귀찮다 하지도 않고 기쁜 마음으로 음식을 장만하고 먹고 마시며 즐거운 한밤을 지내고 있었다. 물론 강의시간에 얻은 복음의 새 맛을 다시 씹으며 새 맛을 내기도 하고 묻기도 하면서 복음으로 장성하는 모습이 역력했다. 시간 가는 줄도 모르고 있다가 밤 12시 30분이 돼서야 헤어졌다.

다음날은 서머타임으로 한 시간을 앞당겨 놓은 첫날이어서인지 예배를 다섯 차례나 드리게 되었다. 그날이 바로 4월 29일 주일이었는데 새벽 5시에 한인 침례교회에서 설교를 하고 그 교회에서 9시 30분에 대예배 설교까지 한 후 11시 30분에는 미국인 갈보리 오순절 성결교회에서 간증설교를 또 하게 되었다.

서휘웅 목사님의 능숙한 통역이 미국 사람들의 굿맛을 돋울 수 있었든지 웃기도 하고 울기도 하며 때로는 두 손을 번쩍 들기도 하며 아멘 소리가 와와 터져 나오기도 했다. 설교 후 통성기도는 끝날 줄을 몰랐다. 아무리 기도를 끝내려고 초인종을 쳐도, 강대상을 쳐도, 기도는 계속되었다.

문밖에 대기해 놓았던 차로 최명환 목사님의 장로교회로 옮겨가, 계속되는 오후 예배의 설교를 했다. 식사시간도 넉넉히 갖지 못하는 급급한 시간을 보내고 나서 점심은 오후 3시에야 했고 저녁은 밤 예배 후 11시에야 하게 되는 판국이었다.

그날 밤 강의시간에는 예수님께서 십자가에 달려 죽으신 후 "육체로는 죽임을 당하였으나 영으로는 살리심을 받게 하시려 옥에 있는 영들에게 전파하셨다."는 베드로전서 3장 18~19절 말씀을 중심으로 한 영옥설에 대한 강의를 했다. 보이지 않는 영혼 세계의 것이 얼른 받아들여지기는 그리 쉬운 일은 아니었다. 그러나 질문에 응하면서 문답식 강의를 하다 보니 시간은 많이 걸렸지만 흥미 있는 시간이 되었다.

혈육의 계대는 설움을 안겨 주었지만 복음의 계대는 기쁨을 안겨 주었다. 시간이 갈수록 기쁨이 충만하여 강의를 더 해 달라고 아우성이었다. 결국은 그날 밤으로 마지막 시간인데도 교인들의 간청에 의하여 필경에는 2일간을 더 연장하기로 했다.

복음의 계대는 이처럼 기쁘게 이어지고 성령으로 하나 되는 모습을 드러내고 있었다.

4월 30일 일찍부터 서둘러 장 집사님의 차로 이경숙 수도사와 같이 샌프란시스코로 달렸다. 8시에 출발해서 9시에 도착했다.

그날에 조카 내외가 다 같이 결근을 하고 큰아버지를 맞을 준비에 바빴다. 초라한 아파트, 캄캄한 식당, 침실 하나에 마루방이 하나 있었을 뿐이다. 침대 없는 마루방 한가운데에 낡아빠진 카펫이 깔려 있어 방안은 더욱 너절했다. 돈 없이 고생하는 모습은 거처를 보고도 넉넉히 알아볼 만했다. 다른 집은 어느 누구의 집엘 가든지 푹신한 카펫에 응접실 소파 등 화려하게 꾸며져 있어 거실과 침실, 주방, 화장실이 널찍널찍한 것이 생활 수준이 한국 수준에 비교가 안 되리만큼 훌륭해 보이는 것이 상례였는데 하나밖에 없는 조카의 꼴이 이 꼴이 되다니 하고 생각하니 눈물밖에 나오지 않았다.

들어가서 마룻바닥에 주저앉아 기도한다는 것이 흐느껴 울기만 했다. 한복이와 한욱이는 할아버지 오신다고 기뻐 뛰는 듯했는데 한복이는 어디로 갔는지 보이지 않았다. 실컷 울다가 머리를 들었을 때에는 세 살 난 한욱이만이 눈앞에 보였고 다섯 살짜리 한복이는 아무리 불러 보아도 안 나타난다. 그 어미 아비는 부엌에서 아침 식사를 장만하느라고 한참 바빠서 한복이가 어디 갔는지도 모르고 있었다.

되는 대로 먹고 자고 일하러 나가곤 하던 그들로서는 처음 있는 큰 잔치였다. 고국에서 큰아버지가 왔다고 성의를 다하고 있었다. 20불짜리 생선을 사다가 요리를 하고 있었으니 그 정성을 받기에는 애처로웠을 뿐이다.

그 애들이 그렇게 정성 들여 애쓰는 것을 보아도 눈물밖에 안 나왔다. 한복이를 찾아도, 그 어미는 밖에는 안 나갔으니 안심하시라는 것이다. 밖에는 나갈 줄을 모른다는 것이다.

일하러 갈 때는 밖에서 문을 잠그고 가기 때문에 부모가 돌아올 때까지는 그 좁은 방 안에 온종일 갇혀서 살고 있는 애들이란다. 그 어린것들 둘이서 방안에 갇혀서 근 2년이나 살고 있었으니 그 얼마나 답답한 나날을 보냈으랴 생각을 하니 또 눈물밖에 안 나왔다. 방안에 있는 애가 왜 안 보이느냐고 벽장을 열어 보았다. 벽장 안에 쭈그리고 앉아서 소리 없이 울고 있지 않는가. 손등으로 눈물을 닦는 한복이의 모습은 너무도 처량했다.

"한복아!" 하고 손을 잡아 끌어내니 그때는 목 놓아 울기 시작하는 것이 그칠 줄을 모르고 그냥 울기만 한다. 우는 아이를 품에 안고 나 역시 같이 울었다. 흐르는 눈물을 감당하기 어려웠다. 실컷 울던 한복이는 "나 한국 갈래, 나 데리고 가요."하고 할아버지 어깨에 매달린다.

"나는 용문산이 좋아. 용문산 갈 테야…"하며 엉엉 우는 한복이를 무엇으로 달랠 수 있으랴. 온종일 갇혀 있다가 엄마가 돌아오면 한국에 보내 달라는 것이 한복이의 입버릇이었다고 한다.

4. 인정과 눈물이 구원 길 찾는 사랑은 못 돼

"누구나 미국 이민 오면 2년은 고생을 해야 한대요. 2년이 지나면 자리도 잡히고 미국 생활에 적응이 된다나 봐요."

"애들도 미국 애들과 같이 어울려 놀고 하면 잘 적응이 될 터이니 이제 앞으로는 괜찮을 거예요" 하고 자위하면서 소망을 갖고 있는 질부의 말이었다.

이민 가는 것을 한사코 반대하며, 떠날 때에 나가 보지도 않았던 나로서는 더구나 원망스럽기도 했거니와 '그렇게 막는 길을 무엇 때문에 이런 곳엘 와 가지고 이런 고생을 한단 말이냐?'고 속으로는 몇 번이나 되뇌며 '이제라도 되돌아갈 수는 없는가' 하고 후회스러운 마음도 가득했거니와 한편으로는 안쓰럽기도 했다. 그러나 이미 내디딘 걸음을 되돌릴 수는 없는 처지였다. 앞으로 모든 일이 형통하여 잘되기를 기도하는 수밖에 없었다. 기도할 때에 성령은 같이 해주셨다. 앞날이 잘되어 나갈 것이 확실히 보였다. 그동안 내가 반대하고 있었기 때문에 하나님의 축복의 길이 막혀 있는 것 같아서 미안한 마음 또한 금할 길 없었다.

한국식 팥밥과 김치로 한국 맛을 풍기는 식반에다가, 생선을 비롯하여 너무 지나치게 푸짐한 식찬을 베풀었다. 융숭한 대접이 오히려 애처롭고 눈물겨웠다. 방안 살림살이를 보아서는 어울리지 않는 큰 잔치였으니 말이다. 식탁 앞에서 한복이와 한욱이를 안아도 보고 옆에 앉혀도 보면서 몇 차례의 사진을 찍었다. 그 정성을 담아 두고 싶어서였다.

한복의 울음도 끝나고 기뻐 뛰는 모습이 귀여우면서도 내 눈물을 자아냈다. 한욱이도 따라서 기뻐하기는 했으나 한복이의 진정한 기쁨에 비할 바는 아니었다. 다른 애들 같으면 벌써 한국말을 다 잊어버리고 미국 말만 할 터인데 이 애들은 미국 말은 한마디도 모르고 한국말만 하니까 더욱 다정스러웠다. 방 안에 갇혀서 살고 있던 보람이 하나 남아 있는 셈이었다. 어떻든 한국말을 해야 한국 사람이고 한국말을 그대로 쓰는 것이 다행한 일이니 한국말 잊지 않도록 하라고 당부했다.

그 엄마 아빠의 얼굴에는 고생한 자취가 역력히 나타나 있어 아무리 웃음을 짓는다 해도 활짝 웃는 웃음은 아니었다. 억지웃음 같은 얼굴 표정에는 그때의 고생을 그려 놓은 듯 측은하기만 했다. 특히 그 아빠의 검게 죽어 있는 얼굴을 보기만 해도 슬퍼지는 내 마음을 지울 길이 없었다. 흐르고 또 흐르는 눈물을 무엇으로 감출 수 있었으랴. 내가 왜 이렇게까지 울보가 되었는고? 조카들 보는데 눈물을 보이지 않으려고 애썼지만 막무가내였다.

조카들의 마음을 약하게 하는 결과밖에 안 될 터이니 마음을 굳게 먹고 담대하게 그 고생을 이기도록 힘을 주고 싶은 것이 내 마음이면서도 그러지 못하고 눈물만을 보이게 된 것이 마음이 편안치는 않았다. 그러나 내가 내 조카를 그렇게까지 사랑하고 있었다는 것은 나도 모르고 있었다. 이미 세상을 떠난 내 동생을 사랑하던 마음이 폭발되면서 흘러나오는 그 눈물이었는지도 모른다. 숨어 있었던 사랑을 그 눈물이 드러내고 만 것이다. 이 역시 성령이 말할 수 없는 탄식으로 간구해 주는 모습이었다(롬 8 : 24).

"보는바 그 형제를 사랑치 아니하는 자가 보지 못하는바 하나님을 사랑할 수가 없느니라."(요일 4:20)는 말씀의 실천이 있어야 할 것을 깨닫게 하는 눈물이었다.

다음날도 조카는 아이들까지 다 데리고 집회 장소에 나오곤 했다. 온종일 직장에서 시달리다가 밤에 그 낡은 차를 운전해 갖고 그 먼 길을 오가는 것은 내 마음을 또 한 번 안쓰럽게 했다. 은혜를 받으러 온다기보다는 큰아버지에게 가까이하고 싶은 심정이라고 보여서 더욱 그랬다.

고모할머니 태워다 주노라고 왔다 갔다 하는 모습도, 내 숙소인 노 집사님 댁을 찾지 못해서 왔다 갔다 헤매던 일 모두가 애처롭기만 한데다가 밤 12시가 넘어 산호세에서 샌프란시스코로 먼 길을 가야 하는 그 길에서 피곤에 지쳐 졸지나 않겠는가, 야간 운전에서 무슨 실수나 없겠는가 몹시 염려스러웠다.

"하나님 도와주시옵소서."하고 기도하는 동안 성령께서 '내가 같이하니 안심하라.'는 응답이라도 해주셨으면 했지만 아무런 응답도 못 받고 자리에 들었다. 잠자리에서도 염려는 사라지지 않았다.

낡은 차가 중간에 고장이라도 나지 않았을까, 저렇게 피곤에 지쳤던 몸이 내일 아침 일찍 일어나서 직장에 나갈 수 있을 것인가 등등의 염려가 꼬리를 물고 내 잠을 방해하고 있었다.

"이 모든 것은 육신의 생각이오니 세상 생각은 소멸시켜 주시옵시고 영의 생각으로 생명과 평안을 찾게 하옵소서."하고 기도를 하노라니까 로마서 8장 6절 말씀이 나의 육신 생각을 완전히 소멸시켜 주셨다. 인정과 눈물이 구원 길을 찾아 주는 사랑은 아니라고 알게 되었다.

그런 사사로운 일에 얽매이지 않도록 나를 붙잡아 일으켜 주시는 하나님의 뜻을 깨닫는 순간 "내 뜻은 무너지고 하나님의 뜻대로 행하게 하옵소서."하고 성령의 인도하는 기도가 저절로 나왔다.

"내 아들아 그러므로 내가 그리스도 예수 안에 있는 은혜 속에서 강하고 또 네가 많은 증인 앞에서 내게 들은 바를 충성 된 사람들에게 부탁하라 저희가 또 다른 사람을 가르칠 수 있으리라 네가 그리스도 예수의 좋은 군사로 나와 함께 고난을 받을지니 군사로 다니는 자는 자기 생활에 얽매이는 자가 하나도 없나니 이는 군사로 모집한 자를 기쁘게 하려 함이라."(딤후2:1~4)는 성경 말씀이 내게 큰 힘을 주면서 내 약해졌던 심정을 깨워 주었다. 이상하게도 그 후에는 사사로운 인정에는 전혀 끌리지 않았고 오히려 무정한 인간상을 드러내고 있었다.

그 후 2년이 지나서 또 그곳에 갔을 때에는 직장도 언어도 주택도 제대로 잡고 미국에 적응된 생활을 하고 있었다. 10년이 지난 오늘에는 버젓한 미국 시민이라고 자랑스러워하지만 한복이와 한욱이는 이미 한국말을 다 잊어버리고 말았다. "안녕하십니까?" 한마디를 간신히 배워서 그 한마디로 모든 말을 대신하고 있는 형편이다. 섭섭하기 짝이 없었다.

'한 가정 잃어버렸구나!' 하는 생각은 들면서도 처음에 만났을 때와 같은 인정도 눈물도 없어졌다. 나는 조카를 대할 때마다 그 아비, 죽은 동생의 얼굴을 보는 것 같은 착각을 일으키곤 한다. 동생의 소생이 한 가정 남아 있는 것으로 족하게 여길 수밖에 없었다. 하나밖에 없던 동생의 명복을 빌면서 육신의 생각을 영의 생각으로 전환하려고 노력해 본다.

5. 성령은 거짓과 진실을 명확히 구별해

새크라멘토(Sacrament)라면 캘리포니아주의 주도로서 쌀농사를 짓는 곳으로 이름이 있는 곳이기에 한번 가서 본다는 것이 기회가 되지 않아서 늘 못 가보다가 처음으로 1979년 5월 2일에야 그곳에 가게 되었다.

기쁜 마음으로 자진 봉사하겠다는 이문규 집사님의 정성을 고맙게 받아들여 차에 몸을 싣고 북쪽으로 달렸다. 통역으로 서휘웅 목사님과 최명환 목사님의 수행 등 4명 일행이었다.

현지에 도착하자마자 윌슨(Wilson) 지방장의 안내로 국제 오성에서 신설했다는 성서대학(Pacific Coast Bible College)으로 갔다. 미리 연락이 되어 있던 관계로 강론을 듣기 위해 학생 전원이 강당에 모여 앉아 대기하고 있었다. 신설 학교인 고로 이제 1학년뿐이라면서 전원 다 모였다는 것이 불과 20여 명이었다. 거기에 학장과 교수 몇 분이 동석했었다.

나는 한국 교회의 성령 역사에 대한 강론을 하면서 성령의 체험담을 예화로 곁들여 주었다.

통역을 재미있게 자세히 해주어서인지 정신없이 기침 한 번 못 하고 숨을 죽여 가며 듣고 있었다. 어떤 학생들은 눈물을 흘리면서 듣고 있기도 했다. 어떻든 장내가 엄숙하면서도 성령으로 충만했다. 처음에 인사할 때에는 박수를 치면서 소리 높여 웃던 학생들이 그렇게 점잖고 엄숙할 수가 없었다. 강론이 끝나고 단에서 내려왔을 때는 모두 뛰어나와 악수를 청하는 등 사인을 해 달라는 등 주변으로 모여들었다.

그중에 처음으로 뛰어나온 여학생이 하나 있었다. 그는 단에서 내려오는 나를 무조건 껴안으며 와서 키스를 청한다. 나는 처음으로 당하는 일이라 얼굴을 돌렸더니 내 왼 볼에 입을 맞추며 꼭 껴안는다. 키도 나보다 큰 여자인데다가 얼굴이 시커먼 흑인이었다. 머리를 한 광주리하고 달려들었으니 놀라움도 컸지만 빠져나오기도 힘들었다. 필경에는 뺨에 묻은 붉은 연지가 손수건에 벌겋게 묻어 나왔다.

옆에 있던 한국 목사님들이 나의 당황한 모습을 보면서 싱긋이 웃는다. 나도 웃음으로 그 장면을 넘기려 했으나 뭔가 검은 색깔이라도 몸에 묻은 것 같아서 몸을 쓸어도 보고 얼굴을 수건으로 닦아도 보았다. 그러나 개운치가 않았다. 그때 성령은 내 몸 안에서 화끈하여 내 생각을 도말해 주신다. 내 관념상으로 꺼림칙했던 그 생각을 깨끗이 씻은 듯이 맑게 가셔 주었다. 이렇게 성령으로 내 관념까지라도 변화를 시켜 놓으니까 그때부터는 그들이 전부 사랑으로 보였고 그들 웃음도 사랑으로 받아들여졌다. 이것이 곧 인정을 초월한 주님의 사랑임을 절감했다. 흰둥이도 검둥이도 다 예수 안에서는 하나였다.

성령으로 하나 된 것을 힘써 지키라는 에베소서 4장 3절 말씀이 내 안에서 역사하고 있었음을 영감으로 느낄 수 있었다. 그 후로는 누가 미워진다든지, 누가 원망스러워진다든지, 싫어진다든지 할 때에는 그때 체감했던 성령의 역사를 회상하게 된다.

그 학교의 프레스(Pres) 학장은 개척자의 고충보다는 내일의 소망을 한참이나 늘어놓으면서 브리핑을 하더니 밖으로 나가서 교사와 기숙사 등을 관람시키면서 한국 학생들도 많이 보내 달라는 요청이었다.

넓게 자리 잡은 주변을 보여주면서 기숙사 지을 자리와 부부가 살림할 수 있는 기숙사도 넓게 짓겠다는 계획과 도서관, 강당, 기타 부속건물을 더 많이 지어야 하겠다는 원대한 계획을 열심히 설명하는데도 그 말이 내 귀에는 흥미 있게 진지하게 들리지 않았다. 허황한 허풍같이 들리기만 했다. 그 후 그곳 소식을 가끔 들어본 바로는 그때 그의 말은 허황했던 것이 사실이었다.

성령은 그처럼 거짓은 거짓으로, 진실은 진실로 구별해서 물리칠 것은 물리치고, 취할 것은 취할 수 있도록 심령에 감동을 주는 것을 체험할 수 있었다.

그의 후한 대접으로 고급식당에서 푸짐하게 받고 고마움을 절실히 느꼈다. 그 친절과 후대는 고마워하면서도 그의 학교 설명은 왜 그렇게 진지하게 안 들렸는지 지금도 가끔 생각되는 일이다.

그리고 한국인 교회를 하나 개척하면서 학교에 다닐 수 있는 길을 좀 열어 달라 부탁했더니 그것도 가능하다는 시원스러운 대답이었다. 용문산 기드온 신학교 출신으로 워싱턴에 가서 때를 기다리는 전도사가 하나 있었기에 그의 앞길을 열어 주려는 나의 심정이었다. 그래서 입학 허락을 받고 입학금과 기타 공납금도 면제를 받도록 교섭을 하고 기숙사도 부부가 같이 와서 있을 수 있도록 전액 장학생으로 받겠다는 약속을 받았다

그의 거짓말 같은 허황한 말은 곧이듣지 않던 나로서 어쩌면 그렇게까지 학생으로 전도사를 추천하고 부탁을 단단히 할 수 있었을까? 그것도 나로서는 의문이었다. 안 믿으면서 믿어야 하는 그때의 그 태도를 반신반의라고 해야 할 것인지, 아니면 내 욕심에서 그 같은 이율 배반의 사고방식이 나왔는지, 인간이란 이렇게 간사하고 표리부동한 대인관계와 처세가 진실을 흐려놓는다는 점을 자신에게서 발견했다. 그날 저녁 나는 기도하면서 성령의 감동을 받았다. 좀 더 진실 된 인간이 되어야 성령이 동반한다는 진리를 깨닫게 된 것이다.

XVII. 냉대와 후대를 통한 성령 역사

1. 분위기는 냉랭했으나 말씀은 뜨겁게 역사해

서부에서 동부로 옮겨간 것은 79년 5월 3일이었다. 그때가 한국에서 교단을 창설하고 처음으로 갔기 때문에 그전과 같지 않았다.

서부에서는 오히려 환영한다는 태도였는데 동부에서는 심한 경계를 하고 있었다. 그전 같으면 한인교회가 모두 환영하며 서로 자기네 교회에 와서 부흥회를 인도해 달라고 했고 또 어디서 하든지 각 교파, 각 교회를 초월해서 초만원을 이루곤 했는데 이번에는 아주 냉랭했다.

그리고 한인 연합교회에서 집회가 열렸는데도 그 교회당 절반밖에 모이지 않았다. 새 교단을 만들었으니까 으레 교인들을 유인해 다가 자기네 교회를 만들 것이 뻔했기 때문이라는 것이다. 순복음교회를 세울 때도 그 같은 피해를 입었거니와 성민교회가 생겨날 때에도 큰 파동이 있었다는 것이다.

그밖에도 한국 부흥사들이 오기만 하면 교인들을 선동하여 딴 교회를 세우곤 하는 통에 워싱턴의 한인교회들이 갈라지고 싸우고 혼란을 일으킨 것이 그 당시 실정이었다고 한다. 게다가 내가 교단을 만들고 갔으니 그 같은 의심을 받게도 되었고 경계를 받게도 된 것이다. 그래서 나는 교회 세우러 온 것이 아니고 전도하러 왔다고 변명은 했지만 그것이 그대로 받아들여지지는 않았다.

하지만 부흥회보다는 성경 강론회로 성경만 강론해 달라는 것이 그곳 성도들의 요청이었다. 의심과 경계 속에서 열린 집회라 처음부터 냉랭한 분위기 속에서 강론 역시 냉랭했다. 사람은 그 같은 분위기를 조정할 수밖에 없는 처지였지만 하나님은 그렇지가 않았다. 적게 모인 숫자지만 모인 사람들만이라도 뜨거워지기를 원했던바 성령은 역사하셨기 때문에 신기스럽게 은혜들을 받아들였다.

한 청년은 따라 나오면서 "이같이 오묘한 성경 진리를 왜 이렇게 외진 데서 적은 숫자를 놓고 강의를 하십니까? 시내 복판에서 좀 더 많은 사람들을 모아놓고 강의를 하시는 것이 좋을 텐데요."하고 의견을 말한다. 나는 초청을 받은 강사로서 장소도 숫자도 주최 측에서 알아서 할 일이라고 말했더니 그 청년은 또 한 번 놀라는 태도였다.

"강사 마음대로 하는 것이 아니고 누구의 마음대로 하는 것입니까? 주최 측이란 누구를 말하는 것입니까?"하고 불평스러운 태도로 공연한 짜증스러운 항의를 하다시피 대들고 있었다.

"글쎄 그것은 나보고 할 소리가 아니라 주최 측보고 의논해 보시지요."하고 그 자리를 피하려고 가던 방향을 돌렸다.

그 청년 한 사람인 줄 알았는데 그 뒤에는 몇 사람이 더 따르고 있었다. 그들은 모두 내 앞을 가로막고 섰다. 무슨 이야기든 이야기를 좀 해보자는 태도였다. 대항이 아니고 나를 동정이라도 한다는 뜻에서인지 어디까지나 내 편에서 어떻게 해야 도울 수 있겠느냐는 뜻에서 자기들이 도울 수 있는 일이 있다면 도와 보겠다는 제의였다. 즉 장소라든지 선전이라든지 자기네들이 장만해 볼 터이니 응해 주실 수 있겠느냐는 뜻이었다.

그러나 나는 이미 코스가 다 정해져 있으니 초청 측에서 장소도 선전도 하고 있을 것 아니겠느냐고 하면서 그 호의는 감사하지만 거절할 수밖에 없었다. 그들의 요청에 응했다면 교회는 또 하나 생길 수도 있었을 일이다.

교파냐, 전도냐? '교파보다 전도만 했어야 할 나에게 왜 교파를 만들게 했을까?' 하고 착잡한 심정으로 뉴서울식품 이상식 씨 부처의 친절한 대접으로 점심 식사를 마치고 복음신문 미주지사로 안내를 받아 갔다.

3년 전 왔다 갈 때 작별인사를 나누며 "또 만나게 될까요? 이것으로 마지막이 될는지도 모르겠습니다."하고 눈물짓던 장학균 장로님, 이미 고인이 된 그 무덤으로 찾아가 보았다.

그 아들 장진우 장로 내외의 안내를 받아 공원묘지 잔디밭 한복판까지 걸어가면서 "오늘은 아버님께서 제일 기뻐하시겠습니다. 가장 반가워하실 나 장로님이 목사가 되어 찾아오셨으니 말입니다."하고 장진우 장로는 살아 계신 아버지라도 찾아온 것 같은 심정으로 말했다.

사실 살아서 만났다면 누구보다도 가장 반가워했을 장로님이시었다. 그는 생존해 있을 때 용문산 동원암에서 몇 해를 기도에 전념하고 있었던 한때가 있었다. 그때 내가 혹시 동원암으로 가기만 하면 보고 싶었다면서 손을 꼭 붙잡고 내 얼굴을 빤히 바라보며 웃곤 하던 그였다. 내가 속히 갈까 봐서 이야기를 계속해서라도 붙잡아 놓으시려고 애쓰곤 하던 그의 모습이 내 눈앞에 아련히 떠오른다. 나는 그의 묘 앞에 꽃다발을 꽂을 때부터 벌써 눈물이 나기 시작했다. 그의 명복을 빌 때는 목소리마저 흐느끼게 되었다.

주 안에서 고이 잠들어 계시는 것인가, 이미 낙원에 가시고 빈 무덤뿐인가? 기도하다가 문득 생각이 떠오른다. "장로님, 장로님"하고 몇 마디 찾아도 보았다. 잠들어 계셨다면 깨어나서 반갑게 맞아 주실 것만 같아서였다. '이미 낙원에 가서 계실 터인데 내가 왜 이런 생각을 하는가?' 하면서 하나님께 드리는 기도가 장 장로를 찾는 부르짖음 같기도 했다.

그의 남은 생은 기도로 살다가 기도로 마치겠다던 소원대로는 되었으나 한국에 묻히겠다던 소원은 이루지 못했다. 한국을 사랑했던 그였는데 시신이라도 한국 땅에 묻혔더라면 하는 생각이 드는 순간 내 눈물이 또 한 번 북받쳤다.

목이 메어 나오는 기도 소리는 무엇인가 애원하는 듯했다. 워싱턴 냉기에 싸늘해졌던 나의 가슴을 무덤 속 장 장로의 열기는 식지 않았던지 가슴을 뜨겁게 해주는 것만 같았다.

예수님께서 십자가에 못 박혀 속죄의 제물이 되시기 이전 같으면 사무엘의 영과 같이 장학균 장로님의 영혼도 떠올라 왔을는지도 모른다는 느낌까지 들었다.

수륙 수십만 리를 격해 있는 고국에서 그나마 늘 보고 싶다던 나 장로가 무덤 앞에 와서 눈물을 흘리며 호소하고 있으니 생시 같다면 그 영혼이 이 사실을 보고 듣고 할 터인데 그럴 수도 있을 일이 아니겠는가? 하지만 이미 예수님의 십자가의 공로로 장 장로의 영혼은 낙원으로 인도함을 받았을 터인데 내 마음은 왜 이렇게 장 장로의 영혼이라도 만나고 싶었을까? 전에 없는 냉대를 받은 집회를 치르고 나서 남모를 고충이 복받쳐 평소에 다정했던 옛 친구의 넋이라도 만나고 싶어서였는지도 모른다.

3년 전 문밖에 나와서 나와의 작별 인사를 할 때는 벌써 당신이 세상을 떠날 것을 예견이라도 했던지 그때의 인사말과 같이 다시는 못 만나는 사이가 되고 말았다.

2. 워싱턴 집회 시 냉대 받았을 때의 나 목사

워싱턴 한인 연합교회에서의 집회가 예배당 반밖에는 안 모인 냉랭한 자리에서 새벽과 낮과 밤 매일 3회를 계속한다는 것은 고역이었다. 그렇지만 듣든지 안 듣든지, 사람이야 많거나 적거나 나는 전해야 하는 사명이 있었다(겔 2:7). 전해야 한다는 굳은 의지에는 성령이 같이 해주셨다. 마귀의 방해 공작을 무너뜨릴 수 있었다는 것부터가 성령의 역사였다(겔 3:14).

장로 시절에 미국에 갔을 때는 온 교계가 일치해서 환영했다. 교역자들도 교인들도 한결같은 일색이었다. 그래서 나는 미국이 참 좋기는 좋은 곳이라고 몇 번이나 되뇌던 생각이 난다. 왜냐하면 한국에서는 그렇게 핍박 속에서 고전을 했는데 미국에 와서는 천사 대접을 받으며 전할 수 있었으니 말이다.

한국에서는 바리새 교권의 악랄한 모함에 빠져 옥중 고난까지 당하던 몸이 그렇게까지 활개 치며 전할 수 있는 넓은 광장을 만났으니 꿈같은 일이었다. 그런 가운데서도 좀 더 훌륭하고 화려한 전도 경력을 남겨 놓도록 하고 싶어 하는 복음신문 미주지사장 장신우 장로 내외분은 나더러 목사 안수를 받으라고 권면하던 터였다. 한국에 와서도 그 부인은 용문산 우리 사택에까지 와서 장시간 내 아내에게까지 권면했던 일이다.

미국에서는 장로는 단에 안 세우고 목사라야 단에 세우는 법인데 나 장로님의 경우는 특별히 복음신문의 위세와 황재경 목사님의 호의에서 있은 일이라면서 교역자 협회에 강사로도 설 수 있고 앞으로 미국 교계에 더 크게 전도문이 활짝 열릴 터이니 꼭 목사 안수를 받고 미국에 오시라고 간청하다시피 했다. 한두 번도 아니고 여러 차례 기회가 있을 때마다 권면하던 일이었다. 그러다가 79년 3월 30일 목사 안수를 받고 4월 5일 도미해서 순회 전도를 하다가 5월 3일에 워싱턴에 가서 그 같은 냉대를 받게 된 것이다. 그렇다고 장 장로 내외분의 권면 때문에 목사 안수를 받은 것은 아니라 할지라도 그 영향이 아주 없었다고는 볼 수 없다.

한국에서의 기도원을 근거로 하는 성령 운동이 핍박 속에서도 힘차게 장성하고 있던 그 당시였다. 바리새 교권의 최후 발악으로 정권의 힘을 빌어서 기도원 철거령을 내리게까지 되었다. 그렇게 된 데서부터 불가불 교단을 만들어 기도원 보존 운동을 할 수밖에 없었던 당시의 사정이 나로 하여금 목사 안수를 받게 한 것이다.

복음신문 워싱턴 지사에서는 대대적으로 환영기사와 광고를 냈다. 나운몽 장로 국제 오순절 성결교회에서 목사 안수를 받고 한국 오순절 성결교회의 초대감독으로 취임하고 이제 도미해서 워싱턴에 와서 목사로서 첫 집회를 갖게 되었다는 뜻으로 대대적인 광고를 펼쳤다. 그러나 그 광고가 역효과를 가져오리라고는 생각지도 못했던 일이다. 장 장로님 내외분의 실망은 컸다. 그렇지만 나는 후회가 없다. 하나님의 뜻에 순응한 것이니까. 내 뜻은 무너지고 하나님의 뜻은 이루어졌을 뿐이다.

'목사 안 되겠다던 것은 내 뜻이요, 목사 되게 하신 것은 하나님의 뜻이었음'을 나는 잘 알고 있었으니 내게는 후회가 있을 리가 없었다. 그러나 나를 아끼는 모든 성도들 중에는 공연히 목사 안수를 받았다고 후회하는 이들이 많았다.

"나는 장로가 좋아"

"나 장로님 하면 세계가 알아주는 이름인데 그 이름을 왜 버린단 말인고?"

"아니, 나 장로라면 하늘이 알아준다는 이름이라면서 그 이름을 목사로 바꾸다니 뭔가 잘못된 일이야."라고 여기저기서 들려오는 소리였다.

"장로님!"하면 가깝고 다정했는데 "나 목사님!"하려니까 뭔가 모르게 어색하고 거리감이 생겼다면서 모두가 섭섭하다는 표정이었다. 이제라도 목사직은 덮어놓고 "장로님"으로 호칭하는 것이 어떻겠느냐고 하는 이들도 있었다. 어떤 이들은 나 장로님도 공약을 어겼다고 항의를 하기도 했다. 이런 이면작용이 이번 집회에서 냉대를 받게 한 것이다.

그러나 나는 "그것은 다 사람의 뜻이고 하나님의 뜻은 따로 있습니다. 내 뜻은 무너지고 아버지의 뜻대로 된 일인데 염려할 필요 없습니다."라고 한결같은 대답을 하고 있었으나 지금까지도 목사 된 것을 못마땅하게 생각하는 성도들이 많이 있다. 목사가 되고나서부터 은혜의 역사가 떨어졌다느니, 그 화려했던 장로 시절이 그립다느니, 지금도 나 장로라면 세상이 알아주지만 나 목사라면 알아주는 사람이 누가 있느냐고 혹평을 하는 이들도 있었다.

나는 하나님께 허락을 받고 목사 안수를 받았노라고 아무리 해명을 해도 그것은 한낱 허울 좋은 변명에 불과한 소리라고 들어 넘기는 이들이 많다. 이 일이 참말로 교인들이 은혜 받는 데 거리낌이 되었을 것인가? 아니다. 복음의 진보 과정이다(빌 1:22).

3. 냉대받고 후대 받게 하신 하나님의 섭리

확실히 나는 목사가 된 후로 새 출발을 하는 새 능력이 역사하고 있음을 알고 있다. 지각도 더 열려서 성경 말씀의 맛이 장로 시절과 다르고(시 29:103), 능력도 현저하게 다른 차원에서 작용하고 있음을 체감할 수 있다(고전 14:19). 즉 장로 시절은 한참 피어오르는 꽃 시절이었고 목사 시절의 초기는 꽃이 떨어지고 열매가 솟아나는 시절임을 하나님께서 알게 해주셨다.

이제 열매가 자라나기까지는 꽃 시절을 그리워하는 성도들의 심정이 나부낄 것이나, 열매가 자라나면 그때에는 성도들의 믿음도 꽃 시절의 꽃을 좋아하던 시절을 벗어나서 열매 시절로 성숙하리라는 것이다. 그때에는 그 열매를 거두려는 소망이 꽃을 좋아하던 시절과는 비교가 안 될 정도로 열매를 구하게 된다는 것이다. 꽃이 만발했으면 열매도 많을 것이니 그 열매가 낙과되지 않도록 뿌리에서 영양소 공급이 잘되어야 할 것이라는 진리가 작용하고 있다. 즉 은혜를 받으라, 성령을 받으라, 불을 받으라던 '받으라, 시절'은 꽃 시절이었다면 열매 시절이란 곧 말씀으로 믿음을 정돈하고 소망이 살아 오르는 시절이다. 그런고로 성경 바로 알고 바로 믿자는 운동이 활발하게 전개되고 있다.

꽃은 열매를 위해서 있는 것이다. 꽃이 전부인 줄만 알고 꽃을 꺾어다 화병에 꽂아 놓으면 잠깐 시각을 즐겁게 했을 뿐 열매는 맺지 못한다. 뿌리가 없기 때문이다. 뿌리에서 끊기지 않는 꽃이라야 열매를 맺는 법이다. 말씀을 떠난 은혜는 있을 수도 없거니와 있었다 해도 열매 없는 꽃으로 끝나고 말 것이다(요 15:5).

장로 시절은 활짝 핀 꽃 시절로서 봉접을 부르던 시절이었고, 목사 시절은 열매 맺는 시절로 '복음의 진보'가 되는 때다(빌 1:12). 맺는 열매마다 장성하여 익어가는 것만큼 성도들의 '믿음의 진보'와 기쁨이 충만해짐을 알 수 있었다(빌 1:25).

성령의 역사는 이처럼 나무의 진액과 같이 뿌리의 진액이 줄기의 진액, 가지의 진액이 되어 열매를 맺어 익을 때까지의 과정을 여축 없이 이행하고 있다.

한국 교회의 냉대를 위로하며 성령의 나타남과 그 능력으로 역사해 주시던 하나님께서는 미국 교회에 가서는 냉대와는 대조적인 환영을 받게 하셨다.

5월 6일 주일 낮 대예배에 미국인 교회의 초청을 받아 설교를 하게 되었을 때의 일이다. 그 교회는 국제오성에 소속되어 있는 미국인 교회로서 오순절 성결교회였다.

담임목사는 글리핀(Griffin)이라는 유식한 목사였는데 너무도 황송한 자세로 접대를 하는 데는 도리어 황송했다. 그 부인까지 나와서 정중한 인사를 하며 외국 귀빈으로 깍듯이 대우했다. 한국 오성 감독이라는 데서 더욱 그랬는지도 모른다. 교단 감독이 되었다는 이유로 냉대를 받은 한국 교회와는 대조적인 정황이었다.

예배가 시작되어 강사 소개부터 하는데 교인들을 전원 기립시켜 박수로 환영케 하고 장로급 안수집사들은 모두 단 앞에 나오게 했다. 한국인들도 그 앞에 나와서 서게 한 다음 손에 손을 맞잡게 하여 진정한 기도로써 하나님께 아뢰었다. 그때 나와의 일행은 한태경(韓泰京) 목사님 내외분과 장진우 장로님과 송웅호 전도사님이었다. 이 다섯 명의 한국인은 어리둥절한 채 그들의 진지한 호의와 환영에 당황할 정도였다. 더구나 소리 높여 통성기도로 한국과 한국 교회를 위해서 기도를 해주는 성의에 놀랐다. 한국에 새로 생겨난 오순절 성결회와 나 감독을 위한 기도를 또다시 해주는 데는 나에게 큰 위로가 되었고 격려가 되면서 큰 힘이 되었다.

성령이 화끈하게 전신을 사로잡아 성령의 나타남과 그 능력으로 설교할 수 있었다(고전 2:5). 통역하는 한태경 목사님도 차근차근 통역을 하고 있는데도 성령은 크게 역사하여 그 넓은 예배당의 장내를 뒤집는 듯했다. 설교 도중에도 아멘 소리가 장내를 울리더니 설교가 끝나면서 통성기도 시간에는 우는 자도 벌떡 일어나서 두 손 들고 방언으로 크게 부르짖는 이도 있었다. 기도 받으러 뛰어나오는 이들도 있었다. 담임 목사님은 나더러 그들에게 기도해 달라고 간청을 한다. 나는 사양치 않고 그들을 위해서 기도해 주었다. 알고보니 그들은 난치병자들이었는데 병이 나았다고 대중 앞에서 큰소리로 외치기도 했다. 어떻든 온 장내가 불도가니 같은 성령의 역사가 일어난 것이다. 성령의 역사는 이처럼 사심 없는 성도의 교제와 환영하는 자리라야 크게 일어난다는 것을 새삼스럽게 느꼈다.

온 교인들의 얼굴이 모두 벌겋게 달아서 희열이 만면하여 악수를 하면서 "하나님께 영광을 돌립니다. 감사합니다!", "주께서 같이하시기를 기원합니다.", "오늘의 감격을 잊지 않겠습니다."는 등의 인사를 했다. 그분들은 모두가 뜨거웠다. 남녀노소 할 것 없이 전원이 나와서 악수를 하면서 진정한 고마움을 금치 못하는 심정이었다.

성령은 이처럼 국경을 초월하고 민족을 초월해서 역사하고 있었음을 목도할 수 있었다. 그리고 하나님은 치시고도 싸매어 주시는 자비를 베풀고 계신다(호 6:1). 그래서 울 때가 있으면 웃을 때가 있다고 했고(전 3:4) 냉대를 받았으면 후대를 받게도 하시는 하나님이시다.

한국 교회에서 냉대를 받고 미국 교회에 가서는 후대를 받게 하심은 하나님께서 나를 사랑하심으로 균형을 잃지 않고 푯대를 향해 담대하게 전진하도록 하기 위해서임을 알 수 있었다. 만일 반대로 미국 교회에서 냉대를 받았다면 한국 교회에서는 환영을 받게 하셨을 것이다. 그렇게 깨닫고 보니 하나님의 섭리에 감사하지 않을 수 없었다. 하나님의 섭리는 언제든지 우리에게 유익한 은혜를 베푸시는 줄을 알 수 있었다.

미국인들의 뜨거운 사랑을 받으며 점심 식사도 푸짐하게 대접을 받고 송 전도사도 그 교회에서 받아 주기로 약속하고 돌아왔다. 실상은 송 전도사도 한국인 교회에서의 그 냉랭한 분위기를 뜨겁게 올려 보려고 찬송가를 아무리 힘 있게 인도해도 딱딱한 분위기를 무너뜨리기는 힘들었다는 것이다.

성령의 역사가 아니고서는 인력으로 안 되는 일이었다. 그도 그날 미국인 교회에 가서야 비로소 마음에 뜨거움을 느꼈던지 만족한 표정이었다. 앞으로의 오순절 운동은 교단 운동을 초월해서 미국 교회와 협력하여 교포사회에까지 확대할 수 있는 가망성을 갖고 송 전도사를 그 교회에 부탁한 것이다.

가벼운 마음으로 미국인들의 전별을 받고 돌아왔다. 그날 한태경 목사님의 통역은 미국인들에게도 호감을 줄 만큼 고급통역이었던 고로 미국인들도 조심스럽게 대하고 있었음이 역력히 드러나 보였다.

4. 수도한 의사 반신불수 되어 울고 있었다

한태경 목사님은 미국 시민권을 갖고 있는 학자였다. 그는 중공에 가서 연변 한인 자치구에서 교포들의 생활상을 낱낱이 스냅에 담아 갖고 온 것을 스크린에 영사하며 자세히 해설해 주었다. 그 밤을 장 장로님 댁 지하실에서 시간 가는 줄도 모르고 지냈다.

중공에 살고 있는 교포들의 생활이 그전 왜정 때보다 진보된 면은 전혀 볼 수 없었고 오히려 퇴보한 것같이 보였다. 시설 또는 의복 차림도 물자 기근에서 허덕이고 있음이 확연했다. 거리거리에 지저분한 쓰레기장 같은 곳이 여기저기 보기 싫게 드러나 있었고 음식

점이나 주택구조와 가구 등 생활상이 한국의 거리와 농촌과는 비교가 안 될 정도로 미개상을 드러내고 있었다. 화면을 보면서 설명을 자세히 듣고 보니 '그들을 어떻게 해야 복된 자리로 구원할 것인가?' 하는 안타까운 심정으로 하나님께 호소할 수밖에 없었다. 동시에 본토 생활에 감사와 행복감을 또 한 번 느꼈다. 그러나 다행하게도 한국말과 글을 유지하고 있다는 점은 치하할 만한 일이었다. 한국어 신문도 잡지도 한국인 학교도 한국의 얼을 지니고 있었다는 점이다.

그곳 중공 본토인들은 한국인은 무시하면서도 미국인이라면 두려워하더라는 것이다. 한 목사님이 한인 계 미국인이라는 데서 특별대우를 받았다는 것이다. 외국인 특히 미국인이 오면 호텔에 유숙시키는 것이 상례였는데 한 목사님은 어머님과 친족들을 만나야 했기 때문에 민박을 요구했더니 침대를 방안에 들여놓아 주기 위해서 벽을 헐어내는 등 분잡한 공사를 하더라는 것이다. 물론 관원들의 지시에 의한 일이다. 그러면서도 보호한다는 명분으로 감시원이 반드시 따르더란다. 그런 환경과 처지의 문화 수준에서 생계를 간신히 유지하고 있는 공산 치하의 교포들의 앞날은 어떻게 될 것인지 그래도 북한보다는 살기 좋은 편이라고 하더란다.

복은 하나님께로 말미암은 것인데 하나님을 멀리하는 역천주의 공산지역에 복을 주었을 리가 없었다(시 73:27).

공산 치하에 살고 있는 중국 교포들의 소식을 한국 본토에서 살고 있는 형제들에게 알려주고 싶은 마음이 불 일 듯했다. 한국 본토에 살고 있는 행복이 하나님으로 말미암았음을 일깨워 주고 싶어서였다(시 72:17). 그리고 한 핏줄인 그들을 위해 기도해 주어야 하겠기에 한 목사님을 한민족 유월절 성회에 꼭 오셔서 중공에 있는 교포들의 생활상을 전해 달라고 부탁했다. 꼭 오시기로 약속은 했지만 목사님의 사정이 그대로 이행되지는 못했다.

그다음 날이었다. 장의순 권사님이 꼭 가셔야 할 집이 있다면서 기어이 가자기에 안내를 받아 갔다. 신경원 권사님 댁이었다. 그 남편도 의학박사로서 매우 바쁜 중에 있으면서도 그날은 시간을 내어 집에 와서 기다리고 있었다.

신 권사도 의사이면서 반신불수가 되어 말도 못 하고 출입도 못 하고 있었다. 나를 보고서 반갑다는 것이 반벙어리 소리를 하면서 울고 있었다. 어린애 같기도 하고 바보 같기도 한 폐인이 되어 있었다. 그 똑똑하던 이가 왜 그렇게 되었는지 더구나 부부가 다 의사이면서 어찌 그렇게 되었는지 남의 병은 고치면서도 자기네 병은 못 고치는 것인지 남들이 이상하게 생각할 정도였다.

그는 본래 의과대학을 다니다 말고 열심히 득심하여 용문산에 와서 수도하던 이였다. 수도하던 중 남달리 지옥과 천당에까지 천사의 안내를 받으며 갔다 온 유명한 수도자였다.

그 후에 의과대학을 졸업하고 수련의 과정을 마치고 의사면허를 받아 갖고 당당한 의사직에 충성하던 그였으니 세상적으로도 영적으로도 그런 병에 걸렸다는 것부터가 하나님의 무슨 채찍이나 아닌가? 의심스러울 정도였다. 나는 그를 붙잡고 진심을 바쳐 같이 울면서 기도드렸다. 기도하는 중 영감을 받았다. 성령이 말할 수 없는 탄식으로 그를 위해 내 입설을 통하여 간구하셨다(롬 8:26). 받은 사명 무시하고, 하나님의 뜻을 멸시하고, 하나님의 말씀을 거역했기 때문에 암흑과 사망의 그늘에 앉아 곤고와 쇠사슬에 매임이 되었다는 사실이 완연히 나타난 증상이었다(시 106:10).

회개하고 그 사명 감당한다면 나을 수 있는 증상이었다. 의학으로는 고치지 못할 증세임이 확연했다. 그런고로 나는 그 즉시 그에게 엄명을 하다시피 강경하게 권면했다. 이제 당장에 그때 남이 보지 못한 세계, 즉 천국과 지옥을 본 대로 증거 하라고 말이다. 물론 말은 할 수 없으니 글로 써서 증거 하라고 한 것이다. 그는 울면서 글을 쓰기 시작했다. 그가 본 지옥은 누가 본 것보다도 구체적이었고 명확했다. 원고를 써서 나한테 한국으로 보내 주면 내가 감수해서 책으로 발행해 줄 터이니 보내라고 지시하고 떠났다.

그는 기동도 못 하는 불구의 몸으로서는 감당하기 어려운 작업을 맡은 것이다. 안타까운 모습의 울음이 그칠 줄을 몰랐다. 이상한 뻑뻑 소리를 내면서 울 줄밖에 모르는 그의 처지로서 하라는 대로 하겠다는 것은 어려운 결심이었다. 나는 그 일을 감당할 수 있도록 그에게 힘도 지각도 주시라고 하나님께 간절히 기도해 주고 그곳을 떠났다.

5. 사명에 순종치 않으면 반드시 화를 받아

나는 무저갱 갱구에서 노란 불길이 피어오르면서 연기와 유황이 나오는 그 갱구밖에는 보지 못했다(계 9:2~17). 그런데 그는 지옥의 내부를 샅샅이 견학을 하고 나왔다.

지옥을 관리하는 천사의 안내로 그가 본 대로 간증을 할 때에 나는 몸서리를 치던 생각이 그를 대하는 순간 또다시 솟구쳐 올랐다. 누구든지 그 증언을 들으면 회개 안 할 수 없고 다시는 그런 범행을 저지를 수 없으리라는 심증이 왔기에 그 증언을 어디에 가거나 하라고 했던 일이다.

하나님께서 그곳을 그렇게 자세히 보여주신 이유도 그것을 증거 하라고 보여주셨을 것이기 때문에 그것은 신 권사가 증거 해야 할 사명이라고 나는 강조했다. 사명을 등한시하고 사명 다하지 않을 때에는 반드시 화가 임하는 법이다. 그래서 바울 사도도 "만일 복음을 전하지 아니하면 내게 화가 있을 것임이로라."(고전 9:16)라고 했다.

예레미야에게도 하나님의 말씀을 그 입에 두었으므로 날마다 핍박과 모욕 거리가 되면서도 증거 했다(렘 1:19, 20:8). 하지만 예레미야는 너무 많은 핍박과 고난을 이기지 못하여 "내가 다시는 여호와를 선포하지 아니하며 그 이름으로 말하지 아니하리라 하면 나의 중심이 불붙는 것 같아서 골수에 사무치니 답답하여 견딜 수 없나이다."(렘 20:9)라고 고백하고 또 나가서 전파해야 했다.

그런고로 신 권사도 그 사명 감당 안 했다가 맞는 채찍임이 틀림없으니 이제라도 회개하고 그 사명 다하면 하나님께서 용서하시고 지금의 불구에서 놓임을 받을 것이라고 일러 주었다(시 99:8). 그는 말로는 전할 수가 없으리만큼 몸도 말도 부자유였으니 글로 써서 전하는 길밖에 없었다. 그때부터 그는 회개하고 울면서 그 글을 쓰기 시작하여 책으로 발행하기까지 몸도 완전히 회복이 되었고 말도 회복이 되어 워싱턴 여러 교회에서 간증도 하고 책도 많이 보급했다.

결혼하기 전 처녀 시절에 받은 은사와 계시로서 처녀 당시에 서울에서 큰 교회와 큰 집회에서 많은 증거를 하여 많은 사람들을 회개케 했지만 결혼 후로는 그러지 못했다. 살림에만 몰두했고 아이들 키우느라, 미국의 골몰한 이민생활을 하느라고 전할 시간도 없었거니와 전할 생각도 없었고 사명감도 전혀 없었다가 당한 화였다. 그 남편이 의학박사이면서도 그 병을 의학으로는 도저히 고칠 수 없었으니 신앙의 힘을 빌 수밖에 없었다. 그래서 나 목사님이 워싱턴에 오시기만을 기다렸다고 한다. 오시기만 하면 나을 것을 믿었다는 것이다.

왜냐하면 나 목사를 통하여 받은 은혜였고 또 그를 통하여 하나님께서 알려 주시리라고 믿어졌기 때문이었다고 한다. 그들의 믿음대로 하나님의 뜻은 나 목사를 통하여 전달되었고 회개할 수 있게 된 것이다. 그가 보고 온 지옥은 행위대로 갚아 주신다는 하나님의 공의의 열매가 너무도 분명하게 드러나 있었다(렘 32:19, 17:10, 시 62:12).

지옥문 안에 들어서니까 큰 방이 보였는데 거기는 손을 들고 벌을 받고 있는 자들이 수두룩하더란다. 음란죄는 손으로 시작되었다면서 훌떡 벗은 수치를 드러낸 간음죄와 음란죄상을 그대로 드러내고 손들고 있는 형벌장이더란다.

그다음 방도 역시 넓은 방인데 거기에는 살인강도들이 있었는데 그들의 몸에는 칼이 박혀 피 흘리며 괴로운 상을 하고 있더란다(출 20:13, 15, 계 22:15).

그런데 그 한 모퉁이에는 가룟 유다도 있었는데 손을 높이 들고 나는 예수를 팔아넘긴 자라고 고백을 하면서 서 있더란다(마 26:9, 50). 그 옆에는 빌라도도 같이 서 있더란다(마 27:26).

세 번째 방에는 혈기를 많이 부려 남의 마음을 아프게 한 자들이 벌을 받고 있는 모습이 보이더란다. 그들은 창자가 터져서 그것을 쓸어 담느라고 애를 쓰고 있더라는 것이다(행

1:18).

그다음 넷째 방으로 가니까 거기에는 거지같이 너덜너덜한 누더기를 뒤집어쓰고 배고파 안타까워하며 후회하는 모습을 드러내고 있더란다. 그들은 세상에서 남을 도와주거나 구제할 줄 모르고 자기밖에 모르며 호의호식하던 자들이라고 하더란다(눅 16:23~24, 계 3:17).

다섯 번째 방은 불이 펄펄 끓어오르는 불 못이더란다. 가마에서 물이 버글버글 끓어오르는 것같이 불이 끓어 오르고 있었다는 것이다. 그 불 못에 빠져서 허우적거리며 뜨거워서 어쩔 줄을 모르고 있는 자들은 세상에서 회개할 줄 모르던 거짓 선지자들이더란다(계 19:20, 막 9:48, 마 3:12).

여섯째 방에는 시뻘겋게 달아 있는 철판 위에서, 제자리에서 뛰고 있는 자들이 많더란다. 이들은 하나님 아닌 다른 신들을 섬기며 거기에 제사 드리던 자들이었다.

일곱째 방에는 귀도 코도 손도 잘리고 지체 없는 몸뚱어리만 남아서 징그럽게 보이는 병신들이 살아서 꿈틀거리고 있더란다. 이들은 "만일 네 손이 너를 범죄케 하거든 찍어 버리라 불구자로 영생에 들어가는 것이 두 손을 가지고 지옥 꺼지지 않는 불에 들어가는 것보다 나으니라."(막 9:43)는 말씀을 멸시하고 불순종하던 자들이었다(마 5:29~30, 마 18:8~9).

마지막으로 여덟째 방문 앞엘 갔더니 거기에는 안식일을 범한 목사, 전도사들이 머리를 수그리고 후회하고 있는 모습이 보이더란다.

이쯤이야, 이번만, 조금만 하며 대수롭지 않게 여기고 조금씩 조금씩 주일을 범한 교역자들이 왜 그랬던고 하고 한숨짓고 있었지만 별수가 없었다. 이미 때는 늦었으니 헤어날 길이 없었다는 것이다(출 20:8~11).

이렇게 뻔히 범죄임을 알면서도 범죄 한 그 죗값은 반드시 받아야 한다는 그 날카로운 하나님의 공의 앞에서 뉘가 피할 길이 있었으랴.

이런 참상을 신앙인에게 보여 준 것은 이것을 만인에게 증거 하라는 사명으로 준 것이었다.

XVIII. 목자의 심정을 일깨우는 성경

1. 목자의 심정 자신에게서 찾을 수 있었다

세계에서 제일 크다는 일천만 인구의 뉴욕이라고 자랑하는 곳에 가보기는 76년 봄이 처음이었다. 그때에도 물론 부흥집회 강사로 초청을 받아서 갔지만 세계에서 제일 큰 도시라는 데 호기심을 갖고 갔다. 너무 과대한 기대를 걸고 가서인지 상상 밖에 너무도 너절한 풍경을 길가에서 보면서 놀랐다.

79년 5월 10일 또 갔을 때에도 뉴욕 공항에서부터 복잡한 광경은 다를 바 없었거니와 시내에 들어가서도 여전했다. 이문구 목사님 내외분의 친절한 안내를 받으며 호텔에 짐을 풀고 우선 냉면으로 한국 향수를 달래며 한국 냄새에 흠뻑 취했다.

밤 집회를 마치고 단하에 내려오니까 낯익은 분들이 반갑게 찾아 주었다. 가장 드러나게 신계택 장로님 내외분이 그 아이들 5형제를 '데리고 나와서 "일개 소댑니다." 하고 인사를 한다.' 가족이 몽땅 참석했으니 반가운 중에도 고마웠다.

그리고 용문산 운동 초기부터 잊을 수 없는 은혜를 받은 최복하 권사님 내외분이 다른 주 먼 곳에서 찾아왔다. 늘 궁금하게 여겼다가 만났으니 더욱 반가웠다.

그밖에도 용문산 신학교 출신 이재순 장로님 내외분도 뜻밖에 만나게 되었고 최명복 권사님의 친구라는 이, 문 권사님과 용문산 김원기 씨 부모와 자매 모두 반가운 얼굴들이었다.

이 모두가 용문산 은혜교인이라는 데서 더더욱 반가워했다. 어디를 가나 용문산을 통해 은혜받은 교우들이 그렇게 많았다.

부흥회가 있다 하면 그들이 몰려가니까 그렇다고도 보겠지만 은혜받으러 왔다기보다는 과거에 받은 은혜가 그리워서 나를 만나러 오는 분들이 더 많았던 것 같다. 그 이름들은 다 알 수 없으나 낯은 알만한 이들도 있지만 낯모르는 이들도 많았다.

"용문산에 9년이나 살았는데요." 하는 이도 있었고, 5년 살았다는 이도 있었고, 혹은 용문산 학교에 다녔다는 이도 있었다. 성령으로 하나 된 것을 힘써 지키라고 한 성경 말씀대로 성령으로 하나 된 권속들이다(엡 4:3). 산 설고 물선 이방 땅 지명도 모를 곳에 가서 살면서도 예수의 이름으로 한 권속이 되었으니 혈육을 초월한 하나님의 권속들이다(엡

2:19).

뉴욕이 아닌 딴 곳 먼 데서까지 찾아왔다는 것은 성령 안에서 사랑으로 만나는 반가움이 아닐 수 없었다. 그런데 꼭 만날 줄 알았던 만민교회 정유한 권사님은 보이지 않았다. 이민 온 지가 얼마 안 되어 한국을 그리워하면서 나 목사님이 뉴욕에 집회 인도하러 오신다는 소식을 듣고 손꼽아 기다리던 그였다. 다음날도 안 나왔다. 그다음 날도 또 안 나왔다.

5월 13일 주일날에야 나왔다. 예배가 끝나자마자 그는 달려와서 울먹거리며 그동안 집회는 하는 줄 알면서도 못 나온 안타까움을 털어놓는다. 운전도 못 하고 말도 모르고 차를 태워 줄 사람도 없고 주일날이나 이렇게 차를 태워 주는 식구가 있어서 이제야 왔다는 사연을 늘어놓았다. 사실은 내가 시무하는 만민교회 교인이었으니 제일 먼저 반가워해야 할 권속을 제일 마지막에야 만났으니 그럴 만한 사연이 있어서 그럴 수밖에 없었을 것이다.

빈손으로 오지 않고 마음먹고 정성껏 장만한 선물을 갖고 와서 내 손에 쥐어 주고 돌아서는 권사님의 눈시울에는 어느 사이 눈물이 어리고 있었다. 마주 앉아 이야기도 제대로 못 하고 작별을 해야 했기 때문에, 그런데다가 그 교회에서의 집회도 그날이 마지막이었으니 더더욱 그랬다.

외롭게 지내던 이민 생활에 아직 적응이 안 된 처지에서 지내던 이들은 목사님을 만나기만 하면 붙잡고 실컷 울고 싶었다는 성도들도 만났다. 그러나 그것마저 마음대로 안 되는 입장이었음을 넉넉히 엿볼 수 있었다. 성령의 감동이 내 가슴을 뜨겁게 했으니 그때 나는 또 한 번 목자의 심정을 자신에게서 찾을 수 있었다. 그 모습이 왜 그렇게 애처로웠는지 모른다. 그런 경우 나는 어떻게 해야 할지를 몰랐다.

'하나님 정 권사님의 마음에 위로를 주시옵소서. 나는 그를 위로할 길이 없나이다.' 하고 속으로 빌면서 본 교회 목사님이 가자는 대로 차에 올랐다. 따라붙는 그를 떼어 버리고 가는 것만 같은 내 심정이었다. 그는 떠나는 내 차를 멍하니 바라보면서 무정하다고 원망이라도 하는 것 같았다.

2. 전통이 하나님 말씀보다 우위일 수 없어

그다음 날이 월요일이었다. 뉴욕 제일장로교회에서 매주 월요일마다 모인다는 뉴욕의 목사기도회가 있었다. 그 모임의 초청을 받아 오전 11시 예배시간에 가서 설교를 했다. 현 시국과 한국인의 위치에 대한 내용이었다.

설교 후 즉석에서 질문을 받았다. 현 시국과 한국의 실정 등 광범위한 화제가 성경적 답변으로 계속되니까 결국에는 성경 난제에 대한 문답으로까지 번졌다. 따라서 말세론으로까지 확대되어 누군가가 주 재림을 환난 전이라고도 하고 환난 후라고도 하니 어떤 것이 정확하냐고 묻는다.

"성경대로가 정확한 답이겠지요."라고 답했더니 또 누구는 "나 목사님은 환난 후라고 주장한다는데 그것이 성경대로의 정답인가요?"라고 묻는다. 나는 그렇다고 답했다.

전번 주말 집회에서 나는 이문구 목사님 교회에서 강의를 했고, 김X태 목사님은 감리교 임은영 목사님 교회에서 집회를 했는데 주 재림론에 대해서는 서로 엇갈린 주장을 했다는 것이다. 즉 나는 환난 후라고 했고, 김 목사님은 환난 전이라고 했다는 것이다. 이것이 교역자들과 교인들 사이에 문제가 되어 두 분 다 목사 위의 목사인데 어느 분의 주장이 맞느냐고 옥신각신하다가 결국에는 목사님께 직접 물어보기로 했다는 것이다.

그다음 날 강의 중에 있는 김 목사님에게 물었다고 한다.

"나운몽 목사님은 주님이 환난 후에 재림하신다고 강의하시면서 성서적인 해명을 하시던데 김 목사님은 나 목사님의 해석을 어떻게 생각하십니까?"라고 교인들 앞에서 공개 질문을 했다는 것이다. 김 목사님의 대답은 너무도 겸손하더란다.

"그분이 그런 강의를 한다면 성서적 근거를 가지고 하시는 말씀일 터이니 그 말씀이 성경적이라면야 그 말씀대로 믿어야지요."하고 일단 긍정적인 대답을 해놓고 "어떻든 내일 확실한 답변을 해드리겠습니다."라고 말의 꼬리를 달아 놓기는 했으나 다음 날 아침 마찬가지 답변이었다.

"환난 전에 오시리라고 믿고 있다가 만일에 환난 전에 안 오시면 그때의 신도들의 실망이 클 것이지만 환난 후에 오신다고 믿고 있다가 환난 전에 오시면 더 좋을 것 아니겠소? 그러니 환난 후에 오시는 것으로 믿어 둡시다."라고 유머적 답변으로 끝냈다는 것이다.

그 후 듣기로는 그가 L.A.에 와서 강의를 할 때에는 환난 후라고 명백하게 증거 하더란다.

아무리 과거 전통적 해석이었다 해도 성경에 어긋나면 고치는 것이 당연한 일이다. 전통은 인위적 전통이었고 성경은 하나님의 말씀인데 어찌 전통이 하나님의 말씀 우위에 있을 수 있겠는가?

그다음 날이었다. 김영진 장로님의 안내로 이문구 목사님과 같이 육군사관학교 견학을 갔다. 육군사관학교에까지 숲속 평야 길로 달렸다. 숲속이라면 계곡이 있어 오르락내리락하는 길이라고 연상될 것이다. 그런 계곡도 높은 산도 낮은 산도 없이 평지 숲속으로 한 시간 이상 달렸으니 인상 깊게 남아 있는 곳이다. 어떻든 명랑한 드라이브였다.

장로님은 군관 출신이어서 군에 대한 관심이 커서인지 사관학교에 당도하자마자 자세히 관람도 하고 설명도 해주지만 나는 전혀 군에 대해서는 문외한이었으니 시간만 허비하는 관광이 되고 말았다. 더구나 무기 박물관에는 옛날부터의 무기가 점점 발전한 양상과 그 무기로 전쟁하던 모습이랄지 그 무기를 만든 시대와 사람 등 실물과 그림, 사진 등이 진열되어 있는 양상을 성경 역대기, 열왕기시대에 대비해 보았으나 그 역시 공연한 신경 소모였는지 모른다.

성경의 사사시대나 열왕기시대는 창과 칼, 활 같은 원시시대의 무기에서 약간의 발전상을 보였을 뿐이었다. 그 당시에도 무기가 있기는 했지만 그 이후의 말세 무기에는 비교가 안 될 정도였다. 인간사회의 악의 발달과 무기발달은 정비례한다고 느꼈다. 즉 인간 악의 발전상이 무기에 나타나 있었음을 알 만했다. 인간 죄악상이 그만큼 발달했다는 증거가 아니겠는가? 악이 없으면 무기도 없을 수 있다는 결론을 나 혼자 내려 보았다. 나 혼자라기보다 성경 결론이라고 할 수도 있다.

"무기 없는 시대는 악이 없는 시대다", "악이 없으면 무기도 없다." 결국은 무기가 발달한 나라는 악이 발달한 나라라는 논리가 된다. 그래서 "검을 가지는 자는 다 검으로 망한다."(마 26:52)고 하셨다.

무기 없는 시대가 있을 수는 있을 것인가? 성경대로는 분명히 그런 시대가 올 것이다.

"칼을 쳐서 보습을 만들고 창을 쳐서 낫을 만들 것이며 이 나라와 저 나라가 다시는 칼을 들고 서로 치지 아니하며 다시는 전쟁을 연습하지 아니하고 각 사람이 자기 포도나무 아래와 자기 무화과나무 아래 앉을 것이라 그들을 두렵게 할 자가 없으리니 이는 만군의 여호와의 입이 이같이 말씀하셨음이니라."(미 4:3~4)고 한 말씀대로의 시대가 하루속히 오기를 바라면서 무기 박물관 문을 나섰다.

"주여, 어서 오시옵소서." 단마디 기도가 저절로 나왔다. 성령이 동행해 주시는 자취였다. 신앙적 깨달음을 주시니 말이다.

3. 생명과 바꾼 聖經을 세상에 남겨 놓았다

한국은 쪽복음이 1882년에, 신약전서는 1887년에, 신구약 전서는 1911년에야 전래되었다고 한다.

그 박물관에는 기원전 5백 년경에 기록했다는 에스겔 예언서인 가죽 두루마리 성서도 있었다. 나는 그 두루마리에 관심을 갖고 보고 또 보고 했다. 낡은 가죽이 두꺼운 종이같이 재단이 되어 있었는데 거기에 손으로 쓴 글이 곱게 줄지어 기록이 되어 있었다.

76년에 성경연구 성지순례를 갔을 때에 사해 바닷가에 있는 '어린양의 광야'라는 사막에서 보고 느끼며 주변을 유심히 돌아보던 일이 생각났다. '세상 죄를 지고 가는 어린양의 사막'이라고도 하는 거기에는 세상 사람들의 죄를 걸머진 아사셀 양을 놓아 주던 곳이다(레 16:21, 22).

이스라엘 백성들의 규례 중에 하나인 속죄제의 일례로서 두 염소를 취하여 회막문 여호와 앞에서 제비를 뽑아 하나는 여호와를 위하고 하나는 아사셀을 위하여 구별을 해서 제물로 삼는다(레 16:7~10).

두 염소의 머리에 안수하고 여호와를 위하여 제비 뽑은 염소는 속죄 제물로 드리고 아사셀을 위해 제비 뽑은 염소는 산 대로 여호와 앞에 두었다가 이스라엘 자손의 모든 불의와 그 범한 모든 죄를 고하고 그 죄를 염소의 머리에 두어 미리 정한 사람에게 맡겨 광야로 내보낸다(레 16:21). 염소가 그들의 모든 불의를 지고 무인 지경에 이르면 그 염소를 광야에 놓아주고 사람은 돌아온다(레 16:22).

이렇게 사막 들판에 염소를 내버렸으니 먹을 것을 찾을 수 없어 굶주려 사해 바다의 짠물을 마시고 죽을 수밖에 없는 곳이다. 그래서 사해(死海)라고 하는지도 모른다.

거기에서 서쪽으로 낭떠러지 언덕이 보인다. 좌우로 길게 뻗어 있는 벼랑이다. 사람이 왕래할 수 없는 벼랑 턱이다. 불에 그을린 것 같은 검고 침침한 붉은 자색 석벽에 암굴 같은 구멍이 더러 보인다. 거기가 사해원서(死海原書)가 발견되었다는 은닉호가 있는 곳이다. 그 원서 속에 있었다던 에스겔의 예언서인 가죽 두루마리가 그 박물관에 소장되어 있었으니 감회가 깊었다.

당시 죄악상을 지탄하고 확정자들의 멸망을 예고했기 때문에 당시 집권자들이 그 글을 기록한 선지자와 그 기록을 그냥 둘 리가 없었다. 사람도 글도 불태워 버리던 그 시절이다. 그런 박해 속에서 하나님의 말씀이 보존된 것은 아사셀 같은 희생자들이 있었기 때문이다.

하나님이 계시하신 말씀인데도 공개할 수가 없었으니까 사람의 발걸음이 미치지 못하는 낭떠러지 벼랑에 은닉 호를 파고 그 속에 성서를 밀봉 은닉했다는 것이다. 어느 때인가는 개봉될 것을 믿었기 때문일 것이다.

이렇게 값진 기록을 남긴 선지자들도 그 낭떠러지 암굴 속에서 기도하다가 쓰러져 죽었을 것으로 생각을 하니 그는 세상의 아사셀 노릇을 한 것으로 느껴졌다. 즉 예수님은 속죄제의 제물로 피를 흘리신 온전한 제물이 되었지만, 세상의 불의의 죄악을 지고 무인지경에 이르러 굶어 죽는 선지자들이 세상 죄를 지고 간 아사셀과 무엇이 다를 바가 있으랴. 그들은 분명코 세상 아사셀이었다. 이렇게까지 생명과 바꾼 성서를 세상에 남겨 놓았다는 것은 후대를 위한 생명 길을 예비해 놓은 것이다.

그런고로 하나님의 말씀은 인생길의 빛이요, 발의 등이라고 했다(시 119:105). 그래서 생명의 말씀이다. 그 보배로운 말씀이 기록된 성서라는 데서 예사스럽게 보이지 않았다. 그뿐 아니라 박해 속에서도 성서를 보존하기 위해서 도토리 알만하게 만들어져 있는 성경도 있었다. 만 배 확대경으로 보아야 보이는 극히 작은 극소형 성서였다. 이런 양상도 저런 양상도 있었다는 것은 옛날부터 성서는 박해를 받으며 전달되었다는 것을 알 수 있었다.

"이 천국 복음이 모든 민족에게 증거되기 위하여 온 세상에 전파되리니 그제야 끝이 오리라."(마 24:14)는 주의 말씀이 응하고 있었음을 알 만했다. 그 많은 성경, 아래층 위층 할 것 없이 성경이 많은데 모양도 갖가지로 크고 작고, 두루마리에서 도토리 알만한 성경에 이르기까지 각양각색의 성경을 관람하는 동안 웬일인지 가슴이 두근거리며 벅차올랐다.

그 많은 갖가지 성경이 내 마음을 억누르는 것만 같았다. 생명의 말씀인데 보면 볼수록 마음이 시원스러워야 할 터인데도 왜 그런지 도리어 마음이 답답해졌다. 눌눌하고 거무칙칙하게 색깔이 변하면서 종이가 변질되어 나는 냄새인지 이상하게 퀴퀴한 냄새가 나면서 머리도 무거워지고 있었다.

성경 말씀도 겉은 후패하고 속만이 새로워지고 있는 것인가?(고후 4:16)라고 생각하며 밖으로 나왔을 때는 이미 해는 낙조에 이르렀지만 마음은 상쾌했다.

4. 民族的 울분 솟구쳐 오르는 디트로이트

5월 16일은 미시간 주 디트로이트(Detroit)에 갔다. 그때도 물론 집회초청을 받아 갔기 때문에 한인교회에서 은형규 목사를 비롯한 김 장로, 황 집사, 김 집사 등 모두 공항에 나와서 반가이 맞아 주었다. 하지만 디트로이트라면 내 뇌리에서 떠나지 않는 민족적 울분이 뿌리박혀 있는 곳이다. 도착하자마자 그 울분이 또 한 번 내 마음속에 솟구쳐 올랐다. 웃으며 영접하는 교우들 앞에서 굳어진 얼굴색은 어울리지 않는 표정이었다. 까닭을 모르는 교우들은 몰인정한 사람이라고 머리를 흔들었을는지도 모른다.

그때로부터 3년 전, 76년 5월 초여름에 있었던 일이다. 한국의 평택군 송탄 서정리(西井里)에서 이민간 오홍창(吳興昌)이란 32세의 청년이 있었다.

그는 이방인들에게 천대 박대를 받아 가며 남모르는 설움 속에서 삶에 지친 끝에 미국 경찰에게 사살을 당한 어처구니없는 인생이었다. 죽음길을 그렇게도 값없이 가버렸다는 것은 하나님의 허락 밖에 있는 일이었다(마 10:29).

미국인들의 우월감과 횡포 앞에 당한 희생이었다. 그처럼 억울한 희생을 당한 오 씨는 살아 있을 때에도 억울하고 고달픈 이민생활 속에서 위로받을 곳이 없어 교회로 찾아 나온 것이다. 2년 동안을 예배당에 나오면서도 세례는 받지 않았다. 교회에 나오면서도 그 마음속에 잠겨 있는 불안을 해소하지 못해서였다.

하나님께서는 그해 부활절에야 그의 마음을 안정시켜 주셔서 죽기 한 달 전에 새 결심을 하고 새 출발하기로 마음먹고 세례를 받았다는 것이다.

그는 국제결혼을 한 처형의 초청으로 이민을 갔다는 얌전한 청년이었다. 3남매를 데리고 가난한 생활을 영위하면서 직장이라야 썬더스 빵공장에서 청소부로 있었다.

흑인의 감독 하에서 흑인들과 같이 일하면서 흑인에게 매 맞고 채이면서 남모르는 설움 속에 묻혀서 살아왔다는 것이다. 말은 모르고 시키는 것을 얼른 눈치채지 못하면 일거리보다 주먹이 먼저였다니 그의 고충을 짐작하고 남음이 있었다. 더구나 그 직장에는 한국 사람은 그 한 사람뿐이었다니 온종일 말 한마디 못 해보고 벙어리 생활을 하는 날이 더 많았다고 한다. 게다가 청소하기 쉬운 곳은 흑인들의 차지였고 오 씨에게는 언제나 더럽고 힘든 곳을 맡겼기 때문에 시간도 더 걸리고 쉴 사이도 없이 부지런히 해도 그들을 따를 수가 없으니 매는 매대로 맞으면서도 임금은 적게 받아야 하는 억울한 생활을 면치 못하는 처지였다. 그처럼 온종일 이방인들의 멸시 천대 속에서 일하다가 가정으로 돌아가면 위로와 안식을 얻지 못하고 도리어 짜증과 불평만이 그의 심정을 울렸을 뿐이었다고 한다.

하루는 직장에서 돌아오니까 가족이 모두 없어서 찾아보았지만 없으니까 처남이 듣는데서 차라리 다 죽여 버리고 고향으로 돌아갔으면 좋겠다는 투정을 하더란다. 그런 소리는 그때뿐 아니고 입버릇같이 가끔 해왔다는 것이다. 그날따라 권총을 하나 사다 놓았노라고 공갈을 치더란다. 그러고 나서 미국인과 사는 처형 네 집으로 찾아가서 처자들을 데리고 왔다. 뒤늦게 돌아온 처형 부부는 집에 있을 줄 알았던 처제가 없어진 것을 위험시하고 급히 오 씨 집으로 달려가서 방으로 들어가 보았다.

두 부부가 싸우기는 했으나 형부가 들어가니까 오 씨 부인이 밖으로 나왔다는 것이다. 그때 벌써 경찰대가 들이닥치더란다. 그 부인이 겁에 질려 도로 방으로 들어가려니까 경찰이 밀쳐 버리고 방문을 열더니 총소리부터 나더란다. 오 씨의 말 한마디도 안 들어보고 사살해 버린 것이다.

개 한 마리보다 더 못한 취급을 받는 처지였다. 이 억울함을 누구에게 호소할 수 있었으랴. 그다음 날이었다. 나는 그런 억울하고 끔찍스러운 소식을 듣고 민족적 울분을 참을 수 없었다. 집회 중이면서도 유녕봉 목사님과 같이 경찰서로 달려가서 항의해 보았다.

그 시체는 이미 경찰서에서 보관했다면서 오 씨가 먼저 칼을 들고 가족을 살해하려고 달려들었기 때문에 사살했다는 조작된 답변으로 사살 이유를 밝혔을 뿐이다. 그러나 칼을 들고 달려들었다는 증거는 전혀 없는 조작 궤변이었다.

그 가족을 통해 들은 말로는 칼을 들고 대든 일은 없고 오직 말로는 입버릇같이 죽여 버리린다는 말을 가끔 했다는 정도였다. 설혹 칼을 들었던들 경찰 자신에게 대들지 않는 사람에게 무단발사를 할 수 있는 것일까? 아무리 생각해도 개인 입장의 항의로서는 별수가 없었다. 민족적 차원에서 다루어야 할 큰 사건임이 틀림없었다.

디트로이트 한인 감리교회에서는 그 대책위원을 세우고 그곳 한인회를 통하여 생명의 존엄성과 인권 옹호를 위해 경찰에 항의도 해보았다. 이런 문제는 인종차별로 인한 횡포라고 단정 짓고 현지 한인들은 모두 분개하여 변호사를 세워 법정투쟁을 전개하여 여론화시켜야 한다고 떠들썩했던 사건이 그냥 가라앉고 말았다니 너무 억울한 일이었다. 하지만 별다른 대책도 소용없이 약소민족의 설움 속에서 영원히 잠겨진 일이 되고 말았다.

이렇듯 억울한 피의 호소가 들리는 것만 같은 디트로이트, 이곳으로 초청을 받을 때부터 내 뇌리를 설레게 했던 디트로이트였다. 정작 도착을 하고 보니 디트로이트는 너무도 평온한 공기가 흐르고 있는 것만 같았다.

교인들의 명랑한 환영이 내 뇌리에 박혀 있던 모든 과거의 자취를 씻어 버렸는지도 모른다.

5. 惡性 소멸하고 응답하며 능력 주는 성령 불

한국식 부흥회를 한다고 새벽, 낮, 밤 매일 세 차례의 집회를 했다.

'신천 한인교회'라는 한글 간판이 큰길 옆에 큼직하게 세워져 있어 제법 한국의 멋을 풍기고 있었다. 그런 데다가 잔디밭까지 널찍하게 펼쳐져 있어 더욱 멋있는 풍경이었다. 그 잔디밭 깊숙이 자리 잡고 있는 예배당은 은은한 분위기로 거룩한 성전다웠다.

그러나 그 교당은 한국인의 교회당이 아니었다. 미국인의 교회당 침례교회였다. 다른 데도 어디를 가나 있는 일이기는 하나 디트로이트에서 보는 교회 상은 어딘가 모르게 한국인 교회는 미국인 교회 속에서 숨도 제대로 못 쉬고 있는 것같이 보였다.

미국인 교회에서는 오전에 예배를 드리면 한국인은 오후에 같은 강당에서 예배를 드리는 것이 상례였다. 하지만 이 교회는 그것도 아니었다. 예배당 한 모퉁이에 있는 쓰지 않는 빈방 한 칸을 빌려주고 한 달에 몇백 불씩을 받아 가는 것이다.

미국인이 예배드리는 예배당은 모든 시설이 웅장하고 엄숙하고 말끔했지만 한국인의 예배 처소는 그렇지 못할 정도만이 아니다. 너무도 차별과 차이가 컸다.

버려둔 방을 빌려 쓰고 있는 처지여서 그런지 의자도 고정되어 있지 않았고 임시 들고 다니는 접의자였다. 더구나 카펫도 깔지 않은 마루방에다가 강단에 강대상도 없었으니 더욱 초라했다. 미국은 예배당은 물론이고 창고 이외에는 복도와 화장실까지라도 카펫을 까는 것이 통례인데도 한인들이 예배드리는 예배실에는 그렇지 못했다.

3년 전 한인 사살 사건으로 인해 한인을 무시하는 미국인이라고 적개심마저 솟구쳐 오르던 참이었는데 예배실까지 이처럼 차별을 둔다는 데는 더욱 남모르게 울분이 솟았다. 매달 집세를 받으면서도 비어 있는 시간에 예배당을 쓴다고 하나님께 불경이 된다는 말인가? 카펫을 깔아 놓고 강단도 훌륭하게 꾸며 놓은 예배당을 주지 않고 강단 없는 마루방을 주다니….

한국인은 부정하다는 말인가? 하나님은 같은 하나님이련만 예배는 미국인 예배와 한국인 예배가 다르단 말인가? 인종차별이 신앙차별에까지 비약하면서도 돈의 차별은 없었던지 한국인의 돈은 받고 있었으니 더욱 얄미웠다.

부흥사가 이런 감정적인 생각이 앞서서야 되겠는가 하는 자책을 하면서 엎드렸다. 기도하는 동안 나도 모르는 사이에 그 모든 감정도 사라지고 그 같은 한국인의 처지가 오히려 은혜를 받을 수 있는 터전이 되고 있다는 것을 깨달을 수 있었다. 즉 바울 사도가 받는 핍박이 도리어 은혜라고 한 것과 같이 한국인이 당하는 차별대우는 오히려 은혜받는 길이 된 것이다. 그래서 바울 사도는 그리스도를 위하여 약한 것들과 궁핍과 핍박과 고난을 기뻐했다.

"약할 그때에 곧 강함이니라."(고후 12:10)는 하나님의 계시가 새 힘이 된 것이다.

그처럼 쳐서 자고하지 않게 하여 '자신의 능력이 약한 데서 온전하여지는 것'을 체감했다. 그뿐 아니라 자기를 약하게 하여 그리스도의 능력이 자신에게 머물게 되었으므로 여러 가지로 약한 것을 오히려 자랑하게 되었다는 것이다(고후 12:7~10).

성령은 이처럼 성경 말씀으로 내 불평과 원망과 울분 따위의 약자에게서 발하는 감정적 반발을 소멸시켜 주었다. 온몸은 화끈화끈 불붙는듯했다. 이것이 곧 성령의 불, 소멸의 불이었다(히 12:29). 체내 안에 있는 악성을 소멸하고 응답의 불로 임했다(왕상 18:2). 하나님의 뜻을 분별할 수 있는 지각이 열리게 된 것이다.

그다음은 능력의 불로 역사하고 있었다(빌 4:13). 첫날 저녁부터 성령의 역사는 대단했다. 온 장내가 떠나가는 듯 통성기도 소리가 눈물겨웠다.

첫날 첫 시간부터 은혜는 많았다면서도 셋째 날 낮에도 밤에도 불참 교우들이 많아서 자리가 많이 비어 있었다.

전무한 은혜를 받았다고 야단하던 그들이 안 나왔다. 특히 낮시간의 맛을 이제 비로소 알았노라던 그 청년들이 나오지 않았으니 궁금하기 짝이 없었다. 웬일이냐고 장로님께 물었더니 고사리 베러 갔다는 것이다. 또 한 번 놀랐다. 성회를 열어 놓고 고사리를 베러 가다니? 더욱이 장·감이 합작해서 대형트럭을 끌고 갔다는 것이다. 이것이 강사 대접이란 말인가? 아니면 하나님 앞에 특별한 제사를 드리는 기간이라면서 하나님께 대한 제사 행위가 기껏 이 꼴이란 말인가? 놀라움을 금치 못했다.

실은 그런 것이 아니고 일찍 가서 잠깐이면 다녀올 줄을 알고 떠났던 일이 그처럼 잘못되었다고 변명을 늘어놓았다. 오전 10시 전으로 돌아오면 11시 낮 공부 시간에 충분히 참석하게 될 줄로 알았던 일이 그같이 빗나갔다는 것이다. 즉 고사리 많은 들판을 잘못 찾아서 가까운 곳에 간다는 것이 먼 곳으로 가게 되었다는 것이다. 미국 길은 한번 잘못 들면 엉뚱한 곳으로 가게 되는 일이 가끔 있는 일이니 그 말을 그대로 들을 수밖에 없었다.

한참 고사리를 베다 보니 이미 시간이 지났더란다. 그래서 그 자리에 모두 엎드려 큰 목소리로 통성기도를 한참 하고 나니 속이 후련한 것이 은혜가 충만해지더란다. 그래서 고사리 부흥회라고 명칭을 붙이고 할렐루야로 하나님께 영광을 돌렸다는 것이다. 그리고 밤 시간 전으로 돌아온다고 분주히 돌아왔지만 밤시간도 이미 지났더라는 것이다.

그러나 은혜에는 손해가 없었다고 고사리 부흥회를 인증해 달라는 것이다. 차 타고 오면서도 찬송가로 차 중 부흥회를 하면서 왔다고 한다. 고사리 부흥회에서의 놀라운 은혜의 역사를 신문에 보도해 달라는 고사리 동지들의 요청이었다. 마지막 날은 전원이 합세하니까 대성황일 뿐 아니라 은혜의 역사도 대단했다.

제 4 권

새별산을 찾아서

I. 10.26사건 이면에 있은 성령 역사

1. 정부를 당황케 한 평화무드

"매일 드리는 제사를 폐하며 멸망케 할 미운 물건을 세울 때부터 1천 2백 90일을 지낼 것이요 기다려서 1천 3백 35일까지 이르는 그 사람은 복이 있으리라"(단 12:11~12)

"너는 가서 마지막을 기다리라 이는 네가 평안히 시다가 끝 날에는 네 업을 누릴 것임이니라"(단 12:13)

다니엘이 예언한 이 말씀은 성경 읽는 자들에게 관심거리가 되어 있으면서도 어느 시대 어떤 때를 일컬음인지 궁금하게 여기는 대목이다.

이 말씀을 근거로 하여 나는 이스라엘에 있어서 1928년은 무화과나무 가지가 연해지고 있는 독립기성회가 성립되는 해라면 1972년은 평화무드가 열리는 해라고 주장해 왔다(마 24:32).

역사적 사실이 그대로였다. 가지가 연해지기는 1928년이지만 잎사귀가 피기는 1948년이었다. 그해 5월 14일 이스라엘은 독립을 선언하고 유엔에까지 가입하여 당당한 국가로 행세를 할 수 있었다.

하지만 아랍의 모든 나라들의 공격을 당하며 있었다. 그러다가 1972년에 이르러서야 애굽과의 평화협정이 성립되었다.

그때부터 세계적으로 평화무드가 열렸다. 미국의 닉슨 대통령은 그동안 꽁꽁 얼어붙었던 동방 측과의 해방무드 조성에 앞장섰다.

그 당시 닉슨은 중공을 방문하여 모택동과의 회담을 하기에 이르렀다.

세계적인 이목을 끄는 역사적 회담이었다. 그때에 한국 정부로서는 아연 실색하다시피 당황했다.

우리에게 불리한 결과가 와질 것을 예측했기 때문이다. 중공과의 접근을 위해서는 대만을 헌신짝같이 버리는 미국이 한국인들 못 버릴 것인가 라는 기우에서였다.

피 흘려 피로 맺은 혈맹국가 월남도 값없이 내버리는 미국의 소행으로 보아서는 안심할 수 없는 그 당시 분위기였다.

박정희 대통령 이하 국무위원들과 국회의원 모두가 넋을 잃은 듯이 맥이 빠져 있었다.

물론 백성들까지도 비관적이었다.

북한에서도 으레껏 북한 측에 유리한 결과를 가져올 것이라고 장담하고 그 회담을 지켜보고 있었다.

2. 잘못된 사람 아니냐고

이러한 긴박감이 감도는 그때에 나는 구국제단에 또한번 엎드려져야 했다.

나라와 민족을 위해서 어느 때라고 기도 안 했으련만, 그때는 사실상 다급한 처지였으니 다급한 기도를 드렸던 것 같다. 기도하는 중 영감이 새로워지고 있었다.

비관이 낙관으로 변하고 절망이 소망으로 변하여 확신을 갖게 되었다. 즉 우리에게는 불리하지 않다, 오히려 우리에게 유리하리라는 확신이었다.

그때에 마침 차지철 의원에게서 전화가 왔다. 긴급히 만날 일이 있으니 즉시 만나 줄 수 없겠느냐는 것이다.

나는 그 즉시 차의원 댁으로 가서 그이와 단독회담을 하게 되었다. 다른 일이 아니었다. 닉슨과 모택동 회담으로 인한 불길한 예조가 보이고 있어서 대통령 각하께서는 밤잠을 못 이루고 있는 처지란다. 나더러

"하나님은 뭐라고 하더냐고 각하께서 물으시니 뭐라고 대답을 해야 합니까? 오죽이나 안타까우면 그러시겠습니까? 나라와 민족을 위해서 늘 기도하시는 장로님께서는 아시겠지요. 하나님의 뜻은 어떠신지요? 그래서 뵙자고 했습니다."
라고 나라를 위한 충정에서 묻는 말이었다.

나는 서슴지 않고 대답했다.

"안심 하십시요. 그 회담은 절대로 우리에게 불리하지 않습니다. 오히려 유리한 편이 될 것입니다."

"그것이 확실합니까?"

"확실합니다. 안심 하십시요."

"그것이 장로님의 생각입니까, 하나님의 응답이나 계시입니까?"

"네, 제가 이 문제를 놓고 기도해서 받은 하나님의 응답입니다."
라는 대답을 듣고 나서야 차의원은 안심하고 "감사합니다, 감사합니다."를 연발하며 "주여… 주여…"소리로 자위하며 있었다.

그는 그 즉시 대통령을 찾아가서 안심하시라고 진언했다.

"이번 회담은 절대로 우리에게 불리하지 않고 오히려 유리하게 될 것입니다."

라고 확언을 했다.

"너희 하나님이 그러시더냐?"

라고 묻더라는 것이다.

"네 틀림없습니다. 하나님의 응답 이십니다"

라고 장담한 차의원은 국무위원들에게도 국회의원들에게도 안심하라고 외치면서 우리에게 불리한 회담이 아니고 오히려 유리하다고 강조했다. 국회의원들도 국무위원들도 모두 비웃었다.

"저 사람이 뭔가 잘못된 사람 아니야?"라고까지 의아해 했다.

3. 대권욕을 갖고 있던 차지철

대통령 이하 국무위원들도 국회의원들도 모두가 비관적인 견해에 싸여 있는데 오직 한 사람 차지철, 젊은 의원만이 낙관적인 주장을 하고 나섰으니 누구라도 그의 말에 선뜻 납득을 할 수 있겠는가?

아무도 동조하는 사람은 없었다. 비웃는 사람들만 더 늘어가고 있었다.

그 며칠 후 회담 결과가 공동성명으로 발표가 되고 뒤이어 미국 측에서는 한국 정부에 그 회담 내용을 브리핑 해주는 등 한국의 비위를 건드리지 않으려고 애썼다. 미군 철수도 않거니와 한국과의 우의는 더욱 굳게 맺어지고 중공과의 막혔던 숨통도 열리는 것 같은 분위기 조성이 되었다는 점으로 보아서 우리 한국 측에서는 그 회담을 환영하는 입장이 되었다.

이렇게 되니까 모두의 이목이 차의원에게로 쏠렸다. 만나는 사람마다 어떻게 알았느냐는 것이 차의원에게 대하는 인사말이 되었다.

박대통령도 그때부터는 "차지철을 다시 봐야겠는데…"라면서 국가 대사에 어려운 고비를 당할 때마다 차지철을 꼭 찾았다.

"이번 일은 어떻게 처리해야 되겠는가? 너희 하나님께 또 한 번 물어 보아…"라는 식의 자문을 받곤 했다.

이런 일이 있게 되면서부터 차의원은 나를 더 가까이 대해 주었다.

하루는 자기의 소원은 국방장관이 한번 되었으면 하지만 경력이 많은 장성들이 앞에 있는 한 그것은 아직 시기상조이고 하니, 다른 어떤 길이 있으면 각하를 좀 가까이 모실 수 있으면 좋겠다는 것이다.

"그러면 비서실장이라도 되었으면 하는 뜻인가요?"하고 물었더니 그것도 아니라는 것이다. "그러면 어떤 자리를 원하십니까?

국회의원이라면 가장 자유롭고 좋은 자리가 아닐까요?"라면서 나는 그의 눈치를 살폈다.

그는 가만히 앉아 무엇을 생각하는 것 같이 눈을 지긋이 감고 있더니 갑자기 눈을 뜨고 나를 빤히 바라본다.

무슨 중요한 말이라도 나올 것 같은 자세였다. 마주 바라보고 앉았던 나는 답답해서 "무엇이지요?"하고 말문을 열었다.

그도 따라서 말문을 연다.

"국회의원이란 나이 좀 늙어서나 할 일이지 젊은 사람으로서는 적당한 직업은 아닙니다. 세월이 아깝습니다. 노인모양 가만히 앉았다가 가끔 모여서 입씨름이나 한대서야… 그래도 사내로 났다가 붓끝보다는 칼끝으로 용맹을 한번 떨쳐 보아야 하지 않을까요?"

그는 이 나라까지라도 손 안에 넣어 볼 대권욕까지 갖고 있었음을 짐작할 수 있었다.

4. 육여사 묘소에 참묘를 하고

"장로님은 어떻게 생각하십니까? 박대통령 각하께서는 누구를 후계자로 세우실 것 같습니까?"

라고 내 생각 밖에 있는 질문을 한다. 나는 모른다는 대답을 할 수밖에 없었다.

"그와 가까이 지내는 사람이라야 지명을 받을 수 있을 것 아닙니까? 그이와 가까운 자리에서 가까이 모실 수 있는 자리에 앉아야 할 터인데 어떤 길이 없을까요?"

라고 진지하게 묻는다.

너무 돌연한 질문이라 나로서는 뭐라고 대답을 해야 할지 가늠할 수가 없었다.

'그는 비서실장도 아니고 붓보다는 칼을 원한다면서도 국방장관도 아직은 아니라고 하니 그러면 어느 자리를 원하는 것일까? 경호실장의 자리를 탐하는 것일까' 나 혼자 생각하면서 그 자리를 떠났다.

작별하면서 내일 다시 만나자는 약속을 했다. 그때에는 그 대답을 꼭 갖고 오라는 것이다.

그 다음날이다. 나는 영감 오는 대로 그에게 말했다.

"당신이 고 육여사의 묘소에 참묘한 일이 없는가요?"

"참묘한 일이 없습니다. 그것은 왜 묻지요?"

"오늘이라도 당장에 가족 동반하여 묘소를 참묘하시지요. 그러면 당신이 원하는 자리에 앉을 수 있을 것입니다."

"그거야 어려울 것 없습니다. 오늘 즉시 시행하겠습니다."

하더니 그는 그날 그 어머니와 부인과 어린애까지 데리고 참묘했다.

참배자 명부에 기록되었다. 다른 어느 단체에 끼어 간 것도 아니고 단독으로 가족 전원이 참묘한 기록이 유별나게 드러났다. 박대통령은 그 명부를 보다가 차지철 가족 참묘 기록에 시선을 멈추었다. 다른 누구보다도 차지철의 충성을 고맙게 생각하면서 차지철을 당장에 불렀다.

그날이 바로 차지철이 참묘하고 온 다음날이었다. 참묘 효과는 당장에 드러난 것이다.

5. 경호실장이 된 차지철

"내 신변을 안심하고 맡기려면 그래도 자네밖에 더 있겠나? 자네가 경호실장 자리를 맡아 주게…"

하고 박대통령은 차지철을 경호실장으로 임명했다.

그 전날 일간지에는 오정근이 경호실장으로 내정되었다고 보도된 바가 있었음에도 불구하고 하룻밤 사이에 급변한 이유가 무엇일까 하고 세상은 뒤숭숭했다.

너무도 상상 밖의 인물이 발탁되었으니 청와대 출입기자들의 정보 육감이 마비될 정도였다.

차지철은 벼락감투를 쓰고 나오면서 급하게 나장로부터 찾았다. 비서를 시켜 사방으로 연락해 보았다. 이렇게 급급하게 찾았지만 몇 시간 후에야 전화연락이 닿았다.

"오늘 경호실장 발령을 받았습니다. 빨리 좀 오실 수 있겠습니까?"라는 급한 전화였다.

그러나 그 즉시 가지는 못했다.

다음날에야 그를 만났다.

그의 기뻐하는 모습을 치하하는 마음도 기뻤다. 기쁨이 만면한 자리에서 자기의 소신보다는 각하의 근황을 설명하기에 급급했다.

만일 각하께서 위경에 다다르면 그 앞을 가로막고 총알받이가 되어야 하는 생명 바친 자리라면서 각하를 위해 죽는 것은 곧 나라를 위해서 죽는 것이니까 이것으로 영광을 삼고 충성하겠다는 그의 소신이었다.

그 후에도 나는 그를 자주 만나는 기회가 있었다. 청와대 경호실에도 가서 예배를 드려 주는 경우도 많았지만 그 자택으로 초청을 받는 경우가 더 많았다.

그 집에는 현관에 들어서면 가정 예배실로 먼저 안내를 받게 된다.

현관 앞에 예배실이 예배당 식으로 강대상과 의자가 구비되어 있다. 거기에서 예배를 드리고 나서야 차실장의 응접실로 가서 아무도 얼씬 못 하는 자리에서 대화를 하게 된다.

매일 드리는 예배가 하루에 다섯 번씩은 고정적이고 또 특별한 주의 종이 오는 경우에는 특별 기도회를 또 갖게 되는 고로 온종일 예배로 일관하는 가정이었다.

새벽기도회는 그 집에서 가까운 모 교회 목사님이 오셔서 인도하지만 그 시간이 끝나면 어머니와 부인과 같이 가장 가까운 가족끼리 앉아서 기도회를 갖고 차실장이 출근하면 오전, 오후에도 예배를 드리고 저녁에 차실장이 돌아오면 저녁예배를 또 드린다. 그들의 기도는 언제나 같은 내용, 같은 뜻의 기도였다.

차실장을 건강한 몸으로 나라에 충성하게 해 달라는 기도를 위주로 대통령 각하의 내외분과 국무위원들과 국회의원들과 국민 모두의 국태민안을 기원하는 기도회였다.

6. 자기 손으로 파놓은 함정에 서있어

이렇게까지 신앙으로 지내는 가정이 어디 또 다른 데 있다는 소리를 들어 본 일이 없다.

그의 대권욕도 실현될 날이 있을 것도 같은 천운이 감돌고 있는 가정 같기도 했다. 그러나 안 될 때는 마귀가 역사하는 법이다.

"하나님이 교만한 자를 물리치시고 겸손한 자에게 은혜를 주신다"(약 4:6)는 성경말씀을 타고 들어온 마귀는 차지철 마음속에 들어가 역사하기 시작했다.

그 때에 전국적으로 반정부 데모가 한참 기세를 올리고 있을 때였다. 특히 부산에는 군령으로도 감당을 못 할 정도로 확산되고 있을 때였다.

그때에 나는 기도하다가 이상을 보았다. 박대통령이 우뚝 서있는 그 옆에 차지철 실장이 나란히 서있었다.

그 서있는 자리가 흐물흐물하더니 갑자기 그 자리가 무너져 내린 깊은 함정이었다.

그래서 이 두 분이 동시에 매몰되고 말았다.

그 옆에는 깃이 다 뽑힌 장닭 하나가 나타나서 개가를 부르는 듯이 활개를 치며 꼬꼬 소리로 힘껏 소리치고 있었다.

털이 다 뽑힌 알몸뚱이가 무슨 닭 구실을 하겠기에 저러는가 하고 보았더니 그가 다른 이가 아니고 그 당시 정계에서 이름 있는 거물급 모 정당 당수였다.

나는 이 환상이 틀림없는 국가 대사임을 직감하는 즉시 다시 하나님께 기도하고 차실장을 급히 만났다.

"유신헌법은 자신이 파놓은 함정이니 그 함정을 철폐하지 아니하면 저 들려오는 데모소리가 공화당 정권을 쏘아 넘기는 총탄소리가 될 것입니다. 지금 함정 위에 서있는 자신임을 모르고 있습니다. 당장에 무너져 내리는 것을 하나님께서 나에게 보여 주신 것은 당신에게 알려 주게 함이었으니 속히 유신헌법 철폐와 동시에 군대 동원령도 철회해야 합니다. 하나님께서 당신을 사랑했기 때문에 사는 길을 알려 주는 것이니 속히 대처함이 옳을 것입니다"

라고 급하게 일러 주었지만 차실장은 대수롭지 않게 듣는 것 같더니

"다른 데서도 그런 소리를 했나요?"

하고 거친 소리를 내뱉듯 하더니 정면을 쏘아본다.

"이런 비밀을 어디 다른 데다 할 수가 있겠소. 당신에게만 비밀을 전하는 것뿐이오. '하나님께서는 자기의 비밀을 그 종 선지자들에게 보이지 아니하시고는 결코 행하심이 없으시리라'(암 3:7)고 하신 말씀대로 이는 하나님의 비밀이십니다."

라고 나는 진심을 털어 놓았다.

7. 성령으로 시작하여 육체로 마쳐

그러나 그는 그 말을 진실로 받아들이지 않았다.

"그러면 그 활개 치는 장 닭을 잡아 넣을까요?"

"이미 털이 다 빠졌던데 그것이 무슨 닭 구실을 하겠다고 그것을 잡아 넣을 필요는 무엇입니까? 그는 오직 자는 자들을 일깨웠을 뿐 자기는 빛을 못 보고 말 것입니다."

"그러면 어떻게 하란 말이요? 그까짓 놈들 불도우저로 싹싹 밀어버리면 될 것 아니오, 그까짓 것들 겁날 것 없어요."

"아닙니다. 가볍게 생각지 마세요. 큰 일 저지를 것입니다. 자유당 때에도 부정선거는 당신들의 함정이라고 일러주어도 안 듣더니 그 꼴이 되고 말았는데 당신들도 이 말을 진실되게 안 받아들이면 또 그 꼴 됩니다. 마지막으로 또 한 번 부탁드립니다. 우리나라와 민족을 살리기 위해서는 군대 동원령을 철회하고 유신헌법을 철폐해야 합니다. 그렇지 않고는 함정에 빠집니다."

하고 간곡한 진실을 전했다.

"그런 소리나 할 바에는 다시는 오지도 마십시오. 어딜 무엄하게 그런 소리를…"

하고 노발대발이었다.

나는 할 수 없이 "예 다시 오지 않을께요" 한마디를 남겨 놓고 그 자리에서 물러나왔다. 성령이 내 안에서 말할 수 없는 탄식을 하시어 내 눈에서 눈물이 나게 됐다. 예레미야가

흘렸던 눈물인지도 모른다.

"어찌하면 내 머리는 물이 되고 내 눈은 눈물의 근원이 될꼬 그렇게 되면 살륙당한 딸 내 백성을 위하여 주야로 곡읍하리로다"(렘 9:1)

나는 그 길로 나와서 길 떠날 준비를 하고서는 곧 미국으로 떠났다.

미국에서 불과 일주일 후였다. 오클라호마에 가서 있을 때였다. 10월 26일 TV앞에서 뉴스를 듣고는 예기했던 일이기는 하나 놀라움을 금할 길 없었다. 그 당시 그곳 노스웨스트 대학 기숙사에 있던 큰아들 나서영 목사가 놀란 얼굴로 나 있는 곳으로 찾아왔다.

"이게 참말입니까, 대통령이 시해를 당하셨다니요? 뉴스를 보셨습니까?" 당황한 어조였다.

"참말이지…기정사실… 올 때가 온 것뿐이다." 나도 허둥지둥 대답 같지 않은 대답을 했다. 말없이 침묵의 자리, 침묵의 시간이 흘렀다. 그 자리에는 전윤구 목사님과 이경숙 수도사도 같이 있었다.

8. 의문을 남겨 놓고 영원히 떠났다

침묵 속 얼굴에는 멀리 있는 조국의 앞날을 염려하는 듯 침울한 표정이 흐르고 있었다.

"이제 앞으로는 어떻게 됩니까?"

"올 때가 왔다는 것은 알 만한데 기정사실이란 무엇입니까?"

"김재규는 어떻게 될까요?"

"차지철은 그 영혼이 구원을 받았을까요? 그의 가정은 그렇게 기도로 산다는 가정인데 왜 하나님께서 그렇게 되도록 내버려두셨을까요?"식으로 점점 신앙적인 해석을 가져보려고들 끈질긴 의문이 겹치고 있었다.

단마디로 대답을 끝낸다면 "성령으로 시작하였다가 이제는 육체로 마쳤다"(갈 3:3) "너희가 이같이 많은 괴로움을 헛되이 받았느냐 과연 헛되냐 너희에게 성령을 주시고 너희 가운데서 능력을 행하시는 이의 일이 율법의 행위에서냐 듣고 믿음에서냐"(갈 3:4~5)

과연 그의 많은 괴로움은 헛되고 헛되었다. 성령을 분명히 받은 이였다. 성령의 지시와 인도를 받으려고도 애를 쓰던 이였다.

하지만 성령의 지시를 이용을 하려고 했지 순종을 할려고는 하지 않았다.

그는 기도할 때 방언까지도 하던 이였다. 성령이 같이한다는 증거도 되지만 기도 많이 한다는 표적도 된다.

그러나 정욕으로 구하는 기도였는지도 모른다. 입신양명을 위해 말이다.

박대통령과 단둘이 마주앉아 대화를 하는 경우 "각하께서도 '주여…' 소리가 가끔 나오곤 했습니다"라면서 그는 대통령께서도 '주여' 소리를 했다는 것만으로도 감격스러웠다는 것이다.

그만큼 그는 주를 사랑하는 믿음도 갖고 있었다. 그러나 죽는 그 순간은 그 믿음도 그와 같이하던 성령도 없었을 것인가? 의문을 남겨 놓고 영원히 갔다.

그가 총탄에 맞고 화장실로 도망을 쳤다가 다시 앉았던 자리에 와서 쓰러졌다는데 그때에 내가 일러주던 말을 깨달았다면 그는 분명히 하나님을 찾았을 것이다.

하나님은 진실하심을 알았을 것이다. 알았다면 순간적인 회개라도 하고 주님을 찾았을 수 있었을 것이다.

한 입에서 찬송과 저주가 나는 것이나 한 샘에서 단물과 쓴물이 난다는 것은 있을 수 없는 일이다(약 3:10~11). 그런데 그는 하나님 앞에 기도하며 찬송하던 입으로 주안상 앞에 앉았다가 당한 일이 아니던가.

Ⅱ. 성경과 전통

1. 뉴욕에서 있었던 일

79년 5월이었다. 워싱톤에서 집회를 마치고 뉴욕으로 갔다. 이문구 목사님 내외분의 친절한 환영을 받으며 미국인 호텔에서 여장을 풀었다.

그날 저녁부터 집회가 열렸다. 미국은 주말집회라 하여 금, 토, 일 3일 집회가 보통이다. 그러나 도착한 날이 목요일이었던 고로 목요일부터 집회는 시작되었다.

그 교회가 장로교회인지 하나님의 성회 교회인지는 자세하지 않으나 보수교회임에는 틀림없었다.

'성경 바로 알고 바로 믿자'는 우리 운동에 이의가 없었다. 동감하고 찬성하는 편이었다. 그 교회의 신앙노선에도 공감이었다. 신앙에는 보수적이면서도 신령 면에서는 진보적이었다.

즉 성경 그대로 믿는 신앙이면서도 성령의 역사에 치중하는 편이었다.

첫날 저녁부터 십자가의 도가 선포되었다. 기독교의 근본원리가 담긴 십자기의 도가 아니겠는가.

십자가의 도를 받아들인 자신의 체험담은 어느 때에도 자신에게 은혜되는 말씀이다. 따라서 청중들도 은혜를 받는다.

수백 번 아니 수천 번을 전했는지도 모르게 어디를 가든지 전하는 생명의 도이다.

다음날 밤에도 십자가의 도가 성서적으로 설명이 되었다. 즉 에덴에서의 타락이 창조에서부터 십자가를 필요로 하게 되었다는 십자가의 필요성이 강조되었다.

다음으로는 첫 아벨은 죽었고 둘째 아벨이 대신 출생했다는 역사적 실재계통은 첫 사람은 죽고 둘째 사람이 영생한다는 원리를 드러낸 역사임을 증거했다.

이런 원리계통이 노아 때까지 생육 번성하는 동안 죄악의 계통도 따라서 관영했으므로 홍수심판으로 죄악은 멸하고 하나님의 의가 생하는 도리를 십자가의 도에 결부시켜 설명하는 동안 십자가로 말미암은 구원의 도리를 깨달았다는 듯이 아멘 아멘 소리가 군데군데 떠올랐다.

2. 김강사의 품위 있는 대답

물 심판은 육신 심판이고 불 심판은 영혼 심판으로 이어질 터인데 그 심판권은 부활하신 예수 그리스도의 소임임을 증거 하게 되면서 십자가의 도로 말미암은 생사분리가 곧 심판임을 증거 했다.

그래서 그리스도 재림은 환난 후라는 점을 강조하게 된 것이다.

그 다음날은 주일이었다. 물론 새벽기도회도, 낮의 대예배도, 밤 예배도 있었다.

이렇게 은혜롭게 집회를 다 마치고 친교시간에 특별 파티가 열렸다. 그때에 누군가가 활짝 웃은 얼굴로 옆으로 다가와 앉는다.

그는 말하기를 그곳 감리교회(담임목사 임은영)에서도 우리와 꼭 같은 날짜에 집회를 했는데 유명한 김XX 목사가 강사로 와서 많은 은혜를 끼쳤다는 것이다.

그런데 그는 예수님께서 환난 전에 오신다고 했다는 것이다. 그러니까 나는 환난 후에 주님이 오신다고 강론을 했는데 그는 환난 전에 오신다고 했으니 서로 엇갈린 주장을 한 것이다. 그래서 교인들은 어느 편을 따라야 하느냐가 문제가 되었다. 그래서 강의시간에 김강사에게 물었다는 것이다.

"저쪽 교회에 와서 부흥회를 인도하는 나운몽 목사는 예수님이 환난 후에 오신다고 강론을 하는데 김강사님은 그것을 어떻게 생각하십니까?"라고.

김강사는 대답하기를

"그이가 그렇게 주장을 한다면 그것은 성경에 근거 없는 말은 아닐 터이니 다시 생각해 봅시다. 내일 대답을 하기로 합시다."

하고 품위 있는 대답을 하더란다.

3. 성경에 없는 주 재림설

다음날 아침이었다. 그의 대답은 지혜로웠다.

성경적 연구를 해보았다면 확실한 답변이 나왔을 터인데 그것은 아니었다.

"환난 전에 오신다고 믿었다가 환난 전에 안 오시면 실망도 크거니와 믿음도 무너질 터이니 환난 후에 오신다고 믿어 두는 것이 좋겠습니다. 그렇게 믿고 있다가 환난 전에 오시면 더욱 좋을 것이고 환난 후에 오셔도 그동안 참고 견딜 수 있는 신앙이 될 터이니 환난 후에 오시는 것으로 믿어 둡시다."

라고 하여 교인들을 웃겼다는 것이다.

그 후 그는 로스앤젤레스에 가서 사명자 부흥회를 할 때에는 주께서 환난 후에 다시 오신다고 하더란다.

그때는 성경적 근거를 찾았기에 확신 있는 주장을 할 수 있었을 것이다.

마태복음 24장 29~30절에 보면 "환난 후에 즉시 해가 어두워지며 달이 빛을 내지 아니하며 별들이 하늘에서 떨어지며 하늘의 권세들이 흔들리리라 그때에 인자가 구름을 타고 능력과 큰 영광으로 오는 것을 보리라 저가 큰 나팔소리와 함께 천사들을 보내리니 저희가 그 택하신 자들을 하늘 이 끝에서 저 끝까지 사방에서 모으리라"라고 주께서 직접 하신 말씀이 살아 있다.

마가복음 13장 24~27절에도 같은 말씀이 있거니와 누가복음 21장 24절에는 "예루살렘이 이방인에게 밟힌 바 되어 기약이 찬 후에 오신다"고 하셨다.

특히 택한 자까지도 환난기간 중에 있다는 것을 분명하게 말씀을 하셨고 그날을 감하지 아니한다면 육신으로 구원 얻을 자가 없을 것이로되 택한 자를 위하여 그날을 감하시겠다고 하시지 않으셨는가?(마 24:22, 막 13:20)

이렇게 성경에 명확하게 증거되어 있는데도 왜 환난 전에 오신다고 우겨대는 이들이 있는지 모른다.

4. 주 재림은 환난 후가 성서적

실상 이 문제가 적은 문제가 아니다. 환난 전에 와서 성도들을 공중으로 끌어올려 혼인 잔치를 7년 동안 한다는 것이 전통 있는 완벽한 해석이라고 우겨대는 부흥사들이 많았다.

그러나 근래에는 그러던 그들도 자신을 잃고 그런 주장을 못 하게 되었다. 성경에 근거가 없는 주장이었으니까.

어떤 부흥사들은 "만일 주께서 환난 전에 와서 공중으로 성도들을 휴거해서 환난을 면하게 하시지 않는다면 나는 그런 예수 안 믿겠다"고 장담하면서 "그런 예수는 무엇 때문에 믿겠느냐"라고 호언을 하더란다. 어쩌면 그런 장담을 할 수 있을까.

너희가 세상에 있을 때에 환난을 받으나 안심하라고 하셨고 또 끝까지 견디면 구원을 얻으리라고 하셨다(요 16:33, 마 24:13, 막 13:13).

성도들도 그처럼 환난기간 중에 있으면서도 하나님의 보호를 받는다. 그래서 환난 중에 인 맞지 아니한 자만 해치라고 했고 인 맞은 자는 가까이 하지도 말라고 하셨다(계 9:4, 겔 9:6).

"편안하다 안전하다 할 그때에 잉태된 여자에게 해산 고통이 이름과 같이 멸망이 홀연히 저희에게 이르리니 결단코 피하지 못하리라"(살전 5:3)고 하였다. 그래서 환난 전이라고 하는지도 모른다.

그러나 이 말은 주 재림이란 것을 생각지도 않고 믿지도 않고 있는 어두움에 속한 세상 사람들을 지칭해서 하는 말이고 빛의 자녀들에게는 그날이 도적같이 임하지 못하리라고 하지 않았는가(살전 5:4~10).

오히려 환난이 닥쳐왔어도 조심하며 믿음과 사랑의 흉배를 붙이고 구원의 소망의 투구를 쓰자고 했다(살전 5:8).

즉 기다리는 자에게는 더디 오시는 것 같고 기다리지 않는 자에게는 홀연히 오시는 것 같을 수밖에 없다.

5. 하와이의 연합집회

1986년 봄에 하와이 호놀룰루에서 있었던 일이다. 그곳 10여 종파가 연합하여 성회를 열었다. 그때 기독교방송 존폐 문제를 놓고 기독교인 전체가 기도하며 정성을 모두어 헌금을 해야 할 형편에 있었다.

나는 헌금하는데 소질이 없으니 그런 목적이라면 나보다는 헌금 잘하는 강사들도 많이 있는데 다른 분을 청하라고 했지만 이미 연합회에서 결정된 일이니 강사로 와 달라는 간청에 못 이겨 강사로 갔다. 헌금 소리는 한마디도 않고 '성경 바로 알고 바로 믿자'는 주제를 갖고 밤에는 부흥 설교 특히 간증을 위주로 전했고 낮에는 '십자가의 도' 강론이 있었다.

성령의 역사는 사람의 생각과는 달랐다. "여호와의 말씀에 내 생각은 너희 생각과 다르며 내 길은 너희 길과 달라서 하늘이 땅보다 높음같이 내 길은 너희 길보다 높으며 내 생각은 너희 생각보다 높으니라"(사 55:8, 9)고 한 성경말씀대로였다.

헌금을 목적했는데도 헌금 소리는 한마디도 않고 성경만 강론하고 있어서 주최 측으로서는 염려 안 할 수가 없었다. 하지만 성령은 따로 역사하고 있었다.

마지막 저녁이었다. 호놀룰루에서는 가장 큰 미국인 교회를 얻어서 모였는데 입추의 여지가 없이 모여들었다.

설교자가 서는 강단은 높게 공중에 떠있는 것 같은 이채로운 단이었다. 꼭 혼자 설 수 있는 8각 원형으로 된 강단인데 강대상 하나가 고정되어 있을 뿐이다.

위는 삿갓을 씌운 것 같은 모양이었다. 구름 위에라도 둥둥 떠 있는 기분으로 아래 있는 청중을 내려다보며 설교를 해야 했다.

마지막 날 밤이지만 역시 헌금 소리는 한마디도 않고 말씀만을 전했다. 주최 측의 안타까움이란 누구도 모를 일이었다.

설교가 끝나고 통성기도가 끝난 다음이었다. 사회자는 헌금하자고 외치기 시작했다. 먼저 자신부터 'ㅇㅇ불을 내겠습니다'라고 했는데 교역자로서는 적지 않은 액수였다.

매일 매시간 사회자는 교대해서 서던 중 그날은 장광원 목사 차례였다. 그 목사는 자신도 모르게 성령에 사로잡혀 헌금 약속을 받아들이기 시작하는데 인간 방법이나 수단은 전혀 개입되지 않았다. 오직 성령에 사로잡혀 역사하는 모습임이 틀림없었다.

그 즉석에서 "저 만 불이요"하고 큰 소리로 자원하는 목사님이 선두에 또 한분 생겼다. 자기 교회에서 건축헌금으로 적립해 두었던 돈이란다.

목자들이 선봉 서서 헌금을 해서인지 성도들도 뒤따라 저도 몇 천 불 몇 천 불하는 것이 삽시간에 3만 불이 넘었다.

그 중에는 물론 몇 백 불도 몇 십 불도 있기는 했으나 대체로 큰 액수들이었다.

그래서 강사는 헌금하라는 말을 안 했는데도 주최 측 목표액보다는 3배나 더 나왔다.

이것이 성령의 역사가 아니고 무엇이랴. 이렇게 밤 시간은 밤 시간대로 은혜가 충만했다.

따라서 목적했던 헌금도 충족했다.

6. 2000년 전통

하지만 낮 시간이 문제였다. 교역자도 성도들도 신기할 정도로 성경의 맛을 찾게 되었다. 그러나 이날까지 자기네들의 교훈과는 다르다는 것이다. 요는 2000년 전통이 무너지는데 그래도 좋으냐 식의 질문이 들어왔다.

밤 시간은 주말로 끝냈지만 낮 시간에 공부하던 십자가의 도론은 주초에도 계속했다.

주석을 갖고 와서 주석과는 다르다는 질문도 있게 되었다.

성경대로 강론을 했는데도 이것이 왜 전통과는 달랐을까. 전통이 잘못되어 전래해 내려온 것일까. 아니면 성경강론을 잘못한 것일까. 성경이 잘못되었을 리는 없을 것 아닌가.

강론이 잘못되었거나 전통이 잘못되었거나 둘 중의 하나는 잘못되었을 것이 분명하다.

잘못되었다면 나목사의 성경강론이 잘못되었겠지 아무렴은 2천년을 이어 내려오는 전통이 잘못되었을 수가 있겠는가?

누구나 그렇게 생각할 일이다. 하지만 일점일획도 틀림이 없는 성경 그대로 전했을 뿐 다른 해석을 붙인 것도 아닌데 왜 전통과는 다르단 말인가.

7. 에덴에서도 생육 번성했다

예를 들면 아담이 에덴에서도 생육 번성했다는 것이 성경적이다. 그런데도 전통으로는 에덴에서 생육 번성을 안 했다고 전래되어 왔다.

하나님께서 생육 번성하라는 축복을 하셨는데 왜 생육 번성하지 않고 벗은 몸으로 오랜 세월을 나무 그늘 밑에서 아내와 마주앉아 지냈다고만 생각을 했는지 모를 일이다.

가인과 아벨은 아담이 타락 후, 즉 에덴에서 추방당한 후에 낳은 아들들이다. 그런고로 잉태의 고통과 해산의 수고가 더하리라는 하나님의 저주가 임한 후에 낳았다(창 3:16).

그러한 고통을 당하면서도 9백 30세가 될 때까지 8백 년 동안이나 자녀를 낳았다.

그런데 왜 그러한 고통을 안 당하고 아이를 낳던 그 시절에는 도리어 아이를 안 낳았다고 생각할 수 있었을까?

이해되지 않는 전통이 이어져 내려왔다. 에덴시대에서 생육 번성했다는 증거를 몇가지 들어 보자.

첫째는 하나님께서 아담부처를 지으시고 첫 축복으로 생육 번성하라는 복을 주셨으니 그대로 생육하고 번성했을 것이다(창 1:28).

둘째로 타락 이후에 처음으로 낳은 가인이 동생 아벨을 죽이고 추방당할 때에 나가는 동안 만나는 자가 죽일 것을 염려했다(창 4:14).

그런 염려는 곧 그 당시에도 많은 사람이 살고 있었다는 증거다. 즉 에덴시대에도 생육 번성했다는 입증이다.

셋째, 하나님께서 가인을 죽이는 자는 벌을 7배나 더 받으리라고 하시면서 표를 주어 내보내셨다(창 4:15). 이는 곧 누구에게든지 죽임을 면케 하기 위함이었다고 했다.

이 역시 그 당시 사람이 많이 살고 있었다는 입증이 아니겠는가. 그 많은 사람이란 에덴에서 출생하지 않았다면 어디서 생겨났을 것인가.

넷째, 가인이 쫓겨나 놋 땅으로 가서 결혼하고 자녀를 낳고 살았다(창 4:15). 만일 에덴에서 생육 번성이 없었다면 가인의 결혼상대가 어디서 생겨났을 것인가.

다섯째, 아담 한 사람의 범죄로 말미암아 많은 사람이 죽었다(롬 5:15, 17, 19). 그 많은 사람이란 에덴에서 생육 번성했기에 있었을 것이 아닌가.

그 많은 사람이란 아담타락 후대의 사람이라고만 생각하기 전에 아담 당시 사람들이 더 먼저 있었다고는 왜 생각이 안 되는지 모를 일이다.

잘못된 전통에서 이어받은 선입관념에 젖으면 성경 바로 알고 바로 믿는 노선을 찾으려고도 않는다.

8. 전통에도 오류 있어

성경 아닌 인류역사로 충분한 자료와 증거를 갖고 엮은 세계사에도 드러나 있는 대로 무스테리안 문화시대, 즉 고 구석기 시대도 신 구석기 시대도 있었고 신석기 시대도 있어서 아나우 문화시대가 있었다는 것으로 보아서도 에덴시대에 많은 인류가 생육 번성했다는 증거가 아니겠는가?

또 한 가지 잘못된 중요한 전통을 지적한다면 창조 연대를 말하지 않을 수 없다. 창조를 지금으로부터 6천 년 전이라고 전해 내려오는 것부터가 크게 잘못된 전통이다.

아담이 타락 이후 에덴에서 추방당한 때가 지금으로부터 약 6천 년 전 일이다.

즉 기원전 4,000년에 인류의 제1차 대이동이 있었다는 세계인류 발전사에 기록되어 있는 연대는 과학적으로 확실히 증명될 만한 유적에서 말미암았을 것이다.

성경으로 보아도 기원전 약 4,000년경에 에덴에서 아담이 추방당했다(창 3:23). 아담 타락이 성경연대대로 자세히 계산해 보면 기원전 4,246년에 해당된다. 그 당시 에덴이라면 지구촌 전체를 통치하는 수도였다. 통치자 아담이 자리 잡고 있는 통수부가 있는 곳이었으니 많은 사람이 살고 있었을 것이다. 그런고로 수도에서 살던 주민은 모두가 아담이 추방당할 때에 같이 이주할 수밖에 없었을 터이니 제1차 대이동이 있게 되었다는 역사적 근거는 성경으로도 증명되는 일이다.

하나님께서 사람을 쫓아내시고 에덴동산 동편에 그룹들과 두루 도는 화염검을 두어 지키게 하셨으니 에덴에는 아무도 들어갈 수 없는 금단의 성역으로 보존되어 있다(창 3:24).

9. 성경 권위 추락시켜

고고학적으로 증명되는 유물이 제17세기에 근동지역에서 많이 발굴되었다. 그 중에는 원시 석기시대인 기원전 50만 년경 사람들이 자연석을 그대로 쓰던 유적도 발견되었거니와 그 당시 사람의 두개골도 갈릴리에서 발견되었다고 한다.

신석기시대(기원전 만년~4천년)의 사람들은 돌을 깍고 다듬어서 손잡이까지 붙여서 쓴 것이 나타나 있다고 한다.

그 시대의 유물들은 애굽이나 이스라엘 지역에는 많다는 것이고 요르단이나 레바논, 시리아, 터키, 메소포타미아, 이란, 희랍 등지에서도 많이 발굴되었다고 한다.

그 중에는 비문(碑文)이나 벽문(壁文)과 기타 법전 등 초대문화의 기록을 판독할 수 있는 자료도 얻게 되어 구약성경을 무색케 했다는 것이다. 창조 연대를 지금으로부터 6,000년 전이라고 하니까 성경이 무시당할 수밖에 없었다.

그래서 성경을 논외로 하고 히브리 민족의 역사도 무시하고 수천 년 전인 고대 근동의 역사를 다시 편찬할 수밖에 없었다는 것이다. 그래서 성경을 바로 알아야 바로 믿게 된다는 주장을 하게 된다.

성경을 바로 알았던들 창조 시점을 6,000년 전이라고는 안 했을 것이다. 인류타락 이후의 연조가 6,000년 전임이 성경으로 분명히 증명된다. 잘못 알고 전래해 내려오는 전통을 성경보다 더 믿었기 때문에 성경 권위를 여지없이 추락시키고 말았다.

미국에서는 학교 교재 관계로 가끔 창조론과 진화론으로 말미암은 재판이 일어나곤 한다. 그때마다 진화론이 창조론을 이기게 마련이다.

창조론은 창조 6,000년 설이 과학적으로 증명되는 6,000년 이전 수만 년전 유물 앞에 굴복을 당하고 마는 것이다.

성경 권위가 이처럼 추락되는 것만큼 하나님의 존엄성을 모독하는 일이 되는 것 아닌가? 생명 없는 유물 앞에 생명 있는 성경이 매장을 당하다니 이 어찌 있을 수 있는 일이랴?

"너희의 전하는 유전으로 하나님의 말씀을 폐하며 또 이 같은 일을 많이 행 하느니라"(막 7:13)고 주께서 경고하시면서 무리를 다시 불러 이르시기를 "너희는 다 내 말을 듣고 깨달으라"(막 7:14)고 하셨다.

또 말씀하시기를 "사람의 계명으로 교훈을 삼아 가르치니 나를 헛되이 경배하는 도다"(막 7:7)라고 하시면서 "너희가 하나님의 계명을 버리고 사람의 유전을 지키느니라 또 가라사대 너희가 너희 유전을 지키려고 하나님의 계명을 잘 버리는 도다"(막 7:9)라고 하신 주님의 말씀을 명심했다면 사람의 유전을 버리고 하나님의 말씀을 따랐을 것이다.

즉 전통을 버릴지언정 성경을 따라야 할 것 아닌가?

10. 성경은 하나님의 말씀

성경은 하나님의 직접적인 성령의 감동으로 기록된 영감서인 고로 성경은 하나님의 말씀이다. 세상 사람의 말을 기록한 책과는 엄연히 다르다(딤후 3:16, 벧후 1:21, 계 1:10, 사 34:16).

그럼에도 불구하고 성경보다는 전통을 더 중요시한다는 것은 재고할 문제다. 성경 바로 알고 전통을 바로 잡아야 한다.

성경을 잘못 알고 잘못 믿으면 구원 문제에도 차질이 생길 수 있다.

전통의 권위가 그처럼 크게 영향을 주는 것은 성경을 토대로 한 많은 학자들의 의견을 집약시켜 전래된 계통이라는 데서 생긴 권위이다. 그렇다고 성경에 어긋나는 것도 그대로 두어야 한다는 말인가? 엄연히 시정돼야 옳다.

성경을 토대로 한 의견이라는 데서 권위가 유지되고 있지만 성경을 잘못 알았다면 그 의견이란 어디까지나 사람의 의견이지 하나님의 계시는 아니다.

즉 성경은 하나님의 계시이지만 의견은 사람의 생각이니만큼 하나님의 뜻이나 생각과는 다를 수도 있지 않겠는가.

"내 생각은 너희 생각과 다르며 내 길은 너희 길과 달라서 하늘이 땅보다 높음같이 내 길은 너희 길보다 높으며 내 생각은 너희 생각보다 높으니라"(사 55:8~9)고 하신 하나님의 말씀에 의한다면 사람의 의견을 절대화시킬 수는 없는 일이다.

아무리 많은 학자들의 의견이고 오랜 역사를 통했다 할지라도 피조물 인간의 의견이고 피조계의 시간 역사이거늘 절대자 창조주이신 하나님의 뜻의 계시인 성경말씀을 능가할 수는 없을 것이다.

11. 전통은 사람의 유전

역대 교회의 계속적인 연구와 장구한 투쟁에서 계속 발전해 내려온 전통을 무시할 수 없다는 것이 역대 교회의 주장이다.

그러나 인위적인 전통에 고착되어 바리새적 형식에 빠져 복음을 변질시킨다는 것은 극히 위험한 일이다(갈 1:7). 오류가 있는 전통을 절대화시키는 것은 성경을 변질시키는 결과를 가져오기 때문이다.

바울 사도는 본시 조상 유전을 열심으로 지키던 유대인의 전통신앙으로 바리새 정통을 자랑하던 정통교인이었다(갈 1:4).

하지만 그는 참을 찾는 즉시 그 전통 고집을 버리고 "내가 사람에게 받은 것도 아니요 오직 예수 그리스도의 묵시로 말미암아 받은 것이라"(갈 1:12)고 역설하며 인간 전통과는 절연하고 예수 전통을 바로 찾아 바로 믿고 바로 전했디. 생명 있는 전통을 올바로 전수시킨 것이다. 이는 곧 신앙혁명이었다.

외면적인 전통 권위를 세워 나가려는 무모한 투쟁은 성경의 질적 권위를 상실시키는 결과가 되고 만다. 그런고로 신앙혁명이 필요했던 것이다.

인위적 외형 권위를 유지하려다가 성경 본질을 변질시킨다면 그때에는 용서 못 받는 저주가 임하게 된다(갈 1:8~9).

그래서 바울은 사람의 뜻에 따라 된 전통보다 하나님의 뜻과 그리스도의 계시로 말미암은 복음을 따르고 복음을 전했다(갈 1:10~17).

베드로 사도는 말하기를 우리가 먼저 알아야 할 것은 성경의 모든 예언은 사사로이 풀 것이 아니라고 했다(벧후 1:20). 왜냐하면 억지로 풀다가 스스로 멸망에 이르게 되기 때문이다(벧후 3:16).

그런고로 성경은 성경 그대로 믿고 그대로 전해야지 전통에 억지로 결부시키려 드는 것은 멸망길이 되고 말 것이다.

III. 죄악과 세상

1. 죄악은 세상에서 번성하고

1979년 5월 21일 월요일 맑은 날이었다.

디트로이트에서 집회를 마치고 관광을 가자기에 따라 나섰다. 그때 윤대종(尹大鍾)이라는 청년이 고급차 벤을 갖고 왔다. 차 내부가 응접실로 쓸 수도 있고 침실로 쓸 수도 있는 의자와 상이 모두 고급으로 꾸며진 여행용 차였다.

차 성능이 월등하게 좋다면서 어떤 차든지 추월하며 달려가는데 무서울 정도로 과속을 한다.

아침 10시 45분에 출발하여 오후 5시에야 목적지에 도착했다. 맥크낵 브리지(Mackinac Bridge)라는 나루터 부락이었는데 바다같이 넓은 호수가 있었고 긴 다리가 하나 보였을 뿐 그리 관광할 만한 경치나 시설이 있는 것도 아니었다.

어떻든 늘 직장에 매어 있던 윤씨로서는 풀려난 망아지 모양 경쾌한 기분으로 관광을 나온 것이다. 점심은 중간 휴게소에 들러서 먹었다. 김집사님 댁에서 싸준 도시락이었는데 집사님 정성이 담긴 것이 환히 보였다.

그때 김밥은 미국에서 먹는 한국 음식이어서 그랬는지 차 안에서 상을 받쳐 먹어서 그랬는지는 몰라도 어떻든 인상적이었다. 맛도 좋았거니와 기분도 좋아서였는지 잊혀지지 않는 추억 중의 하나이다.

그날 밤 모텔에서 세 사람이 한방에서 자게 되어 그들의 세상 이야기를 듣고서 또 한 번 놀라움을 금치 못했다.

그 윤씨 청년은 예산 출신이라고 들은 것 같기는 하나 자세치는 않다. 그의 생애랄까 그의 과거랄까 그의 생활이 세상 모습의 진실이라면 나는 너무도 별다른 세상에서 살다가 온 것 같은 느낌이었다.

나는 아무리 방랑생활을 험하게 했어도 그런 세계는 보지도 듣지도 못했다. 하나님께서는 나를 특별히 구별하여 연단을 시켜서 써 주시려고 불러 주셨는가 하는 고마움을 새삼 느끼기까지 했다.

나는 안 믿을 때에 누구보다도 험하게 추하게 살고 있던 죄인이었다고만 생각했는데 그의 말을 듣고 보니 내 생활은 별천지, 별세계에서 살다 온 사람 같은 느낌이었다.

그가 살아 온 그 생활이 참세상의 참모습이라니 말이다. 은형규 목사의 뒷받침하는 말을 들으면서 더욱 놀랐다. 즉 그 윤청년의 말보다도 더한 세상 이면이 깔려 있는 현실이라는 말을 들으면서 놀라지 않을 수 없었다.

2. 세상은 죄악에서 유지되고 있어

세상이 이렇게 부패했을까? 노아시대에 세상이 너무 부패해서 하나님께서는 천하를 물로 쓸어 버리셨는데 그때보다 더한 부패라면 물보다도 불로 태워 버린다는 말세심판도 가까웠음을 짐작케 했다.

나는 그날 밤을 새우다시피 했다. 과거에 듣지 못하던 별세계의 인간상 교육을 받는 것 같기도 했다.

그런 세계도 있었는가 하고 곧이 들리지 않는 일이긴 했으나 은목사의 뒷받침 조언에 나도 그 말을 그대로 받아들이게 되었다.

그 청년이 걸어 온 음탕한 뒷골목 세계와 화려한 조명 아래 있는 외식 세계가 모두 허공에 떠있는 물거품 같은 세계로밖에 보이지 않았다.

이것이 오늘의 세계상이라면 멸망의 날은 가까운 것 아니겠는가 하는 생각에 사로잡혀 자신의 위치도 공중에 떠있는 것 같았다.

관광이 아니라 세상을 좀 더 알게 하기 위한 하나님의 섭리에서 이번 여행을 시키신 것이 아닌가 하는 신앙적 해석을 억지로 붙여 보면서 엎드렸다.

기도도 잘 안 되고 그에게 들은 말이 눈앞에 보이는 듯 추잡한 환상만이 어물거리고 있었다.

"주여, 어찌 하오리까… 세상은 이렇게까지 험해졌는데 이 험곡을 어떻게 헤치고 나가야 합니까…?"라고 기도하는 순간 "내 아들아 악한 자가 너를 꾈지라도 너는 좇지 말라 그들이 네게 말하기를 우리와 함께 가자 우리가 가만히 엎드렸다가 사람의 피를 흘리자 죄 없는 자를 까닭 없이 숨어 기다리다가 음부같이 그들을 산채로 삼키며 무덤에 내려가는 자 같게 통으로 삼키자"(잠 1:10~12)라고 하는 세상임을 알고 그 길을 좇지 말라는 것이 하나님의 교훈이었다.

날이 갈수록 죄악은 세상에서 번성하고 세상은 죄악으로 유지되고 있다는 것이다. 그런고로 죄악의 끝 때는 세상의 끝 때다(겔 21:25).

3. 세상 냄새

다음날 아침이다. 배 떠나는 시간이 아홉 시라면서 서둘렀다. 5월 22일 화요일 맑은 날씨에 잔잔한 호수는 마음을 씻어 주는 듯 했다. 지난밤 어수선했던 심령이 맑아지는 듯 상쾌한 기분이었다.

어제 온종일 타고 온 벤 차는 모텔에 맡겨 놓고 배를 타니까 기분 전환이라도 되는 것 같았다. 그리고 밤새워 듣던 추잡한 이야기에서도 벗어나고 잠에서도 벗어났으니 기분도 전환될 수밖에 없었다.

시원한 바닷바람을 쏘이면서 어느덧 동경했던 맥크낵 아일랜드(Mackinac Island)라는 섬에 착륙했다.

말똥 냄새가 물킥 풍기는 어수선한 풍경이었다. 말이 끌고 다니는 마차버스가 손님을 기다리고 부둣가에 머물러 있었다. 제법 여러 사람이 탈 수 있는 버스 형으로 만들어진 마차였으니 마차버스라고 나는 불렀다.

그 마차버스에 타고서 그 섬을 일주할 수 있도록 관광코스가 되어 있었다. 그늘진 숲속으로 나뭇잎 썩는 냄새를 만끽하면서 돌아야 하는 곳이다.

5월 하순 여름이었는데도 춥기만 했다. 보통 추운 것이 아니었다. 절기를 역행하는 지대였다.

맑은 날씨인데도 햇빛을 볼 수 없으리만큼 어두침침한 숲속이었으니 그럴 수밖에….

수 백 년 묵은 원시림에서 썩어 나는 냄새와 그늘진 습기가 치받치는 기운에 휩싸여 두 시간이나 돌았으니 머리가 헹뗑했을 뿐이다.

맑고 깨끗한 공기 속에서 대자연의 향기를 마음껏 만끽하리라고 알았던 기대감은 완전히 무너졌다.

그러고 보니 햇빛이 얼마나 소중한 것인지 알 만했다. 숲속을 지나던 중 햇빛을 잠깐이라도 만나게 되면 얼마나 반가운지 모른다. 그 햇빛을 만끽하고 싶은데도 마차는 모른척하고 달린다.

햇빛 되시는 주님을 그만큼 그리워할 수 있는 심령이라면 살아 있다는 증거가 아니겠는가? 살아 있는 생명으로서의 생명의 향기를 발할 수 있는 것이다(고후 2:14).

썩어가는 인생 따라 세상도 같이 썩어간다. 햇빛을 못 보아서 그렇게 썩을 수밖에 없다는 것을 새삼 느끼면서 그곳을 돌았다.

죽었으니 썩었고 썩었으니 썩은 냄새가 날 수밖에 없었다.

이것이 곧 세상 냄새가 아니겠는가?

4. 사망 냄새와 생명 냄새

"이 사람에게는 사망으로 좇아 사망에 이르는 냄새요 저 사람에게는 생명으로 좇아 생명에 이르는 냄새라"(고후 2:16)고 한 것도 그런 의미에서 있는 말씀이다.

그런고로 바울 사도는 "그리스도를 아는 냄새를 나타내시는 하나님께 감사하노라"고 하면서 "우리는 구원을 얻는 자들에게나 망하는 자들에게나 하나님 앞에서 그리스도의 향기"라고 했다(고후 2:14~15).

과연 햇빛 아래서 자라나는 꽃밭에서는 향기가 나는 법이요, 그늘 밑에서 자라나는 화초는 제구실을 못 하고 썩어 버리게 마련이다.

햇빛 아래서 자라날 수 있는 환경과 처지에 있게 하신 하나님께 감사하지 않을 수 없었다.

즉 주 안에서 사는 사람들은 햇빛 아래서 자라고 있는 꽃밭에 비유한다면 주를 모르고 사는 자는 썩는 냄새만을 풍기는 음침한 숲속과 같다는 생각을 하면서 마차에 멍하니 앉아서 사색에 잠겨 있는 동안 어느덧 부둣가로 나왔다.

배를 타는 순간까지 취각이 마비된 상태였다. 상륙할 때에 그렇게 지독스럽던 말똥 냄새가 어디로 갔는지 냄새를 몰랐다. 썩은 냄새에서 벗어나서인지도 모른다.

5. 억지 관광에서 얻은 교훈

말똥섬에서 말똥 냄새와 썩은 냄새에 취했던지 머리가 헹뗑한 기분이 가셔지지 않은 채 그곳을 떠나는 배에 올랐다.

썩은 냄새에서 벗어나서인지 상쾌한 맛을 찾은 것 같으면서도 머리는 무거웠다. 지난밤에도 밤잠을 설친데다가 그렇듯 온종일 퀴퀴한 냄새 속에서 지내다가 왔으니 그럴 수밖에 없었다.

관광이라기 보다는 곤역을 치르고 나온 것 같았다. 그러나 큰 비용을 써가면서 정성 어린 관광을 시켜 주는 이에게는 그런 소리를 할 수도 없었고 그런 눈치도 보이기는 미안했다.

그야말로 억지 관광 같기는 했으나 하나님의 섭리는 계셔서 나에게 큰 신앙적 교훈이 되게 하셨다.

생사기로에 선 인생항로를 깨닫게 한 특수한 관광이었다고 생각하고 보니 안내하며 앞서 있는 윤청년의 뒷모습이 귀엽기만 했다.

배에서 내리자마자 맡겼던 차를 찾아 타고 쉴 사이도 없이 시내 관광을 또 떠났다. 시내라기 보다는 촌락이라고 해야 적당한 표현일는지 모른다.

부둣가에는 집이 다닥다닥 있었지만 그 안으로 들어가면 집들이 여기저기 드문드문 있었으니 말이다.

거기에는 인디안군이 구축한 군용 석벽이 눈길을 끌었다. 대포와 총을 가지고 침공해 오는 미군을 활이나 창으로는 감당하기 어려웠다.

높이 쌓아 올린 토벽 따위로써는 그 불무기의 위력을 막아낼 수가 없어서 급기야는 전멸 상태에 빠지면서 지휘관은 잡혀서 처형을 당해야 했다. 만인 앞에서 사형 당하던 사형장을 보면서 측은한 마음 금할 길이 없었다.

능지처참하는 형장도 있었고 교수대도 만인이 볼 수 있도록 되어 있었다. 머리만 내놓고 목을 졸라 놓는 형틀도 있었다.

즉 머리만 내놓고 손도 발도 결박당한 채 먹지도 마시지도 못하고 그냥 햇빛 아래서 마르고 밤이슬 속에서 썩어나야 하는 가련한 참상이 눈앞에 보이는 듯이 그 형틀이 증거하고 있었다.

6. 인디안이 흘린 피값은?

인디안은 성경 상으로 셈의 족속 중에서도 욕단의 후손이라고 알고 보니 우리와는 먼 친족관계에 있는, 같은 황인종이다.

야벳 자손인 백인종들에게 그 같은 박해를 당하며 생명을 빼앗기고 거주지를 빼앗겨야 될 이유가 무엇일까?

"너희가 만일 내가 오늘날 너희에게 명한 도에서 돌이켜 떠나 너희 하나님 여호와의 명령을 듣지 아니하고 본래 알지 못하던 다른 신들을 좇으면 저주를 받으리라"(신 11:28)고 성경에 명시되어 있다.

그런 성읍 거민은 칼날로 죽이고 그 성읍과 그 중에 거하는 모든 것과 그 생축도 진멸하고 물건들도 빼앗아 거리에 모아 놓고 전부 불살라 버리라고 했다(신 13:15~16).

인디안은 확실히 하나님을 버리고 다른 신을 섬기다가 그런 참변을 당했다.

인디안은 자기들의 죄 값으로 당한 저주였지만 몽둥이로 쓰여 진 미국은 오늘날 2백년 어간에 급진적인 축복 속에서 세계를 제패하고 있다.

그러나 그 많은 피를 흘려 놓았으니 그 피 값을 갚아야 할 날도 언젠가는 닥쳐올 것이다.

"내가 반드시 너희 피 곧 너희 생명의 피를 찾으리니 짐승이면 그 짐승에게서, 사람이면 그 사람에게서 그의 생명을 찾으리라 무릇 사람의 피를 흘리면 사람이 그 피를 흘릴 것이니 이는 하나님이 자기 형상대로 사람을 지었음이니라"(창 9:5~6)고 하신 말씀대로 인디안의 피를 흘린 자는 그 피 값을 반드시 갚아야 할 것이다.

7. 아틀란타에서 있은 일

1976년 늦은 봄이었다. 숲이 우거진 시내 도로로 한참이나 달렸다. 여기도 워싱턴과 같다면서 시내에 숲이 있는 것을 신기하게 보았다.

한국에서는 볼 수 없는 광경이었으니 말이다. 한국에는 땅이 좁은 것만큼 집이 맞붙어 있으니 그런 여유 있는 넓은 땅도 없거니와 그런 숲이 시내에 있을 수가 없다.

그런데 처음 가서 보는 미국은 가장 눈에 뜨이는 것이 집주변의 잔디밭이다. 널찍하게 터전이 잡혀 있는 집들이 잔디밭 속에 안정되어 있는 모습이다. 그 잔디밭에는 보기 좋은 위치에 꽃나무나 다른 상록수 등으로 운치를 드러내고 있다. 한마디로 낙원상을 그려 놓은 듯한 환경이다.

아틀란타도 예외는 아니다. 그런데도 숲이 우거진 시내의 변두리 모습이 좀 더 드러나게 이채로웠다.

아틀란타 장로교회에서 집회를 했을 때의 일이다. 첫날 저녁설교를 마치고 단에서 내려왔다. 단에서 내려오면 어디서나 있는 일이지만 안면 있는 교인들이 몰려든다.

"한국에서 20년 전에 뵈었는데 그때나 다름이 없습니다. 30년 전에 뵈었는데 여전하구먼요, 목소리도 그대로고 얼굴은 그때보다 더 젊어졌습니다." 라는 등의 인사가 있게 된다. 나는 그들의 얼굴을 모르지만 반갑게 대해 주니 나도 반가웠다.

땀에 젖은 몸, 빨리 나가서 숙소로 돌아가야 샤워도 하고 옷도 갈아입을 수 있을 터인데 어떤 할머니에게 잡혔다.

다른 사람들은 간단한 악수로써 인사가 끝나는데 이 할머니는 그렇지가 않았다.

내 손을 꼭 붙잡고 운다. 나는 전혀 알 수 없는 할머니였다. 반가워서 붙잡고 울 정도라면 내가 보면 알 만할 터인데 전혀 알 수가 없었다.

"어디서 오셨지요? 누구지요?"

내가 궁금한 것을 하나하나 물었다. 대답도 않고 붙잡은 채로 울기만 한다. 안 놓아주는 그 할머니를 억지로 뿌리칠 수도 없었다.

"이렇게 좋은 곳에 와서 사시는구먼요. 낙원 같은 곳입니다."

라고 했더니 그때에야 이 할머니는 입을 열기 시작한다.

8. 어떤 할머니의 사연

"낙원이요? 낙원은 커녕 지옥이지요."라고 힘주어 말한다.

"지옥 같은 곳엘 왜 오라오라 해가지고 사람을 이렇게 말려 죽이려 드는지 알 수 없는 일입니다."

하고 또 울기 시작한다.

그 할머니의 사연을 듣고 보니 딱하기가 짝이 없었다. 자기가 그곳에 오기는 4, 5개월 되었지만 고향이 그리워서 견딜 수가 없어 도로 보내 달라고 아무리 졸라도 아들 며느리는 들은 척도 않는다는 것이다.

말도 모르지, 운전도 할 줄 모르지, 어디를 갈 수가 있나, 누구를 만나서 이야기를 할 수가 있는가, 누구를 만나고 싶어도 만날 수가 있는가, 어떻든 갇혀서 사는 신세에 낙원이 어디에 있겠느냐고 투정을 하면서

"지옥이지요, 지옥이야요, 지옥이 아무리 괴롭단들 이보다 더하기야 하겠습니까?"

하고 안타까운 하소연이 터져 나온다.

그런 생활환경이 마음에 편안을 못 주고 있다는 것이야 누구나 알 수 있는 일이기는 하지만 그에게는 또 다른 일이 하나 터졌다.

그 할머니는 손자를 보면서 집이나 지키고 있는 것이 그의 소임이었다.

아들도 며느리도 각각 직장으로 일찍 나갔다가 밤에 늦게 돌아오니 온종일 어린아이와 같이 지내야 하는 형편이었다.

어느 하루는 아이가 몹시 울면서 제 고집을 부리고 할머니의 애를 태우더란다. 업어주어도 안아 주어도 그냥 울더란다.

9. 어린애는 빼앗기고

할머니는 분풀이 할 곳이 없어 어린애 엉덩이를 몇 차례 때렸다는 것이다. 한국에서는 흔히 볼 수 있는 일이다. 하지만 미국에서는 통하지 않는 일이었다. 백차가 하나 달려오더니 당장에 할머니도 어린아이도 같이 싣고 갔다.

할머니는 이것이 무슨 날벼락일까 하고 어리둥절한 채 경찰서에 끌려갔다.

그날 퇴근하고 돌아온 아들도 며느리도 처음에는 어디 근처에 바람 쐬러 나가셨거니 하고 들어오시길 기다렸다. 그러나 날이 저무는데도 돌아오지 않았다.

부근으로 두루 찾아보았다. 그러나 보이지 않았다. 그때는 어디 나갔다가 길을 잃은 줄

알고 부근 사람들에게 물어 보았다.

그때에야 같은 아파트 옆집에 사는 미국 부인이 나오면서 자기가 경찰에 고발을 해서 백차가 와서 데려갔다는 것이다.

하도 아이 우는 소리가 들리길래 들여다보았더니 할머니가 아이의 엉덩이를 때리더라는 것이다. 그래서 경찰에 고발했노라고 의젓이 제 할 일을 했다는 식으로 알려 주더란다.

엄마 아빠는 급하게 경찰서로 달려갔다. 경찰서에서는 엄마 아빠에게 한참이나 교육을 시키더니 범인으로 취급을 받고 있는 할머니에 대한 신원보증서에 사인을 받고 할머니를 내주었지만 아이는 안 내주더라는 것이다.

말도 못 하는 어린아이를 때리는 것은 국법에 위배되는 범죄행위라면서 할머니를 며칠간 구류시켜야겠다는 것을 각가지로 사정사정해서 보증서를 쓰고 데려 내왔다는 것이다.

그러나 아이는 아동양육원에 보냈으니까 잘 보호하고 잘 양육시킬 터이니 염려 놓으라면서 일단 입소시키면 6개월 전에는 못 찾아간다고 하더란다.

10. 지옥에라도 들어가고 싶은 심정

이렇게 되니 할머니는 아들 며느리 보기가 면목이 없어서 죽고 싶더란다. 그래서 몇 번이나 죽으려고도 해보았지만 죽지 못하고 이렇게 살고 있는 신세라면서 또 울고 또 울었다.

매일 이같이 울고 사는 신세, 아들을 보기도 미안하지만 며느리 보기가 면목이 없어 얼굴을 못 들고 지옥에라도 갈 수만 있다면 쑥 들어가고 싶다는 하소연이었다.

차라리 나를 경찰에 그대로 가두어 주었으면 좋으련만 경찰서를 찾아갈 수가 없어서 거기도 못 가고 있다는 할머니의 안타까움을 무엇으로 위로할 길이 없었다.

성경에 이르기를 "아이를 훈계하지 아니 하려고 하지 말라 채찍으로 그를 때릴지라도 죽지 아니 하리라"(잠 23:13)고 했고 오히려 "그 채찍으로 때리면 그 영혼은 음부에서 구원하리라"(잠 23:14)라고 했으니 때리는 것은 잘못이 아니라고 할 수 있었지만 아직 어린 아이로서 자기 의사를 말로 표시할 수 없는 처지였으니 징계대상으로 삼을 수 없는 처지였다.

"주께서 사랑하시는 자를 징계하시고 그의 받으시는 아들마다 채찍질하심이니라"(히 12:6)라고 한 것은 선악을 분별할 수 있는 지능이 생긴 다음의 자녀를 대상으로 하는 교훈이다.

"너희 자녀를 노엽게 하지 말고 오직 주의 교양과 훈계로 양육하라"(엡 6:4)고 하였으니 말 못 하는 어린 것이라도 노염이 생길 수는 있다고 본다면 그 할머니의 행위는 옳다고 볼 수는 없는 일이 아니겠는가.

그렇다면 이 할머니는 미국법으로는 으레껏 범죄 행위였지만 성경으로도 어긋나는 행위였으니 죄 없이는 살 수 없는 세상임을 다시 한 번 느끼게 되었다.

즉 이래도 저래도 죄가 된다는 말이다. 그러고 보니 일상생활이 죄의 생활이다. 그래서 주 안에서 살아야 한다는 것이다.

11. 죄악에서 떠나는 길

죄악으로 연계된 세상에 산다는 것부터가 죄를 안 짓고는 살 수 없는 데서 산다는 말이다. 그런고로 죄에서 벗어나는 길은 자기노력이나 방법으로는 안 되는 일이다.

인생이란 죄로 말미암아 고통에서 살고 있으니 나면서부터 고통으로 태어났고 고통에서 살며 늙고 고통에서 병들어 고통에서 죽는 일생을 인생 4고라고 불교에서 말하고 있다(시 51:5, 53:1~3).

그런고로 죄악의 고통에서 생겨난 인생이 고통에서 살다가 고통에서 죽는다는 것은 당연한 일이다. 이렇게 사망의 당연성을 지니고 있는 인생이 무엇으로 사망의 범주에서 벗어날 수가 있겠는가 말이다.

하나님께서 본래 창조를 그렇게 하신 것은 아니다. 본시는 선하신 하나님의 형상대로 선하게 지으셨지만(창 1:26) 지으신 하나님의 선하신 뜻을 따르지 않고 탈선했기 때문에 고통의 길로 전락되었다(롬 5:14).

이렇게 인생길을 전락의 길로 끌고 들어간 인류의 시조 아담의 길에서 벗어나야만 살 수 있는 길을 찾게 되어 있다(롬 7:22~23).

그 길을 찾게 해주시려고 우리를 따라 나선 이가 있다. 그가 바로 죄와는 상관이 없는 창조주와 일체이신 그 아들 예수 그리스도이시다(롬 5:17).

사망의 왕권 안에서 살고 있는, 아담에게 매인 사망 줄을 끊어야 예수 그리스도의 생명 줄을 잡을 수 있지 않겠는가. 그래야 생명의 왕권 안에서 영생할 수 있는 생명 길을 갈 수가 있다(엡 4:22~24).

그 길을 곧 주 안에서 사는 길이라고 한다. 세상과는 분리된 생활을 말함이다. 세상에서 살면서 세상에서 분리되었다는 말은 공간적 거리를 말함이 아니고 이념적 거리가 생기면서 생활의 거리가 생겨서 신앙생활이 유지된다는 말이다. 그 신앙생활을 곧 주 안의 생활이라고 한다.

죄악에서 떠난 길, 사망에서 떠난 길이다. 죄의 생활은 사망으로 가는 길이지만 신앙생활은 사망에서 떠나는 길이다(롬 8:13).

12. 주 안에서 사는 길

세상에 살면서도 세상을 떠나는 길이 주 안에서 사는 길이다. 즉 신앙생활을 뜻한다.

어떤 율법사가 와서 예수님께 묻기를 "내가 무엇을 하여야 영생을 얻으리이까?"했을 때에 예수님께서 이르시기를 "율법에 무엇이라 기록되었으며 네가 어떻게 읽느냐"고 반문하여 율법사 자신이 물어 본 영생 길을 율법사 자신이 대답하게 하셨다(눅 10:25~26).

그는 대답하기를 "마음을 다하고 목숨을 다하고 뜻을 다하여 주 너의 하나님을 사랑하고 또 네 이웃 사랑하기를 네 몸같이 사랑하라고 하였나이다"라고 했다.

그 대답을 듣고 난 주님께서는 "네 대답이 옳도다 이를 행하라 그러면 살리라"(눅 10:27~28)고 영생 길을 간단명료하게 가르치셨다.

즉 아는 것만으로는 영생길이 아니라는 뜻을 분명히 하셨다. "이를 행하라"고 한 것은 아는 것을 아는 그대로 행해야 영생이라는 말이다. 알기만 하고 행하지 아니한다면 그 믿음은 죽음 믿음이다(약 2:25~26).

율법사로서 스스로 물은 말에 스스로 대답하게 하심은 영생길을 알면서도 행하지 않고 있는 것을 깨우쳐 주신 것이다.

율법사뿐만이 아니고 우리 인생 모두가 그렇다. 알면서도 아는 대로 행치 않는 그것이 곧 거짓이다. 안팎이 다르니까 그것은 곧 거짓이요, 거짓은 곧 죄다.

아담의 경우에도 선악을 알게 하는 실과를 먹으면 죽는 줄을 알았다. 알면서도 아는 그대로 행치 않았다(창 3:4~6).

먹지 않아야 사는 길이라는 것을 알면서도 먹고 말았다. 이는 곧 먹지 않는 것이 아는 대로의 행함인데 먹었으니 아는 대로 행한 것이 아니다. 그 길이 죽음의 길이다.

하나님께 순종하는 것이 선인 줄을 알면서도 선을 행치 않는 것은 주 밖에 사는 생활 즉 주 밖에 사는 생활은 사망길이요, 선을 행하는 것은 주 안의 생활, 즉 영생길이다.

Ⅳ. 왜 소외당하나?

1. 나목사님은 외로우시지요?

지난번 미국에서 처음으로 간 어떤 곳에서 있었던 일이다. 설교를 마치고 단에서 땀을 닦으며 섰노라니까 어떤 신사 한 분이 뛰어 올라와서 손을 꼭 잡는다.

나는 처음 보는 신사였다. 그는 매우 반가워하는 기색이었다. 그러나 그도 역시 나를 처음 본다는 것이다.

이름으로는 익히 들은 바 있지만 설교를 듣는 것도 처음이요, 얼굴을 대하는 것도 처음이란다.

그런데도 그는 왜 그렇게 반가워했을까? 나는 연유를 알려 하지도 않았다.

그런데도 그는 나와 말할 기회를 가지기를 원했다. 마주 앉아서도 웃기만 하고 말을 않는다.

"무슨 하실 말씀이라도 있으실 터인데…?"

하고 나도 역시 그를 마주보고 같이 웃을 수밖에 없었다.

그는 첫마디가

"나목사님은 외로우시지요?"

"아니요, 제가 왜 외로워요? 이렇게 많은 교우들이 주변 어디나 오는 곳 가는 곳마다 환영을 해주는데 제가 왜 외로워요? 그리고 주변에 교우들이 없을 경우에는 주님께서 같이 해 주시는데 외로울 시간이 언제 있을 수 있어야지요…."

"그리고 보니 제가 실례를 했는가 봅니다."

"아니요, 아니요, 실례라니요. 나는 차라리 외로운 시간을 갖기를 원하는 사람입니다. 외로운 시간이 있다면 그 시간이 바로 주님을 만날 수 있는 시간이니까 말입니다."

"그렇게 듣고 보니 참 그렇구면요."

"그런데 왜 그런 질문을 하셨지요?"

"실례가 될는지 모르겠습니다마는 한국 교계에서는 목사님이 소외당하고 있지 않습니까? 제가 보기에는 목사님은 늘 외톨이로 나도는 것 같아서 그랬습니다."

"그 말씀이 틀리다는 말은 아니고 그 말씀 그대로 나는 그렇게 외톨이임에 틀림없고 또 소외당하고 있는 것도 틀림없습니다. 하지만 나는 외롭지는 않다는 말이지 외톨이가 아니라는 말은 아닙니다."

했더니 그는 머리를 끄떡끄떡하면서 싱긋이 웃으시더니

"알 만합니다. 그 뜻을…"

"그 뜻이라니요? 무슨 뜻이지요?"

"한국 교계가 소외시키지만 외롭지는 않다는 말씀 아닙니까?"

"그렇지요. 잘 아셨구만요."

"한 번 더 묻고 싶습니다. 괜찮겠습니까?"

"괜찮습니다. 물으세요."

"그러면 왜 그렇게 소외를 당하시지요? 그들과 가까이하시면 안 됩니까?"

"사교성이 없어서 가까이할 줄을 몰라서 그렇겠지요."

"그렇게 의례적인 대답보다는 좀더 깊이 있는 대답을 듣고 싶어서입니다."

"아니요. 내게는 별다른 깊이 있는 대답이 없습니다."

"목사님의 제자 중에는 교계에 크게 드러난 이들도 많이 있는 것으로 아는데요…?"

"그렇지요. 많이 있습니다. 그들은 은혜도 있고 사교성도 좋고 또 대교단에 들어가서 일하고 있으니 그럴 수 있지요."

"그러면 목사님도 대교파에 들어가서 일하면 안 됩니까?"

"대교파에서 받아 주지도 않거니와 들어갈 마음도 가져 본 일이 없습니다. 나도 본래는 감리교 장로였으니 대교파가 아닐까요? 미국에서는 장로교보다는 감리교가 더 큰 교단 아닙니까?"

"그렇지요. 감리교 장로로 있으면서도 늘 소외된 외톨이 처지에서 고군분투하고 있으신 줄 아는데 제가 잘못 안 것일까요?"

"아니외다. 옳게 안 것이지요. 그 말씀이 맞습니다. 실상 대교파에 속해 있으면서도 소외당했으니까요."

"글쎄 그 이유가 무엇일까. 처음 들었지만 그런 설교를 어디서 들을 수가 있겠습니까? 설교가 우리만 듣기엔 너무 아까워서 하는 말입니다. 그들 속에 들어가서 좀 해주실 수는 없을까요?"

2. 정체가 밝혀졌다고?

나는 그에게만 그런 질문을 받은 것은 아니다. 요 얼마 전에도 한국에서 갓 쓰고 다니시는 한국의 전형적인 유교인에게서도 그런 질문을 받아 본 일이 있다.

얼른 대답하기 곤란한 질문이다.

"제가 못나서 그렇지 않습니까?"

라고 대답은 하지만 그들이 그렇게 간단한 대답을 참 대답으로 받아들이지는 않는다. 의례적인 겸손의 말로 알 뿐이다. 이면에는 무슨 사연이 깔려 있을 것으로 알고 그 이면을 알고 싶어 하는 이들을 가끔 대하게 된다.

지난 10월 15일자 '장로신보'라는 주간지를 누가 갖다 주기에 보았다. 처음 보는 신문이었다.

그 신문에 '정로·정론 확립 시급'이라는 흑지백발 컷을 5단으로 일면 좌측에 톱으로 게재해 놓은 기사가 있었다.

그 원제는 '감림산 기도원 나집단으로 밝혀져' 하고 누구도 몰랐던 비밀이라도 발견한 것처럼 대서특필했다.

그 부제로서는 '부산 기독교 언론협 결의문채택'이라고 버젓이 나붙었다. 언론인 협의회라면 언론인으로서의 확실한 정론으로 사회의 빛 노릇을 해야 할 터인데 너무 뒤떨어진 암흑가에서 허적이고 있는 모습을 드러내고 있었다.

감림산 기도원이라면 이미 20년 전인 1968년 9월 10일에 설립된 기도원이다.

감림산이라고 한 그 이름부터가 그들이 말하는 나씨가 지어 준 이름이고 개원예배도 나씨가 가서 설교를 했고 그 당시 장로교 목사님들, 장로교 장로님들뿐 아니라 권사님, 집사님 모두 와서 할렐루야로 환영을 했고 축하를 했다. 후에도 20년 동안이나 계속되는 집회에서 용문산 계통임을 누구나 알고 있었다.

특히 대로변 입구에 세워 놓은 큰 간판에도 '재단법인 애향숙 감림산 기도원'이라고 써 있지 않던가?

그리고 원장은 이옥란 수도사라고 하는데 수도사라는 명칭은 개신교로서는 용문산 수도원 출신 이외에는 없는 칭호가 아닌가?

수도사라면 벌써 용문산계라는 것이 드러나고 있는 칭호다.

이렇게 기도원 이름으로나 원장 이름으로나 감출 수 없는 레테르가 붙어 있거늘 무슨 비밀의 베일이라도 벗겨낸 것 모양으로 이제야 그 정체가 밝혀졌다느니, 그간 은폐되어왔다느니, 결의문을 채택하여 언론사별로 공동 보도하기로 했다느니 하는 구구한 서문부터가 유치하기가 짝이 없는 수작이다.

언론인이란 그런 유치한 소리로 남을 헐뜯는 것을 일삼는 직업인이 아니다. 그렇게 알았다면 과오 중에도 큰 과오를 범하고 있는 것이다.

3. 나씨를 단에 세우면 이단인가?

더구나 '지난 9월 13일 나운몽씨를 집회 강사로 초청한 데서부터 애향숙 재단이라는 사실이 밝혀졌다' 라고 했다.

지난 9월 13일 비로소 나씨를 처음 초청한 것이 아니고 매년 순회할 때마다 나씨가 가고 싶은 날짜를 알리고 가는 것이지 초청을 해야 가는 것이 아니다.

나씨가 못 가면 대신 나씨 제자들이 가기도 한다. 가기도 하고 오기도 하는 애향숙에 속해 있는 기도원이 전국에 50곳이나 된다. 그 원장들이 모두 수도사들이기 때문에 수도사들이 서로 오가면서 의논도 하고 기도도 하고 용문산 냄새를 어디서나 풍기고 있다.

용문산 냄새란 성령역사를 일으키는 기도와 말씀이다. 어느 수도사가 말씀에 탈선이 있던가. 기도에 탈선이 있던가.

성경 바로 알고, 바로 믿고, 바로 전하는 신실한 주의 종들이다. 그들처럼 기도로 사는 이들이 또 어디에 있던가. 개인의 영리를 위한 기도가 아니다. 나라와 민족을 위해서, 한국 복음화를 위해서, 한국 교회를 위해서 기도한다.

4. 마귀 사주 받으면 안 돼

특히 기독교 언론인이라면 기독교인답게 정로 정론으로 신속 정확한 보도를 해야 할 것이다.

그런데도 이들은 왜곡 사설로 30년이나 뒤떨어진 보도를 하고 있다. 이것을 어찌 기독교언론이라는 이름을 갖고 할 수 있는 짓이라고 할 수 있으랴.

부산 교계에 침투하는 이단세력들을 막는 데 공동 대처하기로 결의를 하고 감림산 기도원이 용문산운동의 애향숙 재단에 속해 있음을 교계에 알림으로 교인들이 더 이상 이단집단에 직접 간접으로 동조하거나 미혹되지 않도록 방지하는 데 앞장선다고 기염을 토하듯 보도했다.

그들은 자기들이 처음으로 발견한 사실을 처음으로 공개하여 보도에 개가를 부르게 된 것 같은 쾌감이라도 느끼는 모양이다. 그러나 너무 뒤떨어진 헛된 수고를 하고 있는 모습이 가소롭게만 보이고 있다. 하지만 그것을 가소롭게 생각하는 것으로 끝낼 일이 아니다.

이는 곧 성령운동을 모독하는 행위요, 교인들을 우롱하는 작태이기 때문에 마귀가 기뻐할 일이다.

따라서 하나님의 진노가 임할까 두렵다. 잠꼬대 같은 몽상에서 깨어나서 자신들이 주장하는 정로 정론 확립에 주력해야 할 긴급한 시점에 이르렀다고 보인다.

"사도시대의 오순절 다락방에서부터 일어난 성령역사의 전통을 이어 내려오는 국제적인 대교단의 공동체를 나집단이라고 악칭 하는 버릇부터 시정할 수 있는 양식을 갖는 기독교 인다운 언론인이 되라"(눅 2:31)고 맹책을 하고 싶은 반항심이 북받쳐 올랐다. 하지만 그런 감정적 반항은 마귀의 사주라고 영감이 떠올랐다.

성령의 인도를 받아야지 마귀의 사주를 받아서야 되겠는가 하는 마음이 불 일 듯해서 걷잡을 수 없었다(행 5:29). 성령의 역사란 이런 데서 하나님께 감사를 하게 된다(롬 7:25).

장로신보 편집 관계자들도 부산 기독교 언론인들도 성령이 인도하는 그 편에 서주었으면 하는 바램 이다.

5. 이단결의 자연 취소?

이단이라는 말이 활자화되기는 그들이 보도한 1956년부터가 아니고 그보다 앞서 1954년부터 있은 일이다. 그 후 7년이 고비였다.

1961년 2월에 와서야 그 누명을 벗어나 성령운동이 활발하게 천하를 휩쓸게 되었다. '길은 직선이다' 라는 내가 쓴 저서를 보면(p.332~336), 성령의 역사가 어떤 모양으로 역사하였기에 정통을 내세우며 성령운동을 이단시하던 장로교 경서노회의 합동측, 통합측 모두가 문을 활짝 열어 놓고 용문산 성령운동을 받아들였는지 알 수 있을 것이다.

2백여 교회가 일시에 문을 열어 놓고 받아들인 일로 인하여 전국으로 퍼져 들어가 오늘의 한국 교회 부흥이 된 것을 일부러 잊으려 할 필요는 없을 것이다.

그해 61년 가을에도 그 높았던 벽을 또 한 번 허물어 놓은 일이 있다. 10월 17일부터 7일간 전국 교역자 산상 구국기도대회가 용문산에서 열렸다. 그때에는 장로교, 감리교 목사들이 주동이 되어 각 교파를 망라한 범 교파적인 성격을 띤 연합으로 모인 집회였기 때문에 또 한 번 한국 교회가 발칵 뒤집히는 역사가 일어났다.

즉 용문산 성령운동을 범 교파적으로 받아들였으니 이단 결의를 무색케 할 정도가 아니고 무효화시킨 셈이다.

만일 그 결의가 살아 있었다면 현역 교역자 8백 3명과 장로, 집사 등 평신도 2천여 명이 모두 출교를 당했어야 할 판국이었다.

그럼에도 불구하고 출교는커녕 그 후 각 교회에서 성령의 운동이 불 일듯 하여 오늘의 일천만 교인으로 한국 교회를 성장시켜 놓았다.

이것을 어찌 성령의 역사가 아니라고 할 수 있겠는가?('길은 직선이다' p.337~350 참

조)

　이런 일들이 있기 전에 일어났던 일들을 이제 와서 들추어내면서 과거를 논한다는 것은 기독교 정신에 어긋나는 행세가 아닐 수 없다.

6. 나장로 이단이면 박박사도 이단인가?

　그들이 몰라서 그런 결의를 내놓고 그것을 자랑스럽게 보도하는 것부터가 스스로의 무지와 수치를 드러내는 처지가 되었으니 앞으로는 그런 과오를 범치 않게 하기 위해서라도 그 당시의 일을 간단하게 밝히는 것도 뜻있는 일이라 생각된다.

　장로신보는 '용문산 나운몽씨를 이단으로 간주하는 근거는' 하고 ㉮㉯㉰㉱로 제법 논리적인 주장을 해놓았다.

　㉮ '1956년 성결교 제11회 총회에서 이단으로 규정하고 참석자는 처벌하기로 가결했다'고 했는데 그것은 이미 해결된 문제다. 그 후에도 예수재림 문제, 성삼위일체 문제 등 몇 차례 충돌이 있기는 했으나 안XX 목사 총회장 당시에도 이XX 목사 총회장 당시에도 사과 또는 해명으로 일단락 지은 일이다.

　자세한 내용을 알려면 나운몽저 '한국에도 피가 있다'(p.427~435)를 참조하면 될 것이다.

　㉯ '56년 예장 41회 총회에서 나운몽은 비성경적인 교훈을 가르치고 교회질서를 문란케 하므로 그의 집회를 일체 불허하고 엄단하기로 결의했다'라고 했는데, 그것도 복음신문 77년 5월 29일자에 4면 톱으로 보고된 내용을 보면 무모한 허위날조 사실이었음을 알 만하다. 당시 조사위원으로 택함 받은 조사위원 중 김삼대 목사의 솔직한 고백문과 또 본인이 직접 찾아와서 사과했다는 신문기사를 통하여 밝혀진 일이다.

　㉰ '감리교에서도 건덕상 해로운 자이므로 초빙하지 못하고 이를 위반한 교역자는 심사에 붙이기로 결의했다'라고 했는데 이것 역시 이미 감리교 감독, 감리사, 담임목사의 변명 담화문이 복음신문 1면 톱기사로 발표됐으므로 그런 결의는 없었던 것으로 자연 해소가 된 것이다(복음신문 779호 1월 24일자 참조).

　㉱ '68년 고신총회에서 이단이라고 규정했다'라고 했지만 그것 역시 고신출신 이XX 목사님이 '나운몽 장로가 이단이라면 박윤선 박사도 이단이란 말인가?'라는 세밀한 논박문이 발표되고 또 나의 해명 답변 문이 발표된 이후 이 사건도 일단락된 셈이다('한국에도 피가 있다' p.411~426 참조).

7. 권위 잃은 총회결의

그런 일이 있은 후에도 고신측 목사, 장로들이 용문산 집회에 와서 은혜를 받고 돌아가서 교회에 덕을 끼쳤지 제명이나 처벌을 당하지 않았다. 그것으로 보아도 그런 결의는 무효화된 것이 분명하지 않은가?

그 들추어냈다는 과거란 그만큼 무의미한 헛수고에서 멎어지는 일들이다. 옛날 바리새 교권이 사도들을 정죄하듯 했고 교황청에서 루터를 정죄하듯 했다. 그 정죄가 올바른 정죄가 아니었기 때문에 성령의 역사는 정죄 받은 편에서 역사하지 않았던가.

그 신문은 마지막 당부를 해놓은 것이 더욱 가소로웠다.

"부산, 경남교회의 지도자와 교인들이 앞으로 이단세력과 야합 혹은 동조하는 자가 없기를 바라고 그들의 술수에 미혹되지 않도록 각성을 촉구하는 바이며 교역자들은 자기 양떼를 잘 지키며 보호하고 감독하기를 바란다"라고 했다.

그러면 그들이 바라는 그대로 교역자나 교인들이 감람산 기도원이나 애향숙 재단에 속해 있는 50여 기도원들에 출입을 금지하게 되면 기도원이 문을 닫게 될 수밖에 없다고 생각을 하고서 그런 당부를 했는지도 모른다.

하지만 더 많은 성도들이 모여드는 데야 어떻게 하랴.

점점 더 많이 모여와서 하늘의 은사를 맛보고 성령에 참여 한 바 되고 하나님의 선한 말씀과 내세의 능력을 맛보고 있다(히 6:4~5). 만일 거기에서 타락한다면 "다시 새롭게 하여 회개케 할 수 없나니 이는 자기가 하나님의 아들을 다시 십자가에 못 박아 현저히 욕을 보임이라"(히 6:6)고 한 성경말씀이 경고하고 있으니 성경 바로 알고 바로 믿기를 원하는 성도들로서는 더욱 많이 기도원으로 몰려드는 것은 당연한 일이다.

8. 알지 못한 반가운 사람

1977년 5월 21일 초여름이었다. 면목동 아차산 밑 '만민의 기도하는 집' 정원에는 녹음이 짙어가는 풍치가 지나가는 사람들의 눈길을 끌고 있을 때였다.

"참 좋다. 공기 맛이 확실히 다른데…"하며 그늘 밑으로 찾아들곤 했다.

오후 2시경 체구가 장대한 신사 한분이 나타나 그늘 밑에 서성거리고 있었다. 우리 직원 중 한 사람이 아무리 보아도 그냥 지나가는 사람 같지는 않더라는 것이다. 어떻게 보면 목사님 같기도 하고 얼굴에 무슨 수심이 가득한 쫓기는 사람 같기도 하더란다.

그래서 그는 조심스럽게 "어디서 오셨지요?"라고 물었다.

"네, 저 왕십리 사는 사람입니다. 나장로님을 좀 뵙고 싶어서 왔는데 뵐 수 있을까요?"
라고 체구에 비해서는 너무도 겸손하고 조심스럽게 묻더란다.

"무슨 일이시지요? 지금은 좀 바쁘실 터인데요."
라고 대답을 했더니 만나면 잘 아는 사람일 터이니 꼭 좀 만나게 해달라고 사정사정하더란다.

그래서 나는 그를 만났다. 철늦은 겨울옷을 입은 그의 모습은 무엇인가 꿀려 있는 자세로
"저를 알겠습니까? 김삼대올시다. 뵈올 면목이 없습니다."
라면서 머리를 한껏 숙였다가 들면서 손을 내민다.

나는 깜짝 놀랐다. 삼대라면 나를 모함한 장본인인데….

"나를 모함한 그 김삼대라는 말이요?"
라고 나는 단도직입적으로 물었다.

"예 그렇습니다. 뵈올 면목이 없습니다. 용서를 구하려고 사과하러 왔습니다"
라고 정중히 또 한 번 머리를 숙여 예를 갖춘다.

나는 진심으로 반가웠다. 20여 년 보지 못했던 그를 내가 알아볼 리가 없었다. 그때에도 잘 모르는 그 얼굴을 더구나 20여 년이 지난 오늘에 와서 알아볼 수 있을 턱이 없었다.

9. 중상모략 근원지 파놓은 사람

"당신이 참말로 나를 그렇게 못살게 굴던 그 김삼대란 말이지요?"
"네 그렇습니다. 틀림없는 그 김삼대입니다. 용서하십시오."
"그렇다면 더욱 반갑습니다"
하고 굳게 손을 잡고
"그러던 당신이 무슨 생각이 나서 이제야 내 눈앞에 나타났지요?"
나는 그의 소행으로 보아서는 당장에 그 뺨이라도 치고 싶은 심정이었을 터인데도 내 마음은 오히려 반갑고 기뻤다. 바로 이것이 성령의 역사임을 또 한 번 느꼈다.

성령의 불이 화끈하게 체내에 일어나면서 내 인간성을 소멸해 주고 평안한 마음과 기쁜 마음을 준 것이다.

"육신의 생각은 사망이요 영의 생각은 생명과 평안 이니라"(롬 8:6)라고 한 성경말씀대로 성령은 마음에 평안을 주고 마귀는 마음에 불안을 준다는 것은 언제든지 체감하는 일이지만 그때에는 더 확실하게 느꼈다.

그이도 상상 밖에 내가 반갑게 대해 주니까

"장로님께서 이렇게 너그럽게 대해 주시니 몸 둘 바를 모르겠습니다"
라고 안심이 된다는 듯이 비로소 웃음빛을 얼굴에 비치기 시작했다.

웃음과 웃음 속에서의 대화니까 원수친구를 만났다면서 그의 과거 회고담을 마음 놓고 여유 있게 들을 수 있었다.

그는 말하다가도
"나는 이렇게까지 장로님이 너그러우신 분인 줄은 참말로 몰랐습니다. 때리면 맞을 각오를 하고 왔는데 매는커녕 도리어 후대를 받게 되었으니 몸 둘 바를 모르겠습니다"
라는 말을 몇 번이나 했는지 모른다.

없는 사실을 진실같이 조작해서 '조사 보고서'라고 꾸며서 노회에 제출해 놓고, 그 보고서가 세상에 진실같이 확산 보도되면서 나장로를 매장시켜 왔다. 그 보고서는 나장로를 중상모략 하는 근원지가 되어 24년 동안이나 계속해서 그 소리를 우려내고 있었다.

"당신은 무엇 때문에 그 같은 엄청난 허위보고를 노회에 제출해서 수십 년 동안이나 중상모략의 근원지를 삼게 했지요?"

결국은 중상모략의 근원지를 파놓은 장본인을 만났으니 그 범행동기가 무엇인지나 들어 보려고 물어 보면서도 나는 왜 그랬는지 웃음만이 따르고 있었다.

왜 웃어지는지 안 웃고 정중히 묻고 싶은데도 그렇게 되지 않았다. 그냥 웃어졌다. 실없는 사람 같기도 했다.

긴장해 있던 그이는 내 웃음 앞에서 처음에는 오히려 당황해 하더니 대화하는 동안 내 태도가 비웃는 웃음이 아니고 진정임을 직감했던지 그도 비로소 웃음이 얼굴에 떠오르기 시작했다.

그때부터는 마음 놓고 하고 싶었던 말을 다 털어 놓았다.

10. 허위 보고서 작성

"실상 나는 뺨이라도 맞을 각오를 하고 왔는데도 이같이 선대해 주시니 장로님의 그 너그러움을 이제 와서 알게 되었습니다. 실은 나장로라면 매정한 사람으로 알려졌고 또 내가 당해 보았으니 그렇게 알 수밖에 없었지요"

"언제 나한테 당해 본 일이 있다는 말인가요?"

"아, 그때 조사위원인가 뭔가가 되어 찾아갔던 일이 있지 않았습니까. 그때에 목사 몇 사람이 방 안에 들어가서 보고서 자료를 얻으려고 했더니 '나는 감리교 장로요. 장로교 장로가 아니요, 당신들이 장로교 목사라면서 무슨 자격으로 나를 조사하겠다는 거요, 나가,

썩 나가 나가지 못해'라고 고함을 치는데 정신없이 쫓겨 나왔지요. 그때 그 목소리가 얼마나 큰지, 간이 떨어지는 것 같았습니다."

"그래서 매정한 사람인 줄 알았다는 것이로구만⋯."

하고 또 한바탕 웃었다.

그이도 그 당시를 회고하면서 그 고래고래 고함치던 때에 놀라서 쫓겨 나오던 흉내를 내면서 대단한 분이라는 것을 그때 알았노라고 머리를 설레설레 흔들며 웃음을 참지 못한다.

그는 멋쩍은 웃음빛을 감추지 못한 채

"그 당시 조사위원으로 세 사람이 갔었는데 한 사람은 나장로님 절대 지지자였습니다. 또 한 사람은 나 하는 대로 동조했지만, 실상은 나 혼자 그 보고서를 조작한 것이지요."하고 다시 한 번 자신의 범죄임을 재 확언 한다.

"나장로 문제로 임시노회가 54년 3월에 열려서 나장로 조사위원으로 선임되었으니 이단이라는 교리적 발견을 해야 할 터인데 집회에 가서 아무리 설교 전체를 체크하면서 들었지만 성경의 탈선은 한 곳도 지적할 수 없었습니다. 성경을 어쩌면 그렇게 무불통달이신지, 성경으로만 내리 대는데도 어떻게 그런 열변을 토하시는지 놀랐습니다. 원고 한 장 없이 숨도 안 쉬고 물 한 모금도 안 마시고 외치는데 사람으로서는 있을 수 없는 일이라고 보여 지면서 이것이 바로 성령의 역사로구나 하는 생각도 없지 않았습니다."

"그렇게 생각하면서 그런 모함을 했다면 그것은 나장로 모함이라기보다 성령을 훼방한 일이 아니겠습니까?"

"결국은 그렇게 된 셈이지요. 그러니까 이 꼴이 되지 않았습니까?"하고 자신의 초라한 모습이 부끄러운 듯이 머리를 숙인다.

그는 다시 말을 이어 말하기를

"솔직히 말하자면 그 보고서를 조작하려고 붓을 드니 말을 만들 수 없어서 며칠을 들고 다니면서 애를 쓰는 중에 김인서 목사를 만나서 자문을 좀 받았더니 그렇게 된 것입니다."

"그건 또 무슨 소리요? 김인서 목사가 보고서와 무슨 상관이 있길래⋯?"

"상관이 있어서가 아니라 나장로가 일문일답을 한 것같이 꾸며야 조사했다는 보고내용이 살 것 아닙니까?"라면서 김삼대씨는

"그래서 대화도 못 해본 주제에 조사보고서를 꾸민다고 그 같은 엄청난 범죄를 했지요⋯."

라고 솔직한 고백을 했다.

11. 김인서 목사가 꾸민 보고서

"그해 9월에 열릴 55회 정기노회에 조사보고서를 제출해야 할 터인데 날짜는 급박해지고 해서 글 잘 쓰는 김인서 목사님의 글을 빌린 것이 그렇게 되었습니다"
라고 내용의 해명을 늘어놓는다. 그의 태도는 회개하는 사람의 태도라기보다는 무슨 강의라도 하는 것 같은 자세였다.

손짓을 해가면서 "알겠습니까"라고 중간 중간 다져 가면서 신나게 설명을 한다.

그 김인서 목사라는 이는 본래 나장로님의 험담을 글로 많이 써서 세상에 내놓기를 취미삼고 있는 이이기에 그이와 의논을 하게 되었다는 것이다.

즉 전문가에게 맡긴 셈이었다면서 그 당시를 회고하며 머리를 좌우로 흔드는 그의 자세는 그때가 잘못된 근원이었다는 뜻에서 후회하는 모습이었다.

"그까짓 것을 가지고 무엇이 그리 어려워서 그러는가. 내가 써주지…"
하더니 당장에 써주더라는 것이다.

나장로를 직접 만나 보지도 못했다는 그가 언젠가 부산서 천막 집회를 한다기에 가서 보았더니 천막 위에 햇빛이 쪼여서 뜨거운 것을 성령의 불이라면서 "뜨겁다, 성령불이 내렸다"는 등 어리석은 아녀자들이 가득하더라고 흉을 보면서 나장로와 일문일답한 것으로 꾸며서 써주더라는 것이다.

그 말을 듣는 순간 나는 또 한 번 놀랐다. 그럴 수가…? 그는 유명한 목사님이신데 그럴 수가 있을까?

나는 그를 알기를 기도 많이 하는 은혜로운 이라고 알고 있었기 때문에 더욱 놀란 것이다.

그가 장로시절에 집필 발행하는 '신앙생활'이라는 잡지 첫면에, 묵상하면서 받은 영감이라는 '밀실의 영음'이 너무도 은혜로웠기에 다시 보고 다시 읽고 했던 나였다.

그래서 나는 그를 하나님과 직접 교제하는 성자로 알고 마음으로 존경하고 있었다. 기도의 사람이 기도하며 받은 영감서라는 데서 나는 그 글을 두려운 마음으로 보던 생각이 떠오르면서 "그가 그럴 수 있을까, 양심에 가책도 없이 '그까짓 것 가지고 뭐가 그리 어려우냐'고 하면서 그런 거짓말을 조작하다니?" 본인과 일문일답을 한 것처럼 꾸며서 생사람을 생매장시켰으니 이 어찌 놀라지 않았으랴.

나는 멍하니 앉았다가 '그게 세상이지' 하고 다시 정색을 하고 그의 말을 또 듣고 또 들었다. 들을수록 경악을 금치 못했다. 그이가 하는 말 가운데서 교회를 신성시했던 나로서는 이해 안 되는 말이 많았다. '교회도 세상이니 그럴 수도 있었겠다'라는 긍정적인 면도 없지 않았다.

12. 그래야 할 이유

그는 입맛을 다시면서 그 당시를 회고하며 말하기를 "이왕 회개하러 왔으니 그때에 그래야 할 이유가 무엇이었는가를 말씀드려야 할 것 같습니다."라기에 나는 대단한 이유라도 있었는가 싶어서 정신을 차리고 들어 보았다.

그가 말한 대로라면 그때에는 나장로의 운동이 한국 교회를 몽땅 삼킬 것 같은 기세였던 고로 만일 나장로가 교파를 만든다면 장로교회에서 가장 큰 피해를 입을 것 같다는 전체적인 견해였다는 것이다. 그래서 피해를 방비하는 방법으로 제 1안은 나장로를 장로교 장로로 포섭해 보자는 것이었고, 제2안으로는 포섭이 안 되는 경우는 나장로의 약점을 잡아내서 때려 없애자는 것이었다고 한다.

그래서 제1안이 실패되자 제2안을 발동시켜 때려잡기 작전을 한다는 것이 그 같은 결과를 가져오게 되었다는 것이다.

제1안이 실패했다는 것은 당시 박병훈 목사가 담임한 대구 애양교회에 내가 강사로 가서 집회를 할 때에 박목사가 나더러 장로교 장로가 되라고 간곡한 권면을 한 일이 있다.

감리교에서도 나장로를 제거할 움직임도 보이니 제명당하기 전에 장로교회로 이적을 하라는 것이었다.

감리교에서 제적을 당한다면 장로교에 입적하는 데도 문제가 될 것이니 그 전에 이적해 오면 크게 환영할 것이라고 하면서 활동무대가 장로교가 더 크지 아니하냐고 했다. 이처럼 박목사는 가까스로 애써 권면했다.

그때 나는 대답하기를

"말씀은 감사합니다마는 나는 감리교에서 제적을 당한다 해도 감리교인입니다. 왜냐하면 감리교 교리로 내 신앙이 굳어졌기 때문입니다"

라니까 박목사의 그 부드럽던 태도는 갑자기 굳어지더니 다시는 할말이 없다는 듯이 일어섰다. 권면해도 안 될 것을 알았기 때문이었다.

그 다음부터는 제2안이라던 때려잡기 작전을 시작한 것이다.

13. 마음을 지켜 주신 하나님

6개월 동안을 두고 아무리 나장로의 자취를 추적해 보았지만 교리적으로나 실생활에서는 전혀 이단성을 찾을 수가 없었다는 것이다.

그래서 할 수 없이 믿기 이전 생활의 이면을 파헤쳐 보았다는 것이다.

단에서 나장로 자신이 외치는 설교 중에서도 하나님은 없다고 주장하던 그 시절에 죄악 속에서 헤어나지 못하고 죄악의 생활을 했다는 간증을 들은 것을 기회로 나장로 자신의 고백을 일문일답식으로 받아낸 것처럼 꾸몄다는 것이다.

아무리 믿기 전이라 할지라도 여자를 40명이나 거느리고 살았다고까지 말한 것은 너무한 일이라고 반박하듯 말은 하면서도 역시 웃음은 내게서 떠나지 않았다.

하도 어이없는 추잡한 소리로 모함을 했으니 어이없는 웃음이 나올 만도 했던 일이었다.

그러나 어이없다는 뜻의 웃음은 아니었다.

"아무것도 염려하지 말고 오직 모든 일에 기도와 간구로 너희 구할 것을 감사함으로 하나님께 아뢰라 그리하면 모든 지각에 뛰어난 하나님의 평강이 그리스도 예수 안에서 너희 마음과 생각을 지키시리라"(빌 4:6~7)고 한 성경말씀은 내 좌우명이기도 했으니 그럴 수 있었을 것이다.

그렇게 하나님께서 내 마음을 지켜 주셨으므로 내 마음은 평안했고 감사했을 뿐이다.

실상 내가 안 믿을 당시에 아무리 험하게 놀아났다 해도 당신들이 모함한 그 같은 더러운 행동에까지는 이르지 않았고 특히 여자관계에 있어서는 누구보다도 깨끗한 편이었다고 자랑하듯이 그에게 일러 주었다.

하나님께서 내 마음만을 지켜 주신 것이 아니고 김삼대의 마음도 감동을 시켜 주셨기에 24년 전 행위를 회개하고 돌아오게 된 것이 아니겠느냐고 깨닫고 보니 역시 하나님께 감사하면서 웃음이 절로 나왔다.

14. 발락과 발람의 역사

그가 회개하게 된 동기가 하나님께서 인도한 것이 분명했다.

77년 5월이었다. 1955년에 앞에 말한 김삼대씨의 허위보고를 자료로 삼고 나장로 모함을 일삼다가 법정심판을 받게 된 이ㅇ현 목사가 김삼대씨를 붙잡고 법정증인이 되어 달라고 사정사정하더란다.

당시 보고서가 허위였다고 아무리 진실을 고해 주어도 간청을 하니 위증을 해 달라는 말이 아니겠느냐고 김삼대씨는 분노에 찬 표정으로 말한다.

하나님 앞에서 생사람을 잡은 위증자가 이제 또다시 법정에까지 그런 위증자가 될 수는 없다고 거절을 하고 그 즉시 나장로를 찾아가서 솔직한 고백을 하고 용서를 구하려고 했지만 용기가 안 나서 먼저 크리스천 신문에 사과성명서를 발표하고서야 찾아왔다는 사연이었다. 1955년 경북노회에 제출한 나운몽 장로에 대한 조사보고서는 허위였던 고로 무효임을 선언한다고 했다는 것이다.

죽기 전에 회개하고 용서를 받아야겠다는 마음이 한구석에 늘 잠재해 있었는데, 마침 이ㅇ현 목사가 그 일에 유일한 증인은 당신뿐이니 증인이 되어 달라기에 그 보고서로 말미암아 또 이번 사건이 벌어진 줄을 비로소 알고 용서를 구하러 찾아왔노라는 것이다.

발락이 발람에게 도움을 구한 것이 도리어 화가 된 것과 같은 일이었다(민 24:10).

발락이 발람에게 이스라엘을 저주해 달라고 많은 뇌물을 주었지만 발람은 오히려 이스라엘을 축복하고 발락을 저주하지 않았던가?(민 24:10)

이ㅇ현 목사가 김삼대씨에게 위증해 달라고 간청한 것이 도리어 김삼대씨로 하여금 진실을 밝힐 수 있는 기회가 되게 했다.

발람의 마음과 입술을 하나님께서 주관하여 발락의 요청을 정면으로 뒤엎었던 것과 방불한 일이었다.

즉 발락이 이스라엘을 저주해 달라던 그 저주를 자신이 받게 되었고 발락 자신에게 축복해 달라던 그 축복을 이스라엘이 받게 되었으니 발락의 실망은 이만저만한 것이 아니었다.

그 많은 뇌물과 제물에 소요된 재물 낭비도 컸거니와 실망과 저주도 컸다.

그리하여 노발대발하여 발람을 꾸짖었지만 발람이 대답하기를 "내가 오기는 하였으나 무엇을 임의로 말할 수 있으리까 하나님이 내 입에 주시는 말씀 그것을 말할 뿐이니이다"(민 22:38)라고 했다.

김삼대씨의 경우와 무엇이 다를 바가 있으랴. 그래서 나는 웃으면서 "이ㅇ현씨는 발락 노릇 했고 당신은 발람 노릇 했구려…그러다 보니 나는 이스라엘이 되었구려…"하고서 또 한바탕 웃었다.

15. 어제의 원수가 오늘의 친구

성령은 이렇게 역사하신다는 것을 또 한 번 절실히 느끼면서 하나님 앞에 진심으로 감사했다. 눈물겹게 감격스러웠다. 그렇게 되니 어찌 원수가 원수대로 있을 수가 있으랴.

어제의 원수가 오늘의 친구가 되었고 어제의 분노가 오늘의 기쁨이 되었다. 사람의 노력이나 사람의 수단으로써 불가능한 일을 이처럼 성령으로써 가능케 했다는 것을 누가 부인할 수 있으랴.

그런고로 성령은 받아야 한다. 성령을 받지 않고는 그리스도의 사람이 아니라고 한 성경 말씀도 새삼스럽게 실감했다(롬 8:9). 생각만 해도 괘씸했고 미웠던 그이가 어쩌면 그렇게도 다정스러워졌을까. 아무리 생각해도 나로서는 못 할 일이었다.

내 마음이 너그러워서도 아니었고 그의 수단이 좋아서도 아니었다. 오직 성령의 역사였음을 재삼 깨닫게 되었다.

"너희 원수를 사랑하며 너희를 미워하는 자를 선대하며 너희를 저주하는 자를 위하여 축복하며 너희를 모욕하는 자를 위하여 기도하라"(눅 6:28)고 하신 주님의 말씀을 나로서는 도저히 실천할 수 없었다. 그것을 아시는 하나님께서는 그 말씀에 책임을 지시고 그 말씀을 실행할 수 있도록 성령으로 역사해 주셨다. 믿는 자에게 주시는 주님의 사랑이었다.

김삼대씨의 사과는 두 시간이나 계속되었다. 그는 자신의 고백과 회개는 물론이려니와 교계의 부패상과 그 부조리에 대한 고발을 집필 중이라면서 이번 사건은 교계의 부패에서 온 사건이라는 것을 강조하고 있었다.

16. 마귀의 역사

교계가 부패하지 않았다면 어찌 40년 전 일을 그것도 불확실한 미확인 사건을 가지고 현역 중에 있는 주의 종을 그렇게까지 생매장을 시키려고 달려들 수가 있겠느냐면서 분노를 참지 못하는 듯 흥분한 어조로 김삼대씨는 열변을 토했다.

기독교란 과거를 털어버리고 미래를 지향하는 소망의 종교요, 남의 허물을 드러내기보다 회개하고 용서하는 종교가 아닌가? 그래서 사랑의 종교이거늘 이럴 수가 있겠느냐고 흥분한 그의 말은 지당한 말이었다.

주께서도 정죄하러 오심이 아니고 구원하러 오셨다고 하시지 않는가(요 3:17, 8:11).

그와의 주고받는 대화 속에서 기독교의 정론을 드러내는 듯, 의협심이라도 북받쳐 오르는 듯했다. 두 사람의 견해가 하나같았다.

엄연한 원수 사이였는데도 그처럼 친구 사이가 되었다는 것은 인간관계에서는 보기 힘든 일이었다. 이것이 성령의 역사가 아니고 무엇이랴.

"이번 일은 확실히 성령이 하신 일이지만 54년 일은 사단의 역사였습니다"라면서 그 당시를 회고하는 김삼대씨의 모습은 다시 초조해지면서 "내 본정신으로서야 어찌 그럴 수가 있었겠습니까? 제정신이 아니었지요. 마귀에게 잡혀서 했던 일이었으니 마귀의 소행은 밉지만 김삼대는 불쌍히 보아 달라"고 애원하는 그의 눈물 어린 호소는 사실상 불쌍하게 보였다.

마귀에게 쓰여 지는 사람이 어찌 김삼대씨뿐이랴, 세상이 모두 그래서 죄악이 세상이라는 것이 아니겠는가라고 생각하고 보니 교회의 부패상이 미워지기보다 가련하게 여겨졌다.

이렇게 마귀에게 잡혀서 죽음 길로 끌려 들어가는 것을 불쌍히 보시는 주님의 자비하심이 우리에게 구원의 길이 되셨음을 새삼 느꼈다.

"김삼대를 범죄케 하던 마귀는 이〇현의 속에 들어가서 역사하고 있다"는 김삼대씨의 논리는 누구라도 반대 못 할 정확한 지적이었다.

그 마귀는 내 안에도 와서 역사하고 있다는 사실을 나 스스로 직감할 수 있었다. 이〇현씨를 미워하는 그 마음 자체가 마귀의 역사임이 틀림없었다.

그런 점을 깨닫고

"주여 불쌍히 보시옵소서, 마음은 원이로되 육신이 약합니다. 마귀에게 끌려 들어가고 있습니다"

라고 속으로 중얼거리며 기도하고 있었다.

그러는 동안 이상하게도 이〇현씨가 불쌍하게 보였다. 마귀에게 끌려 들어가고 있으면서도 자신을 모르고 있는 그 상태가 눈앞에 보였다.

그처럼 너도나도 모두 마귀에게 끌려 들어가고 있으면서도 자기만 옳다고 주장하는 것부터가 자기의 처지를 모른다는 증거인 동시에 주님의 사랑을 발견 못 하고 있다는 증거이기도 했다.

17. 소외당하는 기쁨

"너희가 내 이름을 인하여 모든 사람에게 미움을 받을 것이나 나중까지 견디는 자는 구원을 얻으리라"고 한 마태복음 10장 22절 말씀이 내 마음속에 떠오르며 세상의 미움을 받는 것이 당연하다는 깨달음이 왔다.

그것이 믿는 길이요, 구원의 길임을 알고 보니 핍박을 받을 때에 선지자들이 기뻐했다는 성경말씀도 이해가 되었다(마 5:11~12).

"악을 행하는 자마다 빛을 미워하여 빛으로 오지 아니하나니 이는 그 행위가 드러날까 함이요 진리를 좇는 자는 빛으로 오나니 이는 그 행위가 하나님 안에서 행한 것임을 나타내려 함이라"(요 3:20, 21)고 하신 주님의 말씀이 우리들 사이에서 현재에도 역사하고 계심을 알게 했다.

이런 의미에서 깨닫고 보니 미움을 받는 것도 핍박을 받는 것도 소외를 당하는 것도 억울할 것이 하나도 없었다.

오히려 기뻐했다는 선지자들의 심정을 체감하는 듯 그 기쁨이 내 기쁨이 되는 듯했다.

그것이 곧 구원받는 증표라고 느껴졌기 때문이다.

V. 혀끝과 붓끝

1. 혀끝에서 붓끝으로

식자우환(識字憂患)이란 말이 있다. 글자를 아는 것이 도리어 우환이란 말이다. 차라리 몰랐더라면 그런 죄를 안 지었을 터인데 글자를 알았으므로 죄를 짓게 되었다는 사례는 종종 보게 되는 일이다(전 1:18).

이런 일이 어찌 김삼대씨나 김인서씨에게 국한된 일이랴. 그런 사람은 또 있고 또 있다. "여호와를 경외하는 것이 지식의 근본"(잠 1:7) 이련만 하나님을 경외하는 지식이 못 되고 오히려 하나님의 뜻을 거역하는 지식이 되었다면 이는 차라리 무식만 못한 지식이 된 것이 아니겠는가?

1976년에 있은 일이다. 성령운동으로서는 최악의 수난기간 이었다. 3년이나 계속되었다.

그 전에는 말로 때리는 혀끝 공격에 불과했지만 이번에는 붓끝으로 공격해 왔다. 혀끝 보다는 붓끝이 더했다. 전에는

"이미 믿을 때에 다 받은 성령을 무엇 때문에 또 받으라고 하느냐?"

"한국을 복음화 시킨다는 것은 택자구원설에 위배되는 소리다. 교리에 어긋나는 소리를 하니 그것이 이단이다"

라고 하는 정도의 반대였다.

그후에는 "공자나 석가를 믿어도 구원을 받는다고 한다"라는 억설을 선포하며 그것이 곧 이단이라고 지적하는 정도에서 맴돌고 있었다.

즉 노회나 총회에서도 그 이상의 성서적 위배요점을 지적할 수는 없었다.

천하인간이 다른 이름으로는 구원 얻을 수 없다(행 4:12)라는 성경말씀을 근거로 예수와 십자가 이외는 알지도 전하지도 않겠다는 바울 사도의 전도정신을 이어받았다는 평을 받을 정도로 예수와 그 십자가를 전하는 사람에게는 그들의 악평이 통할 리가 없었다(고전 1:23, 고전 2:2). 즉 내게는 해당되지 않는 악평이었다.

2. 한국에서 세계로

그러나 1952년부터 성령의 역사가 한국 전역으로 퍼지기 시작하면서부터 계속된 핍박은 날로 더해가고 있었다. 그들의 모함으로 여러 차례 옥고를 당하기까지 했다. 반면에 성령의 역사는 더욱더 불일 듯 확산되었다.

그 기세는 당당했다. 1961년은 연초부터 성령의 놀라운 역사로서 용문산이 소재한 경서노회가 여리고 성 문처럼 꼭꼭 닫아 놓았던 문을 활짝 열어 놓고 성령을 받아들이는 기적적인 역사가 일어난 해이다.

합동파(당시 N.A.E 측) 노회에서도 통합파(당시 에큐메니칼측) 노회에서도 2백여 교회가 일제히 문을 열어 놓고 용문산 강사들을 청하여 성령부흥회를 열었다.

용문산에서는 성경학생들까지 강사로 초청을 받아 총출동을 해야 하는 놀라운 역사였다('길은 직선이다' p.332~336 참조).

이런 식으로 전국에 퍼져 나가는 성령의 역사는 급기야 외국으로까지 번지기 시작했다.

3. 성령운동에 핍박운동

1976년 3월 미국 워싱턴 황재경 목사님의 초청으로 워싱턴 장로교회에서 당시로는 최다수의 집회가 열렸다. 성령의 불이 워싱턴 집회를 시발로 미국 전역과 캐나다로 퍼져나갔다. 40여 곳으로 순회하면서 성령의 불을 붙이고 유럽으로 애굽으로 돌아서 이스라엘 성지 순례길 에서까지 성령의 불은 활활 붙어 올랐다.

이렇게 세계적인 역사를 일으키고 자신만만한 승리감에서 당당한 위세로 귀국했다. 하나님 보시기에는 교만했던 모양이다. 그때부터 때려 낮추기 시작했다.

해마다 있는 8월 유월절 광복성회를 인도해야 할 중대한 사명을 갖고 날짜가 임박해서야 돌아왔지만 사단의 역사는 대단했다.

그때부터 매복하고 있던 대적들은 일제히 동원이 되어 총공격을 개시했다.

교계의 신문, 잡지가 총동원이 된 것이다. 집필진도 사장주필, 국장급들이 선봉을 서고 신학 교수급 박사, 목사 그 외에도 노회장, 총회장급에서도 동원되었다.

자신들의 이름을 드러내 놓고 공격해 오는 이들만도 20여 명이었다. 그중에 가장 연소하고 유치하게 대들고 나선 박영관이란 자가 있었다. 그 배후에는 기독신보 사장 김종근 목사가 있었다.

4. 철부지 앞장 세워

내 아들 또래의 어린 사람이 달려들어 물고 늘어지는 데는 더욱 어이없는 노릇이었다.

그는 본래 복음신문을 통해 그 이름이 알려진 사람이다. 전혀 알 수 없는 무명인이 투고해 왔기에 그 내용을 검토해 보았으나 별로 새롭지도 못한 내용으로 미숙한 문체에 서투른 문장이었다.

그래서 여러달 동안 덮어놓았다. 그러나 그는 끈질기게 제3자를 통해 게재해 주기를 간청해 왔다.

더구나 그는 "평소에 나장로님을 존경해 왔다"는 것을 내세우고 교섭해 오더라는 것이다. 한국 교회의 부흥에 활력소 역할을 해온 용문산운동을 흠모해 왔다면서 용문산을 꼭 한번 방문하여 나장로님을 뵈옵고 은혜를 받아야겠다고 송영준 부국장에게 간곡한 부탁을 하더란다.

특히 송국장은 용문산 출신이었던 고로 그의 용문산을 흠모한다는 말에 끌려 그를 동정하게 되었다.

그런데다가 박영관은 말하기를

"현 교계신문으로 최고부수를 자랑하는 복음신문에서 본인을 키워 준다면 그 은혜는 물론이고 일부 합동측 인사 중에는 용문산운동을 이해 못 하는 분들이 있으나 저는 끝까지 은혜를 저버리지 않겠습니다"

라고 머리 숙여 간청을 하더라는 것이다.

그것이 인연이 되어 사실상 그의 글을 지상에 내놓기 시작하여 그 후 계속 그의 글을 실어 주었다. 그러는 동안 그의 이름이 교계에 알려지면서 자기 말 그대로 복음신문을 통해 자라게 된 것이다.

그리하여 그는 모 신학교 강사로 나가게 되어 강단에서 하는 말이

"복음신문에서 원고를 써달라고 청탁하기에 글을 써주면서 최대부수의 신문이기에 그 신문을 이용하는 것뿐이다"

라고 하더란다.

실로 어린애 같은 언사를 논한다는 학생들의 연락을 받고 본사 측에서는 당장에 박씨를 불러다가 크게 꾸짖었으나 그는 극구 부인했다. 하지만 그런 인간에게 이용당하는 신문 노릇이나 할 수는 없다는 국장의 판단이 내려졌다.

평소 그의 경망스러움을 감지해 오던 터에 남의 글을 표절해다가 자기 이름으로 발표하는 것이 발각되어 그때부터 그의 글을 중단하기로 결단을 내렸다.

박영관은 거기에 앙심을 먹고 김삼대씨의 허위보고서가 노회, 총회를 통하여 교계 신문에 유포된 허위사실을 사실처럼 인용 발표를 하는 등 중상모략을 꾀했다.

5. 개는 짖어도 기차는 달려

"개는 짖어도 기차는 달린다"라는 구호를 내세우고 좌우에서 어떤 짖는 소리가 들려 와도 개의치 않고 푯대를 향하여 달음질하듯 해왔던 용문산운동이었다.

그러는 동안 목사 같지 않은 바리새인들에게 무고를 당하여 투옥당한 일이 몇 번 있었다. 그러나 사필귀정으로 번번이 불기소 또는 무죄로 나왔다.

그럴 때마다 무고죄로 고소를 하면 당장에 그들을 구속할 수 있다고 변호사와 검사의 말을 들으면서도 "개는 짖어도 기차는 달린다"라며 향방을 잃지 않고 계속 달려서 생명의 씨앗을 뿌리는 데만 전념해 왔다.

밟히고 또 밟히면서도 그때는 제법 자라서 열매를 맺게 된 시절이었다.

때리면 맞고 울면서 뿌린 씨가 국내외에 그처럼 많아졌으리라고는 나 자신도 예측 못했던 일이다. 그야말로 놀라울 정도였다. 성령의 역사가 아니고는 그렇게까지 확산될 수는 없었을 것이다.

인간의 수단이 아무리 좋았고 방법이 아무리 좋았던들 그렇게까지 세계의 무대를 석권할 수가 있었겠는가?

이는 틀림없는 성령의 역사였기 때문이었다.

이 같은 성령의 역사를 방해하며 달려드는 세력이 아무리 강해도 씨를 뿌릴 때에는 오히려 유익이 될 수도 있었다.

그런 결실기에는 맞으면 맞을수록 손실이었다. 결실을 제대로 못 하게 될 터이니 말이다. 결실을 제대로 못 하게 될 터이니 말이다.

6. 힘써 싸우라

그런고로 "성도에게 단번에 주신 믿음의 도(道)를 위하여 힘써 싸우라"(유 1:3)고 하지 않았는가? 그래야 할 필요가 있다고까지 그 이유가 성경에 명시되어 있다.

즉 "이 사람들은 무엇이든지 그 알지 못하는 것을 훼방하며 이성 없는 짐승같이 본능으로 아는 그것으로 멸망하는 자들"(유 1:10)이기 때문이라는 것이다.

"이 사람들은 당을 짓는 자며 육에 속한 자며 성령은 없는 자들인 고로 그럴 수 있다"

(유1:19)는 것이다. 그런고로 "너희는 너희 믿음 위에 자기를 건축하고 성령으로 기도하며 하나님의 사랑 안에서 자기를 지키며 영생에 이르도록 우리 주 예수 그리스도의 긍휼을 기다리라"(유 1:20)고 했다.

이 말씀은 나에게 큰 위로가 되었다. 그렇다고 혈육 인간과 싸워서 이기라는 말은 아니었다. 우리의 대적은 어두움의 세상을 주관하는 악령들이라는 것이다(엡 6:12).

그 악령들에게 쓰여 지고 있는 불의의 병기가 된 지체들의 작폐를 막아내야 한다는 뜻이었다(롬 6:13).

불가불 "믿음의 방패를 가지고 이로써 능히 악한 자의 모든 화전을 소멸하고 구원의 투구와 성령의 검 곧 하나님의 말씀을 가지고 당연히 할 말을 담대히 하게 하심이다"(엡 6:16~20)고 한 성경말씀대로 대응해 나가야 했다.

그럴 수 있도록 힘주시는 하나님께 감사했다.

그것이 곧 악령과 싸우는 전법이요, 승리의 길임을 알만했다. 하나님의 평강이 그리스도 예수 안에서 내 마음과 생각을 지켜 주시기 때문에 평안한 마음으로 힘써 나갈 수 있었다 (빌 4:7).

7. 사형수 같은 목 잘린 사진

그들은 교회의 공익을 위하여 그런 글을 썼다고 뻔뻔스럽게 변명을 늘어놓았지만 남을 비방하고 중상모략을 하는 것이 교회의 공익이란 말인가?

내가 교회에 무슨 해독을 끼쳤기에 공해가 된다는 것인지, 쉬지 않고 한국 교회를 위해 기도하고 전도하여 교회를 부흥시킨 것이 교회에 공해가 된다는 말인가?

별의별 소리를 다해도 변명 한마디 없이 개는 짖어도 기차는 달린다는 식으로 나가니까 참말로 무슨 죄라도 있어서인 줄을 알았던지 한 집 개가 짖으면 동네 개가 다 짖는 듯 했다.

하나님 앞에서야 죄인 아닌 사람이 누가 있겠는가마는 바리새인 앞에서는 죄 되는 일을 한 가지도 저지른 일이 없이 전도에만 열중하고 있음을 만천하가 알고 있는 실정이었다.

그 당시 허물을 아무리 찾아도 찾을 수가 없었기에 허위사실로 조작된 과거라도 들고 나온 것이 아니겠는가?

사이비 신앙운동에는 반드시 돈, 여자, 경전이 뒤따르는 법이라고 대서특필로 당당하게 도전태세를 갖추고 나서는 김종근씨의 붓끝 위력(?)은 대단했다. 장로교 합동측 기관지 기독신보 1면 머리기사로 '용문산 나운몽씨 우리 교단에 도전' 이라는 최대의 백발 컷으로 장식하고 전면에 중상모략 기사를 깔아 놓았다. 거의 광란적인 붓끝 행패였다.

지면 한복판에는 사형수 사진이라도 내걸어 놓은 듯이 목을 잘라낸 얼굴만을 실어 놓고 독자의 눈길을 끌게 했다. 컷 밑에는 '54년 경북노회록에 기재된 나씨와의 1문 1답을 공개한다'는 부제를 달아 놓았다.

그리고는 '1967년 4월 29일 크리스천 신문에 보도된 나씨의 문제기사'라는 설명이 나붙은 옛날 신문을 복사한 컷을 중앙에 게재했다. 이럴 수가 있을까? 얼마나 미웠으면 그렇게까지 사람을 생매장을 시킬 수가 있었을까?

8. 바리새 누룩과 말씀

순진하게 장성하고 있는 어린 양떼들에게 독초 같은 바리새인의 누룩이 스며들고 있었으니 그냥 보고만 있을 수는 없는 일이었다(마 16:11~12).

"너희는 누룩 없는 자인데 새 덩어리가 되기 위하여 묵은 누룩을 내어버리라"(고전 5:7)고 한 성경말씀대로 "묵은 누룩도 말고 괴악하고 악독한 누룩도 말고" 바리새인의 누룩은 어떤 것이든지 다 제거하는 데 전력을 기울여야 했다(고전 5:8). 오직 순진함과 진실함의 누룩 없는 떡으로 유월절 어린양 그리스도의 희생에 참여하는 성도들이 되기 위함이었다.

"자칭 유대인이라 하는 자들의 훼방도 아노니 실상은 유대인이 아니요 '사단의 회'라"(계 2:9)고 한 주님의 계시를 명심하고 담대하게 나설 수 있었다.

자칭 정통연하는 오늘의 바리새인들에게도 "독사의 자식들아 누가 너희를 가르쳐 임박한 진노를 피하라 하더냐?"(마 3:7)고 한 광야의 소리는 그때에도 들렸으련만 아랑곳없었다.

그 행동을 보아서 열매를 안다고 했는데 무엇을 가지고 정통이라고 내세울 만한 구실이라도 있는지, 있다면 내놓아 보라고 대드는 기드온의 소리도 만만치는 않았다. 교계가 떠들썩하게 혀끝 붓끝 모두가 동원이 되었으나 그때가 성령운동 40년 동안에 가장 큰 고비였다고 생각된다. 76년부터 78년까지 540일간의 끈질긴 투쟁이었다.

바리새 교권을 의지하고 칼빈을 들고 나오면 다 된 줄로 알았던 그들에게도 큰 타격이었다. 당황한 모습을 감출 수 없었다.

우리는 살아 계신 하나님을 의지하고 그 말씀을 들고 나왔노라고 당당하게 외치면서 우리측 혀끝 붓끝도 동시에 동원되었다(딤전 6:12, 히 16:17).

두말할 것 없이 성경말씀은 바리새 누룩을 제거하는 데 가장 위력적이었다(마 16:12).

"나 여호와가 말하노라 내 말이 불같지 아니 하냐 반석을 쳐서 부스러뜨리는 방망이 같지 아니 하냐"(렘 23:29)고 한 성경말씀이 글자에서 멎어짐이 아니고 생생하게 살아서 역사하는 모습을 실지로 체험케 했다.

9. 남을 정죄함이 자기 정죄

기도하면 이단이고 싸움을 잘해야 정통이란 말인가? 자기와 다르면 이단이고 자기와 같으면 정통이란 말인가? 자기는 의롭고 남은 다 불의하다고 정죄를 해야 정통이란 말인가? 이처럼 맞서서 외치는 소리는 마치 그리심 산상에서 외치는 요담의 선언과도 같은 선포였다(삿 9:7). 교권자들을 향하여 감람나무도 무화과나무도 포도나무도 싫다는 자리를 가시나무가 차지하고 왕 노릇을 한다는 격이라고 지적했다(삿 9:8~15).

"남을 판단하는 자는 자기가 정죄함을 받으리라"(롬 1:1)고 한 성경말씀대로 법정에서 자신들이 정죄함을 받았다.

자기의 말 한마디면 이단이 생겨나기도 하고 이단에서 벗어나기도 하는 줄로 알고 우쭐거리던 자세는 완전히 무너지고 말았다.

문제가 있으면 신학적 논쟁이 바람직하다고 제법 말 같은 소리를 하며 나선 박영관의 붓끝 놀음은 가관이었다.

'교회성장의 저해요인'이란 부제를 달아 놓고 '이단종파의 연구'라는 무슨 학술논문이라도 쓰는 듯이 거창한 제목을 내세우고 45회에 걸친 시리즈로 76년에 77년까지 해를 넘기며 끈질기게 물고 늘어졌다.

사실무근한 비방으로 남의 명예를 훼손시킨다는 것도 용이한 일은 아닌 듯했다. 무척 애쓴 자취를 볼 수 있었다.

그의 마무리 글에 말하기를 "나운몽씨의 용문산운동 비판은 기독교회에 큰 공헌이 되어졌다고 보아지며 비록 완전한 마무리를 짓지는 못했어도 방언에 대한 비판 역시 매우 큰 도움이 되었다고 보아진다"라고 자화자찬을 하면서도 아직도 뭔가 미흡했다는 아쉬움을 남기기도 했다(기독신보 77.2.5). 그렇게까지 악담을 퍼붓고도 그래도 또 할말이 있다니 놀라운 일이었다.

10. '메시아라 자처한다'고

그렇게 신문으로도 잡지로도 악담에 악담을 퍼붓고도 오히려 부족하여 박씨는 1977년

11월 9일부터 78년 2월 4일까지 '사이비종파 비판 시리즈'라는 '용문산운동의 원리비판'을 한답시고 나섰다.

"용문산운동의 교주 나운몽씨는 지금 한국 교회와 사회에 대해서 최후의 발악을 하고 있다"고 전제하고 "차제에 용문산운동의 원리에 대한 성경적, 신학적 그리고 역사적으로 나운몽씨가 쓴 책들을 중심으로 낱낱이 분석 비판을 하려고 한다"라고 제법 신학자인 척하고 성경을 아는 척하는 위세를 과시하며 붓끝 만행을 저질렀다.

처음부터 그 알지 못하는 것을 비방하는 말 중에는 "나운몽씨가 자신의 글 가운데 숨겨 놓은 사실이 있을 것이다. 그것은 자신을 이방인의 선지자로 자처하는 데 있을 것이고 그것을 좀 더 비약하면 자신은 하나님께서 보내신 동방인의 메시아로 자처하는 데 있을 것이다. 그렇다면 나운몽씨는 차제에 자신을 추종하는 무리들에게 '나는 메시아'라고 자처하면 어떨까? 이렇게 자신의 정체를 밝힐 용기는 없을까? 나운몽씨는 더 이상 자신의 기만과 술책을 버리고 탕자처럼 회개하고 하나님 아버지께로 돌아가야 할 것이다"라고까지 모독하며 비방하기를 서슴지 않았다.

아들 또래밖에 안 되는 어린 사람에게 이 같은 모독을 당해야 옳은 것인지 어이없는 처지에 있는 자신을 살피면서 하나님 앞에 호소했다.

바울 사도에게 응답하시듯 "내 은혜가 네게 족 하도다 이는 내 능력이 약한 데서 온전하여짐이라"(고후 12:9)고 성경말씀을 통해 깨닫게 하셨다. 이것도 일종의 가시였기 때문이다(고후 12:7).

네 이름을 낮추어야 능력이 온전해진다는 뜻이었으니 이 응답이야말로 내게 큰 힘이 되어졌다. 사람은 내게 위로를 못 주어도 성령은 이처럼 큰 위로와 능력을 입혀 주었다.

11. '우리 조상을 아브라함의 후예라 한다'고

박씨가 성경으로 비판한다는 논리 중에는 또 한 번 웃기는 유치성을 드러냈다.

그는 비방하기를 "그는 우리 민족이 노아의 후손으로서 아브라함의 후예라는 것이다…. 그러나 우리 민족의 단군이 아브라함의 혈통적 후예라 하는 것은 신학적 이해를 초월한 사상이다…. 그것을 바벨탑 붕괴시의 한 족속이 동쪽으로 이동하여 정착한 아브라함의 후손이며…"라고 했다.

이처럼 박씨는 남을 무지하게만 보고 자신은 유식한 줄로만 아는 착각에 사로잡힌 망상중이라도 걸린 것 같은 인상을 풍기고 있었다.

그렇지 않고야 어찌 남의 글을 제멋대로 변질시켜 놓고 악평을 할 수 있겠는가 말이다.

아브라함은 동방으로 이동한 것이 아니고 오히려 서쪽으로 이동하여 그 후손이 애굽으로 갔다가 가나안 땅에 와서 정착한 사실이 성경에 뚜렷이 드러나 있거늘 이를 어찌 동방으로 이동하여 한반도에 왔다고 했겠는가?

더구나 우리 조상의 건국연대가 B.C. 2333년이라면 그때는 아브라함이 출생도 하기 전인데 어떻게 우리 조상이 아브라함의 혈통적 후손이라고 했을 것인가 말이다(아브라함 출생 연대는 B.C. 2300년경).

박씨는 남을 평하기 전에 성경이나 한번쯤은 읽어 두는 것이 어떻겠느냐고 기드온 학도들에게 비난대상이 되기도 했다.

성경은 한 번도 보지 못했기에 그 같은 오설을 조작하게 되었을 것 아니겠는가고 기드온의 혀끝도 만만치 않았지만 붓끝도 만만치 않게 대항하였다.

이런 따위의 붓끝 행패에는 일보의 양보도 없이 믿음의 방패와 말씀의 방망이를 들고 나서야 한다고 선언하고 나선 것이다. 성령운동에도 이 같은 투쟁이 있어야 하는 것일까 재고할 수밖에 없었다.

주께서 이르시기를 "내가 세상에 화평을 주려고 온 줄로 아느냐 내가 너희에게 이르노니 아니라 도리어 분쟁케 하려 함이로다"(눅 12:51)라고 하셨는데 이런 경우를 두고 하신 말씀인가 싶었다.

12. 가소로운 신학적 논쟁

박영관은 용어부터가 악의에 찬 언사로 용문산 전도운동을 헐뜯었다. 가령 기도전도, 구설전도, 문서전도 등 3겹줄 전도운동을 전개하고 있다는 우리의 말을 기도포교, 구설포교, 문서포교 등으로 변조시켜 전하는 등, 또는 기도원 분원을 용문산 포교소로 변조 호칭하는 등, 복음전도를 용문산 포교라는 등, 용문산 기도원장을 용문산 교주라는 등으로 기독교적 용어부터 우리에게서는 배제해 버리려는 악의에 찬 의도가 역력히 드러나고 있었다.

신학적 논쟁이 바람직한 일이라고 신학적 논쟁을 한다는 박영관의 신학적 용어는 그런 것이어야 하는 것인지 아무리 이해해 보려고 해도 괘씸한 생각밖에는 안 들었다.

남을 훼방이나 하고 악랄한 악담으로 추종자들이라느니 나운몽 집단이니 이단이니 하는 소리를 거침없이 하면서도 그것을 바람직한 신학적 논쟁이라고 말을 하고 있으니 가소롭기 짝이 없었다.

참다못해서 기드온 동문들이 여기저기서 들고 일어났다.

1976년 10월 26일 전국에 흩어져 사역하고 있던 기드온 신학교 출신 동문들이 YMCA

강당에서 모임을 갖고 대책위원회를 구성하고 "나운몽 장로와 용문산운동에 관한 성명서"를 발표했다.

기드온 동문 일동의 이름으로 발표된 동 성명서는 "최근 예장합동 측 기관지 기독신보에서 우리의 스승이신 나운몽 장로와 용문산운동에 대해 터무니없는 허위사실을 유포하여 공연한 중상모략을 일삼고 있는 사태를 예의 주시해 왔다"고 전제하고 ① 용문산운동의 교리적 측면 ② 용문산운동의 역사 의식적 측면 ③ 용문산운동의 사업적인 측면 ④ 용문산운동의 윤리적인 측면을 간략하게 밝히면서 "그동안 용문산운동을 지지하여 성원해 오던 교계 인사들과 성도들 중 본의 아닌 오해나 시험에 드는 일이 없기를 바란다"고 했다.

특히 동 성명은 "세계 기독교사에 찬연히 빛나는 성 어거스틴의 과거와 가까운 예로 한국의 김익두 목사님의 과거는 어떠했는가"고 물으면서 "설령 나운몽 목사님의 과거가 험했다 하더라도 그것이 오늘에 와서 이단의 조건이 되겠는가?"고 말하고 "앞으로도 계속 우리의 스승을 모함하고 중상할 때에는 결코 이를 좌시만 하지 않을 것"이라고 밝혔다(이상 복음신보 780호에서 전재).

13. 그래도 대적해야 할 것인가?

성령역사는 불의를 용납하지 않았다. 그럴수록 마귀는 마귀대로 발악했다. 그는 끝끝내 악담만 하다가 결국에는 남을 정죄하던 그 정죄로 자기가 정죄를 당하고 말았다(롬 2:1, 마 7:1~5).

그 후 83년인 듯하다. 그는 미국 로스앤젤레스에 가서 영원히 지울 수 없는 수모를 당한 일이 있다. 남을 잡으려다가 자기가 잡혔다.

훌러 신학에서 목회학 박사학위를 받겠다고 과정을 마치고 나서 논문을 쓴다는 것이 남의 논문을 몽땅 그대로 복사 해다가 제출을 했다.

하나님은 묘하게도 마귀로 하여금 그를 협곡에 몰아넣게 했다. 하필이면 다른 사람의 논문도 아니고 용문산 출신 목사의 논문이었다.

김익원 목사의 학기말 논문으로 제출한 것을 일부 표절도 아니고 몽땅 전문 그대로를 복사해다가 그것을 박사논문으로 제출했다.

그것이 발각되어 대단한 수모를 당하게 된 것이다.

그 사건으로 인해 그는 그곳에서는 영영 박사학위를 받지 못하는 사람이 되고 말았다. 이런 일이 있기 전부터 그는 박사라고 했는데 그것이 무슨 박사이었기에 목회학 박사를 받으려다가 그런 망신을 했는지 모를 일이었다.

"너희가 친히 원수를 갚지 말고 진노하심에 맡기라 기록되었으되 원수 갚는 것이 내게 있으니 내가 갚으리라고 주께서 말씀하시니라"(롬 12:19, 히 10:30)고 한 성경말씀은 내 마음을 한번더 찔러 주었다. 그래도 그를 대적해야 할 것인가? 자문자답하며 하나님 앞에 엎드려야 했다.

14. 하나님의 보응은 피하지 못해

그런 일이 있은 후 김익원 박사는 박사학위 자축회를 열고 한국인 동문들을 모두 초대했다.

그때에 박영관씨도 같이 초청했다. 박씨는 그때까지도 김익원 박사와 나운몽 목사와의 관계는 전혀 모르고 있었다.

설마 김익원 박사가 용문산 출신이리라고는 전혀 짐작도 못 했던 일이다.

더구나 그가 나목사의 직계제자들 중에서도 생사를 같이하던 수제자일 줄이야 전혀 알 길이 없었다. 나의 간증록이라도 보았더라면 모를 리가 없었다. 내 간증록 하나도 안보고 험담만 하다가 당한 수모였다.

그런데 김익원 박사는 박씨를 앞에 불러 놓고

"나는 나운몽 목사의 제자요. 당신이 그렇게까지 우리 스승님을 모독하고 헐뜯어 생매장을 시킬 수가 있겠소? 그이는 이날까지 한민족을 위해서 기도하며 외치고 한국 교회의 부흥운동에 전심전력하고 있거늘 당신한테 그런 욕을 당할 만한 아무런 과오도 없는 어른이오. 그의 성경 실력과 그의 주장과 논리는 아무도 책잡을 수 없다는 것이 오늘의 학계에서의 정평인데 당신이 무엇을 안다고 그렇게까지 악평을 할 수가 있겠는가? 그의 신학적인 깊이와 철학적인 깊이를 당신 같은 사람이 어떻게 안다고 감히 그이를 헐뜯으며 비판할 수가 있다는 말인가? 남의 논문이나 표절하는 주제에 누구를 판단할 수가 있겠는가 말이다. '남을 판단하는 것으로 네가 너를 정죄함이라'는 성경말씀은 당신 같은 사람을 두고 하는 말이라는 것을 모르는가"하고 맹책을 했다는 것이다.

나는 그 말을 들으면서 놀라움을 금할 길이 없었다.

하나님께서 부리는 악령도 있다더니 이런 경우에 쓰여 지는 악령의 역사를 두고 일컫는 말이라고 해석된다(삼상 16:14).

박씨에게 이런 악령이 안 들어가고야 어찌 그런 짓을 할 수가 있을까 하는 생각이 불일 듯 했다.

원수를 외나무다리에서 만난다는 격이 되었다. 어쩌면 그가 하필 나목사의 직계제자의 논문을 표절하다니 우연이라고 생각하기에는 너무도 기이한 일이었다.

마귀의 역사이기는 했으나 하나님의 뜻에 의한 보응으로 그 같은 악행이 벌어졌으리라고 느껴졌다.

그렇게 알고 보니 과연 하나님은 공의로우신 분임을 재삼 느꼈다.

15. 부끄러움의 경지 체감

나는 그때 내가 박영관의 입장에서 내가 당하는 것 같은 두려움과 모멸감에 잠기면서 그 부끄러움에서 헤어날 수가 없었다는 경지를 체감했다.

그 부끄러움을 나로 하여금 체감케 하시는 이유가 무엇일까 하고 생각하는 동안 그 체험을 감사하게 받아들이게 되었다. 그때부터 그에게 동정심이 갔다.

불쌍하기 그지없었다. 눈물까지 금할 길이 없었다. 어찌하여 선에 쓰여 지질 않고 악에 쓰여 졌단 말인가(벧전 3:17, 롬 6:13).

남을 잡으려다가 자기가 잡히고 말았으니 이 어찌 불쌍타 않을 수 있으랴. 나는 진심으로 그의 재기를 바랬다. 그러나 기도는 되지 않았다. 아무리 애써도 기도가 안 됐다.

김박사의 말에 의하면

"다른 사람들 중에는 논문을 쓰면서 새로운 자료를 찾으려니까 나목사님의 서적에서 인용하는 예가 많지만 그 사람은 감히 나목사님의 저서에서 인용할 수는 없으니까 내가 목사님의 제자인 줄을 모르고 내 것을 도적질한 것이지요. 그 논문은 그 당시 쓴 것이 아니니까 학교에서 모를 줄 알았지요"

라고 해석 설명을 한다.

"여호와여 언제까지 그들이 개가를 부르리이까 저희가 지껄이며 오만히 말을 하오며 죄악을 행하는 자가 다 자긍 하나이다 여호와여 저희가 주의 백성을 파쇄하며 주의 기업을 곤고케 하며 말하기를 여호와가 보지 못하며 생각지 못하리라 하나이다"라는 시편 94편 3~7절 성경말씀을 혼자서 펴놓고 자신이 자신에게 설교하듯 속으로 외쳐 보았다.

이것이 세상이요, 자신이 아니라고 누가 말할 수 있을까?

16. 긍휼을 기다리는 기도

"설마, 그럴 수가 있을라고?"하게 되는 말이 얼마든지 있지 않는가. 그동안 "왜 소외당하나?"에서부터 지금까지 엮어 내려온 말 가운데서도 곧이 안 들리는 말이 얼마든지 있었다.

"안 믿는 사람들도 그럴 수는 없을 일들을 그래도 예수 믿는다는 사람들이 그럴 수가 있었을까?" 할 정도의 사건들이 너저분하게 깔려 있다. 그것도 목사사회에서, 목사 중에서도 목자를 양성해 내는 지도자급에서 그런 일들을 서슴지 않고 감행할 수가 있었을까?

아무리 생각해도 있을 수 없는 일들이었다. 하지만 이것이 모두 사실인데야 어떻게 하랴?

그래서 성경에 이르기를 "저희는 세상에 속한 고로 세상에 속한 말을 하매 세상이 저희 말을 듣느니라 우리는 하나님께 속하였으니 하나님을 아는 자는 우리의 말을 듣고 하나님께 속하지 아니한 자는 우리의 말을 듣지 아니하나니 진리의 영과 미혹의 영을 이로써 아느니라"(요일 4:5~6)고 했다. 그런고로 진리의 영과 미혹의 영이 서로 싸우고 있는 곳이 곧 교회임을 직감할 수 있었다.

미혹의 영이 나를 침범치 못하도록 자기를 지켜야 한다고 다짐하면서 예수 그리스도의 긍휼을 기다렸다(유 1:21).

긍휼을 기다리라고 한 것은 긍휼을 베푸시겠다는 주님의 언약임을 믿고 기도하고 있었다. 묵상으로 기도하는 중에 긍휼을 받으려거든 남을 긍휼히 여기라는 영감이 떠올랐다.

그리고 나서 성경을 보니 성경에 이미 명시되어 있는 말씀이었다. 유다서 22절에 이르기를 "어떤 의심하는 자들을 긍휼히 여기라 또 어떤 자를 불에서 끌어내어 구원하라 또 어떤 자를 그 육체로 더럽힌 옷이라도 싫어하여 두려움으로 긍휼히 여기라"고 하지 않았는가.

그래야 "능히 너희를 보호하사 거침이 없게 하시고 너희로 그 영광 앞에 흠이 없이 즐거움으로 서게 하실 것이라"고 하셨으니 원수였던 김삼대에게 베풀었던 긍휼을 박영관에게도 베풀어 주시옵소서 하고 엎드리니까 눈물겨운 기도가 저절로 나왔다. 아무리 기도를 하려고 애써도 안 되던 기도가 어쩌면 그렇게 눈물까지 저절로 흘러나왔을까? 성령으로 기도하라신 그 기도였다(유 1:20).

성령이 아니라면 인간인 나로서는 못 할 기도였다. 성령이 말할 수 없는 탄식으로 우리를 위하여 간구하심을 체감할 수 있었다(롬 8:26).

17. 전국 성도 금식기도의 향기

기드온 신학교 동문회에서는 11월 5일을 금식기도일로 정하고 "그릇된 교권주의자들에게 핍박받는 성령운동과 함께 하소서"라는 공통제목으로 동문회원들은 물론이고 전국은 혜 성도들이 총동원하여 일제히 금식기도를 드리기로 했다.

금식기도일이 지상에 선포되자마자 전국에 깔려 있는 은혜 성도들은 그 하루를 온전히 주께 바치기 위해 미리 준비를 갖추고 있었다. 기도원으로 몰려가기도 했고 자기의 집에서 하는 이들도 있었다.

특히 그 일을 위해 금식기도를 하려고 산에까지 찾아온 이들을 보기만 해도 눈물겨웠다.

어떤 이유도 대지 않고 산으로 와서 엎드려 기도만 하고 돌아가는 그 모습이 왜 그렇게 가엾고 사랑스러웠는지 모른다. 어린 양이 목자를 사모하는 듯한 그 모습이야말로 곧 그리스도의 긍휼을 기다리는 참모습이 아닐 수 없었다(유 1:21).

죄를 알지도 못하신 자로 우리를 대신하여 죄를 삼으신 하나님의 뜻이 반영된 모형이라고도 보였다(고후 5:21).

이 같은 금식기도가 전국에 있을 것을 생각하니 눈물이 앞을 가리웠다. 나를 위한 하나님의 자비가 그처럼 큰 것을 새삼 느꼈기 때문이다. 성도들의 이 같은 금식기도 운동은 "깨끗함과 오래 참음과 자비함과 성령의 감화와 거짓이 없는 사랑을 풍기는 향기"(고후 6:6, 2:15)였다.

Ⅵ. 生과 死 이면에 역사하는 성령

1. 아버님의 진정

1931년 여름이었다. 일본으로 유학을 갔다가 처음으로 여름방학에 집으로 돌아오는 길이었다.

경부선 황주역에 이르니까 "고-슈-링고, 고-슈-링고(黃州 りんこ)"하며 붉은 모자를 쓴 판매원들이 사과구럭을 가득히 상자에 담아서 어깨에 메고 왔다 갔다 하며 외치고 있었다.

그 사과구럭에 붙은 레테르는 유독히 손님들의 시각을 끌었다. 붉은 사과에 푸른 잎이 붙은 그림이 인쇄된 레테르였다. 그 레테르는 사과 맛을 돋구는 셈이었다.

신선하고도 맛있게 보이는 사과구럭을 누구나 한 번씩 들어서 앞뒤를 살피고 나서는 한 구럭씩 사갖고 간다.

나도 남이 다 사니까 덩달아 샀다. 효성이 지극하여 아버님을 기쁘게 하겠다는 생각과는 상관이 없이 샀지만 그것이 아버님을 크게 기쁘게 하리라고는 생각 못 했던 일이다. 사과구럭으로만 보는 사과는 좋았지만 그 속에 있는 사과는 아직 익지도 않았고 크지도 않은 푸른 사과였다.

역두에까지 마중 나온 어머님은 눈물부터 흘리면서 내 손을 와서 붙잡지만 아버님은 웃으시면서 사과구럭부터 받으신다.

"그래 오래간만에 어른들 앞에 오면서 빈손으로 오면 안 되지, 이게 네 선물이구나"
하시면서 그렇게 반가워하셨다.

실은 아버지가 보내 주신 돈으로 쓰면서 한 푼이라도 아껴야 할 터인데 이런 것을 사는 것도 아버지의 돈인데, 어찌 내 선물이 될 수가 있겠는가? 하는 생각이 들어 살까 말까 하다가 샀는데 아버님이 기뻐하시는 것을 보니 마음에 안심이 되었다.

동네 어른들이 오시면 한 개씩 끄집어내어 주시면서
"이거 우리 운몽이가 사갖고 온 선물일세. 맛이 유별나니 하나 자셔 보게."
하고 사과구럭은 옆에 감추어 놓듯 하고 한꺼번에 내놓지 않으셨다. 한 개 한 개 아끼고 아끼며 생색을 내시는 아버님의 모습이 내게는 쑥스럽게만 보였다.

더구나 일본 가서 공부하던 아들의 선물이라고 자랑하시는 것이 나에게는 더욱 부끄러웠다.

또 다른 사람이 오면 그 한 사람에게만 또 한 개 따로 주면서 우리 운몽이의 선물이라고 생색을 내셨다.

아버님은 만족해 하셨지만 나로서는 부끄러움이 더했을 뿐이다. 그때의 그 시덥지 않은 일이 왜 내 뇌리에서 사라지지 않는지 모른다.

부끄러웠던 일이어서 안 잊혀 진다기 보다는 아버님의 그 진정이 내 가슴 속에 뿌리박혀 있기 때문일 것이다.

날이 갈수록 눈물겹도록 아버님의 그때의 그 심정을 헤아릴 수 있게 된다.

그 별치 않은 선물이 아버님을 그렇게까지 기쁘게 했다는 것은 그 후에야 보람을 느꼈다. 그렇다고 그 기쁨이 선물에 있었다는 말은 아니다. 아버님이 좋아하시는 물건이어서가 아니다. 아들의 심정을 기쁘게 받아 주신 것이다.

내가 돈을 벌어가지고 사왔다면 또 모르지만 아버님의 돈으로 사온 것인데 그것이 왜 그렇게 만족스러웠을까?

오직 아들을 사랑하는 마음에서였을 것이다. 즉 부성애에서 흐르는 심정이었다고 해석된다. 선물 자랑이라기보다는 아들 자랑이 앞서 있은 것이다.

2. 둘이 다 죽게 돼

이렇게까지 아들 자랑하시는 것으로 낙을 삼으시고 만족스러워하시던 아버님은 그 후 어느 날 어디를 가셨다가 돌아오시면서 집에 들어서자마자

"인명은 재천(人命 在天)이라더니 목숨은 마음대로 못 해, 어쩌면 저럴 수가 있느냐. 저수지에서 둘이 다 죽었구나. 둘이 함께 죽었어."

하시고 목이 메시면서 말문이 막히셨다.

온 식구들은 같이 놀라면서 "그게 무슨 말씀이지요?"하고 두려워 떨었다.

송림(松林) 사람들이 파놓은 저수지에서 목욕하던 어린 소녀가 물에 빠지자 그 오빠가 구출하러 들어갔다가 둘이 다 빠져서 죽었다는 사연이었다.

그 죽은 아이 아버지는 그 못을 파놓은 못 주인의 목을 끌어안고 같이 죽자면서 못에 빠졌다. 이 일로 인해 살인미수라는 죄목으로 아이 아버지는 경찰서로 끌려갔다는 것이다.

아이 죽고, 잡혀가고, 그 집이 당하는 환난은 말로 가늠할 수 없었다.

이런 엄청난 일을 당한 동네 표정은 숙연하기만 했다. 아니 당황했다. 놀라웠다.

"남의 일 같지 않다. 너희들도 물 조심해라. 물 조심해."
하고 집집마다 아이들에게 타이르는 말이었다.

3. 대령강에서

이런 일이 있은 지 며칠 후였다. 영변에 살고 있는 6촌 매부가 왔다. 그는 숭덕학교에 재학 중이면서 여름방학을 이용하여 처가에 놀러 온 것이다.

같은 연갑의 친구 3,4명이 어울려 놀다가 목욕하러 십리길이나 되는 대령강으로 나갔다.

그냥 목욕이라기보다는 수영이 주목적이었다. 나는 그 당시 일본 규슈지방 벱부(別府) 해변가에서 수영훈련을 받은 일이 있다. 학생 단체로 가서 특별교육을 받고 6킬로의 장거리 수영을 할 수 있는 기량을 지니고 있었다.

그 기량 과시라도 하겠다는 마음가짐이 크게 작용했기 때문이었을 것이다.

그때 열한 살밖에 안 되는 내 동생도 같이 따라 나갔다.

여름장마 뒤끝이라 물은 강에 넘쳐흘렀고 날씨는 맑고 무더운 절기였다.

목욕하기에는 너무도 좋은 여건이었다. 더구나 한길 수심한 강물이 급류도 아닌 완류였던 고로 수영하기에는 더욱이 좋은 편이었다.

그런데 그 강 건너에 섬이 하나 있었다. 그 섬까지 수영기량을 자랑이라도 하는 듯이 앞을 다투어 왔다 갔다 하다가 섬에 올라가서 놀고 있었다.

4. 물 속에 빠진 동생

그때다. 강물에 휩쓸려 물속에 들어갔다 나왔다 하는 동생 운즙이의 머리가 보였다. 나는 생각할 여지도 없이 다짜고짜 뛰어 들어갔다.

떠내려가는 동생을 붙잡았다. 동생은 어느덧 거머리같이 달라붙었다. 팔 다리 할 것 없이 몸에 닿는 대로 힘껏 붙잡는다. 그때는 나도 팔 다리를 쓸 수가 없이 되었다. 꼼짝 못하고 둘이 서로 붙잡고 물속으로 점점 깊이 빠지면서 흘러내려가고 있었다.

'이제는 둘이 다 죽었구나!' 하는 생각이 들었다. 물속에서 어쩌면 그런 생각이라도 났는지 모른다.

다시 정신을 차렸다. 물에 빠진 사람을 구하러 들어갔다가는 붙잡혀 둘이 다 죽게 된다는 말을 들은 기억이 번개같이 머리에 떠올랐다.

둘이 다 죽는 것보다는 하나만이라도 살아야 한다는 생각이 확 떠오르면서 그때는 힘껏 붙잡은 동생의 두 팔을 두 손으로 힘껏 뿌리쳐 보았다.

아무리 뿌리쳐도 또 달려들어 힘껏 붙잡는다. 다리는 다리대로 달라붙었다. 헤어날 길이 없었다. 두 손을 확 뿌리치고 다리로 힘껏 차버렸다. 이것이 나의 최후 발악이었을까? 매정이었을까? 나는 동생을 지극히 사랑하면서도 살겠다고 달려드는 동생을 차버린 것이다. 어느새 발목을 또 붙잡고 늘어졌다. 그래도 나는 다른 한 다리로 또 차버렸다.

차버리면서도 울었다. '용서해라. 하나는 살아야 하지 않겠냐. 운줍아, 용서해라. 용서해라.' 하면서 나는 물속에서 살겠다고 허우적거리는 동생을 향하여 외쳤다. 물론 마음속 부르짖음이었다. 그러면서도 차버려야 했다. 어쩌면 그럴 수가 있었을까? 둘이 다 죽으면 우리 집은 대가 끊기는 판이다. 가문을 위해서는 살아야 한다는 집념이 그렇듯 매정한 단안을 내릴 수밖에 없었다.

하지만 이것이 둘이 다 살게 되는 길이 될 줄은 몰랐다.

하나님의 구원의 손길은 물속에도 나타난 것이다. 하나님의 자비는 기독교인에게만 임하는 것은 아니다.

5. 익사 지경에서

동생을 차버린 그 자리를 맴돌면서 물길 따라 흘러갔다. 물속으로 다시 들어가서 허우적거려 보기도 했다.

시체라도 찾아보겠다는 심정이었다. 차라리 같이 부여안고 죽어야 했다는 생각도 들었다.

'불쌍한 것, 어쩌면 형에게 채여서 죽다니 이 고약한 형이 무슨 면목으로 살겠다고 집으로 들어갈 수가 있겠는가' 하며 혼자서 예누다리하듯 푸념하며 계속 물 위를 헤매고 있었다.

그때는 나도 모르게 "하나님 살려 주소서" "어찌하오리까, 하나님 하나님" 하며 물길 따라 내려가고 있었다. 그런데 웬일인가? 동생이 눈앞에 네 활개를 활짝 펴고 번듯이 누워서 물 위에 나타났다. 죽었는지 살았는지도 모를 형체였다.

나는 또 달려가서 붙잡으려고 했다. 그러나 따라 내려오던 6촌 매부 임서방은 내 길을 막고 떠있는 동생을 공치듯 한 손으로 툭툭 치면서 강변으로 몰고 나간다. 그렇게 지연되는 동안 잘못될 것만 같았다.

나는 성급하게 속히 살려 보려고 또 달려들었다. 달려가 붙잡았지만 동생은 달려들지 않았다. 아무런 반응도 없었다. 죽은 것만 같았다.

한 손으로 동생의 손을 붙잡고 한 손으로 헤엄을 치며 언덕을 향해 나가고 있었다. 그러나 기운은 진할 대로 진하여 불가불 익사 지경에 이르렀다. 침몰할 수밖에 없는 그 순간 누군가가 "땅이 짚혔다."하고 외친다. 나보다 세 살 위인 5촌 숙이었던 것 같다. 그 소리가 들리더니 손에 손을 맞잡고 침몰 지경에 이르는 내 손을 붙잡아 주었다.

이야말로 구원의 손길이었다. 여러 사람의 손길이 연계된 생명줄 이었다.

물배로 탱탱 불어 있는 시체같이 된 동생의 몸뚱어리를 그런대로 육지에 끌어올렸다.

입으로 코로 물을 토하게 하고 인공호흡을 시키는 등 각가지로 손을 썼다. 몸에 온기가 도는 것 같았다. "운즙아" "운즙아"하면서 눈을 몇 번이나 비집어 보았다. 급기야 푸푸하면서 숨을 내쉬기 시작했다. 눈도 제대로 떴다.

"운즙아"하고 끌어안고 실컷 울었다. 비로소 한 생명을 구출해 내는 데 성공했다. 나는 그때에야 인명은 재천이라시던 아버님의 말씀이 새삼스럽게 실감되었다. 이것이 우연이라고는 생각되지 않았다.

그렇다고 인간의 수단이나 방법이었다고도 생각되는 것은 아니었다.

그 당시는 자기 생각대로가 아니었다. 그때그때 사태와 처지에 따라 생각도 주었고 행동도 하게 했고 이 사람 저 사람을 연계시켜 주기도 했다.

6. 나 아닌 나의 소리

하나님 하시는 일은 이처럼 기기묘묘하게 역사하셨다. 과연 사람이 할 수 없는 것을 하나님은 하실 수 있었다(눅 18:27).

예수 믿는 사람들이 생명만 귀한 것이 아니고 예수 안 믿는 사람들의 생명도 귀하게 여기시는 하나님이심을 알 만한 일이었다.

참새 한 마리도 하나님의 허락이 없이는 땅에 떨어지지 않는다고 하신 주님의 말씀대로 동생의 목숨을 삼켰던 깊은 강물도 하나님의 허락이 없이는 그 생명을 토해 내고야 말았다(마 10:29).

천하보다 더 귀한 생명을 하나님의 허락이 없이 그 누가 빼앗아 가리요(막 8:36).

이 모든 말씀도 하나님을 알고 나서 깨닫고 하나님께 감사하게 되었다. 그 당시는 하나님은 없다고 주장하던 나였던 고로 그런 감사도 몰랐다. 하지만 물속에서 동생을 차버리고 나 혼자 물 위에 떠올랐을 때에는 저절로 '하나님' 소리가 내 입에서 터져 나왔다.

물속에 빠진 동생을 찾겠다고 물 위에서 허덕이고 헤매 일 때의 그 호소소리는 나 없는 인생의 본능이었을 것이다.

평소에 하나님은 없다고 부인하던 내가 어쩌면 그렇게 하나님을 찾을 수 있었을까. 그것이 곧 내가 찾은 하나님이었다면 그때부터 내가 하나님을 믿었어야 했을 것이다.

그러나 나는 그 후에도 예수는 안 믿었다. 그런고로 그 당시 하나님을 찾았다는 것은 내가 찾은 것이 아니고 인생의 본능에서 발한 나 아닌 나의 소리였다고 안다.

그 후 10년이 지난 다음에야 하나님 앞에 돌아왔다. 내가 하나님을 찾은 것이 아니고 하나님께서 나를 찾아 주신 것이다.

7. 떠돌이 청년

내가 방랑길을 떠난 이후 어머님은 매일 새벽이면 예배당에 나가셔서 기도하며 눈물로 세월을 보내셨다. 아버님은 매일같이 약주로 그 허전한 마음을 달래고 있었다.

그래도 정처 없이 떠난 아들이 돌아오려니 하고 기다리는 마음은 언제나 떠나지 않았다. 꿈속에서 아들을 가끔 만나는 것으로 위로받으며 지내셨다. 험한 길을 외로이 가는 아들을 보는 경우도 있었고 어떤 여자들과 놀아나는 장면을 보는 경우도 있었다.

어느 하루는 누구에게 쫓겨 왔다면서 남루한 의복차림으로 우리 집 같기도 하고 남의 집 같기도 한 어떤 집으로 들어가서 숨을 자리를 찾아 허둥지둥하는 모습을 보았다는 것이다.

한동안 그렇게 꿈자리가 사납다면서 그날도 약주를 과도히 하시고 집으로 돌아오시는 길에 웬 허주레한 청년 하나를 만났다. 남루한 의복차림이 고향을 떠난 지 오래 된 처지라는 것을 첫눈에 알아 볼 수 있을 정도였다.

그것이 아버님의 눈에는 예사스럽게 보이지 않았다. 아들이 어디엔가 나가서 저런 꼴이 되지나 않았는가 하고 그 가련한 모습에 동정이 갔다.

"청년 어디로 가는 길인가?"

하고 말을 건넸다.

"오라는 곳은 없어도 갈 곳은 많습니다."

라고 되는 대로 대답을 하더란다.

"청년, 보아하니 그리 정처도 없는 모양이니 날도 저물었는데 내 집에 가서 하룻밤 쉬고 가게나"

"그래요, 고맙습니다."

하며 염체불구하고 그는 따라 들어왔다.

아버님의 저녁상이 들어가니까 아버님은 이미 저녁을 잡수시고 들어오셨다면서 그 청년에게 저녁상을 그대로 물려주시더라는 것이다.

배고팠던 그는 하나도 남기지 않고 다 먹었다. 그날 밤을 아버님과 한방에서 잤다. 다음 날도 그는 떠나려 하지도 않고 하루를 더 묵었다.

아버님은 당신의 아들을 의식하고 그 청년에게 친절을 베풀었다. 밤이면 밤늦게까지 오순도순 이야기하는 것이 친아들이라도 대하는 것 같았다. 몇 날이든지 편히 쉬고 가라면서 극진히 대해 주었다.

그는 전라도 어디서 왔다는 청년이었는데 김제 고부에서 왔다는 것 같기도 했으나 오래된 일이라 자세치는 않다.

아버님은 안방에도 들어오셔서 그 청년을 선대하라고 타이르시기도 했다. 아들이 어디에서 지금 저 사람같이 전전긍긍하며 떠돌아다니는지 모를 일이라면서 눈물을 흘리시더란다.

8. 아닌 밤중의 흉악범

가족들에게 특별 교시라도 내리시는 듯 '적선가에는 필유여경이니라'(積善家必有餘慶)면서 단단히 타이르셨다. 즉 길손을 잘 대접하는 것이 적선 이라면서 남에게 착한 일을 많이 하면 많이 한 것만큼 그 보람이 커서 자손들이 받는 복도 크거니와 경사가 반드시 있게 된다는 교훈이었다.

그래서 특히 방랑길에서 헤매고 있을 아들을 생각해서라도 지나가다 만난 방랑아 전라도 청년에게 진심을 다하여 정성껏 아들을 대하듯 선대했다.

성경에도 이르기를 손 대접함이 부지중에 천사 대접이 된다(히 13:2)고도 했는데 그 청년은 천사 대접을 받고도 오히려 악마 노릇을 했다.

2, 3일을 아버님 방에서 묵는 동안 아버님의 현금출납 상황과 현금을 간직하는 곳도 눈치채고 있었다.

어느 날 밤 아버님이 깊이 잠들어 계실 때였다. 그 청년은 이미 계획적으로 간직해 두었던 도끼로 결국은 끔찍한 일을 저지르고야 말았다. 아버님은 그날 밤 67세로서 자식을 위한 희생제물이 되었다.

그 흉악범은 그 다음으로 도끼를 들고 안방에까지 달려 들어갔다. 그때 마침 어머님은 자정이 넘도록 아랫방에서 물레질을 하고 계셨다.

윗방 문 열리는 소리가 가만히 들리더니 누군가가 슬쩍 들어오는 수상쩍은 인기척이 나더란다.

그래서 어머니는 "거, 누구냐?"라고 소리쳐 보았지만 아무런 대답이 없었다. 그 순간 어머님도 예감이 이상해지면서 몸에 소름이 끼치더란다.

그래도 억지 용기를 내면서 벌떡 일어나서 윗방으로 통하는 샛문을 살짝 열고 보았다. 그 찰나에 도끼 든 흉악범은 달려들었다.

그 흉악범이 사랑방에서 아버지의 극진한 사랑을 받으며 있던 그놈이리라고는 상상조차 못 했을 일이었다.

그러나 그놈이 배은망덕하여 가족을 몰살시키려고 도끼를 치켜들고 달려든 것이다. 돈이 생명보다 더 귀했단 말인가? 돈을 보면 이처럼 마음이 변할 수 있을까?

피 묻은 도끼를 힘껏 치켜들고 어머님을 내리쳤다. 어머님은 언제 맞았는지 어깨와 머리에서 피가 흘렀다. 피에 젖은 어머님이 두 손으로 힘껏 도끼자루를 붙잡자 그놈과 몸싸움이 시작되었다.

9. 가룟 유다같이 배가 터져

그놈은 점점 기진맥진하여 도끼를 빼앗기고 어머님은 점점 힘이 생겨 기어이 그 도끼를 빼앗았다.

마치 다윗이 사자와 싸워 이기던 때와 같았다. 하나님께서 그놈의 힘은 진하게 했고 어머님에게는 힘을 더하게 하셨다. 어디서 생긴 힘인지 늙은 할머니가 자신도 모르게 그 흉악한 장정을 능히 이길 수 있었다는 것이다. 그때의 어머님 연세는 65세였다.

도끼를 빼앗긴 흉악범은 문을 박차고 밖으로 도망쳤다. 따라 나가며 고함을 치던 어머님은 턱뼈가 어긋났다. 입을 다물지 못한 채 어음 없는 소리만 '아– 아–' 질렀다.

방 안에 자고 있던 식구들은 겁에 질려서 이불 속에 엎드려 숨도 크게 못 쉬고 있었다.

어머님 혼자서 아무리 소리를 쳐도 아버님이 주무시던 사랑방에는 아무런 인기척이 없었다. 문을 열어 보는 순간 피에 묻힌 침상이 어머님을 기절케 했다. 하지만 어머님은 정신을 가다듬고 성냥을 갖고 나가 벼까라기에 불을 질렀다.

아닌 밤중에 말소리 아닌 이상한 어음 없는 소리에 이웃집들도 놀랐다. 뛰어나와 보니 불이 활활 타오르고 있었다. 그때에야 불이야, 불이야 소리가 온 동리에 퍼지면서 동네 사람들이 모두 모여들기 시작했다.

불은 불대로 꺼야 했지만 피에 젖은 어머님의 모습에 더욱 놀랐다. 더구나 어음 없이 아–아– 하는 소리는 모두에게 공포감을 주었다.

괴이하게 여기면서 어머님의 손길 따라 사랑문을 활짝 열어 보았다. 보는 사람마다 깜짝 놀라지 않을 수 없었다.

"이게 웬일이냐?" 소리가 저절로 터져 나오며 모두 어쩔 줄을 모르고 공포분위기에 쌓였다. 그 누군가가 큰 목소리로 "자, 이럴 때가 아니다."라고 외치며 나섰다. 범인은 멀리 못 갔을 터이니 남자들은 모두 나서자는 것이다. 한결 같이 몽둥이를 하나씩 들고 나섰다.

2,3명씩 떼를 지어 부근 동리로 퍼져 나갔다. 물론 경찰에도 알렸다.

동리마다 샅샅이 누비며 수색전을 폈지만 그리 쉽게 수색망에 걸려들지는 않았다. 날이 밝기까지 헛수고였다. 해가 떠오르고 사람들이 왕래하게 되니까 그때부터 이 사람 저 사람에게서 정보 수탐을 하면서 그놈의 향방을 추적할 수 있었다.

사고 현장에서 15리 거리에 있는 당골이라는 산중마을에서 그를 체포했다. 남의 집 헛간 북더기 속에 있다가 잡혀 나왔다. 잡혀 나왔을 때에는 배가 부어오르기 시작하면서 걷지를 못하고 주저앉아 몸부림치더란다.

때려도 별 수 없고 치켜들고 이끌어도 별수 없었다. 할 수 없이 소달구지에다 결박해서 싣고 경찰서로 갔다.

가는 동안 동리 동리에서 구경 나온 사람들의 욕설과 분노의 매질이 끊이지 않았다.

경찰에 가서 취조실로 들어가서부터는 그 부어오르던 배가 펌프로 바람이라도 불어 넣는 것같이 점점 부풀어 오르더니 뱃가죽이 탁 터져서 창자가 흐르며 죽더란다.

10. 장본인이 예고한 죽음길

그 살인자의 얼굴에는 마귀상이 여실히 흉악하게 드러나더라는 것이다. 선을 악으로 갚은 흉악범의 영혼은 영원한 지옥형벌을 면치 못할 괴로움이 얼굴에까지 그려져 있었다.

반면에 악을 선으로 갚은 아버님의 시신에는 비록 피 흘린 흔적이 참혹했으나 그 얼굴은 천사의 얼굴같이 평안한 얼굴로 고이 잠들어 있는 것 같았다. 곧 깨어날 것만 같더란다.

천사의 호위를 받으며 마귀의 세계를 벗어나 생명의 법 안에서 자유를 찾은 얼굴이 분명했다.

그런 참상을 당하기 며칠 전 셋째 사위되는 이상흘(李箱屹) 집사에게 일러 주는 말씀이 있었다. 그 집사님은 남달리 신앙이 뛰어나 부근에 소문난 사람이었다.

예수 믿는 사람이 다 저분 같으면야 누가 예수 안 믿겠느냐 하는 소리까지 들을 정도로 안 믿는 사람들에게도 흠모의 사람이었다. 그렇게 부근 사람들에게 칭찬을 도맡아 받고 있는 처지였다.

그래서 아버님에게도 가장 사랑을 받는 사위였다. 하루는 그 사위를 앞에 불러 앉히고 하시는 말씀이

"나는 초토에 묻혀 있으면서 죄악 속에서 사는 사람이라 거룩한 교회에는 못 나가지만 인명은 재천(在天)이란 것은 추호도 의심 없이 믿는다."면서

"생사화복을 좌우하시는 하나님을 떠나서 어찌 살 수가 있겠는가. 순천자는 존하고 역천 자는 망하는 법이야, 알겠는가?"

하시면서 오히려 잘 믿는다는 사위에게 설교를 하시더란다.

그리고 나서 덧붙여 하시는 말씀이

"이제 두고 보게. 내가 세상을 뜰 때에는 세상이 조용치 않을 것일세. 쇳소리 같은 큰 폭음이 터질 것이고 그 소리에 천하가 놀랄 것일세…"

라고 뜻 모를 말씀을 남기시더라는 것이다.

그 말씀이 그 당시에는 전혀 이해할 수가 없었다는 것이다. 그러나 그같은 참변을 당하고 보니 그 말씀 그대로 쇳소리가 나는 도끼 폭음이 터진 것 아닌가?

하나님께서는 무엇을 우리에게 교훈하시려고 이 같은 참변이 있게 되리라는 것을 예고케 하셨는지 더구나 장본인을 통하여 예고하셨는지 알 수 없는 일이라고 많은 사람들 앞에서 이집사가 증언한 일이 있다. 즉 아버님 자신이 어떻게 그런 일이 있을 것을 아셨겠는가 하고 수수께끼 같은 말을 화제 거리로 내놓았다.

듣는 사람들 모두가 이상하게 여겼다. "그걸 어떻게 아셨을까?" 모두의 의문이었다. 그러나 아무도 정답을 내리는 이는 없었다. 이집사는 "하나님께서 알려 주셨으니 아신 것이지요."라고 자신이 그 해답을 풀으면서 그 다음 숙제를 또 던져 주었다.

"문제는 하나님께서 그것을 왜 예언할 수 있도록 미리 알려 주셨겠는가가 문제입니다." 라고.

그 문제는 나에게 그 답을 요구하는 것만 같이 들렸다.

그렇게 될 것을 미리 아신 하나님께서는 그 사건을 통하여 나로 하여금 하나님 살아계심을 깨닫게 하여 하나님 앞으로 돌아오게 하시려는 하나님의 뜻이었다고 느껴지면서 목메어 울음이 북받쳤다.

11. 고귀한 죽음

천하보다도 더 귀하다는 한 생명을 희생시키면서까지 나를 불러 주셨다고 생각하니 아버님께는 불효자식이었다는 것을 깨닫고 한없이 울었지만 하나님께는 원망이 치밀었다.

하나님은 없다던 내 입에서 하나님을 원망하는 것부터가 하나님이 계시다는 것을 느꼈기 때문이 아니겠는가. 생사화복을 좌우하시는 하나님의 허락 없이 이런 일이 있을 수 있겠는가 하는 생각이 들면서부터 더욱 원망스러웠다.

그 원망이 결국 나로 하여금 하나님을 향하는 마음가짐을 갖게 한 것 같은 감회는 잊을 수 없다.

즉 한 사람을 희생시켜 한 사람을 살리는 것은 너무 잔인한 일 같았다. 하지만 그 희생은 고귀한 희생이었다. 그 희생을 통하여 희생자의 믿음도 드러났고, 구원받은 흔적도 드러났고, 상급을 잃지 않았다는 증표도 드러났다.

그 자신이 세상에서는 불행한 것 같았으나 저 세계에서는 빛나는 존재가 된 것이다. 그렇게 깨닫고 보니 하나님을 원망할 수 없게 되었다. 물론 그런 도리를 훗날에야 깨닫게 되면서 감격의 눈물을 금할 길이 없었다.

즉 한분의 희생을 통하여 온 가족 전체에게 구원의 역사가 일어났고 당시에 부근 사람들에게도 하나님 살아 계심을 알게 했고 구원 길로 인도하는 기회가 되게 한 것이다.

그 흉악범의 말로는 누구나 목도한 사람들마다 행한 대로 갚아 주시는 하나님이심을 알게 했다. 하나님의 공의 앞에서는 피할 길이 없다는 것도 알 만한 일이었다. 한 사람의 희생은 많은 사람을 깨우쳐 구원 길을 찾게 하였고, 한 사람의 악행은 형벌을 면치 못한다는 교훈과 경고가 되었다.

그때가 오만불손한 일본이 팔굉일우(八紘一宇)를 주장하며 나서서 최후 발악을 하던 1944년 이른 겨울 음력 10월이었다.

음력 10월 13일이 어머님의 생일이어서 생일 준비를 하던 때였다. 사건은 생일 하루 전에 일어난 일이다. 아들 없는 생일이 무슨 필요가 있겠느냐고 어머님은 반대하던 일이었지만 그래도 65세의 고령이신데 어찌 생일을 그냥 지나갈 수가 있겠느냐면서 생일 준비를 하다가 이런 참변을 당했으니 어머님의 생일 준비는 아버님의 장례 준비가 되고 말았다.

이렇게 1944년은 우리 가정의 흉사의 해로 마무리 짓는 슬픔의 해가 되었다. 두 아들은 만주 들판을 헤매고 있었고 그나마 둘이 따로따로 서로 거처도 모르고 지내는 처지였다. 이런 불행이 또 어디에 있을까 싶었다.

그래도 딸 4형제는 같이 모여 아들을 대신한 딸 노릇을 톡톡히 했다. 아버님의 마지막 가시는 길을 슬픔 속에서도 천사가 동행하는 모습을 목도하는 듯 "날빛보다 더 밝은 천당, 요단강 건너가 만나리" 찬송으로 영원한 만남을 기약하며 은은히 영원한 고별을 했다.

12. 참변을 당하기 전 아버님

일본이 최후 발악을 하던 소위 대동아전쟁의 막바지에 이르렀던 1944년 여름이었다.

집집마다 밥그릇과 수저까지 다 빼앗겨야 하는 때였다. 쇠붙이는 모조리 전쟁군기 제작에 쓰여 졌기 때문이다. 더구나 놋쇠라면 요긴하게 쓰여 지는 것이라 하여 놋그릇은 가차 없이 징발이 되어야 했다.

그 당시 식기류가 모두 놋으로 되어 있었기 때문에 밥그릇, 수저, 접시, 상, 세수대야 등 부엌용품 대부분이 징발 대상이었다.

아들과 딸까지라도 바쳐야 하는 무서운 때였다. 그때 내 동생 운즙이도 끌려가야 했다. 지원병이라는 명분으로 강제 징발된 신세였다.

훈련을 받고 휴가 나온 아들을 붙안고 아버지는 울었다. 훈련기간에 당한 모욕과 멸시 천대는 말로 다 형용할 수 없었거니와 매 맞은 상처투성이는 더구나 부모를 울렸다.

"너는 떠나라. 이왕 군인으로 나갈 바에야 조선독립군으로 나가지 왜놈들의 희생물이 될 필요가 무엇이냐!" "떠나라 떠나…"
하고 눈물겨운 명령이었다.

떨리는 음성에 눈물을 흘리는 아버님의 모습은 아들 운즙이의 마음을 더욱 흔들어 울렸다.

"만주에 있는 형을 찾아가거라. 거기만 가면 조선독립군 있는 곳을 알 수 있으리라."
면서 아버지밖에 모르는 나의 비밀 주소를 알려 주었다.

아들을 만주로 떠나보낸 아버님은 경찰에 잡혀갈 것을 각오하고 계셨다. 기일 내에 분대 복귀를 안 하고 종적을 감추었으니 집으로 와서 아들을 내놓으라고 아버지를 들볶다가 결국은 경찰로 연행을 했다.

"나는 모르오." "나는 몰라!"로 일관하는 대답이 그들에게 통할 리가 없었다. 악형도 당했고 곤욕 속에 정신을 잃기도 했다.

하지만 대답은 안 했다. 오히려 "내 아들 찾아내라!"고 아우성을 치기도 했다. 아니면 아들 대신 내가 나갈 터이니 내게 총을 달라고 고래고래 고함을 치기도 했단다.

아들 둘을 다 만주 땅으로 보내 놓고 일본 사람들의 눈치와 눈살 밑에서 살아 나간다는 것은 쉬운 일이 아니었다.

"너희들이 공부를 해도 왜놈들의 '고찌가이'는 되지 말아라".
라는 것이 아버님의 평소의 교훈이었다. 즉 '고찌가이'란 왜놈들 밑에서의 천한 심부름꾼 이다. 공무원들을 지칭하는 말이기도 했다.

그렇듯 반일사상이 철두철미했던 아버님이셨다. 일본 사람들에게 나라를 빼앗겼다는데서 와진 반발이기도 했지만 한국 사람들을 인간취급을 않고 짐승취급을 한다는 데서 더욱 그랬다.

13. 인간 이하의 나체 수모

하루는 맹중리 장날에 아버님께서 장엘 갔는데 경찰관 주재소 앞에 사람들이 삥 둘러서서 무슨 구경거리가 생겼는지 웃는 사람도 있고 심각한 눈초리로 보는 사람도 있고 이상한 분위기에 쌓인 장면이 눈앞에 뜨이더란다.

그래서 한걸음 다가가서 인파를 헤치고 들여다보았다는 것이다.

놀라지 않을 수 없었다. 여자를 홀랑 벗겨 알몸으로 개같이 네 다리로 벌렁벌렁 엎드려 기어 다니게 하고 그 뒤에는 남자가 역시 팬티도 안 입은 알몸뚱어리로 여자의 뒤를 따라 개 걸음을 하고 있더란다.

무릎으로 걷는 것도 아니고 남녀가 궁둥이를 높이 들고 뒷다리를 펴고 네 다리 걸음을 하고 있으니 그 꼴이 무엇이겠는가.

인간 이하의 짐승취급을 받는 민족적 모욕이었다. 구경꾼들이 빈틈없이 둘러선 그 가운데는 주재소장이라는 일본 놈이 채찍을 들고 섰고 그 옆에는 그의 여편네가 같이 서서 깔깔 웃고 있더란다.

많은 군중 앞에서 구경거리가 된 두 남녀는 나체로 그 수욕을 당하면서 소장의 채찍 지휘대로 주재소 앞마당을 계속 돌고 돌아야 했다.

여자는 머리가 흩어져 있었지만 남자는 상투도 흩어지지 않은 채 상투를 곤두세우고 여자의 궁둥이 뒤를 바짝 뒤따르고 있어 더욱 사람들을 웃기더란다.

조금만 뒤떨어져도 소장의 채찍은 용서치 않았다. 이 꼴을 보면서 웃고 있는 장꾼들이 한없이 밉더란다.

아버님은 이 꼴을 보다 못해 북받쳐 나오는 소리로 외쳤다.

"야, 이 사람들아 이 꼴을 보면서 웃음이 나오는가?"라고 소리치며 달려 들어가 소장의 채찍을 빼앗아 꺾어 버리고 나체 남녀의 궁둥이를 발로 차며 옷 입으라고 호통을 쳤다는 것이다.

물론 소장이 순순히 채찍을 빼앗기지도 않았거니와 한참 소란을 피웠다는 것이다. 그러는 동안 악담도 수모도 당했으련만 그 장면에 대해서는 일체 말씀이 없으셨다.

왜 안 하시는지 그 연유는 전혀 알 수 없었다. 물어 보아도 그것은 너희가 알 바가 아니라면서 말씀하시지 않았다.

14. 삶이란 무엇인가?

그 후부터 아버님은 민족적 의분이 북받쳐 올라서 견딜 수 없는 심정에서 약주를 한 잔 하시면 기어이 주재소로 가서 나도 군인으로 나갈 터이니 내보내 달라고 억지를 써보기도 하고 총을 좀 달라고 졸라 대기도 했다.

결국은 주재소 소장에게 미움을 받아 마침내 사랑하던 막내아들을 지원병이라는 이름으로 빼앗기게 되었다.

총만 있으면 당장에 그 주재소 소장부터 쏘아 버리고 가슴에 사무친 울분을 해소해보려는 심정을 감출 수 없어서 그랬다는 것이다.

총소리와 함께 가슴이 탁 트일 것만 같더라는 말씀을 가끔 하셨다.

"사람의 삶이란 무엇이길래 이런 수모와 멸시를 당하면서도 살아야 하는가 말이다."
라고 혼자서 자탄하듯이 나에게 가끔 들려주시던 아버님의 말씀이 그 당시에는 무심코 들렸지만 후일에는 그 말씀이 내 신앙의 바탕이 되고 있었다는 점을 잊을 수 없었다.

죽음 앞에는 약한 생명, 죽음을 두려워하며 살아야 하는 생명을 생명이랄 수가 있을까?

사망의 왕권 밑에는 죄악의 종노릇을 해야 하는 인생이 무엇에서 삶의 가치를 찾을 수 있을 것인가?

인간 노력으로는 절대 불가능한 일, 생명을 창조하신 절대자만이 가능한 일이다. 삶의 가치는 절대자에게서 찾아야 한다. 생명은 죽음을 이겨야 생명이다. 죽음을 이기지 못한다면 죽음에게 삼키운 바 된 생명, 죽음의 밥이 된 생명을 생명이랄 수가 있겠는가 말이다.

죽음을 이긴 생명이 곧 예수의 부활이 아니던가?

그 부활이 내 부활이 될 때에 비로소 내 생명도 참 생명으로 영원하리라. 이런 믿음을 갖게 하는 성령의 역사가 없었던들 우리의 삶이란 소생할 길이 없었을 것이다.

그런고로 믿음이란 사망을 이기는 생명길이다. 예수 이외의 누가 우리의 죽음을 죽어주고 생명을 살아 줄자가 있겠는가.

Ⅶ. 육신과 영혼

1. 영감으로 알려진 실제

아버님은 세상을 떠나셨다. 분명한 사실인 줄을 알면서도 아버님의 영전에 못 가뵙는 심정은 그 괴로움은 이만저만한 것이 아니었다.

그 사건이 발생하기 며칠 전부터 이상한 영감이 나를 불안케 했다.

고향에 무슨 이변이라도 생길 것만 같은 느낌이었다. 보통으로 느껴지는 어떤 예감과는 달랐다.

이것은 성령으로 깨닫게 하는 영감임이 틀림이 없었다.

고향소식을 들으려면 만주 중에서도 몽고 땅과 가까운 지지하루 방면으로 가서 도남(挑南)을 찾아가야 하는 형편이었다. 거기에는 여동생의 시가에서 큰 정미소를 하고 있어 조선과의 교역이 빈번한 관계로 고향소식은 연락부절(連絡不絕)이었다.

아무런 예고도 없이 찾아갔다. 그때가 1944년이 저물어가는 음력 10월이었다. 백설이 만건곤한 만주 들판에 불어오는 시베리아 북풍이 살을 에이는 것 같은 혹한이었다.

그런 추위 속에서 방한복을 두툼하게 끼어 입고 방한모를 얼굴이 안 보이도록 푹 덮어쓰고 이역 땅 만주 들판을 가로질러 동생네 집으로 찾아 들어간 것이다.

방문을 슬쩍 열고 방 안으로 들어섰을 때에는 온 식구들이 깜짝 놀랐다.

나는 나대로 놀랐다. 내 뒤를 따라 들어온 배달부가 전보 한 장을 급하게 전해 주고 나간다.

그 순간 내 마음은 덜컥했다. '아버님이 세상을 떠나셨다.'라는 직감이 내 가슴을 울렸기 때문이다.

그 전보를 보지도 않고 동생에게로 그냥 맥없이 전해 주었다.

"아버지가 세상을 떠나신 모양이다."라고 한마디를 뱉다시피 하며 동생을 뻔히 바라보다가 나는 그 자리에 맥없이 털썩 주저앉아 흐느껴 울었다.

"아니야요. 아직 세상을 떠난 것이 아니고 위독하다고만 했는데요."

"아니다. 놀래지 말라고 그랬겠지. 이미 떠나셨느니라."

하고 어서 서둘러 한시바삐 가보라고 재촉했다.

눈물에 잠겨 아버님의 영전으로 찾아가려고 급하게 서두는 여동생의 모습을 보면서 마음의 슬픔을 금할 길이 없었다.

2. 영계와 접촉

아버님이 세상을 떠나신 줄을 엄연히 알면서도 같이 못 가는 신세가 되었으니 남부끄러운 일이기도 하지만 떠나신 아버님 앞에 죄스럽기 짝이 없었다.

"불효자식, 임종도 못 해드리고 마지막 가시는 길에도 가보지 못하는 불효자식을 어찌 용서해 달라곤들 하겠습니까? 불효자식입니다. 용서해 주시라고도 못 하겠습니다. 아버님, 아버님…"

하고 그 집 옆에 비어 있는 예배당에 들어가서 한껏 울었다.

그날 저녁 아버님이 나타나셨다. 살아 생시와 같이 나타나셔서

"네 갈 곳은 새별산이니라."

라는 한마디를 남기시고 어디론지 사라졌다.

13년 전 살아생전에 하시던 말씀이었다. 일본 유학을 갔다가 방학에 돌아오니까 하시던 그 말씀, 잊어지지 않을 만큼 가끔 들려주시던 그 말씀을 영혼으로 오셔서도 또 일러 주시는 말씀이시었다.

"새별산, 새별산이 어디에 있는고?"

혼자서 몇 번이나 외우면서 예삿일이 아니라고 느껴졌다.

"새별산으로 가오리다. 인도해 주소서."

하고 일어나 정처 없는 길을 또 나섰다.

"명년에 만나자. 명년에는 해방이 될 터이니…"

라고 예언적 작별인사를 하고 동생은 조선으로 가고, 나는 쫓기는 몸으로 막연한 길을 떠났다.

비록 쫓기는 길이기는 했으나 무엇인가 모르게 가슴이 벅차올랐다. 이상한 용기가 용솟음쳤다. 새별산을 찾아가는 길을 아버님이 직접 인도해 주시는 것 같은 실감이었다.

물론 하나님께서 성령으로 내 마음속에서 역사하고 있었기 때문에 영계와의 접촉도 가능했다고 생각된다. 그렇게 믿어지니까 발걸음도 가벼웠다. 어떻든 그 후로는 하나님께서 나를 고국으로 돌아가도록 종용하시는 것이 분명했다.

3. 육신의 생각과 영의 생각

육신의 생각과 영의 생각은 확실히 달랐다. 고국으로 돌아가면 당장에 체포될 것을 알고 있는 육신의 생각은 돌아가기를 원치 않았다.

하지만 영의 생각은 돌아가지 않고는 견딜 수 없으리만큼 충격이 컸다. 내 뜻과 하나님의 뜻은 달랐기 때문이다. 내 육신이 모르는 데를 하나님은 알고 계셨다.

하나님께서 성령으로 역사하여 내 영혼을 달래가면서 기어이 돌아가도록 강권하셨다.

즉 용문산이 곧 새별산이요, 피난지라는 암시를 해주신 것이다. 하나님이 같이하시니 피난지요, 새별이 떠오르고 있으니 어찌 새별산이 아니겠느냐는 뜻이었다.

육신의 생각을 떠나서 영의 생각을 따르기로 결심케 하신 분도 하나님이시었다. 만일 그때에 못 나가면 큰 봉변을 당하고 살아남기 어렵다는 것을 이미 알고 계시는 하나님께서는 나로 하여금 용문산으로 찾아 돌아가도록 몰아친 것이다.

사실 그때에 내 육신의 생각을 따랐다면 만주 들판에 피를 쏟고 거기에서 맴도는 귀신이 되고 말았을는지 모른다.

"육신의 생각은 사망이요 영의 생각은 생명과 평안이니라"(롬 8:6)고 하신 성경말씀대로 그때에 내가 하나님의 뜻에 순종치 않고 내 뜻대로 행동했다면 틀림없이 그 멸망 길로 갈 수밖에 없었을 것이다.

그런고로 영의 생각을 따르는 것이 하나님께 순종하는 길이요 사는 길이다.

소위 대동아전쟁이라면서 일본이 최후 발악을 하다가, 1945년 8월에 항복을 하면서 만주를 팔로군이 점령하게 되었다.

만주가 공산화되면서 내가 일하던 수화현 왕성광 농장은 완전히 전멸되었다는 소식이었다.

일본 사람들의 횡포로 만주 땅을 마음대로 유린하고 중국인들의 농지를 무조건 몰수하여 사용하던 곳이다.

일본에서 만주 땅을 잠식하기 위해 만든 만척회사의 개간사업장이었던 고로 그곳 회사원과 노무자들을 위한다는 명분으로 자급농장을 대규모로 설치하고 그곳 농지를 징발했던 연고로 농터를 빼앗긴 주민들의 원한이 사무쳤던 곳이다.

4. 감격의 눈물

그것도 해방 이후 서울에서 들은 소문이다. 내 후임으로 그곳 농장에 가서 농장 장으로 있었다는 이평림씨를 만나서 듣고 안 일이다.

"어떻게 그런 일이 있을 것을 알고 그렇게 미리 피난을 했느냐?"

고 하면서 나더러 선견지명이 있는 분이라고 극찬을 한다.

거기에 있던 한국 사람들은 모두 내 말을 하면서 하늘이 낸 사람이라고들 했다는 것이다.

그런 난리를 피하도록 하나님께서 인도해 주신 것을 생각하면 그들의 하는 말을 부정할 수 없었다.

"너는 내 것이라"고 야곱을 지명하여 택하듯이 나를 역시 하나님께서 "너는 내 것이라"고 택해 주신 것이라고 믿어지는 순간 눈물이 앞을 가리웠다(시 43:1). 감격의 눈물이었다.

"하나님 감사합니다. 하나님 감사합니다."하는 단마디 기도가 내 속에서 끊일 줄 몰랐다.

성령은 나로 하여금 하나님의 그 사랑을 깨닫게 하셨다. 하나님의 품속에 안겨 있는 느낌이었다. 사랑의 은혜 속에 잠겨 있는 자신임을 깨닫고 보니 얼마나 행복스러운지 감격스러웠을 뿐이다.

그 감격이 곧 믿음이라고 믿음의 진의를 알게 되었다.

내게다 그곳 소식을 전하던 이평림씨는 끊임없이 흐르는 내 눈물을 보면서 자신도 같이 눈물을 흘리며 내 손을 다시금 꼭 붙잡고 울었다. '하나님께서는 그래서 나를 한국으로 빨리 나가도록 재촉하셨구나' 하고 하나하나 생각할수록 하나님 앞에 감사할 뿐이었다. 감사의 눈물이 끊일 줄 몰랐다.

'과연 용문산은 피난지였구나' 하고 그때에 와서야 비로소 알게 되었다. '아버님께서도 그래서 영으로 나타나서 나더러 새별산으로 가라고 재촉하셨구나' 하고 재삼 느끼면서 용문산이 곧 새별산임을 영감으로 확인했다. 용문산이 새별산이라는 실감을 갖게 된 것은 그때인 것 같다.

거기가 곧 하나님께서 나를 찾아 주신 곳이요, 거기가 곧 나에게 '십자가의 도'를 찾게 하신 곳이다. 그리고 성령이 역사한 곳이다.

그리고 보니 거기가 어찌 택한 땅이 아니며 피난지가 아니겠는가?

육신으로도 일본 사람들의 발악에서 피난하게 된 곳이요, 영으로도 죄악 속에도 구출을 받고 하나님의 품속을 찾은 곳이다.

그렇다면 '영육간의 피난지가 된 곳이 아니고 무엇이겠는가' 라고 생각할수록 감격스러웠다. 울고 또 울어도 눈물로써 못 갚을 줄 알아 이 몸을 바칩니다 하고 몇 번이나 서원을 했다.

하나님은 과연 내 하나님이요 내 아버지이심을 실감했기 때문이다.

이것이 다 주님으로 말미암은 사역이었음을 깨닫고 보니 예수 그리스도의 그 크신 사랑을 어찌 잠시인들 잊을 수 있으랴.

5. 영적 장성

뒤따라 내 생각에서 사라지지 않는 것은 육신 아버지의 사랑이다.

아들을 위한 희생, 그 희생을 하시면서도 원망 없이 가셨다. 은혜를 악으로 갚는 흉악범, 그 고약한 살인범을 끝까지 사랑한 것은 오직 아들을 위함이었으니 아버지의 그 사랑을 어찌 잊을 수 있겠는가.

아버님의 그 사랑을 생각하면 생각할수록 눈물밖에 안 났다.

그 놈을 원망하고 미워하고 저주하며 울고 나면 기어이 아버님이 나타나셔서 내 눈물을 거두게 하고 원망과 저주까지도 다 거두어 주시는 듯 했다.

그를 도리어 불쌍하게 여기도록 내 마음을 사로잡아 주시는 것 같은 느낌이었다.

이렇듯 성령은 내 안에 있는 악성을 소멸해 주시는 역할을 하고 계심을 깨닫고 보니 끊임없는 사랑이 항시 같이하심을 알았다. 하나님께서 성령을 통하여 내 아버님의 영혼과 내 영혼의 접촉이 있게 하신 것도 나를 위해서였다고 깨달을 수 있었다. 나를 구원하기 위해서는 내 영적 장성이 필요했고 또 내가 복음에 쓰여지기 위해서도 영적 장성이 필요했다.

즉 하나님의 경륜과 섭리 속에서 내 영혼은 장성하고 있는 것이다. 영적 장성이 주의 일을 하는 데는 가장 필요했기 때문이다.

더구나 마지막 때에는 귀신들의 발악이 심하게 일어나고 있는 고로 우리 싸움은 육신이 아니요, 공중권세를 잡고 천하를 혼란케 하는 악령들이기 때문이다(엡 6:12).

악령들은 우리 주변에서 계속 역사하고 있다.

마음에 불안을 주고 불평과 원망과 반항심을 일으켜 세상을 혼란으로 끌고 들어간다. 이런 악령들의 궤계에서 벗어나기 위해서는 악령과의 싸움은 계속될 수밖에 없다.

그런고로 영적 장성이 필요한 것이다. 적과 싸우려면 자신을 알고 적을 알아야 한다는 것이 성령의 가르침이다. "누구든지 네 오른편 뺨을 치거든 왼편도 돌려 대며 또 너를 송사하여 속옷을 가지고자 하는 자에게 겉옷까지도 가지게 하라"(마 5:39~40)고 주님께서는 말씀하시면서 악한 자를 대적치 말라고 하셨다.

그런데 우리는 왜 싸워야 하는가? 사람과의 싸움은 말아야 하고 악령과의 싸움은 해야 한다는 것이 성경교훈이다.

성경 교훈이 곧 주님의 교훈이요, 성령의 가르침이다. 영적 장성 없이는 영적 교훈을 지킬 수가 없을 것이다. 그런고로 영적 장성이 필요하다고 깨닫고부터는 영계에 관심을 갖고 영인들을 만나려고 애써 보았다.

애쓴다고 만나지는 것은 아니었다. 만나게 해주니까 만날 수 있었고, 만나 주니까 만날 수 있었다.

6. 7년 만에 돌아간 고향

해방 후 나는 고향으로 찾아갔다. 걸어서 38선을 넘어야 하는 힘든 길이었다. 생명을 내댄 길이라는 것을 알면서도 떠난 길이다. 살기도 싫고 죽기도 싫었던 7년의 기간을 마치고 돌아가는 뜻있는 길이었다.

꽝 하는 총소리만 한번 들려도 뛰는 가슴을 부여안고 숨을 죽여 가며 한참이나 엎드렸다가 조용하면 또다시 머리를 슬그머니 들고 허리도 못 펴고 가만가만 걸어가던 생각은 영원히 머리 속에 박혀서 사라지지 않을 것이다.

아버님 돌아가신 일주기 소상일 전으로 가느라고 다급한 노정이나 노상에서 시간을 낭비할 수도 없는 처지였다.

그때가 음력 10월 초였지만 쌀쌀한 날씨의 첫추위가 닥쳐오면서 노숙을 하기에는 어려운 시기였다. 사경을 무릅쓰고 가는 길이었으니 불안 속의 고난 길이었음은 말할 나위도 없다.

그러나 그 고된 길을 어떻게 갔는지 그까짓 것쯤은 한낱 추억에 남을 일에 불과했고 고향집에 다다르니 통곡에 사로잡혀 자기마저 잃어버린 듯 했다.

만주 들판을 헤매던 동생은 나보다 며칠 전에 돌아왔다. 가까이 남한 땅에 있던 나는 오히려 후에 갔으니 면목이 없었다. 38선을 탓했댔자 무슨 소용이 있겠는고.

이미 동생은 아버님의 제상을 차려 놓느라고 있는 정성을 다하고 있었다. 조상 대대로 지켜 내려오는 제사를 드리겠다는 동생의 고집을 꺾을 만한 자격을 잃은 나의 처지였다. 통곡에서 헤어 나와 이성을 찾아 주변을 살피게 되었을 때에는 어머님의 모습이 한없이 안스러웠다. 불효자식을 위해 기도로 사시던 그 초췌한 모습, 눈물에 젖은 그 얼굴은 내 마음을 또 한 번 찔러 주었다. 어머님의 흰 머리카락이 더한층 나를 울렸다.

말문이 막힌 나는 말없는 눈물로 인사를 대신했을 뿐 죽은 아버지보다 살아 계신 어머님이 더욱 슬펐다.

어머님도 닫혔던 입을 여시고 "그래도 살아왔구나." 한마디를 간신히 하시고 내 손을 꼭 붙잡고 흐느끼셨다.

7. 아버님의 1주기 소상

제상보다는 추도예배를 더 원하시는 어머님이신 줄은 알면서도 동생이 서두는 제상차림을 나는 감히 막을 수가 없었다.

속으로 '아버님은 어느 편을 원하십니까?' 하고 아버님을 불러도 보았으나 대답 없는 아버님의 심사를 나 혼자 읽어 보기도 했다.

그러나 동생의 고집대로 내버려 둘 수밖에 없었다.

"야, 그래도 하나님 앞에 예배드려 아버님의 영혼도 위로받도록 하는 것이 좋을 것 아니냐?"

라고 조심스럽게 동생에게 말을 건네 보았지만 통하지 않았다. 믿음 좋은 셋째 자형도 안타까워하면서도 동생의 고집을 꺾지는 못했다.

제상 앞에 아버님이 오셔서 앉은 것만 같았다. 그래서 나도 동생의 고집을 꺾을 생각은 포기했다.

동생과 꼭 같이 굴건제복을 하고 제상 앞에 나섰다. 동생은 꾸벅 꾸벅 절을 하고 있으나 나는 절을 한다고 엎드린 채 일어나지도 못하고 그냥 그 자리에서 울기만 했다. 그러다가 갑자기 제상을 가서 덮쳤다.

제상 앞에 아버지가 앉아 계신 것 같아서 아버지를 부여안느라고 그랬다. 그 속을 모르고 모두 달려들어 나를 붙잡는다.

그렇다면 그때에 아버님의 영혼이 오셔서 제상 앞에 앉아 계셨던 것이 분명했을 것인가?

아니면 내가 헛것을 보았던 것인가? 내 마음의 환상인 것인가?

그때에 슬퍼서 울은 것뿐이지 어떤 사색에 잠겼던 것은 아니다. 그런데 무슨 마음속에 환상인들 보였겠는가?

영안으로 본 영상이었던가? 육신은 죽었어도 영혼은 살아 있으니 영계에서는 볼 수 있었던 것이 아닌가?

8. 아버님의 영혼

소상을 다 치루고 나서 산소에 갔다 온 다음인 듯하다. 온 가족과 일가친척들이 한자리에 모여 앉아 이야기할 기회가 있었다. 7년 동안이나 집을 떠나 소식 없이 지내다 보니 여러 가지 처음 듣는 이야기가 너무도 많았다.

그 중에 가장 인상적인 이야기가 하나 있다. 둘째 고모님이 하시는 말씀에

"제상 앞에서 너희들 우는 모습을 보니 너희 아버지 생각이 되살아 오른다"면서 "특히 큰애의 슬퍼하는 안타까움은 보는 사람들이 차마 못 보겠다고들 하더구나"

하고 당신도 같이 슬퍼져서 울다 쓰러지기까지 했다.

눈물을 닦으시며 말씀하시기를

"너무 슬퍼하지 마라. 너희 아버지의 영이 개집마을 굿하는 무당에게 나타났던 일이 있느니라."

라고 말문을 다시 열기 시작했다.

"아니 아버님이 나타나시다니요?"

나는 놀랐다.

"그게 무슨 말씀입니까?"

하고 다그쳐 물었다.

영혼이 나타나 무당의 입을 빌어 아버지의 음성 같은 말로 세상에서 억울했던 일과 걱정되던 일들을 낱낱이 말하면서 자손들에 대한 말도 했다는 것이다.

특히 큰 아들 운몽이에 대한 말도 하면서 목메어 울더란다. 그러나 이제 무사히 돌아오리라는 예고도 하고 지금 하나님을 모시고 살기 때문에 하나님의 보호를 받고 있다는 말도 하더란다.

그보다 더 세밀한 이야기를 들었지만 대강 한 나에 관한 이야기만은 잊혀 지지 않는다. 하나님을 모시고 산다는 말과 하나님의 보호를 받고 있다는 그 말이 신기하게 들렸다. 놀라웁기도 했다.

내가 예수를 믿는다는 것은 아무도 모를 뿐 아니라 무당은 전혀 모르는 사람이었으니 나를 어떻게 알았겠는가 말이다. 아버지의 영이니까 알았을 일이고 아버지의 영이니까 우리 집 내용을 그렇게 샅샅이 알았을 것이 아닌가?

남이 알지도 못했던 일들과 가족들도 잘 몰랐던 일들까지 샅샅이 말해 주더라는 것이다. 그것도 우리 집 식구들이 그 굿하는 자리에 있는 것도 아니고 남들이 듣고 전해 주는 말이었다.

9. 개집마을로 찾아가

둘째 고모님도 남한테 듣고 하시는 말씀이었다. 나는 누구에게 들었느냐고까지 물어보았다. 그를 꼭 만나고 싶어서였다. 개집마을로 찾아갔다. 개집마을 사람들에게 들어 보았

으나 고모님께 들은 말보다 더한 별다른 말은 없었다.

그래서 무당을 찾아가려고 했으나 그 거처도 자세히 알 수 없었거니와 무당 자신도 자기가 한 말을 모르더란다. 어떤 신이 와서 자기에게 접하여 말하게 하는 대로 말이 나왔을 뿐이지 자신은 누구인지도 모르고 했다는 것이다.

'왜 나에게 직접 나타나지는 못하고 무당을 통해서라야 나타날 수가 있었더란 말인가?' 하고 궁금증을 느끼며 그때부터 나는 영혼세계를 알고 싶은 마음을 갖게 되었다(삼상 28:8, 13, 15).

"주 안에서 죽은 자들은 저희 수고를 그치고 쉬리니 이는 저희의 행한 일이 따름이라"(계 14:13)고 한 성경말씀대로 세상행위가 영계에로 연결되고 있음을 알 것 같아서였다.

그 후 나는 아버님의 영혼이라도 만나게 해 달라는 기도를 가끔 했다.

그러나 그 당시 그 즉시로 아버님을 만날 수는 없었다. 그 얼마 후 용문산에 가서 살고 있는 동안에 만난 일이 있다.

아버님은 용문산의 내가 살고 있는 첫 집으로 찾아오셔서 손자 통영이를 안아 보면서 매우 기뻐하셨다. 그 몇 해 후 결국 통영이는 할아버지 품에 가서 안기는 것을 본 그대로 할아버지에게로 가고 말았다.

10. 현세와 영혼 세계

한번은 아버님께서 용문산에 오셔서 용문산 중턱에 있는 평지(지금의 중앙촌)를 보시면서 "많은 사람들이 지나가면서도 보지 못한 보화를 네가 주웠구나."하고 기뻐하셨다.

이것은 곧 주인이 추수하면서 흘린 이삭을 주은 것과도 같다는 것이다(룻 2:15~16, 23).

그때에 그 평지를 둘러보시면서 서쪽 웃머리에서부터 동쪽 아래 계곡으로까지 직선으로 도랑을 하나 내라고 일러주셨다. 그래야 이 땅을 옥토로 유지할 수 있는 치산치수가 된다는 교훈이었다.

그러나 나는 그 지시대로의 도랑을 내지는 못했다. 그래서 치산치수가 잘 안 되었는지 모른다.

지금의 보육원이 있는 곳에서 신용협동조합이 있는 곳으로 그어 놓은 선이었다.

그런 이유에서인지 지금은 애향원과 애향숙과의 별개 재단소유지로 경계선이 생겨져있다. 지도를 펴놓고 보면서야 그때의 그 생각이 떠오르곤 한다.

도랑은 내지 않았으나 결국은 "이런 식으로 그 경계 도랑이 생긴 셈이로구나"하고 아버님의 하신 말씀이 이뤄졌다고 해석이 된다.

그 후에도 무슨 어려운 일이 생기면 아버님이 꿈에 나타나셔서 옳은 길로 인도하는 일이 가끔 있었다. 문제는 이렇게 성령이 역사하며 아버지 형상으로 나타나는 것인가 아니면 이것은 곧 영혼으로 아버지가 아직 세상에서 살고 있다는 증거가 아니겠는가. 그렇다면 이 세상에 영혼이 살고 있는 영혼 세계가 있다는 논리가 된다.

즉 구원을 받는 이스라엘이 애굽에서 해방을 받을 때에 홍해를 건너서 광야가 있었던 것처럼 영혼이 죄악세상에서 벗어나서 광야시절이 있다는 말이다.

애굽도 아니고 가나안도 아닌 광야, 거기는 홍해는 건넜고 요단강은 건너기 전에 있는 곳이다.

즉 첫째 사망은 누구나 한번은 다 가는 길이지만 둘째 사망은 생명부활을 못 받는 영혼들이 심판부활을 받고 가는 지옥이다(막 9:43, 마 3:12, 요 5:29, 계 20:13~15).

첫 이스라엘은 가나안복지에 들어가지 못하고 둘째 이스라엘이라야 요단강을 건너 가나안복지에 들어간 것과 같은 이치다. 우리의 육신은 첫 이스라엘이라면 우리의 영혼은 둘째 이스라엘에 비할 수 있다.

그런고로 혈과 육은 하나님 나라를 유업으로 받을 수 없다고 했다(고전 15:50).

세상에서 죽는 것은 육신이 죽는 것이지 영혼이 죽는 것은 아니라는 뜻이다.

그래서 사람이 한번 죽는 것은 정하신 것이지만(히 9:27) 둘째 사망이 또 있다는 것이 성경에 분명히 증거 되어 있다(계 2:11).

첫째 사망은 육신의 죽음이요, 둘째 사망이란 영혼 세계에서의 영적죽음을 말함이다. 음부에서 지옥으로 던지움을 받을 때에 있는 일이다(계 20:14).

거기는 곧 심판부활을 받고 영원한 죽음으로 빠지게 되는 극악한 수욕의 지옥세계이다(요 5:29, 단 12:2).

그런고로 죽음이란 있다가 없어짐이 아니다. 죽음은 영원하다. 괴로움과 수욕이 영원한 지경이다. 생명이 영원하니 죽음도 영원하다. 죽음이 영원하니까 생명이 영원할 수 있다.

11. 귀신 붙은 미친 사람

개집마을에서 굿했다는 집으로 직접 찾아갔을 때의 일이다.

그 집 셋째 아들이 바위 돌 같은 마대자루에 묶여 있었다. 그 이름도 세채라고만 불러서 호적이름을 알 수 없다. 그는 학교에도 안 다녔기 때문에 그 이름이 안 알려져 그냥 집에서 부르던 그대로 장성해서도 세채라고만 통하였다.

내가 여름방학 때 문맹 퇴치운동으로 계몽강습회를 열면 그때에나 와서 한글을 배우는 정도였다.

나이는 나보다 한 살 위였지만, 촌수는 알 수 없으나 서열은 내 조카뻘이 되는 먼 친족이었다. 농촌에 묻혀 초부생활을 하는 처지에서 한글도 몰라 강습회에 배우러 와서 나를 대하게 되는 정도였으니 나를 자기 선생과 같이 섬겨서인지 평시에도 나를 매우 어렵게 대하던 사이였다.

그런데 그가 그렇게 큰 마대에, 흙을 넣었는지 무엇인가 무거운 것을 넣은 큰 물체에 손목과 발목을 밧줄로 묶어 움직이지 못하도록 동여 놓은 것이다.

그 무거워 보이는 큰 마대자루가 두 아름은 더 되어 보였는데 그것을 품에 안고 두 손과 두 발이 모두 묶였으니 꼼짝도 못 하고 설 수도 없고 누울 수도 없고 묶인 대로 뭉겨 앉아 있었다. 머리도 자유롭게 돌리지도 못하고 눈만 껌벅껌벅하고 있었다. 그런 모습을 보면서 나는 놀라지 않을 수 없었다. 그래도 머리를 들고 나를 보더니 깜짝 놀란다. 다시 보고 또다시 본다.

오래간만에 보이는 얼굴이었으니 놀랠 만도 했다.

그러나 말도 못 하고 부끄러운 듯이 머리를 푹 수그리며 눈을 감는다. 감은 눈에서는 눈물만이 흐르고 있었다.

"이게 웬일인가? 왜 이렇게 묶여 있어?"

하고 나는 당황하며 물었다.

그는 아무런 대답도 않고 눈물만 뚝뚝 떨어뜨린다. 불쌍하기 짝이 없었다. 구출해 달라는 듯 안타까운 표정이었다. 감았던 눈을 똑바로 부릅뜨면서 나를 바라보고 울고 또 바라보고 또 울고 했다. 소리 없는 울음이 더욱 처량했다.

그의 슬픔이 서린 눈과 그 눈물을 보는 순간 나도 같이 슬퍼졌다. 슬픔을 억제하며 나오는 눈물을 머금고 나는 그를 놓아주라고 그 집 식구들에게 강권했다.

"놓아주면 아제가 책임을 지겠소?"

하고 그 집 큰아들이 대든다. 그는 얼굴에 수염도 있고 해서 젊은이지만 늙은이같이 보였다. 나보다는 7~8세는 나이가 위였을 것이다.

"아제, 아제" 하면서 대들다시피 따지며 달려드니 나도 어쩔 수 없었다. 구해 주기를 바라는 세채에게 도움이 되지 못하고 돌아서게 되는 마음의 아픔도 컸다.

내가 보기에는 아무렇지도 않은 것같이 보였지만 그에게 어떤 귀신이 와서 붙어서 그렇게 미쳤다는 것이다.

그래서 그를 그렇게 묶어 놓고 복술장이를 데려다가 경을 읽게 되었다는 사연이 길었다.

12. 가늠할 수 없는 귀신역사

굿을 할 때에 무당에게 와서 접했던 우리 아버지의 영이 와서 붙은 것이나 아닌가 해서 나에게 더욱 불쾌하게 대하는 그의 형이었다.

그러나 그런 말은 나에게는 전혀 통하지 않는 말이었다. 복술장이도 말문이 막혔는지 말도 못 하고 경도 못 읽고 있었다.

예수 믿는 사람이 나타나면 굿하던 무당도 신이 떠나가고 경 읽던 복술에게서도 신이 떠난다더니 참말로 그렇다면서 나더러 빨리 돌아가 달라는 것이었다.

신이 떠나면 미친 사람도 온전하게 될 터이니 더 좋은 일 아니냐고 논박도 해보았지만 통하지 않았다. 복술신이 떠났으니 세채에게 붙은 신을 내쫓을 수가 없다는 논리였다.

그렇다면 그 세채에게 붙은 귀신은 어떤 귀신이 붙었기에 그렇게 미친 사람이 되었을까? 그들이 말하는 대로 참말로 우리 아버지의 영혼이 가서 붙은 것일까?

복술도 그것을 명확히 가려서 말을 못 하고 있는 처지였다. 그것도 모르면서 어떻게 그 귀신을 내쫓겠다는 것인지 이해가 안 되는 일이었다.

나는 더 이상 그들과 말이 통하지도 않기에 돌아서 나왔다.

세채는 자기를 그냥 두고 가느냐는 듯이 엉엉 소리를 내며 울었다.

왜 세채는 말도 못 하는 벙어리 귀신이 붙은 것일까?(눅 11:14)

말은 못 하면서도 생각은 있기에 부끄러워도 하고 울기도 하는 것이 아니겠는가.

어떻게 해야 그를 구출할 수 있을까? 우선 그를 그 결박에서 풀려나도록이라도 해주고 싶은 심정이었다. 미신타파의 일환으로 경찰에 고발을 했더니 경찰관이 가서 당장에 복술 장이를 쫓아 버리고 묶었던 사람을 놓아주었다.

그 집 세채의 맏형은 나를 찾아와서 이제는 책임을 지고 고쳐내라는 것이다. 행패에 못 이겨 그 집으로 가서 세채를 만났다. 아무리 말을 해보았으나 대답이 없다.

처음 만났을 때에는 그래도 반기는 표정도 놀라는 모습도 드러냈고 울기도 했고 애원하는 듯한 안색도 보였는데 묶였던 결박을 풀어 놓았을 때에는 오히려 무감각 상태였으니 더구나 알 수 없는 일이었다.

그가 결박당하기 전에는 오히려 말을 하면서 운몽 아제가 왔으니 좀 청해 달라고 하더란다. 내 심정을 알아줄 사람은 그분뿐이라고까지 말을 했다는 것이다.

그때 내가 고향으로 돌아왔다는 소문을 듣고 하는 말이었는지, 듣지도 못하고 신이 접해서 하는 말이었는지는 모르겠다는 것이다.

그 집 식구들의 말에 의하면 세채에게 그런 말을 듣고 나서야 내가 돌아왔다는 소문을 들었다는 것이다. 그게 사실이라면 세채는 누구에게 들었을 기회가 없었을 터인데 그것을 어떻게 알았겠는가가 화제였다.

과연 귀신의 세계는 알 수 없는 세계였다. 묶어 놓기 전까지만 해도 말을 너무 많이 해서 걱정이었는데 묶어놓은 다음부터는 일체 말이 없었다는 것이다. 풀어놓았는데도 말이 없으니 웬일일까? 운몽이밖에는 자기 심정을 알아 줄 사람이 없다고 하던 그가 나를 만났는데도 왜 말이 없을까?

물어보아도 무감각 상태였다. 아무리 이야기를 해도 듣는 것 같지도 않고 머리를 숙인 채 묵묵히 앉아 있을 뿐이다.

처음에는 지절거리는 귀신이(사 8:19) 붙었다가 결박을 당하니까 쫓겨 나가고 벙어리 귀신이 새로 들어와 붙었다고 해야 할 것인가. 가늠할 수 없는 귀신의 역사였다.

VIII. 사람과 귀신

1. 귀신세계

나는 개집마을에 나타났던 사건을 통하여 귀신세계의 귀신역사는 사람의 지식으로는 가늠할 수 없다는 점을 깨달았다. 그 후부터는 영의 세계는 영으로 밝혀야 한다는 신념을 갖고 먼저 성경 속에서 귀신의 세계를 찾아보기로 했다.

귀신세계도 광범위하거니와 귀신의 역사도 다양했고 귀신의 종류도 각종이었다. 그리고 각양 각층이었다.

성경에 보면 '미혹케 하는 영'과 '귀신'의 가르침을 좇으리라고 한 것을 보아 귀신은 사람과 직접 관계를 갖고 있음이 분명하다(딤전 4:1).

"더러운 귀신이 사람에게서 나갔을 때에 물 없는 곳으로 다니며 쉬기를 구하되 얻지 못하고 내가 나온 집으로 돌아가리라 하고 와보니 그 집이 소제되고 수리되었거늘 이에 가서 저보다 더 악한 귀신 일곱을 데리고 들어가서 거하니 그 사람의 나중 형편이 전보다 더 심하게 되느니라"(눅 11:24~26)고 한 예수님의 말씀으로 본다면 귀신은 사람의 심령을 집으로 삼고 들락거리고 있음이 분명하게 드러나고 있다.

그리고 귀신도 더러운 귀신도 있고 더 악한 귀신도 있다. 쉬기도 해야 하고 있을 처소도 있어야 하고 인간세계에 살고 있으면서 사람 안에서 살고 있다는 것은 더욱 놀라운 일이 아닐 수 없다.

더구나 '지절거리며 속살거리는 신접한 자'에게 묻는 것은 '산 자를 위하여 죽은 자에게 구하는 것'이라고 한 것을 보아 귀신이란 죽은 자의 영이라는 말이다(사 8:19).

뿐만 아니라 "바알브올과 연합하여 죽은 자에게 제사 한다"(시 106:28)는 말과 "이방인의 제사하는 것은 귀신에게 하는 것이요 하나님께 제사하는 것이 아니라"(고전 10:20)고 한 것을 보아도 죽은 조상에게 제사를 한다는 것은 죽은 자의 귀신들에게 제사를 한다는 말이다.

즉 하나님께 해야 할 제사를 귀신에게 하는 고로 기독교에서는 조상에게 하는 제사를 금지하고 있다는 이유도 알만했다. 그런고로 조상의 기일을 당하면 하나님 앞에 추도예배를 드리는 것이 의당한 일이다.

왜냐하면 조상을 추모하며 그 명복을 위해서 하나님 앞에 제사를 드리는 예배인 고로 유족들로서 당연히 지켜야 할 행사라 하겠다.

주의 잔이 있다면 귀신의 잔도 있고 주의 상이 있다면 귀신의 상도 있다는 것은 사실이나 이것을 겸하지는 못하다고 성경은 명시했다(고전 10:21).

이는 곧 하나님과 귀신을 동급시할 수는 없기 때문이다. 하나님은 거룩하신 신이시요, 귀신은 더러운 신인 고로 근본적으로 질이 다르다(단 5:11, 눅 11:24).

귀신의 영은 이적도 행하기 때문에 성령으로 오인하고 사람들이 미혹을 받게 된다(계 16:14).

예수님께서 귀신들린 사람에게서 귀신을 쫓아내는 것을 보고 바리새인들이 말하기를 이는 귀신의 왕, 바알세불을 힘입어 귀신을 쫓아낸다고 했을 때에 주께서 말씀하시기를 "스스로 분쟁하는 나라마다 황폐하여질 것이요, 스스로 분쟁하는 동리나 집마다 서지 못하리라"(마 12:25)고 하시면서 "사단이 만일 사단을 쫓아내면 스스로 분쟁하는 것이니 그리하고야 저의 나라가 어떻게 서겠느냐"(마 12:26)고 하신 것으로 미루어 본다면 귀신의 나라도 동리도 있다는 말이 된다.

그런고로 예수님께서 하신 말씀은 하나님의 성령을 힘입어 귀신을 쫓아내는 것이지 귀신의 왕, 바알세불을 힘입어 쫓아내는 것이 아니라는 뜻이었다(마 12:28).

즉 하나님의 성령을 힘입어 귀신을 내쫓으면 그 귀신이 점령하고 있던 자리를 성령이 점령한 것이니 하나님의 나라가 임한 것이라고 설명하셨다.

2. 비정상 생활에서

용문산 아랫동네인 도치랑에 관음사라는 최씨의 재실이 동네 웃머리에 있었다.

동네와는 약간 떨어진 곳이라서 조용한 별장 같은 곳이다.

담 안에는 꽃이 만발한 화초동산을 이루어 놓고 늘 비어 있는 집이다. 그 담 밖에는 그 집을 관리하는 박성배라는 이가 살고 있었다.

가족과 함께 거기에 달린 논밭을 부치고 생계를 유지하는 처지였다.

그는 나와는 동갑이기도 하지만 나는 담 안에 있고 그는 담 밖에 있고 담을 하나 사이에 두고 사는 처지라 서로 만나면 반갑게 대하는 사이였다.

그때는 아직 나 혼자 그 빈집 한 칸을 주거지로 삼고 남이 수상하게 볼 정도로 정상이 아닌 변칙생활을 하고 있는 때였다.

좋게 말하면 수도생활, 골똘하게 깊은 세계를 탐구한다고나 할까. 아니면 정신 이상인

미치광이 생활이라고나 해야 할 비정상 생활이었다. 그때에는 생식을 하면서 살던 때인 고로 더구나 인간세계와는 별다른 세계의 사람 취급을 받기도 했다.

동네에 내려가면 늙은 할머니, 젊은 아주머니나 새댁이나 아가씨들까지도 호기심을 갖고 접근하는 모습을 여기저기서 볼 수 있었다.

먹을 것을 갖가지로 주어 보기도 하고 말을 건네 보기도 하면서 옷자락을 건드려 보기도 한다. 마치 동물원에 갇혀서 사는 원숭이라도 대하는 듯이 먹을 것을 주어 놓고는 먹는 모습을 구경하며 웃는 경우도 가끔 있었다.

구경거리가 되면서도 미나리를 주면 날로 먹어치우고 배추나 무우 등 채소를 주면 더구나 잘 먹었고, 호박을 주어도 먹었다.

"저 호박을 비려서 어떻게 날로 먹을까"

하면서 먹는 것 보기 위해서 이것저것 갖다 준다.

물을 좀 달라니까 어떤 새댁은 냉수를 주지 않고 일부러 숭늉을 떠다 준다.

나는 밥 티가 있는 그대로 다 마셨다.

"밥찌꺼기가 있는데도 그냥 다 먹는다?"

하면서 이상하게 생각한다.

날것만 먹고 사는 짐승 같은 생활을 하고 있는 사람이라는 데서 있을 수 있는 말이었다.

물도 더운 물은 안 먹고 무엇이나 화식은 안 하고 생식만 한다는 소문이 퍼져 있었기 때문이었다.

또 한 할머니는 내가 입은 옷자락을 만져 보면서

"이것은 뭐라고 합니까?"

하기에

"그게 옷이지 뭐야요"

하고 반문을 했더니

"얘 그건 우리말과 같다"

라면서 별다른 세계에서 온 사람 취급을 했다.

어느 집 툇마루에 걸터앉아 그들이 묻는 말에 대답도 했고 또 물어보기도 하면서 한가로이 시간을 보내며 있었던 그 어느 날에 있었던 일들이다.

어느 아가씨는 호도를 하나 갖고 와서 "이거 잡술래요?"하고 내준다.

"먹고 말구요. 감사합니다"

하고 당장에 양손으로 꼭 집어 깨서 먹으니까

"얘, 그것도 잘 먹는다. 깨기도 쉽게 깨고"

라면서 신기하게 바라본다.

그 옆에 서있는 젊은 아주머니는

"그걸 뭐라고 합니까?"

"호도 아니야요?"

하니까

"얘, 추자를 호도라고 한다"

라면서 이상하게 생각한다.

밤도 갖다 주어 보고 곶감도 갖다 주고 이 사람 저 사람 뭔가 하나씩 갖다 주면서 먹는 것을 구경하는 정도였다.

구경거리로 한 개씩 갖다 주는 것이지 여러 개 주는 것이 아니었다.

그렇게 구경거리 노릇을 하면서도 그것이 싫지 않았다. 오히려 좋게 받아들였다.

그래서인지 온 동네 사람들과는 아주 가깝게 지내는 처지였다. 어느 때 어디서 누구를 만나든지 모두가 반가이 대해 주었다.

3. 나도 미치광이였던가?

그렇게 방 안에만 있다가 한 번 씩 동네로 산책을 나가면 모두가 반가워하고 또 호기심을 갖고 대해 주는 것이 뭔가 모르게 마음에 흐뭇함을 느끼는 정도로 경쾌한 기분이었다.

그런데 어느 하루는 북소리와 경 읽는 소리가 들린다. 그것도 먼 데도 아닌 담 밖에 살고 있는 박성배씨네 집이었다.

나와 동갑인 그 박씨가 귀신이 붙어서 미친 짓을 한다는 것이다.

나는 그 집으로 달려갔다. 미쳤다는 박씨는 나를 반가이 대해 주었다. 그의 부인도 반가워했다. 나도 반가웠다.

동네 사람들이 나를 이상하게 보는 것은 나도 사실은 미친 사람인가?

나 스스로도 나 자신을 판가름하기가 어려울 정도로 미치광이라는 정의를 내리기가 어려웠다. '비정상 생활이라면 곧 미치광이 생활이라고 할 수 있지 않겠는가?' 하고 나는 혼자 생각하면서 박성배씨를 나와 동급처지로 취급하는 심정이었다.

그는 멀쩡한 모습으로 웃으며 나를 대했다. 전혀 미치광이 같지도 않았다. 나와의 대화 시간에는 경도 읽지 않고 복술장이는 나타나지도 않았다.

그 박씨의 말에 의하면 귀신이 여러 모양으로 눈앞에 나타나는데 수십 명의 남녀 귀신들이 문 앞마당에 몰려오곤 한다는 것이다.

붉은 옷, 푸른 옷, 노란 옷, 흰 옷, 검은 옷, 치마도 각가지로 저고리도 각색으로 입었고 늙은 귀신도, 젊은 귀신도, 남자도, 여자도 있고 총각귀신도, 처녀귀신도 있다는 것이다.

그런데 그 중에는 목이 없는 귀신도 있더란다. 그러면 머리만 있는 귀신은 없더냐고 물으니 그렇다면서 머리만 둥둥 떠도는 귀신도 있더라는 것이다.

그것을 어떻게 아느냐면서 미쳐 본 일이 있느냐고 묻는다. 즉 귀신세계를 본 일이 있느냐는 뜻이었다.

그야 머리 없는 귀신이 있다면 머리가 어디엔가 있을 것 아니냐고 하면서 그런 귀신은 목 베임을 당한 귀신이라서 그렇다고 설명을 했다. 세상에서의 것이 그냥 따르고 있기 때문이라고 해석을 해준 것이다.

그렇게 알아지니까 그렇게 설명을 해주었지만 그것이 성경적인 해석인지는 모른다. 행한 일이 따른다는 말은 성서적이다(계 14:13).

그는 내가 귀신세계를 인정하면서 대화의 대상이 되어 주는 것을 크게 기뻐했다. 그동안 귀신과 사귀던 모든 이야기를 남김없이 털어 놓는다.

다른 사람에게는 이런 말을 해도 알아듣지도 못하지만 의심만 더 하고 미쳐서 저런다고 걱정만 더하지 이해를 못 한다는 것이다.

그래서 내가 말의 상대가 되어 주니까 기분이 좋아서 어쩔 줄을 모른다. 이런저런 말을 늘어놓으며 횡설수설하고 있었다.

그의 말을 들으면서 이래서 미치광이라고 하는구나 하고 확실히 귀신이 들렸다는 것을 확인할 수 있었다.

그러나 나는 정상적인 사람 대하듯 점잖게 대해 주었다. 그는 점점 더 신나게 설명을 하면서 그 귀신들을 거느리고 자기가 대장 노릇을 하니까 그들이 전부 자기에게 무조건 복종을 한다는 것이다.

엎드려라 하면 엎드리고, 일어서라 하면 일어서고, 공중으로 뛰어라 하면 공중으로 둥둥 뜨기도 하고, 헤어져라 하면 헤어지기도 하고 모여라 하면 모이기도 하고 하라는 대로 순종하니까 자기는 항상 그 세계에서 살고 싶다는 것이다.

그런데 무엇 때문에 그 귀신들을 쫓아내겠다고 이런 경 따위를 읽고 있느냐고 불평을 털어놓기도 했다.

4. 귀신과 천사

그 많은 귀신 중에는 16세 정도의 소년귀신이 있었는데 그 소년 귀신은 영리하고도 정직했다는 것이다. 김천에도 갔다가 오라면 그 즉시 갔다가 오곤 했다는 것이다. 김천 최주사님은 무엇을 하더냐고 물으면 영감님은 밖에서 마당을 쓸고 할머니는 방 안에서 염불을 외우고 있더라는 등 본 그대로를 와서 보고했다.

동네 사람들도 무엇을 하는지 가서 보고 오라면 그 즉시로 가서 보고 누구는 새끼를 꼬고 누구는 지게를 지고 들로 나가더라는 등 모르는 것 없이 낱낱이 본 그대로 와서 알리는데 하나도 틀리지 않고 사실 그대로라는 것이다.

나는 그래서 그 귀신을 내게로 한번 보내 달라고 부탁을 했다. 오늘 저녁으로 당장에 좀 보내 달라고 재삼 부탁을 해놓고 돌아왔다. 만나면 귀신세계를 묻고 싶어서였다.

밤이 됐다. 이제나 이제나 하고 아무리 기다려도 오지 않았다.

웬일일까 하여 아침 일찍 그 집으로 찾아갔다. 그는 내가 묻기 전에 대답부터 한다.

그놈이 아무리 갔다 오라고 호령을 해도 다른 데는 다 가도 거기만은 못 가겠다고 엎드려 빌기까지 하더란다.

"그는 내 친구이거늘 네가 못 가는 이유가 무엇이냐"
고 다그쳐 물었더니 그를 지키고 있는 이가 무섭다고 하더란다.

그래도 갔다 와야 한다고 엄하게 호통을 쳤더니 겨우 담 밖에까지 가서 머뭇거리다가 담에 붙은 문이 열렸는데도 못 들어가고 도로 돌아왔다는 것이다.

귀신이 오면 들어오기 쉬우라고 담에 붙어 있는 소슬대문을 열어 놓고 기다리고 있었는데도 못 들어오고 말았다는 것이다.

몇 번이나 발을 들여 놓았다가도 되돌아가야 했던 고통스러움이 귀신에게도 있었다는 것이 나에게는 더욱 호기심을 불러일으켰다.

오늘 밤에는 방문까지 열어 놓을 터이니 꼭 좀 보내 달라고 또 부탁을 단단히 해놓고 돌아왔다.

그날 밤에는 담 안에까지는 간신히 들어와서 방문 앞에까지 멀리 와서 기웃거리다가 도로 갔다.

무엇을 하더냐고 물었더니 무슨 책인지 두꺼운 큰 책을 펴놓고 읽더라고 하더란다.

실은 그날 밤 성경도 읽었거니와 큰 사전을 옆에 펴놓고 있었다. 그것까지는 보고 가면서도 나와 대화도 못 했고 또 방 안에도 들어오지 못 하고 그냥 돌아갔다고 한다.

그것도 지키는 사자에게서 멀리 피하여 숨어서 방문 안을 볼 수 있었다는 것이다.

누가 나를 지켰을까? 나는 나를 지키는 이는 아무도 없었는데 그게 무슨 소리냐고 했지만 아니라는 것이다. 선생님이 모르시지 반드시 지키는 분이 계시다고 한다. 박씨도 귀신에게 들은 소리였다.

그 무서운 사자가 지키고 있더라는 말은 "여호와의 사자가 주를 경외하는 자를 둘러 진치고 저희를 건지시는도다"(시 34:7)라는 성경말씀도 있거니와 다니엘이 사자굴 속에 던지움을 받았을 때에도 하나님께서 천사를 보내어 사자 입을 봉하고 다니엘을 지켜 준 일이 있었다(단 6:22).

또 "모든 천사들은 부리는 영으로서 구원 얻을 후사들을 위하여 섬기라고 보내심이라"(히 1:14)고 한 성경말씀도 있는 것으로 본다면 천사가 와서 지키고 있었기에 그랬을 것이라고 느꼈다. 사람은 그 천사를 보지 못했어도 귀신은 보았기에 그렇게 두려워했을 것이 아니겠는가? 그것은 성서에 위배되는 해석은 아니다.

도단성에 있던 엘리사를 아람군대가 와서 포위했지만 하나님이 보내신 불 말과 불 병거가 산에 가득하여 엘리사를 지키고 있지 않았는가(왕하 6:17). 즉 천군천사가 와서 지키고 있은 것이다.

이것도 보통사람의 눈에는 보이지 않았다. 하나님의 사자가 영으로 와서 지켰기 때문이다(히 1:14).

5. 주 안에 있는 믿음과 주 밖에 있는 믿음

그렇다면 나는 천사가 지켜 주는 사람이란 말인가? 너무도 엄위하고 두려운 마음이 앞을 막았다.

나는 그 같은 생각을 하면서 멍하니 앉아서 사색에 사로잡혔다.

다니엘이나 엘리사 같은 분들은 하나님의 사람으로 크게 드러난 인물들이니까 그럴 수도 있겠지만 나 같은 졸부에게 어찌 그런 일이 있을 수가 있겠는가 하는 자격지심이 나를 억눌렀다.

또 다니엘이나 엘리사의 경우는 위급할 때에 있었던 일이지 나 같은 경우는 너무도 평온한 처지에서 그따나 시덥지 않은 일에 보잘것없는 너줄한 귀신들을 상대로 천사까지 동원이 되었으리라고는 도저히 믿어지지 않는 일이었다.

하지만 디모데의 경우에도 택한 천사가 있었다는 것을 본다면 내게도 택한 천사가 있다는 말인가 하는 스스로의 만족감이 생겨나기도 했다(딤전 5:21).

'나는 천사가 지켜 주는 사람이다'라고 긍지를 갖고 나섰을 때에는 담대하기 짝이 없었다.

아니다. "이것은 내 자만심에서 생긴 교만인지도 모른다"라는 생각이 들었을 때에는 겸손하게 엎드려 내 교만을 죽여 달라고 하나님께 부르짖기도 했다.

후에 생각컨대 이것도 내 신앙의 뼈를 굳히는 한 연단과정이었다. 하나님께서는 이처럼 영적 실감을 통한 체험에서 얻는 지혜가 있게 했다.

즉 구원에 이르는 지혜를 말함이다. 그런고로 "성경은 능히 너로 하여금 그리스도 예수 안에 있는 믿음으로 말미암아 구원에 이르는 지혜가 있게 하였다"(고후 3:15)고 했다.

예수 안에 있는 믿음이라야 구원에 이를 수 있다는 것을 알 수 있게 한 지혜다.

그렇다면 예수 밖에 있는 믿음도 있다는 말인데 예수 밖에 있는 믿음으로는 구원에 이를 수 없다는 말이 된다.

즉 예수를 떠난 신앙을 말함이다. 약한 자의 불의한 속임수에 유혹을 받아 거짓 기적과 사단의 역사를 따르고 있으니 이런 자들은 예수 밖에 있는 믿음이라고 할 수밖에 없다.

그들은 진리의 사랑을 받지 않는 고로 구원함을 얻지 못하리라고 판 찍어 놓았다(살후 2:10).

이런 자들은 거짓을 믿도록 하나님께서 내버려 두었기 때문이라는 것이다(롬 1:28).

진리를 싫어하고 불의를 좋아하기 때문이었다. 결국에는 이런 자들은 심판을 받게 하려고 내버려둔 것이다(살후 2:12).

그와는 반대로 주께서 성령으로 우리의 마음을 지켜 주시고(빌 4:7) 천사로 우리의 주변을 지켜 주신다면(시 34:7) 이것이 곧 예수 안에 있는 믿음이 아니겠는가 라고 깨달아 지면서부터 기쁨과 감사가 마음속에서 소생해 나왔고 기도와 찬송이 저절로 밖으로 터져 나왔다.

이것이야말로 진실된 기쁨이요 진실된 찬송이 아니겠는가. 그리고 참된 기도요 참된 감사였다.

그래서 바울 사도는 말하기를 "항상 기뻐하라 쉬지 말고 기도하라 범사에 감사하라 이것이 그리스도 예수 안에서 너희를 향하신 하나님의 뜻 이니라"(살전 5:16~17)고 한 것이 아니겠는가?

그런고로 범사에 감사하는 자에게는 귀신이 범접하지 못한다.

쉬지 않고 기도하는 자, 항상 기뻐할 수 있는 자, 이 모두가 하나님의 말씀으로 무장되어 있기 때문이다.

즉 예수 안에 있는 믿음인 고로 귀신이 침범하지 못한다. 주께서 지켜 주시기 때문이기도 하지만 예수의 향기가 나타나기 때문이다(고후 2:14, 15).

반대로 예수 밖에 있는 믿음은 귀신을 불러들이는 셈이다.

예수의 향기를 못 나타내고 사망에서 이르는 사망의 냄새를 풍기고 있으니 귀신들이 그 냄새 따라 몰려들고 있다(고후 2:16). 꾸렁냄새 나는 곳에 쉬파리가 달겨들듯 한다.

6. 귀신과 성신

귀신이라고 하나같지는 않다. 성경에 증거된 많은 귀신들 중에는 지절거리고 속살거리는 귀신도 있지만 미혹하는 귀신들도 있어 성도들까지도 미혹하는 경우가 많다(사 8:19, 요일 4:6).

즉 사단도 자기를 광명의 천사로 가장하고 주의 종들을 미혹하여 거짓 사도도 궤휼의 역군도 되게 하는 등 거짓 선지자들을 많이 생겨나게 한다(고전 11:13~15).

그래서 이런 일에 미혹 받지 말라고 성경에는 경고했지만 많은 사람들이 귀신의 가르침을 좇고 있다(딤전 4:1).

그렇게 되면 양심이 화인을 맞아서 외식함으로 거짓말도 예사스럽게 하게 된다는 것이다(딤전 4:2).

거짓말을 참말같이 하니까 누구나 잘 미혹을 받아 하나님의 뜻을 거역하게 된다. 그래서 신으로나, 말로나, 글로나, 어떤 유혹을 할지라도 쉬 동심치 말라고 했다(살후 2:2).

더구나 사술하는 귀신도 있고 점하는 귀신도 있어 잘 알아맞추니까 미혹을 받게 되는 경우가 많다.

바울 사도의 경우는 두아디라에 가서 전도할 때에 점하는 귀신이 들린 여종 하나를 만났는데 그는 큰 소리로 "이 사람들은 지극히 높은 하나님의 종으로 구원의 길을 너희에게 전하는 자라"(행 16:16~18)고 소리를 지르기를 여러 날이었다.

즉 귀신은 성신이 두려워서 바울에게 아부하는 것이었다.

그 귀신은 점을 잘하는 귀신으로서 어떤 집 여종에게 붙어서 점을 잘 쳐주는 고로 그 집 주인에게 큰 이익을 주고 있었다.

하지만 성령이 같이하시는 바울 앞에서는 겁에 질려 바울에게 아부한다는 것이 바울에게는 귀찮은 존재가 되었다.

그래서 바울은 귀신을 꾸짖고 예수의 이름으로 그에게서 나오라고 명했다. 귀신은 꼼짝 못 하고 그 즉시 여종에게서 나와야 했다. 즉 성령 앞에서는 겁에 질려 반항하지 못하고 순순히 쫓겨 나갔다. 이로 인하여 그 주인은 자기의 수입 줄이 끊기게 되었으니 가만있지 않았다.

온 성중 사람들을 선동하여 무리를 지어 일제히 관가로 나가 송사하니 바울은 억울하게 매를 맞고 옥중에 갇혀야 하는 신세가 되었다(행 16:19~24).

그때에 옥중에서 큰 기적이 일어났던 것은 너무도 유명하게 알려진 일이다(행 16:25~34).

이처럼 귀신은 아무리 능한 것 같아도 하나님의 영, 성령 앞에서는 꼼짝 못 했고 성령은 오히려 크게 반발하여 생명을 살리는 기적을 일으켰다.

7. 마귀와 귀신

사울 왕의 경우는 하나님의 신을 받아 하나님께 쓰여 지는 왕이 되기까지 했는데도 그 은공에 보답하기보다 하나님 뜻을 무시하고 자의 자행했던 고로 성령은 떠나가고 악령이 그 대신 그 속에 들어갔다.

즉 성령이 그 안에 거할 때에는 선인이었으나 악령이 그 안에 들어가니까 악인이 된 것이다.

악신에게 사로잡히면 악과 교만에 쌓여 안하무인이 되는 사울 왕 같은 경우도 있지만 악령도 여러 종류이기 때문에 완전히 바보스럽게 되는 경우도 있다.

그것은 곧 귀신의 종류 따라 다르다. 거라사 청년의 경우는 많은 귀신이 한 사람에게 들어가 군대로서 막강한 힘을 갖고 있었다. 온 동네 사람들이 모여 쇠사슬로 묶어 놓아도 고랑을 채워 놓아도 쇠사슬도 끊고 고랑도 깨뜨리고 나오곤 했다(막 5:2~4).

그런 힘이 어디서 나오겠는가. 사람의 힘은 아니었다. 귀신도 합세하면 그 같은 큰 힘을 이루게 된다.

그 같은 힘을 갖고 있으면서도 예수님 앞에서는 꼼짝 못 했다. 나오라면 나왔고 돼지에게 들어가라면 들어갔고 바다로 들어가게 하니 바다로 들어가 몰사하기도 했다(막 5:8~13). 그래서 귀신도 하나님은 한분이심을 믿고 떤다고 했다(약 2:19).

그 귀신의 수가 얼마나 많았는지 2천 마리의 돼지에게 들어갈 정도로 많았다. 만일 돼지가 더 많았다면 더 많은 수에도 다 들어갈 수 있는 수였는지도 모른다.

예로부터 그 지방을 중심한 가나안 땅 어느 곳에서든지 전쟁 없는 곳은 없었다. 그런고로 군대의 무리죽음으로 인해 귀신들이 많았기 때문에 그럴 수도 있었을 것이다

이스라엘 민족이 애굽에게 출애굽하여 광야생활 40년을 거쳐 가나안 땅으로 들어가는 날부터 전쟁이었으니 그때가 B.C. 1540년이었다.

그때부터 예수님 탄생까지 1540년이라는 오랜 세월 동안 계속된 전쟁이었으니 얼마나 많은 군대가 희생되었겠는가는 가히 짐작할 수 있는 일이다.

그 많은 귀신들이 떼를 지어 어느 한 사람에게 들어가 붙으면 거라사 청년같이 미친 사람이 되고 만다.

그 귀신을 주께서 쫓아내기는 했으나 사람에게서 쫓겨난 귀신은 주님의 명대로 돼지 2

천 마리에게 들어가 호수로 달려가서 물에 빠져 몰사했다(막 5:13).

바로 그것이 세상 영혼계에 잠재해 있던 귀신이 음부로 쫓겨 들어가는 장면이었다.

그로 보건대 주님께서 나타내시는 그 날이 곧 주의 날이요, 귀신은 음부로 들어가는 그 날이 곧 귀신의 때다(마 8:29).

8. 귀신은 복을 주지 못해

귀신은 섬기면 섬기는 것만큼 냄새 따라 모여드는 쉬파리같이 모여든다.

유대의 히스기야 왕 당시에 모든 신당들을 훼파하고 잡신들을 일체 용납지 않았던 때에는 귀신들이 몰려갔으나 그 아들 므낫세 왕이 다시 신당을 짓는 등 각종 신의 제단을 쌓고 우상을 만들어 세우기도 하고 하늘의 일월성신을 섬기기도 하니까 모든 신들이 다시 모여와서 평안을 해쳤다.

악신들은 위하면 위하는 대로 위하는 사람은 점점 더 악행으로 몰아넣는다. 심지어는 백성들로 하여금 그 아들을 불 가운데로 지나게 하여 귀신의 제물이 되기도 했다.

므낫세는 악신들이 원하는 대로라면 무엇이든지 행하며 섬겼기 때문에 하나님의 진노를 격발시키는 경우가 많았다(왕하 21:3~6).

마치 이스라엘 왕 아합 당시에 왕후 이세벨로 말미암아 잡신들을 많이 불러들여 나라를 망하게 하던 것처럼 므낫세는 악행을 계속했다(왕상 21:20~26).

귀신이란 사망의 왕권 안에 있는 존재인 고로 사람에게 유익을 줄 수는 없다. 오직 사람을 해치는 역할을 하는 것뿐이고 결국은 멸망으로 끌고 들어가는 것이 귀신의 본색이다.

그런고로 귀신을 섬긴다는 것은 복을 받기 위함이라기보다 화를 면하게 해 달라는 것이 된다.

그렇다고 화를 면하는 것도 아니다. 오히려 화가 점점 더하여 멸망에 이르게 된다. 이스라엘의 아합과 이세벨이 그랬고 유다의 여호야김과 시드기야가 그랬다(대하 36:5~8, 11~21).

즉 귀신이란 복된 지경에서 쫓겨난 존재이기 때문이다. 이는 영원한 멸망의 지경에 이르기 직전에 처해 있는 존재다. 이처럼 귀신 세계를 안다는 것은 자신이 귀신의 세계에서 귀신과 사귀어 보기 전에는 알 수 없는 일이다.

즉 미치광이가 돼 봐야 귀신 세계를 알 수 있다는 말이 된다.

그러나 미쳐 보지 않고도 알 수 있는 길이 있다면 이는 곧 성경에서 그 자취를 찾을 수 있다.

옛 뱀이 곧 용이라고 했고 그 용을 마귀라고도 하고 사단이라고도 한다(계 12:9, 20:2)고 했으니 먼저 사단의 정체를 알고 보면, 그 사단이 접한 사람의 영혼은 마귀의 자식이 되었으니 귀신일 수밖에 없다(요 8:44). 옛 뱀이란 곧 에덴에서 아담을 꾀어낸 그 뱀을 말함이다(창 3:1, 4, 13, 14)

9. 귀신의 역사

귀신과 사귄다는 것부터가 귀신이 접한 미친 사람이 아니고는 체험하기 어려운 일이다.

현세의 인간으로서 이런 귀신들이 접하면 그 귀신이 하는 대로 행동하게 된다. 즉 더러운 귀신이 들리면 더럽게 행동하게 되고(눅 11:24) 지절거리며 속살거리는 귀신이 들리면 그대로 지절거리고 속살거리게 된다(사 8:19).

또 벙어리 귀신이 들리면 벙어리가 된다(눅 11:14). 귀신이 말을 못 하게 하니까 말을 할 수가 없도록 말문이 막힌다. 귀머거리 귀신이 들리면 귀머거리가 된다(막 9:25). 이 역시 귀가 막혀 소리를 못 듣도록 귀신이 역사하기 때문이다.

또 꼬부라지게 하는 귀신도 있다(눅 13:11). 이 꼬부라지게 하는 귀신이 들린 사람은 아무리 사람들이 붙잡고 꼬부라지지 못하도록 해도 별수가 없다. 그 힘을 당할 수가 없으니 말이다.

사람의 힘은 아니다. 귀신의 힘이 그처럼 강하다는 말인데 귀신들도 때에 따라서는 합세하기 때문이다.

즉 귀신이 접한 사람을 가운데 놓고 귀신의 힘과 사람의 힘과의 대결을 하게 되니까 귀신 접한 사람은 죽어난다.

거라사 청년의 경우에도 온 동네 사람들이 모여서 쇠사슬과 고랑에 매어 놓아도 그 맨 것을 끊고 귀신에게 끌려 광야로 나가기도 하고 무덤 사이에서 거하기도 했다(눅 8:27~29). 그는 더구나 옷도 입지 않고 벌거벗은 몸으로 지내면서 아무도 그 길로 지나갈 수 없을 정도로 사나웠다는 것이다(마 8:28). 아무리 사나워도 예수님 앞에서는 꼼짝 못하고 그 앞에 엎드리어 큰 소리로 빌었다.

"지극히 높으신 하나님의 아들 예수여 당신께 구하노니 나를 괴롭게 마옵소서."
하고 아직 자기의 때가 이르지 않았다는 이유를 내세웠다. 음부에 들어가야 할 귀신이면서도 어느 기간까지는 음부로 들어가지 않고 세상에 남아 있을 수 있다는 뜻이 내포되어 있다.

그 어느 기간이란 일정한 기간이 고정되어 있는 것이 아니고 이스라엘 백성이 가나안 땅에 들어가기까지 광야생활을 했던 것과 같은 과도기에 불과하다.

10. 차 중에서 만난 귀신

해방 후 정국이 아직 안정이 안 되고 어수선한 시국이었다. 1957년경이라고 생각된다. 추풍령 역에서 완행열차에 올라 서울로 가는 길이었다.

기차가 출발하기 직전까지 기차 승강구에서 웬 여자 하나를 가운데 놓고 많은 청년들이 모여 서서 웃기도 하고, 가다가는 손뼉을 치기도 하면서 조용치 않은 사태가 벌어지고 있었다. 기차가 출발하니까 그 일행은 모두 내가 타고 있는 차 칸 앞부분에 자리 잡고 앉아 소란은 계속되고 있었다.

말 줄거리를 알아들을 수 없으리만큼 이런 말 저런 말이 오가던 횡설수설함이 한 사람 한 사람을 상대로 말들이 알아들을 만큼 점점 정리되고 있었다.

그 중에 한 청년이 "나는 어떠냐?"라면서 자기 코를 가리키고 있었다.

"틀렸어, 그 코가 뭐냐?"

라고 퇴박을 놓는 여자의 소리가 야무지게 들렸다.

여러 청년들에게 둘러싸여 있었기 때문에 여자의 얼굴은 보이지도 않았다. 또 다른 청년이 "그러면 나는 어떠냐?"고 묻는다.

"너도 틀렸어"

또 다른 청년이 옆에 섰다가 "나는 어떠냐? 나는 합격이지?"하고 자신 있는 듯이 얼굴을 내대고 있었다.

"너 따위한테 갈려면 벌써 갔을 것이다. 너도 틀렸어…."

하고 또 퇴박을 놓는다.

11. 귀신은 바로 알았다

주변 청년들에게 둘러싸여 있으면서도 뻐젓한 태도로 한 사람 한 사람 자기에게 청혼(?) 해 오는 모든 청년들의 결함을 지적하며 퇴짜를 놓았다.

퇴짜를 맞는 청년들도 점점 더 신나게 대응하며 있었다. 허물이나 결함과 단점을 지적받는 것에 대한 호기심이었는지도 모른다.

그 지적받는 점이 너무도 정확했기 때문인 것이다. 가령 "그 콧대가 그렇게 생겼으니 고집이 세겠구먼…." "그 눈을 보니 간사 하겠구먼…." "입모습이 그렇게 생겼으니 여자를 너무 즐기게 생겼는데…." "당신은 여자를 너무 무시하는 게 틀렸어." "남자치고는 너무 쩨쩨하게 생겼어…." 등등 그 지적한 한 마디 한 마디가 지적받은 사람들 모두가 그대로라면서 한 사람도 반항하는 사람은 없었다.

그런 모욕적인 지적을 받으면서도 무엇이 그렇게 좋아서인지 와와 웃으면서 경우에 따라서는 손뼉을 치기도 하며 좋아했다.

한 청년이 나서며 "자, 좀 조용들 하십시오" 하고 점잖게 자리를 진정시키더니 그 여자에게 정중히 묻는 말이 있었다.

"아가씨, 아가씨 마음에 드는 신랑감으로 이상적인 남자란 어떤 형의 남자라야 되는가?"

라고 물었다.

묻는 사람의 말도 채 끝나기 전에 그 여자는 얼른 대답부터 해버린다.

"사람 같은 것 내 눈에는 하나도 보이지 않아…."

"그러면 이 차 중에 사람 같은 사람 한 사람쯤이야 있을 수도 있으니 신랑감으로 한 사람 가려 보지 그래…?"하고 둘러싸고 있던 여자의 앞을 환하게 열어 놓았다.

모두가 일제히 차 중 승객들을 돌아보았다. 자리에 앉았던 승객들도 서로 돌아보며 웃었다. 당시의 완행차는 의자가 낮아서 서로 얼굴이 다 보였다.

그런 분위기 속에서도 그 여자는 조금도 굴하는 기색이 없어 우뚝 나서서 장내를 쭉 훑어보더니

"저기 한 사람 있다."

하고 손을 들어 지적한다. 그 한 사람이란 다른 사람이 아니고 바로 나를 지적하고 있지 않는가. 나는 부끄러워서 몸 둘 바를 모르고 창밖으로 외면을 했다. 많은 사람들은 으악하고 웃음을 터뜨리며 우레 소리 같은 박수까지 터져 나왔다.

뚫어지게 바라보던 그 여자의 하는 말이 또 한 번 사람들을 놀라게 했다.

"도를 믿는 사람이구먼. 도인즉 예수 도이고…."

한 마디를 하더니 머리를 푹 수그린다. 그때는 나도 눈을 똑바로 뜨고 그 여자를 정면으로 바라보았을 때였다.

"참말로 예수를 믿습니까?"라고 누군가가 성급하게 묻는다.

"그렇습니다"라는 대답을 간신히 했을 뿐 나도 모르게 얼굴을 붉혔다.

예수 믿는다는 말이 부끄러워서가 아니고 미친 여자에게 지적을 받게 되었다는 것부터가 뭔가 모르게 불쾌했고 많은 사람의 주목을 받게 되니 몸 둘 바를 모르게 부끄러워서였다.

귀신에게 조롱거리가 된 것 같기도 하고 불쾌하기 짝이 없었다.

그 여자는 얼른 보기에 28세 정도는 되어 보이는 노처녀였다. 사람 같은 것 하나도 없어서 시집을 못 갔다는 점으로 보아서는 처녀라고 인증을 해야 할 처지였다.

또 그 주변의 많은 청년들이 아가씨라고 부르는 것을 보아서도 처녀라고 해야겠지만 처

녀 같지는 않았다.

나는 그때 32세 청년이었으니 결혼을 하면 되겠다는 식으로 모두가 박수갈채였다. 그쯤 되니 나로서는 더욱 얼굴을 들기조차 거북했다.

"저는 이미 아들이 둘이나 있는 걸요?"

하고 시침을 딱 떼고 많은 사람의 조롱거리 노릇을 당할 처지는 아니라는 입장을 밝혔다.

그 아가씨는 계속 얼굴을 못 들고 있었다. 말도 못 한다. 모두는 이상하게 여겼다.

"이 아가씨가 웬일이야? 왜 말을 못해? 머리는 왜 못 들지?"

하고 알게 모르게 오가는 소리들이 들렸다.

모두의 시선은 내게로 쏠렸다. 그 여자를 보다가는 으레껏 나를 바라보게 된다.

모든 시선의 표적이 되기에는 거북스러웠다.

하지만 나는 태도를 굽히기도 어색했다. 할 수 없이 태도를 굽히지 않고 똑바로 앉아 그 여자 편을 바라볼 수밖에 없었다.

"주여 어찌하오리까? 사단은 나를 조롱하고 있나이다. 어찌하오리까?"

속으로 기도하면서 정면으로 그 여자를 바라보고 있었다.

아무런 말도 안 했다. 묵묵히 자세를 무너뜨리지 않고 있었다. 그때는 모든 사람들이 도인이 무슨 도력이라도 행세하고 있는 것으로 알았던지 모두 엄숙한 태도로 장내가 숙연해졌다.

기침소리도 하나 없이 긴장감에 싸여 있었다. 나는 급기야 멋쩍게 외면하며 창밖을 내다보기에 이르렀다.

그 여자 역시 숙였던 머리를 들고 압박감에서 풀려나는 듯 한숨을 내쉬고 있었다.

"왜 그랬지? 왜 그래?"

"그의 도력 앞에서는 꼼짝 못하겠던 모양이지?"

하고 모두 긴장을 풀고 웅성거리는 모습이 드러나고 있었다.

내가 어떤 도력을 행사한 것도 아닌데도 모두 그렇게 알고 있는 듯 했다. 그렇다면 왜 그 여자가 자기 천지같이 떠벌리다가 내 앞에서는 꼼짝을 못 했을 것인가?

나도 이상하게 생각되었다. 하나님의 능력이 역사했기 때문이었을 것이라고 생각이 되었을 뿐 어떤 별다른 감각도 못 느꼈다.

그들은 대전서 내리고 나는 서울로 올라가면서도 그 생각이 좀체 사라지지 않았다.

지금 생각하기에는 그때에 천사가 하나님 부리시는 영으로 와서 같이하셨기 때문에 내 육안으로는 전혀 볼 수 없었다 해도 그 여자에게는 귀신이 붙어 있었기 때문에 귀신이 천사를 보니까 그 여자의 귀신 들린 눈으로써는 천사가 보였을 것이다. 그렇기에 그렇게 두려워하고 머리를 들지 못했을 것이 아니겠는가.

12. 생명의 도를 찾는 길

그때에 나는 깨달았다. 내가 귀신을 이긴 것이 아니고 하나님께서 이겨 주셨다는 것을 알았다.

하나님께서 직접 싸워서 이기는 것이 아니고 천사를 보내셔서 늘 지키게 하시기 때문이라는 것을 알 수 있었다. 성경에 이르기를

"모든 천사들은 부리는 영으로서 구원 얻을 후사들을 위하여 섬기라고 보내심이 아니뇨"(히 1:14)라고 한 이 말씀을 직접 실감하듯 깨달았다.

나는 그때부터 신령의 세계를 알고 싶었고 또 내 영혼과의 관계도 현실과 미래상과의 연계관계도 알고 싶었다.

신령의 세계도 하나님의 세계와 악마의 세계가 병립되어 하나는 천국이라면 하나는 지옥인데 우리의 영혼은 지옥에 가까운 세상에서 맴돌고 있다. 그동안 지옥의 영에 끌려 지옥으로 빠지게 될 것인가, 하나님께서 보내신 천사의 인도를 받아 천국에 갈 것인가, 어느 한 길을 가야 하는 인생의 길이다.

그 길이 바로 우리가 살고 있는 이 세상에서 좌우된다는 것을 알게 된 것이다.

사람이 귀신에게 잡혀서 살고 있는 것을 볼 수도 있었고 성령을 받아 성령의 인도함을 받으며 살고 있는 성도들도 있다는 것을 보고 있는 현실이다.

그 중에는 이름만 성도이면서 마귀에게 잡혀서 살고 있는 이들도 있는 것을 부인할 수 없는 일이 아닌가.

나는 그 모든 것에 섞여서 살고 있는 인생의 길을 나의 체험을 토대로 하여 성경말씀의 인도함을 받는 대로의 행로를 찾아보았다.

세속에서 떠나는 속리(俗離)의 길도 아니고 세속으로 화하는 속화(俗化)의 길도 아니다. 세속을 이기는 속승(俗勝)의 길, 즉 생명의 도(道)를 찾는 길을 어떻게 해야 올바로 찾을 것인가 했는데 성경에서 기도로 속승의 길을 찾도록 하나님은 나를 인도하셨다.

속화세계에서 속리세계로 속리세계에서 속화세계로 끌고 들어갔다 나왔다하는 동안 점점 속승의 길이 열리기 시작했다.

과거를 죽어 주고 미래를 살아 주는 예수의 '십자가의 도' 이외에 다른 길은 없었다.

즉, 예수로 말미암은 '십자가의 도'만이 속승의 길이요 생명의 길임을, 깨닫고 피부로 체감하게 되었다.

Ⅸ. 구세주와 인간

1. 죽음이란 무엇인가

1967년이었다. LA의 YMCA 강당에서 집회를 하고 있을 때였다.

설교를 하고 단에서 내려오기만 하면 달려와서 내 옷자락을 붙잡고 울며 사람 살려 달라고 호소하는 16~7세밖에 안 되어 보이는 소년이 하나 있었다.

자기 아버지가 병원에 입원해 있는데 난치병으로 사경에 이르렀다는 것이다. 병원에서는 소생할 가망이 없다고 판정이 되었다면서 강사님께서 가셔서 기도해 주시면 반드시 일어날 것을 믿는다는 호소였다.

나는 집회를 마치는 마지막 날에야 그 호소를 들어 주게 되었다.

당시 김욱 장로님의 간곡한 권면도 있고 해서 그 먼 길을 가야 했다.

한 시간 반쯤이나 걸리는 장거리 심방이었다. 병실에 들어가니까 죽은 것 같던 사람이 화닥닥 일어난다.

기도도 해주기 이전에 일어나 반가워했다. 이런 정도라면 당장에 운명이라도 하는 것 같이 그렇게까지 왜 애원을 했을까 하고 의심스러웠을 정도였다.

같이 갔던 김욱 장로님도 놀라고 그 아들 소년도 놀랬다.

간호하고 있던 다른 가족들도 놀란다. 왜냐하면 죽은 것같이 아픔을 견디지 못하고 진통제에 의해 간신히 숨결만 남았던 사람이 갑자기 생기가 나서 자기 힘으로 일어날 뿐 아니라 정신까지 똑똑해 지면서 사람을 알아보고 명랑한 기색으로 인사말까지 다하고 있으니 놀라지 않을 수 없었다.

"나장로님이 여기까지 오시다니요 이제 나는 살았습니다."라고 치사까지 하는 처지였다.

그것도 기도나 해준 다음이면 모르겠는데 기도도 하기 전에 그런 역사가 일어나고 있으니 더욱 이상한 일이었다.

이런 치사까지 받고 나서야 나는 기도를 하게 되었다. 머리에 오른손을 얹고 한 손으로는 전신을 어루만지며 기도했다.

성령의 불은 크게 역사했다. 내 몸에서도 뜨거웠거니와 환자의 몸 안에는 불이 확확 들어가는 것이 확연했다. 기도를 마치니까 얼굴이 벌개졌다. 속이 시원하다고 머리를 들면서 기뻐했다.

나도 손을 떼면서 기쁨으로 악수를 했다.

이런 경우에는 내가 기도를 해서 병이 나은 것이 아니고 기도하기 전에 성령이 역사해서 병이 나은 것이 아니겠는가?

내가 기도해서 병을 고쳐 주었다는 교만을 꺾어 주시기 위한 하나님의 사랑이었다고 생각하니 눈물이 쏟아지도록 감사했다.

나는 그 후로는 내가 기도해 주어서 병이 나았다는 말을 감히 하지 못한다.

많은 병자들이 나음을 받았지만 이 모두가 성령의 역사였지 내가 한 일이라고는 생각지 않는다.

그 후 그 환자는 기적적인 생환을 하여 건강한 몸으로 지내고 있다는 소식을 들었다.

2. 인간은 생사를 좌우 못 해

병불능살인(病不能殺人)이요 약불능활인(藥不能活人)이라는 말은 옛날부터 내려오는 말이기는 하나 생명을 약에 의존하는 인생이 얼마나 많은가?

의술이나 약이 사람을 살릴 수 있다면 의사나 약제사들의 자녀들이나 가족들은 죽지 안 해야 할 것이다. 그러나 의사의 가족도 의사 자신도 죽어야 한다. 생사원칙을 벗어나지 못한다는 것이 인생임에는 틀림이 없다.

죽음을 지니고 출생한 인생이 죽지 않을 수는 없다. 지니고 나온 그 죽음을 피할 길이 없는 인생으로서 영원을 사모하는 마음도 지니고 있다(전 3:11).

영원을 사모하는 마음도 하나님께서 주신 마음이다. 즉, 영원히 살 수도 있다는 증표다.

하지만 피조 인간으로서는 피동적인 죽음과 피동적인 생명을 지니고 있기 때문에 자신의 방법이나 수단으로써는 생사를 좌우하지 못한다.

그런고로 생명의 본체이신 하나님께서만이 가능한 작업이기 때문에 하나님의 아들 예수 그리스도께서 그 죽음도 죽어 주시고 그 생명도 살아 주실 수 있었다.

그래서 그 주님을 믿어야 한다는 것이다. 석가나 공자가 우리를 대신하여 죽어 주거나 살아 주지 못하는 이상 그들이 우리의 구주가 될 수는 없는 것 아닌가?

우리의 선생은 될 수 있어도 구주는 되지 못한다. 그 길을 먼저 알았으니 선지자요, 먼저 깨달았으니 선각자는 된다.

성경에서는 그런 이들을 몽학선생이라고 했고 구주에게까지 인도하는 역할을 한다고 했다(갈 3:24).

3. 왜 예수만이 구세주인가?

나는 미국의 모 신학교에서 '십자가의 도'에 대한 강의를 한 일이 있었다.

그 신학대학은 물론 신 신학이었다. 지금 신학치고 신 신학 아닌 신학은 거의 없을 것이다. 공자나 석가나 예수나 다 마찬가지 성자라고 그들은 알고 있었다.

그런고로 예수가 구세주 노릇을 했다면, 공자도 석가도 구세주 노릇을 했다는 것이다.

그들도 인류를 위해서 살다가 죽었다면, 그 죽음이란 고귀한 자취를 우리에게 남기고 갔으니 십자가에 꼭 달려서 죽어야 구세주가 된다는 것은 이해가 안 된다는 것이다.

죽음은 마찬가지라는 데서 와진 이론이다. 즉, 앓다 죽었거나 맞아 죽었거나 목을 매어 죽었거나 십자가에 달려 죽었거나 죽으면 다 같은 죽음이지 죽는 양상이 다르다고 해서 구세주가 되고 안 되고가 판가름이 될 수 있겠느냐는 것이다.

나는 그 질문을 받으며 질문하는 그 개인의 착각이기를 바랐다.

그 신학을 하는 모두가 그렇게 알고 있다면, 이것은 적은 문제가 아니다.

근본적인 신학의 뿌리가 잘못되어 그런 결과를 가져왔다면 그런 뿌리에서 끊겨 참 신학의 뿌리에 접붙임이 되어야 할 중대한 일이다.

"천하 인간에 구원을 얻을만한 다른 이름을 우리에게 주신 일이 없음이라"(행 4:12)고 한 성경말씀을 해명하는 데는 '왜 그런가?'를 설명해야 했다.

그때에 나는 신학이란 어려운 데서 찾다가 어려운 데서 맴돌고 있다는 사실을 발견했다.

신학이란 쉬운 데서 찾을 수 있지 어려운 데서는 찾을 수 없다 라고 결론을 짓고 나니 마음이 경쾌해 지면서 그 도리를 설명할 수 있었다.

4. 뿌리가 다르다

공자나 석가는 우리와 똑같이 부정모혈(父精母血)로 출생했거니와 예수님은 그것이 아니었다.

죄의 줄기와는 상관없이 성령으로 잉태하여 출생했기 때문에 부정 없는 신성(神性)이 완전하셨다(눅 1:35).

그리고 사람 마리아 동정녀를 통해 출생했기 때문에 인성(人性)으로도 완전하셨다(눅 1:31, 34).

이렇게 신성과 인성을 겸유한 것은 죄악 중의 인류를 구출할 수 있는 불가결의 요건을 갖추어야 했기 때문이다.

즉, 물에 빠진 자를 구출하기 위해서는 같이 물에 빠져서야 구출할 수 있기 때문이다.

그는 근본 하나님의 본체이시면서 사람의 인성을 갖추고 나타나시기 위해서 처녀에게 성령으로 잉태하여 출생하신 것이다(빌 2:6~8).

"그 이름을 임마누엘이라 하리라 그가 악을 버리며 선을 택할 줄 알 때에 미쳐 버터와 꿀을 먹을 것이라"(사 7:14, 15)고 증거한 성경말씀으로 보아도 예수님은 하나님의 신성을 지니고 있으시면서도 그 체질이 우리 인간과 같은 육성을 지니고 계셨음이 분명하다.

그런 악을 버리고 선을 택할 줄 알았다는 것은 육성을 지녔다 할지라도 우리와 같은 죄를 범하지 아니하실 수 있다는 뜻이다.

예수님도 인성을 지니신 고로 범죄의 가능성이 없는 것은 아니었다.

오직 죄를 범하지 않을 수 있는 능력이 있었을 따름이다.

이 두 가지 성능이 있는 고로 만인의 죄악을 대속해 주실 수 있었다.

즉, 인생의 죽음을 죽어 주실 수 있었고 생명을 살아 주실 수 있었다.

그래서 성경에 비유하기를 주님은 참 감람나무요 우리 인간은 돌 감람나무라고 했다(롬 11:17).

돌 나무가 참나무에 접붙임이 되면 참나무가 되는 것과 같이 죄에서 출생하여 죄에서 사는 인간이 죄와는 상관이 없이 무죄의 근본에서 생한 참 생명나무인 그리스도에게 접붙임이 될 때에 비로소 무죄의 참 생명을 이어받게 되는 것이다.

즉, 예수님은 생명나무에서 끊기고 우리 인간은 사망나무에서 끊겨서 끊긴 가지가 끊긴 생명나무에 접붙임이 될 때에 진액이 통하여 둘이 하나가 되어 같은 생명나무가 되는 것이다(눅 9:23, 14:27).

그 속에 진액이 통하지 않는다면 접붙인 가지는 영원히 죽는 가지가 되어 꺼지지 않는 불에 던지움이 될 것이다.

그 속에 진액이 통하는 고로 살아서 열매를 맺게 된다.

그 진액이란 곧 성령을 뜻한다(롬 11:23 요일 3:24, 4:13). 생명의 근원에서 공급되는 진액이다.

5. 어느 주지의 말

나는 어떤 사람들의 무고로 6개월 동안이나 옥중생활을 하다가 항소심에서야 무죄로 풀려 나온 일이 있다.

그때에 어떤 절의 주지가 부도사건으로 수감되어 같은 감방에서 수개월을 같이 지낸 일이 있다.

그는 동국대 출신으로서 불교에 대해서는 조예가 깊은 이였다. 50대 중년이었는데 기독교나 다른 종교까지라도 이해하려고 하는 종교심이 강한 이였다.

그의 이름은 정XX로서 검은 수염도 있었고 머리도 삭발하지 않고 보통 사람들과 같이 긴 머리여서 그냥 보기에는 승려로 보이지 않았다.

그는 대처승이었던 고로 자녀들도 있어 학교에 다니고 있었다.

그렇게 가정도 가지고 있었으니 돈도 필요했다. 그래서 그는 사찰 소유로 어떤 사업을 경영하다가 연수표 발행한 것이 부도가 되어 철창생활을 하게 된 것이다.

그러나 그는 그것을 후회하지 않았다. 당연한 일로 알고 있었다.

그래서 사바세계가 아니겠느냐면서 웃음으로 그 고비를 넘기고 있었다.

그런 일에도 부처님이 같이해 주시느냐고 짓궂은 질문도 해보았다.

부처님의 위로가 있기에 자기 마음이 그렇게 편안하다는 것이다.

인간 속세란 다 그렇고 그렇기에 석존께서 교화하는 경토로 삼고 계시다는 것이다.

즉, 인간세계가 그렇기에 석존의 불법이 필요하다는 이론이었다.

그렇다면 석존의 불법이란 교화운동에 불과하지 않느냐고 물었다.

불법으로 사람을 가르쳐 선심을 갖게 하는 것이 세상을 정화시키는 일이 아니겠느냐고 힘주어 말한다.

그렇게 한다고 세상이 정화되지도 안커니와 정화되었다고 죽을 사람이 안 죽거나 죽은 사람이 살아날 수 있겠는가?

경토가 정화된다면 그것으로 곧 지상낙원이 가능하다고 보는가? 라고 논박을 해보기도 했다.

즉, 죽음이 있는 한 참된 낙원이란 있을 수 없다는 논리였다.

6. 사망을 말살할 수 있나?

죽음을 제한다는 말은 죽음을 없이 한다는 말인데, 그것은 당치 않은 말이라면서 그는 죽음을 피하여 극락에만 가면 죽음 없는 영생을 할 수 있다는 논리였다. 그것이 아니고 죽음을 제거할 수야 있겠느냐고 자기 나름의 해석을 늘어놓았다.

바로 그 점이 불교와 기독교와의 차원 다른 교리라면서 석가의 교화정토론과 예수의 희생, 구원의 바탕이 다르다는 점을 지적해 주었다. 즉, 죽음을 피한다는 말과 죽음을 말살한다는 말의 차이점이다.

그는 이 점에 대해서는 자기주장이나 불법을 고집하려고도 해보았다. 하지만 그는 점점 내 말에 호기심을 갖고 긍정적으로 귀를 기울였다.

죽음을 제거하는 작업은 죽음을 지니고 출생한 우리 인간의 노력으로써는 불가능하다는 내 말에는 그도 공명하기 시작한 것이다.

그렇지만 석가모니 세존이 인간이라면 예수도 인간이 아니겠느냐고 그는 되묻기도 했다.

나는 그의 말대로 예수도 인간으로 출생한 것은 사실이라고 시인했다. 그러나 우리와 같이 부정모혈로 출생하신 분이 아니라는 점을 설명했다. 하지만 석가는 우리와 다름없는 부정모혈로 출생했다는 것은 그도 역시 시인하지 않을 수 없었다.

오직 예수는 하나님의 성령으로 잉태하여 출생했기 때문에 인생이면서도 하나님의 속성을 지니고 계셨다는 점을 설명해야 했다(눅 1:35).

그런고로 예수님은 죽음을 제거할 수 있는 기능을 가지고 계셨다는 증거를 성서적으로 증명한 것이다.

요는 그 사망을 제거하는 과정에 있어서는 예수님 자신의 희생이 필요했다는 이유를 설명하는 것이 중요했다

甲론 = 죽음을 피하면 영생길이다(佛).

乙론 = 죽음을 말살해야 영생길이다(基).

7. 사망을 영원히 멸하는 길

하늘의 뜻이 이 땅 위에 이루어질 때에는 가리워졌던 면박도 덮였던 휘장도 다 제해버릴 터인데 그때에는 "사망을 영원히 멸하실 것이라"(사 25:8)는 성경말씀은 엄연한 하나님의 말씀이시다.

그런고로 바울은 말했다. "혈육은 하나님 나라를 유업으로 받을 수 없고 또한 썩은 것은 썩지 아니한 것을 유업으로 받지 못한다"(고전 15:20)고 단언했다.

즉, 마지막 나팔에 순식간 홀연히 다 변화하리니 죽은 자들이 썩지 아니할 것으로 다시 살고 이 썩을 것이 불가불 썩지 아니할 것을 입겠고 사망은 이김의 삼킨 바가 되리라는 것이다(고전 15:51~54). 즉, 사망은 멸망 안의 영원이요, 영생은 생명 안의 영원이다.

결국은 사망도 음부도 불 못에 던지우니 이것이 곧 사망을 영원히 멸하는 둘째 사망이다(계 20:14).

첫째 사망은 육신이 죽고 영혼만 살아 있는 때를 말함이고, 둘째 사망은 영혼까지 불 못에 던지우는 때를 말함이다.

그 둘째 사망은 심판의 부활이라고 주께서 말씀하셨는데, 이것은 곧 생명의 부활과는 극한 반대의 경지에서 영원한 사망으로 심판을 받는다는 말씀이다(요 5:29).

즉, 사망을 영원히 멸하시는 주님의 심판과정을 밝힌 말씀이다. 사망이 이렇게 영원히 말살될 때에 생명은 영원할 수 있다.

그런고로 영생이란 사망을 영원히 말살한 영원한 생명이다.

이렇게 주께서는 사망을 영원히 말살하신 승리자인 고로 사망 권세 안에서 살고 있는 인류를 구출하실 수 있었다(요 5:24).

그런고로 예수 그리스도만이 구세주이시다. 어느 누구가 사망 권세를 이기고 다시 사셔서 사망 권세 안에 있는 인생을 구출한 이가 있는가 묻는다면 아무도 대답할 수 있는 이름이 없을 것이다.

다른 이로서는 구원을 얻을 수 없나니 천하 인간에 구원을 얻을만한 다른 이름을 우리에게 주신 일이 없다고 베드로는 담대히 말할 수 있었다(행 4:12).

8. 속승생활

나는 그 주지 정스님에게 성서적으로 설명을 하면서, 세상적인 비유를 들어 재미있는 소설이라도 엮는 듯이 불교인들이 흔히 말하는 서유기(西遊記)에 나오는 손오공이나 달마의 교법과 석가의 속리생활 등을 인용하면서 예수의 십자가의 도는 속리(俗離)도 속화(俗化)도 아닌 속승(俗勝)의 길임을 역설했다.

옛날부터 도인(道人)이라면 속리생활을 해야 도인으로 알고 있지만 이것은 잘못이다.

그리고 종교의 토착화 운동을 한다는 것이 종교를 속화(俗化)시키는 운동으로 전락시키고 있는 것도 잘못이다.

참다운 종교인이라면 속승생활을 해야 한다고 나는 그 정스님에게 그리 힘들지 않게 설득시킬 수 있었다.

그는 한 마디 한 마디 놓치지 않고 긍정적으로 받아들였다.

마지막으로 하는 말이 그는 출옥을 하면 배낭을 걸머지고 용문산으로 꼭 찾아오겠다고 다짐했다.

도인이라야 도인을 알아보는 법이라면서 당신을 도인으로 자처하고 나를 도인으로 인정하고 도인과 도인이 만났으니 좀 더 깊은 도를 닦아 보자는 것이다.

나는 그와는 늘 반대 같으나 정반귀일(正反歸一)의 원리를 찾게 되곤했다.

즉, 그는 도를 깊이 닦아 보자는 것이고 나는 도란 깊은 데 있는 것이 아니고 옅은 데 있다고 우겨댔다.

그는 또 그것마저 받아들였다. 나는 그의 마음가짐이 과연 도인답다고 평했다.

고집은 도(道)를 막는 암초요 긍정은 도를 따르는 첩경이기 때문이었다.

불교인으로서는 너무 지조 없는 신앙인이라고 악평할 사람도 없지 않을 것이나 길이 아니면 가질 말고 말이 아니면 듣질 말아야 한다면, 반대로 길이라면 가야하고 말이라면 들어야 할 것이 아니겠느냐는 것이 그의 주장이었다.

꼭 찾아온다던 그는 80이 다 되었을 터인데 아직 안 찾아왔다.

9. 속승생활이 가능한가?

속승생활이 혈육을 가진 인간으로서는 불가능하다. 그래서 석가도 속리생활을 하게 되었고 세상사람 모두는 속화생활로 빠지고 만다.

사망의 왕권 밑에서 죄악의 종노릇을 하는 것이 인생인데, 그 사망의 왕권세력에서 벗어날 길이 없으니 어떻게 속승의 생활을 할 수가 있겠는가?

그래서 바울도 원하는 선은 행해지지 않고 원치 않는 악이 행해지고 있다고 한탄했다(롬 7:19).

그 이유는 인간 속에 있는 죄가 인간을 주관하고 있기 때문이라고 말했다(롬 7:14~20).

인류의 시조 아담이 악마의 유혹을 받아 하나님의 명령을 거역한 그 후로부터 악마에게 사로잡힌 죄악의 종이 되었기 때문이다.

즉, 아담 한 사람으로 말미암아 모든 사람이 다 죄인이 된 것이다(롬 5:12).

그 죄악의 근원에서 흘러내리는 원죄 줄기가 대대로 계속 유전되고 있기 때문에 인간은 죄 속에서 잉태되고 죄악 속에서 출생되어 죄악 속에서 살다가 죄악 속에서 죽어야하는 운명을 지니고 있으니 어찌 사망에서 벗어날 수가 있겠는가?(시 51:3~5).

즉, 속화는 되어도 속승을 할 수는 없다는 논리를 인력으로는 전복시킬 수 없다.

이렇게 인생은 죄와 사망의 법아래서 벗어나지 못하는 불가능의 존재로 화한 것이다.

그런고로 세상에는 죄 없는 의인은 한 사람도 없다고 했다(롬 3:10).

죄 값은 사망이니 세상 사람으로서는 사망의 길을 피할 수는 없을 것 아닌가(롬 6:23, 5:14).

자 범죄는 전혀 알지도 못하는 어린 아이들도 죽는 것은 사망을 피할 길이 없다는 것을 잘 보여준 증거가 아니겠는가?

그런고로 사람이 사망을 피할 길은 전혀 없거늘 어떻게 사망을 피하여 영생 길을 찾을 수 있다는 것이며, 세상을 떠나 속리의 생활을 할 수가 있다는 말인가. 또 속승의 생활이야 더 더욱이 할 수 없는 일이 아니겠는가? 고 나는 열심히 강론하듯 했다.

정스님은 묵묵히 듣기만 하고 머리를 끄덕끄덕하며 긍정적 반응을 보이고 있었다.

10. 오직 한길이 있을 뿐

인류의 그 같은 불가능의 길을 아시는 하나님께서는 인생을 불쌍히 보시고 인간이 죽어야 할 그 죽음을 대신 죽어 주실 수 있는 신성과 인성을 구비하신 예수 그리스도를 세상에 보내 주신 것이다.

그래서 '예수는 우리 범죄 함을 인하여 내어 줌이 되었다'(롬 4:25)고도 했고 '여호와께서 우리 무리의 죄악을 그에게 담당시키셨다'(사 53:6)고도 했다.

이렇게 신성과 인성을 겸유한 것은 죄악 중의 인류를 구출할 수 있는 불가결의 요건이다.

그 모양은 어떻든 그 씨가 온전하면 씨의 본질대로 싹이 나고 자라서 열매가 맺히는 것처럼 그는 하나님의 거룩하신 생명의 씨로 났으니 거룩한 무죄의 참 생명나무이시다(막 4:26, 요 12:24, 고전 15:36~38).

그와는 반대로 우리 인생은 타락한 아담의 죄의 씨로 출생했으니 돌 나무 즉, 돌 생명나무가 된 것이다.

그래서 성경에 비유하기를 주님은 참 감람나무요 우리 인간은 돌 감람나무라고 했다(롬 11:17).

돌 나무가 참나무에 접붙임이 되면 참나무가 되는 것과 같이 유죄 인간이 무 죄인에게 접붙임이 되면 무 죄인이 될 수밖에 없다.

예수님은 생명나무 근원에서 끊긴 바가 되고 우리 인간은 사망나무에서 끊긴 바가 된다면 사망나무에서 끊긴 가지가 생명나무를 끊어낸 생명의 근본나무에 접붙임이 되니까 같은 생명나무가 될 수밖에 없다는 말이다.

생명나무의 진액이 접붙여 놓은 돌 나뭇가지에도 통하니까 둘이 하나가 되어 생명나무가 되는 것이다(롬 11:17~19).

그러나 그 속에 진액이 통하지 않는다면 접붙인 가지는 영영히 죽은 가지가 될 것이다. 하지만 진액이 통하는 고로 살아서 열매를 맺게 된다.

그 진액이란 곧 성령을 뜻한다(롬 11:23, 요일 3:24, 4:13 참조).

그런고로 성령을 받았다는 것은 곧 생명나무에 접붙임이 되었다는 증거다.

성령이 내재한 고로 나는 네 안에 있고 너는 내 안에 있어 하나가 된다고 주께서 말씀하신 것도 그런 뜻에서 하신 말씀이시다(요 14:20, 17:23, 엡 4:3).

예수는 완전한 하나님의 속성과 완전한 사람의 속성을 지녔기 때문에 하나님과 인간 사이의 중보역할을 할 수 있었다.

주께서 하나님만 되시고 사람이 아니거나 사람만 되시고 하나님이 아니라면 예수 그리스도를 통한 구속은 있을 수 없었을 것이다.

만일 주께서 사람으로만 태어나시고 하나님의 본체와 상관이 없었다면 그의 위대성은 공자나 석가와 같이 하나의 성현 격에서 평가되고 말았을 것이고, 생명의 구원 주는 될 수 없었을 것이다.

그는 본래가 하나님의 본체이시었다. 그러나 하나님과 동등 됨을 취하지 않고 사람의 모양으로 나타나 사람을 구출하신 것이다(빌 2:6~7). 오직 그 길만이 구원의 길이었기 때문이다.

11. 하나님의 비밀

"그는 보이지 아니하시는 하나님의 형상이요 모든 창조물보다 먼저 계셨고 만물이 그에게 창조되되 하늘과 땅에서 보이는 것들과 보이지 않는 것들까지도 다 그로 말미암고 그를 위하여 창조되었다"(골 1:15,16)고 했다.

즉, 예수 그리스도는 생명의 본체이심을 증명하는 말씀이시다.

생명의 근본이신 주님이신 고로 "우리를 흑암의 권세에서 건져서 아들의 나라로 옮길 수 있었다"(골 1:13, 요 5:24)

그의 십자가의 피로 화평을 이루사 그 아들 안에서 구속함을 받아 죄 사함을 얻게 된 우리 인생임을 입증한 말씀이다(골 1:14,20).

이러한 사실은 인간으로서는 상상할 수도 없는 일이다. 하나님이신 고로 하실 수 있는 일이었다.

"이 비밀은 만세와 만대로부터 음으로 감취었던 것인데 이제는 그의 성도들에게 나타났다"(골 1:26)는 것이다.

성도들 안에 있는 비밀이 곧 그리스도라는 이 놀라운 사실은 받은 자 밖에는 알 수 없다는 비밀이다(골 1:27, 계 2:17).

그리스도께서 우리 속에서 역사하시사 우리 인간의 육성을 천국의 신성으로 변화시켜서 하늘나라로 옮기시는 과정을 바울 사도는 접붙이는 비유로 설명했다(롬 11:24).

즉, 돌 나무가 참나무로 변화되는 것처럼 사망인이 생명인으로 변화되는 것이다.

이는 곧 진액이 통해서 접붙인 나무가 사는 것처럼 성령이 통해서 그리스도에게 접붙임이 되어 영원히 살 수 있는 생명체가 된다는 것이다.

그런고로 누구든지 그리스도의 영이 없으면 그리스도의 사람이 아니라고 했다(롬 8:9). 왜냐하면 그리스도의 영, 즉, 성령이 없이는 구원이란 있을 수 없기 때문이다(요 3:5).

생명의 뿌리 되시는 하나님의 진액이 나무 격이신 예수에게로 통하여 접붙임이 된 가지 격인 인간에게로 통했을 때 영생하게 된다는 진리는 어려운 데 있는 것이 아니고 쉬운데 있다(잠 11:30, 13:12, 롬 11:17~18).

그런고로 예수는 하나님 안에 있고 우리는 예수 안에 있고 예수는 우리 안에 있고 하나님은 예수 안에 있으니 성령으로 말미암아 우리는 하나님과 일체가 되는 것이다(요 14:10,17, 롬 8:8~11).

그런 의미에서 "아들이 있는 자에게는 생명이 있고 하나님의 아들이 없는 자에게는 생명이 없다"(요일 5:12)고 했다.

즉, 예수의 삶이 우리의 삶이 된 것이다. 이것이 곧 받은 자밖에는 모르는 비밀이 아니고 무엇이랴.

X. 호사다마

1. 일본에서의 초청

1940년 깊은 산골짝을 택하시고 그곳에서 성령역사를 일으키신 하나님의 섭리는 생각할수록 기이하기만하다.

오랫동안 예수를 믿은 사람을 택하심도 아니고 성경을 많이 알거나 신학을 전공한 이도 아닌 신앙과는 거리가 멀게 살고 있던 신앙무뢰한을 택하시어 두메산골에서 성령의 봉화를 들고 예루살렘과 유다와 사마리아와 땅끝까지 외치며 생애를 바치도록 왜 그리하셨는지 받는 자밖에 모를 비밀이라도 있는 것 아닐까?(고전 4:1).

그 비밀을 쏟아 놓은 곳이 곧 이날까지 기록으로 남겨 놓은 회고록일 수도 있다.

아니다 아직 그것으로는 미흡하다. 앞으로의 있어질 아직 기록 못한 일, 남김없이 다 쏟아 놓고 가야 할 터인데 가야 할 날짜는 점점 가까워 오는 것만큼 마음은 조급해지고 있다.

그런 중에서 문득 생각나는 일이 하나 있다. 1962년 2월에 있었던 일이다.

예루살렘과 유대까지는 수십 번을 돌고 돌며 노방에서 옥내에서 사람이야 많건 적건, 듣든지 안 듣든지 받은 비밀 모두 털어 전하느라고 애써왔다.

그러나 사마리아와 땅끝까지 전하라신 주님의 분부에는 아직 미흡하다는 것은 자인하고 있었다.

왜냐하면 아직 이북 전도를 못 했으니 땅끝 전도도 못 하고 있다는 자책감에서 외국에서 초청이 와도 가질 못 하고 있었다.

사마리아 전도를 하기 전에는 땅끝 전도는 시기상조라는 구실로 거절하곤 했다.

즉, 미국, 캐나다, 대만, 브라질, 일본 등지에서 여러 차례 강사로 와달라는 초청이 있었다.

그러나 전부 거절해 왔는데 한번은 일본에서 특별 초청이 왔다. 일본 기독교가 범 교파적으로 교역자들과 평신도 대표들이 모여 수양회를 '하고네(箱根)' 산상에서 연다면서 강사로는 미국의 피얼스 박사(선명회 총재)와 유럽에 모 신학자와 동양인으로는 한국의 나 운몽 장로를 초청하기로 준비위원회에서 결정을 보았다는 것이다.

당시 위원장에 가나이(金井爲一郎) 목사님의 명의로 초청장이 정중히 전해 왔다. 그는 일본 성서신학교 교장으로서 일본 교계에는 명망이 높을 뿐 아니라 성령운동에 선봉을 선 분이었다.

그런고로 그는 당시 미국에서 성령운동을 일으키고 있는 피얼스 박사와도 연고가 깊은 데다가 중국이나 유럽에서의 성령운동에도 감명 깊게 관련을 갖고 있었다.

그런데 이웃나라 한국에서도 성령운동이 맹렬하게 일고 있다는 소식은 들으면서도 일본 인들의 한국에 대한 감정 때문에 망설이고 있었다.

그러다가 재일교포 김태열 목사님의 한국 현지답사와 현지 성령역사를 일으킨 용문산과 나운몽 장로에 대한 근본적인 조사보고를 받고 나서 하나님께 기도하다가 확신을 얻었다.

성령운동은 민족을 초월하고 국경을 초월하고 교파를 초월하고 감정도 초월해야 한다는 응답을 받은 것이다.

그래서 그는 최후의 결심을 하고 준비위원들에게 양해를 구하여 결국은 나운몽 장로를 강사로 초청하기로 만장일치의 결의를 얻었다.

이는 기쁜 마음으로 초청장을 보내왔다.

2. 사마리아 전도

나 역시 사마리아 전도, 즉, 이북 전도하기 전에는 땅끝 전도, 즉, 외국 전도는 안 한다 고 고집하던 나였던 고로 쉽게 그 초청에 응할 수는 없었다.

그러나 기도해 보시면 반드시 하나님께서 허락할 것이라는 김태열 목사님의 간곡한 권 면을 받고 기도했다.

처음에는 아무런 응답이 없었다. 며칠을 계속 기도하던 어느 날 내 생각에 떠오르기를 "사 마리아 전도는 기도 전도로서 이날까지 하고 있고, 그 기도의 위력은 이북 형제들과 김일 성에게 영향을 주어 이북 교회가 회복될 것이니 기도 전도로서 족한 것 아니겠는가"였다.

그래서 그때 일본 초청에 응하기로 했다. 그러나 이것은 내 생각이었지 하나님의 계시는 아니었다.

그래서였는지 그렇게 마음을 먹고도 망설이고 또 망설였다. "그러나 이것은 전도초청이 아니냐" "전도하러 오라는 길을 네가 어찌 거절할 수 있겠는가?"라는 자책도 해보면서 가 야 한다는 마음을 굳혀 보려고 애썼다.

하지만 사마리아 전도가 더 급한 일인데 왜 사마리아 전도 길은 안 열리고 땅끝 전도 길 이 먼저 열리고 있을까?라는 원망 같은 생각도 없지 않았다.

3. 민족순결 뺏기는 것 같아

그런 국제모임에 초청을 받았다는 것부터가 영광스러운 일이었지만 몹시 망설여졌다는 데는 이유가 없었을 리가 없었다. 사마리아 전도를 못 했으니 갈 수 없다는 이유도 컸지만 보다도 또 하나의 큰 이유가 있었다.

우리나라를 송두리째 삼켰던 적국이 아닌가? 이날까지 한국을 무시하고 한국인을 멸시하며 한국인을 짐승만치도 취급하지 않았던 그들이 아닌가?

간악한 그들의 악독에 희생당한 한국의 젊은이들은 얼마나 많으며 순진하게 자라난 순결의 동정녀 한국 딸들의 희생은 또 얼마나 많았던가? 이가 갈리는데 그들의 초청에 응한다는 것은 내게는 어울리지 않는 수치스러운 행세였다.

그래도 이날까지 애국사상으로 애국설교만으로 그리스도를 전해 왔고 한국 소망은 오직 그리스도뿐이라고 민족혼을 일깨우며 성령운동을 해왔던 나였다.

그래서 일부에서는 나를 "민족복음"을 전하는 사람이라고까지 지칭해 왔다. 그랬던 나로서는 쉽게 그 초청에 응할 수는 없었다. 민족순결을 빼앗기는 것 같아서였다.

이것은 내 자존심이었는지도 모른다. 하나님의 생각은 인간의 생각과 다르며 "내 길은 너희 길과 달라서 하늘이 땅보다 높음같이 내 길은 너희 길보다 높으며 내 생각은 너희 생각보다 높으니라"(사 55:9)는 성경말씀을 생각하고 나는 엎드려 기도했다.

4. 기도 전도

"사마리아 전도도 못한 주제에 어찌 땅끝 전도를 나갈 수 있사오리까? 일본에서 연합집회 강사로 와달라는 초청이 왔나이다. 어찌하오리까?"하고 하나님 앞에 간절한 호소를 했다.

기도하던 중 갑자기 "기도 전도도 전도였다"는 영감이 떠올랐다.

이날까지 내 생각대로 한 것이 이북 형제들에게 성령을 통하여 하나님의 뜻이 전달되고 있었다는 반가운 영감이었다.

즉, 그때부터 벌써 전도는 되고 있었다는 뜻이었다.

지금 와서 생각하면 너무도 확실한 일이다. 지금에는 이북 교회의 닫혔던 문들이 열리기 시작했고 헐렸던 예배당이 재건되고 있는 것을 보아 알 만한 일이다. 그리고 그들은 세계의 기독교와 호흡을 같이하자고 나서는 판국이 아닌가.

나는 나 자신부터가 기도 전도의 열매임을 재인식하면서 더욱 감격의 눈물을 흘렸다.

새벽마다 예배당에 나가서 눈물로 호소하던 어머님의 기도는 헛되지 않았다.

십사오년 동안이나 쉬지 않는 기도를 드려서 급기야 지옥의 자식을 구출해 냈으니 이 얼마나 감격스러운 일이랴.

하나님께서는 절대로 기도를 소홀히 하시지 않으신다. 반드시 들어 주신다.

하나님께서는 내 어머니의 애끓는 기도를 들으시고 무신론자인 방탕아, 나를 찾아 주셨으니 이것이 곧 어머님의 기도 전도의 결실이 아니고 무엇이랴.

나는 이것을 깨닫고부터 "기도 전도"라는 용어를 창출했다.

그때부터 이북 형제들을 위해 기도하기 시작했다. 그 기도가 곧 기도 전도였다는 것을 깨닫고 보니 감격스럽지 않을 수 없었다.

"하나님 감사합니다. 하나님 감사합니다"하며 기뻐 뛰는 심정이었다.

5. 인생 고개턱

그때 내 나이 49세였다. 일본으로 초청을 받아 일본인 대회에 강사로 가게 되었다는 소문은 재빠르게 퍼졌다.

그 소문을 들은 이인명(李寅明) 장로는 서울에서 찾아왔다. 그는 같이 수행하기를 원하는 마음에서였다.

그가 하는 말이 "49세 고개턱은 인생에 있어 가장 넘기 힘든 인생 고개턱이라는데, 어쩌면 장로님에게는 외국으로까지 출세의 문이 열린 영광의 고개턱이 되었습니다."라고 축하한다는 말을 몇 번이나 곁들였다.

나는 사마리아 전도를 하기 전에는 절대로 땅끝 전도는 않기로 했는데 다른 나라는 안가도 일본에는 가야겠다는 결심이 생긴 이유를 구구하게 늘어놓았다.

일본 사람들에게 너무도 억울하게 당한 수모와 피의 희생, 그들에게 노략당한 손실을 무엇으로 만회할 길이 있겠는가?

쌓이고 쌓였던 울분을 일본에 가서 하나님의 말씀으로 터뜨려 놓아야 속이 시원할 것 같아서 초청에 응하기로 했다는 명분과 구실을 너저분하게 늘어놓았다.

원통과 울분으로 '십자가의 도'가 올바로 전해 질 것인지는 생각 밖의 일이었다.

그 다음에는 강호성 장로님이 또 찾아와서 같이 가잔다. 상관을 모시는 보호병 구실을 잘 할 수 있는 자신임을 소개하면서 수행하기를 원했다.

그렇지 않아도 일본에서는 수행원이 몇 사람인지 그 이력서를 보내 달라는 요청도 있었으니 그리하자고 두 분에게 약속했다.

그 두 분은 기쁜 마음으로 자비량해서 가기로 준비를 갖추고 있었다.

나는 나대로 출국할 준비를 서두르고 있었다. 한편 일본에도 두 분 수행원이 있다고 연락을 했다.

지금은 외국 출입이 누구에게나 무난하지만 그때만 하더라도 외국 출입은 국가적으로도 알려진 이름 있는 명사들만이 갈 수 있는 명예로운 길이라고 알던 때였다.

그것도 미국이라면 또 몰라도 일본이라면 적국으로 알고 있었던 때였다. 그런 때에 한국 강사를 초청하는 일본 교회의 입장도 거북했을 일이지만 한국에서도 일본으로 간다는 것부터가 이상한 일이기도 했다. 그리고 쉬운 일도 아니었다.

그러한 환경과 처지에서 항일운동에 앞장선 듯한 나장로가 일본 초청을 받아 일본에 간다니까 교계는 물론 정부에서도 신경을 곤두세웠다.

형사들이 집으로 찾아오기도 했지만 집회하는 곳마다 찾아왔다.

일본에서 누가, 왜, 초청을 했는지 그 동기가 무엇인지 누구의 소개였는지, 같이 가는 사람은 누구인지, 가서는 어떤 내용의 설교를 할 것인지, 귀찮을 정도의 질문이 가는 곳마다 반복되고 있었다.

실상은 여권도 비자도 나오기 전이었다. 그것따나 쉬운 일이라고 생각되지는 않았다.

6. 영장 받은 강사강연

"일본엘 가신다고요. 축하합니다."하는 사람도 있고 "일본엘 가신다는 말이 참말입니까?"라고 인사하는 사람들도 있었다.

그 당시로는 아직 일본이라면 적국으로 알고 있었기 때문에 애국적 심정으로는 이해가 안 되었기 때문이기도 했다.

그럴수록 그 길이 심상치 않게 보이기도 했지만 비상한 각오와 심정으로 출발 준비를 해야 했다. 한편 일정대로 국내 순회 집회도 해야 하는 바쁜 나날을 보내고 있으면서 외국 전도란 쉬운 일이 아니었다.

호사다마(好事多魔)라는 말은 옛날부터 있던 말이기는 하지만 나에게는 반드시 있는 일이다. 그때도 예외는 아니었다.

마귀는 그냥 있지 않았고 기어이 이 일에 방해하려 나섰다.

2월 11일 국민회관(당시 국회의사당)에서 열리는 시국강연회 강사로 초청을 받고 서울로 상경했을 때였다.

김천 형사대가 나장로를 체포하려고 구속 영장을 갖고 상경하여 수색 중이라는 신문보도를 보게 되었다.

그 죄명은 너무도 너저분했다. 그전에도 몇 번 구속을 당한 일이 있기는 하지만 그래도 사상범으로 구속을 당했지 그런 파렴치한 죄명이 붙어 보기는 처음이었다.

강도, 폭행, 공갈, 불법감금, 사형교사, 갈취 등 어처구니없는 죄명을 씌워 체포령을 내렸다.

한편 "나운몽 장로 대강연회"라는 광고문도 대대적으로 나붙었다.

잡혀갈 때에는 잡혀갈지라도 이미 작정된 대로의 강연회는 강연회대로 치러야 했다.

체포령 내린 나장로의 강연이라는 데서 더욱 호기심을 갖고 모여든 청중은 다른 때와 다르게 긴장된 분위기에서 시간 전부터 모여들기 시작했다.

아래층 위층 할 것 없이 입추의 여지가 없이 꽉 들어 메웠다. 통로까지라도 빈자리가 없을 정도였다.

왜 그렇게까지 극성이었을까?

성령의 놀라운 역사에 반발하는 마귀의 역사가 강했기 때문에 있었던 현상이 아니겠는가? 라는 억측일는지는 모르나 그 같은 생각도 해볼 수 있는 일이었다.

강사로서의 외치는 소리 역시 보통이 아니었다.

7. 마귀와의 접전 장

마귀와의 접전에서 성령의 폭탄을 터뜨리는 기세였다. 내 생각에서 나오는 말 같지가 않았다. 생각할 사이가 없었다.

생각할 수도 없었다. 말부터 쏟아져 나오는 판국이었으니 이것을 어찌 내 말이라고 할 수 있으랴. 나는 오직 말씀에 쓰여 진 것뿐이다.

그래서 청중들에게서 들은 후문으로는 "물 한 모금도 안 마시고 숨도 안 쉬고 장장 두 시간이 넘도록 외치는 그 소리를 어찌 사람 소리라고 하겠는가"라면서 "천사의 소리였다"라는 사람들도 있는가 하면 "나는 숨도 못 쉬고 들었다"는 등 "꿈속에서 들은 것 같다"는 등 "꿈속에서 깨어난 것 같다"라는 등 나름대로의 소감을 말하는 이 사람 저 사람들, 붐비는 사람들 속에 영장 갖고 와있던 형사들도 있었으련만 나타나지 않았다.

이 모두가 성령의 역사가 아니고는 이럴 수가 없었을 것이다.

더구나 5.16혁명 이후 시국이 어떻게 풀릴 것인가에 대한 관심이 쏠려 있던 시기적인 이유가 청중들의 심리 속에서 크게 작용했다고 해석된다.

그런데다가 부정부패를 속 시원하게 때려 부수고 "멸악탕사(滅惡蕩邪) 장군의 사명을 다하라"는 천명(天命)을 전달하는 "광야의 소리"였으니 더욱 놀라웠다.(길은 직선이다 p.247~248 참조)

천명이 아니고야 어찌 이럴 수가 있겠느냐는 청중들의 놀라움이 더욱 천명임을 입증해 주고 있었다.

강연이 끝나고 땀에 젖어 나오는 강사를 쉽게 체포할 수 있었으련만 영장 갖고 와있던 형사들이 감히 체포하지 못했다.

오히려 그 자리에서 형사가 피했다.

기자들만이 달려들었다. 나는 처음에는 기자들을 형사로 알고 거칠게 대했더니, 기자들이 "잘못 아셨습니다. 저희들은 형사가 아니고 기자들입니다."라고 신분을 밝히고 "형사들은 어디로 도망을 쳤는지 없어졌다"고 하면서 웃는 것을 보고야 형사들이 아닌 줄을 알았다.

다음날도 형사들은 나타나지 않았다. 천사들이 그 길을 막았다는 성도들도 있었다(왕하 6:16, 시 34:7).

이렇게 당당하게 나타나 있는 범인(?)을 왜 못 잡고 형사들이 오히려 피해 있었는지 모를 일이었다. 그 당시 모두의 화제 거리가 되었던 일이다.

"구속영장 받은 나장로 서울서 강연회"라는 대서특필한 신문보도가 활개 치며 가판되고 있었다.

8. 국제 망신

이렇게 강연회는 성황리에 끝났고 후문도 좋았다. 신문보도도 좋게 나왔다.

그러나 결국은 구속을 당해야 했다. 자진 출두를 할 터이니 구속영장보다는 날짜를 정해서 소환장을 보내 달라는 편지를 김천 지방법원에 보냈다.

그후 약 10일 후 소환장이 왔다. 자진 출두하여 법정구속을 당했다.

이렇게 되어 신문보도가 사회면 톱으로 대서특필되고 라디오 방송으로도 세상을 떠들썩하게 했다.

나장로, 신도들의 금품과 패물을 갈취하고 구속을 당했다는 내용이었으니 세상이 놀라지 않을 수가 없었다.

더구나 강사로 초청을 했던 일본 '하코네' 산상 연합집회 준비위원회에서는 놀라움을 금할 길이 없었다.

특히, 책임지고 초청명의를 내걸었던 가나이 박사는 위원들과 교계에 얼굴을 들지 못할 정도였다.

더구나 나장로를 극구 변호하며 소개하고 통역까지 담당하기도 했던 재일한국 교회대표였던 김태열 목사는 몸 둘 바를 모르고 어디론지 사라졌다.

부끄럽기 이를 데 없는 처지였으니 할 말이 없는데 무슨 면목으로 나타날 수 있겠는가?

세계적인 큰 집회에 세계적인 강사들만 초청한 자리에 초청을 받은 한국인 강사로서 일본에서는 처음 있는 일인데 그 꼴이 되었으니 한국 체면을 추락시킨 일이 아닐 수 없었다.

이런 민족적 수치를 무엇으로 모면할 수가 있으며 교계의 불명예를 무엇으로 변명할 수가 있겠는가?

오직 마귀들만이 기뻐 뛰며 개가를 부르게 되고 말았다.

이렇게 까닭 없는 미움을 받아야 하는 처지에서 철창 속 영오의 신세가 되었으니 누구를 원망하랴.

원망으로 해결될 일도 아니고 불평불만으로도 해결될 일이 아니었다.

반항할 곳도 없거니와 반항으로도 해결될 일이 아니었다.

오직 신앙으로 참는 길밖에 없었다. 바울 사도의 옥중 고백과 같이 그 고난을 은혜로 받을 수밖에 없었다.

9. 억지 은혜

"여러 계시를 받은 것이 지극히 크므로 너무 자고하지 않게 하시려고 내 육체에 가시 곧 사단의 사자를 주셨으니 이는 나를 쳐서 너무 자고하지 않게 하려 하심이니라"(고후 12:7)고 한 성경말씀을 몸으로 체감한 바울 사도와 같이 예수의 고난에 참여하는 것 같은 긍지가 몸 안에서 솟아나는 듯 흐뭇함을 느꼈다.

이렇게 억지 은혜도 받게 하시는 하나님의 섭리를 생각하면 생각할수록 감사할 뿐이었다. 나를 그처럼 사랑하시기 때문에 억지로라도 은혜를 주신다고 느껴졌으니 말이다.

즉, 마귀의 역사를 역용한 은혜였다. 이러한 하나님의 은혜를 깨닫기 전에는 바울 사도도 세 번이나 주님께 간절히 간구했다. 그 사단의 사자가 물러가게 해달라는 기도였다.

하지만 하나님께서는 "내 은혜가 네게 족하도다"라는 응답을 하시지 않았던가(고후 12:8~9).

이것은 곧 사단의 사자들을 써서 바울을 자고하지 못하게 하여 "약할 그때에 곧 강해진다"는 진리를 바울에게 적용시킨 것이다.

그래서 바울은 "내 능력이 약한 데서 온전해지도록 하기 위하여 그리스도의 능력으로 내게 머물게 하였다"고 크게 기뻐했다.

능욕과 궁핍과 핍박과 고난도 바울 자신을 강하게 하기 위한 하나님의 섭리였다고 깨닫고 보니 이 모두가 하나님 사랑 안의 은혜였음을 알았다.

그래서 자신의 여러 가지 약한 것들에 대하여 도리어 자랑하며 기뻐할 수 있었다.

바울 사도의 이 같은 신앙이 부러웠다. 그 신앙을 나 같은 것에게도 적용시키려는 하나님의 뜻이었다고 생각을 하고 나니 내 마음속의 원망도 불만도 억울함도 부끄러움도 어디로 사라졌는지 모른다.

10. 하나님은 내 원수도 사랑하셔

그러나 그것은 잠깐이고 마귀는 또 와서 속삭인다. 그것은 네 억지 해석이지 실상은 그 모함한 놈들이 고약한 놈들이니 불의를 용납해서는 안 된다. 무엇으로든지 불의가 용신을 못 하도록 앙갚음을 해야 한다는 속삭임이었다.

"주여, 어찌하오리까?" 기도하는 순간 "나는 네가 미워하는 원수도 사랑 한다"라는 주님의 뜨거운 사랑이 말없이 내 심령을 울렸다.

주님은 나만 사랑하는 것이 아니라 내 원수까지도 다 사랑하시는 그 넓으신 사랑을 무엇으로 어떻게 헤아릴 수 있으랴.

좋은 일에는 마귀가 반드시 따른다는 것은 빛 앞에 선 물체에 그림자가 반드시 생긴다는 이치와 다를 바 없었다.

그런고로 마귀의 역사는 두려워할 바가 아니다. 당연한 일로 알고 그에 대한 관심도 갖을 필요가 없다고 생각하고 나니 모두가 하나님의 섭리 안에서 이루어지는 역사였고 하나님의 사랑 안에서 성취되는 은혜였다.

그렇다면 예수 안에서는 "호사다마"라는 말이 성립이 안 되는 셈이다.

호사다마란 말은 예수 밖에서 있을 수 있는 말이긴 하지만 예수 안에서는 오히려 전화위복의 결과를 갖게 한다.

그런고로 성령의 역사에 마귀의 역사가 뒤따르는 것은 곡식밭에 분뇨와 같은 역할이다.

괴악한 냄새는 풍겨도 거름 노릇은 하고 있었으니 말이다.

나를 그처럼 모함과 무고로 생매장을 시켜 놓고도 미안은커녕 승리했다는 듯이 의기양양해 있는 그들을 미워하던 내 마음이 어쩌면 그렇게까지 변화했는지 나도 모를 일이었다.

"그 속에 새 신을 주며 그 몸에서 굳은 마음을 제하고 부드러운 마음을 주어서… 그들은 내 백성이 되고 나는 그들의 하나님이 되리라"(겔 11:19~20)고 한 성경말씀대로 내 마음은 부드러워졌다.

하나님께서 새 신을 내 마음속에 주시고 굳은 마음을 제거해 버리고 부드러운 마음을 주셨기에 그럴 수 있었다.

새 신, 즉 성령을 주셔서 이런 변화를 일으켜 주신 것을 체감하게 되었으니 그제야 나도 하나님의 백성이 되고 하나님의 아들이 되었다는 증거가 생겨났다.

그때부터는 그 원수같이 생각되었던 그들이 얼마나 불쌍한지 그들이 자기 함정에 빠지는 모습이 눈앞에 보이는 듯했다(시 35:19~26, 렘 18:22~23).

다윗도 예레미야도 그들을 용서하지 말고 그들의 행위대로 갚아 달라고 호소했다. 성도들이 호소한 그대로 하나님은 '신원하시는 심판'을 하신다고 하셨으니 그들이 받는 처벌은 너무도 측은하고 가혹하게 보였다(계 18:20, 신 32:21~25).

11. 원수를 위한 기도와 믿음

나는 그때 그들이 받을 형벌이 눈앞에 보이는 듯해서 그들을 위해서 기도하지 않을 수 없었다. 왜 그렇게 눈물이 나는지 한없는 눈물을 흘리며 기도했다.

원수를 위해 기도하라는 주님의 교훈은 있었어도 나는 진실로 원수를 위해서는 기도하지 못했던 나였다(눅 6:27~28).

그런데 그때는 왜 그렇게도 간절한 기도도 되었고 눈물도 흘렸는지 나도 모른다. 내가 한 기도가 아니고 내가 흘린 눈물도 아닌 것만 같았다. 나로서는 못할 기도였으니 말이다.

나의 됨됨이가 그런 기도를 할 만한 신앙이 못 된다는 것은 자신이 잘 알고 있었다.

성령이 대신 기도해 주시지 않았다면 오히려 저주의 기도를 했을는지 모른다.

실은 그때에 성령이 대신 기도해 주신 것을 마음으로 느낄 수 있었다(롬 8:26).

이것은 분명히 "네가 미워하는 원수도 나는 사랑 한다"라고 하신 하나님의 계시의 말씀을 입증하는 성령의 기도였다.

이런 경우를 가리켜 믿음을 준다고도 했고 믿음이 온다고도 한 것이 아니겠는가. 즉 믿음까지라도 성령이 주신다는 말이다.

"믿음이 온 후로는 몽학선생 아래 있지 않다"(갈 3:22~25)고 한 성경말씀이 더욱 새로웠다.

그때부터 성경 바로 알고 바로 믿으려고 노력했고 긍지를 갖으려고 애써왔다.

그런 믿음이나 긍지가 왔다는 어떤 느낌보다는 내 안에서 믿음도 솟아올랐고 긍지도 생겨나고 새 신도 내 속에서 생수가 강같이 흘러내리는 단계에까지 체감을 갖게 되었다.

그것은 그 만큼 믿음이 장성했다는 중거라고 받아졌다.

12. 깨달음의 은혜

예수님께서 "누구든지 목마르거든 내게로 와서 마시라 나를 믿는 자는 성경에 이름과 같이 그 배에서 생수의 강이 흘러나리라"(요 7:27~38)는 말씀을 힘주어 외치셨다.

즉, 성령을 받으면 영적 고갈이 없이 늘 생수가 자기 안에서 강같이 흘러난다는 교훈이었다(요 7:39).

성경말씀은 하나님의 말씀으로 살아서 역사한다. 즉, 체험을 통해 깨닫게 한다. 믿음의 장성과정을 체험대로 정리해 보면 성경교훈 그대로다.

첫째는 배워서 믿는 추측믿음이 있고 그 다음은 믿음이 와서 믿어지는 믿음이 있고 다음은 새 신을 받아 믿음이 솟아나는 믿음이 있다는 것을 느낄 수 있었다.

이처럼 자기 안에서 솟아나는 믿음이라야 변하지 않는 믿음, 요동하지 않는 믿음임을 알게 되었다.

예컨대 외조모 로이스로부터 어머니인 유니게에게로 아들 디모데에 이르기까지 대를 이어 내려오면서 변함없는 믿음을 "거짓 없는 믿음"이라고 지칭을 받은 경우를 말함이다(딤후 1:5).

그쯤 되면 백물을 먹을 수 있는 믿음이기도 하지만 마귀의 유혹도 받지 않고 세속에 물들지 않는 온전한 믿음이랄 수 있을 것이라고 생각됐다(롬 14:2, 엡 4:14).

이렇게 믿음이 장성했을 그때에 비로소 하나님의 아들이 자기 안에 있다는 증거가 확실해진다고 믿어졌다.

생명이 자기 안에 있으므로 영생하게 된다는 것을 알게 하려고 했노라는 사도 요한이 애써 말한 뜻을 알만 했다(요일 5:10~14).

그리스도가 내 안에 있어야 영생이라는 사도 요한의 말이나 바울 사도가 말한 그리스도의 형상이 너희 속에 이루기까지 너희를 위하여 해산하는 수고를 다시 해야겠다는 다짐은 맥락을 같이한 논리라고 믿어지면서 그 말씀이 내 안에 이루어지고 있는 것 같은 감회와 감흥이 복받쳐 올랐다.

즉, 이런 감흥을 심령부흥이라고 말해도 무방할 것이다. 깨달음이 곧 은혜요 깨달음이 부흥이요 깨달음이 믿음의 장성임을 깨닫고 보니 마음이 그렇게 후련했다.

13. 미국 촬영반

일본의 초청을 받고 국제 망신을 당했던 해보다 7년 전인 1955년 늦가을이었다.

제주도로 전도 여행을 떠났는데 풍랑이 심하여 배가 못 떠나고 있었다.

할 수 없이 목포에서 여관에 머물게 되었다. 그때는 항공 여객기 편도 없었거니와 있다 해도 그 풍세에 뜨지 못했을 것이다.

그때가 돈, 라이스 선교사가 동반했을 때였다. 그와 함께 한 방에서 지내며 침식을 같이 하고 있었다.

그동안 그는 성령운동이 용문산에서 일어난 시근을 꼬치꼬치 캐묻기 시작했다.

그때의 통역은 조창구 전도사가 했다. 나는 그가 묻는 대로 믿기 전에 방탕했던 때에서 부터 하나님께서 나를 직접 불러 주신 경위와 오늘에 이르기까지의 성령의 역사를 체험한 그대로 이야기 했고, 운동을 일으켜 전국을 순회하게 된 현황을 낱낱이 설명해 주었다.

그는 그동안 따라다니며 성령의 역사하심과 내 사생활에 이르기까지 너무도 잘 알고 있었기 때문에 확신을 가지고 내 전기를 쓰다시피 장문의 원고를 썼다. 이틀 동안이나 밤낮 타이핑해서 힘겹게 마감했다.

그 원고를 어디에 발표할 것이냐고 물었더니 미국에 보낸다는 것이다.

미국 T대학에 시청각 전도운동을 하는데 특히 좋은 소재가 되겠기에 취재했다는 것이다.

물론 그 원고는 미국의 T대학으로 보냈다. 내용 검토가 끝나는 대로 즉시 촬영반이 현지 로 와서 성령역사의 시발에서부터 촬영하게 될 것이라는 라이스 선교사의 말이었다.

기도현황과 전도활동을 현지 녹화하다가 과거 역경에서 헤매던 나장로의 생활 경로를 가미시켜서 영화제작을 한다면 전도용 영화로서는 세계에서 히트 칠 것이다"라고 라이스 선교사는 장담했다.

그 후 국제 전화로 연락이 빈번하더니 결국은 촬영반이 내한한다는 확답을 받았다.

제주도 순회전도를 마치고 돌아오니까 T대학 영화 촬영반 28명이 56년 새해에 내한한 다고 전신으로 소식이 전해 왔다.

그들이 그렇게까지 급박히 내한한다니 그들이 와서 촬영할 수 있는 소지와 소재를 제공 하기 위해서는 서두르지 않을 수 없었다.

14. 긴급성회

그해 크리스마스를 1주일 앞두고 이로 말미암은 긴급 기도회를 열기로 했다.

전국 각지로 긴급 통고를 하여 큰 이변이라도 생긴 것같이 각지에서 성도들이 모여왔다.

교회로서는 가장 바쁜 성탄절기에 보통집회라면 전혀 모여들지 않았을 것이다. 그때가 12월 16~25일까지였으니 어느 교회에서 누가 올 수가 있었겠는가? 그렇지만 백사를 제치고라도 와야 했다는 모두의 심정은 일치했다.

6.25 동란을 치르고 나서 시달린 심신이 아직 잠에서 깨어나지 못하고 있는 것 같은 처지였기 때문이었을 것이다.

긴급 집회가 갑자기 열린다니, 시대적으로 어떤 변동이라도 생기는 것이 아닌가 하는 기우에서 더욱 그랬을는지도 모른다.

비록 기우였다고 할지라도 하나님께서 따로 뜻이 계셔서 있어지게 하신 일이었다. 첫날부터 기적이 나타나는 기적의 집회였다.

산상에 엎드려 애절하게 부르짖는 성도들의 기도소리는 땅에 떨어지지 않았다.

성령이 말할 수 없는 탄식으로 우리 한민족을 위하여 간구해 주신 것이다. 그 응답하심이 하늘의 나팔소리로 들려왔다.

이것이 나 혼자 뿐이라면야 혹 잘못 들은 것이나 아닌가 하겠는데 산상에 올라가서 기도하던 성도들도 모두 들었다는 데는 놀라지 않을 수 없었다.

"나도 들었습니다" "나도 들었습니다"라고 수십 명이 손을 들고 나섰다.

이것은 필시 잠에 취해 있는 한민족을 깨워 주라는 기상 나팔소리가 아니겠느냐는 해석에 모두 공명했다.

그때에 기드온의 나팔소리가 없으니 이스라엘의 좌절감이 미디안 연합군을 승리케 했다면서 기드온 3백 명은 생명의 나팔을 불며 진리의 봉화를 높이 들고 나서야 한다는 외침소리에 모두 나섰다.

"나도 나팔 하나 내겠습니다" "나도 하나 내겠습니다" "나는 북을 내겠습니다" "나는 제금을 내겠습니다"하고 여기저기서 손들고 자원하며 나섰다.

기적적인 역사 속에서 순회전도용 트럭형 차도 두 대나 나왔다. 여기에 따른 천막도 얼마가 나왔는지 쓰고도 남을 정도로 많이 나왔다.

15. 한국초유의 전도단

이 모든 전도용 악기와 차, 천막 등 일체 집회 마치는 즉시 사들여 1월 초부터 전국 순회전도에 나섰다.

세 대의 자동차에는 플래카드를 달고 한 대는 선발대로 천막을 싣고 한 대는 악 대원들을 싣고 한 대는 강사진과 전도대원들을 싣고 산골짝을 빠져 나갔다.

이 같은 거창한 차림의 전도대가 우렁차게 나팔을 불며 출동하기는 한국에서는 처음 있는 일이었다.

이런 일은 세계에서도 처음 있는 일이었는지도 모른다.

악 대원들이 약 30명 선발대원들이 약 20명강사를 위주로 한 주동대도 약 5명 합 55~60명의 대부대가 전국을 누비며 대도시를 중심으로 순회 이동하고 있었으니 전국이 떠들썩했다.

선발대들은 지정된 도시에 적당한 공지를 택해서 천막을 치고 그동안 악대들은 거리거리를 누비며 부근의 군, 면 소재지까지 순회하며 나팔을 불고 전도지를 들리며 노방전도에 목소리를 아끼지 않았다(사 40:9, 58:1).

입술이 부어오르고 목은 쉬고 심신은 피곤해 쓰러질 정도의 무리한 행군이었다. 그러나 누구하나 불평 한마디 없었다.

현지에서의 교인들은 식사대접과 숙소마련에 성의를 다했다.

무엇을 주나 맛있었고 어디서 자거나 불편 없이 단잠을 잘 수 있었다.

성령의 놀라운 역사는 노방에서, 차중에서, 옥내에서, 어디서나 일어나고 있었다.

대구-부산-광주-전주-대전-청주-춘천 등지로 돌아서 서울에 당도했다. 1월 초에 떠나서 약 3개월 만인 3월 22일에야 서울집회가 열리게 되었다.

지금의 메디칼 센터 자리가 그 당시에 제 2운동장이라고 불리우던 빈터였다.

거기에 천막이 있는 대로 쳤으니 천막 집회장이 4,5백 평은 되리라고 짐작되었다. 그 넓은 땅에 넓은 천막 속으로 성도들은 모여들기 시작했다.

천막 밖에까지 끝이 안 보일 정도로 모여들었다. 곡조도 안 맞는 나팔소리는 시끄러울 정도로 장내를 법석였다.

천사 같다던 라이스 선교사는 그 나팔소리에 신경질적인 짜증을 내곤했다.

아무리 곡조가 안 맞아도 은혜롭다던 그 나팔소리가 왜 그렇게 짜증스러웠는지 그 이유가 다른 데 있지 않았다.

온다던 미국 촬영반이 안 오기 때문이었다. 지방순회 때에는 못 왔어도 서울집회 때에는 꼭 올 것이라고 믿고 있다가 서울집회에도 안 오니까 짜증으로 돌변한 라이스 선교사의 성자 모습은 어디론가 사라져 버렸다.

전화를 해도 전보를 쳐도 대답을 피하고 하는 미국 친구들이었다. 그들이 온다는 바람에 전도는 멋진 전도를 했지만 남모르는 실망은 컸다.

16. 기드온 신학교 생겨

그 순회집회를 3월 말까지 마치고 라이스 선교사는 미국으로 T대학을 찾아가고 전도대는 산으로 들어가서 기드온 신학교를 창설했다. 별다른 준비도 없이 1956년 4월 20일 개교식 예배가 거창하게 거행되었다.

순회집회 때에 은혜를 받고 사명감에 불타오르는 청년들이 모여들었으니 그야말로 그리스도의 정병다운 정병들이었다(딤전 2:3~5).

길르앗 산상에 모여든 3만 2천 명 중에서 300명만을 선택했던 기드온 용사와 길이 용문 산상에 모여든 그 많은 성도들 속에서 택함 받은 용사들이 3백 명이었다(삿 7:7).

그때에 모여든 학생들은 남달리 나라와 민족을 위해 기도하는 구국용사들이라고 칭함을 받는 기드온의 정신으로 모였기 때문에 기드온 신학교라고 했다.

이들은 상아탑 출세는 물론 간판이나 명예를 받기 위해서가 아니고 황폐해 가는 이 강산에 복음의 씨앗을 뿌리겠다는 의지에서 모여든 것이다.

즉, 복음으로 구국을 하겠다는 뜨거운 심정이었다. 한국이 복음화 될 때까지 이 몸 바치겠습니다.라고 두 손 들고 서원하는 모습은 개교식 장내를 엄숙한 불도가니로 몰아넣는 듯했다.

어디다가 광고 한번 안 내고도 이처럼 모여들었다는 것부터가 성령의 역사였다. 교수진까지도 누가 초청하지 않았는데도 자원해서 모여들었다.

성령의 역사는 이처럼 사람의 방법을 초월해서 이루어지고 있었다.

17. T대학 촬영반은 왜 안 왔을까?

3개월간의 순회전도 기간을 마치는 대로 라이스 선교사는 미국으로 가서 당장에 T대학부터 방문했다.

방문했을 때는 분노에 찬 얼굴이었다. 그 일을 담당했던 R씨를 만났지만 말이 나오질 않았다.

묵묵히 앉아 상대방의 얼굴만을 뚫어지게 바라보았다. R씨는 용건이 무엇이냐고 물었지만 "몰라서 묻느냐"는 정도의 말대꾸였다. 전도자다운 어투가 아니었다. 한판 격투라도 하려는 듯한 태도였다.

R씨는 R씨대로 당신을 상대로 이야기 하고 싶지 않다는 태도로 말없이 나가버리려고 자리를 뜨고 있었다. 그때에 라이스 선교사는 R씨를 붙잡아 앉히고 대화를 시작했다.

"그럴 수가 있소?"라고 라이스는 입을 열었다.

"그것은 내가 할 말이요!"라고 R씨 역시 만만치 않게 대했다.

내용인즉 T대학 촬영반 28명은 만반의 준비를 다 해갖고 출발하려는 찰라에 한국 정부로부터 공문과, 한국 교회에서 온 통신이 동시에 와서 접수되었다는 것이다.

그 통지문을 받고는 실망하여 라이스 선교사를 몹시 괘씸하게 생각했다는 당사자의 말이었다.

분노에 찬 경악감이 터져 나올 정도로 놀라움을 금할 수 없었다는 것이다.

왜냐하면 T대학에서는 라이스 선교사의 진지한 보고문 형식의 원고가 너무도 은혜로웠고, 성령의 놀라운 역사가 세계 인류를 절망에서 구출하고 소망에서 살릴 수 있는 하나님의 크신 은혜와 섭리 안에서 있어진 일이라고 믿고, 감격에 넘친 가운데 한국 정부에 협조를 요청하는 공문과 함께, 용문산과 나운몽 장로에 대한 조회를 했다가 그 같은 엄청난 답변서를 받게 되었으니 어찌 놀라지 않았으랴.

물론 T대학으로서는 당신들의 취지와 계획에 대한 답변서는 좋은 반응이 있으리라고 믿고 있다가 너무도 뜻밖의 답변이었으니 놀라지 않을 수 없었을 것이다.

T대학이 한국의 성령역사를 세계에 소개하겠다는 것은 한국으로서는 영광으로 알고 기쁘게 환영할 줄로 알았다는 것은 너무도 당연한 기대였기 때문이다.

18. 그 답변서 내용이 무엇이었을까?

T대학의 협조 공문을 받은 한국 정부로서는 국제 공문인 동시에 교회에 관계된 공문이었으니, 신중히 취급하기 위해서 한국 기독교를 대표하고 있는 그 당시 N.C.C.에 그 답변을 의뢰했다.

N.C.C.에서는 용문산에는 알아보려고도 하지 않고 그 당시 떠들썩했던 김삼대 목사의 경북노회에 제출했던 보고서 내용을 그대로 인용했다.

이것은 T대학의 조회에 답변을 위한 조사보고가 아니었고, 경북노회(제54회)에서 필요로 하는 나운몽씨 조사위원으로 선출된 김삼대 목사의 그럴듯하게 조작된 허위보고문에 의한 것이다.

즉, 노회에서 선출된 조사위원 중에는 나장로 절대지지자도 한 명이 끼어 있었고 중간파도 한 사람 있었으나, 극히 나장로 반대파는 자기 한 사람뿐이었다는 것이 김삼대씨 자신의 고백이었다. 그런고로 김삼대씨는 이 문제는 자기 혼자 책임질 문제라고 고백했다.

생사람을 생매장시켜 놓고 마음이 편안했을 리가 없었다. 죽기 전에 이 문제만은 회개하고 가려고 찾아왔노라던 김삼대씨는 목사 노릇도 못 하고 가정도 못 이루고 남루한 모습이었다.

24년 만에 나타나 고백문을 교계 신문에 발표하고 나를 직접 찾아와서 회개의 눈물을 흘린 일이 있어 이미 신문에도 보도되었거니와 "길은 직선이다"라는 나의 간증록에 기록된 사실이기 때문에 그 내용을 여기에는 생략한다. 하지만 T대학에까지 영향을 준 경로만은 여기에 밝혀야 진실은 영원하고 거짓은 잠깐이라는 진리가 드러날 것이다.

그 당시 조사위원들은 나장로를 매장시킬 만한 자료를 얻지 못해서 임무 포기를 하다시피 했는데 김삼대 목사만이 골독하게 애쓰다가 결국은 김○서 목사의 협조를 얻어 보고서를 허위로 조작하여 제55회 경북노회에 접수시켰다는 것이다.

19. 사람을 매장시킨 기본자료

그 내용이 세상을 놀라게 할 만한 지상 보도가 뒤따르면서 이것이 길이길이 지금까지 나장로를 생매장시키는 기본 자료가 된 것이다.

이 같은 노회의 보고서와 신문 기사를 자료로 하는 물증을 갖고 그 당시 나운몽 한 사람을 매장시키는 데는 문제도 되지 않았다. 국내에서의 매장도 국제적인 매장도 문제될 것이 없었다.

한국 정부로서는 N.C.C.의 답변서 내용 그대로 미국 T대학의 조회에 응답서를 보내게 된 것은 당연한 절차였다.

정부의 권위로 보낸 공문이었으니 T대학에서는 망설일 이유가 없었다. 즉각으로 그 반응은 나타났다.

즉, 한국 성령운동을 현지 촬영하려던 계획은 일조일석에 무너지고 말았다. 따라서 촬영반 출동은 중단되고 못 간다는 소식조차 전하지 않았다.

아무렴 여자를 40명이나 거느리고 있다는 이단색마를 통하여 성령의 역사가 일어나리라고 믿어지는 사람은 아무도 없을 것이다.

김삼대씨의 보고문은 나씨와 일문일답에서 얻은 자료라고 하면서 나씨가 자백을 한 것처럼 보고문이 작성되었으니 그 누가 그 보고문을 믿지 않겠는가?

그것따나 정체불명의 어떤 고향인 이라는 자에게 들은 말을 나씨에게 확인시킨 문답을 했다는 것이다. 그런 내용을 그대로 듣고 난 라이스 선교사는 어안이 벙벙하여 얼굴을 감히 들지 못했다는 것이다.

이런 경우를 호사다마라고 해야 하는 것인지 마귀의 역사는 언제나 성령의 역사에 뒤따르고 있다.

그러나 거짓으로는 참을 멸하지 못하고 거짓은 참 앞에서 유지 못한다. 결국은 참의 승리 앞에 거짓의 패배는 우리 눈앞에 언제나 나타나는 현상이다. 모르드개 앞에 하만이 그랬고(에 7:10), 다니엘 앞에 참소자들이 그랬다(단 6:24, 27).

참과 거짓이 싸울 때에는 거짓이 이기는 듯이 보인다. 거짓은 물리적인 힘을 대동하고 폭력을 무기로 사용하기에 그렇다. 참이란 모함의 돌개바람이 휘몰아칠 때에는 한없이 나약하다. 그 속성이 진실에 바탕을 두기에 완력과 힘이 기계를 부리면 무릎을 꿇릴 듯이 보인다.

참은 피를 흘리고 때로는 단두대에도 오르며 순교의 십자가도 져야한다. 영원한 승리를 위해서 있는 잠깐의 고난이다.

역사의 심판은 칠야로 먹칠된 시대에서 침묵할 때가 많다. 그러나 그 침묵은 결코 거짓을 동조하는 침묵은 아니다.

물길이 위로부터 아래로 흘러가듯 진실은 참의 계곡을 흘러 끝내 승리를 안겨 준다. 그것은 진리이기 때문이다.

어느 철인도 비장하게 선언한 말이 있다.

"아무리 세상이 어수선하고 핍절이 극에 달해도 내가 순명으로 나아갈 길은 진리뿐이다."라고.

XI. 성신의 검

1. 밤중에 나타난 군인

6.25동란 직후에 김천에서 십 리 떨어진 아천에서 과수원에 있을 때 일이다. 밤중에 개 짖는 소리가 요란하게 들렸다. 고단하게 자는 잠을 깨울 정도로 시끄러웠으니 그때가 아마 자정은 넘었을 듯하다.

문 밖으로 나갔을 때는 나무에서 우덕덕 우덕덕 뛰어 내리는 소리가 들리면서 이리저리 도망치는 모습이 어둠 속에서도 희미하게나마 드러나 알 만했다.

사과 도둑질을 왔던 마을 청년들의 소행으로 알고 "거 누구냐?"하고 큰소리를 치며 나섰더니 어떤 청년 하나는 총을 빼들고 나타나며 "나다"라고 기세당당한 어조로 설치면서 눈앞에 달려들었다. 내 가슴팍에 총을 겨누고 하는 말이 "지금은 전시다. 너 같은 것 하나쯤은 죽여도 별것 아니다"라면서 당장에라도 방아쇠를 당기는 것만 같았다.

하지만 내 입에서는 나도 모르게 터져 나오는 소리로 "너 이놈 너는 대한민국의 영예로운 군인이 아니냐. 국토와 백성을 지켜야 하거늘 네 직책을 모른단 말이냐?"라고 벽력같은 큰소리를 질렀다.

뒤이어 "차렷"하고 대대라도 앞에 놓고 외치는 것같이 우렁차게 호령하였다. 그 군인은 총을 당장에 거두고 차렷 자세로 우뚝 서있었다.

"인명은 천하보다 더 귀하다(눅 9:25). 백성을 보호하기보다 너는 백성을 해치는 군인이란 말이냐. 우리 대한민국 군인은 그렇치않다. 너는 가짜 군인이다."

"아닙니다 진짜 군인입니다."

"이놈 네가 참말로 진짜 군인이라면 총을 놓아라"라고 힘차게 호령을 했더니 총을 앞에 내놓고 땅바닥에 넓적 엎드려 머리를 수그린 채 머리를 들지 못하고 있었다.

"너도 한국의 아들이라면 생명 귀한 줄을 알아라 사과 한 개 때문에 인명을 노렸다는 것부터가 사람다운 행위는 아니지 않느냐? 부디 정신을 차리고 사나이답게 대한민국 군인답게 나라와 백성을 지키는 대한민국 국군다워라. 알겠느냐? 과연 하나님의 말씀은 위엄 있게 전달되었다. 죽은 듯이 엎드렸던 군인은 "네 알겠습니다"하면서 벌떡 일어섰다.

"이젠 주인이 허락했으니 따 먹고 싶은 대로 따 먹고 가거라"

"아닙니다. 용서해 주시니 감사 합니다"하고 "충성"하고 경례를 부친다.
하나님 두려운 줄을 알고 살아라. 그래야 네 앞길이 형통하리라"

2. 성령의 검에는 눈물이 있어

"청년, 부디 하나님 두려운 줄을 알고 살게. 그래야 자네 앞길이 형통할걸세…."

"네 알겠습니다." 대답하는 청년은 그때야 안도의 숨을 쉬며 "이제는 가도 됩니까?"

"되고 말고 잘 가서 국가에 충성하는 한국의 아들다운 아들이 되게…"하고 마지막 인사 말을 하는 순간 목이 메여 나 자신도 모르게 내 눈에서는 눈물이 주르륵 흘렀다.

이는 분명히 내가 슬퍼서 흘리는 눈물이 아니었다. 왜 흘리는 눈물인지도 나는 몰랐다.

어둠 속으로 사라지는 군인의 모습이 안 보일 때까지 우두커니 서서 "하나님 돌보아 주시옵소서 한국의 아들들이 모두 하나님의 아들이 아닙니까 보호 하시옵소서" 입에서 나오는 기도소리부터가 내가 드리는 기도가 아니었다. 성령의 우리를 위한 기도였다.

"이와 같이 성령도 우리 연약함을 도우시나니 우리가 마땅히 빌 바를 알지 못하나 오직 성령이 말할 수 없는 탄식으로 우리를 위하여 친히 간구 하시느니라 마음을 감찰하시는 이가 성령의 생각을 아시나니 이는 성령이 하나님의 뜻대로 성도를 위하여 간구하심이니라"(롬 8:26~27). 고 하신 성경말씀대로 하나님의 자비와 성령의 기도가 주 안에서 은혜를 베푸신 것이다. 과연 하나님의 말씀은 총칼도 굴복시키는 성령의 검이었다(엡 6:17).

3. 예배실에 뛰어든 두 군인

6.25동란 직후 용문산 기슭에 아지랑이가 피어오르는 어느 봄날이었다.

1951년 3월 말경이라고 기억된다. 아직 산들바람이 옷소매로 스며드는 쌀쌀한 날씨였다. 옷소매를 가다듬으며 예배실로 들어갔다.

웬 군인 두 사람이 총을 메고 교인들을 수색하고 있었다.

특히 처녀들을 상대로 하여 간첩수색이라도 하는 듯 말이 거칠었다. 교인들은 겁에 질려 숨도 옳게 못 쉬고 엎드려 있었다.

하나는 키가 컸고 하나는 약간 작은 편이었다.

키 큰 군인이 큰소리로 투덜대며 여자들을 들볶구고 있었다.

작은 군인은 말없이 웬 처녀 하나를 세워 놓고 몸을 어루만지며 수색을 하고 있었다.

"이게 무슨 짓이냐?"고 나는 외치며 방 안에 들어섰지만 그들의 횡포를 제지할 만한 힘은 없었다.

"잔소리 마라"라고 큰 군인은 호령을 하듯 큰소리로 내 말을 막아 버리고 "까딱 말고 두 손 들고 서있어"라고 명령을 내린다.

총 앞에는 별수가 없었던지 한편에는 성경책을 끼고 있었기 때문에 오른손 한쪽 팔만 들었다.

"당신이 여기 주인이요?"

"그렇소"

"밖에 나가 잠깐 있다 들어오시오" 나가는 척 하면서도 마음이 찝찝하여 성큼 나가지 않았다.

"왜 그러지요?"라고 나는 되물었다.

"왜가 아니야, 여기 간첩이 들어왔단 말이야. 잔소리 말고 나가 있어"

간첩이 들어왔다는 말은 전혀 근거 없는 말이었다. 거기에 와 있는 교인들이라야 겨우 20명 정도였는데 한 사람 한 사람 다 그 근본을 알고 있는 근처 교인들인데다가 간첩이라고 할 만한 낯 설은 사람은 한 사람도 없었다.

"여보시오 여기는 기도원이오 기도하러 온 사람뿐이지 간첩은 한 사람도 없소"

"만일 간첩이 있다면 제가 당장에 수사 기관에 알릴 터이니 안심하고 돌아가시오"라고 아무리 타일러도 별수가 없었다.

오히려 점점 더 포악스럽게 대드는 판이었다.

4. 수색 당하는 시골처녀

수색을 당하는 시골처녀 하나는 죽을상이 되어 앞가슴을 풀어 헤치고 온 전신을 그 군인에게 맡긴 듯이 두 손을 벌리고 서있었다.

그 군인은 물론 처녀의 온 전신을 어루만지며 무슨 은폐물이라도 찾아내는 듯이 심각한 눈초리로 가식하는 것이 분명했다.

급기야는 조사할 것이 있다면서 끌고 나갔다.

아무리 보아도 수상하기에 어느 교인더러 뒤따라 나가 보라고 했다. 그리고 방 안에 있는 작은 군인도 수색하던 처녀를 데리고 나가려고 한다. 그때에는 내게서 웬 힘과 용기가 그렇게 크게 나타나든지 '너 이놈' 하고 벽력같은 소리를 질렀다.

온 장내는 숙연해졌고 그 군인도 벌벌 떨며 섰다.

'차렷' 호령을 하니까 차렷 자세로 서면서 어깨에 메고 있던 총이 흘러내렸다. 당장에 그 총을 빼앗아 뒷문 밖으로 돌려놓았다.

그때에는 군인이 총을 달라고 엎드려 빌고 있었다. 두 놈이 다 같이 와서 사과하기 전에는 총을 내줄 수 없다고 딱 잡아뗐다.

같이 온 사람을 데리고 와서 같이 사과할 터이니 자기를 밖으로 내보내 달라고 애원한다. 그렇다면 내보내 줄 터이니 데리고 오라고 단단히 명령을 하고 그를 내보냈다.

먼저 처녀를 데리고 나갔던 군인을 뒤따라 나갔던 여자 집사님은 들어와서 별일은 없을 것 같다고 보고했다.

동편 도랑가 양지바른 언덕 밑에 있는 잔디밭에서 둘이 가지런히 앉아 무슨 이야기를 하고 있더란다. 그것을 멀리서 볼 수 있었고 언덕 밑이라 가까이 갈 수는 없었다는 것이다.

이 말을 듣던 어느 교인 하나는 무슨 불길한 예감이라도 들었던지 벌떡 일어나서 급하게 뛰어나간다. 성급한 청년이었다.

5. 살려 달라고 애원하는 군인

한편에서는 "믿는 사람들아 군병 같으니 앞에 가신 주를 따라 갑시다 / 우리 대장 예수 기를 가지고 접전하는 곳에 가신 것 보라" 찬송소리가 터져 나왔다.

"원수 마귀 모두 쫓겨 가기는 예수 이름 듣고 겁이 남이라 / 우리 찬송 듣고 지옥 떨리니 형제들아 찬송 찬송 합시다"라고 우렁찬 찬송소리가 온 동산을 진동시키는 듯했다.

그때에야 따라 나갔던 청년도 들어오고 뒤따라 두 군인도 들어왔다.

얼굴빛이 상기된 모습이었다. 들어서자마자 나는 또 한 번 큰 목소리로 호령을 했다.

"너 이놈, 너희 정체가 뭐냐?"

"이 자리에 엎드렷"

두 놈은 얼혼이 나간 듯이 로봇 모양으로 명령에 움직였다.

두 팔과 두 다리를 뚝 버티고 엎드렸다.

"헌병이 올 때까지 그 자리에 까딱 말고 있거라"

"아닙니다. 헌병만은 부르지 말아 주십시오. 저희끼리 해결하겠습니다."

"해결을 한다고?"

"네, 해결하겠습니다."하더니 한 놈이 벌떡 일어나서 총대를 거꾸로 들고 궁둥이를 높이고 엎드려 있는 작은 군인의 궁둥이를 펑펑 때린다.

"야. 이 놈아 그것이 무슨 해결이란 말이냐?"하고 나는 그 팔을 잡아 잿겼다.

그는 다시 총을 앞에 놓고 엎드려 "살려 주십시오. 살려 주시면 다시는 안 그러겠습니다. 살려 주세요. 살려 주세요."하고 머리를 조아리고 있었다.

용서해 주라는 교인들도 더러 있었으나 성급하게 뛰어나갔던 청년은 "안 됩니다. 용서해서는 안 됩니다."라고 크게 외치고 있었다.

6. 어떻게 처리해야 하나?

나는 그때 온 교인들에게 통성 기도령을 내렸다.

"마귀의 역사가 이 거룩해야 할 동산에까지 침범해 들어오고 있으니 마귀 권세 물리쳐 주시라고 하나님께 부르짖읍시다"

말이 떨어지자마자 장내가 떠나갈 듯이 큰 목소리로 모두 부르짖었다.

군인들도 놀랐다. 갑자기 벼락이라고 떨어지는 듯이 온 장내가 떠들썩하니까 엎드려 있던 군인들도 치켜 올렸던 궁둥이를 낮추고 무릎을 꿇고 주먹으로 땅을 치며 엉엉 울고 있었다.

끌려 나갔던 처녀도 들어와서 울고 있었다. 머리카락을 풀어 헤친 채 이성을 잃은 듯이 가슴을 치며 몸부림을 치더니 네 활개를 활짝 펴고 쓰러졌다.

온 장내는 수라장이 되듯 했다. 아무리 조용하라고 해도 별수가 없었다.

또다시 찬송을 부르기 시작했다. 하지만 울음소리에 섞여 기도소리가 갑자기 찬송소리로 변하지는 않았다. 점점 찬송소리가 울려 퍼지며 기도소리를 제압하는 듯했다.

엎드려 있던 두 군인도 교인들과 같이 앉아서 찬송을 부르고 있었다. 옆에 있던 교인이 찬송가를 주어 같이 부르도록 유도했기 때문이었다. 군인들의 횡포가 온유 겸손하게 순종형으로 변하고 있으니 이들을 어떻게 처벌해야 할 것인지 마음이 개운치는 않았다.

어떻게 처리해야 할까? 망설이며 영감이 떠오를 때까지 계속 찬송만 부르고 있었다.

군인의 범죄 행위는 분명하나 회개는 분명치 않았기 때문이다.

그 눈물도 외식이지 진정 같지는 않았다. 그의 찬송인들 어찌 진심이라고 볼 수 있으랴.

교인들의 찬송소리는 점점 드높아가고 있었다.

7. 병실의 여인

그때에 어느 시골에서 온 것 같은 어떤 할머니 한 분이 무슨 급한 일이라도 생긴 것처럼 놀란 듯한 태도로 급하게 밖으로 뛰어나간다.

잠시 후에 다시 들어오면서 숨 가쁘게 외치는 소리가 분에 찬 악성이었다.

"이런 고얀 놈이 있나, 이 죽일 놈아."라면서 다짜고짜 작은 군인에게 달려들어 두 손으로 머리를 잡아 흔들며 마구 쥐어뜯는다.

장내는 또 한 번 어수선해지면서 그렇게 우렁차던 찬송소리도 어느새 끊겼고 모두 그 할머니에게로 눈이 쏠렸다.

"이놈아 내 딸 살려내라 내 딸 살려내…….하고 울음이 터져 나왔다.

그 군인은 아무 소리도 못 하고 엎드린 채 묵묵히 당하고 있을 뿐이다.

나는 그놈이 안에서 당한 수모를 밖에 나가서 분풀이 만행을 저지른 줄로 직감했다.

즉, 그 딸을 죽인 줄만 알고 나는 밖으로 뛰어나가 그 방으로 들어가 보았다. 다른 교인들도 따라 나갔다.

그 딸은 병실에 혼자 누워 있었다. 약 30세 가량이나 되어 보이는 젊은 부인이다. 피골이 상접하여 몸을 움직이지도 못한 채 죽은 듯이 누워 있었다.

몸도 뒤척이지 못할 정도로 쇠약한 체구에 말할 기력도 없었다. 눈물도 말라붙고 송장 같았다.

말도 물어보면 간신히 고개를 약간씩 끄덕일 뿐, 아니면 아니라는 표정도 지을 수 없을 정도로 인사불성이었다.

이런 상태에서 방 안의 환자가 밖으로 나올 수는 없었을 터인데 웬 방문소리가 들리면서 군인의 구두 발소리가 그 어머니에게 들렸다는 것이다.

아무리 생각해 보아도 심상치 않은 예감이 들기에 황급히 뛰어나와 확인해 보았다는 것이다. 틀림없는 추행이었다.

이럴 수가 있을까. 치가 떨렸다.

8. 금수만도 못한 놈

그런 상태의 여인에게까지 달려들었다면 그야말로 금수만도 못한 놈이었다. "하나님 이를 어찌해야 합니까? 하고 기도하며 그 환자에게 손을 얹고 울었다.

따라 들어왔던 모든 교인들도 울었다. 성령도 말할 수 없는 탄식으로 울었다(롬 8:26). 이런 틈을 타서 두 군인은 도망을 치고 말았다.

사람은 그 범인을 놓쳤지만 하나님은 그들을 놓치지 않았을 것이다.

나로서는 그들을 어떻게 처리해야 할지를 몰랐지만 하나님은 공의로우신 채찍으로 다스렸다. 하지만 피해자들에게는 아무리 일러주어도 별수가 없었다. 피해자들의 그 상처가 쉽게 아물 수는 없었을 것이다.

울고 또 울며 몸부림치는 처녀와 병상에 쓰러져 있는 여인의 모습을 내 눈으로는 쳐다볼 수가 없었다.

내 마음으로는 감당할 수가 없었고 내 말로는 더구나 위로할 수가 없었다.

이런 경우에도 주께서 간음 현장에서 잡혀 왔던 여인을 대하듯 하실 것인가?(요 8:3~11) 하고 나는 혼자서 몸부림치며 기도했지만 마음에 시원함을 얻지 못했다.

하나님의 말씀은 "성신의 검"인데 성신 검 앞에는 군인들의 총도 굴복하는 모습을 보았을 뿐이다. 그들은 가다가 즉벌을 받았다는 소문은 들었으나 어떤 벌을 받았는지는 모른다.

9. 낙오병에 들린 풍금소리

이런 망측한 꼴을 당하고 보니 세상이 황폐하고 인류가 멸종이라도 되는 것 같은 심정이었다.

하늘의 진노가 폭음소리로 세상을 파멸지경으로 몰아붙이는 듯했다. 실낱같던 소망도 절망으로 떨어지고 소생하던 새 기운도 서리 맞은 풀잎 같았다.

총소리, 폭격소리에 쫓겨서 이리저리 밀려 나오는 군상들, 아무리 보아도 소망을 잃어버린 인생의 종막을 내리는 것만 같았다.

그런 일이 있은 후 어느 날이었다. 맑은 햇볕아래 아지랑이 피어오르는 포근한 봄날. 방안에 앉아 있기에는 답답했던 때였다.

양지바른 언덕에는 냉이를 캐는 아가씨들이 보이는가 하면 철부지 애들은 진달래꽃을 꺾느라 산기슭을 헤매고 있었다.

이 모든 거동은 새봄을 장식하는 듯 은은한 하늘의 품속에 안겨 하나님의 사랑을 힘입고 소망의 새싹이 마음 어느 한 모퉁이에 솟아오르는 것만 같았다.

텅 비어있는 예배실에서는 풍금소리가 고요하게 울려 퍼지고 있었다.

그때에 웬 청년 하나가 지나가다가 그 풍금소리에 귀를 기울이고 발걸음을 멈추었다.

낡은 민간 옷에 보따리 하나를 등에 지고 있는 모습이 공산군 낙오병 같았다. 군복은 어디다 벗어버리고 민간 옷을 얻어 입었는지 어울리지 않는 몸차림이었다.

보따리에는 무엇이 들어 있는지 그리 무거워 보이지는 않았다.

그는 양지바른 잔디밭에 기운 없이 펄썩 주저앉는다. 무엇을 생각하는지 머리를 수그린 채 무릎을 두 손으로 안고 오랫동안 앉아 있었다.

10. 예수를 어떻게 믿나요

나는 낯선 길손이 예사스럽게 보이지 않기에 그 가까이로 다가갔다.

그는 비로소 머리를 들고 일어섰다. "여기가 어딥니까?"

"여기는 경북 김천 용문산이요"

"용문산, 용문산에는 북반부 군인이 많다고 들었는데 군인은 보이지 않습니다."

"거기는 양평 용문산이지요. 여기는 그리스도의 정병들이 있는 곳입니다."

"예? 그리스도의 정병이라니요?"

"예수 믿는 사람들이지요"

"예수요? 저 풍금소리는 예수 하는 소리인가요?"

"그렇소, 예수 하는 것이 아니고 예수를 믿는 것이지요."

"예수를 믿는다구요, 어떻게 믿는가요?"

"저런 풍금소리에 맞추어 찬송도 부르고 기도도 하고 설교도 듣노라면 점점 믿어지지요"

이런 간단한 대화로 그를 사귀게 된 것이 동기가 되어 나는 그를 방 안으로 데리고 들어가서 전도를 했다.

그는 시장했던 탓인지 기운이 전혀 없었다. 밥 한 그릇을 퍼뜩 먹어치우더니 그 자리에 쓰러져 잠들었다.

코를 골며 고단하게 한참 잘 자고 일어나더니 무엇에 쫓기는 듯이 놀라면서 "여기가 어디요?"라고 또 묻는다.

"여기가 용문산이라고 했지 않았소?"

"아 용문산, 우리 동무들은 다 어디 있지요?"하고 잠결에 하는 말이었다.

이는 이북 사람임이 틀림없을 터인데 말투는 이남 말 중에도 경상도 토박이 사투리였다.

11. 인민군의 자수

나는 그에게 고향이 어디냐고 다그쳐 물었다. 그는 한참이나 머뭇거리다가 결국은 대답했다.

"상주입니다."

"상주라면 바로 이 등 너머인데 여기를 그렇게도 몰랐단 말이요?"

"여기가 어딥니까?"라고 또 묻는다.

"몇 번을 말을 해야 하냐, 경북 금릉군 용문산이라지 않았어?"

"여기서 상주가 가까운가요?"

"가깝다마다. 이 뒷산 너머가 곧 상주 땅이란 말이야"

"그래요. 나는 실상 상주군 XX면 XX리에 살았는데 인민군 의용군으로 나갔다가 지금 어디로 끌려 다니다가 어디로 온 것인지도 모르겠습니다."라면서 자기의 신세타령을 털어놓기 시작했다.

실상은 경기도 용문산 부근까지 갔다가 낙오병이 되어 단양으로 죽령을 넘어 방향도 모르고 산길로 산길로 오다 보니 어쩌다 여기를 지나가게 되었다는 것이었다.

전혀 방향도 모르고 인민군이 있는 곳으로 찾아간다는 것이 그리되었다는 넋두리 같은 소리였다.

문경 산골길로 상주지경 산골길을 통과하면서도 자기 고향 땅이 그 부근이었다는 것은 전혀 상상도 못 했던 모양이었다. 문경 땅인지 상주 땅인지도 모르고 사람을 피해가며 산 중으로만 왔다니까 말이다.

나는 그를 위해 진심으로 기도했다. 나도 울었고 그도 울었다. 이런 민족적인 비극 속에서 길 잃어버린 인생길을 걷는 동포가 어찌 이 한 사람뿐이랴. 어디든지 얼마든지 있을 초토화된 강토, 금수강산이 적막강산으로 화했으니 이 어찌 슬픈 일이 아니랴.

나는 울고 또 울었다. 그도 따라서 실컷 울다가 내 앞으로 달려와서 내 손을 꽉 붙잡고 엉엉 울면서 살려 달라고 애원한다.

나는 두말 할 것 없이 예수만 믿으면 어떤 어려운 일이라도 다 해결될 터이니 염려 말라고 위로하며 권면했다.

그는 그 즉시 예수 믿기로 작정하고 자수하기로 결심했다.

김천 경찰서로 찾아갔을 때는 폭격바람에 경찰서는 완전히 파괴되고 김천 극장 한 모퉁이에서 임시 집무 중이던 곳으로 가서 그를 자수시키고 돌아왔다.

12. 법정증언 전도강연화

그가 김천서에 구금되어 있는 동안에는 가끔 가서 면회도 하고 증인으로 나가기도 했지만 상주로 옮겨 간 후로는 전혀 소식을 모르고 있었다.

그해 늦여름인 듯하다. 상주지원에서 증인으로 출두하라는 요구서를 받았다.

나는 만사를 제쳐놓고 분주히 상주 재판장으로 달려갔다. 아무리 급하게 달렸어도 교통편이 시원치 않아서 제시간에 당도하지 못했다.

공판은 이미 끝났고 판사가 자리를 뜨려고 일어서다가 급하게 들어서는 나를 보았다.

증인으로 왔다니 반가이 맞아 주었다. 기다리다가 폐정을 했다면서 다시 개정을 했다. 이 같은 호의로 인해 증인이라기보다 변호인 노릇을 한 셈이다.

판사가 나더러 그가 자수하게 된 동기와 회심했다는 증거를 자세히 말하라기에 시간 구애 없이 설명할 수 있었다.

그가 용문산을 지나게 된 경위와 그의 심령 변화를 일으키게 한 찬송곡의 풍금소리와 내가 그때 기도해 주던 기도의 내용까지 낱낱이 설명을 하다 보니 일대 전도 강연같이 되었다.

마지막에 낙오병 김○천이 엉엉 울며 내 앞으로 달려와서 내 손을 꽉 붙잡고 살려 달라고 애원하던 장면을 말할 때에는 모두 흐느끼는 울음소리까지 들렸다.

난리가 이렇게 만들어 놓았지, 김○천 본심이 나라를 거역한 것이 아니었다고 역설했다.

자기 고향 땅을 밟으면서도 고향인 줄도 모르고 길 잃은 어린 양과 같이 되었던 그의 처지가 얼마나 처량하고 불쌍하냐고 울먹이며 외쳤다.

이것이 어찌 이 한 사람뿐이겠느냐고, 이번 동란으로 말미암아 목자 잃은 어린 양같이, 길 잃은 인생길에서 허덕이는 군상들이 눈앞에 드러나는 현실이 아니냐고 주장하면서 이 모든 정세와 정상을 참작하시고 무죄로 석방해 주시기를 바란다는 변론이었다.

박수소리로 장내가 떠나가는 듯했다. "법정에서 이러는 것 아닙니다"라고 점잖게 박수를 제지시키고 퇴정하는 판사는 내 앞으로 다가와서 내 손을 꼭 붙잡고 따뜻한 악수의 정을 나누었다.

"조금만 일찍 오셨더라면 더 좋을 뻔했습니다. 많은 방청객들 있을 때에 그런 증언을 들려 주었더라면 얼마나 좋았을 것입니까? 오늘 그 증언은 큰 전도가 되었습니다."라고 만족스럽게 치하를 하신다. 판사님은 예수를 믿는 분인 듯했다.

그래서 나는 "판사님도 믿으십니까?"라고 물었더니 "네 믿노라고는 하지만 아직…"

하고 겸손하게 대답하신다.

그 다음 알고 보니 그는 ○○교회 집사님이신 이○근 판사였다.

그 며칠 후 그는 언도공판에서 풀려났다. 풀려난 김○천은 고향으로 다녀서 나 있는 곳으로 쫓아왔다.

내 생명을 살려 주셨으니 일생을 장로님께 맡기고 봉사하겠습니다. 하고 봉사 생활을 몇 달은 잘했다.

무명은 빨아도 무명이고 명주는 빨아도 명주라는 말 그대로 자기 본색은 변화가 안 되었던지 나간 이후 다시 돌아오지 않았다.

성령을 받지 않고는 변화란 있을 수 없는 일임을 다시 한 번 느낄 수 있었다.

13. 군인 차와의 충돌

1956년 2월 하순, 신춘이라고 하나 아직 흰 눈이 여기저기 스산한 모습을 드러내고 있을 때였다. 남한 중에도 남쪽 전라도인데도 그랬다.

다행히 도로는 자갈이 깔려 있기 때문인지 눈도 녹았고 마른 땅이어서 트럭이 진행하기에는 큰 지장은 없었다.

하지만 비포장도로였으니 덜커덩거릴 뿐 아니라 먼지가 대단했다. 바람과 먼지가 천막 속으로 사정없이 몰아치고 있어 코와 입을 싸매야 했던 숨 막히는 고행 길이었다.

당시 전도대원들의 고충은 이만저만이 아니었다. 시간 전으로 목적지까지 가야 하는 다급한 길이라 중간에 쉴 사이도 없었고 점심 먹을 식당을 찾을 사이도 없었다.

싸갖고 가던 주먹밥을 찻간 천막 속에서 먼지바람을 피해가며 움츠리고 먹어야 하는 처지였다.

트럭 짐칸에 실리어 가는 신세라 추위도 참아야 했지만 울룩불룩한 노면을 뛰어 넘을 때마다 계속적으로 엉덩방아를 찧어야 하는 고역은 참기 힘든 지경이었다.

게다가 타이어 바퀴에 맞고 튀어 오르는 자갈이 차체를 사정없이 때릴 때마다 깜짝깜짝 놀래야 하는 위협도 뒤따르고 있었다.

광주에서 집회를 마치고 전주로 가는 길에서 당한 일이다.

낡은 트럭을 수리해서 새 차같이 페인트칠해 갖고 가던 차였던 고로 속력을 낼 수가 없었다. 털렁거리며 가고 있는 우리 차의 뒤를 따라 오던 군인트럭이 있었다. 그들이 아무리 기적을 울려도 들은 척도 않고 전도대 차는 계속 먼지를 풍기며 앞서가고 있었다.

실상 피할 길도 없거니와 속력을 낼 수도 없는 처지였으니 어쩔 수 없었다.

군인 차는 화가 치밀었던지 돌을 던져 앞 차를 공격하기 시작했다.

앞 차에 타고 있는 전도대원들은 돌에 맞아가면서도 머리만은 담요로 가리고 간신히 상처는 없이 가는 데까지 갔다.

길을 간신히 어길만한 도로변이 생기니까 군인 차는 재빨리 달려가서 앞질렀다. 그냥 앞질러 갔으면 좋았는데 그들은 화가 나서 앞 차의 정면 앞에 급정거를 했다.

앞 차가 뒷 차가 되면서 뒷 차가 앞 차가 된 차를 들이받았다.

14. 호령에 굴복한 군인

군인들은 우루룩 뛰어내려 전도대원 운전사에게 달려들었다. 전도대원들도 모두 차에서 뛰어내려 만만치 않게 대들고 있었다.

하지만 차가 상했으니 그 수리비를 보상하라고 고래고래 고함을 치며 달려드는 군인들의 기세를 감당 못 하고 전도대원들은 쩔쩔매는 판국이었다.

그때에 운전대 옆자리에 앉았던 나에게는 성령의 불덩어리가 와 안기면서 능력이 임했다.

화닥닥 일어나서 밖으로 나갔다. 우리 운전사와 군인 운전사 간에는 무슨 살상이라도 날 것 같은 악독이 가득차서 겨루고 있었다.

나는 큰 목소리로 "바로서–ㅅ"하고 독특한 호령을 했다.

두 사람은 다 같이 우뚝 섰다. 또다시 군인을 향하여 "차렷" 호령을 했다.

군인 운전사는 부동자세로 힘주어 차렷하고 있었다. 나는 그 다음 호령이 왜 모자를 벗으라고 했는지 모른다.

"모자 버서–ㅅ"하니까 그 군인은 모자를 벗어 들고 그 자리에 당장 엎드러진다. 두 손을 땅에 짚고 두 무릎을 꿇고 용서해 달라고 조아린다.

그러자 군인 차 운전대 옆에 앉았던 한복차림의 민간인 한 사람이 군인 역성을 들고 있다가 "너도 같은 놈이야 네가 돌을 던졌지?"하고 우리 측 조수가 달려드니까 그는 황급히 논두렁으로 도망을 친다.

그때에 우리 차 조수로 따라다니던 N청년은 차 발동시킬 때에 쓰는 스타아팅 손잡이 철구를 들고 따라간다.

쫓기던 사람이 수로동 둑을 기어 넘다가 꽁무니를 얻어맞고 아구구 하고 뒹굴더니 그 자리에 엎드려 두 손 모두어 빌고 있었다.

그 사람의 멱살을 잡아끌고 와서 내 앞에 굴복 대령시켰다.

15. 국군과 그리스도의 정병

웃어야 할지 화를 내야 할지 분간하기 어려운 처지였다. 나도 모르는 사이에 웃음이 터져 나왔다.

"야 이 사람들아 자네들은 엄연히 나라를 지키고 백성을 보호해야 하는 국군이 아닌가?

우리는 사람을 살려야 하는 그리스도의 정병이라네. 생명을 바치며 나라를 위하는 국군이 생명을 바치고 민족구원을 위하는 그리스도의 정병들에게 이게 무슨 짓인가?"

"예 알겠습니다. 용서해 주신다면 다시는 이런 일이 없겠습니다."

"자네들의 소속부대는 어디지?"

"그것만은 비밀입니다. 묻지 말아 주시기 바랍니다."라며 두 손을 모두어 빌면서 일어섰다.

우리 측 운전사는 우리 차 앞머리 범퍼도 우그러지고 라이트도 부숴 지고 했으니 그 값은 변상해야 한다고 주장하며 나선다.

"네 꼭 내겠습니다. 전주에 가서서 공장에 맡겨 수리하는 대로 돈을 갖다 갚겠습니다."

"안돼 지금 현금으로 내야 해"하고 우리 운전사는 고자세로 호통을 치고 군인 운전사는 저자세로 빌고 있었다. "지금 현금이 없습니다. 저희 사정을 좀 봐 주시기 바랍니다."하면서 5천원짜리 한 장을 내들고 있었다. 그의 진심을 엿볼 수 있었다. 나는 그들을 앞에 세워 놓고 기도했다.

하나님께서 우리 한민족을 말세에 택해 세우시고 하나님 아는 백성으로 키워 주신데 대한 감사와 젊은이들이 각각 자기의 소임에 열심히 특심하여 본의 아닌 실수도 있게 되는 현실을 하감하시고 부족 부분을 채워 주시며 실족 부분에는 긍휼을 베푸시사 하나님의 뜻을 이 땅 위에 이루는데 귀히 쓰여지는 역군들이 되게 해주시라는 간곡한 기도를 드렸다.

나는 눈물을 씻으며 머리를 들었다. 군인들도, 우리 전도대원들도 모두 눈물을 닦으며 머리를 들고 서로 악수를 나누었다. 은혜로운 장면이었다.

노상 부흥회가 이렇게 성령이 역사하여 은혜로 끝을 맺었다. 그러는 동안 오던 차도 가던 차도 길이 막혀 같은 자리에서 같은 기도를 드리게 되었으니 모두 같은 심정으로 성령이 하나 되게 한 것을 힘써 지키라고 간단한 당부 설교를 했다(엡 4:3).

16. 기도 전도

노방에서의 기도 전도는 구설 전도보다 오히려 효과면 에서는 더하다는 주장을 하게 된 이유도 이런 경우에서 얻은 경험이었다.

기도 전도라는 말부터가 익숙치 않은 술어였지만 지금에는 삼겹줄 전도라는 말과 함께 널리 통용되는 말이 되었다.

즉, ① 기도 전도, ② 구설 전도, ③ 문서 전도

그 중 첫째로 꼽히는 것이 기도 전도다. 기도하고 입으로 증거하고 글로 써서 전하게 되기 때문이다.

그 군인들에게 내 말에서는 인간 냄새밖에는 못 풍겼지만 기도는 그들의 마음을 녹였다. 기도에는 성령이 같이하시기 때문이 아니겠는가?

그 군인들은 기도에 감동을 받고 "저희들도 오늘 저녁 전주 집회에 참석 하겠습니다"하고 정중히 인사를 했다.

"전주 집회가 있는 줄은 어떻게 알고 장소가 어디인지 아는가?"

"네 압니다. 전단지를 보았습니다."라고 명쾌한 대답을 하였다.

과연 그들은 그날 밤 집회에 참석했다. 설교를 마치고 단에서 내려왔을 때에는 어느 사이 단 밑에서 기다리고 있다가 반가이 인사를 한다.

그들에게 일일이 악수를 해줄 때의 촉감은 유독히 사랑스러웠다.

그들은 그때부터 예수를 믿기 시작하여 지금까지 독실한 신자로서 용문산에도 가끔 와서 은혜를 받고 간다는 것이다.

그 중에 한 사람은 5.16 후 어느 해인가 중령으로 제대를 하고 LA로 이민을 갔다. 내가 1976년에 미국에 가서 순회전도를 하는데 찾아와 그 당시 이야기를 하면서 그때 노방에서 기도를 해줄 때에 감동을 받은 기억은 언제나 잊혀지지 않는다는 고백이었다.

기도 없는 전도는 실탄 없는 공포와 같아서 실효를 거두지 못하는 낭비다. 시간낭비, 노력낭비, 물질낭비 등 헛수고다.

17. 기도 전도의 열매

입으로 전하는 전도는 무엇인지 모르게 강하고 담대하게 전해지고, 기도는 언제나 부드럽고 겸손해지는 죄인의 입장에서 고하게 된다.

즉, 입으로 전하는 전도는 사람에게 전하는 고자세이고, 기도는 하나님께 간구하는 저자세를 취하게 되기 때문일 것이다.

그러고 보니 전도는 고자세보다 저자세로, 강한 것보다는 부드럽게, 담대보다는 겸손하게 전한 것이 훨씬 더 효과적이었다는 결론을 갖게 되었다.

그래서 그 후부터는 노방 전도를 하면서도 기도로 시작하여 겸손히 전도하고 기도로 마치는 예가 많았다. 단상에서도 마찬가지다.

기도로 시작한 설교, 기도로 마치는 것은 성령이 같이해 주시는 것을 실감할 수 있다.

그렇다고 강하게 담대히 전한 설교에는 성령이 같이하시지 않는다는 말은 아니다.

강하면 강한 대로 약하면 약한 대로 말씀을 말씀대로 증거 한다면 언제든지 성령이 같이해 주시는 것은 확실하다(막 16:20, 고전 12:11, 히 2:4).

하지만 담대하게 증거 하노라면 실수하는 경우가 많다. 주의 말씀이라기보다 자기 말이 되기 쉽기 때문이다.

그래서 온유 겸손해야 할 성령역사가 강퍅한 마귀의 역사로 변하는 경우가 많다. 담대하게 전한다는 것이 욕지거리로 변하는 이유가 거기에 있다고 본다.

전도란 성령이 같이해 주어야 온전한 전도가 된다는 것이 오늘까지의 경험으로 얻은 솔직한 고백이다.

그리고 전도란 입으로 말로만 전하게 되는 줄만 알았던 나는 기도로도 전도가 된다는 것을 깨닫게 되었다. 내 어머니의 기도로 내가 믿게 되었다는 사실만으로도 확증되는 일이다.

이처럼 기도란 전도의 근본이요 전도의 생기요 전도의 열매를 맺게 하는 능력이다.

어느 때인가 나는 산에 올라가서 기도를 하다가 "기도 없는 전도는 실탄 없는 공포다"라는 영감을 받고 영감 그대로 "기도 없는 전도는 실탄 없는 공포다"라는 말이 입으로 연거푸 나와서 그 말을 그대로 옮겨 내 영감록에도 이미 발표되었거니와 그 말을 늘 명심하고 말씀을 증거 할 때마다 반드시 실천에 옮겨 기도하고 나서야 말씀을 증거 하게 되는 것이 상례다.

또 학생들에게 가르칠 때에도 일러주고 있는 명언이 되었다.

기도 없는 설교에는 마귀를 추방할 수 있는 능력이 없는 고로 마귀는 구린내를 따르는 쇠파리같이 달려든다.

반대로 기도 많이 하고 하는 설교에는 생명력이 있는 고로 듣는 사람들에게도 생기가 솟아올라 마귀가 범접을 못 하고 자취를 감추고 만다.

향기로운 꽃에 봉접이 날아들 듯이 성령만이 충만하게 임하게 된다.

그런고로 기도 있는 전도의 열매는 생명이다.

나운몽 목사 신앙역정기 (1~4권 합본)

내가 체험한 성령과 그 운동 반세기

1990. 8. 1. 인쇄
1990. 8. 5. 발행
2021. 8. 15. 재판 발행

저   자 ▎ 나운몽 목사
제작처 ▎ 재단법인 애향숙
주   소 ▎ 서울시 중랑구 겸재로 263(망우동)
판매처 ▎ 02-434-2224~6 福音新聞
웹주소 ▎ www.gospeltimes.co.kr

발행처 ▎ 도서출판 조은
발행인 ▎ 김화인
편집인 ▎ 김진순
주   소 ▎ 서울시 중구 을지로20길 12 대성빌딩 405호(인현동)
전   화 ▎ (02)2273-2408
출판등록 ▎ 1995년 7월 5일 신고번호 제1995-000098호
ISBN ▎ 979-11-91735-07-9
정   가 ▎ 30,000원